Couvertures supérieure et inférieure manquantes

TRAITÉ ÉLÉMENTAIRE
DE PHILOSOPHIE

A LA MÊME LIBRAIRIE

DU MÊME AUTEUR :

La Morale, ouvrage divisé en trois parties : livre I : *le Bien ou le But*; livre II : *la Loi ou le Devoir*; livre III : *la Moralité ou l'Agent moral*, par M. PAUL JANET, membre de l'Institut, professeur à la Faculté des lettres de Paris. Nouv. édit. 1 fort vol. in-8. (En réimpression.)
— Le même ouvrage, in-12, br.................................. 4 fr. 50
Morale (éléments de) par *le même*. Nouv. édition, 1 vol. in-12, br. 2 fr. 75
Cart... 3 fr. »
Petits éléments de morale, par *le même*, 1 vol. in-12, cart... » 90
Ouvrage approuvé pour toutes les bibliothèques scolaires de France et adopté pour les distributions de prix des établissements scolaires de la ville de Paris.
Traité général de philosophie, par *le même*, 4 vol. in-8 (En préparation) :
Tome I : Prolégomènes et psychologie.
Tome II : Anthropologie, esthétique et logique.
Tome III : Morale et droit naturel.
Tome IV : Métaphysique.
Les Causes finales. 1 vol. in-8.................................. 10 fr.

TRAITÉ ÉLÉMENTAIRE

DE

PHILOSOPHIE

A L'USAGE DES CLASSES

PAR

PAUL JANET

Membre de l'Institut, professeur à la Faculté des lettres de Paris

PARIS

LIBRAIRIE CH. DELAGRAVE

15, RUE SOUFFLOT, 15

Tout exemplaire non revêtu de la griffe de l'Éditeur sera réputé contrefait.

PRÉFACE

Après trente-cinq années d'enseignement, nous avons cru faire une œuvre utile aux jeunes gens en réunissant dans un traité substantiel et élémentaire ce que nous tenons pour les résultats les plus clairs et les plus assurés de la science philosophique.

Il existe déjà en ce genre plusieurs traités excellents, et nous nous serions fait scrupule d'en augmenter le nombre, si, depuis une vingtaine d'années, la philosophie n'avait pas changé d'aspect. Des faits nouveaux, des problèmes nouveaux, de nouveaux besoins d'observation et de critique se sont produits. Sans rien sacrifier, pour le fond, de la tradition, à laquelle nous tenons autant que qui que ce soit, nous avons cru le moment venu de faire une part à la nouveauté. Nous l'avons faite avec réserve et sobriété, et, nous le croyons, dans une juste mesure.

Par exemple, nous avons pensé devoir commencer la psychologie par la description de l'homme physique, et par une étude sommaire sur les fonctions et les organes du corps humain, notamment du système nerveux. Sans doute il y a dans la classe de philosophie un cours d'histoire naturelle et de physiologie; mais ce cours, très développé, dure toute l'année, tandis qu'il est nécessaire, dès le début, d'avoir par avance quelques notions abrégées sur les fonctions et les organes, puisqu'il peut y être fait souvent allusion dans le cours de psychologie.

Outre cette première raison toute pratique, il y en a une autre plus philosophique. Toute philosophie doit partir de ce qui existe réellement : or ce qui existe en fait, c'est l'*homme entier*, âme et corps. Il ne faut pas perdre de vue que la psychologie n'étudie qu'une partie de l'homme, et que cette partie supérieure a comme condition nécessaire l'existence du corps organisé.

La grande philosophie du XVIIe siècle n'avait pas nos scrupules modernes, et Bossuet considérait la connaissance du corps comme une partie de la connaissance de soi-même.

En omettant de parler du corps et de la part qu'il prend à notre vie, on laisse entre les mains du matérialisme une arme dangereuse; car cette partie de notre être qui, mise à sa place et exposée dans sa vérité, ne peut compromettre en rien ce qu'il y a de plus élevé en nous, reparaît au contraire comme un argument menaçant lorsqu'on peut croire qu'elle a été omise à dessein comme quelque chose d'embarrassant.

Ayant donc pris pour point de départ l'existence de l'homme réel et commencé par la description de l'organisation, nous avons dû modifier quelque peu le tableau des opérations de l'âme, en les distinguant en deux classes : d'une part celles qui tiennent immédiatement au corps et qui nous sont communes avec l'animal, et de l'autre celles qui s'élèvent au-dessus de celles-là et qui sont propres à l'homme. C'est ce que Maine de Biran a exprimé en distinguant en nous la *vie animale* et la *vie humaine*. Ainsi l'homme physique nous conduit à l'homme animal, et celui-ci à l'homme intellectuel et moral, à la personne humaine.

Dans la description de la vie sensitive et animale, nous avons emprunté au philosophe anglais Alex. Bain l'idée de commencer par les mouvements et les instincts : car ce sont les phénomènes les plus près des phénomènes corporels; c'est là qu'est le passage de la physiologie à la psychologie.

Grâce à cette méthode, la psychologie vient se rejoindre au groupe des sciences naturelles, tout en s'en séparant. Il y a progrès sans rupture. C'est, dans ce qu'elle a de bon, de certain, de conforme à la réalité, une juste application de la méthode d'évolution prise dans son vrai sens. Et aucune école n'a lieu de s'en inquiéter : car cette méthode, si conforme aux idées modernes contemporaines, est encore celle qui se rapproche le plus de celle d'Aristote et de saint Thomas.

Nous avons terminé la psychologie par un chapitre sur l'homme social. Car, ainsi que nous le disons, « si l'homme commence par l'animalité, il s'achève par la société ». La psychologie classique a peut-être eu un peu trop le défaut de tout morceler, et si d'un côté elle a trop séparé l'esprit du corps, elle a trop séparé aussi l'individu et la société.

Sans sacrifier l'individu et la personne humaine à la tradition, à l'histoire, au milieu social, il faut songer à ce que nous serions si chacun de nous, après sa naissance ou même après les premiers pas de l'enfance, était chargé de se créer à lui-même une existence morale. L'expérience prouve que dans ce cas-là il lui eût été impossible de s'élever au delà de la bête.

Tout en attachant une importance sérieuse aux vues précédentes, nous ne les avons présentées cependant, on le verra, qu'avec beaucoup de réserve. Nous nous sommes écarté le moins que nous avons pu du programme, en tenant compte des habitudes des maîtres et des élèves.

En logique nous aurons beaucoup moins à modifier : notre seule addition est un chapitre sur les *Qualités de l'esprit*, chapitre, il est vrai, plus littéraire que philosophique; mais nous nous autoriserons de l'exemple de la *Logique de Port-Royal*, dont le meilleur chapitre, *sur les Sophismes de la vie civile*, est une œuvre de moraliste autant que de logicien, et même de l'exemple de Kant, qui, dans sa *Logique*, n'a pas craint de mêler aux plus sévères formules de la science des considérations piquantes sur le bel esprit, la galanterie et le pédantisme.

Après la logique nous avons traité de la morale et de l'esthétique; et ici nous ne nous sommes point fait scrupule de nous éloigner de l'ordre prescrit par le programme et qui veut que la morale soit précédée de la métaphysique et de la théodicée. Cet ordre nous paraît d'une mauvaise méthode.

La psychologie, la logique et la morale avec l'esthétique, forment une seule science, qui est la science de l'homme et qui ne doit pas être coupée par la moitié. La métaphysique doit être au commencement ou à la fin de la science : elle ne peut pas être au milieu. On craint d'affaiblir la morale en lui ôtant la base de la théodicée, mais on ne voit pas qu'on affaiblit la théodicée en lui ôtant la base de la morale.

Ce serait d'ailleurs une erreur de croire qu'on renoue par là d'antiques et respectables traditions. C'est le contraire qui est la vérité. Dans les écoles de l'ancien régime, aussi bien dans celles des jésuites que dans celles de l'Université, le cours de philosophie durait deux ans et embrassait, la première année, la logique et la morale, et la seconde année, la physique et la métaphysique, qui comprenait la théologie naturelle. On faisait donc son cours de morale un an avant sa théodicée.

Nous devons avertir encore que, faisant une certaine part à des questions nouvelles, nous avons abrégé et presque complètement supprimé les discussions abstraites sur l'objet de la psychologie, l'objet de la logique, l'objet de la morale, etc. Ces questions appartiennent à la philosophie des sciences, mais elles ne nous paraissent pas nécessaires dans une philosophie élémentaire. Ces sciences se justifient par la pratique même, ainsi que la physique, la géométrie et l'histoire, qui toutes s'enseignent sans discuter à perte de vue sur leur objet et leur légitimité.

Nous avons beaucoup cité, et nous avons souvent renvoyé à des ouvrages qui ne sont pas entre les mains des élèves. Nous l'avons fait, soit pour les maîtres, qui y trouveront des renseignements utiles, soit pour les jeunes gens qui voudront continuer leurs études philosophiques, soit enfin pour les élèves des grands centres qui ont des bibliothèques à leur disposition.

Au reste nous soumettons ce travail à l'appréciation de nos collègues les philosophes, et nous recevrons avec reconnaissance les observations que leur expérience leur suggérera.

Paris, 30 octobre 1879.

TRAITÉ ÉLÉMENTAIRE
DE PHILOSOPHIE

INTRODUCTION

OBJET ET DIVISION DE LA PHILOSOPHIE

1. Sens usuel du mot philosophie. — Dans le langage ordinaire, le mot *philosophe* est souvent employé pour désigner un homme qui supporte avec courage la douleur et l'adversité, et qui sait aussi se conduire avec modération dans la prospérité : *Æquam memento rebus in arduis, sicut in prosperis, servare mentem*[1]. Dans ce sens tout pratique, le philosophe est un *sage*, et la philosophie n'est autre chose que la SAGESSE.

A un autre point de vue, un philosophe est un esprit curieux, difficile, qui se rend compte de ses idées, qui ne croit pas légèrement à la parole d'autrui, mais s'en rapporte à sa propre raison, qui en un mot *examine* avant de juger. Ainsi entendue, la philosophie est LE LIBRE EXAMEN.

On appelle encore philosophe, et c'est une conséquence du sens précédent, un esprit qui pense, qui médite, qui réfléchit, qui cherche le sens des choses et de la vie humaine. La philosophie est la RÉFLEXION.

On convient aussi généralement que celui qui, dans les divers ordres de connaissances, s'élève plus haut que les faits, conçoit des *rapports*, unit, classe, voit de haut, qui enfin généralise ou

---

[1]. Horace, Odes, II, III.

JANET, Philosophie.

remonte aux *principes*, est un esprit philosophique. La philosophie est la recherche des IDÉES GÉNÉRALES ou des PRINCIPES.

En résumant et rassemblant ces différentes idées, on dira : La philosophie est *la sagesse fondée sur des principes acquis par la libre réflexion.*

2. La philosophie comme science. — Telle sera la définition de la philosophie, telle qu'elle ressort de l'usage populaire du mot : voyons maintenant si l'analyse scientifique et méthodique nous conduira à un résultat analogue. L'usage populaire a surtout rapport à la pratique, et désigne plutôt une disposition de l'esprit qu'une science proprement dite. Nous avons à nous demander maintenant ce que c'est que la philosophie considérée comme science. Mais d'abord, qu'est-ce qu'une science ?

3. Définition de la science. — La science a pour objet la recherche des causes. « Savoir, dit Aristote, c'est connaître par la cause. (*Anal. post.*, II, x.) » C'est donc savoir le *pourquoi* des choses. Ainsi, le vulgaire sait que le tonnerre se produit lorsqu'il fait très chaud et qu'il y a des nuages épais, et ordinairement une forte pluie. Le savant est celui qui sait pourquoi cela a lieu, et par exemple que la foudre est une étincelle électrique produite par la rencontre de deux nuages chargés d'électricité contraire.

La science ne cherche pas seulement le pourquoi des choses, elle en recherche aussi le *comment* (τὸ πῶς, dit Aristote). Ainsi le vulgaire voit bien que les corps tombent ; mais le physicien nous apprend comment ils tombent, par exemple, selon la loi du mouvement uniformément accéléré.

Le comment des phénomènes ou des choses est ce qu'on appelle leur *loi* ; le pourquoi est ce qu'on appelle leur *cause*. La science prise d'une manière générale est donc la RECHERCHE DES CAUSES ET DES LOIS [1].

La science en général étant définie comme nous venons de dire, les différentes sciences se distinguent les unes des autres par leur *objet*. Aussitôt que l'on peut signaler un objet distinct, susceptible d'être étudié et connu, il y a lieu de reconnaître l'existence d'une science spéciale.

---

[1]. Cette définition s'appliquera surtout aux sciences physiques et aux sciences morales : dans les sciences abstraites et mathématiques on n'emploie pas l'expression de *causes* ou de *lois* ; les lois des figures et des nombres sont des *propriétés*, et les causes seront les raisons de ces propriétés ; mais, même alors, la science aura toujours pour objet le pourquoi et le comment.

4. Méthode pour déterminer l'objet de la philosophie.
— Pour déterminer l'objet ou les objets (car il peut y en avoir plusieurs) de la science philosophique, notre méthode sera de passer en revue les divers objets de nos connaissances, ainsi que les sciences universellement reconnues qui s'occupent de ces objets. Que si, après avoir épuisé l'énumération de toutes ces sciences, il reste encore quelque objet qui n'a pas été nommé, cet objet pourra être considéré comme un *bonum vacans* qui appartiendra à qui voudra s'en emparer. La nécessité d'une science de plus sera démontrée, et il ne s'agira plus que de savoir si cette science nouvelle n'est pas précisément la philosophie elle-même.

5. Objets des diverses sciences. Les corps; corps vivants et corps bruts. — Les premiers objets qui se présentent à nous et sur lesquels l'attention des hommes a dû se porter, ce sont les *corps*; et comme il y a deux sortes de corps, les corps *bruts* ou *inorganiques*, et les corps *organisés* ou *vivants*, il y aura deux sortes de sciences : la science des êtres vivants ou BIOLOGIE, et la science des corps non vivants, que nous appellerons PHYSIQUE.

Il y a deux sortes d'êtres qui vivent, les plantes et les animaux; il y aura donc deux sciences biologiques, la BOTANIQUE et la ZOOLOGIE.

6. Choses et phénomènes. — Quant à la science, ou aux sciences de ce qui ne vit pas, la division est plus délicate.

Nous dirons d'abord que dans la nature on peut distinguer deux points de vue : ou les *choses* elles-mêmes, ou les *phénomènes*. Ainsi une pierre est une chose, un métal est une chose; l'eau, l'air sont des choses. Mais le son, la lumière, la chaleur ne sont que des phénomènes. Pour qu'il y ait son, lumière, chaleur, il faut qu'il y ait des choses sonores, lumineuses, échauffées. Ainsi les phénomènes ne sont pas par eux-mêmes et supposent des choses. Cependant ils peuvent être observés et étudiés indépendamment des choses. La science des *phénomènes* généraux de la nature est la PHYSIQUE *proprement dite*; les savants qui s'occupent de ces phénomènes, de leurs causes et de leurs lois sont appelés *physiciens.*

7. Les astres. La terre. Les minéraux. Corps simples

et composés. — Quant à l'étude des *choses,* elle se subdivise à son tour ainsi qu'il suit :

Si nous élevons les yeux au-dessus de nos têtes, nous apercevons une multitude de corps lumineux dont le nombre et les mouvements nous étonnent ; ce sont les *astres :* la science de ces corps s'appelle ASTRONOMIE.

Parmi ces astres, le seul que nous connaissions directement, c'est la *terre,* et la science qui y correspond est la GÉOLOGIE. Les divers objets matériels qui sont à la surface de la terre ou qui en forment la composition, sont ce que l'on appelle des *minéraux,* et ils sont l'objet de la MINÉRALOGIE. Maintenant l'expérience nous apprend que ces corps changent de structure et de propriétés, suivant qu'on en associe ou qu'on en sépare les éléments. La science qui a pour objet les *compositions* et les *décompositions* des corps, qui par l'analyse redescend des composés à leurs éléments, et par la synthèse remonte de ces éléments aux composés, s'appelle la CHIMIE.

8. Objets mathématiques. Nombres et choses mesurables. — L'énumération précédente comprend toutes les sortes d'objets sensibles, qui tombent sous notre expérience, et il semble que le cercle des sciences soit épuisé. Il s'en faut de beaucoup. Grâce à une certaine faculté appelée *abstraction,* que nous étudierons plus tard, nous pouvons appliquer notre esprit non plus seulement à des choses réelles et concrètes (arbre, pierre, cheval), ou à des phénomènes sensibles (chaleur, lumière, électricité), mais à des *qualités,* qui tout en étant extraites de la réalité, ne correspondent pas cependant à des réalités, et semblent n'être que des *conceptions* de notre esprit. Expliquons-nous.

Lorsque nous avons devant les yeux plusieurs objets, par exemple plusieurs arbres, plusieurs pierres, nous distinguons chacun de ces arbres et chacune de ces pierres, en particulier leur réunion ou multitude, et nous disons : *un* arbre, *une* pierre, *plusieurs* arbres, *plusieurs* pierres. Jusqu'ici rien qui dépasse en apparence le domaine des sens. Mais si nous voulons savoir *combien* il y a d'arbres, *combien* il y a de pierres, les sens ne suffisent plus. Il faut un certain nombre d'*opérations,* aidées de *signes ;* et la science qui nous apprend à pratiquer ces opérations et à comprendre ces signes est l'ARITHMÉTIQUE. On peut donc définir l'arithmétique la science du combien τὸ πόσον, ou la science des nombres : car le nombre est précisément ce qui exprime le combien des choses. Le *nombre* est une qualité abstraite qui ne tombe pas sous les sens et qui ne se sépare jamais des choses où elle se rencontre.

La science des nombres fait partie d'un groupe de sciences que l'on appelle les MATHÉMATIQUES, qui ont toutes pour objet l'étude des *quantités mesurables*.

Qu'est-ce que la quantité? C'est, nous disent les mathématiciens, *tout ce qui est susceptible d'augmentation et de diminution*. Ainsi un temps, un chemin, une somme d'argent, sont des quantités : car le temps, le chemin, la somme, peuvent être plus ou moins grands. Mais il ne suffit pas qu'une chose soit plus ou moins grande pour être l'objet des mathématiques ; il faut, de plus, qu'elle soit susceptible de *mesure*. Qu'est-ce que la mesure? Mesurer, c'est comparer une multitude d'objets avec un de ces objets pris comme terme de comparaison, que l'on appelle *unité*, et déterminer combien de fois l'unité est contenue dans la multitude ; par exemple, mesurer un champ, c'est chercher combien de fois il contient une certaine unité appelée mètre. Toutes les fois donc qu'un objet est tel que l'on peut prendre une de ses parties comme unité, et dire combien le tout renferme de ces parties, un tel objet est mesurable, et il peut devenir l'objet des mathématiques. De ce genre sont : l'espace ou l'*étendue*, objet de la GÉOMÉTRIE; le *mouvement*, objet de la MÉCANIQUE. Telles sont, avec l'arithmétique, les deux sciences essentiellement mathématiques : car l'*algèbre* n'est qu'une arithmétique généralisée ; le *calcul intégral et différentiel* n'est qu'une extension de l'algèbre, et le *calcul des probabilités* n'en est qu'un cas particulier.

9. Le monde moral. L'espèce humaine. — Toutes les sciences précédentes ont pour objet le monde physique : car les notions mathématiques elles-mêmes sont tirées du monde physique ou s'y appliquent. Mais le monde physique est-il tout? N'y a-t-il pas un autre ordre de faits et de vérités que l'on appelle le monde moral, et qui mérite tout autant que le premier, et plus peut-être, l'étude des savants?

Parmi les êtres qui couvrent la surface de la terre, il en est un qui nous intéresse particulièrement, puisque c'est nous-mêmes. Cette classe d'êtres est ce que l'on appelle l'*espèce humaine*, le *genre humain*, l'*homme*. Considéré du dehors, l'homme se présente à nous comme semblable aux autres êtres qui l'entourent : c'est un corps; il ressemble aux animaux, vit, naît et meurt, comme eux. Lorsqu'on ouvre son corps, on voit qu'il est organisé de la même manière que les animaux supérieurs : c'est un mammifère, un vertébré. A ce titre il appartient, comme objet, à une science déjà connue et mentionnée plus haut, la zoologie. Jusqu'ici rien de nouveau.

Mais si l'homme, par son organisation physique, fait partie du règne animal, il est certain qu'il se distingue des autres animaux par des caractères essentiels : et d'ailleurs, dans l'animal lui-même, il y a des qualités, des aptitudes, qui ne sont pas purement physiques. Ces aptitudes, qui sont dans l'homme bien autrement développées, sont ce que nous appellerons le *moral*.

L'homme, comme être moral, peut être considéré à plusieurs points de vue différents :

1° Tandis que, chez les animaux, les individus diffèrent peu les uns des autres, et mènent par conséquent une vie presque entièrement semblable et uniforme, dans l'humanité, au contraire, l'individu ayant pris une grande importance, il s'ensuit une grande diversité dans la vie de chacun; et comme résultante de toutes ces actions diverses, une grande diversité d'*événements*. Puis, l'homme étant doué de la mémoire réfléchie et de la faculté de mesurer le temps, de l'attribut de la parole et de l'écriture, il commence par raconter oralement, puis consigner par écrit tous les événements qui l'intéressent ou qui intéressent sa famille, sa tribu, sa nation, et enfin l'humanité : de là une science, ou plutôt un groupe de sciences que l'on appelle HISTOIRE OU SCIENCES HISTORIQUES (histoire, archéologie, épigraphie, numismatique, géographie).

2° Tandis que l'animal ne possède que le langage inarticulé ou le *cri*, l'homme possède le langage articulé ou la *parole*. La parole se modifie suivant les temps et les lieux et donne naissance à ce qu'on appelle les *langues*. De là un nouveau groupe de sciences, ou SCIENCES PHILOLOGIQUES (philologie, étymologie, paléographie, etc.)

3° Enfin, tandis que l'animal, ou vit isolé, ou, s'il vit en groupe, ne paraît pas doué de la faculté de réfléchir sur la société dans laquelle il vit, l'homme vit en *société*; il forme des *États*, des *cités*, des républiques. Il se donne à lui-même des lois. Institutions, lois, richesse publique et privée, autant de faits donnant naissance à un troisième groupe de sciences : SCIENCES SOCIALES ET POLITIQUES (politique, jurisprudence, économie politique).

10. L'esprit humain. — Les sciences que nous venons de signaler, à savoir, les sciences *historiques, philologiques, politiques*, sont ce que l'on appelle des sciences *morales* ; mais elles ne sont pas encore la philosophie elle-même. Demandons-nous maintenant s'il n'y a pas encore un point de vue sous lequel la nature humaine peut être considérée, et qui se distingue des points de vue précédents.

Nous avons distingué le moral du physique. Mais que doit-on appeler le *moral*? — On appelle *faits moraux* de la nature humaine ceux qui ne peuvent jamais être atteints directement par les sens et qui ne sont connus qu'intérieurement par celui qui les éprouve, par exemple la *pensée*, le *sentiment*, la *volonté*. Or les sciences précédentes n'étudient encore que les manifestations *extérieures* des faits moraux, mais ne les étudient pas en eux-mêmes. Le langage, expression de la pensée, n'est pas cependant la pensée. Les événements historiques, effets des passions et des volontés des hommes, ne sont cependant ni ces passions, ni ces volontés. Les sociétés humaines, manifestations de l'instinct de sociabilité et organes de la justice, ne sont cependant ni la sociabilité, ni la justice. Enfin tous les faits sociaux, historiques, linguistiques, sont le *dehors* de l'esprit humain, ils ne sont pas l'esprit humain.

On appelle *esprit humain* l'ensemble des facultés intellectuelles et morales de l'homme, telles qu'elles se manifestent intérieurement à chacun de nous à mesure qu'il les exerce. Quand je pense, je sais que je pense ; quand je souffre, je sais que je souffre ; quand je veux, je sais que je veux : et nul autre ne le sait que moi, ou par moi ; autrement le mensonge serait impossible. Cet avertissement intérieur qui accompagne chacun de nos actes intérieurs (et que nous étudierons plus tard) s'appelle la *conscience* ou le *sens intime*. Le principe intérieur qui s'attribue ces actes intérieurs, et qui se traduit grammaticalement par le pronom de la première personne, je ou moi, s'appelle le *Moi*, ou le *sujet*, ou enfin l'âme ($\psi\upsilon\chi\eta$). Tout ce qui a rapport au sujet, c'est-à-dire au moi, c'est-à-dire au principe intérieur qui a conscience de lui-même, s'appelle *subjectif* ; réciproquement, tout ce qui est en dehors du moi est pour lui *objectif*, lui sert d'objet. Toutes les sciences morales qui étudient l'homme par le dehors (langage, faits historiques ou sociaux) se placent encore au point de vue *objectif*. Il reste donc à faire l'étude de l'homme au point de vue *subjectif*, c'est-à-dire l'étude de l'âme elle-même.

De là une science ou un groupe de sciences que nous appellerons SCIENCES PSYCHOLOGIQUES.

11. Premiers principes et premières causes. — N'eût-elle donc déjà que ce premier objet, à savoir, l'esprit humain, la philosophie aurait une raison d'exister et de ne se confondre avec aucune autre science ; mais ce premier objet n'est pas le seul qui reste libre : il y a encore un ordre de questions que les sciences proprement dites laissent en dehors de leur domaine, ou qu'elles ne peuvent aborder sans sortir de leurs propres limites.

Nous avons vu que chaque science est constituée lorsqu'elle a un objet *distinct* et *déterminé*. Pour établir les sciences particulières nous sommes obligés de diviser, de séparer la nature en compartiments. Chaque science étant ainsi placée à un point de vue exclusif et spécial, l'unité des choses lui échappe ; les ensembles s'effacent ; les rapports et les liens sont sacrifiés. Il y a donc un besoin légitime de l'esprit qui n'est pas satisfait par les sciences spéciales et qui demande sa satisfaction, à savoir le besoin de *synthèse*. A quelles conditions ce besoin de synthèse sera-t-il satisfait ?

1° Tout le monde sait que dans toute science les faits et les lois qui constituent la partie positive de la science supposent ou suggèrent un certain nombre de considérations théoriques et générales que l'on appelle ordinairement la philosophie de cette science : c'est la liaison de ces considérations entre elles, c'est la réduction de ces principes de chaque science à des principes plus élevés, c'est cela même qui peut constituer l'objet d'une science supérieure. — 2° Lorsque l'on réfléchit sur ces principes des sciences, on s'aperçoit qu'ils impliquent un certain nombre de notions générales, fondamentales, qui sont en quelque sorte l'essence même de l'esprit humain. Elles sont communes à toutes les sciences et inhérentes à la pensée humaine. Elles se mêlent à tous nos jugements, comme elles sont aussi mêlées à toute réalité. Ce sont, par exemple, les notions d'existence, de substance, de cause, de force, d'action et de réaction, de loi, de but, de mouvement, de devenir, etc. Ainsi ces principes, que l'on trouve à la racine de toutes les sciences, sont en même temps les principes de la raison humaine, et soit que l'on considère les uns ou les autres, il y a une science des *premiers principes*. — 3° Ce n'est pas tout. Non seulement les sciences étudient les *lois* et *principes*, mais elles étudient les *causes*. Or chaque science n'étudie que des causes particulières, et ces causes elles-mêmes doivent avoir leurs causes. Mais peut-on s'élever de cause en cause sans jamais en rencontrer de dernière? Si nous cherchons la cause de toutes les choses de l'univers, prises séparément, n'y a-t-il pas lieu de chercher la cause de l'univers tout entier? Si donc il y a une science des premiers principes, il y en a une aussi des *premières causes* : ou plutôt c'est la même, car principes et causes ne diffèrent que par abstraction.

Ainsi la science que nous cherchons (ἡ ζητουμένη, comme l'appelle Aristote) sera donc la science de ce qu'il y a de plus général dans toutes les autres, la science des conceptions fondamentales de l'esprit humain, la science de l'être en tant qu'être, la science des premiers principes et des premières causes. C'est cette science que l'on est convenu d'appeler, depuis Aristote, la MÉTAPHYSIQUE.

12. Double objet de la philosophie. L'homme et Dieu. Unité de ces deux objets. — Il résulte des recherches précédentes qu'il y a au moins deux objets qui sont restés en dehors du cadre des sciences proprement dites. Ces deux objets sont : 1° l'esprit humain, présent à lui-même par la conscience ; 2° Les plus hautes généralités possibles, que nous avons appelées, avec Aristote, les premiers principes et les premières causes. On appelle PHILOSOPHIE la science ou les sciences qui s'occupent de ces deux objets ; et il y aura par conséquent deux sortes de philosophie : 1° *la philosophie de l'esprit humain* ; 2° *la philosophie première* (φιλοσοφία πρώτη).

Nous avons jusqu'ici présenté l'objet des sciences métaphysiques comme l'ont fait Aristote et les scolastiques, sous la forme la plus abstraite : « les premiers principes et les premières causes ». Mais cet objet suprême n'a-t-il pas un nom plus concret et plus vivant, que le genre humain connaît, respecte et adore, à savoir, DIEU ? Dieu n'est-il pas le principe de l'être, l'être en soi, l'être en tant qu'être ? N'est-ce pas en Dieu que se résument à la fois les premiers principes et les premières causes ? Aussi Aristote ne craint-il point d'appeler la métaphysique du nom de THÉOLOGIE (θεολογία). Sans doute, il y a plusieurs parties et en quelque sorte plusieurs degrés dans la métaphysique ; mais le point le plus culminant de cette science, c'est la *science de Dieu*, appelée aujourd'hui *théodicée*.

Ainsi, tandis que la base de la philosophie est l'*homme*, son terme et son dernier mot est *Dieu*. Comment ces deux termes ne seraient-ils pas unis en une seule et même science? N'est-ce pas en lui-même et dans son âme que l'homme trouve Dieu? Car il est le seul être qui pense à Dieu. « L'homme se distingue de l'animal, a dit Hegel, en ce que celui-ci n'a pas de religion. » D'autre part, l'homme est incomplet sans Dieu : c'est par Dieu qu'il s'achève et qu'il se comprend. Aussi voit-on que depuis Socrate jusqu'à Descartes, et depuis Descartes jusqu'à Kant et jusqu'à Hegel, le problème, pour toutes les écoles philosophiques sans exception, a toujours été double : qu'est-ce que l'homme? qu'est-ce que Dieu? D'après ces considérations, on pourra simplifier la double définition donnée plus haut et la ramener à une seule, en disant avec Bossuet qu'elle est *la connaissance de Dieu et de soi-même*, ou la science de l'homme comme introduction à la science de Dieu.

Si nous rapprochons la définition précédente de celle que nous avons tirée plus haut des notions vulgaires (voy. p. 1, § 1), nous verrons qu'elles se répondent et se complètent l'une l'autre; car « la sagesse » n'a pas de plus sûre condition que « la connaissance de nous-mêmes », et les « principes » qui fondent la sagesse ont eux-mêmes pour dernier fondement « la connaissance de Dieu ». Enfin, « la libre réflexion, » qui est la condition de toutes les sciences, l'est à plus forte raison de la science des sciences, à savoir, la philosophie.

Nous avons à nous demander laquelle de ces deux parties (la science de l'homme et la science de Dieu) doit précéder l'autre. Sans exagérer, comme on l'a fait, l'importance de cette question, nous croyons cependant être plus conforme à l'esprit de la science moderne en commençant *par le plus connu* pour nous élever *au moins connu*. Or, si peu connu que nous soit l'esprit humain, il nous l'est cependant plus que les premiers principes et les premières causes. Ce sera donc l'homme que nous partirons pour nous élever à Dieu, et la psychologie sera pour nous la base de la théodicée.

13. Subdivisions. — Il nous reste à subdiviser les deux grandes parties de la philosophie que nous venons de distinguer, à savoir, la philosophie de l'esprit humain et la philosophie première.

La philosophie de l'esprit humain est la science qui traite des lois de la nature humaine. Or, ces lois sont de deux sortes : les unes sont les lois de l'esprit humain, *tel qu'il est;* les autres, les lois de l'esprit humain, *tel qu'il devrait être*. Les unes sont *empiriques*, c'est-à-dire expriment les résultats de *l'expérience*; les autres sont *idéales* et expriment le *but* vers lequel doivent tendre nos facultés. Il y aura donc d'abord une science qui étudiera nos facultés dans leur état réel : et c'est ce qu'on appelle la PSYCHOLOGIE. Il y aura en outre plusieurs autres sciences ayant leurs racines dans cette science primitive, mais s'en distinguant en ce qu'elles étudient nos facultés à l'état idéal; par exemple, l'étude des lois idéales de l'entendement s'appelle la LOGIQUE; l'étude des lois idéales de la volonté s'appelle la MORALE. Un entendement idéal serait un entendement *infaillible* : une volonté idéale serait une volonté *impeccable*. La logique est la science de l'entendement infaillible. La morale est la science de la volonté impeccable.

L'entendement et la volonté ne sont pas les seules facultés qui ont une règle idéale. Il en est de même de l'imagination. En fait, l'imagination peut concevoir tout ce qu'elle veut, comme l'entendement penser tout ce qui lui plaît, comme la volonté vouloir tout ce qui lui agrée. Mais l'entendement ne doit pas tout penser, ni la volonté tout vouloir; de même, l'imagination ne doit pas tout concevoir. De là une troisième science qui a pour objet les lois idéales de l'imagination : c'est l'ESTHÉTIQUE.

Ce qui fait que l'entendement, la volonté, l'imagination ont des règles qui leur imposent telle direction plutôt que telle autre, c'est qu'elles ont un *but*, un objet qui est en dehors d'elles et qui les dépasse, et par là même leur commande. Le but de l'entendement, c'est *le vrai;* le but de la volonté, c'est *le bien;* le but de l'imagination, c'est *le beau*. Le vrai, le bien et le beau sont donc les trois objets de la logique, de la morale et de l'esthétique. C'est pourquoi ces trois sciences, tout en se rattachant à la philosophie de l'esprit humain, puisqu'elles étudient les *facultés humaines*, tendent cependant à franchir les limites de cette philosophie ; car, étudiant ces facultés au *point de vue idéal*, elles les ramènent à leur principe, et sont ainsi le lien et en quelque sorte le passage de la *psychologie* à la *métaphysique*.

D'après les considérations précédentes, nous diviserons la philosophie de l'esprit humain en quatre parties : la psychologie, la logique, la morale et l'esthétique; et partant du même principe que plus haut, à savoir, qu'il faut aller du plus connu au moins connu, nous commencerons par la *psychologie*, car l'état réel nous est plus connu et plus facilement connaissable que l'état idéal ; et ce n'est que de la connaissance du réel que l'on peut s'élever à la connaissance de l'idéal.

Quant à la seconde partie de la philosophie, ou philosophie première, elle était elle-même dans l'ancienne école subdivisée en plusieurs parties. Disons seulement qu'en tant qu'elle traite des principes en général et d'une manière abstraite, elle s'appelle *métaphysique*, et qu'en tant qu'elle traite de l'être suprême et de la première cause, elle s'appelle *théodicée*. L'une nous servira d'introduction à l'autre.

PSYCHOLOGIE

PROLÉGOMÈNES

CHAPITRE PREMIER

L'homme physique. — Description sommaire du corps humain, et principalement du système nerveux.

14. L'homme âme et corps. — « L'homme, dit Bossuet, est une substance intelligente *née pour vivre dans un corps* et lui être *intimement* unie [1]. » Sans doute, l'homme, considéré dans la meilleure partie de son être, considéré surtout dans sa destinée, n'est autre chose que l'âme elle-même, et Platon a pu le définir « une âme qui se sert d'un corps [2] ». Le corps n'est et ne doit être en effet qu'un *instrument* ; mais si nous considérons l'homme réel, l'homme concret, tel qu'il existe ici-bas, nous voyons qu'il n'est pas un *esprit pur*, lié au corps *par accident* : il est, comme le disent les scolastiques, un *composé* et, pour employer l'expression de Bossuet, « un tout naturel ».

Par conséquent, tout en professant que l'âme est distincte du corps, on ne doit point oublier néanmoins que le corps en est la *condition* nécessaire, que la vie animale et physiologique est en quelque sorte la matière d'où devra sortir, tout en s'en distinguant profondément, la vie intellectuelle et morale. De là la nécessité de faire précéder la connaissance des facultés de l'âme par une exposition sommaire des fonctions et des organes du corps humain [3].

---

1. *Conn. de Dieu*, ch. iv, § 1.
2. Platon, 1ᵉʳ *Alcibiade*.
3. Nous nous autorisons de l'exemple de Bossuet, qui, dans la *Connaissance de Dieu et de soi-même*, a consacré un chapitre entier (ii) à la description des organes du corps. — Nous nous sommes particulièrement aidé, dans ce travail, de la Zoologie de M. Desplat (Paris, 1879).

Dans l'étude de toute organisation il faut distinguer deux choses : les organes et les fonctions.

Il y a dans tous les animaux deux grands groupes de fonctions, et par conséquent d'organes : les fonctions de nutrition et les fonctions de relation. Les premières ont pour but l'entretien de la vie. Les secondes mettent l'homme en relation avec le monde extérieur. Nous avons à les étudier particulièrement chez l'homme.

FONCTIONS ET ORGANES DE NUTRITION

15. Les fonctions. — Le caractère distinctif des êtres vivants et organisés, c'est de recevoir sans cesse du dehors, pendant qu'ils vivent, des matériaux nouveaux qu'ils fixent dans leurs tissus, et de rendre au dehors les matériaux usés par l'effet du travail vital.

L'ensemble de ces deux actes constitue ce que l'on appelle la *nutrition*. L'un de ces deux actes, l'acte réparateur, est l'*assimilation*; l'autre, l'acte destructeur, est la *désassimilation*.

Mais pour que ces matériaux nouveaux arrivent aux tissus, il faut qu'ils soient introduits dans l'organisme et modifiés de manière à être rendus assimilables : c'est l'acte de la *digestion*.

Une fois digérés, il faut qu'ils soient introduits dans le sang, et c'est ce qu'on appelle l'*absorption*; absorbés, ils doivent être transportés par le sang dans toutes les parties du corps : c'est l'objet de la *circulation*.

Le sang, ce liquide essentiellement nourricier, que l'on appelé de la *chair coulante* (Bordeu), devient rapidement impropre à la nutrition, si dans son cours il ne se répare pas lui-même en s'appropriant l'oxygène de l'air : c'est ce qu'on appelle *respiration*.

La digestion (avec l'absorption), la circulation et la respiration constituent les *trois actes* essentiels de la fonction nutritive. Par l'une, les matériaux sont incorporés; par l'autre, ils sont distribués; par la troisième, ils sont purifiés. Les *sécrétions* et *excrétions*, sur lesquelles nous n'avons pas besoin d'insister, servent ou à fournir les liquides nécessaires aux actes digestifs, ou à éliminer les parties inutiles. Quant à l'assimilation, avec son contraire, c'est la nutrition elle-même.

16. Les organes. — Considérons maintenant les différents appareils et organes qui servent à ces trois grands actes.

Appareil digestif. — Cet appareil se compose de trois sortes d'organes : 1° le tube digestif, dont les principales parties sont : la *cavité buccale* ou la bouche, où les aliments sont introduits et modifiés déjà par plusieurs opérations mécaniques et chimiques ; le *pharynx* espèce d'entonnoir dans lequel les aliments sont ingurgités par la déglutition ; l'*œsophage*, simple tube qui continue le pharynx ; l'*estomac*, dilatation du tube digestif où commence la digestion, et enfin les *intestins* (divisés en deux : intestin *grêle* et *gros* intestin), où la digestion se continue et sépare ce qui est assimilable de ce qui ne l'est pas ; — 2° les *glandes* servant à élaborer les liquides nécessaires à la digestion. Les principales sont : les glandes *salivaires*, le *foie* et le *pancréas* ; les *glandes pepsiques*, logées dans l'épaisseur de la paroi de l'estomac, et les glandes *intestinales*, logées dans l'épaisseur des parois des intestins ; — 3° enfin les organes mécaniques, ou *dents*, placées à l'entrée du tube digestif et chargées de diviser les aliments pour les rendre plus facilement attaquables par les liquides des glandes.

Appareil circulatoire. — L'appareil circulatoire se compose de deux parties : 1° le *cœur*, qui donne l'impulsion et la direction au sang ; 2° les *vaisseaux*, qui portent le sang du cœur aux organes et des organes au cœur. Le cœur est au centre. — Le *cœur* est un organe musculaire et contractile, qui par ses contractions lance le sang dans toutes les parties du corps. Il se compose de deux parties qui ne communiquent pas entre elles : le cœur *droit* et le cœur *gauche* : chacun d'eux est séparé à son tour en deux moitiés par une cloison qui permet la communication. Les deux parties supérieures s'appellent *oreillettes* ; les deux inférieures, *ventricules*. — Les vaisseaux sont de trois espèces : 1° les *artères*, qui portent le sang du cœur aux organes ; 2° les *vaisseaux capillaires*, qui sont la continuation des artères et font partie constituante des tissus ; 3° les *veines*, qui ramènent le sang des organes au cœur.

Les deux principales artères sont : l'*artère pulmonaire*, qui va du ventricule droit aux poumons, et l'*aorte*, qui vient du ventricule gauche et redistribue dans les organes le sang régénéré par la respiration. — De même il y a deux systèmes de veines : 1° le *système veineux pulmonaire*, qui ramène le sang des poumons au cœur ; 2° le *système veineux général*, qui ramène le sang de toutes les autres parties du corps.

Appareil respiratoire. — Cet appareil se compose : 1° des

poumons, organes spongieux composés de cellules, qui communiquent avec l'atmosphère par l'intermédiaire des conduits respiratoires : ils sont au nombre de deux ; 2° d'un *conduit* qui met en communication les poumons avec l'air atmosphérique : il porte le nom de *trachée artère*. La partie supérieure, qui est en même temps organe de la voix, s'appelle *larynx* et ouvre dans l'arrière-bouche. La trachée, à un certain niveau de son trajet, se divise en deux rameaux se rendant aux poumons et que l'on appelle *bronches*.

FONCTIONS DE RELATION

Les fonctions de nutrition, quoique impliquant un échange perpétuel de matières entre l'extérieur et l'être vivant, n'en sont pas moins des fonctions fermées, qui, agissant au dedans, ne subissent qu'accidentellement l'action des objets externes. Mais l'animal a d'autres fonctions dont le caractère propre est précisément de le mettre en rapport avec les autres êtres, de les modifier et d'en être modifié. Ces phénomènes sont donc de deux sortes : les uns sont les effets de l'action des causes extérieures sur l'animal ; les autres sont les actions de l'animal lui-même sur les choses extérieures. De là deux fonctions : l'une est la *sensibilité*, l'autre, la *motilité*, dont l'effet est le mouvement.

17. **Organes du mouvement.** — Le mouvement, si l'on fait abstraction de son origine, s'accomplit par deux sortes d'organes que l'on appelle, les uns, les organes *passifs*, les autres, les organes *actifs* du mouvement : les uns sont les *os* ; les autres les *muscles*.

18. **Système osseux, le squelette.** — Les os sont des organes durs et rigides qui servent de soutien et de protection à toutes les parties du corps, et fournissent aux muscles des points d'attache et des leviers pour la locomotion. Leurs attaches s'appellent *articulations*. Les os réunis ensemble forment une charpente que l'on appelle le *squelette*.

Le squelette humain a deux fonctions : d'une part, il sert de soutien ou d'enveloppe à tous les organes, et ainsi il détermine les formes du corps et ses proportions; d'autre part, il est l'appareil de la locomotion. Il est composé de trois parties : le tronc, la tête et les membres.

Le tronc. — Le tronc se compose : 1° de la colonne vertébrale, longue tige creuse et flexible, composée de pièces superposées et mobiles appelées vertèbres, en forme de segments cylindriques. — 2° Le thorax ou poitrine est une grande cavité qui occupe la partie supérieure du tronc et sert à loger les organes centraux de la circulation et de la respiration. Il se compose du sternum, des côtes et des cartilages. — 3° Le bassin est une enceinte osseuse formée par deux larges os appelés os iliaques, attachés à la partie inférieure de la colonne vertébrale. Il contient les organes terminaux de la digestion et de la sécrétion urinaire.

La tête. — La tête se compose de deux parties : le *crâne* et la *face*. Le crâne est une boîte osseuse de forme ovoïde, destinée à loger l'encéphale. Il fait suite à la colonne vertébrale. La face est un édifice osseux annexé et comme suspendu à la partie antérieure et inférieure du crâne. Elle est formée de cavités destinées à recevoir et à protéger les organes de la vision, du goût et de l'odorat, et de deux pièces appelées mâchoires, l'une supérieure qui est fixe, l'autre inférieure qui est mobile : l'une et l'autre par leur réunion forment l'enceinte de la cavité buccale ou de la bouche.

Les membres. — On appelle membres des appendices osseux qui tiennent au tronc par leurs attaches et en sont isolés dans le reste de leur longueur. Ils sont au nombre de quatre : deux supérieurs ou thoraciques (épaule, bras, avant-bras), ils sont destinés à la préhension ou à servir d'instruments au toucher; deux inférieurs ou abdominaux, destinés à soutenir le poids du corps ou à la locomotion (la hanche, la cuisse, la jambe et le pied).

Telles sont les parties constitutives de l'édifice osseux du corps humain. C'est à cette charpente que s'adaptent les muscles ou organes actifs du mouvement.

19. Système musculaire. — Les muscles sont des organes composés de fibres douées de la propriété de se raccourcir sous l'influence d'un excitant : ils sont capables par là de produire et de communiquer le mouvement. Le tissu musculaire qui sert à former les muscles est doué de cette propriété qu'on appelle *contractilité*.

Il y a deux sortes de muscles : les uns, que l'on appelle *volontaires* parce qu'ils obéissent à la volonté, sont des organes de la vie animale et de la vie de relation ; les autres sont dits *involontaires* et ne servent qu'à la vie organique : car il ne faut pas perdre de vue que la vie nutritive elle-même ne peut avoir lieu sans mouvement, et que le mouvement a pour organe habituel les muscles.

Le mécanisme des os et des muscles dans le mouvement a trop peu de rapport à la science psychologique, pour qu'il soit nécessaire d'y insister : il suffira de recourir aux traités spéciaux. Le mouvement ne nous occupera donc que dans son rapport avec le *système nerveux*, système qui est le véritable agent de la vie animale, comme il est aussi le *régulateur* de la vie organique. C'est au système nerveux qu'appartiennent le gouvernement du corps et ses relations avec le dehors.

LE SYSTÈME NERVEUX

On appelle système nerveux l'appareil organique qui sert d'intermédiaire entre l'animal et le monde extérieur. Il est, d'une part, le centre où viennent aboutir les actions du monde extérieur et où retentissent même toutes les actions de l'organisme : à ce titre, il est le siège de ce qu'on appelle la sensibilité ; d'une autre part, il est le centre d'où part l'impulsion donnée aux mouvements, soit volontaires, soit involontaires. Comme agent sensitif et comme agent moteur, il est la condition de tous les phénomènes que l'on désigne sous le nom d'instinct et d'intelligence. Enfin, il préside même aux fonctions de nutrition.

Il faut, en effet, distinguer deux sortes de systèmes nerveux : 1° le système nerveux de la vie animale ou de relation ; 2° le système nerveux de la vie organique ou de nutrition.

Le premier est celui qu'on appelle *cérébro-spinal*, parce qu'il est surtout constitué par le cerveau et la moelle épinière. Le second est le système *ganglionnaire* ou *grand sympathique*. Mais celui-ci, on ne doit pas l'oublier, reste en communication étroite avec le premier.

20. **Système ganglionnaire.** — Le système ganglionnaire ne

constitue pas un système nerveux séparé. Il prend son origine dans l'axe cérébro-spinal. Il se compose de deux longs cordons étendus des deux côtés de la colonne vertébrale.

Chaque cordon comprend une série de ganglions unis entre eux par des cordons et aux nerfs de la moelle par des branches qui partent de l'axe cérébro-spinal et qui passent par les racines du *grand sympathique*. Enfin il communique avec les viscères par de nombreux *plexus* où il se ramifie à l'infini. La fonction du grand sympathique, c'est de présider à la sensibilité et à la motilité organiques, c'est-à-dire viscérales.

Le système **cérébro-spinal** est beaucoup plus important pour nous.

21. Système cérébro-spinal. — Ce système se ramène à un *axe* ou partie centrale, qui est comme le tronc d'où partent et se ramifient dans tous les sens d'innombrables cordons appelés *nerfs* qui communiquent avec tous les organes.

L'axe cérébro-spinal se compose de deux portions : l'une contenue dans le crâne et qui le remplit : c'est l'*encéphale*; l'autre, dans la colonne vertébrale : c'est la *moelle épinière*.

Les nerfs qui viennent de l'encéphale s'appellent nerfs *crâniens* et ceux qui sortent de la moelle s'appellent nerfs *rachidiens*.

22. Encéphale. — La masse encéphalique qui remplit le crâne se divise en trois organes distincts : la *moelle allongée*, le *cervelet* et le *cerveau*.

La moelle allongée est cette partie de l'encéphale qui relie le cerveau à la moelle épinière : elle est analogue à celle-ci, blanche à l'extérieur, grise à l'intérieur : ce qui est le contraire du cerveau. On rattache à cette division de la moelle encéphalique les organes suivants [1] : *bulbe rachidien, protubérance annulaire, tubercules quadrijumeaux, pédoncules du cerveau* (fig. 2).

Le cervelet est cette partie de l'encéphale située à la partie inférieure et postérieure du crâne, au-dessous du cerveau et en arrière de la moelle allongée. Il est divisé en deux hémisphères

---

[1] La *protubérance annulaire* ou *pont de Varole* est le faisceau transversal unissant les deux moitiés du cervelet. — Le *bulbe* est la partie de la moelle allongée qui s'étend de la protubérance à la moelle épinière, qu'il surmonte à la manière d'un chapiteau. — Les *tubercules quadrijumeaux* sont quatre saillies mamelonnées qui recouvrent les pédoncules. C'est entre les tubercules que se trouve un petit organe mobile, en forme de pomme de pin, nommé *glande pinéale*, et qui est célèbre dans la philosophie de Descartes (fig. 1 cp.).

comme le cerveau lui-même, et communique avec lui par des cordons appelés *pédoncules* cérébelleux.

Reste enfin le cerveau, expression dont on se sert souvent assez improprement pour désigner l'encéphale tout entier. Dans le sens propre, il désigne cette portion de l'encéphale qui remplit la plus grande partie du crâne et qui est le renflement le plus considérable formé par l'axe cérébro-spinal.

23. **Cerveau.** — La forme du cerveau est celle d'un ovoïde irrégulier, plus renflé vers le milieu de sa longueur, et il se compose de deux moitiés désignées sous le nom d'*hémisphères*, réunies entre elles par une bande transversale que l'on appelle le *corps calleux* (fig. 2, CC). Les hémisphères sont fictivement divisés, dans le sens de la longueur, en trois parties que l'on appelle lobes antérieurs, moyens et postérieurs du cerveau. On remarquera surtout, à la superficie du cerveau, un grand nombre d'enfoncements sinueux formant autant d'éminences qui rappellent les circonvolutions des intestins. Aussi leur a-t-on donné le nom de *circonvolutions cérébrales*.

En même temps que les hémisphères sont réunis l'un à l'autre par le corps calleux, ils le sont à la moelle allongée par deux gros cordons que l'on appelle *pédoncules* cérébraux, et en outre ils comprennent à l'intérieur deux sortes de glandes ou renflements, appelés *couches optiques* et *corps striés*, avec lesquels les hémisphères communiquent par de nombreux filets nerveux.

Le cerveau se compose de deux sortes de substances; l'une *blanche* et l'autre *grise*. La substance blanche est intérieure; la substance grise est extérieure; on l'appelle aussi substance *corticale*.

24. **Nerfs crâniens.** — On distingue les nerfs crâniens, comme ceux de la moelle épinière, en deux classes : les nerfs de mouvement et les nerfs de sentiment — et ceux-ci (les nerfs de sentiment se divisent à leur tour en deux classes : nerfs de sensibilité spéciale, communiquant avec les organes des sens et donnant naissance aux sensations externes, et nerfs de sensibilité générale (voy. plus loin fig. 3).

25. **Description de l'encéphale.** — Les trois figures suivantes nous représentent l'encéphale à trois points de vue différents : *latéralement* (fig. 1), *intérieurement* (fig. 2) et *par en dessous* (fig. 3); en un mot, la première nous offre la face

extérieure et latérale ; la seconde, une coupe verticale médiane ; la troisième, la face inférieure.

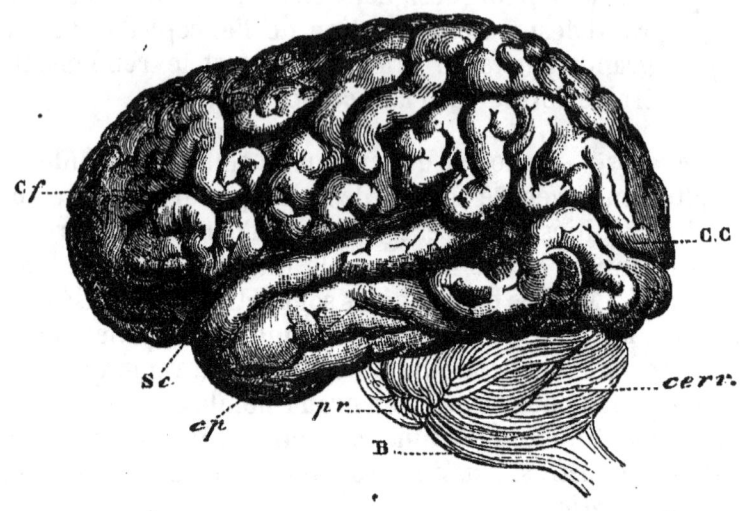

Fig. 1. — Face latérale de l'encéphale.

C*f*, circonvolutions frontales. — CC, circonvolutions occipitales. — *cp*, circ. pariétales ou temporales. — S*c*, scissure de Sylvius. — *pr*, protubérance. — *cerv.* cervelet. — B, bulbe.

On voit par cette figure que les circonvolutions du cerveau sont divisées fictivement en trois parties, que l'on appelle les lobes du cerveau : le *lobe antérieur*, qui se compose des circonvolutions *frontales* (C*f*) ; le *lobe postérieur*, des circonvolutions *occipitales* (CC), et le *lobe moyen*, des circonvolutions *pariétales* (*cp*). La *scissure de Sylvius* est la séparation qui existe entre le lobe antérieur et le lobe moyen du cerveau.

On sait que la protubérance (*pr*) et le bulbe (B) sont deux parties de la moelle allongée.

26. **Organes des sens.** — On appelle organes des sens les organes destinés à nous mettre en rapport avec les objets extérieurs par le moyen des *sens*. Il y a cinq sens : le toucher, le goût, l'odorat, l'ouïe et la vue. De ces cinq sens, quatre ont leur siège exclusif dans le crâne et se rattachent au cerveau. Le cinquième, le tact, est répandu dans tout le corps. Des quatre autres, trois seulement (ouïe, odorat et vue) ont chacun un nerf distinct.

Organe de l'odorat. — L'organe de l'odorat consiste en deux grandes cavités que l'on appelle *fosses nasales*, à l'entrée des voies respiratoires, et protégées par un organe cartilagineux appelé le nez. Ces cavités sont tapissées d'une membrane muqueuse humide que l'on appelle la *pituitaire* et qui est le siège principal de la sensation. Aux fosses nasales vient aboutir le

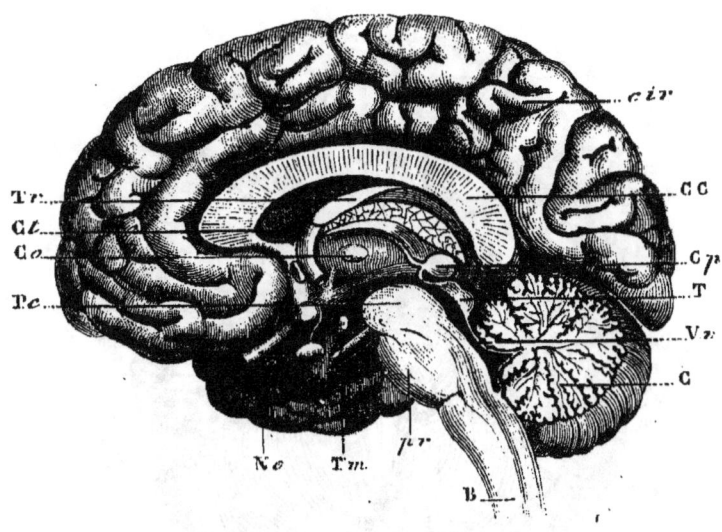

Fig. 2. — Section verticale médiane de l'encéphale.

cir, circonvolutions. — CC, corps calleux. — Tr, trigone ou voûte à trois piliers. — Ct, cloison transparente. — Co, couches optiques et corps striés. — Cp, glande pinéale. — T, tubercules quadrijumeaux. — Vv, valvule de Vieussens. — Pc, pédoncules cérébraux. — pr, protubérance annulaire. — B, bulbe. — Tm, tubercules mamillaires. — C, cervelet, montrant l'arbre de vie. — No, nerf optique.

Si l'on sépare les deux hémisphères l'un de l'autre par une coupe verticale, l'encéphale à l'intérieur présente l'aspect de la figure ci-dessus. La plupart des organes figurés ont été définis plus haut : signalons seulement le *trigone* et la cloison transparente, sortes de lames qui continuent le corps calleux et déterminent avec lui le plan qui sépare les deux hémisphères. On remarquera l'arbre de vie que présente la coupe médiane verticale du cervelet.

nerf olfactif, qui prend son origine dans la portion la plus reculée du lobe antérieur du cerveau.

Organe du goût. — Le goût a son siège dans la cavité buccale, et il a pour organe principal la membrane muqueuse de la langue, et principalement la partie qui recouvre la racine, les bords et la pointe de cet organe. Le goût n'a pas précisément de nerf spécial. Il est attaché au *nerf trijumeau*, qui est en même temps un nerf actif et un nerf de sensibilité générale.

Organe de l'ouïe. — L'organe ou plutôt l'ensemble d'organes

DESCRIPTION SOMMAIRE DU CORPS HUMAIN.   25

qui est chargé de nous communiquer le son, s'appelle oreille con-
(fig. 4). — L'oreille se divise en trois parties : l'oreille externe

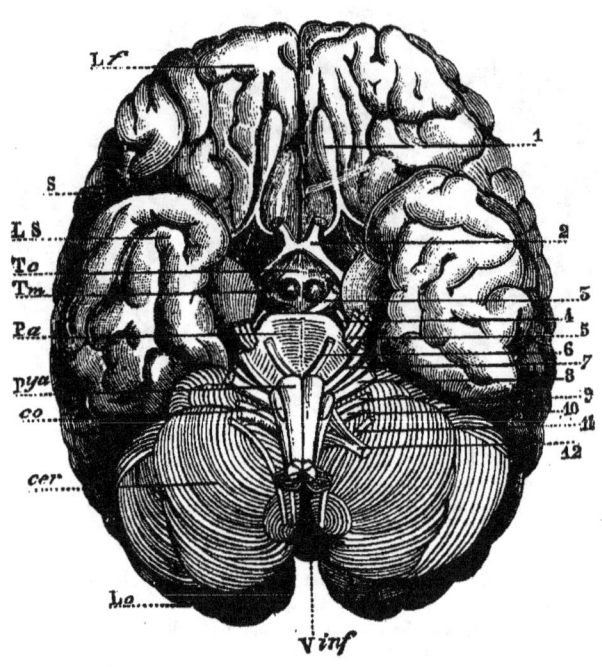

Fig. 3. — Face inférieure de l'encéphale.

L*f*, lobe frontal. — S, scissure. — LS, lobe sphénoïdal ou moyen.— Tc, tuber cinereum. — Tm, tubercules mamillaires. — Pa, protubérance. — Pya, pyramides antérieures. — co, corps olivaires. — cer, cervelet. — Lo, lobe occipital. — V*inf*, vermis inférieur.
1, nerf olfactif. — 2, nerf optique. — 3, nerf moteur oculaire commun. — 4, nerf pathétique. — 5, trijumeau. — 6, moteur oculaire externe. — 7, facial. — 8, nerf auditif. — 9, nerf glosso-pharyngien. — 10, nerf pneumogastrique. — 11, nerf spinal. — 12, nerf hypoglosse.

Cette figure nous montre l'aspect de l'encéphale vu en dessous. Elle nous offre quelques organes nouveaux de peu d'importance ; mais son principal objet est de nous montrer le point d'insertion des nerfs crâniens. Le nerf *olfactif* (1) est le nerf de l'odorat ; le nerf *optique* (2), celui de la vision ; le nerf *auditif* (8), celui de l'audition. Le nerf *moteur oculaire commun* (3), le *moteur oculaire externe* (6) et le nerf *pathétique* (4) président aux mouvements de l'œil. Le *trijumeau* (5), à la fois sensitif et moteur, donne la sensibilité à la face, à la langue, et détermine les mouvements masticateurs. Le nerf *facial* (7) est le nerf de l'expression ; le nerf *glosso-pharyngien* (9) détermine le mouvement du pharynx et de la langue, et contribue à la sensibilité gustative. Le nerf *pneumogastrique* (10), né du bulbe, contribue aux mouvements du cœur et de la respiration, donne la sensibilité à l'appareil digestif. Le nerf *spinal* (11) préside au mouvement du larynx ; c'est le nerf de la phonation. — Le nerf *hypoglosse* (12) sert aux mouvements de la langue.

l'oreille moyenne ou tympan, et l'oreille interne. — L'o-
reille externe est une sorte de cornet acoustique. Elle se
compose du *pavillon*, large surface cartilagineuse qui est en

quence, de la *conque* (C), excavation au centre du pavillon et qui donne naissance au *conduit auditif externe* (A), par où le son pénètre. L'oreille moyenne, ou *tympan*, se compose de la caisse du tympan et de la trompe d'Eustache. La caisse du tympan a été comparée à un tambour, d'où lui vient son nom. On y

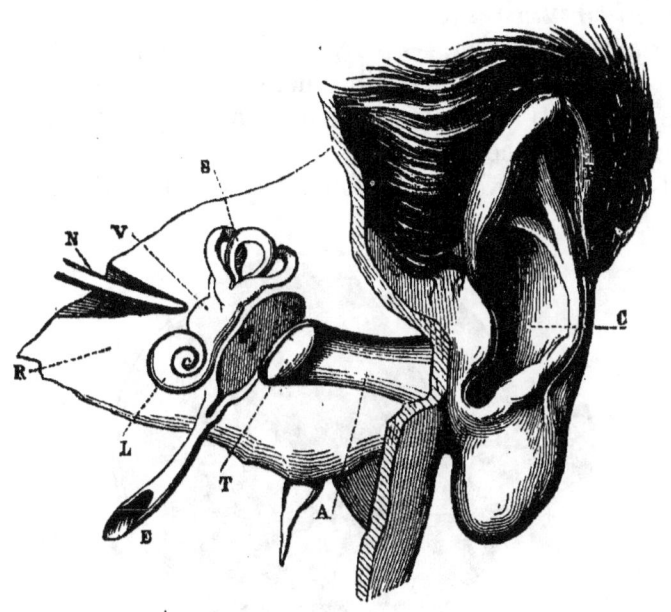

Fig. 4. — Ensemble de l'appareil auditif.

C, oreille externe et conque. — A, conduit auditif externe. — T, membrane du tympan. — E, trompe d'Eustache. — V, vestibule. — S, canaux demi-circulaires. — L, limaçon. — N nerf auditif. — R, rocher.

trouve en effet une membrane tendue sur un cadre osseux susceptible de vibrations : c'est la membrane du tympan (T), dont le plan fait un angle aigu avec le conduit auditif externe. — La trompe d'Eustache (E) est un canal allant de la cavité de l'oreille moyenne à l'arrière-fond des fosses nasales. Elle est destinée à mettre l'oreille moyenne en libre communication avec l'air extérieur.

L'oreille interne est la partie la plus importante de l'appareil auditif. Elle est logée dans une portion très dure de l'os temporal que l'on appelle le *rocher* (R), et présente des circonvolutions nombreuses qui lui ont fait donner le nom de *labyrinthe*. Il est tapissé de membranes humides, offrant un développement considérable, sur lesquelles viennent s'épanouir les branches terminales du nerf acoustique (N).

Ce nerf prend sa racine dans la partie de l'encéphale appelée *bulbe*, par deux branches distinctes qui viennent aboutir au labyrinthe, l'une à ce que l'on appelle le *limaçon* (L), l'autre aux *canaux demi-circulaires* (S).

Organe de la vision. — L'organe de la vision est l'*œil* (fig. 5), corps sphérique qui se meut librement dans une cavité du crâne appelée *orbite*. Il y a deux yeux, comme il y a deux oreilles, comme il y a deux cerveaux.

L'œil est un appareil semblable à l'appareil artificiel que l'on

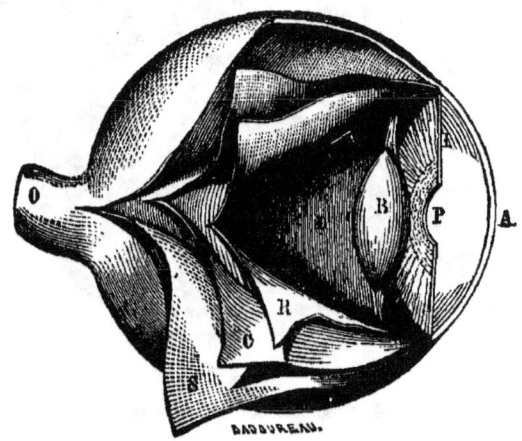

Fig. 5. — Globe oculaire montrant les membranes et les milieux transparents.
S, sclérotique. — C, choroïde. — R, rétine. — A, cornée. — I, iris. — P, pupille. — B, cristallin. — D, humeur vitrée. — O, nerf optique.

nomme *chambre noire*. Cette chambre a ses parois constituées par une membrane fibreuse appelée *sclérotique* (fig. 5, S), qui est tapissée elle-même à l'intérieur par une autre membrane, la *choroïde* (C). La sclérotique, qui est opaque, devient transparente dans la partie antérieure de l'œil et prend le nom de *cornée* (A). Par derrière la cornée est une sorte d'écran nommé *iris* (I), membrane colorée, percée au centre d'un orifice (P) ou *pupille*, qui donne accès aux rayons lumineux et qui peut être dilaté ou resserré selon le besoin. Au delà est le *cristallin* (B), lentille qui se trouve baignée entre deux liquides : l'humeur *aqueuse* entre la cornée et le cristallin, l'humeur *vitrée* entre le cristallin et le fond de l'œil. Enfin le fond de l'œil est tapissé par une autre membrane, la *rétine* (R), qui est la terminaison du *nerf optique* (O).

A ces différentes parties de l'œil, il faut ajouter, pour avoir une idée plus complète de la vision, les muscles oculaires (fig. 6 et 7), qui ont pour fonction de faire mouvoir les yeux dans tous les sens et qui sont au nombre de six (*droit interne* et *droit externe*, *droit supérieur* et *droit inférieur*, *grand oblique* et *petit*

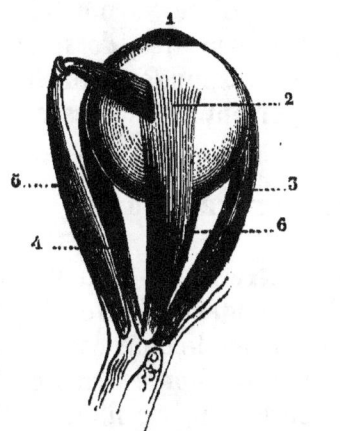
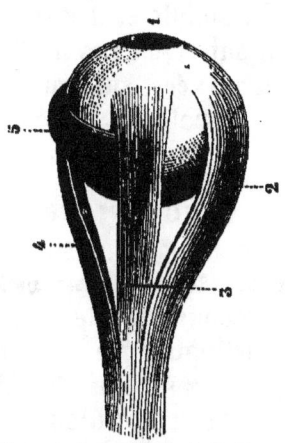

Fig. 6. — 1, face supérieure de l'œil. — 2, muscle droit supérieur. — 3, droit externe. — 4, droit interne. — 5, muscle grand oblique. — 6 droit inférieur.

Fig. 7. — 1, face externe de l'œil. — 2, Droit inférieur. — 3, droit externe. — 4, droit supérieur. — 5, petit oblique.

oblique), et les muscles des paupières, qui sont au nombre de deux.

Organes du tact. — Le sens du tact ou toucher a pour organes la peau et une partie de la muqueuse buccale, et même des muqueuses internes. La peau est hérissée de nombreuses *papilles* qui contiennent de petits corps ovoïdes, appelés *corpuscules du tact*, dans lesquels se terminent les nerfs sensitifs. Les nerfs du toucher sont les uns des nerfs crâniens, les autres des nerfs rachidiens.

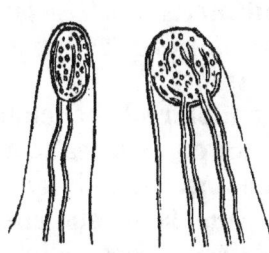

Fig. 8. — Corpuscules du tact.

27. Moelle épinière. — La moelle est la portion de substance nerveuse faisant suite à l'encéphale et contenue dans le canal vertébral ; c'est une tige blanche de forme cylindrique divisée par deux sillons médians, l'un antérieur, l'autre postérieur, qui la partagent en deux parties égales et symétriques, et par deux sillons latéraux qui sont les lignes d'insertion des nerfs rachidiens.

La moelle, comme l'encéphale, se compose de deux substances, l'une blanche et l'autre grise ; seulement, c'est la blanche qui est à la périphérie et la grise qui est au centre.

28. Nerfs rachidiens. — Les nerfs *rachidiens* ou nerfs de la moelle naissent de la moelle par deux sortes de *racines* distinctes à l'origine, mais qui se réunissent en un seul tronc à la sortie du canal rachidien.

Ces nerfs sont au nombre de 32 paires, qui émergent de chaque côté de la moelle et dessinent un arbre d'une forme très régulière. On subdivise ces nerfs en paires *cervicales*, *dorsales*, *lombaires* et *sacrées*, suivant qu'elles correspondent aux diverses parties de la colonne vertébrale qui portent les mêmes noms.

FONCTIONS DU SYSTÈME NERVEUX

29. Fonctions des nerfs rachidiens. — L'une des plus grandes découvertes de la physiologie moderne (Bell et Magendie) a été de distinguer parmi les nerfs de la moelle deux catégories : 1° les *nerfs de la sensibilité* ; 2° les *nerfs du mouvement*. Cette découverte était très difficile à faire, parce que les fibres motrices et les fibres sensitives sont intimement mêlées dans toute espèce de nerfs. La différence est dans les *racines*. Il a été démontré par l'expérience que les racines *postérieures* sont les organes de la sensibilité, et les racines *antérieures* les organes du mouvement. Ce qui le prouve, c'est que, si l'on coupe les premières, la sensibilité est abolie, tandis que le mouvement subsiste ; si les secondes, c'est le mouvement qui est aboli et la sensibilité qui subsiste. La différence des racines subsiste dans les fibres qui les continuent, quoique ces fibres soient mêlées ensemble pour former le tronc des nerfs.

Comme les nerfs sensitifs apportent les impressions du dehors aux centres nerveux, on les appelle souvent nerfs *centripètes* ; et comme les nerfs moteurs transmettent au contraire l'action du dedans au dehors, on les appelle nerfs *centrifuges*.

Les nerfs sensitifs et les nerfs moteurs n'ont en réalité aucune différence. Ce ne sont que des *conducteurs*. Si on peut les remplacer l'un par l'autre, l'action a lieu néanmoins. La différence de propriété vient donc du centre : c'est dans la moelle elle-même qu'il faut distinguer des cellules *motrices* et des cellules *sensitives*, et les nerfs diffèrent de propriété suivant qu'ils partent des unes ou des autres.

30. Fonctions de la moelle épinière. — La moelle peut être considérée soit comme centre, soit comme conducteur.

Elle est centre lorsque l'action se termine à elle, part d'elle ou se transmet par elle sans passer par l'encéphale.

Elle est conducteur lorsqu'elle transmet l'excitation soit du dehors au cerveau, soit du cerveau au dehors.

Cette dernière fonction est la plus ordinaire : c'est ainsi que les nerfs de la sensibilité produisent de la douleur lorsque l'impression se communique par la moelle au cerveau et y devient consciente; c'est ainsi que la moelle est l'agent de mouvements volontaires dont le point de départ est dans le cerveau, mais qui se communiquent aux nerfs moteurs par l'intermédiaire de la moelle. Aussi voit-on qu'une maladie de la moelle, aussi bien que les maladies du cerveau, produit soit le trouble, soit l'abolition des fonctions sensitives et motrices.

Mais la moelle est elle-même centre d'action. On le prouve par l'exemple des animaux décapités, où l'on voit une excitation externe (on pince la patte d'une grenouille) déterminer des mouvements semblables aux mouvements volontaires. La moelle a donc transmis l'excitation des nerfs sensitifs aux nerfs moteurs.

Les mouvements produits ainsi par la moelle sans intervention du cerveau et de la volonté, s'appellent mouvements *réflexes*(42).

En général, cependant, on donne le nom de mouvement réflexe à tout mouvement dépendant d'un centre nerveux quelconque, même de l'encéphale, mais sans l'intervention de la volonté.

31. Fonctions de l'encéphale. *Bulbe.* — Le bulbe est un organe conducteur comme la moelle, puisqu'il la fait communiquer avec le cerveau. Mais il est aussi un centre. Comme centre il préside aux fonctions de la déglutition et de la mastication; il est l'organe central des mouvements expressifs; mais surtout il joue un rôle considérable dans la respiration : c'est du bulbe que partent les nerfs qui président à cette fonction. Flourens a déterminé dans le bulbe le point précis (appelé par lui *nœud vital*) qui est le centre respiratoire.

Protubérance. — La protubérance, outre son rôle de conducteur, est aussi un centre; les lésions en effet qui s'y manifestent produisent des mouvements convulsifs ou de rotation.

Tubercules quadrijumeaux. — Ces organes sont le centre des perceptions visuelles et des mouvements oculaires. L'ablation de ces organes produit la cécité.

Couches optiques et corps striés. — Rien de bien certain sur les fonctions de ces organes. Un physiologiste, le Dr Luys, considère les couches optiques comme le centre ou *sensorium commune* où viennent aboutir les impressions des sens externes, et le corps strié comme le centre des actions motrices.

Cervelet. — Le cervelet ne semble pas jouer un rôle dans les phénomènes de sensibilité ou d'intelligence. Son influence ne s'exerce que sur le mouvement. Il ne produit pas le mouvement, mais il le régularise. Sa fonction propre paraît être la *coordination* des mouvements : en tout cas, il y contribue.

Les hémisphères cérébraux. — Les hémisphères du cerveau proprement dit sont la partie la plus importante des centres nerveux et le siège des phénomènes les plus élevés, c'est-à-dire de l'intelligence proprement dite. « Les hémisphères, dit Cuvier, sont le réceptacle où les sensations prennent une forme distincte et laissent des souvenirs durables. Ils servent de siège à la mémoire, propriété au moyen de laquelle ils fournissent à l'animal les matériaux de ses jugements. »

Tout porte à croire que c'est dans la substance grise, appelée aussi substance *corticale* parce qu'elle forme l'écorce du cerveau, que résident les fonctions intellectuelles.

Le cerveau est encore l'organe des mouvements *volontaires*. L'ablation des hémisphères ne détruit pas sans doute le mouvement dans l'animal; mais les mouvements qu'il continue à exécuter ne sont plus que des mouvements automatiques : tout signe extérieur de volonté a disparu.

Le cerveau n'est pas seulement l'organe de l'intelligence et de la volonté, il l'est aussi de l'instinct chez les animaux ; privés d'hémisphères, les animaux perdent leurs instincts. Les pigeons opérés par Flourens cessaient de chercher leur nourriture.

Inutile d'ailleurs d'insister davantage sur les fonctions du cerveau. Nous y reviendrons plus loin en traitant des rapports du physique et du moral.

CHAPITRE II

Classification des phénomènes psychologiques : Opérations sensitives
et opérations intellectuelles.

32. Distinction des phénomènes psychologiques et des phénomènes physiologiques. — Quoique l'homme physique soit la condition nécessaire de l'homme moral, il n'est pas la même chose que l'homme moral. L'un est connu par le moyen des sens comme les autres corps : l'autre se connaît lui-même par la conscience. Les phénomènes qui se passent dans l'un sont des phénomènes physiologiques; les phénomènes qui se passent dans l'autre sont des phénomènes psychologiques. La psychologie est donc distincte de la physiologie [1] et elle s'occupe exclusivement des phénomènes de conscience.

Comment devons-nous diviser les phénomènes psychologiques ?

33. Division des phénomènes. — Puisque l'homme complet, l'homme réel, est à la fois corps et âme, intimement unis, puisqu'il est, suivant l'expression de Bossuet, « une substance intelligente *née pour vivre dans un corps*, » il en résulte que la division la plus naturelle des phénomènes et des opérations de l'âme, c'est de distinguer les phénomènes ou opérations qui dépendent *immédiatement* du corps, et les phénomènes ou opérations qui n'en dépendent pas, ou du moins qui n'en dépendent que par l'intermédiaire des premiers. Par exemple, lorsque je pense, ma pensée, considérée en elle-même, n'a aucune relation avec l'existence corporelle. Apercevoir un rapport d'évidence, vouloir un acte de vertu, aimer une personne pour sa bonté et pour la noblesse de son cœur, sont des phénomènes qui

---

1. Nous ne croyons pas devoir nous étendre plus longtemps sur cette question préliminaire. On ne peut distinguer encore deux sciences l'une de l'autre, quand on ne connaît ni l'une ni l'autre. Faites la science, on verra bien si elle existe. Les autres sciences ne se préoccupent pas ainsi de se démontrer elles-mêmes. La physique ne cherche pas à démontrer qu'elle est distincte de la chimie, la mécanique qu'elle est distincte de la géométrie, etc. Quant aux difficultés réelles qui portent sur la distinction des faits psychologiques et physiologiques, elles seront discutées dans le chapitre sur la distinction de l'âme et du corps.

ne peuvent en aucune façon se traduire physiologiquement en faits perceptibles aux sens. Ces phénomènes, étant liés à la sensation, à l'imagination, au langage, aux mouvements externes, peuvent, en un sens, dépendre eux-mêmes de l'état du corps ; mais ce n'est que *par accident*, comme le dit Bossuet, et parce qu'ils sont liés à d'autres phénomènes qui eux-mêmes sont en contact immédiat avec le corps.

34. Opérations sensitives et opérations intellectuelles.

— Nous appellerons, avec Bossuet, *opérations sensitives* les opérations immédiatement liées à la vie physiologique, et *opérations intellectuelles* celles qui s'élèvent au-dessus (entendement, sentiment, volonté). Les premières nous sont plus ou moins communes avec les animaux et constituent la *vie animale* ; les autres sont propres à l'homme et constituent la *vie humaine* proprement dite [1].

A la vérité, il est difficile de distinguer avec précision ces deux domaines, par la raison facile à comprendre que la partie supérieure de l'homme n'est jamais complètement absente, et qu'elle intervient dans les phénomènes inférieurs ; mais cette difficulté se retrouve dans toute classification psychologique ; et celle que nous proposons, outre l'avantage qu'elle a d'être la plus conforme à la tradition, est aussi celle qui se rapproche le plus de la réalité, car elle est la traduction fidèle de l'histoire de l'individu et de l'espèce. L'individu, en effet, commence par la vie animale, qui elle-même a été précédée de la vie végétative et nutritive : et c'est du sein de cette vie animale que sort la vie humaine proprement dite. De même, l'espèce humaine commence par l'état sauvage, qui est sans doute déjà très supérieur à la pure vie animale, mais qui ne contient encore qu'en germe les traits distinctifs et constitutifs de l'humanité.

En même temps que la division proposée est la plus conforme à la tradition, elle est aussi celle qui s'accorde le mieux avec les progrès les plus récents de la psychologie, et qui permet le plus aisément d'en profiter.

35. Les trois facultés de l'âme : *Entendement. Sentiment. Volonté.*

— La division précédente n'a rien qui contredise la division généralement admise, et on peut facilement faire cadrer l'une avec l'autre. Rien de plus vrai que la distinction des

---

[1]. Les anciens distinguaient également l'âme en deux parties : τὸ ἄλογον, τὸ λογιστικὸν. C'est dans le même sens que la philosophie chrétienne distingue entre la *chair* et l'*esprit*.

trois facultés. PENSER, AIMER, VOULOIR sont trois opérations profondément distinctes, et l'expérience de tous les jours le démontre suffisamment. Un homme d'*esprit* n'est pas toujours un homme de *cœur*, et un homme de cœur peut ne pas être un homme de *caractère*. La tête (l'esprit), le cœur, le caractère, sont donc trois activités différentes et souvent opposées. Par la tête, on connaît; par le cœur, on aime; par la volonté et le caractère, on agit. La connaissance, les affections, les actions sont les trois effets de ces trois puissances. En un mot nous maintenons et nous acceptons la division reçue; mais elle ne nous paraît avoir un sens bien précis et bien délimité que lorsqu'on parle des opérations intellectuelles, c'est-à-dire des opérations les plus élevées de l'ame. Mais si on les considère à leurs racines, là où elles sortent de la vie animale, quelle difficulté de distinguer les faits élémentaires qui sont la source de chacune d'elles! Comment séparer rigoureusement, et sans exagérer les différences, les phénomènes *sensitifs* (sensations), qui sont l'origine de l'intelligence, des phénomènes *affectifs* (plaisir et douleur), qui sont l'origine du sentiment, et les phénomènes *actifs* (instinct, mouvements spontanés), qui sont l'origine de la volonté. Ces trois classes de phénomènes n'ont-ils pas plus d'affinités entre eux que chacun d'eux n'en a avec les phénomènes d'ordre supérieur auxquels on les associe d'ordinaire?

Sans doute, même dans la vie sensitive, nous sommes obligés, pour pouvoir nous exprimer avec quelque clarté, d'établir cette distinction de trois classes de phénomènes (actifs, affectifs, sensitifs); mais n'oublions pas qu'avant toute distinction, entre la vie purement organique et la vie psychologique proprement dite, il y a une sorte de vie crépusculaire intermédiaire, une sensibilité sourde et diffuse, dont nous ne pouvons nous faire quelque idée qu'en pensant à l'état intermédiaire de la veille et du sommeil. Cette sensibilité informe, qui est à nos facultés ce que le *protoplasme* du protozoaire est aux formes organisées des embranchements supérieurs, est la racine de la vie psychologique; c'est là que plongent toutes nos facultés à l'origine, c'est de là qu'elles émergent en se distinguant, c'est là que dorment confondus la pensée, le sentiment, la volonté, en attendant qu'ils se séparent en se développant.

SECTION I

LES OPÉRATIONS SENSITIVES

CHAPITRE PREMIER

Passage de la physiologie à la psychologie. — Phénomènes actifs.
Le mouvement et l'instinct.

Les opérations *sensitives* sont les opérations de l'âme qui dépendent immédiatement du corps (34). On peut y distinguer trois classes de phénomènes : les phénomènes *actifs*, qui se manifestent par le mouvement; les phénomènes *affectifs*, caractérisés par le plaisir et la douleur, et les phénomènes *sensitifs*, qui sont les impressions produites sur l'âme par l'action des objets extérieurs, et qui sont suivis des phénomènes d'imagination. L'ensemble de ces faits compose la vie *sensitive* et *animale*.

36. Mouvement et sensation. — Si le premier phénomène qui annonce la vie à la conscience du sujet vivant est la *sensation*, le premier phénomène qui l'annonce à l'observateur du dehors, c'est le *mouvement*. La mère qui porte un enfant dans son sein apprend qu'il existe en le sentant remuer. Lorsque l'enfant vient au monde, c'est par le mouvement de ses membres, aussi bien que par les cris, qui eux-mêmes ne sont que des mouvements, qu'il annonce son arrivée à la vie. Mouvement et sensation, tels sont donc les deux faits primordiaux de la vie ; et le mouvement, selon toute apparence, est antérieur à la sensation.

37. Mouvements spontanés. — L'activité motrice qui se manifeste dans le premier âge de la vie peut être accompagnée de sensation, mais elle n'est pas nécessairement un résultat de la sensation, et elle n'est pas toujours en proportion avec elle. Il y a lieu d'admettre une source de *mouvements spontanés* qui provient de l'activité vitale elle-même. Voici quelques-uns des faits qui déposent en faveur de cette hypothèse : la mobilité des petits enfants, la vivacité de leur gesticulation, très disporportionnée à la sensation ou à l'émotion qui en sont l'occasion; les jeux des jeunes animaux (comme le petit chat jouant avec une pelote); le rétablissement de l'action au réveil, qui ne peut venir d'une source extérieure; le besoin d'exercice dans la jeunesse; enfin la disproportion dans une même personne de l'activité et de la sensibilité[1].

Les mouvements spontanés doivent être distingués de deux autres espèces de mouvements très différents : 1° des mouvements *volontaires*; 2° des mouvements que l'on appelle *réflexes*.

Les mouvements volontaires, que nous étudierons plus tard (sect. III, ch. III.) se distinguent des mouvements spontanés en ce que : 1° ils sont précédés de la *représentation* même du mouvement. Je ne peux pas *vouloir* me promener sans me représenter d'avance la promenade. Je veux mouvoir mon bras, signifie que j'ai l'idée du mouvement de mon bras. Quand ce mouvement a lieu sans que je l'aie conçu d'avance, je dis que je l'ai produit malgré moi, sans y penser, sans le vouloir; 2° le mouvement volontaire est accompagné de l'idée d'un *but* à atteindre : je ne veux pas sans motif et sans raison. Je veux marcher *pour* aller quelque part. Je veux mouvoir mon bras *pour* prendre un objet. Or les deux caractères précédents manquent aux mouvements spontanés. Ils s'accomplissent sans avoir été représentés d'avance à l'imagination, et ils s'accomplissent sans but.

Ils ne se distinguent pas moins des mouvements exclusivement mécaniques que l'on appelle *mouvements réflexes*.

38. Mouvements réflexes. — Le mouvement réflexe est une sorte de mouvement dont le caractère distinctif est d'être provoqué par une action externe, c'est-à-dire par une excitation sur les nerfs sensitifs, qui se communique, par l'intermédiaire des centres nerveux, aux nerfs moteurs et se traduit au dehors en mouvements. De ce genre, par exemple, est le rire convulsif produit par le chatouillement, l'action de cligner de l'œil, lorsqu'on fait semblant de vouloir y porter un coup. Les médecins disent que le cri de l'enfant qui vient au monde est un cri réflexe, c'est-à-dire un mouvement automatique produit par l'invasion subite de l'air dans la poitrine.

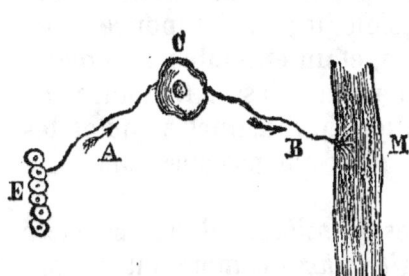

Fig. 9. — Schème du mouvement réflexe.
C. Cellule nerveuse. — E. Épiderme. — A. Nerf sensitif. — B. Nerf moteur. — M. muscle.

Le mouvement réflexe se distingue du mouvement spontané

---

1. Bain, *les Sens et l'Entendement*, 1re partie, ch. I (trad. fr., p. 49).

en ce qu'il a pour origine une excitation externe, tandis que dans le mouvement spontané l'excitation externe est nulle ou du moins très disproportionnée à l'action motrice.

39. Mouvements instinctifs. — Les mouvements instinctifs sont des mouvements spontanés, qui se distinguent de ceux que nous avons signalés plus haut en ce qu'ils sont : 1° coordonnés et combinés; 2° dirigés vers un but.

Les mouvements instinctifs se distinguent des mouvements réflexes, en ce que l'origine de ceux-ci est un excitant externe, tandis que dans l'instinct le point de départ est central, et que les impulsions internes servent d'excitants.

INSTINCT

40. Définition. — Nous appelons *instinct* la cause inconnue en vertu de laquelle l'animal et l'homme lui-même réalisent avec une sûreté infaillible et sans éducation la série de mouvements nécessaire à la conservation, soit de l'individu, soit de l'espèce.

Dans ce sens précis et circonscrit, l'instinct n'est pas seulement un mode de l'activité spontanée; il est un *art*, l'art de coordonner les mouvements des organes vers un but déterminé.

41. L'instinct appartient-il à la psychologie ou à la physiologie? — On peut se demander si l'étude de l'instinct appartient à la psychologie ou à la physiologie; car les mouvements sont des phénomènes physiologiques, et un ensemble de mouvements semble bien rentrer sous la même classe. En outre, ne pourrait-on pas appliquer la définition de l'instinct à toutes les fonctions du corps? Chacune d'elles n'est-elle pas aussi une sorte d'art dirigé vers un but ?

Nous sommes ici sur une de ces frontières où les sciences voisines se disputent des faits *limitrophes*, comme dit Bacon, qui appartiennent aussi bien à l'une qu'à l'autre. Ainsi, il est certain que la série des actes mécaniques dont se compose un instinct (par exemple le vol des oiseaux, la natation des poissons) appartient spécialement à la physiologie, aussi bien que la série des mouvements respiratoires; mais d'un autre côté, l'instinct paraît rentrer dans les phénomènes psychologiques par les raisons suivantes : 1° Le point initial de l'instinct est une impulsion psychologique, un désir, un besoin, par exemple la faim, la crainte, l'amour maternel, etc. — 2° Les actes instinctifs sont semblables à ceux que produiraient la réflexion et la volonté, et réciproquement, les faits volontaires et réfléchis deviennent par habitude tout à fait semblables à ceux de l'instinct. Il semble donc qu'il y ait dans l'âme un autre mode d'activité que celui de la réflexion et de la volonté, et qui produise les mêmes effets. — 3° L'instinct appartient encore à la psychologie par la conscience du pouvoir que nous avons sur nos organes, c'est-à-dire de notre activité motrice. Cette conscience se manifeste par le sentiment de la résistance des autres corps à notre pouvoir moteur, ou de la résistance de notre propre corps : c'est ce que nous appelons l'*effort musculaire*. Or, l'effort n'est pas toujours volontaire, et même il a dû être spontané avant d'être volontaire. L'instinct, tout en s'accomplissant plus facilement que les actes volontaires, n'en exige pas moins cependant un certain effort, et par là est accompagné de conscience. — 4° Quoique l'instinct soit *inconscient*, comme on dit, en ce sens qu'il ne comprend pas ce qu'il fait, il n'est pas inconscient dans le sens absolu du mot ; ainsi, lorsque par instinct je me retiens sur le point de tomber, je n'ai pas eu conscience des moyens que j'ai employés, mais j'ai eu conscience d'un acte qui me portait à droite pendant que j'étais entraîné à gauche. De même, je veux croire que l'abeille ne sait pas ce qu'elle fait : elle n'en a pas moins conscience (si elle a une conscience) de son vol, de la succion des fleurs, etc. De même que l'enfant qui tette ne sait pas ce qu'il fait, mais il a certainement conscience de ce qu'il fait.

Telles sont les circonstances qui distinguent l'instinct des autres fonctions et qui le rattachent aux faits psychologiques.

On peut dire toutefois que l'instinct appartient beaucoup plus à la psychologie de l'animal qu'à la psychologie humaine : car c'est chez l'animal qu'il présente les phénomènes les plus merveilleux : dans l'homme il ne se présente guère que sous la forme d'activité spontanée.

42. Instinct des animaux. Ses caractères. — L'instinct des animaux présente les caractères suivants :

1° *Ignorance du but*. — « Tel insecte herbivore à l'état adulte va néanmoins déposer ses œufs sur la chair putréfiée qui seule peut nourrir les larves de ses petits qu'il ne verra pas éclore. »

2° *Perfection immédiate des actes instinctifs*. — « L'animal réussit généralement du premier coup, sans tâtonnement et sans essais préalables. L'oiseau n'a pas besoin d'étudier pour faire son nid. Le carnassier n'hésite pas quand il se trouve pour la première fois en présence de la proie que la nature lui destine, et parmi les herbes d'une prairie, le ruminant va droit à celle qui lui convient. »

3° *Infaillibilité*. — « Pas un nid, pas une ruche, pas un terrier, pas une cabane ne sont insuffisants pour les besoins de l'animal. »

4° *Immobilité*. — « L'animal n'a rien appris pour pratiquer son art : il le pratique sans hésiter et très bien, mais il ne se préoccupera pas d'y apporter des perfectionnements successifs. La nature pourvoit à tout. »

5° *Spécialité*. — « Il y a des *instincts*, mais on ne peut dire qu'il existe *un instinct*. Tel oiseau n'est pas fait pour construire un nid, mais *tel* nid ; chaque espèce d'araignée fait une toile d'une espèce particulière, et elle ne peut faire que celle-là. »

6° Enfin, *uniformité*. — « Toutes les actions sont uniformes dans tous les individus d'une même espèce. Les abeilles du temps d'Aristote avaient leurs ruches comme celles d'aujourd'hui, et partout vous trouverez la même espèce, les mêmes mœurs, les mêmes habitudes, la même industrie[1]. »

Sans doute il ne faudrait pas voir dans les caractères précédents des lois absolues et inflexibles. L'expérience en effet nous apprend que l'instinct n'est pas étranger à une certaine variabilité, sous l'influence de certaines circonstances. Néanmoins ces lois générales restent vraies : en effet, ce n'est que dans de très faibles limites et dans des cas exceptionnels que l'instinct varie ; d'ailleurs, si on y réfléchit, on verra qu'une certaine variation dans l'application est impliquée dans l'idée même de l'instinct ; celui-ci, en effet, est une adaptation innée des habitudes de l'animal au milieu environnant ; s'il ne pouvait se modifier en aucune manière, le moindre changement de milieu détruirait l'espèce. Il suffit, pour maintenir la vérité des caractères précédents, que ces variations n'aient lieu que dans des détails très secondaires (voy. plus loin, 92).

43. Division des instincts. — On a divisé les instincts en trois classes :

I. *Instincts relatifs à la conservation de l'individu* : 1° disposition à se nourrir de certaines substances déterminées ; — 2°

---

[1]. Cette analyse des caractères de l'instinct et les textes cités sont empruntés au livre de M. H. Joly : *de l'Instinct*, ch. III.

moyens employés par les carnassiers pour s'assurer leur proie (toile de l'araignée, entonnoir du fourmilion, ruses des animaux); — 3° instinct d'accumulation (provisions des écureuils, des fourmis); — 4° instinct de construction (coque du ver à soie, terrier du lapin, huttes du castor, ruches des abeilles); — 5° instinct de vêtement (la teigne du drap).

II. *Instincts relatifs à la conservation de l'espèce :* 1° précautions pour la ponte des œufs (nécrophores, pampiles); — 2° construction des nids.

III. *Instincts de société :* 1° sociétés accidentelles (animaux voyageurs); — 2° sociétés permanentes (abeilles, fourmis, castors).

44. L'instinct chez l'homme. — C'est surtout chez les animaux et chez certains animaux que les phénomènes instinctifs se manifestent de la manière la plus étonnante; mais ils ne sont pas étrangers à l'organisation humaine, et quoique la volonté s'y mêle pour une beaucoup plus grande part que chez les animaux, on doit faire cependant la part de l'instinct. Bain cite comme exemples le rythme locomoteur, la concordance des mouvements des yeux, etc. [1]

45. Théories sur l'instinct. — On a essayé d'expliquer l'instinct surprenant des animaux par plusieurs hypothèses dont voici les principales :

1° *Hypothèse de la sensation.* — L'instinct serait uniquement provoqué par les sensations de l'animal. C'est l'odorat qui conduit l'abeille vers la fleur qui doit lui donner son suc. L'incubation des œufs s'explique par le soulagement que la poule éprouve en s'étendant sur les œufs, etc.

Il est certain que la sensation joue un rôle dans l'instinct; mais elle est tout à fait insuffisante pour en expliquer les phénomènes compliqués. Quelle sensation peut apprendre à l'abeille que la forme hexagonale est la plus propre à contenir le plus de miel possible dans le plus petit espace possible?

2° *Théorie de l'habitude.* — Une théorie plus savante est celle qui explique l'instinct par l'habitude. « La coutume, dit Pascal, est une seconde nature; j'ai bien peur que cette nature ne soit elle-même qu'une première coutume. » (*Pensées*, éd. Havet, III, 13). Rien, en effet, ne ressemble plus à l'habitude que l'instinct, et on ne peut mieux la définir qu'en disant qu'elle est un instinct

---

[1]. *Sens et intelligence*, trad. fr., p. 227.

acquis. Mais si nous pouvons acquérir certains instincts que nous appelons habitudes, pourquoi tous les instincts ne seraient-ils pas du même genre ? pourquoi tous ne seraient-ils pas acquis et ne viendraient-ils pas de l'expérience ?

Cette théorie vient échouer devant les faits caractéristiques de l'instinct. En effet, s'il est vrai, comme il est incontestable, que l'animal se fait des habitudes par l'expérience, comme nous-mêmes, il est certain aussi qu'il a des instincts qui précèdent toute expérience. Ainsi les tortues vont droit à l'eau qu'elles n'ont jamais vue ; l'abeille, dès le premier jour, fait ce qu'elle fera toute sa vie. L'absence d'éducation est un des faits les plus certains de l'instinct.

3° *Théorie de l'hérédité.* — L'habitude individuelle étant insuffisante pour expliquer les faits, on a eu recours dans une école toute récente (Darwin, Herb. Spencer) à l'habitude de l'espèce. C'est l'espèce tout entière qui fait des expériences et qui peu à peu, en accumulant les faits, acquiert une habileté de plus en plus grande, qui se transmet et se fortifie par l'hérédité.

A cette théorie on peut faire plusieurs objections : 1° Il n'y a pas de trace historique de ce développement progressif des instincts. 2° Comment l'animal aurait-il subsisté sans les instincts qui sont nécessaires à sa conservation ? 3° Il y a des instincts qui ne sont pas susceptibles de degré : ce sont ceux qui se composent d'un seul acte : par exemple, celui de déposer ses œufs sur de la chair putréfiée (46, 1°). Que cet acte n'ait pas eu lieu à l'origine, et l'espèce périssait. 4° Si les espèces ont pu à l'origine se créer des instincts, pourquoi ne s'en créent-elles pas de nouveaux ?

En résumé, rien de plus obscur que l'origine de l'instinct. Contentons-nous de le constater comme un fait incontestable : au surplus, c'est là la seule fonction de la psychologie. L'explication du fait appartiendrait plutôt à la philosophie de la nature.

46. Habitudes. — On peut encore compter parmi les opérations actives de la vie sensitive et machinale de l'homme les mouvements que l'on appelle *habituels*, et qui, par une répétition fréquente, semblent redevenir instinctifs et spontanés. Mais comme la volonté intervient pour une très grande part dans ces sortes de mouvements, nous en remettrons la théorie à la section qui traitera de la volonté. (Sect. III, ch. III).

CHAPITRE II.

Phénomènes affectifs. — Le plaisir et la douleur. Les appétits et les passions.

Les phénomènes précédents relèvent à peine de la psychologie : ce sont de ces phénomènes mixtes et limitrophes, tels qu'il y en a sur les confins de toutes sciences. Comme mouvements, ils sont évidemment du domaine physiologique, et ils ne rentrent dans la psychologie que parce qu'on les suppose produits par quelque activité de l'âme analogue à celle qui les produit quand ils deviennent volontaires; c'est ce qu'on appelle généralement l'*activité spontanée*.

47. Sensibilité consciente et inconsciente. — Les faits nouveaux dans lesquels nous allons entrer sont du domaine de la conscience et paraissent être les premiers qui se manifestent à elle. Ils se mêlent probablement aux précédents, et l'on peut supposer qu'ils existent déjà à quelque degré aussitôt que l'animal vit. « Vivre, c'est sentir, » ont dit les physiologistes. Or, qu'est-ce que sentir, si ce n'est jouir ou souffrir à quelque degré?

Il est vrai que les physiologistes admettent quelquefois une certaine faculté appelée *sensibilité*, chargée de « recevoir les excitations externes et de réagir à la suite de ces excitations[1] », sans qu'il soit nécessaire que ces phénomènes arrivent à la conscience sous forme de plaisir et de douleur; et ils ont trouvé de la sensibilité jusque dans les plantes.

N'est-ce pas là un abus de mots? Peut-on appeler du nom de sensibilité une action purement organique, sans aucune conscience? Dire que la *sensitive* sent l'action de contact, lorsqu'elle se replie au toucher, n'est-ce pas une sorte de métaphore, de même que lorsqu'on dit que la plaque photographique est *sensible* à la lumière? Sans doute, il se passe quelque chose dans nos corps quand nous éprouvons du plaisir ou de la douleur, et cette même action peut avoir lieu sans qu'il y ait plaisir et douleur. Mais il nous semble que cette action toute physique serait mieux désignée par le nom d'irritabilité ou d'excitabilité, réservant le mot de sensibilité pour la faculté de sentir prise dans son sens propre

---

1. Claude Bernard, *les Phénomènes de la vie*, 1re leçon, p. 286.

et dans ces deux phénomènes caractéristiques : plaisir et douleur.

Quoi qu'il en soit, du reste, de ce débat qui porte sur les mots plus que sur les choses, nous aborderons ici les phénomènes de sensibilité, en tant qu'ils se présentent à la conscience.

48. Sens intime. — C'est ici le lieu de rappeler ce que nous avons dit plus haut (10), que le caractère essentiel des phénomènes psychologiques est de ne pouvoir pas se produire sans être accompagnés d'un sentiment intérieur immédiat qui nous les fait percevoir et sans lequel ils n'existeraient pas pour nous. C'est en ce sens qu'on a dit : *Non sentimus, nisi sentiamus nos sentire*. Ce sentiment immédiat est tellement co-essentiel au fait lui-même, qu'il doit être toujours supposé quand on parle de ce fait. On a donné le nom de *sens intime* à ce sens qui accompagne tous les autres; les scolastiques l'appelaient *synesthèse* (συναίσθησις.) On peut, en effet, l'appeler un sens tant qu'il n'est que ce que nous venons de dire, à savoir, l'accompagnement inévitable de tout phénomène interne en tant qu'il est senti : ainsi entendu, il se confond avec la sensibilité même[1]; la sensibilité animale la plus infime est accompagnée du sens intime, ou elle ne serait pas sensibilité.

Mais autre chose est le *sens intime*, qui n'est que l'accompagnement passif des phénomènes, autre chose l'acte par lequel le sujet sentant, pensant et voulant se perçoit lui-même en tant que sujet, et se distingue soit de ses sensations, soit de son propre corps, soit des êtres étrangers. Cet acte supérieur est la *conscience*, et c'est un acte essentiellement intellectuel : c'est même l'acte essentiel de l'intelligence. On peut donc admettre avec Kant deux sortes de conscience : l'une inférieure, *empirique*, comme il l'appelle, qui ne se distingue pas de la sensibilité : l'autre, *pure* et intellectuelle, qui est d'un autre ordre.

Nous appellerons la première *sens intime*, et il n'y a rien de plus à en dire que ce qui précède. Nous appellerons l'autre *conscience de soi*, et nous en parlerons plus loin. (Sect. II, ch. II.)

49. Sensations. Émotions. — Lorsque le corps humain à l'état normal est soumis à l'action d'une cause extérieure (par exemple les rayons du soleil ou le retentissement de la foudre), ou même d'une cause intérieure (comme l'accumulation du sang dans une partie du corps), cette cause détermine dans les organes

---

1. « C'est la même chose à l'âme, dit Malebranche, de recevoir la manière d'être que l'on appelle douleur que d'apercevoir ou sentir la douleur; elle ne peut ressentir la douleur qu'en l'apercevant. (*Recherche de la vérité*, ch. I.)

une certaine modification que l'on appelle une *impression*; et à la suite de cette impression, dont nous ignorons la nature, se produit en nous un état de conscience qui nous est immédiatement connu et que l'on appelle une *sensation*.

Or il y a deux choses à remarquer dans toute sensation : 1° elle est agréable ou désagréable, elle nous cause du plaisir ou de la douleur ; 2° elle est une impression distincte et spéciale, qui nous apprend quelque chose sur les objets externes.

Elle est *affective* ou *représentative*.

Nous appellerons *émotions* les sensations considérées au point de vue affectif, c'est-à-dire comme plaisirs et douleurs, et nous réserverons le nom de *sensations* pour les phénomènes de représentation.

50. Plaisir et douleur. — Il est inutile et impossible de définir le plaisir et la douleur. Inutile, car chacun entend assez le sens de ces mots. Impossible, car on ne peut tenter de les définir qu'à l'aide d'autres mots qui n'en sont que la répétition [1].

On a soutenu sur la nature du plaisir deux opinions différentes. Suivant les uns, le plaisir n'est qu'un fait *négatif* : c'est la *cessation de la douleur*. Suivant les autres, c'est un fait *positif*, c'est un *acte*. Examinons ces deux opinions [2].

I. Plusieurs philosophes, Épicure chez les anciens, Cardan, Verri et Kant chez les modernes, ont soutenu que le plaisir n'est pas un état primitif et positif, qu'il était toujours précédé de la douleur et qu'il consistait simplement dans la *cessation de la douleur*, dans la non-douleur (*indolentia*). Cardan, entre autres, était si convaincu de cette doctrine, qu'il se donnait volontairement certaines douleurs, convaincu que c'était le seul moyen d'avoir du plaisir. Suivant Kant, le plaisir est la conscience de l'effort vital : or, tout effort suppose empêchement ou obstacle, et tout empêchement est une peine : donc, il faut que la peine précède le plaisir.

On peut répondre : 1° S'il est des plaisirs qui naissent de la satisfaction d'un besoin, et par conséquent d'une souffrance, il en est d'autres qui ne paraissent succéder à aucun besoin : comme par exemple le plaisir du beau, même les plaisirs de la vue, de l'ouïe : les belles couleurs, les beaux sons, les odeurs suaves [3]. Souvent une simple cessation de douleur ne nous cause qu'un plaisir très faible et presque nul. Il faut une autre cause po-

---

1. Par exemple, Cicéron définit le plaisir : *Motum jucundum quo sensus hilaretur*. Or *jucundus* ne dit rien de plus que *voluptas*, et *hilarari* est une métaphore.

2. Voy. F. Bouillier, *le Plaisir et la Douleur*, ch. XII et ch. III.
3. Platon, *Philèbe*.

sitive pour changer la douleur en plaisir. — 2° Dans l'hypothèse en question, il ne pourrait y avoir deux plaisirs consécutifs. En outre, le plaisir ne pourrait être prolongé ; car, si au premier moment il n'est que la privation d'une douleur, au second moment il est la suite d'un plaisir. — 3° Il n'y a pas une seule preuve qui établisse que la douleur soit le fait primitif : car s'il y a des plaisirs qui naissent de la douleur supprimée, il y a des douleurs qui naissent du plaisir supprimé. Par exemple, ôtez brusquement un objet à un enfant pendant qu'il est occupé à s'en amuser, il criera immédiatement. Vous ne lui avez cependant fait d'autre mal que de lui ôter son plaisir. Il y a donc des douleurs qui ne sont que des non-plaisirs, comme il y a des plaisirs qui ne sont que des non-douleurs. Pourquoi choisir l'un des deux faits plutôt que l'autre pour en faire le fait primitif ? — 4° Autre chose est dire : tout plaisir est mêlé de quelque douleur; autre chose de dire : le plaisir est une non-douleur. L'effort vital dont parle Kant peut être mêlé de douleur, mais au fond il est un plaisir.

II. Contre la théorie précédente, nous admettons avec Aristote, Descartes, Leibniz, Hamilton, M. Fr. Bouillier, que le plaisir est un fait positif, qui n'est que l'expression même de l'activité, le sentiment de quelque perfection, *perfectionis alicujus conscientia*.

Objections :

1° Le plaisir est souvent contraire à la conservation de l'être.

Rép. — Sans doute le plaisir qui résulte de telle ou telle fonction particulière peut être plus ou moins contraire à la conservation du tout. Il n'en sera pas moins vrai que, pour tel organe en particulier, le plaisir est le résultat de l'activité de cet organe.

D'ailleurs, il ne faut pas demander à nos organes plus qu'ils ne peuvent donner : un certain excès d'activité peut d'abord porter le plaisir à un degré d'intensité plus fort et plus vif, mais c'est à la condition de laisser rapidement après soi un sentiment de fatigue et d'énervement. C'est ainsi que la musique, par exemple, ou la poésie, ou une conversation très vive, peuvent surexciter à un haut degré la sensibilité et produire les plaisirs les plus vifs; mais la réaction est proche, et après ce vif plaisir l'on éprouve un certain vide. Il en est de même le lendemain d'une fête[1]. Le rire excessif produit également le même

---

1. C'est ce phénomène bien connu que les Allemands appellent d'une manière assez bizarre *das Katzenjammer*, le chagrin du chat.

effet. C'est pourquoi la grande comédie, telle que le *Misanthrope* ou les *Femmes savantes*, cause un plaisir plus doux et laisse l'âme plus paisible, tout en la réjouissant moins, que telle farce extravagante qui, par le décousu de ses jeux de scènes et l'inattendu de ses calembours, excitera ce qu'on appelle le *fou-rire*. Selon Lefèvre de Pouilly, le plaisir consiste « à exercer les organes sans les affaiblir, et à exercer l'esprit sans le fatiguer ».

2° Qu'y a-t-il de commun « entre notre perfection et le plaisir de manger une pêche, de boire un verre de vin vieux [1] » ?

Rép. — Lorsque Descartes et Leibniz emploient le mot de perfection comme étant la source du plaisir, ils n'entendent pas ce mot dans le sens moral, mais dans le sens d'Aristote, à savoir l'*acte* d'une faculté (ἐνέργεια) : or, il est certain que le plaisir du goût tient à ce que l'activité de ce sens est mise en jeu par une cause quelconque ; c'est une fonction de la vitalité qui n'a que le degré de perfection de ce genre de fonctions, mais qui a celui-là.

3° Quelle est l'activité, dit A. Bain, qui se déploie dans le plaisir d'un bain chaud, dans le contact d'une étoffe moelleuse ? — Pourquoi, dit St. Mill, l'orange est-elle agréable et la rhubarbe désagréable ? Est-ce que la fonction du goût ne s'exerce pas dans un sens comme dans l'autre ? Comment pourrait-on prouver qu'il y a plus d'activité dans la perception de l'une que dans celle de l'autre ? On invoque aussi l'exemple des poisons doux, qui peuvent flatter le goût et qui détruisent l'organisme.

Pour ce qui est de ce dernier fait, nous avons vu déjà qu'un objet peut exciter l'activité particulière d'un organe et d'un sens et nuire à l'organisme tout entier. De même pour les plaisirs que l'on appelle passifs : ils ne le sont que par rapport à l'être considéré dans son tout, mais non pas dans telle ou telle partie. Ainsi, dans un bain tiède, l'homme tout entier est en repos et n'agit pas ; mais il n'est nullement évident que l'eau n'ait pas la vertu de développer dans nos organes extérieurs une certaine tonicité ou élasticité dont l'effet communique au sentiment vital en général. Enfin on ne peut être engagé à expliquer chaque espèce de plaisir et chaque espèce de douleur en particulier. Aucune théorie ne peut aller jusque-là. Il suffit qu'un très grand nombre de cas justifient la doctrine, et qu'aucun fait particulier

---

1. Léon Dumont, *de la Sensibilité*, p. 46.

ne la démente. Or l'exemple de l'orange et de la rhubarbe n'ont rien qui contredise la théorie : car il n'est nullement impossible que l'un facilite et que l'autre comprime ou désaccorde l'activité des nerfs gustatifs.

51. Deux espèces de plaisirs. — Cependant il ne serait pas impossible qu'il y eût deux espèces de plaisirs : les uns qui consisteraient principalement dans un certain exercice de l'activité, soit des organes, soit de l'esprit, les autres dans la conservation d'un certain état d'accord et d'équilibre ; les uns plus vifs, plus excitants, plus ardents, mais aussi plus passagers, les autres plus calmes, plus paisibles et plus durables. Les uns pourraient s'appeler plaisirs actifs, et les autres, par comparaison, plaisirs passifs. Les anciens avaient déjà connu cette distinction, qui remonte jusqu'à l'école d'Aristippe. Ce philosophe distinguait entre le plaisir *stable* et le plaisir en *mouvement*[1]. Ces deux sortes de plaisirs donnent lieu à deux sortes de bonheur : le bonheur de l'action et des passions, propre particulièrement à la jeunesse et aux âmes audacieuses, ardentes, intrépides : et le bonheur de la paix et de l'habitude, propre à l'âge mûr et aux âmes douces, simples, domestiques. De part et d'autre cependant, c'est toujours l'activité de l'âme qui est la source du plaisir : mais lorsque l'activité est abondante, simple, fraîche en quelque sorte, elle a besoin de dépenser rapidement et fréquemment son excès ; lorsque l'activité est plus faible et moins riche, soit par nature, soit par l'effet de l'âge, elle s'économise et ne trouve plus de plaisir que dans un exercice modéré.

PROBLÈME : Y a-t-il des états de conscience *indifférents*, intermédiaires entre le plaisir et la douleur[2] ?

52. Caractères du plaisir. — Ces caractères sont ou *intrinsèques* ou *extrinsèques*. Intrinsèques, lorsqu'on considère le plaisir en lui-même ; extrinsèques, lorsqu'on le considère par rapport à d'autres objets, par exemple le vrai et le bien.

Les caractères intrinsèques sont : l'*intensité*, la *durée*, la *pureté*, et la *simplicité* ou *complexité*.

L'intensité du plaisir est son degré de vivacité. Ainsi le plaisir de la santé devient plus intense après une longue maladie. Peut-

---

1. ἡδονὴ καταστηματική, ἡδονὴ ἐν κινήσει. (*D. Laert.* Epicur., 136).
2. Nous nous bornerons, de temps en temps, à poser quelques problèmes, sans en donner la solution, afin d'indiquer les questions et d'exercer la sagacité du lecteur. — Voy. sur les états *moyens*, le *Philèbe* de Platon.

être pourrait-on même distinguer deux sortes d'intensité : la *plénitude* et la *vivacité*. Certains plaisirs sont très vifs sans remplir la totalité de l'âme : tels sont les plaisirs des sens. D'autres au contraire remplissent l'âme sans l'exciter. Tel est pour une mère le plaisir de la présence continue d'un aimable enfant. — La *durée* du plaisir n'a pas besoin de définition. — La *pureté* du plaisir est l'absence de toute douleur. Le plaisir pur s'oppose au plaisir *mélangé*, celui dans lequel la douleur s'unit en une certaine proportion avec le plaisir. — La *simplicité* des plaisirs est la qualité d'un plaisir qui ne s'unit pas avec d'autres : par exemple, la vue d'une belle couleur, l'audition d'un beau son; lorsqu'il y a plusieurs couleurs, comme dans un tableau, ou plusieurs sons, comme dans une mélodie, le plaisir devient *composé*. Lorsque l'on unit plusieurs plaisirs de diverse nature, le plaisir devient *complexe*. Tel est le plaisir de l'opéra, où les yeux et les oreilles sont à la fois réjouis. Tel est encore un dîner d'amis, où le plaisir des sens est relevé par celui de la conversation et de l'affection, et celui-ci à son tour, on peut l'avouer, par le plaisir des sens [1].

Quant aux caractères extrinsèques du plaisir, ils se rapportent plutôt à la morale qu'à la psychologie. Disons seulement que l'on distingue des plaisirs *vrais* et des plaisirs *faux*, des plaisirs *honnêtes* et des plaisirs *honteux* [2]. Mais ici nous entrons dans le domaine de la sensibilité morale.

53. Lois du plaisir et de la douleur. — Voici quelques-unes des propositions auxquelles on peut ramener la théorie du plaisir ou de la douleur. L'espace nous manque pour les développer. Elles pourront servir de problèmes.

I. Le plaisir est inséparable de la douleur (voy. Platon, le *Phédon*).

II. Le plaisir et la douleur peuvent durer après la disparition de leur objet (Bain, *Emotions and the Will*, ch. XIII).

III. La somme des plaisirs l'emporte sur la somme des douleurs (Herb. Spencer, *Psychol.*, t. I, trad. fr., p. 286).

IV. Le plaisir et la douleur se font valoir l'un l'autre : le premier est plus vif quand il succède à une douleur, et réciproquement.

V. L'intensité des sensations est en raison inverse de leur durée. (Cette proposition est combattue par Maupertuis, *Essais de philos. morale*, ch. III).

---

1. C'est cette faculté de cumuler les plaisirs que Ch. Fourier appelait la *composite*. 2. Platon, *Philèbe*.

Voilà pour ce qui regarde la sensation présente. Quant aux émotions passées, voici quelques-unes des lois ou problèmes qui les concernent :

I. Toutes choses égales d'ailleurs, l'émotion présente est plus vive que l'émotion passée.

II. *Problème.* Est-il vrai que la sensibilité n'est jamais *représentative*, mais seulement *rétroactive*, en d'autres termes, qu'on ne se représente pas une émotion passée, mais qu'on l'éprouve de nouveau à quelque degré ? (Bouillier, *le Plaisir et la Douleur*, ch. XII).

III. Par le souvenir le plaisir se change en douleur et la douleur en plaisir (id., *ibid.*).

IV. La poursuite du plaisir est elle-même un plaisir. La crainte d'une douleur est une douleur (voy. la pensée de Pascal sur la poursuite du lièvre, *Pensées*, éd. Havet, art. IV, 2).

54. Les tendances ou inclinations. — Nous avons étudié les deux faits primordiaux et élémentaires qui caractérisent toutes nos émotions : le plaisir et la douleur. Mais ces deux faits ne sont pas les seuls. Il y en a deux autres qui sont toujours tellement joints aux deux premiers, qu'ils en sont pour ainsi dire inséparables, et c'est pourquoi on les réunit généralement ensemble sous la même faculté.

Ces deux nouveaux faits sont l'*attraction* et la *répulsion*, suivant que nous sommes entraînés vers l'objet qui nous cause du plaisir, ou repoussés par celui qui nous cause de la douleur.

Examinons ce qui se passe en nous quand nous sommes en présence d'un objet qui nous flatte.

Dans ce cas nous nous sentons, comme on dit, *attirés* vers l'objet ; nous n'avons besoin d'aucun effort pour nous y porter : nous nous y portons *de nous-mêmes* ; ou même nous sommes comme *poussés* par quelque chose qui nous *entraîne*. Enfin, les choses se passent tout comme si un ami nous prenait par la main, pour nous attirer doucement ou nous entraîner violemment vers cet objet. Et ce qui prouve qu'il y a en nous quelque chose de tout à fait semblable, c'est que si nous voulons, pour une cause ou pour une autre, éviter cet objet et en rechercher un autre plus utile ou plus honnête, nous sommes forcés de faire un *effort*, c'est-à-dire d'accomplir un acte plus ou moins difficile, exactement de la même manière que si quelqu'un avait voulu nous entraîner malgré nous ou nous enchaîner, et que nous nous soyons révoltés contre lui, réussissant par notre effort à rompre la chaîne. Ce n'est donc pas une métaphore, c'est un fait immédiatement senti par nous que nous sommes *portés, attirés* vers l'objet aimable, et réciproquement *repoussés* par l'objet odieux, puisqu'il nous faut un effort pour nous mouvoir en sens inverse. C'est ce fait que les Latins appelaient *impulsus, impetus, appetitus,* et que les Grecs appelaient ὄρεξις, ὁρμή[1], et que nous appelons en français *tendances* ou *inclinations* de l'âme.

55. Problème. — C'est une question de savoir s'il y a ou non des tendances *innées,* antérieures au plaisir et à la douleur, et dont ces deux phénomènes ne sont que la satisfaction, ou si ces tendances ne sont que des *habitudes* déterminées en nous par l'expérience du plaisir et de la douleur. Nous admettons la première de ces deux suppositions : car pourquoi l'âme éprouverait-elle du plaisir, si elle était en elle-même absolument indéterminée? Elle n'est pas plus une table rase au point de vue de la sensibilité que de l'intelligence.

56. Division des inclinations. — Les inclinations sont de deux sortes, les unes physiques, les autres morales : les unes sont les *appétits,* dont nous allons parler; les autres sont les *sentiments* dont nous parlerons plus tard. (Sect. III, ch. I et II.)

57. Les appétits ou inclinations corporelles. — Les premières tendances qui se manifestent en nous sont celles qui ont pour objet le bien-être corporel : on les appelle des *appétits.*

Tous les appétits sont les manifestations d'un appétit fondamental qui est au fond de tout être vivant, et qui est l'*instinct de conservation* ou *amour de la vie.* Cet instinct n'a pour objet ni le corps tout seul, ni l'âme toute seule, mais l'union de l'âme et du corps, qui est précisément ce que l'on appelle la VIE. Ce n'est pas le corps tout seul : car qui tiendrait à son corps, privé de sentiment? Qui se consolerait de la mort en pensant que son corps restera embaumé pendant plusieurs milliers d'années comme une momie d'Égypte? Qui consentirait à tomber en enfance, dans la pensée qu'on continuerait à vivre? Mais, d'un autre côté, ce n'est pas l'âme seule qui est l'objet de l'amour de la vie, car la foi à l'immortalité suffit à garantir l'existence de l'âme; et

---

[1] Cicéron, *de Finibus,* III, VII : *Appetitio animi, quæ* ὁρμή *græce vocatur.*

cependant, sauf le cas où la foi religieuse fait un devoir de sacrifier la vie, on ne voit pas que la plupart des hommes, même les plus croyants, soient plus indifférents que les autres à leur conservation.

Les principaux appétits sont : le *besoin de nourriture* (faim et soif), le *besoin de repos ou de sommeil*, le *besoin d'activité musculaire*, l'*instinct de reproduction*, etc.

Voici les caractères des appétits, suivant Reid :

1° Ils sont accompagnés d'une certaine sensation, plus ou moins désagréable, suivant l'intensité de la privation ; habituellement et à l'état normal, cette sensation est une sorte d'inquiétude, qui est plutôt agréable que pénible.

2° Ils sont *périodiques*. Apaisés pour un temps par la possession de leurs objets, ils renaissent après des intervalles plus ou moins réguliers. Ce second caractère n'est pas absolument rigoureux.

On peut encore compter parmi les appétits les *plaisirs des sens*. L'amour des plaisirs n'est pas la même chose que l'instinct de conservation; Malebranche a distingué avec raison l'amour de l'*être* et l'amour du *bien-être*. Autre chose, en effet, est la *faim* et la *soif*, qui ont rapport à la conservation, autre chose les plaisirs du *goût* ou de l'*odorat*. Il en est de même de l'amour d'une température douce et chaude, des vêtements soyeux, d'une couche moelleuse, etc.; tous ces goûts ont pour objet le *plaisir*, non l'*utilité*.

A l'instinct de conservation se rattache l'instinct de *possession* et d'*accumulation*, qui donne naissance au fait de la propriété.

58. Les passions. — Nous venons de voir ce que sont les inclinations, ou, comme les appelait Jouffroy, les *tendances primitives de notre nature*. Voyons ce que sont les passions.

Les passions sont les *émotions*[1] par lesquelles passent les inclinations, suivant qu'elles sont satisfaites ou contrariées dans la poursuite de leurs objets. Une même inclination peut passer par toutes les passions : une même passion peut être commune à toutes les inclinations. Par exemple, l'amour du pouvoir peut passer par la crainte, l'espérance, le désir, la joie; ce sont les passions; et réciproquement, telle de ces passions, par exemple, l'espérance ou la crainte, est commune à l'amour du pouvoir, à l'amour des richesses, à l'amour de la vie, etc.

Le fond commun de toutes nos tendances étant l'amour,

---

[1]. Descartes, *Traité des passions*, I, 27.

on peut dire que les passions sont les *modes* ou les *formes* de l'amour, et que les inclinations en sont les *espèces*. Les inclinations se diversifient par leur objet (amour du *pouvoir*, amour des *richesses*, amour des *hommes*). Les passions se diversifient par les circonstances qui facilitent ou entravent la satisfaction des tendances [1].

Nous rangeons les passions parmi les opérations sensitives, non qu'elles soient exclusivement propres aux appétits corporels (car le sentiment lui-même passe par les mêmes passions), mais parce qu'elles ont une liaison manifeste avec le corps et qu'elles s'expriment énergiquement au dehors par le moyen du corps [2].

Dans l'usage ordinaire, le mot de passion exprime quelque chose de plus que ce que nous avons dit : on entend par là les mouvements violents et excessifs de l'âme qui l'emportent hors des bornes de la raison : les passions ne sont qu'un phénomène en quelque sorte *pathologique* : c'est en ce sens qu'il faut les proscrire et les combattre; mais, ainsi entendues, les passions ne sont que l'exagération et l'abus des émotions naturelles et inévitables qui sont attachées à nos inclinations : ce sont ces émotions naturelles que les philosophes appellent les passions [3].

On a essayé de distinguer les émotions des passions, en disant que les unes sont des états normaux et réguliers, qui résultent de l'exercice modéré et raisonnable de nos facultés, tandis que les passions sont des *ruptures d'équilibre*, des passages subits et violents d'un état à un autre [4]. Mais toute émotion est toujours un changement d'état : or, qu'un changement soit brusque ou doux, cela tient uniquement à la nature de l'objet et n'atteint pas l'essence du phénomène. Que si, au moment où je crois voir un chien, c'est un tigre qui se présente à moi, il y a là une rupture d'équilibre très naturelle, et la crainte se change en terreur; mais ce n'est en réalité qu'une différence de degré.

Les passions, étant les modes ou les formes de l'amour, ne sont autre chose que l'*amour transformé*. « Posez l'amour, dit Bossuet, vous verrez naître toutes les passions; ôtez l'amour, elles disparaissent toutes. La haine qu'on a pour un objet ne vient que de l'amour qu'on a pour un autre. Je ne hais la maladie que parce que j'aime la santé. Je n'ai d'aversion pour quelqu'un

---

[1] La distinction précédente entre les inclinations et les passions est empruntée à Ad. Garnier (*Facultés de l'âme*, IV, 1, § 1). Lui-même attribue cette distinction à Malebranche (*Rech. de la vérité*), mais chez celui-ci elle a un autre sens.

[2] Voy. plus loin : Conclusions de la psychologie : *Physique et moral*.

[3] C'est le sens de Descartes, de Bossuet et de toute la tradition philosophique.

[4] Maillet, *de l'Essence des passions*. Paris, 1877, liv. I, p. 22.

que parce qu'il m'est un obstacle à posséder ce que j'aime. » (*Conn. de Dieu*, I, VI).

De là deux sortes de passions, les unes qui se rapportent à l'amour, les autres à la haine, suivant que l'objet est considéré comme bon ou mauvais : *sub ratione boni aut mali*, disaient les scolastiques.

On pourrait rattacher à cette opposition la distinction des scolastiques entre ce qu'ils appelaient l'appétit *concupiscible* et l'appétit *irascible*, l'un qui nous porte à nous unir à l'objet, l'autre à le repousser ; mais ce n'est pas là tout à fait le sens qu'on attachait à cette distinction [1].

Après cette première distinction fondamentale, une autre circonstance non moins importante est celle de la *présence* ou de l'*absence* de l'objet, ou pour mieux dire, de la *possession* et de la *privation*.

L'amour en possession de son objet est ce qu'on appelle la *joie* ou le *contentement*. « La joie, dit Spinosa, est le passage d'une perfection moindre à une perfection plus grande. » (*Éthique*, III, prop. XI.) Cette définition, nous l'avons vu (50), est précisément celle que l'on pourrait donner du plaisir ; et en effet, la joie n'est qu'un plaisir. La différence, c'est que le plaisir peut être un phénomène local et partiel, tandis que la joie s'applique à l'être tout entier ; par exemple, un fruit agréable cause du plaisir, non de la joie ; mais le plaisir de revivre après une longue maladie sera de la joie. On pourrait dire aussi que le plaisir donne de la joie, ce qui prouve que l'un n'est pas l'autre. Dans ce sens, le plaisir sera la satisfaction de la passion, et la joie, la passion satisfaite. Ainsi, faire une promenade est un plaisir, parce qu'elle donne de l'exercice à nos membres, et de cet exercice, s'il a été modéré et proportionné, résultera la joie. Les plaisirs modérés de la table, goûtés dans la mesure du besoin, donnent de la joie, s'ils ne sont pas contrebalancés par des causes de tristesse. — Le contentement est une joie paisible et modérée qui s'exprime faiblement au dehors, mais qui, sauf le degré, a tous les caractères de la joie.

L'âme, en présence du bien, éprouve de la joie, et en présence du mal elle éprouve de la *tristesse*. La tristesse est à la douleur ce que la joie est au plaisir. Elle se définira donc comme la joie, mais en sens inverse ; elle est, comme dit Spinosa, « le passage d'une perfection plus grande à une perfection moindre ».

---

1. L'appétit concupiscible se rapportait à l'objet considéré comme bon ou mauvais, *sub ratione boni aut mali*. L'appétit irascible, au même objet considéré comme facile ou difficile, *sub ratione ardui*. C'est ainsi que l'espérance faisait partie de l'appétit irascible : on voit combien cette distinction était artificielle.

La tristesse se distingue de la douleur en ce que la tristesse n'est que dans l'âme, et l'enveloppe tout entière, tandis qu'il peut y avoir des douleurs locales et qui ont leur siège dans le corps. Personne ne dira qu'il est triste, parce qu'il a mal au doigt ou à l'oreille; mais un mal physique peut à la longue produire la tristesse. La tristesse est donc l'état général de l'âme privée du bien, ou subissant le mal présent.

Nous venons de voir ce qui se produit en présence de l'objet. Voyons ce que produit maintenant son absence ou sa privation. Ici la sensibilité n'agit plus toute seule : il faut y joindre l'imagination. Car comment l'âme tendrait-elle vers le plaisir ou vers son objet, si elle ne se le représentait d'une certaine manière ? *Ignoti nulla cupido.*

L'amour de l'objet absent, représenté par l'imagination, est le *désir.* Le désir est un mélange de plaisir et de douleur. Il est accompagné ou précédé d'une certaine émotion plus ou moins pénible que Locke appelle « inquiétude » (*uneasiness*). Cette inquiétude, suivant Leibniz, n'est pas tout à fait une douleur, mais plutôt une *disposition* ou *préparation à la douleur.*

<blockquote>C'est une sorte d'adresse de la nature, qui nous a donné des *aiguillons* du désir, des *rudiments* ou *éléments* de la douleur, si vous voulez, des *demi-douleurs*...... de sorte que cette *continuelle victoire* sur ces demi-douleurs, qu'on sent en suivant son désir, et satisfaisant en quelque sorte à cet *appétit* ou à cette *démangeaison*, nous donne une quantité de *demi-plaisirs*, dont la *continuation* et l'*amas* devient enfin *un plaisir entier* et véritable. (*Nouveaux essais*, liv. II, XXI, 35).</blockquote>

Ainsi le désir, tant qu'il ne dégénère pas en besoin violent, ne nous donne que des demi-douleurs qui sont plutôt des assaisonnements que des empêchements au plaisir : « Ce sont comme autant de ressorts qui tâchent de se débander et qui font agir notre machine. » D'ailleurs le désir en lui-même est déjà un plaisir, qui souvent est supérieur au plaisir réel. « Je poursuis la jouissance, dit Faust, et *dans la jouissance je regrette le désir*[1]. » C'est que les plaisirs d'imagination sont souvent supérieurs à ceux de la réalité.

Si maintenant nous considérons le mal comme absent, pourvu qu'il nous menace d'une manière quelconque, le mouvement de répulsion qu'il nous inspire s'appelle *aversion*. L'aversion est à la haine ce que le désir est à l'amour.

Amour, joie, désir, d'une part; — haine, tristesse, aversion, de l'autre : telles sont les deux trilogies fondamentales; et de ces six passions primitives toutes les autres sont composées.

---

[1]. « So tauml' ich von Begierde zu Genuss, und im Genuss verschmacht' ich nach Begierde. »

L'*admiration*[1] est l'amour d'un objet, considéré comme ayant quelque chose de rare ou de grand. — Le *mépris* est la haine d'un objet, considéré comme petit ou comme bas. — L'*espérance* est l'amour et le désir d'un objet dont la possession nous laisse quelque doute[2]. — La *crainte* est la haine d'un objet dont la menace nous laisse quelque doute. — La *sécurité* est une joie qui provient de l'idée d'une chose future ou passée sur laquelle toute cause d'incertitude a disparu. — Le *désespoir* est un sentiment de tristesse qui provient de l'idée d'une chose future ou passée sur laquelle toute cause d'incertitude a disparu. — L'*envie* est une haine qui dispose l'homme à s'attrister du bonheur d'autrui ou à se réjouir de son malheur. — Le *regret*, c'est la tristesse causée par la perte d'un objet. — La *colère* est un désir qui nous excite à faire du mal à celui que nous haïssons.

59. Lois des passions. — Les lois des passions sont au fond les mêmes que celles du plaisir et de la douleur, mais avec quelques nuances différentes.

I. *Loi de continuité.* — Les passions s'usent par l'habitude et la continuité de la jouissance, mais elles se transforment en *besoins*.

II. *Loi de relativité.* — Les passions sont excitées par la nouveauté des objets et par le changement. (Sur le plaisir de la nouveauté, voy. Jouffroy, *Esthétique*, VI, VII, VIII. — Bain, *the Emotions and the Will*, ch. IV.)

Loi de contagion. — Les passions se communiquent de proche en proche, de sorte que les hommes réunis éprouvent des passions beaucoup plus vives que les hommes isolés. (Adam Smith, *Sentiments moraux*, ch. I.)

Loi d'idéalité. — La passion subsiste en dehors des objets, alimentée par l'imagination, qui les exagère. (Voy. le vers de Lucrèce, IV, v. 1151, traduit par Molière, *Misanthrope*, acte II, sc. V.)

Loi du rythme. — Les passions sont soumises à une alternative régulière, que l'on a comparée au flux et reflux de la mer. (Herb. Spencer, *Premiers principes*, part. II, ch. X.)

Loi de diffusion. — Tous les états de conscience, mais particulièrement les émotions et les passions, sont accompagnés et suivis dans l'organisme d'une onde d'efforts musculaires et organiques. (Bain, *the Emotions and the Will*, ch. I).

---

1. C'est une idée étrange de Descartes d'avoir considéré l'admiration ou l'étonnement comme la première des passions. Bossuet la réfute très bien (I, VI, à la fin du chap.).

2. Définition de Spinosa : « C'est une joie mal assurée ». (*Éthique*, III, XXIII)

CHAPITRE III

Phénomènes sensitifs. — Les sensations.

Nous avons vu plus haut (49) qu'on peut distinguer dans nos sensations deux points de vue : 1° le point de vue *affectif* ou *émotif*; 2° le point de vue *représentatif* ou *instructif*; et nous sommes convenus de réserver le nom de *sensation* pour ce second point de vue.

Les sensations représentatives sont surtout les sensations *externes*, dues à ce que l'on appelle les *sens* : mais pour quelques-unes d'entre elles (odorat et goût), il est très difficile de distinguer le point de vue affectif du point de vue sensitif proprement dit; cependant une odeur n'est pas une saveur : il y a donc là quelque chose de représentatif.

La distinction est encore plus difficile à faire, et elle est même impossible pour une autre classe de sensations, qui servent d'intermédiaires entre les émotions proprement dites et les sensations proprement dites. Ces phénomènes intermédiaires sont les sensations *internes* ou *organiques*, qui naissent des diverses dispositions ou affections de notre corps. C'est par celles-ci, comme plus élémentaires que les autres, que nous devons commencer.

60. **Sensations organiques ou internes.** — Voici l'énumération de ces sensations, d'après le psychologue Bain [1] :

1° Sensations organiques des muscles : sensations de *coupure* ou de *déchirure*, *crampes* et *spasmes*, sensation de *fatigue*. — 2° Sensations organiques des nerfs : *fatigue nerveuse*, différente de la fatigue musculaire, effets des *stimulants*. — 3° Sensations organiques de la circulation et de la nutrition : *faim*, *soif*, *bien-être physique*, *nausées*, *dégoûts*, etc. — 4° Sensations de la respiration, *sensation de l'air pur*; *suffocation*. — 5° Sensations internes de *chaleur* et de *froid*, *frisson*. — 6° Sensations *électriques*.

1. *Sens et Intelligence* (I, ch. II, 1).

On remarquera que ces sensations, quoique liées à l'état des organes, et qui y sont plus ou moins localisées, ne nous apprennent rien sur l'existence de ces organes, et sur la nature et le mode de leurs fonctions.

L'ensemble de toutes ces sensations, et de beaucoup d'autres infiniment petites qui murmurent en quelque sorte dans le dernier fond de nos organes, viennent se confondre dans une sensation générale, unique, qui accompagne toute notre existence, qui a des alternatives de force ou de faiblesse, de clarté et d'obscurité, qui s'affaiblit et qui s'évanouit presque dans le sommeil, qui dort dans l'enfant et s'endort dans le vieillard : c'est la sensation *vitale*; le sens général qui nous la donne, et qui enveloppe toutes les sensations organiques internes ou externes, a été appelé par Condillac *sens fondamental* (*Traité des sensations*, part. II, ch. I), et de nos jours *sens vital*[1]. Il est le sentiment immédiat de notre corps. Il est le fond et la base matérielle de toute notre vie.

61. Sensations externes. — Les sensations externes se distinguent des précédentes par deux caractères : 1° elles se rapportent au monde extérieur, tandis que les autres ne se rapportent qu'à l'état de notre propre corps; 2° elles ont lieu par le moyen de certains appareils spéciaux (les yeux, les oreilles, le nez, etc.), liés au système nerveux, mais qui s'en distinguent (26), tandis que les autres n'ont pas d'organes propres autres que le système nerveux en général.

62. Organes des sens. — On appelle *organes des sens* les instruments dont nous venons de parler, et on appelle *sens externes* les fonctions de ces organes.

Il faut distinguer les sens et les organes des sens. Les organes sont des instruments matériels que l'on peut voir et toucher, et que l'anatomie dissèque. Les sens sont des *fonctions*, ce sont les modes d'action de la sensibilité s'exerçant par certains organes déterminés. Les organes des sens font partie du corps, les sens font partie du moi, c'est-à-dire de l'âme [2].

63. Les cinq sens. — On distingue généralement cinq sens : le goût, l'odorat, l'ouïe, la vue et le toucher. On a récemment proposé un sixième sens : le *sens musculaire*. (Bain, *Sens et Intelligence*, I, ch. I, III).

---

1. Sur le sens vital, voy. le travail d'Albert Lemoine: *L'Âme et le Corps*, apologie des sens.

2. Le P. Liberatore, dans son livre du *Composé humain*, soutient que la sensation n'ap-

PSYCHOLOGIE.

64. Mécanisme de la sensation. — Quoique la sensation soit un phénomène essentiellement psychologique, puisque nous en avons conscience, elle n'a lieu cependant qu'à de certaines conditions physiques et physiologiques, qui peuvent se ramener à trois principales :

1° Les objets extérieurs agissent soit immédiatement (tact, goût), soit par l'intermédiaire d'un milieu (odorat, ouïe, vue) sur les organes des sens. Absence d'organe, absence de sensation.

2° L'action exercée sur les extrémités des nerfs qui aboutissent aux organes se transmet dans tout le parcours des nerfs qui font communiquer les organes avec le cerveau. En effet, toute lésion des nerfs interrompt ou altère la sensation.

3° L'action se communique aux centres, soit à l'encéphale, soit à la moelle, qui la transmet elle-même à l'encéphale. En effet les lésions des centres peuvent empêcher la sensation, malgré l'état sain des nerfs ou des organes.

Telles sont les conditions communes à toutes les sensations : nous indiquerons pour chaque sens le mécanisme particulier qui lui appartient.

65. Odorat et goût. — Ces deux sens sont inséparables. Leurs sensations sont de même nature et elles se lient étroitement entre elles.

Mécanisme de l'odorat. — Les odeurs sont dues en partie à des particules matérielles émanant des substances odorantes, et transportées par l'air jusqu'à l'organe sensitif. C'est le seul sens auquel puisse s'appliquer la théorie épicurienne des *espèces sensibles*, échappées des corps. On remarquera que l'inspiration de l'air est indispensable à l'action de l'odorat.

Mécanisme du goût. — Le goût n'a besoin que du simple contact des aliments avec la muqueuse buccale, mais à la condition de leur dissolution par la sécrétion salivaire. Il est probable que l'odorat, aussi bien que le goût, est dû à une combinaison chimique qui se fait entre les particules odorantes et sapides et les particules de nos organes.

Sensations de l'odorat. — Les sensations de ce genre s'appellent des *odeurs*.

On a essayé de classer les odeurs. Voici la classification de Linné. Il distingue sept espèces d'odeurs :

partient pas à l'âme, mais au *composé* (âme et corps). — Sans doute l'âme n'est sensible qu'en tant qu'elle est unie à un corps; mais, à moins de faire de l'âme et du corps une unité indivisible, il est impossible d'attribuer la sensation à l'union de l'un et de l'autre. (Voy. sur ce point *la Perception externe*, de l'abbé Duquesnoy, 1870, p. 19.)

1° Les odeurs *aromatiques* (telles que celles d'œillet ou de feuilles de laurier); 2° les odeurs *fragrantes* (par exemple le lys, le safran, le jasmin); 3° les odeurs *ambrosiaques* (celles de l'ambre, du musc); 4° les *alliacées* (ail, assa fœtida, etc.); 5° les odeurs *fétides* (telles que celles du bouc, de la valériane); 6° les odeurs *repoussantes, vireuses* (comme celles de l'œillet d'Inde et des solanées); 7° enfin les odeurs *nauséeuses* (telles que celles des concombres et des cucurbitacées).

L'inconvénient de ces sortes de classifications pour des phénomènes si délicats et si fugitifs, c'est d'une part qu'il est difficile de se faire une idée nette de chacune de ces classes d'odeurs, si on n'a pas les substances à sa disposition; de l'autre, que l'odorat est une faculté très variable et que tous les hommes ne sentent pas de la même manière : on ne voit pas, par exemple, pourquoi l'odeur de la courge ou du concombre serait plus nauséeuse que d'autres.

M. Al. Bain admet des odeurs *fraîches* (l'air pur ou le parfum des bois); des odeurs *suffocantes* (une foule entassée dans un lieu fermé); les odeurs *douces* ou *fragrantes* (les fleurs); *piquantes* (le poivre, l'ammoniaque); *appétissantes*, un aliment savoureux); etc.

Ces différents caractères peuvent être distingués, pourvu qu'on n'y cherche pas une classification rigoureuse.

Outre les odeurs proprement dites, l'organe de l'odorat est le siège de sensations très différentes les unes des autres et qu'il est important de distinguer : 1° des sensations tactiles générales, comme celles de l'air froid qui traverse le nez et glace les muqueuses nasales; 2° la sensation de chatouillement, par exemple, si on y introduit les barbes d'une plume; 3° les sensations complexes, comme celle du tabac qui, indépendamment de l'odeur, produit sur la membrane une impression piquante qu'elle ne produit pas sur les autres parties de l'organisation (Gerdy, *des Sensations et de l'Intelligence*, p. 74).

Sensations du goût. — Les sensations propres au sens du goût s'appellent *saveurs*.

On a essayé de classer les saveurs comme les odeurs : mais il est difficile de ramener à des types distincts des sensations dont les nuances sont infinies et qui sont aussi nombreuses que les différents objets.

On signalera surtout les sensations *douces* (le sucre, le lait), *amères* (la quinine, la gentiane), *acides* (le vinaigre), *ardentes* (les liqueurs fortes), etc.; mais ces distinctions sont très insuffisantes pour exprimer le nombre considérable de saveurs que peuvent produire les différents aliments ou boissons.

Le siège du sens du goût est le palais et la langue; mais, de même que pour l'odorat, il faut bien distinguer les sensations de saveur des autres sensations purement tactiles dont ces mêmes organes sont susceptibles; un morceau de cristal de roche mis sur la langue est senti comme un corps dur et froid, sans sapidité. La distinction entre les sensations tactiles et les sensations gustatives n'est pas toujours facile à faire; par exemple, les alcools, qui brûlent la langue, agissent à la fois sur le goût et sur le toucher.

Il n'est pas moins difficile de distinguer les sensations olfactives (de l'odorat), qui se mêlent sans que nous y pensions aux sensations du goût. « Les yeux et les narines étant fermés, dit Longet, on ne distinguera pas une crème à la vanille d'une crème au café : elles ne produiront qu'une sensation commune de saveur douce et sucrée. » La délicatesse du goût est très différente selon les diverses personnes : « L'empire de la saveur, dit Brillat-Savarin, a ses aveugles et ses sourds. »

66. L'ouïe. Mécanisme de l'audition. — Le son, comme nous l'apprend la physique, est un mouvement vibratoire des corps sonores transmis à l'oreille par un milieu élastique qui est l'air, sans l'intermédiaire duquel les sons ne se produiraient pas. Les ondes sonores arrivent jusqu'à la membrane du tympan, les unes directement, les autres après avoir été réfléchies par la conque; d'autres frappent les cartilages du pavillon et les os du crâne, qui les transmettent aux parois du conduit auditif. De la membrane du tympan, les vibrations sont transmises, par la caisse du tympan et par la chaîne des osselets, jusqu'au liquide qui remplit l'oreille interne et aux membranes du nerf acoustique, lequel à son tour transmet les vibrations jusqu'au cerveau.

67. Sensations de l'ouïe. — La sensation propre au sens de l'ouïe s'appelle le *son*.

On peut distinguer dans le son différents points de vue : 1° la qualité; 2° l'intensité; 3° le volume; 4° la tonalité; 5° le timbre.

1° Sous le rapport de la *qualité*, les sons peuvent être *doux, riches, moelleux, purs* ou *durs, âpres, criards*, etc. Ces différences correspondent à celles que nous avons signalées dans les saveurs ou dans les odeurs. — 2° Sous le rapport de l'*intensité*, les sons sont *forts* ou *faibles* : un tintement de cloches près de l'oreille, une décharge de mousqueterie sont des exemples de sons intenses. — 3° Le *volume* se distingue de l'intensité. Il tient à l'étendue de la masse sonore. Le bruit de la mer, les clameurs d'une multitude, un grand nombre d'instruments semblables jouant à l'unisson sont des exemples du volume du son. — 4° Par *tonalité* ou par *hauteur* du son, on entend l'*acuité* ou la *gravité*. On sait que la différence du grave et de l'aigu, différence qui ne peut être définie, mais que tout le monde sent, est le principe de la musique; cette différence ne se confond nullement avec celle de l'intensité ou du volume : car un son musical restera le même, soit qu'on en augmente l'intensité par la pédale, ou le volume par la multiplication des instruments. On ne peut donner d'autre idée de la hauteur du son qu'en disant que c'est une qualité qui correspond à un plus ou moins grand nombre de vibrations dans un temps donné : le son devient plus grave à mesure que le nombre des vibrations diminue, et plus aigu à mesure qu'il augmente. 5° Le *timbre* est la différence de sons, d'ailleurs semblables, qui proviennent d'instruments différents. Un violon, une flûte, un piano, la voix humaine, peuvent produire la même note, mais avec un timbre différent [1].

Telles sont les principales différences que l'on peut distinguer dans le son, et que l'ouïe livrée à elle seule est capable de sentir.

Quant à la *distance* et à la *direction* du son, c'est une question de savoir si l'oreille peut toute seule, et sans le secours de l'œil ou de la main, nous faire connaître ces qualités [2].

68. **La vision. Mécanisme de la vision.** — Le mécanisme de la vision est très simple, si on se souvient des principes de l'optique relatifs au pouvoir réfringent des lentilles.

« Soit un corps placé à une distance de l'œil d'environ vingt mètres : il part de chaque point de cet objet un certain nombre de rayons divergents qui viennent tomber sur la cornée transparente : de ces rayons quelques-uns pénètrent dans l'œil. Au passage de l'air dans la cornée et dans l'humeur aqueuse, ces rayons, de divergents qu'ils étaient d'abord, deviennent convergents, et leur convergence augmente encore quand ils ont traversé le cristallin, dont le pouvoir réfringent est supérieur à ceux des milieux qui l'entourent. Ces rayons, partis tous du même point et qui se rapprochent après s'être séparés, vont se réunir sur un point de la rétine et forment par leur croisement un foyer conjugué qui représente le point lumineux initial. Il en est de même pour tous les points de l'objet ; et l'ensemble de tous ces foyers conjugués constitue l'image de l'objet, mais renversée : car les rayons partis de la partie supérieure de l'objet arrivent à la partie inférieure de la rétine, et réciproquement. » (D'Almeida, *Physique*.)

69. **Sensations de la vue.** — La sensation propre au sens de la vue est la sensation de *lumière*, d'où dérive la sensation de *couleur*. Aucun autre sens, et aucun autre appareil nerveux ne peuvent nous donner la sensation lumineuse [3].

---

1. A. Bain, *des Sens et de l'Intelligence*, part. I, ch. I, 5.
2. Voy. plus loin, *Perception extérieure*, sect. II, ch. III, 123.
3. Aucun fait probant n'a justifié jusqu'ici ce que l'on a appelé la *transposition des sens*, c'est-à-dire la prétention, soutenue par les partisans du magnétisme animal, de voir par le moyen d'autres organes que par les yeux, par exemple, par l'épigastre.

Lumière. — On distinguera donc d'abord la sensation de *lumière blanche*. C'est celle que nous envoient les rayons du soleil lorsqu'ils ne sont pas réfractés ni divisés par aucune surface : c'est la lumière qui éclaire les objets et qui les rend visibles.

A la lumière blanche s'oppose la *nuit*, ou sensation de *noir absolu*. C'est une question de savoir si c'est là, à proprement parler, une sensation, ou si ce n'est pas plutôt l'absence de toute sensation : suivant Helmoltz, le noir est une sensation véritable, quoiqu'il soit produit par l'absence de lumière. En effet, s'il y a dans le champ visuel une place qui n'envoie pas de lumière à notre œil, elle nous apparaît en noir, tandis que les objets situés derrière nous ne nous paraissent pas noirs, mais ne nous donnent aucune sensation. (*Optique physiolog.*, trad. fr., p. 370.)

Couleurs. — On sait que lorsque la lumière traverse certains milieux elle peut être diversement réfractée, et qu'à chacun de ces degrés de réfrangibilité correspondent des sensations distinctes et nouvelles qu'on appelle les *couleurs*.

Les couleurs forment une espèce de gamme[1] semblable à la gamme musicale, composée comme celle-ci de sept éléments distincts, qui sont le *violet*, l'*indigo*, le *bleu*, le *vert*, le *jaune*, l'*orangé*, le *rouge*, se fondant les unes dans les autres par des nuances intermédiaires. Au delà des deux limites extrêmes du violet et du rouge, il n'y a plus de sensation. On a proposé la réduction des sept couleurs du spectre à trois couleurs appelées *fondamentales* (rouge, jaune et bleu), dont les autres ne seraient que des résultantes et des composées. Mais cette théorie est contestée[2].

L'effet des couleurs se modifie par leur action réciproque. Ainsi une couleur, à la suite ou à côté d'une autre, ne sera pas la même que si on la considère isolée. C'est ce qu'on appelle le *contraste* des couleurs; et on en distingue deux sortes : le contraste *successif* et le contraste *simultané*.

Dans la sensation lumineuse proprement dite, on peut distinguer deux choses : l'*intensité* et la *durée*.

Intensité. — Tout le monde sait la différence qu'il y a entre une lumière vive et une lumière faible. La première peut aller jusqu'à blesser les yeux, comme lorsqu'on regarde en face les rayons du soleil : la seconde peut décroître graduellement jusqu'à se confondre avec la nuit. Les différentes parties du jour se rapportent à la dégradation de la lumière. L'aube, le matin, le plein midi, le soir, le crépuscule, la nuit sont des subdivisions de l'intensité de la lumière. C'est par les différents degrés de lumière que l'on a classé les étoiles. Les étoiles de première grandeur sont celles qui présentent le plus grand éclat. Les étoiles de septième grandeur sont celles qui ne sont visibles qu'au télescope. Entre les deux limites se classent les intermédiaires, selon le degré de l'intensité de la lumière.

Durée. — La sensation lumineuse dure encore après que l'action de la lumière extérieure a cessé : par exemple, lorsque, après avoir regardé le soleil ou une flamme brillante, on ferme brusquement les yeux en les couvrant de la main, ou qu'on porte le regard sur un fond entièrement noir, on voit encore pendant un court espace de temps l'image brillante des corps lumineux qu'on vient de regarder (Helmoltz). Il résulte de ce fait que « des impressions lumineuses répétées avec une rapidité suffisante produisent le même effet sur l'œil qu'un éclairage continu ». Par

---

1. Voy. Helmoltz, *Optique physiologique* (trad fr., p. 319, part. II, § 19.) — C'est sur cette analogie que le célèbre père Castel avait fondé son *invention du clavecin des couleurs*. (*Esprit* du P. Castel, Amsterdam, 1763, p. 78.)

2. Helmoltz, part. II, § 20, trad. fr., p. 380.

exemple, si sur un cercle noir il y a un point blanc brillant, et que ce disque tourne avec une rapidité suffisante, au lieu d'un point tournant, on verra un cercle gris, semblable à lui-même en tous ses points, et où l'on ne découvre aucun signe de mouvement. On peut vérifier le fait soi-même en faisant tourner rapidement une allumette enflammée : au lieu d'un point lumineux, on verra un cercle de feu. Ce fait vient de ce que la sensation de chaque point persiste à mesure qu'un nouveau point lumineux apparaît. Nous voyons donc la lumière à la fois sur tous les points du cercle : en d'autres termes, nous voyons un cercle 1.

70. Le tact. Mécanisme. — On ne sait rien de particulier sur le mécanisme du tact, si ce n'est que l'objet doit être mis en contact avec l'extrémité des nerfs tactiles, et y produire une certaine excitation qui se transmet au cerveau.

Sensations du tact. — On pourrait dire à la rigueur, et on a souvent dit que tous les sens ne sont que des modifications du toucher². Ce qui distingue les autres sens, c'est qu'ils sont localisés dans des organes spéciaux, tandis que le toucher est répandu sur toute la superficie du corps. Mais cela seul suffit à le distinguer des autres.

On a proposé récemment un sixième sens, le *sens musculaire*, auquel on attribuerait en partie le domaine du toucher, par exemple les sensations de pression, de poids et de résistance. Nous croyons avec M. Renouvier³ que ce sixième sens est inutile. L'action musculaire est nécessaire à l'exercice de tous nos sens, mais elle n'a pas par elle-même de sensations qui lui soient propres. (Voy. plus loin, sect. II, ch. III, p. 119.)

Parmi les sensations du tact, on distinguera les sensations de *température*, de *chatouillement*, de *contact*⁴, de *pression*, de *traction*, de *poli* et de *rude*, de *poids*, et enfin de *résistance*. Cette dernière est la sensation fondamentale du toucher.

71. De la sensation d'étendue. — Y a-t-il une sensation d'étendue, comme il y a une sensation d'odeur, de chaleur, de lumière? C'est une question très délicate. Ce qu'il y a de certain, c'est qu'il n'y a pas de sensation directe et immédiate de l'étendue, comme des autres qualités sensibles. L'étendue n'est jamais sentie en elle-même, mais seulement à travers la couleur, la ré-

---

1. On a distingué dans cette persistance des sensations quatre points de vue différents : 1° *continuité dans le temps;* 2° *continuité dans l'espace;* 3° *continuité dans la forme;* 4° *continuité dans l'intensité lumineuse.* (Gariel, *Journal de Physique* de d'Almeida, t. VI, p. 97).
2. Lecat, *Traité des Sens* (Paris, 1742, p. 204). Voy. aussi Herb. Spencer (*Psychol.*, t. I, p. 308). C'était déjà, dans l'antiquité, l'opinion de Démocrite. En revanche, d'autres di

sent que le toucher, comme sens spécial, n'existe pas (Semal, *de la Sensibilité générale*, *Annales médico-psychologiques*, mai 1875, p. 315).
3. Renouvier, *Essais de critique générale : logique*, 2ᵉ édition, t. I, p. 327.
4 Voy. les expériences curieuses de Weber sur les *cercles de sensation* (Bernstein, *les Sens*, p. 24-26) : deux pointes de compas, avec une ouverture moindre de trois centimètres, sont senties comme une seule.

sistance et peut-être les autres sensations. Une étendue non colorée et non résistante nous est inconnue. Ce ne peut donc être qu'un acte de l'esprit qui dégage l'étendue des autres qualités sensibles : c'est par conséquent un acte de perception, non de sensation. On étudiera plus loin la perception d'étendue. (Sect. II, ch. II, 122).

72. Sensations subjectives. — Toutes les impressions des sens externes, quoique ordinairement produites par l'action des objets extérieurs, peuvent se produire ou se reproduire en l'absence de ces objets. On les appelle alors sensations *subjectives*. On peut avoir, par exemple, un mauvais goût dans la bouche, ou sentir une odeur désagréable sans aucun objet ni sapide ni odorant. Les bourdonnements d'oreilles, les phosphènes des yeux, les picotements de la peau, etc., sont des phénomènes de ce genre. Il faut se garder de les confondre avec cette autre classe de phénomènes que l'on appelle *hallucinations*, dont nous parlerons plus loin (ch. v, 93).

73. Vitesse des sensations. — On a essayé dans ces derniers temps de mesurer la vitesse des sensations.

Voici l'origine de ces curieuses recherches, encore trop neuves pour être admises sans examen, mais qu'il est intéressant de connaître. Les astronomes avaient remarqué depuis longtemps qu'entre le passage réel d'un astre devant le fil de la lunette et l'appréciation de ce passage par l'astronome existe un écart qui constitue ce qu'on appelle *erreur* ou *équation personnelle*. Cette erreur est différente chez tous les observateurs. C'est ce qui a donné lieu de penser que la sensation se produit plus ou moins vite selon les individus. En cherchant à corriger cette erreur, les astronomes ont été conduits à faire des expériences qui ont mis la physiologie sur la voie de la mesure des actes mentaux. Le procédé général pour cette mesure est celui-ci. On excite un organe, par exemple le pied droit, par une secousse électrique, et l'on demande au sujet de mouvoir la main gauche aussitôt la secousse sentie : on mesure le temps qu'il faut entre l'excitation et le mouvement. Maintenant, étant connus (par des procédés antérieurs), d'une part, le temps que l'agent nerveux sensitif, de l'autre l'agent nerveux moteur, on n'a qu'à déduire cette double quantité du produit total. Ce qui reste est le temps de la sensation elle-même, ou plutôt, pour parler plus exactement, le temps de la vibration cérébrale nécessaire pour produire la sensation.

74. Intensité des sensations. — Des recherches récentes ont également essayé de soumettre à la mesure et au calcul l'*intensité* des sensations. De là cette loi, appelée *loi de Fechner : L'intensité de la sensation croît comme le logarithme de l'excitation*. Mais cette loi a été l'objet de très sérieuses critiques de la part des mathématiciens.(Voy. Ribot, la *Psychologie allemande*, ch. VI, p. 155.)

75. Lois de la sensation. — En résumé, si l'on considère la sensation en elle-même, en la séparant autant que possible de tout acte intellectuel, on trouve les lois suivantes :

I. Une même cause peut produire dans les sens différents des sensations différentes ; et réciproquement les causes les plus différentes peuvent produire la même sensation dans un sens donné. (Loi de Muller [1].)

Par exemple :

1° La sensation de lumière peut être excitée dans l'œil : *a*, par ce que l'on appelle la lumière, c'est-à-dire, comme on le croit généralement, par les vibrations de l'éther ; *b*, par des influences mécaniques, telles qu'un choc, un coup ; *c*, par l'électricité ; *d*, par des influences chimiques, comme celles des substances narcotiques ; *e*, par l'irritation du sang dans la congestion.

2° La sensation du son peut être produite : *a*, par des vibrations des corps sonores ; *b*, par l'électricité ; *c*, par des agents chimiques introduits dans le corps, narcotiques ou autres ; *d*, par l'irritation du sang.

2° La sensation d'odeur peut être produite : *a*, par les aromes ou odeurs proprement dites ; *b*, par l'électricité.

4° La sensation de saveur peut l'être : *a*, par des substances sapides ; *b*, par l'électricité ; *c*, par des influences mécaniques.

5° Les sensations tactiles peuvent être produites : *a*, par des influences mécaniques externes, pressions ou attouchements ; *b*, par des influences chimiques ; *c*, par la chaleur ; *d*, par l'électricité ; *e*, par l'irritation du sang.

II. Toutes les sensations sont susceptibles de varier depuis le plus faible degré, que l'on appelle le *minimum sensibile*, jusqu'à une quantité indéterminée. En d'autres termes, toute sensation a une *quantité intensive* (74), c'est-à-dire un *degré*. (Loi de Kant [2].)

Tout le monde sait par expérience que chacune de nos sensations peut croître ou décroître. Un son, par exemple, peut aller en s'affaiblissant, en tendant à se confondre de plus en plus avec 0. Puisqu'il y a un dernier moment où on l'entend encore, et un autre où on ne l'entend plus, il faut bien qu'il y ait un minimum de sensation pour le son : c'est le minimum *audibile*, au-dessous duquel il n'y a plus rien. Il y a de même un minimum *visibile*, de même aussi pour les autres sens. — Réciproquement, la sensation peut croître jusqu'à une quantité indéterminée : mais cela ne peut pas aller à l'infini, car il y a tel excès de sensation qui tue l'organe, par exemple l'excès de lumière. — Le *minimum sensibile* est appelé par les Allemands *Reizschwelle* (seuil de l'excitation). C'est le *seuil* qui sépare la conscience de l'inconscience, et au delà duquel l'excitation extérieure ne produit rien. (Sur la limite de l'excitation, pour les différents sens, voy. les *Éléments de physiologie* de Beaunis ; Paris, 1876, p. 104.)

III. Toute sensation suppose un changement d'état, c'est-à-dire qu'une sensation ne peut être sentie que par rapport à une autre : en d'autres termes, il faut qu'il y ait deux sensations distinctes, soit simultanées, soit successives, pour que chacune d'elles soit perçue : c'est la loi de relativité déjà signalée pour les phénomènes affectifs (59).

1. *Physiologie* de Muller, t. II, trad. fr. de Jourdan, liv. V, ch. prélimin. IV, p. 263.

2. Kant, *Critique de la raison pure* (*Analytique des principes*), sect. III, ch. II.

En effet, supposons une sensation unique dans un sens quelconque, nous serons comme celui qui est privé de ce sens. Si nous étions plongés dans la lumière blanche, sans distinction d'aucune couleur, nous serions exactement comme l'aveugle de naissance qui n'a jamais vu, ou comme nous-mêmes dans la nuit[1]. Si nous regardons les objets à travers un verre de couleur, par exemple un verre bleu, d'abord tous les objets nous paraissent bleus ; mais peu à peu cette sensation s'affaiblit, et pour retrouver la sensation du bleu, il faut que nous regardions à travers quelque autre verre pour revenir à celui que nous avions vu d'abord. La sensation ne dure donc qu'à la condition d'être renouvelée et variée : « Lorsque la main a été longtemps en contact avec un corps tangible, si elle demeure immobile, elle cesse de le percevoir. Une perception qui commencerait et qui finirait avec nous serait comme si elle n'était pas. (Ad. Garnier.)

IV. Toutes les sensations sont localisées d'une manière plus ou moins distincte dans une partie déterminée du corps[2].

Cette loi ne fait pas question pour les sensations de l'odorat, du goût et du toucher. Mais Ad. Garnier soutient (VI, III, 29) qu'il n'en est pas de même pour les sensations de la vue et de l'ouïe. C'est pourquoi il refuse de leur donner le nom de sensations. Mais cette distinction paraît un peu arbitraire, et il semble que nous éprouvons la sensation de l'ouïe dans l'oreille et la sensation de la vue dans les yeux, comme les autres dans les autres organes des sens. On accorde qu'il en est ainsi lorsque les sensations visuelles ou auditives deviennent vives ; n'y a-t-il pas lieu de croire qu'il en est de même, quoique plus faiblement, quand elles sont plus tempérées ?

---

1. Hobbes (*Physica*, pars IV, c. xxv) dit qu'un homme, dans cette hypothèse, « non magis videre videretur, quàm ego videor mihi per tactus organa sentire lacertorum meorum ossa... *Stupentem* cum dicerem, non *videntem*. »

2. Sans doute, à parler exactement, la sensation a lieu non dans les organes, mais dans le cerveau, puisqu'on peut être sourd et aveugle par le cerveau sans l'être par le sens (67) ; mais il ne s'agit ici que de la localisation apparente, qu'elle soit d'ailleurs le résultat de la nature ou de l'habitude. — Le P. Liberatore (*Composé humain*) soutient à tort que le siège de la sensation est dans les organes des sens et non dans le cerveau (voy., *la Perception extérieure*, par l'abbé Duquesnoy, p. 150).

CHAPITRE IV

La mémoire sensitive et l'imagination reproductrice. — La loi d'association.

La vue et les autres sens extérieurs, dit Bossuet, nous font apercevoir certains objets hors de nous : mais outre cela, nous pouvons les apercevoir au dedans de nous lorsque les sens ont cessé d'agir. Par exemple, je fais un triangle Δ, et je le vois de mes yeux. Que je les ferme, je vois encore ce même triangle intérieurement, tel que ma vue me le fait sentir, de même couleur, de même grandeur, de même situation : c'est ce qui s'appelle imaginer un triangle. (*Conn. de Dieu*, I, v.)

Imaginer, c'est donc se représenter un objet en l'absence de cet objet : ces représentations s'appellent des *images*.

76. Mémoire et imagination. — Mais cette opération est susceptible de deux formes : en effet, ou bien je me représente purement et simplement l'objet, et je le contemple sans avoir conscience que je l'ai déjà perçu, ou sans y penser; ou bien je le rapporte au passé, et à tel moment du passé; je dis alors que je m'en souviens. Dans le premier cas, c'est l'*imagination* proprement dite, ou *fantaisie* (φαντασία); dans le second cas, c'est la *mémoire*.

La mémoire et l'imagination diffèrent très peu à leur origine, elles ne sont l'une et l'autre que la continuation et la répétition de la sensation; les images sont les copies des sensations. Sous cette forme, la mémoire s'appellera *sensitive*, et l'imagination *reproductrice*, car il ne s'agit encore que de la mémoire des sens et d'une imagination toute passive, sans puissance créatrice. Les images se reproduisent alors spontanément en vertu de lois toutes mécaniques, et sans être contrôlées par le gouvernement de l'esprit.

77. Imagination des différents sens. — Le terme d'imagination est emprunté au sens de la vue, parce que ce sont surtout les sensations de la vue qui se reproduisent le plus facilement. En effet, tous les psychologues ont remarqué que, de tous les objets de nos sens, les objets visibles sont ceux qui renaissent avec le plus de netteté et de vivacité : « Un édifice, par exemple, dit D. Stewart, est conçu plus aisément qu'un son particulier, qu'une saveur, qu'une douleur. (*Éléments*, part. I, ch. III.) » Voici la raison de ce fait, suivant ce philosophe : c'est que, les sensations de la vue étant composées de plusieurs éléments (la forme et la couleur), ces éléments eux-mêmes de points distants situés dans l'espace, la sensation exige un certain temps pour être perçue, et par suite il s'établit une association plus intime entre ses diverses parties.

Cependant, s'il est vrai que le sens de la vue est le plus imaginatif de tous, il ne s'ensuit pas qu'il soit le seul. Il y a une imagination des sons et de l'ouïe, comme des couleurs et de la vue. On se rappelle mentalement les airs qu'on a entendus. Un musicien compose de tête, sans avoir besoin d'instrument ni de voix humaine. Il en est de même pour la parole : chacun sait et sent en lui-même qu'il ne peut pas penser sans mots et que ces mots il les entend intérieurement en les pensant.

De même il doit y avoir une imagination du tact; on le prouve par l'exemple des aveugles-nés qui, sans l'aide de la vue, se représentent les choses aussi nettement que nous, puisqu'ils savent se diriger. La lecture des reliefs, chez les aveugles, vient encore à l'appui du même fait. Nous ne nous faisons pas l'idée de la différence de l'*a* et du *b* en relief, et l'aveugle la fait cependant. Les ouvriers typographes arrivent aussi à reconnaître les lettres au toucher. Enfin les aveugles de naissance sont géomètres. Ils ont une géométrie tangible, comme nous une géométrie visible. Leur imagination se représente donc des figures tangibles, comme la nôtre des figures visibles [1].

On peut donc affirmer que la vue, l'ouïe et le tact ont leur imagination. Il en est certainement de même des autres sens, quoique les données en soient beaucoup plus obscures. On se représente difficilement une saveur, une odeur, une douleur; mais cependant on se la représente dans une certaine mesure. Le gourmand jouit d'avance de son dîner, le voluptueux des parfums de son jardin ou de ses salons, et le blessé souffre d'avance de l'amputation qu'il doit subir. Ce sont là incontestablement des faits d'imagination.

L'imagination des phénomènes purement affectifs a été niée par quelques philosophes (Maine de Biran, *Fondements de la psychologie*, part. II, sect. II, ch. III. — Bouillier, *Plaisir et douleur*,

---

1. Diderot, *Lettre sur les aveugles*.

ch. x). Il nous semble que c'est là une exagération. Comment le poète pourrait-il peindre les passions, s'il ne se les représentait d'une certaine manière? On dit qu'on ne peut se les représenter qu'en les éprouvant de nouveau ; que la sensibilité est *rétroactive* et non *représentative* : mais n'en peut-on pas dire autant de toute espèce d'imagination?

D. Stewart a fait remarquer (*Élém.*, ch. III) que dans beaucoup de cas ce que l'on attribue à la faiblesse des sens tient plutôt à la faiblesse de l'imagination. On rencontre, dit-il, des hommes capables de bien distinguer deux couleurs mises sous leurs yeux, et incapables d'assigner avec assurance à chacune de ces couleurs le nom qui lui est propre : or, sans la faculté de concevoir distinctement, dit-il, on sent qu'il est impossible de donner à la couleur son vrai nom : car l'application d'un nom suppose non seulement la faculté d'être affecté par l'objet présent, mais aussi celle de lui comparer l'objet absent. C'est encore à la même faculté qu'il faut attribuer, selon le même auteur, le talent de décrire ou de raconter dans la conversation, talent qui suppose que l'imagination a laissé tomber tous les détails insignifiants et inutiles pour ne conserver que les traits significatifs et intéressants.

78. **Formes diverses de l'imagination.** — On distingue deux espèces d'imagination : l'*imagination reproductrice* ou *mémoire imaginative*, qui ne fait que reproduire les perceptions passées, et l'*imagination créatrice* ou *productrice*, qui crée des objets nouveaux. La première seule appartient aux opérations sensitives : la seconde est du domaine intellectuel. Nous en parlerons plus loin. (Sect. II, ch. IV.)

Mais entre ces deux formes, il y a place pour une forme intermédiaire qui est comme le passage de l'une à l'autre, et que l'on peut appeler imagination *passive* ou *automatique*. Elle se distingue de la première en ce qu'elle modifie et combine diversement les images de la mémoire, et de la seconde en ce qu'elle le fait involontairement, fatalement, sans direction et sans règle. C'est cette sorte d'imagination libre et échappée qui mérite particulièrement le nom que lui donnait Malebranche[1] : celui de *folle du logis*. Elle se manifeste principalement dans trois états psychologiques distincts, mais qui se tiennent par la prédomi-

---

1. Malebranche a peint avec beaucoup de vivacité les qualités et les défauts de ce qu'il appelle les *imaginations* fortes. (*Recherche de la vérité*, liv. I, part. III, ch. I.)

nance exclusive de l'imagination : la *rêverie*, le *rêve* et *l'aliénation mentale*.

La rêverie a lieu lorsque l'esprit, oubliant le monde extérieur et lâchant les rênes à l'imagination, laisse passer devant lui, et se plaît à contempler au passage une série d'images tantôt gaies, tantôt tristes ou mélancoliques, qui viennent prendre la place des tableaux réels qui nous entourent. Dans l'état de rêverie, l'imagination n'est pas absolument indépendante de la volonté, ou du moins elle ne l'est pas toujours. C'est souvent volontairement que l'esprit s'abandonne, et laisse l'empire à l'imagination. Si le mouvement de nos idées semble s'alanguir, nous faisons un effort pour le raviver, notre volonté l'accélère; si quelque image étrangère au rêve vient s'y glisser, nous l'écartons doucement, pour ramener l'imagination dans la voie aimée. Ce que l'on appelle *château en Espagne* est un exemple de rêverie agréable; la volonté n'y intervient que pour repousser les éléments hostiles au rêve, réserver les images agréables: c'est avec une certaine complaisance, et non toujours sans quelque effort, que nous bâtissons notre château en Espagne comme une sorte de poème.

Quant aux rêves du sommeil et de l'aliénation mentale, nous en parlerons dans le chapitre suivant. Mais auparavant il est nécessaire d'étudier la loi fondamentale qui régit le rappel spontané et involontaire des idées.

79. La loi d'association. — La loi fondamentale en vertu de laquelle les idées se réveillent dans l'imagination en l'absence des objets, est une loi bien connue sous le nom de *loi d'association des idées*. En voici un exemple :

<small>Je n'ai jamais vu voler le papillon Thaïs sans revoir le lac de Némi, je n'ai jamais regardé certaines mousses de mon herbier sans me retrouver sous l'ombre épaisse des yeuses de Frascati. Une petite pierre me fait revoir toute la montagne dont je l'ai rapportée, et la revoir avec ses moindres détails, de haut en bas. L'odeur du liseron-vrille fait apparaître devant moi un terrible paysage d'Espagne dont je ne sais ni le nom, ni l'emplacement, mais où j'ai passé avec ma mère à l'âge de quatre ans [1].</small>

Tout le monde a observé des faits semblables à ceux-là. Il n'est personne qui ne se soit surpris à remarquer en soi l'étrange filiation qui nous fait passer, sans que nous y pensions, d'une idée à une autre. Souvent on peut retrouver les intermédiaires qui nous ont conduits : quelquefois on ne le peut pas. Il arrive fréquemment que, tout en étant occupé à une idée agréable, on se

---

[1]. G. Sand, *A propos des Charmettes*, (*Revue des deux Mondes* du 15 novembre 1863.

trouve insensiblement et sans le vouloir amené à une idée triste. On veut retrouver la première, que l'on a oubliée. Que fait-on? On part de la dernière idée, de celle-ci à la précédente, et on essaye de proche en proche de remonter jusqu'à la première.

Reid a fait remarquer avec raison (*Essais*, VI, vi, trad. fr., t. IV, p. 168), que le terme d'association des *idées* donnerait de ce phénomène une idée trop étroite en faisant croire qu'il n'y a que les *idées* qui se lient ainsi : ce ne sont pas seulement nos idées, ce sont à la fois nos pensées et nos sentiments, qui se lient et s'appellent de cette manière : ce sont toutes les opérations de notre esprit. En effet une image réveille un jugement qui suscite un sentiment, d'où naît une résolution, laquelle à son tour évoque de nouvelles images, et ainsi de suite, de sorte que toutes les espèces de phénomènes qui peuvent se passer dans l'âme s'enchaînent et s'appellent mutuellement.

80. Habitude et association des idées. — Tous les philosophes ont remarqué l'analogie de l'*association des idées* et de l'*habitude*, seulement on s'est demandé lequel de ces deux faits devait se ramener à l'autre. Les uns ramènent l'association à l'habitude; les autres, l'habitude à l'association. Reid est partisan de la première opinion (*ibid.*, p. 191); Dugald Stewart (*Éléments*, part. I, sect. I, ch. v) penche vers la seconde. Le premier se fonde sur ce fait que la répétition facilite la reproduction d'une suite d'idées, comme elle le fait pour ce que nous appelons habitude. Mais Dugald Stewart fait remarquer de son côté que la facilité donnée par l'habitude vient précisément de ce qu'en vertu de la répétition, les idées, les sentiments et les mouvements tendent à s'associer d'une manière de plus en plus irrésistible. H. Spencer (*Psychologie*, trad. fr. IV, part. ch. vi, p. 485) dit également que la mémoire, quand elle devient absolument automatique, perd son nom et s'appelle habitude. L'habitude a donc commencé par être une mémoire, et par conséquent s'explique plutôt par les lois de la mémoire que celle-ci par les lois de l'habitude.

On a ramené à deux lois les principes qui président à l'association des idées : 1° la loi de contiguïté ; 2° la loi de ressemblance [1].

81. Loi de contiguïté. — 1° *Contiguïté dans le lieu*. Les différentes parties d'une ville s'appellent réciproquement dans notre souvenir. C'est en vertu de ce principe que nous nous dirigeons dans une ville que nous n'avons pas vue depuis longtemps et que

---

1. Al. Bain, *Sens et Intelligence*, part. II, ch. I, trad. fr., p. 282.

nous croyions avoir oubliée. La vue de la première rue nous rappelle les autres, et nous allons droit aux monuments importants. De plus, la vue des lieux nous rappelle soit les événements qui se sont passés dans ces lieux (souvenirs historiques[1]), soit les impressions que ces lieux nous ont fait éprouver en d'autres temps, et les événements dont nous y avons été témoins.

2° *Contiguïté dans le temps.* Il y a ici deux points de vue à distinguer. Il y a la *contiguïté objective* et la *contiguïté subjective*. La première a lieu entre les événements eux-mêmes en dehors de nous : la seconde a lieu entre nos pensées et en nous-même. A la première se rapportent les *synchronismes*, les *éphémérides*, les *chronologies*, les *généalogies*, etc. De là aussi l'utilité des dates en histoire. Mais la contiguïté subjective est d'une bien plus grande importance encore; on peut y ramener tous les autres rapports : c'est la liaison et adhérence qui s'établit entre deux idées par cela seul qu'elles *se sont produites ensemble* ou l'une après l'autre[2]. Il suffit en effet que nous pensions à un objet dont le souvenir nous est resté, pour que des idées d'ailleurs complètement étrangères à celle-là viennent se grouper autour d'elle. C'est ce qui explique une foule d'impressions singulières, de sympathies ou d'antipathies dont nous ne nous rendons pas toujours compte. Il suffit en effet que la vue d'une personne ait coïncidé pour nous avec une idée pénible pour que cette personne nous devienne désagréable et produise en nous une impression fâcheuse[3]; réciproquement, Descartes aimait les personnes louches, pour avoir aimé dans sa jeunesse une jeune fille qui était louche.

82. Loi de ressemblance. — Le second principe qui tend à réveiller les idées les unes par les autres est le principe de ressemblance, et aussi de dissemblance. Il y en a mille preuves quotidiennes. La vue d'un fils nous rappelle son père, si toutefois il lui ressemble. Souvent de vagues ressemblances, qui frappent l'un sans frapper l'autre, réveillent en nous l'idée d'une personne, à la vue d'une autre qui n'a avec celle-ci aucune espèce de rapport. Ce genre d'association, quand il repose sur des ressemblances réelles, n'est pas seulement naturel : il est encore agréable. C'est de là que dérivent ces procédés du discours que

---

1. Voy. un passage célèbre de Cicéron (*de Finibus*, v, 1). De là aussi le plaisir de visiter les lieux qu'ont habités les écrivains célèbres : les Rochers, de Mme de Sévigné; les Charmettes de J.-J. Rousseau, Ferney, Coppet, etc.

2. Berkeley, *Théorie de la vision*, ch. XXV : « Pour qu'une idée puisse en exciter une autre dans l'âme, il suffit qu'on soit accoutumé à les voir ensemble. »

3. Locke, liv. II, ch. XXXIII.

l'on appelle la *comparaison* et la *métaphore*. C'est en raison des analogies qui ont frappé de tout temps les hommes entre le physique et le moral, que tous les phénomènes de l'ordre moral et psychologique ont été exprimés par des mots empruntés à l'ordre physique (âme, *anima*; *spiritus*, souffle; liberté, *libra*, balance; émotion, *motus*, mouvement, etc.). En général, ce sont les faits moraux qui suscitent des images physiques, et c'est là l'usage ordinaire de la comparaison. Dans des temps plus réfléchis, au contraire, on a fait des comparaisons en sens inverse, et les phénomènes physiques font songer aux faits moraux[1]. Ce n'est pas seulement la ressemblance qui plaît : c'est encore le contraste et la dissemblance. De là naissent trois figures de rhétorique, d'un effet généralement agréable, quoiqu'il ne faille pas en abuser : l'*antithèse*, l'*antiphrase* et l'*ironie*. La première de ces figures est, comme la définit la Bruyère; « l'opposition de deux vérités qui se donnent du jour l'une à l'autre ». L'antiphrase est l'emploi d'un mot ou d'une proposition dans un sens contraire à son véritable sens, comme lorsqu'on dit les *Euménides* pour exprimer les Furies. C'est une sorte d'ironie abrégée, comme la métaphore est une comparaison abrégée. L'ironie consiste à rire des gens, ou à les rendre ridicules (comme faisait Socrate) en ayant l'air de les louer et de les approuver. Il y en a d'admirables exemples dans l'Hermione de Racine (*Andromaque*, acte IV, sc. II). C'est encore au même principe que nous devons rapporter le plaisir du *contraste*, c'est-à-dire du rapprochement inattendu entre deux objets plus différents que semblables. Un exemple charmant est celui de la tortue de la Fontaine se comparant à Ulysse :

> On ne s'attendait guère
> A voir Ulysse en cette affaire.

Le vif sentiment des contrastes est une portion de ce qu'on appelle l'*esprit*.

A ce principe se rapporte encore l'analogie des mots, la consonance ou même l'*allitération*[2]. De simples similitudes de son peuvent suggérer des idées qui quelquefois s'accommodent à notre pensée : « Je m'instruis mieux, dit Montaigne, par *fuite* que par *suite*. » Dans un genre beaucoup plus trivial, le même principe engendre ce que l'on appelle le *calembour*, jeu de mots fondé sur une ressemblance de son et une différence de

---

1. Le *Vase brisé*, de Sully Prudhomme.   2. Voy. les *Mélanges de littérature* de M. Suard, part. III, p. 27.

sens[1]. La *rime* est encore une des inventions nées du plaisir de la consonance.

83. Ces deux lois peuvent-elles se ramener à une seule ? — On a essayé de ramener à une seule les deux lois précédentes. Les ressemblances ne nous frapperaient, dit-on, que parce que des objets semblables ont été ensemble dans notre conscience, et ainsi la loi de ressemblance se ramènerait à la loi de contiguïté. Suivant d'autres, au contraire, la contiguïté dans le temps est une sorte de ressemblance : car le temps ressemble au temps. Mais ces deux arguments nous paraissent aussi faux l'un que l'autre. D'une part, il n'y a aucune raison de supposer que la similitude de deux objets ne nous frappe que si nous les avons perçus ensemble : la mémoire suppose précisément le contraire, car nous ne nous ressouvenons que de ce que nous reconnaissons, et la reconnaissance suppose la similitude. Or le souvenir est toujours séparé par quelque intervalle de temps de la sensation elle-même. — D'un autre côté, la coexistence et la succession sont deux modes d'être si particuliers qu'ils ne peuvent être ramenés à aucun autre. Il y a donc deux lois, et non pas une seule.

84. L'association et la liaison des idées. — Dugald Stewart et après lui beaucoup de philosophes ont distingué deux sortes d'associations d'idées (*Éléments*, part. I, sect. III, ch. x), les unes qui reposeraient sur les rapports *extrinsèques*, les autres sur les rapports *intrinsèques* de nos idées. Dans le premier cas nos idées se rapprochent les unes des autres, non pas parce qu'elles ont entre elles des liens logiques et naturels, mais uniquement par des rencontres extérieures : par exemple, le fait d'avoir été conçues ensemble une première fois, ou encore le fait d'être exprimées par des mots dont les sons ont de l'analogie, ou enfin le fait d'avoir certains caractères extérieurs semblables, quelques traits dans le visage, quelques épisodes dans la vie. Dans l'autre catégorie, au contraire, rentreraient les similitudes profondes et vraiment générales, bases des classifications régulières et des inductions scientifiques : les rapports de cause à effet, de moyen à fin, de prémisse et de conséquence.

Cette distinction est fondée : mais, à parler rigoureusement, le fait désigné sous le nom d'*association des idées* ne s'applique qu'à la première et non à la seconde de ces relations. Ce que

---

[1]. M. de Bièvre, célèbre en ce genre, disait par exemple, à propos de la tragédie des *Brames*, de la Harpe : « Si les *Brames* réussissent, les *bras me* tomberont. »

l'on veut dire en effet en signalant cette loi, c'est que nos idées s'appellent l'une l'autre par de tout autres rapports que des rapports logiques; et c'est cela même qui est remarquable. Si en effet les relations purement logiques et rationnelles devaient rentrer dans la loi d'association, cette loi ne serait plus un fait particulier de l'intelligence, mais l'intelligence elle-même tout entière. Qu'est-ce en effet que l'intelligence, sinon une certaine liaison de pensées? Qu'est-ce que le jugement, suivant tous les logiciens, sinon la réunion de deux idées? le raisonnement, sinon la liaison de deux jugements? l'induction, sinon le lien entre l'expérience du passé et l'attente de l'avenir? enfin le génie lui-même, sinon une certaine combinaison d'idées, etc.? En un mot, si on prend le terme d'association d'idées dans le sens large, il n'y a pas lieu à s'en occuper d'une manière spéciale, à en faire l'objet d'une étude à part : ce sera l'étude de l'esprit humain tout entier.

Cependant lorsque les philosophes ont commencé à s'occuper de l'association des idées, lorsque Hobbes, Locke, Hume ont porté leur attention sur ce phénomène, ils ont bien entendu parler d'un ordre de faits particulier, qui ne se confond pas avec tout autre. Avant eux, je suppose, on avait dit que le syllogisme réunit des jugements, que le jugement réunit des idées, et que toute pensée lie quelque chose à quelque chose : mais ce n'était pas ce genre de liaison évidemment qu'ils avaient dans l'esprit. Ce qu'ils ont voulu signaler précisément, c'est un genre de liaison tout à fait distinct de celui-là : ce qu'ils ont voulu établir, et ce qui a excité un si vif intérêt, c'est précisément qu'il y a une certaine force qui lie les idées les unes aux autres d'une manière tout à fait indépendante de leurs rapports logiques[1]. Par exemple, on a été guéri après avoir bu l'eau d'une source : l'idée de cette source s'associe si énergiquement à l'idée de la guérison, que l'imagination invente une vertu curative dans la source, et que ce préjugé se transmet de génération en génération sans pouvoir être ébranlé par aucune expérience contraire.

L'association des idées proprement dite est donc un phénomène en quelque sorte tout mécanique, tout extérieur, qui ne ressemble en rien à cet autre ordre d'association rationnel et rai-

---

[1]. Le philosophe Thom. Brown avait proposé le mot de *suggestion* pour exprimer ce fait. (*Lectures on the philosophy of the human mind*, lect. XL.) Il est regrettable que ce mot n'ait pas été adopté.

sonnable que la logique et la rhétorique enseignent et exigent, et que l'on appelle *liaison des idées*. Les deux faits au contraire s'opposent l'un à l'autre. Pour lier vraiment les idées comme l'exige la raison, il faut lutter contre le joug de l'association extérieure de nos idées. Dans les mauvais écrivains, l'association mécanique se substitue à la liaison logique.

La *liaison* des idées est donc un fait essentiellement différent de l'*association* des idées [1]. La première appartient à l'entendement; l'autre à l'imagination. L'une est le caractère propre de la faculté de penser, l'autre n'est que la faculté de sentir. L'animal associe ses idées comme nous : l'homme seul est capable de les lier. Les associations de l'animal, et les nôtres quand nous ne pensons pas, sont de simples *conséculions* : les liaisons d'idées sont des actes de *synthèse*.

Il est vrai que dans une théorie récente [2], l'entendement lui-même ne serait qu'une suite de conséculions, et la faculté de penser tout entière se ramènerait à de simples associations : mais cela même prouve ce que nous voulons établir. En effet, dire que l'intelligence se ramène à l'association, ne serait qu'une vaine tautologie sans intérêt (puisque tout le monde accorde que penser, c'est lier), si l'on ne commençait par distinguer deux sortes de liaisons : les unes purement extérieures et qui ne sont que le résultat de la contiguïté des sensations, les autres logiques et qui sont ce que nous appelons des pensées (jugements, raisonnements, inductions); cette distinction une fois faite, c'est alors que l'on essayerait d'établir que la seconde classe de liaisons se ramène à la première. Ainsi, même pour soutenir et comprendre cette théorie, il faut partir de la distinction indiquée.

D'après ce que nous venons de dire, on exclura des principes d'association les relations purement intellectuelles (telles que celle de cause à effet, de moyen à fin, de principe à conséquence, etc.). Ce sont là les lois mêmes de la pensée, mais non celles de l'imagination. On pourrait presque se demander si la loi de ressemblance elle-même appartient bien au phénomène de l'association des idées; car remarquer une ressemblance entre deux faits, c'est faire acte de synthèse, c'est-à-dire de pensée :

---

1. Sur cette distinction entre la *liaison* et l'*association* des idées, voy. Bonstetten, *Etudes sur l'homme* (Genève, 1821, part. II, ch. I et II). Ce philosophe dit avec raison que ces deux phénomènes sont en raison inverse l'un de l'autre.

2. Cette théorie, appelée *associationniste*, avait été fondée au XVIIIe siècle par Hartley (*Observations on the man*, 1720). Abandonnée et oubliée au commencement de notre siècle, elle a été reprise de nos jours par St. Mill., Alex. Bain, H. Spencer, etc. (Voir la *Psychologie anglaise*, par Ribot).

c'est une relation intrinsèque qui vient de la chose même, et non du rapport fortuit des idées. Aussi les vrais associationnistes ont-ils essayé de ramener la ressemblance à la contiguïté dans le temps : mais c'est impossible. Cependant, comme il y a des ressemblances purement extérieures et accidentelles, et d'autres profondes et essentielles, le premier genre de liaison peut être encore considéré comme se rapportant à la partie sensitive et imaginative, et le second à la partie rationnelle : c'est pourquoi nous avons maintenu cette loi parmi celles de l'association proprement dite.

85. Le conflit des sensations. — En même temps que nos sensations peuvent s'associer et se rappeler l'une l'autre, elles peuvent aussi agir ou réagir l'une sur l'autre, de manière à se fortifier ou à s'affaiblir mutuellement. C'est ce que nous appelons le *conflit des sensations*. Voici quelques-unes des lois qui ont été remarquées à cette occasion :

1° Le contraste augmente en général l'intensité de l'impression. Le chaud et le froid, le doux et l'amer, le blanc et le noir se font valoir réciproquement. De là vient l'importance de ce qu'on appelle en peinture des *repoussoirs*.

2° Souvent le contraste modifie la nature des deux sensations. L'opposition de la lumière solaire à celle d'une bougie fait paraître la première bleue et la seconde jaune, tandis que l'une et l'autre est blanche si on l'envisage isolément.

3° Pour que plusieurs sensations qui nous affectent à la fois nous paraissent distinctes, il est probable qu'il faut, comme l'a vu Condillac, qu'elles nous aient d'abord affectés séparément.

4° Quoique le contraste fasse souvent ressortir les sensations les unes par les autres, il arrive le plus souvent que le rapprochement de deux sensations produit un effet tout contraire. Lorsqu'une sensation forte nous affecte en même temps qu'une sensation faible, celle-ci s'affaiblit tellement qu'elle disparaît. Les petits bruits, qui frappent la nuit, sont insensibles pendant le jour; les étoiles disparaissent devant le soleil.

5° Deux sensations trop rapprochées tendent à se confondre. C'est ainsi que dans un sachet d'odeurs ou dans un accord harmonique, les sens ne distinguent pas les éléments de l'ensemble. Dans l'eau rougie, on ne distingue pas séparément le goût de l'eau et le goût du vin.

6° Deux sensations tendent à se confondre lorsqu'elles affectent deux points très rapprochés de l'organe. C'est en vertu de cette loi que Weber a pu déterminer ce que l'on appelle les *cercles de sensation*. Par exemple, au-dessous de trois centimètres, deux pointes de compas appliquées dans le sens de la longueur du bras, seront senties comme une seule.

7° De même deux sensations qui se succèdent à de très petits intervalles de temps tendent également à se confondre comme si elles étaient simultanées. Deux sons, à une distance moindre que $\frac{1}{9}$ de seconde, sont entendus comme un son con-

---

1. La plupart de ces lois sont empruntées à l'ouvrage de Prévost de Genève (*Essais de philosophie*, liv. III, ch. III); quelques-unes à des auteurs plus récents (voy. Chevreul, sur le *Contraste des couleurs*).

tinu. Nous avons souvent cité le *charbon* qui, mû circu... rement avec une certaine vitesse, présente l'apparence d'un ruban de feu.

Ces observations sont purement empiriques et sans lien entre elles : c'est Kant qui a posé les bases de la théorie à laquelle ces différents faits peuvent être ramenés. Il a vu que nos idées contiennent véritablement de la *force* et qu'elles ne peuvent être ensemble sans exercer une action les unes sur les autres, et ne peuvent également paraître ou disparaître sans une certaine quantité de force. Il a ainsi posé les principes de la *dynamique* intellectuelle.

L'expérience intérieure, dit-il, nous apprend que pour supprimer dans notre âme les idées et les passions nées de l'activité, il faut une activité opposée : par exemple pour faire disparaître et faire cesser une pensée pleine d'affliction. On sait aussi qu'il faut des efforts réels pour chasser une pensée risible quand on veut conserver ou reprendre sa gravité. Toute abstraction n'est que la suppression de certaines idées claires que l'on dispose de manière à ce que ce qui reste apparaisse avec d'autant plus de clarté. L'abstraction est une *attention négative* [1].

Dans les cas précédents nous avons conscience d'une certaine activité qui doit faire contrepoids à l'activité des idées ou des passions; mais nous n'avons pas toujours cette conscience; s'ensuit-il que cette activité intérieure n'existe pas?

Je pense en ce moment au tigre; cette pensée disparaît et est remplacée par celle du cheval. N'y a-t-il pas eu une activité détruite par la seconde idée, qui a fini par l'emporter sur la première? Cette activité, pour être latente et inconsciente, n'en existe pas moins.

Le principe posé par Kant, à savoir, que toute idée possède une force qui s'oppose à sa suppression et qui tend à la suppression des autres idées, et réciproquement, que toute idée supprimée ne peut l'être que par une force correspondante, ce principe est devenu la base de la psychologie de Herbart, qui lui a donné les plus ingénieux développements.

Les lois d'association et de conflit que nous venons d'étudier constituent ce que l'on peut appeler la *mécanique* intellectuelle : c'est la part de l'*automatisme* dans notre vie intellectuelle; si cette mécanique était seule, on peut dire qu'il n'y aurait pas à proprement parler d'intelligence. Pour nous faire quelque idée de ce que serait l'esprit dans cette hypothèse, considérons quelques états qui s'en rapprochent : l'un normal, l'autre anormal, le *sommeil* et la *folie*, et enfin l'*intelligence des animaux*.

[1]. Kant, *Essai sur les quantités négatives*. (*Essais de logique*, trad. de Tissot.)

CHAPITRE V

Le sommeil. — Le rêve. — La folie. — L'intelligence des animaux.

LE SOMMEIL

86. Le sommeil physiologique. — Le sommeil peut être considéré au point de vue *physiologique* et au point de vue *psychologique*. On sait très peu de chose sur la physiologie du sommeil.

Est-il dû à la simple fatigue du centre nerveux, comme la fatigue d'un muscle amène une diminution d'irritabilité musculaire qui ne reparaît que quand, par le repos, le muscle a pu éliminer les produits acides de sa contraction? ou bien faut-il invoquer la circulation cérébrale, l'anémie, suivant les uns, la congestion suivant les autres? Faut-il, avec Sommer, le rattacher à la diminution de la provision d'oxygène qui, d'après les recherches de Pettenkofer, s'accumulerait pendant le sommeil pour se dépenser pendant la veille? Aucune de ces hypothèses n'explique complètement les faits [1].

87. Le sommeil psychologique. — Ce que nous connaissons encore de plus clair et de plus intéressant sur le sommeil, c'est l'état mental qui l'accompagne, et qui, grâce au souvenir, peut nous être plus ou moins connu ; car il n'est personne qui n'ait eu des songes et qui, par la mémoire, ne puisse s'en faire quelque idée.

A la vérité, quelques personnes considèrent comme le caractère propre du sommeil l'abolition absolue de tout état mental; et, dans cette hypothèse, le rêve n'appartiendrait qu'au demi-sommeil.

Quand le sommeil est profond, dit le physiologiste précédent, tous les phénomènes de l'activité psychique sont abolis, et l'individu se trouve au point de vue fonctionnel dans une situation analogue à celle des animaux auxquels on a enlevé les hémisphères.

Cependant le même auteur reconnaît que beaucoup de rêves ne laissent pas de traces dans notre souvenir et il conclut « qu'il est impossible de dire si, même dans le sommeil le plus profond, le repos du cerveau est absolu ». Il n'est donc pas démontré que

[1]. Beaunis, *Éléments de physiologie*, p. 1032.

dans le sommeil, même profond, l'activité psychique soit entièrement abolie.

Le rêve n'est pas exclusif du sommeil, ni même du sommeil profond : ce qui le prouve, c'est que le sommeil accompagné de rêves est cependant réparateur, quand il ne dégénère pas en cauchemar. Il ne faut pas confondre le rêve avec ce que j'appelle la *demi-pensée* ou la *fausse pensée*, qui, se continuant pendant le sommeil, l'empêche d'être complet, et fatigue l'organe cérébral, comme dans la veille ce qu'on appelle la *pensée à vide*, la velléité de penser.

Le rêve est un mode de penser propre au sommeil, tandis que la fausse pensée est une imitation fatigante et stérile de la pensée de la veille par la pensée du sommeil.

Si nous n'admettons pas le complet sommeil de l'âme, nous sommes loin d'admettre avec Jouffroy que l'âme ne dort pas du tout, et que le sommeil n'est qu'un phénomène du corps auquel l'âme ne prend aucune part. Jouffroy invoque la susceptibilité de la mère à entendre les cris de son enfant, quoiqu'elle reste indifférente à tout autre bruit; l'indifférence que nous avons pour tout bruit habituel, et l'éveil subit produit par un bruit inaccoutumé; l'aptitude de se réveiller à volonté, en fixant d'avance l'heure du réveil, etc. Tous ces faits s'expliquent dans l'hypothèse où il n'y aurait pas de sommeil absolu, lequel en effet serait presque équivalent à la mort. Le sommeil n'est que la suspension ou l'affaiblissement des actions extérieures sur nous, mais il n'est pas leur abolition totale; autrement il n'y aurait jamais de réveil extérieur : le réveil devrait toujours être spontané. Mais personne ne croit que, même dans le sommeil le plus profond (sauf dans le sommeil morbide), le corps soit devenu insensible à un verre d'eau froide jeté à la figure, à un son éclatant et même à une lumière très vive. Cela prouve que la sensibilité subsiste toujours virtuellement et qu'elle demande seulement à être excitée d'une manière plus vive que dans l'état normal.

Quelquefois il arrive qu'en rêvant nous avons conscience que nous rêvons : cette conscience est déjà un signe de réveil; mais le rêve lui-même, en tant que rêve, n'a rien d'incompatible avec l'état de sommeil et en est un phénomène caractéristique.

88. Lois du rêve. — D. Stewart[1] a dit avec raison que pour

---

[1]. *Éléments*, part. I, sect. V, ch. v.

connaître l'état de l'âme pendant le sommeil, il est bon d'étudier *les circonstances qui le retardent ou qui l'accélèrent,*

Car il est naturel de croire que, lorsque nous sommes disposés à dormir, l'état de notre esprit approche plus de celui qu'il revêt en dormant que quand nous nous sentons dans un état de veille et d'activité.

Ce principe de recherche une fois posé, il remarque la loi suivante, à savoir, que

L'invasion du sommeil est accélérée par toutes les circonstances qui diminuent ou suspendent l'exercice de nos facultés mentales, et elle est retardée par tout ce qui a une tendance contraire.

Ainsi, lorsque nous voulons nous livrer au sommeil, nous écartons tout ce qui excite l'activité de notre esprit, par exemple la conversation, une lecture intéressante, la vue d'un spectacle émouvant. Réciproquement, les phénomènes qui distraient et engourdissent l'activité de notre esprit, et qui lassent l'attention, facilitent en même temps le sommeil : par exemple le bourdonnement des abeilles, le murmure d'un ruisseau, une lecture monotone. On remarque aussi que les enfants et les hommes peu habitués à réfléchir s'endorment facilement.

Si donc, pour nous livrer au sommeil, nous devons suspendre l'exercice de nos facultés actives, il est vraisemblable qu'elles restent suspendues pendant le sommeil : car quelle vraisemblance y a-t-il à ce que nous les suspendions pour nous endormir et qu'elles se réveillent un moment après ?

Le trait caractéristique du sommeil psychologique étant donc la suspension ou l'affaiblissement de la volonté, deux hypothèses sont possibles : ou bien c'est la faculté de vouloir elle-même qui est suspendue ; ou bien la volonté subsiste, mais elle perd son empire sur les facultés de l'esprit et sur les organes du corps. Entre ces deux hypothèses, D. Stewart se décide pour la seconde.

1° Dans le rêve, nous faisons souvent des efforts : ce n'est que l'effet qui nous fait défaut. Ainsi nous voulons, et même énergiquement, nous enfuir ; mais nous ne pouvons mouvoir nos membres ; nous voulons crier : la voix s'y refuse. Ainsi la volonté subsiste ; ce n'est que son influence qui est suspendue.

2° Nous ne pourrions pas contribuer à nous endormir, car alors il faudrait vouloir ne plus vouloir, ce qui est contradictoire : mais nous pouvons vouloir suspendre l'action de la volonté sur nos membres ou sur notre esprit, et par là la mettre dans une situation analogue à celle où elle sera dans le sommeil.

Or, on sait que, lorsqu'on fait abstraction de la volonté, les pensées se succèdent et s'enchaînent d'une manière purement fortuite, mécanique, extérieure : c'est ce que nous avons appelé la loi d'association. De là, suivant D. Stewart, ces deux propositions fondamentales, qui résument toute la théorie du rêve.

I. La succession de nos pensées pendant le sommeil suit la même loi d'association que pendant la veille.

II. La succession de nos pensées pendant le sommeil est dominée presque exclusivement par la loi d'association.

89. Absence de perception. — L'absence de volonté n'est pas le seul fait caractéristique du sommeil : il faut y joindre l'absence de perception extérieure, ce qui ne nous permet pas de contrôler nos imaginations par la réalité ; c'est pourquoi elles deviennent elles-mêmes des perceptions.

<small>Si pendant l'état de veille, dit Garnier, je songe à une personne qui est en Italie, l'Italie me fait penser à l'arc de Titus, Titus aux Juifs, ceux-ci à Pilate ; je ne trouve rien là de surprenant. Si j'ai eu les mêmes idées dans un songe, j'aurai rêvé que de France je me suis subitement transporté en Italie, que l'Italie s'est transformée en Judée, Titus en Pilate, etc. (*Face de l'âme*, VI, III, § 12.)</small>

Le désordre des rêves vient donc d'une association accidentelle des idées, non contrôlée par la perception externe. On se demandera pourquoi l'imagination, même en l'absence de la perception, ne nous représenterait pas les choses telles qu'elles sont, au lieu de nous les donner dans un pêle-mêle et une anarchie contraires à toutes les lois de la raison. C'est que l'enchaînement des images dans l'esprit ne correspond pas nécessairement à l'enchaînement régulier des choses et des événements dans la réalité. L'imagination est un clavier sur lequel l'esprit passe d'une touche à l'autre par des lois purement mécaniques, tout à fait différentes de l'ordre réel ou logique des choses. De là, toutes sortes d'associations purement extérieures, remplaçant les associations de l'expérience et de la logique.

90. Classification des rêves. — Maine de Biran, dans ses *Considérations sur le sommeil*[1], après avoir établi des lois analogues à celles de D. Stewart et fondées sur le même principe, a essayé une classification des rêves. Il en distingue quatre espèces : 1° rêves *affectifs*, où la sensibilité prédomine : les *cauchemars* sont de ce genre ; 2° songes *intuitifs* ou visions, qui ont

---

[1]. *Nouvelles considérations sur le sommeil* (Œuvres, Éd. Cousin, t. II).

surtout pour base le sens de la vue : ce sont les plus fréquents ; 3° songes *intellectuels*, où l'imagination devient presque inventive[1] : ils sont très rares ; 4° enfin les rêves du *somnambulisme*, dont nous allons parler.

91. Somnambulisme. — Le somnambulisme est un mode de sommeil très étrange qui a beaucoup d'analogie avec la veille. C'est, comme on l'a dit, un *rêve en action*. Il se distingue du rêve ordinaire par les caractères suivants[2] :

1° La suite des pensées y est plus facilement modifiée par les sensations du dehors ; le somnambule vit en partie dans le monde extérieur. En conséquence, on peut agir sur lui par la *suggestion*, et en quelque sorte diriger ses rêves[3].

2° Le système musculaire demeure sous le contrôle de l'esprit et de la volonté. Le somnambule marche et se meut comme à l'ordinaire, et même avec une sûreté étonnante, quoi qu'il ait les yeux fermés.

3° Il n'y a point, ou il y a peu d'incohérence. Le somnambulisme est un rêve suivi, dans lequel le raisonnement conserve sa part.

Il y a deux sortes de somnambulisme : le somnambulisme *naturel* et le somnambulisme *artificiel*. Le premier est celui dont nous venons de parler ; le second est provoqué artificiellement par ce qu'on appelle les *passes magnétiques*, ou même par la seule idée de ces passes : « La simple attente du résultat, dit Carpenter, suffit pour l'amener. »

Un des procédés les plus efficaces pour provoquer le somnambulisme est celui qui a été découvert par M. Braid et qui porte le nom d'*hypnotisme*. Il consiste à faire regarder au patient, d'une manière fixe, un objet brillant, à une faible distance des yeux. L'expérience a été faite d'abord sur des poules.

On voit par les faits précédents que le somnambulisme se rapproche de l'état normal par une plus grande suite et cohérence dans les idées, et parce qu'il est en partie d'accord avec la réalité externe ; mais il s'en sépare, et il reste dans le domaine de l'imagination et de l'automatisme : 1° en ce que tout ce qui sort du cercle du rêve est non avenu, et ne peut pas servir à con-

---

1. On connaît la *Sonate du diable*, de Tartini, qui lui aurait été inspirée en rêve : ces sortes de faits auraient besoin de contrôle.
2. Carpenter, *Cyclopædia of anatomy and physiology*, art. SLEEP, reproduit dans la trad. fr. de la *Physiologie* de Muller (2ᵐᵉ édit. 1851, t. II, p. 508).

3. « Un officier, nous dit-on, avait l'habitude de *jouer ses rêves*, et l'on pouvait en diriger le cours. On lui suggérait l'idée d'une querelle qui se terminait par un duel ; on lui mettait un pistolet dans la main ; il lâchait la détente : ce qui le réveillait. On lui donnait ainsi des rêves à volonté. » (*Ibid.*)

JANET, Philosophie.

rôler le rêve lui-même ; 2° en ce qu'il est sous l'empire de l'agent externe, sans pouvoir réagir contre cette action. Ce second caractère est surtout vrai du somnambulisme artificiel.

Malgré de plus grandes analogies avec la veille, le somnambulisme est cependant plus anormal que le rêve lui-même ; car d'abord il est plus rare, et en outre, la liberté des mouvements qui est laissée au rêve sans la faculté de le contrôler par la réalité, le rend d'autant plus dangereux.

92. **La folie.** — Les deux états précédents, le *rêve* et le *somnambulisme*, nous aident à nous faire quelque idée de la folie, qui, en effet, tantôt ressemble au rêve et tantôt au somnambulisme, mais sans sommeil : c'est le rêve de l'homme éveillé. L'imagination est toujours souveraine, et sans contrepoids ; mais elle s'y manifeste sous deux formes. Tantôt elle s'attache à une idée fixe et interprète tous les faits dans le sens de cette idée : c'est ce qu'on appelle la *monomanie*. Un remarquable exemple de ce genre d'égarement est le livre des *Farfadets*, composé par le monomane Berbiguier[1] : ce livre est l'histoire de tous les maux et de toutes les misères produits dans le monde par les farfadets. L'auteur y rattache tous les événements de sa vie ; c'est une suite de cauchemars liés par une idée commune. Dans la seconde forme de la folie, appelée *manie*, l'imagination est absolument désordonnée. Les idées naissent au hasard et se lient par des liens purement matériels qui nous échappent. C'est une suite de non-sens : c'est l'imagination absolument déréglée, n'étant plus contenue, ni par la perception, ni par aucune faculté rationnelle. On peut se la représenter comme un piano en désaccord dont on frapperait les touches absolument au hasard. La monomanie ressemble au somnambulisme, et la manie au rêve ordinaire.

On pourrait dire que la manie, comme le rêve, loin d'être soumise à la loi d'association, en est au contraire complètement affranchie ; car ce qui la caractérise, c'est le décousu et l'incohérence. Mais ce serait confondre l'association avec la liaison. Ce qui est rompu dans la folie, comme dans le rêve, c'est la liaison logique, la suite des idées ; mais ce n'est pas la liaison mécanique c'est au contraire parce que celle-ci reste seule, que toute liaison logique a disparu. On a là l'exemple de ce que serait l'association ou rappel des images par simple juxtaposition exté-

---

1. Il est intitulé : les *Farfadets ou Tous les démons ne sont pas de l'autre monde*. 3 vol. in-8, Paris, 1821.

rieure, s'il n'y avait quelque principe intellectuel pour gouverner et rectifier la folie.

Il est vrai que dans la monomanie la liaison logique n'est pas abolie, c'est pourquoi on l'appelle souvent folie *raisonnante*, folie *systématique* : le fou continue à raisonner juste, mais en partant d'un principe faux, comme celui qui, se croyant de verre, ne veut pas s'asseoir de peur de se briser, ou qui refuse de manger parce qu'il croit qu'on veut l'empoisonner. On voit donc que le fou peut conserver une certaine faculté logique, mais ce n'est pas en cela qu'il est fou. La folie est dans les prémisses ; or ces prémisses lui sont fournies par son imagination, qui a été conduite à une hypothèse absurde par des associations toutes fortuites et tout extérieures. Par exemple, telle sensation amère lui suggère l'idée de poison, et il en sera obsédé ; tel bruit de ses membres lui suggérera l'idée de leur fragilité, d'où celle du verre, etc. Toutes les hypothèses monomaniaques ont probablement des origines semblables. C'est donc toujours la liaison extérieure et mécanique substituée à la liaison véritable. Il ne faut pas oublier d'ailleurs qu'il y a une folie qui n'est que dans les sentiments et dans les actes, et qui laisse le raisonnement intact.

93. Hallucination. — Un phénomène très voisin de la folie, s'il n'est pas lui-même une forme de folie, c'est le phénomène de l'*hallucination*.

On appelle ainsi un état morbide de l'esprit qui dans la veille donne une réalité objective à des sensations ou images purement internes, et qui persiste malgré la déposition contraire des sens extérieurs.

L'esprit n'est pas toujours dupe de l'hallucination. Il peut la juger, la reconnaître, la qualifier ; mais il ne peut pas la faire disparaître. L'exemple le plus curieux de l'hallucination compatible avec l'entière possession de soi-même et la pleine lucidité de l'esprit, est celui du vieillard de Bonnet, bien connu de ceux qui s'occupent de ces questions.

Je connais, dit Ch. Bonnet [1], un homme respectable, plein de santé, de candeur, de jugement et de mémoire, qui en pleine veille et indépendamment de toute impression du dehors, aperçoit de temps en temps devant lui des figures d'hommes et de femmes, d'oiseaux, de voitures, de bâtiments. Il voit les figures se donner divers mouvements, s'approcher, s'éloigner, fuir, diminuer et augmenter de grandeur, paraître, disparaître, reparaître. Mais ce qu'il est important de remarquer,

1. Ch. Bonnet, *Essai analytique sur la faculté de l'âme*, ch. XXIII.

c'est que ce vieillard ne prend pas ses visions pour des réalités : elles ne sont pour lui que ce qu'elles sont en effet, et sa raison s'en amuse. Il ignore d'un moment à l'autre quelle vision s'offrira à lui. Son cerveau est un théâtre dont les machines exécutent des scènes qui surprennent d'autant plus le spectateur qu'il ne les a point prévues.

Le cas précédent est rare. En général, lorsque l'hallucination est habituelle, elle devient dominante, oppressive ; elle prend toute l'autorité et la fatalité de la perception, et elle l'emporte sur tous les démentis de l'expérience. Elle n'est pas, comme l'ont soutenu quelques médecins, une sensation que le malade exagère, elle devient une vraie perception[1]. Elle est, pour le malade, la perception même.

Hallucinations hypnagogiques. Il y a un genre d'hallucinations assez fréquent qui a été étudié d'une manière particulière par MM. Baillarger et A. Maury : ce sont celles qui précèdent le sommeil et qui pour cette raison ont été appelées *hypnagogiques*[2].

Le fait si étrange de l'hallucination peut donner lieu à beaucoup de questions intéressantes, mais qui sortiraient de notre cadre[3]. Celle qui nous importe le plus est celle des rapports de l'hallucination et de la perception. Nous y reviendrons plus loin. Sect. II, ch. III, 128.)

94. **L'intelligence animale.** — Dans le sommeil, dans le somnambulisme, dans la folie, la sensation est, ou supprimée complètement (par l'occlusion des sens), ou sacrifiée à l'imagination par absence d'attention et de comparaison. C'est un état irrégulier, au moins quant à l'esprit ; car le sommeil physique est une des conditions de la vie organique.

Si nous supposons un état psychologique où les sens externes continuent à s'exercer, et où l'imagination, au lieu de les remplacer, s'accorde avec eux, nous aurons l'idée d'un mode d'intelligence tout sensitif peut-être, mais qui serait cependant une sorte d'intelligence, puisqu'elle serait en harmonie avec le monde extérieur, tandis que dans les cas précédents cette harmonie n'existe pas. Or cette sorte d'intelligence est précisément le mode d'intelligence des animaux.

Elle se distingue de l'intelligence humaine, en ce que les

---

1. Michaud, *de l'Imagination*, p. 102, et p. 109
2. Maury, *le Sommeil*, ch. IV.
3. Par exemple celle-ci : L'hallucination est-elle compatible avec la raison ? (Voy. les *Annales médico-psychologiques*, 1855, 3e série, t. I, p. 526, et Brière de Boismont, *Hallucinations*, ch. XIII.)

parties supérieures de cette intelligence lui font défaut; mais elle se distingue aussi des modes imaginatifs que nous venons d'étudier, lesquels, étant purement subjectifs, mettent l'individu hors d'état de se mettre en rapport avec le milieu et, par conséquent, de veiller à sa conservation.

Si nous admettons avec un philosophe anglais contemporain, M. Herb. Spencer, que le caractère distinctif de l'intelligence est ce qu'il appelle la *correspondance*, c'est-à-dire l'accord du subjectif et de l'objectif, on peut dire que ce caractère existe dans l'animal, tandis qu'il fait défaut dans les états anormaux (sommeil, délire, folie), et c'est cela même qui les rend anormaux.

Par le seul fait de cet accord et de cette correspondance, on devra reconnaître dans l'animal une certaine intelligence [1].

Seulement l'intelligence animale est toute sensitive, parce qu'elle est constituée exclusivement, ou presque exclusivement, par la sensation, la mémoire et l'imagination, en un mot par ce que nous appelons les opérations sensitives. Nous ne voudrions pas dire que les opérations intellectuelles proprement dites font complètement défaut à l'animal, ce serait aller trop loin; car l'animal est capable d'attention et, par conséquent, de perception; il est capable de quelque degré d'abstraction et de généralisation, de quelque degré de raisonnement, enfin il est capable de langage. Nous croyons que si on ne veut rien lui accorder de semblable, on ne saurait expliquer même l'intelligence toute sensitive qu'on est bien obligé de lui attribuer. Sans quelque intervention de l'entendement, la sensation ne pourrait, toute seule et par ses seules forces, se coordonner en « consécutions régulières », comme Leibniz appelle les raisonnements de l'animal. Les lois de l'association toutes seules confondraient absolument les images et les sensations, le réel et le fictif. Le décousu, l'incohérence régneraient dans les conceptions et dans les actes. A moins de réduire l'animal à un pur *automatisme*, comme le voulait Descartes (doctrine aujourd'hui universellement abandonnée), il faut que la liaison qui gouverne (dans de faibles limites sans doute, mais nécessairement) les phénomènes psychologiques de l'animal, s'explique même en lui, comme elle s'explique dans l'homme, par un principe supé-

1. A la vérité, le même caractère de correspondance existe dans l'instinct, que l'on a l'habitude d'opposer à l'intelligence : mais, si l'instinct est un simple automatisme sans caractère mental, il n'a rien de psychologique : si on le suppose au contraire accompagné de phénomènes mentaux, on ne voit pas pourquoi on ne l'appellerait pas intelligence : c'est une intelligence innée, mais une sorte d'intelligence.

rieur. Mais ce qui est vrai, c'est que ce principe est absorbé, enveloppé, presque entièrement voilé par les opérations sensitives. C'est pourquoi nous disons que l'animal n'a qu'une intelligence sensitive. Telle serait l'intelligence humaine, si elle était privée des opérations supérieures.

Sous la réserve des observations précédentes, nous croyons qu'on peut accorder à Bossuet les deux caractères suivants qui distingueraient l'homme de l'animal :

1° Les animaux n'apprennent rien.
2° Les animaux n'inventent rien.

1° *Les animaux n'apprennent rien.* — Ce serait là un véritable paradoxe, si on ne l'entendait pas dans le sens de Bossuet. « Il y a, dit-il, dans l'instruction, quelque chose qui ne dépend que de la conformation des organes, et de cela, les animaux en sont capables comme nous ; et il y a ce qui dépend de la réflexion et de l'art, dont nous ne voyons en eux aucune marque. »

Ainsi, par exemple, nous pouvons apprendre la musique de deux manières, ou par imitation, en répétant le chant d'autrui, ou par les règles de l'art, en faisant attention aux mesures, aux temps, aux différences de ton, aux accords, etc. De même on peut apprendre la géométrie d'une manière toute machinale, comme l'ouvrier qui s'en sert, ou la comprendre véritablement. Le premier n'est pas apprendre, c'est répéter, imiter ; ce n'est qu'une habitude, une routine ; le second seul constitue l'acte d'apprendre, et les animaux en sont à peu près incapables.

Ainsi, l'intelligence animale est toute passive, toute machinale, et en grande partie automatique. Cependant il ne faut rien exagérer. Tout ne s'explique pas dans l'animal par l'action externe de l'imitation ou de la crainte : il est dans une certaine mesure capable d'expérience individuelle ; il s'instruit en vieillissant ; il y a donc en lui quelque chose qui ressemble à ce que nous appelons véritablement apprendre. Il apprend précisément comme nous-mêmes, dans la mesure où il est capable d'attention et de comparaison ; mais cela ne va pas loin. C'est dans un cercle très limité de sensations et d'images toujours les mêmes ; c'est donc avec un très faible degré d'entendement et une prédominance éclatante des opérations sensitives.

2° *Les animaux n'inventent pas.* — On ne voit pas que les animaux aient jamais rien inventé pour échapper à la servitude que les hommes leur imposent. Les animaux domestiques, le chien, le chat, qui sont très frileux, n'ont jamais eu l'idée d'allumer du feu, ni même d'ajouter un morceau de bois au feu qui s'éteint.

Pourquoi les animaux n'inventent-ils pas? Bossuet en donne deux raisons : la première, c'est qu'ils manquent de *réflexion;* la seconde, c'est qu'ils manquent de *liberté*. Or la liberté et la réflexion sont les deux sources de l'invention.

Peut-être serait-il exagéré de dire exactement avec Bossuet que les animaux n'ont jamais rien inventé, car il paraît bien que les instincts des animaux peuvent quelque peu changer, suivant les circonstances[1]. Mais ces changements sont si faibles et si lents qu'ils équivalent pour nous à l'immobilité.

L'animal nous donne donc la vraie idée de ce que peut être une intelligence gouvernée par la seule sensation et par l'imagination, et qui n'a d'entendement que la part qui est nécessaire pour être capable d'imagination et de sensation.

En résumé, on peut affirmer sur l'intelligence des animaux les propositions suivantes :

1° Les animaux ne sont pas fous.

2° Les animaux ne sont pas des automates.

3° Donc ils ont une certaine intelligence.

4° Cette intelligence est toute dans le sens, et elle n'a jamais pu s'en dégager par la réflexion.

Par les opérations que nous avons étudiées jusqu'ici, l'homme s'élève donc à peine au-dessus de l'animal : ce sont les faits psychologiques qui lui sont communs avec lui. La vie humaine proprement dite commence plus haut : c'est celle-ci qu'il nous reste maintenant à étudier.

---

1. Par exemple, la fauvette *sutoria* coud les feuilles qui composent son nid avec des bouts de fil qu'elle va voler dans les habitations. A moins de supposer que cet oiseau a été créé après l'invention du fil, ce qui est bien peu probable, il faut croire qu'auparavant elle faisait son nid autrement : elle a donc inventé cette manière de coudre.

LES OPÉRATIONS INTELLECTUELLES
OU FACULTÉS.

Au-dessus de l'homme animal, créature sensible, maîtrisée par l'imagination, entraînée sans résistance par le plaisir et la douleur, est l'homme intellectuel et moral, doué de raison et de liberté, qui *pense*, qui *aime* et qui *veut*.

Jusqu'ici les opérations de l'âme étaient de simples capacités passives, ou des impulsions machinales : maintenant elles deviennent ce qu'on appelle des *facultés* [1].

Nous ne chercherons pas à distinguer ces facultés par des caractères théoriques et abstraits, difficiles à comprendre tant qu'on n'a pas étudié les faits eux-mêmes. Du reste le monde comprend assez la différence qu'il y a entre penser, aimer et vouloir, sans qu'il soit nécessaire d'y insister par des définitions *à priori*.

On a élevé des difficultés sur l'existence et la nature des facultés. Ces difficultés nous semblent peu solides. Admettre trois facultés dans l'âme, dit-on, c'est admettre trois substances dans une substance. Jamais on ne l'a entendu ainsi. Il est vrai que l'imperfection du langage fait que l'on est obligé de parler souvent de l'intelligence ou de la volonté comme de personnes distinctes ; mais il faut renoncer à philosopher, si l'on doit renoncer à de telles manières de parler. La vérité est que l'on reconnaît dans l'âme des actes distincts ; or, en tant qu'elle produit ces actes, on la suppose capable de les produire, suivant l'axiome : *Ab actu ad posse;* et l'on convient d'admettre dans l'âme autant de pouvoirs que d'actes. Or penser est une sorte d'acte; aimer en est une autre, et vouloir en est une troisième. Nous considérons donc l'âme comme douée de trois pouvoirs : le pouvoir de penser, celui de vouloir et celui d'aimer. Subti-

---

[1]. Sur les différences des *Capacités* et des *Facultés*, voy. Jouffroy, *Mélanges philosophiques* sur les facultés de l'âme; — et plus loin notre chapitre sur la Volonté et la Personnalité humaine (sect. III, ch. III).

liser en argumentant pour ou contre des notions si simples, c'est perdre un temps qui pourrait être employé à des recherches plus utiles [1].

Mais en distinguant les trois facultés, nous ne les séparons pas, puisque nous les faisons rentrer toutes les trois sous le même nom d'*opérations intellectuelles*. C'est qu'en effet l'intelligence intervient nécessairement dans le sentiment et dans la volonté. Car, dit Bossuet, « on ne veut jamais sans quelque raison »; et on peut dire également : « On n'aime pas sans quelque raison. » Spinosa a défini l'amour « une sorte de joie, *accompagnée de l'idée de son objet* ». L'idée s'unit donc au plaisir pour en former l'amour. Enfin on ne peut guère vouloir sans aimer, ni aimer sans vouloir. Réciproquement, comme nous le verrons, il n'y a pas d'entendement sans volonté, puisque le principe de toutes les opérations intellectuelles est l'attention, c'est-à-dire une certaine intervention de la volonté dans l'intelligence; on n'a pas moins souvent essayé de réduire l'intelligence à la volonté que la volonté à l'intelligence ou à l'amour. Néanmoins les distinctions subsistent : et ce qu'il y a de *représentatif* dans l'idée, d'*affectif* dans les sentiments, de *volitif* dans l'effort et dans la résolution volontaire, sont trois modes irréductibles et inexplicables l'un par l'autre. Maintenons donc les différences en maintenant l'union : car l'unité de l'âme subsiste dans la triplicité même de sa nature.

D'après ce qui précède, nous reconnaîtrons dans l'âme trois facultés : 1° l'entendement ou intelligence; 2° le sentiment ou l'amour; 3° la volonté ou liberté. La SECTION II sera consacrée à l'entendement; la SECTION III au sentiment et à la volonté.

---

[1]. Herbart, par exemple, essaie de supprimer les facultés de l'âme, en ramenant tous les faits à ce qu'il appelle la représentation (*die Vorstellung*), comme Condillac à la sensation. Mais le mot de *représentation* exprime bien mal ce qu'il y a de spécifique dans le plaisir et dans la douleur, et encore plus mal ce qu'il y a de spécifique dans l'acte de vouloir.

SECTION II

ENTENDEMENT

CHAPITRE PREMIER

Les sens et l'entendement. — L'attention. — La réflexion. La comparaison.

95. Sens et entendement. — La première faculté que nous étudierons, parce qu'elle est nécessaire aux deux autres, c'est l'entendement, et nous le distinguerons d'abord des sens et des opérations qui naissent des sens.

La distinction des sens et de l'entendement est une distinction de sens commun. Personne ne dit qu'un homme est intelligent parce qu'il a une bonne vue, un bon odorat, un goût délicat, une sensibilité vive au chaud ou au froid. Au contraire, un homme peut être très intelligent avec une vue faible, un odorat obtus, une insensibilité plus ou moins grande aux choses du dehors. Ce n'est pas la vue la plus perçante qui fait le meilleur peintre, ni le bon odorat qui fait le grand chimiste; c'est par la pensée, plus que par les sens, que les savants observent. Newton, pour découvrir la décomposition de la lumière, n'a pas eu besoin d'avoir des sens plus fins que ceux des autres hommes; Leverrier n'avait pas besoin d'avoir des yeux pour découvrir sa planète, et le plus grand observateur des abeilles était aveugle[1].

D'ailleurs, il suffit de rentrer en soi-même pour distinguer les sens de l'entendement. Tout le monde sait que l'on pense en dedans, et que l'on sent par le dehors. C'est à la surface de la peau, sur les muqueuses de la langue, dans le labyrinthe de l'oreille, que je sens la chaleur, l'odeur, le son. Au contraire, c'est en dedans de moi-même que je perçois la pensée. On peut soutenir qu'il n'y a rien dans les sens qui

---

[1]. Huber observait par les yeux de sa fille, mais il dirigeait les observations par la pensée.

n'ait été dans l'entendement, mais c'est en ajoutant aussitôt avec Leibniz : si ce n'est l'entendement lui-même.

Signalons les principales différences établies par les philosophes entre les sens et l'entendement :

I. Les sens perçoivent le particulier : l'entendement aperçoit le général. (Bossuet I, IX.)

II. Les sens ne perçoivent que ce qui passe ; l'entendement, ce qui demeure. (Platon, *Théétète*.)

III. Les sens sont infaillibles ; l'entendement seul peut se tromper. (Bossuet, I, VII.) Réciproquement, l'entendement est infaillible, et les sens seuls peuvent se tromper. (Bossuet, I, XVII.)

Ces deux propositions paraissent contradictoires : on recherchera si elles peuvent se concilier[1].

IV. Les sens ne nous apprennent que leurs propres sensations ; l'entendement seul connaît le vrai et le faux, et leurs différences. (Bossuet, I, VII. — Helmoltz, *Optique physiologique*, trad. fr., p. 593.)

V. Les sens ne supportent pas les extrêmes : l'entendement n'en est jamais blessé. (Bossuet I, XVII.) Pascal dit le contraire. (*Pensées*, éd. Havet, I, p. 5, voy. la note de l'éditeur.) On cherchera si les deux opinions peuvent se concilier, ou laquelle des deux est la vraie.

VI. La sensibilité présente les objets tels qu'ils nous paraissent ; l'entendement, tels qu'il sont. (Malebranche, *Recherche de la vérité*, I, XV. — Kant, *de Principiis et Forma mundi intelligibilis et sensibilis*, trad. fr. de Tissot dans les *Essais de logique*, p. 220, § 220.)

VII. Les sens sont passifs : c'est une *réceptivité* ; l'entendement est actif et productif : c'est une *spontanéité*. (Kant, *Critique de la raison pure*, — *Log. transc.*, introd., I.)

VIII. Les sens fournissent la matière de la connaissance ; l'entendement donne la forme ; il ramène la pluralité à l'unité. (*Ibid*).

96. Association des idées et entendement. — On a essayé de nos jours, dans l'école anglaise contemporaine (Mill, Al. Bain, Herb. Spencer) de ramener l'entendement à l'imagination, en vertu de la loi d'association. Toutes les opérations intellectuelles ne seraient que des combinaisons d'association. Mais l'association n'explique pas :

---

[1]. Nous avons déjà fait remarquer que nous nous contentons de poser à titre de problèmes les questions délicates, dont la solution demanderait des développements disproportionnés avec l'espace dont nous disposons. Ils pourront servir de sujets de dissertation.

1° La conscience : car, pour que nos sensations s'associent, il faut qu'elles soient liées entre elles dans l'unité de conscience; donc la conscience préexiste à l'association;

2° La mémoire : car pour lier les sensations, il faut s'en souvenir; la mémoire comme la conscience est donc une condition et non une conséquence;

3° L'attention : l'associationisme est obligé comme le sensualisme de réduire l'attention à la sensation, c'est-à-dire l'actif au passif (voy. plus loin, 97);

4° La généralisation : car pour apercevoir le semblable dans le différent, il faut être capable de distinguer l'un du plusieurs : or, cela même, c'est l'entendement;

5° La raison et les vérités premières : ce point sera discuté plus loin à fond (ch. VIII et IX).

97. Attention. — De toutes les différences qui séparent l'entendement des sens, la plus importante peut-être, et en tout cas celle qu'il importe de signaler tout d'abord, c'est la différence de l'*actif* et du *passif*, le premier, caractère essentiel de l'entendement, et le second, de la sensibilité. C'est cette opposition que nous devons avant tout expliquer.

Considérons l'exercice des sens : nous trouverons une *vision passive* et une *vision active*, une *audition passive* et une *audition active*. La langue témoigne de ces distinctions. On ne confond pas, en effet, *voir* et *regarder*, *entendre* et *écouter*, etc.

Je puis voir sans regarder et regarder sans voir, entendre sans écouter et écouter sans entendre. La même distinction a lieu, mais avec moins de netteté, pour les autres sens, entre *toucher* et *palper*, *sentir* et *flairer*, *goûter* et *déguster*[1].

L'usage actif de nos sens, et en général de toutes nos opérations, non seulement sensitives, mais intellectuelles, s'appelle *attention*.

Condillac a soutenu qu'entre la sensation et l'attention il n'y a pas de différence essentielle, qu'elles ne sont que les deux formes d'un même phénomène, que l'attention est le premier degré de la *sensation transformée*.

<small>L'attention que nous donnons à un objet, dit-il, n'est donc de la part de l'âme que la sensation que cet objet fait sur nous; sensation qui devient en quelque manière *exclusive*; et cette faculté est la première que nous remarquons dans la faculté de sentir [2].</small>

<small>1. Nous avons deux mots pour l'exercice actif du goût : *savourer* et *déguster*; le premier a rapport au côté *affectif*, le second au côté *représentatif* de la sensation.</small>

<small>2. *Logique*, part. I, ch. VII; *Connaissances humaines*, sect. II, ch. I; *Sensations*, part. I, ch. II. Plus loin, Condillac distingue lui-même une attention active et une attention passive.</small>

Supposez, par exemple, que l'œil se promène sur une série de couleurs diverses : l'une, étant plus vive, plus éclatante que les autres, l'attirera, le retiendra davantage : elle deviendra exclusive ; or, cela même, c'est l'attention. Un philosophe contemporain semble admettre la même théorie, lorsqu'il dit :

L'impression primitive a été accompagnée d'un *degré d'attention extraordinaire*, soit parce qu'elle était horrible ou délicieuse, soit parce qu'elle était nouvelle, surprenante. C'est ce que nous exprimons en disant que nous avons été *très fortement frappés*; nous étions *absorbés*, nous ne pouvions penser à autre chose..; nous étions *poursuivis* par cette image, elle nous *obsédait*, nous ne *pouvions la chasser*. (Taine, *de l'Intelligence*, liv. II, ch. II.)

Cette confusion de la sensation et de l'attention a été démêlée depuis longtemps par Laromiguière. La principale raison donnée par ce philosophe, et qui subsiste aujourd'hui, c'est que la sensation est *passive*, et que l'attention est *active ;* que la première a sa cause hors de nous, et la seconde a sa cause en nous-mêmes.

Il m'a toujours été impossible de concevoir, dit-il, non pas que la sensation *précède* l'attention, mais que la sensation *se change* en attention : non pas que dans l'âme un état actif *succède* à un état passif, mais qu'il y ait *identité de nature* entre ces deux états, en sorte que l'*activité* soit une *transformation de la passivité*. (*Leçons de philosophie*, part. I, leç. v.)

On peut ajouter que dans sa théorie Condillac confond l'effet avec la cause. Une sensation très forte et très vive provoque l'attention, mais ne la constitue pas. Un coup de foudre éclate subitement et passe instantanément. Je n'étais pas attentif au moment où il a éclaté, puisque je ne m'y attendais pas : je ne deviens attentif que quand la sensation a cessé ; et si le coup ne se reproduit pas de nouveau, je suis attentif sans qu'il y ait sensation. Ce qui trompe ici, c'est qu'il y a très peu de sensations instantanées. En général, la sensation dure ; or l'attention, une fois éveillée, se confond avec la sensation continue qui est à la fois la cause et l'effet de l'attention.

Un autre fait à signaler, c'est que ce n'est pas toujours la sensation exclusive qui provoque l'attention ; c'est l'attention qui rend la sensation exclusive. L'astronome observe le ciel, et tout d'abord il voit les étoiles en même temps, et plus nettement celles qui ont la lumière la plus vive ; mais il sait qu'il y a dans tel endroit du ciel telle planète à peine lumineuse qui échappe à ses sens : il dirigera son attention de son côté, et finira par évoquer l'image qu'il attend, et qu'il distinguera mieux que toute autre, parce qu'il veut la voir. Ainsi de l'image au stéréoscope, qui ne jaillit pas du premier coup, mais qui se produit à la suite d'un effort d'attention. Un musicien qui écoute un orchestre peut, par l'attention, rendre exclusive une sensation qui ne l'était pas, ou qui même était effacée et couverte par toutes les autres.

Il ne faut pas confondre l'*attention* avec l'*idée fixe ;* être attentif, ce n'est pas être *obsédé, poursuivi, possédé* par ses idées : c'est au contraire les dominer, les posséder, s'en faire obéir. Sans doute les idées, comme idées, ont leurs lois internes qui ne dépendent pas de nous ; il en est d'elles comme des objets de la nature, et même de nos organes. Mais de même que nous pouvons commander à nos organes et aux choses extérieures, précisément par la connaissance que nous avons de leurs lois, nous pouvons commander également à nos idées, ou du moins chercher à le faire : et cet effort même, heureux ou malheureux, suivi ou non d'effet, est ce que nous nommons l'attention. En un mot, l'idée fixe est le caractère propre de la folie, et l'attention le caractère propre de la raison.

98. Objection. — A cette distinction si essentielle de la sensation et de l'attention, on a opposé plusieurs objections, que Laromiguière expose et réfute dans ses *Leçons de philosophie.* Bornons-nous à la première, qui est la plus importante.

La distinction de l'actif et du passif est superficielle. C'est l'âme qui produit elle-même ses sensations lorsque les objets étrangers agissent sur notre corps, et par lui sur notre âme : « L'âme réagit à sa manière, dit Ch. Bonnet, et l'effet de cette réaction est ce que nous appelons perception ou sensation ». Un autre philosophe, Stahl, qui croyait que l'âme est la cause de toutes les fonctions vitales qui s'opèrent dans le corps, devait croire *à fortiori* que c'était l'âme qui était elle-même la cause de ses sensations. (Leç. VI.)

Rép. — A cette objection Laromiguière répond par un appel au sens commun :

Lorsqu'on fait l'amputation d'un membre à un malade qui ne peut être sauvé que par cette cruelle opération, direz-vous que c'est l'âme du malade qui se donne les douleurs atroces qu'elle éprouve? L'âme ne se fait donc pas à elle-même ses sensations : elle les reçoit ou les éprouve bon gré, mal gré.

On peut répondre encore à cette première objection que, lors même qu'on admettrait que ce que nous appelons sensation est une sorte de réaction de l'âme, encore faudrait-il distinguer cette sorte de réaction, dont nous n'avons pas conscience, de cette autre réaction réfléchie et consciente que nous appelons attention. Ajoutons encore que nous pouvons toujours provoquer ou suspendre notre attention et qu'il n'en est pas de même de la sensation.

99. Des diverses espèces d'attention. — L'attention porte des noms différents et prend des formes différentes suivant l'objet, le mode et le degré de son usage.

Généralement, le terme d'attention s'entend de l'application de l'esprit à ce qui est hors de lui. Lorsque cette application porte sur l'esprit lui-même, ou ses diverses idées, l'attention devient ce qu'on appelle la *réflexion*. A un enfant qui n'écoute pas, le maître dit : *Faites attention*. A un enfant, même attentif, mais qui répond légèrement et trop vite, le maître dit : *Réfléchissez*. Le mot de réflexion exprime le retour de l'esprit sur lui-même et sur sa pensée : c'est l'attention en dedans.

La *contention* est l'attention concentrée et condensée : elle implique l'intensité, l'effort, la fatigue : « Cette contention de l'âme, trop bandée et trop tendue à nos entreprises, la met au rouet, la rompt et l'empêche. » (Montaigne.)

L'*application* est un mode d'attention suivi et continu, plus actif encore que l'attention : « Avec l'*attention*, on se corrige de ses mauvaises habitudes, dit Condillac; avec de l'*application*, on en acquiert de bonnes. »

La *méditation* est à la réflexion ce que l'application est à l'attention : on s'applique aux choses, on médite sur les idées; c'est une réflexion approfondie : « *Méditer*, dit Condillac, c'est réfléchir longtemps et profondément sur un sujet. » La méditation est plus créatrice que la réflexion. De plus, la réflexion porte plutôt sur le passé, la méditation sur l'avenir. On réfléchit sur ce qu'on a fait, et on médite sur ce qu'on doit faire.

La *contemplation* est une sorte de méditation tournée vers le dehors. On médite sur la vérité et l'on contemple la nature. Dans la contemplation, il entre un élément d'admiration qui n'est pas nécessaire à la méditation. On ne contemple que le beau. De plus, la contemplation a quelque chose de passif. L'âme s'oublie dans la contemplation. C'est une attention sans effort, entièrement contraire à l'application ou à la contention d'esprit.

100. Qualités de l'attention. — L'attention, étant, comme nous l'avons dit, l'usage actif de l'esprit, a été bien nommée par Malebranche la *force d'esprit*. Il l'a définie aussi, d'une manière plus mystique, une *prière naturelle* par laquelle nous obtenons que la raison nous éclaire [1].

Ses deux principales qualités sont : l'*étendue*, par laquelle elle embrasse beaucoup de choses, et la *durée*, par laquelle elle persiste longtemps.

101. Lois de l'attention. — Les principales lois de l'attention sont les suivantes :

1° Elle diminue le nombre des objets à connaître.

2° Elle rend nos perceptions et nos idées plus claires et plus distinctes.

3° Elle fixe les idées dans le souvenir. (Cette troisième loi se retrouvera dans la mémoire.)

102. Puissance de l'attention. — En généralisant ces observations, il est facile de comprendre combien l'attention est utile, indispensable même au progrès et au développement de l'esprit. On pourrait presque affirmer que la différence capitale des esprits résulte des divers degrés d'attention dont les hommes sont capables. Si nous en croyions Buffon, le génie ne serait qu'une *longue patience*, non pas cette patience stérile et passive qui consiste à attendre sans faire d'efforts, mais cette puissance d'attention, cette persistance qui vient à bout des plus grandes difficultés. Ce que Buffon a raison d'écarter du génie, c'est l'impatience, c'est-à-dire le désir déréglé d'obtenir sur-le-champ, sans travail, de grandes idées, de grandes découvertes, un grand style. Lorsqu'on demandait à Newton comment il avait découvert le grand principe de la gravitation universelle : « C'est, répondit-il simplement, en y pensant toujours. » Est-ce à dire que l'attention suffise pour découvrir la vérité? Évidemment non; elle n'est pas tout; il faut tenir compte des dons naturels de l'esprit. Mais ce qui est vrai, c'est que les dons naturels ne sont rien sans attention. C'est à tort qu'on se figure que certaines facultés, telles que l'imagination, peuvent se passer de travail, et n'ont qu'à suivre le cours de la nature. Il est des natures faciles et naturellement brillantes qui semblent avoir reçu en naissant toutes les faveurs; d'autres, déshéritées en apparence, lentes, en-

---

1. Malebranche, *Traité de morale*. part. I, ch. v.
JANET, Philosophie.

veloppées, destinées à l'impuissance. Et cependant, ces deux dispositions produisent quelquefois les effets les plus contraires. Si les premiers abusent des faveurs de la nature, cette terre, quelque fertile qu'elle soit, ne produira aucun fruit. Si les autres font effort pour développer leurs qualités, on leur verra révéler des sources d'originalité qu'eux-mêmes ne soupçonnaient pas[1]. L'attention est donc une des sources du génie.

Problèmes. — On a élevé au sujet de l'attention quelques questions délicates et assez difficiles à résoudre. Nous nous contenterons de les exposer sous forme de *problèmes* :

I. Dans les mouvements d'habitude, qui s'accomplissent si rapidement que nous n'avons plus besoin d'aucun effort, faut-il dire que l'attention a tout à fait disparu et que les mouvements sont devenus automatiques? ou bien que les actes d'attention persistent, mais qu'ils sont devenus si rapides que nous les avons oubliés quand ils sont passés?

La première opinion a été soutenue par Hartley (*Observations sur l'homme*), la seconde par D. Stewart (*Éléments de la philosophie de l'esprit humain*, part. I, ch. II).

II. On peut se demander si l'attention se confond avec la volonté elle-même ou si on peut l'en distinguer. Ne disons-nous pas : *Je veux être attentif?* Ne serait-ce pas là un non-sens et un pléonasme, si la volonté se confondait avec l'attention? ne serait-ce pas dire : *Je veux vouloir?* Lesage (de Genève), savant physicien du XVIIIᵉ siècle, avait une puissance d'attention très faible et très courte, et cependant, nous dit son biographe[2], peu d'hommes ont été plus persévérants dans l'objet de leurs recherches : « Je supplée, disait-il lui-même, à ce qui manque à l'étendue de mon attention, à l'aide de beaucoup d'ordre, à ce qui manque à sa durée, au moyen d'une fréquente répétition. »

Ainsi il suppléait à l'attention par la volonté : l'une ne serait donc pas l'autre.

III. Est-il vrai, comme l'a soutenu Helvétius (*de l'Esprit*, Disc. III, ch. IV), que la nature a doué tous les hommes du degré d'attention nécessaire pour s'élever aux plus hautes idées; mais que, l'attention étant une fatigue, toute la question se réduit à savoir

---

[1]. Saint-Thomas d'Aquin était de ce genre : nature lourde et lente, ses camarades l'appelaient *Bos siculus*, le bœuf de Sicile ; mais ce bœuf ruminait pendant que les autres plaisantaient, et il méritait plus tard qu'un pape pût dire de lui : *Quot articulos scripsit, tot miracula fecit.*

[2]. Prévost (de Genève), *Notice de la vie et des Écrits de Lesage* (Genève, 1805), p. 110.

si tous les hommes sont susceptibles de passions assez fortes pour changer cette fatigue en plaisir ? La différence viendrait donc de l'inégalité des passions, et non de l'inégalité d'attention. Cette opinion est assez réfutée par l'exemple précédent.

103. La perception des rapports et la comparaison. — L'attention appliquée aux rapports des choses s'appelle *comparaison*.

Pour comparer deux objets, il faut successivement ou simultanément faire attention à chacun d'eux. C'est pourquoi Condillac avait défini la comparaison une *double attention*, et depuis cette définition a été souvent reproduite. On peut se demander si elle est juste.

Sans doute la comparaison implique ou suppose deux actes d'attention différents : on ne peut comparer deux choses sans avoir fait attention à chacune d'elles. Mais cela ne suffit pas. Je puis en effet porter successivement mon attention sur deux objets sans qu'il y ait comparaison. Il faut quelque chose de plus : il faut que les perceptions de chacun de ces deux objets soient réunies dans une même conscience, et qu'elles soient l'une et l'autre à la fois présentes à l'esprit. Il faut en un mot que les deux actes d'attention soient fondus en un seul et même acte. Condillac lui-même l'a si bien vu, que c'est lui qui le premier s'est servi précisément de l'argument de la comparaison pour prouver la simplicité de l'âme [1].

La comparaison n'est donc pas une double attention. C'est un acte unique d'attention, appliqué à la perception des rapports entre les choses.

PROBLÈME. — C'est ici le lieu d'examiner une question souvent débattue, à savoir, si nous pouvons avoir plusieurs idées à la fois [2].

Aristote est le premier qui ait posé cette question, et il paraît l'avoir résolue par la négative. De nos jours, la question a été souvent agitée, soit en Allemagne, soit en Angleterre. Un savant anglais, le docteur Holland, a soutenu la négative par les raisons suivantes :

<small>Placez-vous, dit-il, au milieu d'une rue encombrée où mille objets se présentent à votre vue, où des sons non moins nombreux arrivent à votre oreille, où les</small>

<small>1. *Essai sur l'origine des connaissances humaines*, ch. I.
2. Pour l'historique de cette question, voy. *Lehrbuch der Psychologie*, par Volkmann (Cothen 1875), t. I, p. 331, § 40-68.</small>

odeurs changent constamment, où vous vous trouvez à chaque instant en contact avec quelque objet extérieur. Quoique tout l'appareil sensoriel semble être au milieu d'une multitude d'objets divers, on trouve qu'à chaque instant donné un seul d'entre eux est présent à l'esprit. Que l'on essaie de faire attention à la fois aux figures de deux personnes placées à la même portée de la vue, ou de prêter l'oreille en même temps à deux sons différents, ou de mêler les objets de la vue à ceux de l'ouïe dans un même acte d'attention, on en sentira aussitôt l'impossibilité[1].

Nous accordons que ce qui nous paraît souvent un seul acte de l'esprit peut se décomposer en une série d'actes reliés ensemble par une grande rapidité. Il en est ainsi de ce qu'on appelle l'*attention partagée*.

César, dit-on, dictait à quatre secrétaires. On a vu un joueur d'échecs suivre trois parties à la fois. Mais l'attention était-elle réellement partagée? ou se portait-elle successivement d'un objet à l'autre avec une rapidité telle que les intervalles de succession devinssent insensibles? Dans certains tours d'équilibre, l'œil paraît suivre à la fois plusieurs objets, et cependant il ne peut les voir qu'en s'y fixant tour à tour[2].

Dans beaucoup d'autres cas également, nous voyons comme simultanées des choses successives, par exemple le cercle de feu produit par une allumette que l'on tourne très rapidement. Nos yeux étant animés d'un mouvement très rapide et dont nous avons très peu conscience, nous ne nous apercevons pas que lorsque nous regardons un objet nous en parcourons successivement les différentes parties.

Il est donc certain que beaucoup de perceptions en apparence simultanées se composent en réalité de perceptions successives : mais est-on autorisé à conclure qu'il en soit de même dans tous les cas?

Lorsque je fixe mes yeux sur un objet, en les tenant autant que possible immobiles, j'ai conscience qu'en dehors et au delà de la partie de l'objet observée que je vois clairement et distinctement, il y a un champ vague de vision obscure qui accompagne et entoure la perception dominante. Un orateur qui fixe ses yeux d'une manière particulière sur une seule personne, ne cesse pas de voir d'une manière confuse toutes les autres. Qu'est-ce que voir un objet, si ce n'est le distinguer des objets environnants? Je ne distingue un objet blanc sur un tableau noir que si je distingue le blanc du noir, c'est-à-dire si je vois à la fois l'un et l'autre. Il n'y a pas de perception distincte sans

---

1. Mervoyer, *de l'Association des idées*, p. 300.

2. Prévost (de Genève), *Essais de philosophie*, t. I, p. 134 (liv. III, sect. V, ch. IV.)

perception d'une limite : on ne peut percevoir une limite sans percevoir deux objets à la fois, le limitant et le limité. Il doit y avoir nécessairement deux états de conscience pour une perception, car, comme le dit avec raison Al. Bain, la connaissance est essentiellement la *discrimination*.

On peut dire que, dans le cas que nous invoquons, l'attention ne porte que sur un seul objet, et que le reste est l'objet d'une sensation confuse. Mais qu'entend-on par *un seul* objet? Tout objet des sens n'est-il pas composé, et n'implique-t-il pas par conséquent plusieurs perceptions réunies en une seule?

Lors même qu'on admettrait que la perception d'un objet est produite par une succession d'actes distincts reliés entre eux par le souvenir, cela importerait peu encore; car la question n'est pas tant de savoir s'il peut y avoir à la fois plusieurs sensations, que de savoir s'il peut y avoir à la fois dans l'âme plusieurs états de conscience différents. Or il est évident que le souvenir doit continuer, coexister avec la sensation actuelle, pour que nous puissions avoir la perception totale d'un objet; et cela suffit pour établir la possibilité de la coexistence de plusieurs états de conscience différents dans un seul et même acte.

Au reste, non seulement cette coexistence est possible, mais il suffit de réfléchir un instant pour voir qu'elle est nécessaire, car toute pensée est nécessairement une synthèse, et toute synthèse suppose la coexistence de deux idées distinctes dans un même état de conscience. Supposons le contraire en effet : soit le jugement A = B; si, au moment où je pense B, je n'ai pas en même temps la pensée de A, comment puis-je savoir si celui-ci est ou n'est pas B? Je dis : la neige est blanche; si, au moment où je prononce le mot blanc, je n'ai plus l'idée de neige, je ne puis savoir si elle est blanche, et j'affirme le blanc de quelque chose que j'ignore.

Nous tenons donc pour la coexistence des états de conscience, pour la possibilité d'avoir plusieurs idées en même temps. Sans ce postulat, toute comparaison est impossible, et avec toute comparaison, tout jugement et toute pensée.

104. **Des notions dues à la comparaison.** — Les notions dues à la comparaison sont dites *relatives;* on les oppose aux notions *absolues.*

Locke explique ainsi la différence de ce qu'il appelle les termes relatifs et les termes absolus : « Lorsque je considère Titius en lui-même, en tant qu'individu, c'est là une notion qui n'a rien de relatif, et que je puis considérer, par conséquent, comme *absolue*. Mais si je le considère comme *mari*, comme *père*, je désigne en même temps quelque autre personne que lui, à savoir, sa femme, son fils; quand je dis d'un objet qu'il est *plus blanc*, je pense à quelque chose qui serait moins blanc. En un mot, les termes relatifs sont ceux qui portent la pensée au delà du sujet lui-même qui en reçoit la dénomination. » (Locke, *Essai sur l'entend. humain*, liv. II, ch. xxv.)

D'où il suit que les termes absolus sont ceux que nous pensons tout seuls sans penser à autre chose, et les termes relatifs ceux qui impliquent une autre notion que celle qu'ils représentent. Ainsi le terme *carré* se suffit à lui-même, le terme d'*arbre* également; mais *plus grand, plus petit, plus jeune, plus vieux* sont des termes impliquant comparaison avec autre chose. Les premiers sont absolus [1], les seconds sont relatifs.

Sur les termes relatifs, on peut établir, avec Locke, les propositions suivantes :

1° Il y a des termes qui sont positifs ou absolus en apparence et qui en réalité sont relatifs.

Par exemple, le terme de *vieux*. Ainsi, un homme est jeune à vingt ans et très jeune à sept ans. Et cependant, nous appelons vieux un cheval de vingt ans et un chien de sept ans [2].

2° La relation diffère des choses qui sont les sujets de la relation.

Ceux par exemple, qui ont des idées extrêmement différentes de l'*homme* peuvent s'entendre sur la notion de *père* ou de *mari*.

3° Il peut y avoir changement de relation sans qu'il arrive aucun changement dans le sujet.

Ainsi Titius, qui se considère aujourd'hui comme père, cesse de l'être demain sans qu'il se fasse aucun changement en lui, par cela seul que son fils vient de mourir [3].

4° Il ne peut y avoir relation qu'entre deux choses.

---

[1]. Il faut bien distinguer d'ailleurs ce que Locke appelle ici absolu, qui n'est que la chose considérée en elle-même, de l'absolu, absolument absolu, à savoir, l'Être en soi ou Dieu. (Voy. plus loin, sur les *notions premières*, ch. IX).

[2]. « C'est ainsi, ajoute Leibniz (*Nouveaux Essais*, II, XXV), que nous disons que le monde est vieux. On demandait à Galilée si le soleil était éternel : ETERNO, NO, MA BEN ANTICO. »

[3]. Leibniz corrige ce qu'il y a d'excessif dans cette proposition : « Cela se peut fort bien dire suivant les choses dont on s'aperçoit, quoique, dans la rigueur métaphysique, il soit vrai qu'il n'y a pas de dénomination entièrement extérieure (*denominatio puré extrinseca*), à cause de la connexion réelle de toutes choses. »

Leibniz corrige cette proposition, en donnant des exemples de relation entre plusieurs choses à la fois : par exemple, un *arbre généalogique*, l'idée d'un *polygone*.

5° Il n'y a aucune chose sur laquelle on ne puisse faire un nombre presque infini de considérations par rapport à d'autres choses.

Par exemple, un homme peut être considéré comme père, frère, fils, mari, ami, ennemi, général, maître, plus grand, plus petit, plus vieux, plus jeune, et à l'infini, sans qu'on puisse jamais trouver aucun terme à ces relations.

6° Les idées de relation sont souvent plus claires que celles des choses qui en sont les sujets.

Par exemple, l'idée de *père* est plus claire que celle d'homme (voy. 2°).

7° Toutes les relations se ramènent à des idées simples, c'est-à-dire à des perceptions élémentaires, données immédiatement par la perception des sens et de la mémoire.

Cette proposition de Locke peut être accordée; cependant, c'est une question de savoir si ce qui nous paraît simple l'est réellement, et si ce qui nous semble positif et absolu ne serait pas encore relatif, comme Leibniz le fait remarquer :
« Il n'y a pas de terme si absolu et si détaché qu'il n'enferme des relations, et dont la parfaite analyse ne mène à d'autres choses et même à toutes les autres. »

Cette dernière considération de Leibniz nous conduirait, si nous la pressions, à la doctrine si souvent exprimée que tout est relatif, et qu'il n'y a rien d'absolu, si ce n'est cela même « qu'il n'y a pas d'absolu ». Cette loi de la relativité universelle de la connaissance est devenue, chez les philosophes anglais contemporains, la base de toute la philosophie; mais cette question est du ressort de la métaphysique, non de la psychologie.

Les principales idées dues à la comparaison sont celles du *semblable* et du *différent*, du *moins* et du *plus*, du *grand* et du *petit*, etc.

CHAPITRE II

La conscience de soi

105. Définition de la conscience. — Le mot *conscience*, dans la langue générale et populaire, a surtout une signification morale. C'est le discernement du bien et du mal : la conscience est un *conseiller* qui nous avertit de ce que nous devons faire ; c'est un *juge* qui prononce sur ce que nous avons fait. A ce point de vue, la conscience appartient à la morale, et nous n'avons pas à nous en occuper ici.

On donne aussi quelquefois au mot conscience une signification religieuse, comme dans cette locution : *liberté de conscience*, ou liberté de professer sa foi religieuse.

Mais, indépendamment de ces différents sens, le mot conscience en a pris un autre dans les temps modernes, particulièrement depuis Kant, Reid, Jouffroy, Maine de Biran ; et cette nouvelle signification a aujourd'hui droit de cité en philosophie. La conscience, ainsi entendue, est la connaissance que l'esprit a de lui-même. Pour empêcher la confusion qui vient de l'identité des termes, on dit souvent la conscience *psychologique*, et on l'oppose à la conscience *morale*.

Il y a sans doute de grands inconvénients à employer le même mot pour signifier des choses si différentes, mais l'usage a prévalu de plus en plus, et il est puéril de chicaner sur une expression qu'il suffit de définir.

C'est le propre des faits psychologiques, nous l'avons vu plus haut (38), de ne pouvoir se produire dans un être sans être immédiatement connus de celui qui les éprouve et sans que cet être *sache* ou *sente* que c'est lui qui les éprouve.

Tel est le caractère fondamental de la conscience. Dans tout autre mode de connaissance, l'objet connu et l'esprit connaissant se distinguent l'un de l'autre : le moi, l'esprit, le *sujet*, est d'un côté : le non-moi, ou *objet*, est de l'autre. Mais ici, qui connaît ? C'est moi. Qui est-ce qui est connu ? C'est encore moi :

car ma sensation, ma pensée, ma volonté, c'est moi sentant, moi pensant, moi voulant. C'est donc le moi qui connaît le moi; le moi sujet qui connaît le moi objet : et le trait caractéristique de la conscience, c'est l'*identité du sujet et de l'objet*.

Ce point bien compris, nous sommes en mesure de distinguer, plus nettement que nous ne l'avons fait, la conscience, obscure, confuse, *spontanée* (comme on l'a appelée), à laquelle on peut conserver le nom de *sens intime*, et la conscience claire, distincte, *réfléchie*, que nous appelons la *conscience de soi*. La première est ce que les Allemands nomment *das Bewusstsein*, et la seconde, *das Selbstbewusstsein*.

Dans la conscience confuse, ou conscience simple, qui coexiste avec le plus humble phénomène de sensibilité, le moi sujet ne se distingue pas du moi objet ; le moi affecté se confond avec le moi connaissant ; ou pour mieux parler, il n'y a pas encore de moi. Le moi ne s'est pas dégagé des phénomènes où il est enveloppé ; il ne se nomme pas encore lui-même : même à son degré le plus élevé, cette conscience simple, primitive, élémentaire, ne s'élève pas jusqu'à la première personne du pronom personnel. L'enfant s'objective lui-même : il s'appelle de son nom extérieur, comme les autres l'appellent lui-même ; il dit : Pierre veut ceci ; Pierre fait cela.

La conscience réfléchie, ou conscience de soi, commence avec le premier JE ; elle se détermine, elle se précise, elle se complète avec la différence du JE et du ME, lorsque l'on dit : « *Je me connais moi-même* » ; ce que les Latins expriment par deux cas différents : *ego me, mei, mihi*.

Nous croyons que ces notions suffisent pour donner une idée de la conscience. On n'y ajoutera rien de bien clair en disant avec H. Spencer qu'elle est *une différenciation continue de ses propres états,* ou, avec Hartmann, *la stupéfaction de la volonté devant une représentation qu'elle n'a pas voulue*.

Nous ne nous perdrons pas dans des recherches insolubles sur l'origine de la conscience, et nous admettrons volontiers, comme l'hypothèse la plus simple, que la conscience est contemporaine de la vie[1]. En d'autres termes, la conscience serait *innée*.

106. Conscience, mode fondamental. — Il résulte de la définition même de la conscience, qu'elle n'est pas une faculté

---

1. Sur cette question, voy. Bouillier, *de la Conscience*, p. 32.

particulière de l'intelligence, mais qu'elle est, comme l'a dit le philosophe écossais Hamilton [1], le mode général et fondamental de toutes nos facultés. En effet, d'une part, il n'est pas un seul fait de notre âme qui ne soit accompagné de conscience : sans conscience, pas de plaisir ni de douleur, pas de sensation, pas d'idée ni de jugement, pas de volonté. La conscience est donc la condition universelle, infaillible, inévitable de tous les faits de l'âme. De l'autre côté, la conscience n'a pas d'objet spécial, comme les sens ; elle n'a d'autre domaine que l'exercice de toutes les autres facultés : son objet, ce sont les faits mêmes par lesquels ces facultés se manifestent ; ces faits ne sont rien sans elle, et elle n'est rien sans eux. Je ne puis avoir conscience de moi-même sans avoir conscience de moi sentant, pensant ou voulant.

Ainsi, comme l'a dit Hamilton, la conscience est *coextensive* avec toutes nos facultés. Elle n'est pas l'une d'entre elles : elle est la *condition*, la *forme* de toutes. Elles ne sont toutes, en quelque sorte, que la *conscience transformée*.

En d'autres termes, si l'on admet la théorie d'Aristote, que l'âme est la *forme* du corps, on pourra dire que la conscience est la forme de l'âme, par conséquent, la *forme d'une forme*. Si l'on dit avec Spinosa que l'âme est l'*idée* du corps, on pourra dire que la conscience est l'*idée* de l'âme, par conséquent, l'*idée d'une idée*.

107. Objection. — Si la conscience était la forme des phénomènes de l'âme, et non une faculté spéciale, elle devrait être absolument adéquate aux phénomènes, c'est-à-dire que la clarté et la vivacité de la conscience devraient être en proportion de la vivacité et de l'intensité des phénomènes ; or, c'est ce qui n'a pas lieu : par exemple, plus la passion est forte, moins la conscience est claire [2].

Rép. — Cette objection est fondée sur la confusion de la conscience et de l'attention. Autre chose est éprouver un phénomène, autre chose remarquer qu'on l'éprouve. Dans ce qu'on appelle un fait de conscience, il y a toujours un côté subjectif et un côté objectif. L'attention peut se porter sur l'un aussi bien que sur l'autre : or, si l'attention porte sur le fait même de la conscience, il va de soi qu'il prendra plus de vivacité et de clarté ; si elle se porte au contraire sur ce qu'on fait, l'action

---

1. Hamilton, *Fragments*, art. REID ET BROWN, trad. fr., p. 66.
2. Ad. Garnier, *Facultés de l'âme*, liv. VI ch. II, § 2.

pourra être d'autant plus sûre, plus précise, plus intense que la conscience sera moins préoccupée. Il ne résulte pas de là que la conscience ne soit pas la condition fondamentale de tous les modes du moi. C'est l'attention ici qui se distingue des autres facultés : ce n'est pas la conscience elle-même[1].

108. Limites de la conscience. — Une autre question, liée à la précédente, c'est celle du domaine et des limites de la conscience.

Si la conscience est, comme l'a dit Hamilton, *coextensive* à toutes nos facultés, elle doit avoir le même domaine et les mêmes limites qu'elles, elle doit s'étendre jusqu'où elles s'étendent : par conséquent, puisque nous avons la connaissance du monde extérieur, nous devons avoir en même temps la conscience du monde extérieur ; puisque nous avons la connaissance de Dieu, nous devons avoir la conscience de Dieu ; et enfin, puisque parmi les corps il y en a un qui nous touche de plus près, à savoir le nôtre propre, nous devons avoir conscience de notre corps.

De là trois questions différentes :
1° La conscience atteint-elle les corps extérieurs ?
2° La conscience atteint-elle notre corps propre ?
3° La conscience atteint-elle le monde immatériel, l'absolu, Dieu ?

109. 1° De la conscience des objets extérieurs. — Hamilton soutient que nous avons conscience des objets extérieurs :

<blockquote>Comment pourrions-nous, dit-il, avoir conscience d'une perception, c'est-à-dire connaître qu'une perception existe, et qu'elle est la perception de la rose si ce n'est parce que cette conscience implique une connaissance (ou *conscience*) de l'objet ? Anéantissez l'objet, vous anéantissez l'opération ; anéantissez la conscience de l'objet, vous anéantissez la conscience de l'opération. J'imagine un hippogriphe : l'hippogriphe est à la fois l'objet de l'acte et l'acte lui-même. Supprimez l'un, l'autre s'évanouit. (*Fragments*, art. REID ET BROWN, trad. fr., p. 69.)</blockquote>

Cette argumentation nous paraît reposer sur un abus de mots. Tout dépend de ce qu'on entendra par ces mots : *être dans la conscience*. Si par être dans la conscience on entend *être connu*, il est clair que tout objet connu est dans la conscience *en tant*

---

[1] Bouillier, *de la Conscience en psychologie et en morale* (ch. v.). — Hartmann (*Philosophie de l'inconscient*, trad. fr., t. II, § 65) fait la même distinction, et soutient avec quelque apparence de raison que la *conscience n'a pas de degré*.

que connu, mais non à aucun autre titre : par exemple, un cheval n'est pas dans la conscience en tant que cheval, mais en tant seulement qu'il est perçu comme cheval. En d'autres termes, nous ne sommes pas avertis par un sens intérieur des changements qui ont lieu dans l'objet, comme nous sommes avertis par un sens intérieur des changements qui ont lieu dans le sujet : je ne m'attribue pas ces changements. Lorsque la pierre tombe, je *la vois* tomber, je *ne la sens pas* tomber; au contraire, lorsque je passe du plaisir à la douleur, non seulement je vois après coup qu'un phénomène a succédé à un autre, mais je *me sens* moi-même passer d'un phénomène à un autre. Quelle que soit la chose qu'on appelle pierre, arbre, cheval, je me distingue de cette chose, et je ne puis m'en distinguer que par ce fait qu'elle n'est pas dans ma conscience.

110. 2° **De la conscience du corps propre.** — En est-il de même lorsqu'il s'agit non plus des corps étrangers, mais de notre *propre* corps ? Le corps auquel chacun de nous est uni ne lui est-il connu, comme les autres corps, que par le dehors et, comme on l'a dit, par une double sensation? (Ad. Garnier, *Fac. de l'âme*, IV, III, § 1.) S'il en est ainsi, comment puis-je dire : *Mon* corps et le distinguer des autres? N'est-il pas vrai que si j'attribue à un corps l'épithète de mien, c'est parce que je sens qu'il est le *mien* et non pas celui d'un autre? La vie de ce corps n'est-elle pas *ma* vie, et ne dis-je pas : *Je* vis, tout aussi bien que : *Je* pense ?

Nous accordons qu'il y a en nous un sentiment *subjectif* du corps propre, et en ce sens une conscience du corps. Il nous paraît difficile d'expliquer uniquement par l'expérience et par l'habitude l'appropriation du corps par le moi. Le moi se sent toujours uni à une étendue et à une résistance qui lui est en quelque sorte coessentielle, et cette étendue résistante, c'est son propre corps. Ainsi le moi a conscience de lui-même en tant qu'uni à un corps; la conscience d'un moi pur, d'un esprit pur, est un fait incompréhensible pour nous.

Mais autre chose est dire : J'ai conscience de moi uni à un corps, limité par un corps; autre chose est dire : J'ai conscience de mon corps en tant que corps. En effet, mon propre corps ne m'est pas plus connu par la conscience que les autres corps : je ne sais pas plus ce qui se passe dans mon cerveau que je ne sais ce qui se passe dans l'intérieur de la terre; je ne connais pas plus le travail vital, en ce qu'il a d'objectif, que je ne connais le travail chimique qui s'opère dans le fer rouillé ou dans le bois qui brûle [1].

111. 3° Conscience de l'absolu ou de Dieu. — Les limites de la conscience du côté de l'absolu sont encore plus difficiles à fixer que les limites du côté du corps. Un philosophe contemporain a dit :

« Dieu *nous est plus intérieur que notre intérieur*. C'est en lui, par lui que nous avons tout ce que nous avons de vie, de mouvement et d'existence. *Il est nous plus que nous ne le sommes nous-mêmes.* » (Ravaisson, *Rapport sur la philosophie du xix° siècle*, p. 245.)

Même réponse que pour la question précédente. Sans doute, par cela seul que le moi se sent lui-même relatif et imparfait, et précisément parce qu'il a conscience de cette limitation, il doit avoir conscience en même temps de ce qui le limite et de ce qui l'enveloppe. Il se sent dans l'infini comme il se sent dans le corps. Mais autre chose est se sentir soi-même limité par l'infini, lié à l'infini, autre chose est avoir conscience de l'infini. Je ne puis avoir conscience que de ce que je suis : or je ne suis pas Dieu ; je ne puis donc pas avoir conscience de Dieu.

112. Conscience du moi comme être et comme activité, comme substance et comme cause. — Pendant longtemps on a assimilé la connaissance du moi à celle des choses externes. Nous ne connaissons, disait-on, par la conscience comme par les sens, que des phénomènes. Mais ces modes et ces phénomènes nous suggèrent l'idée de leur cause ou de leur substratum, que nous appelons *corps* quand il s'agit des choses externes, et *âme* ou *moi* quand il s'agit des phénomènes internes. Cette doctrine a succombé devant la critique profonde de Maine de Biran et de Jouffroy : « Il faut rayer de la psychologie, disait celui-ci, cette proposition consacrée : l'âme ne se connaît que par ses actes et ses modifications [2]. »

Un être qui se connaît lui-même ne peut se connaître de la même manière que les choses externes, à savoir, par des mani-

---

1. Sur la connaissance de notre propre corps, voy. Maine de Biran, *Fondements de la psychologie*, part I, sect. II, ch. III (Œuvres inédites, éd. Naville).

2. *Nouveaux mélanges* : Mémoire sur la distinction de la physiologie et de la psychologie, p. 270.

festations, par des apparences derrière lesquelles il y aurait une inconnue, un *x* supposé et conclu par une induction soit directe, soit discursive.

S'il en était ainsi, le moi serait à lui-même une chose externe; il se verrait en dehors de soi. Ce serait en quelque sorte le moi de Sosie, un moi objectif, un moi qui ne serait pas moi. Comment, dans une suite de phénomènes, pourrais-je dire que ces phénomènes sont *miens*, que ma douleur est *mienne*, que ma passion est *mienne*, si je n'étais pas intérieurement présent à chacun de ces phénomènes, à cette douleur, à cette passion? Comment pourrais-je me les imputer, me les attribuer, si je me voyais du dehors au lieu de me voir du dedans, si, en un mot, dans la conscience du phénomène qui m'affecte n'était impliquée d'une manière indissoluble la conscience même de l'être affecté?

Je perçois donc intérieurement quelque chose de plus qu'extérieurement. Ce quelque chose de plus sans lequel la conscience serait impossible, je l'appelle *être*. L'esprit humain ne connaît donc pas seulement en lui-même des phénomènes, il connaît son propre être; il plonge dans l'être, il en a conscience. Il sent en lui de l'*être* et du *phénomène*, du *demeurer* et du *devenir*, du *continu* et du *divers*, de l'*un* et du *plusieurs*. Tous ces termes, — être, permanence, unité, continuité, s'équivalent; tous les autres — phénomène, devenir, diversité, pluralité, s'équivalent également. Ce que l'on appelle le moi, c'est cette union de l'un et du plusieurs rendue intérieure à elle-même par la conscience et par une conscience continue.

La conscience ne me donne pas seulement l'être et le phénomène, mais le passage de l'un à l'autre : ce passage est l'*activité*. Le sentiment de mon être intérieur n'est pas seulement le sentiment d'une existence inerte, à la surface de laquelle viendraient se jouer, nous ne savons comment, les mille fluctuations de la vie phénoménale. Entre cet être vide et immobile et ce jeu superficiel de phénomènes flottants et fuyants, nul passage, nul moyen terme. Comment alors pourrais-je m'attribuer cet être passif et mort, qui ne serait pas plus moi qu'autre chose? Non : l'être que je sens en moi est un être actif, éternellement tendu, aspirant sans cesse à passer d'un état à l'autre : c'est un *effort*, une *tension*, une attente, c'est toujours quelque chose de tourné vers le futur, une anticipation d'être, une prélibation de l'avenir. La vie n'est donc pas seulement une *existence*, c'est une *action*;

et le sujet pensant n'est pas seulement un être, c'est une activité, c'est une force.

Si le moi a conscience de lui-même comme être, il en a conscience comme *substance* : car la substance n'est autre chose que l'être ; elle est *ce qui est* (τὸ ὄν), en opposition à *ce qui paraît* (τὸ φαινόμενον).

Si le moi a conscience de son activité, il a conscience de lui-même comme *cause* : car causalité et activité est une seule et même chose. La cause, c'est ce qui agit.

Le moi trouve donc en lui-même, par la conscience, le type de la substance et de la cause, et c'est de lui-même qu'il tire ces deux notions fondamentales. Nous y reviendrons plus loin (ch. IX, Notions premières).

113. PROBLÈME. **La double conscience, la double personnalité.** — Dans certains cas rares et extraordinaires, mais bien constatés, le moi paraît se dédoubler aux yeux de la conscience : il y a deux *moi*, ayant chacun sa conscience distincte, et dont l'un ne connaît pas l'autre : ces deux moi ont deux existences séparées, qui ne sont pas reliées l'une à l'autre par le souvenir. Que devient dans cette circonstance l'unité du moi et l'unité de la conscience ?

Selon nous, il y a lieu de décomposer le fait de conscience en deux éléments et d'y distinguer deux affirmations : 1° Je suis *moi* ; 2° Je suis *un tel* moi. Autre chose est dire : Je *suis* ; autre chose dire : Je suis *Pierre*. Lorsque Descartes dit : *Cogito, ergo sum*, il n'ajoute pas : *Sum Cartesius*. C'est son existence pure et simple qu'il affirme. Il y a donc deux choses dans le fait de conscience : 1° *le sentiment fondamental de l'existence*, que nous appelons le sentiment du moi, lequel est indivisible et ne peut varier que par l'intensité ; 2° *le sentiment de l'individualité*, lequel est un fait complexe qui peut varier dans ses éléments sans que le sentiment fondamental soit atteint.

L'individualité se compose de beaucoup d'éléments extérieurs au moi proprement dit. Je puis oublier mon nom, mon adresse, ma demeure, sans cesser d'être moi : « Qui êtes-vous, demandait M. Ferrus à une aliénée ? — Vous savez bien que je suis Marie-Louise ? — Oui, mais auparavant ? — Marchande de poisson. »

Dans ce cas on voit bien la persistance du moi fondamental, dans le changement du moi extérieur. Lors même qu'il n'y a pas de souvenir, le moi fondamental subsiste, quoique tous les accidents aient changé [1].

114. Perceptions obscures et perceptions inconscientes.
— Nous avons vu que la fonction de l'attention est de rendre plus claires et plus distinctes les perceptions auxquelles elle s'applique, et réciproquement de rejeter dans l'obscurité celles auxquelles elle ne s'applique pas. Il y a donc dans l'âme deux sortes de perceptions, les perceptions *claires* et les perceptions *obscures;* et celles-ci peuvent être de plus en plus obscures, jusqu'au point où, étant à peine senties, on peut se demander même si elles parviennent à la conscience, si elles ne sont pas entièrement inconscientes.

Cette question, née d'une théorie de Leibniz [2], est très difficile. Bornons-nous aux propositions les plus certaines.

1° Lorsqu'une perception est trop petite, elle n'arrive pas jusqu'à la conscience (ou du moins à une conscience distincte). — Par exemple, d'après les expériences de Weber, la différence de deux poids ne devient sensible que si l'un dépasse l'autre de 1/17. Ainsi, de 17 grammes à 18 grammes, je ne sentirai aucune différence.

2° Une perception, pour être très petite, n'est pas nécessairement nulle; car, comment percevrais-je un ensemble, si les parties m'échappaient absolument? Le bruit de la mer est perçu par moi, quoique je ne distingue pas le bruit de chaque vague; il faut donc que ce bruit particulier soit déjà quelque chose pour moi, quoique je ne le remarque pas.

3° L'attention peut rendre sensible ce qui ne l'est pas ordinairement, et réciproquement. Ainsi, un musicien s'habituera à percevoir des quarts ou des huitièmes de ton, différences imperceptibles pour une oreille vulgaire. En revanche, des bruits très sensibles disparaîtront pour celui qui n'y fera pas attention. C'est ce qui a lieu par l'habitude : car c'est la nouveauté ou l'intérêt vif des perceptions qui fait qu'on y a égard. De là l'indifférence signalée par Leibniz pour le bruit d'un moulin, d'une chute d'eau, des voitures, etc., si rien ne nous le fait remarquer. De même pour les états de notre propre corps, à l'égard desquels nous sommes comme le meunier pour son moulin ; quoique dans

---

1. Voy., pour le développement de cette question, notre travail dans la *Revue scientifique*, 10 juin 1876.

2. Avant-propos, *Nouveaux essais*.

certains cas, les différents états de la vie organique soient sentis avec une susceptibilité et une délicatesse extraordinaires; et l'on y contribue beaucoup en portant son attention sur ces états.

4° Le sommeil est encore un exemple de l'importance des petites perceptions : ce sont elles qui subsistent lors même que la pensée semble endormie. C'est à ce point de vue que l'on peut soutenir cette doctrine de Descartes que *l'âme pense toujours* [1].

5° Le principe des petites perceptions se lie au principe des mouvements infiniment petits, qui joue un rôle si considérable dans la physique moderne. Les perceptions insensibles de Leibniz répondent aux mouvements vibratoires, ondulatoires, qui échappent aux sens, mais qui sont la vraie cause des plus grands phénomènes de la nature. Et en général on peut poser ce principe, à savoir, que toutes les grandes actions des forces naturelles se composent d'un nombre infini de petites actions accumulées.

6° Les perceptions insensibles se rattachent encore au *principe de continuité* : « Jamais un mouvement, dit Leibniz, ne naît immédiatement du repos, ni ne s'y réduit que par un mouvement plus petit... Tout cela fait bien juger que les perceptions remarquables viennent par degrés de celles qui sont trop petites pour être remarquées. »

Des principes précédents on peut tirer avec Leibniz plusieurs conséquences importantes pour la vie humaine.

« Ces petites perceptions, dit-il, sont de plus grande efficace qu'on ne pense : »

1° Elles expriment l'union de l'individu avec l'ensemble de l'univers :

Ce sont elles qui forment ce je ne sais quoi, ces goûts, ces images des qualités des sens, claires dans l'assemblage, mais confuses dans les parties; ces impressions que les corps qui nous environnent font sur nous, et qui *enveloppent l'infini*; cette liaison que chaque être a avec le reste de l'univers.

2° Elles font la liaison du passé et de l'avenir :

On peut dire qu'en conséquence de ces petites perceptions, le présent est de l'avenir et chargé du passé.

3° Elles constituent le caractère de l'individu :

Ces perceptions insensibles marquent encore et constituent le même individu, qui est caractérisé par les traces qu'elles conservent des états précédents de cet individu, en faisant la connexion avec son état présent; et elles se peuvent connaître par un esprit supérieur... Elles donnent le moyen de retrouver le souvenir au besoin

---

[1] Sur cette question, voy. Locke et Leibniz (*Nouveaux Essais*, II, I, § 10).

par des développements périodiques, qui peuvent arriver un jour. — Ce sont ces petites sollicitations imperceptibles qui nous tiennent toujours en haleine... Ces impulsions sont comme autant de petits ressorts qui tâchent de se débander et qui font agir notre machine... et c'est par là que nous ne sommes jamais indifférents.

4° Les petites perceptions sont les causes, ignorées de nous, qui déterminent les actions prétendues indifférentes.

On ne peut donc contester ni l'existence, ni l'importance des phénomènes de faible conscience dans l'âme humaine : c'est ce que les Allemands (après Bacon) ont appelé le côté *nocturne* de l'âme ; et l'influence de cette vie nocturne et crépusculaire, même au sein de la vie normale, intellectuelle, est hors de doute.

116. **Problème.** — Faut-il cependant aller plus loin et admettre non pas seulement des phénomènes de faible conscience, mais encore des phénomènes *absolument inconscients?* C'est une autre question qui appartient à la métaphysique plus qu'à la psychologie. Disons seulement que si de tels phénomènes existent, nous ne pouvons rien en dire, puisque le seul caractère auquel se puisse reconnaître un phénomène psychologique est la conscience. Ce qui ne tombe pas sous la conscience n'appartient pas au moi, et nous est aussi étranger que ce qui se passe dans les objets extérieurs.

Disons encore que des phénomènes inconscients ne seraient pas des phénomènes ; car un phénomène est ce qui *paraît*, et ce qui est inconscient ne paraît pas. Ce qu'on pourrait admettre dans l'âme, ce serait tout au plus ce qu'on a appelé des *facultés inconnues*; ce serait une sorte d'activité *ultra-consciente* ou *infra-consciente*, comme on admet en physique des rayons *ultra-violets* : mais il faut prendre garde de trop presser cette pensée, qui pourrait conduire à toutes les illusions de la superstition[1].

---

1. Voy. sur la question de l'inconscience: *Examen de la philosophie d'Hamilton*, par Mill, ch. XV ; Rémusat, *des Facultés inconnues* (comptes rendus de l'Acad. des sciences morales) ; *de la Conscience*, par Franç. Bouillier ; *la Philosophie de l'inconscient*, par Hartmann.

CHAPITRE III

Perception extérieure.

117. Sensation et perception. — La sensation à laquelle s'applique l'attention, et qui de passive est devenue active, s'appelle *perception*.

Par exemple, si un faisceau de lumière rouge vient frapper mon œil, j'éprouve la sensation du rouge; si une lumière verte succède, j'éprouve la sensation du vert; et ces deux sensations sont différentes; mais si je remarque que le rouge n'est pas le vert, la sensation est devenue perception. Le buveur qui boit différentes espèces de vins éprouve autant de sensations diverses; mais le dégustateur qui remarque ces différentes sensations pour apprendre à les distinguer, a des perceptions.

La perception n'est donc que l'application de l'activité de l'esprit au discernement des sensations : c'est l'usage *actif* de nos sens, dont la sensation pure n'est que l'usage passif.

On admet généralement une distinction plus complète et plus absolue entre la sensation et la perception. Mais c'est qu'on entend alors par sensation le plaisir et la douleur, qui sont en effet absolument différents de la perception extérieure. *Je sens une douleur, je vois un arbre*, dit Reid : ce sont bien là deux faits différents. En effet, le plaisir et la douleur ne sont qu'en moi, et l'arbre est en dehors du moi. Mais le terme sensation n'exprime pas seulement dans notre langue le plaisir et la douleur : il exprime encore certaines représentations particulières de chacun de nos sens : par exemple, l'odeur n'est pas la saveur, et la saveur n'est pas l'odeur, et ce serait changer les usages de notre langue que de ne pas leur donner le nom de sensations; or, à ce point de vue, la sensation, dans les différents sens, ne se distingue de la perception qu'en passant de l'état passif à l'état actif.

118. Objectivité de la perception. — On a dit que la sensation était *subjective*, et la perception *objective*. On voit par ce qui précède que cette opposition n'est vraie que si l'on entend par sensation le plaisir et la douleur, et non les données des sens : car ces données elles-mêmes contiennent quelque chose d'objectif et de distinct de nous-mêmes. Nous voyons les couleurs en dehors de nous ; nous nous distinguons des sons que nous entendons : cela est vrai même de la saveur, de l'odeur et de la chaleur, quoique à un moindre degré, parce que l'élément affectif y domine. Cependant, quoique la sensation elle-même contienne un élément objectif, nous ne distinguons pas cet élément tant qu'elle reste à l'état passif : et en ce sens on peut dire avec Condillac que l'âme, sentant une rose, *devient odeur de rose;* mais par l'activité, l'âme, en prenant conscience d'elle-même, se distingue de ses sensations et les objective. Il est donc vrai de dire que c'est la perception seule qui nous donne complètement l'objectivité.

119. **Raison inverse de la sensation et de la perception.** — Hamilton a établi la loi suivante, dont le principe est dans Maine de Biran : *La sensation est en raison inverse de la perception*.

Cette loi n'est encore vraie que si l'on considère le côté purement affectif de la sensation : en effet, il est certain que si le soleil nous éblouit, nous ne distinguerons rien ; la douleur éteindra toute faculté de discerner les couleurs. Mais il n'est nullement vrai de dire que, pour percevoir nettement une couleur, il faut en avoir la moindre sensation possible : cela n'aurait aucun sens.

120. **Mobilité des organes des sens.** — Le fondement physiologique de la distinction précédente est que les organes des sens, tout en étant d'un côté susceptibles de recevoir une excitation des choses externes, sont d'un autre côté mobiles et soumis à l'action de la volonté. Je puis volontairement mouvoir les différents organes des sens, et grâce à cette mobilité volontaire démêler nettement la différence de mes sensations [1].

Considérons, par exemple, les yeux. Tout le monde sait que nous pouvons leur imprimer une multitude de mouvements divers : nous pouvons les tourner à droite et à gauche, en haut

---

[1]. Cette vue, qui est due à Maine de Biran, est une des plus importantes de la psychologie. Voy. son *Mémoire sur l'habitude*. (Œuvres, éd. Cousin, t. I, introduction.)

ou en bas; et, en les combinant avec les mouvements de la tête, nous augmentons encore le champ de ces mouvements. Nous pouvons les tenir fixes plus ou moins longtemps, les ouvrir plus ou moins, ouvrir ou fermer les paupières; nous exerçons même une action inconsciente, que la physiologie nous révèle, sur le cristallin et sur la pupille; par tous ces moyens, nous pouvons à volonté multiplier indéfiniment les expériences de la vision, et arriver à démêler des différences et des nuances mêmes qui échapperaient à une sensibilité purement passive.

Il en est de même, et bien plus encore, du *tact*, et, à proprement parler, on réserve l'expression de tact pour le toucher actif. Or le tact réside particulièrement dans la main, parce que la main est essentiellement mobile : c'est, comme l'a dit Maine de Biran :

Le premier des instruments d'analyse [1]. En vertu de leur mobilité, les doigts se replient, s'ajustent sur le solide, l'embrassent dans plusieurs points à la fois, parcourent successivement chacune de ses faces, glissent avec légèreté sur les arêtes et suivent toutes leurs directions. Ainsi la résistance unique se sépare en plusieurs impressions distinctes, la surface s'abstrait du solide, le contour de la surface, la ligne du contour; chaque perception est complète en elle-même, et l'ensemble est parfaitement déterminé. (*Œuvres*, éd. Cousin, t. I, p. 30.)

L'oreille n'est pas aussi facilement à notre disposition que l'œil ou la main; elle est fixe et non mobile : mais par les mouvements de la tête, nous pouvons diriger nos oreilles du côté où il nous plaît : et il y a même une certaine action directe, quoique faible, exercée sur l'ouverture de l'oreille [2].

Mais ce désavantage de l'oreille est compensé par une circonstance heureuse, signalée par Maine de Biran, c'est la liaison de l'organe acoustique avec l'organe vocal : ce qui nous permet de reproduire les sons à mesure que nous les entendons, et ce qui contribue à en rendre la perception plus distincte :

Les sons transmis à l'ouïe, et par elle au centre cérébral, ne déterminent pas seulement l'action de ses muscles propres, mais encore les mouvements de l'organe vocal, qui les répète, les imite, les réfléchit. L'individu est lui-même son propre écho : l'oreille se trouve frappée à la fois, et du son direct externe, et du son interne réfléchi... Ces deux empreintes s'unissent l'une à l'autre... Telle est la cause de l'activité particulière des têtes sonores. (*Ibid.*, p. 39.)

L'organe du goût et celui de l'odorat sont aussi susceptibles

---

[1]. Blainville l'a comparée à un compas à cinq branches.

[2]. « Qu'est-ce qu'écouter, sinon déployer une action sur les muscles destinés à communiquer certains degrés de tension à la membrane du tympan ? » Biran, p. 38.

d'une certaine mobilité volontaire qui transforme plus ou moins les sensations en perceptions.

<small>Les sensations de saveur, dit encore Maine de Biran, se rapprochent toujours des caractères de la perception, à mesure qu'elles sont moins affectives, et plus subordonnées aux mouvements volontaires lents et prolongés de leur organe propre.</small>

La contre-épreuve de cette théorie est dans les sensations organiques ou internes, qui restent en général à l'état de pures sensations, parce que les organes qui les provoquent échappent à l'activité motrice.

Ces considérations générales une fois posées, on fera les remarques suivantes :

1° Quoique l'activité motrice soit indispensable pour changer nos sensations en perceptions, il ne s'ensuit pas nécessairement, comme le pensent quelques philosophes (Ad. Garnier, Al. Bain), qu'il y ait des perceptions propres à la faculté motrice. La faculté de mouvoir, sans être une faculté perceptive, peut être cependant la condition *sine qua non* de la perception en général (123).

2° Lorsque nous disons que les sensations se changent en perceptions, nous n'entendons pas du tout par là que la perception ne soit qu'une sensation *transformée*, ni que la sensation *devienne* une perception : car par elle-même elle resterait ce qu'elle est, sans devenir jamais autre chose, si l'activité de l'esprit n'entrait en jeu et ne lui imprimait un caractère *intellectuel* qu'elle n'a pas en soi.

3° Réciproquement, l'activité de l'âme, s'exerçant par la tension ou le mouvement de l'organe, ne suffit pas à constituer une perception si la sensation est absente. Par exemple, si je regarde sans rien voir, si j'écoute sans rien entendre, il n'y a pas perception. Percevoir, c'est donc voir en regardant, entendre en écoutant.

121. Éléments de la perception. — On voit que la perception est un acte complexe, qui exige l'intervention de plusieurs opérations, dont nous aurons à nous occuper plus tard d'une manière spéciale.

1° Elle suppose en effet, comme nous venons de voir, *le mouvement* : car un corps vivant absolument immobile ne discernerait rien, et ne percevrait par conséquent en aucune manière.

2° Avec le mouvement volontaire, elle suppose *l'attention*, c'est-à-dire l'application de l'esprit aux diverses sensations ; et *la comparaison :* car il faut au moins deux sensations pour qu'il y ait perception.

3° Elle suppose en outre *l'habitude.* On sait en effet que c'est grâce à la répétition des mêmes actes que l'on arrive à opérer plus facilement les mouvements de l'organe et en démêler mieux les impressions.

4° Elle suppose encore *l'imagination,* et *la mémoire :* car c'est par la comparaison des impressions que nous réussissons à les distinguer; or cette comparaison serait impossible si les impressions passées ne subsistaient pas dans l'esprit pour être comparées aux impressions présentes. Même dans la perception présente dont toutes les parties paraissent simultanées, l'imagination a sa part[1].

5° Enfin, elle suppose *le jugement,* ou plutôt elle est elle-même un jugement : car elle a lieu lorsque l'esprit, après toutes les opérations précédentes, prenant conscience de la distinction, prononce que telle chose n'est pas telle autre, que le rouge n'est pas le vert, que le rond n'est pas le carré.

Ces éléments généraux de la perception, étant distingués, étudions-la dans les différents sens.

122. Perceptions spéciales. — Il n'est pas exact de dire que certains sens ne donnent que des sensations, d'autres que des perceptions. Tous donnent à la fois des sensations et des perceptions, mais il est vrai que certains sens sont plus sensitifs que perceptifs, et réciproquement.

Perceptions de l'odorat et du goût. — L'odorat et le goût sont plus propres à donner des sensations que des perceptions, parce que l'élément *affectif* (plaisir et douleur) y prédomine.

<small>Cependant, dit Cabanis, on a vu des hommes qui mangeaient avec une attention particulière, dont quelques-uns mangeaient seuls, pour n'être pas distraits du recueillement qu'ils portaient dans leurs repas. Ils semblaient s'être fait une mémoire vive, nette et sûre de tous les goûts d'aliments et de boissons. J'en ai rencontré qui disaient se rappeler très bien celui d'un vin dont ils avaient bu trente ans auparavant.</small>

Cabanis a bien expliqué pourquoi le goût est un sens plus affectif qu'instructif : 1° les impressions qui dépendent du boire et du manger sont accompagnées d'un désir vif qui les rend tumultueuses; 2° le sentiment de bien-être de l'estomac, qui s'y

---

<small>1. Bossuet, *Conn. de Dieu,* I, v. « Cet acte d'imaginer accompagne toujours l'action des sens extérieurs. Toutes les fois que je vois, j'imagine en même temps. » — Voy. aussi Biran, *Fondements de la psychologie* t. II, p. 90.</small>

mêle, en distrait l'attention; 3° elles sont courtes de leur nature; 4° il est rare qu'elles soient simples : elles s'associent, se confondent et changent à tout instant; 5° la chute des aliments dans l'estomac excite l'activité du cerveau, qui empêche de peser chaque sensation en particulier et de s'en former des images distinctes; 6° la disposition spongieuse des nerfs du goût les soustrait à des impressions durables par les flots de mucosités dont ils sont abreuvés aussitôt et qui en délaient les principes sapides [1].

Néanmoins, malgré ces difficultés, l'intérêt ou un but intellectuel suffit à perfectionner le sens du goût et de l'odorat, et à en changer les sensations en perceptions. Pour le premier de ces sens, on citera l'exemple des *dégustateurs*, qui doivent arriver à une grande perfection dans l'art de distinguer les saveurs des différents crus de vins, s'ils veulent n'être pas trompés; pour l'odorat, celui des *chimistes*, qui se servent des odeurs pour distinguer les différentes espèces de corps [2].

Perceptions de l'ouïe. — Nous avons vu (70) que les différentes qualités du son, objet propre des sensations de l'ouïe, sont : l'intensité, la hauteur, le timbre et l'articulation.

On peut dire que la distinction de ces diverses qualités est un commencement de perception : et il est probable que primitivement l'oreille n'est sensible qu'à la force ou à la faiblesse des sons. Mais, de plus, chacune de ces qualités donne lieu à des perceptions particulières.

Parmi ces perceptions, les plus intéressantes et les plus riches en nuances distinctes sont les perceptions *musicales* et les perceptions *vocales*.

Les perceptions musicales sont celles qui ont rapport à la hauteur du son. Elles arrivent à une grande perfection par l'exercice. Dans notre musique, on se borne aux demi-tons; mais la musique grecque employait les quarts de ton; et un musicien peut aller facilement jusqu'à percevoir ce degré. On cite des oreilles musicales qui perçoivent la différence entre 1149 et 1145 vibrations. (Bain, II, v.)

La combinaison des notes est la *musique* : quand elle est successive, c'est ce qu'on appelle *mélodie* : simultanée, c'est ce que l'on appelle *harmonie*.

---

1. Cabanis, *Rapports du physique et du moral*, 3° mém., § 6.
2. Voy. Herb. Spencer (*Psychologie*, trad. fr., t. I, p. 172, § 68), sur les limitations des parties de la sensation.

La perception de la mélodie implique évidemment la mémoire et l'imagination : car on ne peut saisir un air qu'en entendant à la fois, à ce qu'il semble, le commencement et la fin, ce qui est impossible. Il faut donc que les premières notes restent présentes à l'esprit quand on entend les dernières.

La perception de l'harmonie ou des accords suppose que l'on entend à la fois, tout en les distinguant, plusieurs sons différents. Un degré supérieur de complication est dans la musique d'orchestre, où les accords se composent non seulement de sons différents, mais de timbres différents ; et quand la musique orchestrale se joint à la voix, c'est le plus haut degré de la complication : et cependant, par l'habitude d'entendre, on finit par discerner toutes ces choses. A quel point de perfection peut atteindre la perception musicale, on le voit par l'exemple du musicien, qui est capable d'écrire à son bureau tout un morceau d'orchestre, entendant à la fois toutes les parties et tous les timbres des instruments. Or cette précision dans le souvenir et dans l'imagination serait impossible si elle n'était d'abord dans la perception.

Les perceptions vocales sont les perceptions que nous donne la voix, soit des animaux, soit de l'homme ; les chasseurs, les gardes forestiers arrivent à une grande précision pour distinguer les différents cris ou chants des oiseaux ; mais c'est surtout la voix articulée qui fournit les perceptions les plus distinctes. (Bain, *ibid.*, p. 169.)

La perception du *timbre* a été ramenée, depuis les découvertes de Helmholtz, à la perception d'une note fondamentale qui est la même pour tous les instruments différents, et de notes supplémentaires plus faibles qui diffèrent suivant les instruments et que l'on appelle *harmoniques*. (Bernsteim, *les Sens*, ch. VII.)

Les perceptions de la vue. — Les perceptions de la vue sont les plus riches et les plus complexes de toutes : ce sont elles qui suscitent le plus de questions diverses.

Nous n'insisterons pas sur la perception de la *couleur* ; nous n'avons qu'à répéter ici ce que nous avons dit pour les autres sens : c'est que par l'habitude on arrive à un discernement de plus en plus fin des couleurs. Les peintres, les ouvriers en tapisserie, les femmes dans leur toilette, arrivent à saisir des nuances qu'un œil vulgaire et inexpérimenté n'aperçoit pas.

Jusqu'ici nulles difficultés. Elles commencent seulement quand il s'agit d'une autre qualité que la couleur, toujours liée avec celle-ci, à savoir l'*étendue*, et toutes les propriétés qui s'y rattachent : la figure, la distance, le relief, le mouvement. Nous y reviendrons tout à l'heure (123).

Perceptions du tact. — Les perceptions tactiles se distinguent des sensations tactiles, de la même manière que dans tous les sens la sensation se distingue de la perception, c'est-à-dire par l'intervention de l'activité.

> Que l'on applique sur ma main un corps dont la surface soit hérissée d'aspérités ou polie, d'une chaleur douce ou d'un froid piquant. Tant que le contact dure, j'éprouve dans cet organe une impression agréable ou douloureuse, qu'il n'est pas en mon pouvoir d'augmenter, de diminuer ni de suspendre en aucune manière... C'est à des sensations de ce genre que le tact serait borné, s'il n'était pas doué de mobilité [1].

Il en est de même des autres impressions purement passives du tact, par exemple, de la sensation de *pression*, si sur ma main immobile, posée elle-même sur une table, on place un poids très lourd ; de *traction*, si une force quelconque me tire dans un sens latéral ; de *poids*, si un corps lourd attaché à ma main m'entraîne vers la terre, etc.

Mais les sensations précédentes prennent le caractère de perceptions, comme nous l'avons vu plus haut (120), lorsqu'au lieu de subir passivement l'action des corps extérieurs, nous mettons nous-mêmes nos organes en mouvement, et particulièrement la main, pour toucher volontairement. Toutes les perceptions précédentes se démêlent les unes des autres, mais il y en a une principalement qui ressort entre toutes et qui paraît propre au toucher, comme la couleur à la vue : c'est la *résistance*.

La résistance des corps prend divers noms suivant les différents modes de résistance. La résistance à la compression s'appelle *dureté* (dont le contraire est la mollesse) ; la résistance à la séparation des parties s'appelle *ténacité*, dont le contraire est la *fluidité*. La résistance dans le sens de la hauteur s'appelle *pression* ; dans le sens de la profondeur, s'appelle *poids* ; dans le sens latéral, *traction*.

Si nous comparons le toucher passif et le toucher actif au point de vue de la notion de résistance, nous trouverons que ces deux facultés sont en quelque sorte l'interversion l'une de l'autre : dans le toucher passif, c'est le corps extérieur qui fait effort sur nous, et c'est nous qui résistons ; dans le toucher actif, c'est

---

[1]. Maine de Biran, *Mémoire sur l'habitude*. (Œuvres, t. I, p. 26.)

nous-mêmes qui faisons effort, et c'est le corps qui résiste. Seulement ce n'est que dans le toucher actif que les deux termes, effort et résistance, nous apparaissent clairement dans leur rapport et dans leur opposition : « L'effort, dit Maine de Biran, emporte nécessairement avec lui la perception d'un rapport entre l'être qui meut ou qui veut mouvoir et un *obstacle* quelconque qui s'oppose à son mouvement. »

Problème. — La perception de résistance appartient-elle proprement au toucher, comme on le dit généralement, ou bien, comme le veulent quelques philosophes, à la *faculté motrice* (Ad. Garnier), au *sens musculaire* (Alex. Bain), au *sens de l'effort* (Maine de Biran)? C'est une question des plus délicates, que nous laissons à l'examen. Contentons-nous de dire que le sens de l'effort est tellement mêlé à tous les autres, qu'il paraît plutôt en être la condition générale qu'un sens particulier et distinct.

123. **Perception de l'étendue.** — La perception de l'étendue a une si grande importance, que nous avons cru devoir la distinguer de toutes les autres pour en faire une étude à part. Rappelons d'abord ce que nous avons dit plus haut (73) : c'est qu'il n'y a pas de sensation directe de l'étendue; mais seulement une sensation médiate, en tant qu'elle est mêlée à la couleur, à la résistance, et peut-être à nos autres sensations. Demandons-nous maintenant quelle est la part de nos différents sens dans cette perception.

La vue. — Le sens qui paraît le plus certainement nous donner la notion d'étendue est la *vue*. Cependant, selon certains philosophes (D. Stewart, *Elements*, ch. vi, note P. — Bain, *Sens et Intelligence*, part. III, ch. i, v), la vue est incompétente pour nous donner cette notion : elle ne perçoit par elle-même que la couleur et la lumière; et c'est par l'effet de l'habitude que nous associons d'une manière inséparable ces deux qualités avec l'étendue, qui ne nous est connue elle-même que par le toucher :

La couleur, dit D. Stewart, désigne une sensation intérieure; l'étendue, une qualité d'un objet extérieur : il n'y a pas plus de liaison entre ces deux idées qu'entre celle de couleur et de solidité; cependant, comme la perception de l'étendue est toujours excitée lorsque la sensation de couleur nous affecte, il nous est impossible de penser à cette sensation sans y associer celle d'étendue.

Pour nous, au contraire, nous croyons que l'étendue ne peut

pas être séparée de la couleur. Qu'est-ce qu'une couleur inétendue ? Quelle idée pouvons-nous nous en faire ? Dire que l'étendue n'est pas une perception propre de la vue, c'est soutenir que la couleur elle-même n'est pas une perception de ce sens : car la sensation primitive que l'on appellerait couleur dans cette hypothèse n'aurait aucune analogie avec ce que nous appelons de ce nom. Ceux qui soutiennent que l'étendue est, pour la vue, une perception *acquise*, c'est-à-dire artificielle (124), doivent donc admettre la même chose pour la couleur elle-même, et dire que les perceptions propres de la vue nous sont totalement inconnues.

Sans doute, il peut très bien se faire, comme on l'a dit, que les sensations qui nous paraissent le plus évidemment primitives et simples ne soient encore que des sensations complexes dont les éléments nous échappent (125), et cela peut être vrai de la couleur elle-même : mais, dans la question débattue, il ne s'agit pas de cette origine anté-historique, anté-consciente de nos sensations. Il s'agit de ce que nous pouvons décomposer dans l'expérience actuelle : c'est ainsi, par exemple, que nous pouvons très bien séparer l'idée de distance de l'idée de son (puisque la ventriloquie nous donne l'illusion de l'une par les simples modifications de l'autre); nous le pouvons aussi pour la distance et la couleur, comme le prouvent les illusions de la perspective ; mais là où une décomposition pareille ne peut avoir lieu, c'est arbitrairement et hypothétiquement que nous séparons des choses qui sont inséparables, non seulement dans la réalité, mais même dans l'imagination.

Sans doute, il faut faire la part, dans les perceptions visuelles, des mouvements de l'œil. Mais il en est de même de toutes les perceptions (120).

Le mouvement de l'œil n'a d'autre effet que de lui permettre de nous donner très rapidement une succession de sensations visuelles, de manière à ce que cette succession paraisse simultanée, et en ce sens on peut dire que la perception d'étendue est en partie due à l'expérience : mais c'est à l'expérience d'un seul et même sens agissant dans sa sphère propre. Enfin, si restreint que puisse être le champ visuel de l'œil lorsqu'il est immobile, ce champ est toujours d'une certaine étendue.

Non seulement la vue, en percevant la couleur, perçoit l'étendue en général, mais encore elle perçoit la forme et la figure. En effet, la perception d'une surface colorée emporte avec soi la perception de ses limites (car on ne peut percevoir une couleur que dans son opposition avec une autre); or, percevoir la limite de la couleur, c'est percevoir la figure. Sans doute, l'œil a besoin d'éducation pour cela; mais comme tous les sens ont besoin d'éducation pour percevoir nettement leur objet propre. Par les mêmes raisons, on prouvera que la vue perçoit le déplacement des figures, par conséquent le mouvement.

Problème de Molineux. — Nous rencontrons ici la célèbre question connue sous le nom de *problème de Molineux* :

Supposez, dit Locke, un aveugle de naissance qui soit présentement homme fait, auquel on ait appris à distinguer, par l'attouchement, un cube d'un globe de même métal, et à peu près de la même grosseur, en sorte que, lorsqu'il touche l'un et l'autre, il puisse dire quel est le cube et quel est le globe. Supposez que le cube et le globe étant posés sur la table, cet aveugle vienne à jouir de la vue. On demande si, en les voyant sans toucher, il pourrait les discerner, et dire quel est le cube et quel est le globe.

Nous nous contenterons de signaler le problème, en rappelant que Locke l'a résolu négativement et Leibniz affirmativement. (*Essai sur l'entendement humain*, et *Nouveaux Essais*, liv. II, ch. ix, § 8.)

Problème de Cheselden. — Nous nous contenterons également de poser sous forme de problème la question de la perception de la distance par la vue.

D'après une expérience célèbre de Cheselden au xviii° siècle et plusieurs autres du même genre[1], l'aveugle opéré de la cataracte n'aurait d'abord aucune perception de la distance et du relief, en un mot de la troisième dimension des corps. Cette perception ne serait qu'une induction rapide, née de l'expérience et de l'habitude, par suite de l'association des données du toucher et de celles de la vue. La vue nous donne d'une part la lumière et ses divers degrés, les ombres et les jours, et leurs dégradations diverses; le toucher nous apprend que toutes ces nuances de lumière sont liées à tel degré de profondeur, à telle ou telle distance, à telle ou telle forme. En un mot, à l'aide des deux dimensions, nous jugeons de la troisième. Telle est la doctrine exposée pour la première fois par Berkeley dans son *Traité de la vision*, et que d'une part les expériences que nous

---

1. Voy. l'analyse de ces expériences dans Helmholtz (*Optique physiologique*, part. III, § 28, trad. fr., p. 749 et suiv.)

venons de citer, de l'autre les illusions de la perspective sembleraient confirmer.

Nous nous contenterons d'indiquer le problème en disant que pour notre part nous inclinons à croire, malgré les raisons signalées, que la troisième dimension est donnée par la vue aussi bien que les deux autres [1].

Le toucher. — La perception de résistance est-elle séparable de la notion d'étendue? pourrait-on percevoir l'une sans l'autre? Question presque impossible à résoudre, puisque la séparation n'existe jamais en fait. Ad. Garnier dit que nous sentons quelquefois la résistance ou le poids de nos propres membres sans percevoir leur étendue tangible. Mais c'est ce qui est en question. Nous ne nous représentons pas facilement ce que serait la résistance de nos membres, si cette résistance n'avait pas une certaine continuité (*continuatio resistentiæ*, disait Leibniz); or cette continuation, c'est l'étendue même. On peut à la rigueur admettre, avec Maine de Biran, l'organe du toucher réduit à un ongle aigu qui, rencontrant un plan solide, ne pourrait le toucher que par un seul point : on aurait ainsi une unité de résistance qui, quoique étendue réellement, pourrait, au point de vue de la conscience, passer pour indivisible. Ce serait une représentation sensible du point géométrique. Mais ces ingénieuses hypothèses ne sont pas celles de la réalité. L'organe du toucher étant étendu, la résistance est toujours étendue, et elle paraît aussi inséparable de cette qualité que la couleur nous l'a paru précédemment.

Cependant il s'est trouvé des philosophes pour soutenir que l'étendue n'est pas une perception propre du toucher, et qu'elle ne s'associe à celle du toucher que par habitude. Ainsi, ce que les uns ont retranché à la vue pour l'attribuer au toucher, d'autres l'ont retranché au toucher pour l'attribuer à la vue [2].

Mais contre cette opinion on peut faire valoir l'exemple des aveugles-nés, qui sont très capables de géométrie : or comment faire de la géométrie sans la notion d'espace et d'étendue? La no-

---

[1]. Voy., sur cette question, notre travail sur la *Perception visuelle de la distance* (*Revue philosophique*, janvier 1879). Notre opinion se fonde : 1° sur l'impossibilité de séparer la troisième dimension des deux autres; 2° sur la distinction de la *perception* et de l'*appréciation* de la distance. Autre chose est la *perception indéterminée*, autre chose est la *mesure distincte*. Par exemple, la conscience et la mémoire nous fournissent la perception du temps sans nous en fournir la mesure : cette mesure ne nous est donnée que par l'étendue et le mouvement qui sont l'objet de la perception sensible. Dira-t-on que la notion de durée nous vient du sens externe?

[2]. Roy-Régis, *Histoire naturelle de l'âme* (1789), p. 77, 98. Voy. aussi l'expérience de Platner, rapportée par Mill, *Examen d'Hamilton*, ch. XIII, trad. fr., p. 270.

tion d'étendue est donc aussi inséparable du toucher qu'elle l'est de la vue.

D'autres philosophes ont soutenu que la notion d'étendue n'est exclusivement propre ni à la vue, ni au toucher, mais qu'elle est commune à tous les sens [1].

Il faut reconnaître qu'il y a une certaine notion d'étendue mêlée à tous nos sens : cela est vrai; mais comme tous ces sens eux-mêmes sont plus ou moins unis au toucher, il est difficile de dire quelle est la part du toucher et quelle est la part des sens spéciaux dans cette perception. Ce qui est certain, c'est que cette notion y est des plus vagues et qu'elle ne comprend ni la figure (quelle est la figure d'une odeur, d'une saveur, d'un frisson, même d'un son?), ni le mouvement (car aucune de ces qualités ne se meut), etc.

Quant à la distance et à la direction, on peut sans doute en juger par le son et par l'odeur; mais seulement grâce à l'intensité des sensations : ainsi nous jugeons de l'éloignement d'un son qui nous est connu par l'affaiblissement de ce son, et réciproquement. Il en est de même pour l'odeur. On ne peut donc pas prouver par là que ces sens ont une perception propre de ces qualités. La direction, à la vérité n'est pas liée à l'intensité : car, à égale distance, un son à droite n'est ni plus fort, ni plus faible qu'un son à gauche : mais il est probable que le son agit, comme l'odeur, sur le toucher en même temps que sur l'ouïe : nous reconnaissons donc la direction du son du côté où nous nous sentons touchés.

Le sens musculaire. — Une nouvelle théorie sur la perception de l'étendue [2] consiste à ne l'attribuer à aucun sens en particulier, à la faire dériver de ce que l'on appelle le sens musculaire. Lorsque nos organes se meuvent, on admet qu'il se produit dans nos muscles une sensation spéciale qui est distincte de toute autre. Cette sensation ne représente pas encore le mouvement; car ce serait supposer ce qui est en question, à savoir, la représentation d'étendue. Elle n'est encore qu'une sensation musculaire : et comme le mouvement est une succession, tout mouvement est donc accompagné d'une succession de sensations musculaires. Si nous nous représentons maintenant les deux

---

[1]. C'est l'opinion d'Aristote : « Ce qu'il y a de commun pour tous les sens, c'est le mouvement, le repos, le nombre, la figure, la grandeur : car tout cela n'appartient en propre à aucun sens : ce sont des objets communs à tous. » (*De l'âme*, II, v.) La même opinion a été reprise récemment par plusieurs philosophes : Ém. Saisset (*Dict. des sc. physiques*, art. MATIÈRE); Hamilton (*Lectures*); Delbœuf (*Revue philosophique*).

[2]. Mill, *Examen d'Hamilton*, ch. XIII.

termes fixes d'un contenant vide, par exemple une boîte, nous voyons que les deux parois, dont la vue nous donne une perception simultanée, ne peuvent être touchées par la main qu'à la condition de traverser une série de sensations musculaires successives. C'est cette condition qui se traduit dans notre esprit sous la forme de mouvement; et le mouvement à son tour, accompli suivant les différentes directions, engendre la notion de l'étendue et ses diverses déterminations.

Nous ne pourrions discuter sans des développements disproportionnés ici une opinion aussi subtile. Contentons-nous de dire qu'elle vient échouer devant le fait fondamental signalé plus haut, à savoir, l'impossibilité de nous représenter une couleur séparée de l'étendue [1].

124. Perceptions naturelles et perceptions acquises. — Quelque part qu'on soit disposé à faire à l'expérience et à l'habitude dans nos perceptions, il faut reconnaître qu'il y a de certaines données naturelles sans lesquelles il n'y aurait pas de perception du tout. Réciproquement, quelque part qu'on fasse à la portée originelle de nos sens, il faut reconnaître qu'ils doivent beaucoup à l'expérience et à l'habitude. De là les *perceptions naturelles* et les *perceptions acquises*, distinction que Reid a rapprochée ingénieusement de la distinction entre le *langage naturel* et le *langage artificiel*. (*Recherches sur l'Ent.*, sect. XXIV, ch. VI, trad. fr., t. II, p. 341.)

Les perceptions *naturelles* ou primitives sont celles qui dérivent immédiatement de la nature de chaque sens, comme la couleur de la vue, le son de l'ouïe, la résistance du toucher.

Les perceptions *acquises* sont les perceptions dues à l'expérience. Elles sont de deux sortes : 1° les premières sont les perceptions primitives elles-mêmes en tant qu'elles sont perfectionnées et rendues plus distinctes par l'habitude et l'éducation : par exemple, on apprend à regarder, on apprend à entendre. Dans ce premier sens, toute perception est acquise, puisque toutes, nous l'avons vu, sont le résultat de l'attention et de l'effort per-

---

[1] M. A. Bain (*Sens et intelligence*, II. I, v. trad. fr., p. 332) est obligé de reconnaître que « si nous regardions une petite tache ronde (en supposant l'œil immobile) nous connaîtrions une *différence optique* qui la distingue d'une tache triangulaire ». Mais « il n'y aurait là, suivant lui, qu'une *distinction purement optique* : ce ne serait pas reconnaître une forme, parce que par forme nous n'avons jamais voulu dire si peu de chose qu'un changement de couleur ». Nous ne savons pas ce que c'est qu'*une distinction purement optique*, et nous ne comprenons pas comment on pourrait distinguer une tache ronde d'une tache triangulaire sans avoir par là même une perception de forme.

sonnel : ce qui est seul naturel et primitif, c'est la sensation.

2° Mais les perceptions d'habitude, auxquelles les Écossais donnent particulièrement le nom de perceptions acquises, sont des *inductions* plutôt que des perceptions : ce sont celles par lesquelles un sens juge de la présence d'une qualité ou d'un objet, par le moyen d'une qualité ou d'un phénomène qui lui servent de signes : par exemple, l'affaiblissement d'un son est le signe de l'éloignement, les nuances de la couleur sont les signes de la forme. C'est surtout l'étendue, la forme et la figure, la distance et la profondeur qui sont pour nous l'objet de ces sortes d'inductions : et c'est en se servant des signes qui y sont ordinairement joints que l'on peut nous tromper (ventriloquie, perspective, peinture, stéréoscope). Il ne faudrait pas en conclure que ces sens, même trompés, n'ont aucune perception naturelle de ce genre; mais seulement que la perception peut en être très vague et avoir besoin de signes pour arriver à des mesures précises et des formes distinctes : de là la possibilité d'être trompés.

125. Perceptions simples et perceptions complexes. — Les perceptions *complexes* sont celles qui se composent de plusieurs perceptions. Les perceptions *simples* sont celles qui ne peuvent être décomposées en d'autres perceptions plus simples. Par exemple, la perception du timbre, nous l'avons vu (122), implique la perception de deux notes différentes, l'une fondamentale, l'autre harmonique : c'est une perception complexe. De même la perception du vert se compose de celles du bleu et du jaune (Leibniz, *Nouveaux Essais*, liv. II, ch. II); l'on peut dire aussi que la perception de lumière blanche se compose de la réunion de toutes les couleurs. Leibniz concluait de ces faits que toutes les idées sensibles ne sont simples qu'en apparence, parce qu'étant confuses elles ne donnent point à l'esprit le moyen de distinguer ce qu'elles contiennent. (*Ibid.*)

Cette vue est juste métaphysiquement; mais, au point de vue de l'expérience, on ne doit appeler complexes que les perceptions qui par l'attention peuvent se décomposer pour la conscience elle-même; ainsi, pour le timbre, on peut en écoutant attentivement entendre, en effet, deux notes différentes; mais aucun effort d'attention ne nous fera distinguer dans la lumière blanche les sept couleurs, ni dans la sensation de vert le bleu et le jaune. Elles restent donc simples pour la conscience, quoique leur cause puisse être composée.

JANET, Philosophie.

126. Qualités premières et qualités secondes. — Une autre distinction importante dans l'histoire de la philosophie est celle des qualités premières et des qualités secondes de la matière.

Voici en quoi consiste cette théorie. Il y aurait dans les corps deux sortes de qualités. Les unes, que l'on appelle *premières*, nous sont connues directement comme distinctes de nous-mêmes : ce sont l'étendue, la forme, le mouvement, la solidité. Les autres, appelées qualités *secondes*, telles que le chaud, le froid, la couleur, le son, l'odeur, ne nous sont connues que par l'effet qu'elles produisent sur nous ; en elles-mêmes, elles nous sont absolument inconnues.

Voici les raisons sur lesquelles se fonderait cette distinction : 1° Les qualités premières sont essentielles à la matière ; car on ne peut concevoir un corps sans étendue et sans solidité, tandis qu'on peut le concevoir sans odeur, sans chaleur et même sans couleur. 2° Les qualités premières ne supposent pas les secondes, tandis que les secondes supposent les premières : il peut y avoir étendue sans couleur, mais non couleur sans étendue, solidité sans résistance, mais non résistance sans solidité. 3° Enfin les premières sont absolues ; elles existeraient encore lors même que nous ne serions pas ; les secondes sont relatives et subjectives, et supposent l'existence de l'âme qui les perçoit.

Des objections graves ont été élevées contre la théorie précédente. (Ad. Garnier, VI, IV, § 14.) Néanmoins nous croyons qu'elle doit subsister dans ses bases essentielles : car nous voyons la science travailler à ramener les unes aux autres, par exemple, la couleur, le son, etc., à l'étendue et à la force.

127. Perception du corps propre. — Nous percevons tous les autres corps par le moyen de nos organes : mais comment percevons-nous notre corps, dont ces organes font partie ? L'œil ne se voit pas lui-même. On a essayé de résoudre cette difficulté, nous l'avons vu, par la théorie de la *double sensation* (111). Lorsque parmi les corps nous en rencontrons un où ce qui touche éprouve une certaine sensation, et où ce qui est touché éprouve en même temps une autre sensation, nous appelons *nôtre* et nous nous attribuons comme notre instrument propre le corps qui se présente avec un caractère si particulier entre tous les autres. C'est certainement là un des moyens par lesquels nous connaissons notre propre corps : mais nous croyons que nous le connaissons encore autrement. Il y a à la fois une connaissance *subjective* et une connaissance *objective* du corps propre. Le moi se sent uni à un corps, c'est-à-dire à une étendue résistante qui lui est constamment opposée : ce terme résistant continu, auquel s'applique l'effort tendu qui constitue la vie, est le corps humain ; ce n'est que par ce corps que nous pouvons atteindre les autres corps : il faut donc que nous lui soyons liés tout d'abord, avant de passer aux autres[1].

128. Hiérarchie des sens. — Les sens peuvent être classés, soit au point de vue de l'*utilité*, soit au point de vue de la *dignité* et de la beauté. Au premier point de vue, il faudrait distinguer l'utilité organique et l'utilité intellectuelle. Au point de vue de l'utilité organique, il semble que le goût soit le plus utile des sens. Au point de vue des notions fournies, ce sont le tact et la vue qui sont au premier rang. Quant au point de vue de la beauté et de la dignité, la vue et l'ouïe reprennent l'avantage comme étant particulièrement des sens esthétiques et sociaux.

129. Erreurs des sens. — Un grand nombre d'observateurs se sont appliqués à signaler ce que l'on appelle les *erreurs des sens*, et en ont signalé les causes. La principale vient de l'intervention du jugement et du raisonnement dans la perception. Malebranche, Bonnet, Berkeley, Reid ont approfondi cette question. Le dernier de ces philosophes résume ainsi les causes diverses des erreurs des sens[2] :

1° Il ne faut pas appeler erreurs des sens les imperfections et les limites de leur témoignage : par exemple, si nos yeux sans instruments optiques ne voient pas les infiniment petits, c'est ignorance, ce n'est pas erreur. On ne peut dire que l'œil se trompe parce qu'il ne voit pas les rayons ultra-violets, mais seulement qu'il n'est pas organisé pour les voir : cela ne prouve pas qu'il ne voie pas les autres rayons.

2° On ne peut imputer à une faute de nos sens les fausses conclusions que nous tirons de leurs données. Par exemple, si un homme a été abusé par une pièce de fausse monnaie, il ne peut pas dire que ce sont ses sens qui l'ont trompé : car les sens ne sont pas chargés de distinguer ce que l'on appelle une vraie monnaie d'une fausse. Ils ne donnent que des signes : c'est à nous à les interpréter.

---

[1]. Voy., sur cette question, Louis Peisse, *Liberté de penser*, 1er juin 1848 ; Maine de Biran, *Fondements de la psychologie*, part. I, sect. II, ch. III. Biran distingue le sens de l'effort du sens vital.

[2]. Reid, *Œuvres*, trad. fr., t. IV, p. 35.

3° Beaucoup d'erreurs viennent encore de ce que nous confondons le mouvement relatif avec le mouvement absolu. La perception du mouvement absolu supposerait que nous connaissons dans l'espace un point fixe, par rapport auquel nous jugerions tous les autres mouvements. Mais il n'y a pas un seul objet de ce genre. Nos sens, ne connaissant pas de point fixe, ne peuvent nous donner la perception d'un mouvement absolu, et ne perçoivent que le mouvement relatif. Si nous en concluons le mouvement réel, c'est encore une faute du raisonnement, non des sens.

4° Le plus grand nombre de nos erreurs viennent de ce que l'on confond les perceptions avec des inductions nées de l'association : nous passons du signe à la chose signifiée. Telle est principalement la cause des erreurs de la vision. Dans la réalité, la solidité, la distance, le relief sont liés à certaines apparences colorées : si un peintre imite exactement ces apparences, sans que j'en sois averti, je porterai le même jugement que dans l'état ordinaire et je verrai un objet réel là où il n'y a qu'une image. L'erreur sera dans l'induction et non dans le témoignage du sens. Il faut ranger dans la même classe les faux jugements que nous portons sur la grandeur et la distance des corps célestes et sur celle des objets terrestres placés au sommet des montagnes, ou regardés à travers des verres optiques, etc.

5° Parmi les erreurs précédentes, c'est-à-dire les fausses inductions tirées des données des sens, la plupart ou du moins un très grand nombre viennent de l'ignorance des lois de la nature; et c'est surtout en optique que ce genre d'erreur est fréquent. Si donc l'ignorant vient appliquer aux cas qu'il ne connaît pas le jugement que l'expérience lui a fait porter le plus souvent, il se trompera. Par exemple, c'est une loi de la nature que la lumière, quand elle ne rencontre pas d'obstacles, nous vient en ligne droite, et que nous plaçons l'objet à l'extrémité du rayon lumineux : c'est ce qui arrive dans la presque totalité des cas usuels, et pour ce qui concerne les objets qui nous entourent : mais il peut arriver que les rayons, dans leur passage de l'objet à l'œil, soient réfléchis, infléchis, réfractés. Comme nous ne savons rien de l'angle fait par la lumière, nous continuons à juger par habitude que l'objet est placé à l'extrémité de la ligne droite qui se dirige sur notre œil, et nous nous trompons sur la position de l'objet. C'est ainsi que l'animal qui se voit dans une glace croit qu'il y a derrière la glace un animal semblable à lui : c'est ainsi que nous voyons le soleil à l'horizon quand il est au-dessous. Il en est de même de toutes les erreurs que nous commettons sur la grandeur, la figure, le mouvement ou le repos des objets.

La plupart des erreurs des sens étant des erreurs de la vue, on peut encore, avec Ad. Garnier, en rapporter la cause principale à la confusion de la *figure visible* et de la *figure tangible*. Comme nous percevons l'étendue et la figure au moins par deux sens, la vue et le toucher, nous voulons toujours faire cadrer les données de l'une avec les données de l'autre, et faire coïncider la figure visible avec la figure tangible. Ce n'est que l'expérience qui nous apprend peu à peu à séparer l'une de l'autre, à ne pas appliquer à l'une les lois de l'autre.

130. **Perception et hallucination.** — Il ne faut pas confondre avec les erreurs des sens le phénomène appelé *hallucination* (voy. plus haut, 95). Les erreurs des sens peuvent toujours être corrigées par l'attention, quand on est averti de la cause de l'erreur. Il n'en est pas de même de l'hallucination, qui est fatale et qui s'impose à nous comme la perception elle-même. Quelques auteurs ont tiré de ce fait la conséquence que l'hallucination est identique en essence à la perception, et ils ont défini celle-ci une *hallucination vraie*. (Taine, *de l'Intelligence*, part. II, liv. I, ch. I.)

L'erreur fondamentale de cette théorie est de prendre pour type entre deux phénomènes celui qui n'est que la répercussion de l'autre, le phénomène consécutif à la place du phénomène primordial.

L'hallucination, en effet, n'est autre chose qu'une *réminiscence* ou une combinaison de réminiscences dont les éléments sont empruntés à la perception extérieure. Ce qui le prouve d'une manière péremptoire, c'est qu'il n'y a pas d'exemple d'hallucination qui n'ait pas été précédée par l'expérience de la sensation correspondante. Pas d'hallucinations de la vue chez l'aveugle-né, pas d'hallucinations de l'ouïe chez les sourds-muets de naissance. En un mot il n'y a pas d'hallucination spontanée. Un malade dont parle M. Brière de Boismont (*des Hallucinations*), qui entendait des voix dans les diverses langues de l'Europe, qu'il parlait, « n'entendait pas distinctement celles qui étaient en langue russe, parce qu'il *ne parlait pas cette langue aussi facilement que les autres* ». Les hallucinés qui voient dans l'intérieur de leurs corps ne disent rien que de confus sur ces parties, à moins qu'elles ne leur soient connues. Sans doute on cite des exemples d'hallucination de la vue chez des aveugles, ou de l'ouïe chez les sourds-muets : mais ce sont des aveugles qui ont vu, des sourds qui ont entendu. Chez eux, l'hallucination n'est encore qu'une réminiscence. Si la perception extérieure consistait uniquement, comme dit M. Taine, dans l'événement intérieur et purement cérébral, dans l'image, en un mot, pourquoi cette image ne se produirait-elle pas d'elle-même? pourquoi a-t-elle besoin, pour la première fois, d'une excitation extérieure? La perception est un fait primaire, l'hallucination est un phénomène secondaire : voilà la vérité. Dire qu'il y a image dans les deux cas, c'est ne rien dire : car si le souvenir est la reproduction d'une perception antérieure, il doit lui ressembler : autrement ce ne serait pas un souvenir : la tête de mort imaginée ressemble à la tête de mort réelle, et réciproquement, autrement ce ne serait pas une tête de mort. Mais qu'est-ce que cela nous apprend, si ce n'est que l'imagination et la mémoire ne sont que des reproductions, ce que nous savons bien, puisque c'est cela même que l'on appelle imagination et mémoire. Toujours est-il que j'appellerai perception la *production* première des images, et que j'appellerai imagination (et dans certains cas hallucination) leur *reproduction*. Or, de même que l'écho s'explique par le son, et non le son par l'écho, de même nos facultés reproductrices doivent s'expliquer par nos facultés productrices, et non réciproquement [1].

---

[1]. Resterait à expliquer comment l'hallucination produit exactement le même effet que la perception. Voici l'hypothèse que nous proposons : tant que le mouvement cérébral, qui est la cause de l'image, reste renfermé dans le cerveau, il n'y a qu'image et conception mentale; mais si ce mouvement est assez fort pour y ébranler les nerfs des sens (par exemple le nerf optique), et retourner à l'organe externe, de façon que l'organe, à son tour excité, renvoie le mouvement aux nerfs, et par eux au cerveau, celui-ci, ébranlé comme il l'est d'ordinaire quand il reçoit une sensation, éprouvera une impression absolument identique. L'hallucination est donc une sorte de *choc en retour* : tant que l'intelligence n'est pas atteinte, c'est une illusion dont elle n'est pas dupe (95); mais un tel renversement des lois matérielles finit presque toujours par produire la folie; ce n'est donc plus qu'un cas particulier de cette maladie.

CHAPITRE IV

La mémoire et l'imagination créatrice.

I

MÉMOIRE.

De même que la sensation devient perception par l'attention que nous y appliquons, de même la mémoire sensitive devient mémoire intellectuelle par l'exercice actif qu'il nous est donné d'en faire. Se souvenir, c'est encore sentir : vouloir se souvenir et diriger ses souvenirs, c'est penser. On peut dire encore qu'avant l'usage de la réflexion, la mémoire se distingue à peine de l'imagination, et les *souvenirs* des *images*. C'est pourquoi nous rangeons la mémoire parmi les opérations intellectuelles.

131. Souvenirs et réminiscences. — Le souvenir se compose de deux éléments : 1° la *représentation* mentale des choses ou des personnes que nous avons antérieurement perçues; 2° l'acte de *reconnaître* ces choses et ces personnes comme ayant été antérieurement perçues par nous. De ces deux faits, le premier est commun à l'imagination et à la mémoire : il est la part de l'imagination dans la mémoire. Le second est le fait caractéristique et l'élément essentiel de cette seconde faculté.

De là la différence entre les *réminiscences* et les *souvenirs*. La réminiscence n'est qu'un demi-souvenir, un souvenir inconscient. On connaît l'anecdote de Fontenelle, qui, écoutant un poète lui lire des vers de sa façon, ôtait de temps en temps son chapeau. « Que faites-vous, lui dit l'autre ? — Je salue au passage de vieilles connaissances, » répondit Fontenelle. Celui-ci avait des souvenirs, et l'autre des réminiscences.

La mémoire se distingue, d'une part, de la perception extérieure, de l'autre, de l'imagination.

132. La perception extérieure et la mémoire. — La première différence de la perception et du souvenir, c'est que l'une nous représente les objets comme *actuels* et *présents*, l'autre comme *absents* et *passés*.

En outre, dans la perception, nous ne pouvons, à notre gré, faire apparaître ou disparaître l'objet. Si je suis, par exemple, en face du palais du Louvre, avec les yeux ouverts, il m'est impossible de ne pas le voir. Sans doute, je puis m'éloigner, je puis fermer les yeux, je puis en un mot changer les conditions de la sensation ; mais ces conditions étant données, l'objet m'apparaît nécessairement. Au contraire, étant à Paris, je puis penser à Saint-Pierre de Rome, remplacer cette image par celle du Niagara, ou par toute autre. Cette liberté de l'imagination et de la mémoire, qui manque entièrement à la perception, les distingue l'une et l'autre très nettement de celle-ci. Aristote a connu ce fait et l'a résumé avec sa précision habituelle : « L'imagination, dit-il, ne dépend que de nous et de notre volonté, et l'on peut s'en mettre l'objet devant les yeux, comme font ceux qui traduisent les choses en signes mnémoniques. » (*De l'Ame*, III, vii.)

133. Différence de la mémoire et de l'imagination. — Nous venons de distinguer la mémoire de la perception : distinguons-la maintenant de l'imagination. Toutes deux nous présentent des tableaux ; mais l'imagination peut librement en modifier ou déplacer les parties, tandis que la mémoire ne peut rien changer au tableau qu'elle met sous nos yeux. Par exemple, si je pense à un palais fictif, je puis, si je le veux, supposer un toit en or, des cheminées en marbre, des portes d'albâtre, etc. : je puis le supposer grec, gothique ou égyptien. Mais si je pense au Louvre, je ne puis le voir que tel qu'il est, avec les trois ordres superposés, et les cariatides de Jean Goujon. L'*enchaînement nécessaire* des images, voilà donc ce qui distingue les souvenirs des pures fictions.

On a essayé de ramener les différences précédentes à une simple différence de vivacité dans les impressions. Une impression très vive serait la sensation actuelle ou perception ; la même impression affaiblie serait le souvenir ; plus faible encore, ce serait l'image ou conception, sans le souvenir[1]. Ce système a été très bien réfuté par Reid : « Qu'un homme se frappe violemment la tête contre un mur, il recevra une impression.

---

[1] Voy sur cette question Ad. Garnier, *Facultés de l'âme*, liv. VI, ch. VI, § 1.

Mais n'a-t-il pas la faculté de répéter cette impression avec moins de force ? Oui, sans doute ; en frappant plus doucement, de manière à ne point se blesser. Ne peut-il point répéter cette impression en l'affaiblissant encore ? Oui, sans doute, il suffit qu'il touche sans frapper. Dans la définition de Hume, la première impression serait une sensation, la seconde un souvenir, la troisième une image, tandis qu'en réalité ce sont trois degrés d'une même sensation. »

134. Souvenirs spontanés ; souvenirs volontaires. — Nous avons dit que les *souvenirs* ont cela de commun avec les *fictions*, d'être aux ordres de la volonté, tandis que nos sensations en présence des objets ne le sont pas. Il ne faudrait pas en conclure que tous nos souvenirs fussent l'œuvre de la liberté. On en distingue avec raison de deux sortes : les souvenirs *spontanés*, qui s'offrent d'eux-mêmes à notre esprit, sans que nous y pensions et sans que nous les cherchions, et les souvenirs *volontaires*, qui sont cherchés et trouvés par l'esprit lui-même. Mais les premiers, sans être évoqués par la volonté, sont toujours sous sa dépendance, et on peut les faire disparaître pour les remplacer par d'autres. A la vérité, cela n'est pas toujours facile, et il est des souvenirs qui nous obsèdent en quelque sorte, et qui résistent à tous les efforts faits pour les écarter ; mais cela n'a lieu d'ordinaire que lorsqu'ils sont mêlés à quelque passion : c'est alors la passion qui cause le souvenir, et la difficulté de vaincre le souvenir se confond avec la difficulté de vaincre la passion.

Au reste, le fait même de la spontanéité des souvenirs nous fournit un nouveau caractère pour distinguer l'image ou le souvenir de la sensation. Car jamais il n'arrive que, lorsque nous sommes en présence d'un objet immobile, un autre se présente spontanément à nous sans que nous ayons fait quelque effort ou quelque mouvement pour nous porter vers ce nouvel objet. Ainsi, jamais, étant dans une rue, nous ne voyons apparaître les maisons d'une rue voisine sans nous y être portés nous-mêmes ; tandis que, sans changer de place, le souvenir de Rome peut succéder spontanément dans notre esprit à celui de Londres ou de Madrid, si nous avons visité ces différentes villes.

135. La mémoire est-elle une perception immédiate du passé ? — Suivant Reid, la perception du passé est un fait primitif inexplicable, qui ne peut être ramené à aucun autre. Nous avons la perception immédiate du passé comme nous avons la perception immédiate du présent. « La mémoire est toujours accompagnée de la croyance à l'existence passée de la chose rappelée, comme la perception l'est toujours de la croyance à l'existence actuelle de la chose que nous percevons. » — « La mémoire est une faculté primitive dont l'auteur de notre être nous a doués, et dont nous ne pouvons donner d'autre raison, sinon qu'il lui a plu de la faire entrer comme élément dans notre constitution. » — « La connaissance du passé que nous devons à la mémoire me paraît aussi difficile à expliquer que le serait la conséquence intuitive de l'avenir; pourquoi avons-nous l'une et pas l'autre? La seule réponse que je sache à cette question, c'est que le législateur suprême l'a ainsi ordonné [1]. »

Royer-Collard a rectifié et complété la doctrine de Reid, sans en changer le fond, en faisant observer que l'objet de la mémoire n'est pas la chose même qui a été antérieurement perçue, mais seulement la perception de cette chose : « A proprement parler, dit-il, nous ne nous souvenons que des opérations et des états divers de notre esprit, parce que nous ne nous souvenons de rien qui n'ait été l'intuition immédiate de la conscience... Cette assertion paraît contredire le sens commun, selon lequel on n'hésite point à dire : *Je me souviens de telle personne;* mais la contradiction n'est qu'apparente. *Je me souviens de telle personne* veut dire : *Je me souviens d'avoir vu telle personne*... La vision de la personne est donc l'objet commun de la conscience et de la mémoire; pour celle-ci, la vision est l'objet immédiat, la personne, l'objet médiat : car les sens sont les seules facultés dont elle puisse être l'objet immédiat [2]. »

La théorie de Royer-Collard peut donc se résumer en ces termes : Nous ne nous souvenons que de nous-mêmes. L'objet de la mémoire, pour le moi, c'est le moi lui-même dans le passé. Mais, même avec cette correction, la théorie de Reid subsiste. La mémoire est toujours une perception immédiate; seulement, au lieu d'être la perception immédiate de l'objet passé, elle est la perception immédiate d'une perception antérieure de cet objet. La chose ou la personne dont nous nous souvenons, est l'objet médiat de notre souvenir : mais le moi lui-même, en tant qu'il a perçu antérieurement cette personne ou cette chose, en est l'objet immédiat.

---

1. *Œuvres* de Reid, t. IV, *Essai* III, ch. I et II.
2. *Ibid.*, t. IV; *Fragments* de Royer-Collard, p. 357 et 398.

Cependant un autre philosophe écossais, Hamilton, a nié absolument que la mémoire fût une vue immédiate, soit du moi dans le passé, soit des objets eux-mêmes. La raison qu'il en donne, c'est que le passé n'existe pas, et que ce qui n'existe pas ne peut pas être un objet de perception : « Une connaissance immédiate du passé, dit-il, est une contradiction dans les termes... Pour être connu immédiatement, un objet doit être connu en lui-même ; pour être connu en lui-même, il doit être connu comme actuel, maintenant existant, présent : or l'objet de la mémoire est passé ; il ne peut donc pas être connu en lui-même [1]. »

Cette objection repose sur une pétition de principe. Hamilton pose en axiome « qu'une connaissance présente ne peut connaître immédiatement qu'un objet présent ». Or, c'est ce qui est en question. Celui qui affirme que la connaissance du passé est une faculté immédiate, affirme par cela même que l'on peut connaître immédiatement un objet passé en tant que passé. On ne peut donc pas poser en principe l'affirmation contraire sans la démontrer. Hamilton dit qu'un objet immédiat de connaissance doit être connu en lui-même, c'est-à-dire « comme présent ». Mais que signifie *en lui-même*? Est-ce donc dans sa substance intime, dans son essence? La perception extérieure elle-même ne connaît pas les objets ainsi. *En lui-même* signifie l'objet lui-même, et non tel autre ; ma maison, et non celle de mon voisin. Or, en ce sens, l'objet de la mémoire, quoique passé, ne se confond pas avec un autre, et peut par conséquent être connu en lui-même. Enfin, si en lui-même ne signifie pas autre chose que « actuel et présent », comme l'auteur le dit, c'est encore une pétition de principe : car c'est ce qui est en question. L'objection d'Hamilton peut valoir à la rigueur contre la théorie de Reid, mais elle ne vaut pas contre celle de Royer-Collard; car celui-ci accorde bien que l'objet passé n'est que médiatement perçu dans le souvenir ; cela ne prouve pas que la mémoire n'ait pas un objet immédiat, à savoir, la perception antérieure de la chose, en d'autres termes le moi lui-même, en tant qu'ayant perçu antérieurement tel objet. La mémoire n'est que la conscience continuée : c'est la perception du moi passé, comme celle-ci est la perception du moi présent. L'une est aussi immédiate que l'autre.

136. Conditions de la mémoire. — Les conditions de la mé-

---

[1]. Hamilton, *Fragments*, art. REID ET BROWN, trad. fr., p. 75.

moire sont de deux sortes : 1° les unes sont les conditions de son *existence*, celles sans lesquelles la mémoire serait impossible, sans lesquelles elle ne serait même pas ; 2° les autres sont les conditions de son *exercice*, de son développement. Les unes sont en quelque sorte antérieures à la mémoire, elles sont supposées par elle : les autres sont contemporaines de la mémoire et la supposent. Les unes sont métaphysiques, les autres sont empiriques.

Nous conserverons aux premières le nom de *conditions*, et nous donnerons aux autres le nom de *lois*.

Il y a deux conditions fondamentales : 1° la première, c'est qu'il se soit écoulé un certain *temps* entre la perception primitive et la perception renouvelée ; 2° la seconde, c'est que ce soit le *même* être qui ait éprouvé d'abord la première perception. La propriété d'être le même est ce que l'on appelle l'*identité*. Or, comme le moi, nous le verrons plus tard, est ce qu'on appelle une *personne*, l'identité du moi est donc l'*identité personnelle*.

Cette identité, ou, comme l'appelle Biran, « le durable de notre existence, » est la base de la mémoire et n'en est pas l'effet. Locke commet donc un cercle vicieux, lorsqu'il dit que notre identité se fonde sur la mémoire [1]. Cette erreur de Locke vient d'une confusion entre l'identité du moi et la *notion* de cette identité.

Notion d'identité. — Pour être capable de se souvenir, il faut que l'âme soit identique ; mais pour *savoir* qu'elle est identique, il faut qu'elle se souvienne. Ainsi l'identité, comme propriété de l'être, est la condition de la mémoire ; mais la mémoire à son tour est la condition de la notion d'identité.

La notion d'identité est donc due à la mémoire, comme la notion d'unité est due à la conscience.

Notion de durée. — Même observation pour la durée. La durée du moi est une condition du souvenir ; mais c'est par le souvenir que nous connaissons la durée du moi, c'est-à-dire sa permanence. En même temps que la mémoire nous donne le permanent de notre être, elle nous en fait connaître aussi les changements : or le changement de l'être dans le temps est ce qu'on appelle *succession*. Nous devons donc aussi à la mémoire la notion de succession.

137. Conscience et mémoire. — Nous avons déjà (113)

---

[1]. Voy. Locke, *Essai sur l'entendement humain*, liv. II, ch. XXVII, et, pour la réfutation de cette opinion Reid, *Essai* III, ch. VI.

attribué à la conscience la notion de la continuité et de la permanence du moi : y aurait-il donc contradiction ou confusion d'emploi dans les deux facultés? Non ; mais c'est qu'il est impossible de parler de la conscience sans y mêler implicitement la mémoire : car, théoriquement parlant, la conscience n'a lieu que dans le moment présent ; mais ce moment est imperceptible, insaisissable ; et pour avoir conscience de soi, il faut au moins pouvoir se comparer dans deux moments différents. Au fond, la mémoire ne se distingue pas de la conscience ; elle est la *conscience continuée*.

138. Lois de la mémoire. — Nous appelons lois de la mémoire les principes qui président à la reproduction des souvenirs. On peut les ramener à quatre principaux : 1° la vivacité de l'impression première ; 2° l'attention ; 3° la répétition ; 4° l'association des idées.

1° Tout le monde sait qu'une impression très vive, n'eût-elle eu lieu qu'une fois, a beaucoup plus de chances de rester fixée dans l'esprit et de se reproduire, qu'une sensation faible et banale répétée mille fois. Un enfant, même dans un très bas âge, qui aura assisté à un incendie, à une scène de meurtre, ne l'oubliera de sa vie. Tout le monde a des souvenirs semblables qui tiennent à ce que l'impression première a été accompagnée d'un vif intérêt : par exemple, on se souvient de la première fois qu'on a été au spectacle, de sa première arrivée au collège, etc.

2° L'attention est encore, on le sait, une cause très active pour la mémoire. Un peintre qui regarde attentivement son modèle peut le reproduire de mémoire. Un acteur doué d'une mémoire heureuse pourra reproduire des vers entendus une seule fois, pourvu qu'il les ait entendus avec attention. Les écoliers savent parfaitement que l'attention est une condition nécessaire pour retenir ce que le professeur a dit et pour apprendre par cœur.

3° Mais l'attention ne suffit pas toujours. Il faut y joindre la répétition. Les sensations non répétées disparaissent les unes après les autres :

> Tout le monde sait, dit M. Taine[1], que l'on oublie beaucoup de mots d'une langue lorsqu'on cesse plusieurs années de la lire ou de la parler. Il en est de même d'un air qu'on ne chante plus, d'une pièce de vers qu'on ne récite plus, d'un pays qu'on a quitté depuis longtemps... Tous les jours, nous perdons quelques-uns de nos souvenirs, les trois quarts de ceux de la veille, puis d'autres

---

1. Taine, *de l'Intelligence*, part. I, liv. II, ch. II.

parmi les survivants de la semaine précédente, puis d'autres parmi les survivants de l'autre mois, en sorte que bientôt un mois, une année, ne se retrouvent plus représentés dans notre mémoire que par quelques images saillantes destinées elles-mêmes à disparaître.

Réciproquement, la répétition est un excitant de souvenirs. Tout le monde le sait assez sans qu'il soit nécessaire d'insister. L'écolier qui apprend par cœur, le pianiste qui fait des exercices, l'acteur qui repasse son rôle, sont des preuves vivantes et connues de la même vérité.

Cependant il peut arriver, dit Taine, que la multiplicité même des images et leur répétition banale soit pour elle une cause d'effacement.

Un homme qui, ayant parcouru une allée de peupliers, veut se représenter un peuplier, ou qui, ayant regardé une grande basse-cour, veut se représenter une poule, éprouve un grand embarras. Les différents souvenirs se *recouvrent*. Les différences qui distinguaient les deux cents peupliers ou les cent cinquante poules s'effacent l'une l'autre : il garde une image bien plus exacte et plus intacte, s'il a vu un seul peuplier debout dans une prairie ou une seule poule juchée sur un hangar.

Le fait est exact; mais il se ramène facilement aux lois précédentes. D'une part, ce qui est rare nous saisit plus (1re loi) et de l'autre provoque plus notre attention (2e loi) que ce qui est banal : or, quand il n'y a qu'un seul individu, c'est à lui que nous faisons attention; c'est lui comme individu qui fait impression sur nos sens; tandis que, quand il y en a un grand nombre, nous ne faisons attention à aucun en particulier.

4° Enfin la loi la plus importante de la mémoire est celle de l'association des idées. Mais comme nous l'avons déjà étudiée, nous n'avons qu'à renvoyer à ce qui a été dit plus haut (81). Remarquons seulement que cette loi s'exerce d'abord spontanément, puis, qu'après l'avoir remarquée nous nous en servons volontairement pour provoquer le souvenir : c'est ce qui a lieu dans le phénomène de l'oubli [1].

139. **Oubli.** — L'oubli, en effet, suppose la mémoire, et sans souvenir il n'y aurait pas même d'oubli. Saint Augustin a analysé ce mélange de la mémoire et de l'oubli :

Que se passe-t-il, dit-il, lorsque la mémoire elle-même perd quelque chose, par exemple lorsque nous oublions et que nous faisons nos efforts pour nous ressouvenir ? Où cherchons-nous cette chose perdue, si ce n'est dans la mémoire même ? Et s'il s'en présente une autre que celle que nous cherchons, nous la rejetons jusqu'à ce que paraisse la chose même que nous cherchons ; et lorsqu'elle paraît, nous disons :

---

[1]. Voy., sur les lois de la mémoire, Ch. Bonnet, *Essai sur les Facultés de l'âme;* — Taine, *de l'Intelligence*, t. I, liv. II, ch. II, 133 ; — Herbert Spencer, *Principes de psychologie*, liv. II, ch. v.

la voilà. Ce que nous ne dirions pas si nous ne la reconnaissions. Et comment pourrions-nous la reconnaître si nous ne nous en souvenions? Nous l'avions certainement oubliée ; mais elle n'avait pas péri tout entière, et nous nous servons de la partie qui nous en restait pour trouver l'autre partie.

140. Amnésie et hypermnésie. — On nomme en physiologie *amnésie*[1] la perte de la mémoire, et quelquefois aussi *hypermnésie* la surexcitation exceptionnelle de la mémoire sous l'influence de certaines causes maladives.

Dans l'état normal, chacun de nous a plus ou moins de mémoire, selon qu'il a reçu de la nature une dose plus ou moins grande de cette faculté, ou qu'il l'a plus ou moins cultivée. Le phénomène de l'oubli est un fait normal, qui a pour cause l'inattention, la légèreté, la distraction, la préoccupation. En général aussi, la mémoire s'affaiblit avec l'âge : et c'est encore là un fait que l'on peut appeler normal, puisqu'il est dans l'ordre des choses que les fonctions et les facultés s'usent en vieillissant.

Mais lorsque l'oubli, au lieu d'être accidentel et proportionné à l'affaiblissement progressif des forces physiques, vient à envahir tout ou partie de l'intelligence, ce qui arrive généralement sous l'influence des maladies du cerveau, ce fait constitue une sorte de trouble mental que l'on appelle *amnésie* et dont les médecins distinguent plusieurs espèces : 1° La perte de mémoire *rétroactive*. Par exemple, lorsqu'un malade a oublié non seulement son accès, et tout ce qui s'est passé pendant cet accès, mais tout ce qui a précédé pendant un temps plus ou moins long, quelques heures, quelques jours, et même jusqu'à quelques années en arrière. 2° Le *dédoublement* de la mémoire. Tout le monde sait qu'on ne se souvient pas toujours de tous ses rêves : c'est, en particulier, un trait caractéristique du somnambulisme, d'oublier absolument tout ce que l'on a fait pendant l'accès. Mais ces souvenirs, qui disparaissent dans l'état normal ou de veille, peuvent reparaître dans un nouvel accès; de telle sorte que le somnambule se souvient de ses états de somnambulisme sans se souvenir de ses états de veille, et réciproquement, ce qui lui constitue une mémoire double. Il peut même arriver que l'un et l'autre état se produise en dehors même du sommeil et constitue deux *veilles* distinctes, deux *existences* distinctes. C'est ce qu'on appelle le dédoublement du moi, ou de la personnalité, fait dont nous avons déjà parlé (114). 3° La perte de mémoire *partielle*. Les uns perdent la mémoire des nombres; les

---

1. Voy. Jules Fabret, *Dictionnaire encyclopédique des sciences médicales*, art. AMNÉSIE.

autres celle des figures, des événements anciens ou récents, enfin celle des noms propres, même du leur [1]. Mais c'est surtout dans l'*amnésie* du langage ou *aphasie* que l'on rencontre les phénomènes les plus extraordinaires : les uns ont perdu tous les substantifs ; les autres, les verbes et les pronoms. Quelques-uns ne retiennent d'un mot que la première lettre, et se servent d'un vocabulaire alphabétique pour retrouver le mot qu'ils ont perdu. Les uns peuvent encore écrire, et ne peuvent plus lire ; les autres, réciproquement, etc.

Quant à l'*hypermnésie*, on en cite des exemples extraordinaires, que l'on trouvera dans les livres de médecine [2].

141. Diverses espèces de mémoire. — Unité de la mémoire. — Quelque curieux que soient ces phénomènes d'amnésie partielle, ils ne sont cependant que l'exagération morbide d'un fait normal bien connu : c'est qu'il y a diverses espèces de mémoire, et que les hommes ne sont pas tous également bien organisés pour se rappeler les mêmes choses. Les uns ont une mémoire particulière des noms propres. On cite à ce sujet l'exemple de Mithridate, qui connaissait les noms, dit-on, de tous ses soldats. Les autres ont la mémoire des mots. Le duc de Fezensac, qui a laissé des *Souvenirs* intéressants, pouvait réciter un chant de Virgile à rebours. M. Villemain a laissé des souvenirs de mémoire prodigieuse, au dire de ceux qui l'ont connu particulièrement. Cette mémoire des mots n'est pas toujours jointe, comme dans les cas précédents, à une intelligence supérieure. Elle est même indépendante de l'intelligence : car on a vu des personnes réciter des morceaux dans des langues qu'elles ne connaissaient pas. Les très jeunes enfants apprennent par cœur très facilement des choses qu'ils ne comprennent pas du tout. Indépendamment de la mémoire des *mots*, nécessaire à l'acteur, à l'orateur, au grammairien, des *noms propres*, nécessaire au maître, à l'administrateur, il y a encore la mémoire des *dates* et des *événements*, nécessaire à l'historien, la mémoire des *formes*, au peintre et au dessinateur, la mémoire des *lieux*, nécessaire au topographe, au militaire, etc.

Cette diversité spécifique des mémoires a donné lieu de supposer au docteur Gall et à son école, dite *phrénologique*, que la

---

[1]. On cite une personne qui arrêtait les passants dans la rue pour leur demander : « Pouvez-vous me dire comment je m'appelle ? Pouvez-vous me dire où je demeure ? »

[2]. Hamilton cite un cas remarquable (*Lectures*, 18). Il est rapporté par Mervoyer, *Association des idées*, p. 333.

mémoire n'est pas, comme le pensent la plupart des philosophes, une faculté simple et primitive, mais plutôt un mode de nos facultés perceptives, lesquelles seules seraient des facultés élémentaires et primordiales. Ainsi, par exemple, nous avons cinq sens, qui seraient, selon eux, cinq facultés distinctes et essentielles : et chaque sens aurait sa mémoire. De même, il y aurait une faculté des nombres, une faculté des lieux (orientation, topographie), une faculté de percevoir les événements (éventualité); et chacune de ces facultés aurait sa mémoire propre.

L'inconvénient de cette théorie est de multiplier outre mesure le nombre des facultés élémentaires; car, si l'on admet autant de facultés primitives qu'il y a de mémoires spéciales, il faudra admettre une faculté des noms propres, une faculté des dates, et même une faculté des substantifs ou des adjectifs, puisque nous avons vu que ces sortes d'objets peuvent disparaître, indépendamment les uns des autres. Il faudrait admettre autant de facultés qu'il y a de classes d'objets dans la nature. Toutes les espèces de mémoire, au contraire, ont un trait commun et essentiel, qui est d'être la reproduction du passé. N'est-ce pas une raison suffisante pour ne voir là qu'une seule opération de l'esprit?

On pourrait cependant donner un sens plausible à l'opinion des phrénologues. S'il est vrai, comme on l'a dit, que la conscience elle-même n'est pas une faculté spéciale, mais qu'elle est seulement le mode fondamental et la forme générale de tous les actes intellectuels; si on admet, dis-je, cette opinion d'Hamilton (108) on pourra en dire autant de la mémoire, qui est la continuation de la conscience : elle serait donc, au même titre que la conscience et par la même raison, un mode général de l'intelligence.

Reste à expliquer la diversité des mémoires, dans l'hypothèse de l'unité de mémoire. Cette diversité s'explique, selon nous, par le plus ou moins de plaisir que nous causent les objets de nos sensations, et par l'exercice et l'habitude. Par exemple, celui qui a le don de la couleur prend plaisir à voir des couleurs, et par conséquent est plus apte à les rappeler et à les reproduire; en outre, il y fait plus d'attention, et une attention plus répétée : de là (138) une plus grande facilité à retenir ces objets. Je ne nie point d'ailleurs une certaine aptitude originelle. Par exemple, celui qui aura l'oreille juste sera particulièrement apte à saisir et à retenir une série de sons musicaux ou une suite de vers. Quant aux pertes partielles de mémoire si étranges que l'on constate dans l'aphasie, elles ont sans doute leur explication physiologique; mais elle est ignorée. On croit bien savoir qu'il y a une portion spéciale du cerveau[1] affectée à la faculté du langage; mais pourquoi les substantifs disparaissent-ils plutôt que les adjectifs? Pourquoi perdre la faculté de lire sans celle d'écrire, et réciproquement? C'est ce qu'on ne sait en aucune manière. M. Gratiolet suppose qu'on perd le souvenir des mots dans l'ordre même où on les a acquis; mais c'est une hypothèse sans preuve.

142. **Mémoire intellectuelle.** — Nous avons dit que la mémoire est par elle-même une faculté intellectuelle, puisqu'elle ne peut avoir lieu que par la réflexion, et que se souvenir sans savoir qu'on se souvient, c'est à peine se souvenir. Mais on peut distinguer dans un sens plus particulier une *mémoire intellectuelle*, en entendant par là une mémoire des choses intelligibles et non sensibles; et dans ce sens la mémoire se confond presque avec l'intelligence tout entière, du moins avec l'intelligence acquise, car elle est toute composée de souvenirs. Saint Augustin a décrit admirablement la mémoire intellectuelle dans les pages suivantes :

Ce ne sont pas là les seuls objets que puisse contenir l'immense capacité de la mémoire. J'y peux retrouver encore toutes les connaissances que j'ai acquises dans les sciences et que j'ai oubliées : mais elles sont retirées dans un lieu plus secret, ou même elles ne sont en aucun lieu; et ce ne sont pas de simples images, mais les choses elles-mêmes que je porte en moi... La mémoire contient encore tous les rapports des nombres et des dimensions et leurs innombrables combinaisons, qui n'ont jamais pu faire impression sur les sens. Sans doute les mots qui les expriment ne sont que des sons, mais ces mots ne sont pas les choses elles-mêmes : car ces mots sont autres en grec et latin, tandis que ces vérités ne sont ni grecques ni latines. (*Confessions*, liv. X, ch. IX et XII.)

Saint Augustin conclut qu'il faut admettre pour vraie cette maxime de Platon : « Apprendre, c'est se ressouvenir. » En effet :

Apprendre les choses dont nous ne recevons pas les images par les sens, mais que nous contemplons intérieurement sans image, ce n'est pas autre chose que rassembler par la pensée et observer avec attention ce que la mémoire contenait déjà en chaos et en désordre. Et combien de choses de ce genre la mémoire ne contient-elle pas, déjà trouvées?.. Que si je laisse passer quelque temps avant de les rappeler, elles vont s'enfoncer et se perdre dans des abîmes cachés, au point qu'il faut les découvrir de nouveau ! (*Ibid.*, ch. XI.)

Mémoire du cœur. — Il y a aussi une mémoire du sentiment.

Les diverses émotions de mon cœur ont aussi leur place dans la mémoire, car je me souviens de m'être réjoui, sans être gai à l'heure qu'il est; et le souvenir de

---

[1]. Troisième circonvolution de l'hémisphère gauche.

ma tristesse passée me revient, quoique je ne sois plus triste ; et je me ressouviens de mes passions passées sans ressentir présentement aucune passion. (*Ibid.*, ch. XIII.)

Non seulement nous pouvons nous souvenir de nos affections passées, mais le sentiment lui-même, pour se conserver, a besoin du souvenir : « Le cœur le plus affectueux perdrait sa tendresse s'il ne s'en souvenait plus. » (Chateaubriand, *Mém. d'outre-tombe*).

143. Qualités de la mémoire. — On ramène généralement à trois les qualités principales d'une bonne mémoire : la *facilité*, la *promptitude* et la *ténacité*. La facilité consiste à apprendre vite ; la promptitude à retrouver à propos ; la ténacité à conserver longtemps.

144. Perfectionnement de la mémoire. — Des lois qui président à l'exercice de la mémoire (138), il est facile de déduire des règles qui doivent servir au développement de cette faculté.

C'est en frappant les sens et l'imagination, en provoquant l'attention, en employant la répétition et l'association des idées qu'on perfectionnera en soi-même ou chez les autres l'usage de cette faculté.

Contentons-nous de dire qu'il y a deux sortes de mémoire : la mémoire *matérielle* ou *automatique*, et la mémoire *raisonnée* ou *philosophique*. Il ne faut pas négliger la première, et il est permis de s'en servir ; mais le véritable objet doit être de former et de cultiver la seconde.

Tout le monde sait que la mémoire, par suite de la répétition constante, devient de plus en plus *automatique*, c'est-à-dire qu'elle se déroule spontanément et sans aucun effort d'attention. C'est une observation juste d'Herbert Spencer [1], que la mémoire, lorsqu'elle est devenue absolument automatique, perd le nom de mémoire et s'appelle habitude. Ainsi la lecture, la marche, la danse, la gymnastique, l'escrime, l'exercice militaire, arts très compliqués qui ont demandé à l'origine de grands efforts de mémoire, ne sont plus bientôt que des faits d'habitude, non de mémoire ; et cette tendance se remarque surtout dans la mémoire *verbale*, c'est-à-dire, dans la mémoire des *mots*, qui est favorisée par toute espèce d'ordre mécanique, par exemple, l'*ordre alphabétique*, le *rythme*, la *consonance* ou la *rime*. Les signes visuels ont la même vertu : par exemple, les tableaux *synoptiques*, les *acco*-

---

[1]. *Principes de psychologie*, part. IV, ch. VI.

lades, les *titres* et *sous-titres* (de là les diverses écritures, *ronde*, *bâtarde*, etc).

Cette facilité qu'ont les signes visibles ou auditifs de se lier entre eux et de se lier aux idées, a suggéré souvent la pensée de s'en servir pour introduire plus facilement et conserver plus longtemps dans la mémoire les longues séries d'idées. De là l'art appelé *mnémotechnie*, ou art de la *mémoire artificielle*, qui consiste à aider la mémoire des idées par la mémoire de signes sensibles; c'est à cet art que se rapporte l'usage des vers *techniques*[1], si souvent employés dans l'ancienne école, et qui est peu à peu tombé en désuétude. A la mémoire artificielle se rattache ce que les anciens appelaient la mémoire *topique* ou *locale*[2], qui consistait en ce que les orateurs, pour conserver le souvenir des différentes parties de leur discours, les rattachaient dans leur imagination aux différentes parties du lieu où ils devaient parler. Nous ne nous rendons pas bien compte aujourd'hui de l'utilité de cet artifice, mais il devait avoir sa raison d'être.

Sans méconnaître l'utilité de la mémoire artificielle, fondée sur l'automatisme, nous pensons, avec Dug. Stewart, que le vrai moyen de cultiver et de perfectionner la mémoire, c'est l'ordre et l'arrangement philosophique des idées.

II

IMAGINATION CRÉATRICE.

Toutes nos facultés, nous le savons, sont soumises à un double développement et revêtent successivement deux formes (99). D'abord, elles se développent spontanément, par une force instinctive qui ne dépend nullement de l'activité humaine. C'est ce qui est vrai de l'imagination comme des autres facultés : nous voyons passer et se succéder dans notre esprit une infinité d'images, accumulées pêle-mêle, qui paraissent et disparaissent devant nos yeux sans que nous ayons la volonté ni même le temps de les appeler ou de les rejeter : c'est ce qui a lieu, nous l'avons vu, dans la rêverie,

---

[1] D. Stewart (t. I, sect. VI, ch. VII) cite un ouvrage de M. Grey intitulé : *Memoria technica*.

[2] Cicéron, *de Oratore*, liv. II, ch. LXXXVII, LXXXVIII.

dans le rêve, dans la folie. Mais bientôt nous apprenons à gouverner notre imagination comme notre mémoire, et le rappel des idées se fait de la même manière, soit que notre but soit la connaissance du passé, ou simplement la contemplation de l'objet. C'est par cet empire exercé par la volonté sur l'imagination qu'elle va devenir productrice et créatrice.

145. Imagination destructive. — Ici cependant encore un autre intermédiaire doit être signalé. L'imagination, en effet, ne peut combiner et associer des images nouvelles que si elle a eu préalablement la puissance de désassocier des images déjà formées. Si, en effet, je ne pouvais reproduire mes souvenirs que tels qu'ils se présentent à moi, l'imagination ne se distinguerait jamais de la mémoire, et jamais je ne pourrais inventer d'autres édifices que ceux que j'ai vus, d'autres personnages que ceux que j'ai connus, d'autres événements que ceux par lesquels j'a passé. C'est ce qui arrive, par exemple, à ceux qui veulent composer sans avoir d'imagination : ils ne font que ressusciter leurs souvenirs ; mais ils sont incapables de créer des fictions[1]. Pour pouvoir former quelque chose de nouveau, il faut avoir décomposé et brisé déjà les moules de la réalité : et ainsi l'imagination *destructive* est la condition de l'imagination *constructive* et créatrice.

Cette destruction, cette dissolution des images réelles se fait d'abord d'une manière déréglée par l'imagination *automatique* (80) ; les diverses parties d'un tout, d'un paysage, se séparent et vont se combiner au hasard avec d'autres éléments empruntés à d'autres tableaux : ainsi des traits du visage, des événements de la vie : de là, des tableaux incohérents, semblables aux songes d'un malade. C'est le mode d'imagination que Horace peint dans les premiers vers de l'*Art poétique* : « *Humano capiti...* » C'est la faculté qui règne sans contrepoids dans le rêve et qui, même dans la veille, traverse sans cesse de ses images inattendues et discordantes le cours régulier de nos pensées.

Mais cette imagination désassociante n'est pas nécessairement incohérente et absurde ; elle a déjà par elle-même un vague instinct d'ordre et de combinaison tant que l'esprit est éveillé et en possession de lui-même. En effet, elle tend à ne reproduire des

---

[1] Même alors cependant il peut y avoir imagination. Par exemple, Saint-Simon met de l'imagination dans le portrait des hommes qu'il a connus ; Retz en met dans la peinture des scènes qu'il a vues : l'imagination n'est alors que la faculté d'être affecté vivement par les choses ; c'est évidemment une des portions de cette faculté, mais ce n'est pas la faculté tout entière.

objets que les traits qui nous ont frappés, par conséquent les plus saillants et les plus vifs. Ainsi, l'imagination, toute seule et par ses lois propres, obéit déjà à la loi de l'imagination idéale, qui est de choisir et de ne saisir dans tous les objets que le côté par où ils sont émouvants et intéressants. Instinctivement, des visages que nous avons connus nous ne retenons que le souvenir des plus beaux, des plus aimables, des plus spirituels; des paysages que nous avons vus, nous ne nous rappelons que les plus gracieux ou les plus terribles. Qui a pu voir la mer sans s'en souvenir? Et au contraire, que de pays plats, maussades, monotones avons-nous traversés sans qu'il nous en reste aucune trace!

Ainsi le choix que la critique et l'esthétique recommandent aux artistes, l'imagination le fait toute seule et d'elle-même : elle fait un triage dans la mémoire, ôte tout ce qui est superflu, et ne conserve que l'essentiel, le fort, le vivant : et c'est là que s'alimentent nos goûts, nos affections, nos passions.

146. Imagination constructive ou créatrice. — Maintenant ces traits choisis et distingués que l'imagination recueille et extrait au hasard dans les perceptions de la réalité, un degré de plus dans l'imagination consiste à les rassembler, à les combiner, à en former des constructions nouvelles : c'est ce qu'on appelle des *fictions;* et l'imagination, quand elle est arrivée à ce point, prend le nom d'imagination *constructive, créatrice*. Non seulement l'imagination invente en combinant des sensations antérieures : mais elle devine d'avance une sensation que l'on n'a pas encore vue : c'est ce qu'on a appelé la *préconception*.

« J'ai entendu Sparheim, dit Ad. Garnier, parler dans ses cours de certains artistes en mosaïque, qui, entre deux pierres paraissant présenter les tons les plus voisins, concevaient un ton intermédiaire et finissaient par trouver la pierre qui répondait à leur conception. » — « Les peuples de l'Allemagne, à l'audition d'un chant, trouvent les tons harmoniques, et donnent spontanément, sans audition antérieure, le dessus ou la basse qui convient... Les sourds-muets se balancent en mesure; ils conçoivent donc un rythme qu'ils n'ont pas entendu[1]. »

Aussitôt qu'il y a combinaison ou préconception d'images, à quelque degré que ce soit, ne fût-ce que pour amuser l'esprit, il y a déjà imagination créatrice. Les jeux des enfants, qui font preuve de tant d'invention en se distribuant les rôles dans une action

---

[1]. Ad. Garnier, *Psychologie et phrénologie comparées*, ch. III, p. 202, 203, 207.

fictive, sont les premiers produits de l'imagination créatrice : les châteaux en Espagne, quand nous les formons avec intention et volonté, les contes et les fables des premiers âges de l'humanité, les mythes, les légendes, les personnages fabuleux, les créations de la mythologie, les féeries, les contes de revenants, les *Mille et une nuits*, les inventions de Dorante dans le *Menteur* de Corneille, en un mot tout ce qui nous transporte du réel dans l'idéal, fût-ce dans un idéal enfantin, creux, sans pensée, est œuvre de l'imagination créatrice.

Mais le dernier degré et le plus élevé de l'imagination, celui qui prend alors le nom de génie, consiste à s'unir à l'entendement, et à n'employer les symboles, les figures, les images, que pour exprimer des idées, à limiter et coordonner ses souvenirs en les liant dans une unité supérieure. L'union de l'intelligible et du sensible dans une forme précise, tel est le suprême effort de l'imagination : ce n'est plus un nuage flottant, une fantasmagorie d'images, un torrent de couleurs ou de sons : c'est un objet déterminé : c'est une statue, un tableau, un édifice, un chant, un poème, un discours éloquent. La nature fournit la couleur; le marbre, la ligne; le son, la parole : l'imagination y ajoute le sentiment et la pensée. De tous ces éléments combinés, elle forme un tout qui n'existait pas jusque-là, un corps qui prend vie entre ses mains. Quand elle a trouvé cette combinaison heureuse qui s'appelle le beau, les hommes admirent et tressaillent. Leur pensée, leur âme, leur sens, tout est occupé, ému, entraîné : s'ils sont rassemblés, leur joie éclate par des transports, des applaudissements : quelquefois l'émotion leur tire des larmes; et comme saint Augustin à la lecture du IVe chant de l'*Énéide*, ils se demandent comment il se fait que les pleurs soient si doux.

147. Imagination et entendement. — L'imagination ainsi entendue se compose de deux éléments : 1° l'imagination proprement dite ou mémoire, imagination qui n'est que la répercussion des sens; 2° l'entendement ou faculté de concevoir l'universel et le général, et de ramener la multiplicité à l'unité. C'est cette faculté supérieure qui, en maîtrisant et subordonnant l'autre, en fait une source d'invention au lieu d'un miroir passif et changeant sans cesse sous l'influence des choses externes.

<small>Si nous cherchons de quelle manière cette cause qui est nous-mêmes fait ce qu'elle fait, nous trouvons que son action consiste dans la détermination par la pensée d'un ordre ou d'une fin à laquelle concourent et s'ajoutent des puissances</small>

inconnues qu'enveloppe, latentes, notre complexe individualité. Nous nous proposons tel objet, telle idée ou telle expression d'une idée : des profondeurs de la mémoire sort aussitôt tout ce qui peut y servir des trésors qu'elle contient. Nous voulons tel mouvement, et sous l'influence médiatrice de l'imagination, qui traduit en quelque sorte dans le langage de la sensibilité les dictées de l'intelligence, du fond de notre être émergent des mouvements élémentaires, dont le mouvement voulu est le terme et l'accomplissement. Ainsi arrivaient à l'appel d'un chant, suivant la fable antique, et s'arrangeaient comme d'eux-mêmes en murailles et en tours, de dociles matériaux. (Ravaisson, *Phil. du* xix° *siècle*, p. 244.)

C'est donc par la portion d'entendement qu'elle contient que l'imagination devient *créatrice*. On entend souvent ce mot dans un sens purement métaphorique. L'imagination, dit-on, *combine*, mais ne *crée* pas : elle emprunte en effet les matériaux à la nature et ne fait que les associer diversement. — Sans doute l'imagination ne crée pas la matière de ses combinaisons : mais est-ce dans cette matière que consiste leur être et toute leur beauté! Dans un chant musical, les matériaux sont les notes : mais ces notes servent à tous les chants, et l'unité du chant, son individualité est dans l'ordre auquel les notes sont assujetties et qui diversifie les mélodies. C'est donc cet ordre qui seul est le chant et qui est tout entier produit par le musicien; il n'y en a pas de modèle dans la nature : car personne n'imaginera que ce soit en combinant le chant du rossignol avec le chant de la fauvette qu'un musicien trouvera le *Stabat* ou la sérénade de *Don Juan*. Les autres artistes empruntent davantage à la réalité, mais leur œuvre n'en est pas moins créatrice. Molière a créé Alceste, et Shakespeare, Hamlet. Où l'un et l'autre avaient-ils vu ces types? Nulle part, ou du moins nulle part tout entiers. C'est le poète qui leur a donné la vie, et ils vivent dans notre imagination comme des personnages historiques. Où était Saint-Pierre de Rome avant Michel-Ange? Il l'a fait jaillir de sa pensée; et quoiqu'on ait mille fois rappelé le mythe de Jupiter tirant Minerve de sa cervelle, cette métamorphose banale n'est que l'expression vive et exacte de la vérité. En un mot, dans la création artistique l'âme n'a pas seulement des pensées, elle les *fait*.

148. Rôles divers de l'imagination créatrice. — L'imagination étant ainsi définie et caractérisée comme *faculté inventive*, il y aura imagination partout où il y aura invention. Ainsi on distinguera une *imagination scientifique* et une *imagination esthétique*. Le savant qui sait trouver de belles hypothèses, comme les *Tourbillons* (Descartes), ou qui inventera d'ingénieuses expériences (comme le pendule de Foucault), sera doué d'imagination.

Il y aura de l'imagination dans la vie, dans la guerre, dans le commerce, dans la politique. Napoléon avait comme capitaine la plus puissante et la plus féconde imagination. Law, comme financier, avait une réelle imagination. On voit par ces exemples que l'imagination ne tombe pas toujours juste, et qu'elle est aussi bien *maîtresse d'erreur que de vérité* (Pascal); mais elle n'en est pas moins le principe de l'action et du progrès parmi les hommes.

Il y a même de l'imagination en morale et dans la pratique de la vertu. Les grands hommes sont ceux qui ont inventé de grandes et belles manières d'interpréter et d'appliquer les lois connues. On doit se dévouer pour sa patrie : voilà une loi générale et abstraite qui suffit *à priori*. C'est aux hommes à en trouver l'application. Par exemple aucune loi ne peut dire d'avance : Tu mettras ta main dans un réchaud ardent et tu la laisseras brûler, afin que l'ennemi sache quels hommes il a à combattre. C'est Mucius Scévola qui a inventé cette manière particulière de prouver son courage et son dévouement. Personne ne pouvait ni prévoir, ni prescrire une telle action, pas plus qu'une belle image de Virgile. « Aime ton prochain comme toi-même, » dit la loi : saint Vincent de Paul ouvre un asile aux enfants trouvés, l'abbé de l'Épée[1] invente d'instruire les sourds-muets; ce sont des applications diverses d'un principe parfaitement connu. Tels sont les exemples de l'imagination morale.

Il est inutile d'insister sur la part de l'imagination dans le bonheur ou le malheur de la vie. On trouvera sur cette question, qui touche plus à la morale qu'à la psychologie, des développements dans tous les livres qui traitent de l'imagination[2].

---

1. L'abbé de l'Épée n'est pas le premier qui ait inventé d'instruire les sourds-muets, mais j'ai dû choisir le nom le plus populaire.

2. Voy. sur l'imagination : *Phantasiologie*, par le marquis de Fenquières (Oxford, 1760); *Lettres sur l'imagination*, par Meister (Paris, 1806); *de l'Imagination*, par Michau, Paris, 1877. — Sur la question dernière que nous indiquons ici, voy. D. Stewart, *Éléments de philosophie* : de l'Esprit humain (t. I, sect. IV, ch. VIII), et notre livre sur *la Philosophie du bonheur*, ch. II.

CHAPITRE V

L'abstraction et la généralisation.

Les trois opérations précédentes (la perception, la mémoire et l'imagination), ne sont au fond que des opérations sensitives qui deviennent intellectuelles, soit par l'activité de l'esprit qui s'y applique, soit par l'intervention de l'entendement. Nous avons maintenant à étudier l'entendement lui-même.

149. Les images et les idées. — Les représentations des objets qui sont fournies par les facultés sensitives s'appellent des *images*. Les représentations qui naissent de l'entendement s'appellent *idées* ou *concepts*.

La différence signalée par Kant entre les *images* et les *concepts*, c'est que les *images* ou les *sensations* dont elles dérivent s'appliquent immédiatement aux objets, tandis que les *concepts* ou *idées* ne s'appliquent aux objets que par l'intermédiaire des images. Par exemple, la sensation de vert s'applique immédiatement à l'objet qui m'a donné cette sensation; tandis que l'idée abstraite de couleur ne s'applique qu'à mes sensations, qui elles seules s'appliquent directement à l'objet. Ainsi l'idée d'homme ne représente aucun objet réel, mais autant de perceptions particulières que je puis en avoir des hommes individuels. Les concepts ou idées sont donc, comme s'exprime Kant, des *représentations* de *représentations*. (*Crit. de la Raison pure*, Analytique des concepts, liv. I, sect. I, ch. I.)

Ces concepts sont ce que nous appelons des idées *abstraites* et *générales*.

Outre ces idées, nous attribuons encore à l'entendement un autre ordre d'idées qui s'appliquent immédiatement à des objets immatériels et intellectuels (tels que âme, Dieu). Celles-ci ne sont plus des concepts généraux tirés des particuliers : ce sont des représentations immédiates du spirituel.

150. La conception. — On appelle *conception* l'opération de l'esprit qui consiste à se représenter des *idées*. On l'oppose à l'imagination, qui ne nous donne que des *images*. « Il y a de grandes différences, dit Bossuet, entre imaginer le triangle, et entendre (concevoir) le triangle. Imaginer le triangle, c'est s'en représenter un d'une mesure déterminée, avec une certaine grandeur; au lieu que l'entendre, c'est en connaître la nature, et savoir en général que c'est une figure à trois côtés, sans déterminer aucune grandeur ni proportion. » Descartes montre aussi que l'entendement peut concevoir nettement ce que l'imagination ne peut représenter. Par exemple, je ne puis imaginer un chiliogone; et cependant j'en ai une idée claire et distincte, puisque j'en puis démontrer certainement plusieurs propriétés.

Problème. — La conception est-elle, comme on le disait autrefois dans l'école, une simple représentation de l'objet, *mera representatio objecti*, sans aucun mélange d'affirmation? Ou bien, au contraire, faut-il dire que toute conception contient déjà en elle-même l'affirmation de son objet? Cette seconde opinion a été soutenue par Spinosa (*Éthique*, II, prop. XIX) et par D. Stewart (*Elements*, t. I, ch. III).

151. Entendement discursif et intuitif. — Puisque nous pouvons concevoir deux sortes de choses, les choses abstraites et générales et les choses immatérielles, il y aura donc deux formes de l'entendement : l'entendement *discursif*, qui a pour objet l'abstrait et le général, et l'entendement *intuitif*, qui a pour objet l'immatériel. Or il y a deux sortes d'objets immatériels qui nous sont donnés: le *moi* et l'*absolu*. L'entendement, en tant qu'il connaît le *moi*, s'appelle la *conscience*, et en tant qu'il connaît l'absolu, la *raison*.

En outre, l'entendement intuitif perçoit les *principes* ou *vérités immédiates*, et l'entendement discursif, les vérités *dérivées*: c'est la différence de la raison et du raisonnement.

Commençons par l'étude de l'entendement discursif, c'est-à-dire par la formation des idées abstraites et générales.

ABSTRACTION.

152. Définition. — L'abstraction n'est qu'un cas particulier de l'attention. En effet, l'attention n'est autre chose que la faculté d'appliquer son intelligence à certains objets ou à certaines parties des objets, en négligeant les autres : par là même, l'attention décompose l'ensemble confus des choses : elle considère séparément ce qui est uni dans la réalité; elle fait donc toujours et nécessairement des *abstractions*.

Cependant il ne faut pas trop étendre le sens du mot abstraction : autrement il n'y aurait pas une opération de l'esprit qui ne fût abstraction. C'est là une extension abusive du mot. Ainsi, considérer l'individu hors de la société, l'âme sans le corps, une partie du corps sans une autre, c'est, dit-on, faire des abstractions, parce que tout cela est uni dans la réalité, et que tout est lié à tout. Cela est vrai à la rigueur; mais ce que l'on appelle proprement abstraction est une opération différente : elle ne consiste pas seulement à séparer ce qui est uni, mais ce qui est *inséparable*. Ainsi, l'individu peut être séparé de la société, par exemple, Robinson dans une île déserte. L'âme peut être séparée du corps. La tête est liée au corps, mais elle peut en être séparée par un coup de hache, etc. Au contraire, la ligne ne peut être séparée de la surface, le point de la ligne, la longueur de la largeur, etc.; dans l'âme, l'unité est inséparable de l'identité; les attributs sont inséparables du moi; la conscience l'est de toutes les autres opérations, etc. Ce sont là les vraies abstractions.

En conséquence, l'abstraction est l'opération qui consiste à séparer dans l'esprit ce qui est inséparable dans la réalité.

153. L'abstrait et le concret. — Le concret est ce qui existe réellement; l'abstrait n'existe que dans la pensée. Le concret est complexe; il est *donné* dans l'expérience avec tous ses éléments; l'abstrait est simple, il est *construit* par l'esprit. Le concret est ce qu'il est : nous ne pouvons pas le changer. L'abstrait est une création plus ou moins libre de notre esprit : il n'a de limite que le contradictoire.

154. Abstractions individuelles. — On a souvent confondu l'abstraction avec la généralisation; c'est une erreur, et il peut y avoir des *abstractions individuelles*. Reid et Hamilton ont déjà soutenu cette opinion [1] : « Rien ne m'empêche, dit Reid, de faire attention à la blancheur d'une feuille de papier qui est devant moi; et la blancheur de cet objet individuel est une conception abstraite, mais n'est point une conception générale. » Un exemple plus frappant d'abstraction individuelle, c'est un

---

1. Mill, *Examen d'Hamilton*, ch. XIII, fait honneur à Hamilton de cette opinion; mais celui-ci ne fait que reproduire le passage de Reid (*Œuvres*, trad. fr., t. IV, p. 415) en changeant l'exemple.

portrait au crayon : l'objet est bien un individu, puisque c'est un portrait, et cependant c'est une abstraction; car le dessinateur est bien obligé de distinguer la couleur de la figure. Quand je cherche la place d'une table dans mon cabinet, il est évident que je me préoccupe de la forme seule sans penser à la couleur; et cependant c'est à telle table que je pense, et non à la table en général.

155. Clarté des idées abstraites. — Laromiguière a dit avec raison que, contrairement à l'opinion vulgaire, les idées abstraites sont les plus claires et les plus faciles de toutes, parce qu'elles sont les plus simples; mais il faut distinguer la clarté des sens et la clarté de l'esprit. Pour les sens, rien de plus clair que les phénomènes complexes de la nature, qu'ils sont habitués à voir. Un corps brûle, parce qu'il a été allumé, et on l'éteint en jetant de l'eau : rien de plus simple. L'air est nécessaire à la vie : cela est évident. Mais ce n'est là qu'une clarté apparente : car, au fond, qu'est-ce que la combustion? Qu'est-ce que la respiration? Les sens sont absolument incapables de nous l'apprendre. On n'a expliqué ces phénomènes que lorsqu'on a pu séparer les différents éléments qui les composent, c'est-à-dire faire des abstractions.

Au contraire, rien de plus clair pour l'esprit que les notions de nombre, d'étendue, de figure, de ligne, etc., parce que ce sont des idées très simples, dégagées de tous les éléments qui les compliquent dans la réalité. Aussi les sciences qui traitent de ces notions sont les plus claires de toutes, pourvu qu'on soit capable de l'effort d'attention qu'elles exigent : car s'il est vrai qu'au point de vue intellectuel rien de plus facile que l'abstrait et le simple, il est vrai aussi que rien n'est plus pénible au point de vue de la nature, les hommes étant habitués à lier leurs idées à des signes sensibles et matériels. Les sciences purement abstraites sont donc plus faciles en soi, et plus pénibles en même temps au point de vue de l'habitude des hommes : les sciences de la nature sont plus difficiles en soi, mais plus faciles, en ce sens qu'elles font un plus grand usage de l'imagination et des sens.

156. Usage pratique de l'abstraction. — Beaucoup d'erreurs, dit Laromiguière, viennent du défaut d'abstraction.

Je suppose, dit-il, une personne dont l'opinion politique soit portée jusqu'à l'intolérance; on me passera la supposition. Cette personne est attaquée d'une maladie grave; elle demande un médecin, et on lui en nomme un très habile : « Monsieur un tel ? on sait comment il pense. — Eh ! madame ! qu'importent ses opinions ? Songez à guérir. — Ne me parlez pas de cet homme : c'est un extravagant, un ignorant. » La voilà, par un entêtement aveugle, incapable de faire la plus légère abstraction, de distinguer le médecin du politique.

Maître Jacques, dans Molière, est beaucoup meilleur métaphysicien. « Est-ce à votre cocher, Monsieur, ou à votre cuisinier que vous voulez parler ? — Au cuisinier. — Attendez donc, s'il vous plaît. » Il ôte sa casaque et paraît vêtu en cuisinier. Harpagon veut ensuite qu'on nettoie son carrosse : maître Jacques reparaît en cocher.

Voulez-vous une belle abstraction ? C'est le mot de Louis XII : *Le roi de France ne venge pas les injures du duc d'Orléans* [1].

GÉNÉRALISATION

157. Des noms généraux. — Toutes les grammaires nous enseignent qu'il y a deux sortes de noms : les noms *propres* et les noms *communs*. Les premiers désignent tel ou tel objet, telle ou telle personne, et ne conviennent qu'à cet objet ou à cette personne. *Paris* ne désigne qu'une seule ville, *César* ne désigne qu'un seul homme. Les animaux eux-mêmes ont des noms propres. Tel chien s'appelle *Médor* ; tel autre, *Diane*. Il y a des animaux historiques : le *Bucéphale* d'Alexandre. Il y en a de fictifs : la *Rossinante* de Don Quichotte.

Les noms *communs* sont ceux qui peuvent s'appliquer à un grand nombre d'objets ou de personnes. *Cheval* ne se dit pas seulement de Bucéphale, mais de tous les chevaux ; *homme* ne se dit pas seulement de Pierre ou de Paul, mais de tous les hommes. Il en est de même de tous les autres mots, sans exception, les substantifs seuls pouvant désigner des choses particulières.

Comme les mots sont faits pour désigner des idées (autrement ils ne serviraient à rien), on est convenu d'appeler idées *individuelles* ou *singulières* celles auxquelles correspondent les noms propres, et idées *générales* les idées qui correspondent aux noms communs.

La plus simple réflexion nous apprend que l'emploi des noms communs est infiniment plus fréquent que celui des noms propres. Ouvrez un livre quelconque (à moins que ce ne soit un livre de géographie ou d'histoire), vous trouverez que le nombre des noms communs l'emporte considérablement sur celui des noms propres. Chacun aussi peut observer dans la conversation le même fait. Il verra combien peu de noms propres il

---

[1] *Leçons de philosophie*, part. II, leçon XI.

emploie dans une journée, en proportion des noms généraux.

Comment expliquer ce fait[1]? Il semble au premier abord que le contraire devrait avoir lieu. Tout, en effet, dans la nature est individuel; nous ne voyons autour de nous que des individus, des choses particulières. Un arbre est toujours tel arbre, la couleur que je vois est telle couleur, le son est tel son : chacune de nos sensations a lieu dans un moment donné, dans un lieu donné; elle a tel degré précis d'intensité; elle est toujours telle ou telle. Et cependant, dans la langue, c'est tout autre chose; à peine avons-nous quelques noms propres pour désigner nos amis, nos parents; et ces noms propres eux-mêmes (*prénoms, noms de famille*) sont presque des noms communs, puisqu'ils s'appliquent à plusieurs individus. Ainsi, d'une part, la nature ne nous fournit que des individus; de l'autre, la langue ne contient guère que des noms communs. D'où vient cette contradiction?

1° D'abord, il eût été impossible à la mémoire de l'homme, quelque riche qu'elle fût, de donner un nom individuel à tous les objets qui existent dans la nature, à tous les arbres, à toutes les feuilles, à tous les grains de sable, enfin à tous les êtres innombrables qui couvrent la surface de la terre. L'esprit même ne pourrait se faire une idée de tous ces objets désignés par des noms individuels.

2° A quoi servirait une pareille prodigalité de noms propres? Le langage n'a d'autre but que de représenter par des signes les objets absents. Or ce serait manquer entièrement ce but que de composer nos vocabulaires de mots individuels, car ces mots ne pourraient réveiller le souvenir que pour ceux qui connaissent l'objet lui-même[2]. Par les mots généraux, au contraire, je puis faire penser aux autres les objets qu'ils ne connaissent pas, en les réunissant sous un même nom avec ceux qu'ils connaissent.

3° Une troisième raison, c'est que, sans termes généraux, c'est-à-dire sans notions générales, non seulement il serait presque impossible aux hommes de communiquer leurs pensées, mais il leur serait même impossible de penser : car penser, c'est généraliser. Tant que je suis absorbé par un objet individuel, sans même remarquer qu'il est individuel (ce qui impliquerait l'idée du général), on ne peut pas dire que je *pense*, mais seule-

---

[1] Voy. une discussion toute semblable dans l'*Hermes*, de Harris (traduit par Thurot, messidor an IX), liv. III, ch. III. Cet auteur dit que c'est à peine si les « noms propres doivent être considérés comme faisant partie de la langue »

[2] « Il serait impossible de parler s'il n'avait que des noms propres et point d'appellatifs. » (Leibniz, *Nouveaux Essais*, liv. III, ch. I.)

ment que je *sens*. C'est lorsque j'ai remarqué que tel objet ressemble à tel autre, et que je les ai fait rentrer l'un et l'autre dans une même classe (par exemple, celle de fleur), c'est alors seulement qu'a lieu ce qu'on appelle pensée. Ainsi toute pensée, même la pensée la plus vulgaire, est générale; à plus forte raison, la pensée la plus élevée, c'est-à-dire la pensée scientifique, la science.

4° En effet, l'objet véritable de la connaissance humaine, l'objet de la science, c'est d'atteindre les lois générales et universelles des choses : *Il n'y a pas de science du particulier*, est un axiome de la philosophie antique. L'une des grandes supériorités de l'homme sur l'animal, c'est de pouvoir traverser le particulier et l'individuel et de s'élever jusqu'au général et à l'universel. Dans une expérience de physique et de chimie, qu'est-ce qui nous intéresse? Ce n'est pas apparemment la chute de telle pierre, ni l'apparition de telle étincelle électrique : c'est la chute des corps, la loi générale de la pesanteur, la loi de l'électricité.

158. **Des idées générales.** — Examinons d'un peu plus près ce que c'est qu'une idée générale.

Toutes les choses de la nature ont un double caractère qui nous permet de les percevoir et de les penser. Elles sont à la fois *semblables* et *différentes*. En quoi consiste ce double caractère? Qu'est-ce que la *similitude* et la *différence*? Ces deux mots ne peuvent pas être définis; car nous ne pourrions le faire qu'à l'aide d'autres mots qui signifieraient la même chose[1].

Une idée générale est une idée qui, s'appliquant à un nombre indéterminé d'objets et retenant ce qu'ils ont de semblable, abstraction faite de ce qu'ils ont de différent, ramène la multitude de ces objets à l'unité :

1° Nous disons que le nombre des objets que peut comprendre une idée générale est indéterminé : c'est en effet là un des caractères essentiels de ce genre d'idées : car aussitôt que le nombre des objets est déterminé, ce n'est plus une idée générale, mais une idée *collective*. *Mille* n'est pas une idée générale, c'est un certain nombre. Mais un genre quelconque ne détermine en rien le nombre des individus qu'il peut comprendre : ce nombre peut croître à l'infini, comme il peut aussi se réduire à un seul

---

1. Cependant, M. Herb. Spencer a essayé d'expliquer d'une manière ingénieuse la notion du *semblable* et du *différent*. (*Principes de psychologie*, part. VI, ch. XXIV, trad. fr., t. II, p. 203.)

individu. Ainsi, il n'y a eu qu'un *phénix* et cependant c'est là un type général qui ne se confond avec aucun autre[1].

2° L'idée générale a pour fonction de ramener la multitude à l'unité. Tous les hommes sont rangés sous une seule et même idée, l'idée d'homme; tous les triangles sous l'idée de triangle. Platon avait admirablement saisi ce caractère essentiel de l'idée générale, et il y revient très souvent dans ses dialogues. « Nous avons coutume, dit-il, de poser *une* idée distincte pour chacune des *multitudes* auxquelles nous donnons le même nom. » Kant, dit également que la fonction de l'entendement dans la généralisation consiste à *ordonner différentes représentations et en faire une représentation commune*[2].

159. Formation des idées générales. —Demandons-nous maintenant comment se forment les idées générales. Logiquement, puisqu'elles retiennent le semblable à l'exclusion du différent, elles devraient résulter d'une double opération : 1° de la *comparaison* qui remarque les ressemblances; 2° de l'*abstraction* qui supprime les différences.

En réalité, ce travail est très simplifié dans la majorité des cas, parce que nous recevons la plupart des idées générales toutes faites de l'éducation et du langage. Les parents, en apprenant à l'enfant le nom de tous les objets, et le même nom pour chaque classe d'objets, lui abrègent infiniment le travail de comparaison et d'abstraction qui serait nécessaire. Par exemple, en prononçant le mot *dada* devant tous les chevaux qu'on lui fait voir, on lui fournit toute faite l'unité de concept, applicable à tous les chevaux. Cependant la fonction de généralisation, quoique simplifiée et facilitée par là, n'est pas complètement annulée : car lorsque l'enfant, de lui-même et pour la première fois, applique le même nom à un cheval nouveau sans qu'on le lui dise, il faut bien qu'il ait remarqué quelque analogie entre celui-là et les autres. Le fait est bien plus évident encore lorsque l'enfant généralise des mots individuels : par exemple, les enfants commencent par appliquer le mot *papa* à tous les

---

1. Agassiz dit (*de l'Espèce*, ch. 1) que si, des innombrables animaux articulés, il n'existait qu'une seule espèce, par exemple le homard, ce serait assez pour faire un embranchement. Par analogie, on peut dire que si d'une espèce il n'avait jamais existé qu'un seul individu (un seul cheval par exemple), ce serait assez pour faire une espèce.
2. Platon, *Républ.* X, 596 A (éd. H. Étienne). *Philèbe*, 16 A. *Républ.* XI, 507 C. *Sophiste*, 253 D. *Politique*, 285 B. — Voy. également Kant, *Critique de la raison pure*, part. II, liv. I, sect. I, ch. I.

hommes qu'ils voient[1]; or évidemment on ne le leur a pas appris, puisque dans la pensée des parents le mot *papa* s'applique exclusivement à un individu.

160. Nominalisme et conceptualisme. — Les idées générales sont-elles de vraies idées, ou ne sont-elles autre chose que des mots, ou signes sensibles qui peuvent à volonté être convertis en perceptions individuelles? Telle est la question débattue entre le *nominalisme* et le *conceptualisme*[2]. On appelle nominalisme la doctrine qui réduit les idées générales aux termes généraux, et conceptualisme, la doctrine qui admet que ces termes correspondent à de véritables concepts, à des idées.

Le nominalisme absolu est incompréhensible. S'il était vrai, nos idées ne seraient que des mots; quand nous les prononçons, nous n'aurions rien dans l'esprit, que des sons liés par l'habitude d'une certaine manière et que nous continuons à associer de la même manière jusqu'à ce qu'un certain choc contraire à nos habitudes vienne nous réveiller. Le nominalisme ainsi entendu ne serait qu'un *psittacisme*[3] et réduirait l'esprit à un rôle purement automatique[4].

On invoque l'exemple de l'algèbre où on ne combine que des signes et non des idées. Il en est de même, dit-on, dans l'usage vulgaire, quand nous lisons ou quand nous parlons. Si l'on nous arrête subitement, nous sommes bien embarrassés d'expliquer le sens de chaque mot que nous employons. Il n'y aurait donc, quand nous employons les mots généraux, rien autre chose dans l'esprit que la faculté de réaliser toujours d'une manière concrète dans un individu l'opération que nous accomplissons à vide à l'aide des mots.

L'exemple tiré de l'algèbre ne prouve rien : le calcul n'exigeant pas que nous ayons une idée de l'objet représenté par chacun des signes, nous oublions en effet leur signification, sachant

---

1. On ne voit pas que les petits enfants généralisent le mot *maman* comme le mot *papa*. Cela vient sans doute de ce qu'étant plus avec leur mère qu'avec leur père, ils l'individualisent davantage.

2. Nous ne parlons pas du *réalisme*, c'est-à-dire de la doctrine qui admet la réalité objective des genres et des espèces, parce que c'est là un problème non de psychologie, mais de métaphysique. En faveur de l'opinion nominaliste, on peut consulter Berkeley (*Principes de la connaissance humaine*, introd.); D. Stewart, *Éléments de l'esprit humain* part. II, sect. II,

ch. II, 1; St. Mill, *Examen de la philosophie d'Hamilton* ch. XVII; Taine, *de l'Intelligence*, ch. II.

3. *Psittacisme*, expression de Leibniz pour exprimer la parole vide, semblable à celle du perroquet.

4. Dans une conversation avec Rœderer sur la question des *signes*, qui venait d'être mise au concours par l'Institut, Bonaparte disait : « Si nous n'avons pas d'idées sans signes, comment avons-nous eu l'idée des signes? » (Sainte-Beuve, *Causeries* t. VIII, art. RŒDERER).

que nous la retrouverons en temps et en lieu : ce n'est pas à dire qu'ils n'aient aucune signification : seulement ils ne gardent que celle qui est absolument nécessaire à l'opération, à savoir, que a est une quantité, que b en est une autre, que x est la quantité cherchée, et ainsi de suite. Soutiendra-t-on, par exemple, que l'algébriste, lorsqu'il rencontre x dans son calcul, ne sait pas que c'est l'inconnue? Il ne met donc sous chaque signe que le moindre nombre d'idées possible; et c'est pour cela qu'il devient facile de les combiner : or c'est là précisément ce qu'on appelle généraliser.

De même pour l'usage de la langue vulgaire : on nous embarrasse sans doute si à brûle-pourpoint on nous demande une définition précise de chaque mot; cela ne prouve pas que nous n'ayons pas d'idée : mais nous n'avons que celles qui sont absolument nécessaires pour l'usage immédiat que nous poursuivons. Dites à un enfant d'aller chercher un homme pour porter un paquet, il n'a pas besoin d'avoir la définition de l'homme en général. Il lui suffit de se représenter un homme à deux pieds, à stature droite, et habillé comme lui. Mais cela même, direz-vous, c'est un objet individuel : non; car je ne me représente ni la taille, ni la figure, ni la couleur des cheveux; je n'ai dans l'esprit que les attributs nécessaires pour distinguer un homme d'un chien ou d'une voiture.

Seulement telle idée, claire et suffisante pour tel usage, ne le sera pas pour tel autre. De là toutes sortes de manières de concevoir la même idée générale : l'idée générale pratique n'est pas la même chose que l'idée générale scientifique. On ne conserve dans chaque cas que le nombre d'attributs nécessaire au but qu'on se propose.

Stuart Mill n'admet pas des idées générales, mais seulement, dit-il « des signes génériques susceptibles d'être convertis en un individu quelconque ». Mais ce *quelconque* est précisément ce qui constitue la généralité. En effet de deux choses l'une : ou ce signe générique ne peut être converti qu'en tel individu donné, et dès lors ce signe n'est pas générique, il est individuel; ou bien il peut se convertir en un individu en général : et cet individu en général est précisément le genre.

En un mot, le nominalisme absolu se contredit lui-même en admettant des signes qui ne signifient rien. Le nominalisme raisonnable est celui qui se contente de soutenir qu'on ne peut avoir d'idées générales ni les conserver sans avoir de mots, comme nous le verrons[1] : or c'est cela même que l'on appelle le conceptualisme.

161. L'esprit débute-t-il par le général ou par le particulier? — Cette question a été principalement posée à l'occasion du langage. Selon les uns, les premiers mots ont été des noms propres qui sont devenus des noms communs : selon les autres, ce sont au contraire les noms communs qui ont été les premiers et qui sont devenus les noms propres. La première opinion est soutenue par Adam Smith, la seconde par Leibniz[2].

M. Max Muller, qui expose les deux opinions précédentes[3], donne l'avantage à l'opinion de Leibniz. Suivant lui, toutes les *racines*, c'est-à-dire les éléments les plus anciens auxquels on puisse remonter par l'analyse de nos langues, expriment toutes des attributs généraux, des noms communs. Pour prendre les exemples d'Adam Smith, la *rivière*, qu'il prend pour un nom individuel, est tiré de la racine *ru* ou *sru*, qui veut dire *courir*; un *antre* (antrum) vient de la racine *antar*, qui signifie *dedans*. La *caverne* vient du radical *cav*, qui signifie creux, et vient lui-même de la racine *ku* ou *sku*, qui signifie couvrir, etc. Aussi, plus les langues sont primitives, plus l'on trouve de mots divers pour exprimer une seule chose[4] : ce sont tous les attributs de l'objet, attributs toujours généraux; c'est donc à l'aide de ces mots généraux, comme le pensait Leibniz, que nous nommons les choses individuelles, par exemple telle rivière (le *Rhin*, qui vient de la racine générale *ru*); et ce nom, à son tour, redevient un nom commun.

En résumé, suivant Max Muller, « nous commençons par connaître les idées générales, et c'est par elles que nous connaissons et que nous nommons les objets individuels. Ce n'est que dans une troisième phase de notre esprit que ces objets individuels, après avoir été ainsi connus et nommés, viennent à leur tour représenter des classes entières, et que leurs noms propres se changent en noms appellatifs. »

Cette théorie est-elle vraie au point de vue philologique? Il est permis d'en douter. M. Michel Bréal a contesté l'assertion de M. Max Muller en disant que les plus anciennes racines que nous connaissions ne sont pas elles-mêmes des racines, mais sup-

---

[1]. Voy. plus loin le chapitre sur le *Langage*.
[2]. Ad. Smith, *Dissertation sur l'origine des langues*. — Leibniz, *Nouveaux Essais*, liv. III, ch. III.
[3]. Max Muller, *la Science du langage*, leç. IX; trad. fr., p. 403.
[4]. Dans la langue arabe, il y a 5 744 mots pour signifier chameau.

posent d'autres racines antérieures dont elles sont les débris ou les ramifications ; nous ne savons pas quel était le sens de ces racines primitives, et elles ont pu être individuelles : par exemple, si le mot soleil, en sanscrit, vient d'une racine qui signifie briller, cette racine elle-même a pu venir d'une autre racine qui signifiait soleil, que l'on aurait transportée ensuite à tous les objets qui brillent, et qui par une modification nouvelle aurait de nouveau signifié ce qu'elle signifiait d'abord [1].

Mais laissons de côté la question philologique. La question psychologique est tout autre. En effet, même si l'on admettait la théorie de Max Muller, il s'ensuivrait bien que les premiers noms sont des noms généraux, mais non pas que l'esprit humain pense le général avant le particulier. Tout ce qui résulterait de la théorie de Max Muller, c'est que l'homme ne parle pas avant d'avoir des idées générales, c'est que les premières idées, non pas qu'il possède, mais qu'il exprime, sont générales; en un mot que la faculté de parler est contemporaine de la faculté de généraliser; qu'elles naissent ensemble, ou même, si l'on veut, qu'elles sont une seule et même faculté, se manifestant de deux manières, mentalement et physiquement. Mais il ne s'ensuivrait nullement que la faculté de généraliser fût antérieure à celle de percevoir le particulier : ici la question cesse d'être philologique, pour devenir psychologique.

Au premier abord il paraît absurde de soutenir que l'idée générale peut être antérieure à la perception individuelle : car s'il y a quelque chose d'évident, c'est ce principe, que la sensation est individuelle.

Cependant, s'il est vrai que l'idée générale *distincte* est postérieure aux notions individuelles *confuses*, réciproquement il peut être vrai de dire que l'idée générale *confuse* est antérieure à l'idée individuelle *distincte*. Ainsi l'idée d'homme, en tant que caractérisé par la définition abstraite et classique d'*animal raisonnable*, ou par la définition zoologique, une telle idée suppose sans doute la comparaison entre beaucoup d'hommes individuels; mais le sentiment confus de ce qu'il y a de commun entre les hommes préexiste à la distinction précise des individus : par exemple, il faut du temps à l'enfant pour distinguer son père des autres hommes : il faut du temps à un chien pour distinguer son maître. On a dit avec raison que la faculté de géné-

---

[1]. Bréal, *Mélanges de mythologie et de linguistique*, p. 404.

raliser caractérise l'intelligence : on peut dire que la faculté d'individualiser ne lui est pas moins essentielle.

L'erreur consiste ici à confondre le *général* avec le *confus*, et l'individuel avec le *distinct*. Sans doute la sensation, en retranchant successivement dans l'individu (par exemple par l'éloignement dans le temps et dans l'espace) tel ou tel trait caractéristique, nous montre la possibilité de faire le même retranchement volontairement par la réflexion de l'esprit ; mais la sensation, tant qu'elle subsiste, confuse ou non, est toujours individuelle. Je puis avoir une douleur sourde, sans savoir dire exactement en quoi consiste cette douleur : mais tant qu'elle existe, elle sera telle douleur et non telle autre : ce sera seulement lorsque j'aurai plusieurs fois éprouvé une douleur semblable que cette idée vague de douleur prendra un certain caractère de généralité.

162. Importance des idées générales. — On ne saurait trop insister sur l'importance des idées générales. On a souvent dit que c'est là un attribut propre à l'homme ; c'est la pensée exprimée par Platon dans cette maxime : « Il importe à l'homme de comprendre le général, c'est-à-dire ce qui, dans la diversité des sensations, est compris sous une unité rationnelle. [1] »

La généralisation est le caractère essentiel de ce que l'on appelle la *raison*, en tant qu'on s'en sert pour distinguer l'homme de la bête, ou l'homme intelligent de l'idiot. C'est à ce signe, selon Descartes, qu'on distinguerait un être intelligent d'un automate. C'est dans cette faculté, selon Bossuet, qu'est le principe de l'invention et du progrès [2].

Les avantages et les inconvénients de la généralisation ont été analysés avec finesse par D. Stewart (*Elements*, t. I, ch. IV, sect. VII et VIII). Il insiste surtout sur ce double défaut, *généraliser trop*, et *ne pas généraliser assez*; et il fait l'application de cette critique à la politique. Il y a, dit-il, en politique deux sortes de théoriciens : les uns ne tiennent pas assez de compte des faits ; les autres s'y asservissent ; sans l'esprit de généralité, les choses iraient toujours le même train, et l'esprit hu-

---

1. *Phèdre*, 249 B. Δεῖ γὰρ ἄνθρωπον ξυνιέναι τὸ κατ' εἶδος λερόμενον, ἐκ πολλῶν ἰὸν αἰσθήσεων εἰς ἓν λογίσμῳ ξυναιρόμενον.

2. Voy. Descartes, *Disc. sur la méthode*, part. V. Bossuet, *Conn. de Dieu*, ch. V.

main serait dans la même immobilité que les espèces animales. En revanche, les généralités vides de faits entraînent les hommes à la poursuite de chimères irréalisables. C'est donc l'union du général et de l'individuel qui est le vrai signe d'un esprit sain. Au reste les abus de la généralisation appartiennent plus à la logique qu'à la psychologie.

CHAPITRE VI

Le jugement et le raisonnement.

Le jugement est l'acte par lequel l'esprit affirme un attribut dans un sujet[1]. *La terre est ronde* est un jugement, parce que j'affirme la qualité *rondeur* du sujet *terre*.

163. Le jugement dans le sens usuel du mot. — Dans le sens habituel, dans la conversation, dans la vie pratique, dans la langue littéraire, juger un livre, juger un homme, juger une affaire, c'est prononcer, décider, porter une sentence. Un juge dans son tribunal décide que tel a tort, que tel autre a raison; un critique juge que tel livre, tel tableau est bon ou mauvais; un historien juge que tel personnage est un grand homme, tel autre un scélérat. Un bon jugement est la faculté de discerner nettement le vrai du faux, le juste de l'injuste. L'aptitude à juger est l'aptitude à se décider, à prendre parti, à conclure. Bossuet dit que celui qui est né pour le commandement doit apprendre « à juger, non à disputer »; c'est-à-dire qu'il doit apprendre à conclure, à prononcer, à décider, à dire oui ou non, au lieu de rester en suspens entre l'un et l'autre.

Tel est le vrai sens du mot juger; et la philosophie ne l'entend pas autrement. Seulement, dans le sens ordinaire, on réserve ce mot pour les cas importants, rares et difficiles : on ne dira pas que l'homme montre du jugement en disant que la neige est blanche : on le réserve pour les cas où il faut du discernement et de la pénétration. Mais si l'on examine, même dans ces derniers cas, comment se formule le jugement, on verra qu'il peut toujours se ramener à une proposition, dont le sujet est la chose dont on parle et l'attribut, la qualité que l'on affirme de cette chose. Ainsi, le prononcé d'un jugement dans un tribunal se ramène à cette proposition : l'accusé *est* coupable; ou : l'accusé

---

[1]. Aristote dit que le jugement consiste à *affirmer quelque chose de quelque chose* : κατηγορεῖν τι τινος.

est innocent. Au civil, le jugement sera de ce genre : Caïus *est* propriétaire; Caïus *est* usufruitier; ou détenteur injuste de la propriété d'autrui. En histoire, un auteur résumera toute une appréciation de Louis XI en disant : « Au résumé, c'était un roi. » Bossuet, caractérisant Cromwell, le qualifie d'hypocrite raffiné et d'habile politique, c'était dire : Cromwell *était* un hypocrite; Cromwell *était* un habile politique. En littérature, un critique résumera ses impressions également dans une proposition affirmative ou négative; c'est-à-dire dans un jugement : Boileau *est* le poète de la raison. Shakespeare *est* un barbare, ou un génie sublime. Ordinairement, dans l'usage vulgaire, le jugement ne se réduit pas à une proposition unique, mais il se compose d'une suite de propositions portant sur un sujet commun et liées ensemble par la logique et l'unité de but. Ainsi, le jugement de Bossuet sur Cromwell est le morceau tout entier, le portrait général que tout le monde sait par cœur. Les jugements de Fénelon sur Molière, de la Bruyère sur Racine et Corneille, de Vauvenargues sur Boileau sont composés de plusieurs idées et propositions; mais, à parler rigoureusement, chacune de ces propositions est elle-même un jugement; et le tout ne reçoit ce nom que par extension.

Nous avons dit que dans l'usage on réserve le nom de jugements aux propositions qui sont intéressantes et dont la vérité est plus ou moins difficile à découvrir; mais si l'on y regarde de près, on verra que partout où il y a proposition, il y a jugement dans le même sens que tout à l'heure; seulement le jugement est plus ou moins simple, plus ou moins profond, plus ou moins élémentaire. Ainsi quand je dis : « La neige est blanche, » nous appellerons cela à peine un jugement, parce que tout le monde le voit à première vue : mais à parler rigoureusement, pour affirmer cette proposition, il a fallu remarquer dans la neige la même qualité que nous avons vue ailleurs, la reconnaître et lui donner le même nom : et cela est au fond la même opération que dans les cas plus difficiles. Et pour s'en convaincre, il suffit de supposer le cas où il s'agirait de déterminer une couleur un peu plus délicate, comme lorsqu'un peintre cherche à reproduire les nuances les plus fines de la nature, ou encore lorsqu'un critique discute la couleur d'un tableau.

La faculté du jugement, telle que nous venons de la définir, n'est donc autre chose que ce qu'on appelle le *bon sens*, ou, comme dit Descartes, « la faculté de distinguer le vrai d'avec le faux ». Cette faculté est naturelle en nous et, comme il le dit encore, « elle est la mieux partagée ». A tort ou à raison, « chacun pense en être si bien pourvu que ceux mêmes qui sont le plus difficiles à contenter en toute autre chose, n'ont pas coutume d'en désirer plus qu'ils n'en ont. » (*Disc. de la méthode*, début.) C'est de cette faculté que la *Logique de Port-Royal* nous dit : « Il n'y a rien de plus estimable que le bon sens et la justesse de l'esprit dans le discernement du vrai et du faux : toutes les autres qualités d'esprit ont des usages bornés ; mais l'exactitude de la raison est généralement utile dans toutes les parties et dans tous les emplois de la vie. Il y a presque partout des routes différentes, les unes vraies et les autres fausses ; et c'est à la raison de faire le choix. Ceux qui choisissent bien sont ceux qui ont l'esprit juste : ceux qui prennent le mauvais parti sont ceux qui ont l'esprit faux [1]. »

Kant s'exprime sur le même sujet d'une manière presque semblable : « Le jugement, dit-il, est le caractère distinctif de ce que l'on appelle le bon sens, et le manque de bon sens est un défaut qu'aucune école ne saurait réparer. On peut bien offrir à un entendement borné une provision de règles et greffer en quelque sorte sur lui ces connaissances étrangères ; mais il faut que l'élève possède déjà par lui-même la faculté de s'en servir exactement. Un médecin, un juge, un publiciste peuvent avoir dans la tête beaucoup de règles pathologiques et juridiques ou politiques et pourtant faiblir dans l'application, soit parce qu'ils manquent du jugement naturel, soit parce qu'ils n'ont pas été exercés à cette sorte de jugement par des exemples et des affaires réelles. Aussi la grande utilité des exemples est-elle d'exercer le jugement [2]. »

164. Le jugement au sens philosophique. — Les anciens logiciens définissaient le jugement *l'affirmation d'un rapport de convenance et de disconvenance entre deux idées*, et ils en faisaient le résultat d'une *comparaison*.

Théorie de V. Cousin. — Cette doctrine a été l'objet, de la part de V. Cousin, d'une discussion vive, serrée, qui a eu un grand succès et qui mérite d'être examinée de près [3].

---

1. *Premier discours.* Au lieu d'admettre avec Descartes que *le bon sens est la chose du monde la mieux partagée*, Nicole nous dit au contraire que « c'est une qualité rare », et qu'on ne rencontre partout que des esprits faux ». Il n'y a pas contradiction entre ces deux opinions. Descartes parle de la faculté naturelle, qui est égale chez tous les hommes, et Nicole parle de l'emploi que nous faisons de cette faculté.
2. Kant, *Critique de la raison pure*, liv. II, *Analyse des principes*, introd.
3. V. Cousin, *Philosophie de Locke*, Leçons XXIII et XXIV.

Cette discussion repose sur la distinction des jugements *primitifs* et des jugements *réfléchis*. La théorie de Locke, dit-on, s'applique aux seconds, mais non aux premiers : surtout elle ne peut s'appliquer aux *jugements d'existence*, c'est-à-dire à ceux qui ont pour attribut le terme *existence*; comme : les corps existent; j'existe. Résumons les principaux points de la discussion :

Quand il s'agit de jugements abstraits et réfléchis, tels que ceux-ci : deux et trois font cinq — Dieu est bon — Alexandre est un grand homme, on ne peut nier que la théorie ordinaire des logiciens ne soit vraie, car le jugement suppose en effet : 1° deux idées préexistantes, 2° une comparaison entre ces deux idées, 3° la perception du rapport.

« Mais en est-il de même dans les jugements d'existence, et en particulier dans ce jugement fondamental qui est la base de tous les autres : *J'existe?* Il faudrait admettre ici, d'après la théorie, comme dans le cas précédent, qu'il doit y avoir deux idées, puis comparaison de ces idées, puis perception de rapport. Quelles sont les deux idées dont se compose le jugement d'existence personnelle : l'idée du moi et l'idée d'existence. Mais réfléchissons-y bien. De quelle existence partirons-nous? ce ne sera pas de notre existence personnelle, puisque nous la cherchons, puisqu'elle doit résulter du jugement lui-même. Ce sera donc l'idée de l'existence en général, et non pas l'idée particulière de notre existence propre. Quelle sera la seconde idée? L'idée du moi. Mais que cherchons-nous? Le moi existant. Ne le supposons donc pas, car nous supposerions ce qui est en question. Ce ne sera donc pas un moi existant qui sera le premier terme de la comparaison ou du jugement : ce sera un moi abstrait, un moi possible. Or si nous comparons ces deux idées, l'idée du moi possible et celle de l'existence en général, nous voyons qu'elles se conviennent, c'est-à-dire qu'il n'y a pas contradiction entre le moi et l'existence : or vous ne pouvez tirer de là que l'affirmation d'une existence possible, mais non d'une existence réelle. Vous direz : Je puis exister, vous ne direz pas : J'existe. Il en sera de même de cette proposition : les corps existent; et en général de toute existence réelle, concrète, particulière, laquelle ne peut être que donnée dans une expérience première, mais non obtenue par réflexion et par comparaison de concepts. »

En résumé, V. Cousin ramenait à trois les objections contre la théorie de Locke :

1° Elle part d'abstractions; elle ne peut donc donner par conséquent qu'un résultat abstrait, qui n'est point celui que l'on cherche.

2° Elle part d'abstractions : or l'abstraction n'est pas le point de départ de l'intelligence humaine.

3° Elle part d'abstractions qu'elle n'a pu obtenir qu'à l'aide de ces mêmes connaissances concrètes qu'affirme le jugement.

Il y a donc une classe de jugements primitifs qui ne sont pas comparatifs et peuvent être appelés des *affirmations immédiates*.

Critique de la théorie de Cousin. — Cette savante discussion est victorieuse sur un point capital, à savoir, que l'entendement ne commence pas par des notions abstraites, que l'on tire l'abstrait du concret, et non le concret de l'abstrait; en un mot, que la conception n'est pas la première opération de l'esprit. La philosophie de l'École admettait qu'avant le jugement il y a une première opération qu'on appelait la *simple appréhension* ou pure représentation de l'objet, *mera repræsentatio objecti*. Si l'on entend par là la faculté de concevoir les objets d'une manière abstraite, à coup sûr elle n'est pas la première opération; mais si l'on entend par là la sensation elle-même, l'application immédiate de l'esprit aux choses, sans réflexion, sans distinction de sujet et d'attribut, on peut dire que c'est là une faculté antérieure au jugement, supposée par lui, et qu'il n'y a rigoureusement jugement, dans le sens précis du mot, que lorsque l'esprit est capable de *dégager l'attribut du sujet*, d'apercevoir l'un dans l'autre; or c'est là l'acte propre d'un sujet capable de réflexion.

A coup sûr, il y a des degrés dans les jugements réflexifs, et on accordera sans peine qu'entre les premiers jugements d'un esprit qui s'éveille et les derniers jugements de la spéculation scientifique la plus abstraite, il y a une grande différence : cependant il faut admettre la réflexion dès le premier jugement, ou l'on sera conduit à confondre les opérations les plus différentes.

Si l'on n'admet pas que la réflexion est le caractère distinctif du jugement, si nous voulons reconnaître la faculté de juger partout où il y a un jugement implicite que dégage le spectateur, il faut dire que l'huître juge : car on doit lui supposer quelque sentiment d'elle-même; et tout sentiment de soi-même peut se traduire en un jugement, pour celui qui a la faculté de juger : mais dans ce cas, c'est moi qui juge à la place de l'huître; ce n'est pas elle-même. Ce qui distingue l'idiot de l'homme raisonnable, c'est qu'il a la *simple appréhension*, sans avoir le *jugement* : et ici le sens commun est d'accord avec le langage de l'école.

Puisque toutes les définitions de mots sont libres, on peut sans doute, si l'on veut, convenir que l'on appellera jugement toute affirmation implicite, même la plus confuse : mais selon nous c'est trop dire que de prêter à l'huître ou au fœtus l'affirmation de son existence. L'affirmation implique que l'on sait la différence du oui ou du non : ce qui suppose quelque réflexion.

A la vérité, l'expression de comparaison, employée par les logiciens, avait quelque chose d'impropre; car elle s'applique au rapport de similitude et de différence, tandis que le jugement exprime surtout un rapport de *contenance*. Le jugement est donc plutôt, comme le dit Kant, un acte de *subsomption* que de comparaison. Par le jugement, nous subsumons (*subsumimus*), c'est-à-dire nous *plaçons* un objet donné *sous* un concept. *L'or est un métal* : voilà un jugement qui revient à dire que l'objet or fait partie, avec plusieurs autres objets, d'un concept général appelé métal. Sans doute il y a là une sorte de comparaison (car il faut comparer les propriétés connues du métal avec les propriétés de l'objet donné); mais le propre de cette comparaison est d'associer non pas deux concepts *équivalents*, mais deux concepts *subordonnés*.

Le sujet d'un jugement peut être général; il peut être aussi individuel; mais l'attribut est toujours général. C'est là ce que n'a pas vu Cousin dans sa critique de Locke. Il a confondu le sentiment immédiat, ou simple appréhension, où l'attribut est saisi dans le sujet et est individuel comme lui, avec le jugement proprement dit, qui est essentiellement l'acte de rattacher un sujet individuel à une conception générale[1]. Tant que l'attribut reste individualisé, et n'est pas dégagé du sujet, le jugement n'existe pas; il n'y a que simple appréhension. Le jugement n'a lieu que lorsque l'attribut se dégage du sujet, et cela n'a lieu que lorsque l'attribut est universalisé. Il est donc permis de dire que juger, c'est généraliser, et qu'il n'y a pas de jugement sans généralisation.

L'objection principale est celle qui se tire des jugements d'existence et en particulier de celui-ci : *j'existe*. Il est très vrai de dire qu'en partant d'un moi abstrait ou possible, je ne puis

---

1. Condillac (*Grammaire*, part. I, ch. IV) a très bien vu cette distinction.

arriver à un moi réel. Le moi dont je parle, et qui est le sujet du jugement précédent, n'est donc pas un moi possible; c'est bien un moi donné, un moi concret, un moi existant; mais tant que l'existence y est confondue avec le moi lui-même, tant que je ne fais que sentir l'existence comme mienne, c'est-à-dire tant que les deux termes sont individuels et indivisibles, on ne peut pas dire qu'il y ait jugement, du moins au regard du moi lui-même; car le spectateur extérieur peut traduire cette perception individuelle en un jugement; mais c'est alors le spectateur qui juge, ce n'est pas le sujet intéressé.

Comment donc se produit le jugement d'existence personnelle? C'est lorsque, ayant fait l'expérience de beaucoup de choses qui existent, et d'autres qui n'existent plus, le moi remarque qu'il est lui-même au nombre des choses qui existent : le caractère de la réalité, à savoir, d'être donné immédiatement, sans contredire aucune des lois générales de l'expérience, ce caractère se retrouve dans le moi aussi bien que dans les autres choses. Cet attribut de réalité n'est certainement pas créé par là; nous le sentions auparavant, mais maintenant nous le remarquons; et nous ne pouvons le remarquer sans l'universaliser, sans reconnaître qu'il est le même dans tous les êtres qui existent : c'est ainsi que la perception de l'existence personnelle devient un jugement.

Il en est de même de la perception extérieure. Quand je dis : la neige est blanche, on prétend que la blancheur m'est donnée en même temps que la neige, et que ce n'est pas par comparaison avec une idée de blancheur préexistante que je formule ce jugement [1]. Mais, encore une fois, c'est confondre la sensation et le jugement. Sans doute neige et blancheur me sont données en même temps; mais c'est telle blancheur, telle nuance, tel degré de blancheur : or la sensation d'une blancheur individuelle n'est pas un jugement : c'est une simple appréhension. Je ne juge véritablement qu'après avoir dégagé la neige comme substance de son attribut blancheur, et après avoir remarqué que cet attribut est le même que celui qui se trouve dans d'autres objets. Juger que la neige est blanche, c'est dire que la neige a la même couleur que le papier, que le lait, que les étoiles, etc.

Ainsi, tout jugement est l'acte par lequel l'esprit rapporte le

---

1. St. Mill, *Système de logique*, liv. I, ch. v.

concept d'un objet donné (soit individuel, soit général) à un concept plus général qui embrasse le premier.

A la vérité, il y a plusieurs cas où il semble que le jugement ne soit pas un acte de subsomption, ce sont : 1° les jugements *négatifs*, où le sujet est exclu de l'attribut au lieu d'y être compris; 2° les jugements *identiques*, où l'attribut est égal au sujet. Mais on peut ramener les jugements négatifs aux jugements affirmatifs, en faisant une classe de l'exclusion même : *l'animal n'est pas la pierre* signifie : l'animal est *exclu* de la classe des pierres; ce qui implique toujours la faculté de concevoir la négation d'une manière générale. Quant aux jugements d'identité, la subsomption s'y confond avec la coextension [1].

165. Division des jugements. — On divise généralement les jugements de la manière suivante :

1° Les jugements *affirmatifs* et les jugements *négatifs*. Le jugement affirmatif unit les deux idées, et le jugement négatif les sépare.

2° Les jugements *d'existence* et les jugements *d'attribution*. Les premiers ne sont pas ceux, comme on le dit quelquefois, qui n'ont pas d'attribut, mais ceux dont l'attribut, toujours le même, est le terme d'existence, par exemple : *J'existe*, l'âme *existe*, Dieu *existe*.

3° Jugements *analytiques* et jugements *synthétiques*. Les premiers sont ceux dans lesquels l'attribut est implicitement contenu dans le sujet, comme : les rayons des cercles sont égaux. Les seconds sont ceux où l'attribut s'ajoute à l'idée du sujet, comme : l'air est pesant. Kant appelle encore les premiers *explicatifs* et les seconds *extensifs* : les premiers ne font qu'éclairer notre connaissance; les seconds l'augmentent.

4° Jugements *généraux* et jugements *particuliers*. Les jugements généraux sont ceux qui affirment un attribut d'une classe d'êtres tout entière, comme : *tous* les hommes sont mortels. Les jugements particuliers sont ceux qui n'affirment un attribut que d'une portion de la classe, comme : *quelques* hommes sont justes : on ne le dit pas de tous. On distingue enfin une troisième espèce de jugements, ou jugements *individuels*; ceux-ci ne s'appliquent qu'à un seul individu déterminé.

[1]. Il y a encore un cas plus particulier : c'est lorsque l'attribut est individuel comme le sujet, comme lorsqu'on dit : Paul est Paul; — Paul n'est pas Pierre. Même dans ce cas, il y a encore quelque fonction générale : car on ne pourrait prononcer de tels jugements sans la notion abstraite d'identité et de différence.

5° Jugements *nécessaires* et jugements *contingents*. Les premiers sont ceux qui expriment une vérité dont le contraire est impossible, et les seconds, ceux qui expriment une vérité dont le contraire peut ne pas être. On distingue encore entre les jugements *universels* et *particuliers*; les premiers sont vrais partout et toujours; les seconds, au contraire, ne sont vrais que dans de certaines conditions. Toutes ces sortes de jugements nécessaires, universels, absolus, sont ce que l'on appelle vérités premières. Nous les étudierons plus loin. (Ch. VIII.)

6° Jugements *primitifs* ou *intuitifs* et jugements *dérivés*. Cette division se ramène à la différence de l'entendement *intuitif* et de l'entendement *discursif*. (Voy. le § suivant.)

LE RAISONNEMENT.

166. Connaissance intuitive et discursive. — Nous avons dit déjà (151) qu'il y a un mode de connaissance que l'on appelle *intuition* : c'est lorsque la vérité s'offre à nous d'une manière irrésistible : « Semblable à l'éclat d'un beau jour, dit Locke, elle se fait voir immédiatement et comme par force dès que l'esprit tourne sa vue vers elle. C'est ainsi que l'esprit voit que le blanc n'est pas le noir, qu'un cercle n'est pas un triangle, que trois est plus que deux. » (*Essai*, liv. IV, ch. II.)

Il y a un autre mode de connaissance que l'on appelle *discursif*, qui a lieu lorsque l'esprit, ne voyant pas du premier coup l'évidence d'une vérité, s'y achemine par des intermédiaires en allant, comme on dit, du connu à l'inconnu : et c'est ce que l'on appelle *raisonner*.

Nous disons d'un fait qu'il est prouvé lorsque nous le croyons vrai à raison de quelque autre fait duquel il est dit *s'ensuivre*. Inférer une proposition d'une ou plusieurs propositions préalables, la croire et vouloir qu'on la croie comme conséquence de quelque chose autre, c'est ce qu'on appelle raisonner. (Mill, *Logique*, liv. II, ch. 1.)

La connaissance intuitive est *immédiate*; la connaissance discursive ou de raisonnement est *médiate*.

C'est une observation très juste de Locke que la connaissance démonstrative et discursive se ramène à l'intuitive.

A chaque pas que la raison fait dans une démonstration, dit-il, il faut qu'elle aperçoive par une connaissance de simple vue la convenance et la disconvenance des idées moyennes; car sans cela on aurait encore besoin de preuve pour faire voir la convenance et la disconvenance de ces idées. Si cette convenance est aperçue par elle-même, c'est une connaissance intuitive.

Seulement, comme l'a fait remarquer D. Stewart (*Éléments*, II° part., ch. II, sect. 1), il n'est pas toujours nécessaire que

> Ces jugements intuitifs soient actuellement présents à notre pensée. Dans le plus grand nombre des cas nous nous fions à des *jugements* garantis par la mémoire.

En un mot, comme le dit encore celui-ci, le raisonnement peut être comparé à l'action de celui qui monte un escalier :

> Il ne s'agit que de répéter le mouvement par lequel on a franchi la première marche.

C'est donc toujours la même opération, et cependant il y a un progrès : on s'élève, on va d'un point à un autre ; seulement l'intervalle qu'on n'aurait pas franchi d'un seul bond on le parcourt en plusieurs moments.

L'essence du raisonnement consiste donc à trouver quelques intermédiaires par lesquels on puisse unir les idées trop éloignées, à peu près comme un homme « qui, au moyen d'une toise, s'assure de l'égalité de longueur de deux maisons qu'il ne peut superposer l'une sur l'autre » ; ou encore comme celui qui place une pierre au milieu d'un ruisseau pour l'enjamber en deux fois, ne le pouvant faire en une.

On distingue généralement deux modes de raisonnement : celui qui va *du général au particulier*, et que l'on appelle *déductif*, et celui qui va *du particulier au général*, et que l'on appelle *inductif* : ces expressions, dit St. Mill, se recommandent plus par leur brièveté que par leur clarté. Leur sens est « que l'induction infère une proposition générale de plusieurs autres qui le sont *moins* qu'elle, et que la déduction infère une proposition générale d'autres propositions qui le sont *également* ou même *plus*. Lorsque de l'observation d'un certain nombre de faits individuels on s'élève à une proposition générale, ou lorsque, combinant plusieurs propositions générales, on en tire une plus générale encore, le procédé s'appelle *induction*. Lorsqu'au contraire d'une proposition générale combinée avec d'autres on en infère une qui l'est moins, c'est la *déduction*. » (Mill, *Log.*, II, ch. I.)

167. Déduction. — Le raisonnement déductif peut se faire de deux manières : 1° instinctivement et par une faculté naturelle, sans que l'esprit se rende compte des différents moments de l'opération et des idées moyennes qu'il emploie : c'est le procédé le plus habituel dans la vie pratique, et même dans la littérature et dans l'éloquence ; 2° avec réflexion et analyse, en décomposant le raisonnement et en le ramenant à tous ses éléments constitutifs : ce qui a lieu par le *syllogisme*, et c'est ce qu'on appelle mettre un raisonnement *en forme*. La sûreté et la justesse du raisonnement ne dépend pas nécessairement de cette forme rigoureuse qui n'est de mise que dans les sujets abstraits, et lorsqu'il y a difficulté à bien saisir toutes les parties de l'opération. Autrement, le sens droit suffit. « J'ai connu un homme, dit Locke, à qui les règles du syllogisme étaient entièrement inconnues, qui apercevait d'abord la faiblesse et le faux raisonnement d'un long discours artificieux et plausible où les gens exercés se laissaient attraper. » C'est la *Logique* qui nous apprendra à mettre le raisonnement en forme et nous en fera connaître les règles.

Locke fait encore remarquer justement qu'il y a dans le raisonnement deux facultés, qui sont « la sagacité pour trouver les idées moyennes, et la faculté de tirer des conclusions ou d'inférer »; en un mot, comme dit Leibniz, l'*invention*, et le *jugement;* car raisonner, c'est encore juger.

Cependant, quoique le raisonnement soit une *suite* de jugements, il n'est pas seulement une *addition* de jugements. Il a son *unité* particulière qui consiste à lier les jugements. Pour raisonner, il faut pouvoir penser à la fois plusieurs jugements, comme pour juger il faut penser à la fois plusieurs idées.

C'est ce qu'on appelait dans l'école les trois opérations de l'esprit : *concevoir, juger* et *raisonner*. Nous reviendrons dans la *Logique* sur cette distinction.

Le raisonnement est, suivant Leibniz, la principale différence qui sépare l'homme de l'animal. « L'ombre de raison qui se fait voir dans les bêtes, dit-il, n'est que l'attente d'un événement semblable, dans un cas qui paraît semblable au passé, sans savoir si la même raison a lieu. Les hommes mêmes n'agissent pas autrement dans le cas où ils sont empiriques seulement. Mais ils s'élèvent au-dessus des bêtes en ce qu'ils voient *les liaisons des vérités*. » (*Nouv. Essais*, préface.)

Le raisonnement, quand il est instinctif, rapide, naturel, trouvant d'une manière sûre et toute pratique les intermédiaires, est souvent ce qu'on appelle la *raison*. On réserve plutôt le nom de raisonnement pour le cas où, sans aller jusqu'au syllogisme proprement dit, on marque expressément les principes et les conséquences, on élève des objections, des distinctions, on signale les contradictions des autres. Cette *faculté ratiocinante*, comme l'appelle Rabelais, est souvent, quand l'esprit n'est pas juste, une cause d'égarement. C'est en ce sens que l'on oppose quelquefois la raison au raisonnement, comme dans ces vers de Molière :

> Raisonner est l'emploi de toute la maison,
> Et le *raisonnement* en bannit la *raison*.

Il suffira ici d'avoir signalé l'opération du raisonnement : il appartient à la logique de le décomposer et d'en expliquer l'essence.

168. L'induction. — Nous avons vu qu'il y a deux manières de raisonner : ou bien d'une proposition générale on tire d'autres propositions qui le sont moins : c'est ce que l'on appelle déduire; ou bien de plusieurs propositions générales on s'élève à une proposition plus générale encore. Dans le premier cas, on va du plus au moins; dans le second, on va du moins au plus. Cette seconde opération est beaucoup moins facile à comprendre que la première. On comprend en effet aisément qu'on descende du plus au moins, du tout à la partie, qu'on fasse sortir d'une proposition générale une autre plus particulière qui y est contenue; mais que l'on passe au contraire de la partie au tout, du moins au plus, c'est ce qui paraît contraire à toutes les lois de la logique naturelle. Rien cependant n'est plus fréquent qu'une pareille opération, et nous en trouvons les exemples à chaque pas. Tous les jugements que nous portons sur les choses de la vie sont de ce genre; et souvent ils n'en sont pas moins d'une absolue certitude. Par exemple, nous savons, soit par expérience, soit par ouï-dire, que tous les hommes qui ont vécu jusqu'ici sont morts : quel que soit le nombre de ces expériences et de ces témoignages, il faut bien reconnaître qu'il est infiniment petit en comparaison du nombre d'hommes qui pourront vivre sur la surface de la terre jusqu'à la fin des siècles. Cependant, malgré cette disproportion immense, nous n'hésitons pas à affirmer que tous les hommes sans exception qui viendront après nous mourront comme ceux qui nous ont précédés. L'affirmation est donc beaucoup plus étendue que l'expérience, puisque celle-ci repose sur le passé, qui est borné, tandis que l'autre s'étend à l'avenir, qui est illimité. Ainsi les prémisses sont moins étendues que la conclusion. Quel est le fondement d'une opération si peu rationnelle en apparence? C'est ce que nous chercherons plus tard dans la *Logique*. Contentons-nous ici de la constater comme un fait.

169. Usages de l'induction. — L'induction consiste donc, d'après ce qui précède, à affirmer comme *permanente* et *universelle* la reproduction d'un fait dont nous avons eu sous les yeux un certain nombre d'exemples. Elle généralise dans toute l'étendue du temps et de l'espace ce qui n'a été observé que sur quelques points particuliers de l'espace et du temps.

1° Grâce à elle, nous pouvons enlever le voile qui nous dérobe l'*avenir*, et anticiper par des *prédictions* certaines, ou tout au moins par des *prévisions* probables, sur des faits qui ne sont pas encore accomplis. C'est ainsi que l'astronome peut prédire à coup sûr l'apparition d'une éclipse, ou prévoir, avec un moindre degré de certitude, le retour d'une comète. C'est d'après des prévisions de ce genre, mais tout empiriques et plus ou moins probables suivant les données dont nous disposons, que nous calculons et essayons de diriger les événements de notre vie.

2° Le rôle de l'induction dans le temps ne se borne pas à l'avenir : elle sert encore à reconstruire le *passé* : elle remonte la chaîne des siècles et elle retrouve la trace des faits qui n'ont pas eu de témoins. L'induction nous autorise à croire que les lois qui gouvernent les phénomènes actuels ont présidé à la production des phénomènes passés. C'est par elle que le géologue dévoile l'histoire des âges évanouis. Si des coquillages se rencontrent sur des montagnes, on doit supposer que la mer y a résidé : car on ne peut croire que les animaux qui vivent aujourd'hui dans la mer auraient pu autrefois, avec la même conformation, se trouver sur les continents. De même, de la distribution actuelle des diverses couches de terrain le géologue conclut à des révolutions antérieures, plus ou moins violentes, plus ou moins lentes, mais dont l'histoire est écrite sous nos yeux. C'est par la même méthode que l'historien et l'archéologue reconstruisent l'histoire de l'espèce humaine, lorsque tout témoignage fait défaut.

3° Enfin, l'induction généralise, non seulement dans le temps, mais encore dans l'*espace*. Elle nous permet d'affirmer que ce qui se passe sous nos yeux a lieu en même temps sur tous les points du globe : que partout les objets pesants tombent à la surface de la terre, que partout l'homme passe par l'enfance avant d'arriver à la jeunesse et à l'âge mûr, que partout il meurt, etc. C'est par l'induction que le philosophe peut sans sortir de sa chambre conclure à l'identité de l'espèce humaine chez tous les peuples de l'univers. Mais, dira-t-on, n'est-ce pas l'imagination qui nous transporte ainsi partout où nous ne sommes pas et met sous les yeux de l'esprit ce que ne voient pas les sens? Oui, sans doute, il y a là une part de l'imagination; mais l'imagination ne représente que le possible et le fictif, tandis que l'induction, bien conduite, porte sur la réalité [1].

170. Induction et généralisation. — Nous venons de voir que dans toutes ses démarches l'induction étend les données de l'expérience; elle *généralise* : elle est donc une généralisation. Néanmoins elle se distingue de la généralisation proprement dite en ce que celle-ci ne donne que des *idées* ou concepts, tandis que l'induction porte des *jugements*. La généralisation nous fournit l'idée d'homme et l'idée de mortel. L'induction prononce que tous les hommes *sont* mortels. L'une conçoit; l'autre affirme.

171. Condition de l'induction. — Sans entrer dans l'examen logique du problème de l'induction, nous devons signaler la condition fondamentale qui en commande l'application : c'est que l'expérience dont on part, quelque limitée qu'elle soit, soit cependant, dans ces limites mêmes, constante et universelle. Si en effet une même expérience donnait des résultats contraires, elle ne pourrait plus servir de base à une induction légitime, à moins toutefois qu'on ne puisse expliquer ces variations mêmes par la diversité des circonstances; car souvent il arrive que les perturbations apparentes de la loi sont une conséquence et par conséquent une preuve de la loi : par exemple, les variations de la colonne barométrique à mesure qu'on monte sur les hauteurs, bien loin de déposer contre la loi de la pesanteur de l'air, en est au contraire la preuve, puisque c'est la rareté progressive de l'air qui diminue le poids.

Ainsi la première condition pour autoriser l'induction, c'est la constance et l'universalité de l'expérience. Il faut que *dans les mêmes circonstances* les faits se produisent d'une manière identique; et s'il se présente des exceptions, il faut qu'elles puissent se ramener à la règle.

172. Induction et association. — Dans la pratique, l'induction a souvent conduit à de nombreuses erreurs, parce que

---

[1]. Royer-Collard (*Fragments*, Œuvres de Reid, t. IV, p. 281) résume ainsi les principales applications de l'induction : 1° elle nous persuade de la permanence du monde matériel; 2° elle nous met en rapport avec la nature; 3° elle nous met en commerce avec nos semblables.

pour la plupart des hommes elle se confond avec l'association des idées. Si un intérêt, une passion, une impression vive et forte ont rattaché ensemble l'idée d'un fait à l'idée d'un autre fait, cette liaison continue à se produire malgré tous les démentis de l'expérience. Ainsi s'expliquent tous les préjugés de l'astrologie judiciaire, de la sorcellerie, de la médecine populaire, de la superstition, etc. L'imagination frappée ne remarque que les circonstances qui paraissent d'accord avec le préjugé, en négligeant toutes les circonstances contraires.

On voit par là combien l'induction diffère de l'association des idées, avec laquelle on essaie de la confondre dans l'école anglaise récente (98). L'induction a précisément pour fonction de rompre les fausses associations : elle démêle le différent sous le semblable et le semblable sous le différent : elle implique par là une activité de l'esprit absolument opposée à l'automatisme aveugle de la pure et simple association.

173. **Des degrés de l'induction**. — L'induction passe par trois degrés différents. Elle va : 1° du *même* au *même*. Par exemple, le soleil qui nous a éclairés jusqu'ici continuera à nous éclairer demain ; 2° du *semblable* au *semblable*. L'air est pesant ; donc tous les corps gazeux sont pesants ; 3° du *différent* au *différent*, lorsqu'ils ont des caractères semblables : ce troisième degré, le moins sûr de tous, est ce que l'on appelle l'*analogie*. C'est à la logique à nous apprendre les règles différentes dans l'usage de ces trois procédés d'induction.

L'induction est de la plus haute importance dans la science et dans la vie. C'est, à proprement parler, la méthode de découverte. Par la déduction, nous ne faisons que développer ce que nous savons : par l'induction nous y ajoutons du nouveau. Et cependant, pour ne pas trop paraître diminuer le rôle de la déduction, disons avec Leibniz que « nous ne remarquons pas toujours tout ce que nous savons » et que souvent le développement même est invention.

CHAPITRE VII

La raison.

Dans l'usage ordinaire de la langue, le mot de *raison* s'emploie pour exprimer un certain état ou une certaine qualité de la nature humaine en opposition à d'autres états où cette qualité fait défaut. C'est ainsi qu'on oppose la raison de l'homme à l'instinct de l'animal et que l'on a défini l'homme un *animal raisonnable*. On oppose de même la raison de l'homme adulte à l'ignorance ou à la légèreté de l'enfant, la raison de l'homme en possession de lui-même au délire de l'homme ivre ou du fou, ou encore au délire de la passion.

Les philosophes ont généralement fait peu d'attention à ces différents sens, comme trop vulgaires, et ils ont pris le mot de raison comme représentant surtout une faculté spéciale et supérieure, chargée de fournir les notions premières et absolues, et appelée pour ce motif *Raison pure* (en allemand *die reine Vernunft*).

Nous avons à rapprocher ces différents sens, à nous demander si c'est toujours la même raison qui s'oppose à l'instinct, à l'irréflexion, à la folie, à la passion; et si cette raison ne serait pas encore la même que ce que l'on appelle la raison pure.

174. La raison et l'instinct. — Lorsque l'on dit que l'animal manque de raison, on n'entend pas nécessairement par là qu'il manque d'intelligence, mais seulement d'une certaine espèce d'intelligence. On dira d'un chien qu'il est intelligent, et on ajoutera que la pauvre bête manque de raison. Quelle est donc cette forme ou ce degré d'intelligence qui manque à la bête? Cicéron[1] l'a décrite dans une phrase admirable qui en résume tous les caractères:

---

1. *De Offic.*, I, 4.

Homo autem, quod rationis est particeps, per quam consequentias cernit, causas rerum videt, earumque progressus et quasi antecessiones non ignorat, similitudines comparat, et rebus præsentibus adjungit atque annectit futuras, facile totius vitæ cursum videt, ad eamque degendam præparat res necessarias.

D'après ce passage, on voit que le caractère propre de la raison est de saisir les *causes* et les *effets*, de prévoir les *conséquences* et *l'enchaînement* des choses, enfin de lier *l'avenir* au *présent* et au *passé*. Sans doute l'animal ne manque pas complètement d'une faculté semblable, puisque autrement il ne pourrait pas même vivre; mais chez lui la prévision ne va guère au delà de l'habitude et d'une expérience très restreinte. L'homme, au contraire, est capable de s'élever à des lois très générales et de prévoir des effets très éloignés. Descartes et Bossuet ont parfaitement signalé le caractère propre de la *raison* en montrant qu'elle est apte à trouver des moyens *nouveaux* et *différents* pour toutes les circonstances particulières qui peuvent se présenter, tandis que l'animal est limité la plupart du temps dans la sphère étroite du mécanisme et de la routine : « La raison, dit Descartes, est un *instrument universel* qui peut servir en toutes sortes de rencontres[1]. » — « Apprendre, dit Bossuet, suppose qu'on puisse savoir; et *savoir suppose qu'on puisse avoir des idées universelles et des principes universels* qui, une fois pénétrés, nous fassent toujours tirer de semblables conséquences[2]. »

Ainsi, dire que l'homme est un animal raisonnable, opposer la raison de l'homme à l'instinct de l'animal, c'est dire que l'homme a la faculté de l'universel, qu'il peut généraliser, et de plus qu'il peut prévoir les effets dans les causes et préparer les causes pour produire les effets; et le caractère essentiel de la raison ainsi entendue est d'être prête pour toutes les circonstances nouvelles, et capable de soumettre la nature à ses propres idées et par conséquent à nos besoins.

175. La raison et la folie. — C'est à peu près dans le même sens qu'on oppose la raison de l'homme sain au délire du fou. Il n'y a de différence ici que dans le terme qui lui est opposé.

En effet la folie de l'homme ne ressemble en rien à l'état mental des animaux. L'animal est seulement *non raisonnable*, tandis que le fou est *déraisonnable*. L'animal est enfermé dans un champ très étroit; mais, dans ce champ, l'instinct et l'habitude le guident d'une manière *rationnelle*, sinon raisonnable, en un mot d'une manière conforme à la nature; tandis que le fou,

---

1. Descartes, *Disc. de la méthode*. 5e partie.   2. Bossuet, *Conn. de Dieu*, v, 5.

privé de son guide naturel qui est la raison, n'en a pas d'autre à son service : au contraire, ce guide étant toujours le principe moteur de ses actions, comme il est lui-même perverti et vicié, l'entraîne à des actions absurdes, contraires à lui-même et aux autres. La folie n'est pas seulement (comme l'idiotisme ou la démence) l'absence de la raison, elle en est la *perversion*. Ou bien toute liaison disparaît entre les idées, ou bien il s'établit une liaison entre des idées illusoires, qui n'ont pas d'objet. Si l'on considère la raison par opposition aux caractères précédents, elle sera la faculté de distinguer le vrai du faux, de comprendre les vraies causes et les vrais effets, l'ordre réel des phénomènes, en se plaçant surtout au point de vue de la pratique et de l'action : car il ne faut pas oublier, comme on l'a fait justement remarquer [1], que la raison, quand on l'oppose à la folie, consiste tout autant dans un certain équilibre général de toutes les facultés que dans un emploi logique et rationnel des opérations intellectuelles. Il y a une raison dans les actes comme il y en a une dans les pensées. Un homme peut être déraisonnable sans jamais déraisonner. Les actes sont incohérents, nuisibles, inconvenants : la faculté de raisonner paraît intacte. Réciproquement, on peut agir avec sagesse et convenance, et même porter sur les choses des jugements justes et vrais, sans être capable de donner la raison de ses jugements. Cette faculté de jugement tout instinctive est ce qu'on appelle le *bon sens* ou *sens commun*; et c'est là ce qu'on appelle le plus ordinairement raison. « Fiezvous à votre bon sens pour vous former une opinion, disait sir Campbell à un officier de marine nommé gouverneur à la Jamaïque ; mais gardez-vous bien de vouloir exposer les motifs de votre opinion. Le jugement sera probablement bon ; les raisonnements seront mauvais. » Sancho dans son île rendait d'excellents jugements ; mais il eût été incapable de les motiver. La raison, ainsi entendue, est une sorte d'instinct qui, bien loin d'avoir besoin du raisonnement, se trouve souvent en contradiction avec lui, comme nous l'avons dit déjà (167).

176. La raison dans l'enfant. — C'est encore dans le même sens que l'on oppose la raison dans l'homme mûr à l'ignorance, à l'étourderie, à l'irréflexion de l'enfant. Il s'agit toujours de la faculté signalée par Cicéron de voir les *causes* et les *effets*, de *prévoir* l'avenir dans le présent, d'apercevoir les *enchaînements* et

---

[1]. Despine, *Psychologie naturelle*, t. I, p. 305.

les *progrès* des choses. Seulement ce n'est plus qu'à un point de vue relatif que l'on considère l'enfant comme non encore doué de raison. En lui, la raison n'est qu'imparfaite ; mais elle existe en germe (ce qui n'a pas lieu dans l'animal), et elle n'est pas pervertie comme elle l'est chez le fou. C'est déjà un signe de la raison qui ne sera jamais dans l'animal et qui n'est plus dans le fou, que

> ... cette curiosité universelle de l'enfant qui presse de questions les maîtres et les parents, et qui veut sans cesse savoir le pourquoi et le comment des choses qui tombent dans le domaine borné de son intelligence. Il est déjà par ce fait seul supérieur au plus intelligent des animaux [1].

Chez les enfants, l'absence de raison n'est donc qu'une moindre raison, une tendance à la raison, c'est-à-dire un vague désir de connaître les causes et les effets et de pénétrer la liaison et les enchaînements des choses.

177. La raison et la passion. — Enfin il y a encore un autre cas où s'emploie le terme de raison, c'est quand on l'oppose à la passion. Ici, comme tout à l'heure pour la folie, il s'agit non d'une raison spéculative et abstraite, mais d'une raison pratique, et non pas seulement d'une raison intéressée et égoïste, mais de cette raison plus élevée qui nous fait comprendre notre dignité personnelle, nos rapports de fraternité avec nos semblables, notre parenté avec Dieu, qui nous apprend enfin que par les passions nous nous rendons semblables à l'animal, au fou et à l'enfant. Or, les passions sans contrepoids et sans résistance nous réduisent à l'un de ces trois états.

178. La raison et l'esprit. — On peut encore distinguer la *raison* et l'*esprit*.

« La raison voit et saisit ce qu'il y a de plus général, les principes. L'esprit est la faculté d'appliquer les principes généraux aux cas particuliers ou de combiner et de comparer des idées particulières. Plus cette combinaison est prompte et riche, plus on fait preuve d'esprit. La raison fixe le but : l'esprit découvre les moyens d'exécution. Plus on a de raison, plus on a de principes et de caractère : plus on a d'esprit, et plus on a de talent. Quand on a de la raison et qu'on manque d'esprit, on est capable de se proposer un grand but ; mais souvent on le manque.

---

1. Cournot, *Essais sur les fondements de nos connaissances*, ch. II.

Quand on a de l'esprit et qu'on manque de raison, on es fécond en moyens, mais on ne se propose rien de grand [1]. »

179. Définition. — En un mot, au point de vue pratique et usuel, la raison peut être définie la *faculté de l'ordre*. Au point de vue théorique, nous avons dit qu'elle recherche les causes et les effets, les liaisons et les progrès des choses : qu'est-ce autre chose encore que la faculté de l'ordre? C'est ce qui résulte de cette pensée de Bossuet :

> Le *rapport de l'ordre et de la raison* est extrême. L'ordre ne peut être mis dans les choses que par la raison, ni être entendu que par elle ; il est ami de la raison et son propre objet. (*Connaissance de Dieu*, ch. I, § 8.)

On peut dire encore avec M. Cournot que la raison dans l'homme consiste à saisir la « raison » dans les choses, c'est-à-dire le *pourquoi* et le *comment*; enfin, avec Descartes et avec la Logique de P.-Royal, que la raison consiste à distinguer le vrai du faux [2].

Si nous réunissons et comparons toutes les acceptions précédentes : connaître les causes et les effets, saisir la raison des choses, prévoir l'avenir dans le présent et dans le passé, percevoir l'ordre, distinguer le vrai du faux, etc., on verra qu'elles peuvent toutes se ramener à une seule : la faculté de *comprendre*. Autre chose est connaître, autre chose comprendre. Je puis connaître les événements de l'histoire sans les comprendre, connaître les phénomènes de la nature sans les comprendre, me connaître moi-même sans me comprendre. L'intelligence en général est *la faculté de connaître*. La raison est *la faculté de comprendre* [3].

180. Raison pure. — Nous venons de définir la raison dans son sens le plus usuel et le plus général. Mais depuis Leibniz et Kant on est convenu de donner à ce terme un sens plus particulier. On entend par là la *faculté de l'absolu*: dans ce cas, on y ajoute d'ordinaire l'expression de pure : raison *pure (die reine Vernunft)* ; c'est à peu près la même faculté que Malebranche désignait sous le nom d'entendement pur.

---

1. Caro, *Cours élémentaire de philosophie* (Poitiers, 1831), ch. XIII, p. 256.
2. Descartes, *Disc. de la méthode*, ch. I. « La puissance de bien juger et distinguer le vrai du faux, qui est proprement ce qu'on appelle le bon sens ou la *raison*. » — Log. de P. Royal (1er discours) : « Il y a presque partout des routes différentes, les unes vraies, les autres fausses : c'est à la *raison* d'en faire les choix. »
3. Descartes disait que nous avions une idée plus claire de l'âme que du corps; Malebranche, au contraire, pense que nous avons du corps une idée plus claire que celle de l'âme. Ces deux doctrines se concilient par la différence du *connaître* et du *comprendre*. En effet, nous connaissons mieux l'âme que le corps, parce que l'âme est la seule chose qui nous soit immédiatement connue, et que nous ne connaissons rien que par elle ; mais d'un autre côté nous comprenons mieux le corps que l'âme, parce que nous pouvons ramener le corps à ses propriétés mathématiques, et en déduire à l'avance par le raisonnement les phénomènes : ce que nous ne pouvons pas faire pour l'âme.

La raison pure n'est pas seulement la faculté de l'absolu ; elle est encore la *faculté des principes* : et elle est faculté des principes parce qu'elle est faculté de l'absolu ; car c'est dans l'absolu que les principes ont leur source.

A titre de faculté de l'absolu, la raison pure nous fournit certaines notions telles que : absolu, infini, nécessaire et parfait.

A titre de faculté des principes, la raison pure nous fournit certains principes universels et nécessaires : tels le principe de causalité, le principe de raison suffisante, le principe de substance, le principe d'identité et de contradiction, etc.

Mais y a-t-il une raison pure ? Est-il nécessaire, pour expliquer l'origine des notions et des principes que nous venons de signaler, de supposer autre chose que les opérations de la raison discursive, à savoir, l'abstraction et la généralisation, la comparaison, l'induction, l'association des idées, en un mot l'*expérience* ? Et comme toutes ces opérations ont pour point de départ les données des sens, toutes les idées précédentes, et même toutes les idées en général ne doivent-elles pas leur origine aux *sens* ?

Telle est la question, qui sous des formes diverses a été débattue à toutes les époques de la philosophie, et que nous devons discuter séparément et en elle-même à cause de sa complexité et de son extrême importance.

Disons seulement que s'il y a une raison pure, c'est-à-dire, comme nous l'avons définie, une faculté de l'absolu ou faculté des principes, cette faculté ne se distinguera pas au fond de la raison entendue au sens usuel et général et que nous avons défini la faculté de comprendre. En effet, on ne comprend qu'à l'aide des principes, et on ne comprend les principes eux-mêmes qu'à l'aide de l'absolu.

CHAPITRE VIII

Raison pure. Les notions et les vérités premières.

Parmi les notions ou conceptions que possède l'esprit humain, il en est un certain nombre qui se distinguent des autres par les caractères suivants :

181. Caractères des notions premières.—1° Elles sont *les plus élevées* de toutes, c'est-à-dire que si on les considère comme des notions abstraites et générales, extraites de l'expérience, elles sont les plus abstraites et les plus générales de toutes : si on les considère comme ayant une autre origine, elles représentent les *éléments premiers et irréductibles* de la pensée et de l'être.

2° Elles sont *universelles* et *nécessaires* : universelles en ce sens qu'elles se mêlent à tous nos jugements, qu'elles sont impliquées dans toutes nos pensées et que nous ne pouvons penser sans elles. Elles sont dans toutes nos pensées, et par là même je suis amené à croire que les objets qu'elles représentent sont *partout et toujours :* et c'est en cela qu'elles sont *universelles*. Je ne puis pas penser sans elles, et par là même je suis amené à penser que leurs objets ne peuvent pas ne pas exister dans et par tous les phénomènes : et c'est en cela qu'elles sont *nécessaires*. Elles sont dans l'esprit, a dit Leibniz, ce que les muscles et les tendons sont dans le corps. (*Nouveaux Essais*, liv. I, 19.) Voici les principales de ces idées : *espace, temps, cause, substance, unité, identité, infini, absolu, parfait*[1], etc.

3° Ces notions, qui constituent en quelque sorte le fond de notre pensée, sont aussi celles qui servent de fondement à toutes les sciences : ce sont les idées premières et fondamentales sur lesquelles elles reposent; c'est par exemple, en géométrie, la notion

---

1. On ajoute en général aux idées précédentes les trois notions du *vrai*, du *beau* et du *bien*. Mais ce ne sont là que les trois formes de l'absolu, considéré comme objet de l'entendement, de l'imagination et de la volonté.

d'*étendue* ou d'*espace;* en arithmétique, la notion de *nombre;* en algèbre, la notion de *grandeur* en général; en mécanique et en physique, la notion de *mouvement* et de *force;* en chimie, la notion de *substance;* en physiologie, la notion de *vie;* en morale, la notion de *bien;* en esthétique, la notion de *beau;* en ontologie ou métaphysique, la notion d'*absolu.*

Ces diverses notions ont pris des noms divers en philosophie. On les appelle idées ou notions *premières,* idées *fondamentales,* idées *innées* (quand on les suppose, avec Descartes et Leibniz, nées avec nous), notions *a priori* (si l'on pense avec Kant qu'elles sont indépendantes de l'expérience); on leur donne encore le nom de *catégories* ou de *formes* (Aristote et Kant); ou enfin on les appelle purement et simplement *idées :* c'est le terme que nous emploierons le plus fréquemment.

Les idées peuvent être étudiées, soit au point de vue *métaphysique,* soit au point de vue *psychologique.* En métaphysique on les considère par rapport à leur objet. En *psychologie* on les considère en tant qu'idées : 1° dans leurs caractères et dans leur nature ; 2° dans leur origine.

182. Énumération des notions premières. — Il ne faut pas multiplier les idées premières sans nécessité ; par conséquent :

1° On écartera toutes les notions qui pourraient en un certain sens être appelées premières, puisqu'elles sont données aussitôt que nous sommes en présence des objets, mais qui résultent de l'observation immédiate des choses, telles que les données de nos sens : par exemple, la couleur, le son, la solidité, etc. ; ces diverses notions sont le produit direct des sens et nous n'avons pas à leur chercher une autre origine. En outre ces notions ne représentent qu'elles-mêmes et n'en contiennent aucune autre au-dessous d'elles : par exemple, la couleur est la couleur ; le son est le son : elles ne s'appliquent donc qu'à leur propre objet : elles sont *données, senties, immédiatement perçues ;* mais si elles étaient seules, il n'y aurait pas de pensée.

2° Il en est de même des données immédiates de la conscience, au moins de celles qui nous représentent les divers phénomènes de conscience : ainsi le plaisir ou la douleur, le souvenir, la sensation sont des phénomènes qui nous sont donnés directement par cela seul que nous les éprouvons : chacun de ces phénomènes est ce qu'il est, et ne représente rien que lui-même : la sensation de bleu, au moment où on l'éprouve, n'est autre chose qu'elle-même : elle est ce que vous savez, et rien autre chose.

3° Nous devons encore éliminer un très grand nombre de notions qui ne sont pas des perceptions immédiates, qui sont des *concepts*, c'est-à-dire qui peuvent être affirmées d'autres choses que d'elles-mêmes (par exemple, quand je dis : Pierre est *homme*, Paul est *homme*) ; mais qui n'expriment que certains groupes, certaines classes d'êtres, sans être attribuables à tous les êtres : ce sont les notions abstraites et générales.

En écartant ainsi d'une part les perceptions individuelles des sens ou de la conscience, de l'autre les composés factices de l'abstraction, il ne reste qu'un assez petit nombre de notions fondamentales, dont l'énumération ne diffère pas beaucoup selon les auteurs.

La classification de Kant, sauf le détail, est encore celle qui nous paraît la plus philosophique et la plus exacte : c'est celle que nous suivrons, en la modifiant librement.

L'idée profonde dont Kant est parti, et qui nous semble devoir rester dans la science, c'est qu'il y a trois ordres d'idées fondamentales, trois étages de concepts *à priori :* les premières servent de conditions à la sensation et rendent la *perception* possible ; les secondes servent de bases au jugement et rendent l'*expérience* possible ; les troisièmes achèvent et terminent les connaissances humaines, et rendent la *moralité* possible.

Au premier degré, au premier étage sont L'ESPACE et le TEMPS : car pour percevoir les choses extérieures il faut les placer les unes *à côté* des autres (*neben einander*), c'est-à-dire dans l'espace ; et pour percevoir les phénomènes intérieurs il faut les placer les uns *à la suite* des autres (*nach einander*), c'est-à-dire dans le temps.

Mais la perception n'est pas la pensée : pour penser les choses, il faut lier entre elles nos représentations et les faire rentrer les unes dans les autres ; et pour que ces jugements forment une chaîne qui nous permette de lier l'avenir au passé, et que nous appelons *expérience*, il faut que les choses aient un certain fond permanent que nous appelons SUBSTANCE et une dépendance nécessaire que nous appelons CAUSALITÉ.

Enfin l'expérience ne nous offre qu'une chaîne ou série dont tous les phénomènes se conditionnent les uns les autres, des phénomènes dépendants et relatifs qui supposent d'autres phénomènes également relatifs et dépendants, des parties qui succèdent à des parties, etc ; mais l'esprit humain ne conçoit un système qu'à la condition qu'il forme un tout achevé et fermé : les parties supposent le tout; le fini suppose l'infini; le conditionnel suppose l'inconditionnel ; le relatif, l'absolu. L'idée D'ABSOLU achève donc la science, en lui permettant de considérer l'ensemble des choses comme un système complet; mais en même temps qu'elle est utile à la science, elle est indispensable à la morale, car sans loi absolue pas de devoir, pas de moralité.

Nous admettrons donc avec Kant trois ordres d'idées premières : 1° au premier degré, *l'espace* et le *temps* ; 2° au second, la *substance* et la *cause* avec leurs deux caractères fondamentaux, l'unité et l'identité ; 3° au troisième, l'infini, l'absolu, le parfait. Les premières constituent en quelque sorte l'écorce et le *moule* des choses ; les secondes leur *être intérieur ;* les troisièmes leur *origine* et leur *fin*. Considérons maintenant les *principes* qui se forment à l'aide de ces notions et qui sont ce qu'on appelle les *vérités premières* ou *premiers principes*.

183. **Vérités premières.** — Les vérités premières se distinguent des notions premières en ce qu'elles sont des *jugements*, des *propositions*, tandis que les notions premières ne sont que des *concepts* qui entrent comme attributs dans les vérités premières. C'est ainsi que l'on peut distinguer d'une part le concept de substance et de l'autre le principe de substance ; d'une part le concept de cause, et de l'autre le principe de causalité, etc. Les concepts nous donnent simplement ce qui est pensé par nous, quand nous concevons la substance ou la cause : les principes contiennent, en outre, l'affirmation nécessaire que tout mode suppose une substance, que tout phénomène suppose une cause.

Les vérités premières peuvent être divisées en deux grandes classes : d'une part, les vérités *logiques* ou *internes*, qui ne concernent que la pensée dans son rapport avec elle-même ; de l'autre, les vérités *externes* ou *objectives*, qui ont rapport à des objets. Les premières n'ont pas de contenu propre : j'entends de contenu *réel*. Elles sont simplement la loi suivant laquelle une pensée, quel que soit son contenu, doit être d'accord avec elle-même. Les autres ont un contenu réel, qui est celui des notions premières précédemment étudiées. Cette distinction se ramène à celle de Kant, signalée plus haut (165) entre les jugements *analytiques* et les jugements *synthétiques*. Parmi ces derniers il y en a que Kant appelle *synthétiques a priori* : ce sont les vérités premières que nous appelons objectives.

Les vérités internes ou *axiomes logiques* sont au nombre de deux : le principe d'identité : *quidquid est est*, et le principe de contradiction : *quidquid non est non est*. Le principe d'identité est antérieur, suivant Leibniz.[1]

Les vérités externes ou principes objectifs se ramènent à cinq principaux :

1° Le *principe d'espace* : tout corps est dans l'espace ;

2° Le *principe de durée* : tout événement a lieu dans le temps ;

3° Le *principe de substance* : tout mode suppose une substance ;

4° Le *principe de causalité* : tout ce qui commence d'arriver a une cause qui l'amène à l'existence. — Ce principe en contient d'autres qui n'en sont que les applications : le principe des *causes finales*, le principe *de la raison suffisante*, le principe d'*induction*.

5° Le *principe d'absolu*. Le relatif suppose un absolu ; le fini suppose l'infini ; l'imparfait, le parfait.

On pourrait multiplier beaucoup le nombre des principes logiques ou des vérités évidentes par la liaison des termes, en y comprenant tout ce qu'on appelle des *axiomes*, et notamment ceux qui sont le plus généralement reconnus pour vrais, à savoir, les axiomes géométriques. Mais Leibniz a fait observer que ces axiomes ne le sont que relativement, et que les géomètres ont souvent essayé de les démontrer[1].

On pourrait aussi augmenter le nombre des premiers principes objectifs, par exemple :

1° *Espace* : L'espace a trois dimensions ;

2° *Temps* : Deux moments du temps ne peuvent coexister ;

3° *Substance* : La quantité de substance est toujours la même dans l'univers ;

4° *Cause* : Toute cause qui n'agit pas (par exemple une cause occasionnelle) n'est pas une cause ;

5° *Absolu* : L'absolu a en lui-même la raison de son existence.

Le nombre de ces axiomes pourrait être augmenté indéfiniment, mais il y a une grande différence entre ces axiomes et les principes proprement dits. Les axiomes ne font qu'exprimer les déterminations intrinsèques des notions premières considérées en elles-mêmes ; les principes, au contraire, établissent les notions premières dans une corrélation nécessaire avec certaines données empiriques. Dire que l'espace a trois dimensions, c'est

---

1. *Nouveaux Essais*, liv. IV, ch. VII.

JANET, Philosophie.

ne dire rien de plus que ce qu'il y a déjà dans l'idée d'espace : dire que l'absolu est sa raison à lui-même, c'est dire ce qui est déjà dans l'idée d'absolu. Nous considérerons ici surtout, comme vérités premières, celles où certaines données de l'expérience interne ou externe sont affirmées en rapport nécessaire avec les notions premières; par exemple : *corps* et *espace;* — *événement* et *temps;* — *mode* et *substance;* — *phénomène* et *cause;* — *relatif* et *absolu*.

184. **Problème de l'origine des idées. — Empirisme. — Idéalisme**. — Après avoir énuméré et caractérisé les notions fondamentales et les vérités premières, nous avons à en rechercher l'origine. C'est la célèbre question, si agitée dans toutes les écoles, de *l'origine des idées*.

Cette question se pose en ces termes : Toutes les idées ou vérités premières viennent-elles des *sens* ou du moins de *l'expérience*?

La doctrine qui ramène toutes nos idées aux sens entend par là qu'elles sont tirées de nos sensations par voie d'abstraction, de généralisation ou d'induction. Ainsi nous n'avons jamais vu par nos sens la blancheur en général ; mais comme cette notion est extraite des perceptions particulières des objets blancs que nous avons pu voir, on dira que cette idée vient des sens. De même, nous n'avons pas vu par les sens tous les hommes mourir; mais nous en avons vu un grand nombre, et grâce à notre faculté de généraliser jointe au témoignage des hommes, nous appliquons à tous ce qui est vrai seulement pour nous de quelques-uns. La doctrine qui explique ainsi l'origine des idées (et qui est celle d'Épicure chez les anciens et de Condillac chez les modernes) est appelée le *sensualisme*. Suivant cette doctrine, les notions que nous avons appelées premières ne sont que des notions abstraites et générales, et les vérités premières ne sont que des faits généralisés.

La même doctrine s'appelle *empirisme*, parce que l'ensemble des procédés que nous venons de décrire (abstraction, généralisation, induction) s'appelle l'*expérience*. Il peut cependant y avoir un empirisme qui se distinguerait du sensualisme et qui reconnaîtrait une expérience *interne* ou *conscience* et une expérience *externe*, comme celui de Locke, qui reconnaît deux sources d'idées, la *sensation* et la *réflexion*; nous verrons que cette sorte d'empirisme se rapproche de l'idéalisme:

En face de l'empirisme et en opposition avec lui, la doctrine de l'*idéalisme* soutient qu'on ne peut expliquer par les sens et par l'expérience les notions et vérités premières, et qu'elles ont leur origine dans l'esprit lui-même, indépendamment de l'expérience et même avant toute expérience. En conséquence, ces idées ou vérités sont appelées *innées* (Descartes et Leibniz) ou *à priori* (Kant).

On appelle aussi assez souvent doctrine de la *table rase* celle qui fait naître les idées des sens, parce que, suivant les philosophes de cette opinion, l'âme, avant toute expérience, serait comme une tablette où rien n'a encore été écrit : *tabula rasa*. On l'avait résumée dans cette formule : *Nihil est in intellectu quod non prius fuerit in sensu*.

Quant à la doctrine idéaliste, elle a pris plusieurs formes dans l'histoire de la philosophie :

1° Théorie de la *réminiscence* (Platon). L'âme aurait déjà vécu dans une vie antérieure, et les notions premières ou innées ne seraient que les réminiscences de cette existence.

2° Théorie de l'*intellect actif* (Aristote). La sensation donne la matière de la connaissance, l'intellect passif en tire des images confuses ; l'intellect actif, qui est le *lieu des idées* (τόπος εἰδῶν) et qui est identique en essence à l'intelligible, le dégage du sensible par une activité supérieure.

3° Théorie de l'*innéité* (Descartes). Les idées sont nées avec nous, et nous les apportons en naissant comme « les marques que Dieu a imprimées sur notre âme ». Descartes a quelquefois atténué son opinion en disant que ce qui est inné en nous ce ne sont pas les idées elles-mêmes, mais la *faculté de les acquérir*. Leibniz a aussi modifié la doctrine de Descartes en disant que nous avons en nous, non pas précisément des idées expresses, mais des *virtualités* ou dispositions qui se réveillent au contact de l'expérience, et qui sont dans l'âme ce que seraient les veines dans le marbre, qui dessineraient à l'avance une figure d'Hercule que le ciseau n'aurait plus qu'à dégager.

4° Théorie de la *vision en Dieu* (Malebranche). Nos idées ou vérités premières ne sont que la manifestation de l'idée de l'Être ou de l'Infini, auquel nous sommes naturellement unis ; et nous ne comprenons les choses contingentes que par leur rapport avec l'être parfait et absolu.

5° Théorie des *principes à priori* (Kant). Les notions et vérités premières ne sont autre chose que les *lois* mêmes de l'entendement, lois qui lui sont inhérentes, comme les lois de la nature sont inhérentes aux choses mêmes, et auxquelles l'entendement est forcé d'obéir comme la nature aux siennes.

Sous toutes ces formes, c'est toujours une seule et même théorie, à savoir, qu'il y a en nous un fonds de notions qui ne vient pas du dehors et qui se tire de l'esprit lui-même.

185. Origine des notions premières. — Nous avons vu (182) qu'il y a cinq notions fondamentales : les notions de *substance* et de *cause* (auxquelles se rattachent comme y étant impliquées les notions d'*unité* et d'*identité*), et les notions d'*espace*, de *temps* et d'*absolu*.

Les deux premières (substance et cause) naissent, comme on l'a vu plus haut (113), de la conscience ou de la réflexion sur nous-mêmes : les trois autres viennent d'une source supérieure : entendement pur ou raison pure.

186. Notion de substance. — La notion de substance est la notion de ce qui reste dans un être quand on fait abstraction des phénomènes par lesquels il se manifeste : c'est l'*être* opposé au *phénomène*, le τὸ ὄν opposé au τὸ φαινόμενον, ce qui dure, ce qui subsiste, pendant que les phénomènes passent ; ce qui donne l'unité à la multiplicité phénoménale : c'est l'identique opposé au divers, l'un au multiple. Descartes en donne une idée claire dans l'exemple de la cire, qui continue à subsister la même quand toutes ses manières d'être ont changé (Médit. 2).

Au contraire, suivant l'école empirique la substance ne se distingue pas de ses phénomènes ou de ses propriétés : elle est une *somme*, une *collection* : « Le moi, dit Condillac, n'est que la *collection de ses sensations*. » Un philosophe contemporain exprime la même doctrine :

> Otez toutes les propriétés d'un corps, dit-il, il ne restera rien de la substance. Elle est l'ensemble dont les propriétés sont les détails ; elle est le tout dont les propriétés sont des extraits : ôtez tous les détails, il ne restera rien de l'ensemble ; ôtez les extraits, il ne restera rien du tout. Le sujet est la somme des attributs. Par conséquent ma conception de substance n'est qu'un résumé ; elle équivaut à la *somme des propriétés composantes* [1]. »

Ce passage reproduit la doctrine de Condillac, mais d'une manière incorrecte, même au point de vue de cette école. En effet, si le mot de substance n'exprime qu'une abstraction vide, à plus forte raison le terme de *propriétés* exprimera-t-il aussi de pures abstractions. On n'a pas plus vu par l'expérience de

[1]. Taine, l'*Intelligence*, t. II, liv. II, ch. I.

propriétés qu'on n'a vu de substance ; la propriété n'existe pas plus pour les sens que la substance. Si la substance est la somme des propriétés, la propriété n'est que la somme des modes ou des phénomènes. Il n'y a que le phénomène de réel : seul il est objet d'expérience. Si donc nous voulons donner de la substance une notion exacte et fidèle au point de vue sensualiste, il faudra dire que la substance est une collection, non de propriétés, mais de phénomènes.

A la doctrine de Condillac, Royer-Collard avait déjà fait les objections suivantes :

1° Toute collection suppose des individus : toute somme ou tout nombre suppose des choses nombrées : où sont donc les individus dont se forme la collection appelée corps? Couleur, saveur, résistance, tous ces attributs forment-ils des êtres déterminés qu'on puisse réunir en un tout? ne sera-ce pas pour le coup réaliser des entités? De plus, combien y a-t-il de phénomènes dans un corps? et chaque phénomène, en combien de phénomènes le divisera-t-on? Car il est clair qu'une couleur se compose d'un nombre infini de couleurs infiniment petites, une saveur de petites saveurs, etc., : où sont les unités dont se formera cette somme? Rien de moins applicable que la notion de collection ou de somme à l'union des phénomènes. Le corps lui-même n'est rien sans une certaine persistance ou extension qui n'est pas phénoménale. De petits phénomènes additionnés entre eux ne seraient eux-mêmes que de petites substances.

2° Toute collection, toute addition suppose un esprit qui fait la collection ou l'addition. C'est ce qui se comprend encore pour la substance externe ou le corps : ce sera un ensemble de phénomènes collectionnés par l'esprit. Mais l'esprit lui-même, qui est-ce qui en formera la collection? car, en tant que substance, il ne doit être lui-même, d'après la théorie, qu'une somme. Dès lors il faut supposer, ou bien un autre esprit qui ferait cette somme, cette addition, et dont notre esprit ne serait que l'opération, ou bien « une addition qui s'additionnerait par sa propre vertu ». Si les substances ne sont que des collections, elles ne sont que des actes de l'esprit. Quand on parle de la collection des qualités de la matière, on sait encore où placer cette collection : l'esprit est là pour la concevoir ; mais la collection des opérations de l'esprit, où la placerons-nous? Une collection de phénomènes n'est donc qu'un non-sens.

D'ailleurs nous avons vu plus haut (113) que l'esprit se perçoit lui-même, non comme succession ou comme collection de phénomènes, mais comme unité continue, persistante, comme *être*, en un mot : c'est cela même que nous appelons substance et que nous transportons ensuite par induction en dehors de nous.

187. Notion de cause. — De même que l'école sensualiste ou empirique a ramené la notion de substance à l'idée de *collection*, de même elle a ramené la cause à l'idée de *succession*. Pour Dav. Hume, pour Th. Brown, pour St. Mill, la cause n'est autre chose que *l'antécédent invariable d'un phénomène subséquent*.

Doctrine de Hume. — Voici le passage où D. Hume a exposé le premier cette théorie mémorable :

> Une bille en frappe une autre : celle-ci se meut : les sens extérieurs ne nous apprennent rien de plus... Mais dès que des événements ont été toujours et dans tous les cas aperçus ensemble, nous nommons l'un de ces objets *cause* et l'autre *effet*, et nous les supposons dans un état de connexion...
>
> La cause est un objet tellement lié à un autre objet que tous les objets semblables aux premiers soient suivis d'objets semblables au second, ou encore, un objet tellement suivi d'un autre objet que la présence du premier fasse toujours penser au second [1].

St. Mill admet et expose la même doctrine en ces termes : « La cause est la série des conditions, l'ensemble des antécédents sans lesquels l'effet ne serait pas arrivé. » — « *L'antécédent invariable* s'appelle la cause : le *conséquent invariable* s'appelle l'effet [2]. »

Cette théorie a suggéré à Reid une objection importante, que St. Mill reconnaît qu'il faut résoudre, si l'on veut que sa théorie soit bien comprise.

Suivant Reid il y a des successions invariables dans lesquelles l'antécédent n'est nullement la cause du conséquent : par exemple, la succession de la nuit et du jour, de l'enfance et de la jeunesse, de la vie et de la mort. Personne ne dit et ne croit que la nuit soit la cause du jour, l'enfance de la jeunesse, la vie de la mort. Mill essaie de répondre à cette objection par une distinction. Il ne suffit pas qu'un phénomène soit l'antécédent *invariable* d'un autre; il faut en outre qu'il soit *inconditionnel*, c'est-à-dire qu'il n'ait pas besoin d'une condition pour produire son effet : si au contraire il a besoin d'une condition, ce n'est pas lui, c'est cette condition qui est la cause. Par exemple, la nuit est toujours suivie de jour, mais à une condition, c'est que le soleil paraisse sur l'horizon : c'est donc cette condition même,

---

1. D. Hume, *Essays*, VII : *of the Idea of necessary connexion*.
2. *Syst. de log.*, liv. III, ch. v.

c'est-à-dire la présence du soleil, qui est la vraie cause. Si cette condition vient à manquer, la *séquence* en question n'aura pas lieu. La définition devra donc être modifiée et s'exprimer ainsi : « La cause est l'antécédent ou la réunion d'antécédents dont le phénomène est invariablement et *inconditionnellement* le conséquent. »

Ce correctif est-il suffisant pour écarter l'objection de Reid ? Nous ne le pensons pas. Car dans le cas dont il s'agit la condition du conséquent n'est autre chose qu'une partie du conséquent. Car si par *jour* on entend simplement la lumière, il est vrai de dire que la cause de cette lumière est la présence du soleil; mais si par jour on entend une partie du temps, et par nuit une autre partie du temps, la présence du soleil est précisément l'un des phénomènes ou même le phénomène principal qui caractérise le jour, et l'absence du soleil est le phénomène qui caractérise la nuit ; or la présence du soleil étant toujours précédée de l'absence du soleil ou réciproquement, on demande pourquoi ce n'est pas la présence du soleil que nous appelons cause de son absence ou réciproquement, à peu près comme Platon, dans un argument du *Phédon* qui a été souvent taxé de sophistique, dit que la vie est la cause de la mort et la mort la cause de la vie. On n'a donc pas répondu, selon nous, à l'objection de Reid. Au contraire, cette hypothèse est très propre à mettre en relief la différence des deux notions.

St. Mill soutient en outre que la loi de causalité n'est pas une loi nécessaire pour l'esprit, et qu'il peut s'en affranchir :

<small>Toute personne, dit-il, habituée à l'abstraction arriverait, si elle dirigeait à cette fin l'effort de ses facultés, à admettre sans difficulté une succession des événements toute fortuite et n'obéissant à aucune loi déterminée. (*Logique*, liv. III, ch. XXI, § 3.)</small>

Il cite encore comme exemples d'exceptions à cette loi la croyance au hasard, la croyance à la fatalité, au miracle, et enfin au libre arbitre. Tous ces faits prouvent, suivant lui, que la loi de causalité n'est pas pour nous inflexible; pour nous, au contraire, ces faits ne prouvent qu'une chose, c'est que la loi de causalité n'est pas la même chose que la loi de succession constante, par conséquent que la causalité n'est pas la succession.

Supposons en effet, comme le demande Mill, un monde où les phénomènes sont livrés au hasard; un tel monde, qui ne serait que le *chaos*, pourrait être dit sans *lois*; mais il n'est nullement évident par là qu'il serait sans *causes* : l'esprit humain continuerait à croire que, même dans ce monde, les phénomènes, quoique désordonnés ne naîtraient pas pour cela du néant; ils seraient encore pour nous produits par des causes, mais par des causes qui, ayant une nature divergente et contradictoire, ne pourraient en agissant ensemble produire que le chaos. Ainsi la causalité ne serait pas supprimée avec la succession régulière. Il en est de même de la croyance aux miracles et au libre arbitre. Le miracle est une suspension des lois de la nature, mais il n'est pas l'absence de cause : car il a pour cause la volonté du créateur. Et de même le libre arbitre est aussi, ou paraît être, une exception aux lois naturelles; mais il n'est pas la négation de la cause, car il est lui-même une cause. Enfin le hasard, pour ceux qui y croient sérieusement, est également représenté comme une puissance aveugle, mais comme une puissance, c'est-à-dire comme une cause. L'absence de lois déposerait donc, si l'on veut, contre la cause finale, mais non contre la cause proprement dite, c'est-à-dire contre la *cause efficiente*.

Doctrine de Biran. — C'est là, en effet, le vrai caractère de la cause : c'est l'*efficacité*, le *pouvoir d'agir*. La croyance à la cause consiste dans la conviction qu'au delà du phénomène, c'est-à-dire *de ce qui commence à exister*, il y a autre chose qui l'amène à l'existence. Rien de ce qui commence ne commence par soi-même, ne naît spontanément du néant, mais ne peut venir à l'existence que par la vertu d'un être qui est assez fort, assez puissant pour lui donner l'être. La cause, c'est l'*action*. La notion de cause ainsi entendue a son origine, non dans l'expérience externe, mais dans l'expérience interne. Cette doctrine était déjà dans Locke, mais elle a été mise dans tout son jour par Maine de Biran :

Tout le mystère des notions *à priori*, dit-il, disparaît devant le flambeau de l'expérience intérieure, qui nous apprend que l'idée de cause a son type primitif et unique dans le sentiment du moi identifié avec celui de l'effort. (*Œuv. inéd.*, t. I, p. 258.) — Nous trouvons profondément empreinte en nous la notion de cause ou de force; mais avant la notion est le sentiment immédiat de la force, et ce sentiment n'est autre que celui de notre existence même, dont celui de l'activité est inséparable. Car nous ne pouvons nous reconnaître comme personnes individuelles sans nous sentir causes relatives à certains effets ou mouvements produits dans le corps organique. La cause ou force actuellement appliquée à mouvoir le corps est une force agissante. Mais l'existence de la force n'est un fait pour le moi qu'autant qu'elle s'exerce. C'est ce fait que nous appelons effort ou action voulue, et je dis que cet effort est un véritable fait primitif du sens intime. (*Œuv. inéd.*, t. I, p. 47.)

C'est donc dans la conscience de la force déployée par nous sur nos organes que nous trouvons en nous le type du *pouvoir actif* et de la *cause efficace*. L'action que nous exerçons sur nos membres n'est donc pas une illusion, comme le croyaient beaucoup de philosophes du xvii° siècle.

Dav. Hume n'avait pas ignoré cette doctrine qu'il avait déjà trouvée dans Locke (*Essai*, liv. II, ch. xxi, §4), et il avait dirigé contre elle quelques objections que Maine de Biran a discutées[1].

1re *obj.* L'influence des volitions sur les organes n'est qu'un fait d'expérience qui nous est connu de la même manière que le sont toutes les opérations de la nature, c'est-à-dire comme une succession de phénomènes.

Rép. Je nie la parité. Un fait d'expérience intérieure immédiat n'est pas connu comme un fait d'expérience extérieure. Une opération de la volonté ou du moi ne ressemble en rien à ce qu'on appelle une opération de la nature. La perception interne de l'acte ou du pouvoir est à elle-même son objet ou son modèle. C'est un sentiment original qui sert de type à toute idée de force extérieure, sans avoir lui-même aucun type au dehors. — Une seconde différence, c'est que dans ce cas le nombre des répétitions n'ajoute rien à la persuasion ou à la croyance d'une liaison réelle et infaillible de la cause à l'effet.

2e *obj.* On n'eût jamais pu prévoir ce fait dans l'énergie de la cause.

Rép. Cela n'est vrai que de l'expérience externe. Au contraire, dans l'expérience interne nous sentons l'effet en même temps que nous apercevons la cause, et le premier acte de conscience nous apprend à prévoir le fait du mouvement dans l'énergie de sa cause.

3e *obj.* Nous ignorons absolument les *moyens efficaces* par lesquels cette opération si extraordinaire s'effectue.

Rép. Ne sont-ce pas là deux choses hétérogènes? Comment le *sentiment immédiat* du pouvoir ou le *nisus* (effort) dépendrait-il de la *connaissance objective ou représentative* des moyens ou instruments de la volonté, nerfs, muscles, etc.?

4° *obj.* Y a-t-il dans la nature un principe plus mystérieux que celui de l'union de l'âme et du corps?

Rép. En prenant le moi pour cause et la sensation musculaire pour effet, il n'y a pas lieu de demander quel est le fondement de cette relation, puisque c'est le fait psychologique primitif au delà duquel il est impossible de remonter. Le sentiment intérieur de ce fait primitif est essentiellement différent de la con-

---

1. Biran, *Œuvres*, édit. Cousin, t. IV, p. 273.

naissance objective ou représentative des deux substances et du comment de leur liaison.

Biran conclut que : 1° la notion de pouvoir ou de liaison nécessaire dérive uniquement de la conscience interne de notre pouvoir d'agir; 2° que ce pouvoir est un fait que nous connaissons immédiatement, *certissimâ scientiâ et clamante conscientiâ*, fait intérieur *sui generis*, et il répugne de dire que l'habitude ou l'expérience répétée puisse créer le principe de causalité, transformer les effets en causes et le contingent en nécessaire.

Objection générale. On peut objecter à la doctrine de Biran que c'est encore donner raison à l'empirisme et renoncer à la doctrine de l'innéité, que d'attribuer à la conscience l'origine des notions de cause et de substance ? Car la conscience, c'est l'expérience interne; mais enfin c'est encore l'expérience.

Rép. Nous répondrons que nous avons distingué (54) deux modes de la conscience : la conscience phénoménale, ou *sens intime*, qui est l'analogue des sens externes et qui n'atteint que les phénomènes : c'est ce que Kant appelle la conscience *empirique;* et en second lieu la conscience de soi ou *réflexion* (conscience pure), qui atteint l'être et qui est une des fonctions de l'entendement. En un mot, en rapportant à la conscience les notions de cause et de substance on ne détruit pas l'innéité de ces notions, car, comme le dit Leibniz, « l'être est inné à lui-même ».

188. Notions d'espace et de temps. — Kant a signalé les caractères suivants comme inhérents à la fois à l'espace et au temps, et il en a conclu leur origine *à priori* :

1° L'espace n'est pas un concept dérivé des impressions externes, et le temps n'est pas dérivé des perceptions internes : car l'un et l'autre sont les *conditions* sans lesquelles aucune perception interne ou externe ne serait possible.

2° On peut supposer la non-existence des choses qui sont dans l'espace et dans le temps, mais nous ne pouvons détruire dans notre esprit les notions d'espace et de temps. Ces deux notions sont donc *nécessaires*.

3° L'espace et le temps ne sont pas des notions abstraites et générales extraites des choses particulières, car il n'y a pas plusieurs espaces et plusieurs temps différents dont on pourrait dégager les propriétés communes. Il n'y a qu'*un seul* espace, il n'y a qu'*un seul* temps, et les divers espaces ou les différents temps ne sont que les parties du même espace et du même temps.

4° L'espace est *infini*; c'est « une grandeur infinie donnée ». Il en est de même du temps.

189. Notions d'infini, d'absolu et de parfait. — Ces trois notions ont sans doute des caractères propres qui les distinguent l'une de l'autre, et en métaphysique il est important de ne pas les confondre. Mais elles ont aussi des caractères communs, elles ne supposent rien au delà d'elles-mêmes, elles ne demandent aucune condition et elles sont au contraire la condition de tout le reste. Nous les ramènerons donc à une seule, qui est l'*inconditionnel*.

Descartes, dans ses *Méditations* et *Réponses aux objections* a démontré que l'idée d'*infini*, qui pour lui implique les deux autres, ne peut en aucune façon s'expliquer par l'expérience. Voici le résumé de cette discussion :

1° On a soutenu que l'idée d'infini n'est obtenue que par la négation de ce qui est fini, de même que le repos et les ténèbres ne se comprennent que par la négation du mouvement et de la lumière.

Au contraire, dit Descartes, je vois manifestement qu'il se rencontre plus de réalité dans la substance infinie que dans la substance finie, et partant j'ai en quelque façon premièrement en moi la notion de l'infini que du fini... Car comment serait-il possible que je pusse connaître que je doute et que je désire, c'est-à-dire qu'il me manque quelque chose et que je ne suis pas tout parfait, si je n'avais en moi aucune idée d'un être plus parfait que le mien, par la comparaison duquel je connaîtrais les défauts de ma nature ?

Bossuet exprime la même pensée que Descartes dans un passage célèbre et d'une admirable éloquence :

Dis, mon âme, comment entends-tu le néant, sinon par l'être ? Comment entends-tu la privation, si ce n'est par la forme dont elle prive ? Comment l'imperfection, si ce n'est par la perfection dont elle déchoit ? Comment entends-tu l'erreur, si ce n'est par la privation de la vérité ? le doute et l'obscurité, si ce n'est comme privation de l'intelligence et de la lumière [1] ?

En d'autres termes, si nous n'avions pas la notion d'être, si nous n'étions plongés dans l'être, si nous ne participions à l'infini et à l'absolu, nous ne pourrions rien connaître. C'est ce que dit aussi Spinosa [2].

2° Une seconde explication, c'est que les perfections que nous attribuons à Dieu ne sont que nos propres perfections amplifiées :

Peut-être que toutes les perfections que j'attribue à la nature d'un Dieu sont en quelque façon en moi en puissance... et je ne vois rien qui puisse empêcher qu'elles ne s'augmentent de plus en plus jusqu'à l'infini, ni pourquoi la puissance que j'ai pour l'acquisition de ces perfections ne serait pas suffisante pour en produire les idées.

1. *Élévations*, I.   2. Spinosa, *de Deo et Homine*, ch. I.

Descartes répond qu'il est impossible de tirer l'idée d'un infini *actuel* d'un infini *en puissance* :

> Car, premièrement, dit-il, encore qu'il fût vrai que ma connaissance acquît chaque jour de nouveaux degrés de perfection... toutefois ces avantages n'approchent en aucune sorte de l'idée que j'ai de la divinité, dans laquelle rien ne se rencontre en puissance, mais tout y est actuellement et en effet. Davantage, encore que ma connaissance s'augmentât de plus en plus, néanmoins je ne laisse pas de concevoir qu'elle ne saurait être actuellement infinie. Mais je conçois Dieu actuellement infini en un si haut degré qu'il ne se peut rien ajouter à la souveraine perfection qu'il possède.

3° Une troisième explication consisterait à expliquer l'idée d'infini ou d'absolu par l'addition de toutes les perfections dont se compose la création. On pourrait feindre que peut-être plusieurs causes ont contribué à la formation de cette idée : « que de l'une j'ai reçu l'idée d'une des perfections que j'attribue à Dieu, et d'une autre l'idée de quelque autre ; en sorte que toutes ces perfections dispersées dans l'univers soient rassemblées en une seule qui soit Dieu ».

Rép. Cela est impossible, car, dit Descartes :

> Au contraire, l'unité, la simplicité ou l'inséparabilité de toutes les choses qui sont en Dieu est une des principales perfections que je conçois être en lui ; et l'idée de cette unité n'a pu être mise en moi par aucune cause de qui je n'aie point reçu aussi les idées de toutes les autres perfections.

En résumé l'idée d'infini, suivant Descartes, ou l'idée de Dieu, 1° étant une idée éminemment *positive*, ne peut être obtenue par négation ; 2° étant l'idée d'un *acte* absolu, ne peut se tirer de ce qui n'est qu'en puissance ; 3° étant enfin l'*unité* absolue de tout attribut et de toutes perfections, ne peut être la somme des perfections éparses répandues dans l'univers. Conséquemment, cette idée ne peut être obtenue par aucune expérience interne ou externe : elle doit venir d'une source supérieure, et c'est ce qu'on appelle la raison pure.

190. **Objection à la théorie précédente.** — D'après la théorie précédente, les notions appelées premières ou fondamentales n'auraient pas une seule et même origine. Les unes (substance et cause) viendraient de la conscience ; les autres (espace, temps, absolu) viendraient de la raison pure. Cette théorie manquerait donc d'unité.

Rép. La question est de savoir, comme nous l'avons déjà indiqué, si la conscience et la raison ne sont pas substantiellement identiques, si elles ne sont pas l'une et l'autre l'entendement lui-même appliqué à des objets différents. C'est ce que nous essaierons d'établir dans le chapitre suivant.

191. Origine des vérités premières. — Quant à l'origine des vérités premières, Leibniz (*Nouveaux Essais*, préface, et liv. I, ch. I) et après lui Kant (*Crit. de la Raison pure*, introduction) ont signalé les caractères essentiels qui se refusent à toute explication expérimentale; ces deux caractères sont : la *nécessité* et l'*universalité*. Les principes premiers sont nécessaires, c'est-à-dire que le contraire en est impossible. Ils sont universels, c'est-à-dire qu'ils sont vrais partout et toujours.

Essayez en effet de supposer un instant la fausseté des principes suivants : pas de corps sans espace, pas d'événement sans temps, pas de phénomène sans cause, pas de mode sans substance, pas de relatif sans absolu; vous verrez que l'entendement tout entier disparaît avec ces principes. Ils sont aussi nécessaires que le principe de contradiction.

Or, comme le montre Leibniz, l'expérience ne peut fournir aucune nécessité ou universalité véritable.

> Les sens, dit-il, quoique nécessaires pour toutes nos connaissances actuelles, ne sont point suffisants pour nous les donner toutes, puisque les sens ne nous donnent jamais que des exemples, c'est-à-dire des vérités individuelles. Or tous les exemples qui confirment une vérité générale ne suffisent pas pour établir la nécessité universelle de cette même vérité. Car il ne suit pas que ce qui est arrivé arrivera toujours de même. D'où il paraît que les vérités nécessaires doivent avoir des principes dont les preuves ne dépendent pas des exemples ni par conséquent du témoignage des sens, quoique sans les sens on ne se serait jamais avisé d'y penser.

Contre la doctrine de l'innéité, Locke faisait valoir deux objections principales (*Essai sur l'entend. humain*, liv. I, ch. I et II) :

> 1° Si les vérités étaient innées, elles devraient être reçues d'un commun accord par tous les hommes et surtout éclateraient davantage chez ceux qui sont plus près de la nature; c'est-à-dire les sauvages, les enfants et les gens incultes : or c'est le contraire qui arrive.
>
> 2° Si l'on admettait les principes innés, il y aurait dans l'âme beaucoup de choses qu'elle ne saurait pas et dont elle ne s'apercevrait pas; et elle se donnerait beaucoup de mal pour apprendre plus tard ce qu'elle devait savoir avant la naissance.

Leibniz répliquait :

1° Le consentement universel n'est pas le signe de l'innéité, car il peut y avoir consentement universel même pour les objets des sens; et il peut manquer au contraire pour des vérités innées, lesquelles ne sont aperçues que lorsqu'on y fait attention : c'est pourquoi elles ne se manifestent pas chez les enfants, les sauvages et les ignorants, qui sont plutôt portés vers les objets des sens.

2° Il peut y avoir en nous des vérités dont nous ne nous apercevons pas (comme on le voit dans les réminiscences et dans les enthymèmes [1]). Dire que la vérité est en nous, ce n'est pas dire que nous y pensons actuellement; c'est dire que nous la trouvons en nous si nous y faisons attention : on peut donc apprendre ce qui est inné.

En résumé, Leibniz soutenait que l'esprit dans la production des idées premières est essentiellement actif : les sens ne sont que l'occasion ou le stimulant qui lui fait trouver la vérité en lui-même. L'esprit est analogue à la vérité et à l'être, συγγενής τῷ ὄντι. « *L'être nous est inné à nous-mêmes, puisque nous sommes des êtres;* et la connaissance de l'être est enveloppée dans celle que nous avons de nous-mêmes. »

L'école disait : *Nihil est in intellectu quin prius fuerit in sensu.*

Leibniz admet cette maxime, mais il y a ajouté un correctif célèbre : *Nisi ipse intellectus.*

C'est-à-dire : « Il n'y a rien dans l'entendement qui ne passe par les sens, *si ce n'est l'entendement lui-même.* » L'entendement, en effet, n'est pas une simple capacité passive, c'est quelque chose de réel; mais rien de réel n'existe sans propriétés, sans déterminations propres. Il n'existe même pas de tablettes vides où rien absolument ne soit tracé : où voit-on un plan parfaitement uni et uniforme? Par la même raison, l'entendement ne peut pas être une capacité vide, nue, sans rien de virtuel, sans rien de prédéterminé. Il doit y avoir en lui des virtualités, des habitudes, des dispositions naturelles, des lois en un mot, et c'est cet ensemble de lois que l'on appelle *idées* ou *principes innés.*

---

1. Les *enthymèmes* sont des syllogismes où l'on sous-entend l'une des prémisses.

CHAPITRE IX

Théories de l'association et de l'hérédité; conclusion.

Les philosophes empiriques du dernier siècle avaient cru pouvoir expliquer l'origine des notions et vérités premières par l'abstraction et la généralisation. Les principes qui servent de base à tous nos jugements n'étaient que le résultat d'une expérience souvent répétée, transformée en loi par l'induction. Ayant aperçu par l'expérience que les phénomènes avaient des causes, que les parties étaient plus petites que le tout, que le corps suppose une étendue qui l'environne, l'esprit généralise ces principes et les transforme en lois : *tout* phénomène a une cause; *tout* corps est dans l'espace; *toute* partie est plus petite que le tout. Mais Leibniz et Kant avaient fait remarquer, nous l'avons vu (191), qu'il y a des principes qui se signalaient par deux caractères essentiels : l'universalité et la nécessité; or ces caractères ne peuvent appartenir à aucun jugement expérimental, puisque l'expérience ne peut nous donner que *ce qui est*, et non *ce qui ne peut pas ne pas être;* ce qui est dans un temps et dans un lieu particulier, et non *partout* et *toujours*. Pour échapper à cette objection, on a fait appel de nos jours à un nouveau principe : ce principe est le principe de l'*association*.

192. **Théorie de l'association.** — C'est un fait que nous avons souvent signalé (voy. plus haut, p. 70, *note*), que lorsque deux perceptions se sont rencontrées ensemble ou successivement dans une conscience commune, l'une ne peut pas se reproduire sans que l'autre ait une tendance à se reproduire également; et plus les deux faits se présentent souvent associés l'un à l'autre, plus la tendance à les lier ensemble devient énergique : il s'établit alors une *habitude* qui, en vertu d'une autre loi analogue, devient invincible par la répétition fréquente. Nous ne pouvons plus séparer les deux termes l'un de l'autre, pas

plus que le joueur en présence d'une carte ne peut se priver du jeu, ou le buveur se priver de boire en présence de sa liqueur favorite. En un mot, la *loi* de l'habitude est la même au fond que celle de l'association, et elles peuvent se ramener l'une à l'autre. Il y a des habitudes de l'esprit comme des habitudes du corps, et l'association des idées est une habitude de l'esprit : or, comme l'habitude avec le temps et la répétition devient irrésistible, l'association, avec le temps et la répétition, devient indissoluble.

Ces *associations indissolubles* sont ce que nous appelons des principes universels et nécessaires.

Si donc la nécessité est le vrai critérium (comme l'ont pensé Kant et Leibniz) des vérités premières ou *à priori*, c'est précisément ce caractère que les lois de l'association sont le plus aptes à expliquer [1].

Stuart Mill cite à l'exemple de cette loi le préjugé qui a régné si longtemps sur l'impossibilité des antipodes ou sur celle de l'attraction à distance. Ces doctrines étaient tellement contraires aux associations habituelles qu'on les jugeait complètement impossibles. L'imagination ne pouvait se représenter des hommes qui fussent au-dessous de nous la tête en bas et les pieds en l'air; par la même raison on ne pouvait se représenter les astres s'attirant à distance, parce que, pour nous, nous ne pouvons attirer les corps qu'en les prenant avec la main ou en les tirant par des cordes ou des instruments. Ainsi tout ce qui est en dehors de nos habitudes nous paraît inconcevable et impossible, jusqu'à ce qu'un certain nombre d'expériences viennent rompre l'association précédente et en former de nouvelles ; et souvent d'autres expériences à leur tour finissent par produire de nouvelles associations qui se changent aussi en principes nécessaires et font considérer comme inconcevables et absurdes les principes antérieurs, qui avaient régné pendant longtemps d'une manière despotique. C'est ainsi, par exemple, que la première loi du mouvement, la loi de l'inertie, qui a été primitivement et pendant longtemps un paradoxe, est devenue par l'usage tellement évidente pour les savants, que c'est précisément le contraire qui leur paraît aujourd'hui un paradoxe. Il en est de même du fameux principe « que la quantité de matière reste toujours la même », et l'on ajoute aujourd'hui « la quantité de force ». Ce principe n'était qu'une hypothèse métaphysique,

---

1. St. Mill, *Examen d'Hamilton*, ch. XIV.

n'ayant aucune autorité pour les savants jusqu'à ce que Lavoisier en ait fait un axiome de la chimie, et Joule et Meyer de la physique [1].

M. St. Mill explique par des associations inséparables et indissolubles non seulement les principes de la physique et de la mécanique, qui ne sont peut-être en effet que des expériences généralisées, mais encore les principes des mathématiques, les *axiomes*, et enfin les principes les plus élevés de l'entendement humain, et le plus élevé de tous, le *principe de causalité*.

Les axiomes des mathématiques ne sont, suivant lui, que des expériences indéfiniment répétées dont le contraire ne s'est jamais présenté à nos sens. Par exemple, cette vérité que deux droites ne peuvent enfermer un espace, vient de ce que, en fait et à tout instant de la vie, « nous ne pouvons regarder deux lignes droites qui se croisent sans voir en même temps que de ce point d'entrecroisement elles divergent de plus en plus » ; là même où l'expérience cesserait de nous guider, nous avons l'imagination qui prend sa place : or toutes les fois que par l'imagination nous essayons de nous représenter deux lignes qui se séparent en partant d'un point commun, nous pouvons les poursuivre tant que nous voulons par l'œil de l'esprit, nous les verrons toujours s'éloigner. Ainsi l'expérience mentale vient au secours de l'expérience extérieure. L'expérience est tellement pour M. Mill le principe des vérités mathématiques, qu'il va jusqu'à dire que si, toutes les fois que deux objets se rencontrent avec deux autres objets, il en surgissait tout à coup un troisième, nous dirions nécessairement que deux et deux font cinq.

Enfin, de tous les principes qui dominent la raison humaine, le plus essentiel et le plus fécond pour la science, c'est le principe de causalité : or ce principe n'est autre chose que la généralisation la plus élevée de la loi d'association. En effet, si dans chaque ordre de phénomènes et de successions de phénomènes nous prenons l'habitude d'attendre le second après avoir perçu le premier, nous finissons par nous apercevoir que *tous* les ordres de phénomènes sont soumis à la même loi de succession, et que toujours et partout un phénomène quelconque nous suggère l'attente d'un autre phénomène ; que tous, sans distinction de genre et d'espèce, sont tels que le premier appelle le second et que le second suppose le premier. Or, si on appelle cause, suivant la théorie

---

[1]. Lavoisier par la théorie de la combustion, Joule et Meyer par la théorie de l'équivalent mécanique de la chaleur.

de Dav. Hume, le phénomène *antécédent*, et effet le phénomène *subséquent*, on arrive à cette loi : tout phénomène suppose un antécédent qui est sa cause, ou bien : tout phénomène suppose une cause. C'est le principe de causalité, principe de toute induction, mais qui est lui-même le résultat de l'induction.

193. Critique de la théorie de l'association. — Cette théorie des associations indissolubles est évidemment un progrès sur celle de l'ancien empirisme : mais satisfait-elle à toutes les conditions du problème [1] ? nous ne le pensons pas.

1° Elle explique en effet un certain mode de nécessité dans nos jugements premiers : mais ce n'est qu'une nécessité *subjective*, tandis que la nécessité qu'il s'agit d'expliquer est une nécessité *objective*. Or, nous distinguons très bien l'une de l'autre : nous comprenons que ce qui est une nécessité pour nous n'en est pas une pour les autres, et par conséquent n'est pas une nécessité absolue. L'habitude en effet est un fait essentiellement subjectif et qui n'a pas rapport au monde objectif. Par exemple, j'ai l'habitude de faire une promenade, et elle est devenue pour moi une nécessité : mais cela n'impose aucune loi au monde extérieur. Comment donc, par une simple habitude de mon esprit, pourrais-je imposer une loi aux choses? C'est, dit-on, que nous ne pouvons avoir l'habitude de penser une chose sans croire qu'elle est vraie objectivement. Je le nie. Par exemple, c'est une loi signalée par Aristote qu'il n'y a pas de pensée sans images. C'est là évidemment une nécessité pour moi ; mais je n'en fais nullement une nécessité pour tout esprit, et je conçois pour un autre esprit la possibilité de penser sans images. Je puis m'être habitué à ne pouvoir travailler et penser qu'à la campagne, et il est possible que nulle pensée ne me vienne si je n'ai pas sous les yeux la verdure des bois; mais je n'en fais nullement une loi objective pour tout autre esprit. Enfin, en supposant que nous soyons dupes de l'habitude tant que nous ne savons pas que c'est elle qui gouverne nos jugements, nous pouvons toujours nous en affranchir aussitôt que nous sommes prévenus. Nous devrions donc pouvoir nous affranchir de nos habitudes intellectuelles.

2° Les deux principes fondamentaux de l'esprit sont : le prin-

---

[1]. Nous avons déjà vu plus haut (08) que l'associationisme n'explique pas les principales opérations de l'entendement : nous nous bornons ici à ce qui concerne la raison pure.

cipe d'identité et le principe de causalité. Considérons d'abord le *principe d'identité*. Ce principe est la loi de toute pensée, sans laquelle il n'y aurait pas même de pensée. Suivant M. Mill, ce serait encore là une généralisation de l'expérience, fondée sur ce fait « que la croyance et la non-croyance sont deux états de l'esprit qui s'excluent mutuellement ». (*Logique*, liv. II, ch. VII.) Mais pourquoi ces deux faits s'excluent-ils l'un l'autre? Pourquoi le oui et le non ne peuvent-ils jamais coexister? Ce n'est pas l'impossibilité de cette coexistence qui sépare ces deux notions; c'est leur exclusion réciproque qui empêche leur coexistence.

3° Le vrai point du débat porte surtout sur le *principe de causalité*. De part et d'autre on admet la nécessité de ce principe : Kant et Mill sur ce point sont d'accord; mais la question est de savoir si c'est simplement une nécessité d'habitude, ou une nécessité absolue, si une *attente invincible* n'équivaudrait pas à une *croyance objective* et n'en serait pas le vrai fondement. Si nous ne doutons pas du principe de causalité, nous dit M. Mill, c'est qu'aucune expérience contraire, au moins directe, ne nous a forcés de rompre la liaison qui existe dans notre esprit. Mill va jusqu'à dire que nous ne sommes pas incapables de rompre volontairement cette chaîne, et qu'il ne nous est pas impossible de nous représenter un monde où les phénomènes se produiraient sans cause et sans lois [1].

L'explication de Mill pèche par la base, parce qu'en effet il s'en faut de beaucoup que l'expérience nous fournisse une association inséparable de la cause et de l'effet, d'un antécédent et d'un conséquent. Combien de phénomènes dont nous ne connaissons pas l'antécédent! Combien d'effets dont nous ne connaissons pas la cause! et cela parmi les phénomènes qui nous sont les plus familiers et qui importent le plus à nos intérêts! On peut dire même que les phénomènes dont les causes nous sont inconnues surpassent de beaucoup en nombre ceux dont les causes nous sont connues. Par exemple, qui peut dire les causes de la plupart des maladies épidémiques? L'étiologie est la partie la plus obscure de la médecine. En météorologie nous ignorons les causes d'un très grand nombre de phénomènes. En physique, il est vrai, on en a expliqué beaucoup, mais ce n'est que depuis trois siècles : auparavant les vraies causes étaient inconnues. En un mot, dit Helmoltz :

---

1. *Logique*, liv III, ch. XXI

Le nombre des cas où nous pouvons démontrer le rapport causal est bien peu considérable par rapport au nombre de cas où cette démonstration nous est impossible... si donc la loi causale était une loi d'expérience, sa valeur inductive serait bien peu satisfaisante [1]... Nous sommes donc amenés à considérer la loi de causalité comme une loi de notre pensée préalable à toute expérience.

Ce n'est pas tout. Le principe de causalité repose, dit-on, sur l'association. Mais sur quoi repose l'association elle-même? Pour que nos idées s'associent, il faut que les phénomènes qui les suggèrent soient eux-mêmes réellement associés. Il a fallu observer des consécutions constantes pour s'habituer à en attendre infailliblement le retour. Or d'où viennent ces consécutions constantes? Comment se produisent-elles? La loi d'association n'est elle-même qu'un effet : quelle en est la cause?

Dira-t-on qu'une fois en possession de la loi de succession constante, que nous appelons loi de causalité, nous appliquons cette loi même au fait de succession, et que, tout phénomène exigeant un antécédent, nous supposons que cette loi de succession elle-même doit avoir son antécédent, c'est-à-dire sa cause? Mais c'est ce qui est contradictoire. Car la succession constante étant le fait primitif, il n'y a pas à en chercher la raison. Si nous en cherchons nécessairement la raison, c'est que ce n'est pas un fait primitif, c'est que la loi de succession constante ne se suffit pas à elle-même. C'est qu'elle suppose une autre loi qui la dépasse et qui la domine, la loi de causalité. La loi de causalité est donc au-dessus de toute explication phénoménale, puisqu'elle se pose à propos de tout phénomène, même à propos de celui que l'on en donne comme l'explication.

194. **Théorie de l'hérédité.**—L'école anglaise la plus récente (MM. Herb. Spencer, Lewes, Murphy) a donné à l'empirisme une forme toute nouvelle en renonçant à faire de l'expérience individuelle la source de nos connaissances et en faisant remonter les expériences jusqu'à l'origine de l'humanité. Ce n'est plus un seul homme qui parvient à lui tout seul à former par l'association indissoluble les principes rationnels: c'est la suite des générations humaines qui y contribuent toutes pour leur part, et qui transmettent aux générations suivantes les habitudes des générations antérieures en y ajoutant chacune leur propre part

---

1. Helmholtz, *Optique physiologique*, trad. française, p. 591, § 26. Cet auteur ajoute « que nous pourrions tout au plus comparer son degré de validité à celui des lois météorologiques, de la loi de la rotation du vent, etc. »

d'action. En un mot les notions et vérités premières ne sont plus seulement, comme pour Mill, des associations *inséparables;* ce sont des associations et des *habitudes héréditaires.*

A ce point de vue, H. Spencer combat l'ancienne théorie de la table rase (*Psychologie*, partie IV, ch. VII) :

> Si l'esprit n'était à la naissance, dit-il, qu'une réceptivité purement passive, pourquoi un cheval ne pourrait-il pas recevoir la même éducation qu'un homme? Pourquoi le chat et le chien, soumis aux mêmes expériences, n'arriveraient-ils pas à une même espèce d'intelligence? Enfin, si, avant toute expérience, l'esprit n'est qu'une table rase, *d'où vient la faculté d'organiser les expériences?*

Il y a donc quelque chose d'inné, et à ce point de vue l'école de Leibniz a raison contre l'école de Locke : mais cette innéité n'est qu'individuelle, elle n'est pas propre à l'espèce. C'est l'espèce qui fait les expériences et qui transmet aux individus des prédispositions que nous appelons des lois : chacun y concourt, en même temps que chacun subit l'influence de ceux qui ont précédé :

> Les successions psychiques habituelles établissent une tendance héréditaire à de pareilles successions, qui, si les conditions restent les mêmes, croît de génération en génération, et nous explique ce que l'on appelle les *formes de la pensée.*

De même que les *instincts* proprement dits viennent de ce que les organes, par une continuelle répétition, finissent par se mettre en correspondance avec les actions extérieures, de même ces relations mentales, stables, indissolubles, instinctives, qui constituent nos idées de temps et d'espace, et aussi sans doute de cause et de substance, s'expliquent par le même principe; ce principe, c'est la *transmission* héréditaire : c'est l'*accumulation* des expériences de l'espèce. Il y a un *instinct mental* et rationnel, comme il y a un instinct organique et physique. Cet instinct se produit dans le temps, comme les autres instincts, par l'association et l'habitude.

195. **Critique de la théorie de l'hérédité**. — Telle est la théorie de l'école nouvelle appelée école de l'*évolution*. Il résulte d'abord des conclusions mêmes de cette école que, dans le grand débat institué entre Leibniz et Locke, c'est Leibniz qui avait raison. En effet la question, telle qu'elle a été posée dans tous les temps entre l'école de l'innéité et celle de la table rase, n'avait jamais porté que sur l'individu, et non sur l'espèce. Il ne s'agissait jamais que de l'expérience individuelle; or, dans ces termes, c'est l'empirisme qui avait tort et l'innéisme qui

avait raison. Oui, il y a des prédispositions, des virtualités, des lois primordiales, des formes *à priori*. Voilà un point acquis. D'où viennent-elles? c'est une autre question.

La doctrine de l'hérédité n'est sous une autre forme que la doctrine platonicienne de la *préexistence*.

L'hérédité est en effet une sorte de préexistence et de survivance. L'enfant a préexisté dans les parents, et les parents survivent dans les enfants. Ce n'est pas la préexistence personnelle, de même que ce n'est pas la survivance personnelle : mais c'est toujours préexistence et survivance. Les dispositions que se transmettent les générations sont véritablement des souvenirs, des *réminiscences* (ἀναμνήσεις).

Cependant, malgré la part faite au principe de l'innéité, l'*héréditarisme* n'est au fond qu'une transformation de l'ancien empirisme. Ce n'est plus l'individu, c'est l'espèce qui est une table rase. L'intelligence prise dans la totalité de son histoire est toujours une matière plastique, qui n'a par elle-même aucune virtualité propre, et qui se moule et s'ajuste en correspondance avec les relations externes. Elle est complètement passive, et ne se compose que de souvenirs. Le débat subsiste donc toujours au fond entre l'idéalisme et l'empirisme. Or, même en se transportant sur le terrain nouveau choisi par l'école évolutionniste, et en tenant compte des avantages que donne à l'hypothèse de l'expérience une accumulation de siècles que l'on peut se figurer aussi prolongée qu'on voudra : même dans ces conditions, l'hypothèse empiristique est encore condamnée par les raisons suivantes.

Il faut tenir compte de la distinction antérieure entre les notions et les principes. Or, pour ce qui concerne les *notions premières* :

1° Quelque suite de siècles que l'on accumule, il y aura toujours le même intervalle et le même abîme entre le fini et l'infini, puisque, comme nous avons vu plus haut, le fini ajouté à lui-même indéfiniment n'atteindra jamais l'infini. Il en est de même pour le relatif et l'absolu. D'ailleurs, M. Spencer lui-même semble bien connaître que l'absolu est une notion d'un autre ordre, qui ne vient pas du dehors, mais qui a sa racine dans les dernières profondeurs de la pensée. (*Premiers principes*, part. I.)

2° Quand même on réduirait toutes les lois de l'esprit à des associations de sensations, héréditaires ou non, il y a au moins une loi qui ne s'y réduit pas : c'est la loi de l'association elle-même; car toute association suppose la réunion de deux sensations diverses dans une même conscience. Ainsi l'*unité de conscience*, ou le *je pense* est donc au fond de tout. Une simple *succession* ou *simultanéité* n'est qu'un rapport *externe* entre deux sensations; il faut un lien, un principe de synthèse.

3° Il y a encore au moins une idée que l'association ne peut expliquer : c'est l'idée de *temps*. En effet, toute association implique la *succession* ou la *simultanéité ;* or *successif* et *simultané* sont des rapports de temps : la conscience de la succession ou de la simultanéité n'est donc possible que par la notion de temps, et elle ne peut pas en être déduite.

4° Tous les caractères qui distinguent les notions géométriques, à savoir, la *pureté*, la *régularité*, la *simplicité*, ne sont pas plus explicables dans l'hypothèse de l'empirisme héréditaire que de l'empirisme individuel.

5° Il en est de même pour la notion de *cause* et de *substance*. Toutes les objections faites plus haut (187) contre les explications de l'empirisme externe subsistent, quelque durée que l'on puisse prêter à l'expérience. Il n'y a pas d'expérience sensible, si prolongée qu'elle soit, qui nous donne la notion *d'être permanent et actif*. Or cette notion, qui implique à la fois la substance et la cause, ne peut venir que de la conscience, laquelle (nous venons de le voir, 2°) est la condition de l'association, loin d'en être le résultat.

En résumé, il y a au moins deux idées inexplicables pour l'empirisme héréditaire, à savoir, l'idée de l'*absolu* et l'idée du *moi ;* en un mot l'idée d'*être*, soit de l'être *en soi* qui nous dépasse, et que nous appelons l'absolu, ou Dieu, soit de l'être *relatif* qui nous est personnel, et que nous appelons moi, ou esprit.

Voilà pour les notions premières. Quant à l'explication des *principes*, nous ferons remarquer qu'il n'y a après tout qu'une différence de degré entre l'empirisme héréditaire et l'empirisme individuel; par conséquent les objections qui valent contre l'un valent aussi contre l'autre. Nous n'avons donc qu'à nous en référer à la discussion contre la théorie des associations inséparables (§ précédent), et qui se ramène à trois objections principales :

1° L'habitude est un fait subjectif qui ne nous autorise pas à attendre que la nature se conformera à nos idées.

2° Le principe d'*identité* est la condition *sine qua non* de la pensée : si on le supprime, la pensée est supprimée par là même : il lui est donc essentiel et par conséquent *inné*.

3° Le principe de *causalité* est loin d'être un résultat nécessaire de l'expérience, puisque l'expérience nous apprend qu'il y a bien plus de phénomènes dont nous ignorons la cause que de phénomènes dont la cause nous est connue.

196. Théorie générale de l'origine des idées. — Nous avons vu qu'à la théorie de l'innéité des idées se rattachent dans l'histoire de la philosophie plusieurs théories analogues qui, sous des formes diverses, expriment toutes à peu près la même doctrine; ce sont : la théorie de la *réminiscence* (Platon); celle de l'*intellect actif* (Aristote); celle de la *vision en Dieu* (Malebranche); enfin celle des *formes à priori* (Kant).

Sans prendre parti d'une manière décidée pour aucune de ces théories, nous dirons cependant que celle qui nous paraît la plus simple, la moins conjecturale, la plus rapprochée des faits, c'est la théorie aristotélicienne de l'*intellect actif;* c'est celle-là même que Leibniz a exprimée dans cette maxime célèbre où toute cette discussion vient se résumer : « Il n'y a rien dans l'intelligence qui n'ait été dans les sens, si ce n'est l'intelligence elle-même [1]. »

Est-il nécessaire en effet de faire préexister dans l'intelligence sous forme de *représentations anticipées* des choses, d'*idées innées*, de *formes* ou de *moules à priori*, la conception idéale d'un monde dont on ne sait encore rien en réalité? Est-il nécessaire, pour mettre l'intelligence au-dessus des sens, de supposer qu'on sait tout avant de naître, tandis qu'en réalité il faut tout apprendre? Pourquoi ne pas se borner à dire, comme Descartes lorsqu'il fut amené à s'expliquer sur les idées innées, que l'on n'entend par là qu'une chose, c'est que nous avons la faculté de les acquérir? Puisqu'on admet une sensibilité ou capacité d'être affecté par les choses du dehors (et il faut bien qu'il y ait quelque chose de semblable dans l'homme et l'animal, la pierre ne manifestant rien de pareil), si donc il y a une sensibilité préexistante, pourquoi n'y aurait-il pas une intelligence préexistante, c'est-à-dire une aptitude, non plus à sentir, mais à connaître et à comprendre? Cette faculté pourrait être conçue à l'image de l'expérience sensible, mais sous une forme intellectuelle : elle *percevrait*, dans le sens propre du mot, l'universel et l'absolu, exactement comme les sens perçoivent le particulier et l'individuel.

---

[1]. *Nihil est in intellectu quod non prius fuerit in sensu, nisi ipse intellectus.*

En percevant l'universel et l'absolu, elle se percevrait elle-même. En tant qu'elle se perçoit elle-même, elle s'appelle conscience : en tant qu'elle perçoit l'absolu, elle s'appelle raison ou raison pure. Dans les deux cas elle perçoit l'*être*, car « l'être nous est inné à nous-même », dit Leibniz. Au fond, c'est la même intelligence qui voit l'absolu en elle-même et qui se voit dans l'absolu.

Les notions premières ne sont donc que les différents points de vue que l'activité de l'esprit dégage de la perception de l'être, auquel il est uni par sa nature même. La substance n'est qu'un autre nom donné à l'être; la cause n'est que l'être considéré comme actif. L'absolu est l'être lui-même considéré en soi. Quant à l'espace et au temps, nous inclinons à croire avec Kant que ce sont des formes de la sensibilité; mais si l'on tient à y voir les conditions objectives des choses, nous ne voyons pas pourquoi l'esprit ne les découvrirait pas par une sorte de perception directe, comme il découvre la lumière et le son.

Mais, dira-t-on, la raison n'est pas seulement la faculté des *concepts* ou *notions premières;* elle est encore la faculté des *principes* ou *vérités premières*, ou rapports nécessaires? Où la raison perçoit-elle ces principes et ces vérités? Où voit-elle ces rapports? Où voit-elle qu'il n'y a point de phénomène sans cause, de mode sans substance, d'être qui ne soit pas identique à lui-même? Comment ne pas admettre que ce sont là des *lois* qu'elle porte en elle-même, des *formes* dont elle est dépositaire et qu'elle applique aux objets de l'expérience? Ne faut-il pas revenir ici aux *idées innées*, aux *formes à priori?* Comment appliquer à ces lois l'hypothèse d'une sorte d'expérience de l'absolu corrélative à l'expérience du contingent? Un rapport saisi par l'expérience ne l'est jamais que dans des cas particuliers et par conséquent contingents; comment serait-il nécessaire? Par exemple, je me sens cause de mes actes : comment puis-je transformer cette expérience particulière en cette loi générale : tout acte ou tout phénomène dérive d'une cause? De même pour le principe de substance et d'identité : de ce que je me sens identique à moi-même, dois-je le conclure pour tout être? de ce que je sens un être permanent à travers mes phénomènes, puis-je conclure que tout phénomène suppose un être permanent, c'est-à-dire que tout mode suppose une substance? etc.

Nous croyons pouvoir répondre à ces difficultés que l'intelligence ou la raison n'est pas seulement la faculté de *connaître*, mais encore la faculté de *comprendre*. Il y a deux choses dans les êtres : 1° *être* ; 2° être d'une manière *rationnelle*. Il ne suffit pas que l'être soit ; il faut encore qu'il soit rationnel et intelligible. Peut-être même au fond est-ce la même chose que d'être et d'être rationnel : et c'est sans doute ce que veulent dire les Allemands lorsqu'ils affirment que l'être est identique à la pensée. Mais nous n'avons pas besoin de nous élever si haut : la distinction précédente nous suffit. L'intelligence a donc deux fonctions : 1° nous faire passer du phénomène à l'être, des apparences aux réalités suprasensibles, à savoir l'absolu et le moi, c'est-à-dire Dieu et l'âme ; 2° nous rendre les choses intelligibles en nous en faisant comprendre les conditions nécessaires. Or il y a deux conditions qui rendent l'être intelligible, à savoir : 1° qu'il soit identique à lui-même (principe d'identité $a = a$) ; 2° qu'il se rattache à sa condition ou à sa raison d'être (principe de causalité ou de raison suffisante). Pourquoi donc n'y aurait-il pas une faculté de comprendre, aussi bien qu'une faculté de connaître ? Si les choses sont susceptibles d'être comprises, pourquoi mon intellect une fois éveillé n'en apercevrait-il pas les conditions nécessaires ? Et quel avantage y aurait-il à ce que ces conditions soient édictées d'avance dans mon âme, « comme les édits du préteur » (Leibniz) ? Cela étant, il suffit que l'occasion me soit donnée, pour que mon esprit, par sa vertu propre, dégage des circonstances particulières ces conditions générales de toute intelligibilité. Aucune expression ne caractérise mieux ce rôle de la pure intelligence et de la pure raison que l'expression aristotélique d'*intellect actif*, dont la fonction propre, suivant Aristote, est précisément de dégager l'universel du particulier.

En résumé, nous pensons qu'il faut admettre l'existence d'une faculté suprême de l'intelligence, à savoir, la raison ou raison pure ; et la définition que nous en donnons ici (faculté de comprendre) va se rejoindre avec le sens usuel que nous avons donné plus haut du même mot (179).

CHAPITRE X

Du langage.

La théorie de la connaissance serait incomplète si nous ne comprenions pas dans notre étude, comme l'ont fait tous les philosophes, une faculté qui, tout en étant physiologique dans sa matière, est au fond psychologique dans son essence, puisqu'elle n'est rien que *par* et *pour* la pensée. C'est la faculté du *langage*.

197. Nécessité du langage. — Le caractère distinctif des faits de conscience, c'est de n'être accessibles qu'à celui qui les éprouve et d'être absolument impénétrables, au moins d'une manière directe, à tout autre. La conscience est un monde fermé : nul n'y pénètre sans ma volonté. Ce fait capital explique la nécessité du langage.

Les hommes ne sont pas seulement des *consciences* : ils sont des consciences unies à un corps. C'est par le corps que les hommes communiquent entre eux. Le corps des autres hommes en effet est accessible à mes sens comme les corps extérieurs ; et le mien réciproquement est accessible aux leurs. S'ils émettent des sons, je peux les entendre ; s'ils font des mouvements, je puis les voir ; et de même, ils voient et ils entendent les mouvements et les sons qui proviennent de mon propre corps.

Entre ces consciences fermées il y a donc des intermédiaires. Les hommes, ayant un certain pouvoir sur leurs corps, peuvent produire des phénomènes en dehors ; et ces phénomènes, tombant sous les sens des autres hommes, sont perçus par eux. Il n'y a qu'à lier certains phénomènes à certaines pensées pour que ces pensées deviennent accessibles aux autres hommes.

198. Les signes. — Un phénomène extérieur qui sert à réveiller une pensée est ce que l'on appelle un *signe*[1]. Les phénomènes par lesquels les hommes se communiqueront leurs pensées seront des signes : l'ensemble de ces signes, de quelque nature qu'ils soient, est ce quel'on appelle le *langage*.

Le langage est donc un ensemble de signes servant à *exprimer* la pensée, c'est-à-dire, d'une manière générale, tous les états de conscience[2], aussi bien les sentiments et les volitions que les idées.

199. **Diverses espèces de langage.** — Le langage étant l'ensemble des signes par lesquels les hommes communiquent leurs pensées, autant d'espèces de signes, autant d'espèces de langages. Toutes les classes de phénomènes qui pourront servir à la communication des hommes seront autant de langages.

Ainsi, par exemple, les hommes, lorsqu'ils sont très éloignés les uns des autres, et qu'ils ne peuvent plus se voir ni s'entendre, peuvent encore communiquer par l'intermédiaire des *objets matériels* et des phénomènes physiques. Cette sorte de langage pourra être appelée langage *réel*; et quoique très restreint dans ses moyens, il rendra, dans certains cas, de très grands services. Tel est, par exemple, le langage des *phares*, où les différentes alternatives de nuit et de jour, les différences de couleur, les degrés de lumière sont employés pour exprimer les indications les plus essentielles à la sûreté des navigateurs; tel était l'ancien *télégraphe* aérien, dont les mouvements constituaient un chiffre convenu d'avance et qui, réservé alors au gouvernement, devait être secret. Tel était aussi ce système de fanaux allumés de distance en distance et qui déjà dans l'antiquité était une sorte d'anticipation du télégraphe. On peut employer le son comme la lumière; les détonations de l'artillerie, les artifices peuvent être employés comme signaux; les trois coups au théâtre sont un moyen de dire à tout le public à la fois : Mettez-vous en place. Ainsi du tambour, de la cloche, de la trompette dans les armées, dans les ca-

---

1. Tout phénomène qui en rappelle un autre est le signe de cet autre : c'est ainsi que la fumée est le signe du feu, les nuages le signe de la pluie. Tous les signes ne sont donc pas un langage, mais tout langage se compose de signes. De Bonald (*Législation primitive*, I, ch. I, VIII) distingue avec raison entre les *expressions* et les *signes*. Cardaillac dit aussi : « Le langage est plus que le *signe* de la pensée, il en est l'*expression*. » (*Études de philosophie*, t. II, p. 226.) De Gérando distingue aussi des signes qui ne sont pas encore un langage. (*Des signes*, t. I, p. 67.)

2. Rappelons-nous la définition que Descartes donne de la pensée : elle embrasse tout le domaine de la conscience.

sernos, dans les écoles. On sait aussi qu'on a composé toute une langue par le moyen des *fleurs*, etc. [1].

Si intéressant que puisse être le langage que l'homme puise dans les objets extérieurs, ce langage est trop pauvre pour être vraiment utile, hors certains cas déterminés. Heureusement l'homme trouve dans son propre corps et dans l'usage qu'il peut faire de ses organes un trésor bien autrement riche, varié et puissant de phénomènes expressifs. On peut les ranger principalement en deux classes : les uns s'adressent au sens de la vue et constituent ce que l'on peut appeler le langage *visuel*; les autres au sens de l'ouïe et forment le langage *auditif*. Les autres sens peuvent aussi fournir des langages, mais de moindre importance : par exemple, les serrements de mains, et pour les aveugles les reliefs, etc. [2].

Les phénomènes des corps perçus par la vue sont de deux sortes : les *couleurs* et les *mouvements*. La couleur ne forme qu'une très faible part du langage visuel, surtout parce qu'elle dépend extrêmement peu de notre volonté. Elle se borne presque exclusivement à la pâleur ou à la rougeur du visage, et il est très rare que l'on puisse commander à ces phénomènes ; le seul phénomène lumineux qui soit plus ou moins à notre disposition, c'est l'éclat de l'œil et la lumière qu'il projette ; encore cet éclat dépend-il beaucoup du mouvement de l'organe et de la tension avec laquelle nous le fixons sur les objets. Le langage de la couleur et de la lumière, quoique si puissant pour communiquer les passions, est donc très pauvre ; et comme il échappe presque entièrement à notre volonté, il ne peut être approprié à la variété infinie de nos pensées.

Il n'en est pas de même du langage des mouvements. Celui-ci se prête à une infinité de modifications variées, et il est en grande partie à notre disposition. Il est presque aussi riche que le langage des sons.

Il se subdivise en deux classes, suivant la nature des mouvements : 1° les mouvements des muscles du visage, c'est ce qu'on appelle la *physionomie* ; 2° les mouvements des membres et principalement des bras, et c'est ce qu'on appelle le *geste*. Il y aura donc le langage de la physionomie et le langage des gestes. L'un et l'autre, chez les hommes qui jouissent de la parole, sont

---

1. Sur le langage des choses, voy. Rousseau. (*Origine du langage*, ch. I.)
2. On connaît la célèbre Laura Bridgeman, qui, sourde-muette et aveugle, est arrivée cependant, par le seul langage du tact, à un assez haut développement intellectuel.

principalement employés comme un simple auxiliaire du langage parlé, ayant surtout pour utilité de donner à ce langage plus de mouvement, de chaleur et de passion. Mais en l'absence de la parole le langage des gestes, on le sait, est devenu chez le sourd-muet un *succédané* qui remplace, sans l'égaler, mais d'une manière infiniment utile, le langage des sons. Le langage des gestes a été souvent désigné par le nom de *langage d'action*.

Si nous passons maintenant au langage auditif, ce langage se divisera également en deux classes. On sait que la fonction par laquelle les hommes émettent des sons s'appelle la *voix*. L'organe qui est le siège de cette fonction est le *larynx*. La voix est produite par l'air expiré qui, exerçant une certaine pression sur ce qu'on appelle les *cordes vocales*, les fait entrer en vibration. Or les sons de la voix sont de deux sortes : *articulés* ou *inarticulés*.

On appelle articulés les sons qui, ayant leur origine dans le larynx, sont modifiés au passage par le pharynx, la bouche et les fosses nasales :

C'est là une sorte de *tube additionnel* au larynx, qui se compose de parties fixes et invariables, comme les cavités nasales, et de parties mobiles, telles que la langue, les lèvres, le voile du palais : ce sont ces dernières qui par leur variation produisent les différents modes d'articulation; et les premières ne servent que d'appareils de résonance et de renforcement [1].

Les sons inarticulés, qui ne subissent pas ces modifications, s'appellent les *cris*.

Les sons articulés sont ce que l'on appelle la *parole* [2].

Le langage inarticulé ou le cri est le langage des animaux; le langage articulé ou la parole est le langage de l'homme. Quelques animaux sont capables d'articuler des sons; mais ils ne s'en servent pas comme d'un langage, c'est-à-dire pour exprimer leurs besoins. Lorsque le perroquet a faim, il crie, il ne parle pas. La parole est pour lui un amusement, non un instrument de communication avec ses semblables.

200. Supériorité du langage vocal et surtout de la voix articulée. — L'avantage que le son ou la voix a sur tous les autres langages tient aux circonstances suivantes :

1° La voix attire l'attention plus que la couleur ou le mouve-

---

[1]. Beaunis, *Éléments de physiologie*, p. 508.
[2]. Une troisième espèce de *sons* consiste dans le *chant*, c'est-à-dire dans les vibrations régulières de l'organe vocal employé comme instrument musical. Mais le chant sans la parole est rarement employé comme moyen d'expression

ment. Pour être vu, il faut être dans l'axe visuel d'un autre homme ; pour être entendu, il suffit d'émettre des sons. La voix peut servir dans l'obscurité aussi bien que dans le jour et aux lumières. En outre, la voix retient d'avantage l'attention et a quelque chose de plus vif et de plus éclatant que le langage visuel.

2° Le langage de la voix est supérieur encore en ce que, l'organe de l'ouïe et l'organe vocal étant intimement unis, les sons entendus tendent à se reproduire chez celui qui entend : entendre, c'est déjà parler. Il n'en est pas de même du rapport entre les images perçues par la vue ou les mouvements produits par les membres : ici la reproduction est tout artificielle.

Telle est la supériorité du langage vocal sur le langage visuel. Voici celle de la voix articulée sur la voix inarticulée :

1° L'une est infiniment plus variée et plus riche en sons distincts que l'autre. Le cri n'a qu'un petit nombre de variantes. La parole en a une infinité : ce qui le prouve, c'est le nombre prodigieux des langues humaines.

2° La voix articulée n'est pas seulement riche en modes variés ; mais ces modes se distinguent très nettement les uns des autres. On peut séparer facilement toutes les parties de la parole, et les reconnaître de manière à les retrouver dans toutes les combinaisons. Il n'en est pas ainsi, par exemple, des expressions de physionomie, qui sont aussi très nombreuses, mais qui ne peuvent être notées et distinguées nettement l'une de l'autre.

3° L'articulation est un phénomène essentiellement volontaire, ce qui met cette sorte de langage tout à fait à notre disposition : de là la subordination du langage à la pensée.

4° La voix articulée, quoique très riche en modifications, se ramène cependant à un très petit nombre de sons élémentaires, qui sont ce qu'on appelle les *voyelles* et les *consonnes*, faciles à reconnaître et à distinguer : ce qui a permis, nous le verrons, l'admirable invention de l'*alphabet* [1].

201. **Du dessin et de l'écriture.** —Parmi les moyens d'expression dont l'homme dispose, un des plus puissants est la faculté d'*imitation*. Pour décrire un objet ou un événement, nous employons des gestes qui les reproduisent, ou qui, par association, en suggèrent la pensée. Mais, au lieu de gestes qui passent, on

---

1. Sur les avantages du langage vocal, voy. Destutt de Tracy. (*Idéologie*, c. XVII.)

peut employer d'autres signes imitatifs qui demeurent. C'est pourquoi aux gestes et à la parole, qui constituent un langage *passager*, on a opposé le *dessin* et l'*écriture* comme langage *permanent*. (Destutt de Tracy, *Idéologie*, ch. XVII.)

Le *dessin* est la représentation des choses à l'aide de lignes qui en reproduisent la forme et les contours. Ces lignes peuvent être réalisées soit en creusant une matière dure avec un instrument tranchant, soit en employant une matière colorée et en prenant pour instrument le crayon, la plume ou le pinceau.

Le dessin ne reproduit pas seulement les choses physiques, mais encore les choses morales par l'intermédiaire des choses physiques, qui deviennent alors des *symboles* : par exemple, un œil signifiera la sagesse, un oiseau qui s'envole signifiera l'âme.

Du dessin naît l'*écriture*, qui n'est qu'une *abréviation du dessin*. Les signes précédents employés d'une manière cursive et avec une signification convenue, s'appellent *hiéroglyphes*. Ce genre d'écriture est appelé hiéroglyphique ou *symbolique*.

Dans l'usage, ces signes se modifient tellement ou se combinent entre eux de tant de manières, qu'ils finissent par perdre toute ressemblance avec les objets primitifs. C'est alors que l'écriture se sépare complètement du dessin. On en voit un exemple dans l'écriture chinoise.

On distingue l'écriture en deux espèces : l'écriture *idéographique* et l'écriture *phonétique*. La première est celle dont nous venons de parler : elle exprime directement les idées, comme le feraient les mots eux-mêmes. Elle est donc elle-même une espèce de langage.

L'écriture phonétique n'exprime pas des idées, mais des sons. Elle se divise en écriture *syllabique*, qui reproduit les syllabes, et écriture *alphabétique*, qui produit les sons élémentaires de la voix : voyelles et consonnes; un exemple de la première est l'écriture japonaise.

202. Langage naturel et artificiel. — Outre les distinctions précédentes, qui portent sur la matière même du langage, il y a une division plus importante et fondamentale dans la question : c'est celle du langage *naturel* et du langage *artificiel*. Cette distinction est très légitime; seulement on l'applique souvent d'une manière inexacte en appelant d'une part langage naturel les cris et les gestes, et de l'autre, langage artificiel la parole; car les cris et les gestes sont souvent employés comme langage artificiel ; et de l'autre on peut se demander si la parole n'est pas aussi un langage naturel. Ce n'est donc pas la matière du langage et la nature des signes qui constitue la différence, les mêmes signes pouvant être tantôt naturels, tantôt artificiels. La différence réside uniquement dans la manière de les employer.

Le langage *artificiel* ou *conventionnel* (la seconde désignation est encore plus précise que la première) est un langage inventé par l'homme, choisi et voulu systématiquement, et convenu entre ceux qui se parlent.

Le langage naturel, au contraire, est un ensemble de signes que l'homme emploie involontairement et sans prévision du but à atteindre, et par lequel il exprime d'abord sans le vouloir ses états de conscience [1].

Comme exemple caractéristique de langage artificiel on peut citer un *chiffre* ou langue secrète convenue en diplomatie pour éluder la curiosité des indiscrets. Le chiffre est une combinaison de signes arbitrairement choisis, quoique suivant certaines règles, de manière à n'être compris que de ceux qui l'emploient. Ici, tout est artificiel, tout est conventionnel. Aucune liaison naturelle et nécessaire entre les signes et les choses signifiées.

Comme exemple caractéristique de langage naturel on peut mentionner les sourires ou les cris de l'enfant au berceau. L'enfant jouit et souffre ; sa joie et sa douleur s'expriment spontanément, et d'abord même sans qu'il le sache, par des faits physiologiques nécessaires et instinctifs. Ce langage n'en est pas encore un pour lui, mais il en est un pour les autres.

C'est l'instinct qui crée le langage naturel ; c'est la réflexion qui crée le langage artificiel. Signalons les principaux faits qui rentrent dans l'une et l'autre classe, en réservant pour une discussion à part le fait le plus important, celui de la parole.

203. **Langues artificielles.** — Parmi les différentes espèces de langage artificiel on peut citer :

1° Les langues *scientifiques*, notamment la *nomenclature chimique*, la *langue algébrique*, la *nomenclature botanique* ; 2° la *notation musicale* ; 3° les *chiffres* dont nous venons de parler ; 4° la *langue sténographique*, et en général toutes les formes du langage réel signalées plus haut (187) ; 5° le *langage des*

---

1. On l'appelle aussi langage *émotionnel*, parce que ce sont surtout les émotions ou sentiments qui s'expriment de cette manière.

sourds-muets, inventé par l'abbé de l'Epée et l'abbé Sicard ; 6° l'imitation convenue des cris des animaux, dont les Indiens se servent dans les bois pour communiquer à distance, etc.

204. Langage naturel. — Quant au langage naturel, il se compose essentiellement : 1° des *cris* ; 2° des mouvements ou jeux de la *physionomie* ; 3° des *gestes*, et des mouvements et attitudes du corps en général. Tous ces signes, en effet, sont primitivement naturels et instinctifs ; seulement, comme ils sont plus ou moins à notre disposition, nous pouvons ensuite en faire un usage libre et conventionnel, et les transformer ainsi en langage artificiel. Mais ils ne peuvent être ainsi transformés artificiellement qu'après avoir été d'abord employés naturellement et inconsciemment.

205. La parole, langage naturel. — Nous savons quels sont les traits caractéristiques du langage naturel et du langage artificiel. Nous sommes en mesure maintenant de résoudre cette question, la plus importante en cette matière : La parole est-elle un langage naturel ou un langage artificiel [1].

On remarquera d'abord que l'un des caractères essentiels du langage artificiel fait ici défaut, à savoir, la *convention libre* [2]. Dans tous les langages vraiment artificiels nous voyons un homme choisir un signe arbitraire, indiquer dans quel sens il l'entendra, et d'autres hommes consentir à accepter ce signe dans ce sens. Ainsi on conviendra, par exemple, que le cri de la chouette sera signe de se tenir sur ses gardes, ou bien d'avertir que l'on arrive au rendez-vous ; ou l'on conviendra que la terminaison *ate* en chimie signifiera toujours un sel, etc. Quelquefois on sait avec précision l'auteur de cette convention, comme pour l'invention de la gamme, ou pour l'invention de la nomenclature chimique, ou enfin pour la langue de l'abbé de l'Epée ; d'autres fois on ignore la date, mais la tradition atteste la réalité de l'invention, comme pour l'écriture.

Appliquons maintenant ces idées aux langues humaines, et par exemple à la langue française. Qui donc, a décidé que le mot *cheval* désignerait désormais l'animal de ce nom ? Quand est-on convenu de cette signification ? Quelle académie, quel concile, quel grand écrivain a inventé les conjonctions,

---

1. Voy. sur cette question : Ad. Garnier, *Facultés de l'âme*, liv. VIII, ch. II, § 5 ; Renan, *Origine du langage* ; Max Müller, *Leçons sur la science du langage*, passim.

2. Condillac lui-même avoue qu'il n'y eut pas convention : « Ils n'ont pas dit : faisons une langue. » (*Grammaire*, p. 151.)

les prépositions, les adjectifs? La langue française est-elle née un beau jour, comme la langue chimique, la langue algébrique, les chiffres des diplomates? Non; cette langue n'a jamais été inventée par personne : elle l'a été par tous [1]. Elle s'est faite spontanément, organiquement, par l'altération naturelle et quotidienne du latin mêlé au germain. On n'a su que l'œuvre se faisait que quand elle était faite. Si du français on remonte au latin, on ne trouvera pas plus la trace d'une invention systématique, artificielle, réfléchie, convenue. Sans doute, dans une langue qui se fait ainsi, il y a une certaine part à faire à l'action des grands écrivains : ceux-là quelquefois sont assez puissants pour proposer des mots nouveaux et les faire adopter, et il y a un élément artificiel ou tout au moins volontaire ; mais c'est une si faible part dans la formation des langues que l'on peut la négliger.

Soit, dira-t-on; mais s'il est vrai que l'on ne puisse signaler le moment où se créent tels et tels mots (de même qu'on ne peut pas faire l'histoire de tous les perfectionnements de nos arts industriels), cependant ne peut-il pas se faire qu'à l'origine l'usage de la parole ait été l'œuvre de la volonté humaine, du génie humain?

Du génie, oui : car le génie est quelque chose de spontané et de naturel; de la volonté, non : car la volonté est réfléchie. Or l'invention des langues demanderait une telle puissance de réflexion, que ce degré de réflexion est impossible sans avoir déjà une langue. Comment faire comprendre aux autres hommes l'emploi de signes artificiels aussi compliqués, si l'on n'a pas déjà de tels signes à sa disposition pour communiquer avec eux? De là cette pensée de Rousseau, qui est très vraie appliquée à ceux qui soutiennent l'invention artificielle du langage : « La parole serait nécessaire pour inventer l'usage de la parole [2]. »

On voit que les caractères essentiels du langage artificiel manquent à la parole.

206. **Objection.** — On objecte que la parole se distingue du langage naturel, ou des cris et des gestes, par les deux caractères suivants : 1° on ne parle pas sans avoir appris ; 2° on ne

---

1. Voy. Renan, *Origine du langage*, IV. Voy. aussi Max Muller, *la Science du langage*, p. 41 et 70 (trad. fr. de G. Perrot et Harris).

2. Rousseau, *Discours sur l'inégalité des conditions*.

comprend pas la parole des autres hommes immédiatement comme on comprend le langage inarticulé.

Rép. — Il est très vrai que le langage articulé, étant infiniment plus compliqué que le langage des gestes et des cris, se modifie sous l'influence de mille circonstances (l'organisation, les climats, les accidents); de là la diversité des langues, la nécessité de les apprendre, l'impossibilité de les comprendre sans études préalables. Mais ces modifications se font spontanément, sans l'intervention, ou du moins avec une très faible intervention de la volonté. Il résulte de ces faits que les mots ne sont pas liés aux idées de la même manière que les pleurs à la douleur ou les rires à la joie. Il y a là sans doute quelque chose, sinon de conventionnel et d'artificiel, au moins d'arbitraire. Mais ce qui n'est pas arbitraire, c'est la liaison entre la faculté de l'articulation et la faculté de penser. L'homme parle aussi naturellement qu'il respire; et naturellement aussi sa parole répond à sa pensée [1].

Pour maintenir cependant la différence qui existe entre les cris, la physionomie, les gestes d'une part, et les sons articulés de l'autre, nous dirons que les uns sont des signes *immédiatement* expressifs, tandis que les autres le sont d'une manière *médiate* et *éloignée*. Les uns constituent ce que nous appellerons le langage *primitif*; les autres, le langage *développé*. L'un est aussi naturel que l'autre, comme une ouïe exercée est aussi naturelle qu'une ouïe grossière.

207. Doctrine de Bonald sur l'origine du langage. — L'impossibilité d'expliquer l'origine de la parole par la volonté arbitraire de l'homme a conduit M. de Bonald à supposer que le langage était l'œuvre de la révélation et qu'il avait été donné à l'homme immédiatement par la Divinité. Il invoquait cette parole de J.-J. Rousseau déjà citée: « La parole eût été nécessaire pour inventer la parole. »

1° Sans doute, si l'on veut assimiler l'invention de la parole à l'invention de l'imprimerie et du télégraphe, il est vrai de dire que la parole est nécessaire pour inventer la parole. Mais la même

---

[1]. Max Muller, *sur la Science du langage* (Nouvelles leçons, t. I, leçon 2, p. 75) : « Jamais il n'y a eu une suite indépendante de conceptions déterminées attendant qu'on y adapte une série indépendante de sons articulés. Réciproquement, jamais on n'a entendu de sons articulés qui ne soient liés à des idées. » Ce fait remarquable que l'articulation n'existe jamais séparément de la pensée, est une indication ou une présomption des plus fortes en faveur d'une liaison naturelle de ces deux choses.

difficulté peut être soulevée pour l'invention de tous les outils : ainsi le marteau semble avoir été nécessaire pour inventer le marteau ; car le marteau doit avoir été forgé, et pour forger il faut un marteau. Dira-t-on que le marteau a été inventé immédiatement par Dieu? Non ; mais l'homme s'étant servi instinctivement des choses qui étaient à sa portée, en a tiré d'abord des instruments grossiers, et, se servant ensuite volontairement de ces instruments, il en a inventé d'autres, qui sont ceux dont nous nous servons aujourd'hui. De même l'homme a commencé à se servir instinctivement de sons articulés et inarticulés comme de signes très rudimentaires, puis à l'aide de ces signes, transformés en signes volontaires, il en a trouvé d'autres, sans qu'il y ait eu besoin pour cela ni de convention expresse, ni d'intervention divine.

2° Les partisans de l'origine divine du langage sont bien obligés de reconnaître qu'il ne s'agit évidemment que du langage articulé ou de la parole, et non de toute espèce de langage en général, et par exemple du langage des cris : car cette sorte de langage étant commune à l'homme et à l'animal, si on admettait l'origine divine dans ce cas, il faudrait l'admettre à la fois pour l'animal comme pour l'homme, et dire que Dieu a institué directement le hennissement du cheval et le mugissement du bœuf. De plus, le cri étant le résultat naturel de l'organisation des animaux et de l'homme, il faudrait dire encore que Dieu, après avoir fait les organes, a été obligé d'intervenir pour en effectuer les fonctions, et ainsi, qu'après avoir fait les dents, c'est lui qui a institué la mastication, ce qui de proche en proche nous conduirait à supprimer toute cause seconde. On peut faire les mêmes raisonnements pour les gestes et pour les mouvements de la physionomie. Il y a donc au moins un langage qui n'est pas d'institution divine immédiate : c'est le langage dit naturel, et c'est ce qui n'est pas contesté par M. de Bonald.

Mais si maintenant, comme nous avons essayé de le prouver, la parole n'est elle-même qu'une forme de langage tout aussi naturelle que le langage inarticulé, pourquoi faire intervenir directement la volonté divine dans un cas plutôt que dans l'autre? Pourquoi cette volonté interviendrait-elle? Est-ce pour créer les sons eux-mêmes? Mais l'organe vocal chez l'homme produit aussi naturellement des sons articulés que des sons inarticulés. Est-ce pour produire les pensées correspondant à ces sons? Mais ces pensées ne dérivent-elles pas de la constitution intellectuelle de l'homme? Est-ce enfin pour attacher tel son comme signe à telle pensée? Mais, comme l'a fait observer avec profondeur M. de Biran[1], si Dieu apprenait à l'homme que tel son signifie telle idée, il faudrait que l'homme comprît ce rapport; or, comprendre ce rapport d'un son à une idée, c'est instituer soi-même le son à titre de signe. Autrement, Dieu aurait appris aux hommes à parler comme nous apprenons aux perroquets; mais ce n'est pas là un langage, puisque ce ne sont là que des sons et non des signes. Pour qu'ils deviennent signes, il faut que l'intelligence les accepte comme tels : il y a donc dans l'homme une faculté de transformer les sons en signes; or cela même, c'est l'institution du langage.

PROBLÈMES I. — Le langage articulé est-il sorti par des modifications successives du langage inarticulé? (Max Muller, *Nouvelles Leçons sur la science du langage*, t. I, p. 111 ; t. II, p. 3. — Taine, *de l'Intelligence*, I, note 1, 3° édit.)

II. — Le langage a-t-il commencé par des onomatopées? (Max Muller, *ibid.*, t. I, p. 112.)

III. — Le langage a-t-il été d'abord monosyllabique? (Contre cette hypothèse, voy. Renan, *Origine du langage*, Paris, 1859.)

IV. — Les mots abstraits ont-ils commencé par exprimer des choses sensibles? (Locke, *Essai sur l'entend. humain*, III, 1, 5. — Leibniz, *Nouveaux Essais*, ibid. — De Brosses, *Traité de la formation du langage*, t. II, xi. — Max Muller, *Nouvelles Leçons*, t. II, p. 57.)

---

[1]. *Rapports du physique et du moral* (t. IV, éd. Cousin, p. 92-84) et *Fondements de la psychologie* (œuvres inédites, t. II, p. 236). Voy aussi Gérando, *des Signes*, t. I, p. 120.

CHAPITRE XI

Le langage dans son rapport avec la pensée.

Locke a fait remarquer que le langage a un double usage :
« l'un est d'*enregistrer* nos propres pensées pour aider notre mémoire, — l'autre est de *communiquer* nos pensées aux autres par le moyen de la parole. » (*Essai*, liv. III, ch. II, §§ 1 et 2.)

Leibniz, reprenant la pensée de Locke, et s'exprimant avec plus de précision, nous dit :

« Les paroles ne sont pas moins des marques (*notæ*) pour nous que des signes pour les autres. » Et, expliquant la première partie de cette proposition, il ajoute : « comme pourraient être les *caractères* des nombres ou de l'algèbre. »

Nous avons parlé des mots considérés comme signes; nous avons à les étudier maintenant comme *marques* ou comme *caractères*, à savoir, comme étiquettes pour soulager la mémoire et comme instruments pour faciliter les opérations intellectuelles. Tel est, en effet, le double usage des signes en algèbre et en arithmétique.

208. Langage et pensée. — Avant d'étudier en détail les divers usages du langage et en particulier des mots considérés comme instruments de pensée, considérons d'abord d'une manière générale le rapport de la pensée et du langage.

C'est M. de Bonald qui a introduit dans la philosophie cette doctrine que la pensée ne fait qu'un avec le langage, qu'elle en est inséparable, et qu'on ne peut penser sans parler.

Non seulement, dit-il, la figure, le dessin et la parole sont l'expression nécessaire à l'égard de ceux à qui nous voulons les communiquer; mais elles en sont l'expression nécessaire pour nous en entretenir avec nous-mêmes ou pour penser. Ainsi nous ne pouvons tracer au dehors la figure d'un corps par le geste ou le dessin sans en avoir en nous-mêmes la représentation ou l'image : car l'image est une figure intérieure, et la figure est une image extérieure. Et de même nous ne pouvons émettre des sons au dehors ou les fixer par l'écriture, sans en avoir en nous-mêmes la prononciation intérieure. Ainsi *penser, c'est se parler à soi-même d'une parole intérieure; et parler, c'est penser tout haut et devant les autres*. Ainsi on peut regarder comme une vérité générale, qu'il est nécessaire d'avoir l'expression de sa pensée pour pouvoir exprimer sa pensée, ou bien, comme je l'ai dit ailleurs, « que l'homme pense sa parole avant de parler sa pensée ».

On a souvent opposé à M. de Bonald ce fait psychologique bien connu que nous pouvons avoir une idée sans trouver de mots pour l'exprimer. Mais lui-même, de son côté, cite à l'appui de sa propre théorie un fait voisin de celui-là[1], à savoir, la recherche d'une certaine pensée dont nous avons le sentiment vague sans la saisir encore avec précision, faute de mots pour l'exprimer.

Que cherche notre esprit quand il cherche une pensée? Le mot qui l'exprime, pas autre chose. Je veux représenter une certaine disposition de l'esprit dans la recherche de la vérité : *habileté, curiosité, pénétration, finesse* se présentent à moi; la pensée qu'ils expriment n'est pas celle que je cherche, parce qu'elle ne s'accorde pas avec ce qui précède et ce qui doit suivre; je la rejette. *Sagacité* s'offre à mon esprit; ma pensée est trouvée; elle n'attendait que son expression...
146 et 287 nous présentent deux idées de nombres très distincts. J'en veux former une seule idée ou une idée collective. Que fais-je pour la trouver, et pourquoi ne l'ai-je pas aussitôt que je le veux? C'est que son expression me manque; je la cherche, je la trouve; et j'ai l'idée demandée : 433. Tous les exemples peuvent être réduits à ceux-là; et je fais alors comme un peintre qui, voulant représenter la figure d'un ami absent, retouche son dessin jusqu'à ce qu'il ait trouvé l'expression du visage qu'il reconnaît aussitôt. (*Législation primitive*, ch. 1, note 2.)

Enfin de Bonald résume sa théorie sous une forme moins paradoxale et plus admissible lorsqu'il dit :

La pensée elle-même est distincte de son expression et la précède; c'est la conception qui précède la naissance... La pensée est naturelle, la parole est acquise[2]; mais la pensée n'est pas visible sans une expression qui la réalise, et l'expression n'est pas intelligible sans une pensée qui l'anime. Une expression sans pensée est un son; une pensée sans expression n'est rien. (I, XXIII.)

Cette doctrine de l'unité de la pensée et du langage[3], qui passe pour théologique, parce que Bonald en a fixé le sens en la donnant pour fondement au traditionalisme; — cette doctrine est admise et soutenue par les représentants les plus autorisés de la philologie moderne, par exemple par Max Muller, qui l'exprime par cet aphorisme fondamental : *Sans le langage, point de raison; sans la raison, point de langage*. (*Nouvelles leçons*, t. I, leçon 2, p. 84.)

Nous croyons qu'il faut admettre avec Bonald et Max Muller la doctrine de l'unité de la pensée et du langage, sous les réserves

---

1. Au fond, c'est le même fait. Nous croyons posséder une pensée et chercher le mot, tandis que suivant Bonald c'est la pensée même que nous cherchons.
2. Bonald dit très bien : « Rien n'est plus naturel que l'état acquis, et la perfection est l'état le plus naturel de l'être perfectible. » (I, XXI.)
3. Sur cette doctrine, voy. aussi Cardaillac, qui compare avec raison l'union de la pensée et de la parole à celle de l'âme et du corps (t. II, p. 230.)

suivantes, qui ne portent pas d'ailleurs sur le fond des choses :

1° Même en liant d'une manière indissoluble les deux éléments *pensée* et *langage*, il faut admettre, au moins par abstraction, l'antériorité logique de la pensée sur le langage, ce que fait d'ailleurs Bonald lui-même dans le passage cité plus haut.

2° La doctrine de l'unité du langage et de la pensée est indépendante de la doctrine traditionnaliste, qui fait du langage une création surnaturelle et immédiate de la divinité. Elle peut servir à prouver que l'invention du langage n'est pas artificielle, mais non qu'elle n'est pas humaine, comme nous l'avons vu plus haut (207).

3° Nous ne pensons pas qu'il faille lier exclusivement la pensée au langage parlé, aux mots. Sans doute les sourds-muets, dans l'état actuel, étant isolés et dispersés au milieu des parlants, ne reçoivent leurs pensées que de ceux-ci, et leur langage, plus ou moins calqué (comme le dit Max Muller) sur le nôtre, est plutôt une écriture qu'un langage proprement dit. Mais il ne nous paraît nullement prouvé qu'une société de sourds-muets, si elle arrivait à se former quelque part, ne parviendrait pas à penser à peu près comme nous pensons nous-mêmes [1]. D'ailleurs ceux qui observent les sourds-muets de près affirment qu'on leur impose trop le langage des parlants, et qu'ils feraient peut-être plus de progrès intellectuels si on leur laissait la liberté du leur [2].

209. De la parole intérieure. — En séparant d'une manière exagérée et artificielle la pensée du langage, les philosophes n'ont pas fait assez d'attention à ce fait familier si important, à savoir, que nous ne pouvons guère penser sans nous parler à nous-mêmes d'une manière plus ou moins distincte. Sans doute nous pouvons imaginer sans parler, et il est vraisemblable que chez les hommes très primitifs la pensée est plutôt accompagnée d'*images* que de *signes;* mais même chez ceux-là il n'est pas probable que la pensée ne soit pas accompagnée de quelque parole ; et en tout cas le fait ne manque pas de se produire avec le plus faible degré de culture intellectuelle. Le même mot dans beaucoup de langues signifie à la fois *raison* et *langage*. Tel est le mot λόγος en grec. Platon a dit que la pensée n'est autre chose que « le dialogue de l'esprit avec lui-même [3] ».

---

1. Laura Bridgeman, mentionnée plus haut (p. 221, note 2), même quand elle est seule, a toujours les doigts en mouvement. Elle ne pense donc comme nous qu'en se parlant à elle-même. (Whately, *Logic*, p. 13, note 2.)

2. L'abus a été tel en cela, qu'on nous a cité un directeur de sourds-muets qui leur faisait attacher les bras, pour qu'ils ne fussent pas tentés de parler par gestes.

3. *Théétète*, 190, A. — Τὸ δὲ διανοεῖσθαι

210. Rapports de la pensée et du langage. — Les rapports particuliers de la pensée et du langage ont été profondément étudiés au dernier siècle et au commencement du nôtre dans les écrits de Condillac, de Gérando, de Tracy, Maine de Biran, Cardaillac, etc. Nous résumerons les principaux résultats de leurs savantes analyses :

On peut ramener à trois points les services que le langage rend à la pensée.

1° Le langage et particulièrement la parole est un instrument d'*analyse* et d'*abstraction*.

2° Le langage est un instrument de *combinaison* et de *classification*.

3° Le langage est un instrument *mnémotechnique*.

211. Le langage instrument d'analyse. — M. de Gérando a montré comment le langage d'action lui-même est déjà un moyen d'analyse. Un sauvage veut faire connaître à un autre un animal qu'il a vu. Il en décrit la forme : son interlocuteur ne comprend pas ; il en décrit la marche et le mouvement : l'autre ne comprend pas encore ; il en imite le cri, et il est compris. Que s'est-il passé ? — Le premier de ces deux hommes, quand il a été en présence de l'animal, a été saisi à la fois de la forme, du mouvement, de la couleur et du cri ; en un mot, c'est l'animal tout entier qui l'a frappé : il a tout vu sans rien distinguer, ou du moins sans avoir conscience d'aucune distinction. Mais la nécessité de s'exprimer et de se faire comprendre a été pour lui la cause de l'analyse ; car il ne peut à la fois exprimer tous les traits : instinctivement il reproduira d'abord celui qui l'a le plus frappé, la forme par exemple : n'étant pas compris, il sera obligé d'ajouter un nouveau trait, puis un autre ; et il aura décomposé sa pensée sans le savoir ; ce qu'il n'aurait pas fait s'il n'avait pas eu à la communiquer.

Si le langage d'action, qui consiste principalement dans les mouvements et dans les cris, est déjà un moyen si efficace de décomposer la pensée, combien cela doit-il être plus vrai encore du langage articulé ou de la parole ? De là cette maxime célèbre de Condillac : *Les langues sont des méthodes analytiques.* Voici

ἆρ' ὅπερ ἐγὼ καλεῖς ; — Τί καλῶν ; — Λόγον ὃν αὐτὴ πρὸς αὑτὴν ἡ ψυχὴ διεξέρχεται περὶ ὧν ἂν σκοπῇ. — Sur la parole intérieure, nous signalerons les remarques ingénieuses de Cardaillac. (*Études de philosophie*, t. II, p. 304 et suiv.) — Un jeune philosophe, M. Victor Egger, prépare un travail sur ce sujet.

comment : les idées, qui sont *simultanées* dans l'esprit, ne peuvent être exposées dans le discours que *successivement*. (*Grammaire*, Disc. prélim. et ch. III.) La nécessité où nous sommes de parler dans le temps, c'est-à-dire de n'énoncer les sons articulés que les uns après les autres, nous oblige à considérer l'une après l'autre les diverses parties de la pensée et à les exprimer séparément. Ainsi lorsque je vois venir un homme à moi, la vue de l'homme et la vue de sa marche sont simultanées ; mais je ne peux pas exprimer en même temps l'un et l'autre : je dis d'abord *homme* et ensuite *venir* ; et je suis amené par là à une décomposition que je n'aurais pas faite sans cela.

C'est par le moyen du langage que la *perception* se transforme en *jugement* : au fond c'est une seule et même opération ; mais dans la perception les éléments sont unis et confondus, et dans le jugement ils sont séparés (164). Je vois un arbre et je vois en même temps sa grandeur : la perception de l'arbre et la perception de sa grandeur, c'est une seule et même chose. Au contraire, lorsque je prononce l'affirmation suivante : *Cet arbre est grand*, il faut que je voie d'un côté l'arbre, de l'autre la grandeur ; par conséquent il faut que j'aie séparé les idées qui composent ma perception ; mais pour séparer ces idées il m'a fallu des signes : c'est donc le discours qui nous présente d'une manière successive les idées qui ne sont d'abord présentées que d'une manière simultanée.

On a fait une objection à la théorie de Condillac : le langage, a-t-on dit, n'est pas l'*instrument* de l'analyse ; il en est le *résultat*[1]. En effet, si un homme n'avait pas commencé par analyser sa pensée, il n'aurait pas pu en exprimer les différentes parties. Mais ce n'est là qu'une question de mots. Sans doute le langage ne crée pas la pensée, mais il la fixe ; de même le langage ne crée pas lui-même l'analyse, mais il la rend possible, puisqu'il en est l'expression nécessaire.

D'ailleurs si, pour celui qui parle, le langage est plutôt l'expression de l'analyse qu'il n'en est l'instrument, il n'en est pas de même de celui qui écoute et qui reçoit le langage tout fait : pour celui-là c'est une vraie méthode analytique, comme l'a dit Condillac ; car le langage communiqué lui fait apercevoir successivement les différents moments de la pensée qu'il n'a pas encore.

---

1. Duhamel, *Méthodes de raisonnement*, t. I, p. 84. Gérando et Tracy avaient fait la même remarque, en ajoutant que c'est plutôt un correctif qu'un renversement de la doctrine de Condillac.

Ainsi, dans l'exemple cité plus haut, celui qui écoute apprend à distinguer la figure, la marche et le cri dans la perception d'un animal.

Enfin, une fois qu'une première analyse a été faite et qu'elle a trouvé son expression dans le langage, cette expression devient elle-même à son tour un moyen de pousser l'analyse plus loin. Si par exemple on a appris à distinguer en une circonstance le sujet d'un attribut, on peut ensuite, en conservant d'une part la notion du sujet, décomposer successivement les différents attributs : c'est ainsi que le mot, qui n'a d'abord été que l'*expression* de l'analyse, en devient l'*instrument*, et que les langues sont des méthodes analytiques [1].

De tous les effets du langage considéré comme instrument d'analyse, le plus important, au point de vue philosophique, c'est de rendre possible l'abstraction. On a pu contester à Bonald sa proposition fondamentale, que sans langage il n'y a pas de pensée ; mais nul ne contestera que sans langage il n'y aurait pas d'idées abstraites : ce n'est pas à dire que ces idées se confondent avec les signes ; mais les signes en sont les véhicules et les gardiens.

Peut-être quelques abstractions très simples et très rudimentaires ne seraient-elles pas tout à fait impossibles sans langage : par exemple, celles qui sont opérées par nos différents sens, qui sont déjà, a-t-on dit, des machines à abstraction ; tant que les différentes parties des choses se représentent séparément à l'imagination, cette séparation peut avoir lieu sans le langage : c'est ainsi qu'on peut penser à la couleur et à la saveur sans la solidité ; mais au delà de ces abstractions élémentaires et très peu nombreuses l'esprit ne peut plus faire un pas sans le langage ; là où l'imagination est impuissante, c'est lui qui en prend la place. L'exemple le plus simple et le plus frappant nous est donné par la numération arithmétique :

Le mot *un* est le germe de toutes nos idées de nombre [2]. Cependant supposons que nous n'avons pas d'autre nom de nombre et essayons avec ce seul mot *un* de faire le plus simple de tous les calculs, une addition très bornée (à plus forte raison, si l'on n'avait pas même le mot *un*). Pour y réussir, je ne puis faire autre chose que de dire : un plus un, plus un, plus un, plus un, plus un ; et ni moi qui parle, ni vous qui m'écoutez, n'avez aucune idée nette dans la tête. Pourquoi cela ? c'est que rien ne nous indique combien de fois nous avons répété ce mot *un*... Maintenant,

---

1. Pour plus de détails sur cette proposition fondamentale de Condillac, voy. la *Grammaire* depuis le ch. VII jusqu'au ch. XIV, p. 202.
2. D. de Tracy, *Idéologie*, ch. XVI. Voy. Mich.

Bréal, *Mélanges de linguistique*, p. 251, sur l'origine des noms de nombre. Voy. aussi dans Condillac (*Logique*, ch. VII) l'exemple des jetons.

que quelqu'un me propose de retrancher un nouveau nombre du premier. Que voulez-vous que je fasse?... J'aurai beau dire : un, un, un, un, un, un, et moins un, un, un, un, un, je ne saurai où je dois arrêter cette fastidieuse répétition... Mais, me dira-t-on, vous compterez sur vos doigts ou avec des cailloux. Fort bien ; mais mes doigts ou des cailloux sont des *signes*.

Si l'arithmétique est impossible sans le langage, à plus forte raison en serait-il de même de l'algèbre, où l'on ne considère pas le rapport de tel nombre avec tel nombre, mais d'un nombre quelconque ou même d'une quantité quelconque avec une autre quantité quelconque, les conditions des rapports étant seules indiquées. C'est parce que la langue algébrique permet un très haut degré d'abstraction, c'est-à-dire de simplification, qu'elle est propre à résoudre des problèmes que l'arithmétique ordinaire ne résout pas ou qu'elle résout beaucoup plus difficilement : elle nous dispense d'attention pour tout ce qui ne concerne pas le problème lui-même ; elle permet par conséquent d'aller plus vite et plus facilement, c'est ce qui serait impossible sans signes.

212. **Langage, instrument de combinaison et de classification.** — Ce second office n'est guère séparable du premier.

Les mots, en effet, nous servent à réunir plusieurs idées sous un même signe et à les considérer toutes ensemble comme si elles n'en formaient qu'une seule. Les mots généraux nous rendent les mêmes services que les signes de l'arithmétique et de l'algèbre. De même que le nombre *dix*, et le chiffre 10 qui le représente, nous permettent de considérer les dix unités qui le composent comme n'en formant qu'une seule, de même, lorsque nous disons : *peintre, général, monument, vie*, etc., notre attention est dispensée de considérer en détail chacune des idées élémentaires qui composent les idées de ces signes, pour ne penser qu'à leur ensemble. Ainsi les mots généraux ne sont que des collections d'idées ; il en est de même des noms propres et individuels, et ce sont même ceux qui contiennent le plus d'éléments. Ainsi tout mot est une collection [1].

Les mots sont donc des moyens d'abréviation et de simplification. Supposez que dans une proposition quelconque on soit obligé de remplacer les mots par les idées élémentaires qu'ils expriment, ou, comme on dit en logique, de substituer perpétuellement la définition au défini ; au lieu de dire, par exemple : *L'homme qui découvre une vérité est utile à l'humanité* [2],

---

1. Condillac, *Art de penser*, ch. VII.   2. Tracy, *Idéologie*, ch. XVI.

calculez le nombre de mots et d'idées que cette proposition exigerait ; ce nombre même irait à l'infini s'il fallait définir encore chacun des termes de la définition. A la vérité, s'il n'y avait pas de langue du tout, c'est-à-dire pas de mots, cet inconvénient serait évité ; mais alors nous ne pourrions grouper nos sensations en groupes séparés, et nous ne pourrions pas comparer ces groupes les uns avec les autres.

Ainsi, de même que le langage par l'analyse est un moyen d'abstraction, de même, par la combinaison, il est un moyen de généralisation et de classification.

Nous ne rechercherons pas si les hommes ont commencé par des noms individuels ou par des noms généraux[1] ; ce qui est certain, c'est que les noms généraux servent à classer et à grouper les êtres, non pas, comme le font les savants, par l'étude des caractères cachés et essentiels, mais par la notation des caractères les plus apparents au point de vue de la vie pratique. Le langage usuel, aussi bien que le langage scientifique, nous aide à grouper et à distribuer les choses et leurs qualités, de manière à simplifier le travail des opérations intellectuelles et à permettre d'opérer sur les collections comme si elles étaient des unités simples. Le langage est donc fondé en réalité sur le même principe que le système de la numération. C'est ainsi que, partant des idées sensibles, nous nous formons d'abord une collection sur un modèle que notre imagination nous représente facilement et que nous désignerons par un signe (*tigre*, par exemple) ; puis, prenant ce signe comme une unité, nous le réunirons avec d'autres unités de même espèce (tigre, hyène, léopard) sous un autre nom (*carnivore*) ; puis nous réunirons ce nouveau signe lui-même avec celui des animaux herbivores sous un autre signe (*quadrupèdes*), et celui-ci avec d'autres signes encore plus généraux (animaux *terrestres*), etc. ; et c'est ainsi que le langage nous donne le premier modèle de classification.

Nous pouvons répéter ici ce que nous avons dit pour l'analyse et l'abstraction, c'est que le langage est à la fois l'*expression* et l'*instrument* des classifications. Il en est l'expression : car il a fallu d'abord observer la différence et la ressemblance des classes pour inventer les mots qui les représentent ; mais une fois les mots inventés, ils facilitent ou plutôt nous donnent tout fait le

---

1. Voy. plus haut ch. VI (161).

travail de la classification ; nous apprenons les noms des classes sans avoir eu besoin de les faire nous-mêmes, et ils nous fournissent des points d'appui et des points de repère pour former de nouvelles combinaisons et de nouvelles distributions.

Inutile de dire que nous classons ainsi non seulement les choses, mais les qualités, les actions, les relations, etc. Nous avons des groupes hiérarchisés non seulement de substantifs, mais d'adjectifs, mais de verbes, de prépositions et de conjonctions, et c'est grâce à la combinaison de tous ces différents signes que nous formons des propositions, des raisonnements, des discours, etc.

Si le langage sert déjà à former des classifications usuelles, c'est encore le langage qui sert à former les classifications scientifiques. Mais, comme il s'agit de rapports cachés et compliqués, la langue usuelle ne suffit plus ; il faut une langue savante et artificielle ; c'est ici que l'on assiste à l'invention d'un langage comme à l'invention d'une machine : telle est la langue algébrique, la nomenclature chimique. Cette dernière langue, en particulier, est un chef-d'œuvre ; elle exprime par les moyens les plus simples tous les groupements possibles des corps, et elle fournit des cadres pour toutes les combinaisons nouvelles qui pourraient être découvertes [1].

213. Langage, instrument mnémotechnique. — Enfin, le langage ne pourrait remplir le double office que nous venons d'exposer, à savoir, d'être un instrument d'analyse et de combinaison, s'il ne remplissait pas en même temps un troisième office, implicitement contenu dans les deux autres, mais que nous avons négligé et qu'il faut mentionner à part, à savoir, d'être un instrument *mnémotechnique*, c'est-à-dire de conserver le souvenir et de faciliter le rappel des idées, qui sans ces signes disparaîtraient ou se confondraient aussitôt formées, en supposant même qu'elles pussent se former.

Aristote a déjà dit : on ne peut penser sans images. Nous savons, par exemple, qu'il serait presque impossible de suivre une démonstration de géométrie sans une figure sensible dessinée ou imaginée : la figure sensible n'est pas la figure géométrique elle-même ; elle en est l'image, et l'on peut déjà dire qu'elle en est le *signe*. Le dessin, en effet, est lui-même une espèce de langage. Mais lorsque l'image est impossible ; s'il s'agit, par

---

[1]. Wurtz, *Histoire des doctrines chimiques*, p. IX, IV.

exemple, de la *vertu* ou d'une quantité abstraite quelconque, aucune image ne pouvant la représenter, il nous faut alors une sorte d'image indirecte ou détournée que nous appellerons un *symbole* (comme la *balance*, symbole de la justice, le *lion*, symbole du courage), et bientôt enfin des signes abstraits et arbitraires, n'ayant pas plus d'analogie avec la chose elle-même que le nœud d'un mouchoir n'a d'analogie avec le souvenir qu'il doit conserver.

Il semble qu'en attachant à une idée un signe sensible pour la retenir plus aisément, nous ne faisons que compliquer la difficulté, puisque nous nous imposons de retenir deux choses au lieu d'une ; mais la raison de ce fait est dans la loi de notre esprit que nous venons de rappeler, à savoir, que nous ne pensons pas sans image, ou, sous une autre forme, que l'idée ne nous frappe qu'autant qu'elle est unie à la sensation [1].

De toutes les considérations qui précèdent, faut-il conclure d'une manière absolue que l'on ne pourrait penser sans signes ? C'est une question à peu près oiseuse, puisque c'est se représenter un esprit humain dont nous n'avons aucune espèce d'idée. Si par signes on entend même les plus élémentaires, le geste et le cri, on ne sait ce que serait un être qui n'aurait pas même ces moyens d'expression et qui serait homme. Si, au contraire, on entend par là simplement les signes articulés, il est certain qu'ils peuvent être suppléés jusqu'à un certain point [2]. Qu'il nous suffise de dire qu'en fait l'homme se sert du langage, et particulièrement de la parole, pour penser, et qu'elle lui sert surtout grâce aux trois fonctions que nous avons signalées : fonction d'analyse, fonction de combinaison, fonction mnémotechnique.

Problèmes. — I. Une *langue universelle* est-elle possible ? (Sur les diverses tentatives de langue universelle, voy. Max Muller, *Nouvelles leçons sur la science du langage*, t. I, leçon 2.)

II. Toute science bien faite n'est-elle qu'une *langue bien faite* ? (Condillac, *Logique*, partie II ; Duhamel, *Méthodes de raisonnement*, § 71.)

---

[1]. De Tracy, *Idéologie*, ch. XVI. Voy. plus haut les lois de la mémoire, ch. V (138).

[2]. Voy. sur cette question les observations intéressantes de Tracy, *Idéol.*, ch. XVII.

SECTION III

LE SENTIMENT ET LA VOLONTE

L'ancienne philosophie, aussi bien la philosophie de Descartes que celle de Condillac, n'admettait dans l'âme que deux facultés : l'entendement et la volonté. L'entendement avait pour objet le vrai; la volonté, le bien. L'entendement était la faculté de recevoir des idées. La volonté était « l'impression ou le mouvement naturel qui nous porte vers le bien indéterminé et en général [1] ». Pour Bossuet, « vouloir est une action par laquelle nous poursuivons le bien et fuyons le mal. Par exemple, nous désirons la santé et fuyons la maladie [2]. » D'après cette doctrine, ce que nous appelons le *sentiment*, ou faculté d'aimer et de désirer, serait la même chose que la *volonté*, ou faculté de vouloir, de se décider, de se déterminer, de se résoudre. Mais depuis, avec raison, on a distingué le désir et la volonté. Désirer et aimer, c'est-à-dire se porter spontanément et avec plaisir vers un objet, est une chose; la choisir en connaissance de cause, et même sans désir et sans amour, bien plus, contre le désir et malgré un amour contraire, est une autre chose. La faculté de vouloir n'est donc pas la même chose que la faculté d'aimer et de désirer.

C'est du reste ce qui était implicitement reconnu même dans les écoles antérieures. En effet, Malebranche, après avoir défini la *volonté* comme nous l'avons vu, à savoir, le mouvement qui nous porte vers le bien en général, en distinguait la *liberté*, qu'il définissait : « la force qu'a l'esprit de détourner cette impression ou mouvement vers les objets qui lui plaisent, de faire ainsi que nos inclinations naturelles soient terminées à quelque objet particulier »; et par conséquent il rétablissait sous le nom de liberté ce que nous appelons volonté. Bossuet

---

1. Malebranche, *Recherche de la vérité*, liv. I, ch. I.   2. *Conn. de Dieu*, I, XVIII.

disait de même : « Nous sommes déterminés par notre nature à vouloir le bien en général. Mais nous avons la liberté de notre choix à l'égard des biens particuliers, et c'est ce qui s'appelle le franc arbitre, le libre arbitre, c'est-à-dire la puissance que nous avons de faire ou de ne pas faire une chose. » Ainsi la liberté était pour Bossuet et Malebranche aussi différente de la volonté que pour nous la volonté est différente du sentiment.

Nous appellerons donc *sentiment* la faculté qui en nous se porte spontanément et naturellement vers les objets, et *volonté* la faculté de déterminer les mouvements à tel acte et à tel objet.

Il reste toutefois un trait commun entre ces deux facultés, c'est que l'une et l'autre se portent vers le bien, l'une par un mouvement spontané, l'autre par un choix libre.

Une autre similitude, c'est que l'une et l'autre supposent une connaissance au moins confuse de leur objet. Bossuet a dit : « Nous ne voulons pas sans quelque raison. » On peut dire de même : « Nous n'aimons pas sans quelque raison. »

CHAPITRE PREMIER

Le sentiment. — Inclinations personnelles.

214. Sensations et sentiments. — Nous avons appelé phénomènes *affectifs* ou *émotions* tous les phénomènes caractérisés par le plaisir et la douleur (52). Les émotions sont de deux sortes : 1° ou bien elles ont leur *siège* dans le corps et leur *cause* dans l'action des objets extérieurs sur nos organes, et elles conservent alors le nom de *sensations*; 2° ou bien elles n'ont pas de siège corporel, et elles ont pour cause une idée, une pensée ; elles s'appellent alors *sentiments*.

Par exemple, un plaisir des sens, une douleur physique sont toujours localisés quelque part : j'ai froid aux pieds ; j'ai mal à la tête. — Au contraire, lorsque je suis fâché ou joyeux, je ne le suis ni dans le pied, ni dans la tête, ni dans la poitrine. Même un malaise général peut exister à la fois dans toutes les parties du corps ; tandis que la joie et la tristesse ne résident en réalité dans aucune.

De même pour la cause : une fracture, une déchirure vient de l'action du corps sur un organisme ; au contraire, la joie et la tristesse viennent de la pensée (d'une bonne ou mauvaise nouvelle, par exemple). Je ne suis pas joyeux pour avoir mangé un bon fruit, ni triste pour m'être brûlé : je puis avoir de la joie pendant que mon corps souffre, et de la tristesse pendant qu'il jouit. A la vérité, le plaisir peut rendre joyeux et la douleur rendre triste ; mais ici on distinguera encore le plaisir de la joie, la douleur de la tristesse.

215. Appétits et sentiments. — Les sentiments ne s'opposent pas seulement aux sensations ; ils s'opposent surtout aux appétits, c'est-à-dire aux impulsions des sens. Les *appétits* sont les impulsions ou inclinations qui nous portent vers les choses senibles, vers le bien-être corporel; les sentiments sont les impulsions et inclinations qui nous portent vers des choses intellectuelles et morales. L'ensemble des sensations et les appétits comprend ce qu'on appelle la *sensibilité physique;* l'ensemble des sentiments correspond à ce qu'on appelle la *sensibilité morale*.

Par exemple, les sentiments *esthétiques, religieux, moraux*, n'ont pour objet aucun être sensible déterminé, aucun être matériel. Le patriotisme ne s'adresse qu'à une idée. Même les affections pour les autres hommes, amitié, amour filial, paternel, sociabilité, qui s'adressent à l'homme tout entier, âme et corps, n'ont pas pour objet le corps en lui-même, mais le corps seulement comme la manifestation de l'âme. Enfin, quand nous recherchons la grandeur, la puissance, la gloire, ce n'est pas précisément les avantages de notre corps que nous recherchons : c'est encore une *idée*, l'idée de notre excellence et de la supériorité de notre *esprit* qui nous commande et qui nous subjugue.

Le sentiment est donc quelque chose d'*intellectuel* et se rapporte, par conséquent, comme la volonté elle-même, aux opérations intellectuelles.

Nous n'entendons pas par là que le plaisir et la douleur ne soient que des idées, des pensées, et que l'homme tout entier ne soit qu'intelligence. Le plaisir et la douleur sont deux phénomènes spéciaux et irréductibles. Mais nous voulons dire simplement qu'ils ne deviennent des sentiments et ne donnent naissance à des sentiments qu'en tant qu'ils s'unissent à des idées.

216. **Division des sentiments.** — Les sentiments, en tant qu'ils nous portent vers quelques objets, sont ce que nous avons appelé des *inclinations* (57). Les inclinations peuvent se diviser en trois classes : 1° celles qui sont relatives à nous-mêmes, ou inclinations *personnelles;* 2° celles qui sont relatives aux autres hommes, ou inclinations *sociales;* 3° enfin celles qui s'adressent à des objets supérieurs à nous-mêmes ou aux autres : nous les appellerons, faute de mieux, inclinations *supérieures*.

Parmi les inclinations personnelles, les unes sont relatives au corps, ce sont les *appétits*, dont il a été parlé dans la première section (60). Les autres sont relatives à l'esprit : ce sont celles dont il nous reste à parler.

I. — INCLINATIONS PERSONNELLES.

Si nous faisons abstraction de l'instinct de conservation, qui s'adresse à l'homme tout entier et que nous avons signalé en parlant des appétits (60), il ne reste dans le moi que deux choses susceptibles d'être aimées et désirées : 1° l'*excellence* ou la *supériorité*; 2° la *force* ou le *pouvoir*.

De là deux inclinations : 1° le *désir de l'excellence*, ou *amour-propre* (estime de soi-même), d'où naît le sentiment de l'émulation; 2° le *désir du pouvoir*, ou *ambition*, qui n'est qu'une des formes de l'instinct d'activité.

217. Désir de l'excellence; amour-propre. — L'homme n'est pas satisfait lorsqu'il a seulement pourvu à ses besoins, rassasié ses appétits, comblé les désirs des sens. Il ne lui suffit pas d'être, ni même d'être agréablement; il veut être avec la plus haute perfection possible. Cet instinct nous porte à jouir de nos facultés, à en désirer et à en aimer le perfectionnement; c'est l'*amour-propre*, instinct plutôt noble que blâmable tant qu'il se renferme dans l'estime modérée et légitime de soi. Il peut prendre deux formes : l'estime de soi-même considéré comme homme en général (et c'est ce qu'on appelle le sentiment de la *dignité humaine*), et l'estime de soi-même comme individu, en tant que chacun se compare aux autres hommes, heureux quand il se sent égal ou supérieur, malheureux quand il se sent inférieur (c'est l'*amour-propre* proprement dit). Il n'est guère possible que l'homme étouffe en lui ce sentiment naturel qui veut qu'il soit flatté des éloges qu'il reçoit et qu'il souffre d'être l'objet du blâme et du mépris; c'est donc là un instinct légitime et salutaire au progrès de l'humanité. Quant aux excès dont cet instinct est susceptible, comme tous les autres, ils regardent la morale, non la psychologie.

On remarquera d'ailleurs que cet instinct peut se porter sur n'importe quel genre d'excellence, selon les idées que chacun se fait de la perfection. Entre les qualités générales que l'on est porté à estimer chez tous les hommes et qu'on désire pour soi-même, soit dans le corps, soit dans l'âme (beauté, esprit, force, etc.), chacun éprouve un amour-propre différent, suivant son âge, ses occupations, ses idées sur la vie humaine. Le saltimbanque peut être sans doute aussi fier de sa souplesse et de son adresse que le poète de son génie. Les vices mêmes peuvent être objet d'orgueil chez celui qui manque du sens moral. Un don Juan sera fier de ses aventures, un Cartouche de ses vols. On peut aller jusqu'à l'orgueil du crime ; mais ces aberrations de l'amour-propre nous en montreront l'essence persistante : c'est parce qu'on admire en soi une certaine force, adresse, audace, qu'on se vante de ce qui devrait être l'objet du mépris.

M. A. Bain a analysé les différentes formes de l'amour-propre. Il y trouve les sentiments suivants : la complaisance pour soi-même (*self-complacency*), l'estime de soi (*self-esteem*), la confiance en soi (*self-confidence*), l'aptitude à se suffire à soi-même (*self-sufficency*), le respect de soi-même (*self-respect*), la pitié pour soi-même (*self-pity*). (*Emotions and the Will*, ch. VII.)

Descartes a ramené l'estime de soi à deux formes principales : l'une légitime et utile, qu'il appelle la *générosité*, et l'autre vicieuse, qu'il appelle l'*orgueil*. (*Traité des passions*, III.)

Émulation. — Une forme très importante et plus complexe de l'estime de soi est l'*émulation*, qui a lieu lorsque l'individu se compare aux autres hommes et cherche à les égaler ou à les surpasser, en même temps qu'il souffre d'en être devancé. Ce sentiment est un des plus énergiques pour favoriser le perfectionnement de nous-même et des autres.

Reid (*Œuvres*, t. VI, p. 78) plaçait l'émulation dans la classe des affections, et même des affections malveillantes, en ayant soin cependant d'enlever à cette expression le sens défavorable qu'on est porté à y attacher. Dug. Stewart (*Facultés actives*, t. I, ch. II, sect. V) le réfute sur ce point : « Il est vrai, dit-il, qu'elle peut être accompagnée d'une affection malveillante ; mais cela n'est point nécessaire, et ce n'est d'ailleurs qu'une circonstance accidentelle ; et le vrai principe actif de l'émulation est le désir de supériorité, » qui, considéré en soi, n'a rien de malveillant.

L'émulation doit se distinguer de l'*envie* : l'une cherche à nous élever nous-mêmes, l'autre à déprécier autrui ; l'une sert à notre progrès, l'autre nous abaisse.

L'émulation, dit la Bruyère, est un sentiment volontaire, courageux, sincère, qui rend l'âme féconde, qui la fait profiter des grands exemples et la porte souvent au-dessus de ce qu'elle admire. La *jalousie* (ou l'envie) au contraire est un mouvement violent, et comme un aveu contraint du mérite qui est hors d'elle ; elle va jusqu'à nier la vertu dans les sujets où elle existe : passion stérile qui laisse l'homme dans l'état où elle le trouve. (*De l'homme*, 85.)

Aristote avait déjà décrit avec précision les caractères différents de l'émulation et de l'envie. (*Rhétorique*, liv. II, ch. XI.)

Défiance de soi. — Si nous considérons dans l'âme les différents états opposés aux précédents, nous trouvons la *modestie*, l'*humilité*, l'*humiliation*, l'*abjection*, degrés divers d'un même sentiment, la *défiance de soi-même*. On peut avec Descartes ramener toutes ces différentes nuances à deux principales : l'*humilité vertueuse* et l'*humilité vicieuse*. (*Traité des passions*, III, art. 155-159.)

Amour de la gloire. — A l'estime de soi se rattache comme une dépendance nécessaire le désir d'estime chez les autres. Dug. Stewart combat ceux qui veulent ramener le désir d'estime à une inclination intéressée et à un calcul réfléchi : il oppose à cette doctrine la force de ce principe chez les enfants, si sensibles à la louange et au blâme, bien avant le temps où ils ont pu éprouver les avantages ou les dommages de l'une et de l'autre, et surtout sans proportion avec ces conséquences. De très bonne heure, en effet, on peut conduire les enfants par l'estime et le blâme sans aucun avantage matériel qui y soit attaché.

On a soutenu aussi que le désir d'estime ou de renommée n'est qu'un penchant vide de sens, qui ne résulte que d'une fausse association d'idées. Wollaston[1] essaye de montrer tout ce qu'il y a de vain et d'absurde dans l'amour de la gloire :

> En réalité, dit-il, l'homme lui-même n'est jamais connu de la postérité, ce n'est que son nom qui survit ; mais l'homme ne vit pas parce que son nom vit. Lorsqu'on dit que J. César battit Pompée, c'est comme si on disait que le vainqueur de Pompée fut César : César et le vainqueur de Pompée fut une seule et même personne, et César est beaucoup plus connu par une de ces dénominations que par l'autre. Cela revient à dire que le vainqueur de Pompée a vaincu Pompée ou que quelqu'un vainquit Pompée ; ou plutôt, comme Pompée n'est pas plus connu que César, que *quelqu'un vainquit quelqu'un*. Voilà à quoi se réduit cette immortalité si vantée que l'on appelle la gloire !

Dug. Stewart répond à Wollaston : 1° Quand même le désir de gloire serait un effet de l'imagination et une pure illusion, il ne s'ensuivrait pas que ce ne serait pas un principe naturel de notre constitution ; c'est peut-être une loi de notre nature, pour nous pousser aux grandes choses. 2° En raisonnant comme Wollaston, il faudrait dire que, même durant notre vie, le désir d'estime n'a de valeur qu'à l'égard de ceux qui nous connaissent personnellement ; car pour les autres, aussi bien que pour nos successeurs, la gloire n'est que le bruit d'un son.

---

1. Wollaston, *Religion naturelle*, cité par D. Stewart (*Facultés actives*, liv. I, ch. II, sect. III

Diderot, dans ses *Lettres à Falconet*, a peint admirablement ce qu'il y a d'effectif et de solide dans l'amour de la gloire.

218. Instinct d'activité. Désir du pouvoir. — Indépendamment de l'estime que nous avons de nous-mêmes, il y a encore un plaisir propre qui consiste dans le sentiment de notre force et dans le déploiement de notre activité. Ce sentiment se manifeste de différentes manières :

Plaisir de l'action.—C'est d'abord un fait que l'homme aime à agir pour agir. Nous avons déjà remarqué, parmi les appétits purement corporels, le besoin d'activité musculaire (41); le même penchant se manifeste aussi dans l'esprit. C'est ce sentiment que Bain (*Emotions and Will*, ch. x) appelle le plaisir de la poursuite (*plot interest*). C'est le plaisir que Pascal désignait en disant que, « si l'on offrait à un chasseur le lièvre pour lequel il se fatigue toute une journée, il le refuserait ». Par ces paroles, Pascal cherche à incriminer la condition humaine et à la taxer de contradiction ; mais il n'y a là nulle contradiction : le plaisir de la chasse n'est pas le même que celui de posséder un lièvre; celui-ci ne peut donc pas remplacer celui-là. Le vrai plaisir du chasseur consiste à déployer son activité, ses forces, son adresse, et à tenir ses facultés en éveil par la crainte et par l'espérance. Donnez-lui ce qui est l'objet de sa poursuite, cet objet qu'il n'aura pas gagné ne lui causera aucune satisfaction.

Il semble inutile de prouver l'existence d'un plaisir inhérent à l'exercice de l'activité, puisque nous avons déjà établi que tout plaisir vient de l'activité (53) ; mais il est évident que le terme doit être entendu ici dans un sens plus restreint. En effet, toute faculté de l'âme en un sens est une activité ou un mode d'activité : penser et aimer sont des actions, aussi bien que l'action proprement dite ; mais nous n'entendons ici le mot d'action que dans le sens étroit et habituel, c'est-à-dire comme manifestation extérieure de nos pensées par des actes ; c'est ce qui fait qu'on dit d'un homme qu'il est actif en comparaison d'un autre qui est contemplatif, quoique la contemplation soit aussi une action : enfin, nous parlons ici surtout de l'action en elle-même, indépendamment des avantages qu'elle peut procurer.

Plaisir du repos. — S'il y a un plaisir de l'action, il y a aussi un plaisir du repos ; mais ce plaisir est un plaisir relatif, qui vient de ce qu'un trop grand effort d'activité peut devenir douloureux en exigeant de nos organes et de nos facultés plus qu'ils ne peuvent fournir. Tout en aimant l'activité, l'âme n'aime pas les obstacles qui s'opposent à son activité ; et c'est au contraire parce qu'elle aime agir, qu'elle s'irrite des obstacles : de là la nécessité et le plaisir du repos, quand les obstacles ont été trop prolongés ; mais, d'un autre côté, l'absence d'obstacles dégoûte facilement du but en nous ôtant le plaisir de l'effort : il nous faut assez de difficultés pour nous stimuler, mais pas assez pour nous fatiguer. D'ailleurs il faut bien distinguer entre les différents modes d'activité : tel est plein d'ardeur pour les exercices corporels qui néglige les travaux de l'esprit ; tel est froid pour l'étude et le travail qui sera plein de feu pour le jeu ; or, c'est encore là de l'activité.

A ce principe général peuvent se rattacher plusieurs phénomènes différents : par exemple, le *sentiment de la responsabilité*, le *sentiment de l'indépendance et de la liberté*, enfin l'*amour du pouvoir*.

Sentiment de la responsabilité. — Ce sentiment est quelquefois pesant pour l'âme humaine ; mais en même temps il procure de mâles plaisirs, et il y a peu d'âmes qui n'en soient capables à quelque degré. Qui n'a mille fois observé que l'on obtient beaucoup plus des hommes en se confiant à eux, en leur laissant le mérite de leurs entreprises, le choix des moyens, qu'en leur imposant un joug servile, une règle mécanique et extérieure ? Ce qui le démontre sans réplique, c'est la supériorité du travail libre sur le travail servile. Tel qui, obéissant mollement à une règle imposée, exécuterait sans plaisir et sans succès des actions prescrites, se montrera peut-être un homme supérieur le jour où, livré à lui-même, il aura le choix entre ses actions et pourra s'attribuer le succès obtenu ; tel autre qui, n'ayant connu que la prospérité, la fortune, le plaisir, se sentira tout à coup seul en face d'une carrière à se faire, d'une famille à aider, d'un nom à conquérir, trouvera en lui-même des facultés inconnues.

Amour de la liberté. — A l'instinct d'activité se rattache encore manifestement le goût de l'indépendance et de ce qu'on appelle la liberté ; car, par cela même qu'on a du plaisir à déployer ses forces, on désire être affranchi de tout ce qui gêne, soit du côté des choses, soit du côté des hommes. C'est ainsi que les hommes ont horreur de la maladie, de la pauvreté, parce qu'elles leur ôtent les moyens d'agir. Ceux qui ont dit que les choses extérieures sont indifférentes et ne nous regardent pas, parce qu'elles ne dépendent pas de nous (comme les stoïciens), ont cherché un moyen d'être indépendant dans la dépendance même. C'est encore le goût de l'indépendance qui tantôt, mal entendu, soulève les hommes contre l'autorité des lois et engendre l'*esprit de révolte*, tantôt les anime et les arme contre l'oppression et l'arbitraire et devient l'*esprit de liberté*.

Amour du pouvoir [1]. — Il faut avouer que c'est de la même source que naissent souvent, et l'*amour de la liberté*, et l'*amour du pouvoir*. Cicéron (*de Offic.*, I, xx) a fait remarquer la parenté de ces deux principes en apparence si dissemblables : *His idem propositum fuit quod regibus, ut ne quâ re egerent, ne cui parerent, libertate uterentur : cujus proprium est sic vivere ut velis*. En effet, l'homme qui ne veut pas obéir trouve que le meilleur moyen d'échapper au commandement des autres, c'est de commander soi-même ; et comme il arrive toujours, quelque haut placé que l'on puisse être, que l'on a encore quelqu'un au-dessus de soi, l'amour de la souveraine indépendance conduit souvent à l'amour du souverain pouvoir. Ce n'est là sans doute qu'un faux amour de la liberté ; mais c'est néanmoins un même principe qui conduit à des conséquences si différentes.

---

1. Bain distingue l'amour du pouvoir (*Emotion of power*, ch. vii) et l'émotion de l'action (*Emotions of action*, ch. x) ; il nous semble que ce sont des phénomènes du même ordre.

CHAPITRE II

Inclinations sociales. — Inclinations supérieures.

Après avoir parlé des inclinations qui rattachent l'homme à lui-même, et qui ne sont que les formes diverses de l'*amour de soi* ou *amour-propre* (selon l'expression de la Rochefoucauld), nous avons à étudier les inclinations qui nous portent vers les autres hommes, ou *affections*. Le premier point de cette étude est de rechercher s'il y a dans l'homme de pareilles affections, c'est-à-dire des inclinations différentes de l'amour de soi, qui ne puissent s'y réduire, qui soient enfin, comme on les appelle, *désintéressées*.

219. Inclinations désintéressées. — Pour résoudre cette question il faut savoir dans quel sens on prend ici le mot de désintéressement. Dans le sens rigoureusement philosophique, nos inclinations en elles-mêmes ne sont ni *égoïstes*, ni *désintéressées*, mais seulement *spontanées;* c'est seulement lorsque la réflexion s'ajoute à la passion, et que l'homme est éclairé par la raison, lorsqu'il a appris à distinguer les autres de lui-même et le bien d'autrui de son propre bien : c'est alors seulement qu'il mérite d'être appelé égoïste s'il sacrifie le bien d'autrui au sien propre, et désintéressé s'il sacrifie le sien au bien d'autrui. Mais jusque-là nos inclinations peuvent être appelées *personnelles* si elles ont pour but nous-mêmes, mais non égoïstes : et la seule question est de savoir si toutes nos inclinations sont personnelles et s'il n'y en a pas quelques-unes qui nous portent spontanément et sans réflexion vers autrui; si enfin, comme le prétend la Rochefoucauld, toutes nos affections ne sont que des formes de l'amour de soi.

Il y a une distinction importante que l'auteur des *Maximes* a trop négligée et qui est la cause de l'équivoque qui plane sur son livre. Il est en effet deux questions qu'il ne faut pas confondre : 1° Y a-t-il naturellement dans l'âme humaine certaines inclinations distinctes de l'amour de soi ? 2° L'homme suit-il d'ordinaire ces inclinations, et ne les sacrifie-t-il pas souvent, ou même toujours, à ses inclinations personnelles? On voit la différence de ces deux questions : la première regarde la *nature* de l'homme; la seconde, sa *conduite*. Autre chose est de chercher quelles sont les facultés de l'homme autre chose de rechercher l'usage qu'il en fait. La première question est une question de psychologie ; la seconde, une question de morale. S'il n'y a rien de désintéressé dans la nature humaine, ce n'est plus l'homme qui est coupable : c'est cette nature même; c'est Dieu. Au contraire, lorsqu'on reproche aux hommes leur égoïsme, il semble bien que c'est parce qu'il peut y avoir en eux autre chose que l'égoïsme : car, autrement, pourquoi faire un tableau si amer des vices humains, si ces vices sont les instincts mêmes de l'homme? Il ne faut donc pas confondre l'observation extérieure, qui nous apprend comment les hommes agissent, et l'observation intérieure, qui nous apprend ce qu'ils sont. Quand même on trouverait qu'en fait, dans la plupart des cas, la plupart des hommes sont égoïstes, il ne s'ensuivrait pas qu'il n'y a pas d'affections sociales naturelles ayant pour objet le bien d'autrui, mais seulement que nous ne les écoutons pas. L'homme peut se rendre volontairement égoïste sans l'être naturellement. Or la Rochefoucauld, placé au point de vue de l'observation extérieure et mondaine, ne s'est pas demandé ce que les hommes *sont*, mais ce que les hommes *font*. Tel est le malentendu qui obscurcit cette question.

Il y a deux manières de ramener les affections sociales et bienveillantes de l'homme aux affections personnelles : l'une, grossière et superficielle, qui confond absolument la sympathie avec l'égoïsme; l'autre, plus raffinée et plus philosophique, mais non moins fausse, et qui souvent vient se mêler à la première. Examinons l'une et l'autre.

220. Critique de la Rochefoucauld[1].—La première de ces deux opinions consiste à dire que l'homme ne recherche jamais dans le bien d'autrui que le bien qui en peut résulter pour lui-même, et que sous l'action en apparence la plus généreuse se cache toujours l'intention secrète d'en tirer quelque profit.

---

[1]. La discussion suivante de la doctrine de la Rochefoucauld est tirée de notre *Philosophie du bonheur* (ch. VI).

Par exemple, la Rochefoucauld nous dit :

> Ce que les hommes ont nommé amitié n'est qu'une société, un ménagement réciproque d'intérêts, un échange de bons offices ; ce n'est enfin qu'un commerce où l'amour-propre se propose toujours quelque chose à gagner.

Il n'est pas nécessaire d'être Oreste ou Pylade, Damon ou Pythias pour savoir qu'une telle pensée est fausse. Il n'est pas d'homme qui n'ait eu un ou plusieurs amis, auxquels il s'est attaché par un autre lien que l'espérance du profit. Il y a dans l'amitié elle-même un plaisir naturel, indépendant de tout calcul. Ce qui le prouve, c'est qu'il y a beaucoup d'hommes auxquels nous sommes liés par l'intérêt et le besoin, par l'espérance et par la crainte, sans éprouver pour eux aucun sentiment d'amitié. Nous ne nous y trompons pas. Souvent la même personne nous intéresse à la fois, et pour elle-même, et pour les services qu'elle peut nous rendre ; et nous savons très bien distinguer dans le sentiment qu'elle nous inspire l'affection et l'intérêt. Enfin, quelquefois il nous est arrivé en effet d'avoir besoin de l'aide et du secours de nos amis : ce devrait être alors que nous éprouvons, selon la Rochefoucauld, le plus grand plaisir de l'amitié ; au contraire, nous souffrons de cette rencontre, tant nous craignons de voir s'altérer à nos yeux et aux yeux de notre ami le vrai caractère du sentiment qui nous unit.

Au reste, il serait difficile de faire passer le sceptique Montaigne pour un rêveur et un vulgaire enthousiaste. Cependant lisez ce qu'il a écrit sur son amitié pour la Boëtie, et comparez à cette page éloquente et pathétique la basse pensée de la Rochefoucauld.

> En l'amitié de quoy je parle, les âmes se meslent et confondent l'une en l'autre d'un meslange si universel, qu'elles effacent et ne retrouvent plus la cousture qui les a joinctes. Si on me presse de dire pourquoy je l'aymais, je sens que cela ne se peult expliquer qu'en respondant : « Parce que c'estoit lui, parce que c'estoit moi. » Il y a au delà de tout mon discours et de ce que j'en puis dire particulièrement, je ne sçay quelle force inexplicable et fatale, médiatrice de cette union... Ce n'est pas une spéciale considération, ny deux, ny trois, ny quatre, ny mille ; c'est je ne sçais quelle quintessence de tout ce meslange qui, ayant saisi toute ma volonté, l'amena se plonger et se perdre en la sienne ; qui, ayant saisi toute sa volonté, l'amena se plonger et se perdre en la mienne, d'une faim, d'une concurrence pareille ; je dis perdre, à la vérité, ne nous réservant rien qui nous fust ou sien ou mien [1].

Expliquez aussi, s'il est possible, par le calcul d'un intérêt mercenaire, ces plaintes pathétiques et exquises qu'inspire à saint Augustin la mort d'un ami passionnément aimé :

---

1. Montaigne, *Essais*, liv. I, ch. XXVII.

De quelle douleur mon cœur fut-il affligé ! Tout ce que je voyais n'était que mort ; ma patrie m'était un supplice ; la maison paternelle me causait un incroyable ennui ; tout ce que j'avais partagé avec lui se tournait sans lui en torture. Partout mes yeux le cherchaient, et je ne le trouvais pas ; je haïssais toutes choses, parce que rien ne pouvait me le rendre et me dire : « Le voilà, il va venir, » comme tout le disait pendant sa vie, quand il était loin de moi. Je m'étais devenu à moi-même un problème insoluble, et je demandais à mon âme : « Pourquoi es-tu triste ? pourquoi te troubles-tu à ce point ? » Et elle ne savait pas me répondre. Et si je lui disais : « Espère en Dieu, » elle n'obéissait pas... Mes pleurs seuls m'étaient doux et avaient succédé à mon ami dans les délices de mon âme[1].

La Rochefoucauld dit encore :

Il en est de la reconnaissance comme de la bonne foi du marchand : elle entretient le commerce ; et nous ne payons pas parce qu'il est juste de nous acquitter, mais pour trouver plus facilement des gens qui nous prêtent. La reconnaissance de la plupart des hommes n'est qu'une secrète envie de recevoir de plus grands bienfaits.

C'est là encore une fausse et superficielle analyse. Si la Rochefoucauld disait que l'homme n'est souvent reconnaissant que par orgueil, par fierté, pour ne pas rester en reste des services reçus, ou encore pour se donner la satisfaction de faire du bien à son tour après la secrète humiliation d'en avoir reçu, cette interprétation, très défavorable encore pour le cœur humain, pourrait être admise comme vraie dans une certaine mesure. Mais il est faux qu'on ne montre jamais de reconnaissance que pour recevoir de nouveaux bienfaits. Nous sommes souvent reconnaissants pour ceux qui ne peuvent plus rien pour nous. Confondre la reconnaissance avec un calcul de marchand, c'est ne chercher la nature humaine que dans le cœur des valets.

Qu'est-ce que la bonté ? Selon la Rochefoucauld,

C'est prêter à usure sous prétexte de donner, c'est acquérir tout le monde par un moyen subtil et délicat.

Qu'est-ce que la générosité ?

C'est une ambition déguisée qui méprise de petits intérêts pour aller à de plus grands.

Qu'est-ce que la libéralité ?

C'est la vanité de donner, que nous aimons mieux que ce que nous donnons.

Qu'est-ce que la pitié ?

C'est une habile prévoyance des malheurs où nous pouvons tomber ; nous donnons des secours aux autres pour les engager à nous en donner dans de semblables occasions ; et ces services que nous leur rendons sont, à proprement parler, du bien que nous nous faisons à nous-même par avance.

---

1. Saint Augustin, *Confessions*, liv. IV, ch. IV.

Tout cela est faux, superficiel et grossier. La bonté est un sentiment qui nous porte naturellement à vouloir le bien d'autrui ; ce sentiment peut être accompagné ou suivi d'un calcul, il peut-être combattu ou vaincu par l'égoïsme (car l'homme n'est pas parfait); mais il n'en existe pas moins dans l'homme (je parle des plus froids, des plus égoïstes) un plaisir naturel à faire du bien, et cela sans espoir de retour; car ce bien peut être ignoré, il peut tomber sur un misérable, et le plaisir sera le même, peut-être plus vif. Je ne dis pas que l'homme, placé entre son intérêt et la bienveillance, ne sacrifiera pas l'une à l'autre; mais d'abord sa conscience en souffrira : d'où il suit déjà que la bonté n'est pas l'intérêt. En outre, on ne parle ici que des affections naturelles, et non de la vertu, ce que la Rochefoucauld n'a pas démêlé. Il aurait pu avoir quelque raison s'il eût dit : En fait, l'homme sacrifie le plus souvent ses affections naturelles à l'égoïsme. Mais pour cela il eût fallu reconnaître l'existence de pareilles affections; c'est ce qu'il ne fait nulle part; il croit décrire la nature humaine, tandis qu'il ne décrit que ses vices.

Comment soutient-il que la libéralité n'est que la vanité de donner? Elle est, au moins aussi souvent, le plaisir de donner. Que de fois ne donne-t-on pas sans chercher à en faire ostentation, sinon en secret, du moins dans l'intimité? La gloire de donner n'est qu'un mensonge de libéralité, ce n'est pas la libéralité même. Un avare peut donner par gloire, il ne cesse pas d'être avare pour cela. Être libéral, c'est aimer à donner pour donner; ce n'est pas là un grand héroïsme : il n'y a rien de si commun. Et j'ajoute que la plupart des hommes donnent sans réflexion, sans prévoir de retour ; cette pensée est trop éloignée, trop compliquée; peu d'esprits calculent si loin; la plupart vivent ou agissent au jour le jour : c'est l'instinct ou le sentiment qui les détermine. Cela est vrai surtout de la compassion : elle n'est pas une habile prévoyance des maux ; c'est là un trop grand raffinement. La pitié est tout ce qu'il y a de plus naturel et de plus spontané dans le cœur humain; la présence de la souffrance nous fait souffrir, sans aucun retour sur nous-mêmes. C'est là un fait simple et immédiat, qui fait aussi bien partie de notre constitution que l'amour de soi.

Parmi les sentiments du cœur humain, il est remarquable qu'il en est un au moins que la Rochefoucauld n'a pas essayé de ramener à l'amour de soi : c'est l'amour maternel; il aurait eu honte sans doute de réduire à un calcul un sentiment aussi évidemment désintéressé et si prêt à tous les sacrifices. Sans doute, la mère trouve son bonheur dans ces sacrifices mêmes : mais c'est précisément le propre des sentiments désintéressés de trouver le bonheur dans l'oubli de soi-même, et non dans le calcul qui prévoit et prépare le payement des avances que l'on aura faites. Dites à la mère qu'en se dévouant pour ses enfants elle ne fait que des ingrats, et qu'elle ne retirera aucun bénéfice de ce qu'elle fait pour eux : la certitude d'un sacrifice en pure perte ne diminuera en rien son dévouement.

Il y aurait, avons-nous dit, une seconde forme plus philosophique de la doctrine égoïstique[1], qui pourrait être présentée avec plus d'avantage que la première et échapperait aux reproches d'égoïsme grossier que nous venons de développer. Oui, dirait-on, nous aimons les autres, mais ce que nous aimons toujours dans tous nos attachements, c'est nous-mêmes. *Amabam amare*, disait saint Augustin. Quel plus doux plaisir que d'aimer les êtres qui nous entourent ! Celui qui se renferme en soi diminue le nombre de ses plaisirs; il ne s'aime pas lui-même avec intelligence. L'amour de soi le mieux entendu est celui qui se procure à lui-même le plus de bonheur ; et le bonheur se mesure par les plaisirs. Or chaque affection nouvelle ajoute un plaisir nouveau à notre existence; multiplier ses affections, c'est multiplier son bonheur ; et ainsi l'amour-propre est intéressé à se sacrifier lui-même. Il recouvre avec usure les avances qu'il a faites, non par les bénéfices incertains et précaires qu'il attend d'autrui, mais par les fruits solides et durables qui naissent de l'affection elle-même. Voilà ce qu'on pourrait dire de plus spécieux en faveur de la théorie de la Rochefoucauld.

Admettons d'abord un instant la vérité de cette théorie ; il n'en serait pas moins vrai que l'amour de soi, racine commune par hypothèse de toutes nos affections, est susceptible de prendre deux formes : dans l'une, l'objet direct et immédiat de la passion est nous-mêmes, comme lorsque l'avare entasse et accumule pour jouir de ses trésors; dans l'autre, au contraire, l'objet direct est autrui, comme lorsque le père consume tous ses efforts à amasser du bien à ses enfants. Toujours est-il qu'il sera permis d'établir quelque différence entre un amour de soi qui sacrifie

---

1. Cette seconde doctrine est à peu près celle qu'expose Jouffroy dans son travail sur l'amour de soi (*Mélanges philos.*, p. 241) ; mais il faut remarquer en note que ses idées se sont modifiées sur ce point, et qu'il admet des tendances primitives, antérieures au plaisir et à la douleur, et qui en sont la condition, au lieu d'en être la conséquence.

tous les autres à lui-même, et un amour de soi qui peut aller jusqu'au martyre et à l'immolation volontaire pour autrui.

Cependant ce serait encore trop accorder que de faire dériver de la même source deux classes d'inclinations si différentes. Sans doute il est vrai que toute affection est accompagnée de plaisir; mais il n'est pas vrai que le plaisir soit la cause et la *fin* de toute affection. Aimer est un plaisir; mais on n'aime pas *pour* avoir ce plaisir; autrement, on aimerait à volonté, ce qui n'est pas. Qui est-ce qui détermine l'amitié, l'amour, tous nos sentiments sympathiques? C'est la nature de l'objet aimé. Par l'affection, l'âme sort de soi, elle va à autrui. C'est cela même qui est agréable : c'est l'abandon de soi-même, c'est cet oubli en autrui, c'est ce redoublement de vie par autrui, c'est là ce qui nous procure du plaisir. Supposez que l'âme pense à elle-même dans ce mouvement, qu'elle réfléchisse aux avantages d'une liaison, d'un amour, aussitôt le charme est rompu, le plaisir d'aimer disparaît. On se retrouve en face de soi-même : le vide, le désert nous reprennent et nous enveloppent; le triste moi reste seul avec ses pauvres joies, ses mornes plaisirs, son insatiable ennui. Oui, aimer est un plaisir; mais c'est à la condition d'aimer, c'est-à-dire de s'attacher à un autre que soi.

Il y a donc dans l'homme de véritables *affections*, c'est-à-dire des inclinations non personnelles, distinctes de l'amour-propre ou de l'intérêt.

221. **Division des affections**. — Les diverses affections sociales peuvent se diviser ainsi qu'il suit : I. Inclinations envers les hommes en général, ou *philanthropiques*; II. Inclinations envers certains groupes particuliers, ou *corporatives*; III. Inclinations qui se rapportent au groupe le plus naturel de tous, la famille, ou *domestiques*; IV. Inclinations qui reposent sur le choix, ou *électives*.

222. **Inclinations philanthropiques**. — Nous en distinguerons de deux sortes : 1° L'instinct de société en général ou *sociabilité*; 2° l'amour des hommes ou *philanthropie*, avec ses différentes formes sympathie, bienveillance, etc.

Instinct de sociabilité. — De toutes les inclinations sociales, la première et la plus générale est le goût de la société, le besoin de vivre en société. Cet instinct a été considéré par Aristote comme naturel à l'homme lorsqu'il l'a rangé dans la classe des animaux sociables [1]. Cet aphorisme a été combattu par le célèbre philosophe anglais Hobbes :

> Ce n'est pas qu'il faille dire que l'homme n'est pas apte à la société : car il est certain qu'il la désire. La solitude lui est insupportable. Les enfants et les adultes ont besoin du secours des autres. Mais il ne suffit pas de désirer une chose pour y être destiné par la nature. Ce désir peut bien expliquer certaines réunions fortuites, mais non la société permanente. A bien examiner la nature humaine, on verra que l'homme n'est point sociable par nature, mais par accident. Si l'homme aimait l'homme en tant qu'homme, pourquoi n'aimerait-il pas chacun également? Ce que nous cherchons dans la société, ce ne sont pas des compagnons, c'est notre intérêt. De quoi s'occupent toutes les sociétés, et qui est-ce qui en fait le plaisir? C'est la médisance et l'ostentation. Chacun veut se faire valoir et déprécier les autres : tous disputent d'esprit et de science : autant d'hommes, autant de docteurs. Tous les hommes sont portés, non à la société, mais à la domination et par conséquent à la guerre. On nie que l'état naturel de l'homme soit la guerre; mais alors pourquoi, en voyage, prend-on des compagnons et des armes? Pourquoi ferme-t-on sa maison par précaution contre les voleurs? si la guerre de l'homme contre l'homme n'est point naturelle, pourquoi Caïn tua-t-il Abel? N'est-ce pas là la loi des peuples sauvages? Et cette loi ne reparaît-elle pas dans toute sa force dans les guerres civiles? Enfin l'état de guerre n'est-il pas encore aujourd'hui la loi des princes et des peuples entre eux? Ne sont-ils pas naturellement ennemis [2]? »

Telle est la célèbre critique de Hobbes contre l'instinct de sociabilité. Cette critique est désavouée par tous les philosophes. Il n'y en a pas un seul aujourd'hui qui n'admette que l'homme est un être naturellement sociable. Il est en effet difficile de comprendre que l'homme, comme Hobbes l'accorde, ait horreur de la solitude et recherche la société, sans admettre par là même qu'il a une inclination naturelle pour la société : car que serait de plus cette inclination qu'il lui refuse? Le besoin même que les hommes ont de la société paraît bien prouver qu'elle est naturelle et non factice : l'enfant dans l'espèce humaine a trop longtemps besoin du secours de sa mère, et la mère à son tour a trop besoin du secours de son mari, pour que la première société, celle de la famille, qu'on ne peut nier, ne dure pas plus longtemps que chez les autres espèces animales et ne forme par là même un certain commencement de société. Outre ce premier germe, il y en a un autre que Rousseau a signalé, la *pitié*, qui, même dans l'état de nature, réunit et rapproche les hommes. Schopenhauer, malgré sa misanthropie, croit à la pitié naturelle des hommes les uns pour les autres et en fait le principe de sa morale. Les objections de Hobbes sont très superficielles. Si nous aimions naturellement les hommes, dit-il, pourquoi ne les aimerions-nous pas tous autant? En quoi, je le demande, l'amour

---

[1] « Quiconque a voyagé, dit encore Aristote, a pu voir combien l'homme est sympathique à l'homme. » (*Eth. Nic.* liv. VIII, ch. I)
[2] Hobbes, *Leviathan*, ch. XIII.

des hommes en général s'oppose-t-il à ce qu'on aime plus les uns que les autres? Les sociétés mondaines vivent de médisances; elles ont tort; mais souvent les hommes ont autant de plaisir à louer qu'à critiquer; d'ailleurs, si l'on aime à médire, c'est en société : on n'a aucun plaisir à dire du mal des gens quand on est seul; donc, cela même est une preuve de sociabilité; mais en quoi un vice peut-il prévaloir contre l'existence d'un instinct naturel? Nous aimons la société, mais nous nous aimons nous-mêmes : par l'une de ces raisons, nous recherchons les autres hommes; par l'autre, nous les déprécions pour nous faire valoir; c'est une preuve qu'il y a en nous plusieurs inclinations qui peuvent se combattre, et que la raison doit les régler; mais l'une n'exclut pas l'autre. Pourquoi sort-on armé? pourquoi ferme-t-on sa maison? Pour la même raison; c'est qu'à côté de l'instinct de société il y en a d'autres, celui de la possession, par exemple, qui, exagéré, devient l'amour de la possession d'autrui, c'est-à-dire le vol. Il suffit qu'il y ait des voleurs pour prendre des précautions contre eux; mais on ne s'arme pas contre tous les hommes en général, on ne ferme pas sa maison à tous les hommes, et seulement à quelques-uns. N'oublions pas d'ailleurs que si les voleurs font la guerre à la grande société, ils forment entre eux une autre société qui a ses règles comme la nôtre, ce qu'ont souvent remarqué les moralistes. Enfin, s'il est vrai que les hommes peuvent quelquefois avoir, par égoïsme, des sentiments de malveillance les uns pour les autres, il y en a d'autres, plus fréquents encore, et qui sont la parure même de la société, dans lesquels prédominent l'amour et la vénération. A la maxime de Hobbes : *Homo homini lupus*, il est permis d'opposer celle de Spinosa : *Homo homini deus*.

L'école positiviste moderne, fondée par Aug. Comte, très hostile à la doctrine de Hobbes, invoque surtout contre elle des raisons empruntées à l'histoire naturelle. Elle insiste sur ce fait qu'il y a un très grand nombre d'espèces animales qui vivent en groupes et en troupes : on ne peut pas expliquer ces sociétés, comme les sociétés humaines, par la convention et l'intérêt. Ce sont évidemment des faits naturels. Or, l'homme est du nombre de ces animaux. C'est revenir à la doctrine d'Aristote, car c'est lui précisément qui a distingué entre les animaux solitaires et les animaux sociables, ζῶα ἔρημα, ζῶα πολιτικά; et c'est dans cette dernière classe qu'il rangeait l'homme.

Philanthropie. — La sociabilité ne doit pas être confondue avec ce que l'on appelle l'amour des hommes ou *philanthropie*. Nous pouvons aimer la société sans aimer les hommes. Un homme du monde qui ne peut rester seul, et qui a sans cesse besoin de société autour de lui, n'est pas pour cela un ami des hommes. On peut être à la fois égoïste et sociable. Sans doute, c'est déjà un égoïsme plus élevé, ou un premier effort au-dessus de l'égoïsme, que d'aimer à fréquenter les autres ; mais ce goût de la vie sociale n'entraîne aucunement avec lui le désir de vouloir du bien aux hommes, de les servir, de souhaiter leur bonheur. Il faut distinguer une nuance nouvelle, qui est l'amour des hommes proprement dit, ou *philanthropie*.

La *philanthropie* elle-même prend des formes différentes ; elle est en elle-même et surtout, l'amour du genre humain, l'amour de l'homme en tant qu'homme, pour cette seule raison qu'il est homme, *ob eam ipsam causam, quod is homo sit*[1]. C'est ce sentiment, par exemple, qui animait Las Cazas lorsqu'il défendait la cause des pauvres Indiens, Wilberforce combattant la traite des noirs, Voltaire plaidant pour la tolérance, Beccaria contre la torture, et tant d'hommes généreux qui ont voulu le bien des hommes sans les connaître et comme membres du genre humain.

La *bienveillance* est une nuance du sentiment philanthropique, qui ne s'étend pas autant que celui-ci ni si loin, mais qui marque une disposition à vouloir du bien à tous ceux avec qui nous pouvons être en rapport ; la *bienveillance* n'est pas nécessairement la *bienfaisance* : on peut désirer le bien des autres sans agir pour le leur procurer ; nous étudions ici, non pas les vertus, mais les sentiments. La bienveillance se distingue de la philanthropie en ce qu'elle ne s'adresse pas au genre humain comme corps, mais aux hommes eux-mêmes individuellement. Elle n'est pas cependant l'amitié ; car l'amitié choisit, et la bienveillance ne choisit pas ; elle est telle pour tout homme sans distinction ; seulement elle ne s'adresse pas, comme la philanthropie, à l'humanité en général[2].

Une autre nuance de sentiment qui dérive de la bienveillance, c'est la *gratitude*, c'est-à-dire, selon Descartes,

---

1. Cic., *de Offic.*, III, vi.
2. A la bienveillance se rattache l'affection que Descartes et Spinoza appellent faveur (*favor*) ou « désir de voir arriver du bien à quelqu'un pour qui on a de la bonne volonté en tant qu'elle est excitée en nous par quelque bonne action ; car nous sommes naturellement portés à aimer ceux qui font des choses que nous estimons bonnes. » (*Des Passions*, III, 192.)

Une espèce d'amour excité en nous par quelque action par laquelle nous croyons qu'on nous a fait quelque bien. Elle contient tout de même que la *faveur*, et cela de plus qu'elle est fondée sur une action qui nous touche et dont nous avons désir de nous *revancher* : c'est pourquoi elle a beaucoup plus de force principalement dans les âmes tant soit peu nobles et généreuses. (*Des Passions*, III, 193.)

Au sentiment de la bienveillance, on en rattache d'ordinaire un autre très voisin, qui est la *sympathie*. Dans le sens habituel et mondain du mot, la sympathie est la disposition naturelle qui vous porte vers certaines personnes de préférence à d'autres : ainsi nous dirons que nous avons de la sympathie pour cette personne quand elle nous plaît, quand nous aimons à la voir : la sympathie ainsi entendue serait déjà une inclination élective, une demi-amitié. Mais si nous remontons à l'étymologie du mot, nous retrouverons au mot de sympathie un sens plus étendu : c'est la faculté d'éprouver les mêmes sentiments qu'éprouvent les autres hommes quand nous en apercevons les signes extérieurs (συμπάθεια de συν et de πάθος). Et c'est ainsi que depuis Ad. Smith on a entendu la sympathie en philosophie. Ce philosophe a fait remarquer que deux hommes ne peuvent se trouver ensemble sans que les sentiments de l'un influent sur ceux de l'autre. La gaieté des autres nous égaie et leur chagrin nous afflige; nos sentiments deviennent plus vifs en société, quand ils sont partagés par les autres hommes. Il y a, comme on l'a dit, une sorte d'électricité ou *contagion* des passions (62).

Rien de plus vrai que ces faits, qui jouent le plus grand rôle dans les passions de l'homme. Seulement nous nous demandons s'il y a lieu de reconnaître une inclination particulière et spécifique appelée sympathie, ou si ce n'est pas plutôt là une *loi* générale de toutes nos inclinations et passions. Il n'y en a pas une seule en effet qui ne soit susceptible d'être communiquée, et la sympathie est le caractère de toutes en général. De plus, on ne voit pas d'objet spécial à la sympathie, comme on en voit un à la bienveillance, à l'amitié, au sentiment du beau. Elle n'a donc pas d'objet propre, et elle se mêle à toutes. Elle n'est pas une passion particulière, puisqu'elle s'applique aux passions aussi bien qu'aux inclinations. Enfin, elle n'est même pas un mode particulier des inclinations sociales, puisqu'elle peut s'appliquer aussi bien aux inclinations personnelles et qu'on peut être rendu égoïste par la société des égoïstes, comme généreux par la société des âmes généreuses; il peut y avoir sympathie de cruauté comme de dévouement. Comment donc ranger dans la classe des inclinations philanthropiques une disposition qui peut prendre toutes les formes, même celles de la misanthropie, et du suicide? car il y a contagion aussi bien pour ces affections que pour les autres.

Il y a cependant un cas particulier où la sympathie prend une forme assez distincte et se dessine en caractères assez frappants pour être mise à part et désignée par un nom particulier : c'est la *pitié* ou *compassion*, que Descartes définit « une tristesse mêlée d'amour ou de bonne volonté envers ceux à qui nous voyons souffrir quelque mal duquel nous les estimons indignes [1] ». La pitié, en tant qu'elle est une disposition à souffrir le même mal que ceux qui souffrent, n'est qu'un mode de la sympathie : mais en tant qu'elle est une tristesse causée par cette douleur et un désir de soulager ceux qui souffrent, elle est un mode de la bienveillance et de la philanthropie.

Enfin, nous n'aurions pas achevé l'énumération des sentiments qui nous rattachent à nos semblables, si nous n'indiquions pas ceux qui naissent de l'appréciation que nous faisons de leur mérite : l'*estime*, l'*admiration*, la *vénération*, le *respect* et leurs contraires. Mais comme ces sentiments ont surtout rapport à la morale, nous croyons qu'il sera plus naturel de les rattacher à l'analyse des sentiments moraux.

223. Des affections corporatives. — Nous appelons affections *corporatives* celles qui, au lieu de s'adresser aux hommes en général ou à l'humanité tout entière, comme les affections philanthropiques, au lieu de s'adresser à quelques individus choisis et préférés, comme les affections électives, s'adressent à certains groupes ou associations formées par la nature des choses ou par la volonté des hommes, et que nous appelons des *corps*. De ce genre est, au premier rang, l'amour de la patrie ou *patriotisme*.

Du patriotisme. — Entre la famille d'une part et la société humaine de l'autre, il y a un groupe intermédiaire plus large que la famille, plus étroit que l'humanité, et auquel s'adresse une de nos plus vives, une de nos plus profondes inclinations : c'est la *patrie*. Le genre humain est trop loin : la patrie est plus près et nous enveloppe de toutes parts depuis la naissance jusqu'à la mort.

Si la réalité de ce sentiment est incontestable, il est difficile d'en donner l'analyse, car c'est un de nos sentiments les plus complexes : il se compose en effet de bien des éléments distincts :

---

1. *Des Passions*, III, 185.

c'est d'abord l'*amour du sol* où l'on est né, et ce sol est d'abord le territoire étroit où l'on a passé son enfance, et que l'on a embrassé tout entier par ses yeux et par ses souvenirs : c'est le village, la ville natale. Mais si c'est là la première origine de la patrie, ce n'est pas elle tout entière. L'amour du clocher n'est pas le patriotisme; il lui est même souvent opposé. Il faut que le sol s'étende et s'élargisse, et que de la maison natale il embrasse peu à peu, par des accroissements successifs, le village, la ville, le canton, la province, le pays tout entier. Mais qui est-ce qui fixe cette étendue de territoire? Qui est-ce qui décide qu'il ira jusqu'ici et non jusque-là? Il doit s'y joindre bien des éléments : et d'abord des habitants, des concitoyens, des compatriotes; un sol désert ne serait pas une patrie : à l'amour du territoire doit s'ajouter *l'amour* de ceux qui l'habitent avec nous, ou des *compatriotes;* pour les peuples nomades, la patrie n'est que la tribu. Réciproquement, les concitoyens sans le sol ne sont pas non plus la patrie, car l'exil en commun n'en est pas moins l'exil. Enfin la réunion du sol et des concitoyens peut ne pas être la patrie, au moins toute la patrie : un peuple conquis peut conserver son sol et ses habitants, et avoir perdu la patrie : par exemple, la Pologne. Quels sont donc les liens qui décident de l'existence d'une patrie? Il y en a un grand nombre, tels que l'unité de langue, l'unité de lois, l'unité de drapeau, la tradition historique, et enfin par-dessus tout l'unité de gouvernement, et d'un gouvernement accepté. Une patrie n'existe que là où il y a un état politique indépendant. Cette unité politique ne suffit pas quand les autres liens manquent, quand elle est une contrainte, quand les peuples réunis sous un même gouvernement ont des mœurs, des coutumes, des traditions différentes; réciproquement, l'unité de langue et la communauté d'habitudes ne suffiront pas davantage quand l'unité politique, ou une certaine forme d'unité politique, fera défaut. Bien avant tout, ce qui fait la patrie, c'est un esprit commun, une âme commune; enfin un nom commun, qui vient résumer tout cet ensemble de faits, dont aucun n'est absolument nécessaire, mais qui ajoutent chacun un élément de plus à la force de la patrie. Il y a une dernière condition, c'est que l'association qui deviendra patrie ne soit pas trop étendue, car au delà de certaines limites le patriotisme se relâcherait; par exemple, l'empire romain était devenu si vaste, que l'amour de la patrie s'y confondait avec l'amour de l'humanité.

Esprit de corps. — On appelle ainsi l'inclination qui nous porte à former dans la grande famille qu'on appelle État des groupes plus particuliers, des associations plus restreintes (formées soit par la loi, soit par la liberté individuelle), en un mot des *corporations*. Par cela seul que les hommes habitent le même lieu, ont les mêmes vues, exercent la même profession, ils ont une tendance à s'associer et à s'unir, ou pour mieux dire ils sont par le fait associés et unis. De là l'*esprit de corps*, si puissant dans certaines associations, dans l'armée par exemple, où il devient l'*amour du drapeau;* dans les corporations religieuses, où il remplace et surpasse presque en intensité l'esprit de famille; enfin, pour l'ordre civil, dans chaque administration ou dans chaque profession. Cet esprit de corps dans des classes différentes devient souvent l'*esprit de caste;* mais, toute caste mise à part, on sait à quel point chacun de nous a l'esprit de l'ordre dont il fait partie ou de la fonction à laquelle il appartient: l'esprit de la magistrature, l'esprit de l'Université, et ainsi de de proche en proche jusqu'aux plus petits groupes, dont chacun a son drapeau, son point d'honneur et souvent aussi ses préjugés. Ce sentiment est un de ceux qui sont le plus soumis à l'action des révolutions historiques. Au moyen âge l'esprit de corps était tout puissant et remplaçait en quelque sorte l'amour de la patrie. Comment y aurait-il eu une patrie dans un temps où chaque province, chaque ville, chaque corporation avait ses lois, ses mœurs, son caractère, où l'unité nationale n'était encore qu'un idéal à peine conçu par quelques-uns et poursuivi d'une manière inconsciente par ceux-là mêmes qui devaient la réaliser? Ainsi l'esprit de corps profitait de ce qui manquait encore à la patrie. Plus tard, lorsque les idées se généralisèrent, lorsque l'unité politique fut fondée, l'esprit de corps s'affaiblit considérablement, sans s'éteindre, car il répond à un besoin essentiel de notre nature.

224. Inclinations domestiques ou affections de famille. — De tous les groupes qui réunissent les hommes, le plus important, le plus naturel, celui qui est la base de tous les autres et qui sert d'origine à la société elle-même, c'est la *famille*. De là tout un groupe d'affections et d'inclinations connues sous le nom d'*inclinations domestiques* ou *affections de famille*. Ces inclinations sont des faits trop connus et trop familiers pour qu'il soit nécessaire d'y insister ici [1]. Contentons-nous de dire qu'il y a

---

1. Nous nous permettons ici de renvoyer à notre livre de *la Famille*.

autant d'affections diverses dans la famille qu'on peut y distinguer de rapports différents entre les membres qui la composent.

On peut distinguer dans la famille deux groupes : les *parents* et les *enfants*, et deux sortes de rapports : 1° ceux qui unissent ces deux groupes entre eux, et 2° ceux qui, dans chaque groupe, unissent les membres du groupe.

Si nous considérons les deux groupes dans leurs rapports réciproques, nous aurons d'une part les sentiments des parents pour les enfants, et de l'autre les sentiments des enfants pour les parents : d'une part l'*amour paternel* ou *maternel*, de l'autre l'*amour filial*.

Si nous considérons le premier groupe, celui des parents, le sentiment qui les unit s'appelle *amour conjugal*. Si nous considérons le second groupe, celui des enfants, le sentiment qui les unit est l'*amour fraternel*.

Comme il y a dans la famille autant de devoirs différents qu'il y a de rapports entre les personnes, ce sera la même chose d'étudier les sentiments de famille et les devoirs de famille. Nous renverrons donc, pour les détails, à la Morale.

225. Inclinations électives. — Après les inclinations *corporatives* viennent les inclinations *électives*, celles qui s'adressent non plus à des groupes, mais à des individus [1].

Toute inclination de choix considérée en elle-même s'appelle *amitié* : quand il s'y joint la différence des sexes, avec l'instinct naturel qui les porte l'un vers l'autre, elle devient l'*amour*.

Amitié. — Traitons d'abord de l'amitié. Les anciens ont parlé de ce sentiment avec une telle abondance et une telle connaissance de cause, que l'on ne peut mieux faire que de leur emprunter leurs analyses. C'est Aristote surtout (*Éthique, à Nicomaque*, liv. VIII et IX) qui nous en fournira les éléments.

<small>L'amitié, dit-il, est un des besoins les plus nécessaires de la vie : personne n'accepterait de vivre sans amis, eût-il d'ailleurs tous les autres biens. A quoi bon la prospérité, si l'on ne peut en faire jouir ceux qu'on aime ? Et d'un autre côté, est-il dans la misère un asile plus sûr que celui de l'amitié ? Quand nous sommes jeunes, nous demandons à l'amitié de nous épargner des fautes par ses conseils ; quand nous sommes devenus vieux, nous lui demandons ses soins et ses secours pour soulager notre activité défaillante ; enfin quand nous sommes dans</small>

<small>1. On pourrait dire que certaines affections corporatives sont en même temps électives, lorsqu'elles sont formées par un libre choix : cela est vrai ; mais la plupart ne sont pas de ce genre, et l'on entre d'ordinaire dans des groupes tout formés dont on accepte l'esprit. Mais de plus, même lorsqu'elles sont formées par la liberté, ce n'est pas précisément à *tels* ou *tels* individus qu'on s'associe, c'est à tel intérêt commun : il y a toujours là quelque chose d'essentiellement corporatif, qui n'est pas électif.</small>

toute notre force, nous avons encore besoin d'elle pour accomplir des actions d'éclat.

Non seulement l'amitié est nécessaire, mais encore elle est belle (οὐ μόνον ἀναγκαῖον, ἀλλὰ καὶ καλόν). Nous louons ceux qui aiment leurs amis (τοὺς φιλοφίλους ἐπαινοῦμεν); et quelques-uns pensent qu'être bons ou amis c'est une seule et (τοὺς αὐτοὺς εἶναι ἀγαθοὺς καὶ φίλους.)

On a élevé, dit encore Aristote, une question au sujet de l'amitié : repose-t-elle sur la ressemblance ou sur la dissemblance des caractères et des personnes? Les uns invoquent ce proverbe : « Le semblable recherche le semblable, le geai cherche les geais. » Les autres invoquent ce vers d'Hésiode : « Le potier est l'ennemi du potier, le chanteur du chanteur, et le pauvre du pauvre[1]. » Héraclite disait également que le contraste seul est bon, et que la plus belle harmonie naît des oppositions; enfin, que tout dans l'univers est né de la dispute[2]. C'est Platon, résumé par Aristote, qui expose dans le *Lysis* ces deux opinions contraires et les réfute l'une par l'autre. L'amitié ne repose ni sur la ressemblance toute seule, ni sur le contraste seul, mais sur un certain mélange de ressemblance et de différence.

La condition principale de l'amitié, selon Aristote, c'est la bienveillance, et la bienveillance réciproque, (εὔνοιαν ἐν ἀντιπεπονθόσι); c'est pourquoi il n'y a pas d'amitié pour les choses inanimées : « On ne veut pas du bien au vin que l'on boit : tout au plus, on souhaite que le vin se conserve pour en boire plus longtemps. » Cependant la bienveillance n'est pas l'amitié : car celle-ci est essentiellement élective; elle veut une préférence, une distinction.

> Je veux qu'on me distingue, et pour vous parler net
> L'ami du genre humain n'est pas du tout mon fait.
> (*Misanthrope*, acte I, scène II).

Cela posé, il y a trois sortes d'amitiés, fondées sur le plaisir, l'intérêt ou la vertu. Mais les deux premières ne sont que l'ombre de l'amitié et n'en ont que l'apparence.

La véritable amitié, pour les anciens, c'est l'amitié des hommes vertueux et qui se ressemblent par la vertu. Ceux qui ne veulent du bien à leurs amis que pour ces nobles motifs sont les amis par excellence (μάλιστα φίλοι). Une telle amitié exige du

---

1. *Ethiq.*, *Nic.*, VIII, 1. Voy. les mêmes idées dans Xénophon (*Mémorables*, II, IV) et dans Cicéron (*de Amicitia*, VI).

2. Voici le texte d'Héraclite : τὸ ἀντίξουν ξύμφερον, καὶ ἐκ τῶν διαφερόντων καλλίστην ἁρμονίαν γίγνεσθαι.

temps, car il faut s'assurer qu'on est digne réciproquement d'estime et d'affection [1].

On peut trouver excessif de n'admettre l'amitié qu'entre gens vertueux, et Aristote peint ici plutôt un idéal que l'amitié effective et réelle : cependant il est très vrai de dire que les vraies amitiés ne reposent que sur le mérite réciproque, et que les hommes sont vertueux précisément en tant qu'ils sont amis.

Ces belles pensées d'Aristote rendent inutile la réfutation de la pensée de la Rochefoucauld que nous avons déjà discutée plus haut (220), et à l'occasion de laquelle nous avons cité les admirables paroles de Montaigne et de saint Augustin.

L'amour. — La passion de l'amour, qui a été l'objet de tant de descriptions de la part des poètes et des romanciers, a peu occupé les philosophes théoriciens. On ne peut guère citer que Platon, Pascal et Schopenhauer qui en aient fait l'objet d'une étude philosophique.

Pour Platon, l'amour n'est autre chose que l'enthousiasme du beau : c'est un *délire* (μανία) produit dans l'âme par l'image corporelle et visible de la beauté éternelle et absolue. D'après la conception et le mythe du *Phèdre*, l'âme a vécu autrefois dans le monde divin, où habite éternellement « l'essence véritable, sans forme, sans couleur, impalpable, l'être par excellence ». L'amour est donc le délire qui s'éveille en nous lorsque l'âme retrouve ou croit reconnaître dans quelque objet privilégié l'image de la céleste beauté :

En présence d'un visage presque céleste ou d'un corps dont les formes lui rappellent l'essence de la beauté, le nouvel initié frémit d'abord : quelque chose de ses anciennes émotions lui revient ; puis il contemple cet objet aimable et le révère à l'égal d'un Dieu ; et s'il ne craignait de voir traiter son enthousiasme de folie, il sacrifierait au bien-aimé comme à l'image d'un Dieu, comme à un Dieu même (*Phèdre*.)

Cet amour suit une progression régulière ; la beauté physique et corporelle n'en est que le premier échelon qui lui sert de point de départ pour s'élever jusqu'à la beauté absolue : car pour Platon l'amour n'est pas une affection de choix : c'est l'inclination pour la beauté en général :

Celui qui veut atteindre à ce but doit commencer par rechercher les beaux

---

[1]. C'est ce qu'exprime Molière dans le *Misanthrope* :
L'amitié demande un peu plus de mystère,
Et c'est assurément en profaner le nom
Que de vouloir le mettre à toute occasion.
Avec lumière et choix cette union veut naître ;
Avant que nous lier, il faut nous mieux connaître.

corps et n'en aimer d'abord qu'un seul pour y engendrer de beaux discours (c'est-à-dire l'amour de la vertu et de la science). Ensuite il comprendra que la beauté qui est dans un corps est sœur de la beauté qui se trouve dans tous les autres. Puis il considérera la beauté de l'âme comme plus précieuse que celle du corps. Par là il sera amené à contempler la beauté dans les actions des hommes et dans les lois. De là il passera aux sciences, et, ayant alors une vue plus large du beau... et lancé sur l'océan de la beauté, il enfantera avec une inépuisable fécondité les discours et les pensées les plus magnifiques de la philosophie.

... Parvenu enfin au terme de l'initiation, il apercevra tout à coup une beauté merveilleuse, celle, ô Socrate, qui était le terme de ses travaux antérieurs : beauté éternelle, incréée et impérissable, exempte d'accroissement et de diminution, beauté qui n'est point belle en telle partie et laide en telle autre, belle en tel temps et non en tel autre, belle pour ceux-ci et laide pour ceux-là ; beauté qui n'a rien de sensible ni rien de corporel, mais qui existe éternellement et absolument par elle-même et en elle-même... O mon cher Socrate, si quelque chose peut donner du prix à cette vie, c'est la contemplation de la beauté absolue. (*Banquet*.)

On voit que la théorie platonicienne de l'amour est insuffisante pour expliquer le sentiment particulier que l'on désigne par ce nom : 1° Elle ne tient pas compte du caractère *électif* de ce sentiment. L'amour est essentiellement un choix. 2° Platon ne tient pas compte de la différence des sexes ; et en effet, du moment qu'il ne s'agit plus que d'aimer la beauté en général, peu importe que l'objet soit de tel ou tel sexe ; et les statues elles-mêmes peuvent être objet d'amour. En un mot, ce que Platon a décrit sous le nom d'amour, ce n'est pas le sentiment que nous appelons de ce nom ; c'est l'enthousiasme, et l'enthousiasme du beau. Cependant il a saisi avec profondeur un des éléments caractéristiques de ce sentiment, l'amour de la beauté absolue ; et en montrant que c'est le beau en soi que l'amour recherche et croit retrouver dans un objet particulier, il explique avec vérité le caractère d'adoration qui se mêle ici à un sentiment purement humain et qui fait que « l'on sacrifie au bien-aimé comme à l'image d'un Dieu, comme à un Dieu même ».

A l'explication mystique et idéaliste de Platon s'oppose l'explication toute physiologique et matérialiste de Schopenhauer. Suivant ce philosophe, l'amour n'est que l'instinct de l'espèce, le principe conservateur du type spécifique.

Cette théorie a, comme la théorie de Platon, mais en sens inverse, un double défaut : 1° Elle sacrifie trop l'intellectuel à l'élément sensible et corporel, qui peut bien être la base et la matière du sentiment, mais qui ne le constitue pas, puisque s'il était seul, comme chez les animaux, il n'y aurait plus rien du sentiment même qu'il s'agit d'expliquer : c'est donc le mélange de l'intellectuel et du corporel qui fait l'originalité propre de ce sentiment parmi les hommes ; 2° Schopenhauer, comme Platon, méconnaît le caractère *électif* de la passion de l'amour ; car l'idée de l'espèce peut se réaliser suffisamment par le simple appétit physique, sans aucune raison de choix.

Tous les caractères essentiels de la passion de l'amour ont été signalés par Pascal dans un fragment retrouvé récemment et qui porte ce titre. Comme Platon, il élève l'amour jusqu'à l'idée, mais sans le séparer de sa base véritable ; et il signale surtout ce caractère de *choix*, qui est ici l'essentiel, et qui distingue précisément l'amour sentiment de l'amour sensuel [1].

> L'homme, dit Pascal, n'aime pas à demeurer en soi ; cependant il aime ; il faut qu'il cherche ailleurs de quoi aimer. Il ne le peut trouver que dans la beauté ; mais comme il est lui-même la plus belle créature que Dieu ait jamais formée, il faut qu'il trouve en soi-même le modèle de cette beauté qu'il cherche au dehors... Néanmoins il ne peut pas se satisfaire par toutes sortes d'objets. Il a le cœur trop vaste, il faut au moins que ce soit quelque chose qui lui ressemble et qui en approche le plus près.

Ainsi, pour Pascal, comme pour Platon, l'objet de l'amour c'est la beauté ; c'est un reflet, une image de beauté que nous cherchons en autrui. De là ce caractère d'idolâtrie ou d'adoration que Platon avait déjà signalé et que Pascal décrit à son tour :

> Le premier effet de l'amour, c'est d'inspirer un grand respect ; l'on a de la vénération pour ce qu'on aime. Il est bien juste : on ne reconnaît rien au monde de grand comme cela.

Pascal ne veut pas non plus qu'on sépare la raison de l'amour,

> Car l'amour et la raison n'est qu'une même chose : c'est une précipitation de pensées qui se porte d'un côté sans bien examiner tout mais c'est toujours une raison.

Ainsi, le fond de la théorie de Pascal sur l'amour, c'est le platonisme : mais il indique assez clairement qu'il donne à ce platonisme une base réelle, lorsqu'il dit que l'amour « se détermine ailleurs que dans la pensée » ; et que s'il cherche la beauté, c'est « en la restreignant et la renfermant dans la différence du sexe ». Quant au caractère électif que nous avons signalé comme le trait essentiel de l'amour, Pascal l'exprime d'une manière précise lorsqu'il dit :

> L'homme seul est quelque chose d'imparfait ; il lui faut un second pour être heureux,

et encore :

> L'égarement à aimer en divers endroits est aussi monstrueux que l'injustice dans l'esprit.

---

1. *Discours sur les passions de l'amour*. Ce fragment a été découvert par M. Cousin et se trouve aujourd'hui dans toutes les éditions de Pascal.

Le sentiment de l'amour est la base de la famille puisque c'est de lui que vient l'affection conjugale, lorsque le choix du cœur a eu pour conséquence le mariage[1].

226. Inclinations supérieures. — On a l'habitude de réserver plus particulièrement le nom de *sentiments* aux inclinations qui portent sur des objets supérieurs à l'homme. Nous les ramènerons à trois classes : *Sentiments intellectuels*. — *Sentiments esthétiques et moraux*. — *Sentiments religieux*.

Sentiments intellectuels. — L'intelligence ayant pour objet le *vrai*, le sentiment qui s'y rattache est l'*amour du vrai* ou *curiosité*. Il peut y avoir une grande ou une petite curiosité ; mais quel qu'en soit l'objet elle est toujours le désir de connaître ; et tous les hommes éprouvent ce désir. *Omnis homo scire desiderat*, dit l'*Imitation*. C'est aussi le premier mot de la *Métaphysique* d'Aristote : « Ce qui le prouve, dit-il, c'est le plaisir que nous causent les perceptions de nos sens. Elles nous plaisent par elles-mêmes, indépendamment de leur utilité, surtout celles de la vue. C'est qu'elle nous fait mieux connaître les objets, et nous découvre un grand nombre de différences. »

Aristote insiste surtout sur cette idée : c'est que l'amour de la connaissance n'a pas l'utilité pour but, mais que nous aimons à connaître pour connaître.

On objectera à ce fait l'indifférence que la plupart des hommes manifestent pour l'étude des lettres et des sciences : si l'amour des connaissances est si naturel à l'homme, pourquoi y a-t-il tant d'esprits paresseux et rebelles à la science ? C'est qu'il y a mille manières de savoir et de connaître. La curiosité, qui est nulle d'un côté, se satisfait par un autre endroit. Tel qui ne lit pas Aristote ou Descartes trouvera du plaisir à lire les journaux. Tel qui ne lit pas les livres, observera les plantes ou les insectes : tel autre se contentera de connaître les anecdotes de la société.

A l'amour du vrai en général se rapporte ce qu'on appelle les *plaisirs de la pensée*. On peut goûter ce genre de plaisir de deux manières : soit en jouissant de ses propres pensées, soit en jouissant des pensées des autres. Le premier a lieu quand nous cherchons nous-mêmes la vérité, le second quand nous recevons la vérité d'autrui.

Il y a dans la recherche de la vérité trois moments diversement

---

[1] Voy. encore sur la passion de l'amour, Herbert Spencer (*Principes de Psychologie*, part. IV, ch. VIII, p. 528).

intéressants et qui ont chacun leur plaisir propre. Le premier est celui de la *méditation;* le second, celui de l'*investigation;* le troisième, celui de la *découverte.* Pour goûter ces plaisirs il n'est pas nécessaire d'être un Corneille ou un Newton. Le plus modeste écolier qui a composé un discours ou résolu un problème les connaît tout aussi bien,

Mais outre le plaisir qu'on peut trouver dans sa propre pensée, il ne faut pas oublier celui qu'on trouve dans la pensée d'autrui. Ce n'est pas là, comme on pourrait le croire, un plaisir paresseux : car pour goûter la pensée d'autrui il faut la comprendre, et pour comprendre les autres il faut toujours un certain effort. En outre, pour goûter la pensée d'autrui, il faut être capable de penser soi-même. « A mesure qu'on a plus d'esprit, dit Pascal, on trouve qu'il y a plus d'esprits originaux. »

A ce genre de plaisir se rattachent ceux de l'étude et de la lecture. « Je n'ai point éprouvé de chagrin, dit Montesquieu, qu'une heure de lecture n'ait consolé. » C'est avoir, à la vérité, l'âme facilement consolable, et il n'est pas nécessaire de sacrifier le cœur à l'intelligence. Mais il n'en est pas moins vrai que l'étude est la plus grande des consolatrices, comme on le voit par ces paroles célèbres d'Aug. Thierry :

Avec l'étude dit-il, on traverse les mauvais jours sans en sentir le poids; on se fait à soi-même sa destinée; on use noblement sa vie. Voilà ce que j'ai fait et ce que je ferais encore si j'avais à recommencer ma route. Aveugle et souffrant sans espoir et presque sans relâche, je puis rendre ce témoignage, qui de ma part ne sera pas suspect : il y a quelque chose qui vaut mieux que les jouissances matérielles, mieux que la fortune, mieux que la santé elle-même : c'est le dévouement à la science. (*Dix ans d'études,* préface.)

II. *Sentiments esthétiques et moraux.* — L'amour du *bien* et l'amour du *beau,* avec toutes leurs nuances sont parmi les plus riches sentiments de l'âme humaine : mais le détail en sera plus à sa place dans l'Esthétique et dans la Morale.

III. *Sentiments religieux.* — Au-dessus de tous les sentiments précédents, il y en a un plus élevé qui les embrasse tous : c'est le sentiment religieux. Ce sentiment se compose de deux éléments, l'un métaphysique, l'autre moral.

Métaphysiquement, l'amour de Dieu est le sentiment de l'infini, le besoin de se rattacher à l'absolu, à l'éternel, à l'immuable, au Vrai en soi, à l'Être, en un mot. L'homme, quand il se considère lui-même avec quelque réflexion et même sans réflexion, se trouve petit, faible, misérable : « Oh ! que nous ne sommes rien ! » dit Bossuet; *Homo sibi ipse vilescit,* dit saint Bernard; « Nous sommes suspendus entre deux infinis, » dit Pascal. Tous nos efforts pour atteindre l'idéal dans la science, dans l'art, dans la politique ne sont que les formes diverses par lesquelles se manifeste le besoin de l'infini. Même l'avidité insatiable des passions, selon saint Bernard, est encore sous une vaine apparence le même besoin : *Quusque adfueris, semper eris inquietus.* Platon dit dans le même sens que, semblables aux vieillards d'Homère, nous poursuivons l'ombre d'Hélène au lieu de l'Hélène véritable.

Le sentiment qui s'adresse à Dieu considéré comme infini est le *respect.*

Voilà l'élément métaphysique du sentiment religieux : en voici l'élément moral. L'homme n'est pas seulement faible et imparfait, il est pécheur et souffrant. « L'âme, dit Platon, lève comme l'oiseau ses yeux vers le ciel. » Elle appelle un secours, un remède, une délivrance : *Libera nos à malo.* En ce sens Dieu n'est plus seulement la substance infinie, il est le père des hommes, leur consolateur et leur juge.

Le sentiment qui s'adresse à Dieu considéré comme père et consolateur, est l'*amour.*

L'amour et le respect, confondus en un seul sentiment et s'adressant à l'être infini, s'appellent l'*adoration.* C'est la forme la plus haute du sentiment parmi les hommes.

CHAPITRE III

La volonté et la personnalité.

On reconnaît généralement, outre l'intelligence et le sentiment, une troisième faculté qu'on appelle l'*activité*, ou puissance d'agir.

227. L'activité et ses diverses espèces. — En un sens très général, on peut dire que l'activité enveloppe et contient toutes nos facultés et qu'elle est le fond de notre être. En effet, il est difficile de nier que penser, connaître, raisonner, ne soient des actions ; les inclinations ou mouvements qui nous portent spontanément vers les objets sont encore évidemment des phénomènes actifs. Les *passions* elles-mêmes, quoique leur nom signifie le contraire même de l'activité, sont des mouvements trop impétueux et trop violents pour ne pas y reconnaître une activité fatale et aveugle sans doute, mais enfin une certaine activité.

En un sens plus spécial, on entend par activité la faculté de produire des *actions*, c'est-à-dire de mouvoir notre propre corps, et par le mouvement de notre corps de produire certains effets au dehors. C'est en ce sens qu'on oppose la pensée à l'action, quoique la pensée soit déjà une action, mais elle se renferme en elle-même ; l'action proprement dite est extérieure : c'est aussi en ce sens qu'on oppose les passions et les actes. Une passion est un principe d'action ce n'est pas une action. Enfin on oppose le méditatif et l'homme passionné à l'homme d'action. Le premier réfléchit, le deuxième sent vivement, le troisième seul réalise et exécute.

Soit qu'il s'agisse de toute espèce d'actes ou d'actions (intérieures ou extérieures), soit qu'il s'agisse exclusivement des actes extérieurs, on peut dire qu'il y a deux espèces, ou deux formes, ou deux degrés d'activité : l'activité *spontanée* et l'activité *réfléchie*.

La première est celle qui n'a conscience ni du but à atteindre, ni des moyens d'atteindre ce but. Par exemple, l'enfant qui, venant de naître, presse le sein de sa nourrice, ne sait ni pourquoi il le fait, ni comment il le fait. Dans l'activité volontaire et réfléchie nous avons au contraire conscience à la fois et du but et des moyens. Nous voulons nous promener : notre *but*, c'est la promenade ; notre *moyen*, c'est la marche : l'un et l'autre nous sont connus d'avance, et nous nous les représentons au moment où nous prenons notre résolution. Une action faite avec *préméditation* est celle qui a été longtemps calculée d'avance, que l'on s'est représentée nettement avant de la faire, et dont on a préparé les moyens. L'activité spontanée s'appelle *instinct*, c'est elle qui domine dans les bêtes. Nous l'avons étudiée plus haut. (Sect. I, ch. I.)

L'activité réfléchie s'appelle *volonté*, et son caractère principal, comme nous le verrons, est la *liberté*.

Entre l'instinct et la volonté se place un mode intermédiaire qui tient de l'un et de l'autre : c'est l'habitude, ou tendance à reproduire spontanément les actes primitivement volontaires : c'est ainsi que nous apprenons à parler, à marcher, à lire et à écrire. Ces opérations, qui nous demandent primitivement beaucoup d'efforts, finissent par s'accomplir en nous presque sans notre participation ; au moins nous n'avons aucune conscience des moyens que nous employons pour atteindre à ces buts si compliqués. Cependant, l'habitude est encore ici plus ou moins mêlée de volonté : dans d'autres cas, au contraire, elle devient tellement machinale que nos actions semblent s'accomplir d'elles-mêmes sans notre participation ; c'est ainsi que nous faisons toujours les mêmes gestes, que le vieillard répète sans y penser les mêmes histoires, que l'enfant recommence les mêmes jeux là où il les a essayés la première fois, exactement comme l'animal s'arrête à un chemin connu et retourne de lui-même au logis quand on ne le dirige pas.

Il y a des habitudes *sensitives* comme il y a des habitudes *actives ;* mais comme la volonté est la principale source, nous avons dû en joindre l'étude à celle de la volonté.

228. **Volonté.** — Deux caractères distinguent l'activité volon-

taire de l'activité spontanée : 1° elle est réfléchie ; 2° elle est libre.

Tout acte de volonté est précédé de réflexion. « Lorsque nous voulons, dit Bossuet, c'est toujours *pour quelque raison*. » Vouloir, c'est prendre un parti en connaissance de cause, sachant qu'on le prend et se proposant tel ou tel but. Sans doute l'acte ne cesse pas d'être volontaire, pour n'être pas entièrement réfléchi et fait de sang-froid (autrement on pourrait dire que les actes passionnés ne sont pas volontaires) ; mais, dans la passion même, l'homme a toujours plus ou moins conscience de ce qu'il fait et du but où il tend. Cependant la volonté est d'autant plus complète et plus entière qu'elle est plus réfléchie ; c'est ainsi que, plus un acte est prémédité, plus nous y reconnaissons le caractère de la volonté.

Nous distinguerons deux sortes d'actes volontaires : les actes *complets*, où l'homme est en pleine possession de lui-même et agit avec sang-froid et réflexion ; les actes *incomplets*, où l'homme, sans être privé de la conscience de ce qu'il fait, et tout en étant responsable de son action, est plus ou moins entraîné par une impulsion irréfléchie, comme dans le cas d'une colère subite [1].

229. Analyse de l'acte volontaire. — Pour bien comprendre la nature de la volonté, il faut l'étudier dans un acte complet.

L'acte volontaire ou *volition* est un fait complexe dans lequel on peut démêler plusieurs éléments. Il faut bien distinguer l'acte volontaire proprement dit, appelé *résolution* ou *détermination*, de ce qui le précède ou de ce qui l'accompagne et de ce qui le suit.

Ce qui le précède, c'est la *réflexion* et le *désir* ; ce qui le suit, c'est l'*exécution*.

Avant de vouloir ou de prendre une résolution dite volontaire, nous réfléchissons, s'il s'agit d'un acte de volonté entier et complet. Cette réflexion implique deux choses : 1° la conception de l'acte à faire ; 2° la conception et la comparaison des motifs pour ou contre l'accomplissement de cet acte.

Motifs et mobiles. — On appelle *motifs* les diverses raisons qui peuvent nous porter à faire ou à ne pas faire un certain acte. On distingue les *motifs* et les *mobiles* : les motifs sont des idées qui proviennent de l'intelligence, ce sont les *raisons* d'agir ; les mobiles sont les impulsions de la sensibilité, à savoir, les *désirs*, les *sentiments* ou les *passions*.

---

[1]. Ampère distinguait deux sortes de volitions : la volition *actuelle* et la volition *subséquente*. Il distinguait aussi des volitions simples et complexes, accidentelles et constantes. (*Philosophie des deux Ampère*, p. 170.)

Délibération. — Ces motifs et mobiles mis en présence, l'homme, ayant conscience des uns et des autres, les compare, les pèse, les oppose l'un à l'autre : c'est ce qu'on appelle la *délibération*. L'esprit humain est, en effet, semblable dans cette circonstance à ce qu'on appelle une assemblée délibérante, où les uns parlent en faveur d'une mesure, les autres contre ; les uns pour la guerre, les autres pour la paix. Ici, c'est dans un seul et même esprit que se plaident le pour et le contre : on passe alternativement d'un parti à l'autre, suivant les diverses considérations qui se présentent à l'esprit ; c'est après cette comparaison alternative que l'esprit se décide, quand il se décide, ce qui n'arrive pas toujours.

C'est ici qu'il est important de remarquer la différence signalée entre les motifs et les mobiles, c'est-à-dire entre la raison et les passions. L'homme qui n'est pas en possession de sa raison et qui est sous le joug de la passion, passe aussi d'une impression à une autre, de la crainte à l'espoir, de la joie à la tristesse, de la fureur au regret, etc. Mais cet état, qui a été appelé justement *fluctuation* et que l'on a souvent comparé à la mer ballottée, ce flux et reflux des passions si souvent peint par nos grands poètes tragiques, n'est pas, à proprement parler, une délibération. La délibération ne commence que lorsque l'homme possède assez de sang-froid pour réfléchir sur ses passions, pour les comparer l'une à l'autre dans leurs conséquences ; en un mot, lorsqu'il peut, dans une certaine mesure, se posséder et se dominer ; autrement il faut dire de la passion en général ce qu'Horace dit de la folie : *Ira furor brevis*, la colère est une courte folie. Ainsi de l'homme livré aux passions ; comme le fou, il est ballotté par des mouvements contraires : cette agitation désordonnée n'est pas la délibération, laquelle est, avant tout, un acte de raison.

Détermination volontaire. — C'est après la délibération que vient l'acte appelé proprement volontaire et qui consiste dans ce que l'on appelle résolution ou détermination. Je me *résous*, je me *détermine :* telles sont les expressions par lesquelles les hommes expriment l'acte de la volonté. Souvent, à la vérité, dans le langage vulgaire, on confond la volonté avec l'*intention* de faire : Je veux faire cela, je ne le puis ; je *veux* le bien, et je fais le mal. Mais l'intention n'est pas encore la résolution : je me propose de prendre plus tard un bon parti ; mais, tant que je ne l'ai pas encore pris, il est comme non avenu. C'est pourquoi on dit vulgairement que *l'enfer est pavé de bonnes intentions.* L'intention n'est qu'une volonté incomplète; c'est une *velléité*, mais non un acte ferme et décisif de volonté. Lorsqu'on affirme que *l'intention doit être réputée pour le fait*, cette maxime est vraie ou fausse suivant le sens que l'on donne au mot intention; car si par intention on entend simplement une vague velléité qui ne se manifeste jamais par des actes, il est faux que l'intention puisse être réputée pour le fait; si au contraire on entend par intention l'acte volontaire lui-même, à savoir, une résolution prise, qui a été seulement trahie par l'événement, la maxime est vraie; mais c'est trop étendre le sens du mot intention.

Exécution. — Il faut distinguer l'acte de vouloir et l'exécution de cet acte. Autre chose est prendre une résolution, autre chose est l'exécuter. La résolution dépend de moi, le succès n'en dépend pas. Je puis viser sans atteindre. Non seulement le succès extérieur n'est pas nécessaire pour que l'acte volontaire soit entier; mais l'acte matériel, y compris même ce qui se passe dans nos organes, doit être distingué de l'acte volontaire proprement dit; et, comme on l'a dit souvent, l'homme qui, au moment de commettre un crime, en serait empêché parce que son bras tomberait subitement en paralysie, n'en serait pas moins responsable de son action; d'où il suit que c'est dans la résolution et non dans l'exécution que consiste, à proprement parler, l'acte volontaire.

Cependant, il faut reconnaître que, pour que l'acte volontaire soit complet et entier, il faut qu'il y ait un *commencement d'exécution*, c'est-à-dire que de la résolution on ait commencé à passer à l'action, ce qui a lieu par l'*effort;* autrement la résolution elle-même pourrait n'être encore qu'une intention et une simple velléité. A la vérité, quand il s'agit d'une action facile et agréable, cet intermédiaire entre la résolution et l'action n'apparaît pas et semble même être complètement absent, ce qui est d'ailleurs une illusion. Mais lorsqu'il s'agit d'une résolution pénible et douloureuse, on sait combien il est difficile de passer de la résolution à l'action; pour prendre l'exemple le plus familier, l'acte de se lever de grand matin est un acte pénible qui exige un certain effort de volonté. La résolution la plus énergique est impuissante s'il ne s'y joint ou s'y ajoute un déploiement de force d'autant plus grand que l'obstacle est plus difficile à vaincre. On définira donc l'acte volontaire une *résolution accompagnée d'effort* : seulement l'effort peut disparaître par l'habitude et par la répétition de l'acte.

Le caractère original et spécifique de la volonté a été souvent nié par les philosophes. Les uns l'ont confondu avec l'entendement, les autres avec la sensibilité; cette double confusion doit être écartée.

230. Affirmation et volition.

— Il n'y a pas lieu, selon nous, de confondre l'affirmation et la volition. Il n'y a nul rapport entre ce jugement : *J'affirme que la terre est ronde*, et cet autre : *Je veux mouvoir mon bras*. Sans doute, au moment où je veux, j'affirme mon vouloir, mais mon affirmation n'est pas le vouloir lui-même; de même que lorsque je dis : *Je souffre*, j'affirme ma souffrance, mais ma souffrance n'est pas en elle-même une affirmation. Lorsque je dis : *Je veux mouvoir mon bras*, où est la volition? Est-ce dans l'affirmation que *mon bras est mû*? Mais ce n'est là que l'effet de mon vouloir, ce n'est pas mon vouloir lui-même : à plus forte raison, il n'est pas dans cet autre jugement : *Mon bras a été mû*. Dira-t-on que le jugement volitif consiste à dire : *Mon bras sera mû*? Mais ce n'est là qu'une prévision, une induction; ce n'est pas une volition[1]. En un mot, tout jugement porte sur le présent, le passé ou l'avenir; or, aucun de ces jugements ne représente le fait de la volition. Dira-t-on qu'ici le jugement porte sur le *pouvoir*, non sur le *fait*? Mais dire : *Je peux* mouvoir le bras, ce n'est pas dire : *Je veux* le mouvoir. De quelque manière qu'on s'y prenne, jamais on ne fera que l'affirmation représente une volition, à moins de changer le sens du mot affirmation, et qu'on ne lui fasse dire précisément ce que signifie le mot *volition*; mais alors il n'y aura plus de terme pour signifier ce que nous appelons d'ordinaire affirmation. D'ailleurs, *affirmer un fait* sera toujours autre chose que *vouloir un acte*. Affirmer un fait, c'est dire qu'un fait existe : vouloir un acte, c'est faire qu'il soit. C'est la différence de l'indicatif et du subjonctif. Le *fiat lux* n'est pas une affirmation, c'est une action. Dans l'affirmation (quand elle est vraie) il n'y a rien de plus que ce qu'il y a dans l'idée. Dans la volition il y a quelque chose de plus : l'existence elle-même, le passage du non-être à l'être, le changement.

---

1. « Lorsque je sais par expérience qu'un mouvement quelconque est en mon pouvoir, je puis penser à cet acte, le prédéterminer; mais cette pensée, cette prédétermination diffèrent essentiellement d'un vouloir actuel et efficace. » (Maine de Biran, *Œuvres*, t. IV, p. 378.)

On pourrait dire que la volonté n'est qu'un acte intellectuel : car vouloir, c'est choisir, c'est préférer, c'est trouver une chose meilleure qu'une autre : c'est juger. C'est encore une confusion d'idées. Autre chose est le choix, la préférence de l'intelligence ; autre chose est le choix, la préférence de la volonté. Je préfère Corneille à Racine, c'est-à-dire je le juge plus grand que Racine ; mais je ne *veux* pas que cela soit : cela est indépendant de ma volonté, je n'y peux rien. Lorsque je prononce ce jugement, je n'entends pas seulement exprimer ma préférence et mon goût ; mais je déclare que *cela est ainsi*, indépendamment de mon goût particulier. Il n'y a pas là ombre de volonté. Il en est de même si, au lieu de juger des hommes et des écrits, je juge des actions, même des actions qui sont miennes et qui se présentent à moi pour être faites. Dire que je préfère l'une à l'autre, que je la trouve plus juste ou plus utile, ce n'est pas encore la vouloir : car tant qu'il n'y a que préférence intellectuelle, elle reste à l'état contemplatif ; il n'y a pas d'action. Que si, au contraire, il s'agit d'une préférence de la sensibilité, c'est une autre question.

231. **Désir et volonté.**—Si la volonté a pu être confondue avec l'entendement par quelques philosophes, elle l'a été bien plus souvent avec l'inclination. En effet, nous avons vu qu'il était reçu dans toutes les écoles de philosophie, au moins jusqu'à la fin du XVIIIe siècle, qu'il n'y a dans l'âme que deux facultés fondamentales, l'*entendement* et la *volonté :* ce qui faisait nécessairement rentrer dans la volonté tout ce que nous appelons affections, inclinations, amour, désir. C'est ainsi, en effet, que Malebranche la définit : « L'esprit humain, dit-il, renferme deux facultés : la première, qui est l'*entendement*, est celle de recevoir plusieurs idées, c'est-à-dire d'apercevoir plusieurs choses ; la seconde, qui est la *volonté*, est celle de *recevoir plusieurs inclinations* ou de vouloir différentes choses[1] ; » il compare ces deux facultés aux deux propriétés des corps, la figure et le mouvement. On voit, d'ailleurs, lorsqu'il traite des inclinations (*Recherche de la vérité*, liv. IV et V) qu'il les renferme toutes sous le nom de volonté, y compris, l'amour du plaisir et même les passions.

On trouve la même doctrine dans Condillac, qui distingue également l'entendement et la volonté, et leur reconnaît à l'un et à l'autre la même origine dans la sensation.

---

1. *Recherche de la vérité*, liv. 1.

Dans cette doctrine, *vouloir* n'est pas différent d'*aimer* et de *désirer*. Vouloir être heureux, c'est aimer, c'est désirer le bonheur. L'objet de la volonté, c'est le bien, comme l'objet de l'entendement est le vrai. Or, le bien, c'est le désirable. Même la définition scolastique de la volonté : *appetitus rationalis*, implique l'idée que la volonté n'est pas essentiellement différente du désir : c'est un appétit éclairé par la raison, mais c'est un appétit, c'est-à-dire une tendance, un mouvement, une inclination de l'âme. Le langage vulgaire témoigne de cette parenté de la volonté et de l'inclination. On dit que l'ambitieux veut le pouvoir, que l'avare veut des richesses, que le voluptueux veut des plaisirs.

Malgré toutes ces considérations, nous croyons qu'il faut avec Locke, Maine de Biran, Cousin, distinguer le désir de la volonté.

> La volonté, dit Locke, a été souvent confondue avec différentes affections de l'esprit et surtout avec *le désir*. Mais quiconque réfléchira en lui-même sur ce qui se passe dans son esprit lorsqu'il veut, trouvera que la faculté de vouloir ne se rapporte qu'à nos propres actions et qu'elle se termine là ; ce qui montre que la volonté est parfaitement distincte du désir qui, dans la même action, peut avoir un but tout à fait différent de celui où nous porte la volonté. Par exemple, un homme que je ne saurais refuser peut m'obliger à me servir de certaines paroles pour persuader un autre homme sur l'esprit de qui je puis souhaiter de ne rien gagner dans le temps que je lui parle. Ainsi, je veux une action qui tend d'un côté, tandis que mon désir tend d'un autre. Un homme qui, par une violente attaque de goutte aux pieds et aux mains, se sent délivré d'un mal de tête, désire d'être soulagé de sa douleur de goutte ; et cependant, s'il sait que cette douleur le sauve d'un mal plus grand, sa volonté ne se déterminera à aucune action qui puisse servir à dissiper cette douleur [1].

V. Cousin a également fort bien expliqué la différence du désir et de la volonté :

> Le désir est un élan aveugle qui, sans aucune délibération et sans l'intervention de la volonté, s'élève ou tombe, s'accroît ou diminue ; le désir n'est pas une résolution, c'est un entraînement ; on ne désire pas, on ne cesse pas de désirer à volonté. — La volonté combat le désir, comme souvent aussi elle y cède ; elle n'est donc pas le désir. — Le désir est si peu la volonté que souvent elle l'abolit. — Si le désir était le fondement de la volonté, plus le désir serait fort, plus nous serions libres. C'est le contraire qui est vrai. Je ne dis pas que nous n'ayons aucune influence sur nos désirs ; mais le pouvoir de la volonté sur le désir est une preuve de la différence de leur nature [2].

Enfin Maine de Biran, qui a le plus insisté sur cette différence, nous dit :

---

[1]. Locke, *Essai sur l'entendement humain*, liv. II, ch. XXI. Voy. aussi Reid, trad. franç., t. V, p. 36.

[2]. *Le vrai, le beau et le bien*, XVIII° leçon.

La volonté est concentrée dans les mêmes limites que le pouvoir; le désir commence au contraire où finit le pouvoir et embrasse tout le champ de notre activité. L'être moteur et libre ne veut qu'autant qu'il peut; l'être passif ne désire ce qu'il ne peut pas qu'autant qu'il ne peut pas se le donner.

Nous désirons, dit-il encore, les choses ou les modifications dont nous ne disposons en aucune manière; nous les souhaitons comme *événements étrangers* sur lesquels nous ne pouvons rien; le désir est une *sorte de prière* adressée aux causes amies ou ennemies de notre existence [1].

Cependant, malgré les différences signalées, on pourrait dire que s'il y a en effet une distinction à établir entre ce qu'on appelle vulgairement désirer et ce qu'on appelle vouloir, cette distinction ne tient pas devant une analyse plus profonde, qui nous montre dans la volonté, non pas toute espèce de désir, mais un désir devenu assez fort pour décider l'action. La volonté serait, selon Condillac, un *désir dominant*, comme l'attention était une *sensation exclusive* (99).

« On entend par volonté, dit-il, un *désir absolu*, et tel que nous pensons qu'une chose désirée est en notre pouvoir [2]. »

Il est évident que si l'on ne veut considérer dans deux phénomènes psychologiques que ce qu'ils ont de commun, on pourra toujours les ramener les uns aux autres; car, comment n'y aurait-il pas quelque chose de commun entre des faits qui sortent d'une même source? A ce point de vue, on pourra dire que la volonté est un désir, comme on dira que le désir est une volonté. Les deux thèses se vaudront; mais elles auront l'une et l'autre le même inconvénient, c'est que nous ne saurons plus ni ce que c'est que le désir, ni ce que c'est que la volonté.

Le désir le plus fort, même un désir dominant et excessif, n'équivaut pas à la volonté. Est-il en effet un plus fort désir dans l'homme que celui de ne pas mourir? Mais peut-on supposer sans folie la volonté de ne pas mourir? Celui qui dirait: *Je veux vivre toujours* serait un fou, quand même il en aurait un désir effréné. Soit, dira-t-on, il y a des cas où le désir même le plus fort n'est pas la volonté; mais il ne s'ensuit pas que la volonté ne soit pas un désir? En effet, il y a deux sortes de désirs: ceux que l'expérience nous a montrés n'être jamais suivis d'effet, comme dans le cas précédent, et ceux que l'expérience nous apprend pouvoir être suivis d'effet, comme le désir de mouvoir nos membres; c'est parmi ceux-là seulement qu'il faut chercher la volonté.

S'il en était ainsi, les actions accomplies sous l'empire des

---

[1]. *Œuvres inédites*, t. II, p. 77. voy. la note.
[2]. Condillac (*Traité des sensations*, t. I, ch. III). Leibniz dit aussi, que « le désir n'est qu'une manière de velléité par rapport à une volonté plus complète ». *Nouveaux essais*, II, XXI, 30.

plus violents désirs seraient les plus volontaires : c'est ce qui n'est pas. Sans doute nous ne voulons pas dire que les passions soient des excuses complètement justificatrices pour les actions commises sous leur influence; mais on sait cependant que les actions commises sous l'empire d'une forte passion ont toujours été considérées, non comme involontaires, mais comme moins volontaires que les actions faites de sang-froid. Ainsi la volonté est en raison inverse du désir. Dire avec un philosophe qu'il y a des hommes chez qui « l'idée froide du devoir » est plus forte que la passion, c'est dire précisément en d'autres termes qu'il y a des hommes chez qui le désir est combattu par la volonté, et s'en distingue : quant à la liberté, c'est une autre question que nous examinerons plus tard.

On ne peut donc confondre la volonté et le désir qu'en donnant arbitrairement au mot *désir* un sens assez vague pour embrasser ce qui n'est pas lui. Nous n'admettrons pas même avec Leibniz que le désir faible est une *velléité* qui se changera en volonté quand le désir deviendra fort. La velléité n'est pas un désir, ni faible, ni fort : c'est un commencement de volonté; c'est une demi-volonté qui ne se soutient pas, qui ne va pas à l'acte complet; mais qui dans sa faiblesse même a quelque chose de l'acte volontaire, ce que le désir n'a jamais. Il y a dans la velléité un commencement d'effort, un demi-effort, une mise en train qui, si faible qu'elle soit, va au réel, à l'actuel, à l'être, tandis que le désir ne va qu'à l'idéal : c'est, comme l'a dit Bain, « une *activité imaginaire* ». La velléité ou demi-volonté est une activité actuelle. Elle se distingue du désir comme la perception la plus faible et la plus nuageuse se distingue de l'imagination. Il est vrai que de même que l'imagination, dans certaines conditions, finit par simuler la perception, de même le désir, quand il est assez fort pour devenir impulsif et agir par lui-même, peut simuler la volonté : mais ce n'est qu'une fausse volonté, comme l'hallucination n'est qu'une fausse perception.

232. **La volonté et l'amour.** — On peut encore essayer de réduire la volonté à l'inclination en la confondant, non plus avec le désir, mais avec l'*amour*. Le désir, dirait-on, est un amour impuissant, séparé de son objet; il n'est donc pas étonnant qu'il se distingue de la volonté, dont l'essence propre est la réalisation de cet objet. Mais l'amour enveloppe le désir et le dépasse; il est l'acte même par lequel l'âme s'unit à l'objet désiré. Or, n'est-

ce pas là la volonté? Qu'est-ce que vouloir, si ce n'est déterminer un mouvement qui nous rapproche de l'objet aimé ou nous unit à lui? Vouloir se promener, c'est déterminer le mouvement de ses membres de manière à jouir de l'air, du beau temps, de l'exercice, etc., et, dans un but plus éloigné, de la santé, par conséquent de la vie elle-même. Vouloir, c'est donc aimer, c'est satisfaire son amour, c'est le faire passer à l'acte.

Il est certain que l'amour est plus proche de la volonté que ne l'est le désir. Plus on généralise les faits psychologiques, plus on les trouve semblables les uns aux autres : cela est inévitable. Il y a donc cela de commun que l'amour, tout comme la volonté, porte l'âme à se réunir à son objet. Mais l'amour consiste essentiellement dans la *tendance* à l'union, et la volonté dans l'*acte* interne par lequel on réalise cette tendance. Faire une chose volontairement, dit-on, c'est la faire avec plaisir : or faire une chose avec plaisir, c'est l'aimer; vouloir est donc la même chose qu'aimer. Je le nie : on peut vouloir avec plaisir, mais on peut vouloir sans plaisir, et c'est toujours la volonté; le plaisir n'est qu'un accident qui peut être uni à la volonté, mais qui peut aussi en être séparé. Faire une chose *volontiers* n'est pas la même chose que la faire *volontairement*. Sans doute je puis souvent faire une même chose et volontairement et volontiers; mais je puis aussi la faire volontairement sans la faire volontiers. Ce qu'on appelait en scolastique la *complacentia*, le fait de se complaire dans son acte, n'est qu'un complément de la volonté : ce n'est pas la volonté même.

233. Objection. — On peut dire que la volonté sans plaisir n'est qu'une volonté imparfaite, incomplète, disputée, qui vient des limites de notre nature et des obstacles qu'elle rencontre de toutes parts; or ces obstacles ne sont pas de l'essence de la volonté, ils n'en sont que la complication. La volonté parfaite serait celle qui atteindrait son objet immédiatement et sans obstacle, et qui n'aurait besoin d'aucun effort pour le posséder. Elle consiste dans la possession immédiate du bien. Qu'est-ce que vouloir le bien véritablement, si ce n'est le vouloir avec joie? Vouloir le bien malgré soi, comme une chose pénible, ce n'est pas le vouloir; ce n'est pas la vraie volonté; ce n'est qu'une volonté servile mêlée de crainte. Quant à la volonté idéale qui consiste dans la joie du bien, encore une fois n'est-ce pas l'amour?

Rép. — Nous admettons que la volonté dans son état idéal se confondrait avec l'amour. Mais il ne s'agit pas de la volonté idéale qui est l'objet de la morale; il s'agit de la volonté réelle et concrète qui est l'objet de la psychologie. Que dans la volonté idéale le *vouloir* et l'*aimer* soient une seule et même chose, que le consentement suprême soit accompagné de joie, que l'*effort* s'y confonde avec l'*abandon*, que la résolution, qui est un *acte*, soit une seule et même chose avec l'amour, qui est un *sentiment;* en un mot que dans un état purement idéal, où il n'y a pas d'obstacle, la *faculté qui lutte* ne puisse plus se distinguer de la *faculté qui jouit:* c'est ce que nous ne contestons pas.

D'un autre côté, si l'on considère non pas la fin, mais l'origine de nos facultés; si l'on considère cette activité confuse et indistincte par laquelle commence la vie psychologique et où tout est mêlé, que l'on puisse trouver une racine commune à la faculté de vouloir et à la faculté de désirer, que cette impulsion indéterminée qui signale les premiers mouvements de l'être vivant puisse s'appeler désir ou volonté indistinctement, nous ne le contesterons pas davantage.

Mais entre cet état confus qui appartient encore à la physiologie et cet état idéal qui est l'objet de la morale, il y a l'état psychologique proprement dit; c'est le développement de l'homme complet dans les conditions actuelles de la vie réelle. Or la condition fondamentale de cette vie est le changement, le passage de l'état présent à l'état nouveau; ce passage ne peut se faire sans un certain acte qui exige un effort : car la tendance naturelle de l'être est de rester indéfiniment dans le même état. Or l'amour, pris en soi, ne contient que deux éléments : la tendance à posséder l'objet s'il en est séparé, et la joie de la possession s'il lui est uni. Entre la tendance à posséder et la joie de la possession il y a un moyen terme, qui est l'effort pour atteindre. C'est cet effort qui n'est pas contenu d'avance dans la tendance, pas plus qu'il n'était contenu dans l'idée. C'est cet effort qui continue même dans la possession, mais qui est noyé dans le sentiment de la joie de telle sorte qu'on ne peut plus le distinguer et qu'on le confond avec l'amour même; c'est cet effort qui manque souvent à l'amour le plus véhément, qui ne peut pas se transformer en volonté; c'est cet effort qui peut au contraire s'unir à un amour faible sous l'empire d'une raison ferme : c'est là l'essence de la volonté.

234. La personnalité humaine.—L'existence de la volonté

confère à l'être qui la possède un caractère nouveau et supérieur : la personnalité. On distingue les êtres de la nature en deux classes : les *personnes* et les *choses*. On appelle chose tout objet matériel qui peut être employé à leur usage par les êtres intelligents. On appelle personnes les êtres intelligents et libres.

Le fondement de cette distinction est dans le sentiment de la responsabilité. Par cela seul qu'un être est capable de vouloir, il se sent responsable de ce qu'il a voulu : il sent qu'il a le gouvernement de sa destinée, il sent qu'il ne peut appartenir qu'à lui-même, qu'il est son propre maître (*compos sui, potens sui*) et que par conséquent il ne peut pas être *approprié :* l'être responsable est, selon la formule de Kant, une *fin en soi;* il ne peut pas être employé comme *moyen*.

Au contraire, la chose, étant un objet purement matériel, qui n'est soumis qu'aux lois de la nature physique et qui n'a d'autre destinée que d'obéir à ces lois, ne peut jamais être détournée de cette destinée, puisque de quelque manière qu'on la traite on ne peut jamais les violer : car rien ne peut s'accomplir contre ces lois. Que l'on jette une pierre en l'air ou qu'on la laisse tomber, les deux phénomènes sont également conformes aux lois de la nature; autrement ils n'auraient pas lieu. La distinction des scolastiques entre le mouvement *naturel* et le mouvement *violent* n'a aucun fondement dans la nature des choses. Ainsi la chose, de quelque manière qu'on la traite, ne subit aucune violence, puisque son caractère essentiel est d'être passive et d'être poussée par autre chose. Il n'en est pas de même de la personnalité, qui est, par essence, la seule cause de ses propres actions.

Rien de plus facile à distinguer que la personne et la chose lorsque l'on oppose les êtres purement matériels, comme les minéraux et les plantes, à l'être humain. Mais il y a difficulté pour ce qui concerne les animaux. L'homme prend sur lui d'affirmer que les animaux ne sont pas des personnes : c'est ce qu'il est difficile de décider théoriquement, car nous ne savons jusqu'à quel point il est vrai de dire que les animaux n'ont pas de volonté. C'est la nécessité qui tranche le débat; et les animaux, comme les autres objets matériels, sont des *choses* juridiquement : ils comptent parmi les meubles.

Pendant très longtemps il y a des classes d'hommes, des races humaines qui ont été considérées comme choses, c'est-à-dire comme susceptibles d'être appropriées, utilisées, achetées et vendues : c'est ce qu'on appelle l'*esclavage*. C'est la notion vraie de la personnalité humaine qui a mis fin aux abus de l'esclavage.

La personnalité se reconnaît à trois caractères principaux : 1° la *conscience de soi* : non ce sentiment tout passif qui accompagne chacune de nos sensations et affections, et qui est dans l'animal aussi bien que dans l'homme, mais la conscience du *moi*, du *sujet* pensant, la conscience réfléchie; 2° l'*intelligence*, ou faculté de discerner le vrai du faux, le bien du mal; et enfin 3° la *volonté*, ou pouvoir de se déterminer soi-même; pouvoir qui est identique, nous le verrons, à la liberté. L'être qui ne pense pas, qui ne veut pas et qui n'a pas conscience de soi, n'est pas une personne.

La notion de personnalité est très importante en morale et surtout dans la doctrine du droit [1].

Ces explications nous font comprendre ce qu'on doit entendre en métaphysique par Dieu *personnel*, Dieu *impersonnel*, l'immortalité *personnelle*, l'immortalité *impersonnelle*. Dieu est considéré comme personnel quand on le représente comme conscient, intelligent et libre; il est au contraire impersonnel quand on ne lui suppose que les attributs métaphysiques : l'infinité, l'immensité, etc. L'immortalité est personnelle quand on la suppose accompagnée de conscience et de mémoire; elle est impersonnelle quand elle n'est que la permanence de l'être, sans aucun souvenir.

Problèmes. — I. La volonté n'est-elle qu'une combinaison d'actions réflexes? (Voy. Hartmann, *Philosophie de l'inconscient*, t. I, appendice; trad. franç., p. 479 et suiv.)

II. Comment la volonté sort-elle de l'instinct? (Maine de Biran, *Fondements de la psychologie*, part. I, sect. II, ch. II; Alex. Bain, *Sens et entendement*, part. I, ch. IV, § 4.)

---

[1]. Voy. sur la personnalité, Jouffroy, *Premiers mélanges*, p. 314 et 310.

CHAPITRE IV

L'habitude.

La volonté, en exerçant les diverses opérations de l'esprit, les transforme en *habitudes*.

235. Définition de l'habitude. — *Fit fabricando faber*, dit le proverbe : « C'est en forgeant que l'on devient forgeron. » Tout le monde sait en effet qu'en répétant souvent le même acte on a plus de facilité à l'accomplir, et que l'on finit même, en l'exécutant, par ne plus savoir comment on s'y est pris en commençant. La gymnastique, l'escrime, la danse, la natation, l'exécution musicale sont des exemples frappants de cette vérité. Chacun de ces arts se compose d'un ensemble de mouvements très compliqués qu'on a d'abord beaucoup de peine à exécuter, que l'on commence par accomplir séparément et l'un après l'autre, en faisant une grande attention à chacun d'eux, ou tout au moins en ne s'avançant qu'avec précaution. Puis peu à peu chacun de ces mouvements se lie avec les autres, se coordonne avec eux, résiste de moins en moins à notre volonté, et enfin, tous ne formant plus qu'une seule chaîne, finissent par se reproduire toujours dans le même ordre, avec une telle facilité qu'il semble que nous n'ayons jamais fait autre chose. Même les mouvements qui nous paraissent aujourd'hui les plus naturels, à savoir la marche, la parole, ont été primitivement appris.

Cela n'est pas seulement vrai des mouvements corporels. Il en est de même des actes de l'esprit. Les plus difficiles deviennent faciles par la répétition. Quoi de plus difficile en apparence que de faire des vers, des bouts-rimés, des calembours, de deviner des énigmes ou des rébus, d'opérer des calculs compliqués, de raisonner sur des matières abstraites? Or toutes ces opérations finissent par devenir aisées et familières à force d'être répétées.

Enfin, de même que la répétition des mouvements et des actes produit certains effets, la reproduction des émotions, des sensations et des passions produit également des effets qui, pour n'être pas les mêmes que les précédents, sont cependant dus à la même cause, à savoir, la répétition ou prolongation de l'excitation.

En un mot, tout exercice répété d'une faculté ou tout usage d'un organe dans les êtres vivants produit dans cette faculté ou dans cet organe une certaine *disposition* (ἕξις) que l'on appelle *habitude*.

En conséquence, l'habitude est la disposition acquise ou contractée par la *répétition* ou *continuation* des *impressions* ou des *actes*.

236. Effets de l'habitude.—Nous disons *continuation*, parce qu'il n'est pas nécessaire que l'acte soit répété, c'est-à-dire qu'il soit reproduit après avoir cessé d'être; il suffit qu'il se prolonge :

La continuation ou prolongation d'un mouvement, d'une action, d'une impression, d'un état quelconque, est aussi propice que la répétition à engendrer l'habitude. Car entre un acte ou un état répété, et un état ou un acte prolongé il n'y a de différence que dans les intervalles qui brisent sa continuité dans le temps de cette action ou de cet état. De telle sorte qu'une manière d'être qui ne se serait produite qu'une seule fois, mais qui se serait prolongée pendant une durée d'un jour, équivaut naturellement à sa production vingt-quatre fois répétée à des intervalles quelconques du même état durant une seule heure. (Alb. Lemoine, l'*Habitude*, ch. I, p. 2.)

Suivant une autre observation importante d'Albert Lemoine, l'habitude commence avec le second acte, le second mouvement : un seul acte, quoi qu'en ait dit Aristote [1], peut donc déterminer déjà un commencement d'habitude.

Seul le premier mouvement qu'aucun autre n'a précédé ne doit rien à l'habitude : c'est à lui au contraire que l'habitude doit sa naissance, c'est lui qui possède primitivement la vertu de préparer, de faciliter les suivants. En effet, s'il n'a pas cette vertu, s'il n'est pas, au moins en partie, la raison du second mouvement, celui-ci, étant exclusivement le produit du hasard ou de la volonté et tout à fait indépendant du premier, sera lui-même comme s'il était premier, et le deviendra en réalité ; il sera donc aussi impuissant que le premier l'était lui-même. En vain mille autres succéderont au second sans plus se causer les uns les autres que le second ne sera causé par le premier : ils n'en seront pas moins toujours nouveaux ; et cette longue répétition de mouvements s'écoulera sans jamais engendrer une habitude. (Id., *ibid*.)

En conséquence, il est permis de dire que la répétition et la continuation est plutôt la cause de l'*intensité* de l'habitude que

---

[1]. Aristote disait qu' « une seule hirondelle ne fait pas le printemps »

de l'habitude elle-même, puisque celle-ci a son origine dans une première action.

Non seulement la répétition n'est pas la cause primitive de l'habitude (quoiqu'elle en augmente la force), mais elle en est souvent l'effet. L'habitude engendre aussi souvent la répétition que la répétition l'habitude. L'habitude nous incline et nous porte à recommencer les actes que nous avons souvent faits. A force de faire une promenade, nous contractons l'habitude de la faire, et cette habitude à son tour engendre la promenade. On sait les besoins irrésistibles qui naissent de l'habitude. De là cette loi de Malebranche : « Les actes produisent les habitudes, et les habitudes produisent les actes. » (*Morale*, ch. IV.)

Une des propriétés les plus remarquables de l'habitude, signalée encore par Alb. Lemoine, c'est que le passé y est conservé dans le présent. Tout ce que j'ai fait s'accumule en quelque sorte pour augmenter la force de mon activité présente.

Le passé n'est plus, dit Alb. Lemoine; l'avenir n'est pas encore : le présent seul est réel. Mais qu'est-ce que le présent? C'est, dit-on, un point sans dimension, c'est la limite toujours mobile qui sépare ce qui a été de ce qui sera, de sorte que le présent lui-même est insaisissable et que l'existence échappe sans cesse aux êtres qui durent. Vivre dans le présent semble donc impossible, et l'est en effet sans l'habitude. Fixer ce perpétuel devenir, constituer un présent positif avec ces éléments négatifs, faire demeurer ce présent, d'un point mathématique faire une ligne ou un solide, arrêter le temps que rien n'arrête, telle est l'œuvre de l'habitude. Dans l'être vivant le passé n'est pas aboli : il l'emporte en lui dans son présent même, et avec ce passé il anticipe l'avenir. Pour lui le passé s'accumule et se résume dans le présent. Il l'a, ce passé : il le retient et le possède encore sous cette forme concise; il en a augmenté la substance; il l'a assimilé à sa propre nature.

Ainsi l'habitude est une force *conservatrice* et *accumulatrice*. Par là même, elle est nécessaire au perfectionnement et au progrès : car comment acquérir quelque chose de nouveau, si on ne conserve pas ce qui est acquis? Cependant il ne nous semble pas qu'elle soit par elle-même, comme le dit Alb. Lemoine, une force de perfectionnement et de progrès. Car elle conserve plutôt qu'elle n'ajoute. Elle n'est pas l'*initiative* qui *invente;* elle est plutôt une *force d'inertie* qui maintient l'état acquis. Si on la voit grandir en proportion de l'aptitude des êtres au progrès, c'est qu'en effet elle en est la *condition* nécessaire; mais elle n'en est pas l'*instrument*[1].

237. Théorie mécanique de l'habitude. — On a essayé de

---

[1]. L'habitude rend plus facile chaque effort nouveau; mais le principe du progrès, ce n'est pas l'habitude, c'est l'effort.

trouver l'origine de l'habitude dans certains faits de l'ordre inorganique qui ont quelque analogie avec elle.

> Un vêtement porté se prête mieux aux formes du corps; une serrure joue mieux après avoir servi. On a moins de peine à replier un papier dans le sens où il a déjà été plié antérieurement. Les sons d'un violon s'améliorent par l'usage entre les mains d'un artiste habile, parce que les fibres du bois contractent à la longue des habitudes de vibration. L'eau se creuse un lit [1].

Descartes, Malebranche et la plupart des philosophes du XVIIe siècle croyaient aussi que l'habitude était un phénomène purement mécanique, et ils l'expliquaient par des courants d'esprits animaux disposés à revenir toujours par les chemins qu'ils s'étaient une fois frayés.

Nous n'avons pas à entrer ici dans cette discussion. La question de savoir si l'habitude est un phénomène physique et mécanique se rattache à la question plus générale de savoir si la vie doit s'expliquer par des causes purement mécaniques; si la spontanéité des êtres vivants est purement apparente et doit se ramener à la loi de l'inertie. C'est là une question de métaphysique ou de physiologie, non de psychologie.

Si nous nous bornons à l'observation, nous trouverons dans les êtres vivants une disposition non seulement à *être modifiés* d'une manière constante par des causes externes, mais encore à *se modifier* eux-mêmes d'une manière constante par une causalité interne. Or c'est ce que nous ne voyons pas dans les êtres inorganiques. Ils *sont modifiés*, ils *ne se modifient pas*. Tout au plus pourrait-on reconnaître en eux ce que l'on appelle des *habitudes passives*, mais non des *habitudes actives*. Enfin, lors même qu'on trouverait quelques lointaines analogies entre certains faits inorganiques et l'habitude des êtres organisés, ce fait prend de tels développements et de si vastes applications dans le domaine des êtres vivants qu'il pourra toujours être considéré comme leur appartenant en propre.

238. L'habitude dans le règne végétal. — L'habitude se manifeste déjà dans le règne végétal. « La culture et l'acclimatation des plantes n'est autre chose que l'art de leur faire contracter certaines habitudes agréables ou utiles à l'homme. » (Alb. Lemoine.) Les plantes les plus sauvages peuvent être domestiquées.

---

[1]. Léon Dumont, *de l'Habitude* (*Revue philosophique*, t. I, p. 325). Ces faits du reste avaient déjà été signalés par Bossuet : « Le bois se plie peu à peu ; le fer s'adoucit sous le marteau ; l'eau, à force de couler, ajuste elle-même son lit. » (*Conn. de Dieu*, V, IV).

> .... Hæcquoque si quis
> Inserat, aut scrobibus mandet mutata subactis,
> Exuerint sylvestrem animum, cultuque frequenti,
> In quascumque voces artes haud tarda sequentur[1].

On sait que les plantes ont un très vif appétit vers la lumière. On peut, à l'aide de cet instinct, les amener à pousser leurs racines en haut et leur tige en bas, contrairement à l'état normal.

La *mimosa pudica* ferme ses feuilles chaque soir; si pendant quelque temps on la tient la nuit dans un lieu vivement éclairé et dans une cave pendant le jour, elle continuera pendant quelque temps à veiller le jour malgré l'obscurité et à dormir la nuit malgré la lumière; mais à la longue elle contracte des habitudes nouvelles, et on la voit s'accoutumer peu à peu à fermer ses feuilles pendant le jour et à les ouvrir pendant la nuit. (Léon Dumont.)

239. **Lois de l'habitude.** — C'est surtout dans l'animal et chez l'homme que l'habitude exerce son plus grand empire. Et c'est là qu'il faut en chercher la loi.

La loi fondamentale de l'habitude a été mise en lumière par Maine de Biran, Ravaisson, Hamilton. La voici :

L'habitude affaiblit la sensibilité et perfectionne l'activité.

L'effet général de la continuité et du changement que l'être vivant reçoit d'ailleurs que de lui-même, c'est que, si ce changement ne va pas jusqu'à le détruire, il en est toujours *de moins en moins altéré*. Au contraire, plus l'être vivant répète ou prolonge un changement qui a son origine en lui-même, plus il le reproduit et semble tendre à le reproduire. Le changement qui lui est venu du dehors lui devient donc de plus en plus étranger; le changement qui lui est venu de lui-même lui devient de plus en plus propre. *La réceptivité diminue; la spontanéité augmente.* Telle est la loi générale de l'habitude. (Ravaisson, *de l'Habitude*, p. 9.)

C'est en vertu d'un corollaire de cette loi fondamentale qu'on a soutenu « que la sensation est en raison inverse de la perception » (119).

Tout le monde sait que lorsqu'une sensation est répétée souvent ou longtemps prolongée elle s'émousse, devient de plus en plus faible et finit même par disparaître tout à fait. C'est ainsi que le pharmacien ou le chimiste dans leurs laboratoires deviennent tout à fait insensibles aux mauvaises odeurs au milieu desquelles ils vivent. Ceux qui vivent en plein air s'habituent au froid et au chaud, qui incommodent si fort les gens de la ville. Ceux qui aiment les liqueurs fortes sont forcés d'augmenter sans cesse les doses, et ceux qui sont dirigés dans leur conduite par le goût exclusif du plaisir ne tardent pas à être poussés vers des raffinements destinés à compenser les effets de l'accoutumance sur la sensibilité.

---

1. Virgile, *Géorgiques*, II, 49.

Même au moral on voit les plaisirs s'user par l'habitude. Dans les temps de contagion ou de terreur on s'habitue à voir mourir, et l'on perd même la crainte de la mort. Les médecins assistent continuellement aux spectacles les plus cruels sans en souffrir. Les anatomistes se livrent à la dissection sans aucune émotion. On s'habitue même à la torture, on s'habitue à la cruauté.

<small>Mon sachet, disait Montaigne, sert d'abord à mon nez ; après que je m'en suis servi huit jours, il ne sert plus qu'au nez des assistants.</small>

Ainsi les impressions semblent s'effacer à mesure qu'elles se reproduisent. Au contraire, on connaît la puissance croissante de l'habitude sur l'activité, soit motrice, soit intellectuelle. Toute action répétée devient plus facile et se fait de mieux en mieux. La vertu elle-même se perfectionne et grandit par l'habitude.

240. **Exceptions apparentes**. — Cependant un certain nombre de faits paraissent contraires à la loi précédente, et même pourraient suggérer l'idée d'une loi absolument inverse. En effet, s'il est vrai que l'habitude émousse la sensation, c'est souvent en développant la passion, le désir et, quand il s'agit de sentiments, l'affection. Or, si l'on entend par sensibilité non seulement la faculté d'éprouver du plaisir et de la douleur, mais encore des désirs et des impulsions (de quelque nature qu'elles soient), on pourra dire que l'habitude développe la sensibilité. Bien plus, n'est-il pas vrai que l'habitude développe la faculté du plaisir et même celle de la douleur? Ne voit-on pas les personnes malheureuses prêtes à fondre en larmes pour la moindre cause? Ne voit-on pas aussi que pour goûter certains plaisirs, ceux de la musique par exemple, il faut les répéter souvent? Aimera-t-on le monde, si l'on n'y va pas souvent? Les voyages, si on n'a jamais voyagé? La lecture, si on n'a pas lu?

Réciproquement, on peut se demander s'il est vrai que l'habitude perfectionne et exalte l'activité. On voit au contraire que l'activité qui n'est qu'habituelle devient de plus en plus mécanique, automatique : elle dégénère en *routine*[1], ce qui est en quelque sorte le retour de l'être vivant à l'inertie de la matière morte : c'est la mort de tout progrès, de toute activité consciente et vraiment humaine. On pourrait dire, à ce qu'il semble, avec autant de raison que tout à l'heure, mais tout à fait en sens

---

<small>1. La routine est-elle, comme le veut Alb. Lemoine (p. 77), « un mauvais usage de l'habitude par la volonté », ou plutôt l'habitude elle-même, en tant que l'effort ne s'y joint plus? Nous penchons vers cette seconde opinion.</small>

inverse : « L'habitude exalte la sensibilité et éteint l'activité. »

Mais, en y regardant de près, on voit que cette loi n'est nullement le contraire de la précédente, et qu'elle n'en est qu'une autre expression.

En effet, ce que l'habitude émousse dans la sensibilité, ce n'en est que la partie passive et affective ; ce n'est pas la partie active et impulsive, qui au contraire, comme toute activité, doit être sollicitée, augmentée et exaltée par l'habitude ; réciproquement, ce que l'habitude perfectionne dans l'activité, ce n'est pas la partie intellectuelle et réfléchie : c'est la spontanéité ; de telle sorte que c'est précisément la même puissance que l'habitude développe de part et d'autre, puissance qui à son tour a besoin d'être continuellement entretenue ou contenue par la volonté. C'est ce que M. Ravaisson fait voir avec une clarté supérieure :

> Ainsi, dit-il, la continuité ou la répétition affaiblit la passivité, exalte l'activité. Mais dans cette histoire contraire des deux puissances contraires, il y a un trait commun. Toutes les fois que la sensation n'est pas une douleur, à mesure qu'elle se prolonge et se répète, à mesure par conséquent qu'elle s'efface, elle devient de plus en plus un *besoin*. D'un autre côté, à mesure que dans le mouvement l'effort s'efface et que l'action devient plus libre et plus prompte, à mesure aussi elle devient davantage une *tendance*, un penchant qui n'attend plus le commandement de la volonté, qui le prévient, qui souvent même se dérobe sans retour à la volonté et à la conscience... Ainsi, dans la sensibilité, dans l'activité se développe également par la continuité ou la répétition *une sorte d'activité obscure qui prévient de plus en plus ici le vouloir, et là l'impression des objets extérieurs.*
>
> Ainsi la continuité ou la répétition abaisse la sensibilité, elle exalte la motilité, mais par *une seule et même cause*, le développement d'une spontanéité irréfléchie, qui pénètre et s'établit de plus en plus dans la passivité de l'organisation, en dehors, au-dessous de la région de la volonté... La loi de l'habitude ne s'explique que par le développement d'une spontanéité passive et active tout à la fois, et également différente de la Fatalité mécanique et de la Liberté réflexive. (Ravaisson, p. 25-28.)

Les faits cités ne sont donc qu'en apparence contraires à la loi générale. Il faut de l'habitude, dira-t-on, pour goûter certains plaisirs, pour devenir sensible à certaines douleurs. Sans doute, il faut que les facultés susceptibles d'éprouver ces impressions soient nées en nous. Un paysan ignorant n'éprouvera aucun plaisir à entendre une symphonie de Beethoven ou une tragédie de Racine. Un enfant n'éprouvera pas de sensibilité pour des douleurs qu'il ne connaît pas et dont il ne se fait pas d'idée. Au contraire, celui qui les a éprouvées y deviendra sensible : *Non ignara mali...* Mais ces faits eux-mêmes rentrent dans la loi générale. Si ces facultés, une fois nées, sont trop souvent, trop constamment sollicitées, elles s'émousseront à la longue, et auront besoin pour se réveiller de certaines intermittences. La sensibilité elle-même est susceptible de devenir un tic, une routine : elle s'appellera alors sensiblerie : c'est l'affectation des formes externes de la sensibilité, lorsque le ton intérieur n'y est plus. A ce point de vue, il est important de ne pas abuser des émotions du cœur, de peur d'en tarir la source.

241. Limites de l'habitude. — Quelque vertu qu'ait l'habitude pour activer et fortifier l'usage de nos facultés, cette vertu elle-même a une limite. D'une part, nous venons de le voir, elle a besoin de s'alimenter sans cesse à la source de la volonté. D'autre part, elle a dans nos facultés mêmes un point maximum qu'elle peut atteindre, mais non dépasser.

Le plus grand ennemi de l'habitude est l'habitude même. Au delà d'un certain degré le lutteur et l'athlète ne peuvent plus acquérir de force musculaire. Au delà de certains tours, le gymnaste ne peut plus se surpasser lui-même. Il y a une certaine hauteur au delà de laquelle, malgré l'exercice le plus prolongé, il n'est plus possible de sauter. En effet, plus les changements deviennent considérables, plus ils rencontrent de résistance de la part des autres habitudes accumulées. L'adaptation devient de plus en plus difficile. Dès que le changement devient destructif de certains organes dans la limite de leurs fonctions nécessaires, il devient impossible de le pousser plus loin. (Léon Dumont, p. 363.)

De là une nouvelle loi remarquée par le même psychologue : « L'habitude lutte contre l'habitude. »

En effet, les habitudes établies résistent à l'introduction d'habitudes nouvelles. Chassez le naturel, il revient au galop. La nouvelle habitude est continuellement menacée, attaquée par le retour de son adversaire ; et si elle ne trouve du secours, elle résiste de moins en moins.

242. Deux espèces d'habitudes. — On distingue deux sortes d'habitudes : les habitudes *passives* et les habitudes *actives*.

En réalité, on peut contester qu'il y ait des habitudes qui ne soient que passives : car il n'y a pas dans l'homme une seule passion qui ne suppose l'action ; même lorsque nous subissons l'action des causes étrangères, il faut qu'il y ait réaction de notre part : car un être mort et inerte ne sent pas. Mais on convient d'appeler passifs les faits dont la cause principale est hors de nous, et actifs ceux dont la cause principale est en nous-mêmes.

243. Habitudes passives. — En conséquence, les habitudes passives sont celles qui naissent des sensations *continues et répétées*.

1° Les impressions intérieures et organiques tendent à devenir des habitudes du tempérament et à influer sur notre bien-être ou notre malaise, mais elles cessent d'être senties en elles-mêmes.

2° Le tact passif s'habitue également aux impressions externes, et on n'est plus sensible aux variations de la température ; c'est ainsi qu'on se fait au climat.

3° Les odeurs s'affaiblissent graduellement. (Voy. plus haut la citation de Montaigne, p. 239.)

4° Les saveurs de même s'évanouissent non seulement par la continuité, mais par la répétition. Le goût s'habitue aux irritants factices les plus forts et se paralyse sous leur action.

5° Les sons présentent le même phénomène, si on ne considère que le côté affectif ou sensitif. On s'habitue à tous les bruits : un homme d'études finit par travailler au milieu du bruit le plus fort.

6° L'habitude ne paraît pas affaiblir l'impression des couleurs, parce que la couleur est plus près de la perception que de la sensation. Cependant, si on fixe longtemps les yeux sur une même couleur, au point de se fatiguer, et qu'ils se portent ensuite sur un mélange de cette couleur avec d'autres, on cessera de la voir.

244. Habitudes actives. — Les habitudes actives sont celles qui naissent de la répétition des actes.

Or l'habitude produit sur les actes trois effets distincts (Alb. Lemoine, p. 30) :

1° Elle augmente absolument la puissance d'une faculté.

2° Elle l'accroît sous la forme spéciale et déterminée sous laquelle s'est exercée cette faculté.

3° Elle accroît en elle le besoin de s'exercer de nouveau.

En un mot, accroître le *pouvoir*, l'accroître dans une *direction* déterminée, enfin la transformer en *besoin* : tels sont les trois effets de l'habitude active. On les remarque, soit dans les *habitudes de l'intelligence*, soit dans les *habitudes de la volonté*, et même jusqu'à un certain point dans les *habitudes de la sensibilité*.

245. Habitudes de l'intelligence. — Toutes nos facultés intellectuelles se perfectionnent par l'exercice : toutes sont augmentées dans leur puissance, développées dans la direction qu'elles ont prise et transformées en besoin.

Les perceptions, par exemple, se perfectionnent sans aucun doute par l'exercice, puisque l'œil apprend à voir et l'oreille à entendre ; mais elles se perfectionnent dans un sens donné. Le peintre apprendra à voir les formes, s'il est surtout dessinateur, ou les couleurs s'il est surtout peintre. L'oreille d'un orateur remarquera les intonations, ceux d'un musicien les modulations, et ainsi de suite. Enfin, ce sera un besoin de voir et d'entendre. Il en sera de même des autres facultés.

De toutes les facultés intellectuelles, celle qui a le plus de rapports avec l'habitude est la mémoire. On a dit que la mémoire est une habitude. D'autres ont dit que l'habitude était une mémoire. La vérité est qu'il y a une part commune entre les deux faits, et que nulle autre de nos facultés intellectuelles ne doit autant à la répétition des actes.

246. Habitudes de la volonté. — Il faut distinguer les habitudes *volontaires* et les habitudes *de la volonté*. Les habitudes volontaires sont celles que ma volonté impose à mes autres facultés; les habitudes de la volonté sont celles qu'elle contracte elle-même. Mais ici une difficulté s'élève :

> Si la volonté elle-même, loin d'échapper à l'habitude, en subit la loi, ne perd-elle pas sa liberté à mesure qu'elle accepte l'habitude? Si l'habitude est semblable à l'instinct par sa nature et n'en diffère que par son origine, la volonté ne va-t-elle pas en s'amoindrissant jusqu'à disparaître? (Alb. Lemoine, *l'Habitude et l'Instinct*, p. 61.)

Pour répondre à cette difficulté, il faut distinguer encore deux cas : celui où la volonté se modifie sous l'action du dehors, et dans ce cas les habitudes de la volonté sont en quelque sorte involontaires; et le cas où la volonté, par la continuité de son propre effort, se transforme elle-même en habitude.

Or, dans ce dernier cas, la transformation de l'acte volontaire en acte habituel ne détruit en rien le caractère essentiel de l'acte volontaire.

> En effet, dit Alb. Lemoine, la répétition d'un même acte n'altère en rien la nature essentielle de la puissance qui l'exécute; elle rend seulement l'acte plus facile et l'agent plus apte à le reproduire. La répétition d'une même volition ne transforme pas davantage la nature intime de la volonté libre : l'habitude de vouloir n'amoindrit pas plus la puissance de vouloir que l'habitude de penser n'amoindrit la puissance de penser. (*Ibid*, p. 67.)

C'est pourquoi il n'est pas vrai de dire avec un psychologue[1] que le progrès consiste à augmenter en nous-mêmes la part de l'automatisme : car se rendre plus apte à vouloir et à penser, c'est au contraire assouplir de plus en plus et faire plier à nos buts la part de mécanisme extérieur que la nature nous impose. C'est donc diminuer en nous l'automatisme, au lieu de l'augmenter.

[1] A.-M. Delbœuf, *Mémoire sur la sensibilité*, p. 131.

CHAPITRE V

La liberté.

Le second caractère de la volonté, avons-nous dit (228), c'est la *liberté*. Qu'est-ce que la liberté?

247. Différents sens du mot : liberté. — Il faut distinguer les différents sens du mot *liberté*. Il y en a trois principaux. On distingue : la liberté *physique* ou *corporelle*, — la liberté *civile* et *politique*, — la liberté *morale*.

Dans le premier sens, la liberté consiste à agir sans obstacle et sans contrainte. En ce sens, l'homme est libre lorsqu'il a la pleine et entière disposition de son corps et de ses organes ; il n'est pas libre lorsqu'elle vient à lui manquer. L'homme qui est retenu dans son lit par la goutte ou la paralysie n'est pas libre ; l'homme qui a les fers aux pieds ou qui est enfermé dans un cachot n'est pas libre. Cette sorte de liberté est commune à l'homme et à l'animal : l'oiseau qui vole, le gibier qui court dans les bois sont libres; le lion en cage et les chiens tenus à la chaîne ne le sont pas. La fable du *Loup et le Chien* nous présente l'opposition de la liberté et de l'esclavage considérés à ce premier point de vue :

> Chemin faisant, il vit le cou du chien pelé :
> Qu'est-ce là? lui dit-il. — Rien. — Quoi! rien! — Peu de chose.
> Mais encor? — Le collier dont je suis attaché
> De ce que vous voyez est peut-être la cause.
> — Attaché! dit le loup; vous ne courez donc pas
> Où vous voulez? — Pas toujours. Mais qu'importe?
> — Il importe si bien que de tous vos repas
>   Je ne veux en aucune sorte,
> Et ne voudrais pas même à ce prix un trésor.
> Cela dit, maître loup s'enfuit et court encor [1].

Supposons maintenant que l'homme soit libre dans le premier sens que nous venons de mentionner. Il peut ne pas l'être encore

---

[1]. La Fontaine, I, 5.

dans un autre sens. L'homme, en entrant dans la société, tient de sa nature morale certains droits qui sont les mêmes chez tous les hommes, par exemple : le droit de se servir de son travail pour assurer sa subsistance, le droit d'accumuler les produits de son travail et d'en conserver la propriété, le droit de se marier, d'avoir une famille et des enfants, le droit de leur transmettre ses biens, le droit de s'instruire, d'adorer Dieu selon sa conscience, etc. Celui qui jouit de l'usage de tous ces biens sans restriction est dit libre, et cette sorte de liberté s'appelle *liberté civile*. La privation de cette sorte de liberté est appelée *esclavage*, et cet esclavage est plus ou moins complet, suivant que tous ces biens ou quelques-uns d'entre eux nous sont interdits. Dans l'usage le plus ordinaire, on appelle esclave celui qui n'a point la liberté de son travail et qui est acheté et vendu comme une chose matérielle. A la liberté civile se rattache la liberté politique, qui est l'ensemble des droits ou des pouvoirs conférés aux citoyens pour garantir leur liberté civile.

La troisième espèce de liberté, qui est précisément celle que nous avons à considérer, est la *liberté morale*.

La liberté morale est la liberté intérieure de la volonté, liberté qui subsiste inviolable et entière, lors même que toute liberté extérieure nous est enlevée. On peut contraindre le corps, on ne peut jamais contraindre la volonté. Les philosophes anciens, et surtout les stoïciens, ont très bien connu et admirablement décrit cette sorte de liberté. Épictète a écrit à ce sujet cent maximes admirables. Je ne lui emprunte que celles-ci :

Souviens-toi du courage de Latéranus. Néron lui ayant envoyé l'affranchi Epaphrodite pour l'interroger sur la conspiration où il était entré, il ne fit d'autre réponse à cet affranchi, sinon : « Quand j'aurai quelque chose à dire, je le dirai à ton maître. — Mais tu seras traîné en prison. — Faut-il que j'y sois traîné en fondant en larmes. — Tu seras envoyé en exil. — Qui est-ce qui m'empêche d'y aller gaiement, plein d'espérance et content de mon état ? — Qu'on le mette aux fers ! — Je t'en défie ; ce sont mes jambes que tu y mettras. — Je vais te faire couper le cou. — T'ai-je dit que mon cou eût le privilège de ne pouvoir être coupé [1] ? »

Le même Épictète dit encore :

Quelqu'un peut-il t'empêcher de te rendre à la vérité et te forcer d'approuver ce qui est faux ? Tu vois donc bien que tu as un libre arbitre que rien ne peut te ravir [2]... Un tyran me dit : « Je suis le maître, je puis tout. — Eh ! que peux-tu ? Peux-tu te donner un bon esprit ? Peux-tu m'ôter ma liberté ? C'est Dieu même qui m'a affranchi : penses-tu qu'il souffre que son fils tombe sous ta puissance ! Tu es maître de ce cadavre, mais tu n'as aucun pouvoir sur moi [3]. »

1. Épictète, *Manuel*, IV. 2. Id., *ibid.*, XLIX. 3. Id., *ibid.*, LII.

248. Preuves de la liberté. — I. *Preuve tirée du sentiment vif interne.* — La première preuve de la liberté donnée par les philosophes est celle qui se tire du témoignage du *sens intime*, ou, comme s'exprime Leibniz, du *sentiment vif interne.*

<small>Que chacun de nous s'écoute et se consulte soi-même, dit Bossuet; il sentira qu'il est libre, comme il sentira qu'il est raisonnable. En effet, nous mettons une grande différence entre la volonté d'être heureux et la volonté d'aller à la promenade, car nous ne songeons pas seulement que nous puissions nous empêcher de vouloir être heureux, et nous sentons clairement que nous pouvons nous empêcher de vouloir aller à la promenade. De même nous délibérons et nous consultons en nous-mêmes si nous irons à la promenade ou non, et nous résolvons comme il nous plaît, ou l'un, ou l'autre; mais nous ne mettons jamais en délibération si nous voulons être heureux ou non, ce qui montre que, comme nous sentons que nous sommes nécessairement déterminés par notre nature à désirer d'être heureux, nous sentons aussi que nous sommes libres à choisir les moyens de l'être [1].</small>

Objection de la girouette. — On a prétendu que ce sentiment intérieur de notre liberté n'est qu'une illusion, ce que l'on a essayé de rendre sensible par une comparaison spirituelle, mais inexacte. Supposez, a dit Bayle, qu'une girouette prenne plaisir à tourner à tous les vents; supposez qu'elle se prenne à désirer à se tourner du côté du nord, et qu'au moment même où elle forme ce désir, le vent vienne à son insu la tourner précipitamment du côté qu'elle a désiré : ne se croirait-elle pas la véritable cause de ce mouvement et ne dirait-elle pas qu'elle a tourné librement, quoique en réalité ce fût par une cause indépendante de sa volonté? Il en serait de même de l'aiguille aimantée, qui croirait aussi se diriger volontairement vers le pôle, dans son ignorance de la force magnétique qui l'entraîne malgré elle.

Réponse. — Cette objection, bien loin d'ébranler la preuve tirée du sentiment interne, est au contraire très propre à la bien faire comprendre et à en faire valoir la portée. Pour la réfuter il suffit de se rappeler l'analyse que nous avons donnée plus haut de la volonté; on verra en effet que cette objection repose sur deux confusions : 1° sur la confusion du désir et de la volonté (232) ; 2° sur la confusion de la résolution volontaire et de l'exécution qui la suit (230).

1° On confond dans cet apologue le *désir* et la *volonté*. Il ne me suffit pas de désirer une action pour qu'elle soit libre, il faut encore que je la *veuille*. Si elle m'offre quelque obstacle, ou si quelque penchant résiste en moi à mon désir, il faut que je fasse un *effort* pour la réaliser. C'est dans le sentiment de cet effort que

---

1. Bossuet, *Traité du libre arbitre*, ch. II.

réside la conscience de la liberté. Or un désir, quelque vif qu'il soit, se distingue de l'effort énergique (*conatus*) par lequel je passe du désir à l'action. A la vérité, ce sentiment d'effort a surtout lieu lorsque je résiste à mes désirs, et il devient insensible et presque nul lorsque ma volonté se prononce dans le sens même du désir ; mais alors même il y a une grande différence entre désirer et *consentir* à son désir, être le complice de son propre désir. Combien de fois, en effet, s'élève-t-il en nous de ces désirs auxquels nous ne consentons pas ! Or, dans ce cas, ces sortes de désirs ne sont pas dans le cas de ces actes que nous sentons libres. Le sentiment de la liberté ne commence qu'avec le *consentement* aux désirs. En un mot, étant donné un désir, je puis vouloir ou ne pas vouloir m'abandonner à ce désir : c'est en cela que consiste la liberté ; par conséquent, la girouette, en tant qu'elle ne serait susceptible que de désir et non de volonté, ne serait pas libre, et elle n'éprouverait pas, comme nous, le sentiment intérieur de la liberté.

2° Une seconde erreur contenue dans la même objection, c'est de faire consister la liberté dans l'action extérieure, dans l'efficace corporelle, et non dans la résolution intérieure. Quelle que soit la cause qui fasse en réalité tourner la girouette, que ce soit la girouette elle-même par une action véritable, que ce soit telle cause physique ou extérieure, peu importe quant à la liberté morale et tout intérieure de la girouette elle-même. De cela seul qu'elle voudrait réellement se tourner dans un certain sens, elle serait libre en cela, quel que fût l'agent qui se mît à son service pour accomplir sa volonté, et quand même cette exécution de sa volonté serait tout accidentelle. La résolution prise intérieurement de tuer son ennemi suffit pour constituer un crime, que l'exécution suive ou ne suive pas. Sans doute si, ayant formé cette résolution, une cause extérieure et non préparée par moi venait à la réaliser, on pourrait dire que je ne suis pas coupable de l'exécution, mais seulement de la pensée du mal ; car entre la pensée et l'exécution j'aurais pu changer d'avis. Il n'en est pas moins vrai que la liberté est déjà entière dans la seule résolution, même non suivie d'un commencement d'exécution ; par conséquent, la girouette qui se croirait libre de se vouloir tourner du côté du nord ne se tromperait pas en cela, mais elle se tromperait seulement comme le politique qui s'attribue les conséquences imprévues des événements, ou comme la mouche qui croit faire marcher le coche. Dans ces deux cas, le politique et la mouche ne se trompent pas sur leur volonté intérieure, mais seulement sur ses effets.

Opinion de Spinosa. — Spinosa a soutenu que « la conscience de notre liberté n'est que l'ignorance des causes qui nous font agir ». Cette explication est tout à fait contraire à l'expérience.

1° Il est de fait que dans beaucoup de cas où nous ignorons les mobiles de nos actions, bien loin de nous croire libres pour cela, nous sentons cependant, précisément à cause de cela même, que nous ne le sommes pas ou que nous le sommes moins. Combien de fois, par exemple, ne nous arrive-t-il pas de dire : « Je ne sais ce qui m'a poussé à agir ainsi, j'ai été entraîné par une impulsion dont je ne me suis pas rendu compte : *Quelque diable aussi me tentant*; mais ce n'est pas ma volonté qui a agi, c'est un caprice, une fantaisie, un instinct aveugle, un je ne sais quoi, etc. » Bien loin de nous croire libres dans de telles circonstances, nous nous servons précisément de cette excuse pour nous justifier de quelque faute, sachant très bien que si nous pouvons persuader qu'il en est réellement ainsi notre responsabilité en est d'autant diminuée; et en effet, si cette excuse n'est pas admise quand le criminel veut s'en servir, ce n'est pas qu'elle ne soit bonne en soi, c'est tout simplement parce qu'on ne le croit pas, et qu'il est bien rare qu'on fasse une mauvaise action sans savoir pourquoi. Que de faits analogues pourrait-on citer ! Pourquoi, par exemple, le poète attribue-t-il à la muse ou à quelque dieu les pensées qui viennent cependant de son génie ? C'est parce qu'il ignore comment elles lui viennent. Pourquoi l'illuminé, l'enthousiaste, le spirite, se croient-ils dominés par une puissance surnaturelle supérieure à eux-mêmes ? C'est parce qu'ils se sentent parler et agir d'une manière extraordinaire, sans connaître les causes secrètes qui les déterminent. Concluent-ils de là à leur liberté ? Non, sans doute; mais au contraire à l'action d'une cause surnaturelle, étrangère à eux-mêmes. Bien loin d'avoir conscience de leur liberté, ils n'ont plus même conscience de leur spontanéité.

2° Non seulement la conscience de la liberté ne coïncide point avec l'ignorance des motifs, mais au contraire elle grandit avec la connaissance des motifs. A mesure que je m'éclaire je me sens plus libre; plus je connais les raisons diverses qui se présentent à moi, plus je sens que la résolution dépend de moi-même. Si, par exemple, j'obéis au plaisir, tandis que la raison me condamne, personne ne peut soutenir que j'ignore le mobile de mon action ; je sais très bien que c'est le plaisir qui m'a entraîné, et cependant je sens aussi que j'ai consenti à être entraîné ; je sens que j'aurais pu ne pas l'être et que ma volonté aurait pu se décider dans un autre sens. Sans doute on peut bien dire à celui qui croit faire le bien par un sentiment de bienveillance désintéressée ou par un motif de devoir et qui s'attribue l'honneur de cette conduite, on peut bien lui dire qu'il se trompe, qu'il se fait illusion, qu'il se mêle toujours à nos résolutions une part d'intérêt personnel, que c'est le mobile intéressé qui réellement l'a déterminé sous le voile de la générosité et de la vertu ; et c'est en général le point de vue des misanthropes mondains, tels que la Rochefoucauld, ou des théologiens chagrins, tels que ceux de Port-Royal. Mais le sentiment de notre liberté ne diminue pas lorsque nous venons à reconnaître que de tels sentiments sont réellement en nous ; par exemple, lorsque j'ai accompli quelque action par intérêt et que je le sais, je ne doute pas pour cela que je ne l'aie librement accomplie. D'un autre côté, lorsque nous ne réussissons pas, malgré toute notre clairvoyance, à surprendre en nous de tels sentiments, de quel droit supposerions-nous qu'ils y sont ?

II. *Preuve tirée de la loi morale.* — Une seconde preuve de la liberté se tire de l'existence d'une loi morale[1]. Cette preuve est très fortement exprimée par le philosophe allemand Emmanuel Kant.

<small>Supposez, dit-il, que quelqu'un prétende ne pas pouvoir résister à sa passion : est-ce que, si l'on dressait un gibet devant lui pour l'y attacher immédiatement après qu'il aurait satisfait à son désir, il soutiendrait encore qu'il lui est impossible d'y résister ? Il n'est pas difficile de deviner ce qu'il répondrait ; mais si son prince lui ordonnait, sous peine de mort, de porter un faux témoignage contre un honnête homme, qu'il voudrait perdre au moyen d'un prétexte spécieux, regarderait-il comme possible de vaincre en pareil cas son amour de la vie, si grand qu'il pût être ? S'il le ferait ou non, c'est ce qu'il n'osera peut-être pas décider ; mais que cela lui soit possible, c'est ce dont il conviendra sans hésiter. Il juge donc qu'il *peut* faire quelque chose, puisqu'il a la conscience de le *devoir*, et il reconnaît ainsi en lui-même la liberté, qui, sans la loi morale, lui serait toujours demeurée inconnue[2].</small>

On peut ramener cette preuve à ce dilemme : Supposez que l'homme ne soit pas libre : ou bien il serait contraint d'accomplir la loi par une nécessité irrésistible, et dès lors la loi est *inutile ;* ou bien l'agent serait empêché par la même nécessité d'accomplir cette même loi, et, dans ce cas, la loi est *absurde*.

---

[1]. Nous anticipons sur ce qui suit, puisque la loi morale n'a pas encore été démontrée ; mais le sens commun suffit entièrement pour admettre et comprendre ce que nous disons ici.
[2]. Kant, *Critique de la raison pratique*, trad. franç. de J. Barni, p. 173.

Il est en effet inutile de dire : *Fais cela*, à celui qui ne peut s'empêcher de le faire ; et il est absurde de le dire à celui qui est dans l'impossibilité de le faire.

On dira peut-être que pour les agents physiques la loi, pour être irrésistible, n'est pas pour cela inutile. Cela est vrai ; mais dans les agents physiques la loi n'est précisément que l'expression de cette nécessité irrésistible. Elle n'est pas *impérative*, elle ne contraint pas. Nulle loi ne dit à la pierre : *Tombe*, avant qu'elle ne soit tombée ; mais comme elle est toujours tombée dans les mêmes circonstances, nous généralisons ce fait universel et nous l'appelons loi. Il n'en est pas de même pour les agents moraux : ici l'action est représentée à l'avance sous forme idéale dans l'esprit de l'agent, et elle s'impose comme un *ordre*. C'est cet ordre qui serait absurde et inutile si l'homme n'était qu'un automate contraint ou empêché par son organisation même de faire ce que la loi ordonne.

III. *Preuve tirée des récompenses et des peines.* — Une troisième preuve généralement donnée de la liberté est celle qui se tire des récompenses et des peines. Leibniz pense cependant que cette preuve n'est pas valable.

> On parle vulgairement, dit-il, comme si la nécessité de l'action faisait cesser tout mérite et tout démérite, tout droit de louer et de blâmer, de récompenser et de punir ; mais il faut avouer que cette conséquence n'est pas absolument juste : 1° il faut convenir qu'il est permis de tuer un furieux quand on ne peut s'en défendre autrement. On avouera aussi qu'il est permis, souvent même nécessaire, de détruire des animaux venimeux et nuisibles, quoiqu'ils ne soient pas tels par leur faute ; 2° on inflige des peines à une bête, quoique destituée de raison et de liberté, quand on juge que cela peut servir à la corriger : c'est ainsi qu'on punit les chiens et les chevaux, et cela avec beaucoup de succès ; 3° on infligerait encore aux bêtes la peine capitale si cette peine pouvait servir d'exemple. Rorarius dit qu'on crucifiait les lions en Afrique pour éloigner les autres lions, et qu'il avait remarqué, en passant par le pays de Tolède, qu'on y pendait les loups pour mieux assurer les bergeries. Et ces procédures seraient bien fondées si elles servaient. Donc, puisqu'il est sûr et expérimenté que la crainte des châtiments et l'espérance des récompenses sert à faire s'abstenir les hommes du mal et les oblige à tâcher de bien faire, on aurait raison et droit de s'en servir quand même les hommes agiraient nécessairement. (*Théodicée*, part. I, § 63.)

D'après ces considérations de Leibniz, les peines et les récompenses ne seraient pas une preuve de la liberté, car, étant elles-mêmes des causes déterminantes d'action, elles serviraient toujours : 1° comme *moyens de défense* ; 2° comme *moyens d'amendement ou de correction* ; 3° comme *exemples ou moyens d'intimidation*.

Cependant le même philosophe reconnaît que :

Il y a une espèce de justice et une certaine sorte de récompenses et de punitions qui ne paraît pas si applicable à ceux qui agiraient par une nécessité absolue s'il y en avait : c'est cette espèce de justice qui n'a pour but ni l'amendement, ni l'exemple, ni même la réparation du mal. Cette justice n'est fondée que sur la *convenance*, qui demande une certaine *satisfaction* pour l'*expiation* d'une mauvaise action.

Leibniz appelle cette sorte de justice *positive* ou *vindicative*, et, suivant lui, elle implique la liberté.

En effet, dans le sens rigoureux des mots, on ne doit pas appeler récompense ou châtiment tout ce qui n'est qu'un certain *moyen* pour produire un certain effet. Personne ne dira, par exemple, que l'on punit une vipère ou un chien enragé parce qu'on les tue. A ce titre donc, si les punitions n'étaient de la part de la société que des moyens de défense, ce seraient des *coups*, ce ne seraient pas des *punitions*. De même vous n'appellerez pas une récompense le morceau de sucre avec lequel vous attirez à vous un animal ou un petit enfant. Si l'on donne souvent le nom de punitions et de récompenses aux actes par lesquels on essaye de faire l'éducation des animaux, c'est par une sorte d'extension ou de fiction, et par analogie avec ce qui se passe dans l'espèce humaine. Bien loin d'expliquer les châtiments humains par ceux que nous exerçons envers les animaux, ce serait plutôt le contraire qui serait vrai. Nous nous les représentons en effet sur le modèle de nous-mêmes, nous leur supposons une sorte de libre arbitre, de mérite ou de démérite[1]; et peut-être même cette supposition n'est-elle pas tout à fait fausse.

La punition, comme telle, dit Kant, doit être juste par elle-même, c'est-à-dire que celui qu'on punit doit avouer qu'il a mérité sa punition et que son sort est parfaitement approprié à sa conduite. La justice est la première condition de toute punition, comme telle, et l'essence même de cette notion... Ainsi la punition est un mal physique qui, lors même qu'il ne serait pas lié comme conséquence naturelle avec le mal moral, devrait en être considéré encore comme une conséquence suivant les principes de la législation morale. (*Raison pratique*, ch. I, § 8, scolie 2.)

On peut dire aussi réciproquement que la récompense est un bien physique qui, lors même qu'il n'est pas une conséquence naturelle du bien moral, en est cependant une conséquence de convenance; c'est-à-dire *doit* suivre le bien moral lorsqu'il est accompli d'une manière désintéressée. Or, dans ces deux cas, il

---

1. Cela est évident, par exemple, chez le chasseur qui récompense son chien d'avoir bien chassé. Ce n'est pas toujours pour le décider à bien faire une autre fois (ce qui a lieu quand on dresse le chien), mais évidemment par une sorte de reconnaissance de ce qu'il a bien travaillé. Nous prêtons dans ce cas à l'animal un certain mérite.

faut que l'action ait été accomplie avec liberté pour être susceptible d'être récompensée ou punie. Un être peut être heureux ou malheureux sans être libre; mais, pour être *digne* du bonheur ou du malheur, il faut avoir bien ou mal agi, ce qui implique toujours la liberté.

Parmi les récompenses et les punitions, il faut compter en premier lieu les sentiments de nos semblables, l'estime et le respect pour la vertu, le mépris et l'horreur pour le vice; or, ces sentiments n'ont de signification qu'envers les agents libres; de là ce mot de Kant : « Le respect ne s'adresse qu'aux personnes, jamais aux choses. »

Ainsi, supposé que les hommes ne fussent pas des agents libres, les punitions sociales pourraient encore subsister sans doute, mais ce ne seraient plus des *punitions*. Nul n'aurait plus à être puni ou récompensé; ces notions devraient disparaître avec la liberté même.

Si maintenant on considère les dispositions des lois civiles et les procédés de la justice, on voit que les uns et les autres impliquent la croyance et la liberté des agents moraux.

En effet, l'acte par lequel est enfermé un malfaiteur est essentiellement différent de celui par lequel on enferme un fou. Que signifierait l'acquittement de ce dernier, si la punition consistait uniquement dans l'acte physique qui frappe le coupable? Car le fou est tout aussi bien séquestré de la société des hommes que le criminel; mais il l'est par voie de précaution et de traitement, et l'autre par voie de châtiment. En quoi les prisons seraient-elles plus honteuses que les hôpitaux, si les actions des criminels étaient du même genre que les actions des aliénés? Il en est de même pour l'enfant. Les maisons pénitentiaires ne sont pas toutes des maisons de correction; autre chose est contraindre l'enfant au bien ou l'éloigner du mal, autre chose est le punir. On voit par là que la contrainte physique, considérée comme moyen de correction ou d'action, n'est pas identique à la punition.

Ce qui prouve que les lois supposent la liberté des agents moraux, c'est la gradation qu'elles établissent dans les peines, selon le degré de *responsabilité* de l'agent. La première condition qu'elles exigent pour punir, c'est l'*intention* de nuire; or, la liberté est précisément le pouvoir d'agir intentionnellement, avec choix et discernement, avec prévision des effets de l'action et en consentant d'avance à ses effets. Pour cette raison, la loi considère la préméditation comme une circonstance aggravante, parce que la préméditation laisse à l'âme le temps de choisir, de se décider, de se repentir, et qu'elle suppose en outre une plus grande possession de soi-même, un consentement plus entier et plus durable, une volonté plus arrêtée. Que l'on considère toutes les circonstances légales qui aggravent ou atténuent le crime ou le délit, on verra que ce sont celles qui augmentent ou diminuent le pouvoir que l'âme est supposée avoir sur elle-même, et, par là, sa responsabilité.

249. Résumé. — Personne n'a mieux résumé qu'Aristote tous les arguments que la conscience morale et le sens commun fournissent en faveur de la liberté morale.

<small>L'homme n'est-il pas le père de ses actions comme il l'est de ses enfants? C'est ce qui est confirmé par la conduite de tous les hommes et par le témoignage des législateurs. Ils punissent et châtient ceux qui commettent des actions coupables, toutes les fois que ces actions ne sont pas le résultat d'une contrainte ou d'une ignorance dont l'agent n'était pas cause. Au contraire, ils récompensent et honorent les auteurs des actions vertueuses; mais, dans toutes les actions qui ne dépendent pas de nous, personne ne s'avise de nous pousser à les faire; on sait qu'il serait inutile de nous engager, par exemple, à ne point avoir chaud, à ne point souffrir du froid ou de la faim, à ne point éprouver telles ou telles sensations, puisque nous ne les souffririons pas moins malgré ces exhortations. Les législateurs punissent quelquefois des actes faits sans connaissance de cause, mais c'est quand l'individu paraît coupable de l'ignorance où il était. Ainsi ils portent de doubles peines contre ceux qui commettent un délit dans l'ivresse, car le principe de la faute est dans l'individu, puisqu'il est maître de ne pas s'enivrer, et que c'est l'ivresse seule qui a été cause de son ignorance. Des législateurs punissent ceux qui ignorent les dispositions de la loi lorsqu'on peut les connaître sans difficulté. — Il n'est pas moins déraisonnable de prétendre que celui qui fait le mal n'a pas la volonté de devenir méchant, que celui qui se livre à la débauche n'a pas l'intention de devenir débauché. — On ne reproche à personne une difformité naturelle, mais on blâme ceux qui n'ont cette difformité que par un défaut d'exercice et de soin. Qui ferait des reproches à un aveugle de naissance?... On plaint surtout son malheur; mais tout le monde adresse un juste blâme à celui qui le devient par l'habitude de l'ivresse ou de tout autre vice[1].</small>

250. Préjugés vulgaires contre la liberté. — Quoique les hommes, nous l'avons vu, aient un sentiment très vif de la liberté et qu'ils trahissent ce sentiment par leurs actes, leurs jugements, leurs approbations ou leurs blâmes, etc., d'un autre côté, cependant, ils cèdent souvent à l'empire de certains préjugés qui semblent contredire la croyance universelle dont nous venons de parler.

1° *Le caractère.* — Le principal de ces préjugés est l'opinion

---

1. Aristote, *Éthique à Nicomaque*, liv. III, ch. VI.

souvent émise que chaque homme est entraîné par son *caractère* propre à accomplir les actions qui sont d'accord avec ce caractère, et que l'on ne peut rien contre cette nécessité irrésistible de la nature; c'est ce qu'on exprime souvent par cet axiome vulgaire : « On ne se refait pas soi-même. » C'est ce que le poète a exprimé également par ce vers célèbre :

> Chassez le naturel, il revient au galop [1].

Rien n'est plus inexact en fait, plus dangereux en principe que cette prétendue immutabilité des caractères humains, qui rendrait le mal irrémédiable et incorrigible. L'expérience nous apprend le contraire. Le caractère se compose, non d'une inclination unique (comme on pourrait le croire par les comédies[2]) mais de mille inclinations variées et diversement combinées. Ces inclinations n'ont rien d'absolu : elles varient selon les temps, les lieux, les circonstances, l'éducation; s'il en est ainsi, elles peuvent varier également par l'effet de notre volonté. Il y a en nous mille germes de sentiments et de passions qui n'attendent qu'une circonstance pour naître et se développer. Nul homme n'est absolument privé d'inclinations bonnes ni d'inclinations mauvaises; il peut développer les unes et vaincre les autres, en un mot choisir entre elles. J'accorde que ce travail ne dépasse pas certaines limites fixées par la constitution de chacun; mais ces limites sont très larges, et dans l'espace qu'elles enferment il peut naître mille caractères différents; j'accorde encore que, parmi les causes qui déterminent le nôtre, on doit compter pour beaucoup les circonstances; mais il y faut mettre en premier lieu notre propre volonté; aussi peut-on dire que l'homme se fait son caractère.

On reproduit à peu près la même objection, mais en l'appliquant à des cas plus particuliers, tantôt aux habitudes, au tempérament, tantôt aux passions, à l'éducation, tantôt aux circonstances. Ces différents faits ne sont guère que les éléments dont se compose cet ensemble que l'on appelle le caractère. Nous ferons seulement quelques observations particulières sur chacun de ces différents faits.

2° *Les habitudes.* — Les habitudes deviennent, il est vrai, à la longue, presque irrésistibles. C'est un fait qui a été souvent observé; mais, d'une part, si une habitude invétérée est irrésis-

---

1. Vers du poète Destouches.
La Fontaine a dit dans le même sens :
« Vous lui fermez la porte au nez,
» Il reviendra par la fenêtre. »

2. *L'Avare, le Joueur, le Glorieux* sont des *types*, mais non des personnages réels.

tible, il n'en est pas de même d'une habitude qui commence; et ainsi l'homme reste libre de prévenir l'envahissement des mauvaises habitudes. C'est pourquoi les moralistes nous conseillent surtout de veiller à l'origine de nos habitudes. *Principiis obsta :* « Prends surtout garde aux commencements. » En outre, il n'est nullement établi qu'aucune habitude ne puisse céder à une volonté bien dirigée. C'est un principe de Malebranche, déjà cité (220), « que l'on peut toujours agir contre une habitude dominante ». Or un premier acte tend à en produire un second du même genre; on peut donc substituer peu à peu une habitude nouvelle aux habitudes précédentes, et les moralistes nous enseignent les moyens à prendre pour opérer cette substitution.

3° *Les passions.* — Les passions ont eu surtout le privilège de passer pour indomptables et irrésistibles. Tous les grands pécheurs s'excusent sur l'entraînement fatal des passions. « L'esprit est prompt, la chair est faible, » est-il dit dans l'Évangile. Les observations que nous venons de faire sur les habitudes s'appliquent également aux passions. Il est rare que les passions se manifestent subitement avec cet excès de violence qui, lorsqu'il est inattendu et éclate comme un délire, peut avoir en effet les apparences de la fatalité. Mais, en général, la passoin croît et grandit peu à peu :

Quelques crimes toujours précèdent les grands crimes.

C'est quand les premières atteintes de la passion commencent à se montrer qu'elle doit être combattue avec énergie. Au reste, aucun moraliste prudent ne conseille de chercher à vaincre une passion directement et par la seule force de la volonté ; et nous verrons plus loin par quels moyens éclairés et efficaces Bossuet nous apprend à détourner la passion lorsqu'il est impossible de la braver en face.

4° *Le tempérament.* — On invoque également l'empire du tempérament, de l'organisation, du physique sur le moral. Personne ne peut nier un tel empire ; mais l'expérience, je ne dis pas seulement des sages et des philosophes, mais des médecins eux-mêmes, nous atteste en même temps et réciproquement l'empire du moral sur le physique [1].

Gœthe nous en donne un exemple frappant : « Dans une fièvre putride épidémique qui exerçait autour de moi ses ravages, j'étais exposé à une contagion inévitable; je parvins à m'y soustraire par la seule force d'une volonté ferme. On ne saurait croire

---

[1] Voy. plus loin : *Conclusion de la Psychologie*, ch. II.

combien de puissance a la volonté en pareil cas. La crainte est un état de faiblesse indolente qui nous livre sans défense aux attaques victorieuses de l'ennemi. » Descartes nous dit également qu'il s'est guéri dans sa jeunesse d'une affection grave en dirigeant son imagination sur des objets riants [1].

5° *L'éducation, le climat, le milieu.* — Nul doute que les hommes ne soient plus ou moins liés par l'éducation, les exemples, les circonstances extérieures. Un sauvage ne peut se donner les idées, les sentiments, la conscience morale des peuples civilisés. L'enfant né au milieu des bandits subit évidemment leur influence. Aussi, lorsqu'il s'agit d'apprécier la responsabilité humaine, sera-t-il permis de tenir compte, comme *circonstances atténuantes*, de tous les faits qui ont pu empêcher un homme de s'éclairer et de s'améliorer; mais il ne suit point de là que, dans les limites fixées par l'éducation et par le milieu, la volonté n'ait pas le pouvoir de s'appliquer librement et de préférer le bien au mal ; et c'est la seule chose que nous ayons à établir ici. « Les brigands eux-mêmes, a dit Cicéron, ont une société et des lois; ils ont entre eux une justice ; » dès lors leur liberté consiste à obéir à cette loi de justice qu'ils se sont faite à eux-mêmes. De même les sauvages ont aussi à exercer leur force morale, sinon d'une manière semblable à la nôtre, au moins conformément à leurs idées. Ils sauront, par exemple, mourir avec courage, supporter la torture sans un mot de plainte, etc. Ainsi l'éducation, en enchaînant la liberté dans de certaines limites, ne la détruit pas et lui laisse un certain domaine. De même que l'homme n'est pas tout-puissant sur la nature et qu'il peut cependant exercer sur elle une certaine puissance, de même l'homme n'est pas tout-puissant contre le milieu moral dans lequel il est né, et il en subit plus ou moins la domination; mais, dans ce milieu même, il exerce sur lui-même une certaine puissance; or, quand nous attribuons à l'homme la liberté, nous ne lui attribuons pas l'omnipotence, mais simplement un certain pouvoir de choisir, limité naturellement, soit par les lois générales de l'univers, soit par le milieu et les circonstances dans lesquels il est né.

Non seulement le milieu ne détruit pas et n'asservit pas la liberté humaine, mais ce milieu lui-même est susceptible d'être transformé et modifié par la liberté ; autrement on ne s'expliquerait pas les changements et les progrès de la civilisation, si quel-

---

[1]. Lettre à la princesse Élisabeth. (Œuvres, éd. Cousin, t. IX, p. 203.)

ques hommes au moins entre tous ne pouvaient s'affranchir, dans une certaine mesure, des idées ou des erreurs de leur temps et ne transformaient, par leur propre activité, les circonstances au milieu desquelles ils ont paru. C'est là sans doute le propre des grands hommes, et tous ne peuvent avoir la prétention d'aspirer à d'aussi hautes destinées : mais, entre les grands hommes et les hommes ordinaires il n'y a jamais, après tout, qu'une différence de degré. Si donc les grands hommes ont la puissance de changer en quelque sorte le milieu moral des sociétés où ils naissent, de réagir contre l'éducation qu'ils ont pu recevoir et de faire plier les circonstances à leurs desseins, on peut dire que tous les hommes, dans la mesure modeste de leurs destinées, peuvent comparer les leçons reçues de leurs maîtres ou de leurs parents, soit avec leur propre conscience, soit avec les idées plus générales de la société où ils vivent; ils peuvent par conséquent, s'il y a lieu, corriger, dans une certaine mesure, les vices de leur première éducation. Quant aux circonstances de la vie, on sait que si elles entraînent ou subjuguent ceux qui n'ont pas une volonté forte, d'autres, au contraire, les font plier à leurs entreprises ; et lors même que le succès fait défaut, il est toujours au pouvoir de l'homme de se mettre au-dessus des circonstances par l'énergie de sa volonté; au moins c'est une vérité dont il doit se convaincre pour qu'il puisse devenir capable de s'assurer un tel pouvoir.

Toutes les conditions que nous venons d'énumérer (caractère, habitudes, passions, tempérament, éducation, circonstances, etc.) n'ont donc pas pour effet de supprimer la liberté; mais elles peuvent en modifier l'action, et elles sont à considérer, comme on le verra plus loin, dans l'appréciation et la mesure de la responsabilité humaine. Mais tout en faisant la part aussi large que possible aux *circonstances atténuantes* dans l'appréciation des *actes d'autrui*, nous devons au contraire la faire aussi stricte et aussi étroite que possible dans le gouvernement de nous-mêmes. En effet, personne n'ayant une mesure fixe qui lui permette de déterminer d'une manière absolue sa force morale, il vaut mieux viser plus haut que plus bas. C'est en ce sens qu'il est permis de dire que rien n'est impossible à qui le veut bien, « car on peut quand on croit pouvoir » : *Possunt quia posse videntur.*

CHAPITRE VI

La liberté (*suite*). — Difficultés et théories.

251. Objections contre la liberté. — *Objection des motifs.* Toutes les difficultés précédentes viennent se réunir et se concentrer dans une objection unique, que l'on appelle l'objection des motifs. Tout homme, en agissant, obéit à des motifs dont il a ou dont il n'a pas conscience. Lorsque ces motifs sont de l'ordre intellectuel, c'est-à-dire, sont des idées, ils prennent alors plus particulièrement le nom de *motifs*. Quand ils sont de l'ordre de la sensibilité, on les appelle plutôt des *mobiles*. Les motifs commandent ou conseillent; les mobiles captivent ou entraînent; mais de quelque manière qu'ils agissent, l'homme ne peut pas se déterminer sans eux. Dès lors, que devient le libre arbitre? Placé entre deux motifs, l'homme n'obéit-il pas nécessairement au motif le plus fort? car s'il pouvait obéir au motif le plus faible, qu'aurait-il besoin de motifs?

Réponse. — Cette objection suppose ce qui est en question. Sans doute l'homme agit par des motifs, et n'agirait pas s'il n'y en avait pas. Mais autre chose est la force *intrinsèque* du motif, autre chose est sa force *déterminante*. Par exemple, si je compare un motif à un autre, je puis le trouver plus ou moins raisonnable, et par conséquent plus ou moins fort en lui-même : si je compare deux mobiles, je puis les trouver plus ou moins séduisants, et par conséquent plus ou moins forts en eux-mêmes. Mais cette force intrinsèque du motif ou du mobile est-elle la force déterminante, celle qui fait agir? C'est précisément ce qui est en question; et il reste toujours à savoir si le plus fort en soi est aussi le plus fort dans la réalité. Or, c'est ce qui est démenti par l'expérience du sens intime et le sentiment de la responsabilité morale.

Une seconde réponse faite par Jouffroy repose sur la distinction des motifs et des mobiles. Ces deux sortes de raisons n'ont, dit-il, aucune commune mesure : car la force d'un motif au point de vue de l'intelligence est d'un tout autre genre que la force d'un mobile au point de vue de la sensibilité. Ces deux forces étant hétérogènes, il n'y a pas de raison pour que l'une l'emporte nécessairement sur l'autre ; et c'est le libre arbitre qui fait la différence.

En un mot, comme l'a dit Leibniz, il faut appliquer aux motifs ce que l'astrologie judiciaire enseignait au sujet des astres, dont l'influence paraissait également contraire à la liberté : *Astra inclinant, non necessitant.*

252. **Objections théologiques.** — L'objection des motifs a été appelée objection *psychologique*, parce qu'elle se tire de la nature humaine. Il y en a d'autres qui se tirent de la nature de Dieu, que l'on appelle pour cette raison *théologiques*.

La première se tire de la *prescience*; la seconde, de la *providence*.

1° *Objection de la prescience*. — Dieu, étant parfait, possède l'omniscience : il sait tout. Il connaît donc l'avenir comme le passé. Or, comme il est infaillible, il connaît tout d'une manière certaine et infaillible. Il connaît donc d'une manière infaillible et certaine les actes humains avant qu'ils soient accomplis : mais des actes qui sont absolument certains avant même d'être accomplis sont des actes nécessaires. Donc les actes humains sont nécessaires ; donc il n'y a pas de libre arbitre.

Réponse. — Quelques-uns ont essayé d'éluder l'objection en sacrifiant la prescience à la liberté : nous verrons en théodicée qu'il est difficile d'avoir recours à cette solution. Il vaut mieux considérer l'objection en face et répondre avec tous les métaphysiciens que Dieu, étant l'être absolument parfait, n'est pas dans le temps : il n'y a pas pour lui de présent, de passé et de futur. Sa science, étant essentiellement intuitive, voit tout d'un seul regard et par un acte unique. La *prescience* n'est qu'une *science* ou *vision immédiate*. Or, la vision immédiate d'un acte, quelque certaine qu'elle soit, ne peut rendre cet acte nécessaire : donc la prescience divine ne nécessite pas les actes humains.

2° *Objection tirée de la providence et du concours divin.* Une objection plus grave encore est celle qui se tire de la coopération de la puissance divine et de la liberté humaine dans l'acte libre. On dit que la créature ne peut rien produire par elle-même sans être aidée et soutenue par l'action divine ; que si l'homme peut se décider à une action par lui-même, et sans que la puissance d'agir lui soit fournie par Dieu, il est dans ce moment-là, et dans la mesure où il agit tout seul, indépendant de Dieu et égal à lui. Mais comment la créature pourrait-elle être égale au créateur ? Tout le réel de l'action doit venir de Dieu : il n'y a donc pas de libre arbitre.

Réponse. — Si l'on ne veut pas consentir à admettre que l'homme, dans l'acte du libre arbitre, est réellement indépendant de Dieu, il faut renoncer au libre arbitre, c'est-à-dire à la moralité. Descartes n'a pas craint de dire que la volonté de l'homme était égale à la volonté de Dieu : et en effet, il n'y a pas deux manières de vouloir : on veut ou l'on ne veut pas ; il y a là quelque chose d'absolu ; c'est le mystère même du libre arbitre, et c'est la grandeur de l'homme qu'il puisse y avoir un moment où l'homme soit en quelque sorte l'égal de Dieu. Mais, cela admis, rien n'empêche d'admettre en même temps que cette puissance est aidée, soutenue, encouragée, préparée par le concours divin. Aider à agir, ce n'est pas agir : il y a toujours un dernier *coup* qu'il faut porter, et celui-là ne dépend que de nous ; mais le secours vient d'ailleurs. C'est ainsi que nos amis nous aident à agir par leurs conseils, par leurs encouragements ; mais la résolution n'appartient qu'à nous-mêmes.

Une autre forme de l'objection consiste à demander comment la liberté s'accorde avec les lois de la Providence. « L'homme s'agite et Dieu le mène, » a dit Fénelon. La Providence, dit Hegel, est la *ruse absolue*; il entend par là qu'elle va à ses desseins en ayant l'air de nous laisser accomplir les nôtres.

La réponse est encore, ici, qu'il y a en effet des limites à la liberté humaine, et que ces limites sont les lois de la nature et les conseils de la Providence ; mais ni ces lois ni ces conseils ne forment des chaînes inflexibles : nous pouvons nous y mouvoir dans un certain cercle, plus ou moins étroit ; le jour où nous voulons dépasser ces limites, l'action ne s'accomplit pas.

253. **Liberté d'indifférence.**—On a appelé liberté d'*indifférence* ou d'*équilibre* la liberté de se décider entre deux actions sans aucun motif de préférence pour l'une ou pour l'autre. Par exemple, je me promène et je rencontre devant moi deux chemins : je n'ai aucune raison de prendre l'un plutôt que l'autre : je les suppose absolument semblables, ni plus faciles ni plus dif-

ficiles, ni plus ni moins agréables. Que ferai-je ? Les partisans de la liberté d'indifférence disent que je puis me décider pour l'un ou pour l'autre par un acte seul de volonté; ses adversaires disent que je ne me déciderai jamais et que, rien ne me déterminant, je resterai immobile.

Le type classique de la liberté d'indifférence est le célèbre *âne de Buridan*. On le suppose placé entre deux boisseaux d'avoine, à égale distance, de même apparence, et aussi appétissants l'un que l'autre. Les adversaires de l'indifférence disent que l'âne mourra de faim devant ces deux tentations; les autres, arguant de l'absurdité même de cette conclusion, en tirent avantage en faveur de la liberté d'indifférence. Que faut-il penser de ce débat ?

Disons d'abord que c'est là une difficulté toute spéculative; comme l'a fait remarquer Leibniz, il n'y a jamais dans la nature de ces cas d'équilibre absolu.

Prenant la question au fond, nous distinguerons le cas de l'*absence* de tout motif, et celui de l'*égalité* des motifs : ces deux cas n'ont jamais été bien distingués. Dans le premier cas il n'y a pas de motif du tout; dans le second ils sont égaux : celui-ci seul peut faire difficulté. En effet, dans le cas où il y a absence de motifs, il est évident qu'il n'y aura pas d'action : par exemple, un caillou est à ma droite, dois-je le mettre à ma gauche ? Cela m'étant absolument indifférent, je ne ferai aucun effort pour accomplir une telle action (à moins que par raffinement je ne veuille me prouver ma liberté, ce qui serait un motif). Dans ce premier cas, la liberté d'agir sans motif ne serait que la liberté d'être déraisonnable. Mais en est-il de même lorsqu'il y a égalité de motifs ? Suis-je indifférent entre deux choses parce que je les aime également ? Suis-je indifférent entre deux aliments nécessaires à ma nourriture, parce qu'ils ont la même apparence, la même proximité ? Ici il y a motif de part et d'autre, et motif urgent : l'égalité n'est qu'un accident. Tout à l'heure agir était un acte de déraison; maintenant, ce serait de ne pas agir qui serait un acte déraisonnable. Un âne, dit-on, mourra de faim s'il est partagé entre deux tentations égales. Peut-être; mais c'est qu'il est un âne. Un homme ne mourra pas de faim. Si l'équilibre est un obstacle à sa décision, il rompra l'équilibre en tirant à pile ou face. Le cas de l'égalité des motifs rentrera donc dans le cas ordinaire, puisque la volonté se fera à elle-même un motif de choix.

254. Fatalisme. — On appelle *fatalisme* tout système qui nie absolument la liberté au nom d'une puissance supérieure à la volonté humaine, et qui consiste à croire que tous les événements sont tellement réglés par une force inconnue ou par Dieu, que, quoi qu'on puisse faire, l'événement arrivera. Cette puissance, chez les Anciens, s'appelait le Destin. C'est elle qui fait qu'Œdipe, quelques précautions que lui ou ses parents puissent avoir prises, doit finir cependant par tuer son père et épouser sa mère. Cette croyance a reparu, dit-on[1], chez les peuples mahométans, et on lui donne dans les écoles le nom de *fatum mahometanum*. Le destin n'est plus ici une force aveugle et impersonnelle, comme dans l'antiquité : c'est Dieu ; c'est la volonté d'Allah! La formule de ce fatalisme est dans ces mots : « C'était écrit. » Partant de cette conception, on tombe, en pratique, dans une sorte de quiétisme inerte, puisqu'il n'y a rien à faire contre la destinée. C'est ce que Leibniz appelait avec les Anciens le *sophisme paresseux* (λόγος ἀργός) ; il le réfute en ces termes :

<small>Ce sophisme concluait à ne rien faire. Car, disait-on, si ce que je demande doit arriver, il arrivera quand je ne ferais rien ; et s'il ne doit pas arriver, il n'arrivera jamais. On dit qu'un argument semblable fait que les Turcs n'évitent point les lieux où la peste fait ravage. Mais la réponse est toute prête : l'effet étant certain, la cause qui le produira l'est aussi ; et si l'effet arrive, ce sera par une cause proportionnée. Ainsi votre paresse fera peut-être que vous n'obtiendrez rien de ce que vous souhaitez.</small>

Une forme de fatalisme soutenue dans quelques écoles chrétiennes est la doctrine de la *prédestination* ou du *décret absolu*. Cette doctrine, semblable à la précédente, consiste à dire que Dieu a choisi d'avance les élus et les réprouvés, les saints et les méchants, et que nul ne peut échapper à sa destinée. On sait que la doctrine exagérée de la *grâce* a conduit le jansénisme aux mêmes conséquences. Quelquefois même, en poussant trop loin le dogme de la Providence, on s'expose à supprimer complètement la liberté humaine. C'est ce qui arrive souvent à Mme de Sévigné, qui était aussi dure dans ses doctrines théologiques qu'elle était aimable et facile dans ses relations familières.

Toutes les doctrines qui précèdent ont un vice fondamental : elles détruisent radicalement toute responsabilité morale ; ce n'est plus moi qui suis responsable de ma doctrine, c'est Dieu ou le destin.

---

1. La doctrine du Destin n'est pas dans le Coran ; mais elle s'est introduite par tradition chez les peuples mahométans.

255. Déterminisme. — Le déterminisme est la doctrine qui, au lieu de soumettre le cours des événements à une puissance occulte ou à une volonté supérieure, le soumet à la loi de la cause et de l'effet. Tous les phénomènes de l'univers, aussi bien les phénomènes moraux que les phénomènes physiques, sont déterminés par des causes antérieures, au nom du principe que Leibniz nomme *raison suffisante* ou *déterminante*. Le libre arbitre, en interrompant ce cours par des volontés arbitraires, serait contraire au principe de causalité.

On a souvent opposé le *déterminisme* au *fatalisme*, comme deux doctrines contraires : « La liaison des causes avec les effets, loin de causer une fatalité insupportable, fournirait plutôt un moyen de la lever » (Leibniz). En effet, le fataliste dit : Si vous êtes malade, quoi que vous fassiez, vous guérirez, si Dieu le veut ; et s'il ne le veut pas, vous n'y pouvez rien ; donc vous ne devez rien faire. Dans le déterminisme, au contraire, on nous dit : Vous guérirez si vous faites ce qu'il faut pour cela (saignée, purgation, etc.). Le déterminisme nous permet donc de disposer des événements, tandis que le fatalisme nous l'interdit.

Mais cette différence n'est qu'apparente, car je ne ferai ce qu'il faut que si j'en ai le désir ou le courage ; et je ne l'aurai que si quelqu'un me l'inspire, ou si ma constitution, mon caractère, les circonstances antérieures m'ont prédisposé à telle passion ou tel désir ; et ce caractère, cette constitution dépend du milieu où je suis né et des conditions héréditaires dont je suis la résultante, etc. En un mot, il y a une chaîne d'événements absolument liés, et sur laquelle je ne puis pas plus agir que sur la volonté divine. C'est ce que les stoïciens appelaient ἡ εἱμαρμένη (la destinée). D'ailleurs le fatalisme n'exclut nullement le déterminisme. Il ne dit pas que les événements arrivent sans cause, mais que Dieu a préparé les causes pour produire les effets. Turenne n'a pas été tué directement par la volonté de Dieu, mais par « un canon chargé de toute éternité » (Mme de Sévigné). — Le déterminisme conduit donc exactement aux mêmes conséquences que le fatalisme.

On distingue, il est vrai, deux sortes de déterminismes : un déterminisme *externe*, où l'agent est poussé à agir par les circonstances extérieures, ou par les conditions physiques de son organisation, et un déterminisme *interne* (ou spontanéité), où l'agent trouve en lui-même, dans ses inclinations, dans ses penchants, dans sa nature morale en un mot, son principe d'action.

C'est ce second déterminisme qui est défendu par Leibniz dans sa *Théodicée*, et qu'il exprime en disant que l'homme est « un *automate spirituel* ».

Sans doute le déterminisme interne est plus près de la liberté que le déterminisme externe : la spontanéité vaut mieux que la coaction et la nécessité brute. Cependant, la spontanéité elle-même n'est pas encore la liberté, si elle ne peut s'affranchir de l'empire des motifs et des mobiles, si c'est toujours le motif le plus fort qui nous entraîne; ou plutôt il n'y a là que l'apparence de la spontanéité : ce n'est pas l'homme lui-même qui agit, ce sont ses penchants.

Leibniz croit sauver la liberté en confondant ce que l'on fait *volontiers* avec ce que l'on fait *volontairement*. Mais on peut faire volontairement ce que l'on ne fait pas volontiers, et réciproquement. Sans doute le « volontiers » est un commencement du « volontaire ». Mais le volontaire va plus loin que le volontiers, car il lui résiste quelquefois.

Le principal argument du déterminisme est que le libre arbitre viole le principe de causalité. Il n'en est rien : car d'abord le libre arbitre lui-même est une *cause*, et il agit *pour* une cause. La causalité est donc satisfaite. Est-il nécessaire, pour qu'il y ait causalité, que tout être soit *déterminé par* une cause? Ne peut-il y avoir un être qui *se détermine* lui-même *pour* une cause. *Se déterminer pour* est-il plus contraire à la causalité qu'être *déterminé par*? Ne peut-on pas dire au contraire qu'un être déterminé par quelque chose (fût-ce ses propres penchants) n'est pas une cause? Il n'*agit* pas, il *est agi*, selon l'expression de Malebranche. Se déterminer pour les motifs, c'est être la cause de son action et dominer les motifs au lieu d'en être dominé.

256. La liberté du bien. — Cependant on insiste, et on demande si la vraie liberté consiste à faire des fautes, si elle ne consiste pas au contraire et exclusivement à faire le bien. Suivant Platon, « nul ne fait le mal volontairement » οὐδεὶς κακὸς ἑκών. Ne dit-on pas que Dieu est libre? or Dieu est impeccable. Sa liberté est dans sa sainteté. Par analogie, l'homme sera libre lorsqu'il dégagera sa vraie nature, sa nature intellectuelle et spirituelle, de sa nature animale et charnelle : en un mot, la liberté est dans la *raison*.

Cette difficulté vient de ce qu'on confond la *liberté en soi*, qui est le *but* vers lequel nous devons tendre, avec la *liberté morale* ou *libre arbitre*, qui est le *pouvoir* d'atteindre à ce but. Sans doute la liberté en soi est identique à la sainteté, à l'impeccabilité. L'impeccabilité divine vaut mieux sans doute que tout libre arbitre; mais en fait nous ne sommes pas impeccables, et on ne supprime pas le péché en supprimant le libre arbitre. Ce que nous demandons, ce n'est pas la liberté de pécher, c'est la liberté de ne pas pécher. Comment peut-on soutenir que nous avons la liberté du bien, si, au moment où nous péchons, nous ne pouvons rien faire d'autre que ce que nous faisons ? Et si nous pouvons autre chose, et que nous ne l'ayons pas fait, comment soutiendrait-on que nous n'avons pas été libres de pécher? La liberté du bien n'est donc rien, si elle n'est pas en même temps la liberté du mal.

257. **La possibilité des contraires.** — Le libre arbitre suppose donc une condition manifeste, à savoir, la possibilité des contraires: en d'autres termes, il suppose qu'à chaque moment de notre vie deux ou plusieurs actions sont possibles, et que la détermination qui amène l'événement à l'existence est notre œuvre. En effet, le contraire de la liberté est la *nécessité*; or il n'y a pas d'autre définition de la nécessité que celle-ci : ce dont le contraire est impossible. Une action qui est seule possible est une action nécessaire, et tout système qui n'admet que la possibilité de l'action qui a lieu, est un système nécessitaire ; or, dans tout système nécessitaire, il n'y a ni responsabilité, ni moralité : car comment serais-je responsable de ce que je n'ai pu éviter? et comment serais-je tenu à accomplir ce que je ne puis pas faire?

Maintenant, que l'on nous dise en quoi la possibilité des contraires implique contradiction? car on ne peut ni la prouver, ni la réfuter par l'expérience. Le seul témoignage de l'expérience en cette circonstance est le sentiment intérieur que nous avons de notre pouvoir d'agir ; or ce sentiment intérieur dépose plutôt en faveur de la possibilité que de son contraire. Mais puisqu'on ne peut la contester par l'expérience, ce n'est donc qu'à *priori* qu'elle peut être combattue. Que l'on nous montre donc à *priori* en quoi ce que nous appelons le possible est impossible. On verra que c'est toujours parce qu'on suppose ce qui est en question.

258. **L'idée de la liberté.** — Nous n'accorderons donc pas à un philosophe de nos jours que la liberté n'est autre chose que l'*idée de la liberté* [1] se produisant elle-même, en vertu d'une force

---

1. Alfred Fouillée, *l'Idée du droit;* — *la Liberté et le Déterminisme.*

intérieure qui lui est inhérente. Autre chose est l'action volontaire, conforme aux idées : autre chose est l'*automatisme* de l'idée. Dans le premier cas, l'homme *agit*; dans le second, il est *agi*. Nous ne voyons pas un acte volontaire dans ce que Hegel appelle « une idée qui se réalise elle-même ». Ce n'est là qu'une forme supérieure de l'automatisme [1]. La volonté consiste précisément à rompre l'automatisme. Ramener la volonté à un dynamisme logique, c'est la détruire. L'idée motrice, même l'idée de la volonté, n'est donc pas la volonté elle-même.

259. **Définition de la liberté.**—Nous définirons donc la liberté la *puissance d'agir d'après des idées ou concepts*. S'il n'y avait dans l'homme que la sensibilité, c'est-à-dire le plaisir ou la douleur, l'homme, tout en étant libre en puissance (et c'est peut-être la condition des animaux), ne le serait pas en fait. Il serait toujours entraîné par l'attrait du plus grand plaisir ou la crainte de la plus grande douleur. Mais par l'intervention de l'entendement sa volonté se trouve affranchie 1° de la contrainte extérieure, 2° de la contrainte intérieure des impulsions sensibles. Elle devient, selon l'expression de Kant, « la puissance de commencer le mouvement ». Le sentiment intérieur de la liberté est donc le sentiment que nous avons de ce pouvoir qui, éclairé par l'entendement, ne trouve qu'en lui-même la force de réaliser ce que l'entendement lui propose.

En résumé, la liberté n'est autre chose que la *force morale*. L'expérience nous atteste que l'homme peut devenir le maître de la nature physique qu'il soumet à ses desseins; il peut devenir le maître de son propre corps, le maître de ses passions, le maître de ses habitudes, de son caractère, de ses idées, en un mot, le maître de lui-même. En remontant ainsi de proche en proche, de la nature extérieure au corps, du corps aux passions, des passions aux habitudes et au caractère, nous arrivons jusqu'à un dernier ressort qui meut tout sans être mû : c'est la liberté.

---

1. Lorsque l'idée du bâillement provoque le bâillement, personne ne croit qu'il y a là liberté : on dit au contraire alors que l'on bâille malgré soi.

CHAPITRE VII

L'homme social.

Nous avons vu que l'homme commence par l'animalité : on peut dire qu'il s'achève par la société. « Hors de la société, dit Aristote, l'homme est, ou une bête, ou un Dieu. » Mais comme il ne peut pas être Dieu, il faut nécessairement qu'il soit bête. *Væ soli!* a dit l'Écriture. L'expérience le démontre. On a quelque fois rencontré dans les bois des êtres humains qui y avaient été perdus dès leur enfance et qui avaient subsisté on ne sait comment[1]. Ils étaient réduits à l'état purement animal, vivaient et cherchaient leur nourriture comme les bêtes; ils ne parlaient pas, ne comprenaient rien, étaient incapables d'apprendre, et ils mouraient au sein de la civilisation. Ainsi, lorsque chacun de nous dit : Moi, et s'enorgueillit de sa personnalité, il ne doit pas oublier que cette personnalité même il la doit à la société.

Pour bien comprendre ce qui s'accumule dans chaque individu de matériaux empruntés, acquis, transmis, il suffit de comparer un jeune homme des classes élevées dans les pays civilisés et un jeune sauvage de dix-huit à vingt ans. L'un sait les éléments de toutes les sciences humaines, jouit des lettres et des arts, pratique la plus haute religion du globe, possède les faits les plus essentiels de l'histoire de l'humanité, a déjà quelques idées sur le gouvernement de l'ordre social, connaît les différentes régions de la terre : l'autre ne sait rien que courir, chasser et tuer ses ennemis. L'un a le respect de la vie humaine, le sentiment de la pitié, l'idée du droit et de la justice : l'autre est peut-être encore, à l'heure qu'il est, un anthropophage.

Le civilisé que nous venons de décrire a-t-il le droit de s'attribuer

---

[1]. Voy. Condillac, *Traité des sensations*, part. IV ch. VII : D'un homme trouvé dans les forêts de la Lithuanie. — Voy. aussi, sur l'affaiblissement de l'intelligence chez l'homme privé de la société de ses semblables. *les Vrais Robinsons*, par M. Ferdinand Denis.

à lui-même, à son talent, à son génie, à ses efforts personnels, la supériorité qu'il a sur le sauvage ? Même dans la société civilisée, le jeune citadin a-t-il le droit de s'enorgueillir de ce qu'il a de plus que le jeune paysan ? Non; l'un et l'autre doivent cette supériorité à l'éducation, c'est-à-dire à la transmission par la société de tout ce qui a été trouvé et créé par les siècles précédents. Par l'éducation, le jeune civilisé absorbe en quelques années le travail de plusieurs milliers d'années. Que l'on calcule le nombre de siècles qu'il a fallu à l'humanité pour apprendre à voir sans effroi les éclipses, les comètes, les aurores boréales, à ne plus croire aux revenants, aux sorciers, aux amulettes, à l'influence des astres, en un mot à toutes les erreurs dont un jeune civilisé se moque aujourd'hui, sans avoir pour cela d'autre raison, si ce n'est qu'on lui a appris qu'il faut s'en moquer. Combien de sentiments inconnus des premiers hommes se sont développés par la civilisation, et combien de passions sauvages et bestiales ont disparu grâce à elle!

Il est très vrai que la civilisation tend à éveiller le sentiment de l'individualité et de la personnalité, et à développer dans chacun de ses membres la conscience de soi; mais c'est précisément par la transmission des idées et des sentiments qui sont dus à la civilisation elle-même : car ce n'est que par la culture de la pensée, et la réflexion sur les lois sociales et sur la destinée humaine, que l'homme arrive à la conscience élevée de lui-même : or tout travail intellectuel de ce genre est impossible en dehors de la société.

Nous devons donc étudier l'homme au point de vue social après l'avoir étudié comme individu. Les faits que nous avons à étudier sont les *faits sociaux*.

Nous les distinguerons en deux classes : 1° *les faits sociaux individuels*; 2° *les faits sociaux collectifs*.

Les faits sociaux individuels sont les facultés sociales[1], celles que chaque homme possède individuellement et qui le rendent apte à la vie sociale : par exemple, la parole, la sympathie, la faculté de promettre, de s'engager, etc.

Les faits sociaux collectifs sont ceux qui résultent du fait même de la société, et qui ne pourraient exister sans elle : ce sont des résultantes auxquelles coopèrent tous les hommes, ou du moins un ensemble d'hommes : les langues, les cités, les religions, les

---

1. Voy. sur les *opérations sociales*, et en particulier sur la promesse, Reid (*Œuvres* trad. fr., t. VI, p. 383).

mœurs etc. Nous ne pouvons qu'esquisser ici le tableau de ces différents faits.

260. I°. Faits sociaux individuels. Le langage. — Non seulement l'homme pense, mais il est capable d'exprimer sa pensée. Un grand nombre d'autres animaux ont la voix, les cris et les chants pour rendre et communiquer leurs sentiments. L'homme seul a la parole. Seul il attache un sens à des sons déterminés ; seul il parle avec intention de se faire comprendre, avec l'assurance d'être compris : il communique ses pensées comme il lui plaît et dans l'ordre qui lui plaît, et ceux auxquels il s'adresse attachent de leur côté à sa parole le même sens que lui-même ; ils lui répondent dans le même langage.

Nous avons suffisamment établi plus haut (190) que la parole est un signe de la destination sociale de l'homme ; il est inutile d'y insister.

261. L'éducation. — De cette faculté naturelle de parler naissent plusieurs faits importants : par exemple, le double fait d'enseigner et d'apprendre. La parole ne sert pas seulement à communiquer la pensée : elle fait servir la science des uns à l'ignorance des autres ; les générations qui naissent profitent des connaissances de celles qui disparaissent ; il se fait un commerce de pensées entre tous les hommes, et dans ce commerce tout le monde reçoit sans rien perdre : car les pensées que je communique aux autres ne cessent point de m'appartenir pour cela. Par suite de ce mélange et de ce prêt continuel de pensées, nul ne peut revendiquer la propriété exclusive de ses idées ; elles lui viennent de mille sources auxquelles il prête en même temps qu'il leur emprunte.

262. Le témoignage des hommes. — Toutes nos idées peuvent être éclaircies et augmentées par le commerce des hommes : mais il en est un certain nombre que nous ne pouvons acquérir autrement : ce sont celles qui dépendent du *témoignage*. Nous en traiterons plus loin dans la Logique. Qu'il nous suffise de dire ici que le témoignage a deux grandes applications : il est la source de l'*histoire* et la base de la *justice sociale* : il nous est enfin d'une utilité journalière : car la vie serait impossible si nous ne pouvions connaître que les faits qui tombent immédiatement sous nos sens.

263. La coopération. — L'homme a des besoins : seul il ne les satisfait qu'imparfaitement. Il y a des obstacles trop puissants pour les forces d'un homme isolé. Par exemple, un ruisseau grossit tout à coup et devient un torrent : un homme pourra-t-il seul jeter un pont sur cette rivière inattendue? Une troupe d'animaux menace sa demeure : sera-t-il seul assez fort pour les repousser? Un grand danger ou une grande entreprise réunit nécessairement un certain nombre d'hommes. Il y a un instinct qui porte l'homme à aider son semblable lorsqu'il le voit aux prises avec une tâche trop difficile pour lui seul. Voyez ce qui se passe tous les jours : une voiture se brise-t-elle dans la rue, un cheval tombe-t-il sous un poids trop lourd, enfin un accident quelconque a-t-il lieu, aussitôt, sans qu'il soit nécessaire d'appeler personne, un certain nombre de bras s'offrent pour aider à réparer le dégât; tous font de leur mieux, et, sans s'être consultés, il se forme un groupe momentané, il est vrai, et qui se dissout après le danger ou après le succès de l'entreprise : mais pendant le temps qu'a duré l'embarras il y a eu association de forces réunies contre un obstacle commun.

264. Commandement et obéissance. — Il se produit encore un autre fait digne d'attention. Dans toute entreprise difficile il faut un certain ordre; cela serait impossible si tous voulaient en même temps conduire l'affaire et diriger les efforts des travailleurs. Lorsque cela arrive, il est inévitable que tous ces efforts soient vains et que l'avantage de l'association soit perdu. Mais d'ordinaire il se trouve dans une multitude quelque homme plus intelligent ou plus énergique que les autres, qui a, ou plus de génie, ou plus d'expédients. Celui-là apprend aux autres ce qu'il faut faire. L'imminence du danger et l'instinct naturel de la conservation déterminent les autres à exécuter ce qu'ils comprennent vaguement être le meilleur, même sans comprendre la raison des ordres; il y a un instinct naturel qui fait que le plus grand nombre, ignorant et indécis, se laisse conduire par la première voix ferme et nette qui se fait entendre : autour de ce chef qui s'improvise et se proclame lui-même au nom de la nécessité des circonstances, se groupent d'autres hommes moins habiles, mais encore assez supérieurs aux autres pour les guider : mus par le désir de se distinguer, par l'intérêt public, par mille causes diverses, ils s'établissent naturellement, sous la direction de quelque chef suprême, officiers subordonnés; ils transmettent les ordres d'en haut à la multitude, et celle-ci, sans discuter, obéit avec ardeur et docilité. Voici donc un nouveau fait, aussi naturel que tous les précédents : le fait corrélatif du commandement et de l'obéissance, ou d'une certaine hiérarchie fondée sur la supériorité de mérite et sur la nécessité de l'ordre.

265. **La promesse.** —Les hommes une fois rapprochés par quelques liens, des rapports nouveaux de plus en plus compliqués resserrent ce lien primitif. Un homme a besoin de mon secours : je ne puis le lui prêter dans le moment présent, mais je sais pouvoir lui être utile dans l'avenir : je lui *promets* pour un autre temps ce que je ne suis pas en état de lui procurer actuellement : cette promesse est un lien qui nous attache l'un à l'autre, mais un lien d'un caractère nouveau et digne d'attention : dans les faits précédents les hommes n'étaient liés qu'au moment même où les faits se produisaient : la parole, l'enseignement, le témoignage, le concert, l'obéissance n'attachent les hommes que pour le temps où chacun de ces faits a lieu. Ici les choses s'étendent et se compliquent : la promesse enchaîne les hommes pour l'*avenir* : elle met entre eux un certain rapport qui dure depuis le moment où la promesse est faite jusqu'à celui où elle est accomplie. La promesse est un fait éminemment social. Je ne puis promettre sans promettre à quelqu'un : ma promesse suppose donc deux termes, c'est-à-dire une société.

266. **La convention.** —Voici un autre fait d'un même genre, mais plus complexe : il prend sa source dans la promesse et n'est en quelque sorte qu'une promesse réciproque : je veux parler des conventions et des contrats. Hobbes et Rousseau ont fait sortir la société d'une convention, sans s'apercevoir que la convention elle-même implique un état de société. La convention ou le contrat sont le signe d'une société déjà formée, ou au moins de la sociabilité et de la puissance naturelle d'entrer en société. Si la société n'est pas antérieure au contrat, elle lui est au moins contemporaine, et ne peut pas en être l'effet.

Voyons ce que c'est qu'un contrat. On ne peut le mieux définir qu'en disant que c'est une double promesse, une promesse réciproque. Je promets à un homme de faire une certaine chose, et il promet en retour d'en faire une autre : ces deux promesses sont la condition et la garantie l'une de l'autre. Il n'en est point de même dans la promesse simple. En promettant, je m'engage; mais celui à qui je promets ne s'engage à rien. Dans le contrat, au contraire, nous sommes réciproquement engagés ; et la rupture du contrat par l'une des parties dégage l'autre de son obligation, à moins que par les termes du contrat le pacte ne soit absolument obligatoire et sans rescission possible.

267. Sentiments sociaux. — Nous n'avons pas besoin de dire que parmi les faits sociaux, et au premier rang d'entre eux, doivent se placer les sentiments qui unissent les hommes les uns aux autres. Comme nous les avons plus haut (ch. XII) très amplement analysés, nous n'avons qu'à les rappeler ici sans y insister. Ce sont : les inclinations *philanthropiques* en général (bienveillance, sympathie, pitié, philanthropie proprement dite) ; les inclinations *de famille* (amour paternel, maternel, conjugal, filial) ; les inclinations *corporatives* (amour de la patrie, esprit de corps), et les inclinations *électives* (amitié et amour).

Mais ce que nous avons à remarquer ici principalement, c'est que si ces sentiments donnent naissance à la société, il est aussi vrai réciproquement que ces sentiments ne se développent et ne se perfectionnent que *par* et *dans* la société. C'est la famille qui nourrit et enracine les affections de famille; car malgré ce qu'on appelle la *voix du sang*, il est douteux qu'un père qui aurait abandonné son fils dès l'enfance retrouvât en lui-même, en le revoyant, tout à coup le sentiment paternel, et celui-ci le sentiment filial [1]. Mais, par la vie de famille, les sentiments tendres s'approfondissent et deviennent de plus en plus délicats. Il en est de même des sentiments patriotiques, de l'amour du drapeau, de l'amitié : tous ces sentiments se fortifient par l'exercice et par l'influence du milieu social. Quelques sentiments d'une nature fine et délicate doivent presque exclusivement leur origine à la société : par exemple, les sentiments chevaleresques, l'honneur, la galanterie. Il n'en faut pas conclure que ces sentiments soient artificiels pour cela : car puisque l'homme est essentiellement social, quoi de plus naturel que l'apparition de sentiments sociaux ? Ceux qui croient que la pudeur n'est pas un sentiment naturel parce qu'elle se développe avec la société, se trompent sur le sens du mot naturel, et ils le confondent avec ce qui est barbare. Mais l'homme étant fait pour vivre en société,

---

[1]. Je suppose bien entendu un abandon par indifférence; car un enfant perdu et longtemps regretté serait retrouvé avec de tout autres sentiments.

rien de plus naturel que la culture de son âme par la société elle-même.

268. II. Faits sociaux collectifs. — Les facultés sociales que nous venons d'étudier sont les facultés des individus. Il nous reste à signaler des faits qui appartiennent à l'homme considéré en groupe : par exemple, la famille, la propriété, la cité, l'art, la science, etc.

269. La famille. — Aristote, de tous les philosophes celui qui a le mieux pénétré les principes naturels de la société, dit dans sa *Politique*: « D'abord, il y a nécessité dans le rapprochement de deux êtres qui ne peuvent rien l'un sans l'autre : je veux parler de l'union des sexes. Et ici rien d'arbitraire ; car chez l'homme, aussi bien que chez les autres animaux et chez les plantes, c'est un désir naturel que de vouloir laisser après soi un être fait à son image. » Rousseau, si peu disposé à admettre des principes naturels de sociabilité parmi les hommes, dit également : « La plus ancienne des sociétés et la seule naturelle, c'est la famille. »

La naissance des enfants détermine au moins entre l'enfant et la mère un rapport d'une certaine durée : l'enfant est absolument incapable de vivre et de se développer seul : la mère lui doit la nourriture ; et la nature, ayant elle-même préparé pour l'enfant dans le sein de la mère les sources de sa subsistance, a bien indiqué par là qu'elle voulait les attacher l'un à l'autre par un lien positif et inévitable. Ce lien existe même entre les femelles des animaux et leurs petits, mais il est bien plus puissant dans l'espèce humaine. Il faut bien peu de temps à un petit de l'espèce animale pour arriver à ce degré de force où il peut sans danger se séparer de sa mère : ce temps est très considérable dans l'espèce humaine : avant quinze ou dix-huit mois un enfant est hors d'état de marcher ; quand il marche, il est hors d'état de se conduire, de chercher sa subsistance et de se développer d'aucune manière. L'instinct a beaucoup moins de force chez l'homme que chez l'animal et beaucoup moins de sûreté. L'union de la mère et de l'enfant doit donc durer nécessairement plus longtemps dans l'espèce humaine et créer entre ces deux êtres des habitudes telles, qu'ils ne se séparent plus, lors même qu'ils peuvent se passer l'un de l'autre.

De là une première sorte de société ; mais ce n'est pas la seule.

Il faut avouer que la femme est moins propre en général que l'homme au travail, qu'elle produit moins avec plus de peine, et qu'une grande partie de sa vie est nécessairement occupée à d'autres soins. Il résulte de là que la subsistance commune serait en péril sans le travail continuel du chef de famille. Si l'on regarde maintenant à l'éducation des enfants, il est hors de doute que l'éducation maternelle est insuffisante. La mère représente dans la famille le soin, la sollicitude, la complaisance, l'indulgence : il faut cependant, dans une forte éducation, y joindre l'autorité. On peut remarquer qu'en général des enfants élevés par un seul de leurs parents ont toujours quelque chose d'incomplet : à ceux qui n'ont eu que leur père il manque je ne sais quoi de tendre, de délicat, que les grâces de la maternité communiquent insensiblement à l'enfant : à ceux qui n'ont eu que leur mère il manque quelque discipline, quelque solidité ; le caractère a plus de caprice et la volonté est plus emportée. Ce double lien qui attache d'une part l'enfant à la mère et de l'autre au père, doit aussi les rapprocher l'un et l'autre. Réunis dans une entreprise commune, celle de nourrir et d'élever l'être qu'ils ont mis au monde, il est impossible qu'ils ne soient pas enchaînés par des liens chaque jour plus étroits ; d'ailleurs, l'habitation commune est une occasion d'accroissement de famille : les intérêts se multiplient avec les enfants; les rapports deviennent encore plus complexes, et le lien plus indissoluble. Puis, quand les enfants sont élevés et devenus hommes, lorsque le père et la mère n'ont plus qu'à voir fleurir sous leurs yeux les générations qu'ils ont amenées à la vie, l'habitude est prise, les humeurs se sont accordées, un besoin réciproque retient à côté l'un de l'autre ces deux êtres que le hasard avait peut-être rapprochés, que le plaisir avait réunis, que le besoin et l'intérêt de la famille avait enchaînés, et qui maintenant jouissent en spectateurs paisibles du fruit de leurs travaux.

270. **La propriété.** — Il y a un fait qui est très étroitement uni à la famille et qui joue le plus grand rôle dans la société : c'est *la propriété*. Il faut l'étudier à sa source.

Il y a dans l'homme une faculté naturelle de *s'approprier* les choses, c'est-à-dire de les retirer de la masse commune pour les faire *siennes* et se les attribuer à l'exclusion de tout autre. « Ce chien est à moi, disaient ces pauvres enfants, voilà ma place au soleil ». Pascal ajoute que c'est là le commencement de l'usurpation sur toute la terre. Il a tort. Ce n'est point là *usurpation*, mais *occupation*, ce qui est bien différent. Il n'y a point d'usurpation à prendre au soleil une place inoccupée, à prendre soin d'un chien qui n'est à personne. Or, aussitôt que l'homme a ainsi occupé soit une place, soit un terrain, il se l'approprie : c'est-à-dire qu'il les sépare de tout ce qui peut être occupé par les autres. Une fois la place occupée, il y bâtit, il y sème, il y met le sceau de son travail, et c'est alors surtout qu'il considère comme étant à soi le sol sur lequel il repose, qu'il a labouré et qui ne produit qu'arrosé par ses sueurs.

Il y a cette différence entre le fait de la propriété et les autres faits déjà étudiés, que ceux-ci marquaient une communication entre les hommes, un lien, un commerce : celui-là au contraire paraît être un principe de séparation et d'exclusion; la propriété met en dehors de la communauté tout ce qu'elle assure au propriétaire. Cependant la propriété est un fait éminemment social. D'abord, la nécessité de l'exclusion prouve la concurrence; c'est parce que les hommes se rencontrent les uns à côté des autres avec des prétentions communes et des besoins communs, que la nature a voulu que chacun eût sa part. En outre, la première propriété, c'est la propriété du sol : or cette sorte de propriété, en attachant les populations à la terre, les rend sédentaires et sociables; elle établit entre elles des rapports de voisinage; et si elle donne naissance aux procès, comme le lui reprochent ses adversaires, elle est aussi l'origine de mille relations qui enracinent de plus en plus la sociabilité parmi les hommes.

La propriété n'est pas le résultat d'un contrat, ce n'est pas l'effet d'un engagement réciproque par lequel les hommes promettraient de respecter réciproquement le tien et le mien. La chose ne se passe pas ainsi. C'est instinctivement que l'homme met le pied sur une place inoccupée et considère comme à lui la partie du sol qu'il a entourée de haies et de fossés; et c'est aussi par un instinct primitif que tout autre homme, s'il n'est pas violent, respectera cette propriété. Il y a, si l'on veut, une convention, en ce sens que deux hommes consentent réciproquement à respecter le propre de l'un et de l'autre; mais cela sans s'être entendus, sans avoir fait en réalité aucun pacte, mais par un instinct naturel qui parle en même temps à l'un et à l'autre.

Examinons enfin les rapports de la propriété et de la famille. Ces deux faits sont nécessaires pris isolément : ils le paraissent plus encore si on les rapproche. L'instinct de famille développe l'instinct de propriété, et celui-ci favorise l'autre. D'une part, il est évident que le chef de famille est d'autant plus intéressé à s'approprier les choses, qu'il a la responsabilité de la subsistance d'un plus grand nombre de personnes : il ne suffit pas qu'il ait le morceau nécessaire à la nourriture d'un jour donné : la sollicitude prévoyante du père pour les enfants le conduit à s'assurer la subsistance de l'avenir, soit en économisant sur les fruits de son travail, soit en s'appropriant un fonds dont la production est inépuisable. Dans les deux cas il s'établit une réserve, une somme de choses non consommées, qui appartiennent exclusivement et indivisiblement à la famille. D'un autre côté, un certain nombre de biens communs et la prévision des biens futurs attachent d'autant plus les uns aux autres les membres de la famille, que le besoin et la pénurie disperserait bientôt. Aussi, là où la propriété n'a rien d'assuré les familles se dissipent vite, parce que chacun va de son côté à la découverte et cherche sa vie à sa fantaisie : au contraire, les familles sont resserrées par les liens de la propriété commune et par la sécurité de l'existence. De ce rapport de la propriété à la famille naît un fait nouveau, à savoir, la *transmission* d'un bien des parents aux enfants par succession, ou *héritage*. En effet, le père ne s'est pas contenté d'amasser pour subvenir aux besoins présents de ses enfants, mais il veut encore leur laisser de quoi se suffire lorsque lui-même ne sera plus : la donation la plus naturelle, celle qui s'établira toujours instinctivement aussi longtemps qu'il y aura des familles et des propriétés, c'est-à-dire aussi longtemps que durera le genre humain, c'est la donation du père aux enfants : donation si naturelle, que dans les sociétés éclairées la loi, prenant la place du père, fixe elle-même la part que, sous aucun prétexte, il ne peut leur enlever.

271. La cité. — Il n'est plus nécessaire aujourd'hui de raisonner longtemps pour montrer que la cité est un fait social, non individuel. Sans doute Hobbes, Condillac, Rousseau ont cru que les hommes avaient créé la société par un acte libre et conventionnel. Cela même, avons-nous dit plus haut, serait déjà un fait social, car il n'y a pas de convention sans société : mais la société n'est pas un fait conventionnel. L'homme est un animal sociable, Ζῶον πολιτικὸν. Comment la cité ne serait-elle pas naturelle chez l'homme, puisqu'elle existe même chez les animaux? Les républiques des abeilles et des fourmis sont-elles le résultat de la convention ? Non seulement la société est naturelle, mais la cité même est naturelle. La société se fonde sur les sentiments, la cité sur les lois : or il n'y a pas d'ordre social sans commandement et sans lois; et nous avons déjà signalé ce double fait parmi les faits sociaux. Enfin et surtout, la cité, comme l'art, se montre à l'origine inséparable de la religion, qui est un des faits sociaux les plus caractérisés. Ainsi la cité a son origine dans la vocation sociale de l'homme ; mais de plus elle contribue à faire l'homme : par les vertus militaires et patriotiques, par l'amour généreux des libertés publiques elle donne naissance à ce que l'on appelait dans l'antiquité le *citoyen*. Le citoyen a été quelquefois, dans les républiques anciennes, en guerre avec l'homme : l'amour de la patrie et de la liberté ont pu combattre quelquefois l'humanité. C'est la grandeur de la civilisation moderne d'avoir essayé de réconcilier l'un avec l'autre. Mais si la cité a pu amoindrir et blesser quelquefois les sentiments tendres de la nature humaine, elle a développé les sentiments mâles, sublimes, désintéressés. Corneille a eu au plus haut degré le sentiment de ce sublime : il l'a idéalisé; mais cet idéal avait son fondement dans la réalité.

272. **L'art.** — Sans doute l'art a son origine psychologique dans les facultés individuelles de l'homme : c'est l'imagination et le sentiment du beau qui en sont la source et l'aliment. Mais l'art constitué, le grand art, considéré historiquement, se confond dans ses origines avec celles de la religion. Ce sont les grands temples faits pour les dieux qui ont été l'origine de l'architecture : ce sont les statues des dieux qui ont été l'origine de la sculpture : les chants sacrés ont servi de point de départ à la musique et à la poésie ; les rites religieux ont conduit à la danse. Avec la religion, la cité a été encore une des causes de la naissance de l'art. Les chants guerriers et les danses militaires, les palais destinés aux peuples et aux rois, les statues des grands hommes, voilà avec la religion les premières formes de l'art. Dans les sociétés les plus anciennes l'art n'était pas un amusement, une récréation; il n'était pas davantage le culte du beau pour le beau : il était une œuvre sociale, essentiellement liée à la cité et à la religion. Signalons encore, comme signes de l'origine sociale de l'art, l'empire des traditions parmi les artistes, les règles sacrées, confondues presque avec celles de la morale,

etc. Platon, dans ses dialogues de la *République* et des *Lois*, a souvent insisté sur ce point de vue.

273. La science. — Il semble au premier abord que la science soit un fait plus individuel que l'art, car elle naît du libre examen, et elle ne peut être apprise et comprise que par l'intelligence individuelle. Là, l'imitation, la tradition n'est presque rien : il faut que chacun paie pour soi-même. Cela est vrai. Mais n'oublions pas, d'un autre côté, que la science, à mesure qu'elle se développe, tend à passer de l'état subjectif à l'état objectif, de la découverte individuelle à une sorte de consolidation impersonnelle où toute trace de l'inventeur a disparu. Dans l'art toute grande œuvre reste individuelle : dans la science il y a très peu de découvertes qui restent avec le nom de leur inventeur. Qui a découvert la 60ᵉ proposition d'Euclide ? A qui doit-on la théorie des racines carrées ? Même lorsqu'on sait l'histoire de la science, on en fait abstraction dans l'enseignement de la science elle-même. Ainsi, lorsque nous apprenons une science, nous nous assimilons la pensée impersonnelle et objective de toute l'humanité qui nous a précédés. Nous repensons à notre tour ce qu'ont pensé les hommes avant nous.

274. Autres faits. — A tous les faits précédents, qui sont propres à l'espèce humaine, on peut ajouter : les **langues**, qui sont, nous disent les philologues, des organismes vivants, se développant d'après des lois propres sans que les individus en aient conscience ; — les **mœurs** et les **coutumes**, qui sont les habitudes des races et des peuples ; — les **religions**, qui à l'origine sont le principe de la famille et de la cité ; — l'**histoire**, qui unit les générations les unes aux autres ; — le **progrès**, qui correspond dans l'ordre social à ce que la perfectibilité est dans l'individu, etc.

Tous ces faits pourraient fournir la matière d'une science nouvelle, ou *psychologie sociale*, qui serait le complément ou l'achèvement de la psychologie subjective et individuelle. Nous avons dû nous borner à en esquisser les lignes générales et à en montrer la place et l'importance dans la science de la nature humaine.

CONCLUSION DE LA PSYCHOLOGIE

L'AME ET LE CORPS

CHAPITRE PREMIER

Distinction de l'âme et du corps

La pyschologie est la science des phénomènes et des opérations de l'âme. Mais qu'est-ce que l'*âme?*

Nous appelons *âme* le principe de la pensée; et par pensées nous entendons avec Descartes tous les faits de conscience, aussi bien les sensations et les volitions que les idées. L'âme est donc le principe qui connaît, qui sent et qui veut, en un mot, qui a conscience de soi-même. Un tel principe est-il distinct du corps? A-t-il une réalité en soi, indépendante de la réalité corporelle? C'est ce que soutient le *spiritualisme*. N'est-il au contraire qu'une des fonctions du corps et de la matière? C'est ce que soutient le *matérialisme*. Exposons d'abord les raisons qui prouvent l'existence de l'âme et sa distinction d'avec le corps. Nous examinerons ensuite les arguments du matérialisme.

Preuves de la spiritualité de l'âme. — Ces preuves se tirent : 1° de la distinction des phénomènes; 2° de l'unité de la pensée; 3° de l'identité personnelle; 4° de la liberté morale.

275. 1° **Distinction des phénomènes psychologiques et physiologiques.** — Nous avons vu que le caractère propre des phénomènes psychologiques (10 et 32) est d'être immédiatement et intérieurement connus par celui qui les éprouve et inaccessibles aux sens des autres hommes. Au contraire, les phénomènes physiologiques ne sont pas accessibles à la conscience de chacun et ne peuvent être sentis ou perçus que par les sens, soit des autres hommes, soit de moi-même. — Deux ordres de phénomènes aussi profondément distincts ne doivent-ils pas émaner de deux causes différentes?

276. — Objection. — Cette distinction est indubitable et de la dernière évidence quand on oppose d'une part les faits de l'âme qui touchent le plus à l'ordre moral, de l'autre les faits du corps qui touchent le plus à l'ordre physique : par exemple, d'un côté le plaisir d'une bonne action, et de l'autre la circulation du sang. L'un de ces phénomènes appartient évidemment à la vie morale, l'autre à la vie purement végétative. Mais cette distinction peut-elle se maintenir lorsqu'il s'agit de faits que l'on peut appeler *mixtes* et qui appartiennent à ce que l'on a appelé la *vie animale* : par exemple, la sensibilité physique et les mouvements instinctifs ? Un mal de dents, une action réflexe font-ils partie des phénomènes psychologiques ou des phénomènes physiologiques ? Ces sortes de phénomènes ne se passent-ils pas dans le corps, et cependant n'en avons-nous pas une certaine conscience ? Ce sont des phénomènes du *moi*, et cependant ce sont des phénomènes *corporels*. La distinction précédente ne s'efface-t-elle pas ici ?

Rép. — Ces faits eux-mêmes rentrent dans la distinction précédente. En effet, les faits de sensibilité physique ne sont corporels qu'en ce sens qu'ils sont localisés dans une partie du corps ; mais en eux-mêmes ils ne sont autre chose que des faits de conscience, et nullement des faits physiques. Un mal de dents, en effet, en tant que douleur, n'est ressenti que par celui qui l'éprouve et ne peut en aucune façon être aperçu immédiatement par un observateur externe : ce que celui-là apercevra, ce sera par exemple une dent cariée, un trouble matériel dans le nerf, mais non la douleur qui y est jointe, laquelle échappera éternellement aux sens externes. Réciproquement, la conscience qui accompagne la douleur de dents ne nous représente rien de la cause matérielle de cette douleur, et si nous n'avions jamais vu de dents gâtées, le mal de dents ne nous apprendrait pas ce que c'est. On peut faire les mêmes observations sur toutes les sensations externes et internes.

Quant aux actes instinctifs, même distinction : ou bien en effet ces actes sont les mouvements des organes, mouvements qui peuvent être ou pourraient être, avec des instruments plus parfaits, saisis par les sens externes, et ce sont alors des faits physiologiques ; ou bien ce sont de vagues désirs ou impulsions internes accompagnées d'un sentiment plus ou moins vague, et dans la mesure où ils nous sont attestés par la conscience, ils ressortent de la psychologie.

La distinction précédente est donc indubitable ; mais on demandera maintenant si, de ce que deux sortes de phénomènes sont différents, il s'ensuit nécessairement qu'ils aient deux causes différentes. La réponse à cette objection ressortira de la discussion suivante.

277. 2° **L'unité de la pensée.** — L'acte de penser consiste essentiellement à ramener la pluralité à l'unité. Qu'est-ce que généraliser? C'est ramener une multitude d'individus divers à *une seule* idée, εἰς μίαν ἰδέαν; c'est affirmer l'un du plusieurs, τὸ ἕν κατὰ πολλά. Qu'est-ce que juger? C'est réunir deux idées différentes dans un même acte de conscience et d'attention. Qu'est-ce que la conscience elle-même, si ce n'est l'acte qui unifie la pluralité des sensations? Or l'unité de la pensée suppose l'unité du sujet. Mais toute matière corporelle est composée de parties : elle ne peut donc pas être le sujet de la pensée. Si l'on suppose la conscience composée de parties, ne faudra-t-il pas supposer une autre conscience qui les réunisse[1]?

278. **Objection de l'âme résultante.** — Mais, dira-t-on, l'unité que l'on invoque n'est qu'une *résultante*; elle réside dans *l'accord* et la *correspondance* des parties, dans leur coopération.

Rép. — Il ne peut y avoir une unité d'accord et d'harmonie sans un esprit qui la pense : autrement elle n'existe qu'en *puissance*. Or la pensée n'est pas en puissance, mais en *acte*. Sans doute une *individualité externe* peut résulter, pour un spectateur, d'une certaine combinaison de parties : mais elle n'existe pas *pour elle-même* : une telle individualité n'aura jamais conscience d'être *un moi*. Comment deux parties distinctes pourraient-elles avoir une conscience commune? Comment deux moi peuvent-ils se confondre en un seul moi?

279. **Objection de Kant.** — Kant admet l'argument de l'unité de la pensée, mais il pense que cet argument ne prouve pas l'unité de la substance pensante :

---

1. Condillac a résumé sous une forme très précise l'argument qui se tire de l'unité de a pensée : « Le corps, dit-il, en tant qu'assemblage, ne peut être le sujet de la pensée. En effet, diviserons-nous la pensée entre toutes les substances dont il se compose? D'abord ce ne sera pas possible, quand elle ne sera qu'une perception unique et indivisible : en second lieu, il faudra encore répéter cette supposition quand la pensée sera formée d'un certain nombre de perceptions. Soient A, B, C, trois substances qui entrent dans la composition du corps et se partagent en trois perceptions différentes : je demande où s'en fera la comparaison. Ce ne sera pas dans A, puisqu'il ne saurait comparer une perception qu'il a avec celle qu'il n'a pas. Par la même raison, ce ne sera ni dans B, ni dans C. Il faudra donc admettre un point de réunion, une substance qui soit en même temps un sujet simple et indivisible de ces trois perceptions, distincte par conséquent du corps, une âme en un mot. » (*Conn. humaines*, part. I, ch. I.)

Le concept de la pensée, dit-il, implique sans doute que le moi de l'aperception, par conséquent le moi dans toute pensée, est quelque chose de *singulier* qui ne peut se résoudre en une multiplicité : il désigne par conséquent un sujet *logiquement* simple ; mais cela ne signifie pas que le moi pensant soit une *substance* simple.

Rép. — Nous ne disons pas autre chose que ce que Kant dit lui-même ici, à savoir, que le moi est *quelque chose de singulier qui ne peut se résoudre en une multiplicité*. Mais si le moi était composé de plusieurs substances, ne serait-il pas, par là-même, ramené à une multiplicité ? On distinguera le moi apparent du moi réel. Le moi apparent, dira-t-on, est un être simple ; mais le moi réel peut être multiple. Nous répondrons avec Ampère que le *moi phénoménal* ne peut pas être en contradiction avec le *moi nouménal*[1]. Si la substance du moi était multiple, l'unité du moi ne serait qu'une apparence et, par conséquent, se résoudrait en multiplicité, contre le principe même de Kant.

En résumé, une *somme*, une *addition* de parties ne formera jamais *une* conscience individuelle et unique. L'unité perçue par le dehors peut être le résultat d'une composition ; mais non pas quand elle se perçoit elle-même au dedans.

280. 3° **L'identité personnelle.** — On ne définit pas l'identité personnelle, mais on la sent. Chacun de nous sait bien qu'il demeure le même à chacun des instants de la durée qui composent son existence, et c'est là ce qu'on appelle l'identité. Elle se manifeste bien clairement dans trois faits principaux : la *pensée*, la *mémoire*, la *responsabilité*. Le fait le plus simple de la pensée suppose que le sujet qui pense demeure le même à deux moments différents. Toute pensée en effet est successive; or supposez trois personnes dont l'une pense une majeure, l'autre une mineure, l'autre une conclusion : aurez-vous une pensée commune, une démonstration commune? Non : il faut que les trois éléments se réunissent en un tout dans un même esprit. La mémoire nous conduit à la même conclusion. « Je ne me souviens que de moi-même, » a très bien dit M. Royer-Collard. Je ne pourrais pas me souvenir de ce qu'un autre que moi a fait, dit ou pensé. La mémoire suppose donc un lien continu entre le *moi* du passé et le *moi* du présent. Enfin nul n'est responsable que de lui-même ; s'il l'est des autres, c'est dans la mesure où il a pu agir sur eux ou par eux. Comment pourrais-je répondre de ce qu'un autre a

---

[1]. *Philosophie d'Ampère;* correspondance avec Maine de Biran, p. 105.

fait avant que je fusse né? Ainsi pensée, mémoire, responsabilité, tels sont les témoignages éclatants de notre identité. C'est là un des faits capitaux qui caractérisent l'esprit.

Il y a aussi dans le corps humain un fait capital et caractéristique, mais qui est le contraire du précédent : c'est ce que l'on appelle le *tourbillon vital*, ou l'échange perpétuel de matière qui s'opère entre les corps vivants et le monde extérieur.

<small>Dans les corps vivants, dit Cuvier, aucune molécule ne reste en place; toutes entrent et sortent successivement; la vie est un tourbillon continuel, dont la direction, toute compliquée qu'elle est, demeure constante, ainsi que l'espèce de molécules qui y sont entraînées, mais non les molécules individuelles elles-mêmes. Au contraire, la matière actuelle du corps vivant n'y sera bientôt plus, et cependant elle est dépositaire de la force qui contraindra la matière future à marcher dans le même sens qu'elle. Ainsi la forme de ce corps leur est plus essentielle que leur matière, puisque celle-ci change sans cesse, tandis que l'autre se conserve.</small>

Comment concilier l'identité personnelle de l'esprit avec la mutabilité perpétuelle du corps organisé? Comment l'identique peut-il résulter du changement? l'unité, de la composition?

281. **Objections.** — Ne peut-on pas tirer une explication du passage de Cuvier que nous venons de citer? Ce tourbillon vital, dira-t-on, a une *direction constante;* dans le changement même de la matière il y a quelque chose qui demeure toujours : c'est la *forme*. Les matériaux se déplacent et se remplacent, mais toujours *dans le même ordre et dans les mêmes rapports*. Ainsi les traits du visage restent toujours à peu près les mêmes malgré le changement des parties; la cicatrice reste toujours, quoique les molécules blessées aient disparu depuis longtemps. Le corps vivant possède donc une *individualité* en quelque sorte, qui résulte de la persistance des rapports et qui est le fondement de l'identité du *moi*.

Une telle explication ne peut satisfaire que ceux qui ne se rendront pas bien compte des conditions du problème; car en supposant qu'on puisse expliquer cette fixité du type, soit individuel, soit générique, par un simple jeu de la matière, par les actions chimiques ou mécaniques, toujours est-il qu'une identité ainsi produite ne sera jamais qu'une identité *apparente* et *extérieure*, semblable à celle de ces pétrifications où toutes les molécules végétales sont peu à peu remplacées par des molécules minérales, sans que la forme de l'objet vienne à changer. Je dis qu'un tel objet n'est pas réellement identique, et surtout qu'il ne l'est pas *pour lui-même* [1], et que dans une telle hypothèse vous ne trouverez aucun fondement à la conscience et au souvenir de l'identité. Car, je le demande, où placerez-vous le souvenir dans cet objet toujours en mouvement? Sera-ce dans les éléments, dans les molécules elles-mêmes? Mais puisqu'elles disparaissent, celles qui entrent ne peuvent pas se souvenir de celles qui sortent. Sera-ce dans le rapport des éléments? Il le faudrait, car c'est la seule chose qui dure véritablement; mais qu'est-ce qu'un rapport qui se pense soi-même, qui se souvient de lui-même, qui est responsable? Ce sont là autant d'abstractions inintelligibles [2].

282. 4º **La liberté morale.** — La liberté est la puissance de se déterminer soi-même conformément à une idée (259). De cet attribut fondamental de la nature humaine naissent la responsabilité et la personnalité. Mais rien n'est plus contraire à la nature du corps. Toute molécule matérielle reçoit l'action et la communique à une autre molécule, mais ne la produit pas elle-même. Tout mouvement est la suite et la transformation de mouvements antérieurs. La matière est inerte, c'est-à-dire incapable de modifier son état; en repos, elle reste en repos; en mouvement, elle reste en mouvement; elle conserve la vitesse et la direction acquises, sans y rien changer. C'est à peine si elle mérite le nom de *cause* : car ce qui ne produit rien n'est pas une cause. A plus forte raison est-elle incapable d'être une cause libre.

Toutes les difficultés qui peuvent être opposées à cette preuve ne sont autres que celles que l'on élève contre la liberté elle-même. Nous n'avons donc qu'à renvoyer à ce qui a été dit plus haut.

283. **Objections du matérialisme.** — Après avoir exposé les preuves du spiritualisme, nous devons résumer et discuter les objections du matérialisme. Ces objections se tirent :

---

1. Voy. Leibniz, *Nouveaux Essais*, liv. II, ch. XXVII, § 4 : « L'organisation ou configuration, sans un principe de vie subsistant, que j'appelle monade, ne suffirait pas pour faire demeurer *idem numero*, ou le même individu. Ainsi, il faut dire que les corps organisés aussi bien que d'autres ne demeurent les mêmes qu'en apparence, et non pas en parlant à la rigueur. C'est à peu près comme un fleuve, qui change toujours d'eau, ou comme le navire de Thésée, que les Athéniens réparaient toujours. Mais quant aux substances, qui ont en elles-mêmes une véritable et réelle unité substantielle, à qui puissent appartenir les actions vitales proprement dites, et quant aux êtres substantiels, *quæ uno spiritu continentur*, comme parle un ancien jurisconsulte, c'est-à-dire qu'un certain esprit indivisible anime, on a raison de dire qu'elles demeurent parfaitement le même individu, *par cette âme ou cet esprit qui fait le moi dans celles qui pensent.* »

2. Pour ce qui est des autres hypothèses par lesquelles on pourrait expliquer l'identité personnelle, voy. notre livre du *Matérialisme contemporain* (ch. VII).

1° Des rapports du physique et du moral, et en particulier des rapports et de la correspondance du cerveau et de la pensée.

2° De la doctrine de la corrélation et de la transformation des forces.

284. I. **Cerveau et pensée**. — Tous les matérialistes, depuis Lucrèce, ont invoqué, contre l'existence d'une âme distincte du corps, les faits innombrables qui prouvent d'une manière irrécusable l'influence du physique sur le moral.

Mais dans les temps les plus récents cette objection s'est concentrée surtout sur la correspondance du cerveau et de l'intelligence. En effet, toutes les actions du physique sur le moral viennent se condenser dans les fonctions du cerveau, puisque c'est par lui seul que l'âme est affectée. Or, voici les faits que l'on invoque :

1° Partout où l'on observe un cerveau, dit-on, on rencontre un être pensant, ou tout au moins intelligent à quelque degré ; — 2° partout où manque le cerveau, l'intelligence et la pensée manquent également ; — 3° enfin l'intelligence et le cerveau croissent et décroissent dans la même proportion ; ce qui affecte l'un affecte l'autre en même temps. L'âge, la maladie, le sexe, ont à la fois sur le cerveau et sur l'intelligence une influence toute semblable. Or, d'après la méthode baconienne, quand une circonstance produit un effet par sa présence, qu'elle le supprime par son absence ou le modifie par ses changements, elle peut être considérée comme la vraie cause de cet effet. Le cerveau réunit ces trois conditions dans son rapport avec la pensée : il est donc la cause de la pensée[1].

Il s'en faut d'abord que la science ait démontré rigoureusement les trois propositions que je viens de mentionner. Sans parler des deux premières, qui ne sont pas absolument incontestables, c'est surtout la démonstration de la troisième qui laisse à désirer. Avant d'établir que les changements de la pensée sont proportionnels aux changements du cerveau, il faudrait savoir à quelle circonstance tient précisément dans le cerveau le fait de la pensée : c'est ce qu'on ignore encore, car les uns invoquent le volume, les autres le poids, les autres la composition chimique, les autres une certaine action dynamique invisible qu'il est toujours facile de supposer. Suivant d'autres enfin, la pensée ne

---

1. Voy. pour plus ample développement de cette question, notre livre sur *le Cerveau et la Pensée*. (*Bibliothèque de philosophie contemporaine*, Paris, 1867.)

tient pas à une condition unique, exclusive : elle ne dépend ni de la masse cérébrale toute seule, ni de la structure toute seule, ni de la composition chimique toute seule, ni de l'électricité, ni du phosphore, etc. ; elle dépend de toutes ces conditions réunies et harmonieusement combinées. Elle est une *résultante*. De là vient que si l'on considère un seul de ces éléments on vient toujours s'achopper à des exceptions inexplicables.

Fort bien : la pensée est une résultante, elle est liée à des conditions très diverses et très nombreuses. Mais, dès lors, qui nous assure que l'une de ces conditions n'est pas précisément la force pensante elle-même, ce que nous appelons l'âme? Êtes-vous sûr de connaître toutes les conditions desquelles résulte l'exercice de la pensée? Et si vous ne les connaissez pas toutes, qui vous dit que l'une d'entre elles, et la principale, n'est pas la présence de ce principe invisible dont l'omission déroute tous vos calculs? Tous les bons observateurs sont d'accord pour reconnaître que, parmi les conditions physiologiques, il y en a qui nous échappent, et qu'il reste toujours dans ce problème une ou plusieurs inconnues. Pourquoi l'une de ces inconnues ne serait-elle pas l'âme elle-même?

Dans l'un de ses plus beaux dialogues, Platon, après avoir mis dans la bouche de Socrate la démonstration de l'âme et de la vie future, fait parler un adversaire qui demande à Socrate si l'âme ne serait pas semblable à l'harmonie d'une lyre, plus belle, plus grande, plus divine que la lyre elle-même, et qui cependant n'est rien en dehors de la lyre, se brise et s'évanouit avec elle. Ainsi pensent ceux pour qui l'âme n'est que la résultante des actions cérébrales; mais on oublie qu'une lyre ne tire pas d'elle-même et par sa propre vertu les accents qui nous enchantent — et que tout instrument suppose un musicien. Pour nous l'âme est ce musicien, et le cerveau est l'instrument qu'elle fait vibrer. Broussais s'est moqué de cette hypothèse d'un petit musicien caché au fond d'un cerveau; mais n'est-il pas plus étrange de supposer un instrument qui tout seul et spontanément exécuterait, bien plus, composerait des symphonies magnifiques? Sans prendre à la lettre cette comparaison, nous pouvons nous en servir comme d'un moyen commode de représenter les phénomènes observés.

Et d'abord nous voyons clairement que, quel que soit le génie d'un musicien, s'il n'a aucun instrument à sa disposition, pas même la voix humaine, il ne pourra nous donner aucun témoignage de son génie; ce génie même n'aurait jamais pu naître ou se développer. Nous voyons par là comment une âme qui se trouverait liée au corps d'un monstre acéphale ne pourrait par aucun moyen manifester ses puissances innées, ni même en avoir conscience : cette âme serait donc comme si elle n'était pas. Nous voyons de plus qu'un excellent musicien qui aurait un trop mauvais instrument à sa disposition ne pourrait donner qu'une idée très imparfaite de son talent. Il n'est pas moins clair que deux musiciens qui, à mérite égal, auraient à se faire entendre sur deux instruments inégaux, paraîtraient être l'un à l'autre dans le rapport de leurs instruments. Ainsi deux âmes qui auraient intrinsèquement et en puissance la même aptitude à penser seront cependant diversifiées par la différence des cerveaux. Enfin un excellent musicien ayant un excellent instrument atteindra au plus haut degré de l'exécution musicale.

Nous venons de supposer une proportion et une correspondance parfaite entre le musicien et l'instrument; mais cette correspondance n'a pas toujours lieu : nous voyons, par exemple, souvent un musicien médiocre ne produire qu'un effet médiocre avec un excellent instrument, et au contraire un excellent musicien produire un admirable effet avec un instrument médiocre. Un Paganini obtient sur la corde unique d'un violon des effets qu'un artiste vulgaire chercherait en vain sur un instrument complet. Un Duprez sans voix efface par l'âme tous ses successeurs. Le génie ne se mesure donc pas par la valeur et l'intégrité de l'instrument dont il se sert. Le génie sera la quantité inconnue qui troublera tous les calculs. Il en est ainsi pour l'âme et le cerveau : celui-ci pourra être dans un grand nombre de cas, et à juger les choses très grossièrement, la mesure et l'expression de celle-là; mais il arrivera aussi que les rapports seront renversés, et que l'on ne trouvera pas dans l'instrument une mesure exacte pour apprécier la valeur de l'artiste intérieur qui lui est uni. De là les irrégularités, les exceptions que les physiologistes rencontrent toutes les fois qu'ils veulent soumettre à des lois rigoureuses les rapports du cerveau et de la pensée. La force intérieure, secrète, première, leur échappe, et ils n'atteignent que des symboles grossiers et imparfaits.

285. II. **La pensée et le mouvement.** — Admettons que toutes les questions que nous avons signalées soient résolues, que l'on sache avec précision que la pensée correspond à un

mouvement du cerveau, et de quel genre est ce mouvement; admettons même que l'on puisse suivre dans le dernier détail la correspondance des mouvements et des pensées : que saurons-nous de plus, si ce n'est qu'il y a là deux ordres de phénomènes constamment associés, qui même, si l'on veut, pourront être considérés comme réciproquement causes ou conditions les uns des autres, mais qui sont absolument incomparables et irréductibles? On pourra bien dire : *La pensée est liée au mouvement;* mais on ne dira pas : *La pensée est un mouvement.* Cette proposition, si elle n'est pas une métaphore hyperbolique, est absolument inintelligible et recouvre un véritable non-sens. Le mouvement est un mouvement, et la pensée est une pensée ; l'un ne peut pas être l'autre. Le mouvement est quelque chose d'objectif, d'extérieur : c'est la modification d'une chose étendue, figurée, située dans l'espace. Au contraire, il m'est impossible de me représenter la pensée comme quelque chose d'extérieur : elle est essentiellement un état intérieur. Par la conscience je ne puis saisir en moi ni forme, ni figure, ni mouvement, et par les sens, au contraire, qui me donnent la figure et le mouvement, je ne puis saisir la pensée. Un mouvement peut être rectiligne, circulaire, en spirale : qu'est-ce qu'une pensée en spirale, circulaire ou rectiligne? Ma pensée est claire ou obscure, vraie ou fausse : qu'est-ce qu'un mouvement clair ou obscur, vrai ou faux? En un mot, un mouvement pensant implique contradiction.

Cependant, pour démontrer que la pensée pourrait bien être un mouvement, on fait valoir aujourd'hui deux considérations empruntées aux nouvelles découvertes de la science. — Nous voyons, dit-on, 1° les vibrations de l'éther se changer en lumière, 2° la chaleur se transformer en mouvement, et le mouvement en chaleur. Une même force peut donc se manifester sous deux formes différentes, et il n'y a pas de contradiction à supposer que les mouvements du cerveau se transforment en pensées. — Ceux qui se servent de ces comparaisons ne s'aperçoivent pas qu'ils tombent dans ce genre de sophisme qui consiste à prouver le même par le même (*idem per idem*) : c'est ce qu'il n'est pas difficile d'établir.

1° On oppose que les vibrations de l'éther deviennent de la lumière et de la couleur sans être en elles-mêmes ni lumineuses, ni colorées; mais on oublie que le mot *lumière* signifie deux choses bien distinctes : d'une part, quelque chose d'extérieur, la *cause objective*, quelle qu'elle soit, des phénomènes lumineux, cause qui subsiste pendant, avant, après la sensation, et indépendamment d'elle; d'autre part, la *sensation lumineuse* elle-même, qui n'est rien en dehors du sujet sentant. Or, si l'on en croit aujourd'hui les physiciens, cette cause extérieure des phénomènes lumineux, ce quelque chose qui subsiste dans l'absence de tout sujet sentant et de toute sensation actuelle, serait le mouvement vibratoire d'un milieu élastique conjectural appelé éther. On a donc raison de dire que la lumière prise en soi est un mouvement; mais, prise en soi, elle n'a rien de semblable à ce que nous appelons lumière, et tant qu'elle n'a pas rencontré un sujet sentant, elle n'est rigoureusement qu'un mouvement, et pas autre chose. Jusqu'ici point de transformation.

Maintenant les vibrations de l'éther arrivent jusqu'à l'œil, et par le moyen du nerf optique elles déterminent une action inconnue, à la suite de laquelle a lieu la sensation de lumière. Le mot de *lumière* signifie ici tout autre chose : c'est la lumière sentie, qui n'existe que par le sujet sentant, et en lui; elle est une sensation consciente et — à quelque degré — une idée. La lumière sensation est donc profondément différente de la lumière objet; la seconde est hors de nous, la première est en nous; la seconde est une propriété parfaitement déterminée de la matière, la première est une affection du *moi*. — Mais, dira-t-on, la sensation de lumière est au moins un phénomène nerveux, un phénomène cérébral. Je réponds : Ne voyez-vous pas que c'est précisément ce qui est en question? Sans doute il se passe quelque chose dans les nerfs et dans le cerveau, et ce quelque chose peut être supposé analogue aux vibrations extérieures de l'éther; mais ce mouvement, quel qu'il soit, n'est pas encore ce que nous appelons la lumière : il ne devient lumière que lorsque le *moi* est apparu, et avec lui la sensation consciente. Comment se fait ce passage? C'est ce que nous ne savons pas; c'est précisément le passage du matériel à l'immatériel qu'il s'agit d'expliquer.

2° Le second exemple renferme la même confusion. Si le mouvement, dit-on, peut se convertir en chaleur, pourquoi ne se convertirait-il pas en pensée? Ici encore il faut distinguer la cause externe qui produit la sensation et la sensation elle-même. Le feu n'a pas chaud, la glace n'a pas froid; on dit que l'un est chaud et que l'autre est froide, parce qu'ils sont l'un et l'autre cause de ces deux sensations contraires. Eh bien! cette cause extérieure inconnue que nous appelons chaleur peut, dans certaines conditions, disparaître à nos sens et cesser d'être sentie comme chaleur; alors il se passe en dehors de nous un autre phénomène, qui est précisément l'équivalent de la chaleur perdue, à savoir, un phénomène de mouvement. La machine qui absorbe une certaine quantité de chaleur produit une certaine quantité de mouvement, et dans tous les cas ces deux quantités sont égales. En un mot, une même cause peut, selon les circonstances, produire tantôt la sensation de chaleur sur un sujet sentant, tantôt un phénomène de mouvement dans un corps qui ne sent pas. Tout ce qui résulterait de là, ce serait donc qu'une même cause peut produire sur deux substances différentes deux effets différents, mais non pas que cette cause puisse se transformer en autre chose qu'elle-même et devenir ce qu'elle ne serait pas. On ne peut donc rien conclure de là en faveur de la transformation du mouvement en pensée.

N'oublions pas d'ailleurs que la chaleur elle-même, en tant que chaleur, n'est déjà, suivant l'hypothèse la plus répandue, qu'un phénomène de mouvement; et les physiciens n'hésitent pas à y voir, comme pour la lumière, une vibration de ce fluide impondérable que l'on appelle l'éther. Ainsi objectivement la chaleur, comme la lumière, n'est pour nous qu'un mouvement, et elle ne devient chaleur sentie que dans un sujet sentant. Or, la chaleur objective étant déjà un mouvement, comment s'étonner qu'elle produise des mouvements? Seulement ce mouvement imperceptible de l'éther, tantôt, se communiquant à nos nerfs, produit dans le moi ou dans l'esprit la sensation de chaleur, et tantôt, se communiquant aux corps qui nous environnent, produit des mouvements visibles à nos sens. Il n'y a pas là la moindre métamorphose, pas la moindre sorcellerie. Le mouvement produit du mouvement, il ne produit pas autre chose. Il reste toujours à expliquer comment ce qui est extérieurement mouvement détermine intérieurement la sensation de chaleur; mais c'est là, je le répète, ce qui est en question, et l'on retrouve toujours deux ordres de phénomènes irréductibles, dont les uns sont la condition des autres, mais qui ne peuvent se confondre.

Le matérialisme n'a donc trouvé dans les découvertes récentes de la science aucun argument nouveau, et il a toujours contre lui les mêmes objections et les mêmes difficultés qui l'ont discrédité dans tous les temps[1].

---

[1]. Pour une discussion plus complète du matérialisme, nous sommes forcé par les limites de ce traité à renvoyer à notre ouvrage : *le Matérialisme contemporain*.

CHAPITRE II

Union de l'âme et du corps.

Après avoir distingué l'âme du corps, il faut étudier leurs rapports : la *distinction* n'empêche pas l'*union*.

L'union de l'âme et du corps peut être étudiée à deux points de vue : 1° au point de vue *empirique*, c'est-à-dire au point de vue des *faits;* 2° au point de vue *métaphysique*, c'est-à-dire au point de vue des substances.

La première question est celle que l'on désigne d'ordinaire par ces termes : *rapports du physique et du moral*.

Le second problème est proprement ce que l'on appelle le problème de l'*union de l'âme et du corps*.

I. RAPPORTS DU PHYSIQUE ET DU MORAL.

Il y a encore ici deux questions à distinguer :

1° L'*influence du physique sur le moral* ou du corps sur l'âme.

2° L'*influence du moral sur le physique* ou de l'âme sur le corps.

286. Influence du physique sur le moral. — Pour classer les faits si nombreux qui se rapportent à ce point de vue, nous distinguerons : *a*, les diverses *circonstances* extérieures, physiques ou physiologiques, et leur action sur les phénomènes moraux; — *b*, les diverses *facultés* de l'âme et leurs conditions physiologiques.

287. *a*. Les circonstances physiques et physiologiques. — Les principales circonstances qui modifient les phénomènes moraux ont été classées par Cabanis [1] ainsi qu'il suit : les *âges*, les *sexes*, les *tempéraments*, les *maladies*; le *régime*, les *climats*, le *sommeil*, etc. Nous nous bornerons aux traits les plus importants.

288. 1° Influence des âges. — *Enfance*. — Cet âge est caractérisé, suivant Cabanis, par l'extrême mobilité des muscles et des nerfs, ainsi que par l'activité du cerveau. De là la mobilité des impressions, la vivacité des passions et la facilité de contracter les premières habitudes, qui sont presque des instincts.

Les caractères de cet âge sont : au point de vue physique, l'énergie de la vitalité ; au point de vue moral, l'impétuosité des idées et des passions.

Jeunesse. — « Quant à la jeunesse proprement dite, elle commence au temps où la force et la souplesse des solides, la densité, les propriétés stimulantes et la vivacité dans le mouvement des humeurs commencent à se trouver portées au plus haut degré. Le système nerveux et les organes musculaires commencent à se trouver montés à leur plus haut ton. Rien ne résiste à l'énergie du cœur et des vaisseaux artériels... Aussi cet âge est-il celui des maladies aiguës, des passions impétueuses et des idées hardies, animées par tous les sentiments de l'espérance. » (Cabanis, *Rapports*, IV, § 7.)

Maturité. — Ralentissement des mouvements vitaux ; en conséquence, circonspection, sagesse, ambition et calcul.

L'homme commence à ne plus se croire invincible ; il s'aperçoit que ses moyens sont bornés ; ses idées et ses affections ne s'élancent plus au loin avec la même vitesse ; il n'a plus cette confiance sans bornes en lui-même, et bientôt, par une conséquence nécessaire, il perd une grande partie de celle qu'il avait dans les autres... C'est le moment d'économiser, de se créer des ressources pour l'avenir... Aussi l'âge mûr est-il caractérisé par tous les grands peintres de la nature humaine par le soin de ménager les hommes et de cultiver l'opinion publique, par une plus grande attention donnée à tous les moyens de fortune... L'âge mûr est donc l'âge de l'ambition, de cette passion égoïste et sombre dont les jouissances ne font qu'irriter d'insatiables désirs. (*Ibid*, § 8.)

Vieillesse. — Langueur et dégénération des fonctions organiques : affaiblissement proportionné des facultés.

A raison de ces changements, les opérations de l'esprit doivent de jour en jour prendre plus de lenteur et d'hésitation ; le caractère devenir de plus en plus timide, défiant... La difficulté d'être augmente dans une progression continuelle : le sentiment de la vie ne se répand plus au dehors ; une nécessité fatale replie le vieillard sur lui-même (*Ibid.*, § 9.)

1. Voy. Cabanis, *Rapports du physique et du moral;* — Maine de Biran, *Nouveaux rapports du physique et du moral;* — Bérard, *Nouvelles considérations sur les rapports du physique et du moral.*

289. 2° Influence des sexes. — La différence d'organisation amène entre les deux sexes des différences morales caractéristiques : d'une part la finesse, la délicatesse, l'extrême sensibilité ; de l'autre la force, la profondeur, la prédominance de l'intelligence sur le sentiment.

<small>La femme ne sent pas comme l'homme... son attention ne porte pas sur les mêmes objets... d'une part elle évite les travaux pénibles et dangereux et se borne à ceux qui cultivent l'adresse de ses doigts, la finesse de son coup-d'œil, la grâce de ses mouvements ; de l'autre elle est effrayée de ces travaux de l'esprit qui ne peuvent s'exécuter sans des méditations longues et profondes ; elle choisit ceux qui demandent plus de tact que de science, plus de vivacité que de force, plus d'imagination que de raisonnement.</small>

290. 3° Influence du tempérament. — On désigne sous le nom de *tempérament* certaines différences d'organisation fondées sur la disproportion de volume et d'activité des organes et des fonctions, et qui sont cependant compatibles avec la santé. Les anciens (Hippocrate et Galien) reconnaissaient quatre espèces de tempéraments : le *flegmatique*, le *sanguin*, le *bilieux* et le *mélancolique*. Cette théorie a disparu à peu près de la science physiologique, par l'impossibilité de lui donner un fondement organique solide. Néanmoins le grand physiologiste Muller déclare cette théorie « excellente [1] », mais à la condition d'y voir surtout une théorie psychologique, non physiologique. Ce sont, suivant lui, les différents modes dont se distribuent la faculté du plaisir et de la douleur suivant les individus. En un mot, les quatre tempéraments sont les quatre *types* principaux de l'*humeur* et du *caractère* parmi les hommes [2]. Sans doute, ces types doivent avoir leur raison d'être dans des particularités physiologiques et dans une différence de distribution entre le volume et l'activité des organes ; mais il est impossible de déterminer d'une manière précise la circonstance déterminante de chacun.

291. 4° Influence des maladies. — L'influence des maladies sur l'état moral et intellectuel de l'homme est un fait si évident qu'il suffit de rappeler ici les phénomènes les plus familiers et les plus connus.

<small>Nous voyons par exemple tous les jours l'inflammation aiguë ou lente du cerveau, certaines dispositions organiques de l'estomac, les affections du diaphragme et de toute la région épigastrique, produire soit la frénésie ou le délire furieux et passager, soit la manie ou la folie durable ; et l'on sait que des maladies se</small>

---

[1]. Muller, *Physiologie*, t. II, trad. fr., p. 556.   [2]. Kunt, *Anthropologie*, trad. fr., p. 271 (part. II, A, 2).

combattent par des remèdes capables d'en combattre directement la cause physique (VII, § 2).

Parmi les maladies, celles qui agissent le plus directement sur le moral, ce sont les affections nerveuses appelés *hypocondriaques*. Voici les principaux effets de ces affections :

1° Elles donnent un caractère plus fixe et plus opiniâtre aux idées, aux penchants, aux déterminations ;
2° Elles font naître et développent toutes les passions tristes et craintives ;
3° En conséquence, elles disposent à l'attention et à la méditation ;
4° Elles disposent à toutes les erreurs de l'imagination, mais elles peuvent donner au génie beaucoup d'élévation, de force et d'éclat ;
5° Enfin, quand elles sont poussées à leur dernier terme, ou bien elles se transforment en démence et en fureur, ou bien elles accablent et stupéfient le système nerveux par l'intensité, la persistance, l'importunité des impressions, d'où s'ensuivent et la résolution des forces et l'imbécillité. (*Ibid.*, § 4.)

292. 5° **Influence des climats.** — L'influence des climats sur les idées, les mœurs et les habitudes des peuples a été souvent signalée. Le plus grand observateur de l'antiquité, Hippocrate, a écrit sur cette question une page restée classique qui donne l'essentiel et le plus positif en cette matière. Il distingue surtout les Asiatiques et les Européens.

En Asie, les mutations alternatives du froid et du chaud ne sont jamais grandes ni brusques : par là, jamais les forces vitales ne sont comme frappées de stupeur ; jamais le corps n'y sort tout à coup de son assiette naturelle... En Europe, les hommes diffèrent beaucoup et pour la taille et pour les formes, à cause des grandes et fréquentes mutations de temps qui ont lieu dans le courant de l'année. De fortes chaleurs, des hivers rigoureux, d'abondantes pluies, des sécheresses opiniâtres, des vents impétueux, en un mot toutes les températures y règnent tour à tour et s'y remplacent sans cesse. Voilà pourquoi toute l'apparence extérieure des Européens diffère d'une ville à l'autre... Par la même raison, les Européens doivent être plus courageux que les Asiatiques.

Hippocrate signalait, on le voit, surtout l'*égalité* ou l'*inégalité* des températures et des saisons. Montesquieu reprit la même théorie dans l'*Esprit des lois*[1], en insistant sur la différence du *froid* et du *chaud*.

Tout en reconnaissant, avec Hippocrate et Montesquieu, l'influence des climats, on ne doit pas l'exagérer, et il faut reconnaître, avec le commentateur de ce dernier, que « l'homme est de tous les animaux celui sur lequel le climat influe le moins ».

La preuve en est, dit-il, que l'homme seul s'accommode de toutes les positions, de toutes les régions, de tous les régimes, et de plus, plus l'homme est civilisé, plus l'empire du climat diminue[2].

1. L. XIV, ch. II. 2. Destutt de Tracy, *Commentaire sur l'esprit des lois*.

293. 6° Les narcotiques. — Les narcotiques produisent un effet perturbateur sur la pensée. Voici par exemple les effets du hachisch, suivant Moreau de Tours, qui a fait des expériences sur lui-même : C'est l'affaiblissement gradué du pouvoir personnel ; le hachisch, en affaiblissant la volonté, rend prédominante l'action de la mémoire et de l'imagination. Il en résulte un état général d'instabilité intellectuelle. Nous devenons le jouet des impressions les plus diverses. La crainte devient de la terreur, le soupçon le moins fondé devient une certitude. Tous les narcotiques produisent des effets plus ou moins semblables, et quand leur usage est continu et prolongé ils amènent l'hébétement ou la folie. Aussi les a-t-on appelés *poisons de l'intelligence*[1].

294. *b*. Les facultés et leurs organes. — La contre-épreuve des faits précédents consistera à passer en revue nos diverses facultés et à montrer qu'elles sont toutes plus ou moins liées à des conditions organiques.

1° *Sens*. — Il est presque inutile d'insister pour établir que l'existence et l'exercice des sens ont pour condition l'existence et le bon état de certains organes.

Bossuet a résumé dans les propositions suivantes la part que le corps prend à nos sensations :

1° Les sensations sont attachées à des mouvements corporels qui se font en nous ;

2° Les mouvements corporels qui se font en nous viennent des objets par le milieu ;

3° Les mouvements de nos corps auxquels les sensations sont attachées sont les mouvements des nerfs ;

4° L'ébranlement des nerfs se continue jusqu'au dedans de la tête et du cerveau ;

5° Le sentiment est attaché à cet ébranlement ;

6° Cependant l'âme, qui est présente à tout le corps, rapporte le sentiment qu'elle reçoit à l'extrémité où l'objet frappe ;

7° Quelques-unes de nos sensations se terminent à un objet (les perceptions) ; les autres, non (le plaisir et la douleur). Ce sont en général celles que nous rapportons aux parties intérieures de notre corps ;

8° Ce qui se fait dans les nerfs n'est ni senti ni connu : nous ne sentons pas non plus ce qui se fait dans l'objet et dans le milieu ;

9° Les sensations servent à l'âme à l'instruire de ce qu'elle doit rechercher et faire pour la conservation du corps ;

10° Outre les secours que donnent les sens pour les besoins du corps, ils l'aident aussi beaucoup à connaître toute la nature. (*Conn. de Dieu*, III, VIII.)

2° *Imagination*. — L'imagination est la suite de la sensation : c'est la persistance de l'impression lorsque la cause de la sensation a disparu. L'imagination est donc liée aux mouvements du cer-

---

1. Voy. Richet, *Revue des Deux-Mondes* (15 février et 1ᵉʳ mars 1877).

veau, comme la sensation l'est à l'ébranlement des nerfs. Sans doute, dans la sensation elle-même l'impression pénètre jusqu'au cerveau ; mais la sensation correspond au coup actuel porté par l'objet jusqu'au cerveau, et l'imagination à la répétition de ce même ébranlement du cerveau, produit par une cause interne, en dehors de tout objet.

Bossuet résume ainsi les rapports de l'imagination et du cerveau :

> Toutes les fois que les endroits du cerveau où les marques des objets restent imprimées sont agités par quelque cause que ce soit, les objets doivent revenir à l'esprit : ce qui nous cause en veillant tant de différentes pensées qui n'ont pas de suite, et en dormant tant de vaines imaginations que nous prenons pour des réalités.
> Et parce que le cerveau, composé de tant de parties si délicates, et plein d'*esprits* si vifs et si prompts, est dans un mouvement continuel, et que d'ailleurs il est agité à secousses inégales et irrégulières, il arrive de là que notre esprit est plein de pensées vagues, si nous ne le retenons et ne le fixons par l'attention. (*Ibid.*, III, x.)

Bossuet, dans cette page, admet l'hypothèse cartésienne des *esprits animaux*, c'est-à-dire de certaines *vapeurs* qui se forment du sang par la chaleur du cœur, et qui, montant au cerveau, en remplissent les fibres et circulent à travers tout le système nerveux. Ce système est aujourd'hui abandonné, et l'on admet plutôt l'hypothèse d'un mouvement *vibratoire* des *cellules* nerveuses, c'est-à-dire des derniers éléments microscopiques du système nerveux ; mais quelque hypothèse qu'on puisse faire sur la cause mécanique qui agit dans le cerveau, c'est toujours d'une manière analogue qu'on se représente les fonctions cérébrales qui correspondent à l'imagination. Un physiologiste moderne, le docteur Luys, a proposé d'appeler *phosphorescence* cette propriété que possèdent les éléments nerveux de persister pendant un temps plus ou moins long dans l'état vibratoire où ils ont été mis par l'action des incitations extérieures, de même que nous voyons les substances phosphorescentes illuminées par les rayons solaires continuer à rester brillantes quand la source de lumière a disparu. C'est ainsi que M. Niepce de Saint-Victor a démontré que les vibrations lumineuses peuvent être emmagasinées sur une feuille de papier et persister à l'état de vibrations silencieuses pendant un temps plus ou moins long, prêtes à reparaître à l'appel. Il en serait de même pour les éléments nerveux. Eux aussi seraient doués d'une sorte de phosphorescence organique qui les rendrait capables de vibrer et d'emmagasiner les impressions extérieures, et de les faire revivre à distance sous l'empire d'une excitation purement interne [1].

3° *Mémoire*. — Si l'imagination dépend de l'état cérébral, il est évident que la mémoire en dépend aussi ; c'est même un fait des plus familiers et des plus communs.

Tout le monde sait que certaines maladies (fièvre typhoïde, affections cérébrales) ont pour effet d'affaiblir, ou de suspendre, ou de détruire la mémoire, ou même, ce qui est plus étrange encore, de frapper sur telle ou telle partie de la mémoire. Nous avons signalé plus haut (140) les phénomènes de ce genre les plus saillants.

4° *Sensibilité et mouvements*. — Nous avons distingué dans l'âme deux modes d'action : l'un passif, l'autre actif ; l'un par lequel nous recevons du dehors les impressions ; l'autre par lequel nous agissons sur le dehors par l'activité. Cette distinction correspond en physiologie à la distinction capitale de deux espèces de nerfs : les nerfs du *sentiment* et les nerfs du *mouvement*. En effet, il arrive souvent que la paralysie du mouvement peut se rencontrer dans une région plus ou moins étendue du corps, dans une moitié latérale, par exemple, et que cependant la sensibilité demeure intacte dans la même région ; on observe aussi que la sensibilité peut être abolie dans une partie, tandis que les mouvements y sont encore plus ou moins libres. On a été amené par là à chercher un siège distinct dans le système nerveux pour l'une et l'autre de ces fonctions. Deux physiologistes célèbres, Ch. Bell et Magendie[2], ont contribué à établir ce résultat important : c'est que la sensibilité a son siège dans les racines postérieures des nerfs rachidiens (de la moelle) et le mouvement dans les racines antérieures de ces mêmes nerfs.

5° *Passions*. — Pendant très longtemps on a cru que les passions avaient leur siège dans les viscères. Platon (*Timée*) plaçait sa troisième âme dans les intestins. Bichat a donné à cette opinion l'autorité de son génie. Il soutenait que « le cerveau n'est jamais affecté dans les passions, et que les organes de la vie interne ou organique en sont le siège unique ». (*De la vie et de la mort*, part. I, art. VI, § 2.)

C'est ce qu'il essaie d'établir en montrant les effets produits par les passions sur les fonctions de la vie organique. Mais ces

---

[1] *Le cerveau*, par le Dr Luys, liv. II, ch. I.
[2] Pour l'histoire de cette question, voy. Vulpian (*Leçons sur la physiologie du système nerveux*; leçon VI. p. 105).

faits se rattachent plutôt à l'influence du moral sur le physique que du physique sur le moral : nous les retrouverons plus loin. Contentons-nous de signaler ici ceux qui témoignent de l'influence du physique sur la production des passions. Ainsi on remarque, dit Bichat, que l'individu dont l'appareil pulmonaire est très prononcé et dont le système circulatoire jouit de beaucoup d'énergie, en un mot, que le tempérament sanguin a dans les passions une impétuosité qui le dispose à la colère; le tempérament bilieux prédisposerait à l'envie et à la haine; le tempérament lymphatique, à la paresse, à la mollesse, etc. De même pour les âges, pour les climats, etc. Enfin, dans l'état de maladie, les affections du foie, de l'estomac, de la rate, des intestins, du cœur déterminent également une foule de passions diverses.

Malgré ces faits, qui prouveraient, suivant Bichat, soit l'influence des passions sur les viscères, soit l'influence des viscères sur les passions, on est généralement d'accord aujourd'hui pour admettre que le véritable siège des passions n'est pas dans les organes viscéraux, mais dans le cerveau lui-même [1], aussi bien que les fonctions intellectuelles. Les relations qui s'établissent chez certaines personnes entre tel état des viscères et telle passion sont, suivant Muller, des relations purement individuelles, qui tiennent à la débilité particulière de l'organe affecté. Ce qui donne à penser que le cerveau est le seul vrai siège des passions, c'est que dans l'aliénation mentale les passions et les sentiments sont profondément altérés. Sous l'empire d'une affection cérébrale on deviendra indifférent à l'objet de ses plus chères affections.

Chez l'homme bien portant, dit-il, les effets des passions se propagent en rayonnant du cerveau à la moelle épinière, et de celle-ci au système nerveux, tant de la vie animale que de la vie organique. Tout ce qui arrive de spécial est purement individuel : là où les uns pâlissent, les autres rougissent [2].

De tous nos organes il y en a un que l'usage de toutes les langues, que la poésie, et on peut dire même une expérience familière, a lié à l'idée des passions : c'est le cœur. Claude Bernard, dans une leçon célèbre [3], a expliqué ce qu'il y a de fondé dans cette croyance universelle. Dans l'émotion, en effet, quoique la source primitive soit dans le cerveau, il se produit, par une action réflexe nerveuse qui part de ce centre, une légère

---

1. Bossuet déjà plaçait dans le cerveau le siège des passions : « De cette agitation du cerveau et des pensées qui l'accompagnent naissent les passions. » (*Conn. de Dieu*, ch. III, XI). C'était du reste la doctrine de Descartes.
2. Muller, *Physiologie*, t. I, p. 767, 4.
3. Claude Bernard, *la Science expérimentale*.

interruption dans le mouvement du cœur, puis une secousse qui donne plus de rapidité à la circulation et qui rend au cerveau l'action que le cœur en a reçue. Telle est la part du cœur dans la passion et dans l'émotion : « Le cœur n'est pas plus le siège de nos sentiments que la main n'est le siège de notre volonté. Mais le cœur est un instrument qui concourt à l'expression de nos sentiments comme la main concourt à l'expression de notre volonté. »

6º *Intelligence.* — Aristote disait que l'intelligence, le Νοῦς ποιητικὸς, était une faculté *impassible*, sans matière, ἀπαθής, ἄυλος, et Bossuet, soutenant la même doctrine, disait que l'intelligence considérée en elle-même « n'est attachée à aucun organe »; mais il accordait « qu'elle dépend du corps *par accident* ».

En effet, si l'intelligence est essentiellement distincte du corps (comme nous l'avons vu), il faut reconnaître qu'en elle-même et par nature elle ne dépend pas des organes : la pensée ne peut pas dépendre de l'étendue. Cependant il est très certain qu'en fait l'intelligence est liée à l'état des organes : seulement cela ne tient pas à ce qu'elle est en elle-même, mais à ce qu'elle est en nous. En effet, dit Bossuet, « on n'entend pas sans imaginer, ni sans avoir senti ». L'intelligence, par les lois de notre constitution intellectuelle, est liée à l'imagination et à la sensibilité ; or l'imagination et la sensibilité sont liées à des conditions organiques : c'est ainsi, et seulement d'une manière indirecte et médiate, que l'intelligence arrive à dépendre des organes.

Voici les faits qui établissent le rapport de la pensée et des hémisphères cérébraux :

a. Sans cerveau, point de manifestation intellectuelle : on voit, il est vrai, dans des organismes inférieurs (par exemple les polypes) des phénomènes qui ressemblent singulièrement à des combinaisons intellectuelles et qui ne sont liés ni à un cerveau, ni même à un système nerveux; mais ces faits sont-ils bien différents des phénomènes semblables que manifestent les plantes, et y a-t-il là autre chose qu'un instinct inconscient, automatique ? Nous n'en savons rien. Mais, en tout cas, dans les animaux supérieurs et dans l'homme on n'a jamais vu aucune trace d'intelligence sans cerveau.

b. Au-dessous d'une certaine limite de masse cérébrale l'intelligence devient impossible. L'idiotisme est causé par l'hydrocéphalie ; le crétinisme par un arrêt de développement du cerveau.

c. Toute maladie du cerveau altère plus ou moins profondément les facultés intellectuelles. La congestion sanguine donne le délire; la congestion séreuse produit la stupeur. L'apoplexie détruit momentanément la connaissance et peut provoquer l'affaiblissement des facultés. Le ramollissement du cerveau amène une dégradation croissante de l'intelligence; un coup sur la tête détermine la folie.

d. Des expériences directes ont fait voir le rapport certain de l'intelligence avec les lobes cérébraux. Dans certaines opérations qui mettaient le cerveau à découvert, on a pu ôter ou rendre à volonté les facultés intellectuelles en comprimant ou en ne comprimant pas le cerveau. Les expériences de Flourens sur le cerveau des pigeons ont prouvé que toutes leurs facultés morales et intellectuelles disparaissaient avec les portions du cerveau enlevées par l'opération et renaissaient avec elles [1].

e. On a même commencé à localiser quelques-unes des facultés intellectuelles dans certaines parties du cerveau [2]. Ainsi beaucoup de faits semblent autoriser la supposition que la *faculté du langage* réside dans l'hémisphère gauche du cerveau [3]; que les *couches optiques* sont l'organe où se concentrent toutes les impressions sensitives et centripètes, et les *corps striés*, l'organe où se concentrent les réactions motrices ou centrifuges (31). On a lieu de croire, suivant M. Flourens, que le cervelet est l'organe ou le principal des organes qui servent à la coordination des mouvements. Enfin, on croit que la pensée proprement dite a pour siège la *substance grise* ou *substance corticale* (31).

7° *Activité*. — Pour ce qui est de l'*activité*, il y a lieu à considérer successivement l'*instinct*, l'*habitude* et la *volonté*.

a. L'instinct est évidemment lié à l'organisme : car à des organismes différents correspondent des instincts différents. Les carnivores, à moins qu'ils n'aient été adoucis par la domestication, ont des tendances à la férocité. Les herbivores sont au contraire doux et sociables. De plus, quoique l'instinct ne soit pas purement automatique, il est lié cependant à un certain nombre de mouvements réflexes qui doivent être préalablement coordonnés

---

1. La cervelle chez les pigeons se régénère facilement. Il paraîtrait même que les hémisphères tout entiers peuvent se reformer quand ils ont été enlevés.
2. La théorie de la localisation des facultés avait été prématurément essayée par la *phrénologie*; cette doctrine, fondée par le D' Gall, reconnaissait un très grand nombre de facultés (32) qui se localisaient chacune dans une circonvolution distincte du cerveau. Cette doctrine est aujourd'hui complètement abandonnée, mais le principe de localisation n'est pas condamné par là. Voy. notre livre sur *le Cerveau et la pensée*, ch. IV.
3. Sur l'*Aphasie* ou perte de la faculté de langage, et sur le siège de cette faculté, voy. le même ouvrage (ch. VII).

pour que l'instinct puisse non seulement s'exercer, mais encore se montrer.

b. L'habitude a son principe dans un acte de l'âme ; par conséquent elle est plutôt un effet de l'influence du moral sur le physique que du physique sur le moral : mais il y a réciprocité et réaction. Une fois l'habitude contractée, elle commande à la volonté, elle entraîne l'homme : c'est ce que Pascal appelle la *machine*. Or qu'est-ce que l'habitude une fois contractée? Ce n'est plus qu'un pur automatisme, une trame de mouvements réflexes : la part de l'habitude dans notre vie n'est donc encore que la part du physique.

c. La volonté elle-même, quelque immatérielle qu'elle puisse être, n'est pas sans subir l'influence du physique. On voit en effet l'âge, la maladie, la paralysie éteindre, amortir, abolir la volonté ; elle ne cesse pas d'exister, mais elle cesse d'agir lorsque son premier instrument d'action, celui qu'elle affecte immédiatement, le cerveau, vient à lui faire défaut.

295. II. **Influence du moral sur le physique.** — Nous avons maintenant à retourner la médaille, et à étudier réciproquement l'influence du moral sur le physique. Cette influence se manifeste non seulement dans les facultés supérieures telles que l'entendement et la volonté, mais encore dans les opérations dites sensitives, telles que l'imagination et les passions.

Imagination. — L'influence de l'imagination sur l'organisme a été connue de tout temps. On en cite de nombreux exemples. Tout le monde sait que l'idée du bâillement provoque aussitôt le bâillement lui-même ou la tendance à le reproduire. La pensée seule d'un objet effroyable détermine le frisson ; l'idée d'une substance nauséabonde peut, chez certaines personnes délicates, provoquer le vomissement ; la pensée des aliments provoque la salive, etc.

Un psychologue anglais, M. Bain[1], a généralisé ces observations et les a ramenées à ce principe, que la représentation mentale d'un objet tend à faire renaître en nous les mouvements physiques qui ont été primitivement associés à la sensation de cet objet. Un enfant ne peut décrire une scène où il a pris part sans la mimer en quelque sorte. Un chien qui rêve remue les pattes et quelquefois aboie. Quand nous nous rappelons le souvenir d'un

---

1. Bain, *Sens et entendement*, part. II, ch. I, § 2 : Sentiments idéaux du mouvement.

mot ou d'une phrase, nous sentons nos organes s'agiter comme s'ils voulaient la reproduire. L'idée est en quelque sorte une articulation rudimentaire, une articulation supprimée. Le vertige ou fascination est la production de l'acte craint, déterminée par la forme même de l'image qui le représente. Il y a des personnes dont les nerfs sont faibles et incontinents, et qui ne peuvent penser sans se parler à elles-mêmes. L'idée va jusqu'à réveiller la sensation ou du moins une pseudo-sensation, et en reproduire les effets physiques. On dit que l'idée d'un coup sur la main peut aller jusqu'à irriter et enflammer la peau. On croit que les plaies mêmes des stigmatisés pourraient être les effets de l'imagination. On sait aussi quels sont ces effets dans le magnétisme animal, dans la médecine. On guérit les malades par l'imagination. On signale des personnes que l'on a guéries avec des remèdes apparents (eau pure, mie de pain), en leur faisant croire qu'ils étaient des plus énergiques, ou par une action purement morale. D'autres au contraire auraient été tuées par la croyance qu'elles avaient pris du poison, quoiqu'il n'en fût rien. Boerhaave guérissait à Harlem une épidémie convulsive en menaçant le malade d'un fer rouge [1].

Passions. — Les passions agissent sur le physique de deux manières : 1° par des phénomènes expressifs ; 2° par des phénomènes organiques concomitants, et non expressifs.

Les phénomènes expressifs des passions, suivant Bain [2], sont les suivants : 1° Les mouvements respiratoires : spasmes, cris, gémissements, sanglots; 2° les mouvements du cœur, qui deviennent expressifs, si on met la main sur la poitrine ; 3° les mouvements du nerf facial, ou mouvements de la physionomie; 4° les mouvements des yeux; 5° Les mouvements des membres ou gestes, et du corps tout entier.

Tous ces faits appartiennent au système musculaire. Il en est d'autres qui appartiennent à la vie organique, tels que : les changements de coloration, la sécrétion des larmes, les changements de la peau.

Quant aux phénomènes non expressifs, Bichat les résume ainsi : Toute passion fait naître un changement, une altération dans la vie organique. La colère accélère les mouvements de la circulation et multiplie l'effort du cœur dans une proportion incalculable. La joie l'accélère légèrement, et la détermine vers l'or-

---

1. Maine de Biran, *Physique et moral*, p. 131. 2. Bain, art. I, ch. IV, § 3.

gane cutané. La crainte agite en sens inverse; elle se caractérise par la faiblesse du système vasculaire, qui amène la pâleur. — Quelquefois es passions vont jusqu'à arrêter le jeu des organes respiratoires, et amener des syncopes et même la mort. La même influence se produit sur la respiration; de là les étouffements, les oppressions, etc.; même influence sur les phénomènes intestinaux: vomissements spasmodiques, interruption subite des phénomènes digestifs, affections d'entrailles, des intestins, de la rate; influences sur les sécrétions, les exhalations, l'absorption, la nutrition.

Ces expressions : *sécher d'envie, être rongé de remords, être consumé par la tristesse*, n'indiquent-elles pas combien les passions modifient le système nutritif... Les passions de la nourrice communiquent à son lait un caractère nuisible d'où naissent souvent diverses maladies pour l'enfant [1].

Intelligence. — L'intelligence proprement dite n'agit pas d'une manière directe sur l'organisme; elle n'agit sur lui que par intermédiaire, soit par l'action de l'imagination et des passions que nous venons d'étudier, — soit par la volonté, dont nous allons parler. Faisons seulement remarquer avec Bossuet que si, en un sens, l'intelligence obéit à l'imagination et en a besoin pour penser, en un autre sens elle lui commande et s'en sert comme d'un instrument.

Ainsi l'entendement du géomètre, tout en étant tenu de se servir de lignes et de figures, contraint cependant ces lignes, ces figures, ces lettres et ces chiffres à signifier les choses de l'esprit.

Volonté. — C'est surtout dans la volonté que se marque l'empire de l'âme sur le corps, et l'intelligence elle-même ne commande aux sens qu'en tant qu'elle se lie à la volonté.

Bossuet (III, xv, xvi et xvii) expose les effets de la volonté sur les organes, et par les organes, sur l'imagination et la passion:

Un corps ne choisit pas où il se meut; il va comme il est poussé. Au contraire je tourne où je veux, comme je veux, et seulement parce que je le veux.

C'est grâce au pouvoir que la volonté exerce sur les membres, que nous pouvons nous rendre maîtres de beaucoup de choses qui par elles-mêmes ne semblaient pas soumises à la volonté : par exemple, la nutrition, qui paraît entièrement indépendante de nous; mais l'âme, maîtresse des membres extérieurs, donne à l'estomac ce qu'elle veut, et dans la mesure que la raison prescrit.

De même l'imagination ou les passions naissent des objets; et par le pouvoir que nous avons sur les mouvements extérieurs, nous pouvons ou nous rapprocher, ou nous éloigner des objets.

En outre, les passions, dans leur exécution, dépendent des mouvements extérieurs : il faut frapper pour achever ce qu'a commencé la colère : il faut fuir pour achever ce qu'a commencé la crainte : mais la volonté peut empêcher la main de frapper et les pieds de fuir.

1. Bichat, *de la Vie et de la Mort*, part. I, art. vi, § 2.

C'est à l'âme qu'est réservé de lâcher le dernier coup.

Non seulement l'âme peut empêcher le dernier effet des passions, mais elle peut encore les modérer dès le principe par le moyen de l'attention qu'elle fera à certains objets, ou dans le temps des passions pour les calmer, ou devant les passions pour les prévenir.

En effet l'âme peut exercer son empire sur le cerveau ; par l'attention elle en « apaise l'agitation naturelle » ; et pour cela elle n'a nul besoin de connaître le cerveau. Il suffit qu'elle veuille ce qui dépend immédiatement d'elle, à savoir, être attentive : le cerveau obéit naturellement et par la seule subordination du corps à l'âme. Il est même nécessaire, « pour le repos du cerveau, d'en brider les mouvements irréguliers ».

Non seulement l'âme peut calmer le cerveau, elle peut encore

L'exciter en tel endroit qu'il lui plaît, pour rappeler les objets selon ses besoins.

De là un nouveau moyen d'agir sur nos passions, et « c'est le plus bel effet de l'attention ».

Le principe de la passion, c'est l'impression puissante d'un objet dans le cerveau : l'effet de cette impression ne peut être mieux empêché qu'en se rendant attentif à d'autres objets.

Il en est des esprits émus et poussés d'un certain côté comme d'une rivière qu'on peut plus aisément détourner que l'arrêter du droit fil : ce qui fait qu'on réussit mieux dans la passion en pensant à d'autres choses qu'en s'opposant directement à son cours... il faut calmer les esprits par une espèce de diversion et se jeter pour ainsi dire à côté, plutôt que de combattre de front.

En exposant l'influence du *moral* sur le physique, faut-il dire avec Cabanis (XIe Mémoire, § 8) que ce n'est autre chose que « l'influence du système cérébral, comme organe de la pensée et de la volonté sur les autres organes, » ou, suivant l'expression de Bichat, « de la vie animale sur la vie organique » ? Cette doctrine est suffisamment réfutée par les discussions précédentes sur la distinction de l'âme et du corps (ch. 259-269) et sur la liberté (sect. III, ch. v et vi). D'ailleurs, nous nous plaçons ici surtout au point de vue de l'expérience : à ce point de vue, on appelle *moral* ce qui est pour chacun de nous l'objet de sa propre conscience, et *physique* ce qui est l'objet de l'observation externe. Or, c'est un fait certain que si les phénomènes physiques qui se passent dans le corps agissent sur les phénomènes intérieurs ou psychologiques, — réciproquement les phénomènes psychologiques réagissent sur les phénomènes physiques : c'est cette double action qu'il importe de bien comprendre à la fois.

Il ne faudrait pas croire que l'influence du moral sur le physique fût moindre que celle du physique sur le moral, parce que l'on peut citer un bien plus grand nombre de faits en faveur de la seconde thèse que de la première : mais cela n'est d'aucune conséquence. C'est seulement une preuve que les circonstances physiques qui agissent sur l'âme sont très diverses, tandis que l'action que l'âme exerce sur le corps par la volonté est très uniforme ; mais cela ne l'empêche pas d'être constante pendant la veille et dans l'état de santé, et cette influence se vérifie autant de fois que nous exerçons notre empire sur notre corps.

II. UNION DE L'AME ET DU CORPS.

Le problème empirique des rapports du physique et du moral ne porte que sur des faits : il est donc naturel qu'il prête à de riches et abondantes considérations. Au contraire, le problème métaphysique de l'union de l'âme et du corps est un de ceux qui résistent le plus aux investigations de l'esprit humain, et sur lequel nous savons le moins de choses : nous nous bornerons donc aux plus brèves considérations. Ce problème ressort d'ailleurs beaucoup plus de la métaphysique que de la psychologie, et de la philosophie supérieure que de la philosophie élémentaire.

Rappelons d'abord ce que nous avons dit au début de cet ouvrage [1] (14), que l'homme, selon l'expression de Bossuet, « est un tout naturel ». L'âme et le corps ne sont pas deux parties juxtaposées l'une à l'autre, étrangères l'une à l'autre, mais fondues et intimement unies, et formant, comme le dit encore Bossuet, « une parfaite société ».

Sans doute il est très vrai de dire que le corps n'est qu'un instrument pour l'âme, et Platon définissait très bien l'homme *une âme qui se sert d'un corps*. Mais, ajoute Bossuet :

« Il y a une extrême différence entre les instruments ordinaires et le corps humain. Qu'on brise le pinceau d'un peintre ou le ciseau d'un sculpteur, il ne sent point les coups dont il a été frappé ; mais l'âme sent tous ceux qui blessent le corps... Le corps n'est donc point un simple instrument appliqué par le dehors, ni un vaisseau que l'âme gouverne à la manière d'un pilote. Il en serait ainsi si elle était simplement intellectuelle ; mais parce qu'elle est sensitive, elle est forcée de s'intéresser d'une façon plus particulière à ce qui le touche, et

---

[1]. 1ᵉʳ *Alcibiade*. Platon définit l'homme τὸ ἔχον σῶμα, τὸ χρώμενον σώματι.

de le gouverner, non comme une chose étrangère, mais comme une chose naturelle et intimement unie (III, xx). »

Si l'âme humaine n'est pas un esprit pur, si elle n'est pas dans le corps *comme le pilote dans son navire* (Aristote, *Traité de l'âme*, II, I), elle n'est donc pas seulement, comme le dit Descartes, *une chose qui pense*, ou, comme Bonald, *une intelligence servie par des organes;* elle est quelque chose de plus; elle doit être rattachée au corps par quelque endroit: elle est, selon l'expression d'Aristote, *la forme du corps*. Elle est, dit-il encore, *quelque chose du corps*, τι σώματος (*ibid.*). L'union des deux substances n'est pas *accidentelle, extrinsèque*. Elle est, comme disait la scolastique, *substantielle*. C'est ce que Leibniz exprimait en disant qu'il y a entre l'âme et le corps un lien substantiel, *vinculum substantiale*. Il n'entendait pas par là une substance intermédiaire entre l'âme et le corps, unissant les deux autres, mais une pénétration intime et réciproque de l'une dans l'autre.

S'il en est ainsi, non seulement les deux substances agissent l'une sur l'autre, mais, au contraire, elles ne peuvent agir l'une sans l'autre. Tout ce que l'une fait retentit dans l'autre. Elles sont, en quelque sorte, soudées ensemble, comme deux corps humains sur un tronc commun. Il n'y a pas plus à se demander *comment* cette action a eu lieu qu'à se demander *comment* l'âme pense et *comment* le corps se meut.

Les difficultés qui ont été élevées contre l'action réciproque de l'âme et du corps naissent de deux sources :

1° On demande en général comment une substance peut agir sur une autre substance : « Les monades, disait Leibniz, n'ont pas de *fenêtres* pour que l'action du dehors puisse y pénétrer. »

2° On demande en outre comment une substance *spirituelle*, c'est-à-dire simple et inétendue, peut agir sur une substance *corporelle*, composée et étendue, et réciproquement.

La première difficulté, portant sur tout mode d'action, quel qu'il soit, de substance à substance, ne porte pas en particulier sur l'action réciproque de l'âme et du corps. On est bien loin de savoir *comment* un corps meut un autre corps : on l'admet cependant. Nous pouvons donc admettre de la même manière et au même titre que les deux substances agissent l'une sur l'autre.

La seconde difficulté, plus spéciale, porte sur la nature *hétérogène* des deux substances : comment le *spirituel* agit-il sur le *matériel*, et réciproquement? Mais rien ne prouve que cette hétérogénéité soit absolue. La seule incompatibilité qu'il y ait entre les deux substances, c'est que l'une est *simple* et l'autre est *composée*. Mais cette substance composée elle-même, que l'on appelle *corporelle*, se ramène peut-être dans ses éléments, comme l'a pensé Leibniz, à des substances simples, qui ne diffèrent des esprits qu'en degré et non en essence.

S'il en était ainsi, l'action réciproque des deux substances n'aurait rien de plus étonnant que l'action de toutes substances en général les unes sur les autres. D'ailleurs, même lorsqu'on maintiendrait l'absolue incompatibilité des deux substances, sur quoi se fonde-t-on pour affirmer que deux choses différentes ne peuvent pas agir l'une sur l'autre? Les anciens admettaient arbitrairement que le semblable ne peut connaître que le semblable. N'est-ce pas un reste du même préjugé de soutenir que le semblable ne peut aussi agir que sur le semblable? D'ailleurs, quelques difficultés théoriques qui puissent s'élever contre le commerce de l'âme et du corps, nous sentons trop vivement la réalité de ce commerce pour pouvoir pratiquement la mettre en doute.

296. Hypothèses sur l'union de l'âme et du corps. — On mentionne généralement plusieurs hypothèses qui ont été proposées pour expliquer l'union de l'âme et du corps. Nous devons les rappeler en terminant, ne fût-ce que pour signaler quelques erreurs qui ont été commises à ce sujet et qui se perpétuent sans cesse.

297. 1° Esprits animaux. — Par exemple, le système des *esprits animaux* de Descartes n'est nullement une hypothèse inventée pour expliquer l'union de l'âme et du corps. Les esprits animaux ne sont autre chose que des vapeurs issues du sang; ce sont des parties subtiles, mais toutes matérielles, qui font partie du corps, et ne peuvent en aucune façon servir de passage entre le corps et l'âme : c'est là une hypothèse physiologique, non métaphysique.

298. 2° Médiateur plastique. — On impute au philosophe anglais Cudworth une hypothèse que l'on appelle l'hypothèse du *médiateur plastique* : ce serait, dit-on, une substance intermédiaire, mi-spirituelle et mi-corporelle, qui mettrait en rapport les deux substances. On triomphe facilement d'une hypothèse aussi inconséquente. Mais elle n'a jamais été soutenue par personne; Cudworth n'a jamais parlé d'un *médiateur* plastique, mais seulement d'une *nature* plastique, qui est une sorte d'âme du monde et qui, sous les ordres de Dieu, est la vraie cause organisatrice des êtres vivants.

299. 3° Influx physique. — On cite encore la doctrine d'Euler, qui n'est autre que la doctrine traditionnelle des écoles et qui porte le nom d'*influx physique*. Mais cette expression scolastique est simplement le nom barbare de ce que nous appellerions l'*influence naturelle*. Cette doctrine consiste à admettre comme un fait que ces deux substances agissent naturellement l'une sur l'autre, mais ce n'est point une hypothèse pour expliquer le *comment* de cette union.

300. 4° Animisme, vitalisme, organicisme. — On cite encore parmi les hypothèses de ce genre l'*animisme*, le *vitalisme* et l'*organicisme*. Mais ces trois doctrines ont pour but unique d'expliquer le phénomène de la *vie*, et non point de rendre intelligible l'union de l'âme et du corps. En effet, après avoir prouvé que la *pensée* exige une cause distincte qui n'est pas la matière, on peut se demander s'il en est de même de la *vie*. Or ici trois hypothèses sont possibles : ou bien on admet que la vie est le résultat de l'organisation, et c'est ce qu'on appelle l'*organicisme*; ou bien on admet que la vie est le résultat d'une force spéciale distincte des organes et même de la matière, et c'est ce qu'on appelle le *vitalisme;* ou bien on affirme que le principe de la vie est le même que le principe de la pensée, et que ce principe est l'âme elle-même, l'âme pensante : c'est ce qu'on appelle l'*animisme*. Or, dans ces trois hypothèses, le problème métaphysique de l'union des substances reste exactement le même qu'auparavant.

En un mot, si on excepte l'influence physique, qui n'est que la simple affirmation du fait, il n'y a eu en réalité, en philosophie, que deux hypothèses pour expliquer l'union de l'âme et du corps : les *causes occasionnelles* de Malebranche, et l'*harmonie préétablie* de Leibniz.

301. Causes occasionnelles. Harmonie préétablie. — Ces deux hypothèses ont cela de commun qu'elles nient toute action réciproque des deux substances, et qu'elles remplacent cette réciprocité d'action par une simple *correspondance* de phénomènes : seulement on l'entend de deux manières différentes. Selon Malebranche, cette correspondance est produite par l'action continue de Dieu, les substances créées (âme et corps) n'étant que les causes occasionnelles qui déterminent Dieu à agir : tel mouvement du corps provoque Dieu à produire dans l'âme telle pensée, telle sensation ; et réciproquement, telle sensation et telle pensée provoquent Dieu à produire dans le corps tel mouvement, de sorte que Dieu fait tout, et qu'il est le seul acteur. Pour Leibniz, au contraire, toute substance, corporelle aussi bien que spirituelle, est essentiellement active ; mais son action est tout interne et ne sort pas d'elle-même ; Dieu, en disposant dans chacune d'elles à l'origine une force innée (*vis insita*), a prédéterminé le développement qu'elle devait avoir, de façon à ce que tous les phénomènes qui s'ensuivraient se trouvassent correspondre à ceux qui, dans une autre substance, résulteraient également de la loi de cette substance et de son développement prédéterminé. Il y aurait ainsi *harmonie* entre toutes les substances et en particulier entre l'âme et le corps, et cette harmonie, résultant d'un décret divin, aurait été *préétablie*.

Ces subtiles et brillantes hypothèses n'ont pas seulement pour effet de détruire l'action réciproque des substances, mais elles tendent encore à supprimer soit toute activité interne, soit toute liberté dans les créatures. La discussion de ces théories appartient à la métaphysique : la psychologie doit se borner à constater comme fait le sentiment intérieur d'une influence réciproque résidant d'une part dans le *sens de l'effort*, qui atteste l'action de l'âme sur le corps, et de l'autre le *sens vital*, qui atteste l'action du corps sur l'âme.

302. Le pourquoi de l'union. — Si l'on ne peut se rendre compte du *comment* de l'union de l'âme et du corps, peut-on davantage en expliquer le *pourquoi?*

Voici en effet la nouvelle difficulté qui s'élève : si la pensée a son principe en dehors de la matière, comment se fait-il qu'elle ait absolument besoin de la matière pour naître et pour se développer? Nulle part, en effet, l'expérience ne nous a permis de rencontrer une pensée pure, un esprit pensant sans organe, une âme angélique dégagée de tous liens avec la matière. La superstition seule, et la plus triste des superstitions, peut faire croire que l'on communique ici-bas avec de tels esprits. Comment donc s'expliquer cette union nécessaire de l'âme et du corps? On la comprendrait encore pour ces sortes d'actions que l'âme exerce en dehors d'elle dans le monde extérieur. Pour agir sur les choses externes, il faut des instruments ; même pour exprimer sa pensée au dehors, il faut aussi des instruments. Mais la pensée est un acte tout interne, où il semble que l'on n'ait plus besoin de rien d'extérieur. Comprend-on que l'on puisse penser avec quelque chose qui ne serait pas nous-mêmes? Ce qui pense et ce avec quoi on pense ne peut être qu'une seule et même chose. Ou le cerveau ne peut servir de rien à la pensée, ou il est lui-même la chose pensante. On comprend un *instrument d'action*, mais on ne comprend pas ce que pourrait être un *instrument de pensée*.

Voici ce que l'on peut répondre à cette difficulté. De quelque manière que l'on explique la pensée, soit que l'on admette, soit que l'on rejette ce que l'on a appelé les idées innées, on est forcé de reconnaître qu'une très grande partie de nos idées viennent de l'expérience externe. Les idées innées elles-mêmes ne sont que les conditions générales et indispensables de la pensée, elles ne sont pas la pensée elle-même. Comme Kant l'a dit, elles sont la forme de la pensée; elles n'en sont pas la matière. Cette matière est fournie par le monde extérieur. Il faut donc que ce monde extérieur agisse sur l'âme pour qu'elle devienne capable de penser : il faut par conséquent un intermédiaire entre le monde extérieur et l'âme. Cet intermédiaire est le système nerveux, et comme toutes les sensations venant par des voies différentes ont besoin de se lier et de s'unir pour rendre possible la pensée, il faut un centre, qui est le cerveau. Le cerveau est ce centre où les actions des choses externes viennent aboutir, et il est en même temps le centre d'où partent les actions de l'âme sur les choses externes. On peut donc dire que si le cerveau n'est pas l'instrument de la pensée, il l'est de la sensation, de l'imagination et du langage, sans lesquels nous ne pouvons penser; l'intelligence est bien liée au cerveau, mais elle ne l'est que par accident. Il en est de même pour la volonté. Le cerveau, à son tour, étant un organe vivant, a besoin d'être lié à un organisme, et c'est par lui que l'âme est unie au corps.

En un mot, l'âme vivant au sein d'un monde matériel, « il lui fallait un corps organique, et Dieu lui en a fait un capable des mouvements les plus forts, aussi bien que des plus délicats ».

« Et il est d'un beau dessein d'avoir voulu faire de toutes sortes d'êtres : des êtres qui n'eussent que l'étendue; des êtres qui n'eussent que l'intelligence, et enfin des êtres où tout fût uni et où une âme intelligente se trouvât jointe à un corps[1]. »

1. Bossuet, *Conn. de Dieu*, IV, 1.

LOGIQUE

303. Objet de la logique. — La *Logique* est cette partie de la philosophie qui traite des lois de l'esprit humain dans son rapport avec la *vérité*. En tant qu'elle étudie ces *lois* elle est la *science du vrai;* en tant qu'elle en tire des règles pour la conduite de l'esprit, elle est l'*art de penser*.

Elle se divise donc en deux parties : en tant que science, elle est ce qu'on appelle logique *pure* ou logique *formelle;* en tant qu'art de penser, elle est la logique *appliquée* ou *méthodologie*[1].

SECTION I

LOGIQUE PURE

CHAPITRE PREMIER

Des degrés d'assentiment. — Certitude et probabilité.

304. Degrés d'assentiment. — Avant d'étudier les lois que suit l'entendement dans l'acquisition de la vérité, il est bon de faire connaître les différents états où l'esprit peut se trouver par rapport au vrai et au faux : par exemple, s'il possède le vrai, c'est la science; s'il en est privé, c'est l'ignorance; s'il hésite, c'est le doute, etc. C'est ce que Bossuet (I, XIV) appelle les *dispositions de l'entendement*, et Leibniz avec Locke (*Essai*, IV, XVI), les *degrés d'assentiment*. Kant a également consacré un chapitre à ce sujet dans sa *Critique de la raison pure* (*Méthodologie transcendantale*, ch. II, sect. III).

La science. — Bossuet définit la science par les caractères suivants :

---

1. Les scolastiques exprimaient cette différence en distinguant une *logica docens* et une *logica utens*.

JANET, Philosophie.

Quand par le raisonnement on entend *certainement* quelque chose, qu'on en comprend les raisons, et qu'on a acquis la faculté de s'en ressouvenir, c'est ce qui s'appelle *science*. Le contraire s'appelle *ignorance*.

La certitude. — Le caractère propre de la science est la *certitude*. Qu'est-ce que la certitude ? C'est l'état de l'esprit qui adhère à la vérité sans aucun mélange de doute. Pour l'entendre il faut définir le *doute*.

Le doute. — Le doute est la *suspension du jugement*. Lorsque les raisons qui militent en faveur d'une opinion sont ou nous paraissent équivalentes à celles de l'opinion contraire, nous ne pouvons nous prononcer entre elles; nous ne donnons notre assentiment ni à l'une ni à l'autre : nous restons suspendus entre les deux (*dubitatio*) : nous doutons.

Ainsi la science, considérée au point de vue subjectif, c'est-à-dire au point de vue du sujet pensant, se caractérise par la *certitude* et s'oppose au doute : mais au point de vue objectif, elle se caractérise par la possession de la *vérité* et elle s'oppose soit à l'ignorance, soit à l'erreur.

305. Le vrai et le faux. — Qu'est-ce que la vérité ?

Le vrai, dit Bossuet, est ce qui est ; le faux est ce qui n'est pas.

On peut, en effet, entendre la vérité, soit comme un attribut de la pensée, soit comme un attribut des choses. Dans le premier sens, le vrai est *la conformité de la pensée à son objet*, c'est-à-dire à ce qui est. Dans le second cas, c'est l'être lui-même, et, comme dit Bossuet, *c'est ce qui est*[1]. Ainsi on dira, dans le premier sens, que j'ai une pensée vraie, quand je prédis une éclipse et que cette éclipse a lieu en effet : car ma pensée était conforme à l'objet. Dans l'autre sens, toutes les lois de la nature, les propriétés géométriques, l'ordre moral, l'essence de Dieu, en un mot, l'ensemble des choses compose la vérité; et comme Dieu est le principe de cet ordre, c'est lui qui est la vérité même : *Ego sum veritas*.

De même, le faux peut être considéré soit dans la pensée, soit dans les choses. Dans la pensée, c'est la non-conformité de la pensée à son objet. Dans les choses, c'est ce qui n'est pas.

306. L'erreur et l'ignorance. — Il importe maintenant de distinguer l'*erreur* de l'*ignorance* :

Errer, c'est croire ce qui n'est pas ; ignorer, c'est simplement ne savoir pas.

---

[1]. On a objecté (Hartzen, *Principes de logique*, note 1) que si le vrai est ce qui est, un mensonge doit être vrai. Cette objection est un sophisme : car le mensonge consiste à dire *ce qui n'est pas*.

Socrate disait avec raison que l'erreur est une *double ignorance :* car celui qui se trompe ignore la vérité, cela est évident ; mais de plus il ignore qu'il l'ignore : c'est donc ignorance sur ignorance.

On a pu remarquer que dans sa définition de la science Bossuet introduit la mémoire ; c'est, dit-il : « la faculté de se ressouvenir » de ce qu'on a une fois compris. Locke est du même avis (IV, xvi, § 1.) La science implique donc l'assentiment non seulement à ce que l'on comprend actuellement, mais encore à ce que l'on se souvient d'avoir compris : car aucun géomètre ne peut avoir à la fois toute la géométrie présente à l'esprit : et c'est par là aussi, comme l'a remarqué Descartes, qu'il peut y avoir une part de doute, même dans la science : « Car je me souviens d'avoir souvent estimé beaucoup de choses pour vraies et certaines, lesquelles, par après, d'autres raisons m'ont porté à juger absolument fausses. » Ire Méditation

307. L'opinion et la foi. — Indépendamment de la science, il y a encore deux états de l'esprit par rapport à la vérité : l'*opinion* et la *foi*. — L'*opinion* consiste à juger « sur des raisons *probables* et non tout à fait convaincantes ».

C'est l'opinion, qui « encore qu'elle penche d'un certain côté, ainsi qu'il a été dit, n'ose pas s'y appuyer tout à fait, et n'*est jamais sans quelque crainte* ».

Dans la pratique, l'opinion arrive souvent à une confiance presque aussi grande que celle que donnerait la science, car, dit Locke :

Il n'y a peut-être personne au monde qui ait le loisir, la patience et les moyens d'assembler toutes les preuves de part et d'autre... cependant le soin de notre vie et de nos plus grands intérêts ne saurait souffrir de délais, et il est absolument nécessaire que notre jugement se détermine. » (IV, xvi, § 3.)

Mais cette certitude toute pratique de l'opinion n'est pas comparable à la certitude absolue de la démonstration scientifique.

La foi. — C'est un état de l'esprit qui consiste à croire, dit Bossuet, sur le témoignage d'autrui, et alors, ajoute-t-il :

Ou c'est Dieu qu'on croit, et c'est la *foi divine*, ou c'est l'homme, et c'est la *foi humaine*.
La foi divine n'est sujette à aucune erreur, parce qu'elle s'appuie sur le témoignage de Dieu, qui ne peut tromper, ni être trompé. — La foi humaine, en certains cas, peut être aussi indubitable, quand ce que les hommes rapportent passe pour constant dans tout le genre humain, sans que personne le contredise, par exemple, qu'il y a une ville nommée Alep et un fleuve nommé Euphrate, et quand nous sommes très assurés que ceux qui nous rapportent quelque chose n'ont aucune raison de nous tromper.

308. Les degrés d'assentiment d'après Kant. — Kant, dans la *Raison pure*, reprend les mêmes distinctions en les caractérisant d'une manière plus systématique. Il distingue aussi trois états : l'*opinion*, la *croyance* et la *science*.

Tout assentiment de l'esprit repose sur des principes qui peuvent être *subjectivement* ou *objectivement suffisants*. Ils le sont subjectivement quand ils suffisent pour nous persuader; ils le sont objectivement quand ils sont de nature à s'imposer également à tout esprit jugeant des mêmes choses. Cela posé,

L'*opinion*, selon Kant, est une affirmation qui a conscience d'être insuffisante, tant subjectivement qu'objectivement. Si elle n'est suffisante que subjectivement et qu'elle soit en même temps regardée comme objectivement insuffisante, elle s'appelle *croyance*. Enfin, si cette affirmation vaut à la fois objectivement et subjectivement, elle s'appelle *science*.

Comment distinguer ces trois états l'un de l'autre? car souvent l'opinion paraît se confondre avec la croyance, et la croyance, au moins subjectivement, a toutes les apparences du savoir.

Pour ce qui est des deux premiers états, à savoir : simple opinion, ou conviction avec croyance, Kant propose une pierre de touche ingénieusement choisie, à savoir, le *pari* :

Souvent il arrive, dit-il, que quelqu'un affirme d'un ton si confiant et si imperturbable, qu'il semble avoir déposé toute crainte d'erreur. Mais un pari l'embarrasse. Quelquefois cependant il estime sa persuasion jusqu'à un ducat et non pas à dix. Car il en mettra bien un en jeu; mais s'il s'agit d'en mettre dix, il remarquera à la fin ce qu'il n'avait pas remarqué d'abord, c'est qu'il est cependant possible qu'il ait tort.

Voilà l'opinion distinguée de la croyance; mais comment distinguer la croyance, ou persuasion subjective, de la science qui est en même temps objective? Kant propose un nouveau criterium : c'est la *vérification sur autrui*.

L'épreuve que l'on fait, dit-il, sur l'entendement d'autrui des principes qui sont valables pour nous, afin de voir s'ils produisent sur une raison étrangère le même effet que sur la nôtre, est un moyen qui, bien que purement subjectif lui-même, nous sert cependant à découvrir la valeur toute personnelle de notre jugement.

Dans beaucoup d'autres cas, une autre pierre de touche est la *vérification expérimentale*. Ainsi, par exemple, l'opinion de ceux qui croyaient que la terre était ronde est devenue science lorsqu'on a pu faire le tour de la terre.

Quant à une difficulté plus profonde qui pourrait s'élever, et qui consisterait à soutenir que tout le savoir humain, dans son ensemble, repose en définitive sur une croyance invérifiable, à savoir, la croyance à la légitimité de nos facultés, cette difficulté doit être renvoyée à la discussion du scepticisme.

De toutes les distinctions précédentes, celle qui importe le plus à la logique, et qui, dans l'intérêt de nos recherches ultérieures, doit être la plus approfondie quant à présent, est celle de la *certitude* et de la *probabilité*.

309. **De la certitude.** — La question de la certitude peut être discutée à deux points de vue : ou bien au point de vue *ontologique* et *objectif*, et en ce sens elle appartient à la métaphysique ; ou bien au point de vue *formel* et *subjectif*, et elle appartient alors à la logique.

Le premier point de vue consiste à se demander quelle est l'autorité, la légitimité, la portée de la raison humaine considérée dans son ensemble et dans ses principes, quel est le dernier fondement de nos connaissances. Cette question, comme tout ce qui concerne les premiers principes, est du ressort de la métaphysique. Le *scepticisme* est une théorie métaphysique, et ne peut être discuté que par la métaphysique.

Mais le scepticisme lui-même admet qu'au point de vue *formel*, c'est-à-dire au point de vue des *lois de notre esprit*, sinon de l'ordre réel des choses, il y a une différence entre le douteux, le probable et le certain. Aucun sceptique sérieux ne nierait la différence de l'astrologie judiciaire et de l'astronomie, la différence entre les récits du passé, bien attestés, et les prévisions de l'avenir, du moins dans l'ordre moral ; et ces prévisions elles-mêmes on les distingue clairement des prédictions à coup sûr des savants. Si le pari, comme le disait Kant, est un criterium, un *vote de fonds* en est un bien plus certain : or tous les États de l'Europe ont voté d'avance des fonds pour étudier le passage de Vénus sur le soleil ; tous les jours, au contraire, les paris engagés à la Bourse sont démentis par les événements.

Ainsi, quand même ce que nous appelons certitude n'aurait encore, au point de vue du métaphysicien, qu'une valeur relative, toujours est-il qu'il y aura une différence entre les mathématiques et la météorologie, l'une qui expose la vérité sans aucun mélange de doute et avec une évidente nécessité, et l'autre qui ne possède que quelques données empiriques, sans aucune prévision certaine.

Telle est la distinction que la logique doit expliquer d'avance, si l'on veut bien comprendre la différence qui existe entre les différents procédés de l'esprit, par exemple entre la déduction et l'induction, entre l'induction elle-même et l'analogie, entre l'expérience et le témoignage, et ces distinctions sont essentiellement logiques ; mais en même temps il faut exclure de la logique le débat sur le fondement de la certitude, afin de ne pas engager cette science, qui est presque aussi exacte que les mathématiques, dans les disputes des métaphysiciens [1].

A ce point de vue purement logique, les notions que nous avons à exposer sur la certitude sont très succinctes, et elles doivent l'être, pour éviter de tomber dans la question du scepticisme. Il n'en est pas de même de la probabilité, qui est exclusivement du domaine de la logique, et qui donne lieu à beaucoup plus d'observations intéressantes.

La *certitude* est l'état de l'esprit qui adhère à une proposition sans qu'il lui soit possible d'en douter : par exemple lorsque je pense, il me serait absolument impossible de penser que je ne pense pas ; lorsque je dis que deux quantités égales à une troisième sont égales entre elles, il me serait impossible de supposer qu'elles ne le sont pas. Enfin, lorsque j'ai posé que tous les hommes sont mortels, et que Socrate est un homme, il me serait impossible de supposer que Socrate n'est pas mortel. Il y a donc au moins trois cas où l'esprit jouit en fait de cette possession absolue et sans mélange de la vérité, ou de ce qu'il croit telle ; le contraire, dans toutes ces hypothèses, est quelque chose d'*impensable*. C'est cet état de l'esprit que l'on appelle certitude. Dans la pratique, la certitude s'étend beaucoup plus loin : car la croyance à l'existence de la ville de Rome, ou au lever du soleil, demain et les jours suivants, est certainement égale aux certitudes précédentes ; mais les logiciens cependant ne la mettent pas sur le même rang ; et il nous importe peu quant à présent de savoir quelles sont les vérités certaines, mais seulement s'il y en a, et à quoi elles se reconnaissent.

310. **L'évidence.** — Lorsqu'une vérité est telle qu'il nous est impossible d'en douter, on dit qu'elle est *évidente*, et on compare avec raison la clarté et la lumière de la vérité à la lumière physique. De même que nous n'avons d'autre raison d'affirmer la lumière, si ce n'est que nous la voyons, de même nous n'avons d'autre raison d'affirmer la vérité, si ce n'est que nous la voyons ; et ce ne serait pas une objection de dire que nous croyons voir la lumière, même quand il n'y en a pas, à savoir dans les rêves, dans les hallucinations : car nous ne verrions pas la lumière dans

---

1. Dans la plupart des logiques anciennes et même modernes, la question de la certitude est complètement omise. Dans le *Compendium philosophiæ* de Canz (Wolfien célèbre du XVIII° siècle), les mots de *certum*, *evidens*, ne se rencontrent même pas. La Logique de Whately, celle de Mill, celle de Bain, omettent également cette question. En revanche, dans sa *Logique*, Uberweg introduit tout le problème métaphysique : il y discute jusqu'à l'existence des corps. (*Logik*, erster Theil, § 36-44).

nos rêves si nous ne l'avions jamais vue réellement, et par conséquent nous ne percevrions jamais aucune lumière de vérité, si nous n'en avions jamais perçu auparavant. Demander une autre clarté que la clarté même de la vérité pour la prouver, c'est ne savoir ce qu'on demande [1].

On ne peut pas plus définir l'évidence que la prouver, mais on peut la remplacer par des mots équivalents; ainsi on dira avec Descartes que c'est une connaissance « tellement claire et tellement distincte que je ne puis la révoquer en doute ». Les anciens, la comparant à la lumière, comme nous l'avons déjà dit, l'appelaient *fulgor mentis assensum rapiens*.

La certitude ayant pour caractère essentiel l'impossibilité de douter, ou, comme on l'a dit, l'*inconcevabilité du contraire*,[2] on comprend que la certitude doit être *absolue*, et qu'elle ne peut avoir aucun degré : car si elle n'était pas absolue, si elle était plus ou moins grande, il y aurait quelque chance que la chose fût autrement que nous ne la pensons, et le caractère précédent viendrait à manquer.

341. **Diverses espèces de certitude.** — Quoique la certitude soit absolue, c'est-à-dire une, simple, indivisible, toujours semblable à elle-même partout où elle est, on peut cependant distinguer plusieurs espèces de certitude, suivant les diverses facultés qui nous la donnent.

On distingue trois espèces de certitude : la certitude de *fait* ou *physique*, la certitude de *raison* ou *démonstrative*, et la certitude *morale*. (Euler, *Lettres à une princesse*, LI.)

Celle de la première source est appelée certitude *physique*. Quand je suis convaincu de la certitude d'une chose parce que je l'ai vue moi-même, j'en ai une certitude physique... C'est ainsi que je sais que les Autrichiens ont été à Berlin, et y ont commis beaucoup de désordres.

La seconde espèce de certitude est appelée par Euler *démonstrative* parce qu'elle résulte, suivant lui, de la démonstration; mais il y faut aussi comprendre la certitude des axiomes, qui n'a pas besoin de démonstration et qui résulte de l'inspection seule des idées sans recours à l'expérience. Nous verrons tout à l'heure qu'elle peut être *médiate* ou *immédiate*.

Par certitude *morale* on a toujours entendu, dans les écoles,

---

1. Spinosa, *Éthique*, II, prop. XLIII.
2. C'est ce que Herbert Spencer appelle le *postulat universel* (*Principes de psychologie*, 7ᵉ partie, ch. XI.)

et c'est le sens d'Euler, la certitude fondée sur le témoignage des hommes quand il est indubitable, c'est-à-dire unanime: c'est ce que Bossuet appelle la *croyance* ou la *foi*. Rigoureusement parlant la certitude n'est peut-être pas ici la même que dans les cas précédents, et les logiciens n'y voient d'ordinaire qu'une probabilité infiniment grande; mais quand les effets de la probabilité sont absolument les mêmes que ceux de la certitude, il est légitime, au moins pratiquement, d'employer les mêmes termes: et il est sûr qu'on n'hésiterait pas plus à jouer sa vie sur e fait de l'existence de Rome que sur le théorème du carré de l'hypoténuse.

Dans l'usage, on emploie souvent le mot de certitude morale pour exprimer une conviction vive, quoique non suffisamment fondée: ainsi on dit qu'on acquittera un accusé malgré la certitude morale qu'il est coupable: mais c'est confondre la certitude proprement dite avec la croyance subjective: ce qui prouve qu'il n'y a pas de certitude dans ce cas, c'est qu'on ne jouerait pas sa vie sur cette carte. Ce n'est donc qu'au point de vue pratique que l'on peut dire avec Royer-Collard: *Je n'en sais rien, mais j'en suis sûr*. Le mot de certitude ne peut s'employer que par hyperbole dans de pareils cas.

Doit-on encore employer le mot de certitude morale pour exprimer les croyances relatives à la morale? Nous ne le pensons pas. Les affirmations relatives à la morale ne sont pas d'un autre ordre que les autres: elles sont toujours ou des faits, ou des principes, ou des déductions, ou des inductions, ou des croyances fondées sur le témoignage; mais il n'y a pas de certitude propre aux choses morales.

L'évidence qui détermine la certitude peut être *immédiate* ou *médiate*. Elle est immédiate, lorsqu'elle n'a besoin d'aucun intermédiaire pour frapper l'esprit: c'est ce qui a lieu pour les facultés intuitives: c'est pourquoi on dit aussi qu'elle est *intuitive*, et on le dit également de la certitude.

L'évidence et par conséquent la certitude est médiate, lorsque, pour rendre une proposition évidente, il faut passer par plusieurs autres qui conduisent à celle-là.

La certitude ou l'évidence immédiate est celle de la conscience, des sens et des axiomes.

La certitude ou l'évidence médiate est celle du raisonnement. (Voy. plus haut, 166.)

312. De la probabilité. — Lorsqu'une question est posée et que je n'ai aucune espèce de données pour la résoudre, l'état de mon esprit par rapport à la solution s'appelle, nous l'avons vu, *ignorance*. Lorsque les données au contraire sont complètes, qu'aucune d'elles ne fait défaut — soit dans la réalité, parce que je les connais toutes, soit dans ma pensée, parce que je fais abstraction de celles que je ne connais pas, — l'état de mon esprit s'appelle *science* par rapport à l'objet et *certitude* par rapport à moi-même.

Mais si les données ne sont ni toutes présentes, ni toutes absentes à la fois, l'état intermédiaire entre l'ignorance et la science s'appelle *probabilité*.

Par un caprice de la langue, le mot de probabilité s'applique aux opinions, aux jugements et par extension aux faits, mais non à l'esprit. On dit : Je suis *certain*, on ne dit pas : Je suis *probable*.

La probabilité des opinions a donc lieu lorsque le nombre des données qui servent à la solution d'une question n'est pas complet, et qu'il reste des *inconnues* ou des *données contraires*. Par exemple, fera-t-il beau demain? D'une part, le temps est au beau depuis plusieurs jours : c'est une chance pour qu'il ne change pas tout à coup. Le vent est favorable : c'est une autre donnée. Mais j'ignore s'il n'y aura pas changement de vent : c'est une inconnue. Je sais que le vent a changé dans un pays voisin : c'est une donnée contraire.

Les données qui sont en faveur d'une solution s'appellent *chances favorables*; les données qui sont opposées à celles-là sont les *chances contraires*. L'expression de *chances* convient surtout lorsqu'il s'agit d'un événement qu'on attend; mais lorsqu'il s'agit d'une opinion, ce ne sont plus des chances que l'on oppose, ce sont des *raisons*; et elles se partagent également en deux classes, les raisons *pour* et les raisons *contre*.

Lorsque les chances ou les raisons sont inégalement partagées, le parti qui a le plus de chances ou de raisons en sa faveur est dit le *plus probable (probabilius)*, ou simplement probable; l'autre est *moins probable (minus probabile)*, ou *improbable*.

Quand les chances ou les raisons sont également partagées, et que l'équilibre est absolu (ou quasi absolu), l'état d'esprit, comme nous l'avons vu plus haut, s'appelle le *doute :* c'est celui qui a lieu lorsque les deux opinions sont également probables.

Le *vraisemblable*[1] et l'*invraisemblable* ne diffèrent pas essen-

---

1. S'Gravesande appelle vraisemblable ce qui surpasse la *demi-certitude*, et *incertain*, ce qui est au-dessous de la même certitude. Le moindre degré de probabilité est la *possibilité*. (*Introd. à la philosophie*, ch. XVII, 595-598.)

tiellement du probable et de l'improbable. Ce sont des expressions qui appartiennent plutôt à la langue littéraire, et les autres (*probable*, etc.) à la langue de la logique.

Puisque la probabilité consiste à contre-balancer les données favorables avec les données défavorables, et que la probabilité augmente ou diminue avec le nombre des premières, on comprend qu'on puisse représenter par un nombre la chance d'un événement : c'est de là qu'est venu le calcul des probabilités. Sans doute, il s'en faut de beaucoup que dans tous les cas la probabilité puisse se représenter mathématiquement ; mais pour bien nous rendre compte de la probabilité logique, nous devons commencer par expliquer la probabilité mathématique.

La théorie des hasards, dit Laplace [1], consiste à réduire tous les événements du même genre à un certain nombre de cas également possibles, c'est-à-dire tels que nous soyons également indécis sur leur existence, et à déterminer le nombre des cas favorables à l'événement dont on cherche la probabilité. Le rapport de ce nombre à celui de tous les cas possibles est la mesure de cette probabilité, qui n'est ainsi qu'une fraction dont le numérateur est le nombre de cas favorables et le dénominateur le résultat de tous les cas possibles. »

Par exemple, supposons, avec S'Gravesande (*Introd. à la phil.*, ch. XVII, 592),

Qu'un homme sorte d'un vaisseau dans lequel il y aura 84 Hollandais, 12 Anglais et 4 Allemands : si j'ignore de quelle nationalité est cet homme, on demande quelle probabilité il y a que ce soit un Hollandais, un Anglais ou un Allemand. Tout le monde voit à première vue que la probabilité est en faveur des Hollandais ; mais le calcul des probabilités nous apprend quelle est la valeur exacte de cette probabilité. Le nombre de tous les cas, dans cet exemple, est de 100. Le degré de probabilité en faveur de chaque nationalité sera donc exprimé par le rapport du nombre de chacune au nombre total, par conséquent $\frac{84}{100}$ pour les Hollandais, $\frac{12}{100}$ pour les Anglais, $\frac{4}{100}$ pour les Allemands, c'est-à-dire par le rapport 21 à 25 pour le premier cas, 3 à 25 pour le second, 1 à 25 pour le troisième. Je pourrai donc dire qu'il y a 21 chances contre 4 que l'homme en question sera Hollandais.

Tel est le principe du calcul des probabilités. Le développement de ce principe appartient aux mathématiques, non à la logique [2].

D'après ce qui précède, voici comment l'on peut traduire mathématiquement tous les degrés d'assentiment : 1 ou $\frac{n}{n}$, c'est-à-dire le cas où le nombre des cas favorables est égal à celui de tous les cas possibles, représentera la certitude positive ou affirmative, à savoir, qu'il est certain que l'événement aura lieu ;

---

[1] *Essai philosophique sur les probabilités*, p. 7.

[2] Voy. Laplace : *Principes généraux du calcul des probabilités*, p. 12 et suiv.

DES DEGRÉS D'ASSENTIMENT. — CERTITUDE ET PROBABILITÉ. 375

$0 = \frac{0}{n}$ représentera la certitude négative, à savoir l'absence de tout cas favorable, la certitude que l'événement n'aura pas lieu.

$\frac{1}{2}$ représentera l'équilibre ou l'égalité absolue des chances favorables ou des chances contraires. Toute fraction comprise entre $\frac{1}{2}$ et 1 représentera la vraisemblance, ou la prédominance des chances favorables sur les chances contraires. Toute fraction comprise entre $\frac{1}{2}$ et 0 représentera l'invraisemblable ou le moins probable, la prédominance des chances contraires.

L'Espérance. Lorsque nous croyons qu'un événement désiré a plus de chances de se produire que l'événement contraire, l'état de notre âme par rapport à cet événement s'appelle *espérance*. Dans le cas où les chances peuvent se mesurer, on a pu donner de l'espérance une définition mathématique.

La probabilité des événements sert à déterminer l'espérance ou la crainte des personnes intéressées à leur existence. Le mot *espérance* a diverses acceptions : il exprime généralement l'avantage de celui qui attend un bien quelconque dans des suppositions qui ne sont que probables. Cet avantage, dans la théorie des hasards, est le produit de la somme espérée par la probabilité de l'obtenir : c'est la somme partielle qui doit revenir, lorsqu'on ne veut pas courir le risque de l'événement, en supposant que la répartition se fasse proportionnellement aux probabilités. Nous nommerons cet avantage *espérance mathématique*. »

313. Probabilité simple et probabilité composée. — On distingue la probabilité *simple* et la probabilité *composée*. Lorsque l'on recherche la probabilité d'un événement unique, c'est la probabilité simple. Lorsqu'on joint ensemble plusieurs probabilités simples, c'est alors la probabilité composée. Cette probabilité s'obtient, suivant les cas, tantôt par l'*addition*, tantôt par la *multiplication* des probabilités simples[1].

314. Applications. — L'application du calcul des probabilités aux événements de la vie humaine a eu les plus heureuses conséquences : c'est sur ce calcul que repose l'institution des *assurances*[2], qui permet à l'homme de maîtriser en quelque sorte le hasard en prenant des mesures contre lui : à l'aide d'un très petit risque, on évite un très grand mal. La plus belle et la plus utile de ces sortes de précautions est l'assurance sur la vie où, par une prime annuelle, on s'assure à soi-même un capital en cas de vie ou à sa famille en cas de mort. Ces sortes d'assurances sont fondées sur ce qu'on appelle les *tables de mortalité*.

---

1. S'Gravesande, *Introduction*, ch. VIII, de la *probabilité composée*.
2. Ces assurances, trop peu pratiquées en France, ne sauraient être trop généralisées ; *Essai sur les probabilités*, p. 162.

Si le calcul des probabilités a de grands usages au point de vue pratique, il ne faut pas cependant en abuser et croire qu'il peut s'appliquer partout. Les mathématiciens (et Laplace le premier) en ont exagéré l'usage.

C'est une question, par exemple, de savoir si le calcul des probabilités est utilement applicable à la médecine :

> Pour connaître le meilleur des traitements en usage dans la guérison d'une maladie, dit Laplace, il suffit d'éprouver chacun d'eux sur un même nombre de malades, en rendant toutes les circonstances parfaitement semblables; la supériorité du traitement le plus avantageux se manifestera de plus en plus à mesure que ce nombre croîtra; et le calcul fera connaître la probabilité correspondante de son avantage et du rapport suivant lequel il est supérieur aux autres.

Cette doctrine est contestée par Claude Bernard :

> Un grand chirurgien fait plusieurs opérations de taille par le même procédé. Il fait ensuite un relevé statistique des cas de mort et des cas de guérison, et il conclut que la loi de la mortalité dans cette opération est de deux sur cinq. Eh bien, je dis que ce rapport ne signifie absolument rien scientifiquement, et ne donne aucune certitude pour faire une nouvelle opération ; car on ne sait pas si ce nouveau cas sera dans les guéris ou dans les morts... Ce qu'il y a à faire, c'est d'examiner les cas de mort et de chercher à y découvrir la cause des accidents, afin de s'en rendre maître [1].

C'est aussi à tort qu'on a voulu appliquer le calcul à l'appréciation du témoignage des hommes. (Voy. plus loin sect. III, Ch. IX.)

Il y a donc des cas où la probabilité ne peut pas être réduite en nombres. C'est ce qu'on appelle la probabilité *philosophique*. La probabilité, dans ce cas, n'est sans doute pas arbitraire : car on ne peut pas penser ce qu'on veut, uniquement parce qu'on le veut ; elle repose sur des raisons, sur des faits, sur des indices, sur des témoignages, et elle est plus ou moins combattue par des raisons, des indices, des faits, des témoignages contraires. Quoiqu'on ne puisse pas mesurer et réduire en nombres exacts les éléments du problème, il n'en est pas moins vrai que plus les données favorables sont nombreuses, plus la probabilité s'approche de la certitude, et réciproquement. Le procédé de raisonnement n'est plus ici le calcul ; c'est l'induction, l'analogie, la discussion contradictoire, ce que les Anglais appellent *cross-examination*. L'induction, dans les conditions que nous fixe-

---

1. Cl. Bernard, *Introduction à la médecine expérimentale*. 2ᵉ partie, chap. II, § XI.

rons plus loin (ch. suivant) est celui de tous ces procédés qui s'approche le plus de la certitude, au point même que la probabilité s'y confond avec la certitude. Cette probabilité décroîtra avec les autres procédés.

Par exemple, dit Cournot, telles théories physiques sont, dans l'état de la science, réputées plus probables que d'autres, parce qu'elles nous semblent mieux satisfaire à l'enchaînement rationnel des faits observés, parce qu'elles sont plus simples, ou qu'elles font ressortir des analogies plus remarquables; mais la force de ces analogies, de ces inductions ne frappe pas au même degré tous les esprits, même les plus éclairés et les plus impartiaux... Ces probabilités changent par les progrès de la science. Telle théorie repoussée dans l'origine et ensuite longtemps combattue, finit par obtenir l'assentiment unanime. (*Essai sur les fondements de nos connaissances*, ch. IV.)

La jurisprudence a souvent besoin d'énumérer et de classer les divers degrés de probabilité qui peuvent déterminer le jugement. De là ce qu'on appelle la *théorie des preuves*.

Les jurisconsultes, dit Leibniz, en traitant des preuves, présomptions, conjectures et indices, ont dit quantité de bonnes choses sur ce sujet, et sont allés à quelque détail considérable. Ils commencent par la *notoriété*, où l'on n'a point besoin de preuve. Par après ils viennent à des *preuves entières*, ou qui passent pour telles, sur lesquelles on prononce au moins en matière civile, mais où en quelques lieux on est plus réservé en matière criminelle; et on n'a pas tort d'y demander des preuves *plus que pleines* et surtout ce qu'on appelle *corpus delicti* selon la nature du fait. Il y a donc preuves plus que pleines, et il y a aussi des *preuves pleines* ordinaires. Puis il y a *présomptions*, qui passent pour preuves entières provisionnellement, c'est-à-dire, tandis que le contraire n'est point prouvé. Il y a preuves *plus que demi-pleines* (à proprement parler) où l'on permet à celui qui s'y fonde de jurer pour y suppléer; c'est *juramentum suppletorium*. Il y en a d'autres moins que demi-pleines, où tout au contraire on défère le serment à celui qui nie le fait pour se purger, c'est *juramentum purgationis*. Hors de cela, il y a quantité de degrés des conjectures et des indices. Et particulièrement en matière criminelle il y a indices (*ad torturam*) pour aller à la question (laquelle a elle-même ses degrés marqués par les formules de l'arrêt), il y a indices (*ad terrendum*) suffisants à faire montrer les instruments de la torture et préparer les choses comme si l'on voulait y venir. Il y en a (*ad capturam*) pour s'assurer d'un homme suspect, et (*ad inquirendum*) pour s'informer sous main et sans bruit. Et ces différences peuvent encore servir en d'autres occasions proportionnelles; et toute la forme des procédures en justice n'est autre chose en effet qu'une espèce de logique appliquée aux questions de droit. Les médecins encore ont quantité de degrés et de différences de leurs signes et indications, qu'on peut voir chez eux.

La critique des témoignages, comme nous le verrons, repose également sur l'appréciation des degrés de probabilité. (Sect. II, ch. IV.)

315. **Probabilité morale.** — Dans la théologie morale, les casuistes ont eu souvent à comparer les opinions d'après leur degré de probabilité. Ils ont distingué deux espèces de probabilités : l'une *extrinsèque*, l'autre *intrinsèque*; la première fondée sur l'autorité, la seconde sur des raisons. La seconde es-

évidemment supérieure. Comme l'a dit Pascal plaisamment, il faut, pour trancher une question » *non des moines, mais des raisons*. Cependant l'autorité extérieure est loin d'être sans valeur, et l'autorité « d'un docteur grave » suffira pour rendre une opinion sinon plus probable qu'une autre, au moins assez probable pour mériter l'examen. Ainsi, il suffira qu'un homme comme Montesquieu ait eu une opinion, pour qu'il y ait lieu de discuter cette opinion [1].

1. Sur *la Logique du probable*, voy. un important mémoire de M. Charpentier. (*Comptes rendus de l'Académie des sciences morales*, avril-mai 1875.

CHAPITRE II

Les principes du raisonnement.

On appelle *lois formelles* de l'esprit les lois inhérentes à la nature de la pensée, et qui sont indépendantes de l'existence de tout objet.

Ces lois sont les *principes logiques*, sans lesquels il est impossible de raisonner et même de penser (183). Nous devons donc les étudier avant tout le reste, comme étant les conditions *à priori* de tout acte logique, comme les axiomes mêmes de la logique.

316. Les trois principes de la pensée. — Toute la raison humaine est dominée par un principe fondamental, *l'accord de la pensée avec elle-même;* et ce principe lui-même se décompose en deux autres : le principe d'identité (*principium identitatis*) et le principe de contradiction (*principium contradictionis*), auxquels on ajoute souvent un troisième principe qui se déduit du précédent : le principe du tiers exclu (*exclusi tertii*).

317. Principe d'identité. — Le principe d'identité, le plus simple de tous, exprime la nécessité, pour la pensée, que chaque terme soit conçu comme identique à lui-même c'est-à-dire comme ne changeant pas au moment où on le pense et en tant qu'on le pense. Car si, au moment où je dis : Pierre est homme, le sujet *Pierre* venait à changer quand je pense à l'attribut ; ce que je dis du premier sujet pourrait ne plus être vrai du second ; il en est de même de l'attribut, si l'idée de cet attribut changeait en même temps que je le pense.

On a exprimé le principe d'identité de beaucoup de manières différentes. La plus simple et la plus abstraite est celle-ci : A est A ; c'est-à-dire : toute chose est elle-même, et que l'on exprime encore en disant : tout sujet est son propre prédicat : *omne subjectum est prædicatum sui.*

On n'énoncerait pas un autre principe, mais le même sous forme négative, si on disait : Non-A est non-A, seulement, dans cette formule, le sujet est un concept négatif ; mais ce qui est vrai du concept positif est vrai aussi du concept négatif.

Un corollaire du principe d'identité est ce que l'on appelle le principe de convenance (*principium convenientiæ* [1]), qui se formule ainsi : A qui est B, est B ; c'est-à-dire que tout caractère contenu dans la compréhension du sujet lui convient comme attribut. Ainsi le principe d'identité dit simplement : la neige est la neige. Le principe de convenance dit : tout ce qui est blanc est blanc.

On a fait valoir contre le principe d'identité que ce principe est une tautologie absolument vide, et qui ne nous apprend rien.

On ne soutient pas que le principe d'identité nous apprenne quelque chose, mais seulement qu'il est la condition sous-entendue de toute pensée, à savoir : *Je pense ce que je pense.*

D'ailleurs, il n'est pas aussi infécond qu'on le soutient : car il peut servir à prouver que les choses ne sont pas un mouvement absolu. En effet, si tout changeait sans cesse, ma pensée changerait au moment même où je la pense, et dès lors je ne penserais pas du tout. Mais ce n'est pas ici le lieu d'engager cette discussion, qui appartient à la métaphysique ; il nous suffit, au point de vue logique, de montrer que l'on ne peut nier le principe d'identité sans nier la pensée elle-même. Sans doute Hegel [2] a raison de dire que nul ne se dit à soi-même, ni ne dit aux autres : *Une plante est une plante; une planète est une planète* ; mais on le pense sans y penser, et on ne le remarque pas, parce que cela est inutile. Mais cela est inutile précisément parce que c'est la loi fondamentale de la pensée.

318. **Principe de contradiction.** — Le second principe de la logique est le principe de contradiction (*principium contradictionis*). Il signifie que deux propositions dont l'une nie ce que l'autre affirme, ne peuvent être vraies ensemble : en d'autres termes, on ne peut à la fois nier et affirmer la même chose.

---

[1]. Uberweg, *Logik* §. 76   [2]. Hegel, *Logique*, § 115.

Ce principe se formule de cette manière : « Une même chose ne peut pas à la fois être et n'être pas » ou bien « A ne peut pas être à la fois A et non A » ; c'est-à-dire qu'une chose ne peut pas être à la fois elle-même et son contraire [1].

Cependant, pour que ce principe soit indubitable, il faut y ajouter plusieurs caractères ; car la contradiction ne serait pas une vraie contradiction si dans les deux propositions il ne s'agissait pas du même sujet. Or, un même sujet pris en deux moments différents n'est pas le même sujet et, par conséquent, il peut avoir des attributs opposés ; on ajoutera donc au principe la circonstance : *en même temps* [2]. De plus, un sujet complexe peut avoir plusieurs attributs opposés l'un à l'autre : un homme peut être à la fois sage et non sage, suivant la circonstance et le point de vue où l'on se place, sage comme homme public, non sage comme homme privé, etc. ; et il faudra donc ajouter que le sujet soit considéré *sous le même point de vue*, et le principe complet sera de cette façon : τὸ αὐτὸ ἅμα ὑπάρχειν καὶ μὴ ὑπάρχειν ἀδύνατον τῷ αὐτῷ καὶ κατὰ τὸ αὐτό : « Le même attribut ne peut pas en même temps convenir et ne pas convenir au même sujet, considéré au même point de vue et sous les mêmes rapports. » (Aristote, *Métaphys.*, IV, 3.)

Hegel a contesté la valeur du principe de contradiction comme loi absolue de la pensée : il n'y voit que la loi toute relative de l'entendement, c'est-à-dire de la pensée discursive et abstraite, qui n'est pas la pensée absolue. Il soutient que cette loi est contraire à l'essence même de la proposition, où l'attribut est nécessairement différent du sujet ; toute pensée qui reposerait sur une identité absolue, serait vide ; elle ne se remplit, suivant Hegel, qu'en passant du contraire au contraire, par une série de degrés, la pensée absolue étant la conciliation de tous ces contraires.

La discussion de cette doctrine appartient à la métaphysique. Quant à la question actuelle, il suffira de dire que :

1° Hegel confond le contraire et le contradictoire ;

2° Il confond l'opposition réelle avec la contradiction logique.

---

1. Hamilton a tort de dire que ce principe devrait se nommer principe de *non contradiction*, puisqu'il ordonne de *ne pas se contredire* ; mais ce principe n'est pas un *précepte*, c'est une *loi*, qui signifie que le contradictoire est le signe du faux.

2. Kant a fait cependant remarquer avec raison que la condition *en même temps* ne paraît nécessaire que parce qu'on formule mal la proposition. Par exemple, si on dit : *un homme qui est ignorant n'est pas instruit*, il faut ajouter *en même temps*, parce que celui qui est ignorant aujourd'hui peut devenir instruit dans un autre temps. Mais si je dis : *nul ignorant n'est instruit*, je n'ai pas besoin du concept de temps.

On peut encore appliquer le principe de contradiction, soit :

1° A une notion séparée (*notio contradictionem involvens*);

2° A l'union d'un sujet et d'un attribut (*contradictio in adjecto*);

3° Au rapport de la conséquence aux prémisses (*repugnantia*).

Mais dans tous ces cas on peut toujours réduire la contradiction à deux propositions qui s'excluent l'une l'autre.

319. **Principe du tiers exclu.** — Le principe du *tiers exclu* consiste en ce que deux propositions contradictoires ne peuvent être fausses toutes les deux; c'est-à-dire que si l'une est fausse, l'autre est vraie: il n'y a pas de milieu.

Mais pour que cette loi soit absolue, il faut bien entendre qu'il s'agit de propositions contradictoires, et non de propositions contraires; c'est-à-dire, qu'il faut que les deux propositions soient opposées à la fois en quantité et en qualité, et non pas seulement en quantité (voy. plus loin ch. IV). En effet, deux propositions qui ne sont que contraires ne peuvent être vraies ensemble, mais elles peuvent être fausses toutes les deux. Par exemple : *tout homme est sage, nul n'est sage*, sont deux propositions fausses; car il y en a une troisième possible, à savoir : *quelques hommes sont sages* (ce qui implique que quelques-uns ne le sont pas).

Si, au contraire, je dis : *tout homme est sage, quelques hommes ne sont pas sages*, il faut que de ces deux propositions l'une des deux soit vraie, toute troisième est exclue, parce que, évidemment, s'il est faux que tout homme soit sage, cela ne peut être faux que parce qu'on admet que quelques-uns ne le sont pas; et réciproquement, s'il était faux de soutenir qu'il y a des hommes qui ne sont pas sages, ce serait évidemment parce que l'on admettrait que tous le sont.

Il semble cependant qu'il y ait des propositions vraiment contradictoires et qui cependant ne diffèrent qu'en qualité, et non en quantité; par exemple : *le monde est infini, le monde n'est pas infini*. Il n'y a pas de milieu, et cependant le sujet a la même quantité dans les deux propositions.

Al. Bain, après Hamilton, a très bien expliqué dans sa *Logique* cette apparente contradiction. Il dit que quand le sujet est individuel, les contraires et les contradictoires se confondent ; par exemple: *César est mort, César n'est pas mort*. Car il ne peut pas se faire qu'il y ait une partie du sujet qui ait tel attribut et telle autre partie un autre attribut, puisque le sujet est indivisible. Il en sera de même si je considère le sujet comme un tout indivisible et individuel : le monde, l'âme, la matière, la liberté [1].

Cette propriété des négatives particulières pour détruire les universelles affirmatives est d'un immense avantage dans la réfutation, et dans la discussion contradictoire.

320. **Principes métaphysiques.**—Doit-on, dans la logique, étudier les autres principes que nous avons appelés plus haut les vérités premières, par exemple, le principe de causalité, le principe de raison suffisante, comme l'ont fait plusieurs logiciens allemands[2]? Non : ce sont là des principes métaphysiques, non logiques ; ils ont rapport à l'objet, et non aux lois essentielles du sujet.

---

1. Bain, *Logique* (trad. fr., t. I, p. 141.)
2. Par exemple Uberweg. Cet auteur défend ce qu'il appelle la logique *réelle* contre la logique formelle. Il prétend que la logique doit s'occuper de l'*objet* aussi bien que de la forme de la pensée ; mais il devient impossible alors de distinguer la logique de la métaphysique.

CHAPITRE III

Les idées et les termes.

Après avoir traité des principes du raisonnement, nous serions appelé naturellement à parler du raisonnement lui-même. Mais le raisonnement se compose de jugements, et le jugement se compose d'idées ; c'est ce qu'on appelait autrefois dans les écoles les *trois opérations de l'esprit*, et nous devons parler des deux premières avant de nous occuper de la troisième.

321. Des trois opérations de l'esprit, et de la première, la conception. — L'ancienne logique distinguait donc trois opérations fondamentales de l'entendement : *concevoir, juger* et *raisonner*.

Autre chose est, dit avec raison Bossuet, d'entendre les termes dont une proposition est composée, autre chose de les assembler ou de les disjoindre. Par exemple, dans ces deux propositions : *Dieu est éternel, l'homme n'est pas éternel*, c'est autre chose d'entendre ces termes, *Dieu, homme, éternel*, autre chose de les assembler ou de les disjoindre, en disant : *Dieu est éternel*, ou, *l'homme n'est pas éternel*.

Entendre les termes, par exemple, entendre que *Dieu* veut dire la première cause, qu'*homme* veut dire animal raisonnable, qu'*éternel* veut dire ce qui n'a ni commencement ni fin, c'est ce qui s'appelle *conception, simple appréhension*, et c'est la première opération de l'esprit[1].

Cette distinction est admise par les plus récents logiciens.

Tout acte de croyance, dit Stuart Mill, implique la représentation de *deux* objets; mais chacun pris à part peut être ou n'être pas concevable, mais n'est susceptible ni d'affirmation, ni de négation. Je peux, par exemple, dire : *le soleil*; ce mot a pour moi un sens, et il a le même sens dans l'esprit de celui qui me l'entend prononcer. Mais je suppose que je lui demande : Est-ce vrai? Le croyez-vous? Il ne peut donner de réponse. Il n'y a rien là à croire ou à ne pas croire.

Un dictionnaire nous fournit l'exemple de ce que les logiciens appelaient *simple appréhension* ou *conception*. En effet,

---

1. Voy. Bossuet, *Connais. de Dieu et de soi-même*, ch. I, XIII. — La *Logique de P.-Royal* les reconnaît également, mais aux trois premières : *concevoir, juger, raisonner*, elle en ajoute une quatrième : *ordonner*. — Molière fait allusion plaisamment à cette théorie dans le *Bourgeois gentilhomme* : «Qu'est-ce que c'est que cette logique? — C'est elle qui enseigne les trois opérations de l'esprit. — Qui sont-elles ces trois opérations de l'esprit? — La première, la seconde et la troisième. » (Acte II, sc. VI.)

quand je parcours un dictionnaire, chaque mot a un sens, mais non pas un *sens complet*, et n'implique aucune affirmation, vraie ou fausse. Quand je dis *aimer*, *amare*, je sais ce que cela signifie; mais je ne prononce rien, je ne dis rien, je ne crois rien, tant que je ne fais que prononcer le mot. Pour que ma pensée ait un sens complet, il faut au moins deux mots, et il faut que ces deux mots soient réunis par le verbe *est*.

Deux objections peuvent être faites contre cette doctrine : la première, c'est que la conception n'est pas la première opération de l'esprit; la seconde, que la conception ne va jamais sans quelque affirmation explicite ou implicite.

1° A la première objection nous répondons que nous ne sommes plus ici en psychologie, mais en logique. Il ne s'agit plus de savoir quels sont, en fait, les premiers actes de l'esprit, mais quels sont, idéalement, les éléments de nos jugements. En fait, ce qui est donné d'abord est peut-être le jugement; mais, pour l'analyse, les parties du jugement lui sont théoriquement antérieures. Le simple est logiquement antérieur au composé, quoiqu'il lui soit postérieur dans la réalité. Ainsi, le corps physique nous est donné dans l'expérience avant le solide géométrique, le solide avant le plan, les figures planes avant la ligne. Mais la géométrie part de la ligne pour s'élever aux figures planes et de celles-ci aux solides. Il en est de même des *idées* par rapport aux jugements :

> Entendre les termes, dit Bossuet, est chose qui précède naturellement les assembler, autrement on ne sait ce qu'on assemble.

2° La seconde objection est qu'il n'y a pas de conception sans affirmation[1]. Cela est vrai, mais cette affirmation inhérente à la conception n'y est qu'implicitement; et la logique fait abstraction précisément de cette affirmation implicite et la subordonne à l'affirmation principale : c'est celle-ci seule que l'on considère. On peut même exprimer la première sans rien changer à la théorie précédente. Par exemple, je dirai : *Dieu* (*qui est* la première cause) EST *éternel*. Il est évident que l'affirmation de la proposition incidente n'est que secondaire, et que je puis ne pas même l'exprimer, en disant par exemple : *Dieu*, c'est-à-dire la *première cause*, ou encore : *la cause suprême*, *Dieu*; ce sera toujours une conception dont je n'affirme rien, si ce n'est que je la pense ainsi.

On peut donc étudier la première opération séparément et

[1] C'est l'opinion de Dugald Stewart (*Éléments*, t. I, ch. III) et de Spinosa (*Éthique*, partie II. prop. XVII, scolie, et prop. XLIV).

avant la seconde; il est même nécessaire de l'étudier aupavant, si l'on veut comprendre celle-ci, qui est le *jugement*, et qui consiste « à assembler ou à disjoindre les termes ».

Quant à la troisième, qui est le *raisonnement*, il nous suffit de dire ici avec Bossuet :

> Qu'elle consiste à se servir d'une chose claire pour en rechercher une obscure, à prouver une chose par une autre ; par exemple, prouver une proposition d'Euclide par une autre, ou prouver que Dieu hait le péché, parce qu'il est saint.

Il sera temps d'expliquer cela en détail quand nous viendrons à l'analyse du raisonnement.

322. Idées et termes. — On appelle *termes* d'un jugement ou d'une proposition l'*attribut* et le *sujet* de cette proposition ou de ce jugement, et l'acte de l'esprit qui correspond à chacun de ces termes s'appelle *idée*.

Le terme est donc *l'idée exprimée par des mots*. On peut étudier l'idée abstraction faite du terme, ou bien étudier l'idée par le moyen du terme, ou enfin, comme Bossuet dans sa *Logique*, les distinguer l'un de l'autre et les étudier séparément.

323. Des idées. — Pour comprendre la nature de l'idée, il faut distinguer *imaginer* et *entendre* (149).

L'imagination nous fournit des *images*; l'entendement seul fournit des *idées*.

L'image est la représentation d'une chose *sensible* et *individuelle*. L'idée est la représentation d'une chose *intellectuelle*.

Les choses intellectuelles sont de deux sortes : ce sont ou les choses *spirituelles* ou les *universaux*, c'est-à-dire les *genres* et les *espèces*.

Mais, en logique, peu importe la distinction du matériel et du spirituel ; c'est là une distinction métaphysique, non logique. Le seul objet de la logique, c'est l'universel, et c'est de l'universel seul qu'il peut y avoir idée.

On peut dire sans doute que la logique n'exclut pas l'individuel, puisque beaucoup de propositions ou de raisonnements portent sur des individus. Mais nous verrons que cela importe peu au logicien ; il ne considère pas l'individu comme tel, et, logiquement parlant, les termes individuels ont exactement la même valeur que les termes généraux.

L'idée exprime donc ce qu'il y a de commun, d'universel, de persistant dans une classe de choses, et par conséquent ce qu'il y a de *vrai* dans cette classe. (Bossuet, *Logique*, ch. II.)

324. Définition de l'idée. — De là cette définition de Bossuet : « L'idée est *ce qui représente la vérité de l'objet entendu.* » (*Logique*, ch. III.) — Par exemple, l'idée du triangle n'implique pas qu'il soit en bois ou en fer, car cela est indifférent, et il peut subsister sans cela ; ni qu'il soit grand ou petit, car il sera toujours triangle de quelque grandeur qu'il soit. Peu importe aussi qu'il ait ou qu'il n'ait pas tous ses côtés égaux, car il peut être triangle sans cette condition. L'idée de triangle comprend tout ce qui est nécessaire pour qu'il soit triangle, mais rien de plus (à savoir, trois angles et trois côtés). C'est là ce qu'il y a de vrai dans le triangle, et ce qui exprime cette vérité sera l'idée du triangle.

Cette définition bien comprise, on pourra l'appliquer même aux choses individuelles, et en ce sens il pourra y avoir une idée des choses individuelles. Ainsi l'idée de Socrate sera l'idée d'un sage ayant eu le premier la notion du vrai Dieu ; cette idée exprime la *vérité* de Socrate, c'est-à-dire ce qu'il y a d'essentiel dans Socrate, et c'est en vertu de cette idée que nous jugerons qu'il a été injustement condamné. Même les êtres d'imagination peuvent avoir leur idée : ainsi Don Quichotte a si bien son idée en nous, que si quelque part, dans un drame ou comédie, on nous le représentait commettant un acte de bassesse ou de lâcheté, nous serions aussi choqués que si on nous parlait d'un triangle équilatéral qui ne serait pas équiangle.

325. Objections. — A cette belle définition de Bossuet, on pourrait opposer :

1° Qu'elle implique la théorie des idées représentatives, généralement abandonnée [1] ;

2° Qu'en parlant de la *vérité* de l'objet, Bossuet semble contredire la théorie reçue, même par lui, à savoir, que l'idée n'est ni vraie, ni fausse, et que la vérité n'appartient qu'au jugement.

A cette double objection, voici ce que l'on peut répondre :

1° La théorie des idées représentatives n'a été niée que par rapport à la perception extérieure ; c'est seulement au moment même où je perçois un objet, qu'il faut exclure tout intermédiaire, toute image entre l'objet et ma perception. Mai lorsqu'il s'agit des idées, c'est-à-dire des *conceptions* ou de *souvenirs* de l'objet, nul doute que ces idées ne soient que très légitimement dites représentatives de l'objet [2], soit immédiate-

---

1. La théorie des *idées représentatives* suppose que les idées sont les *images* des objets, et qu'elles servent d'intermédiaires entre les objets et l'esprit. Cette théorie a été réfutée par Reid et Royer-Collard. — Voy. aussi Cousin (*Philosophie de Locke*, 22ᵉ leçon).

2. C'est ce que soutient Hamilton, l'adversaire le plus décidé de la théorie représentative. (*Fragments*, art. REID ET BROWN, trad. fr., p. 75.)

ment, s'il s'agit d'images individuelles, soit médiatement, s'il s'agit de concepts généraux.

2° Sur le second point, nous répondrons que nous avons déjà reconnu qu'il y a dans l'idée une affirmation implicite; mais tant que cette affirmation n'est qu'implicite, l'idée reste à l'état d'idée, et peut être sujet ou attribut d'un jugement. Lorsque cette affirmation devient explicite, et que notre objet est précisément de l'exprimer (et c'est ce qui a lieu dans la définition), l'idée prend elle-même la forme d'une proposition [1].

Ainsi lorsqu'on soutient, avec la plupart des logiciens, que l'idée n'est ni vraie, ni fausse, cela veut dire que nous n'affirmons rien autre chose en la concevant, si ce n'est qu'elle est ce que nous la concevons. Hors cette affirmation implicite, qui est la conception même, nous n'ajoutons rien de plus; et par conséquent il n'y a ni vérité, ni erreur. Mais ce qui prouve qu'il y a là néanmoins une vérité sous-entendue, c'est que nous nous refusons à une conception contradictoire. Par exemple, si quelqu'un nous dit : un cercle carré, nous l'arrêtons immédiatement, sans attendre qu'il prononce un jugement et qu'il ajoute un verbe, car sa conception est déjà par elle-même impossible; ce n'est pas, si l'on veut, une idée fausse, mais c'est une *non-idée*; et on réfutera très bien un adversaire en discutant les idées qu'il avance, sans avoir même besoin d'aller jusqu'à la discussion des jugements : il suffira de montrer que ces idées sont contradictoires. Il y a donc au moins une vérité impliquée dans toute notion et dans toute idée, c'est que son objet est possible, c'est-à-dire non contradictoire.

Or, c'est cette vérité intrinsèque de l'idée que la logique considère, et pas autre chose.

On voit par ces explications ce que signifie cette définition de Bossuet : L'idée est ce qui représente la vérité de l'objet entendu.

326. Conséquences de la définition précédente. — Quelles sont maintenant les conséquences de cette définition? Bossuet en tire les trois propositions suivantes :

I. A chaque objet chaque idée.

II. Un même objet peut être considéré diversement.

---

[1]. C'est pourquoi la définition est placée par les logiciens tantôt dans la première, tantôt dans la seconde opération.

III. Divers objets peuvent être considérés sous une même raison et être entendus par une seule idée.

Première proposition. — Il n'y a qu'une idée de chaque objet. Voici comment il faut entendre cette proposition. Étant donné un objet, il n'est *un* qu'en tant qu'il est entendu par une seule idée. Ainsi une armée est une collection d'hommes disciplinés, chargés de défendre la patrie ; s'il y avait deux idées, ce seraient deux objets et non un seul; par exemple, d'une part l'idée du général, de l'autre l'idée des soldats. Il ne faudrait pas dire qu'un seul objet peut contenir deux idées, par exemple que, dans la définition du triangle, il entre d'un côté l'idée de trois angles, de l'autre l'idée de trois côtés; car ces deux idées sont tellement jointes qu'elles n'en forment qu'une seule, puisqu'on ne peut se représenter un triangle qui n'ait pas à la fois trois angles et trois côtés. De plus, l'idée de l'objet doit l'épuiser tout entier, et « contenir tellement le tout que le reste n'est plus rien ». Ainsi l'idée du triangle contient en elle-même tout ce qui pourra être dit du triangle.

Seconde proposition. — Quoiqu'il n'y ait qu'une idée pour chaque objet, cette idée pourra se multiplier suivant les points de vue que l'on considère dans l'objet. Par exemple, l'idée de l'âme prise en elle-même sera l'idée d'une *chose qui pense* : cette idée n'a qu'un objet, l'âme; et l'âme n'est représentée que par cette idée, et par nulle autre. Mais je puis considérer l'âme à différents points de vue, et je l'appellerai de différents noms suivant ces points de vue; et ainsi, en tant qu'elle sent, ce sera l'âme sensitive, en tant qu'elle pense, l'âme raisonnable. De même, quoique l'idée du corps soit l'idée d'une chose étendue, je puis décomposer cette idée et y distinguer la longueur, la largeur, la profondeur.

Ainsi, à mesure que les objets peuvent être considérés, en quelque façon que ce soit, comme différents d'eux-mêmes, les idées qui les représentent sont multipliées, afin que les objets soient vus par tous les endroits qu'ils le peuvent être.

Troisième proposition. — De même qu'un seul objet considéré sous plusieurs *raisons* ou rapports peut donner lieu à plusieurs idées, de même plusieurs objets, considérés sous une même raison, peuvent être réunis sous une seule idée. C'est ce que l'on appelle l'*universel*.

Ainsi, dit Bossuet, quand je considère plusieurs cercles, je considère en réalité plusieurs objets. L'un sera plus petit; l'autre plus grand ; ils seront diversement situés; l'un sera en mouvement; l'autre en repos, etc. Mais tous, aussi bien le plus grand que le plus petit, celui qui est en repos aussi bien que celui qui est en mouvement, ont tous les points de leur circonférence également éloignés de leur centre. A les regarder en ce sens, et sous cette raison commune, ils ne font tous ensemble qu'un seul objet et sont connus sous la même idée. Il en est de même de plusieurs hommes et de plusieurs arbres, qui sont tous compris dans la même idée d'homme et d'arbre.

327. **De l'universel**. — La propriété qu'a une idée de convenir à plusieurs objets s'appelle l'*universalité*, et l'idée qui a cette propriété s'appelle *universelle*.

Bossuet explique quelques-unes des propriétés de l'idée universelle, dont les unes appartiennent à la logique et les autres plutôt à la métaphysique [1]. Nous nous bornerons à celles qui regardent la logique.

I. C'est un axiome de l'école que *les essences ou les raisons propres des choses sont indivisibles*, c'est-à-dire que les idées qui conviennent à plusieurs choses, leur conviennent également; ainsi la raison de cercle convient également au plus grand comme au plus petit, à celui qui est en repos comme à celui qui est en mouvement. Descartes a exprimé la même idée en disant (*Disc. de la méthode*, partie I) « qu'il n'y a de plus ou de moins que entre les *accidents*, et non entre les *formes* ou *natures* des individus d'une même espèce ». Ce que Descartes appelle ici forme et nature, c'est l'idée universelle ou essence (328), à savoir, celle qui exprime ce qu'il y a de commun entre plusieurs objets.

II. *Toutes nos idées sont universelles, et les unes plus que les autres.*

Pour bien comprendre cette proposition, il faut savoir que, pour Bossuet, quoique tout soit individuel dans la nature, il n'y a pas cependant d'idée de l'individu [2], c'est-à-dire que l'individu ne peut être connu que par la perception directe; mais il ne peut pas être entendu et compris en tant qu'individu. Ainsi je puis faire comprendre à un autre homme ce que c'est qu'un cercle, mais je ne puis lui faire connaître Pierre ou Paul qu'en les montrant, ou tout au plus par leur portrait. Hors de là, je

---

[1]. C'est à la métaphysique qu'il appartient de décider que l'universel n'existe que « dans la pensée » (XXX); que *non datur universale à parte rei* (XXXI); que les essences existent en Dieu (XXXVII), que « en toutes choses, excepté en Dieu, l'idée de l'essence et l'idée de l'existence sont séparées, etc. ».

[2]. Nous avons vu plus haut (324) en quel sens, cependant, il serait vrai de dire qu'il y a une idée de l'individu.

n'ai à ma disposition pour dépeindre un individu qu'un certain nombre d'idées universelles diversement combinées. Ainsi le signalement d'un individu, le portrait d'un personnage historique n'est que la combinaison de plusieurs qualités générales ; et c'est la diversité des mélanges qui nous permet de nous faire quelque idée de l'individu, mais cette idée n'est jamais qu'incomplète et éloignée. On peut encore prouver la même vérité en disant, avec Bossuet, que tout peut être semblable entre deux individus, excepté le nombre. C'est ce qu'on appelle la *différence numérique*. Deux cercles peuvent être absolument identiques, et cependant ce sont deux cercles ; d'où il suit qu'au delà des différences perceptibles « il y a une distinction plus substantielle et plus foncière, mais en même temps inconnue à l'esprit humain » : ce fond inconnu est ce que la scolastique appelait le *principe d'individuation*. Sans nous enfoncer dans cette recherche, qui appartient à la métaphysique, disons que nous avons déjà établi en psychologie (96) que le propre objet de l'entendement est l'*un dans le multiple*, τὸ ἓν ἐπὶ τὰ πολλά, et par conséquent l'universel. Toutes les idées sont donc universelles. Elles le sont seulement les unes plus que les autres, car les unes conviennent à plusieurs objets qui ne diffèrent qu'en nombre (triangle rectiligne), d'autres à plusieurs choses qui diffèrent en espèce (le triangle en général).

III. *La plus noble propriété des idées est que leur objet est une vérité éternelle.*

<small>Cela suit des choses qui ont été dites ; car, si toute idée a une vérité pour objet, si, d'ailleurs, cette vérité n'est pas regardée dans les choses particulières, il s'ensuit qu'elle n'est pas regardée dans les choses comme naturellement existantes, parce que tout ce qui existe est particulier et individuel.

De là suit encore que les idées ne regardent pas la vérité qu'elles représentent comme contingente, c'est-à-dire comme pouvant être et n'être pas, et que, par conséquent, elles la regardent comme éternelle et absolument immuable.</small>

Pour bien comprendre cette doctrine, il faut distinguer la logique de la métaphysique (ce que Bossuet ne fait pas assez). En métaphysique, c'est-à-dire au point de vue objectif, on peut se demander si nos idées correspondent à des types éternels et absolus, comme le voulait Platon. Bossuet admet cette doctrine, mais il nous semble qu'elle n'est pas nécessaire ici. Quand même on n'admettrait pas qu'il y ait un type réel et effectif d'un père ou d'un fils, et que ces deux conceptions ne sont que dans la pensée, toujours est-il qu'à l'idée de père est jointe l'idée de quelqu'un qui aime ses enfants, et à l'idée de fils, l'idée de quelqu'un qui aime son père, de sorte que nous disons d'un père qui n'aime pas ses enfants ou d'un fils qui n'aime pas son père, que ce n'est pas un *vrai* père, ni un *vrai* fils.

C'est dans ce sens que Hegel, ici entièrement d'accord avec Bossuet, définit la vérité l'*accord d'un objet avec son idée*.

Laissant donc de côté le point de vue ontologique, nous disons que, logiquement, on ne peut raisonner, démontrer quelque chose qu'en s'appuyant sur des idées fixes et déterminées, et qui expriment, par conséquent, quelque chose d'absolu et d'éternel. Ainsi, comment saurais-je si les hommes doivent être gouvernés par la force ou par la raison, si je ne pars pas d'une idée certaine et fixe, qui sera la *vérité* de l'homme, par exemple, que c'est « une substance intelligente créée pour vivre dans un corps » (Bossuet)? D'où je conclurai que l'homme doit être gouverné essentiellement par la persuasion, et accidentellement ou subsidiairement par la force; et cela resterait éternellement vrai, lors même que l'humanité cesserait d'exister.

Objection. — On dira que les choses, sans cesser d'être ce qu'elles sont, peuvent changer continuellement de nature, de telle sorte qu'aucune idée absolue et immuable n'en est la véritable expression, et, par conséquent, qu'aucune idée n'exprime une vérité éternelle. Il n'y a pas une idée de l'homme en général, mais il y a des hommes changeant sans cesse de nature suivant les temps et suivant les lieux : « Je n'ai jamais vu *l'homme*, disait J. de Maistre ; j'ai vu seulement des Anglais, des Français, des Russes et des Allemands. »

Rép. — Nous répondrons que si l'on admettait à la rigueur le point de vue précédent, toute logique et même toute pensée serait impossible[1] : car penser, étant un acte déterminé, suppose un objet qui reste fixe pendant qu'on le pense ; si cet objet changeait en même temps que je le pense, ma pensée changerait avec lui, et on ne trouverait jamais aucun terme fixe. Il faut donc, pour que la pensée soit possible, admettre au moins une fixité relative, et entre les attributs changeants des êtres une *certaine moyenne constante* qui sera considérée comme fixe pendant qu'on la pensera. Cette *moyenne constante* des écoles empiriques correspondra à l'*idée absolue* des écoles rationalistes et constituera, au point de vue subjectif et formel, ce que Bossuet ap-

---

1. C'est ce que Platon démontre de la manière la plus profonde dans son dialogue du *Théétète*.

pelle la *vérité éternelle* quant à cet objet. Par exemple, la même définition de l'homme pourra être donnée à la fois par les deux écoles, soit qu'on considère l'essence comme une fois donnée, ou comme une idée en mouvement, et c'est ce qu'on appellera dans les deux hypothèses, l'*essence* de l'homme.

328. **Des essences.** — « L'essence des choses, dit Bossuet, est ce qui répond *premièrement* et *précisément* à l'idée que nous en avons. » Ainsi l'essence est d'abord ce que nous concevons de *premier* dans chaque chose, c'est-à-dire ce qui ne suppose rien et dont tout le reste s'ensuit. Locke définit de la même manière l'essence en disant qu'elle est dans une chose « *le fondement de toutes les qualités* qui entrent dans l'idée complexe que nous en avons » ; et quoiqu'il prétende que l'essence ainsi entendue nous est inaccessible, on peut dire que nous en approchons plus ou moins, et que ce qui dans chaque chose nous paraît premier, est véritablement pour nous l'essence de cette chose.

Bossuet dit encore que c'est ce que nous concevons *précisément* dans un objet, c'est-à-dire ce qui appartient « à un objet sans appartenir à un autre », et ce qui appartient tellement à cet objet, que nous ne pouvons le penser sans cette condition. Il arrive en effet souvent que nous appliquons à un objet des attributs qui lui sont communs avec d'autres, ou des attributs qu'il ne possède pas toujours ni partout : ce n'est pas là l'idée précise de cet objet, ce n'est pas son essence ; mais ce qui n'est qu'à lui, et ce qui lui appartient partout et toujours, voilà ce qui lui est essentiel.

L'essence sera donc définie l'*idée première et précise de chaque objet*.

Locke distingue deux sortes d'essences, l'essence *nominale* et l'essence *réelle*. Mais cette distinction, en tant qu'elle intéresse la logique, sera mieux placée dans la théorie de la définition.

329. **De la clarté et de la distinction des idées.** — Depuis Descartes, la clarté et la distinction des idées (ou l'évidence) a été donnée comme criterium de la certitude. Il importe donc de savoir ce que c'est que des idées *claires et distinctes*. L'idée *claire* est celle qui se distingue nettement d'une autre idée : ainsi l'idée de plaisir ou l'idée de douleur sont des idées claires, parce qu'elles se distinguent nettement l'une de l'autre. L'idée dis-

tincte est celle dont on distingue nettement les différents éléments : par exemple, l'idée de *cercle* est une idée distincte, parce que nous en connaissons les éléments, à savoir, l'idée de surface, l'idée de ligne courbe qui enferme cette surface, et enfin l'idée de l'égalité des rayons. Une idée distincte ne peut pas ne pas être claire, mais une idée claire peut ne pas être distincte [1]. A l'idée claire s'oppose l'idée *obscure*, et à l'idée distincte s'oppose l'idée *confuse*.

330. Différentes espèces d'idées. — D'après tout ce qui précède, nous pouvons nous borner à une simple énumération des différentes espèces de nos idées.

On les divisera, suivant la *Logique de Port-Royal* (partie I) :

1° Selon leur nature et leur origine. A ce point de vue, on distinguera les *images* et les *idées* (149), ou les idées *sensibles* et les idées *intellectuelles* ;

2° Selon leurs objets : les idées de *choses* ou *substantifs*, et les idées de *mode* ou *adjectifs ;*

3° Idées *composées* et idées *simples :* les idées composées ou *complexes* sont celles qui se composent de plusieurs éléments ; les idées simples sont celles qui ne peuvent être réduites à d'autres idées : par exemple, *temps, être, unité*, etc. ;

4° Selon leur *généralité, particularité* et *singularité* ;

5° Selon la clarté et la distinction, l'*obscurité* et la *confusion*. (Voy. le § précédent.)

DES TERMES.

Quoique la logique soit l'art de penser, et qu'elle ait pour objet propre les idées, cependant les logiciens ont toujours trouvé plus commode de considérer l'*expression* des idées que les idées elles-mêmes. L'idée exprimée est ce qu'on appelle le *terme*. C'est de même que tout ce qu'ils ont à dire sur les *jugements*, ils l'appliquent aux *propositions*, et sur les *raisonnements*, aux *syllogismes*. Il serait aussi impossible au logicien de faire la logique sans les mots, qu'au mathématicien de faire l'arithmétique sans les noms de nombre.

Ainsi le *terme* est « *ce qui signifie l'idée* », et de même que les

---

1. Voy. Leibniz, *Méditations sur les idées* (dans notre édition des Œuvres de Leibniz, t. II, p. 514).

idées sont les éléments du jugement, de même les termes sont les éléments de la proposition. Ainsi tout ce qu'on dit des termes peut se dire des idées, mais tout ce qu'on dit des idées ne se dit pas des termes ; c'est pourquoi, avec Bossuet, nous avons considéré d'abord les idées pour considérer ensuite les termes avec tous les logiciens.

331. Division des termes. — Bossuet divise les termes en :
1° *Positifs* ou *négatifs;*

Le positif est celui qui met et qui assure : par exemple, *vertu, santé;* le négatif est celui qui ôte et qui nie : par exemple, *ingrat, incurable.*

2° *Abstraits* ou *concrets:*

Les termes abstraits sont ceux qui naissent des précisions (abstractions), et ils signifient les formes détachées par la pensée de leur sujet ou de leur tout, comme quand je dis *science, vertu, humanité, raison.*
Les termes concrets regardent les formes unies à leur sujet et à leur tout, comme quand je dis : *savant, vertueux, homme* et *raisonnable.*

3° *Complexes* ou *incomplexes:*

Les termes complexes sont plusieurs termes unis qui, tous ensemble, ne signifient que la même chose, comme si je dis : celui qui, en moins de six semaines, malgré la rigueur de l'hiver, a pris Valenciennes de force, mis ses ennemis en déroute, et réduit à son obéissance Cambrai et Saint-Omer; tout cela ne signifie que Louis le Grand [1].

Les termes *incomplexes* ou *simples* sont ceux qui se réduisent à un seul mot, comme *Dieu, arbre, homme.*

4° *Universels, particuliers* ou *singuliers :*

Le terme singulier est celui qui ne signifie qu'une seule chose, comme Alexandre, Charlemagne, Louis le Grand.

Il faut distinguer le terme *général* du terme *collectif :* le terme général est celui qui exprime une idée commune à un nombre indéterminé d'objets. Le terme *collectif* est celui qui rassemble en une somme ou collection un nombre déterminé d'individus : le *soldat* est un terme général, une *armée* est un terme collectif. Le terme général fait abstraction des individus, le terme collectif les prend tous ensemble.

Les termes généraux ou universels sont ceux qui signifient plusieurs choses sous une même raison, par exemple, plusieurs animaux de différente nature sous la raison commune d'animal.

---

1. La *Logique de P.-Royal* (I, VIII) distingue deux sortes de termes complexes : ceux qui le sont dans le sens et ceux qui le sont dans l'expression. Elle distingue en outre deux manières d'ajouter à un terme : la *détermination* et l'*explication*. (Les grammairiens distinguent également deux sortes de propositions incidentes : les *explicatives* et les *déterminatives*.)

Le terme *particulier* doit être distingué du terme *singulier*. En effet, celui-ci a rapport à un objet déterminé et individuel, mais le prend tout entier : *Socrate*, *Paris* sont des termes qui s'appliquent à tout Socrate, à tout Paris ; mais le terme particulier est celui qui, dans un tout général, ne s'applique qu'à un nombre indéterminé d'individus, comme lorsque je dis : *quelques hommes* : je conçois d'abord un terme général, et je n'en prends qu'une partie.

En un mot, on définit le terme général ou universel, celui qui est pris dans *toute son extension*, et le terme particulier, dans une *partie de son extension*. Qu'est-ce que l'extension ?

332. Extension et compréhension. — On distingue deux choses dans les termes généraux ou universels : l'*extension* et la *compréhension*.

On appelle *compréhension* d'un terme l'ensemble des *caractères* (*notæ*, τεκμήρια) par lesquels l'idée représentée est distincte d'une autre idée. C'est ce que les Allemands appellent le *contenu* (*das Inhalt*) d'une idée. Par exemple, la compréhension du terme *homme* se compose de tous les caractères ou attributs qui désignent l'humanité et la distinguent des autres espèces animales. On appelle *extension* l'ensemble des sujets auquel s'appliquent les caractères précédents.

333. Loi de l'extension et de la compréhension. — Nous avons vu (159) que, pour former une idée générale, il faut supprimer les différences pour ne conserver que les ressemblances. Il suit de là que plus on généralise, plus on supprime de différences, c'est-à-dire de caractères distinctifs ; en d'autres termes, plus on augmente le nombre des sujets contenus sous une même idée, plus on diminue le nombre de leurs attributs, ce qu'on exprime ainsi : *l'extension d'une idée générale est en raison inverse de sa compréhension*[1]. Par exemple, dans l'individu, l'extension est aussi étroite que possible ; au contraire, la compréhension est en quelque sorte infinie ; car on n'a jamais épuisé la description de l'individu ; pour s'élever de l'individu *Socrate* à l'espèce *homme*, il a donc fallu resserrer la compré-

---

[1]. Un logicien allemand, Drobisch, qui a cherché à exprimer cette loi sous une forme mathématique, a trouvé que le rapport précédent n'est pas précisément celui de la raison inverse, mais que, « tandis que l'extension croît ou décroît selon une progression géométrique, la compréhension croît ou décroît suivant une progression arithmétique. » (Uberweg, *Logik*, p. 111).

hension pour augmenter la sphère de l'extension. Il en est de même pour passer de la sphère *homme* à la sphère *animal*, de la sphère *animal* à la sphère *être*, etc. Réciproquement, si vous descendez l'échelle, vous ne restreignez l'extension qu'en augmentant la compréhension [1].

333 bis. Extension des termes. — L'*extension* ou la *quantité* d'un terme ou d'une idée (*ambitus, sphæra, extensio*) est donc l'ensemble des sujets auxquels ce terme ou cette idée convient (332). Par exemple, la sphère, l'étendue, la quantité du terme *animal* se compose de tous les animaux : la sphère ou l'étendue du terme *blancheur* se compose de tous les objets blancs.

Les différents termes, comparés entre eux, au point de vue de l'extension, donnent lieu à différents rapports, qui sont :

A. La *subordination* : c'est le rapport qui existe entre deux termes contenus l'un dans l'autre, et dont l'un a une extension moindre que l'autre; par exemple : *hommes* et *Européens*. Le terme qui contient l'autre est appelé *supérieur;* celui qui est contenu est appelé *inférieur* ou *subordonné*. Les termes inférieurs, comparés au tout qui les embrasse, sont encore appelés *parties subjectives*, par opposition aux divisions d'un tout réel, séparé en parties : celles-ci s'appellent *parties intégrantes*.

Le rapport de subordination peut être représenté par deux cercles concentriques (fig. 1), le cercle A (*Hommes*) et B (*Européens*) :

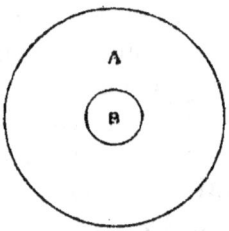

Fig. 1.

B. La *coordination* est le rapport qui existe entre deux termes également subordonnés à un terme supérieur; par exemple : A (*courage*) et B (*prudence*) sont l'un et l'autre contenus dans un même terme C (*vertu*). On peut représenter ce rapport par deux cercles de même rayon, contenus l'un et l'autre dans un troisième (fig. 2) :

1. Les termes d'*extension* et de *compréhension*, qui ne sont pas dans Aristote, viennent probablement de la scolastique.

C. L'*équipollence* est l'identité de sphère qui existe entre

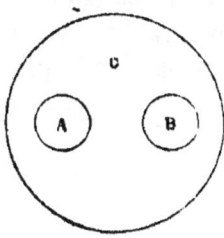

Fig. 2.

deux termes différents, mais qui expriment une seule et même idée; par exemple : A (*le fondateur de la logique*) et B (*le précepteur d'Alexandre*) sont les deux désignations d'une seule et même personne, qui est Aristote. Ici, les deux cercles se confondent en un seul (fig. 3) :

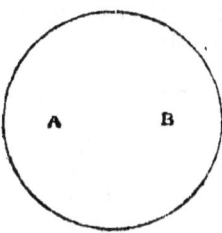

Fig. 3.

Les notions équipollentes sont celles qui ont la même extension sans avoir la même compréhension : quand elles ont à la fois même extension et même compréhension, elles sont *identiques*.

D. L'*opposition*. L'opposition peut être double : ou la simple *contrariété*, ou la *contradiction*.

Deux termes sont *contraires* lorsque, réunis sous une même sphère, ils sont les plus éloignés possibles l'un de l'autre; par exemple : A (*blanc*) et B (*noir*), qui, quoique opposés, font partie

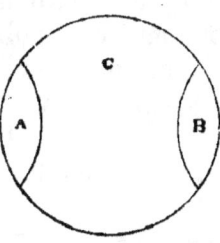

Fig. 4.

d'un même terme C (*couleur*). On représente ce rapport par le symbole ci-dessus (fig. 4).

Deux termes sont *contradictoires* lorsque l'un des deux nie absolument le contenu ou la compréhension de l'autre; par exemple : A et non A ou B (*blanc* et *non blanc*). On représente A par un cercle et B par l'espace indéfini, ainsi qu'il suit (fig. 5) :

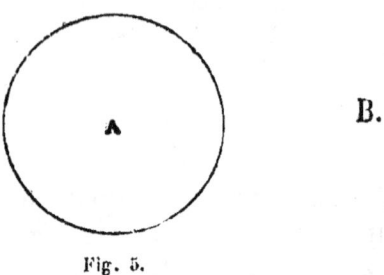

Fig. 5.

E. Le *croisement*. C'est le rapport qui existe entre deux termes qui coïncident en partie; par exemple : A (*nègre*) et B (*esclave*). En voici le symbole (fig. 6) :

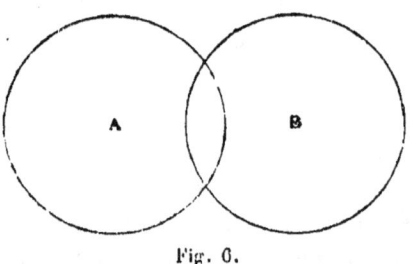

Fig. 6.

F. La *disjonction*. C'est l'opposition entre deux termes appartenant à la même sphère, c'est-à-dire subordonnés à un terme commun. Le symbole est le même que plus haut pour la coordination (fig. 2).

On voit que l'ensemble des termes universaux forme une échelle, ou plutôt une *pyramide*, dont la base se compose des individus, et dont le sommet ou la pointe est la notion la plus générale de toutes. Cette notion, selon la plupart des logiciens, serait celle d'*être* ou d'*existence*; suivant d'autres, celle de *quelque chose* (*Aliquid, Etwas*) : car l'être lui-même se distingue de l'attribut, de l'accident, de la qualité, etc.

334. Les cinq universaux. — D'après les considérations précédentes, nous comprendrons facilement ce qu'étaient les cinq idées que l'on désigne dans l'école, depuis Porphyre, sous le nom d'*universaux;* ce sont : le *genre,* l'*espèce,* la *propriété,* la *différence* et l'*accident.*

Le *genre* est un universel qui en contient d'autres comme subordonnés; par exemple : *animal,* terme universel, contient *homme, cheval, chien,* qui sont eux-mêmes des termes universels.

L'*espèce* est un universel contenu dans un autre universel : *chien, cheval,* sont contenus dans l'universel *animal.*

Il faut distinguer l'*espèce* en logique de l'*espèce* en histoire naturelle. Dans l'histoire naturelle, l'espèce est un groupe concret et déterminé qui représente le dernier terme de la classification. En logique, l'espèce est une notion relative, qui exprime seulement le rapport d'un terme inférieur à un terme supérieur; de même que le genre n'exprime autre chose que le rapport du terme supérieur au terme inférieur.

La même idée pourra donc être genre ou espèce, selon la manière dont on la considérera : le triangle rectiligne, en tant qu'il est opposé au curviligne et au mixte, est une espèce de triangle; et cependant il est genre à l'égard de ses inférieurs, c'est-à-dire l'isocèle, le scalène, etc.

Cependant, comme nous venons de le voir (333, F), on peut concevoir un genre suprême, qui ne serait pas espèce, puisqu'il n'aurait rien au-dessus de lui : c'est ce qu'on appelle le genre généralissime (*genus generalissimum*) : ce serait le genre absolu. On peut concevoir également au plus bas degré de la pyramide des espèces qui ne seraient plus genres, puisque au-dessous d'elles il n'y aurait plus que l'individu : c'est ce qu'on appelle les plus basses espèces (*species infimæ*).

La *propriété*[1] est le troisième des cinq universaux.

<small>C'est, dit Bossuet, ce qui est entendu de la chose comme suite de son essence : par exemple, la faculté de parler, qui est une suite de la raison, est une propriété de l'homme; avoir trois angles égaux à deux droits, est une propriété du triangle.</small>

La *différence* est ce qui distingue un universel d'un autre. Elle est *générique* ou *spécifique :* générique, en tant qu'elle distingue les genres; spécifique, en tant qu'elle sert à distinguer les espèces.

Enfin, on appelle *accident* ce qui peut être présent ou absent sans que le sujet périsse: par exemple, dans l'homme, le chaud

---

<small>1. Porphyre distingue quatre espèces de propriétés : 1° celle qui convient à une seule espèce, mais non pas à toute l'espèce (*soli, non omni*); par exemple, être géomètre ne convient qu'à l'homme, mais non pas à tout homme ; 2° à toute l'espèce, mais non pas à elle seule (*omni, non soli*); par exemple, pour l'homme, avoir deux pieds; 3° à toute l'espèce, et à elle seule, mais non pas toujours (*omni, soli, sed non semper*), par exemple : blanchir, chez les vieillards; 4° à toute l'espèce, à elle seule et toujours (*omni, soli et semper*), par exemple : la faculté de rire, pour l'homme.</small>

et le froid, le blanc et le noir. L'accident s'oppose à l'essence.

335. Les catégories d'Aristote. — Il est d'usage, dans toutes les logiques, d'énumérer et de rappeler les dix catégories d'Aristote, quoique ces catégories appartiennent plus à la métaphysique qu'à la logique. C'est le tableau des idées les plus générales de l'esprit humain : ce sont la *substance*, la *quantité*, la *qualité*, la *relation*, *l'action*, la *passion*, le *lieu*, le *temps*, la *situation*, la *possession* [1].

336. Lois des termes. — Bossuet a résumé toute la théorie des termes dans les propositions suivantes :

I. « Les termes signifient immédiatement les idées et médiatement les choses elles-mêmes.

II. « Le terme naturellement est séparable de l'idée ; mais l'habitude fait qu'on ne le sépare presque jamais.

III. « La liaison des termes avec les idées fait qu'on ne les considère que comme un seul tout dans le discours ; l'idée est considérée comme l'âme, et le terme comme le corps.

IV. « Les termes dans le discours sont supposés pour les choses mêmes, et ce qu'on dit des termes on le dit des choses.

V. « Le terme négatif présuppose toujours quelque chose de positif dans l'idée ; car toute idée est positive. Le mot *ingrat* présuppose qu'on n'a point de *reconnaissance*; le mot *incurable* présuppose un empêchement invincible à la santé.

VI. « Les termes précis ou abstraits s'excluent l'un l'autre : l'humanité n'est pas la science ; la santé n'est pas la géométrie.

VII. « Les termes concrets peuvent convenir et s'assurer l'un de l'autre : l'homme peut être savant ; celui qui est sain peut être géomètre.

VIII. « Tout terme universel s'énonce *univoquement* [2] de ses inférieurs.

IX. « Les termes génériques et spécifiques (genres et espèces) s'énoncent substantivement : l'homme est animal ; Pierre est homme.

X. « Les termes qui expriment les différences, les propriétés et les accidents, s'énoncent adjectivement : l'homme est raisonnable ; il est capable de découvrir ; il est savant et vertueux. »

---

[1] Pour l'explication de ces termes, voy. la *Logique de P.-Royal*, part. I, ch. III.

[2] Un terme est *univoque*, quand il est pris dans le même sens ; *équivoque*, lorsqu'il est pris dans des sens différents.

CHAPITRE IV

Le Jugement et la Proposition.

En passant de la première opération de l'esprit à la seconde, nous trouvons le *jugement* ou la *proposition*.

337. Jugement et proposition. — La proposition est au jugement ce que le terme est à l'idée : c'est l'expression verbale du jugement. De même que le terme est le nom donné à l'idée, de même la proposition sera le jugement énoncé, exprimé par des mots : et il est commode en logique, pour fixer les idées, de considérer l'expression extérieure du jugement, au lieu de l'acte mental lui-même ; mais comme l'usage des mots peut souvent tromper, il sera toujours utile, tout en étudiant la proposition, d'avoir devant l'esprit l'opération intellectuelle elle-même.

La proposition peut être étudiée, soit au point de vue grammatical, soit au point de vue logique ; et ces deux points de vue se confondent souvent. La grammaire recherchera surtout quelles sont les modifications que subissent les mots suivant les rapports qu'ils ont entre eux dans la proposition. La logique recherchera quelles sont les lois de dépendance qui régissent les différents termes de la proposition, en tant qu'expression du jugement ; c'est-à-dire de la pensée même. La logique recherche comment je pense, et la grammaire comment je parle. En réalité, l'objet propre du grammairien, c'est la proposition même : l'objet propre du logicien, c'est le jugement ; et il ne considère la proposition que parce que cela lui est plus commode. Ainsi, il sera toujours plus facile et plus clair de dire : le *sujet* ou l'*attribut*, que de dire : l'idée de la chose dont j'affirme quelque chose, et l'idée de la chose que j'affirme de cette première chose. L'absence du neutre en français rendrait ces expressions extrêmement pénibles, obscures et entortillées.

338. **Analyse de la proposition; rôle de la copule.** — Toute proposition se compose de trois parties : le *sujet*, l'*attribut* et le lien de l'attribut et du sujet, ou la *copule*, exprimée par le verbe *être*. La *neige* (sujet) *est* (copule) *blanche* (attribut). L'attribut s'appelle aussi le *prédicat*.

Le verbe *être* employé comme copule n'a pas le même sens que ce verbe employé comme exprimant l'existence. Ainsi dans ce jugement : Dieu *est*, le mot *est* n'a pas le même sens que quand nous disons : Dieu *est* bon. Ici, je n'affirme pas l'existence de Dieu, mais seulement sa bonté : et cette proposition pourrait être admise même de ceux qui nieraient l'existence de Dieu.

On a dit que la copule *est* signifie toujours une réalité objective ; autrement, dit-on, il n'y aurait pas de différence entre l'idée et le jugement. *Dieu est bon* ne signifie pas seulement que je le pense ainsi, mais qu'il l'est effectivement, en réalité.

Cette doctrine est vraie ; mais autre chose est l'affirmation objective, autre chose est l'existence substantielle. Sans doute, toute affirmation implique l'objectivité, c'est-à-dire quelque chose d'impersonnel, de différent de moi-même et de ma pensée, quelque chose qui s'impose aux autres comme à moi : et c'est là même ce qu'on appelle la vérité ; c'est pourquoi on ne peut pas dire : *ma vérité*. Et c'est bien là en effet ce que signifie le verbe *est* : il exprime, suivant Kant, *l'unité objective de l'aperception*. Il n'en est pas moins vrai que la copule, même ainsi entendue, ne signifie pas l'*existence*, mais simplement la *vérité*.

La copule est impliquée dans tous les verbes et peut s'en dégager par l'analyse. Ainsi *je cours* signifie : *je suis courant*; *j'aime* signifie : *je suis aimant*.

Le verbe *exister* lui-même se décompose de la même manière ; et quand je dis : Dieu *est*, c'est-à-dire Dieu existe, c'est comme si je disais : Dieu *est* existant; ce qui prouve encore que le verbe *être* employé comme copule n'a pas le sens d'exister : car alors ce serait comme si l'on disait : Dieu existe existant, ce qui serait une tautologie.

C'est donc une erreur de dire qu'il n'est pas nécessaire qu'une proposition ait deux termes, et que dans les jugements d'existence il n'y a pas d'attribut [1] : car si le mot *est* avait alors le même sens que dans les autres propositions, quand on me dit : *Dieu est...* j'attendrais ce qu'il est, je demanderais : qu'est-il ? bon, méchant,

---

1. Note 3, p. 144 de la *Logique de P.-Royal* (édit. Em. Charles).

fini, infini, etc.? Non, me dira-t-on, il *est* purement et simplement; il y a donc là une idée de plus que dans les autres cas : c'est l'idée d'existence substantielle; or cette idée est un attribut, un prédicat au même titre que les autres.

Si le verbe *être* signifiait *exister* dans toutes les propositions, tous les sujets dont nous affirmerions quelque chose seraient dits existant. *Pégase est rétif*, voudrait dire : *Pégase existe rétif*. Comment distinguera-t-on alors les propositions *attributives* des propositions *existentielles* ?

Si le verbe *être* signifiait *exister*, il faudrait dire qu'il y a trois termes dans la proposition et neuf termes dans le syllogisme : car à toute idée correspond un terme, et qui pourrait soutenir que l'existence n'est pas une idée ?

339. Objections. — On soutient que l'existence n'est pas un attribut, car :

1° La chose existante aurait un attribut de plus que la chose pensée ; mais la chose pensée doit être adéquate à la chose réelle, sans quoi ma pensée est fausse. « Cent thalers pensés, dit Kant dans une discussion célèbre, ne sont pas plus que cent thalers réels. »

2° L'existence n'est pas un attribut ; car l'attribut est postérieur à la chose : l'existence au contraire doit être contemporaine de la chose. Si l'existence n'était qu'un attribut, elle serait l'attribut de quelque chose qui n'existerait pas.

On conclut de là que l'existence n'est pas un attribut, mais que c'est la *position* de la chose même : et c'est là précisément le sens de l'affirmation.

Pour résoudre ces difficultés, il faut entrer plus avant dans la théorie du *prédicat*.

Il ne faut pas confondre le rapport logique du sujet et du prédicat avec le rapport métaphysique, ontologique de la substance et des attributs. Métaphysiquement, la substance, c'est l'être même, la chose même; les attributs sont les propriétés de cette chose. La substance est le fond ; les attributs sont les puissances, les développements, les manifestations. Ce rapport ne peut pas être interverti : les propriétés ou attributs ne peuvent devenir substance, ni la substance ne peut devenir attribut ou propriété. La substance est antérieure à ses modes et à ses attributs; les attributs et les modes sont postérieurs à la substance. Y a-t-il véritablement des substances, des attributs et des modes? c'est affaire à la métaphysique de le prouver ou de le nier; mais qu'il y en ait ou qu'il n'y en ait pas, c'est ainsi que nous nous les représentons.

Logiquement parlant, au contraire, est *sujet* tout ce qui est *donné*, est *attribut* tout ce que nous affirmons de ce sujet donné. Il importe peu que le sujet soit une substance dans le sens métaphysique du mot, et le *prédicat* un attribut dans le même sens. Car nous pouvons alternativement, suivant le point de vue où nous nous plaçons, prendre l'un pour sujet, l'autre pour attribut; et la pensée est aussi satisfaite dans un cas que dans l'autre. Soit cette proposition : *Louis XI était le roi de France en* 1475. — Je puis tout aussi bien dire: *Le roi de France en* 1475 *était Louis XI*. — Louis XI de sujet devient attribut. Dira-t-on que ce n'est pas un vrai attribut parce que c'est une substance? Je réponds que la logique ne connaît pas de substances. Elle connaît *ce que* j'affirme, et *ce dont* j'affirme. Ce qui est donné est la chose *dont* j'affirme, c'est le sujet: ce que j'y ajoute par la pensée, c'est l'attribut. Dans les deux pensées précédentes, l'attribut change suivant ce qui m'est donné. Dans la première, ce qui m'est donné, c'est un homme célèbre nommé Louis XI; je demande qui il est, on me répond: roi de France; voilà l'attribut. Dans la seconde, ce qui m'est donné, c'est un certain roi de France qui vient après Charles VII; ce roi reste indéterminé dans mon esprit. On me dit: c'est Louis XI; ce roi se détermine, et je vois non seulement *un* roi, mais *tel* roi; donc, c'est un attribut. Louis XI se trouve donc successivement et très légitimement, à deux points de vue différents, sujet et attribut. De même, quand je dis avec Bossuet: « Tout était Dieu, excepté Dieu même, » Dieu devient attribut; or ontologiquement, Dieu est essentiellement être et substance. Il n'en est pas moins ici, au point de vue logique, un prédicat.

Grâce à ces notions, on peut réfuter les objections précédentes. Peu importe qu'objectivement, ontologiquement, l'existence soit ou ne soit pas un attribut, une propriété, un prédicat. C'est un prédicat pour moi à l'égard de ma pensée. Étant donné un objet, Dieu, les hommes, moi-même, j'en affirme l'existence; comme étant donnés les mêmes objets, j'en affirme l'intelligence ou la liberté: l'existence joue donc, dans le premier cas, exactement le même rôle que l'intelligence ou la liberté. Dire *Dieu est*, c'est affirmer (*copule*) l'existence (*prédicat*) de Dieu (*sujet*). —

De même que dire *Dieu est bon*, c'est affirmer (*copule*) la bonté (*attribut*) de Dieu (*sujet*). — Dans les deux cas, il y a trois choses, à savoir, deux idées ou deux représentations, et un acte de l'esprit, l'affirmation. Il y a donc attribut de part et d'autre, et en conséquence le verbe *est*, employé comme copule, n'exprime pas l'existence.

La théorie du prédicat nous conduit à examiner une doctrine nouvelle présentée par Hamilton, l'un des plus savants logiciens de notre siècle [1].

340. **Quantification du prédicat.** — Hamilton a essayé d'apporter en logique un principe nouveau que ses disciples ont considéré comme le complément et l'achèvement de la doctrine d'Aristote : c'est la doctrine de la *quantification du prédicat*.

Hamilton pose deux principes :

Le premier, c'est que, dans toute proposition, le prédicat est pensé par l'esprit avec une certaine quantité ou extension, aussi bien que le sujet. Car dire d'une chose qu'elle en est une autre, c'est dire qu'elle est cette autre chose, soit en totalité, soit en partie.

Le second principe, c'est que, logiquement, tout ce qui est pensé par l'esprit doit être exprimé par des mots. Si donc je pense l'attribut comme *totalité*, je dois le faire précéder du qualificatif *tout*; et si je le pense comme *partie*, du qualificatif *quelque*.

Par exemple, dans les propositions identiques et réciproques où l'attribut est égal en extension au sujet, je dirai que le sujet est *tout* l'attribut. Exemples : *Tout* triangle équilatéral est *tout* équiangle. *Tout* homme est *tout* animal raisonnable.

Dans les affirmatives ordinaires, au contraire, l'attribut devra être précédé de *quelque*; par exemple : *Les bœufs sont des ruminants*, se traduira par : *Tous* les bœufs sont *quelques* ruminants, car il y a d'autres ruminants que les bœufs.

Tel est le principe de la quantification du prédicat, dont M. Hamilton croit pouvoir tirer d'importantes conséquences, soit dans la théorie de la conversion des propositions, soit dans la théorie du syllogisme.

Remarquons d'abord que cette théorie n'est pas entièrement nouvelle. Car l'ancienne logique avait déjà remarqué la quantité

---

[1]. Hamilton, *Discussions on philosophy*, p. 614. On trouvera une analyse développée de cette théorie dans les *Essais de logique* de M. Waddington (Paris, 1857).

du prédicat, et lui faisait jouer un rôle important dans la théorie du syllogisme. On admettait en effet que l'attribut des propositions affirmatives est pris particulièrement (voy. plus loin, 361), c'est-à-dire n'est qu'une partie d'un tout plus étendu que le sujet. Par exemple, cette proposition : *Le plaisir est un bien*, doit être entendue dans ce sens : le plaisir est *quelque* bien, fait partie du genre *bien*, lequel est plus étendu que le plaisir, puisqu'il comprend encore la raison, la vertu, etc. C'est pour cette raison que les propositions universelles affirmatives, comme nous le verrons, se convertissent en particulières. On affirmait en outre que, dans toute proposition négative, l'attribut est toujours universel[1].

Ainsi le principe de la quantification du prédicat était déjà implicitement admis par les logiciens, seulement la règle paraissait en défaut sur quelques points; en effet :

1° Dans certaines propositions affirmatives, par exemple, les *réciproques*, les *exclusives*, les *exceptives*, il se trouve que le sujet n'est pas une partie de l'attribut, mais qu'il est tout l'attribut. Lorsque je dis : *Aristote était le précepteur d'Alexandre*, je n'entends pas dire qu'il était au nombre de ses précepteurs, mais qu'il était le seul; et de même lorsque je dis que *la ligne droite est le plus court chemin*, j'entends qu'il n'y a pas d'autre plus court chemin que la ligne droite. Dans ces propositions, quoique affirmatives, l'attribut est donc pris dans toute son extension.

Puisqu'il y a de telles propositions, il faut les distinguer des autres, en indiquant par la forme que l'attribut est pris tout entier, et non en partie.

On dira donc : *Tout* équilatéral est *tout* équiangle.

Cela peut même avoir lieu pour des propositions particulières : si je dis : Il y a certains savants que l'on appelle philosophes; c'est comme si je disais : *Quelques* savants sont *tous* les philosophes.

2° Dans les propositions négatives, au contraire, Hamilton fait remarquer qu'il y a des cas où l'attribut est particulier. Par exemple : *Il y a fagots et fagots*, est au fond une proposition négative qui peut s'exprimer sous cette forme : *Quelques fagots ne sont pas quelques fagots*.

En conséquence, au lieu d'admettre seulement des universelles et des particulières, comme dans l'ancienne logique, Hamilton propose d'en admettre quatre classes, à savoir :

---

1. *Logique de P.-Royal*, part. II, ch. XVII, axiome 3, et ch. XIX, axiome 6.

Les *toto-totales*, les *toto-partielles*, les *parti-totales*, les *parti-partielles*.

Ainsi, la nouveauté d'Hamilton n'est pas d'avoir introduit le principe de la quantité du prédicat, mais d'avoir tiré de ce principe des conséquences nouvelles et en particulier celles-ci : 1° le prédicat d'une affirmation n'est pas nécessairement particulier. 2° le prédicat d'une négation n'est pas toujours universel.

Cette doctrine a été fort contestée; mais, parmi les objections qu'elle a soulevées, les unes, qui portent sur le principe même, atteignent aussi bien l'ancienne logique que celle d'Hamilton; les autres portent sur les innovations propres à Hamilton : or si nous admettons les secondes, les premières ne nous paraissent pas fondées.

L'objection fondamentale de Mill contre Hamilton, c'est, dit-il, que, dans un jugement, nous pensons toujours l'attribut en *compréhension* et non pas en *extension*. Expliquons-nous.

On sait que la compréhension d'un terme embrasse les attributs propres à la chose désignée par le terme; l'extension exprime la classe des êtres qui possèdent ces attributs.

Or, suivant Mill, quand nous pensons le prédicat d'un sujet, nous ne pensons que les attributs représentés par ce prédicat, et non la classe dont il est le nom, et dont la pensée est absente ou tout au moins latente dans notre esprit. Par exemple, lorsque je dis : *Les bœufs ruminent*, je ne pense qu'à l'idée de ruminer, c'est-à-dire à l'idée d'une double digestion, d'un double estomac; je ne pense pas à la classe ou au genre dont le bœuf peut faire partie. Je ne sais pas s'il y a d'autres ruminants; cela m'est indifférent : je l'ignore ou je n'y pense pas. De même quand je dis : *La neige est blanche*, je ne pense qu'à la couleur propre représentée par ce mot, et non à la classe des choses blanches; c'est donc traduire inexactement l'opération psychologique du jugement que dire : Les bœufs font partie des ruminants, sont *quelques* ruminants; — La neige est *quelque* chose de blanc, fait partie de la classe des choses blanches.

Il n'y a donc en définitive, selon Mill, que des jugements en compréhension et non des jugements en extension.

Cette objection, si elle était fondée, ne tomberait pas seulement contre Hamilton, mais contre toute l'ancienne logique, et même contre toute la théorie du syllogisme, qui repose en partie sur la quantité du prédicat, comme nous l'avons vu; mais voyons ce que vaut cette objection en elle-même.

En supposant que les observations de Mill fussent vraies pour les exemples signalés, seraient-elles vraies pour tous? Admettons qu'il y a des jugements en compréhension, s'ensuivrait-il qu'il n'y en a pas en extension? Ne peut-il pas y en avoir où la pensée se porte, non pas sur les attributs, mais sur la classe même? N'y a-t-il pas beaucoup de cas où nous nous demandons à quelle classe connue nous rapporterons tel ou tel objet? Par exemple, lorsque nous disons : *Les bœufs sont des ruminants, les écureuils sont des rongeurs*, n'est-il pas évident que nous pensons plutôt à la classe à laquelle appartient l'animal, qu'aux attributs qui sont le signe distinctif de cette classe? Nous passons rapidement sur ces derniers, et nous fixons surtout notre esprit sur la classe elle-même; et personne ne contestera que ces propositions ne puissent se traduire ainsi : Les bœufs font partie des ruminants; les écureuils font partie des rongeurs. Pour un naturaliste, par exemple, voilà un animal inconnu; il s'agit de savoir où il le classera, ce qui n'est autre chose que le définir; il lui suffit d'apercevoir la forme des dents, pour qu'il dise immédiatement : C'est un rongeur, c'est un carnivore, c'est un ruminant. L'esprit n'a nullement besoin de suivre dans le détail l'opération du ruminant, du carnivore, du rongeur : je l'ai classé, voilà tout. De même dans l'histoire, après avoir raconté un règne, on énonce un jugement définitif en le classant parmi ceux auxquels il ressemble. Lorsque Duclos termine son histoire de Louis XI en disant : « Tout bien pesé, *c'était un roi*, » il veut dire : On doit le classer parmi les rois. Lorsque le juge déclare un accusé coupable d'escroquerie, il fait rentrer l'acte particulier commis par le coupable dans la classe d'actes définis légalement et désignés sous le nom d'escroquerie.

Il y a donc au moins un certain nombre de jugements où l'attribut est pensé en extension; mais nous allons plus loin, et nous prétendons que cela est vrai de tous : car comment la compréhension pourrait-elle se séparer de l'extension? Autrement on ne distinguerait pas un jugement d'une perception (164).

Ainsi, quand je dis : *La neige est blanche*, si je ne faisais que traduire ma perception immédiate, c'est à peine si cela devrait s'appeler un jugement; si je juge véritablement, c'est que j'ai intérêt à rattacher la couleur de la neige à quelque couleur antérieurement connue; et alors dire : la neige est blanche, c'est bien réellement dire qu'elle fait partie des choses blanches.

D'ailleurs, est-ce que dans la compréhension d'une espèce ne sont pas contenus tous les caractères du genre supérieur à cette espèce? Est-ce que je peux penser à un vertébré sans penser à un animal, à un être vivant, et en général à un être? Et peu importe que cette pensée soit implicite ou explicite, virtuelle ou actuelle; car la logique a précisément pour objet d'exposer d'une manière explicite ce qui est pensé implicitement par l'esprit.

Au reste, c'est ce que Mill lui-même paraît reconnaître, lorsqu'il restreint son opinion en disant que cette doctrine est *psychologiquement* fausse, ce qui n'exclurait pas la possibilité d'en tirer parti en logique: car, selon lui-même, la « théorie du syllogisme n'est pas une analyse du raisonnement, mais se borne à servir d'*épreuve* à la validité du raisonnement en donnant des formules dans lesquelles on peut mettre tous les raisonnements, s'ils sont valables, ou découvrir leurs défauts cachés ». Et, en effet, la logique formelle et déductive a pour but de traduire les procédés psychologiques de l'esprit, qui échappent à toutes règles parce qu'ils sont variables, sous des formes explicites qui sont engagées dans ces procédés, sans que l'esprit lui-même en ait conscience : c'est une traduction à l'aide de laquelle on peut résoudre des problèmes qui sans elle seraient insolubles (à peu près comme Descartes traduit des problèmes géométriques en expressions algébriques, quoique dans la pratique ceux qui se servent de ces solutions n'aient nullement conscience des procédés algébriques qu'ils appliquent inconsciemment). Ainsi, fût-il inexact psychologiquement, le principe de la quantification du prédicat pourrait être utile logiquement, comme formule : or, dans les limites où l'ancienne logique [1] appliquait ce principe, il avait une incontestable utilité, puisqu'il servait à exclure un certain nombre de modes syllogistiques. Reste à savoir si le principe n'était pas incomplètement appliqué, et si Hamilton n'a pas eu raison d'en étendre l'application.

La principale extension réelle d'Hamilton, avons-nous dit, c'est d'avoir remarqué : 1° que dans les propositions affirmatives il y en a dont l'attribut n'est pas particulier, et 2° que dans les propositions négatives il y en a où l'attribut est particulier, et d'avoir demandé en conséquence qu'on les distinguât des autres par la quantification de l'attribut. L'erreur de l'école aurait donc été, non pas de n'avoir pas remarqué que le

---

[1]. Mill raisonne toujours comme si le principe de la quantité du prédicat était propre à Hamilton et était une innovation sur la logique de l'école : mais nous avons vu qu'il n'en est rien.

prédicat a sa quantité comme le sujet, puisque c'était un de ses principes, mais de n'avoir pas distingué les deux cas précédents.

Sur le premier point, à savoir, pour les propositions affirmatives, on a objecté avec un juste fondement à Hamilton que ce qu'il appelle la proposition *toto-totale* (celle où le prédicat est pris tout entier), n'est en réalité qu'une double proposition. En effet, dire que « le sel commun est *tout* le chlorure de sodium », c'est réunir deux affirmations en une, à savoir : 1° qu'il est du chlorure de sodium ; 2° que tout chlorure de sodium est du sel.

C'est ce qui est évident dans les réciproques géométriques, puisqu'il faut les démontrer. On peut donc admettre l'une des propositions sans admettre l'autre, et, par conséquent, il y en a deux :

> Comment est-il possible de formuler un seul jugement avec une affirmation divisible en deux parties, dont l'une peut être inconnue et l'autre connue, l'une apprise et l'autre ignorée, l'une fausse et l'autre vraie?... Si la proposition : « Tous les triangles équilatéraux sont *tous* équiangles » ne fait qu'un seul jugement, qu'est-ce que la proposition : « Tous les équilatéraux sont équiangles ? » Est-ce la moitié d'un jugement? (Mill, *Examen d'Hamilton*, ch. XXII, trad. fr., p. 489.)

Quant à la seconde réforme, à savoir, les négatives toto-particielles, elles ne sont admissibles qu'en tant que contenues implicitement dans les négatives toto-totales. Si je dis : *Les Espagnols ne sont pas Turcs* (c'est-à-dire *tous* les Turcs), à fortiori ne sont-ils pas *quelques* Turcs, puisque quelques Turcs sont contenus dans tous les Turcs ; mais c'est une proposition inutile, qui n'a de valeur qu'en tant qu'elle est convertie, par exemple : Quelques Turcs ne sont pas Espagnols. Or l'ancienne logique avait fait déjà cette remarque que la négative universelle peut se convertir quelquefois en particulière.

Mais, si l'on veut faire des négatives à attribut particulier de véritables propositions *sui generis* (et non des *subalternes*) ayant leur valeur propre, on verra qu'il y a là une illusion qui vient de l'équivoque du mot *quelque*. Dans cette proposition : *Il y a fagots et fagots*, il semble que je dise : *Quelques* fagots ne sont pas *quelques* fagots ; mais ici, au lieu d'employer le mot quelque (*aliquis*) dans son sens indéterminé (ce qui est le vrai sens de la particularité), je le prends au contraire dans le sens déterminé (*quidam*), et c'est comme si je disais : *Certains* fagots, *tels* fagots ne sont pas *tels autres* fagots; en d'autres termes, une espèce de fagots n'est pas la même chose qu'une autre espèce ;

et dans ce cas chaque espèce est prise dans toute son extension. Ainsi je dirai : *Il y a héros et héros*, c'est-à-dire : *Certains* héros (les conquérants) ne sont pas *certains* héros (les libérateurs de leur patrie). Mais si je dis : *Quelques hommes ne sont pas quelques hommes*, en prenant le mot *quelque* dans un sens indéterminé, la proposition n'a pas de sens[1].

En résumé : 1° Il est très vrai que le prédicat a une quantité, mais l'ancienne logique avait connu ce principe avant Hamilton ;

2° L'ancienne logique avait sagement entendu ce principe et l'avait sagement exprimé, en disant que : Dans toute affirmation, le prédicat est pris particulièrement, et dans toute négation, universellement ;

3° Les additions prétendues d'Hamilton sont des cas complexes et des difficultés particulières ; mais on doit reconnaître qu'il a rendu service en fixant l'attention sur ces anomalies apparentes qui, au fond, rentrent dans la règle.

341. **Quantité et qualité.** — Nous avons vu qu'on appelle *quantité* d'un terme l'universalité ou la particularité de ce terme ; un terme *universel* est celui qui est pris dans toute son extension, et le terme *particulier* celui qui est pris dans une partie de son extension ; on y ajoute les termes *singuliers* ou *individuels*, qui ne s'appliquent qu'à un seul objet déterminé.

La même distinction a lieu pour les propositions ; et c'est ce qu'on appelle leur *quantité*. Elles sont également universelles, particulières et individuelles.

Une *proposition universelle* est celle dont le sujet est universel, c'est-à-dire pris dans toute son extension.

Une *proposition particulière* est celle dont le sujet n'est pris que dans une partie de son extension.

Les *propositions individuelles* ou *singulières* sont celles dont le sujet est un nom propre et désigne un individu ou un objet particulier.

Logiquement, la proposition individuelle se comporte comme l'universelle : car, dans les deux cas, le sujet est pris dans toute

---

1. C'est l'objection de Morgan : mais il la compromettait en se trompant sur la forme des deux propositions. Mill a exprimé cette objection sous sa vraie forme. — Voy. aussi, sur cette question de la *quantité du prédicat*, Al., Bain, *Logique*, liv. I, ch. III, § 7, VIII. — On peut faire une remarque analogue sur le terme *la plupart*, qui est considéré à tort comme particulier : ce qui a permis au même logicien (Morgan) de contester la règle : *nil sequitur geminis ex particularibus unquam*. — En réalité *la plupart*, signifiant au moins la moitié *plus un*, est un terme parfaitement déterminé et circonscrit, pris dans toute son extension : il est donc aussi universel que le terme individuel, que la logique a toujours regardé comme tel.

son extension. On peut donc se borner, pour la quantité, à deux espèces : l'universelle et la particulière.

On appelle *qualité* de la proposition l'affirmation ou la négation. De là deux espèces de propositions : les *affirmatives* et les *négatives*.

Toute proposition possède à la fois la quantité et la qualité. Il faut donc les considérer ensemble pour diviser les propositions : et on en distingue ainsi de quatre espèces, que l'on désigne pour abréger par ces quatre lettres : A, E, I, O.

A. 1° *Universelles affirmatives.*
   Exemple : Tout vicieux est esclave.
E. 2° *Universelles négatives.*
   Exemple : Nul vicieux n'est heureux.
I. 3° *Particulières affirmatives.*
   Exemple : Quelque vicieux est riche.
O. 4° *Particulières négatives.*
   Exemple : Quelque vicieux n'est pas riche.

Ce que l'on résume par ces deux vers :

Asserit A, negat E, verum generaliter ambo.
Asserit I, negat O, sed particulariter ambo.

342. Autres classes de propositions. — Outre cette première division des propositions, qui est fondamentale en logique et sur laquelle repose toute la théorie du syllogisme, on peut encore diviser les propositions de la manière suivante :

I. Propositions *simples* et propositions *composées*. Les premières sont celles qui n'ont qu'un sujet et qu'un attribut : *Tous les hommes sont mortels.* — Les secondes sont celles qui ont plusieurs sujets ou plusieurs attributs : *Les biens et les maux, la vie et la mort viennent de Dieu.* — *Le sage* (disaient les stoïciens) *est libre, riche, roi, souverainement heureux.* Ces propositions composées sont en réalité plusieurs propositions distinctes réunies par un seul verbe.

II. Propositions *incomplexes* et propositions *complexes*. — Les propositions complexes se distinguent des composées. Elles n'ont en effet, comme les propositions simples, qu'un seul sujet et un seul attribut; mais ce sujet ou cet attribut est *complexe*, c'est-à-dire ajoute au sujet des idées complémentaires qui l'*expliquent* ou le *déterminent*. Ces idées peuvent elles-mêmes donner lieu à des propositions subordonnées, que l'on appelle *incidentes* et qui se lient au sujet par le pronom relatif *qui*.

Exemple : *Alexandre, le plus généreux des conquérants, a vaincu Darius*, ce que je puis exprimer ainsi : Alexandre, *qui était* le plus généreux, etc.

Une proposition peut être complexe : 1° dans son sujet (voy. l'exemple précédent); 2° dans son attribut : *Brutus a été le meurtrier de César, qui avait voulu renverser la liberté romaine;* 3° dans le sujet et l'attribut à la fois.

Exemple : *Ille ego qui quondam...*
Arma *virumque* cano, Trojæ *qui* primus ab oris....

343. Des propositions modales. — Parmi les propositions complexes, il en est où la complexion ne tombe ni sur le sujet, ni sur l'attribut, mais sur le verbe, c'est-à-dire sur le mode d'affirmation. A ce point de vue, les propositions se classent en : *problématiques, assertoriques* et *apodictiques.*

Les propositions problématiques sont celles qui affirment simplement la possibilité d'une chose ;

Les assertoriques affirment la réalité, mais une réalité qui peut être autrement qu'elle n'est ;

Les apodictiques (ou démonstratives) affirment la nécessité ou l'impossibilité [1].

344. Diverses espèces de propositions composées. — Les propositions composées se ramènent à deux classes : 1° celles dont la composition est marquée dans les mots; 2° celles qui sont composées dans le sens.

I. Les propositions composées dans les termes mêmes, sont :

1° Les *copulatives*, qui comprennent plusieurs sujets ou plusieurs attributs liés par les conjonctions *et* ou *ni;*

2° Les *disjonctives*, dans lesquelles entre la conjonction *ou* ;

3° Les *conditionnelles* ou *hypothétiques*, se composant de deux propositions liées par la conjonction *si*, et dont la première, appelée *antécédent*, est la condition de la seconde, appelée *conséquent;*

4° Les *causales*, composées de deux propositions liées par les conjonctions *parce que, puisque, afin que ;*

5° et 6°. Les *relatives* et les *discrétives*. Les premières expri-

---

[1]. Cette division a son principe dans une phrase d'Aristote : Πᾶσα πρότασίς ἐστιν ἢ τοῦ ὑπάρχειν (le contingent), ἢ τοῦ ἐξ ἀνάγκης ὑπάρχειν (le nécessaire), ἢ τοῦ ἐνδέχεσθαι ὑπάρχειν (le possible). Les scolastiques distinguaient quatre modes : 1° le contingent; 2° le possible; 3° *l'impossible*; 4° le nécessaire. Mais l'impossible n'est que la forme négative du nécessaire.

ment un rapport entre deux propositions : *tel père, tel fils;* les secondes expriment la restriction, à l'aide des conjonctions *mais, cependant, quoique.*

II. Propositions composées dans le sens : on en distingue de quatre espèces : les *exclusives,* les *exceptives,* les *comparatives,* les *inceptives* ou *décisives.*

1° *Exclusives.* Ce sont celles qui marquent qu'un attribut convient à un sujet et ne convient qu'à ce seul sujet : ce qui implique deux propositions.

2° *Exceptives.* Ce sont celles où s'affirme une chose de tout un sujet, mais où l'on excepte quelqu'un des inférieurs de ce sujet.

3° *Comparatives.* Ce sont celles qui impliquent comparaison, car elles supposent deux jugements : 1° qu'une chose est telle; 2° qu'elle est telle plus ou moins qu'une autre.

4° Les *inceptives* ou *décisives.* Lorsqu'on dit qu'une chose a commencé ou cessé d'être, on fait deux jugements : l'un de ce qu'était cette chose avant le temps dont on parle; l'autre de ce qu'elle est depuis[1].

L'importance de ces distinctions est que, lorsque l'on veut contester les propositions précédentes ou les défendre, il faut bien remarquer qu'il y a deux propositions à démêler, et ne pas les confondre l'une avec l'autre.

345. De l'opposition des propositions. — L'opposition des propositions est le rapport qu'elles ont entre elles au point de vue de la vérité et de la fausseté, suivant qu'elles diffèrent soit en quantité, soit en qualité, soit à la fois dans l'une et dans l'autre.

1° Deux propositions peuvent être semblables en quantité et différer en qualité, c'est-à-dire être l'une affirmative, l'autre négative. Dans ce cas, si elles sont universelles, on les appelle *contraires;* exemple : *Tout homme est juste; nul homme n'est juste.* Si elles sont *particulières,* on les appelle *subcontraires;* exemple : *Quelque homme est juste, quelque homme n'est pas juste.*

2° Quand deux propositions conviennent en qualité et diffèrent en quantité, on les appelle *subalternes;* exemples : *Tout homme est juste, quelque homme est juste. Nul homme n'est juste; quelque homme n'est pas juste*[2].

---

[1]. Pour les exemples de ces diverses propositions, consulter la *Logique de Port-Royal,* où ils sont généralement très bien choisis. On s'exercera à en comparer de semblables.

[2]. Voy. sur ce point les observations judicieuses d'Em. Charles dans son édition de la *Logique de P.-Royal* (part. II, ch. xx, note 2).

3° Enfin, quand elles ne conviennent ni en quantité, ni en qualité, on les appelle *contradictoires*.

De ces distinctions on tire les règles suivantes :

1° Deux contradictoires ne peuvent jamais être vraies ou fausses à la fois. Si l'une est vraie, l'autre est fausse, et réciproquement.

2° Deux propositions contraires ne peuvent être vraies à la fois; mais elles peuvent être toutes deux fausses.

3° Les subcontraires peuvent être à la fois véritables; mais elles ne peuvent être fausses toutes les deux.

4° Quant aux subalternes, il est évident que si l'universelle est vraie, la particulière l'est également; mais la réciproque n'est pas vraie.

On a représenté par un tableau les rapports précédents :

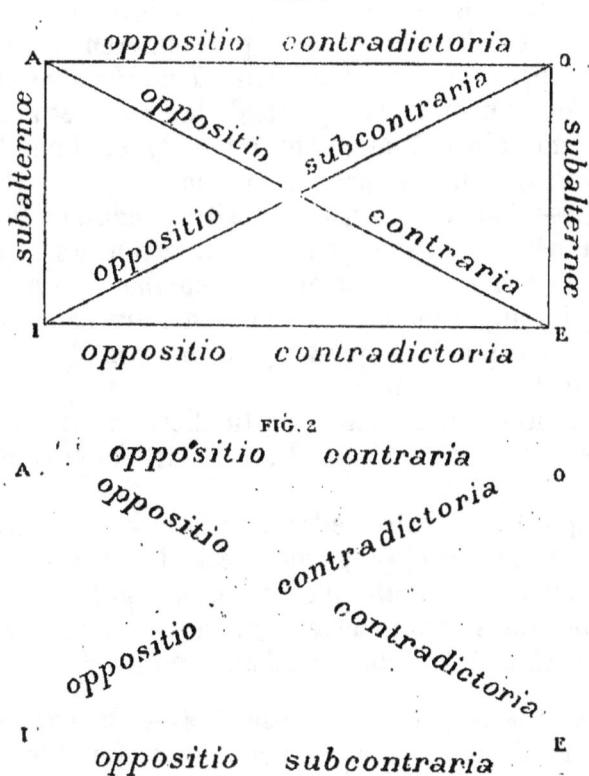

Le premier tableau (fig. 1) a l'avantage de nous faire connaître le sens du mot *diamétralement* opposé, c'est-à-dire séparé par toute l'étendue du diamètre : c'est la plus grande contrariété possible.

D'ordinaire, cependant, c'est l'opposition contradictoire qui est représentée par la diagonale du rectangle, et l'opposition contraire par le côté supérieur, ainsi qu'on voit figure 2.

346. Conversion des propositions. — On appelle *conversion* des propositions « la transposition qu'on fait dans leurs termes, la proposition demeurant toujours véritable ». (Bossuet.) On dit qu'il y a transposition des termes « lorsque du sujet on fait l'attribut et de l'attribut le sujet ». Exemple : *L'homme est raisonnable. — Ce raisonnable est homme.* Les propositions ainsi interverties s'appellent *converses*.

1° Les universelles affirmatives se convertissent en particulières affirmatives.

En effet, comme nous l'avons vu (340, p. 406), dans les propositions affirmatives, l'attribut est pris particulièrement, c'est-à-dire selon une partie de son extension : *Tout homme est animal*, signifie que l'homme fait partie de la classe des animaux, et peut s'exprimer ainsi : Tout homme est *quelque* animal. D'où la réciproque est : Quelque animal est homme.

Exception. — Dans le cas des propositions *équipollentes*, où l'attribut a la même extension que le sujet, la conversion se fera dans les mêmes termes; par exemple : *L'homme est un animal raisonnable*, implique qu'il y a adéquation entre l'attribut et le sujet, et par conséquent on pourra convertir en disant : *Tout animal raisonnable est homme.*

2° Les propositions affirmatives particulières se convertissent dans leurs propres termes, c'est-à-dire en particulières affirmatives.

3° Les propositions universelles négatives se convertissent également dans leurs propres termes : car si *nul animal* n'est *pierre*, il est évident que *nulle pierre* n'est *animal*.

4° Les propositions particulières négatives ne se convertissent pas. Cette dernière règle a été cependant contestée [1].

347. Utilité des règles de conversion. — On a souvent dit que cette théorie de la conversion est une subtilité inutile. Cepen-

---

[1]. On a fait remarquer avec raison que la différence de quantité constitue un rapport de *subordination* et non d'*opposition*. (Em. Charles, *Logique de P.-Royal*, p. 55, note 2.) Whately (*Logic*, liv. III, ch. II, § 4) dit que la particulière O peut être convertie en changeant la qualité, c'est-à-dire en faisant porter la négation non sur la copule, mais sur l'attribut : Quelques riches ne sont pas heureux. — *Donc* : Quelques non heureux sont riches.

dant un logicien anglais, M. Bain, en fait bien voir l'utilité pratique.

> La source la plus féconde de sophismes, dit-il, est la tendance de l'esprit à convertir les affirmations universelles sans limitation. Lorsque l'on dit : « Tous les esprits puissants ont de larges cerveaux », l'auditeur passe facilement à la proposition convertie : « Tous les larges cerveaux indiquent de puissants esprits. » Cette erreur de logique est une des plus fréquentes; il y a donc intérêt à appliquer la forme logique pour se mettre en garde contre elle.

348. Contraposition. — On appelle *contraposition* ou *conversion négative* celle qui a lieu lorsque la proposition affirmative est convertie en négative ; par exemple : *Tous les triangles sont des figures à trois côtés*, peut se convertir de cette manière : *Toute figure qui n'a pas trois côtés n'est pas un triangle*. La contraposition donne naissance à ce qu'on appelle des *conclusions immédiates*, c'est-à-dire à des propositions qui se déduisent immédiatement sans syllogisme, et sans qu'il soit besoin de majeure. Mais c'est là une opinion contestée [1].

---

[1]. Sur cette question voy. l'opinion de Krug exposée par Mathiæ (*Manuel*, trad. de Poret, p. 138); et Lachelier, *le Syllogisme* (Revue philosophique), t. I, p. 468.

CHAPITRE IV

La définition

349. Définition de la définition. — J'appelle *définition* une proposition réciproque dans laquelle l'attribut exprime l'essence du sujet[1].

1° C'est une proposition : car la définition consiste à développer la compréhension du sujet et à exprimer l'affirmation implicite qui y est contenue. Par exemple, la conception du soleil étant celle d'un globe enflammé, je dirai : Le soleil *est* un globe enflammé. C'est pourquoi la définition peut être placée indifféremment dans la première ou dans la seconde des opérations de l'esprit : dans la première, parce qu'elle est l'explication d'une *idée;* dans la seconde, parce qu'elle est une *affirmation*.

2° C'est une proposition *réciproque :* car, dans toute définition, l'attribut doit être l'équivalent du sujet, il doit pouvoir le remplacer ; par conséquent, on doit pouvoir *convertir* la proposition de façon que l'attribut devienne sujet, et réciproquement. Par exemple, si je dis : *L'homme est un animal raisonnable*, cette définition n'est vraie que si *tout animal raisonnable* est homme; autrement, s'il y avait quelque animal raisonnable qui ne fût pas homme, ma proposition cesserait d'être une définition; par exemple, si je dis : *L'homme est un vertébré*, je ne fais pas une définition; car il y a beaucoup de vertébrés qui ne sont pas hommes. Si je dis : *L'or est un métal*, je ne fais pas une définition; car il y a d'autres métaux que l'or. Pour qu'il y ait définition, il faut que l'attribut convienne, comme on dit, à *tout le défini et rien qu'au défini (omni et soli definito)*; ce qui implique que la proposition est réciproque.

3° La définition est *une seule* proposition. En effet, la défini-

---

[1]. On peut dire aussi avec Bossuet que la définition est une *proposition ou un discours qui explique le genre et la différence de chaque chose*. (*Logique*, liv. II, ch. XIII.)

tion doit nous donner l'*idée* de l'objet ; or, nous avons vu qu'il n'y a qu'une seule idée pour chaque objet (325). C'est à déterminer cette idée que la définition doit s'appliquer ; par conséquent elle doit l'exprimer par une seule proposition [1]. Que s'il y en a plusieurs, c'est qu'on ne considère pas l'objet en lui-même, dans son essence, mais dans ses rapports. Ce n'est plus alors une définition, mais une description. Ainsi le portrait du cheval dans Buffon n'est pas une définition, mais une exposition [2]. Il peut y avoir aussi une suite de propositions, qui sont l'explication de la définition elle-même, mais qui n'en font pas partie.

4° L'attribut exprime l'essence de l'objet, c'est-à-dire, comme nous l'avons dit plus haut (327), l'*idée première et précise de l'objet*. On ne définira donc pas par les caractères secondaires, extérieurs ou dérivés, mais par les caractères universels et fondamentaux, c'est-à-dire ceux dont dérivent tous les autres.

Il suit de ce qui précède qu'on ne peut définir :

1° L'individu ; car nous n'en connaissons pas l'essence. On ne peut que le *montrer* ou le *décrire* ; mais ce qui fait qu'un tel est un tel échappe à toute explication.

2° Le genre suprême (ou les genres suprêmes, en supposant avec Aristote qu'il y en a plusieurs irréductibles) ; car on ne définit qu'à l'aide d'idées antérieures déjà connues. Il faut donc qu'il y ait à la fois certaines idées qui soient claires par elles-mêmes : autrement toutes définitions seraient impossibles. Par cette même raison on ne peut définir les idées *simples* [3].

350. Le genre et la différence. — La définition, ayant pour but de nous expliquer l'essence d'un objet, et par conséquent de nous le faire reconnaître, doit rattacher cet objet à un autre que nous connaissions déjà [4] et dont il fasse partie, en le distinguant par un caractère connu des autres objets contenus avec lui dans le même groupe. On suppose par là que nous connaissons d'une part le *genre*, de l'autre la *différence* ; mais ce que la définition nous apprend, c'est leur réunion [5].

---

1. Il pourrait y avoir plusieurs propositions implicites ; mais à la condition qu'elles se ramènent toutes à une seule idée. Par exemple, cette définition de Bossuet : « L'âme est une substance intelligente née pour vivre dans un corps et lui être intimement unie. »
2. Il n'est donc pas vrai de dire, avec la Logique de Port-Royal, que la description est « une définition peu exacte ».
3. Locke, et Leibniz, *Nouveaux Essais*, liv. III et ch. IV, §§ 7 et 8) ; Pascal, *Art de persuader*. Voy. aussi Bain, *Notions ultimes*, t. II, trad. franç., p. 25, et Cournot, *Fondement des connaissances*, t. II, ch. XV.
4. Duhamel, *Méthodes de raisonnement*, p. 46 : « La définition est l'expression des rapports d'une chose avec d'autres choses connues. »
5. Sur le genre et la différence, voy. Locke, et Leibniz, liv. III, ch. III, §§ 10 et 11.

Exemple : Les mathématiques sont la *science* (genre) de la *quantité* (différence).

On voit en quoi consiste la règle qui veut qu'on définisse par le *genre* et la *différence* : ce n'est pas là seulement une règle, un précepte ; c'est l'essence de la définition. Ce n'est pas, comme l'a dit la Romiguière, une *espèce* de définition[1] : c'est la loi universelle de toute définition. Ainsi définition *réelle*, définition *nominale*, définition *causale* ou *génétique*, définition *à priori* ou *à posteriori, analytique* ou *synthétique*, toutes, pour être une définition, doivent contenir un attribut complexe dont la première partie représente le genre et la seconde la différence. C'est ce qu'on voit dans les exemples mêmes cités par la Romiguière.

On ajoute d'ordinaire, pour plus de précision, deux termes aux conditions précédentes. Il ne suffit pas de définir par le genre et la différence, mais par le genre *prochain (genus proximum)*[2] et la différence *spécifique (per differentiam specificam)*. Que signifient ces deux expressions?

Nous avons dit plus haut (338) que les notions générales se contiennent et s'enveloppent les unes les autres, selon leur ordre de généralité ou d'extension, et que l'on peut se représenter la série des concepts comme une pyramide dont la base se compose des individus, et qui au sommet se termine par la notion la plus simple de toutes, qui sera, suivant les uns, la notion d'*être*, suivant les autres, la notion de *quelque chose*. Dans cette hiérarchie de concepts, chacun des termes inférieurs participe aux qualités des termes supérieurs en y ajoutant quelque élément nouveau.

Définir, c'est déterminer la place d'un concept dans cette hiérarchie, c'est indiquer à quel genre *immédiatement supérieur* il faut se rapporter. C'est ce qu'on appelle le genre prochain. « Le genre prochain contient virtuellement l'énonciation de tous les caractères des genres plus élevés. Soit, par exemple, ce tableau de classification :

---

1. La Romiguière, *Leçons de philosophie*, leç. XII.
2. Ueberweg, p. 132, critique le *genus proximum*; Cournot également, *Fondements des connaissances*, t. II, p. 39. Suivant lui, pour appliquer la règle il faudrait dire : « L'homme est un mammifère raisonnable. » Cette objection nous paraît peu fondée.

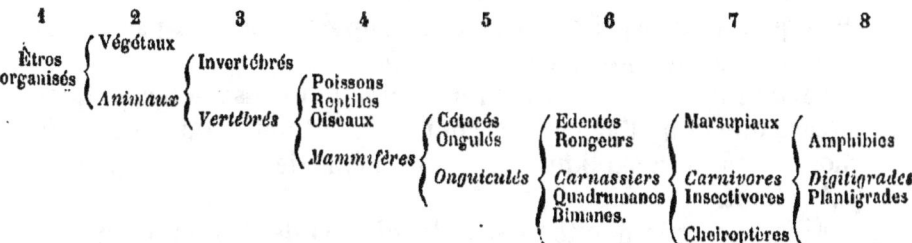

Et soit à définir le mot *digitigrade :* on dira qu'un digitigrade est un carnivore. Ce mot *carnivore* représente à lui seul tous les caractères des groupes plus généraux dans lesquels il rentre, par exemple, des *carnassiers*, des *onguiculés*, etc. (Duval-Jouve, *Logique*, part., II ch. II.)

« Cependant, dit avec raison le même auteur, c'est là plutôt un conseil qu'une règle absolue... Seulement, plus le genre serait éloigné, plus la différence deviendrait longue à énumérer. »

Quant à la différence *spécifique* (διαφορὰ εἰδοποιός), ce terme veut dire que la différence doit être une vraie différence. Il ne suffit pas qu'elle soit propre, il faut qu'elle soit spécifique ; car dans la langue scolastique le *propre* n'est pas la *différence* (334). On ne définirait pas l'homme en disant : animal qui rit, *animal risibile*, quoique l'homme soit le seul animal qui rie, et que ce caractère convienne à tous les hommes. Ce qui caractérise la différence vraiment spécifique, c'est d'être la *première* dans l'essence ; la propre n'est que *dérivée*. Par exemple : avoir un angle droit est la différence essentielle du triangle rectangle; l'égalité du carré de l'hypoténuse avec la somme des carrés des deux autres côtés, n'est qu'une propriété qui dépend de la différence essentielle.

La théorie qui précède est indépendante des vues que l'on peut avoir sur la manière de former les définitions. De quelque manière qu'on les forme, elles sont soumises aux lois précédentes, de même que les propriétés des figures géométriques restent les mêmes, quelque origine que l'on prête à ces notions. Entrons maintenant dans l'analyse des différentes espèces de définitions.

351. Définitions de mot et définitions de chose. — On distingue principalement dans les écoles deux sortes de définitions : les définitions de *mot* ou définitions *nominales*, et les définitions de *chose* ou définitions *réelles*. Cette théorie, devenue classique, a été exprimée avec beaucoup de précision par la *Logique de Port-Royal* (part. I, ch. xii).

Suivant Port-Royal, la définition de nom consiste à expliquer le sens que l'on attache à un nom ou à un mot. La définition de chose consiste à expliquer la nature même de la chose exprimée par ce mot.

Ainsi, je puis donner deux définitions de l'âme : ou bien je me contenterai d'annoncer ce que j'entends par ce mot, sans rien préjuger sur la nature de la chose, et je dirai : *J'appelle* âme le principe de la pensée ; *j'appelle* instinct le principe des mouvements et des actions dans les animaux. Je ne dis pas par là ce que c'est que l'âme, ce que c'est que l'instinct ; mais tout le monde reconnaît qu'il y a de la pensée dans l'homme et des actions industrieuses chez les bêtes ; et je conviens d'appeler âme, d'appeler instinct, le principe inconnu de ces phénomènes ; et quand je prononcerai ce mot, vous vous souviendrez que je n'entends pas autre chose. Mais je puis aussi chercher ce qu'est ce principe inconnu, et c'est là l'objet de la science ; et parlant non plus des mots, mais des choses elles-mêmes, je dirai : L'âme (à savoir, ce que j'ai dit tout à l'heure) est une substance spirituelle, libre, immortelle ; et dans ce second cas ma définition a la prétention d'expliquer la chose telle qu'elle est, tandis que dans le premier cas je ne faisais qu'exposer et traduire ma propre pensée.

De cette distinction les logiciens de Port-Royal tirent les conséquences suivantes :

1° *Les définitions de mot sont arbitraires ;*

2° *Les définitions de mot ne peuvent pas être contestées ;*

3° *Toute définition de mot peut être prise pour principe.*

Ce ne serait pas une définition contre la théorie de Port-Royal de dire « qu'on ne peut admettre qu'il soit permis à chacun d'attribuer d'une manière arbitraire le sens qu'il voudra imaginer à un mot dont tout le monde se sert ». Car Port-Royal admet cette restriction évidente : « Il ne faut pas changer les définitions reçues quand on n'a point sujet d'y trouver à redire » ; et celui qui voudrait changer le sens de tous les mots de la langue serait évidemment un insensé. Mais il ne s'agit pas de savoir ce qui est pratiquement sage, mais ce qui serait théoriquement légitime. Or, théoriquement, on comprend la possibilité de transformer successivement le sens de tous les mots d'une langue, grâce à des définitions convenues. Il n'y aurait là rien de logiquement illicite.

352. Critique de la distinction précédente. — Mais d'autres objections plus sérieuses ont été faites contre cette distinction. Duval-Jouve, dans sa *Logique* (part. II, ch. i, p. 247), l'a battue en brèche avec une assez grande force d'argumentation.

Cette distinction, dit cet auteur, paraît une « subtilité mal fondée, car : 1° il n'y a pas de définition de mot qui ne soit dans une certaine mesure une définition de chose ; 2° il n'y a pas de définition de chose qui ne soit une définition de mot ».

« Que deux personnes demandent en même temps à un géomètre ce qu'il entend par *angle plan*, l'une pour savoir ce que signifie le mot, l'autre pour connaître d'une manière précise l'objet désigné par ce mot ; nous verrons que la réponse sera la même pour les deux ». Les logiciens de Port-Royal le reconnaissent eux-mêmes.

On ne peut pas davantage admettre, selon le même auteur, que les définitions de mots soient libres, *arbitraires*. « J'avoue à ma honte que je n'ai jamais pu comprendre ce que signifie cette expression. Je comprends que je puisse nommer *chapeau* ce que les autres appellent *géométrie* ; mais si on me demande ce que j'entends par chapeau, je suis forcé de répondre comme les autres que c'est la science des grandeurs. »

Malgré ces objections, nous croyons que la théorie de Port-Royal doit être maintenue. Sans doute, toute définition de mot est en même temps une définition de chose, et réciproquement ; car tout mot, à moins d'être vide de sens, exprime quelque chose, et toute chose est exprimée par des mots. Mais tantôt je considère *principalement* la nature de la chose, et tantôt je considère *principalement* le sens du mot ; or, si je n'ai pas le droit de distinguer les faits d'après la prédominance des points de vue, il n'y a plus d'abstraction, et par conséquent pas de science ; car on pourra me dire de même qu'il n'y a pas de largeur sans longueur ni de longueur sans largeur, et m'interdire de considérer l'une ou l'autre séparément. Il y a des cas où le sens des mots m'est obscur, et je demande qu'on me l'explique ; d'autres cas où le sens des mots est très connu et très clair, et c'est la chose dont je demande l'explication.

Mais, dira-t-on, celui qui vous explique un mot vous explique en même temps la chose exprimée par ce mot : et les deux définitions se confondent, comme le prouve l'exemple de l'angle plan. Cela peut être vrai dans certains cas, mais il n'en est pas toujours ni nécessairement ainsi : ainsi très souvent la définition de mot n'explique que la pensée de celui qui parle, la conception qu'il a dans l'esprit ; et, cette définition une fois accordée, il reste encore à savoir quelle est la nature de la chose définie. Ainsi un matérialiste et un spiritualiste qui discuteront ensemble peuvent très bien s'accorder d'abord sur le sens du mot *âme* et convenir qu'ils entendront tous deux par là le principe de la pensée. Reste à savoir quelle est la nature de ce principe ; et les uns pourront dire que c'est une substance matérielle, les autres une substance spirituelle. Mais s'ils n'avaient pas commencé par définir les mots, ils n'auraient pas su de quoi ils parlaient, ni ce qu'ils cherchaient.

Tous les logiciens sont d'accord pour reconnaître que l'une des causes principales des sophismes est l'*ambiguïté des termes*. Tous les mots dont nous nous servons nous ont été enseignés par l'usage, par la pratique, par l'imitation. Nous les avons répétés instinctivement et sans y penser, dans les circonstances à peu près semblables à celles où nous les avons entendus, et par conséquent sans nous rendre compte des idées complexes contenues dans chacune de ces expressions. Quoi d'étonnant si nous raisonnons mal sur des notions aussi mal déterminées? La définition des mots a pour objet de déterminer le sens que nous attacherons à chaque mot et les conceptions qu'il représente. Or toute conception, à moins d'être contradictoire, est un acte légitime de l'esprit, tant que nous nous contentons de l'affirmer comme un acte de notre esprit. C'est en ce sens que la définition est libre. Spinosa était sans doute très autorisé à limiter le sens du mot substance à « ce qui est en soi et conçu par soi », c'est-à-dire à Dieu ; mais ayant pris ce mot dans ce sens, qui lui était personnel, il n'avait pas le droit de conclure que, dans le sens adopté par les autres philosophes, il n'y a qu'une seule substance. Il confondait donc la définition de chose avec la définition de mot.

Duval-Jouve dit que ce qui est libre, ce n'est pas la définition, c'est la *dénomination* : je suis libre sans doute, dit-il, de donner tel nom que je voudrai à tel ou tel objet ; mais baptiser un objet, ce n'est pas le définir. — Sans aucun doute ; aussi n'est-ce pas là ce qu'on entend par définition de mot. Par exemple, je trouve une nouvelle substance et je l'appelle *Thallium*, une nouvelle planète, et je l'appelle *Neptune* : personne n'appellera cela une définition. Mais il est des mots que personne n'a inventés et que tout le monde emploie ; or j'ai le droit de demander quel sens est attaché à ces mots, et chacun a le droit de restreindre tel mot à tel ou tel sens convenu (sauf les protestations de l'usage). Ainsi l'un dira que la liberté est la plus belle chose du monde; l'autre dira qu'elle est odieuse : ils parlent de deux choses différentes : car l'un entend par là le droit légitime, et l'autre l'anarchie. Dans le sens que chacun donne à ce mot, ils peuvent avoir tous deux raison.

De plus, il y a beaucoup de mots qui ont une clarté suffisante au point de vue pratique, et qui deviennent obscurs et vagues quand on veut les employer dans un sens scientifique: par exemple, *passions*, *notions*, *actions*, etc. Pourquoi ne me serait-il pas permis d'en limiter le sens à tel ordre de faits plutôt qu'à tel autre?

Une des causes qui ont provoqué les objections contre la théorie précédente, c'est l'erreur qui consiste à voir dans les définitions géométriques des définitions de mot. Là où précisément les mots ont le sens le plus déterminé, il serait sans doute absurde de dire que les définitions sont libres : de ce qu'il s'agit de *choses* idéales, il ne s'ensuit pas que ce ne soient pas des choses [1].

Il n'en est pas de même des vraies définitions de mot. Elles ont lieu précisément quand le sens des mots n'est pas déterminé, et pour fixer d'un commun accord celui dans lequel on les entendra.

Leibniz et Spinosa [2] ont maintenu la distinction entre la définition de mot (nominale) et la définition de chose; mais ils l'ont expliquée d'une manière plus profonde que les logiciens de Port-Royal.

On éclaircira encore la distinction précédente en disant que, dans toute recherche, il faut partir de la définition *nominale* (savoir de quoi on parle) pour aboutir à la définition *réelle*. En effet, si je savais d'avance ce qu'est la chose, je n'aurais pas besoin de la chercher; et si d'un autre côté je ne savais pas reconnaître cette chose, ni ce que son nom signifie, je ne saurais ce que je cherche. En ce sens, les définitions nominales correspondent à ce que Leibniz appelle quelque part des définitions *provisionnelles* ou *provisoires*.

Les définitions nominales seront donc aux définitions réelles

---

[1]. Pascal, *de l'Esprit géométrique* (édition Havet), voy. la note du commentateur, p. 280.
[2]. Leibniz, *Méditations sur les idées* (p. 517, t. II de notre édition); et Spinosa, *de la Réforme de l'entendement* (éd. Saisset, t. II, p. 309).

à peu près ce que sont les classifications artificielles aux classifications naturelles (sect. II, ch. II).

353. Autres divisions des définitions. — Indépendamment de la distinction précédente, qui est fondamentale, on a encore divisé les définitions de la manière suivante :

1° *Definitio substantialis* et *definitio genetica* vel *causalis*. — La définition existentielle ou substantielle expose la nature actuelle de la chose : la définition causale ou génétique en explique la possibilité ou l'origine. — Suivant la Romiguière, la définition causale est la seule instructive. Si l'on veut définir, par exemple, le papier, on ne nous apprendra pas ce qu'il est en disant « que c'est un corps blanc, mince, léger, propre à recevoir les caractères de l'écriture, » ou en disant : « C'est une substance composée d'hydrogène, de carbone, etc. »; mais il faudra dire : « C'est du linge mis au pilon, réduit en pâte, etc. » — Cette opinion est évidemment trop absolue ; car le choix de la définition dépendra de l'usage que l'on en veut faire. Pour le chimiste, c'est la seconde qui est la bonne ; pour l'acheteur qui s'adresse au papetier, c'est la première. La troisième ne satisfera que l'industriel [1].

2° *Definitio essentialis* et *definitio accidentalis*. — La première définit par les caractères constitutifs; la seconde, par les modes, mais par des modes qui n'appartiennent qu'à l'objet défini, c'est-à-dire par les *propres*.

3° *Definitio analytica* et *definitio synthetica*. — La première ne fait qu'analyser et éclaircir une notion reçue ; la seconde y ajoute des éléments nouveaux. Par exemple, si on veut définir le style, on peut vouloir simplement exprimer l'idée que tout le monde attache à ce mot, et l'on dira : « Le style est l'art d'exprimer sa pensée en écrivant »; ou bien on cherche à caractériser le style par des caractères que tout le monde n'aperçoit pas, et l'on dira avec Buffon : « Le style est l'ordre et le mouvement que l'on met dans les pensées. »

4° *Définitions inductives et définitions déductives*. — M. Al. Bain (*Logique*, t. II, I, IV) distingue des définitions inductives, obtenues par la généralisation [2], et les définitions déductives, qui

---

[1]. Cette opinion de la Romiguière est très bien discutée par Gibon, *Cours de philosophie* (t. II, p. 34).

[2]. Suivant Bain, les définitions s'obtiennent par une double méthode : l'une *positive*, qui consiste à « rassembler toutes les choses particulières qui rentrent dans la notion »; l'autre *négative*, qui consiste « à réunir tous les cas particuliers compris sous la notion opposée ». C'est à peu près la méthode que suivait Socrate et qu'Aristote appelle ἐπαγωγή.

consistent à décomposer les idées : c'est ce qui a lieu, par exemple, en géométrie, où, les notions complexes étant un résultat de la *construction*, il suffit pour les définir d'énumérer les éléments dont elles sont composées; par exemple, à l'aide des idées de ligne, d'angle, de trois, nous avons construit l'idée de triangle : nous n'aurons pour le définir qu'à décomposer ces différentes idées, et nous dirons : « Le triangle est une figure à trois angles et à trois côtés. » Cette définition est analytique, puisqu'elle ne fait que tirer de la notion ce qui y est contenu; mais elle suppose un acte de synthèse, par lequel l'esprit a rapproché ces divers éléments pour construire la notion.

354. **Des définitions géométriques et des définitions empiriques.** — De la distinction précédente se tirent les caractères qui séparent les définitions *mathématiques* et les définitions *empiriques*, les premières propres aux sciences exactes, les secondes aux sciences physiques et naturelles[1]. Les unes, étant le résultat de la construction, c'est-à-dire obtenues par un acte libre de l'esprit, sont *nécessaires* et *absolues* : je suis sûr qu'elles contiennent tout ce que j'y ai mis, et rien autre chose que ce que j'y ai mis. Au contraire, les définitions physiques et empiriques sont *contingentes*, et, comme dit Leibniz, *provisionnelles* : car je ne suis jamais sûr qu'un fait nouveau, qu'un cas inconnu ne viendra pas modifier l'idée que je me suis formée d'un genre ou d'une espèce.

355. **Fautes de la définition.** — 1° Définitions trop larges ou trop étroites (definitio *latior*, *angustior*). Exemples : de définitions trop étroites : *Orator vir bonus dicendi peritus*; trop larges : *L'homme est l'image de Dieu*.

2° Définitions surabondantes (definitio *abundans*) : celles qui accusent plus de caractères qu'il n'est nécessaire.

3 La *tautologie* (*idem* per *idem*). « La lumière est le mouvement luminaire d'un corps lumineux. » (Pascal, *de l'Esprit géométrique*.)

4° *Obscurum per obscurius*. Exemple : définitions du rire[2].

---

[1]. Liard, *des Définitions géométriques et des définitions empiriques*. Paris, 1873.
[2]. Voy. Léon Dumont, *les Causes du rire* (1862), où l'auteur résume (p. 31) les diverses définitions des philosophes allemands. Par exemple, « le comique, dit Zeising, est un *rien* dans la forme d'un objet fini en contradiction avec lui-même ». C'est, suivant Schlegel, « a négation de la vie infinie, la subjectivité en contradiction avec elle-même. »

5° Le *cercle* (ὕστερον πρότερον), qui consiste à définir une chose par une autre, et celle-ci par la première. Exemple : *La grandeur ou quantité est ce qui est susceptible d'augmentation ou de diminution.* Cette définition est un cercle ; car on ne peut concevoir l'augmentation et la diminution autrement que par la notion de quantité.

6° Définition *par métaphore* : Cicéron en donne un exemple agréable dans les *Topiques* (VII). Aquilius, jurisconsulte, quand on lui demandait ce que c'était que le rivage, répondait que c'était l'endroit où les flots viennent se jouer, *quâ fluctus alluderet*. N'est-ce pas, dit Cicéron, comme si l'on définissait l'adolescence la fleur de l'âge, et la vieillesse le couchant de la vie : *florem ætatis, occasum vitæ*? Un autre exemple est la définition des pythagoriciens : *La justice est un nombre carré*, ἀριθμὸς ἰσάκις ἴσος.

7° La définition *par négation* consiste à définir une chose en disant ce qu'elle n'est pas : comme si je demandais ce que c'est que la *justice*, et que l'on répondît : « C'est tout ce qui n'est pas injuste. » Cette définition n'apprend rien, et, en outre, elle est un cercle ; car je ne sais pas ce que c'est que l'injuste, si je ne sais pas d'abord ce que c'est que la justice [1].

356. Règles de la définition. — Ces fautes contre la définition nous en donnent les règles. Elles sont ainsi résumées par Bossuet :

« 1° La définition doit être *courte*, parce qu'elle ne dit que le genre et la différence essentielle ; 2° *claire*, parce qu'elle est faite pour expliquer ; 3° *égale au défini* (adéquate), sans s'étendre ni plus ni moins, parce qu'elle doit le resserrer dans ses limites naturelles. »

Cette troisième condition est la seule qui soit essentielle et absolue : les deux autres ne sont que relatives. Mais il est évident que pour qu'une définition soit bonne il faut qu'elle soit *réciproque* (349), c'est-à-dire « qu'elle se convertisse avec le défini par la conversion parfaite », en un mot, comme on le disait dans l'école, qu'elle convienne à tout le défini, et rien qu'au défini : *omni et soli definito*.

357. Règles pour l'usage des définitions. — Outre les

---

[1]. Sur ces fautes de définition, voy. Uberweg, *Logik*, § 62, et Reiffenberg, *Principes de Logique* (Bruxelles, 1833), p. 4 et suiv.

règles précédentes, qui ont rapport à la définition en elle-même, il y en a d'autres relatives à l'*usage* des définitions ; elles ont été données par Pascal dans son traité de *l'Art de persuader*. Nous les exposerons plus loin dans la théorie de la *démonstration* (ch. IV).

CHAPITRE V

Le Syllogisme.

Nous avons vu en psychologie (166) qu'il y a une opération de l'esprit que l'on appelle raisonner et qui consiste à passer d'une proposition connue à une proposition inconnue, ou à *inférer* une proposition d'une autre, ce qui se fait de deux manières : ou bien d'une proposition *plus* générale, on en tire une autre qui l'est *moins*, et c'est ce que l'on appelle *déduire*; ou bien d'une ou de plusieurs propositions *moins* générales, on en conclut une qui l'est *plus*, et c'est ce que l'on appelle *induire*. Commençons par la déduction.

Pour bien comprendre le raisonnement déductif, il faut l'étudier dans sa forme extérieure, qui est le *syllogisme*. Le syllogisme est au raisonnement ce que la proposition est au jugement et ce que le terme est à l'idée. Le syllogisme est le raisonnement traduit en propositions. Qu'est-ce donc qu'un syllogisme?

358. **Définition du syllogisme.** — Le syllogisme est une réunion de trois propositions telles que, les deux premières étant posées, la troisième s'ensuit nécessairement[1].

Ainsi, si je pose en principe que : *Toute vertu rend l'homme heureux*, et que j'ajoute: *La tempérance est une vertu*, il s'ensuit par là même que *la tempérance rend l'homme heureux*.

359. **Analyse du syllogisme.** — Pour bien comprendre le mécanisme du syllogisme, il faut supposer que l'on cherche à démontrer la vérité ou la fausseté d'une proposition que l'on appelle *question*, parce qu'elle est mise en doute, ou *thèse*, parce

---

1. C'est la définition d'Aristote: Συλλογισμός ἐστι λόγος ἐν ᾧ τιθέντων τινῶν ἕτερόν τι ἐξ ἀνάγκης συμβαίνει τῷ ταῦτα εἶναι. (*Anal.*, liv. I, ch. 1). «Le syllogisme est un *discours*, dans lequel certaines *choses* étant posées, quelque *autre* chose s'ensuit nécessairement,» cela seul qu'elles sont posées.»

qu'elle est posée d'avance par celui qui veut l'établir [1]; dans ce cas, ou la proposition en question est *évidente par elle-même*, et alors elle est un axiome, ou elle n'est pas évidente, c'est-à-dire que nous ne voyons pas d'abord si l'attribut convient ou ne convient pas au sujet. Que dois-je faire pour rendre sensible cette convenance ou disconvenance? Je chercherai si, entre les deux idées dont le rapport m'échappe, il n'y aurait pas une idée intermédiaire dont je puisse apercevoir immédiatement le rapport, d'une part avec le sujet, de l'autre avec l'attribut de la proposition à démontrer; et de cette double comparaison devra ressortir la vérité ou la fausseté de cette proposition, qui prendra alors le nom de *conclusion*. Par exemple, supposons que je cherche si *le suicide est permis ou non*, je remarque que le suicide implique l'abandon de tout devoir, puisqu'il détruit la vie, qui est la condition du devoir. Cette idée me servira d'idée moyenne, d'où je conclurai que le suicide n'est pas permis : car l'abandon de tout devoir ne peut pas être permis.

On voit que tout syllogisme implique trois *idées* que l'on appelle *termes* : 1° Le sujet de la conclusion, ou *petit terme*; 2° l'attribut de la conclusion, ou *grand terme*; 3° l'idée moyenne qui les réunit, ou *moyen terme*.

A l'aide de ces trois termes, comment puis-je construire un syllogisme? Je commence par comparer le moyen terme avec l'un des termes de la conclusion, ce qui me donne une proposition; puis je le compare avec l'autre terme, ce qui me donne une seconde proposition : et de cette double comparaison résulte la troisième.

Les deux premières propositions s'appellent *prémisses* et la troisième *conclusion*. On appelle *majeure* celle qui contient le grand terme, c'est-à-dire l'attribut de la conclusion; on appelle *mineure* celle qui contient le petit terme, c'est-à-dire le sujet de la conclusion.

Il faut distinguer la *conclusion* et la *conséquence*. La conclusion est la troisième proposition; la conséquence est le *lien logique* qui unit cette proposition aux deux premières. Un syllogisme est *conséquent* ou *inconséquent*, suivant que la conclusion est bien ou mal déduite des prémisses.

Nous venons de voir que dans le syllogisme il y a trois termes,

---

[1] Il n'est pas nécessaire que la conclusion soit toujours posée d'avance sous forme de *question* ou de *thèse*. Elle peut être découverte, comme une *conséquence* inattendue des prémisses posées. Mais pour l'explication du syllogisme il est plus commode de prendre la première hypothèse.

et aussi trois propositions. Mais il faut se garder de confondre les *propositions* et les *termes*. Les termes, en effet (330), sont les éléments de la proposition : toute proposition contient nécessairement deux termes; et, puisqu'il y a trois propositions dans le syllogisme, il y a en réalité six termes : mais chacun étant répété deux fois, ces six termes se réduisent à trois.

Par exemple, convenons, dans le syllogisme suivant, de désigner par G le grand terme, par P le petit terme et par M le moyen terme, nous aurons :

Tous les *avares* (M) sont *malheureux* (G);
Harpagon (P) est un avare (M) ;
Donc *Harpagon* (P) est *malheureux* (G).

On voit que, dans ce syllogisme, le petit terme (*Harpagon*) est à la fois dans la mineure et dans la conclusion; le grand terme (*malheureux*) est à la fois dans la conclusion et dans la majeure; enfin, le moyen terme (*avares*) est à la fois dans les deux prémisses.

Sans cette distinction des termes et des propositions, la théorie du syllogisme est incompréhensible.

360. **Matière et forme.** — Il faut distinguer dans le syllogisme la *matière* et la *forme*. La matière est la vérité intrinsèque et objective des propositions : la forme en est la liaison logique. Le syllogisme ne garantit rien autre chose que la liaison logique, c'est-à-dire le rapport de la conclusion aux prémisses. Il ne sait rien de la vérité ou de la fausseté des prémisses. De là il résulte que :

1° Un syllogisme *faux* peut se composer de trois propositions vraies. Exemple :

La tempérance est une vertu;
La tempérance est louable;
Donc, la vertu est louable ;

Ces trois propositions sont vraies, et cependant le syllogisme est faux; car de ce qu'une certaine vertu est louable, il ne s'ensuivrait pas que toutes le fussent.

2° Un syllogisme *vrai* peut se composer de trois propositions *fausses*. Exemple :

Tout sentiment courageux est louable ;
Or, l'imprudence est un sentiment courageux ;
Donc l'imprudence est louable.

Ce syllogisme est faux quant à la matière et vrai quant à la forme.

3° On peut tirer une conclusion *vraie* de deux prémisses *fausses*. Un savant aimait à donner cet exemple :

Ma tabatière est dans la lune ;
La lune est dans ma poche ;
Donc ma tabatière est dans ma poche.

Et il tirait sa tabatière pour attester le fait [1].

361. **Règles du syllogisme.** — Pour bien comprendre les règles du syllogisme, il faut poser d'abord deux axiomes :

1° L'attribut d'une proposition affirmative est toujours pris particulièrement [2].

2° L'attribut d'une proposition négative est toujours universel.

Ces axiomes étant posés, les règles du syllogisme données par les scolastiques sont au nombre de huit [3]. La *Logique de Port-Royal* les a réduites à six.

Les deux règles négligées par Port-Royal comme inutiles sont celles-ci :

1° *Terminus esto triplex : medius, majorque minorque.* Cette règle résulte de la définition même du syllogisme, qui se compose nécessairement de trois termes : le *grand*, le *petit* et le *moyen*.

2° *Nequaquam capiat medium conclusio fas est.* La conclusion ne doit jamais contenir le moyen terme [4].

Voici les six autres règles conservées par Port-Royal :

1° *Aut semel aut iterum medius generaliter esto.* Le moyen ne peut être pris deux fois particulièrement ; mais il doit être pris au moins une fois universellement.

En effet, un terme particulier représentant une partie indéterminée d'un genre, on ne sait pas si c'est la même partie qui, dans la mineure, est comparée au sujet, et dans la majeure à l'attribut. Par exemple, de ces deux prémisses :

---

1. On attribue cet exemple à Gergonne, mathématicien distingué et inspecteur général, le même qui, dans le *Journal de mathématiques* (VII, p. 227), dont il était le fondateur, a laissé une théorie algébrique du syllogisme.

2. Nous avons vu plus haut (340) qu'il y a une exception apparente à cette règle : c'est lorsqu'il s'agit de propositions *réciproques*, où tout l'attribut peut être converti avec le sujet. Mais nous avons vu aussi qu'en réalité ce sont là des propositions composées qui en contiennent deux autres. C'est sur cette exception apparente que repose toute la théorie d'Hamilton sur la quantité du prédicat et sur les syllogismes compréhensifs.

3. Les vers mnémotechniques qui résument ces huit règles et que nous citons plus bas, sont dus à Pierre d'Espagne. (Voy. Ch. Thurot, *Revue archéologique*, 1864, p. 267.)

4. Voici un syllogisme plaisant où cette règle est violée :
Vous êtes grand,
Vous êtes vicaire,
Donc, *vous* êtes grand vicaire.
Il est vrai qu'il y a une autre faute encore, qui est l'équivoque.

Un pin est un arbre (quelque arbre) ;
Un chêne est un arbre (quelque arbre).

on ne peut rien conclure ; car il ne s'ensuit pas que le pin soit un chêne : c'est qu'on prend deux parties indéterminées du genre arbre, et que ces parties ne coïncident pas ; il y a donc ici en réalité deux moyens termes.

On ne peut pas davantage tirer une conclusion négative ; car dans d'autres cas les deux parties pourront coïncider : par exemple :

Les carnivores sont des mammifères;
Le chien est un mammifère.

Dans ce cas, il est très vrai que le chien est un carnivore : mais cela ne résulte pas du syllogisme. On ne peut donc rien conclure lorsque le moyen est pris deux fois particulièrement.

Il n'en est pas de même si le moyen est pris une fois universellement et que, dans l'autre prémisse, il soit particulier ; car ce qui est dans le contenant est dans le contenu, et ce que j'aurai affirmé de *tout* le moyen, je pourrai l'affirmer ensuite d'une partie du moyen.

2° *Latius hunc* (terminum) *quam præmissæ conclusio non vult*. Aucun terme ne doit être plus étendu dans la conclusion que dans les prémisses ; car ce ne serait plus le même terme, et le syllogisme se composerait de quatre termes.

3° *Utraque si præmissa neget, nil inde sequetur*. De deux négations on ne peut rien conclure.

En effet de ce que deux termes sont séparés d'un troisième, il ne s'ensuit pas qu'ils soient séparés entre eux ; et encore moins pourrait-il s'ensuivre qu'ils sont unis. Par exemple, de ces deux prémisses :

Les Espagnols ne sont pas Turcs ;
Les Turcs ne sont pas chrétiens.

On ne peut conclure ni que les Espagnols ne sont pas chrétiens, puisqu'ils le sont ; ni qu'ils sont chrétiens, car si on remplaçait le terme *espagnol* par le terme *chinois*, il se trouverait que ceux-ci ne sont pas chrétiens. En un mot, dans ce cas-là il n'y a pas de moyen terme, puisque le rapport des deux autres reste aussi indéterminé qu'auparavant.

4° *Amb affirmantes nequeunt generare negantem*. En effet, de ce que le petit et le grand terme conviennent avec le moyen, ne serait-il pas absurde de conclure qu'ils doivent être séparés ?

5° *Pejorem sequitur semper conclusio partem.* La conclusion suit toujours la plus faible partie.

On entend par plus *faible partie* la *négation* par rapport à l'*affirmation* (qualité), et la *particularité* par rapport à l'*universalité* (quantité). La règle signifie donc que si l'une des prémisses est négative, la conclusion sera négative ; si elle est particulière, la conclusion sera particulière.

En effet, s'il y a dans les prémisses une proposition négative, c'est que le moyen est séparé de l'un des deux extrêmes, et ainsi il est incapable de les unir, ce qui est indispensable pour conclure affirmativement.

Et s'il y a une proposition particulière dans les prémisses, la conclusion ne peut être générale. Supposons deux cas : ou les deux prémisses sont affirmatives, ou l'une d'elles est négative. Dans le premier cas, il y a trois termes particuliers dans les prémisses : les deux termes de la proposition particulière, et l'attribut de la proposition générale ; car dans toute affirmation l'attribut est particulier (voy. l'axiome Ier, 361) : il n'y a donc qu'un terme général ; or ce dernier doit être le moyen (d'après la 3° règle) : il n'est donc pas le petit terme ; et par conséquent celui-ci est particulier ; en d'autres termes, la conclusion est particulière. Même raisonnement pour le cas d'une négation, car alors la conclusion doit être négative : si elle était en même temps universelle, les deux termes seraient généraux. Mais dans les prémisses, deux termes seulement peuvent être généraux, à savoir, le sujet de la proposition universelle et l'attribut de la proposition négative ; et l'un de ces termes doit être le moyen (d'après la 3° règle). Il n'y a donc qu'un seul terme de la conclusion qui puisse être général, et ce terme ne peut être que l'attribut, puisqu'elle est négative (axiome II, 361) ; le sujet est donc particulier : donc la conclusion est particulière.

6° *Nil sequitur geminis ex particularibus unquam.* — De deux propositions particulières, il ne s'ensuit rien.

En effet, si les deux prémisses sont affirmatives, tous les termes doivent être particuliers (soit comme sujets, soit comme attributs), et, par conséquent, le moyen terme ne serait pas pris une fois universellement.

S'il y en avait une négative, la conclusion devrait être négative ; l'attribut en serait universel. Il doit donc être universel dans les prémisses ; mais alors il sera le seul terme universel, puisque, les deux propositions étant particulières, le sujet sera particulier, et l'une, étant affirmative, aura un attribut également particulier. Si donc il n'y a qu'un terme universel dans les prémisses, et que ce soit le grand terme, il s'ensuivra que le moyen terme serait pris deux fois particulièrement, ce qui est contre la règle 3.

362. Modes du syllogisme. — On appelle *mode* du syllogisme la disposition des trois propositions suivant leur quantité ou leur qualité.

Or, comme il y a quatre espèces de propositions : A, E, I, O, on trouve, en combinant trois à trois ces quatre lettres, 64 combinaisons qui sont matériellement possibles. Mais, de ces 64 modes, il y en a un grand nombre qui ne concluent pas, d'après les règles précédentes. En effet :

28 sont exclues par la 3ᵉ et la 6ᵉ règle, à savoir, qu'on ne conclut rien de deux négatives et de deux particulières ; — 18 par la 5ᵉ, que la conclusion suit toujours la plus faible partie ; — 6 par la 4ᵉ, qu'on ne peut conclure négativement de deux affirmations ; 1 par la règle 2ᵉ, que les termes de la conclusion ne doivent pas être plus étendus que les prémisses ; 1 enfin, A, E, O, qui n'est pas précisément fausse, mais inutile.

Il y a donc 54 modes exclus, et il n'en reste que 10 concluants, dont 4 affirmatifs et 6 négatifs :

AFFIRMATIFS	{	A A A		NÉGATIFS	{	E A E	
		A I I				A E E	
						E A O	
		A A I				A O O	
		I A I				O A O	
						E I O	

Néanmoins il ne faudrait pas croire qu'il n'y ait que dix *modes* concluants ; il y en a un plus grand nombre si l'on combine les modes avec les *figures*, car le même mode peut conclure dans plusieurs figures.

363. Figures du syllogisme. — On appelle *figures* du syllogisme, les diverses dispositions du moyen terme dans les deux prémisses, suivant qu'il est attribut ou sujet. De là *quatre* figures :

1ʳᵉ figure : Le moyen est *sujet dans la majeure, attribut dans la mineure*.

2ᵉ figure : *Attribut dans la majeure et dans la mineure*.

3ᵉ figure : *Sujet dans la majeure et dans la mineure*.

Telles sont les trois seules figures reconnues par Aristote.

Depuis, les logiciens en ont ajouté une quatrième qui est, dit-on, de l'invention de Galien. Cette quatrième figure, qui est assez peu naturelle, ne serait, suivant la plupart des logiciens, qu'un renversement des modes de la première figure, au moyen de la conversion. La voici :

4° figure : *Attribut dans la majeure et sujet dans la mineure.*

Chacune de ces figures a ses règles propres, d'après lesquelles elle admet ou exclut un certain nombre de modes, ce qui donne en tout 19 modes concluants :

364. **Première figure.** — Deux règles : 1° La mineure doit être toujours affirmative; 2° La majeure doit être universelle [1].

Cette figure, en conséquence, n'admet que quatre modes : deux affirmatifs A A A — A I I et deux négatifs E A E — E I O.

Pour faire retenir plus facilement ces quatre modes, on a composé avec ces trois lettres des mots artificiels, dont chacun représente un mode concluant :

bArbArA cElArEnt dArII fErIO.

365. **Seconde figure.** — Deux règles : 1° L'une des deux prémisses doit être négative, et, par conséquent, la conclusion doit l'être aussi; 2° la majeure doit être universelle. De là quatre modes concluants :

cEsArE cAmEstrEs fEstInO bArOcO.

366. **Troisième figure.** — Deux règles : 1° La mineure doit être affirmative; 2° la conclusion est toujours particulière. Six modes concluants :

dArAptI fElAptOn dIsAmIs dAtIsI bOcArdO fErIsOn.

---

[1]. Pour la démonstration des règles particulières de chaque figure, voy. la *Logique de P.-Royal* (liv. III, ch. IV, V, VI, VII et VIII).

1re FIG.
BAR. Tous les hommes sont faillibles ;
BA. Tous les rois sont des hommes ;
RA. Donc tous les rois sont faillibles.
CE. Aucun homme n'est Dieu ;
LA. Tous les rois sont des hommes ;
RENT. Donc aucun roi n'est Dieu.
DA. Tous les hommes sont faillibles ;
RI. Quelques êtres sont des hommes ;
I. Donc quelques êtres sont faillibles.
FE. Aucun homme n'est Dieu ;
RI. Quelques êtres sont des hommes ;
O. Donc quelques êtres ne sont pas Dieu.

2e FIG.
CE. Aucun Dieu n'est un homme ;
SA. Tous les rois sont des hommes ;
RE. Aucun roi n'est Dieu.
CA. Tous les rois sont des hommes ;
MES. Aucun Dieu n'est homme ;
TRES. Aucun Dieu n'est roi.
FES. Aucun Dieu n'est homme ;
TI. Quelques êtres sont des hommes ;
NO. Quelques êtres ne sont pas dieux.
BA. Tous les (faux) dieux sont des hommes ;
RO. Quelques êtres ne sont pas des hommes ;
CO. Donc quelques êtres ne sont pas dieux.

Nous empruntons ces exemples à la *Logique* de Bain.

367. Quatrième figure. — Trois règles : 1° Quand la majeure est affirmative, la mineure est universelle ; 2° Quand la mineure est affirmative, la conclusion est particulière ; 3° Dans les modes négatifs la majeure est générale. De là cinq modes concluants que l'on exprime par ce vers :

bArbArI cAlEntEs dIbAtIs fEspAmO fRIsEsOm.

— Ceux des logiciens qui n'admettent pas cette quatrième figure comme distincte, ramènent ces cinq modes à des modes indirects de la première, qui se trouve en avoir neuf :

Barbara celarent Darii ferio bArAlIpt *on.*
cElAntEs dAbItIs fApEsmO, fRIsEsUm *orum.*

Nota. — Dans les mots de plus de trois syllabes, les trois premières seules comptent.

368. Syllogismes complexes. — Les logiciens de P.-Royal appellent ainsi les syllogismes où, l'attribut de la conclusion étant complexe, une partie de cet attribut est comparée au moyen dans la mineure et une autre partie dans la majeure, par exemple :

Le soleil est une chose insensible ;
Les Perses adoraient le soleil ;
Donc les Perses adoraient une chose insensible.

L'attribut total est : *adoraient une chose insensible*; or, une partie de cet attribut est jointe à la mineure : *les Perses adoraient* et un autre à la majeure, *une chose insensible.* Ces sortes de syllogismes peuvent se ramener aux syllogismes simples par transformation des termes ; par exemple :

Le soleil est une chose insensible ;
Le soleil était adoré par les Perses ;
Donc une chose insensible était adorée par les Perses.

Ce qui est un syllogisme en *Darapti* (3° fig.).

369. Conséquences asyllogistiques. — On appelle conséquences *asyllogistiques* des conséquences bonnes en soi, mais qu'on ne pourrait démontrer par aucune forme de syllogisme.

« Il y en a plusieurs *à recto ad obliquum*. Par exemple : Jésus-Christ est Dieu ; donc la mère de Jésus-Christ est la mère

3° Fig.
- DA. Tous les hommes sont faillibles ;
- RAP. Tous les hommes sont des êtres vivants ;
- TI. Donc quelques êtres vivants sont faillibles.
- FE. Aucun homme n'est Dieu ;

LAP. Tous les hommes sont des êtres vivants ;
TON. Donc quelques êtres vivants ne sont pas Dieu.

Nous laissons au lecteur à construire sur le même type les exemples des quatre autres modes de la 3° figure, ainsi que ceux de la 4°.

de Dieu ; d'autres que l'on a appelées *inversions, de relation*, par exemple : Si David est père de Salomon, Salomon est fils de David. » (Leibniz, *Nouveaux essais*, t. IV, ch. XVII.)

370. Conclusions immédiates. — On appelle ainsi des conclusions qui se tirent immédiatement de la majeure, sans moyen terme. Ce sont, par exemple, les *subalternes* par rapport aux universelles :

Tous les hommes sont mortels,
Donc quelque homme est mortel.

On peut dire avec St. Mill que « ce n'est pas là, à proprement parler, conclure une proposition d'une autre, mais répéter une seconde fois ce qui a été dit d'abord, avec cette différence qu'on ne répète pas la totalité, mais seulement une partie indéterminée de la première assertion ». Cependant, suivant certains logiciens, les conséquences immédiates ne sont elles-mêmes que des syllogismes[1].

371. Réduction des figures. — Les quatre figures peuvent être réduites à une seule par le moyen de la conversion des propositions : les trois dernières, en effet, se ramènent à la première ; et Aristote s'est servi de cet artifice pour les démontrer. Aussi quelques logiciens (Kant, par exemple)[2] ont-ils considéré ces trois figures comme **des** subtilités inutiles. Mais (si l'on excepte la quatrième), les deux autres (2ᵉ et 3ᵉ) sont des formes naturelles de raisonnement qui sont réellement en usage. Aussi d'autres logiciens ont-ils, au contraire, soutenu que chaque figure a sa fonction propre et doit être démontrée en elle-même sans avoir besoin de réduction ; et ils ont assigné à chacune d'elles un principe particulier[3].

372. Règle générale du syllogisme. — Par le moyen des figures et des modes on peut s'assurer de la vérité ou de la fausseté d'un syllogisme, en le mettant en forme et en le comparant aux types autorisés ; mais sans avoir besoin d'aucune réduction de ce genre, on peut immédiatement juger d'un syllogisme au moyen de cette règle générale, donnée par les logiciens de Port-Royal, à savoir, que :

---

1. Lachelier, *Étude sur le syllogisme* (*Revue philosophique*, t. I, p. 468).
2. Kant a composé un écrit sur *la Fausse subtilité des figures du syllogisme*. (1762.)
3. Lachelier, *ibid.*, p. 476 et suiv.

L'une des deux propositions doit contenir la conclusion, l'autre faire voir qu'elle la contient.

L'une s'appellera proposition *contenante;* l'autre, proposition *applicative.*

Euler a exprimé à peu près le même principe sous cette double forme : *Tout ce qui est dans le contenant est dans le contenu. Tout ce qui est hors du contenant est hors du contenu.*

Les anciens logiciens traduisent la même chose par le célèbre adage : *Dictum de omni et nullo.* Autre principe : « Ce qui est affirmé ou nié d'un tout est affirmé ou nié de toutes les parties du tout. » (Bain, II, 639.)

373. Syllogismes hypothétiques et disjonctifs. — Les syllogismes dont nous avons parlé jusqu'ici sont appelés *catégoriques*, parce qu'ils se composent de trois propositions catégoriques. Ce sont les syllogismes types, où la majeure, la mineure et la conclusion sont toutes trois nettement distinguées. Mais il y a d'autres formes de syllogismes, dont la majeure contient déjà la conclusion. La *Logique de Port-Royal* les appelle des syllogismes *conjonctifs.* Il y en a de deux sortes : les *hypothétiques* et les *disjonctifs*[1].

1° Les syllogismes *hypothétiques* ou *conditionnels* sont ceux où la majeure est une proposition conditionnelle qui contient toute la conclusion, par exemple :

S'il y a un Dieu, il faut l'aimer;
Il y a un Dieu ;
Donc il faut l'aimer.

La majeure se divise en deux parties, dont la première s'appelle l'*antécédent* (s'il y a un Dieu), et la seconde le *conséquent* (il faut l'aimer).

De là deux règles :

A. *En posant l'antécédent, on pose le conséquent,* comme dans l'exemple précédent.

B. *En ôtant le conséquent, on ôte l'antécédent.*

Si quisquam perit [sanctorum] fallitur Deus; sed nemo eorum perit, quia non fallitur Deus. (Saint Augustin.)

2° *Syllogismes disjonctifs :* on appelle ainsi ceux dont la première proposition est une proposition disjonctive.

---

[1]. P.-Royal en admet une troisième classe, les *Copulatifs*; mais M. Em. Charles fait remarquer avec raison (p. 206, note 1 et 2) que ces syllogismes peuvent se ramener aux hypothétiques et aux disjonctifs. Le même auteur critique avec raison l'expression de *conjonctifs*, car il est étrange que les *disjonctifs* soient une espèce dont les *conjonctifs* seraient le genre.

Ceux qui ont tué César sont ou parricides ou défenseurs de la liberté;
Or ils ne sont pas parricides;
Donc ils sont défenseurs de la liberté.

La seule règle de ces sortes de syllogismes, c'est que la *division soit exacte et complète*, et que la première proposition énumère tous les cas possibles. S'il en est ainsi, le raisonnement peut se faire de deux manières : 1° en ôtant une partie, on garde l'autre; 2° en prenant une partie, on exclut l'autre.

Les fausses disjonctions sont celles où on a omis un terme, c'est-à-dire où il y a un milieu possible entre les alternatives proposées.

374. **Autres classes d'arguments.** — Le raisonnement peut revêtir dans son expression des formes très diverses, mais qui toutes peuvent se ramener au syllogisme.

1° L'*Enthymème* est un raisonnement composé de deux propositions; c'est un syllogisme dont une prémisse est sous-entendue [1].

2° L'*Epichérème* est un syllogisme dont les prémisses sont accompagnées de leurs preuves [2].

3° Le *Prosyllogisme* est un argument composé de deux syllogismes, de telle sorte que la conclusion du premier devient la majeure du second.

On peut concevoir de la même manière un *polysyllogisme*, composé de plusieurs syllogismes tels que la conclusion de chacun d'eux devient la mineure du suivant.

4° Le *Sorite* est un polysyllogisme; c'est un argument composé d'un nombre indéterminé de propositions liées entre elles, de telle sorte que l'attribut de la première devient le sujet de la seconde, l'attribut de la seconde le sujet de la troisième, et ainsi de suite jusqu'à la conclusion, qui unit le sujet de la première à l'attribut de la dernière [3].

5° Le *Dilemme* est un argument composé, qui a pour majeure

---

1. Exemple :
Plus d'amour, partant plus de joie.
(LA FONTAINE.)

2. Tout le plaidoyer de Cicéron pour Milon n'est qu'un épichérème développé.
Majeure : Il est permis de tuer celui qui nous dresse des embûches.
(Preuves tirées du droit naturel, du droit des gens, des exemples.)
Mineure : Clodius a voulu faire mourir Milon par un guet-apens (preuve par la narration des faits).
Conclusion : Milon a eu le droit de tuer Clodius.

3. Un bon exemple de *sorite* est celui du renard, rapporté par Plutarque (*de Solertia animalium*). — Le renard ne passe une rivière gelée qu'après avoir écouté; et s'il entend le bruit de l'eau, il ne la passe pas, comme s'il disait :
Ce qui fait du bruit se remue;
Ce qui se remue n'est pas gelé;
Ce qui n'est pas gelé est liquide;
Ce qui est liquide plie sous le faix,
Donc cette glace.....
— Un autre exemple de sorite est celui des stoïciens : « Le bien est *désirable*; le *désirable* est *aimable*; ce qui est *aimable* est *digne de louange*; ce qui est *digne de louange* est *beau*. » (Plutarque, *de Stoïcorum repugnantiis*, ch. XIII.)

une disjonctive de deux membres, et dans laquelle on conclut par rapport au tout ce que l'on avait déjà conclu par rapport à chaque partie de la disjonctive [1].

Le danger du dilemme, ainsi que des raisonnements disjonctifs, c'est que la disjonction posée ne soit pas complète. C'est ce qui fait que ce raisonnement est rarement probant. Il y a presque toujours un milieu que l'on a négligé.

6° L'*Induction* consiste à conclure du tout ce qui est affirmé des parties, par exemple :

La psychologie, la logique, la morale et la théodicée sont utiles : donc la philosophie est utile.

Cette induction toute logique, qui suppose l'énumération *complète* des parties, est un raisonnement bien différent de l'induction proprement dite, dont nous allons bientôt parler, et qui passe non pas de *toutes* les parties au tout, mais de *quelques* cas à tous les cas. La première, appelée *induction aristotélique*, est une des formes de la déduction; la seconde, appelée *induction baconienne*, est l'opposé de la déduction.

375. **Du raisonnement par équation.** — Suivant certains logiciens (Condillac, par exemple), le raisonnement ne consisterait pas à aller, comme on dit, du général au particulier, du plus au moins, du contenant au contenu, mais du *même au même* en changeant les signes. Son principe serait l'*identité;* son procédé unique, la *substitution* [2]. Le type de ce genre de raisonnement est le raisonnement algébrique, et toutes les autres formes de raisonnement peuvent se ramener à celle-là.

Mais on peut prouver que cette théorie n'est pas vraie, même du raisonnement algébrique, à plus forte raison de toute autre espèce de raisonnement.

« Pour établir solidement cette théorie, dit un judicieux philosophe, il faudrait prouver : 1° que dans toute équation les deux membres n'expriment qu'une seule et même idée ; 2° que cette idée passe, sans autre variation que celle des signes, dans les membres des équations nouvelles. Or ces deux assertions me

---

[1]. Comme exemple de *dilemme*, on peut citer le raisonnement que faisait un ministre de Henri VII, en Angleterre (Morton), pour tirer l'argent des évêques : « Si tu dépenses beaucoup, disait-il, c'est que tu es riche, tu dois payer; si tu ne dépenses rien, c'est que tu fais des économies; paye encore. » C'est ce qu'on appelait la *fourche* ou l'*hameçon* de Morton. (Duruy, *Histoire moderne*, ch. III.)

[2]. Toute une nouvelle école de logiciens en Angleterre a essayé de fonder une *logique mathématique* sur ce principe de la substitution. Voy. Liard, *les Logiciens anglais contemporains* (1878).

paraissent également fausses : 1° le rapport qui unit les deux membres de l'équation est un rapport non d'*identité*, mais d'*équivalence* 2° pour tirer une équation d'une autre, on ne change pas seulement les expressions, on change les idées[1]. »

376. **Usage et abus du syllogisme.** — La philosophie scolastique avait abusé du syllogisme, en l'appliquant là où il n'était pas à sa place, c'est-à-dire aux sciences de la nature; la philosophie du XVIIe siècle, Bacon, Descartes, la *Logique* de Port-Royal se sont plu au contraire à insister sur les défauts du syllogisme.

Bacon fait remarquer avec raison que, la vérité du syllogisme reposant sur les prémisses, si celles-ci sont adoptées sans examen, la valeur du raisonnement est nulle.

Le syllogisme est composé de propositions; les propositions sont formées de mots; les mots sont les étiquettes des choses. Que si les notions mêmes qui servent de bases sont confuses et extraites au hasard, tout ce qu'on bâtit sur de tels fondements ne peut avoir de solidité. (*Novum organum*, I, XIX.)

Descartes, de son côté, fait remarquer que

Le syllogisme sert plutôt à expliquer à autrui les choses qu'on sait, ou même à parler sans jugement des choses qu'on ignore, qu'à les apprendre. (*Disc. de la Méth.*, part. II.)

La *Logique* de Port-Royal déclare que la plupart du temps on se trompe beaucoup plus en adoptant de fausses prémisses qu'en commettant de faux raisonnements. (Préambule de la IIIe partie.)

Locke, enfin, a fait remarquer que le bon sens naturel conclut souvent avec plus de justesse que le logicien armé de syllogismes :

« J'ai connu un homme, à qui les règles du syllogisme étaient entièrement inconnues, qui apercevait d'abord la faiblesse et les faux raisonnements d'un long discours artificieux et plausible, auquel d'autres gens exercés à toute la finesse de la logique se sont laissé attraper. Et si cela n'était ainsi, les princes, dans les matières qui intéressent leur couronne et leur dignité, ne manqueraient pas de faire entrer les syllogismes dans les discussions les plus importantes, où cependant tout le monde croit que ce serait une chose ridicule de s'en servir. En Asie, en Afrique et en Amérique, parmi les peuples indépendants des

---

1. Gibon, *Cours de philosophie*, t. II, p. 47. — Nous saisissons cette occasion de rappeler le nom de ce respectable philosophe, notre maître, dont le cours de philosophie (2 vol. in-8°, Paris, 1842), très solide et très nourri, contient un assez grand nombre de vues judicieuses et personnelles qui ne se rencontrent pas partout. — M. Duhamel (*Méthodes dans les sciences de raisonnement*), réfute également sur ce point la doctrine de Condillac, p. 89.

Européens, personne n'en a presque jamais ouï parler. Enfin il se trouve au bout du compte que ces formes scolastiques ne sont pas moins sujettes à tromper; les gens aussi sont rarement réduits au silence par cette méthode scolastique et encore plus rarement convaincus et gagnés. »

Toutes ces critiques peuvent avoir un côté de justesse : néanmoins l'art syllogistique ne laisse pas d'être d'une grande importance, comme Leibniz l'a fait remarquer :

« Votre raisonnement, dit-il, sur le peu d'usage des syllogismes est plein de quantité de remarques solides et belles. Et il faut avouer que la forme scolastique des syllogismes est peu employée dans le monde, et qu'elle serait trop longue et embrouillerait si on la voulait employer sérieusement. Et cependant, le croiriez-vous? je tiens que l'invention de la forme des syllogismes est une des plus belles de l'esprit humain, et même des plus considérables. C'est une espèce de mathématique universelle, dont l'importance n'est pas assez connue ; et l'on peut dire qu'un art d'infaillibilité y est contenu, pourvu qu'on sache et qu'on puisse s'en bien servir, ce qui n'est pas toujours permis.

» Il serait ridicule sans doute de vouloir argumenter à la scolastique dans des délibérations, à cause des prolixités importunes et embarrassantes de cette forme de raisonnement, et parce que c'est comme compter aux doigts. Mais, cependant, il n'est que trop vrai que dans les plus importantes délibérations, qui regardent la vie, l'État, le salut, les hommes se laissent éblouir souvent par le poids de l'autorité, par la lueur de l'éloquence, par des exemples mal appliqués, par des enthymèmes qui supposent faussement l'évidence de ce qu'ils suppriment, et même par des conséquences fautives; de sorte qu'une logique sévère, mais d'un autre tour que celle de l'école, ne leur serait que trop nécessaire, entre autres pour déterminer de quel côté est la plus grande apparence. » (*Nouveaux Essais*, liv. IV, ch. XVII.)

377. Théorie d'Euler sur le syllogisme. — Dans ses *Lettres à une princesse d'Allemagne* (lettres XXXA et suivantes), Euler a exposé une théorie très ingénieuse des syllogismes, en représentant par des *cercles* les trois termes du syllogisme. De cette manière, dit-il, « tout saute d'abord aux yeux ». Voici cette démonstration :

Commençons par une proposition affirmative, universelle :
Tout A est B (fig. 1),

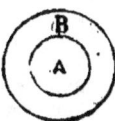

Fig. 1,

où l'espace A est enfermé tout entier dans l'espace B; et voyons comment une troisième notion C doit être rapportée à l'une ou à l'autre des notions A ou B, afin qu'on en puisse tirer une conclusion. Dans les cas suivants, la chose est évidente.

I. Si la notion C est contenue tout entière dans la notion A, elle sera aussi contenue tout entière dans l'espace B (fig. 2), d'où résulte cette forme de syllogisme :
Tout A est B ;
Or tout C est A ;
Donc, tout C est B. Ce qui est la conclusion.
Par exemple, que la notion A renferme *tous les arbres*, la notion B *tout ce qui a des racines*, et la notion C *tous les cerisiers*, et notre syllogisme sera :
Tout arbre a des racines ;
Or, tout cerisier est un arbre ;
Donc, tout cerisier a des racines.

II. Si la notion C a une partie contenue dans A, la même partie sera aussi contenue dans B, puisque la notion A se trouve renfermée tout entière dans la notion B (fig. 3 ou 4). De là résulte la seconde forme de syllogisme :
Tout A est B ;
Or, quelque C est A ;
Donc, quelque C est B.

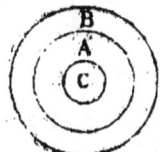 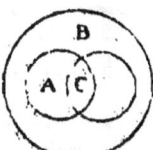 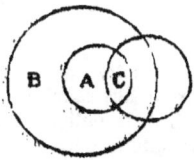

Fig. 2.   Fig. 3.   Fig. 4.

Si la notion C était tout entière hors de la notion A, il n'en suivrait rien par rapport à la notion B ; il se pourrait que la notion C fût, ou tout entière hors de B (fig. 5), ou tout entière en B (fig. 6), ou en partie en B (fig. 7) ; de sorte qu'on n'en saurait rien conclure.

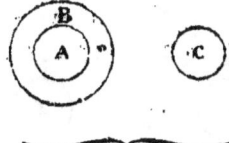  

Fig. 5.   Fig. 6.   Fig. 7.

III. Or, si la notion C était tout entière hors de la notion B, elle serait aussi tout entière hors de la notion A, comme on voit par la fig. 5 ; d'où naît cette forme de syllogisme ;
Tout A est B ;
Or, nul C n'est B ou nul B n'est C ;
Donc, nul C n'est A.

IV. Si la notion C a une partie hors de la notion B, cette même partie sera aussi certainement hors de la notion A, puisque celle-ci est tout entière dans la notion B (fig. 8); d'où naît cette forme de syllogisme :
Tout A est B;
Or quelque C n'est pas B;
Donc, quelque C n'est pas A.

V. Si la notion C renferme en soi toute la notion B, une partie de la notion C tombera certainement en A (fig. 9), d'où résulte cette forme de syllogisme :
Tout A est B;
Or, tout B est C;
Donc, quelque C est A.

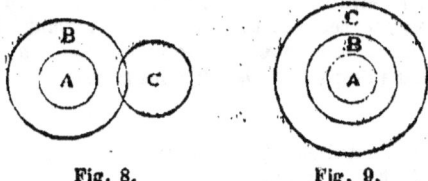

Fig. 8. Fig. 9.

Aucune autre forme n'est possible tant que la première proposition est affirmative et universelle.

Supposons maintenant que la première proposition soit négative et universelle, savoir :
Nul A n'est B,
dont l'emblème est cette figure :

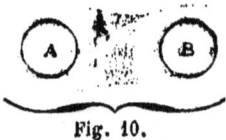

Fig. 10.

où la notion A se trouve tout entière hors de la notion B, et les cas suivants fourniront des conclusions.

I. Si la notion C est tout entière dans la notion B, elle sera aussi tout entière hors de la notion A (fig. 11), d'où l'on a cette forme de syllogisme :
Nul A n'est B;
Or, tout C est B;
Donc, nul C n'est A.

II. Si la notion C est tout entière dans la notion A, elle sera aussi tout entière hors de la notion B (fig. 12); ce qui donne cette forme de syllogisme :
Nul A n'est B;
Or, tout C est A;
Donc, nul C n'est B.

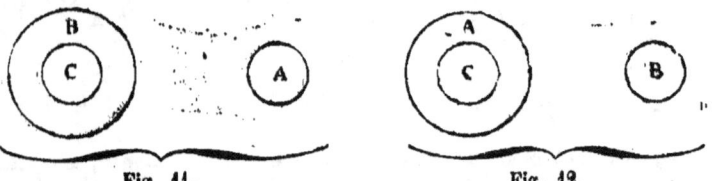

Fig. 11. Fig. 12.

III. Si la notion C a une partie contenue dans la notion A, cette partie se trouvera certainement hors de la notion B, comme (fig. 13) ou bien de cette manière (fig. 14) ou encore (fig. 15) d'où naît ce syllogisme :

Nul A n'est B;
Or, quelque C est A ou quelque A est C;
Donc, quelque C n'est pas B.

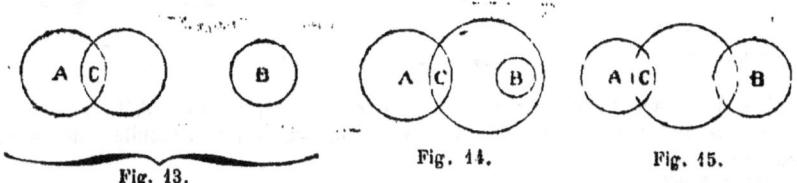

Fig. 13. — Fig. 14. — Fig. 15.

IV. De même, si la notion C a une partie contenue dans la notion B, cette partie se trouvera certainement hors de la notion A, comme (fig. 16) ou bien de cette manière (fig. 17) ou encore (fig. 18), d'où l'on a ce syllogisme :
Nul A n'est B;
Or, quelque C est B ou quelque B est C;
Donc, quelque C n'est pas A.

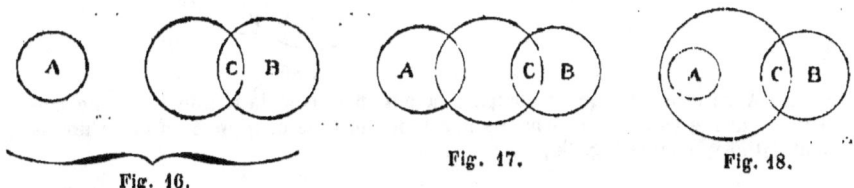

Fig. 16. — Fig. 17. — Fig. 18.

Examinons maintenant les autres formes qui existent encore, quand la première proposition est particulière, ou affirmative ou négative.

Soit donc la première proposition affirmative particulière renfermée dans cette forme générale.

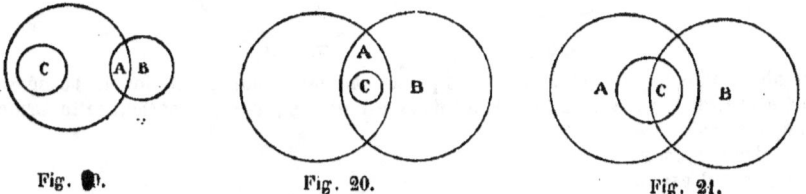

Fig. 19. — Fig. 20. — Fig. 21.

Quelque A est B,
où une partie de la notion A est contenue dans la notion B.

Soit maintenant une troisième notion C, qui, étant rapportée à la notion A, ou sera contenue dans la notion A, comme dans les fig. 19, 20. 21; ou aura une partie dans la notion A, comme (fig. 22, 23, 24) ou sera tout entière hors de la notion A

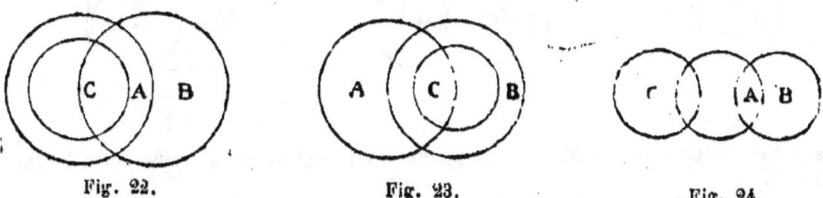

Fig. 22. — Fig. 23. — Fig. 24.

comme (fig. 25, 26, 27). Dans tous les cas on n'en saurait rien conclure, puisqu'il serait possible que la notion C fût dans la notion B, ou tout entière, ou en partie, ou point du tout.

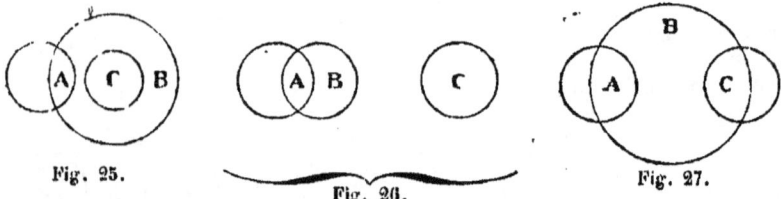

Fig. 25.　　　　　Fig. 26.　　　　　Fig. 27.

Mais si la notion C renferme en soi la notion A, il est certain qu'elle aura aussi une portion contenue dans la notion B, comme (fig. 28, 29), d'où résulte cette forme de syllogisme :
Quelque A est B ;
Or, tout A est C ;
Donc quelque C est B.

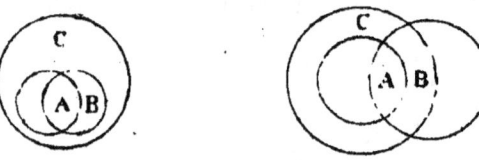

Fig. 28.　　　　　Fig. 29.

Il en est de même lorsqu'on compare la notion C avec la notion B ; on ne saurait tirer aucune conclusion, à moins que la notion C ne contienne en soi la notion B tout entière, comme (fig. 30, 31) :

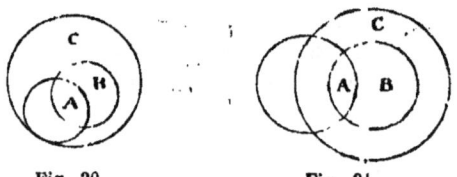

Fig. 30.　　　　　Fig. 31.

car alors, puisque la notion A a une partie contenue dans la notion B, la même partie se trouvera aussi certainement dans la notion C ; d'où l'on obtient cette forme de syllogisme :
Quelque A est B ;
Or, tout B est C ;
Donc, quelque C est A.
Supposons enfin que la première proposition soit négative et particulière ; savoir :
Quelque A n'est pas B,

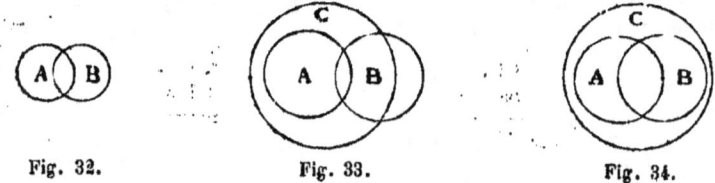

Fig. 32.　　　　　Fig. 33.　　　　　Fig. 34.

à laquelle répond la figure 32, où une partie de la notion A se trouve hors de la notion B.

Dans ce cas, si la troisième notion C contient en soi la notion A tout entière, elle aura aussi certainement une partie hors de la notion B, comme (fig. 33, 34) d'où naît ce syllogisme :

Quelque A n'est pas B ;
Or, tout A est C ;
Donc quelque C n'est pas B.

Ensuite, si la notion C est renfermée tout entière dans la notion B, puisque A a une partie hors de B, cette même partie se trouvera aussi certainement hors de C comme (fig. 35, 36), d'où l'on a cette forme de syllogisme :

Quelque A n'est pas B ;
Or, tout C est B ;
Donc quelque A n'est pas C.

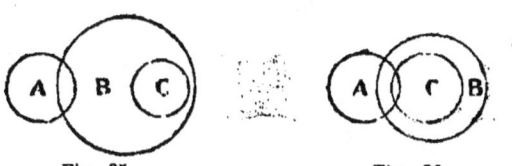

Fig. 35.   Fig. 36.

I.	Tout A est B ; or, tout C est A ; donc tout C est B.	II.	Tout A est B ; or, quelque C est A. donc quelque C est B.
III.	Tout A est B ; or, nul C n'est B ; donc nul C n'est A.	IV.	Tout A est B ; or, nul B n'est C ; donc nul C n'est A.
V.	Tout A est B ; or, quelque C n'est pas B ; donc quelque C n'est pas A.	VI.	Tout A est B ; or, tout B est C ; donc quelque C est A.
VII.	Nul A n'est B ; or, tout C est A ; donc nul C n'est B.	VIII.	Nul A n'est B ; or, tout C est B ; donc nul C n'est A.
IX.	Nul A n'est B ; or, quelque C est A ; donc quelque C n'est pas B.	X.	Nul A n'est B ; or, quelque A est C ; donc quelque C n'est pas B.
XI.	Nul A n'est B ; or, quelque C est B ; donc quelque C n'est pas A.	XII.	Nul A n'est B ; or, quelque B est C ; donc quelque C n'est pas A.
XIII.	Quelque A est B ; or, tout A est C ; donc quelque C n'est pas B.	XIV.	Quelque A est B ; or, tout B est C ; Donc quelque C est A.
XV.	Quelque A n'est pas B ; or, tout A est C ; donc quelque C n'est pas B.	XVI.	Quelque A n'est pas B ; or, tout C est B ; donc quelque A n'est pas C.
XVII.	Tout A est B ; or, quelque A est C ; donc quelque C est B.	XVIII.	Nul A n'est B ; or, tout A est C ; donc quelque C n'est pas B.
XIX.	Nul A n'est B ; or, tout B est C ; donc quelque C n'est pas A.	XX.	Tout A est B ; or, tout A est C ; donc quelque C est B.

CHAPITRE VI

La démonstration.

La *déduction* conduit à la *démonstration*. On déduit pour démontrer; démontrer est le but, déduire est le moyen. La déduction est le mécanisme même du raisonnement; la démonstration en est l'essence. Aristote, qui a donné les règles du syllogisme dans ses *Premiers analytiques*, a donné les règles de la démonstration dans les *Seconds*. Nous n'avons rien de mieux à faire que de reproduire ses principes et ses préceptes tels qu'il les a exposés lui-même, et autant que possible dans ses propres termes.

378. **Définition.** — La démonstration, dit Aristote, c'est le *syllogisme scientifique* (ὁ συλλογισμὸς ἐπιστημονικὸς), c'est-à-dire le syllogisme qui produit la science et le savoir. Or qu'est-ce que savoir? Savoir, c'est connaître les choses par leur cause (ἐπίστασθαι οἰόμεθα ὅταν τήν τ' αἰτίαν οἰόμεθα γινώσκειν δι' ἣν τὸ πρᾶγμά ἐστι). Or, si savoir consiste à connaître par la cause, et si la démonstration est le syllogisme du savoir, il s'ensuit que la démonstration suppose des principes antérieurs, primitifs, plus notoires que la conclusion dont ils sont cause (ἐξ ἀληθῶν καὶ πρώτων καὶ ἀμέσων καὶ γνωριμωτέρων καὶ αἰτίων τοῦ συμπεράσματος).

379. **Propositions antérieures et immédiates. Objections.** — La démonstration suppose donc des principes antérieurs, précédemment admis. Or cette condition donne naissance à deux objections:

1° La démonstration est impossible, car elle suppose des principes. Or, ces principes ont besoin eux-mêmes de démonstration; et cette démonstration doit avoir des principes qui sont encore eux-mêmes sujets à être démontrés; il y a ainsi progrès à l'infini. Si au contraire on s'arrête, il faut se contenter de principes non démontrés.

2° La science démonstrative est possible ; mais la démonstration est circulaire et réciproque.

1° La première de ces deux objections, qu'Aristote se fait à lui-même, a été reprise par Pascal : suivant lui, c'est une infirmité de la raison humaine de ne pas pouvoir tout prouver :

> Le véritable ordre, dit-il, consiste à tout définir et à tout prouver. Certainement cette méthode serait belle; mais elle est absolument impossible; car il est évident que les premiers termes qu'on voudrait définir en supposeraient de précédents pour servir à leur explication; et que de même les premières propositions qu'on voudrait prouver en supposeraient d'autres qui les précédassent, et ainsi il est clair qu'on n'arriverait jamais aux premiers. Ainsi, en poussant les recherches de plus en plus, on arrive nécessairement à des mots primitifs qu'on ne peut plus définir, et à des principes si clairs qu'on n'en trouve plus qui le soient davantage pour servir à leur preuve. D'où il paraît que les hommes sont dans une impuissance naturelle et immuable de traiter quelque science que ce soit dans un ordre absolument accompli.
>
> Il ne s'ensuit pas qu'on doive abandonner toute sorte d'ordre, car il y en a un, et c'est celui de la géométrie, qui *est à la vérité inférieur* en ce qu'il est moins convaincant, mais non pas en ce qu'il est moins certain. *Il ne définit pas tout et il ne prouve pas tout, et c'est en cela qu'il lui cède;* mais il ne suppose que des choses claires et constatées par la lumière naturelle[1].

Aristote avait répondu déjà à cette objection :

> Nous soutenons, dit-il, que toute science n'est pas démonstrative, que les propositions *immédiates* sont connues sans démonstration. Que cela soit de toute nécessité, c'est ce qu'on voit sans peine; car s'il est nécessaire de connaître les principes et les définitions dont se tire la démonstration, et si l'on s'arrête à des principes immédiats, il est certain que ces principes doivent être indémontrables. Nous soutenons qu'il en est ainsi.

Il semble que, dans cette réponse, Aristote ne fasse que constater le fait et la nécessité du fait, sans en prouver la légitimité. Cependant, en méditant avec soin ce passage d'Aristote, on y remarquera un terme décisif et caractéristique : c'est le mot ἄμεσα, *immédiats*. Si nous devons nous arrêter à des principes, ce n'est pas seulement parce qu'il faut s'arrêter, ce qui pourrait bien n'être que l'effet de l'imperfection humaine, comme le pense Pascal, mais c'est que nous rencontrons des propositions immédiates, c'est-à-dire sans moyen terme. A quoi sert la démonstration ? A établir un rapport entre l'attribut et le sujet par l'intermédiaire d'un moyen terme. Mais s'il y a des propositions où un tel rapport existe par lui-même, et sans qu'il soit nécessaire d'introduire entre les deux extrêmes aucun moyen terme, et même sans que cela soit possible, puisqu'il n'y en a pas, n'est-il pas évident que, dans ce cas-là, la démonstration est impossible

---

1. Pascal, *de l'Esprit géométrique* (éd. Havet, t. II, p. 282). Voy. la réfutation qu'en fait M. Havet dans son *Commentaire*, p. 309.

et inutile, non par impuissance de notre part, mais par la nature des choses? Ce qui explique l'erreur de Pascal, c'est qu'il a confondu ces deux cas, à savoir, celui où la définition et la démonstration sont impossibles par notre faute, et celui où elles le sont par la nature même : par exemple, le postulatum d'Euclide n'est peut-être indémontrable que par notre faute; mais ses axiomes le sont par leur nature même. On s'étonne d'ailleurs qu'un esprit aussi exact que Pascal ait pu dire qu'une science parfaite serait celle où tout serait démontré; une telle idée est évidemment contradictoire : car elle conduirait à un progrès à l'infini, dont on ne trouverait jamais le terme; et la série n'ayant jamais aucun point d'arrêt, il faudrait dire non pas que tout est démontré, mais que rien ne l'est [1]. On peut douter que ce que nous appelons principes soient les vrais principes en soi : mais on ne peut pas douter que la vraie méthode ne supposât de tels principes : et pour soutenir que les nôtres ne sont pas les véritables, il faudrait les prendre l'un après l'autre et démontrer qu'ils ne sont pas évidents; or, pour ce qui concerne la géométrie, il y en a au moins un dont l'évidence est incontestable, c'est le principe d'identité : quant à tous les autres, on peut soutenir avec Leibniz qu'ils sont susceptibles d'être démontrés, et il approuvait qu'on essayât de le faire, quoique cela ne fût pas très utile pratiquement. Peut-être était-ce là au fond la pensée de Pascal [2]; mais il ne l'a pas assez éclaircie; et l'objection, telle qu'il la présente, est insoutenable.

2° Suivant d'autres philosophes, la démonstration est possible; mais elle ne l'est qu'à la condition d'être circulaire et réciproque, c'est-à-dire de démontrer les principes par les conclusions et les conclusions par les principes.

Mais une telle opinion est inadmissible, suivant Aristote : car nous avons vu que démontrer c'est partir de choses antérieures, et que la seule science possible est celle de la démonstration : or les mêmes choses ne peuvent pas être en même temps antérieures et postérieures les unes par rapport aux autres. Il ne peut donc pas y avoir de démonstration par cercle.

Pour qu'une démonstration circulaire fût possible sans dégénérer en cercle vicieux, il faudrait que les termes fussent réciproques : or il n'y a qu'un petit nombre de démonstrations de ce genre.

---

1. Aristote, *Métaphys.*, IV, 4 : ὥστε μηδ' οὕτως εἶναι ἀπόδειξιν.
2. Par exemple lorsqu'il dit : « Le manque de définition est plutôt une *perfection* qu'un défaut ».

Il est donc établi que la démonstration consiste à partir de propositions évidentes et indémontrables.

380. Propositions nécessaires. — Un autre caractère de la démonstration est de partir de propositions nécessaires.

Puisqu'il est impossible qu'une chose que l'on sait absolument soit autrement qu'elle n'est, l'objet du savoir, quand on le possède par voie de science démonstrative, doit être nécessaire. La démonstration est donc le syllogisme fondé sur des propositions nécessaires, ἐξ ἀναγκαίων συλλογισμός.

Ainsi toute démonstration est un syllogisme, mais tout syllogisme n'est pas une démonstration. Il y a deux espèces de syllogisme : le syllogisme en matière *probable* et *contingente*, et le syllogisme en matière *nécessaire*. C'est le second seul qui est *démonstratif*. Il n'y a donc de démonstration rigoureuse qu'en mathématiques, en logique, en métaphysique : partout ailleurs le syllogisme n'est que contingent ; cependant on peut par extension appliquer le terme de démonstration à d'autres cas, en prenant pour nécessaires les principes généralement admis.

Quelles sont les conditions des principes nécessaires ? Aristote en signale trois ; il faut : 1° que le sujet soit *universel* 2° que l'attribut soit *essentiel* 3° que l'attribut soit lui-même universel, et aussi étendu que le sujet : il faut donc que la proposition soit *réciproque*.

En effet : 1° rien de particulier n'est nécessaire : ce qui n'est vrai que d'une certaine partie du sujet, par exemple de quelques hommes, n'a rien de nécessaire ; 2° ce qui est accidentel n'est pas nécessaire : car l'accident, c'est ce qui peut être ou ne pas être ; ce qui est nécessaire appartient essentiellement au sujet et ne peut pas en être séparé ; 3° donc, il lui est co-essentiel, aussi universel que lui, et par conséquent réciproque.

Il est évident qu'Aristote parle ici de la nécessité en soi, et non d'une nécessité purement empirique ; par exemple : *les hommes sont mortels* n'exprime qu'une nécessité de fait, mais non une nécessité *à priori*, la seule dont il soit question dans les démonstrations.

Des principes précédents Aristote tire les conséquences suivantes :

1° Des prémisses nécessaires conduisent toujours à une conclusion démontrée ;

2° Sans prémisses nécessaires, pas de démonstration, même lorsque les prémisses sont probables et vraies ;

3° Il n'y a pas de démonstration de l'accident ni des choses périssables : toute démonstration est éternelle.

381. **Principes propres et principes communs.** — Il ne suffit pas que des propositions soient nécessaires, évidentes, indémontrables pour servir de principes : il faut encore ici faire une distinction entre les principes.

Il y a deux sortes de principes : les principes *propres* (οἰκεῖα, ἴδια,) et les principes *communs* (κοινά). Les principes propres sont ceux qui sont spéciaux à une science; les principes communs sont ceux qui peuvent s'appliquer à la fois à plusieurs sciences. Aristote donne comme exemple de principes propres la définition de la ligne, ou de la droite, et comme exemple de principes communs l'axiome que deux quantités égales à une troisième sont égales entre elles. En général, Aristote entend par principes propres les *définitions*, et de plus l'existence des objets propres de chaque science : par exemple, l'existence de l'unité et des grandeurs est un principe propre des mathématiques; l'existence du mouvement est un principe propre de la physique. Quant aux principes communs, ce sont les *axiomes*.

De cette distinction Aristote tire cette règle que *chaque chose doit être démontrée par ses principes propres*, et non par les principes d'une autre science : par exemple, on ne doit pas démontrer par l'arithmétique une question de géométrie, à moins que l'une de ces sciences ne soit subordonnée à l'autre, par exemple l'optique à la géométrie. En conséquence, Descartes ne violait pas la règle d'Aristote en démontrant la géométrie par l'algèbre, puisque les objets de la géométrie sont des grandeurs qui peuvent être représentées par des symboles algébriques. Cette règle ne doit pas d'ailleurs être entendue d'une manière étroite, et il peut y avoir quelquefois avantage à transformer un problème et à le résoudre par des moyens indirects et détournés. Mais, en général, c'est une loi excellente de logique de traiter chaque question d'après ses propres principes et sans emprunter les principes d'une autre science : c'est ce qui fait qu'un savant raisonne presque toujours mal dans une science dans laquelle il n'est pas versé, parce qu'il transporte d'ordinaire ses principes d'une science à l'autre; ce genre d'erreur si fréquent est ce qu'Aristote appelle μετάβασις ἰς ἄλλο γένος (passage d'un genre à l'autre).

Un autre genre d'erreur consiste à prouver une chose non par les principes propres d'une autre chose, mais par des principes communs, c'est-à-dire trop généraux, et qui ne s'appliquent pas particulièrement à la question posée. C'est là le principal reproche qu'Aristote fait à la dialectique de Platon. Mais nous ne devons pas insister ici sur les fautes et les abus de la démonstration (qui rentrent dans la question de l'erreur), mais en étudier simplement les lois.

382. Lois de la démonstration. — Les principales lois établies par Aristote sont les suivantes :

1° La démonstration universelle est supérieure à la démonstration particulière.

2° La démonstration affirmative vaut mieux que la démonstration négative.

3° La démonstration affirmative et même la démonstration négative valent mieux que la démonstration par l'absurde.

On distingue encore la démonstration *directe* ou *ostensive*, et la démonstration *indirecte* ou *apagogique :* la première consiste à démontrer que la chose est vraie; la seconde, appelée aussi démonstration *par l'absurde*, consiste à démontrer que le contraire est faux. Enfin on distingue la démonstration *ascendante* et la démonstration *descendante;* mais cette distinction revient à celle de l'*analyse* et de la *synthèse*. (Voy. sect. II, ch. i.)

383. Démonstration parfaite et démonstration imparfaite. — D'après ces principes, on distinguait dans les écoles, d'après Aristote, deux sortes de démonstration : la démonstration *parfaite* (*demonstratio perfecta*) ou τοῦ διότι, démonstration par la cause, ou *prioritiva;* et la démonstration imparfaite (*demonstratio imperfecta*), démonstration par l'effet, ou *posterioritiva*.

384. Règles de la démonstration. — Des *lois* de la démonstration se déduisent naturellement certaines *règles;* mais ici nous passons de la théorie pure à l'application, c'est-à-dire à la *méthode*. Pascal a exposé les règles de la méthode démonstrative, qui ne sont autres que celles de la méthode des géomètres. Nous en traiterons plus loin. (Sect. II, ch. i, *Méthode des sciences exactes*.)

385. De la dialectique. — Aristote oppose le syllogisme *dialectique* au syllogisme *démonstratif*. Celui-ci conclut en *matière* *nécessaire*, celui-là en *matière contingente* ou *probable*. C'est le syllogisme du *vraisemblable*. Il a lieu, par exemple, au barreau, dans les controverses politiques, et souvent même en philosophie. Il suppose l'examen du *pour* et du *contre*. Les arguments pour s'appellent *preuves* ; les arguments contre s'appellent des *objections*. L'objection, quand elle est renouvelée après une première réponse, est une *instance* la réponse à l'instance s'appelle *réplique*. La scolastique avait donné à l'argumentation une forme rigoureuse et matérielle, où tout le mécanisme était mis à nu ; mais sous une forme plus ou moins libre, les différents moments de l'argumentation sont toujours ceux que nous venons d'indiquer. — On distingue plusieurs sortes d'arguments : l'argument *par l'absurde*, qui consiste à pousser son adversaire à des conséquences inadmissibles ; — l'argument *ad hominem*, quand on le met en contradiction avec lui-même ; — l'argument *à simili* ou l'*exemple*, quand on conclut d'une chose à une autre par analogie ; — l'argument *à fortiori*, lorsque l'on conclut du plus au moins, etc.[1].

---

[1]. Voy. Leibniz, *N. Essais* (liv. IV, ch. XVII). Arguments *ad verecundam, ad ignorantiam, ad vertiginem*. — Il y a un très bon détail sur les arguments avec des exemples dans les *Principes de logique* de Reiffenberg. (p. 244, ch. XIX).

CHAPITRE VII

De l'induction.

L'induction, disaient les scolastiques, est le procédé par lequel de plusieurs choses particulières on conclut quelque chose d'universel, *à pluribus singularibus universale aliquid concludens*. Pour abréger, il est permis de dire, avec Aristote[1], que, à l'inverse du syllogisme qui conclut du général au particulier, l'induction conclut *du particulier au général*. Nous avons déjà décrit l'induction en psychologie (168), comme opération de l'esprit. Nous avons à exposer maintenant le problème logique qu'elle soulève. En quoi consiste ce problème ?

386. Tous les phénomènes de la nature ne nous sont connus que par des expériences particulières et limitées ; et cependant nous concluons à l'universalité et à la permanence des lois qui les régissent. Si nombreux qu'aient pu être les levers et les couchers du soleil auxquels nous avons assisté, en y ajoutant même tous ceux dont la réalité nous est attestée par le témoignage des autres hommes, chacun de nous, et même le genre humain tout entier, n'a assisté, après tout, qu'à un certain nombre de phénomènes de ce genre, et cependant nous affirmons qu'il en sera *toujours* ainsi : autrement comment expliquer la confiance absolue avec laquelle nous attendons le soleil de demain ? Il en est de même de toutes les lois de la nature : nous croyons certain que *tous* les corps tombent quand ils sont abandonnés à eux-mêmes, quoique nous ne l'ayons vérifié, après coup, que sur *quelques* corps. Nous croyons que *tous* les bœufs ruminent, quoique nous ne le sachions que de *quelques* bœufs ; que *tous* les hommes sont doués de raison, quoique nous n'ayons connu personnellement qu'un très petit nombre d'entre eux.

---

1. *Premiers analytiques*, I, ch. I. — *Topiques*, I, 12.

Le problème logique que soulève le procédé de l'induction est donc celui-ci : comment pouvons-nous passer rigoureusement de *quelques* à *tous*? Nous le faisons cependant tous les jours avec une entière sécurité, et toutes les sciences de la nature reposent sur des conclusions de ce genre : il faut donc que ce procédé soit légitime. Quel en est le fondement ?

Ce qui rend la difficulté plus grave, c'est qu'il y a, d'un commun accord, une espèce de *sophisme* que l'on appelle le *dénombrement imparfait* (sect. II, ch. VI), qui consiste à conclure précisément d'une manière générale sans avoir énuméré tous les cas particuliers. L'induction, telle que nous venons de la définir, n'est-elle pas un dénombrement imparfait? Certains logiciens semblent le supposer, puisqu'ils considèrent l'induction comme un moyen insuffisant de connaissance [1].

387. Aristote a donné une solution du problème posé. Cette solution consiste à ramener l'énumération imparfaite à l'énumération parfaite, et l'induction au syllogisme (376, 6°).

L'induction, suivant Aristote, consiste à conclure l'un des extrêmes du moyen par l'autre extrême. (*Analytiques*, liv. II, ch. XXIII.)

D'après cette définition, l'induction consisterait, dans un syllogisme de la première figure, à intervertir les termes, et à prendre l'un des extrêmes pour moyen, en changeant le moyen en extrême.

Soit en effet ce syllogisme :

Tous les hommes sont mortels;
Pierre, Paul, Jacques, etc., sont hommes;
Donc, Pierre, Paul, Jacques, etc., sont mortels.

Dans ce syllogisme les deux extrêmes sont : *mortels* (grand terme), et *Pierre, Paul, Jacques, etc.* (petit terme). — Le moyen est *homme*. Si nous supposons maintenant que dans la mineure Pierre, Paul, Jacques, etc., représentent *tous* les hommes, c'est-à-dire que l'énumération soit complète, je pourrai conclure l'un des extrêmes (*mortels*), du moyen (*homme*), par l'intermédiaire de l'autre extrême (*Pierre, Paul, Jacques, etc.*), de cette manière :

Pierre, Paul, Jacques, etc., sont mortels;
Or, Pierre, Paul, Jacques sont *tous* les hommes; — ou réciproquement : tous les hommes sont : Pierre, Paul, Jacques, etc.;
Donc tous les hommes sont mortels.

---

[1]. *Log. de P.-Royal*, part. III, ch. XIX, § 9 : « L'induction seule n'est jamais un moyen certain d'obtenir une science parfaite. »

Et, en effet, si je démontre un attribut de toutes les parties d'un tout, je le démontre du tout. Si j'ai démontré par exemple que la psychologie, la logique, la morale et la théodicée sont utiles, j'aurai démontré que la philosophie est utile, en supposant que la philosophie ne se compose que de ces quatre parties. Si je prouve que tous les élèves d'une classe sont laborieux, j'aurai prouvé que la classe tout entière est laborieuse. En un mot, si l'on suppose l'énumération des parties complète, en passant des parties au tout on va du même au même, ce qui est aussi rigoureux que de conclure du général au particulier. Ainsi l'induction sera aussi rigoureuse que le syllogisme, si dans la mineure les cas particuliers sont censés représenter le tout.

Sans doute, ce raisonnement est rigoureux. Mais est-ce là l'induction proprement dite, celle qui fait des découvertes dans les sciences de la nature, et dont l'essence paraît être précisément un moyen de *découverte*, et d'aller non pas du *même* au *même*, mais du *moins* au *plus*?

<small>Qu'y a-t-il de commun, a-t-on dit avec beaucoup de raison, entre ce syllogisme réel ou apparent qui conclut sûrement de cinq ou six cas particuliers au tout qu'ils constituent, et cet autre procédé qui, après un certain nombre d'expériences, nous emporte tout d'un coup au delà des faits connus et jusqu'aux dernières limites de l'espace et de la durée? Que devient alors le dénombrement parfait de nos logiciens?.. Ce qui nous détermine à induire, ce n'est pas même le nombre des expériences, mais plutôt leur qualité : deux ou trois faits rares, éclatants, significatifs, nous éclairent plus qu'une multitude de faits ordinaires et sans valeur. (Waddington, *Essais de logique*, p. 255.)</small>

Dans le syllogisme inductif, tel que l'explique Aristote, la mineure implique la supposition que les parties sont égales au tout; or c'est cela même qui est l'induction. Mais de quel droit supposons-nous que a, b, c, etc. égalent n, c'est-à-dire la totalité des cas? Sans doute, une fois cette supposition admise, il est facile de traduire l'induction en syllogisme : ce ne sera plus qu'une question de forme; mais la vraie question subsiste et est toujours celle-ci : de quel droit supposons-nous que quelques cas représentent tous les cas? comment passons-nous de *quelques* à *tous*?

Dire maintenant, comme P.-Royal ou comme Hamilton, que l'induction véritable, l'induction des physiciens, par cela seul qu'elle va du particulier au général, n'appartient pas à la logique, qu'elle est un procédé empirique et par conséquent douteux, serait encore une manière de trancher le nœud sans le dénouer. Car comment expliquer qu'un procédé purement empirique et sans aucune valeur logique puisse fonder non seulement toutes les sciences de la nature, mais encore toute la certitude de la vie pratique? Sans doute, c'est le mélange de la déduction et de l'induction qui contribue en grande partie à la solidité du résultat. Mais si l'induction qui fournit la matière sur laquelle travaille la déduction était une opération arbitraire et défectueuse, tout ce que l'on bâtirait dessus serait incertain. On a bien dit que l'induction, même la plus assurée, ne donne jamais que la plus haute probabilité, laquelle n'est jamais absolument égale à la certitude. Cela déjà est contestable : mais lors même qu'on accorderait que la certitude de l'induction n'est pas la certitude spéculative absolue (telle qu'est par exemple la certitude mathématique), on peut affirmer qu'elle équivaut pratiquement à une certitude véritablement absolue. Y a-t-il rien au monde de plus sûr pour moi que l'assurance que je mourrai un jour? Qui oserait dire que ce n'est là qu'une probabilité? Et d'ailleurs, lors même que, par un scrupule de logique, j'appellerais cette sorte de certitude une probabilité infiniment grande, il reste toujours à se demander comment je puis m'élever à une telle probabilité, le nombre des expériences qui ont été faites jusqu'ici n'étant après tout qu'un nombre fini, tandis que je n'affirme ma mort future que parce que je l'affirme de *tous* les hommes, c'est-à-dire d'un nombre indéfini d'êtres sur lesquels l'expérience n'a pu encore être faite. La question est donc toujours la même.

388. Solution écossaise. Le principe de la constance et de la généralité des lois de la nature. — La solution donnée généralement à cette question est celle qui a été proposée par l'école Écossaise, et en particulier par M. Royer-Collard; elle consiste à dire que l'induction repose sur une majeure sous-entendue, qu'on appelle *principe inductif*, et qui est le *principe de la stabilité et de l'universalité des lois de la nature*[1]. Voici comment Royer-Collard expose cette théorie :

<small>Le principe de l'induction repose sur deux jugements : L'univers est gouverné par des lois stables, voilà le premier. L'univers est gouverné par des lois générales, voilà le second... La stabilité des lois de la nature fait qu'une seule succession bien constatée devient une *proposition éminente*, comme dit Bacon, un lieu élevé, une tour du haut de laquelle l'esprit embrasse une multitude d'événements dans une durée illimitée. — Si les lois de la nature n'étaient pas générales, la connaissance humaine serait bornée aux individus qui auraient été soumis à l'expérience. Mais les mêmes lois régissant les individus semblables, et la similitude extérieure étant le signe constant de la similitude intérieure, la variété diminue, et l'esprit finit par la resserrer comme dans une poignée, *manipuli instar*, dit encore Bacon.</small>

<small>1. Ce n'est en réalité ni Reid, ni Royer-Collard qui ont proposé et formulé les premiers ce principe : c'est Gravesande (*Introduction à la philosophie*, ch. XVI, 1736) : « L'analogie, dit-il, a pour fondement ce principe extrêmement simple : que *l'univers est gouverné par des lois générales et constantes.* »</small>

Cette théorie si vantée doit-elle être admise sans restriction? Nous ne le pensons pas; et des objections valables, selon nous, ont été élevées contre elle.

Il est impossible, dit M. Waddington, de donner même l'apparence de la rigueur aux raisonnements que l'on prétend construire avec le principe d'induction, et si l'on avait essayé de les mettre en forme, on aurait reconnu aussitôt combien ils sont défectueux. Que contient en effet cette prétendue majeure : Les lois de la nature sont générales et stables? Cela veut dire que la nature est soumise à des lois, et pas autre chose. Or, avec une telle proposition, le plus habile logicien ne saurait démontrer la vérité d'une seule loi. Prenons pour exemple cette proposition : tous les corps tombent. Nous donnera-t-on pour un raisonnement valable le sophisme que voici : La nature est soumise à des lois ; or quelques corps sont tombés ; donc, c'est la loi de tous les corps de tomber. (*Essais de logique*, p. 245.)

Dira-t-on pour répondre à cette objection que le syllogisme inductif n'est pas le syllogisme ridicule et vide dont on donne ici un exemple, mais qu'il doit se formuler ainsi : « Nous avons constaté *telle loi* par l'expérience ; or, *toute* loi est universelle : donc cette *loi* est universelle, par conséquent elle vaut pour tous les lieux et pour tous les temps. » C'est bien ainsi que l'entendait Royer-Collard : « Les lois, dit-il, connues dans un seul cas, le sont dans tous les cas parfaitement semblables. » Mais ne voit-on pas que dire que *tel fait* est *une loi*, c'est déjà induire? car la question est précisément de savoir si telle succession bien constatée est une loi : une fois cela accordé, dire que cette loi est universelle et stable n'est plus qu'une tautologie et ne sert à rien pour justifier l'induction.

On n'aura pas davantage avancé la question en décomposant le principe général de la stabilité des lois de la nature en deux autres principes : le principe des causes efficientes, et le principe des causes finales[1]. Ces deux principes peuvent servir à expliquer comment et pourquoi nous croyons à l'existence et à la permanence des lois dans la nature, mais ils ne servent à rien pour résoudre le problème logique posé, à savoir, comment, de quelques cas particuliers, nous concluons à l'existence d'une certaine loi : la difficulté reste la même qu'auparavant. Comment puis-je savoir que tel fait est une loi? — C'est l'expérience qui en décide, dira-t-on. — Mais l'expérience ne fait que multiplier les cas particuliers; et je demande toujours à quel signe vous reconnaîtrez qu'un fait cesse d'être accidentel et devient une loi générale. — C'est par la répétition, dit-on. — Mais quelle est donc la vertu de la répétition? Et qu'est-ce que le nombre des cas répétés en comparaison de l'infini que j'affirme lorsque l'induction est

[1]. Voy. Lachelier (*Fondement de l'induction*).

faite? Ainsi la difficulté demeure toujours. Comment résolverons-nous cette difficulté?

389. On demande comment, d'un certain nombre d'expériences, nous pouvons conclure à une loi générale, universelle et sans exception : par exemple, comment, ayant vu l'eau bouillir sous un epression barométrique constante de 76 cent., et le thermomètre plongé dans cette eau, s'élever à un certain niveau (que nous appelons 100 degrés), nous pouvons conclure que toutes les fois que l'eau bouillira, la colonne thermométrique montera au même niveau [1]. C'est là, en effet, un problème, car, quoique ce phénomène se soit reproduit souvent jusqu'ici, et même toujours, ce n'est, après tout, qu'un petit nombre d'expériences relativement à l'infini. Or, c'est l'infini que nous affirmons en disant que, partout et toujours, ce fait se reproduira.

Si l'on y réfléchit, on verra que la vraie difficulté n'est pas de conclure du passé à l'avenir, c'est d'interpréter les faits passés. Il ne s'agit pas de savoir si telle loi, une fois constatée, sera stable et immuable (cela est accordé); mais si tel phénomène est l'expression d'une loi. Il ne s'agit pas de savoir si les mêmes causes produiront les mêmes effets (ce qui est accordé), mais si tel phénomène est cause, et tel autre est effet. Par exemple, j'accorderai que l'ébullition de l'eau fera toujours monter la colonne thermométrique jusqu'à un niveau que j'ai appelée 100 degrés, si j'accorde que, dans les expériences que j'ai faites, c'est l'ébullition qui a déterminé le thermomètre à monter à tel niveau. Or, c'est là toute la question : car si, dans les expériences faites, j'affirme qu'il y a là une loi, l'induction est faite par là même : l'induction à l'avenir et à tous les temps n'est plus qu'une conclusion.

En effet, nous pouvons poser comme principe cette maxime : « Les mêmes causes (dans les mêmes circonstances) produisent les mêmes effets. » Ce n'est là qu'une variante du principe de causalité. Or, l'ébullition de l'eau est cause; l'ascension du thermomètre à 100 degrés est effet [2]; donc la même cause (l'ébullition)

---

[1]. Nous avions déjà employé cet exemple dans notre livre des *Causes finales*. On nous a objecté que c'était une tautologie; car, dit-on, 100 degrés étant, par définition, la température de l'eau bouillante, dire que l'eau bouillira toujours à 100 degrés, c'est dire qu'elle bouillira quand elle bouillira. Mais c'est là une confusion d'idées. Sans doute, dans l'usage, le terme de 100 degrés est devenu synonyme de température de l'eau bouillante : mais primitivement 100 degrés ne représentent qu'une division du thermomètre; dire que l'eau bouillira toujours à 100 degrés signifie donc qu'elle fera toujours monter le thermomètre au même niveau quand elle bouillira. L'*ébullition* est un fait; l'*ascension* de la colonne thermométrique en est un autre : il n'est nullement dit que ces deux faits s'accompagneront toujours; c'est une liaison constatée par l'expérience, mais qui pourrait manquer si l'induction n'était pas légitime. Il n'y a pas là ombre de tautologie.

[2]. Pour parler avec précision, il serait mieux de dire que l'ébullition de l'eau et l'ascension de la colonne thermométrique sont les deux effets d'une même cause : mais nous convenons, pour abréger, d'appeler du nom de cause le premier phénomène par rapport au second.

produira toujours le même effet (l'ascension). Ce n'est plus là qu'un syllogisme, mais toute l'induction est déjà dans la mineure : à savoir, que, dans les cas observés jusqu'ici, l'ébullition était cause et l'ascension effet; en d'autres termes, que ces deux phénomènes étaient liés par une loi. C'est cela même qu'il faut démontrer pour établir l'induction sur un fondement logique.

Pour le démontrer, je raisonne ainsi : supposons que le rapport en question ne soit pas une loi. Qu'est-ce à dire? C'est que l'ébullition n'est pas cause, et l'ascension n'est pas effet. S'il en est ainsi, le rapport entre les deux phénomènes ne serait qu'*accidentel*; il serait *apparent*, mais non *réel*; il serait *fortuit*, mais non nécessaire, en d'autres termes, il serait l'effet du *hasard*. Si le rapport de l'ébullition de l'eau à l'ascension du thermomètre n'était pas une loi de la nature, il faudrait supposer que, tandis que certaines causes font bouillir l'eau, d'autres causes, sans aucun rapport ni accord avec les précédentes, font monter le tube thermométrique toujours au même niveau; car si l'on accordait qu'il y a quelque rapport constant entre ces deux ordres de causes, on accorderait par là même qu'il y a une loi. Si je doute qu'il y ait une loi, c'est donc que je ne me refuse pas à croire que le hasard pourrait produire une coïncidence constante aussi extraordinaire; or c'est justement ce qui nous paraît impossible : et c'est là le vrai principe inductif, à savoir « *que toute coïncidence constante a une cause précise et déterminée*, ce que nous exprimons en disant que *c'est une loi*.

Quelle différence, en effet, y a-t-il entre ces deux propositions si différentes : « l'eau bouillante fait monter la colonne thermométrique jusqu'à un niveau fixe appelé 100 degrés » et cette autre : « une éclipse est le présage d'une calamité politique »? La différence, c'est que, dans le premier cas, la coïncidence est constante et sans exception, et que, dans le second, la coïncidence ne se rencontre pas toujours. Or, le hasard peut bien amener quelquefois, souvent, si l'on veut, une coïncidence entre une éclipse et un fait aussi fréquent que le sont des malheurs publics : mais la raison se refuse à croire que le hasard puisse amener une coïncidence constante et sans exception. Cette coïncidence doit avoir sa raison d'être, c'est que l'un de ces phénomènes est la cause de l'autre ou qu'ils ont une cause commune : en un mot, c'est une loi [1].

---

[1]. Nous avions exposé déjà cette théorie de l'induction dans notre livre des *Causes finales*, (appendice, I, p. 607) Depuis, nous avons eu la satisfaction de la retrouver en termes presque identiques dans un philosophe allemand distingué du XVIII siècle, Mendelsohn. « Hume a demandé, dit ce philosophe, d'après quel motif nous sommes autorisés à conclure de l'expérience passée à

On voit en même temps par là pourquoi le nœud du problème inductif est dans la méthode expérimentale ou dans l'expérimentation. Elle n'est pas seulement un *procédé*, elle est l'essence de l'induction ; elle en est la *preuve*. En effet, par la suppression des causes présumées (*per rejectiones debitas*), nous mettons en relief le fait capital de la coïncidence ; par la méthode des *variations concomitantes* (voy. plus loin, la *Méthode expérimentale*, sect. II, ch. II), nous le rendons encore plus sensible ; enfin, par le calcul appliqué à l'expérience et à l'hypothèse présumée, en tirant d'avance les conséquences les plus éloignées possibles des faits, conséquences que de nouvelles expériences nous permettent de vérifier, nous suscitons des coïncidences nouvelles, confirmatrices de la première, et qui seraient inintelligibles s'il n'y avait pas là une véritable loi. C'est ainsi que la *répétition*, qui serait insignifiante s'il ne s'agissait que du nombre des faits (puisqu'on est toujours éloigné de l'infini), c'est ainsi, dis-je, que la répétition acquiert une valeur logique. En effet, l'invraisemblance des coïncidences est d'autant plus grande qu'elles sont plus répétées. On voit aussi par là pourquoi il peut arriver qu'une seule coïncidence suffise à la preuve. C'est qu'il est telle coïncidence qui ne pourrait se reproduire, même une seule fois, si elle n'avait sa raison dans une loi de la nature. Les grands savants se méprennent rarement sur la valeur d'un fait s gnificatif. L'abbé Haüy laisse tomber un morceau de quartz, et, rien qu'en observant la cassure, devine sur-le-champ qu'il vient de découvrir une loi de la nature : car quelle apparence qu'un cristal se casse, par hasard, suivant les lois de la géométrie ? Ainsi de mille exemples. Le nœud de l'induction est donc, non pas dans la répétition même, mais dans le fait de la coïncidence. Seulement la répétition ajoute évidemment beaucoup à la valeur des coïncidences.

Une fois la première affirmation établie, le reste va de soi, et l'application à l'avenir n'offre plus de difficultés. Car si tel phéno-

---

l'expérience future. » Tel est le problème ; voici la réponse de Mendelsohn : « Si nous avons expérimenté une seule fois que deux faits A et B se suivent immédiatement, il se présente pour nous trois suppositions ; ou que A ait son fondement en B, ou que A et B aient leur fondement commun dans une troisième cause C, ou que chacun d'eux dépende d'une cause isolée et indépendante. Dans les deux premiers cas, ils devront reparaître toujours à la suite l'un de l'autre ; *dans le troisième cas, leur rencontre sera l'effet du hasard*. Leur rencontre devient invraisemblable. Donc s'ils se reproduisent de nouveau ensemble, il devient vraisemblable que leur réunion a son principe dans l'une des deux premières hypothèses... plus la répétition sera fréquente, plus la vraisemblance augmentera. Elle ira croissant jusqu'à l'infini. » (Citation de M. de Gérando, dans son *Histoire comparée des systèmes de philosophie*, part. I, ch. XV). De Gérando ajoute que lui-même avait invoqué le même principe dans son *Traité des signes* ; appuyé sur cette double autorité, nous croyons pouvoir dire que cette théorie nous paraît la solution définitive de la question.

mène est le produit de telle cause, il s'ensuit manifestement que, telle cause étant donnée, tel phénomène suivra, comme le dit Spinosa : *Ex datâ causâ determinatâ sequitur effectus* [1]. C'est là simplement une réciproque du principe de causalité, et qui est aussi vraie que lui.

L'induction se compose donc de deux moments et se ramène à deux propositions. La première est celle-ci : toute coïncidence constante de phénomènes a sa raison d'être, soit dans la causalité d'un de ces phénomènes par rapport à l'autre, soit dans une causalité commune. La seconde est celle-ci : une cause donnée (dans les mêmes circonstances) produira toujours les mêmes effets. Ce sont là deux corollaires du principe de causalité. Il n'est donc pas nécessaire d'invoquer un principe spécial, appelé *principe inductif*, ou plutôt ce principe n'est, sous une autre forme, que le principe précédent : les mêmes causes produisent toujours les mêmes effets.

En un mot, le prétendu paradoxe du raisonnement inductif qui consiste à conclure de *quelques* à *tous*, du *particulier* au *général*, s'explique par cette circonstance que les faits particuliers dont on parle présentent un caractère spécial, à savoir, une *rencontre constante* de phénomènes, rencontre qui ne peut être particulière et fortuite, et qui doit avoir sa cause.

---

[1]. Spinosa, *Ethique*, part. I, axiome 3

SECTION II

LOGIQUE APPLIQUÉE. MÉTHODOLOGIE

La seconde partie de la logique traite des moyens d'arriver à la vérité, c'est-à-dire des *méthodes*. Nous avons donc à étudier d'abord la méthode en général, puis la méthode dans les différentes sciences.

CHAPITRE PREMIER

De la méthode en général. — Analyse et synthèse. — Méthode des sciences exactes.

Quelque objet que les hommes poursuivent, soit un but à atteindre, soit une vérité à découvrir, ils ne peuvent réussir à obtenir ce qu'ils désirent s'ils agissent à l'aventure et au hasard. En effet, les objets de la connaissance sont des plus complexes; entrelacés les uns dans les autres, ils forment un ensemble confus, et pour ainsi dire un chaos. Les premiers guides auxquels les hommes obéissent sont les sens et l'imagination; ils croient à tout ce qu'ils voient, à tout ce qu'ils rêvent. De là ces conjectures plus brillantes que vraies qui composent les systèmes des premiers sages, de là ces préjugés qui enveloppent toutes les sciences à leurs débuts. Mais les hommes avertis par l'expérience ne tardent pas à s'apercevoir que les sens et l'imagination sont des guides peu sûrs : ils remarquent les cas où ils se sont trompés, ceux où ils ont atteint le vrai; ils composent ainsi un certain nombre de règles pour mieux faire à l'avenir : ils simplifient de plus en plus ces règles, ils en forment un corps de doctrine, et c'est ce qu'ils appellent des *méthodes*.

La méthode est donc l'ensemble des règles à suivre, ou des

moyens à employer pour découvrir la vérité quand on l'ignore, ou la démontrer quand on la possède.

300. Utilité de la méthode. — Sans doute, c'est à la force de l'esprit, c'est à l'aptitude naturelle que les sciences doivent la plus grande part de leurs découvertes. La plus belle méthode ne remplacerait pas le génie. Descartes se fait illusion lorsqu'il croit qu'il n'a dû qu'à la méthode les grandes inventions qu'il a trouvées dans les sciences : car il fallait précisément trouver la méthode ; et d'ailleurs, mettez cette méthode entre les mains d'un homme ordinaire, il n'inventera jamais pour cela la géométrie analytique. Mais ce qui est très vrai, c'est que le génie tout nu ne suffit pas pour découvrir la vérité, lorsqu'il s'y prend mal. Descartes lui-même en est une preuve, car autant il a vu juste en géométrie, autant il s'est trompé en physique : ce n'était pas faute de génie, mais faute de méthode, ayant cru à tort que la même méthode convient à la fois et dans les mathématiques et dans la physique. Son hypothèse des tourbillons est une hypothèse de génie; mais il a eu le tort de croire qu'il fallait aller des causes aux effets, tandis que Newton fit voir plus tard qu'il fallait aller des effets aux causes. Ainsi la méthode ne suffit pas sans le génie, et le génie ne suffit pas sans la méthode [1].

On a comparé la méthode à un instrument (*organum*) qui sert à l'esprit, comme les outils à la main.

<small>Si les hommes, dit Bacon, n'eussent voulu exécuter tous les travaux mécaniques qu'à l'aide de la main, ils n'eussent pu mouvoir qu'une très petite masse. Supposons qu'on ait dessein de transporter un obélisque d'une grandeur extraordinaire... Il est impossible sans le secours des instruments et des machines d'augmenter la force de chaque individu...</small>

Il en est de même dans le domaine de l'esprit. Il y a cependant cette différence entre les instruments matériels que l'homme emploie pour suppléer à la faiblesse de ses mains et l'instrument de l'esprit, que les uns sont tout extérieurs à l'homme tandis que l'autre est inhérent à l'esprit lui-même. L'esprit n'invente pas la méthode ; il la découvre par l'observation, en étudiant le développement naturel de ses facultés.

On ne peut douter que la méthode ne soit utile, mais est-il

---

[1]. Contre les méthodes, voy. les vues ingénieuses et perçantes de Jos. de Maistre dans son *Examen de Bacon* (t. I, ch. II) : « Le génie est une grâce, » dit-il. Oui, sans doute; mais l'invention des méthodes est aussi une œuvre de génie; et elles servent ensuite à ceux qui ne les ont pas inventées, et qui ne les inventeraient pas.

utile de donner une théorie de la méthode? Ne faut-il pas laisser à chacun le soin de se faire sa méthode à soi-même? C'est ce qu'ont fait les grands génies ; ils doivent leurs découvertes à leurs méthodes : mais leur méthode même fait partie de leurs découvertes. Nous répondrons qu'il faut laisser sans doute à la spontanéité de chacun sa libre direction, mais il faut aussi songer que tous les esprits ne sont pas capables de trouver eux-mêmes une méthode qui les conduise à la vérité. Il est bon que les règles leur en soient apprises par ceux qui les ont découvertes et qui en ont donné les exemples. C'est la querelle de la théorie et de la pratique. Les réflexions sur l'art d'écrire apprennent à écrire. Pourquoi les réflexions sur l'art de penser n'apprendraient-elles pas à penser? Tous les plus grands philosophes ont été préoccupés de l'importance des méthodes, et l'ont prouvé en donnant des règles à ce sujet. Pour ne parler que du XVIIe siècle, Bacon donne son *Novum organum*, Descartes son *Discours de la méthode*, Pascal son *Art de persuader*, Malebranche sa *Recherche de la vérité*, Newton ses *Regulæ philosophandi*. La *Logique de Port-Royal* peut être elle-même considérée comme un ouvrage sur la méthode. Comment admettre que tant de grands hommes aient attaché tant de prix à des conceptions inutiles ?

391. Analyse et synthèse. — Toute méthode peut se ramener à deux procédés essentiels : l'*analyse* et la *synthèse*. Ces deux termes ont été employés par les logiciens dans deux sens bien différents : ce qui jette beaucoup d'obscurité sur la théorie de la méthode. Expliquons ces deux sens, en en montrant d'abord la différence ; nous verrons ensuite s'ils peuvent se réduire à un seul.

392. Analyse, méthode de décomposition. — 1° Dans le premier sens, celui qui, depuis Condillac, est le plus généralement répandu, l'analyse est une méthode de *décomposition*, et la synthèse une méthode de *recomposition*. Un tout m'étant donné : si j'en cherche les différents éléments, je l'analyse ; si avec ces éléments je reconstruis le tout, je fais une synthèse. Par exemple :

> Que je veuille connaître une machine, dit Condillac, je la décomposerai pour en étudier séparément chaque partie. Quand j'aurai de chacune une idée exacte, et que je pourrai les remettre ensuite dans le même ordre où elles étaient, alors je concevrai parfaitement cette machine, parce que je l'aurai décomposée et recomposée.

C'est ainsi qu'en chimie, on fait l'analyse de l'eau en la ramenant à ses éléments, oxygène et hydrogène, et la synthèse, en rapprochant ces éléments de manière à en refaire de l'eau. C'est ainsi que je fais l'analyse d'un livre, en le décomposant en ses différentes parties ; l'analyse d'un sujet proposé, en dégageant les idées distinctes dont il se compose. Descartes donne la règle de cette opération lorsqu'il dit : « *Diviser* chaque difficulté en autant de parcelles qu'il se pourra faire pour la mieux résoudre. »

393. Analyse, méthode de régression. — 2° Dans le second sens, qui est celui de la *Logique de Port-Royal* et des anciennes logiques, l'analyse est une méthode de *régression*, qui consiste, étant donnée une question, à remonter de cette question à ses conditions et de celles-ci aux conditions antérieures, jusqu'à ce qu'on ait trouvé le principe dont la solution dépend. La synthèse, au contraire, est une méthode qui, de ce même principe, redescend à la proposition cherchée comme à une conséquence.

Ces deux méthodes, dit la *Logique de P.-Royal*, diffèrent comme le chemin qu'on fait en montant d'une vallée en une montagne de celui que l'on fait en descendant de la montagne dans la vallée, ou comme diffèrent les deux manières dont on peut se servir pour prouver qu'une personne est descendue de saint Louis, dont l'une est de démontrer que cette personne a tel pour père, qui était le fils d'un tel, et celui-là d'un autre ; et l'autre de commencer par saint Louis et de montrer qu'il a eu tels enfants, et ces enfants d'autres, en descendant jusqu'à la personne dont il s'agit.

Cet exemple prouve clairement que l'analyse n'est pas toujours une méthode de décomposition : car supposons que je demande si tel prince de Parme (l'élève de Condillac, par exemple) descendait de saint Louis, qu'aurai-je à décomposer pour répondre à la question ? Ici, il ne peut être question de décomposition mais de régression. Dans le cas particulier dont il s'agit, j'emploierai l'analyse s'il s'agit de *trouver* une généalogie inconnue, et la synthèse s'il s'agit de l'*expliquer* après l'avoir trouvée [1]. Aussi disait-on que l'analyse était une méthode d'*invention* ou de *résolution*, et la synthèse une méthode de *doctrine* ou d'*enseignement*.

394. Analyse des géomètres. — Pour bien comprendre ce second sens du mot analyse, il faut remonter à son origine et expliquer ce que l'on appelle l'*analyse des géomètres*.

En effet, ce sont les géomètres grecs qui ont introduit ces

---

[1]. Les *chercheurs de succession* (profession, dit-on, assez lucrative), emploient cette méthode pour retrouver la généalogie d'une personne morte *intestat*.

expressions d'analyse et de synthèse; c'est d'eux qu'elles ont passé dans la logique, pour se transformer peu à peu, comme nous l'avons vu.

Voici, d'après le géomètre grec Pappus, la définition de ces deux termes :

> L'analyse est le chemin qui, partant de la chose demandée, que l'on accorde pour le moment, mène par une suite de conséquences à quelque chose de connu antérieurement ou mis au nombre des principes reconnus pour vrais : cette méthode nous fait donc remonter d'une vérité ou d'une proposition à ses antécédents, et nous la nommons *analyse* ou *résolution*, c'est-à-dire solution en sens inverse. Dans la synthèse, au contraire, nous partons de la proposition qui se trouve la dernière de l'analyse : ordonnant ensuite d'après leur nature les antécédents qui plus haut se présentaient comme des conséquents et les combinant entre eux, nous arrivons au but cherché, dont nous étions partis dans le premier cas. (Pappus, *Collections mathémat.*, VII, préface.)

Cette méthode peut s'appliquer, soit à la *démonstration des théorèmes*, soit à la *solution des problèmes*.

1° Examinons d'abord le premier cas. Si je veux démontrer un théorème en partant du principe d'où il pourrait se déduire, je n'ai aucune donnée qui me permette de découvrir ce principe ; ce ne serait que le hasard qui, entre beaucoup de principes essayés successivement, me ferait trouver celui dont j'ai besoin : ce serait un tâtonnement plein d'incertitudes. C'est là la méthode synthétique ou *à priori*. Mais, au lieu de cela, je puis partir de la proposition même que je cherche à démontrer, et la supposer vraie.

J'ai alors, comme dit Dugald Stewart, un point de départ fixe, un *datum*. Si cette supposition conduit à des résultats faux, elle est donc fausse elle-même : c'est le cas de la réduction à l'absurde, *ad absurdum*, qui n'est qu'un cas particulier de l'analyse. Si au contraire elle conduit à des conséquences vraies, faudra-t-il en conclure immédiatement qu'elle soit vraie ? Non, sans doute, car nous avons vu que du faux l'on peut conclure le vrai (360) ; de ce qu'une supposition conduirait à des conséquences vraies, il ne s'ensuivrait donc pas qu'elle fût vraie. Mais Leibniz a montré à quelle condition cela peut avoir lieu :

> C'est, dit-il, que les propositions soient *réciproques*, afin que la démonstration synthétique puisse repasser *à rebours* par les traces de l'analyse[1].

Ainsi pour ce qui est des théorèmes la méthode est celle-ci :

---

1. M. Duhamel a développé le même principe dans son traité sur la *Méthode dans les sciences de raisonnement* (§ 26). — Mais, suivant lui, ce n'est pas le seul cas de la méthode analytique, c'en est seulement le plus facile(§ 27).L'analyse ne consiste pas seulement à supposer la proposition vraie et à en tirer la conséquence (auquel cas, comme le veut Leibniz, il faut que les propositions soient réciproques), elle consiste encore à remonter de la proposition à une proposition antérieure dont elle serait la conséquence, et de celle-ci à une autre, jusqu'à ce qu'on arrive à une proposition vraie. C'est donc une méthode de *réduction*. (Duhamel, § 25.)

supposer le théorème vrai et en tirer les conséquences ; si ces conséquences sont fausses, le théorème est faux (*ab absurdo*) ; si elles sont vraies, il est vrai, mais à une condition, c'est que ce soient des propositions réciproques.

2° L'analyse géométrique est employée plus souvent pour la solution des problèmes que pour la découverte des théorèmes. Elle consiste aussi à supposer le problème résolu.

« Après quoi on déduit de cette supposition une série de conséquences aboutissant à une conclusion finale, laquelle ou bien se résout en un autre problème dont on sait la solution, ou bien suppose une opération reconnue impraticable. Dans le premier cas, ce qui reste à faire est de recourir à la construction du problème auquel l'analyse vient aboutir, puis, revenant sur ses pas, de démontrer synthétiquement que cette construction remplit toutes les conditions. » (D. Stewart, *Éléments*, part. II, ch. IV, sect. III). Soit par exemple à inscrire un hexagone dans un cercle donné. Je suppose le problème résolu, c'est-à-dire que je tire une corde, qui sera par hypothèse le côté de l'hexagone cherché, et je mène deux rayons aux deux extrémités ; or, si j'examine le triangle ainsi construit, je démontre qu'il doit être équilatéral, que par conséquent le côté de l'hexagone est égal au rayon ; d'où il suit que je n'ai qu'à porter le rayon six fois sur la circonférence pour inscrire un hexagone dans un cercle[1].

395. Les deux analyses réduites à une seule. — De l'analyse géométrique revenons à l'analyse ordinaire ; nous verrons que la méthode *régressive* ou *résolutive*, que la *Logique* de *P.-Royal* appelle analyse, est tout à fait semblable à l'analyse des géomètres. Elle consiste toujours à ramener un problème à un autre, une proposition à une autre ; c'est une méthode de *réduction*. Duhamel montre très bien comment dans tous les cas, même dans l'usage pratique, on raisonne comme le géomètre. (*Méthode dans les sciences de raisonnement*, p. 81.)

Quant au premier sens du mot analyse (décomposition), nous verrons que ce sens ne diffère pas non plus essentiellement de celui que nous venons d'expliquer. Car la décomposition n'est pas une pure et simple division. Analyser, ce n'est pas couper en morceaux : analyser une machine, ce n'est pas la mettre en quatre. Mettez un ignorant en face de l'eau, et

---

[1]. Pour bien comprendre le rôle de l'analyse en géométrie, soit pour les théorèmes, soit pour les problèmes, voy. surtout Duhamel (*Méthodes dans les sciences de raisonnement*, part. I, ch. V et VI).

dites-lui que pour la bien connaître il faut commencer par l'analyser, il ne sera pas plus avancé qu'auparavant ; car, comment s'y prendre pour analyser une substance aussi simple en apparence que l'eau ? Comment s'y prendre pour analyser la lumière ? De même, si je mets un élève inexpérimenté en face d'un sujet de rhétorique, il ne saura comment s'y prendre pour en décomposer les parties. Ainsi l'analyse entendue dans le sens de Condillac n'est pas à proprement parler une méthode, c'est un problème à résoudre, qui, comme tous les problèmes, suppose la méthode analytique ou régressive. Que l'on examine par exemple comment Lavoisier est arrivé à décomposer l'eau, on verra qu'il a raisonné exactement comme le géomètre qui, supposant le problème résolu, le traduit dans un autre, et celui-ci dans un autre encore jusqu'à la solution cherchée. Ainsi l'analyse, comme méthode de décomposition, n'est encore qu'un cas particulier de la méthode de régression [1].

Il en est de même des définitions de l'analyse et de la synthèse données par Newton :

« Par l'analyse, on peut aller des composés aux composants, des mouvements aux forces qui les produisent, et *en général des effets aux causes,* et des causes particulières aux causes plus générales, jusqu'à ce qu'on arrive aux plus générales de toutes. C'est là la méthode d'analyse. *La synthèse consiste à prendre les causes découvertes et constatées pour principes*, et à expliquer par elles les phénomènes qui en naissent et qui prouvent la vérité de l'explication. »

On voit évidemment par ce passage que Newton entend l'analyse et la synthèse dans un sens tout à fait analogue à celui des géomètres, puisque dans un cas on *remonte* des effets aux causes, comme des conséquences aux principes ; et dans l'autre cas, on redescend des causes aux effets, comme des principes aux conséquences.

Dans tous les cas, que l'analyse soit entendue comme méthode de *décomposition*, ou comme méthode de *régression* et de *résolution*, elle est toujours l'antécédent nécessaire de la synthèse ; car d'une part, on ne peut recomposer que ce qui a été déjà décomposé ; et de l'autre, on ne peut déduire l'effet de la cause ou la conséquence du principe, qu'après avoir découvert la cause

---

[1]. D. Stewart se trompe donc lorsqu'il dit que le sens du mot *analyse*, en physique et en chimie, est radicalement différent de celui qu'il a pour les mathématiciens. Duhamel est tout à fait dans le vrai sur ce point.

ou le principe. Or, on ne peut les découvrir qu'en partant de ce qui est *donné*, d'une part l'effet produit, de l'autre le problème résolu ; et en remontant d'une part aux causes et de l'autre aux principes[1].

396. De la méthode des géomètres. — En exposant plus haut (sect. I, ch. VI) la théorie de la démonstration, nous avons posé par là même les principes de la méthode des géomètres, c'est-à-dire de la méthode mathématique : car c'est dans les mathématiques, et particulièrement en géométrie, que s'applique dans toute sa rigueur la méthode de démonstration. Pascal, dans son petit traité de l'*Esprit géométrique*, a résumé avec netteté les règles fondamentales de cette méthode. Elle se compose, comme nous l'avons dit plus haut, de trois choses : les *axiomes*, les *définitions* et les *déductions*. Voici les règles de Pascal sur ces trois objets.

Règles pour les définitions. — 1° « N'entreprendre de définir aucune des choses tellement connues d'elles-mêmes qu'on n'ait point de termes plus clairs pour les expliquer. »

C'est ce que nous voyons dans la géométrie : « Elle ne définit aucune de ces choses, espace, temps, mouvement, etc. »

2° Une seconde règle, qui est la réciproque de la précédente, et qui sera admise de tout le monde, est « qu'il ne faut omettre aucun des termes un peu obscurs et équivoques sans les définir » ; et,

3° Ce qui est le corollaire de la règle précédente, « n'employer dans la définition des termes que des mots parfaitement connus ou déjà expliqués ».

Règles pour les axiomes. — 1° « N'omettre aucun principe nécessaire sans avoir demandé si on l'accorde, quelque clair et évident qu'il puisse être. »

2° « Ne demander en axiomes que des choses parfaitement évidentes d'elles-mêmes. »

Règles pour les déductions. — 1° « N'entreprendre de démontrer aucune des choses qui sont tellement évidentes d'elles-mêmes qu'on n'ait rien de plus clair pour les prouver. »

2° « Prouver toutes les propositions un peu obscures, et n'employer à leurs preuves que des axiomes très évidents, ou des propositions déjà accordées ou démontrées. »

---

1. Sur l'*analyse* et la *synthèse*, nous devons encore signaler les belles et profondes considérations de M. Ravaisson dans son *Rapport sur la philosophie du* XIX° *siècle*, p. 230.

3° « Substituer toujours mentalement les définitions aux définis pour ne pas se laisser tromper par l'équivoque des termes. »

Après avoir exposé ces huit règles, Pascal les réduit d'abord à cinq, et enfin à deux, qui sont :

1° Définir tous les noms qu'on impose.

2° Prouver tout, en substituant mentalement la définition au défini.

Cette dernière règle est la plus neuve de toutes celles de Pascal, et elle est une des plus importantes pratiquement. Seulement, il ne faut pas la prendre à la lettre ; car ce serait détruire tout le fruit qui résulte du langage, qui est surtout un système d'abréviation ; et ce serait une gêne insupportable et inutile, toutes les fois qu'on parle d'un cercle en géométrie, d'en répéter la définition : en géométrie, moins que partout ailleurs, ces répétitions seraient utiles. Mais il est certain que dans les questions morales, par exemple, où on est sans cesse sollicité à changer le sens d'un mot, à cause de circonstances nouvelles ou de rapports nouveaux qu'on n'a pas prévus, il sera toujours bon d'avoir présente à l'esprit la règle de Pascal.

On objecte à ces règles qu'elles sont trop simples, trop claires, trop connues. Pascal répond à cette objection : « Rien n'est plus commun que les bonnes choses. »

Pascal prétend que les règles précédentes ont été empruntées par la logique à la géométrie, mais qu'elle les a empruntées sans en comprendre la force, et en les noyant au milieu d'une multitude d'autres inutiles. Mais c'est une question de savoir si ces règles viennent de la géométrie à la logique, ou de la logique à la géométrie : « La logique des géomètres, dit Leibniz, est une *extension* ou *promotion particulière* de la logique générale. »

397. **Démonstration ascendante et descendante.** — On distingue deux sortes de démonstrations en géométrie : la démonstration *ascendante* et la démonstration *descendante*. Cette distinction se ramène à la distinction de l'analyse et de la synthèse.

398. **Du rôle des axiomes et des définitions en mathématiques.** — Dugald Stewart a établi que les véritables *principes* du raisonnement mathématique sont les définitions et non les axiomes. Sans doute, les axiomes sont absolument nécessai-

res. Ils sont la *condition*, les *vincula* du raisonnement; mais par eux-mêmes ils sont vides et inféconds. Que conclure en effet de cet axiome : *le tout est plus grand que la partie*, si aucun tout ne vous est donné? Au contraire, ce sont les définitions qui fournissent les *data* du raisonnement. De quel principe se tirent les propriétés du cercle, sinon de la définition du cercle? (D. Stewart, *Eléments*. part. II, chap. I, sect. I).

399. Le raisonnement géométrique. — On a soutenu[1] que le raisonnement géométrique constituait une sorte de raisonnement essentiellement différent du raisonnement syllogistique. La raison qu'on en donne, c'est qu'il n'y a pas, en géométrie, de *genres* et d'*espèces* contenus les uns dans les autres, et qui permettent de conclure des uns aux autres, ce qui est l'essence du syllogisme; mais qu'en géométrie tout repose sur l'*égalité* et l'*inégalité*, ce qui se prouve par la *superposition* des figures. Mais la superposition n'est qu'un procédé préparatoire qui rend sensibles les propriétés de la figure : ce n'est pas l'essence du raisonnement. De plus, ce procédé ne s'applique qu'en géométrie et n'est pas de mise dans les autres branches des mathématiques : il n'est donc pas de l'essence du raisonnement mathématique. Or, il ne peut pas y avoir de différence essentielle entre le raisonnement en géométrie et le raisonnement dans les autres branches des mathématiques. De plus, il est facile de montrer que toutes les démonstrations géométriques peuvent se traduire en syllogismes. Lorsque je démontre que l'un des côtés du triangle est plus petit que les deux autres, il est évident que je fais ce syllogisme : la ligne droite est le plus court chemin d'un point à un autre; le côté A B est une ligne droite; donc c'est un plus court chemin; en d'autres termes, il est plus petit que la ligne brisée A C B.

Il n'est pas vrai d'ailleurs que les notions de genre et d'espèce ne jouent aucun rôle en géométrie : car il est certain que, après avoir démontré de tout triangle en général que ses trois angles sont égaux à deux droits, j'applique ensuite ce théorème à toutes les espèces de triangles, quels qu'ils soient : équilatéral, isocèle, scalène. Enfin, quoiqu'il soit vrai de dire que c'est toujours à peu près le même attribut qu'il s'agit d'établir, à savoir, *égal* ou

---

[1]. Lachelier, *de Syllogismo*.

plus grand, ou *plus petit*, toujours est-il que pour établir une liaison entre cet attribut et le sujet (cercle ou triangle), il me faut un moyen terme ; et, par conséquent, il y a syllogisme [1].

400. De l'évidence mathématique. — On s'est demandé à quelle circonstance on devait attribuer le caractère particulier d'exactitude et de rigueur que présentent les démonstrations mathématiques. Condillac a prétendu que ce caractère était dû à ce que tout raisonnement mathématique se ramène à l'identité des termes et repose sur ce principe que *le même est le même* :

Le géomètre, dit-il, avance de supposition en supposition, et retournant sa pensée sous mille formes, c'est en répétant sans cesse *le même est le même* qu'il opère tous ses prodiges.

Dug. Stewart combat et réfute l'opinion de Condillac (*Eléments*, t. II, ch. II, sect. III). Il montre que l'erreur consiste à confondre ici l'*égalité* avec l'*identité* :

Lorsqu'on avance, par exemple, que l'aire d'un cercle est égale à l'aire d'un triangle qui aurait pour base la circonférence et pour hauteur le rayon, n'y aurait-il pas un flagrant paralogisme à inférer de là que le triangle et le cercle sont une seule et même chose ?

Duhamel (*Méthodes de raisonnement*, ch. XIV, § 73) réfute également Condillac en disant qu'il est reconnu en logique que de deux propositions fausses on peut conclure une proposition vraie (360). Il serait absurde de soutenir qu'une proposition vraie est identique à une proposition fausse.

401. Doctrine de Dugald Stewart sur l'évidence mathématique. — Selon ce philosophe, l'exactitude du raisonnement mathématique tient surtout à ce que les mathématiques sont fondées sur des *définitions*, c'est-à-dire sur des *hypothèses* (*Ibid*).

Dans les autres sciences, dit-il, les propositions à établir doivent exprimer des faits, tandis que celles que les mathématiques démontrent énoncent seulement une *connexion* entre certaines *suppositions* et certaines *conséquences*... Elles ont pour but, non de constater des *vérités* concernant des existences réelles, mais de déterminer la filiation logique des conséquences qui découlent d'une *hypothèse* donnée. Si, partant de cette hypothèse, nous raisonnons avec exactitude, il est manifeste que rien ne pourrait manquer à l'évidence du résultat.

Il paraît étrange de dire que les mathématiques reposent sur des *suppositions*. Cependant, qu'est-ce qu'une définition géomé-

---

[1] Voy. dans la *Logique* de Drobisch (Appendice), les premières propositions d'Euclide exposées sous forme syllogistique.

trique, si ce n'est une conception de notre esprit? Dire que le triangle est un espace enfermé par trois lignes droites qui se coupent, n'est-ce pas comme si on disait : supposez que vous enfermiez un espace par trois lignes ; cette portion d'espace, je l'appelle triangle[1]. Dans ce cas, c'est vous qui faites l'opération et qui la faites librement. Vous ne mettez dans votre concept que ce que vous voulez y mettre, rien de moins, rien de plus. Le raisonnement appliqué à des données aussi rigoureusement déterminées doit donner les conséquences les plus rigoureuses.

Kant a soutenu une doctrine analogue :

On peut s'élever à une notion, dit-il, de deux manières, ou par *synthèse*, ou par *analyse*. Les mathématiques forment toujours leurs définitions de la première manière. Concevez, par exemple, quatre lignes prises à volonté et renfermant un certain espace, de façon que deux des côtés opposés ne soient pas parallèles, et appelez cette figure un trapèze. La notion qui se détermine ainsi n'est pas donnée avant la définition ; elle en est au contraire le produit[2].

Il résume cette théorie en disant que les mathématiques reposent sur la *construction des concepts*, et que c'est là le secret de leur remarquable exactitude.

402. **Défauts de la méthode des géomètres.** — La *Logique de P.-Royal* a signalé certains défauts non dans la méthode des géomètres, mais dans l'application qu'on en peut faire. Ces critiques s'appliquent surtout aux géomètres de ce temps-là ; mais elles peuvent être toujours utiles à méditer pour ceux qui s'occupent de géométrie :

1° Avoir plus de soin de la certitude que de l'évidence, et de convaincre l'esprit que de l'éclairer ;
2° Prouver des choses qui n'ont pas besoin de preuves ;
3° Abuser des démonstrations par l'impossible ;
4° Démontrer par des voies trop éloignées ;
5° N'avoir aucun soin de l'ordre vrai de la nature [3].

---

1. Il en est de même des *concepts arithmétiques* : tout nombre est une construction de mon esprit, que j'opère en ajoutant l'unité à elle-même.
2. *Mélanges de logique*, trad. Tissot, p. 83 (*Recherches sur les principes en théologie et en morale*). Kant ajoute à la théorie de Dug. Stewart cette considération importante, qu'il n'y a que le concept de *quantité* qui se prête ainsi à une construction *à priori*. D'où il suit qu'il n'est pas vrai de dire avec Dugald Stewart que l'on pourrait imiter la rigueur mathématique dans tout autre domaine en partant de définitions libres. Car hors le cas de la quantité, il y a toujours de l'indétermination dans le concept.
3. Pour le développement de ces propositions, voy. la *Logique de P.-Royal.* (part. IV, ch. IX et X.)

403. De l'élégance en géométrie. — Indépendamment de la rigueur et de la solidité, les démonstrations géométriques peuvent avoir une autre qualité, en quelque sorte *esthétique*, et que l'on appelle l'*élégance*. L'élégance consiste à démontrer d'une manière *facile* une vérité *difficile*. Plus la vérité, en effet, nous paraît difficile à découvrir, plus nous sommes charmés d'y arriver facilement : les conditions de l'élégance sont la *brièveté*, la *simplicité* et la *clarté*. Aller droit au but par les chemins les plus simples, et sans aucune obscurité pour l'esprit, tels sont les caractères d'une démonstration élégante.

CHAPITRE II

La méthode expérimentale. — Méthode des sciences physiques et naturelles.

L'objet des sciences *physiques* ou *naturelles* est d'*expliquer* les phénomènes de la nature, c'est-à-dire d'en découvrir les *causes* et les *lois*. En physique, la cause d'un phénomène n'est autre chose qu'un autre phénomène plus général auquel on ramène le premier : par exemple, Newton a découvert la cause du mouvement des astres lorsqu'il a montré que ce n'était qu'un cas particulier de la *gravitation*. Franklin a découvert la cause de la foudre lorsqu'il a montré que ce n'était qu'un cas particulier des phénomènes électriques. La *loi*, de son côté, n'est autre chose qu'un rapport constant et autant que possible mathématique entre les divers éléments d'un fait, ou bien entre ce fait et un autre fait avec lequel il se montre constamment lié dans l'expérience. Par exemple, les lois de la chute des corps nous indiquent les rapports constants qui existent entre l'espace, le temps et la vitesse, qui sont les éléments de la chute; les lois d'Ampère nous indiquent les rapports qui existent entre les courants et les aimants.

Pour découvrir les causes et les lois, il n'y a pas d'autre méthode possible que l'étude des phénomènes eux-mêmes.

C'est ce qu'on appelle la méthode d'*observation*, ou méthode *expérimentale*, ou enfin méthode *inductive*, selon que l'on considère les trois opérations dont elle se compose : l'*observation*, l'*expérimentation* et l'*induction*.

404. De l'observation. — L'observation est l'attention appliquée aux phénomènes extérieurs (ou intérieurs, quand il s'agit de nous-mêmes), pour en déterminer les *circonstances* et en découvrir les *éléments ;* c'est encore l'art de *remarquer* ces phénomènes, de distinguer ce qui est intéressant et ce qui ne l'est pas. Un esprit observateur ne se borne pas à dresser des catalogues ; il n'est pas une simple plaque photographique qui répercute les phénomènes extérieurs : il reconnaît et distingue ce qui mérite d'être vu. Bien des yeux avaient vu et regardé avec attention des lampes se balancer dans l'espace, quand elles étaient suspendues à une corde : Galilée, en observant ce phénomène, y a *remarqué* l'isochronisme des oscillations et le rapport de la durée de ces oscillations avec la longueur de la corde.

405. **Les sens.** — Le seul moyen que nous ayons d'observer les phénomènes du dehors, ce sont les *sens.* L'intégrité et le bon état des sens est donc une première condition de l'observation. Ainsi de bons yeux sont nécessaires à l'astronome, au physicien ; l'ouïe a son intervention nécessaire dans les expériences d'acoustique ; le chimiste a besoin du goût et de l'odorat, etc. Cependant, comme nous l'avons déjà dit (95), ce ne sont pas les sens eux-mêmes, c'est l'entendement qui observe par le moyen des sens. C'est surtout par l'habitude et par l'exercice, aidés de la méthode, que l'on apprend à voir et à entendre. De plus, on sait que les sens nous sont des occasions d'erreur (129) ; il faut apprendre à en interpréter les données. L'astronome sait par exemple que chaque observateur met plus ou moins de temps à apercevoir l'apparition d'un astre : c'est ce qu'on appelle l'*équation personnelle* : on élimine cette erreur en prenant des moyennes entre un très grand nombre d'observations.

406. **Des instruments.** — Les sens étant bornés dans leur usage, la science a trouvé le moyen de les prolonger et de les compléter par le moyen des *instruments.* Les yeux ont un champ limité ; on les prolonge dans le sens de l'éloignement par le *télescope,* dans le sens de la petitesse par le *microscope,* dans le sens du volume par des *lentilles* et tous les instruments grossissants. Les mêmes progrès ont été faits récemment pour le sens de l'ouïe par l'invention du *téléphone* et du *microphone.* Par les appareils dits *enregistreurs,* on tient note des mouvements les plus rapides et les plus délicats : les battements d'ailes d'un cousin, ou les mouvements cachés qui ne sont sensibles qu'au tact, par exemple les battements du cœur. Par la *photographie,* on conserve en permanence sous les yeux des objets éloignés

ou passagers, qui vous échapperaient ; enfin par tous les *instruments* de *précision*, on a des mesures exactes de la température, de la densité, de la vitesse, etc. Ainsi les sens sont centuplés dans leur action, et l'observation peut arriver à la dernière précision ; de plus, chacun peut se créer à lui-même des instruments nouveaux pour l'ordre particulier d'observations qu'il se propose.

Quant à l'*usage* des instruments, les principales règles sont celles-ci : 1° l'observateur doit connaître ses instruments, par exemple, savoir exactement de quel grossissement sont les verres dont il se sert ; 2° il doit chercher à se les rendre le plus commodes en les appropriant par quelques corrections à l'usage auquel il les destine ; 3° il doit les vérifier ; 4° il doit connaître enfin et apprécier les erreurs dont ils sont susceptibles [1].

En général le savant doit être à lui-même *son propre ouvrier :* « Lœwenhoeck était son opticien ; Nollet son émailleur et son tourneur. Herschell faisait lui-même ses verres et ses miroirs. » (Sennebier, *Art d'observer*, t. I, p. 220.)

407. Qualités de l'observateur. — Le meilleur de tous les instruments, c'est l'*esprit* ; car c'est lui qui les découvre tous. C'est donc surtout à développer en soi l'esprit d'observation que le savant doit s'appliquer. Les principales qualités dont se compose l'esprit d'observation sont les suivantes :

1° L'*adresse :* c'est l'art de se plier aux circonstances ou de trouver des ressources pour surmonter les obstacles ;

2° La *patience :*

La nature ne chemine pas aussi vite dans ses opérations que l'imagination dans ses rêves ; il faut quatre-vingts ans pour suivre la planète Herschell. Le cousin sort comme un éclair de son étui de nymphe : il en faut étudier plusieurs pour saisir l'histoire de cette opération curieuse... L'impatience a souvent fait manquer bien des découvertes. (Sennebier, t. I, p. 238.)

3° L'*attention ;* cette qualité est si essentielle à l'observateur qu'on peut dire qu'elle est l'observation même ;

4° La *pénétration :* il ne suffit pas de regarder, il faut voir ; il faut savoir démêler ce qui est essentiel et accidentel, écarter les accidents insignifiants, etc. ;

5° L'*exactitude ;* l'observateur doit signaler tout ce qu'il voit, et rien que ce qu'il voit ; il doit surtout tenir compte du *degré*

---

[1]. Pour ces détails, et en général pour toutes les règles pratiques de la méthode d'observation, on consultera avec fruit l'excellent ouvrage de Sennebier, l'*Art d'observer* (3 vol. Genève.) — L'ouvrage de Zimmermann sur l'*Expérience* est plus particulièrement consacré à la médecine.

et du *nombre*. Il doit faire des *pesées* rigoureuses, obtenir des *mesures* précises ; c'est grâce à ces procédés d'exactitude que la science moderne a réfuté un grand nombre d'erreurs que l'on nourrissait faute de rigueur dans les observations ;

6° L'*impartialité*. On doit éviter toute espèce d'idées préconçues. Or il y en a de deux sortes : celles qui nous viennent des autres : ce sont les *préjugés* ; et celles qui nous viennent de nous-mêmes : ce sont les *préventions*, qui naissent d'ordinaire de l'esprit de système. En un mot « l'observateur doit être *un bon critique* toujours prêt à suspendre son jugement[1] ». (Sennebier, t. II, p. 257).

408. Des faits. — Tous les faits de la nature sont intéressants ; mais ils le sont diversement. Bacon a donné un tableau très complet et très instructif de toutes les classes de faits qui peuvent se présenter à l'observateur, et qui doivent être remarqués par lui. Voici les principaux :

1° Faits *éclatants* :

Les lois de la cristallographie étaient inconnues, lorsque Haüy laissa tomber heureusement un beau cristal de spath calcaire et le brisa. En voulant le rajuster il s'aperçut que les facettes ne correspondaient pas exactement avec celles du cristal intact, mais appartenaient à une autre forme. Il découvrit ainsi la loi du *clivage*. (Herschell, *Discours sur la philosophie naturelle*, 191.)

2° Faits *clandestins* : ce sont ceux où la propriété cherchée se montre dans son état le plus faible : par exemple, la cohésion dans les fluides.

3° Faits *collectifs* : ce sont ceux, dit Herschell, où les cas particuliers sont assez nombreux pour que l'induction de la loi à laquelle ils sont soumis devienne l'objet d'une inspection oculaire.

Par exemple, la forme parabolique que prend un jet d'eau en sortant par un trou rond est un fait collectif des directions, des vitesses de toutes les particules qui le composent, et nous conduisent sans peine à reconnaître la loi du mouvement des projectiles... Un bel exemple est encore celui de Jupiter et de ses satellites : il nous offre en miniature et d'un seul coup un système semblable à celui des planètes autour du soleil. (Herschell, *ibid.*, § 194 et 195.)

4° Faits *cruciaux* : ceux qui tranchent le débat entre deux hypothèses contraires (comme les écriteaux qui se trouvent aux carrefours des routes et qui indiquent le chemin). Un bel

---

1. Cl. Bernard (*Intr. à la médec. expérimentale*, ch. II,) recommande aussi le doute comme une des qualités du savant.

exemple de fait crucial, c'est le phénomène des *interférences*[1], qui paraît avoir tranché le débat relatif à la nature de la lumière, entre l'hypothèse de l'émission et l'hypothèse de l'ondulation, et avoir donné l'avantage à celle-ci.

5° Faits *fugitifs* : ceux où « la nature que l'on étudie varie en degré et fournit une indication de la cause par une gradation d'intensité dans l'effet » (Herschell, § 198). Bacon donne l'exemple du papier, qui est blanc quand il est sec, et qui se rapproche de l'état de transparence par l'exclusion de l'air et le mélange de l'eau.

6° Faits *limitrophes* : ceux qui manifestent la célèbre loi de continuité : *Non datur saltus in natura ;* ce sont les faits qui servent de passage entre un genre et un autre. Bacon cite l'exemple des poissons volants, qui sont un passage entre les poissons et les oiseaux. Leibniz a signalé l'importance de cette loi. Les animaux qu'on appelle zoophytes sont des passages entre les animaux et les plantes.

Telles sont les principales espèces de faits ; Bacon en énumère un grand nombre encore : les faits *solitaires, ostensifs, de migration*, etc. On en trouvera le détail dans le *Novum organum* (II) et dans le *Discours d'Herschell sur la philosophie naturelle* (part. II, ch. VI).

409. Règles de l'observation. — Les règles de l'observation peuvent se ramener à trois chefs : 1° la *décomposition* ou division des phénomènes ; 2° l'*énumération* aussi complète que possible de toutes les circonstances ; 3° la *coordination* des faits. En d'autres termes, l'observation doit être *détaillée, complète* et *méthodique*. Elle doit ne rien omettre, distinguer les choses distinctes, opérer par degrés.

410. De l'observation dans la vie pratique. — L'observation n'est pas seulement d'usage dans les sciences de la nature ; elle l'est aussi dans les sciences morales et même dans la vie pratique. Un esprit observateur remarque tous les faits qui se passent autour de lui, soit dans la conduite des hommes, soit dans la suite des événements, et il peut arriver par là à deviner et à prévoir ce qui est caché aux autres hommes. La *sagacité* n'est

---

[1]. Le phénomène des interférences consiste en ce que deux rayons de lumière, venant en sens inverse, s'annulent l'un l'autre et produisent de l'obscurité : ce qui semble impliquer que la lumière n'est qu'un mouvement.

qu'une forme de l'esprit d'observation. Voltaire, dans le conte de *Zadig*, donne un exemple piquant de ce genre de sagacité [1].

411. De l'expérimentation. — L'observation n'est pas le seul moyen d'étudier la nature : le savant a à sa disposition un autre moyen plus puissant et plus efficace, c'est l'*expérimentation*. L'expérimentation, c'est encore l'observation, mais l'observation avec un caractère nouveau, à savoir, l'intervention de l'observateur dans la *production des phénomènes*.

Sans doute, l'observation proprement dite est déjà active, puisqu'elle implique l'attention ; mais l'attention ne change rien aux conditions des phénomènes observés : l'observateur n'est que spectateur. Lorsque l'astronome observe les mouvements des astres, il n'est pour rien dans l'apparition de ces mouvements. L'expérimentateur, au contraire, intervient dans le travail de la nature, et, suivant l'énergique expression de Bacon, il met la nature *à la question*, à la torture, pour lui arracher ses secrets. On a dit aussi que l'observateur est semblable à un homme *qui lit*, l'expérimentateur à un homme *qui interroge* (Zimmermann).

Il ne faudrait pas croire, en pressant trop les expressions de Bacon, que l'expérience puisse en effet violenter la nature et lui faire produire autre chose que ce que ses lois et ses propriétés lui permettent de produire : l'expérience n'est pas une magie et le savant n'est pas un enchanteur. Non, la nature ne fait jamais qu'obéir à ses propres lois ; l'homme ne peut, par sa seule volonté, faire paraître ou disparaître aucun phénomène ; il ne peut que préparer et modifier les circonstances des phénomènes et en susciter par là de nouveaux et d'inattendus. L'expérience est donc l'art de préparer ces circonstances pour faire apparaître les phénomènes que l'on veut étudier.

Mais si je ne puis produire directement aucun phénomène, comment puis-je disposer et préparer ces circonstances nouvelles,

---

[1]. J'emprunte cet exemple aux *Principes de logique* de Reiffenberg (Bruxelles 1833). « Jeune homme, dit à Zadig le premier eunuque, n'avez-vous point vu le chien de la reine ? » Zadig répondit modestement : « C'est une chienne, ce n'est pas un chien. — Vous avez raison, reprit le premier eunuque. — C'est une épagneule très petite, ajouta Zadig ; elle a fait depuis peu des chiens ; elle boite du pied gauche de devant et elle a les oreilles très longues. — Vous l'avez donc vue ! — Non ; je ne l'ai jamais vue et je n'ai jamais su si la reine avait une chienne. Voici ce qui m'est arrivé. Je me promenais dans le petit bois ; j'ai vu sur le sable les traces d'un animal, et j'ai jugé aisément que c'étaient celles d'un petit chien. Des sillons légers et longs imprimés sur de petites éminences de sable entre les trous des pattes m'ont fait connaître que c'était une chienne dont les mamelles étaient pendantes, et qu'ainsi elle avait fait des petits il y a peu de jours. D'autres traces en sens différents m'ont appris qu'elle avait les oreilles longues ; et comme j'ai remarqué que le sol était toujours moins creusé par une patte que par les trois autres, j'ai compris qu'elle était boiteuse. »

qui ne sont elles-mêmes que des phénomènes? Le voici : c'est que, parmi les phénomènes de la nature, il en est un qui est à notre disposition et que nous produisons ou dirigeons par notre volonté, c'est le mouvement : c'est cela même, c'est cela seul qui rend l'expérience possible. En effet, c'est parce que nous pouvons, par le mouvement, séparer et rapprocher les corps, et par conséquent les placer dans des conditions nouvelles, que nous pouvons par là faire apparaître des phénomènes nouveaux. On peut donc dire que *les expériences sont les mouvements ou déplacements que nous imprimons aux corps pour leur donner occasion de manifester leurs propriétés inconnues.* C'est ainsi que la nature et l'homme coopèrent dans l'expérience ; mais ce n'est qu'en se conformant aux lois de la nature que l'homme peut la faire parler, suivant le célèbre aphorisme de Bacon: *Natura parendo vincitur.*

Malgré les différences de procédés que nous venons de signaler, il ne faudrait pas croire que l'observation et l'expérimentation fussent au fond distinctes l'une de l'autre : elles ont le même but, à savoir constater des faits et des phénomènes.

<small>La seule différence, dit Claude Bernard, consiste en ce que le fait que doit constater l'expérimentateur ne s'étant pas présenté naturellement à lui, il a dû le faire apparaître, c'est-à-dire le provoquer par une raison particulière et dans un but déterminé. L'expérience n'est au fond qu'une *observation provoquée*. (*Introd. à la médecine expérimentale*, ch. I, § 5.)</small>

412. Du rôle de l'hypothèse dans l'expérimentation. — Si l'expérience est une observation provoquée dans un certain but, il suit de là une conséquence qui a été mise en pleine lumière par le savant que nous venons de citer : c'est que pour faire une expérience « il faut d'abord avoir une *idée préconçue* » ; l'expérience a pour but de vérifier cette idée : par exemple, lorsque Pascal a imaginé l'expérience du Puy de Dôme, il avait cette idée préconçue que, si l'air est pesant, il doit y en avoir moins en haut qu'en bas, et que par conséquent, en transportant le baromètre sur le haut d'une montagne, la colonne barométrique devra changer de niveau, et cela en proportion des hauteurs, et c'est ce que l'expérience a démontré.

Claude Bernard a fait encore remarquer (ch. I, § 6) qu'on n'a pas toujours une idée préconçue, mais que souvent on la cherche ; c'est ce qui a lieu dans les matières absolument nouvelles, où toute idée directrice fait défaut. Ces sortes d'expériences de tâtonnement sont ce qu'il appelle des *expériences pour voir ;* et l'on dira alors que *l'expérience est une observation provoquée dans le but de faire naître une idée.*

413. Des moments de l'expérimentation. — D'après ce qui précède, Claude Bernard constate qu'il y a deux opérations à considérer dans l'expérimentation : 1° la première consiste à *préméditer* et à réaliser les conditions de l'expérience ; 2° à *constater* les résultats de l'expérience. D'un côté, c'est l'esprit de l'inventeur qui agit ; de l'autre, ce sont les sens qui observent ou qui constatent[1].

En un mot, le travail de l'expérimentateur, d'après le même savant, peut se ramener à quatre moments distincts : 1° il constate un fait ; 2° à propos de ce fait, une idée naît dans son esprit ; 3° en vue de cette idée, il institue une expérience ; 4° de cette expérience résultent de nouveaux phénomènes qu'il observe ; et ainsi de suite. L'esprit du savant se trouve donc placé entre deux observations : 1° l'une qui sert de point de départ ; 2° l'autre qui sert de conclusion. (*Ibid.*, § 6.)

On voit que s'il peut y avoir observation sans expérience, il ne peut y avoir d'expérience sans observation.

414. Sciences d'observation et sciences expérimentales. — On appelle *sciences d'observation* celles qui n'ont recours qu'à l'observation et non à l'expérience, parce que les phénomènes dont elles s'occupent sont de ceux sur lesquels nous ne pouvons pas agir : par exemple, les phénomènes astronomiques, du moins en tant qu'il s'agit des mouvements célestes. Nous ne pouvons rien en effet sur le mouvement des étoiles ; nous ne pouvons ni accélérer ni reculer l'apparition d'une éclipse ou d'une comète.

Cependant, il est né de nos jours une branche de l'astronomie qui permet les expériences : c'est *l'astronomie physique*, celle qui s'occupe de la composition des corps célestes ; on sait, en effet, qu'à l'aide de l'analyse spectrale on peut faire apparaître des phénomènes cachés à nos sens [2].

Une autre science, qui jusqu'ici n'a été accessible qu'à l'observation et non à l'expérience, est la *météorologie*.

En général, la science qui n'a pas l'expérience à son service reste en arrière, n'ayant pas à sa disposition les moyens néces-

---

[1] Un exemple frappant de cette distinction, donné par Cl. Bernard, est celui du naturaliste Huber, qui, quoique aveugle, a fait d'admirables expériences sur les abeilles.

[2] On pourrait dire que l'analyse spectrale n'est qu'un moyen d'observation. Cela est vrai ; mais nous pouvons modifier les conditions de cette analyse, et en cela l'expérience intervient.

saires pour vérifier les hypothèses et découvrir les causes. Cependant, cette règle souffre une grande exception; en effet l'astronomie, par la seule observation aidée du calcul, est arrivée à la plus haute perfection. La raison en est que, dans cette science, la nature elle-même s'est chargée en quelque sorte de faire les frais de l'expérience. En effet, grâce à la distance, les astres ont été réduits à des *points lumineux mobiles*. Ils se sont trouvés par là même ramenés à des conditions géométriques qui ont permis l'application des calculs les plus subtils; ainsi on a obtenu par le seul éloignement ce que l'expérience la plus savante a peine à obtenir des phénomènes qui tombent immédiatement sous nos prises.

Parmi les sciences d'observation il faut encore compter l'histoire naturelle, c'est-à-dire la *zoologie*, la *botanique*, même la *minéralogie*, en tant que ces sciences se contentent de décrire et de classer les espèces. L'*anatomie* est également une science d'observation.

Au premier rang des sciences expérimentales sont la *physique* et la *chimie*. On sait que, dans ces sciences, rien n'est plus facile que d'agir sur les phénomènes; c'est surtout depuis qu'on a appliqué cette méthode d'une manière savante qu'elles ont été constituées comme sciences positives.

On s'est demandé jusqu'à nos jours si la *physiologie*, ou science des fonctions des êtres vivants, est ou n'est pas une science expérimentale. Cuvier refusait encore de lui reconnaître ce caractère. Les raisons qu'il en donnait, c'est que la vie est une harmonie de conditions, et que si l'on touche à l'une de ces conditions, toutes sont troublées : « Toutes les parties d'un corps vivant sont liées, elles ne peuvent agir qu'autant qu'elles agissent toutes ensemble; vouloir en séparer une de la masse, c'est en changer l'essence. » (*Lettre à Mertrud*, citée par Cl. Bernard, part. II, ch. I). Cette doctrine a été réfutée par Cl. Bernard, et n'est plus admissible aujourd'hui. D'une part, les nombreuses expériences de ce savant, aussi précises et aussi concluantes que celles des physiciens, sur la fonction glycogénique du foie, sur les nerfs vaso-moteurs, sur le curare; — de l'autre, les savantes considérations que l'on doit lire dans la seconde partie de son *Introduction à la médecine expérimentale*[1], ont définitivement classé la science physiologique parmi les sciences expérimentales.

---

[1] En démontrant cette vérité pour la physiologie, Cl. Bernard le démontrait implicitement pour la médecine, en tant que celle-ci dépend de la physiologie. On me dit cependant

415. De l'induction. — Après la constatation des faits, ce qui a lieu par l'observation ou par l'expérience, la science passe à *l'induction*, c'est-à-dire à la formation des lois, ce qui se fait par quatre méthodes différentes auxquelles St. Mill (*Logique inductive*, liv. III, ch. VIII) a donné les noms suivants :
 1° Méthode de *concordance*;
 2° Méthode de *différence*;
 3° Méthode des *variations concomitantes*;
 4° Méthode des *résidus* [1].

Méthode de concordance. Elle consiste, suivant St. Mill, à comparer les cas différents dans lesquels le phénomène se présente. Si tous ces cas, si différents qu'ils soient sous tout autre rapport, présentent cependant partout et toujours une circonstance commune, cette circonstance peut être considérée comme la cause du phénomène.

Exemple : Soit le phénomène de la *cristallisation*. On observe tous les cas où il se produit, et on trouve qu'ils ont tous un antécédent commun, et un seul, qui est le dépôt à l'état solide d'une matière en état de fusion ou de dissolution. On en conclut que la solidification d'une substance à l'état liquide est l'antécédent ou la condition invariable de la cristallisation.

Méthode de différence. Cette méthode, qui est surtout celle de l'expérimentation, est la *contre-épreuve* de la précédente. Elle consiste à supprimer la circonstance qui paraît être, d'après la méthode de concordance, la cause ou du moins l'une des causes du phénomène : si, cette circonstance supprimée, le phénomène cesse de se produire, c'est une confirmation évidente que la circonstance en question est une des conditions (sinon la condition unique) de la production du phénomène. Par exemple, c'est un fait que le son se produit dans l'air; mais il peut se faire que ce soit une circonstance indifférente. Si je fais le vide et que le son cesse de se produire, il devient évident par là que l'air est, sinon la cause du son, du moins l'un de ses agents de transmission. De plus, si je m'aperçois qu'en pressant un corps et en

---

que Cl. Bernard, sans exagérer l'importance de l'expérience, dédaignait trop deux autres sources d'informations qui sont des plus importantes en médecine : l'*observation clinique* et l'*anatomie pathologique*. C'est toujours le conflit de l'observation et de l'expérience.

1. De ces quatre méthodes, les trois premières ne sont que les *Tables* de Bacon (*Novum organum*, liv. II). La méthode de *concordance* répond aux *tabulæ præsentiæ*, la méthode de *différence* aux *tabulæ absentiæ*; et la méthode des variations aux *tabulæ graduum* ou *comparationis*. La seule addition de M. Mill est la méthode des *résidus*.

arrêtant son mouvement je supprime le son, j'ai lieu de supposer que le mouvement du corps est la cause du son.

La méthode de différence, qui correspond à ce que Bacon appelait les tables d'absence (*tabulæ absentiæ*), est le ressort le plus puissant de la méthode expérimentale. C'est elle qui donne la véritable preuve. C'est là aussi qu'a été la principale découverte de Bacon : c'est ce qu'il appelait « procéder *per exclusiones et rejectiones debitas* ».

Cl. Bernard insiste avec force sur cette nécessité de la contre-épreuve.

> En effet, dit-il, pour conclure avec certitude qu'une condition donnée est la cause prochaine d'un phénomène (ou l'un des éléments de sa cause), il ne suffit pas d'avoir prouvé que cette condition précède ou accompagne toujours ce phénomène ; mais il faut encore établir que, cette condition étant supprimée, le phénomène ne se montrera plus... Les coïncidences constituent un des écueils les plus graves de la méthode expérimentale. C'est le sophisme *post hoc, ergo propter hoc*... La contre-épreuve supprime la cause supposée pour voir si l'effet persiste, suivant cet adage : *sublatâ causâ, tollitur effectus;* c'est ce qu'on appelle *experimentum crucis*.

Méthode des variations concomitantes. Cette méthode qui correspond à ce que Bacon appelait *tabulæ graduum* ou *tabulæ comparationis*, consiste à faire varier la cause, c'est-à-dire la circonstance qui, d'après les deux méthodes précédentes, est supposée la cause, et à voir si le phénomène variera dans la même proportion. Ce sera là une confirmation manifeste des résultats obtenus. Par exemple, si la dilatation d'un corps augmente ou diminue en proportion de la température, on pourra dire d'une manière certaine que la chaleur dilate les corps ; si la colonne barométrique varie en proportion de la rareté de l'air, on pourra dire que l'air est pesant.

416. Exemple des trois méthodes. — Expériences de Pasteur. — Un exemple remarquable et lumineux de l'application des trois méthodes nous est fourni par les expériences célèbres de Pasteur sur la génération spontanée.

Supposons que l'on parte de cette hypothèse que la production spontanée d'organismes vivants ait pour cause la présence de germes en suspension dans l'air qui viennent à rencontrer dans un liquide fermentescible un milieu favorable à leur éclosion. Que fera-t-on pour justifier l'hypothèse ?

1° On exposera à l'air libre des vases remplis de liquides fermentescibles, et on prouvera que partout où des germes supposés auront pu tomber sur ces liquides, les productions dites spontanées auront lieu : *méthode de concordance.*

2° On pratiquera la contre-épreuve, en soustrayant au contraire ces liquides à l'action de l'air extérieur et en prouvant que des vases fermés, où l'air ne peut pénétrer, restent indéfiniment exempts de tout organisme : *méthode de différence.*

3° On montrera que le nombre des organismes produits est proportionnel au nombre de germes que l'on peut supposer dans l'air. Par exemple, dans les caves, où l'air est immobile et où les germes doivent être depuis longtemps tombés sur le sol, on pourra exposer des vases ouverts à l'air libre sans que les organismes se produisent ; et si l'on gravit les montagnes, où les germes doivent devenir de moins en moins fréquents à proportion de la hauteur, le nombre des organismes doit décroître proportionnellement : or tous ces faits se sont vérifiés. C'est la *méthode des variations concomitantes.*

447. Méthode des résidus. — A ces trois méthodes qui forment l'essentiel de la méthode expérimentale, St. Mill a cru devoir en ajouter une quatrième, qu'il appelle la *méthode des résidus* [1].

Voici en quoi elle consiste :

Si l'on retranche d'un phénomène donné tout ce qui, en vertu d'inductions antérieures, peut être attribué à des causes connues, ce qui reste sera l'effet des antécédents qui ont été négligés et dont l'effet était encore une quantité inconnue. (Mill, ch. VIII, § 5.)

Exemple : La recherche de la cause du son et de son mode de propagation avait conduit à des conclusions qui permettaient de calculer exactement sa vitesse dans l'air. Les calculs furent faits ; mais lorsqu'on les compara au fait, bien que leur concordance fût tout à fait suffisante pour constater l'existence générale de la cause et du mode de transmission assignés, on trouva que cette théorie ne pouvait rendre compte du *total* de la vitesse. Il restait à expliquer un *résidu de vitesse*... Enfin Laplace eut l'heureuse idée que cette vitesse pouvait produire de la chaleur développée par la condensation.

448. Règles de l'induction. — Quelque importance que puissent avoir dans la science les *phénomènes résidus*, cette quatrième méthode n'est cependant, comme Mill le reconnaît lui-même, qu'un cas particulier de la méthode de différence. On peut donc la négliger et ramener les *règles de l'induction* à trois principales :

1° *Positâ causâ, ponitur effectus ;*

2° *Sublatâ causâ, tollitur effectus ;*

3° *Variante causâ, variatur effectus.*

---

[1]. Déjà Herschell avait signalé, dans son *Discours sur la philosophie naturelle*, le rôle des phénomènes qu'il appelait *résidus* (158-160).

C'est par l'application de ces trois règles que la *méthode inductive* se distingue des méthodes *hypothétiques* ou *à priori*. L'une et l'autre passent du particulier au général, des faits aux causes ou aux lois; mais tandis que la vraie induction, retenue par l'expérience, ne va pas au delà de ce que les faits lui ont appris, l'induction arbitraire, *constructive*, conjecturale, suppose les causes, et embrasse dans des conceptions anticipées non seulement les faits connus, mais tous les faits possibles.

De là la différence signalée par Bacon entre les *axiomes moyens*, qui ne sont que l'expression rigoureuse des faits, et les *axiomes généralissimes*, qui sont les théories arbitraires. Comme exemples du premier genre, on peut citer : les lois de Képler sur les révolutions des planètes; les lois de Galilée sur la chute des corps; les lois de Newton sur la gravitation universelle. Comme exemples du second genre, nous citerons les tourbillons de Descartes, le système de Ptolémée, le phlogistique de Stahl, etc.

419. De l'hypothèse. — Ce qui précède nous apprend suffisamment ce que c'est que l'*hypothèse*. L'induction est la généralisation des faits, et l'hypothèse une généralisation qui dépasse les faits. L'une et l'autre ne sont à vrai dire que des *suppositions*; toute induction est déjà une hypothèse; mais l'induction est une *hypothèse vérifiée*, tandis que l'hypothèse reste une induction non encore vérifiée, ou qui ne peut pas l'être. — Bacon, en opposant l'induction à l'hypothèse, appelait l'une méthode d'*interprétation*, l'autre méthode d'*anticipation*. L'une s'applique à déchiffrer la nature, l'autre à la deviner; l'une repose sur les faits, l'autre s'appuie surtout sur l'imagination. Bacon, voulant combattre la témérité des hypothèses, disait : « Ce ne sont pas des ailes qu'il faut attacher à l'esprit humain, mais du plomb. »

La logique du xviii° siècle, à la suite de Bacon, se montrait très sévère pour l'hypothèse et croyait devoir la bannir complètement de la science. On rapportait sans cesse le mot de Newton : *Hypotheses non fingo*. Depuis on est revenu de ces exagérations. On a compris que l'hypothèse ne pouvait pas être bannie de l'esprit humain, et nous avons vu qu'un des maîtres de la science moderne la considère comme essentielle à la méthode expérimentale : car pourquoi fait-on des expériences, sinon pour vérifier une idée préconçue ? (412).

L'hypothèse, pour être vraiment scientifique, doit remplir les conditions suivantes :

1° Elle doit être *fondée sur des faits*. Une hypothèse qui ne repose sur rien est ce qu'on appelle une hypothèse *gratuite* : elle doit donc pouvoir expliquer les faits connus, ou, sinon les *expliquer*, les *représenter* du moins d'une manière commode à l'esprit et servir à les lier [1].

2° Elle doit *n'être contredite par aucun fait*, à moins que ces faits contraires ne puissent être expliqués, et rentrer dans l'hypothèse.

3° Elle doit être *féconde*, c'est-à-dire susciter des recherches nouvelles, provoquer des expériences.

4° La *simplicité* est encore en général un des caractères d'une bonne hypothèse. Par exemple, Copernic a été conduit à son hypothèse par l'extrême complication du système de Ptolémée.

M. Dumas, dans sa *Philosophie chimique*, a résumé ainsi les caractères d'une bonne hypothèse :

> Elle sera, dit-il, suscitée par l'observation de *dix* faits; elle en expliquera *dix* autres déjà connus, mais qui n'étaient pas liés ensemble ni aux précédents; elle en fera découvrir *dix* nouveaux. Mais la plupart du temps, elle finira par succomber devant *dix* derniers faits qui ne se lient plus aux précédents.

Un exemple peut être emprunté à M. Dumas lui-même. C'est cette théorie que les végétaux sont appelés à produire des composés chimiques, et que les animaux les détruisent. Cette belle théorie, fondée par MM. Dumas et Boussingault, était suscitée par les faits connus, en expliquait un grand nombre, en a fait découvrir d'innombrables; mais elle est venue échouer devant cette grande découverte de Claude Bernard, à savoir, la fonction glycogénique du foie, d'où il résultait que le foie produisait du sucre sans en recevoir, et que par conséquent les animaux aussi bien que les végétaux sont capables de créer des composés organiques.

420. **De l'analogie.** — Une des formes de l'hypothèse ou de l'induction incomplète, c'est l'*analogie*.

Dans le cas de l'induction, nous concluons ou du *même* au *même* (le soleil se lèvera demain), ou du *semblable* au *semblable* (tous les hommes mourront). — L'analogie est une ressemblance mêlée de différence. Le raisonnement par analogie con-

---

[1]. On pourrait distinguer deux sortes d'hypothèses : les hypothèses *représentatives* (par exemple, les deux fluides électriques, l'attraction), qui servent de symboles à l'imagination. Elles se formulent ainsi : *les choses se passent comme si...*; et les hypothèses *explicatives*, qui prétendent donner les choses comme elles sont (hypothèse de l'éther). Celles-ci sont plutôt ce qu'on appelle des *théories*.

sistera donc à supposer qu'entre deux choses qui se ressemblent et qui diffèrent en même temps, les ressemblances sont assez nombreuses pour nous permettre de conclure de l'une à l'autre. Par exemple, la terre est une planète qui est habitée ; donc, les autres planètes, si les conditions sont les mêmes, peuvent également être habitées.

Ad. Garnier montre très bien que l'analogie se compose de deux inductions contraires : c'est pourquoi il y a quelque mélange de doute.

En effet, si d'un côté nous pensons que les choses qui présentent une partie des qualités patentes observées dans un premier objet, pourraient bien manifester la même qualité secrète, nous pensons aussi que, comme elles ont d'autres qualités visibles, elles pourraient bien ne pas posséder la même qualité latente. Par exemple, voici une plante vénéneuse ; or j'en aperçois une autre qui a la même fleur et le même fruit ; je suis porté à croire qu'elle recèle du poison ; mais elle a une feuille différente, je puis aussi supposer qu'elle n'est pas vénéneuse. Je porte donc à la fois deux jugements : 1° les objets qui ont les mêmes qualités visibles ont les mêmes qualités secrètes ; 2° les objets qui ont des qualités patentes dissemblables n'ont pas les mêmes qualités intimes. »(*Fac. de l'âme*, l. VIII, ch. I, § 3.) »

Il est évident que si les deux jugements précédents étaient absolument équivalents, le seul résultat serait le doute absolu, c'est-à-dire l'absence de toute induction. Mais si le nombre des qualités semblables l'emporte sur les différentes, ou si l'importance des caractères semblables nous paraît plus grande que l'importance des caractères différents, nous donnons alors la préférence à l'un des deux jugements sur l'autre ; nous faisons une induction, mais une induction mêlée de doute : c'est ce que l'on appelle l'*analogie*.

Dans la pratique, ce que les savants appellent induction n'est presque jamais qu'analogie. En effet, le savant ne croit pas nécessaire de donner un nom à une opération d'esprit en apparence aussi stérile que celle-ci : « Toutes les pierres abandonnées à elles-mêmes sont tombées ; donc toutes les pierres tomberont ; » ou encore à celle-ci : « Le soleil se lèvera demain. » C'est le logicien qui est frappé de ce qu'il y a de téméraire à conclure dans ces différents cas du présent à l'avenir, et du lieu où nous sommes à tous les lieux de l'univers. Pour le savant, induire c'est découvrir, c'est passer du connu à l'inconnu ; ce sera dire par exemple : puisque les solides et les liquides sont pesants, pourquoi les gaz ne seraient-ils pas pesants ? On découvre ainsi la pesanteur de l'air. Ou encore, c'est dire : puisque tous les corps abandonnés à eux-mêmes tombent, pourquoi la lune ne tombe-t-elle pas ? Et c'est découvrir la gravitation universelle.

Or, passer des solides et des liquides aux gaz,, des corps terrestres aux astres, ce n'est pas aller du semblable au semblable, mais simplement de l'analogue à l'analogue. Toutes les grandes inductions scientifiques ne sont donc que des raisonnements par analogie.

Cependant il est convenable de restreindre le sens du mot analogie et de l'appliquer, non pas aux cas où de *grandes ressemblances* couvrent les différences, mais, au contraire, aux cas où de *grandes différences* couvrent la ressemblance : c'est là, surtout, que l'analogie a sa fonction propre et son importance, en même temps que son danger.

C'est en histoire naturelle, en *anatomie comparée*, surtout, que l'analogie a rendu d'immenses services. Quoi de moins semblable en apparence que le sabot d'un cheval, l'aile d'un oiseau et la nageoire d'un poisson? cependant la science a su découvrir sous les différences un même *élément anatomique*, à savoir, le quatrième tronçon du membre antérieur. C'est la même méthode qui a fait découvrir que le crâne est une vertèbre.

Le sentiment juste de l'analogie distingue le vrai savant de celui qui ne l'est pas : celui-ci remplace par l'imagination la comparaison précise et légitime. C'est par exemple une fausse analogie qui a conduit un utopiste moderne, Ch. Fourier, à supposer que le monde moral est gouverné par l'*attraction* comme le monde physique, et à imaginer une attraction *passionnelle*, semblable à l'attraction des corps célestes. C'est prendre une métaphore pour une cause; rien ne se ressemble moins que l'impulsion des passions et la chute des corps.

DES CLASSIFICATIONS

La classification est la méthode et l'opération par laquelle nous rangeons en *groupes distincts et subordonnés* les êtres de la nature, de manière à nous en faciliter l'étude et à en mieux connaître la nature.

421. Usages de la classification. — Il résulte de cette définition que l'usage des classifications est double :

1° Elles facilitent l'étude en soulageant la mémoire. En effet, le nombre des objets de la nature est incalculable ; il accablerait la mémoire la plus heureuse, s'il n'y avait pas des artifices pour alléger le poids. On compte par exemple, au moins cent vingt mille espèces de végétaux. Qui pourrait retenir au hasard les noms et les propriétés de tant de plantes? Qui pourrait les retrouver au besoin? Qui pourrait les reconnaître étant décrites dans un livre? Rien que de chercher à découvrir un objet entre cent vingt mille pourrait occuper toute la vie. De là la nécessité d'un ordre, et d'abord d'un ordre quelconque qui puisse simplifier l'étude et abréger les recherches. C'est ce que Descartes exprimait en disant « qu'il supposerait même de l'ordre entre les objets qui ne se précèdent point naturellement les uns les autres ». (*Discours de la méthode*, II.)

2° Le second objet de la classification est de retrouver, autant qu'il est possible, *l'ordre de la nature*. La nature, en effet, a un plan, et suivant un grand naturaliste, Agassiz, « nos systèmes ne sont que la traduction, dans la langue de l'homme, des pensées du Créateur [1] ». La formation des groupes n'est donc pas seulement pour nous un moyen d'aider notre intelligence, elle doit être la reproduction des groupes formés par la nature même ; car c'est la nature qui a fait les choses semblables ou dissemblables. Une bonne classification est donc, comme l'a dit Cuvier, « un arrangement dans lequel les êtres du même genre seraient plus voisins entre eux que de ceux de tous les autres genres, les genres du même ordre plus que de ceux de tous les autres ordres, et ainsi de suite. » (*Règne animal*, introd.) C'est là un *idéal*, qui, s'il était réalisé, serait « l'expression exacte et complète de la nature entière ». (AGASSIZ, ch. I.)

De ces considérations, il s'ensuit qu'il y a plusieurs espèces de classifications, suivant l'objet qu'on se propose. On distingue les classifications *empiriques*, *usuelles ou pratiques*, *artificielles* et enfin *naturelles* [2].

422. Classifications empiriques. — Ce sont celles qui sont indépendantes de la nature même de l'objet; telles sont, par exemple, les classifications *alphabétiques*, qui, étant fondées sur le nom de la plante ou de l'animal, n'ont aucun rapport réel avec les êtres, et ne peuvent servir qu'à ceux qui les connaissent déjà par le nom [3] : c'est ainsi que la classification des livres par le format dans une bibliothèque est purement empirique.

---

1. Agassiz, *de l'Espèce*, ch. I.
2. De Candolle, *Théorie élémentaire de la botanique*, introduction, ch. II.
3. « Buxbaum (en 1728) a admis un ordre purement empirique, en divisant les plantes en trois classes : 1° celles qui étaient inconnues avant lui; 2° celles qui étaient décrites, mais non figurées; 3° celles qui étaient décrites et figurées, mais imparfaitement. » (De Candolle, p. 25).

423. Classifications usuelles ou pratiques. — Les plantes étant de différents usages, on devra les classer différemment suivant le but qu'on se propose. De là les classifications *médicales* ou *pharmaceutiques*, les classifications *économiques* ou *industrielles*, les classifications *géographiques*, etc.

424. Classifications artificielles. — C'est surtout en botanique que la question des classifications a été étudiée à fond; mais les mêmes considérations peuvent s'appliquer aux animaux, aux minéraux et aux autres objets de la nature.

La distinction la plus importante est celle qu'établissent les naturalistes entre ce qu'ils appellent la *méthode artificielle* et la *méthode naturelle*. De part et d'autre le but est de connaître les objets, au point de vue purement théorique et scientifique. Mais la méthode artificielle a surtout pour but « de donner à ceux qui ne connaissent pas le nom des plantes un moyen facile de le découvrir dans les livres, par l'inspection de la plante elle-même ». (DE CANDOLLE). Quant à la méthode naturelle, elle a pour objet l'ordre même de la nature. Parlons d'abord des classifications artificielles.

Voici, selon de Candolle (ch. IX, § 25), les conditions auxquelles doit répondre une bonne classification artificielle, en botanique :

1° Il faut que cette méthode soit fondée sur quelque caractère inhérent à la plante, par exemple, sa structure : car ce qui tient à sa position dans la nature, à ses usages, à son histoire ne peut pas frapper les sens.

2° Cette méthode doit reposer sur les parties solides, et non les sucs liquides, puisque ceux-ci disparaissent avec la mort.

3° Parmi les organes solides, on doit choisir de préférence ceux qui sont faciles à voir, qui se trouvent dans la plupart des végétaux, et qui, tout en étant constants, donnent lieu à des variations faciles à saisir.

4° Les organes choisis doivent être visibles dans le même moment, afin de ne pas être obligé de suivre la série entière de l'existence de la plante.

On voit, d'après ces principes, que les classifications artificielles ne sont nullement, comme on le croit généralement, des classifications *arbitraires*. Elles ne reposent pas non plus exclusivement, comme on le dit, sur des caractères accessoires ou extrinsèques. Elles ont elles-mêmes un fondement naturel, et doivent même, autant que possible, reproduire l'ordre naturel;

mais elles obéissent à des conditions spéciales, en raison du but qu'elles se proposent, à savoir, reconnaître une plante ou tout autre objet que l'on n'a jamais vu auparavant.

On distingue deux sortes de classifications artificielles : les *systèmes* et les *méthodes*. Les systèmes sont ceux qui se bornent à classer d'après *un seul* caractère et *un seul* organe. Les méthodes sont les classifications qui se déduisent de *tous* les organes existant *à la fois* à une époque déterminée.

Le choix exclusif d'un seul caractère n'est donc pas, comme on le dit souvent, le propre des classifications artificielles ; car on peut en considérer plusieurs à la fois, et même les prendre tous, sans que la classification cesse d'être artificielle.

Le plus remarquable exemple de la classification artificielle est celle de Linné, fondée exclusivement sur le système sexuel des plantes.

CLASSIFICATION DE LINNÉ

PLANTES A ORGANES SEXUELS
- VISIBLES
  - TOUJOURS RÉUNIS DANS LA MÊME FLEUR
    - NON ADHÉRENTS ENTRE EUX
      - ÉTAMINES ÉGALES ENTRE ELLES
        - MOINS DE VINGT ÉTAMINES
          - Une étamine .... I. Monandrie.
          - Deux étamines .... II. Diandrie.
          - Trois .... III. Triandrie.
          - Quatre .... IV. Tétrandrie.
          - Cinq .... V. Pentandrie.
          - Six .... VI. Hexandrie.
          - Sept .... VII. Heptandrie.
          - Huit .... VIII. Octandrie.
          - Neuf .... IX. Ennéandrie.
          - Dix .... X. Décandrie.
          - De onze à dix-neuf .... XI. Dodécandrie.
        - Vingt étamines ou plus
          - Adhérentes au calice .... XII. Icosandrie.
          - Adhérentes au réceptacle .... XIII. Polyandrie.
      - Deux étamines plus courtes que les autres
        - Quatre étamines dont deux plus longues .. XIV. Didynamie.
        - Six étamines dont quatre plus longues ... XV. Tétradynamie.
    - ADHÉRENTS ENTRE EUX
      - Étamines non adhérentes au pistil, mais entre elles,
        - Par les filets
          - Toutes en un faisceau .... XVI. Monadelphie.
          - En deux faisceaux .... XVII. Diadelphie.
          - En plusieurs faisceaux .... XVIII. Polyadelphie.
        - Par les anthères .... XIX. Syngénésie.
      - Étamines adhérentes au pistil ou posées sur lui .... XX. Gynandrie.
  - Non réunis dans la même fleur.
    - Fleurs mâles et femelles sur le même individu .... XXI. Monœcie.
    - Fleurs mâles et femelles sur deux individus différents .... XXII. Diœcie.
    - Fleurs tantôt mâles, femelles ou hermaphrodites, sur un, deux ou trois individus .... XXIII. Polygamie.
- Invisibles à l'œil nu .... XXIV. Cryptogamie.

425. Classifications naturelles. — Les méthodes artificielles, nous venons de le voir, sont donc un moyen de reconnaître les plantes, les animaux, les minéraux d'après leurs caractères visibles. Les méthodes *naturelles* sont le moyen d'en connaître la véritable nature et les véritables rapports. Linné lui-même, dont le système est du premier genre, a très bien marqué la différence des deux méthodes :

> La méthode naturelle, dit-il, a été le premier et sera le dernier terme de la botanique (*primus et ultimus finis botanices*), le premier et le dernier but des désirs du botaniste (*primum et ultimum desideratum botanici*). La méthode artificielle n'est qu'un succédané de la méthode naturelle (*methodus artificialis est tantum naturalis succedanea*).

Il est facile de voir pourquoi la méthode artificielle est insuffisante pour faire comprendre la vraie nature et les vrais rapports des objets. En effet : 1° Elle doit indiquer surtout les caractères visibles ; or il arrive le plus souvent que les caractères les plus importants sont ceux qui sont les moins apparents.

2° Elle doit signaler les caractères qui existent en même temps dans l'objet ; et de là tout ce qui tient au développement de l'être lui échappe.

3° S'il s'agit d'êtres vivants, elle ne les classe que quand ils sont morts : une multitude de signes propres à l'être pendant la vie ont disparu. C'est ainsi que les solides sont considérés presque exclusivement, et que les liquides sont mis de côté.

4° On est également obligé de sacrifier tous les caractères empruntés à la situation géographique, au milieu, etc.

C'est à ces lacunes que répond la méthode dite *naturelle*, que les Jussieu ont introduite dans la botanique, et Cuvier en zoologie.

Les classifications naturelles reposent sur deux principes : 1° La *comparaison générale* ; 2° la *subordination des caractères*.

426. Comparaison générale. — 1° La comparaison générale consiste à prendre en considération, non pas un seul caractère ou un seul organe, mais *tous* les caractères et *tous* les organes à la fois, et même *tous les points de vue* différents sous lesquels on peut considérer un même organe (situation, nombre, figure, proportion, etc.) Sans doute, nous avons vu déjà qu'il y a des méthodes artificielles qui tiennent compte de tous les organes ; mais il s'agit toujours des organes visibles, saillants, abstraction faite de l'habitat, des mœurs, des relations, etc. Or la méthode naturelle tient compte de tous ces éléments.

427. **Subordination des caractères.** — 2° La comparaison générale serait encore insuffisante pour donner l'idée juste des vrais rapports des objets à classer. Car tous les organes ou tous les caractères n'ont pas la même importance. Ainsi la couleur d'un oiseau n'a pas la même importance que la forme de son bec; les instruments de défense (cornes, venin), n'ont pas la même importance que les organes de nutrition. Il ne suffit donc pas de *compter* les caractères; il faut les *peser*, en mesurer la valeur. C'est ce qu'on appelle le principe de la *subordination des caractères*, principe qui domine toute la théorie de la classification naturelle.

Le principe de la subordination des caractères consiste à les employer, comme règle de classification, dans leur *ordre d'importance*.

Qu'est-ce que l'*importance* d'un caractère, et en quoi consiste-t-elle? L'importance d'un caractère est en raison de sa *généralité* et de sa *constance*. Le caractère qui sera commun à tous les végétaux sera le plus important : celui qui aura le plus de généralité après celui-là viendra ensuite, jusqu'à ce qu'on arrive à des caractères tellement fugitifs qu'ils n'appartiennent plus qu'aux individus, et ne peuvent plus servir par conséquent à la classification.

Les caractères ainsi subordonnés d'après leur ordre de généralité formeront une échelle où les caractères d'un ordre supérieur sont considérés comme *dominateurs* par rapport à ceux qui sont au-dessous. Par exemple, les caractères communs à tous les vertébrés sont des caractères dominateurs par rapport à ceux qui caractérisent les mammifères. Avant d'être mammifère, il faut être vertébré, et l'embryologie nous apprend que les traits caractéristiques du vertébré apparaissent dans l'embryon avant ceux du mammifère.

En appliquant à la botanique le principe de la subordination des caractères, Jussieu a fondé la classification naturelle. Le caractère le plus important dans le règne végétal, celui qui domine tous les autres, appartient à l'embryon. C'est sur lui que repose la première division en trois *embranchements*. Après lui viennent les caractères tirés de la présence ou de l'absence de la corolle et du mode d'insertion des étamines : de là les *classes*. En troisième lieu se présentent les caractères que fournissent la structure du fruit, le nombre et la proportion des étamines, leur réunion par les anthères ou par les filets, etc.; ceux-ci ont servi à l'établissement des *familles*. Enfin, viennent les caractères tirés de la forme des enveloppes florales, des différents modes d'inflorescence, de la structure des feuilles, de la grandeur de la tige, etc., sur lesquels repose la subdivision des familles en *genres* et des genres en *espèces*.

C'est sur un plan du même genre que repose la classification des animaux.

En résumé, dit Auguste Comte, deux grandes notions philosophiques dominent la théorie de la méthode naturelle, savoir : la *formation des groupes naturels*, et ensuite leur *succession hiérarchique*... La formation des groupes naturels consiste à saisir entre des espèces, plus ou moins nombreuses, un tel ensemble d'analogies essentielles que, malgré les différences caractéristiques, les êtres appartenant à une même catégorie soient toujours plus semblables entre eux qu'à aucun de ceux qui n'en font pas partie... Mais la méthode naturelle est surtout caractérisée, au point de vue philosophique, par l'établissement de la vraie hiérarchie organique. De là résulte la possibilité de concevoir finalement l'ensemble des espèces vivantes disposées dans un ordre tel que l'une d'entre elles soit constamment inférieure à toutes celles qui précèdent et supérieure à celles qui suivent, quelle que soit la difficulté de réaliser jamais jusqu'à ce degré de précision ce type hiérarchique. (*Cours de philosophie positive*, 42e leçon).

428. Hiérarchie des groupes. — D'après ce qui précède, on voit que les êtres de la nature peuvent être distribués dans des groupes de plus en plus généraux, dont les derniers, au plus bas degré, s'appellent *espèces* et les plus élevés *règnes*. — Les degrés intermédiaires sont les *genres*, les *ordres*, les *familles*, les *classes*, les *embranchements*.

429. De la division. — On sépare généralement en logique la *division* de la *classification*. La première se joint à la définition et appartient à la logique déductive ; la seconde à la méthode expérimentale et appartient à la logique inductive. Il n'y a pas lieu d'éloigner ainsi l'une de l'autre deux théories qui ont d'aussi étroits rapports. La division, en effet, n'est, comme le dit Duval-Jouve, « que la contre-partie de la classification ; on divise comme on classe, parce qu'on classe comme on divise ; seulement, on ordonne les groupes en sens inverse ; on va du général au particulier, du genre aux espèces » (*Logique*, § 196)[1].

Quelle différence, en effet, y a-t-il, entre dire : le règne animal se divise en quatre embranchements, ou bien dire : tous les animaux peuvent se ranger sous quatre embranchements ? Qu'est-ce que diviser la philosophie, si ce n'est en classer les différentes parties ?

[1] Uberweg (*Logik*) ne sépare pas non plus la division de la classification, § 63.

Cependant, comme la division peut s'appliquer à des objets auxquels les règles d'une classification rigoureuse ne sont pas applicables, on a donné des règles particulières de la division. Elle doit être : 1° *entière*, c'est-à-dire que ses membres pris ensemble constituent l'extension du genre divisé ; 2° *opposée*, c'est-à-dire que l'un de ses membres ne doit pas rentrer dans l'autre ; 3° *graduée*, c'est-à-dire qu'elle ne franchisse pas sans intermédiaire la distance qui sépare deux membres éloignés, comme si en géographie, par exemple, on passait tout de suite des parties du monde aux cantons ; 4° *proportionnée* : trop ou trop peu de subdivisions sont un défaut: le *trop peu* « n'éclaire pas assez l'esprit », le *trop* « le dissipe » (*Log.* de P.-Royal).

430. **Diverses espèces de divisions.** — On distingue les diverses espèces de divisions suivant le nombre des membres : *dichotomie, trichotomie, polytomie*. Un exemple de dichotomie est donné par Platon dans ses dialogues du *Sophiste* et du *Politique*. Chaque membre est toujours divisé par deux. Il ne faut pas abuser de la dichotomie, quoiqu'elle plaise naturellement à l'esprit. Hegel, au contraire, a abusé de la trichotomie. Partout, il voit toujours trois parties, et, comme il s'exprime, trois *moments* : rien n'est plus artificiel. On ne doit pas admettre d'une manière absolue tel nombre plutôt qu'un autre, mais se proportionner à la nature de l'objet.

431. **Méthode des sciences physiques et naturelles.** — En étudiant la méthode expérimentale, nous avons exposé par là même la méthode des sciences physiques et naturelles, car c'est dans ces sciences que cette méthode trouve ses plus parfaites applications. Signalons seulement les points suivants :

1° L'*observation* est d'usage nécessaire dans toutes les sciences physiques et naturelles ; mais il est certaines sciences où elle est seule applicable et ne se joint pas à l'expérimentation : par exemple, l'*astronomie*, l'*anatomie*, la *zoologie descriptive*, etc.

2° L'*expérimentation* est d'application en physique et en chimie, en physiologie. Elle s'applique aussi à la minéralogie et même à la géologie, pour se rendre compte par analogie de la formation des minéraux et des roches.

3° Le *calcul* n'est pas de l'essence de la méthode expérimentale ; mais il s'y joint comme un secours puissant qui anticipe sur l'expérience et qui en détermine *à priori* les conditions, que l'expérience doit ensuite justifier.

4° La *classification* joue surtout un rôle dans les sciences naturelles descriptives (zoologie, botanique, minéralogie) : elle intervient en chimie par la théorie de la nomenclature.

5° La *méthode comparative* ou *analogique*, utile dans toutes les autres sciences, est particulièrement féconde en histoire naturelle et en zoologie. Elle implique en effet : *a*) la comparaison des diverses parties de l'organisme ; *b*) la comparaison des phases de développement ; *c*) la comparaison des races ou variétés ; *d*) la comparaison de la série organique tout entière.

CHAPITRE III

De la méthode dans les sciences morales, et particulièrement dans les sciences philosophiques.

Nous avons vu qu'il y a deux formes essentielles de raisonnement dans l'esprit humain : la *déduction* et l'*induction*, et par conséquent deux sortes de méthodes : la *démonstration* et l'*expérience*.

La première domine exclusivement dans les sciences *exactes* ou *mathématiques*. La seconde règne dans les sciences *physiques* et *naturelles*.

Mais il y a une troisième espèce de sciences que l'on appelle les sciences *morales* (9-10). Quelle en est la méthode ? Est-ce la méthode démonstrative ? Est-ce la méthode expérimentale ? C'est un mélange de l'une et de l'autre, dans de diverses proportions, selon la nature de ces différentes sciences.

Les sciences morales sont celles qui ont pour objets *les lois du monde immatériel*, et principalement *les lois de l'esprit humain*.

On les divise en quatre classes :

I. Les sciences philosophiques, qui ont un double objet : 1° *l'esprit humain considéré en lui-même*, et 2° *l'esprit absolu* ou la *cause première ;*

II. Les sciences *sociales* (juridiques, politiques, économiques), qui ont pour objet l'*homme en société ;*

III. Les sciences *philologiques*, qui ont pour objet le *langage ;*

IV. Les sciences *historiques*, qui ont pour objet le développement de l'espèce humaine dans le temps.

Considérons d'abord les sciences philosophiques. Elles se divisent, nous l'avons vu (10-11), en deux classes : 1° sciences *psychologiques*, ou sciences de l'esprit humain (psychologie, logique et morale) ; 2° science de l'absolu ou de l'Être suprême, ou *métaphysique*.

432. Méthode de la psychologie. — La psychologie est la science de l'esprit, tel qu'il s'apparaît à lui-même par la conscience. C'est donc une science de *faits* ou de *phénomènes*. La méthode par laquelle nous connaissons les faits s'appelle *méthode d'observation*. La méthode psychologique est donc la méthode d'observation.

Seulement la méthode d'observation prend ici deux caractères nouveaux qui la distinguent de ce qu'elle est dans les sciences physiques et naturelles.

1° C'est une observation *intérieure* et non *extérieure*; c'est le même sujet qui *observe* et qui *est observé*.

2° L'observation pénètre ici plus loin que le phénomène : elle atteint jusqu'au sujet affecté (1 2 .

En effet, dans toutes ces sciences de la nature, les phénomènes, étant connus du dehors, ne nous apparaissent que comme des effets, des manifestations de certaines causes inconnues, que nous nous contentons de nommer, parce que l'essence n'en peut jamais être pénétrée. Au contraire, dans tous les phénomènes de l'âme, ces phénomènes ne peuvent être perçus qu'à la condition que le sujet qui les éprouve et qui les perçoit se perçoive lui-même en même temps qu'eux. Comment pourrais-je dire d'une douleur ou d'une pensée : *ma* douleur et *ma* pensée, si je ne *me* sentais par *moi-même* pensant et souffrant? Et comment dirais-je, *ma* volonté, *mes* actions, si je ne *me* sentais pas voulant et agissant? Je ne conclus pas de mes phénomènes à moi-même comme à une substance et à une cause inconnues; mais j'ai conscience de la substance et de la cause, en même temps que des phénomènes.

433. Objections contre la possibilité de la psychologie. — On a élevé un certain nombre d'objections contre la possibilité de la psychologie.

1° L'esprit humain ne peut pas à la fois agir et s'observer pendant qu'il agit : *Oculus non seipsum videt*.

S'il agit, il ne s'observe pas; s'il s'observe, il n'agit plus. Soit un accès de colère; pendant que je suis en colère, puis-je m'observer? si j'observe ma colère, elle s'évanouit par là même. Ainsi de toutes mes passions. Il en est de même de la pensée. Je ne peux pas me regarder penser : ce serait l'homme qui se met à la fenêtre pour se voir passer.

Réponse : Ce sont là des difficultés spéculatives réfutées par l'expérience. Les moralistes et les poètes dramatiques ont analysé les passions; et ils nous ont appris bien des choses sur le cœur humain : on peut donc arriver à le connaître : comment, si ce n'est par le sens intérieur?—On observe, dit-on, les autres hommes; — soit; mais comment comprenons-nous ce qui se passe chez les autres hommes, si ce n'est par analogie, et par comparaison avec nous-mêmes? D'ailleurs, il n'est point nécessaire que les phénomènes de conscience soient observés au moment même où ils ont lieu : il suffit de s'adresser au souvenir. Par exemple si je demande à quelqu'un de distinguer une sensation venue du dehors (l'éblouissement causé par un éclair) et une action dont il est l'auteur (un acte de charité), il est évident qu'il me comprendra : il a donc un moyen de distinguer l'un de l'autre.

2° On ne peut arriver par cette méthode subjective, nous dit-on, qu'à des distinctions purement littéraires et morales, et non à des lois scientifiques.

Réponse : Il est possible qu'il ne soit pas facile en psychologie d'établir des lois comme en physique. Mais une description exacte des faits, telle qu'elle a lieu en histoire naturelle, aurait déjà son prix : et d'ailleurs c'est à la science elle-même de montrer ce qu'elle peut nous donner. En réalité, quel homme instruit en philosophie osera soutenir que le *Théétète* ou la *République* de Platon, le *Traité* de *l'âme* d'Aristote, le traité *des Passions* de Descartes, la *Recherche de la vérité* de Malebranche, l'*Essai sur l'entendement humain* de Locke, les *Nouveaux essais* de Leibniz, la *Critique de la raison pure* de Kant, l'*Essai sur les facultés intellectuelles* de Reid, *la Philosophie de l'esprit humain* de Dug. Stewart, l'*Essai de Psychologie* de Maine de Biran, le traité *des Facultés de l'âme* d'Adolphe Garnier, les ouvrages d'Hamilton, de Brown, de Mill, de Bain, que tous ces ouvrages, dis-je, ne nous ont rien appris sur l'esprit humain?

3° La méthode d'observation subjective conduit à des résultats arbitraires et à de fausses généralisations. En effet, le philosophe qui n'étudie que lui-même se forme un type de l'humanité sur ce qu'il a observé en lui; mais lui-même n'est qu'un individu; il généralise donc des états individuels; en outre, il est un philosophe, c'est-à-dire un homme dans des conditions tout à fait particulières et qu'on peut presque appeler artificielles. Ce n'est pas l'homme en général qu'il observe en lui-même : c'est l'homme civilisé, et l'homme philosophique.

Réponse : S'il n'y avait jamais eu qu'un seul philosophe dans le monde, l'objection serait fondée; mais tous les philosophes se contrôlant et se rectifiant les uns les autres, et proposant leurs observations aux autres hommes qui peuvent aussi les contrôler et les rectifier, la science résulte de ce contrôle réciproque ; et il n'est interdit à personne d'opposer son témoignage à celui des philosophes.

434. Psychologie objective. — Ce qui est vrai, c'est que la psychologie serait une science incomplète, si à l'observation de soi-même on ne joignait l'observation extérieure des autres hommes, et si à la *psychologie subjective* ne venait se joindre ce que l'on peut appeler la *psychologie objective*. Mais cette psychologie objective elle-même serait inintelligible et impossible, si elle ne se fondait sur la psychologie subjective : car ce n'est que par comparaison avec nous-mêmes que nous pouvons comprendre quelque chose à ce qui se passe dans l'esprit des hommes. — La psychologie objective comprendra par exemple : la psychologie *animale* ou l'étude des facultés des animaux ; la psychologie *ethnologique* ou l'étude des facultés dans les diverses races humaines ; la psychologie *morbide*, qui traite des altérations de nos facultés ; la psychologie *physiologique*, qui s'occupe des rapports du physique et du moral, etc.

435. Expérimentation en psychologie. — On vient de voir que l'observation est la méthode de la psychologie : mais on peut se demander si elle est capable d'*expérimentation*. Est-il possible d'opérer sur les phénomènes-psychologiques, comme on fait dans les autres sciences, pour les isoler, en modifier les circonstances, en supprimer les causes présumées, etc. ?

L'expérimentation est, sans doute, plus difficile en psychologie que dans les sciences physiques et naturelles, mais elle n'est pas impossible. Le sujet peut se mettre lui-même dans les circonstances où il sait que les phénomènes se produiront, pour les mieux étudier. Il peut faire un raisonnement pour étudier l'opération du raisonnement ; il peut exercer un sens dans des conditions différentes pour en dévoiler les habitudes diverses. Dans certaines opérations mixtes, touchant à la fois à l'âme et au corps (par exemple la vision), la physiologie vient prêter son secours à la psychologie par ses expériences ; mais la psychologie y a sa part, car c'est toujours l'état de conscience qu'il s'agit d'observer et d'interpréter. Une science récente, la *psychophysique* a commencé à appliquer la méthode expérimentale à ces phénomènes mixtes (73, 74), et est arrivée à quelques résultats intéressants [1].

---

1. Voy. Ribot, *la Psychologie allemande*.

436. De l'application du calcul à la psychologie. — Quelques philosophes ont même cru que l'on pouvait appliquer à la psychologie la méthode mathématique (Herbart). Tant qu'il s'agit de mesurer et de comparer les conditions physiques ou physiologiques des phénomènes de l'esprit, comme le fait la psychophysique (73-74), on comprend la possibilité de leur appliquer le calcul. Mais quand on pénètre jusqu'à l'âme, la méthode mathématique est une pure apparence, et consiste en une simple traduction de ce que nous saurions sans l'usage des mathématiques. Par exemple, si l'on nous dit qu'un plaisir égal à 1/2 se rencontrant avec une douleur égale à 3/4, la douleur sera supprimée pour la valeur de 1/2 et qu'il restera un quart de douleur, c'est exactement comme si on nous disait, ce que nous savons parfaitement, que si la douleur est plus grande que le plaisir, elle pourra être compensée dans la proportion du plaisir, mais qu'elle l'emportera néanmoins. Quant à l'exactitude prétendue, elle est ici purement apparente, car nous n'avons aucune mesure pour déterminer la nature de la fraction qui représentera l'intensité de l'un ou l'autre de ces phénomènes.

437. Logique et morale. — Si la psychologie est une science d'observation, la logique et la morale sont des sciences *rationnelles*. Sans doute elles sont obligées d'emprunter quelques éléments à la réalité, comme les mathématiques elles-mêmes; mais ces notions une fois dégagées de l'expérience qui les a fournies, c'est surtout la déduction qui s'applique dans ces deux sciences. Il ne faut pas perdre de vue, cependant, que nous ne parlons que de la logique *pure* et de la morale *pure*. Car la logique *appliquée*, aussi bien que la morale *appliquée*, doivent faire appel à l'expérience, comme la géométrie ou la mécanique, lorsqu'elles passent de la théorie à l'application. — Quant à l'esthétique, elle devrait être, en principe, aussi bien que la morale et la logique, une science rationnelle, puisqu'elle a pour objet, comme celles-ci, un *idéal* et qu'elle recherche ce que *doit être* une œuvre d'art pour répondre aux conditions de la beauté. Mais, dans cet ordre d'idées délicat et qui touche plus au sentiment qu'à la raison, il sera toujours plus sûr d'observer les conditions réelles dans lesquelles le beau s'est produit, que d'imposer *à priori* des règles pour le produire.

438. Métaphysique. — C'est en métaphysique que la question de la méthode est le plus difficile à résoudre. En principe, il semble que la science qui a pour objet les premières causes et les premiers principes, ou, d'un seul mot, que la science de l'absolu, doive être une science pure, rationnelle, *à priori;* car comment l'absolu pourrait-il être étudié d'une manière expérimentale?

Cependant, si on veut se réduire exclusivement à la notion de l'absolu et de l'être, en y appliquant le raisonnement déductif, on ne construira ainsi qu'une science vide et tautologique, où l'on ne fera que reproduire indéfiniment sous des formes différentes une seule et même proposition, à savoir, que l'absolu est l'absolu. La science rigoureusement idéale et rationnelle de l'être n'ira jamais plus loin que cette maxime de Parménide : *l'être est; le non-être n'est pas.* Lorsque Spinosa a essayé de construire géométriquement la science de Dieu, il y a introduit implicitement des éléments empruntés à l'expérience, par exemple cet axiome : *l'homme pense,* et cet autre principe qu'il ne formule pas, mais qu'il suppose, à savoir, qu'il y a des corps, du mouvement, de l'étendue. En effet, sans ces deux postulats, comment saurait-il que Dieu a deux attributs: la *pensée* et l'*étendue?* Quant aux autres attributs (car Dieu doit en avoir, dit-il, un nombre infini), Spinosa n'en peut deviner aucun, parce que l'expérience ne lui en donne aucun exemple. De plus, comment passera-t-on par le raisonnement de l'infini au fini, et de Dieu au monde? Serait-il possible de découvrir *à priori,* si on ne le savait pas, qu'il y a un monde? Enfin, tous les raisonnements que l'on fait en métaphysique sur les causes et les substances, sur l'espace ou le temps, même sur le contingent et le nécessaire, sont continuellement alimentés par des exemples et des faits empruntés à l'expérience.

Il n'y a de sciences véritablement *à priori* que celles qui procèdent *par construction,* comme les mathématiques ; car alors il s'agit moins de ce qui est en réalité que de ce qui doit être nécessairement dans de certaines conditions idéales que nous supposons et produisons à notre gré. De la même manière sans doute on pourrait, quoique avec moins de rigueur, construire une métaphysique idéale, qui serait vraie dans telle hypothèse (par exemple, que le *Moi* existe seul, que la Substance existe en soi et par soi, que l'Être est et le non-être n'est pas, que les Choses sont les copies des idées, etc.). Mais la métaphysique n'est pas une science abstraite et idéale : elle est, comme la physique, une science concrète ayant pour objet *ce qui est* et non *ce qui peut être.*

D'un autre côté, cependant, il est certain que l'expérience ne nous fait connaître que des faits et des phénomènes, c'est-à-dire le particulier et le contingent, et la métaphysique a précisément pour objet ce qui dépasse le particulier et le contingent, c'est-à-dire l'universel et le nécessaire. Elle ne peut donc être le résultat de l'expérience.

Il semble qu'il y ait là une *antinomie* (contradiction), car si la métaphysique n'est possible ni par la raison, ni par l'expérience, il faut qu'elle soit impossible.

La solution de cette antinomie est dans la *méthode réflexive*, c'est-à-dire, celle de l'esprit se repliant sur lui-même, et trouvant ainsi en lui-même, non plus seulement des phénomènes, mais de l'*être*, et non pas seulement un être *idéal* et simplement conçu, mais encore un être *senti et perçu*. Cette méthode, qui est celle de Descartes, de Leibniz, de Biran et même de Hegel, est la méthode essentielle de la métaphysique.

Mais, dira-t-on, la méthode réflexive atteint bien l'être; mais ce n'est que l'être de l'esprit humain, c'est-à-dire encore un être limité, contingent, qui n'est pas l'objet de la métaphysique.

Soit; mais la réflexion, en atteignant l'esprit humain, atteint en même temps l'esprit absolu. En effet, soit qu'avec Descartes on reconnaisse dans l'esprit humain l'idée de l'infini ou du parfait, dont on démontre ensuite, par le principe de causalité, la réalité objective; — soit qu'on pense avec Platon et Malebranche que l'esprit est uni avec l'idée du bien, ou l'être infiniment parfait, qu'il voit immédiatement et dans lequel il voit toutes choses; — soit enfin qu'avec Hegel on admette que la conscience, en s'approfondissant elle-même, découvre en soi les divers moments de l'existence de l'absolu: — dans ces diverses hypothèses, c'est toujours l'esprit qui par la réflexion découvre en soi-même le fondement de toute métaphysique, l'être, l'absolu, l'infini; c'est encore en lui-même et par l'analyse réflexive qu'il découvre les diverses propriétés, qualités, manifestations de l'être, à savoir: *substance, cause, fin, unité, identité, action;* enfin, c'est encore par analogie avec lui-même qu'il détermine et caractérise l'absolu, comme pensée, volonté et amour.

439. Sciences sociales, Politique, Jurisprudence, Économie politique. — Les principales sciences sociales sont: 1° la *Politique*, qui traite des principes et des conditions du *gouvernement* des États; 2° la *Jurisprudence*, qui explique et commente les *lois civiles positives* ; 3° l'*Economie politique,* qui traite de la production et de la distribution des richesses.

1° La *politique* a été traitée tantôt comme une science abstraite et rationnelle où l'on recherche les conditions idéales de la société : par exemple, la *République* de Platon, fondée sur l'idée de la communauté ; le *Contrat social,* sur l'idée de la souveraineté du peuple ; le *de Cive* ou le *Leviathan,* de Hobbes, consacré à la défense du pouvoir absolu. Tantôt, au contraire, elle a été exposée comme une espèce d'*art* purement *empirique,* où l'on cherche comment les hommes agissent et quelles sont les conséquences habituelles de leurs actions ; par exemple : le *Prince* de Machiavel. La vraie méthode politique est la *méthode expérimentale* et *inductive,* fondée sur l'étude des institutions et des lois dans toutes les régions du globe et à toutes les époques de l'histoire. Cette méthode est celle de Montesquieu, dans *l'Esprit des lois.* Elle n'exclut pas la conception d'un idéal dont les institutions nécessaires seraient la réalisation progressive.

2° *Jurisprudence.* La méthode propre à la jurisprudence est la méthode déductive. En effet, la jurisprudence n'a pas à rechercher ses principes : elle les reçoit tout faits de la législation : ce sont les *lois écrites.* Ce sont là comme des théorèmes dont la vérité est supposée, de même que l'on suppose en mécanique les théorèmes de la géométrie. En outre, il y a en jurisprudence comme en géométrie des axiomes et des définitions ; et souvent la définition est fournie par la loi elle-même. La science juridique n'a donc d'autre objet que de déduire les applications de la loi ou de concilier les diverses lois entre elles, ce qui est l'œuvre de la déduction. Aussi Leibniz nous dit-il que « les jurisconsultes ont plusieurs bonnes démonstrations.... et qu'ils raisonnent d'une façon qui approche fort de la démonstration ». (*N. Essais,* IV, II.)

En est-il de même de l'*économie politique?* C'est l'opinion d'un éminent économiste, M. Rossi : « L'économie politique, dit-il, dans ce qu'elle a de général et d'invariable, est plutôt une science de raisonnement qu'une science d'observation » (*Cours,* 2me leçon) ; et il expliquait l'opinion inverse, en disant que l'on confondait l'économie politique *pure* et l'économie politique *appliquée.* Mais il négligeait de voir que toutes les sciences, même celles que l'on appelle d'observation, peuvent être aussi, à certains points de vue, des sciences de raisonnement. Par exemple, il y a une physique pure et une physique expérimentale, mais celle-ci n'est pas la même chose que la physique appliquée. Les applications sont les conséquences de la science, l'expérience en est la base. De même, il y a une économie politique *pure* et une économie politique *expérimentale*; celle-ci est la base de l'autre : elle donne les faits et les lois sur lesquels l'économie politique pure fonde ses théories; cette partie expérimentale de la science en est la base; la théorie est le fond de la science : les applications ne sont que des conséquences modifiées par les circonstances.

En résumé, la méthode des sciences morales est avant tout la méthode inductive, et cette méthode elle-même est impossible sans le raisonnement; mais cela ne détruit pas le caractère inductif de ces sciences, car il en est de même dans les sciences physiques et naturelles.

440. **Sciences philologiques**. — Les sciences philologiques recherchent les lois du langage soit dans une langue donnée, soit dans un groupe de langues, soit enfin dans toutes les langues connues. Comme toutes les sciences qui sont à la recherche des lois, elles doivent partir de faits. Les sciences philologiques sont donc des sciences inductives. Mais elles pratiquent particulièrement, comme les sciences naturelles, la *méthode comparative*, celle qui recherche les analogies sous les différences; c'est cette méthode qui a donné naissance à la science que l'on appelle la *philologie comparée*.

441. **Sciences historiques**. — Les sciences historiques forment un groupe si important, et les méthodes y sont si particulières, que nous les détacherons pour en faire l'objet d'une étude séparée.

CHAPITRE IV

Le témoignage des hommes.

Les sciences historiques reposant sur un mode de connaissance que l'on appelle le *témoignage des hommes*, avant d'étudier la méthode de ces sciences, nous devons étudier d'abord la nature et les principes de ce mode de connaissance.

On appelle *témoin* la personne qui affirme la réalité d'un fait dont elle a eu connaissance ; le *témoignage* est cette affirmation même.

Il faut distinguer le témoignage *en matière de faits* et le témoignage *en matière de doctrine*. Le premier est ce qu'on appelle proprement témoignage ; le second s'appelle plutôt l'*autorité*. En faveur d'un fait que l'on affirme on invoque des *témoins*, et en faveur d'une opinion on invoque des *autorités*.

Nous traiterons d'abord et surtout du témoignage en matière de faits.

442. **Importance du témoignage.** — Le témoignage des hommes est un mode de connaissance de la plus haute importance, et qui vient compléter d'une manière nécessaire la connaissance individuelle réduite à ses trois sources : les sens, la conscience et la raison.

L'homme individuel n'occupe qu'un point du temps et une portion imperceptible de l'espace. Les faits qu'il peut percevoir par lui-même se bornent donc à ceux qui se présentent à lui dans cette portion d'espace et dans cet intervalle de temps. Or il suffit à chacun de nous de faire appel à ses propres souvenirs pour voir combien le nombre de ces faits est limité.

Qu'est-ce, par exemple, que le nombre des plantes et des animaux que nous avons pu voir nous-mêmes, à côté de la flore et de la faune de la terre entière ? Qu'est-ce même que le nombre des hommes que nous avons pu connaître personnellement, notre vie fût-elle la plus longue qui soit donnée à l'homme, à côté de l'humanité tout entière? Que sont les phénomènes physiques et chimiques que nous pouvons connaître dans la vie commune, à côté des faits innombrables et subtils qui se passent sur la terre, sous la terre, dans l'univers, bien plus, autour de nous, à côté de nous, sans que nous sachions ou que nous puissions les voir, soit par le défaut de nos sens, soit par le défaut de notre esprit? La science individuelle serait donc extrêmement bornée et presque stérile si elle n'était pas enrichie et fécondée par le témoignage des autres hommes, si l'expérience de chacun n'était pas doublée par l'expérience d'autrui.

On voit par là combien est insuffisante et artificielle la méthode qui se borne à observer l'homme tout seul, en dehors de la société, puisque dans ces conditions, comme l'expérience le prouve, l'homme ne s'élèverait en rien au-dessus de l'animal, et serait à peine égal aux plus parfaits des animaux.

443. **Fondement de l'autorité du témoignage.** — Le problème logique qui se présente à nous est celui-ci : jusqu'à quel point sommes-nous autorisés à croire au témoignage de nos semblables, et quel est le fondement de cette croyance ?

Reid a ramené à deux principes le fondement de l'autorité du témoignage humain. Le premier est l'inclination naturelle de l'homme à dire la vérité, lorsqu'il n'est pas poussé au mensonge par la passion et par l'intérêt; il a donné à cette inclination le nom d'*instinct de véracité*. Le second principe, qui répond à celui-là, est l'*instinct de crédulité*. De même que nous disons naturellement la vérité, de même nous croyons naturellement que les hommes sont disposés à la dire et la disent en effet. Ni le mensonge, ni la défiance ne sont les premiers mouvements de l'esprit. L'enfance croit tout, comme elle dit tout : elle n'apprend à douter qu'en apprenant à mentir.

On peut admettre ces principes de Reid pour simplifier la théorie du témoignage : mais on sait la tendance des Écossais à transformer toutes les opérations de l'esprit, même les plus simples, en principes instinctifs et en lois irréductibles. Il en est de même dans cette circonstance. Il ne serait pas difficile de faire voir que les deux principes de Reid se ramènent à des faits très simples et très familiers.

Remarquons d'abord que l'un des deux principes au moins est inutile, à savoir, le principe de crédulité. En effet, il suffit d'admettre le principe de véracité pour que la croyance au témoignage des hommes s'explique par les règles ordinaires de l'induction. Supposons un homme qui a toujours dit la vérité et qui n'a jamais été tenté de mentir : d'où pourrait lui venir la pensée du mensonge, lorsqu'il entend les autres hommes? Ayant toujours observé sur lui-même la parole comme instrument de la pensée, il induira naturellement qu'il en est de même chez les autres ; les mêmes causes produisant les mêmes effets, selon l'axiome de Newton, en entendant les mêmes paroles, employées par les autres comme par lui, il conclura les mêmes causes, à savoir, les mêmes pensées, c'est-à-dire celles qu'il aurait lui-même s'il prononçait ces paroles. Ainsi, tant qu'un homme n'a pas lui-même trompé, et tant qu'il ne s'est pas trompé, c'est-à-dire tant qu'il n'a pas fait l'expérience de l'erreur et du mensonge, il n'a aucune raison de supposer l'erreur et le mensonge chez autrui.

Il n'est pas même besoin, d'ailleurs, d'avoir recours à un instinct de véracité pour expliquer la croyance naturelle des hommes au témoignage : cette croyance s'explique tout naturellement par les lois de l'induction et de l'association des idées. Les sons que l'enfant s'est habitué à reconnaître et à attacher à certains objets quand il a appris à parler, réveillent naturellement, aussitôt qu'il les entend de nouveau, la pensée des mêmes objets : jusqu'à ce que ces associations aient été rompues par l'expérience de l'erreur et du mensonge, elles se reproduiront toujours naturellement et infailliblement. Les mêmes mots rappelleront toujours les mêmes idées. Si, toutes les fois qu'on a dit à l'enfant : « J'ai un gâteau pour toi, » on lui a réellement apporté un gâteau, il est impossible que les mêmes mots prononcés une fois de plus ne réveillent pas en lui la même idée et la même attention ; et si un jour, au lieu du gâteau promis on lui montre une poignée de verges, il éprouvera une déception soudaine que rien ne pouvait lui faire prévoir et qui se traduira par des cris. On voit assez que l'instinct de véracité est inutile pour expliquer ces faits.

D'ailleurs, il est à peine nécessaire de supposer cet instinct pour expliquer que l'homme commence par dire la vérité, jusqu'à ce qu'il ait intérêt à faire le contraire : car la parole étant d'abord tout aussi naturellement liée aux pensées de l'enfant que les pleurs le sont à l'expression de ses douleurs, il emploiera les unes comme il emploie les autres, d'une façon toute spontanée et sans même savoir ce qu'il fait, en vertu des lois qui unissent le moral et le physique. Mais aussitôt qu'il a appris à remarquer que ces sortes de phénomènes ne sont pas seulement des signes pour exprimer ses états de conscience, mais encore des moyens pour se procurer ce qu'il désire, il altère aussitôt le sens de ces signes : il crie sans souffrir, pour se faire promener ; et plus tard il dira : « J'ai faim, » sans aucun appétit, pour se procurer un gâteau.

Je suis bien loin de prétendre qu'il n'y a pas, en effet, dans l'homme un instinct de véracité, et que chez les enfants, lorsqu'ils sont bien élevés, on ne puisse arriver à produire chez eux un sentiment très vif d'horreur pour le mensonge. On ne doit donc pas exclure ce principe de la croyance au témoignage des hommes : car nous voyons que ce sont les hommes les plus sincères qui croient le plus facilement. Mais ce principe n'intervient que pour une part dans la question ; et les lois ordinaires de l'induction et du langage suffisent à la rigueur pour expliquer les faits.

Enfin, les deux principes invoqués par les Écossais n'écarteraient après tout qu'une des causes de défiance qui pèsent sur le témoignage des hommes, à savoir, le mensonge ; elles n'écartent pas l'autre, qui est l'erreur. L'instinct de véracité est cause que l'homme ne trompe pas, mais non qu'il ne se trompe pas. L'instinct de crédulité fait que nous sommes autorisés à croire en général que les hommes, intérêt et passion à part, ne nous trompent pas ; mais ils ne nous autorisent nullement à croire qu'ils ne se trompent pas. La vérité est que nous ne pouvons supposer aucune erreur tant que nous n'avons pas fait l'expérience de l'erreur ; par la même raison, nous ne pouvons supposer le mensonge avant d'avoir fait ou essayé l'expérience du mensonge : ces deux mots doivent être vides de sens pour nous tant que nous n'avons pas fait l'épreuve des choses qu'ils représentent[1].

444. Applications du témoignage des hommes. — Les principales applications du témoignage des hommes sont les suivantes :

1° *L'histoire*. — Sans le témoignage, les générations humaines

---

[1]. M. E. Naville (*Comptes rendus de l'Académie des sciences morales et politiques*, avril 1873, p. 577) fait reposer la certitude du témoignage sur un principe qu'il emprunte au P. Gratry et qu'il appelle *principe de transcendance*. Ce principe fonde, dit-il, la certitude du témoignage, comme il fonde la certitude de l'induction, comme il fonde la certitude du calcul infinitésimal. Il nous semble que c'est admettre trop de principes innés dans l'esprit humain. Nous ne dirons donc pas avec l'auteur : « Le fondement logique de la certitude du témoignage est *du même ordre* que le fondement logique de l'induction des physiciens. » Mais nous dirons : la croyance au témoignage *est une induction*, et se justifie comme l'induction elle-même ; et ainsi la certitude du témoignage se ramène à celle de l'induction.

ne pourraient rien savoir de ce qui s'est passé avant elles : voilà donc une partie considérable de nos connaissances qui nous serait enlevée : le *passé*.

2° *La justice sociale*. — Sans témoignage, point de justice. En effet, le malfaiteur n'a pas l'habitude de choisir le juge pour en faire le témoin de ses crimes et de ses délits. Il faut donc, entre le délit et le juge, un intermédiaire, celui que le hasard ou les circonstances ont rendu spectateur du fait attesté. Il en est de même pour les intérêts civils. Les faits décisifs ne peuvent arriver à la connaissance du juge que par les témoins ou par des pièces qui sont elles-mêmes des témoignages.

3° *L'éducation*. — La meilleure éducation, dit-on, est celle que chacun se fait à soi-même. Cela est très vrai ; mais si l'on prenait ce principe à la rigueur, chaque homme devrait recommencer à lui seul le travail de l'humanité tout entière et redécouvrir la civilisation. Comme cela est impossible, l'éducation consiste à résumer pour chacun tout ce qui a été découvert par les générations antérieures : c'est donc la parole du maître qui sert d'intermédiaire entre le passé et le présent, entre ce que l'humanité sait et ce que chacun doit apprendre. La raison et la réflexion sont libres.

445. **Règles du témoignage.** — Nous venons de voir que l'homme, quoique né pour la vérité, ne l'énonce pas toujours dans ses discours. L'*erreur* et le *mensonge* sont les deux vices qui corrompent la sincérité naturelle du témoignage. Un témoin assure un fait ou une vérité ; mais a-t-il bien vu ce fait ? a-t-il bien examiné cette vérité ? n'est-il pas dupe de son imagination, de ses sens, de ses passions ? ou bien, sans être dupe lui-même, n'a-t-il pas quelque intérêt à duper autrui ? Telles sont les questions qui se présentent devant chaque témoignage et qui ne peuvent être résolues que par une critique sévère : de là plusieurs règles que l'on appelle les *règles du témoignage*. Il faut distinguer deux cas : 1° le cas d'un témoin *unique*; 2° le cas de la *pluralité* des témoins.

446. **Premier cas. — Le témoin unique.** — Les règles de cette critique sont parfaitement connues. Puisque le témoignage peut être vicié, soit par l'erreur, soit par le mensonge, il faut se demander à quels signes on peut reconnaître la présence de ces deux choses. Or, l'erreur dans un témoin peut venir de deux

sources : ou de son ignorance en général, c'est-à-dire d'une certaine incapacité de comprendre, de voir et d'observer; ou de son ignorance relative au fait particulier qu'il s'agit d'éclaircir. — Il est certain d'abord que l'homme qui n'est pas éclairé ou qui manque naturellement de jugement, ne voit pas bien même les choses qu'il voit, et est incapable d'en raconter les détails avec justesse et exactitude. Il y a des esprits, même distingués, qui manquent à tel point d'esprit d'observation ou de mémoire, qu'ils ne peuvent retracer avec précision aucune des circonstances d'un fait dont ils ont été témoins. Pour voir, il ne suffit pas d'avoir des yeux, il faut les appliquer avec attention sur les choses; et celui qui, soit par défaut naturel, soit par défaut d'exercice, manque de cette faculté d'attention, sera toujours un témoin peu sûr et un garant médiocre de la vérité d'un fait. Ce n'est pas que l'on doive absolument préférer, en fait de témoignage, un savant à un témoin ignorant; il faut seulement avoir soin d'interroger chacun sur les faits dont il peut déposer : c'est celui qui a vu qui est le vrai savant dans cette circonstance. Il faut donc examiner si le témoin sait bien la chose dont il parle, ou s'il l'ignore; ne consulter l'astronome que sur les révolutions des astres, le physicien que sur les phénomènes physiques, l'artisan et le laboureur que sur les détails de leur profession. Quand il s'agit d'éclaircir un fait particulier, les témoins les plus autorisés seront ceux qui étaient présents, fût-ce même un enfant : car la connaissance spéciale du fait a plus de prix qu'une certaine capacité générale qui n'a point à s'exercer dans la circonstance. Mais il ne suffit pas que le témoin soit très capable de connaître la vérité, il faut encore qu'il soit disposé à la dire; or, pour juger de la sincérité, il faut examiner quelles raisons peuvent l'empêcher d'être sincère : d'abord, l'habitude du mensonge, c'est-à-dire une certaine disposition à tromper en général; en second lieu, un intérêt particulier à tromper dans une circonstance donnée. En effet, tel homme, qui n'est point menteur par nature, peut l'être dans certains cas s'il y a intérêt; tel autre, au contraire, d'un caractère peu recommandable, sera sincère dans un cas particulier où rien ne le porte à mentir. Si un témoin d'un caractère honorable affirme un fait où il n'a nul intérêt, les deux conditions de la moralité d'un témoin seront réunies, et la confiance pourra être entière. La sécurité sera plus grande encore lorsqu'un témoin déposera contre son propre intérêt.

Mais, quelles que soient les garanties de capacité et de sincérité que puisse offrir un témoin, s'il est seul, il reste encore des raisons suffisantes de doute, sinon pour les faits d'un intérêt vulgaire, du moins pour les faits importants. Qu'une personne d'un caractère grave et sans nul intérêt vienne déposer d'un crime commis, ce témoignage respectable fera naître de fortes présomptions et peut-être une conviction morale dans l'esprit d'un juge. Mais la prudence ne permettrait pas de s'en rapporter à ce témoignage unique, et aucune loi humaine et juste n'autorise la condamnation d'un accusé sur lequel ne pèse d'autre charge que le témoignage d'un seul homme. La raison en est que l'on n'est jamais assez sûr de pénétrer dans l'esprit d'un homme pour se convaincre sans réserve, ou qu'il a bien vu une chose, ou qu'il n'a aucun intérêt possible à affirmer l'avoir vue.

447. Deuxième cas. — Pluralité des témoins. — Le témoignage des hommes a un bien plus grand poids lorsque plusieurs témoins se rencontrent dans une même affirmation sur un même fait. Cependant, même cette rencontre de témoignages doit être soumise à une certaine critique ; car il peut arriver que plusieurs témoins soient engagés par une même ignorance, une même passion ou un même intérêt, à dire les mêmes choses. Si plusieurs témoins affirmant une chose sont aussi incapables les uns que les autres d'observer avec exactitude et discernement les faits dont ils déposent ; si l'imagination leur peint à tous le même fait sous les mêmes couleurs ; si une même prévention, un intérêt commun, un esprit de corps les égare de la même manière, faudra-t-il croire à plusieurs témoins plutôt qu'à un seul ? Assurément non. Que sera-ce donc si à plusieurs témoignages s'opposent des témoignages contraires ? Le nombre des témoins se trouve compensé alors par leur partage. Il faut comparer les deux dépositions et chercher de quel côté se rencontre non seulement l'avantage du *nombre*, mais celui du *poids* : les témoignages les plus éclairés et les plus désintéressés valent toujours mieux que les plus nombreux. S'il ne se rencontre qu'un seul ordre de témoins et de dépositions, il importe, avant de se fier tout à fait, d'examiner si les témoignages opposés n'ont pas pu être supprimés ou subornés ; il faut comparer entre elles les dépositions des témoins, les contrôler les unes par les autres, les confronter, en un mot. La probabilité du témoignage augmentera à mesure que, dans une plus grande différence d'origine, de classes, de passions, d'intérêts, de lumières entre les témoins, se fera voir une plus grande conformité dans leurs déclarations ; et si, enfin, l'unanimité de tous les témoins possibles sur un fait qui a pu être connu et discuté par un très grand nombre de personnes, se rencontre cependant, sans aucun témoignage contraire, on peut considérer le fait comme attesté et comme certain.

448. Les faits. — Mais il ne suffit pas, dans l'appréciation du témoignage des hommes, de s'appliquer à l'examen des témoins. Il y a encore un élément dont il faut tenir compte, et qu'il faut mesurer et peser également : c'est la *qualité* du *fait* attesté. On a discuté sur la question de savoir s'il faut avoir égard à la nature du fait, à sa vraisemblance et à sa possibilité, dans l'examen des témoignages. Suivant certains critiques, l'autorité morale du témoin suffit, et, si elle est assurée, il est inutile de rechercher si le fait en lui-même est possible et probable[1]. Mais la question est précisément de décider si les conditions d'autorité exigées pour un témoignage ne doivent pas croître nécessairement en raison de l'invraisemblance des faits ; si, à autorité égale, un témoignage qui affirme un fait tout simple, n'est pas plus facilement cru que celui qui nous atteste un fait extraordinaire. Ici, le sens commun et l'expérience ne laissent aucun doute. Qu'une personne, connue à peine de nous, nous raconte un fait ordinaire de la vie, nous ne doutons point de ce témoignage unique ; au contraire, qu'un ami, qu'une personne très autorisée, vienne nous raconter des faits extraordinaires, comme, par exemple, qu'un somnambule a vu ce qui se passait à plusieurs lieues de l'endroit qu'il habite, qu'il a décrit des lieux qu'il n'avait jamais visités, qu'il a guéri des maladies par l'effet d'une seconde vue ; ces sortes de prodiges nous laissent incrédules, quel que soit le nombre de témoins qui les attestent, au moins jusqu'à ce que nous ayons vérifié avec une sévérité inaccoutumée l'autorité de ces témoignages. Il est donc hors de doute que, dans la pratique de la vie, nous exigeons des conditions plus sévères dans les témoins à mesure que les faits deviennent plus difficiles à croire par leur rareté, leur difficulté, enfin leur invraisemblance. Et, si le témoignage portait sur des faits que nous considérons comme absolument impossibles, aucun

---

1. Cette question est discutée dans l'article CERTITUDE de l'*Encyclopédie*, par l'abbé de Prades.

témoignage ne pourrait réussir à nous les faire croire. La seule question est de savoir s'il y a aucun fait que nous puissions réputer impossible et qui doive ainsi légitimement provoquer une incrédulité absolue. Au moins en est-il qui, approchant de l'extrême invraisemblance, exigent dans les témoins les dernières conditions possibles d'exactitude et d'autorité.

449. Le calcul des probabilités. — L'autorité du témoignage variant ainsi suivant le nombre et la qualité des témoins, et selon la nature des faits, on a eu l'idée de soumettre au calcul ces diverses variations, et de traduire en formules mathématiques les degrés de probabilité du témoignage, dans les différentes circonstances où il se produit (314). Mais on peut dire, en général, que l'application du calcul aux choses morales offre beaucoup de difficultés et d'inconvénients ; les qualités morales ne se traitent point comme des qualités abstraites. Il y a mille nuances délicates, mille différences insensibles qu'une vue juste et exercée par l'observation discernera mieux que ne pourrait le faire le calcul le plus certain. On peut demander s'il est possible d'exprimer autrement qu'en fractions arbitraires et fictives la valeur générale d'un témoignage humain. Le pourrait-on, reste à savoir s'il serait utile de le faire. En effet, vous ne pouvez représenter par une fraction exacte la probabilité de la véracité du témoin dans un certain cas, qu'autant que l'expérience vous a d'abord fourni toutes les données justes et précises dont se compose cette probabilité. Cette fraction, dans laquelle vous exprimez l'idée complexe que vous avez de la véracité d'un témoin, n'ajoute rien à l'exactitude de cette idée, puisqu'elle n'en est que le signe. Il faut d'abord que l'idée soit exacte pour que la fraction le soit, et dès lors la fraction n'est qu'une représentation approximative, toujours plus ou moins infidèle, du sentiment juste et vif que vous aura donné l'expérience, la connaissance du cœur humain, la connaissance particulière de tel homme, sur sa moralité, sa capacité, enfin sur toutes les conditions exigées dans le témoin. De même, la fraction qui exprime la probabilité du fait attesté n'est encore que l'expression de l'opinion que vous avez et qui est antérieure à toute traduction arithmétique. Par conséquent, toutes les données du calcul sont empruntées à l'expérience, surtout à cette expérience délicate, complexe, infinie, que l'on appelle la connaissance du cœur humain. Le calcul n'est donc d'aucun usage quant aux données du problème. Mais ces données une fois acquises, ces prémisses une fois posées, faut-il recourir au calcul pour en exprimer les conséquences? Les raisonnements qui ont rapport aux choses de la vie, aux événements qui dépendent des passions, des idées, des sentiments de l'homme, ne doivent jamais être traités d'une manière abstraite, comme des équations : ils sont d'autant plus justes qu'ils sont accompagnés d'un plus vif sentiment des choses. Supprimez les choses mêmes et ne raisonnez plus que sur des quantités ou des signes, le raisonnement pourra être à la fois très exact et très faux.

450. **Certitude du témoignage.** — L'application du calcul des probabilités à l'autorité du témoignage humain suggère naturellement la question de savoir quelle est la certitude du témoignage, lorsque toutes les conditions de véracité et d'exactitude se trouvent réunies. Peut-on attacher le nom de certitude à la croyance provoquée en nous par un tel témoignage? ou, comme le pensent quelques philosophes, ne devons-nous considérer cette croyance que comme le plus haut degré possible de probabilité? C'est l'opinion de Locke, qui, après avoir dit que nous y adhérons aussi fermement que si c'était une connaissance certaine, ajoute cependant que « le plus haut degré de probabilité est lorsque le consentement général de tous les hommes, dans tous les siècles, autant qu'il peut être connu, concourt, avec l'expérience constante, à affirmer la vérité d'un fait particulier attesté par des témoins sincères ». Nous ne pouvons consentir, pour notre compte, à cette atténuation de la certitude du témoignage humain. Si l'on donne le nom de certitude à cet état de l'esprit qui adhère à ce qu'il croit la vérité sans aucun mélange de doute, on ne peut méconnaître le caractère de la certitude à l'adhésion que nous accordons à certains faits attestés par le témoignage universel. S'appuiera-t-on sur ce sophisme, que l'autorité d'un témoin isolé, quelque grande qu'elle soit, n'est jamais que probable, et que, par conséquent, l'autorité de plusieurs témoignages n'est qu'une source de probabilité? Ce sophisme est connu dans la logique sous le nom du *Chauve* et du *Monceau*. Il est évident que ce qui fait ici la certitude, c'est précisément la rencontre unanime des témoins; et comme dans cette hypothèse toute chance d'erreur disparaît, le doute disparaît également. Dira-t-on qu'il n'y a certitude que lorsque il y a évidence, et qu'il ne peut y

avoir d'évidence dans un fait que nous ne connaissons pas immédiatement? Nous répondons que ce n'est pas le fait par lui-même qui est évident, mais ce principe : qu'un nombre considérable de témoins ne peuvent se réunir dans une même erreur ou dans un même mensonge, lorsqu'ils attestent un fait qu'ils ont pu connaître et où chacun d'eux n'est en quoi que ce soit intéressé. Voilà le principe évident, d'où sort, comme une conséquence, l'évidence du fait attesté.

450. Témoignage en matière de doctrine. — Le témoignage n'est pas uniquement invoqué pour attester la vérité d'un fait : souvent nous nous en servons pour attester la vérité d'une doctrine et d'une opinion. Il n'y a pas de discussions parmi les hommes dans le monde, dans la vie publique, au barreau, etc., sans que chacun cite en faveur de son opinion ce qu'on appelle des *autorités*. Dans les sciences elles-mêmes, quand il s'agit de matières que nous ne connaissons pas, il n'est personne de nous qui ne s'en rapporte au témoignage des savants. Nous n'avons pas besoin d'avoir démontré par nous-mêmes les théorèmes de la géométrie, d'avoir expérimenté telle ou telle loi de la nature pour croire à la vérité de ce théorème ou de cette loi. Ce ne sont donc pas seulement, quoi qu'en dise Pascal[1] les sciences historiques qui ont besoin de l'autorité du témoignage : ce sont toutes les sciences, quand nous n'avons pas le temps de les cultiver nous-mêmes, ou dans les parties qui ne sont pas de notre domaine; et même là où chacun peut se croire compétent, dans les matières de morale, de pédagogie, de politique, de littérature, l'autorité d'un grand nom est toujours imposante (324).

Néanmoins, il faut toujours distinguer ces deux sortes de témoignages : le témoignage sur les faits et le témoignage sur les doctrines. Dans le premier cas, quand il s'agit de faits éloignés ou passés, le témoignage est un véritable mode de connaissance, et dans de certaines conditions il donne la certitude. Dans le second cas, au contraire, l'autorité est un appoint, un *succédané*[2] : mais il ne donne pas directement la vérité. On ne la possède véritablement que lorsqu'on l'a comprise soi-même. La vérité ne vient pas du dehors : elle est en nous, elle vient de nous-mêmes; nous devons nous la conquérir et nous l'assimiler par nos propres

---
1. *De l'autorité en matière de philosophie.*
2. On appelle *succédané* un médicament qu'on peut substituer à un autre.

forces. *Le maître l'a dit*[1] : c'était le préjugé du moyen-âge. C'est contre ce préjugé que s'est élevé tout le xvii° siècle : et c'est contre lui qu'est dirigé le petit écrit de Pascal, dont nous venons de parler plus haut.

451. Le traditionnalisme. — Si c'est une erreur de méconnaître la certitude positive du témoignage humain, c'en est une autre non moins grave de considérer le témoignage comme la source unique de la certitude. C'est un système que l'on a vu naître de nos jours. Il est trop évident que l'individu ne peut être un témoin suffisant de la vérité, si l'on ne suppose d'abord qu'il est capable de connaître et de comprendre la vérité. Le témoignage est un fait composé qui implique l'action de la plupart de nos facultés intellectuelles. Supprimez l'autorité de la conscience, des sens, du jugement, du raisonnement, nous ne voyons pas par quel moyen un homme pourra connaître un fait, le comprendre et l'attester. Cela est bien plus évident encore s'il s'agit d'une vérité : car ici une simple attestation ne suffit plus, la démonstration est nécessaire ; c'est-à-dire qu'il faut que l'intelligence parle à l'intelligence. On doit laisser au témoignage son domaine, si on n'en veut pas compromettre l'autorité en l'exagérant. Son domaine propre est celui des faits ; mais, même dans cet empire, il ne faut point lui ôter son soutien naturel, l'intelligence ; il n'est que la déposition de l'esprit, il n'en est pas la lumière : la lumière vient des facultés premières et nécessaires de notre intelligence. C'est là qu'il faut pénétrer pour trouver l'autorité de la parole humaine. La parole est un signe qu'il ne faut pas confondre avec la chose qu'elle signifie. Telle est la confusion, telle est l'erreur d'une école qui, voulant arracher l'homme à lui-même et à sa raison pour le livrer tout entier à l'autorité, s'est plu à combattre la certitude de nos facultés intellectuelles, à les rendre esclaves du témoignage et de la parole. C'est la doctrine du *traditionnalisme*, doctrine qui n'est qu'un sensualisme d'un autre ordre, d'accord avec celui de Condillac pour faire venir nos idées du dehors et méconnaître dans l'homme la faculté naturelle de penser[2]. La vraie philosophie fait une place au témoignage dans l'intelligence humaine, mais elle ne la lui soumet pas tout entière.

---

1. *Magister dixit*, ou *Ipse dixit* : il s'agissait d'Aristote, au moins au moyen âge : car la formule est plus ancienne et nous vient des pythagoriciens : αὐτός ἔφα, disaient-ils dans le dialecte dorien.

2. Pour la réfutation du traditionnalisme, voy. de *l'Origine des connaissances humaines d'après l'Ecriture sainte*, par le R. P. Chastel de la compagnie de Jésus (Paris, 1852).

CHAPITRE V

La critique historique.

Le témoignage des hommes est la base de l'histoire ; et la méthode qui consiste à apprécier la valeur des témoignages en histoire s'appelle la *critique historique*.

452. Méthode historique. — La méthode en histoire est-elle une méthode essentiellement différente de celles que nous avons exposées précédemment, ou bien rentre-t-elle dans l'une d'entre elles ? Peut-elle se ramener à la méthode déductive et démonstrative, ou à la méthode expérimentale et inductive ? — Et d'abord, il ne peut être question de la confondre avec la déduction et la démonstration. L'histoire ne part pas de définitions et d'axiomes : elle n'emploie pas le syllogisme ; le raisonnement n'en est pas absent : mais il n'y entre que comme auxiliaire, il n'en est pas l'essence. La méthode historique, au contraire, peut se ramener à la méthode inductive ; mais elle en est une forme particulière, une application originale. En général, la méthode inductive part des faits pour s'élever aux lois, c'est-à-dire à ces mêmes faits généralisés. En histoire, au contraire, on part de certains faits pour conduire non pas à des lois générales, mais à d'autres faits différents des premiers. Par exemple, d'un fait qui tombe sous nos yeux, une inscription ou la devise d'une médaille, on conclut que tel empereur régnait en telle année. Ainsi, les *témoignages* sont une première classe de faits que l'on traverse pour arriver à d'autres faits qui sont les *événements*. Néanmoins, c'est toujours là une induction qui repose sur ce principe : que tout fait attesté par un témoin compétent et désintéressé est vrai. Il suffit donc de rassembler et d'interroger les témoignages pour être assuré de la vérité des faits. Au reste, l'histoire n'est pas la seule science où l'on conclue de certains faits à d'autres faits dont les premiers sont les signes. En géologie, par exemple, les faits actuels sont les signes des faits passés : la présence actuelle des coquillages sur les montagnes est le signe de la présence de la mer dans les mêmes lieux, à une époque antérieure. En un mot, si l'induction, comme l'appelait Bacon, est l'interprétation de la nature, la méthode historique est l'interprétation du témoignage humain.

453. Certitude de l'histoire. — On peut donc dire que l'histoire est une science inductive : mais quel degré de confiance mérite l'induction historique? On a élevé bien des doutes contre la certitude de l'histoire. Volney, par exemple, l'a réduite à très peu de chose et a professé une sorte de scepticisme historique très exagéré [1]. On a représenté l'histoire comme un tissu de mensonges, on a dit qu'elle était « l'art de choisir entre plusieurs choses fausses celle qui ressemble le plus à la vérité. » (J.-J. Rousseau, *Émile*, liv. IV). Pour établir ce scepticisme, on s'est autorisé des erreurs inévitables qui sont toujours mêlées à la science du passé. Néanmoins il est impossible de nier qu'il n'y ait en histoire un fonds de vérités incontestables, aussi certaines que toutes celles qui sont dues au raisonnement ou au témoignage des sens. Après ces faits absolument certains, il en vient d'autres moins certains, mais encore probables, d'autres vraisemblables, d'autres douteux : c'est à la critique historique de fixer ces degrés.

Dans tout événement historique attesté par un auteur il y a trois choses à distinguer : 1° le *fait* lui-même; 2° les *circonstances* du fait; 3° le *jugement* des témoins (Daunou, *Cours d'études historiques*, t. 1, ch. I [2]). Pour ce qui est du jugement du narrateur, il faut le mettre à part : car ce jugement n'influe pas sur la réalité du fait ; tout au plus sur les circonstances. Quant aux circonstances, il peut y avoir une part légitime à faire au doute et à la critique : mais ces deux éléments écartés, on peut dire que, dans un très grand nombre de cas, le fait en lui-même reste à l'abri du doute. Par exemple, on peut juger les événements de la Fronde de bien des manières; on peut raconter aussi de bien des manières diverses les circonstances particulières et plus ou moins secrètes des faits; mais l'enlèvement de Broussel, la journée des Barricades, la prison

---

[1]. Volney, *Leçons sur l'histoire*, Œuvres, t. VI.
[2]. Le premier volume du *Cours d'études historiques* de Daunou (1842) contient un traité complet et achevé de critique historique dont notre chapitre n'est que l'analyse.

des princes et le combat du faubourg Saint-Antoine sont des faits hors de doute.

454. Application du calcul des probabilités. — Nous avons déjà dit plus haut (447) que l'on a essayé d'appliquer le calcul des probabilités à l'appréciation des faits historiques, en se fondant sur ce principe général que le témoignage perd de son poids à mesure que le nombre des intermédiaires augmente. La Fontaine, dans une de ses fables (*les Femmes et le Secret*, VIII, 6), nous montre en action ce grossissement successif de l'erreur à mesure que le témoignage passe de bouche en bouche. Ce principe posé, voici comment on raisonne. Supposons que le rapport du mensonge au témoignage véridique soit pour chaque homme comme 1 est à 10 : la véracité du premier témoin sera donc égale à la fraction 9/10. Que ce premier témoin transmette le fait à un second, le témoignage de celui-ci ne sera que les 9/10 du précédent, par conséquent les 9/10 de 9/10. En appliquant le même raisonnement au troisième, au quatrième et ainsi de suite, la probabilité va s'exprimant par une suite de fractions dont le numérateur 9 et le dénominateur 10 seront successivement élevés chacun à la 3e, 4e, 5e puissance ; dès que vous aurez six intermédiaires, la fraction ne sera plus que de 47/100, c'est-à-dire moins de 5/10, ou d'une demie : il y aura donc plus de chances pour la fausseté que pour la vérité. On comprend qu'à la longue, et même en un temps assez restreint, la chance de vérité deviendra tellement faible qu'elle sera en quelque sorte annulée. A la vérité, cette conclusion ne s'applique qu'au cas d'un témoignage unique qui se transmettrait de père en fils, mais toujours d'un seul à un seul ; et le calcul précédent doit être corrigé quand il s'agit, comme presque toujours, de témoignages simultanés plus ou moins nombreux ; dans ce cas le décroissement serait beaucoup moins rapide, mais il n'en suivrait pas moins les mêmes lois [1]. En appliquant ces principes, un géomètre anglais, Jean Craig, essaya de prouver que les événements du siècle d'Auguste cesseraient d'être croyables en l'année 3153 ; et un autre géomètre, Peterson, reprenant ce calcul, trouva que l'année où devait finir cette croyance serait l'an 1789. Ainsi depuis un siècle nous devrions cesser de croire à la mort de César.

La réfutation d'une opinion aussi paradoxale est plus curieuse

---

[1]. Laplace, *Essai philosophique sur la probabilité*, p. 135-144. — Lacroix, *Traité du calcul des probabilités*, p. 219-238.

qu'utile, cependant elle peut servir à faire voir combien il est arbitraire de vouloir appliquer les procédés mathématiques à l'appréciation des choses morales. Daunou a très solidement montré le vide du raisonnement précédent. D'abord le principe dont on part est une hypothèse gratuite : nulle expérience ne peut l'établir. Pourquoi prendre la proportion de 1/10 comme représentant la proportion du mensonge et de la vérité dans un témoin quelconque? pourquoi ne serait-ce pas 1/100, 1/1000? Or, suivant que vous prendrez telle ou telle donnée, la crédibilité pourra durer plusieurs milliers de siècles de plus ou de moins; et plusieurs mille siècles, c'est quelque chose dans cette affaire. De plus est-il possible de prendre une moyenne en cette circonstance? les écarts ne sont-ils pas trop grands entre les hommes? Il est tel homme, un sage comme Marc-Aurèle, dont le témoignage sera égal à l'unité; tel autre, un criminel comme Catilina, dont le témoignage sera égal à zéro. D'ailleurs, il faut bien distinguer le témoignage traditionnel, qui peut en effet décroître en probabilité avec le temps, et le témoignage fixé dans un livre; ici la décroissance s'arrête : on est toujours en face du même témoin ; les témoignages ultérieurs ne sont que la répétition de celui-là : il n'y a plus de décroissance.

On peut même aller plus loin encore et affirmer que la certitude historique, loin de décroître avec le temps, grandit, au contraire, précisément parce que le nombre des témoignages augmente. Par exemple, la critique historique de nos jours, grâce à la découverte de documents inédits, aux fouilles, à la recherche des inscriptions, des médailles, de toutes les pièces oubliées ou ensevelies, peut établir la certitude de beaucoup d'événements anciens ignorés ou mis en doute. Enfin, pour les événements nouveaux, la presse, les journaux, la publicité croissante, fournissent des moyens innombrables et de plus en plus sûrs d'information.

455. **Sources de l'histoire.** — Les sources de l'histoire sont au nombre de trois : les *traditions*, les *monuments* et les *écrits*.

456. **De la tradition.** — La tradition est la relation d'un fait transmis de bouche en bouche pendant un temps plus ou moins long. La tradition, dit Daunou, peut passer par trois états distincts : 1° elle n'est d'abord qu'un récit de père en fils ; 2° elle se fixe dans les usages domestiques ou publics, dans des cérémonies, des institutions religieuses ou politiques; 3° elle se traduit dans

des signes quelconques, emblèmes, images, et enfin se fixe dans des écrits.

457. Règles pour l'usage des traditions. — Cela posé voici les règles relatives à l'usage des traditions en histoire :

1° Tout récit composé plus d'un siècle et demi après l'événement est traditionnel. On voit, par exemple, d'après les premières pages de Thucydide, que presque toute l'histoire grecque, jusqu'aux guerres médiques, doit être considérée comme traditionnelle.

2° Dans les traditions profanes, tous les faits contraires aux lois de la nature doivent être rejetés comme fabuleux : par exemple, la nymphe Égérie, l'enlèvement de Romulus par les dieux, etc.

3° Cependant, avant de rejeter un fait comme surnaturel il faut s'assurer si le narrateur, en lui attribuant ce caractère, ne s'est pas laissé tromper par les apparences, et si ce qu'il a pris pour un prodige ne serait pas le résultat de quelque loi physique mal connue : tel serait, par exemple, le récit d'une pluie de pierres, fait bien attesté aujourd'hui.

4° Les traditions qui offrent un concours de circonstances romanesques n'ont aucune probabilité. Cependant le mélange du romanesque et même du merveilleux n'est pas une raison de rejeter le fond d'une tradition : par exemple, la guerre de Troie, l'expédition des Argonautes.

5° L'invraisemblance ou la fausseté d'une tradition se découvre encore, soit par son incohérence intrinsèque, soit par son incompatibilité avec d'autres traditions ou avec un témoignage positif : par exemple, la tradition qui fait naître le peuple français de Francus, fils d'Hector.

6° La tradition perd en autorité à mesure que la chaîne traditionnelle s'allonge. Par exemple, l'existence de Lycurgue peut être considérée comme un fait historique, parce que ce fait est peu éloigné de l'époque où l'histoire a fixé le fait par écrit; mais l'existence d'Hercule et de Thésée est fort douteuse, parce que la tradition en a duré plusieurs siècles.

458. Des monuments. — On appelle *monuments* [1] tous les objets matériels qui nous restent des siècles écoulés avant nous et qui en conservent l'empreinte. De ce genre sont non seulement

---

[1] *Monumenta, monimenta*, en latin, signifie *avertissements, témoignages, souvenirs.*
... Manuum monumenta meorum.

les *édifices*, les *arcs de triomphe*, les *colonnes*, les *tombeaux*, en un mot, toute espèce de constructions, mais encore les *ustensiles*, les *armes*, les *vases*, les *meubles*, les *bijoux*; puis toute une classe qui, par son importance, doit être mise à part, les *médailles* et les *monnaies*. Enfin Daunou compte encore, parmi les monuments, même les documents écrits lorsqu'ils ont un caractère officiel, non seulement les *inscriptions* qui font corps avec les édifices, mais encore les *chartes* et toutes les archives, *diplômes, actes publics, cédules privées*, etc.

On appelle, en général, *archéologie* la science qui s'occupe des antiquités et surtout des objets matériels; *numismatique* la science des monnaies et médailles; *épigraphie* la science des inscriptions; *diplomatique* la science des chartes et diplômes, etc.

459. Règles pour l'usage des monuments. — Les monuments étant de véritables *témoignages*, on doit leur appliquer les mêmes règles qu'aux témoins eux-mêmes. Or pour ceux-ci, par exemple devant les tribunaux, on s'assure d'abord de leur *identité* et ensuite de leur *véracité*. De même, pour les monuments, il faut s'assurer d'abord de leur *authenticité*[1] et en second lieu de leur *sincérité*.

1° *Authenticité*. Établir l'authenticité d'un monument, c'est établir qu'il appartient bien au temps, au lieu, au personnage auxquels on le rapporte.

2° *Sincérité*. Les monuments avec les inscriptions qu'ils portent ne doivent pas toujours être considérés comme sincères : l'adulation et la politique y apportent souvent des inexactitudes et des mensonges. Par exemple, dans l'arc de triomphe élevé à Titus on lit qu'il a le premier pris Jérusalem : *Urbem* Hierosolymam *omninò intentatam delevit*. Cependant on ne pouvait ignorer que Pompée l'avait déjà prise, puisque Cicéron lui-même lui donnait le titre de *Hierosolymarius*. C'est donc un mensonge **notoire**.

Telles sont les deux règles fondamentales. On peut y ajouter celles-ci comme subsidiaires : 1° la perte d'un monument peut être compensée par des descriptions authentiques, contemporaines du monument; 2° les monuments doivent avoir un sens clair et intelligible. Cette règle est de toute évidence; cependant

---

1. C'est ce qu'on appelle l'identité quand il s'agit d'une personne. Il s'agit de savoir si un monument est bien lui-même, c'est-à-dire ce qu'il prétend être.

ce serait peut-être pousser trop loin la défiance que d'écarter, avec Daunou, tous les monuments « dont l'objet ne se détermine pas et dont le sens ne s'explique qu'à force de rapprochements, de conjectures et de dissertations ».

460. Les relations écrites. — La source la plus riche et la plus importante de l'histoire est dans les *relations écrites*.

Daunou en distingue de huit espèces (*Cours*, ch. II) : 1° les relations écrites en présence même de l'événement : les *procès-verbaux, rapports, bulletins*, qui ont le caractère d'actes officiels ; 2° les *journaux privés* ou registres personnels, où quelques particuliers écrivent jour par jour les faits qu'ils ont vus ou appris : par exemple, le *Journal* de l'Étoile sous les règnes de Henri III et de Henri IV, le *Journal* de Dangeau sur la cour de Louis XIV, le *Journal* de l'avocat Barbier sur la Régence et le XVIII° siècle ; 3° les *gazettes* ou *journaux publics*, qui ont pris tant d'extension de nos jours ; 4° les *Mémoires* personnels ou *Commentaires*, où l'auteur raconte les événements de sa propre vie et les grandes choses auxquelles il a été mêlé : par exemple, l'*Anabase* de Xénophon, les *Commentaires* de César. A cette classe se rattachent encore les *correspondances*, les *relations de voyages et d'ambassades*, etc. ; 5° les *relations contemporaines :* ce sont celles où un auteur raconte sa propre histoire, même les événements de son temps ou peu éloignés de lui. C'est la source la plus importante de l'histoire. On citera en ce genre : la *Guerre du Péloponnèse*, de Thucydide, *Catilina* et *Jugurtha*, de Salluste, les *Annales*, de Tacite ; dans les modernes, l'*Histoire* de de Thou, et de nos jours l'*Histoire du Consulat et de l'Empire*, de M. Thiers, l'*Histoire de la Restauration*, de M. Viel-Castel, etc. ; 6° les *relations* postérieures de plus d'un siècle aux événements : par exemple, l'*Histoire* d'Hérodote, pour l'époque de Solon, de Crésus et de Cyrus, l'*Histoire* de Polybe, pour la première guerre punique, puisque ces relations reposent d'ordinaire sur des témoignages plus anciens et sont un supplément nécessaire des récits contemporains, que l'on n'a pas toujours ; 7° Les *relations* composées à de longues distances des événements, par exemple, les *Histoires* de Tite-Live, de Diodore de Sicile, de Denys d'Halicarnasse ; 8° les *compilations*, ou histoires générales, par exemple : les *histoires de la Grèce* ou *de Rome* composées dans les temps modernes, les histoires générales de tout un peuple : l'*histoire de France*, l'*histoire d'Espagne*, l'*histoire d'Allemagne*. Ces sortes d'écrits ne sont plus des documents ou des sources, ce sont des œuvres d'art ou d'enseignement qui n'ont d'autre valeur historique que celle qu'elles puisent dans les documents antérieurs qu'elles ont employés.

Voici les règles données par Daunou relativement à chacune de ces sources :

1° *Procès-verbaux, actes officiels.*

a) Ces pièces, rédigées en présence des faits, donnent en général d'une manière exacte les noms, les dates et les circonstances matérielles.

b) Ces relations officielles peuvent être gravement altérées par les intérêts politiques : il faut les confronter avec les récits du temps.

c) Elles ne donnent jamais une connaissance exacte du caractère moral et politique des événements et des personnages.

2° *Journaux privés.* Règle générale : la confiance due aux mémoriaux privés, écrits jour par jour, est proportionnée à celle qu'inspirent les qualités personnelles de l'auteur, sa clairvoyance, sa bonne foi, etc.

Il ne faut pas oublier que les événements contemporains sont presque toujours présentés d'une manière fausse, au moment où ils se produisent, à l'observateur superficiel. L'avocat Barbier, dans son *Journal*, est sans cesse occupé à rectifier les événements qu'il vient de raconter aux pages précédentes.

3° Les *Gazettes* ou *Journaux publics.*

a) Ces recueils sont très précieux pour les dates et les circonstances matérielles des événements.

b) On peut considérer comme certains les faits sur lesquels tous les journaux librement rédigés, et d'opinions différentes, sont unanimes.

4° et 5° *Mémoires* et *Annales*, récits contemporains.

Comme ce sont ici les principales sources de l'histoire, les règles doivent être plus nombreuses et plus détaillées.

a) S'assurer de l'*authenticité :* écarter les écrits composés après coup.

b) S'assurer de la *moralité* de l'historien, c'est-à-dire s'informer de la vie de l'auteur, de ses habitudes, de ses relations, de ses qualités intellectuelles et morales, de l'*estime* ou de la confiance qu'il a inspirées aux contemporains.

c) S'assurer de sa *compétence :* c'est-à-dire s'il a eu les moyens de connaître et de vérifier les faits qu'il rapporte.

d) De son *désintéressement :* se défier des récits dictés par l'intérêt personnel : par exemple, les *Mémoires* admirables du cardinal de Retz sont très suspects, parce qu'ils ont été écrits évidemment dans un esprit d'apologie.

e) Se défier de l'historien qui a des penchants à la satire : par exemple, des *Mémoires* de Saint-Simon.

f) Se défier des imaginations romanesques qui mêlent à tout le merveilleux, ou qui cherchent toujours à donner aux événements un caractère poétique : par exemple, l'*Histoire des Girondins*, de Lamartine.

g) Même à part tout intérêt personnel, se défier de tout écrivain qui raconte l'histoire au point de vue de l'intérêt d'une secte, d'un parti, d'une faction. Tel est le défaut commun à presque toutes les *histoires de la Révolution* écrites de nos jours. Au contraire, l'*Histoire des guerres religieuses* de de Thou est un modèle d'impartialité. Il en est de même de l'*Histoire de la guerre du Péloponnèse* de Thucydide.

h) En cas de contradiction entre les récits divers d'un même événement, se décider par le *poids* plus que par le *nombre* des témoignages : par exemple, pour les relations relatives à la Fronde, le témoignage de Mme de Motteville, quoique bonne royaliste, a un très grand poids, parce qu'elle est personnellement désintéressée et parce qu'elle est généralement d'une grande impartialité.

i) On appelle *argument négatif* celui qui se fonde sur le silence d'un contemporain : cet argument a une grande force quand l'auteur qui n'a pas mentionné un fait est un témoin judicieux, qui n'a pas pu ignorer le fait et qui n'a eu aucun intérêt à l'omettre.

6°, 7°, 8° Quant à toutes les relations qui à différents degrés sont postérieures à l'événement, elles ont une valeur proportionnée aux relations plus anciennes dont on peut s'assurer qu'elles nous reproduisent le témoignage. En outre, elles sont soumises à toutes les mêmes règles signalées précédemment.

En résumé, toutes les règles de la critique historique ne sont que les applications particulières à des cas déterminés des règles données précédemment sur l'emploi des témoignages humains. Elles se ramènent toujours à deux principes : 1° que le témoin ait connu les faits et qu'il soit en mesure de les affirmer, c'est-à-dire *qu'il n'ait pas pu se tromper*; 2° qu'il n'ait aucun intérêt ni passion qui le pousse à altérer les faits, et par suite *qu'il n'ait pas voulu nous tromper*.

CHAPITRE VI

L'erreur.

L'erreur est un *jugement faux*, et un jugement faux est celui par lequel nous affirmons ce qui n'est pas. Le vrai et le faux, considérés dans nos jugements, ne sont que leurs rapports de conformité avec la réalité. Quand le jugement est conforme à la réalité, il est vrai; quand il lui est contraire, il est faux, et c'est ce qu'on appelle *erreur*.

Il faut distinguer l'erreur de l'ignorance (306) : « Errer, c'est croire ce qui n'est pas ; ignorer, c'est simplement ne le savoir pas. » (Bossuet, I, xiv.)

461. **Causes de l'erreur.** — Comment se fait-il que notre esprit puisse commettre des erreurs, c'est-à-dire affirmer ce qui n'est pas ? Est-ce donc que notre intelligence nous fait voir les choses autrement qu'elles n'existent ? S'il en était ainsi, si nos facultés dans leur exercice naturel n'étaient qu'un miroir infidèle de la réalité, il serait difficile de répondre au scepticisme : ce serait de sa part cause gagnée. Car si l'intelligence était tellement faite que d'elle-même elle nous représentât tantôt ce qui est, tantôt ce qui n'est pas, il serait impossible de distinguer les cas où elle nous tromperait et ceux où elle ne nous tromperait pas. Il n'y aurait plus aucun moyen pour nous d'atteindre à la certitude et à la vérité. Mais il n'en est pas ainsi ; car s'il est très vrai que notre intelligence est limitée et qu'elle ne voit pas tout ce qui est, il est très vrai aussi qu'elle ne peut voir ce qui n'est pas : « Le néant n'est pas intelligible, » dit Malebranche. Ce n'est donc pas notre intelligence qui se trompe elle-même ; l'erreur doit avoir des causes indépendantes de la constitution de notre intelligence.

Nous avons vu (151) que l'on peut distinguer deux degrés dans l'intelligence : l'intelligence *intuitive* et l'intelligence *discursive* ; la première, qui comprend toutes nos facultés perceptives, celles qui nous donnent les *faits* et les *principes*; la seconde, qui travaille sur ces données et qui en tire des jugements nouveaux. Or il faut prendre pour accordé que nos facultés perceptives sont infaillibles : car avec quoi pourrions-nous les contrôler ? Tout jugement, tout raisonnement, toute opération intellectuelle supposent des faits indiscutables et qui sont *donnés*, et des principes *évidents* sans lesquels toute pensée est impossible. Ainsi l'erreur ne peut jamais être dans la perception immédiate (interne ou externe) ni dans la raison pure.

Reste l'entendement discursif, qui se compose de deux procédés, la déduction et l'induction. Ici, l'esprit n'est plus seulement dépositaire de la vérité : il y collabore, il y coopère par son activité propre : il la *fait* en quelque sorte par son effort personnel; en un mot, il y met du sien. En effet, pour raisonner il faut choisir des moyens termes; il faut rapprocher une majeure d'une mineure; il faut en dégager une conclusion. Pour induire il faut rassembler des faits, il faut faire des expériences; il faut savoir démêler le moment où il y en a assez; il faut savoir généraliser, ni trop, ni trop peu. Il faut, en un mot, comme l'a dit Descartes, faire une part à la *volonté*. Mais si l'homme intervient ainsi dans les opérations discursives pour découvrir le vrai, il est évident qu'il peut en même temps y mettre du sien et mettre le faux à la place du vrai : nous verrons tout à l'heure les causes qui le déterminent ainsi à substituer les affirmations de son caprice à celles de la vérité elle-même.

En un mot, l'erreur ne peut être dans l'intelligence en elle-même, mais seulement dans l'emploi que nous en faisons; et comme cet emploi est double, à savoir, l'induction et la déduction, l'erreur ne peut jamais exister que dans nos jugements inductifs ou déductifs, en un mot dans nos jugements dérivés[1].

462. L'erreur dans les diverses opérations de l'intelligence. — Passons en effet en revue toutes les erreurs imputées à chacune de nos facultés, nous verrons qu'elles se ramènent toujours à des erreurs d'induction ou de déduction.

Erreurs des sens. — Les sens, considérés comme agents immédiats de perception, ne peuvent pas se tromper. En effet, lorsque la vue nous présente une couleur, il est impossible de douter que nous éprouvions réellement l'impression de cette

---

1. Sur la cause essentielle de l'erreur, voy. le travail de M. Victor Brochard (*de l'Erreur*; Paris, 1879).

couleur : or les sens n'ont d'autre fonction que de nous apprendre à distinguer les impressions que les objets font sur nous ; et, par conséquent, tant que nous n'affirmons rien autre chose que la réalité de cette impression, nous ne pouvons pas nous tromper. D'où viennent donc les erreurs des sens ? Comme nous l'avons vu précédemment, elles viennent de ce que, telle sensation étant liée d'ordinaire à telle autre sensation, nous nous attendons toujours à la seconde quand nous avons reçu la première : par exemple, la sensation visuelle de rayon brisé étant ordinairement jointe dans l'expérience à la sensation tactile de bâton rompu, nous croyons voir un bâton rompu partout où il y a un rayon brisé : or, c'est là une induction ; et toutes les autres erreurs des sens s'expliquent de la même manière : ce sont de fausses interprétations de nos sensations, mais non de fausses sensations. L'erreur réside donc dans les inductions tirées des sens, non dans les sens eux-mêmes.

Erreurs de conscience. — Il en est de la conscience comme des sens. En tant qu'elle nous atteste la réalité d'un fait interne, la conscience est infaillible : car si on supposait qu'elle se trompe, comment pourrait-on la rectifier ? L'erreur ne commence pour la conscience que lorsqu'il s'agit d'interpréter les faits de conscience et d'en indiquer les causes ; mais ici ce n'est plus la conscience qui se trompe, c'est l'induction. Par exemple, lorsque la conscience m'atteste que je souffre, nul ne peut affirmer que je ne souffre pas : l'erreur commence lorsque j'attribue la cause de ma souffrance à une maladie ou à une lésion physique qui n'existent pas, comme font les malades imaginaires ; mais ce n'est plus la conscience qui porte ce jugement, c'est l'induction : car la conscience n'est pas chargée de m'apprendre l'état de mon organisme. Il y a d'autres erreurs de la conscience qui semblent lui être plus immédiatement imputables. Par exemple, ne nous trompons-nous pas sur notre vrai caractère, sur les motifs de nos actions ? Bossuet n'a-t-il point dépeint le cœur humain comme *aussi trompeur à lui-même qu'aux autres ?* Ici encore, il faut distinguer le sentiment immédiat de ce qui se passe en nous et le *jugement* que nous portons sur nous-même, jugement qui peut être aussi erroné que celui que nous suggère la vue d'autrui. Par exemple, j'ai conscience en moi d'un sentiment de charité ou de pitié : ce sentiment est infaillible ; mais si je conclus par là que je suis charitable, je puis me tromper ; car il peut se faire qu'à côté de ce sentiment auquel je fais attention il y en ait un autre que je néglige et qui détermine réellement ma conduite, à savoir, un sentiment d'intérêt personnel. Je me trompe donc en négligeant une partie des faits et en ne voyant que celle qui me plaît : c'est encore une erreur d'induction.

Erreurs de la mémoire. — Il en est de même de la mémoire. La mémoire même est aussi infaillible que la conscience. Seulement comme la mémoire est liée à l'imagination (puisque je ne puis me souvenir sans imaginer), et comme l'imagination elle-même est une portion de la mémoire, je prends souvent l'une pour l'autre, tant que l'expérience ne m'a pas instruit à en démêler les différents caractères : l'erreur consiste donc dans ce cas à confondre les signes du réel avec ceux de l'imagination; et c'est encore là une erreur d'induction.

Erreurs de l'imagination. — Ici, il semble que nous avons pour tout de bon affaire à une « maîtresse d'erreur et d'illusion, d'autant plus fourbe, dit Pascal, qu'elle ne l'est pas toujours ». Car est-il une plus dangereuse conseillère, une plus menteuse et plus chimérique ouvrière de fictions ? Et cependant, on peut encore affirmer ici que l'imagination en elle-même ne contient aucune erreur. En effet, qu'est-elle ? Quel est son rôle ? Elle n'a pas pour fonction de nous apprendre la vérité, et nous ne sommes pas forcés de croire à ses représentations. Elle peint dans notre esprit les images des choses : elle nous fournit les matériaux de nos pensées. Sans elle je ne comprendrais rien à la parole de mes semblables : si l'on me dit que la lune est ronde, il faut bien que je me représente la lune pour savoir de quoi on parle ; mais cette représentation ne la fait pas nécessairement paraître devant mes yeux : je reste libre de voir le soleil devant moi tout en pensant à la lune. Sans doute, une imagination vive réalise immédiatement ce qu'elle rêve. Mais alors encore il ne faut pas dire que l'imagination se trompe ; il faut dire qu'elle nous trompe, c'est-à-dire qu'elle est non pas le *sujet* de l'erreur, mais la *cause* de l'erreur ; de même, on ne dira pas des passions qu'elles *se* trompent, puisqu'elles n'ont pas rapport au vrai et au faux, mais qu'elles *nous* trompent, parce qu'elles nous séduisent et nous entraînent à de faux jugements.

Erreurs de l'abstraction et de la généralisation. — Il en est de même de ces deux facultés : comme ce ne sont pas des facultés d'affirmation, mais de conception, elles ne sont en elles-mêmes ni vraies ni fausses, mais elles nous entraînent à l'erreur, à cause de la facilité contractée par l'esprit de réaliser tout ce qu'il imagine.

Erreurs de la raison pure. — La raison pure en elle-même ne peut évidemment se tromper ; ou si elle se trompe, c'est, comme le Dieu de Descartes, une tromperie que l'on ne peut démasquer, puisqu'on ne le pourrait qu'à l'aide d'elle-même, c'est-à-dire à l'aide d'une faculté qui pourrait tout aussi bien nous égarer encore en faisant semblant de nous détromper. Il faut donc prendre pour accordé que la raison pure est infaillible dans ses fonctions propres : mais où est l'erreur ? C'est quand nous lui attribuons ce qui ne lui appartient pas, lorsque nous prenons pour principe ce qui n'est pas principe, lorsque nous confondons les abstractions vides avec les conceptions premières. Mais prendre pour évident ce qui ne l'est pas et pour primitif ce qui est dérivé, c'est une erreur qui se rapporte à la déduction et qui rentre dans l'un ou l'autre des sophismes déductifs.

Erreurs de raisonnement. — Il reste que les seules erreurs de l'esprit humain sont des erreurs de raisonnement, pourvu toutefois que l'on entende par raisonnement l'induction et la déduction. Classer les *espèces* de nos erreurs et en chercher les *causes*, c'est donc expliquer de quelles manières et par quelles causes l'esprit humain pèche dans ses inductions et ses déductions.

463. **Erreurs et sophismes.** — D'après ce qui précède, on conclura que c'est un tort, dans la plupart de nos traités de logique, au moins élémentaires, de séparer l'une de l'autre la question des sophismes et la question des erreurs, comme s'il pouvait y avoir d'autres erreurs que les sophismes ; comme si toute erreur n'était pas un *sophisme*, ou tout au moins un *paralogisme*[1].

464. **Sophismes de simple inspection.** — D'après ce que nous venons de dire, toutes nos erreurs seraient des sophismes ;

---

1. On distingue assez inutilement les sophismes des paralogismes, en disant que les premiers sont de faux raisonnements faits *avec l'intention* de tromper, et les autres sans intention. Comme la logique n'est pas la morale, on ne voit pas ce que la question d'intention vient faire ici. En fait, on confond presque toujours les deux mots. Sans doute, lorsqu'on s'adresse directement à une personne, on n'aime pas à lui dire en face qu'elle commet des sophismes, encore moins qu'elle est un sophiste : mais la politesse n'est pas la logique. Dans la théorie pure on confondra donc sans scrupule les sophismes et les paralogismes ; et c'est ce que tout le monde fait : c'est en ce sens que toute erreur est un sophisme.

et tout sophisme se ramènerait à une induction ou à une déduction défectueuse. Cependant, M. St. Mill admet ce qu'il appelle des *sophismes de simple inspection*, ou *à priori*, qui porteraient sur les principes mêmes et qui ne seraient pas de faux raisonnements. Ce sont ceux, dit-il, « où il n'y a pas de conclusion proprement dite, et où la proposition est acceptée non comme prouvée, mais comme n'ayant pas besoin de preuve, comme une vérité évidente par soi ». (*Log.*, liv. V, ch. III.)

On peut en effet, si l'on veut, faire une classe de cette sorte de sophisme, que l'on pourrait appeler *fallacia evidentiæ*, le sophisme de la fausse évidence, et qui consisterait à prendre pour évident ce qui ne l'est pas. Telles sont ces maximes de l'École : « Ce qui est vrai de l'effet est vrai de la cause. Le semblable ne peut agir que sur le semblable, etc. » Le sophisme ici consisterait non pas à *mal* raisonner, mais à *ne pas* raisonner.

On ne contredirait pas par là à la théorie précédente. En effet, toute erreur de déduction ou d'induction peut porter soit sur la *matière* du raisonnement, soit sur la *forme;* elle peut affecter les *prémisses* ou la *conséquence*. Se tromper sur les prémisses, c'est prendre pour évident ou pour démontré ce qui ne l'est pas. Or, comme les prémisses de la *déduction* sont des *principes* et les prémisses de l'*induction* sont des *faits*, il y aura deux sortes de sophismes de simple inspection : d'une part, les *erreurs de principes*, de l'autre les *erreurs de faits*. De part et d'autre, soit principes, soit faits, on prendra pour certain et pour accordé ce qui ne l'est pas.

Néanmoins ces deux sortes de sophismes ne peuvent être appelés *à priori* que par rapport aux conséquences que l'on en tire : car eux-mêmes ne sont pour la plupart du temps que les résultats d'inductions ou de déductions défectueuses. Pour prendre l'exemple cité par Mill, le préjugé superstitieux qui a fait croire que l'or potable était le remède universel, venait de l'habitude où l'on était de le considérer comme une chose très *précieuse*. C'était donc ou un sophisme déductif fondé sur l'ambiguïté des termes, ou un sophisme inductif fondé sur ce fait général que l'or, nous rendant de grands services, doit nous rendre le plus grand de tous, qui est la santé.

Même la tendance générale à former des axiomes, et qui vient de ce que l'on a appelé la *raison paresseuse*, est elle-même une sorte de *sophisme de généralisation*, qui consiste à appliquer par extension à toute proposition générale un peu spécieuse le caractère qui se rencontre dans les vrais axiomes. C'est donc en réalité une fausse induction fondée sur une vague ressemblance de caractères.

Quant aux *erreurs de fait*, cela est encore plus évident. Toute erreur de fait n'est en réalité qu'une fausse interprétation des faits, une addition par l'imagination de telle circonstance qui ne se trouve pas dans le fait lui-même : c'est donc un sophisme qui consiste à mettre dans la conclusion plus qu'il n'est donné dans les prémisses. C'est aussi le défaut d'examen, qui ne sait pas distinguer dans un fait que nous racontons l'élément réel que nous avons vu et l'élément imaginaire que nous y ajoutons.

465. Sophismes de déduction et d'induction. — Quoi qu'il en soit, si nous admettons avec St. Mill des sophismes de simple inspection, dans le sens que nous venons de dire, il nous semble inutile de ranger, avec lui, tous les autres sophismes sous quatre classes distinctes : sophismes de déduction, d'induction, de *généralisation* et de *confusion* (*Logique inductive*, t. II, liv. V, ch. II); car les sophismes de *confusion* rentrent dans les sophismes déductifs, et les sophismes de *généralisation* dans la classe des sophismes inductifs. Il nous semble donc plus simple de nous en tenir aux deux premières classes.

467. Sophismes de déduction. — Il y en a quatre principaux : l'*ignorance de la question* (ignoratio elenchi), — la *pétition de principe*, — le *cercle vicieux* — et l'*ambiguïté des termes*.

1° *Ignoratio elenchi*. L'ignorance de la question est peut-être la source la plus féconde des mauvais raisonnements. Ce sophisme est de trois espèces : ou le raisonnement prouve *trop*, ou il ne prouve *pas assez*, ou enfin il prouve *à côté de* ce qui est demandé.

On prouverait trop, par exemple, si, dans une assemblée politique où on délibère si on doit ou non faire la guerre, un philosophe ou un quaker venait dire que *toute guerre* est injuste, car cette assemblée ne discute pas sur la guerre en général, mais sur *telle* guerre en particulier. On ne prouverait pas assez si on prouvait que cette guerre serait avantageuse si elle réussissait; car il ne suffit pas qu'elle soit avantageuse, mais il faut qu'elle soit juste et possible. Enfin on prouverait à côté en soutenant qu'il faut travailler à la grandeur de son pays, car il peut y avoir d'autres moyens d'assurer la grandeur d'un peuple que la guerre.

2° *Pétition de principe*. La pétition de principe est un faux raisonnement qui consiste à supposer ce qui est en question. Aristote distingue cinq formes de ce sophisme : lorsqu'on demande : 1° qu'on accorde précisément ce qu'il s'agit de démontrer ; 2° qu'on accorde universellement ce qui doit être démontré particulièrement ; 3° particulièrement ce qui doit être démontré universellement ; 4° qu'on accorde toutes les vérités particulières qui forment la proposition universelle ; 5° lorsqu'on demande qu'on accorde quelque chose qui est lié nécessairement à sa conclusion. (*Topiques*, VIII, XIII.)

Un très bon exemple de pétition de principe est celui que Galilée a trouvé dans Aristote lui-même : « La nature des choses pesantes est de tendre au centre du monde. — L'expérience nous fait voir que les choses pesantes tendent au centre de la terre. — Donc le centre de la terre est le centre du monde. »

« Il est clair, dit la *Logique de P.-Royal*, qu'il y a dans la majeure une manifeste pétition de principe : car nous voyons bien les choses pesantes tendre vers le centre de la terre ; mais d'où Aristote a-t-il appris qu'elles tendent au centre du monde, s'il ne suppose pas que le centre de la terre est le même que le centre du monde[1] ? »

3° Le *cercle vicieux* n'est qu'un degré de plus du même sophisme : il ne consiste pas seulement à supposer, sans y penser, ce qui est en question, mais à prouver réciproquement deux propositions l'une par l'autre, non pas, sans doute, en même temps, ce qui impliquerait un état d'esprit complètement absurde, mais à deux moments différents, oubliant qu'on a précédemment pris pour principe ce qu'on veut établir, et qu'on s'en est servi pour prouver le principe même dont on se sert maintenant. Un étrange exemple de cercle vicieux est celui de Descartes, qui prouve la véracité divine par l'autorité de l'évidence et l'autorité de l'évidence par la véracité divine.

4° *Ambiguïté des termes*. L'ambiguïté des termes constitue un sophisme qui est contraire à la loi fondamentale du syllogisme, à savoir, qu'il ne doit se composer que de trois termes. En effet, si un même mot est entendu dans deux sens différents ; il exprime

---

1. *Log. de P.-Royal*, III, XIX. — On trouvera dans la *Logique* de Mill un bon nombre d'exemples de la pétition de principe. Whately, dans sa *Logique*, la réduit presque à une tautologie. On partira, par exemple, de la liberté exprimée par son nom saxon (*Freedom*) pour conclure à la liberté (*liberty*) exprimée en normand. Mais c'est à peine là un raisonnement.

deux idées différentes : ce n'est donc plus la même idée que l'on compare dans les deux propositions où elle est répétée. Ce vice fondamental est appelé *quaternio terminorum*, parce que le moindre degré de cette confusion donne un syllogisme à quatre termes, et que d'ordinaire l'ambiguïté ne porte que sur les moyens termes; mais si elle portait sur les trois à la fois on pourrait avoir un syllogisme à six termes [1].

Whately, dans sa *Logique*, donne cet exemple : « Les *faiseurs de projets* ne méritent aucune confiance — cet homme a fait un projet (il est *faiseur de projets*) — donc il ne mérite aucune confiance. » C'est un abus des termes, car ce n'est pas la même chose d'avoir fait un projet et d'être un faiseur de projets.

Mill montre aussi l'abus des mots *représentatif*, *représentant*, qui donnent à croire que celui qui représente les électeurs n'est que leur *porte-parole*, tandis qu'en réalité il ne les représente que sous sa responsabilité personnelle.

Un autre exemple de ce sophisme, c'est que les liqueurs *fortes fortifient*. Mill montre que, d'après la même raison, un poison *fort* devrait aussi *fortifier*.

A ce genre de sophisme Aristote rapporte plusieurs espèces :

a. L'*homonymie* (ὁμωνυμία). Quand un même mot désigne deux choses absolument différentes, et que l'on conclut de l'une à l'autre, comme maître (*herus*) et maître (*magister*).

b. L'*équivoque* (ἀμφιβολία). Lorsque le même mot a plusieurs significations : tel est le mot d *liberté* [2].

c. Le *passage du sens divisé au sens composé* (σύνθεσις) — et du *sens composé au sens divisé* (διαίρεσις). Par exemple : 5 est un nombre, 2 et 3 sont 5; donc 2 et 3 sont un nombre — et réciproquement.

d. L'*accent* (προσῳδία). Lorsque le mot change de sens en changeant d'accent.

e. Le *sens figuré*, σχῆμα τῆς λέξεως (*figura dictionis*), lorsque l'on conclut du sens métaphorique au sens propre. Exemple : le système du socialiste Fourier : les passions nous *attirent;* donc il y a une loi d'*attraction passionnelle* aussi nécessaire que l'*attraction universelle*. — Tous les sophismes contre la liberté viennent de la métaphore de *poids*, de *balance*, que l'on a si souvent employée dans cette question.

---

1. Whately nous a donné, dans sa *Logique*, un vocabulaire très instructif des mots ambigus en métaphysique. Voy. Appendice, n° 1.
2. Whately, *Logic.*, liv. III, § 9.

f. Au sophisme de l'ambiguïté se rapporte encore le *sophisme de l'interrogation* (*fallacia plurium interrogationum*, τὸ τὰ πλείω ἐρωτήματα ἓν ποιεῖν) qui consiste à réunir plusieurs questions en une seule? Par exemple : « Pourquoi avez-vous tué votre père? » Il y a là deux questions : 1° l'inculpé a-t-il tué quelqu'un? 2° ce quelqu'un était-il son père? Dans un acte fiscal du temps de Charles II on demande pourquoi un poisson mort pèse plus qu'un poisson vivant[1]. Il y a aussi deux questions : 1° le fait est-il vrai? 2° si le fait est vrai, quelle en est la cause?

5° On peut encore rattacher aux sophismes de déduction celui que l'on appelle *fallacia supponentis* (τὸ παρὰ τὸ ἑπόμενον) et qui consiste à conclure dans les syllogismes hypothétiques du conséquent à l'antécédent; par exemple : tout homme qui a la fièvre a chaud, en conclure qu'un homme qui a chaud a la fièvre. Ce sophisme, on le voit, n'est qu'une conversion indirecte. Bain fait remarquer cependant qu'il est un des plus fréquents, parce que l'esprit a une tendance naturelle à affirmer les réciproques (347).

467. Sophismes d'induction. — Les principaux sophismes d'induction sont les suivants :

1° Prendre pour cause ce qui n'est pas cause (*non causa pro causa* — τὸ μὴ αἴτιον ὡς αἴτιον τιθέναι). C'est le sophisme désigné souvent sous ce nom : *post hoc, ergo propter hoc*. Il consiste à prendre pour la cause d'un fait ce qui en a été l'antécédent accidentel. C'est à ce sophisme que se rapportent la plupart des superstitions populaires. Certains phénomènes ont frappé et effrayé, par exemple, les éclipses, les comètes; puis un grand personnage est mort. On croira que ces deux classes de faits sont liées ensemble, et que le premier est l'annonce du second : *Solem quis dicere falsum?* C'est encore en vertu du même sophisme que l'on a cru que l'étoile appelée Sirius était cause de la chaleur extraordinaire que l'on sent dans les jours caniculaires, tandis que, suivant la remarque de Gassendi, cette étoile étant de l'autre côté de la ligne, ses effets devraient être plus forts sur les lieux où elle est perpendiculaire; et, néanmoins, les jours que nous appelons caniculaires sont le temps de l'hiver de ce côté-là (*Log. de P.-Royal*, III, xiv). — C'est ainsi, dans un autre ordre d'idées, qu' « on a conclu à tort que l'Angleterre devait sa supériorité

---

[1]. Whately, *Logic.*, liv. III, § 9.

industrielle à ses mesures restrictives du commerce, et que la dette publique est la cause de la prospérité de ce pays » (Mill, *Logique*, V, v, § 5).

Port-Royal rapporte encore à ce genre de sophisme toutes les inductions imaginaires : par exemple, les *qualités occultes*, les *sympathies* et les *antipathies*, l'*horreur du vide*, etc. Mais ces sortes d'erreurs devraient plutôt s'appeler *sophismes d'analogie*, ayant principalement pour cause la tendance de l'esprit humain à se représenter les causes des phénomènes matériels d'une manière analogue à celle des phénomènes moraux.

2° et 3° Le sophisme de l'accident (*fallacia accidentis*, τὸ παρὰ σομβεβηκὸς), et le sophisme qui consiste à passer du relatif à l'absolu (*à dicto secundum quid ad dictum simpliciter*, τὸ ἁπλῶς ὡς μὴ ἁπλῶς) sont deux sophismes qui sont l'inverse l'un de l'autre. Dans le premier cas, en effet, on conclut de l'essence à l'accident[1] ; dans le second cas, on conclut de l'accident à l'essence. Par exemple, le sophisme *à dicto secundum quid* consistera à dire : tel médecin a guéri son malade, donc il est un bon médecin; ce qui n'est pas certain, car il peut l'avoir guéri par accident. Et, au contraire, le sophisme *de l'accident* consistera à dire : tel médecin est un bon médecin, donc il guérira son malade; ce qui est encore incertain, car un bon médecin peut être accidentellement malheureux ou maladroit. Whately, dans sa *Logique*, donne encore cet exemple : « Tout ce qui se porte au marché se mange ; on porte au marché de la viande crue; donc on mange de la viande crue. » Le sophisme consiste ici à conclure pour tel état particulier de la viande ce qui n'est vrai que de la viande en général, sans distinguer si elle est crue ou cuite.

4° Le dénombrement imparfait (*enumeratio imperfecta*) est le sophisme qui consiste à conclure en général sans avoir épuisé l'énumération des cas particuliers. Ce sophisme peut avoir lieu soit dans la déduction, soit dans l'induction.

Dans la déduction, par exemple, dans les *raisonnements disjonctifs* ou dans les *dilemmes*, lorsqu'on croit avoir épuisé la totalité des hypothèses et que l'on en a oublié une ou plusieurs. On le commet aussi, dans le cas de l'induction aristotélique, lorsque l'on conclut des parties au tout sans avoir épuisé la to-

---

[1]. La *Logique* de P. Royal commet ici une erreur. Elle croit que le sophisme de l'accident consiste à conclure de l'accident à l'essence : mais alors c'est exactement le même sophisme que celui qui conclut du relatif à l'absolu, *à dicto secundum quid*. Au contraire, le sophisme de l'accident consiste à conclure de l'essence à l'accident.

talité des parties. C'est contre cette sorte de sophisme que Descartes se précautionnait en disant « qu'il fallait faire des dénombrements si entiers et des revues si générales, que l'on fût assuré de ne rien omettre » (*Disc. de la méthode*, part. II, 4° règle). Il est évident qu'il ne s'agit pas ici de l'induction proprement dite, où tous les cas sont semblables (toutes les chutes sont des chutes) et où il est impossible d'en épuiser le nombre ; mais il s'agit d'un raisonnement où les cas sont différents (en mathématiques, par exemple), et où l'on conclurait d'une manière générale sans avoir épuisé toutes les hypothèses ; ou bien encore si l'on concluait que l'un de ces cas est le seul vrai parce que les autres sont faux, quoiqu'on en ait omis quelques-uns.

b. Ce sophisme a lieu également et surtout dans l'induction. Il consiste alors, non pas à avoir négligé d'épuiser la série des cas, ce qui n'est pas possible, mais à ne pas tenir compte des cas contraires. Par exemple, jusqu'à Galilée et Torricelli on s'était toujours assuré par l'expérience que dans un tube où on faisait le vide l'eau remontait pour remplir ce tube : d'où l'on concluait « que la nature avait horreur du vide ». Mais on ne connaissait pas tous les cas, car il s'est trouvé qu'au delà de trente-deux pieds l'eau ne montait plus. La première induction était donc défectueuse : car quelle apparence que la nature n'eût horreur du vide que jusqu'à trente-deux pieds ?

Dans cet exemple, à la vérité, les cas contraires n'étaient pas faciles à apercevoir : mais le même sophisme est commis journellement par les hommes, lorsqu'ils ne font attention qu'aux faits affirmatifs et non aux faits négatifs. C'est ainsi qu'on croit aux prédictions du temps données par les almanachs, parce qu'on remarque les cas où elles se vérifient, sans faire attention aux cas beaucoup plus nombreux où elles sont démenties par l'événement. Par là s'expliquent la plupart des superstitions et des préjugés populaires.

Telles sont les principales espèces reconnues par les logiciens. On en pourrait augmenter facilement le nombre : ce serait l'objet d'un traité spécial ; nous devons nous borner ici à celles qui sont les plus connues.

468. Classification des erreurs dans Bacon. — Bacon a laissé une classification des erreurs qui est célèbre et qu'il faut connaître. Elle est peut-être plus brillante et plus ingénieuse que solide ; cependant, pour l'apprécier avec justice il faut savoir que Bacon ne s'est pas précisément proposé de classer les erreurs humaines en général, mais surtout les *erreurs en matière scientifique*, c'est-à-dire les préjugés qui, dans les sciences, ferment l'esprit à la vérité. A ce point de vue, on verra que son analyse est fine et complète.

Il divise les erreurs, qu'il appelle *idola* (idoles, fantômes), en quatre classes :

1. *Idola tribus.* — Les idoles de la tribu, ou de *l'espèce*, sont celles qui viennent de la nature humaine en général : *fundata in ipsa natura humana*. Il est faux de dire que l'homme soit la mesure de toutes choses : *mensura rerum*. L'intellect humain est un miroir inégal qui détourne et altère les rayons.

Voici, par exemple, les principales illusions qui naissent des dispositions et des tendances de l'esprit humain :

a. L'esprit prête aux choses plus d'égalité ou d'ordre qu'elles n'en ont : il imagine des parallélismes et des correspondances qui n'existent pas. Exemples : le mouvement circulaire des corps célestes; le feu ajouté aux trois autres éléments pour faire le quaternion; l'imagination de Fludd, qui supposait entre les élémens une proportion décuple : la terre pesant 10 fois plus que l'eau, l'eau 10 fois plus que l'air, etc. C'est ce que Bacon appelle *idola ex æqualitate*.

b. Idola ex præoccupatione. L'esprit humain, préoccupé d'une idée, ne voit que les faits qui rentrent dans son idée et néglige les autres : *alia trahit ad suffragationem et consensum cum aliis*.

c. Idola ab angustiis. Idoles qui viennent des limites et des étroitesses de l'esprit : c'est ainsi qu'un médecin qui a découvert une maladie croit la voir partout.

d. Idola ab inquieto motu. Bacon cite comme erreur en ce genre le désir de connaître l'inconnaissable.

e. Idola ab infusione affectuum : erreurs qui viennent des passions. *Quod mavult verum esse, id potius credit*. L'intellect n'est pas un œil sec, mais un *œil humide*. Il rejette ce qui est difficile, par impatience : *difficilia ob impatientiam;* ce qui est modéré, parce qu'il restreint l'espérance : *sobria quia coarctant spem* ; les choses élevées par superstition : *altiora ob superstitionem*, etc.

f. Idola ab incompetentia sensuum, erreurs des sens.

II. *Idola specus.* — Les idoles de la *caverne* sont celles qui viennent des défauts propres à l'individu, par exemple :

1° *Idola ex prædominantia*. Les hommes ont des prédilections particulières pour certaines sciences : ils altèrent toutes les autres à l'aide de celle-là. Exemple : les logiciens et les chimistes. On peut encore citer les mathématiciens qui veulent tout ramener à la rigueur mathématique.

2° *Idola ex excessu compositionis et divisionis.* Les uns ont plus de force pour saisir les différences, les autres pour les ressemblances ; les uns s'arrêtent aux subtilités, les autres planent dans les généralités.

3° *Ex studiis erga tempora.* Les uns sont pleins de préjugés en faveur du passé ; les autres, au contraire, en faveur de ce qui est nouveau.

III. *Idola fori.* — Ce sont les erreurs qui naissent du langage, parce que c'est le langage que l'on entend dans le forum [1].

Ces sortes d'erreurs ont été plus tard étudiées avec beaucoup plus de soin par Locke ; nous y reviendrons plus loin (474). Bacon distingue seulement deux sortes d'abus de mots :

1° Les noms des choses qui n'existent pas : *Fortuna, primum mobile,* etc.

2° Les noms mal définis : par exemple, l'*humide,* le *sec,* le *grave,* etc.

IV. *Idola theatri.* — Ce sont celles qui naissent des sectes philosophiques, parce que Bacon représente les philosophes de son temps comme des charlatans sur le théâtre. Il ramène ces sectes à trois principales : la *sophistique,* l'*empirique,* la *superstitieuse.* La première est la scolastique ; la seconde, l'alchimie ; la troisième, le mysticisme platonicien et néo-platonicien. Mais ce sont là des appréciations historiques sujettes à beaucoup de restrictions.

469. **Classification de Malebranche.** — Malebranche a consacré tout un livre, la *Recherche de la vérité,* à l'étude de nos erreurs. Il les ramène à cinq classes :

I. *Erreurs des sens,* et principalement erreurs de la vue, qui sont relatives :

a, A l'*étendue,* dont nous ne pouvons connaître la véritable grandeur ; *b,* à la *figure,* qui varie suivant le milieu et la distance ; *c,* au *mouvement,* qui est toujours relatif ; *d,* aux *qualités sen-*

---

[1]. On voit le défaut de justesse et la subtilité de ces expressions : car les erreurs de langage ne sont pas seulement dangereuses sur la place publique, mais aussi dans les écoles, dans les livres et dans les conversations de chaque jour.

sibles que nous croyons dans les choses et qui ne sont qu'en nous.

II. *Erreurs de l'imagination* :

a, Influence de l'imagination de la mère sur la conformation de l'enfant (fait fort douteux); *b*, influence sur les enfants de la mère, de la nourrice, des maîtres et en général des personnes avec qui ils ont commerce; *c*, erreurs dues à l'imagination des femmes ; *d*, à celle des hommes; *e*, à celle des vieillards; *f*, erreurs de l'habitude; *g*, illusions des personnes d'étude et des érudits ; *h*, faux systèmes, erreurs d'autorité, abus d'expériences; *i*, abus des imaginations fortes (Tertullien, Sénèque et Montaigne [1]) ; *j*, sorciers et loups-garous.

III. *Erreurs de l'entendement :*

a, Disproportion de l'esprit fini avec l'infini (difficulté de comprendre par exemple la divisibilité à l'infini, impossibilité de la nier).

b, Défaut d'application.

c, Plus d'application aux objets des sens qu'à ceux de l'esprit.

d, Ignorance.

e, Abus de la généralisation et de l'analogie.

IV. *Erreurs des inclinations :*

a, Cause générale : *inquiétude* de la volonté, cause du peu d'application et de l'ignorance.

b, Excès ou défaut de la *curiosité* : amour de la nouveauté et répugnance pour la nouveauté.

c, Amour de la grandeur de notre être : orgueil, excès contraires : superstition et hypocrisie.

d, Amour des richesses : il détourne les riches de la vérité : 1° parce qu'ils ont peu de temps à y employer ; 2° parce qu'ils ne s'y plaisent guère ; 3° parce qu'ils sont peu capables d'attention ; 4° parce qu'ils s'imaginent tout savoir ; 5° parce qu'on les applaudit en tout ; 6° parce qu'ils ne s'arrêtent qu'aux notions sensibles.

e, Amour du plaisir, qui nous empêche de voir les choses telles qu'elles sont.

f, Affection pour les autres hommes : nous nous laissons influencer par eux. « La faveur et les rieurs sont rarement du côté de la vérité ; » illusions de la flatterie.

---

1. Nous ne saurions trop recommander la lecture de ces trois brillants chapitres.

V. *Erreurs des passions* :

a, Influence du corps sur l'âme, par l'intermédiaire des passions.

b, Erreurs dues à *l'admiration* soit de soi-même, soit des autres. « Les superbes se tournent vers eux-mêmes, et les faux humbles se tournent vers les superbes. » *Paradoxes* causés par le désir de se faire admirer.

c, Erreurs causées par *l'amour* et *l'aversion*, le *désir*, la *joie* et la *tristesse*.

470. Classification de Port-Royal. — La *Logique de Port-Royal* a aussi donné une sorte de classification des erreurs dans le chapitre intitulé *des Mauvais raisonnements que l'on commet dans la vie civile* (part. III, ch. xx). Elle les divise en deux classes :

I. *Sophismes d'intérêt, d'amour-propre et de passion.*

1° Une première cause d'illusion est de prendre notre intérêt pour motif de croire une chose : « Je suis d'un tel pays, donc je dois croire qu'un tel saint y a prêché l'Evangile. — Je suis d'un tel ordre, donc je dois croire que tel privilège est véritable. »

2° Nos affections sont une autre cause d'illusion : « Je l'aime, donc c'est le plus habile homme du monde. — Je le hais, donc c'est un homme de néant. » C'est ce que l'on peut appeler le sophisme du cœur.

3° Illusions de l'amour-propre. Il en est qui décident tout par ce principe général et fort commode, qui est qu'ils ont raison. Ils écoutent peu les raisons des autres, ils veulent tout emporter par autorité et traitent de téméraires tous ceux qui ne sont pas de leur sentiment. Quelques-uns même vont jusqu'à faire, sans s'en douter, ce plaisant raisonnement : « Si cela était, je ne serais pas un habile homme ; or, je suis un habile homme ; donc cela n'est pas. »

4° Reproches réciproques que chacun peut se renvoyer avec le même droit : par exemple, d'être chicaneurs, intéressés, aveugles, de mauvaise foi, etc. D'où cette règle si équitable de saint Augustin : *Omittamus ista communia quæ dici ex utraque parte possunt, licet vere dici ex utraque parte non possint*[1].

5° Esprit de contradiction et de dispute si admirablement peint par Montaigne : « Nous n'apprenons à disputer que pour

---

[1] « Ecartons dans la discussion ces reproches communs qui peuvent se dire des deux côtés, quoiqu'ils ne puissent pas être vrais à la fois. »

contredire; et chascun contredisant et estant contredict, il en advient que le fruict du disputer c'est perdre et anéantir la vérité... L'un va en Orient, l'autre en Occident; ils perdent le principal, et s'escartent dans la presse des incidens; au bout d'une heure de tempeste, ils ne savent ce qu'ils cherchent; l'un est bas, l'autre hault, l'autre costier : qui se prend à un mot et une similitude ; qui ne sent plus ce qu'on lui oppose, tant il est engagé en sa course ; qui se trouvant foible de reins, craint tout, réfute tout, mesle dès l'entrée et confond le propos, ou, sur l'effort du débat, se mutine à se taire tout plat par une ignorance despite, affectant un orgueilleux mépris ou une sottement modeste fuyte de contention... »

6° Défaut contraire au précédent, à savoir, complaisance adulatrice, qui approuve tout et admire tout. Exemple : le *Philinte* de Molière.

II. *Sophismes naissant des objets mêmes.*

1° Le mélange de vrai et de faux, de bien et de mal qui se rencontre dans les choses fait que nous les confondons souvent. Ainsi les bonnes qualités des personnes qu'on estime font approuver leurs défauts et réciproquement. Or c'est précisément dans cette séparation judicieuse du bien et du mal que paraît l'exactitude de l'esprit.

2° Illusions qui naissent de l'éloquence et des faux ornements.

3° Interprétation malveillante des intentions secrètes fondée sur des signes équivoques. Un tel est ami d'un méchant : donc il est méchant; tel autre est du même avis qu'un hérétique sur des matières indépendantes de la religion, donc il incline vers l'hérésie; un tel critique quelques actes d'administration, c'est un séditieux; il en approuve d'autres, c'est un courtisan.

4° Fausses inductions tirées de quelques expériences particulières. La médecine ne guérit pas toutes les maladies, donc elle n'en guérit aucune; il y a des femmes légères, donc il n'y en a pas d'honnêtes; il y a des hypocrites, donc la dévotion n'est qu'hypocrisie.

5° Erreur de juger les conseils par les événements. Il n'a pas réussi, donc il a eu tort; et réciproquement.

6° Sophisme de l'autorité. Il consiste à croire à la parole des hommes, en raison de certaines qualités qui n'ont aucun rapport avec la vérité à connaître; par exemple, en raison de l'âge, de la piété, et ce qui est encore pire, de la richesse et de la puissance. Sans doute on ne fait pas expressément ces sortes de raisonnements : il a cent mille livres de rente ; donc il a raison. Néanmoins il se passe quelque chose de semblable dans l'esprit des hommes.

471. Division des causes de nos erreurs. — En résumant les diverses classifications précédentes, on peut ramener les causes de nos erreurs à deux classes : les unes *intrinsèques*, tirées de la nature même de l'esprit; les autres *extrinsèques*, venant du dehors.

Les premières sont :

1° Les *sens;* 2° l'*imagination;* 3° les *passions;* 4° l'*habitude*.

Les secondes sont :

1° L'*autorité* ou la *parole du maître;* 2° le *langage*.

Les erreurs des *sens*, de l'*imagination* et des *passions* ont été analysées par Bacon, Malebranche et Port-Royal avec un détail qui ne laisse rien à désirer.

L'*habitude* a peut-être été un peu trop négligée dans les causes de nos erreurs. Cependant on sait que pour la plupart des hommes c'est une raison suffisante de croire qu'une chose est vraie que d'avoir affirmé pendant longtemps qu'elle était vraie. A la vérité, ce préjugé se complique encore ici d'une question d'amour-propre ; mais nous croyons en outre que, tout amour-propre à part, il y a une tendance à répéter l'affirmation qui vient de cette répétition même.

Quant aux causes extrinsèques, *autorité* et *langage*, nous devons encore ajouter quelques explications empruntées à Pascal et à Locke.

472. Des erreurs qui viennent de l'autorité. — C'était une maxime reçue dans l'école de Pythagore qu'il fallait croire à la parole du maître : αὐτὸς ἔφα, disait-on ; *ipse dixit*. On a donné cette maxime comme étant la maxime du moyen âge, et il est certain que le moyen âge avait poussé très loin la superstition d'Aristote, et, en médecine, d'Hippocrate et de Galien. Cette superstition dura même jusqu'au XVI° et au XVII° siècle. Un professeur de médecine, Borrius, écrivait encore en 1576: « Je dis à mes auditeurs : voilà ce qu'Aristote enseigne ; voilà ce que dit Platon ; Galien s'exprime ainsi ; Hippocrate a dit cela... Si je ne trouve pas dans mes recueils les idées qui me viennent à l'esprit, je les abandonne aussitôt comme suspectes d'erreur[1]. »

Pascal, dans un morceau célèbre, a signalé et combattu cette servile docilité à l'égard des anciens :

« Le respect que l'on porte à l'antiquité, dit-il, est aujourd'hui à tel point dans les matières où il doit avoir moins de force, que l'on se fait des oracles de toutes ses pensées et des mystères même de ses obscurités; que l'on ne peut plus avancer de nouveautés sans péril, et que le texte d'un auteur suffit pour détruire les plus fortes raisons... N'est-ce pas là traiter indignement la raison de l'homme et la mettre en parallèle avec l'instinct des animaux, puisqu'on en ôte la principale différence, qui consiste en ce que les effets du raisonnement augmentent sans cesse, au lieu que l'instinct demeure toujours dans un état égal. Les ruches des abeilles étaient aussi bien mesurées il y a mille ans qu'aujourd'hui... Il n'en est pas de même de l'homme *qui ne produit que pour l'infinité*... Il est dans l'ignorance au premier âge de sa vie, mais il s'instruit sans cesse dans son progrès; car il tire avantage non seulement de sa propre expérience, mais de celle de ses prédécesseurs... Et comme il conserve ces connaissances, il peut les augmenter facilement; de sorte que les hommes sont aujourd'hui en quelque sorte dans le même état où se trouveraient ces anciens philosophes s'ils pouvaient avoir vieilli jusqu'à présent... Ceux que nous appelons anciens étaient véritablement nouveaux en toutes choses, et formaient l'enfance des hommes... et c'est en nous que l'on peut trouver cette antiquité que nous révérons dans les autres. »

473. Erreurs dues au langage. — Locke, dans son *Essai sur l'entendement humain*, a étudié avec soin les erreurs dues au langage. Nous résumerons ses études sur cette question.

1° On se sert de mots auxquels on n'attache aucune idée claire et distincte : par exemple, les mots de *sagesse*, de *gloire*, de *grâce* sont souvent employés par les hommes; mais, parmi ceux qui les emploient, combien resteraient courts, si on leur demandait ce qu'ils entendent par là !

Cela vient de ce qu'on apprend les mots avant de posséder les idées qui leur appartiennent.

2° Il y a beaucoup d'inconstance dans la manière dont on applique les mots. On verra, en effet, en consultant les disputes des hommes, que le même mot est employé souvent dans divers sens différents, non seulement par divers hommes, mais encore par le même homme en des temps différents. N'est-ce pas comme si dans un compte on donnait au même signe 8 tantôt le sens de 7, tantôt le sens de 9 ?

3° On abuse encore des termes en donnant aux mots une signification nouvelle et inusitée, ou en introduisant des termes nouveaux, sans définir les uns ou les autres. C'est le principal défaut de la scholastique et des écoles en général.

---

[1]. Thurot, *Recherches sur le principe d'Archimède*, p. 50. (*Revue archéologique*, 1860).

4° Prendre les mots pour les choses. Telles sont les entités scolastiques : les *formalités*, les *quiddités*, les *eccéités*.

5° Abus des termes figurés. Tous les mots des langues sont à l'origine métaphoriques, et ils gardent toujours quelque chose de ce sens primitif. De là la tendance de l'esprit à mêler toujours le sens figuré au sens propre.

474. Remèdes de l'erreur. — Il n'y a rien de particulier à dire sur les remèdes de nos erreurs. Ils ne sont autre chose que l'application fidèle de toutes les règles de la logique.

CHAPITRE VII

Des qualités de l'esprit.

Dans tous les traités de philosophie il est question des qualités d'une bonne mémoire, mais on a généralement omis de parler des qualités d'un bon esprit; et cependant les qualités de l'esprit ont une tout autre importance que les qualités de la mémoire. Nous ne connaissons qu'un seul auteur, Vauvenargues, qui, dans son *Introduction à l'étude de l'esprit humain*, ouvrage assez faible d'ailleurs, se soit proposé de traiter expressément des qualités de l'esprit (*vivacité, pénétration, justesse*, etc.). Autrement, nous ne trouvons sur ce sujet que des vues éparses dans Aristote, dans la *Logique de Port-Royal*, dans Locke, Leibniz, Kant, etc. Nous essaierons de suppléer à cette lacune par quelques considérations qui nous paraissent une conclusion naturelle de la logique.

On peut distinguer en deux classes les qualités de l'esprit : les unes, que nous appellerons *moyennes* et qui constituent le *bon* esprit; les autres que nous appellerons qualités *rares* et qui font les esprits *distingués*, et, à un haut degré, les esprits *supérieurs*.

I. QUALITÉS MOYENNES DE L'ESPRIT.

476. Le bon sens. — Le terme le plus général qui résume tout ce qu'on peut dire d'un bon esprit, ou qui en est, si l'on veut, le *minimum*, est ce que l'on appelle le *bon sens*. Philosophiquement, le mot bon sens représenterait plutôt ce qu'il y a de plus élevé dans l'esprit humain, car il est proprement, dit Descartes, « la faculté de discerner le vrai d'avec le faux » : il se confondrait donc avec la raison même; mais dans un sens plus usuel et plus modeste il signifie l'aptitude à bien juger sans aucune culture, et dans un ordre de vérités un peu terre à terre et toutes pratiques.

Ce genre d'aptitude ne doit pas être dédaigné; car pour la plupart des hommes, qui n'ont à faire qu'aux réalités de la vie les plus immédiates et les plus prochaines, il est plus important que d'autres qualités plus distinguées, et son absence contribue souvent à stériliser les meilleures d'entre elles. Ainsi voit-on souvent des esprits brillants, faciles, échouer dans tout ce qu'ils entreprennent, faute d'un grain de bon sens. Ils ne font jamais ce qu'il faut faire; ils ne voient pas ce qu'ils devraient voir. Ils grossissent ou atténuent les choses à leur gré, manquent les plus faciles, attaquent les difficultés sans les avoir mesurées, et, se trompant toujours, ne croient jamais se tromper. Ils ressemblent aux écoliers brillants qui négligent leur grammaire et gâtent leurs métaphores par des solécismes. Quand ces défauts sont joints à l'originalité, on peut s'en consoler; mais l'absence de bon sens n'est pas une preuve de génie, et l'on peut être fou sans cesser d'être sot.

476. **Rectitude, justesse, sûreté.** — Le bon sens tel que nous venons de le définir n'est que le minimum des qualités moyennes qui constituent un bon esprit. C'est déjà quelque chose de plus que de le qualifier d'esprit *droit;* c'est plus encore de le qualifier d'esprit *juste;* c'est le suprême éloge enfin de le qualifier d'esprit *sûr.* La *rectitude*, la *justesse* et la *sûreté* sont les trois vertus théologales du bon sens : c'est le bon sens éclairé, élevé, ayant conscience de lui-même et devenu *raison :* elles ne se confondent pas entre elles.

Un esprit *droit* est un esprit qui, comme l'indique le mot, va droit devant lui; qui, sans ambages, sans s'arrêter aux subtilités et aux difficultés (sans tourner, comme on dit, autour du pot) voit clairement où est le vrai, s'il s'agit d'opinion, et quel parti il faut prendre s'il s'agit d'action. Un esprit juste est un esprit qui naturellement est droit, mais avec un sentiment plus net : il voit ce qui est vrai, mais aussi ce qui est faux, et il sait pourquoi : il sentira le faible de l'objection, que l'autre se contente d'écarter par une sorte d'instinct : il mesurera la valeur des preuves, tandis que l'autre va tout droit à la conclusion. Le premier prononcera l'arrêt, le second le rédigera. Quant à la sûreté du jugement, ce n'est autre chose que la justesse dans les cas difficiles : c'est le talent de s'arrêter sur une pente glissante, de pressentir l'objection avant qu'elle n'arrive, de prendre des précautions contre soi-même, de ne point fournir d'armes à l'adversaire, de tout dire sans rien dire de trop. Nicole est un esprit droit; Voltaire est un esprit juste ; Bossuet est un esprit sûr.

477. Discernement, sagacité. — Pour démêler avec justesse le vrai du faux, il faut du *discernement;* pour pressentir la moindre chance d'erreur, il faut de la *sagacité.* Le discernement est donc la condition d'un esprit juste, et la sagacité la condition d'un esprit sûr. Cependant, si la justesse et la sûreté ne peuvent se rencontrer sans le discernement et la sagacité, la réciproque n'est pas toujours vraie. Il est difficile d'avoir plus de sagacité que n'en avait Michelet, et cependant aucun esprit n'a jamais été moins sûr. Il est rare de voir du discernement sans justesse mais ce n'est pas impossible. On peut dire que J.-J. Rousseau manquait de justesse dans l'esprit; dira-t-on sans injustice qu'il manquait de discernement? Il a eu assez de discernement pour voir que le théâtre est quelquefois corrupteur ; il n'a pas eu assez de justesse pour voir la compensation de cet inconvénient. Il a eu assez de discernement pour comprendre qu'Alceste est l'honnête homme de la pièce, contre l'usage qui veut que ce soit le vice seul qui soit ridicule; mais il n'a pas eu assez de justesse pour voir que ce n'est pas de la vertu d'Alceste qu'on rit, mais de ses travers.

Si nous voulons distinguer de plus près encore le discernement et la justesse, la sagacité et la sûreté, nous dirons que le discernement et la sagacité ont rapport à l'acte de l'esprit par lequel il démêle une chose d'une autre ; tandis que la justesse ou la sûreté est l'acte par lequel il prononce sur le vrai et sur le faux. Le discernement et la sagacité sont le fait d'un juge d'instruction; la sûreté, et la justesse sont le propre du juge lui-même. L'un prépare les éléments de la sentence, l'autre la prononce. Le discernement et la sagacité se rapportent à la finesse de l'esprit; la justesse et la sûreté à la solidité. Un esprit sûr et juste n'est encore qu'un bon esprit ; mais le discernement et la sagacité sont le passage du bon esprit à l'esprit distingué.

Entre le discernement et la sagacité, il n'y a d'ailleurs qu'une différence de degré. La sagacité est un discernement plus fin et en matière plus difficile. La logique suffit pour vous donner du discernement : il faut quelque chose de plus pour atteindre à la sagacité. Le discernement démêle les signes apparents ; la sagacité, les phénomènes cachés. Il faut du discernement pour comprendre, de la sagacité pour deviner. Un écolier montre du discernement, lorsqu'à deux cas semblables il sait appliquer deux règles différentes; Zadig montrait de la sagacité lorsqu'il devinait, sans en rien savoir d'avance, que la chienne de la reine était boiteuse et qu'elle venait d'avoir des petits. Le discernement se rapporte au présent, la sagacité à l'avenir ou au passé. Un général montre du discernement en choisissant une bonne position; mais il montre de la sagacité lorsqu'il sait d'avance par où l'ennemi arrivera.

478. **Tact et mesure.** — Il est encore deux qualités qui appartiennent à la caractéristique du bon esprit, parce qu'elles ne sont que des nuances ou des applications plus délicates des trois qualités que nous avons nommées d'abord : c'est le *tact* et la *mesure*. Le tact n'est qu'une justesse plus fine : c'est la justesse dans la justesse. La mesure est impliquée dans la sûreté, car la sûreté dans l'esprit est comme la sûreté dans la marche : c'est poser le pied à l'endroit où il faut, ni plus près, ni plus loin, comme le cheval habitué aux chemins des précipices : une ligne de plus, vous êtes perdu ; or, c'est cette qualité même qu'on appelle la mesure, laquelle est une partie de la sûreté, c'est-à-dire le sens de la limite. Un esprit mesuré affirme ceci et rien de plus : un esprit inconsidéré et sans mesure affirme d'une manière indéterminée, sans savoir au juste ce qu'il affirme : de là vient qu'il se contredit souvent. L'esprit sûr échappe à la contradiction, parce que ce qu'il affirme est toujours vrai dans la mesure où il l'affirme : il n'a donc pas à craindre de démenti de l'expérience. Si par mesure on entend non plus seulement le sens de la limite, mais, comme en musique, le sens de la proportion et des rapports, en ce sens la mesure s'oppose à l'incohérence. Un esprit mesuré, réglé, bien équilibré, ne supporte pas l'inconséquence ni en lui-même, ni dans les autres : il a l'horreur surtout de l'exagération, qui fausse tout et qui lui est en quelque sorte plus odieuse que l'erreur, car elle fausse jusqu'à la vérité même. Quant au tact, nous l'avons dit, c'est la finesse dans la justesse, ou plutôt c'est le sentiment uni à la justesse. La justesse toute nue n'est pas plus la justesse que la justice toute nue n'est la justice. Pour que la justice soit vraiment juste, il faut qu'elle s'unisse au sentiment et qu'elle devienne équité. De même, pour que la justesse soit toute justesse, il faut qu'elle s'unisse à une nuance de sentiment et qu'elle de-

vienne tact. Le tact est une sorte de finesse, mais ce n'est pas encore la finesse elle-même : c'est une finesse qui ne s'exprime pas, qui s'ignore presque, qui est plus négative qu'affirmative ; le tact ne dit pas ce qu'il ne faut pas dire, ne fait pas ce qu'il ne faut pas faire ; il ne voit pas une vérité de plus que celle des esprits justes, mais il la voit mieux. Un esprit peut avoir de la finesse sans avoir de tact ; un homme du monde d'un esprit limité peut apporter dans la conversation ou dans la conduite un tact exquis qui manquera aux esprits fins : en ce sens, on pourrait dire que le tact est l'apparence de la finesse : c'est ce qu'on voit quelquefois chez les diplomates ; mais ce serait trop diminuer le tact et ne le voir que dans la conduite extérieure, tandis que nous parlons du tact dans la pensée ; et là il est ce que nous avons dit : une justesse aimable et délicate.

479. **L'intelligence.** — Nous avons omis jusqu'ici ce qui est en quelque sorte la qualité fondamentale d'un bon esprit, et qui doit être supposée dans tout ce qui précède, c'est l'*intelligence*. Il paraît étrange d'admettre comme une qualité de l'esprit ce qui semble être l'esprit lui-même, l'ensemble des facultés intellectuelles : mais nous n'entendons pas ici par intelligence la faculté de connaître avec toutes ses opérations, mais la faculté de *comprendre*, ce qui est bien différent. On peut avoir des sens excellents, une vue perçante et fine, et ne rien comprendre à ce qu'on voit : par exemple, être incapable de dessiner ou de faire des expériences sur la nature. On peut avoir une mémoire prodigieuse et savoir des milliers de vers par cœur, posséder des catalogues d'insectes, connaître toutes les dates de l'histoire, et ne rien comprendre aux pensées, à la nature, aux événements. On peut avoir une puissante imagination, être un poëte sublime et être absolument dénué de la faculté de comprendre. On peut être passé maître en abstractions comme le docteur Pancrace, posséder à fond son Aristote ou son Hegel, et ne rien comprendre à la philosophie : il est tel esprit qui peut raisonner à perte de vue, et dont le raisonnement a banni la raison. On peut être doué de toutes les idées fondamentales, substance, cause, infini, absolu, ne faire aucune faute dans l'usage de ces notions, et être cependant un esprit borné. Comprendre n'est donc pas connaître. Le *connaître* est au *comprendre* ce que la matière est à la forme, le corps à l'âme, la lettre à l'esprit. M. Thiers, dans son admirable portrait de l'historien, a ramené toutes les qualités qu'il en exige à une seule :

la faculté de comprendre, l'intelligence. Qu'est-ce, en effet, en histoire, que la couleur, l'érudition, la moralité, la philosophie et toutes les plus belles qualités du monde, si on ne comprend pas les faits? Il en est de même en tout : comprendre est la première condition. Il est beau d'inventer, il est utile de bien juger; mais avant tout il est nécessaire de comprendre. Sans doute le mot comprendre, dans le sens large, implique tout cela; mais dans un sens plus limité comprendre est distinct de juger et d'inventer : je puis comprendre une question sans être capable de la résoudre, comprendre toutes les opinions sans en avoir aucune, comprendre une grande découverte sans être capable de la trouver moi-même. L'intelligence, telle que nous venons de la décrire, n'est autre chose que l'*ouverture* de l'esprit, l'aptitude à recevoir des idées : c'est une *réceptivité* plutôt qu'une faculté véritable; c'est pourquoi nous la considérons seulement comme la base d'un bon esprit; mais il faut y ajouter la faculté de décider.

L'ouverture de l'esprit est cette faculté qui nous rend propres à comprendre toutes sortes de pensées, même celles qui sont les plus éloignées des nôtres, même contraires aux nôtres : c'est proprement la faculté de comprendre. Sainte-Beuve a donné un grand exemple d'ouverture d'esprit, dans son *Histoire de Port-Royal*, où il comprend merveilleusement bien un état psychologique qui était absolument étranger à son esprit. Une intelligence admirablement ouverte est encore celle de Voltaire, aussi apte à comprendre Newton qu'à écrire l'histoire et à peindre les passions du cœur humain. Rien de plus fréquent, au contraire, que de voir un savant absolument fermé à ce qui n'est pas sa science, un critique qui n'aime qu'un livre, un sectaire qui ne comprend rien que son propre *credo*, si toutefois il le comprend. L'ouverture d'esprit, quand elle est portée aussi loin que nous venons de le dire, dépasse sans doute de beaucoup la limite de ce que nous avons appelé un bon esprit, et n'appartient qu'aux esprits les plus distingués, quelquefois même les plus originaux. Mais nous avons dû prendre la qualité à son plus haut degré pour la bien faire comprendre; il suffit de la réduire à un niveau médiocre pour se la représenter dans les bons esprits qui ne s'élèvent pas au-dessus de la moyenne.

480. **Facilité et promptitude.** — L'intelligence n'est pas toujours la *facilité* ni la *promptitude* : on a souvent remarqué, au contraire, qu'un très bon esprit peut être lent et laborieux. Un esprit facile est un esprit qui n'a pas besoin d'effort pour

s'assimiler la chose : un esprit prompt est celui qui comprend rapidement et qui trouve à propos en lui-même ce dont il a besoin. Ces deux qualités sont l'ornement des bons esprits, sans en être la condition indispensable. Il arrive même assez souvent que la facilité s'unit au superficiel, et la promptitude à la légèreté. Les esprits faciles et prompts peuvent donc ne pas être de bons esprits. La facilité et la promptitude sont même des pièges naturels, parce qu'elles conduisent à juger vite, ce qui n'est pas d'ordinaire le vrai moyen de juger bien. Mais unies à la rectitude de jugement, ces qualités en accroissent la force et elles lui donnent de l'étendue : ici encore nous passons de la catégorie des bons esprits à celle des esprits distingués.

II. Qualités rares.

Nous appelons de ce nom quelques qualités qui élèvent l'esprit au delà de la moyenne et qui font ce que l'on appelle les esprits distingués. Sans doute un esprit juste, droit, doué de discernement et d'une certaine dose de sagacité, suffisamment ouvert et comprenant facilement un grand nombre de choses, ce n'est pas là déjà quelque chose de très commun. Cependant, si on prend ces qualités à un degré médiocre, on peut dire que c'est à peu près la moyenne de l'humanité : car si les esprits faux l'emportaient par le nombre sur les esprits droits, il est vraisemblable que la société ne pourrait pas subsister. Les fonctions sociales exigent que le nombre des erreurs soit moindre que celui des calculs justes et des actions convenables : or nous donnons le nom de bons esprits justement à ceux qui raisonnent bien et qui agissent comme il faut. Mais la supériorité en tout genre fait passer un esprit de la première classe dans la seconde. Tel degré de justesse et de sûreté dans des matières très délicates est déjà le propre d'un esprit très distingué, et quand elles passent au delà elles prennent d'ordinaire un autre nom. Un degré très rare de justesse s'appelle *finesse* ; un degré très rare de tact s'appelle *délicatesse*. C'est ce degré supérieur que nous avons à étudier.

481. **Finesse et délicatesse.** — La finesse consiste à démêler des choses très voisines l'une de l'autre et qui sont cependant différentes, de même qu'une vue fine discerne les nuances les plus délicates. Pascal a donné de ce qu'il appelle l'esprit de finesse une telle description, qu'il nous dispense ou plutôt nous

interdit d'en parler après lui. (*Pensées*, éd. Havet, art. VII).

La *délicatesse* se joint d'ordinaire à la finesse, mais elle ne se confond pas avec elle : elle est à la finesse ce que le tact est à la justesse ; c'est une finesse de sentiment ; la finesse proprement dite, au contraire, n'a rapport qu'à l'esprit. La finesse convient plus à la prose, la délicatesse à la poésie : Voltaire a l'esprit fin; il ne l'a pas toujours délicat. La Fontaine est aussi fin que lui, mais il est plus délicat : rien de plus délicat que les fables des *Deux Pigeons*, des *Deux Amis*, que les vers sur la *Retraite*, que la *Dédicace à Mme de la Sablière*, etc. La musique de Mozart, d'Haydn est d'une exquise délicatesse : celle de Rossini est très fine, mais elle n'est peut-être pas si délicate. La délicatesse dans la conversation consiste à toucher aux choses d'une main si légère, qu'on soit plutôt averti qu'informé. La finesse peut encore s'expliquer ; la délicatesse se sent. La différence de l'une et de l'autre est plus grande encore si l'on passe de l'ordre intellectuel à l'ordre moral. Dans les actions et dans la conduite, la finesse se rapporte plutôt à l'habileté, et la délicatesse à la bonté et à l'honneur. Il arrive souvent dans la conduite que la finesse est en raison inverse de la délicatesse ; mais pour ce qui est de l'esprit, les deux qualités vont ensemble d'ordinaire. Enfin, il faudrait beaucoup de finesse pour trouver la distinction qui sépare ces deux qualités et beaucoup de délicatesse pour la sentir.

482. **La force.** — La finesse et la délicatesse servent à caractériser toute une classe d'esprits distingués : à l'extrémité opposée se trouve une qualité, non pas contraire, mais entièrement différente et qui d'ordinaire appartient à un autre ordre d'esprits : je veux parler de la *force*. La force d'esprit se distingue de la force de caractère comme l'intelligence se distingue de la volonté; mais, de part et d'autre, c'est la faculté de vaincre les difficultés ; encore faut-il qu'il s'agisse de difficultés d'une certaine intensité : car quand elles sont fines, ce n'est pas la force, c'est la finesse qui les démêle : on ne prend pas un marteau pour dénouer un écheveau de fil. Un esprit vraiment fort est un esprit créateur, et la force est la source même des qualités que l'on peut appeler inventives ; mais nous n'en sommes pas là, et l'esprit peut avoir un certain degré de force sans aller jusqu'à la puissance créatrice : c'est ce degré de force que nous considérons. Un esprit qui peut saisir et suivre une longue chaîne de raisonnements abstraits, ne les eût-ils pas inventés, a de la force : un esprit qui

retient non pas beaucoup de faits dans sa mémoire, mais sa liaison de beaucoup de faits à la fois, ramassés en une seule vue, n'y eût-il rien mis de son fonds, a de la force; un esprit qui, en philosophie, comprend les points essentiels d'un système, qui, dans la critique, va droit aux grandes beautés, qui en toutes choses néglige les pensées molles, vagues, communes, qui n'aime que le solide, le réel, le naturel, le vrai, le simple, est un esprit qui a de la force. La force n'est pas la violence; la violence est toujours exagérée, tandis que la vraie force n'exclut pas la justesse. Thucydide est le modèle de la force unie à la plus parfaite rectitude; au contraire, la force de Sénèque est souvent boursouflure et affectation. Nous empruntons nos exemples aux esprits créateurs, parce que ce n'est que là que les qualités prennent un assez grand relief pour être remarquées et distinguées : rabattons-les à un niveau un peu inférieur, vous aurez le sentiment de ce que sont ces qualités chez les esprits qui ne sont que distingués.

Il y a donc deux sortes de distinctions : la distinction de finesse et la distinction de force; l'une pour les objets déliés, l'autre pour les objets difficiles; l'une a plus de grâce et de charme, l'autre inspire plus de respect; l'une se remarque chez les femmes : Mme de Sévigné en est le plus parfait modèle; l'autre est plus propre aux hommes : c'est le caractère d'un Bossuet et d'un Montesquieu; la conversation et la société développent l'esprit de finesse; la solitude rend les esprits mâles. Il peut y avoir cependant une certaine finesse naïve et sans culture : le paysan a souvent l'esprit fin, quoiqu'il l'ait peu délicat; mais la force s'émousse dans la société et par la culture.

483. **Souplesse.** — Il n'y a cependant pas contradiction entre la finesse et la force, et l'on appelle *souple* un esprit qui passe de l'une à l'autre en traversant les degrés intermédiaires. Ce que nous avons appelé ouverture n'est qu'une forme de la souplesse en étendue, à savoir l'aptitude à comprendre les choses un peu différentes : mais il y a une souplesse en degré, en intensité, qui consiste à parcourir toute la gamme de l'esprit, depuis l'aimable, le facile et l'agréable, jusqu'au grand et au profond! Quand un esprit de ce genre s'applique à composer, c'est le génie : mais s'il se borne à comprendre et à goûter, la souplesse n'est rien de plus que la qualité la plus fine de la distinction. La souplesse est la plus belle qualité de l'esprit. Il n'en est pas de

l'esprit comme du caractère : on n'aime pas beaucoup un caractère souple, il n'est pas bon d'être toujours prêt à s'accommoder à tout ; mais un esprit souple n'a pas les mêmes inconvénients et est d'un grand secours dans les affaires aussi bien que dans les études. Un esprit souple est une image de la nature elle-même, qui passe par toutes les nuances et par tous les degrés, qui est à la fois infiniment petite et infiniment grande, qui a des aspects charmants et pleins de grâces et des profondeurs insondables, où les plaines conduisent aux collines, les collines aux montagnes, les montagnes aux roches, les roches aux pics, pour redescendre dans le même ordre et en sens inverse ; tantôt la transition du sévère au doux et du doux au sévère est insensible, tantôt elle est abrupte ; quelquefois rapide sans être brusque : ainsi, dans l'ordre des vérités, les plus naïves sont souvent près des plus profondes. Ainsi, l'esprit souple passera par toutes les nuances : il ne se croit pas obligé d'être toujours guindé en force et en hauteur, car ce n'est plus que de la raideur ; il ne se condamnera pas à un sérieux triste et morose : sa pensée comme sa parole sera capable de sourire. Le modèle de la souplesse est un écrivain comme la Fontaine : le sublime lui est aussi naturel que la plaisanterie. J'ai déjà cité Voltaire, comme exemple d'ouverture, de souplesse et d'étendue : mais dans l'ordre de l'intensité il n'a peut-être pas une gamme aussi riche, aussi variée, aussi nuancée que la Fontaine. Chez les anciens, celui qui paraît avoir donné l'exemple de la plus étonnante souplesse, c'est Socrate ; et on peut en dire autant de Platon.

484. **Pénétration, étendue, largeur.** — Après avoir signalé la finesse, la force et la souplesse comme les qualités propres d'un esprit distingué, ne serait-ce pas un pléonasme d'ajouter encore deux qualités nouvelles : la *pénétration* et l'*étendue?* La pénétration ressemble à la finesse, et l'étendue ressemble à l'ouverture. Cependant, il y a des différences. La finesse démêle, la pénétration creuse ; la finesse est déliée, la pénétration est perçante. La finesse aperçoit des différences très petites, mais prochaines : la pénétration atteint à ce qui est caché. La pénétration ressemble encore à la sagacité, et ces deux qualités vont ensemble : cependant il y a quelque chose de plus dans la pénétration que dans la sagacité. Reconnaître le point difficile d'une question, c'est montrer de la sagacité :

trouver le moyen de la résoudre, c'est de la pénétration; ne pas se laisser tromper, c'est le fait de la sagacité : découvrir la vérité est le fait de la pénétration. Un médecin sagace voit bien que la cause apparente de la maladie n'est pas la vraie cause; le médecin pénétrant met le doigt sur la cause véritable. Un critique est sagace, un juge est pénétrant. Quant aux différences de l'ouverture et de l'étendue dans l'esprit, elles sont encore plus délicates et plus difficiles à signaler. L'ouverture a rapport à la faculté de recevoir; l'étendue, à la faculté de contenir. Un esprit ouvert est celui qui s'assimile facilement toutes sortes de connaissances : un esprit étendu est celui qui les connaît et les possède toutes à la fois. Un esprit ouvert peut oublier ou négliger successivement tout ce qu'il apprend : l'esprit étendu conserve tout et embrasse tout. L'étendue n'est cependant pas encore la même chose que la largeur. Un esprit étendu peut ne pas être large, et il ne serait peut-être pas impossible de trouver un esprit large qui ne serait pas étendu. L'étendue a rapport à la diversité des matières, la largeur à la différence des idées et des opinions. Un esprit étendu est celui qui, comme Voltaire, est capable de cultiver à la fois la poésie et les sciences, la philosophie et l'histoire, et qui possède de vastes connaissances avec intelligence ; mais était-il un esprit large ? C'est une autre question. Un esprit large est celui qui sait rapprocher les opinions et qui est capable de comprendre le vrai même dans les idées qu'il ne partage pas. On a souvent accusé la largeur d'esprit de conduire au scepticisme et à l'indifférence; c'est évidemment l'écueil de cette qualité : mais la qualité ne doit pas être confondue avec le défaut. Chacune des qualités de l'esprit a aussi son défaut correspondant : l'écueil de la finesse, c'est la subtilité : l'écueil de l'étendue, c'est le superficiel; l'écueil de la force, c'est l'exagération. La justesse elle-même a son écueil, qui est quelquefois l'hésitation; et la mesure en a un autre, qui est la timidité. Mais, encore une fois, les qualités ne doivent pas être compromises par les défauts dont elles peuvent être la source.

485. **Indépendance, hardiesse, modération.** — Il nous reste à signaler les qualités qui tiennent non plus à la nature de l'esprit lui-même, mais à son usage, par exemple la liberté, l'indépendance, la fermeté, la hardiesse, la modération. Un esprit est libre quand il n'a pas de préjugés et qu'il n'obéit qu'à

la vérité seule. L'indépendance est une sorte de liberté, mais qui n'a rapport qu'aux préjugés extérieurs : un esprit indépendant peut ne pas être libre lorsque secouant, le joug d'autrui, il continue à se faire des préjugés à lui-même auxquels il obéit servilement. Un esprit ferme est celui qui ne se laisse fléchir par aucune considération et qui dit nettement ce qu'il pense, que cela plaise ou non. Un esprit hardi est celui qui brave les préjugés les plus accrédités et les plus puissants. Un esprit modéré est celui qui craint toujours d'être entraîné à l'erreur par l'amour de la vérité même, et qui aime mieux ne pas dire tout que de dire trop. Les défauts attachés à l'exercice de ces facultés sont trop visibles et trop connus pour qu'il soit nécessaire d'y insister.

486. Esprit. — Nous avons passé en revue bien des qualités de l'esprit ; nous en avons omis une : c'est celle qui porte le même nom que lui, et que l'on appelle *l'esprit*. Qu'est-ce que l'esprit ? Qu'est-ce qu'un homme spirituel, une femme spirituelle, un mot spirituel ? Pour définir ce mot indéfinissable, nous n'avons rien de mieux à faire que de rappeler la définition de celui qui a donné de la chose elle-même le plus brillant modèle, je veux dire Voltaire :

« Ce qu'on appelle esprit, dit-il, est tantôt une comparaison nouvelle, tantôt une allusion fine ; ici l'abus d'un mot qu'on présente dans un sens et qu'on fait entendre dans un autre ; là des rapports délicats entre deux idées peu communes ; c'est une métaphore singulière ; c'est une recherche de ce qu'un objet ne présente pas d'abord, mais de ce qui est en effet dans lui ; c'est l'art ou de réunir deux choses éloignées, ou de diviser deux choses qui paraissaient se joindre, ou de les opposer l'une à l'autre ; c'est celui de ne dire qu'à moitié sa pensée pour la laisser deviner. Enfin, je vous parlerais de toutes les différentes façons de montrer de l'esprit, si j'en avais davantage. »

487. Originalité, profondeur, invention. — Il nous reste, pour en finir avec les qualités de l'esprit, à signaler celles qui sont tout à fait rares et supérieures, et qui constituent sur tout ce qu'on appelle le génie. Ce sont par exemple *l'originalité*, la *profondeur*, la *grandeur*, *l'invention*.

L'originalité est le cachet qui distingue un homme d'un autre homme, un esprit d'un autre esprit. Au premier abord tous les hommes se ressemblent; mais, comme l'a dit Pascal, à mesure qu'on a plus d'esprit, « on trouve qu'il y a plus d'esprits originaux » (*Pensées*, art. VII, 1). L'auteur des *Causeries du lundi* (Sainte-Beuve), qui était au nombre de ceux qui ont eu le plus d'esprit, a su trouver de l'originalité jusque dans les moindres de nos écrivains. Mais il faut reconnaître que l'originalité est surtout reconnaissable chez les grands hommes. Elle est ou une flamme sans égale, comme chez Pascal, ou une grandeur suprême, comme chez Bossuet, ou une sérénité majestueuse, comme chez Descartes, ou un pathétique sublime, comme dans Shakespeare; partout enfin, elle est ce qui frappe, étonne, subjugue, dans l'art, dans la poésie, dans la philosophie, ou encore dans la politique et dans la guerre; car quoi de plus original qu'un Cromwell, un Washington, un Bonaparte ou un Condé? Eux aussi étonnent par la rareté, la nouveauté, l'inattendu. En un mot, l'originalité n'est pas une qualité spéciale; c'est ou un degré, ou une manière d'être, ou un mélange des autres qualités; c'est la couleur et le ton : c'est la physionomie de l'esprit.

La profondeur se définit elle-même. Elle est la puissance de découvrir ce qui est très caché, de franchir une longue chaîne de pensées, de rassembler en un seul trait mille traits différents. La grandeur se définit également elle-même, ou plutôt elle ne se définit pas : car qui ne sait ce que c'est que d'être grand? Et cependant qui peut le dire? Parmi les peuples, le peuple romain est celui qui donne le plus l'idée de la grandeur : ses monuments sont grands, ses lois et ses codes ont de la grandeur : sa langue est majestueuse. Les époques classiques ont de la grandeur. La France au siècle de Louis XIV est un siècle de grandeur. La grandeur, d'après ces exemples, est quelque chose de fier et de noble, mais sans trouble; c'est la force dans la sérénité et dans la dignité. Pascal est un modèle de profondeur, et Bossuet un modèle de grandeur. *Hamlet* est une œuvre profonde; *Athalie* est une œuvre grande. Le profond remue l'âme jusque dans ses dernières couches; le grand nous élève et nous calme en nous charmant.

Le dernier trait le plus caractéristique du génie est l'invention. Le don de l'invention correspond, dans l'art, dans la science, à ce que l'on appelle la *grâce* en théologie. C'est quelque chose qui vient d'en haut; l'esprit souffle où il veut : même lorsqu'il croit donner son secret, c'est une pure apparence. Descartes, en décrivant sa *Méthode*, croit de bonne foi nous expliquer ses découvertes. Mais on peut appliquer toute sa vie avec la plus grande fidélité la méthode de Descartes sans découvrir la géométrie analytique, ni même quoi que ce soit.

Le génie est toujours inventif, mais il l'est plus ou moins. Descartes l'est au plus haut degré; Pascal invente plus que Bossuet; Corneille, plus que Racine. Voltaire, qui a introduit tant de nouveautés et qui a tant remué le monde, n'est cependant pas très inventif pour le fond des choses. C'est dans les sciences qu'il est le plus facile de définir et de constater la faculté d'invention : chaque découverte porte le nom de ses auteurs; mais les découvertes dans le pays de l'âme n'ont pas une moindre valeur, pour n'être pas si faciles à prouver.

Avec l'invention s'achève la description des qualités de l'esprit, elle en est la couronne, l'acte suprême, et par là même elle est le terme naturel d'une histoire de l'intelligence.

MORALE

488. Objet de la morale. — La morale est la partie de la philosophie qui traite de la *loi* et du *but* des actions humaines. Elle a pour objet le *bien*, comme la logique a pour objet le vrai. Comme la logique aussi, elle est une science à la fois *théorique* et *pratique*, et elle se divise par là même en deux parties : *morale théorique* et *morale pratique*. En tant que morale théorique, elle étudie *le devoir;* en tant que morale pratique, elle étudie *les devoirs*.

On traite d'ordinaire de la morale théorique avant la morale pratique, car, dit-on, il faut poser les principes avant de passer aux applications. Mais, si l'on y regarde de plus près, on verra que dans la théorie du devoir on fait bien plus appel à la conscience des hommes et à la notion innée ou acquise qu'ils ont de leurs devoirs, qu'à tel ou tel principe abstrait. Au contraire, il paraît impossible de discuter la morale théorique si l'on n'admet pas en fait quelque morale pratique. A celui qui n'admettrait aucun devoir en particulier, il serait impossible de démontrer l'existence du devoir en général. Ce qui le prouve, c'est que dans la discussion contre les faux systèmes de morale on puise toujours ses exemples, et par là même ses arguments, dans les devoirs que l'on suppose admis de part et d'autre. Ainsi, à quoi servirait l'exemple du chevalier d'Assas pour prouver le désintéressement de la vertu, si l'on ne commençait par admettre que le chevalier d'Assas a obéi à son devoir? Comment prouve-t-on que le sentiment est une mauvaise règle d'action, si ce n'est en montrant, par des exemples, que les affections de famille, ou l'amitié, ou tel autre sentiment peuvent nous conduire à commettre des injustices? ce qui ne prouverait rien à celui qui n'admettrait pas d'abord que la justice est un devoir.

En un mot, toute science doit reposer sur des faits. Or les

faits qui servent de fondement à la morale, ce sont les devoirs généralement admis, ou tout au moins admis par ceux avec qui on discute. C'est donc par l'exposition de ces devoirs qu'il faut commencer.

Nous n'entendons pas dire par là que l'idée du devoir soit tirée de l'expérience ; nous pensons que c'est une idée qui est inhérente et essentielle à la conscience humaine; mais elle peut être voilée, et elle l'est évidemment dans ceux qui ne la reconnaissent pas. Pour la faire jaillir de la conscience il faut se mettre en présence de devoirs concrets, que nul homme ne nie lorsqu'il est désintéressé.

Autrement on s'expose à faire sans cesse des cercles vicieux. Par exemple, on oppose aux utilitaires que le principe de l'intérêt personnel n'est pas un principe désintéressé : mais c'est précisément ce qu'ils soutiennent; on leur dit qu'il n'est pas obligatoire : mais leur doctrine est justement qu'il n'y a pas de principe obligatoire. On leur oppose donc ce qui est en question. Au contraire, en prenant un devoir admis de part et d'autre, par exemple le devoir du dévouement, on peut leur montrer que ce devoir est inexplicable dans leur système : on fait appel à leur conscience contre leur doctrine.

Nous proposons donc de donner à la morale une base plus solide, en commençant par la morale particulière et pratique et en terminant par la morale théorique [1].

---

1. Cette interversion, que nous soumettons à l'appréciation des juges compétents, ne peut avoir du reste aucun inconvénient pratique, puisqu'il suffira de renverser cet ordre pour retrouver le plan ordinaire de la morale.

SECTION I

MORALE PRATIQUE

CHAPITRE PREMIER

Devoirs envers les animaux. — Devoirs envers soi-même.

On ramène généralement les devoirs à trois classes : devoirs envers *nous-mêmes*, envers les *autres hommes* et envers *Dieu*. Quelques-uns ajoutent une quatrième classe : devoirs envers les *animaux*.

489. Devoirs envers les animaux. — En effet, quoique les animaux soient faits pour notre usage et qu'il nous soit permis soit de nous en nourrir, soit de les employer à nous servir en les réduisant à la domesticité, cependant il ne faudrait pas croire que tout est permis à l'égard de ces créatures, inférieures sans doute, mais qui sont, comme nous-mêmes, les créatures de Dieu.

Le seul devoir essentiel à l'égard des animaux est de ne pas les détruire ni même les faire souffrir sans nécessité.

Fontenelle raconte qu'étant allé voir un jour le père Malebranche aux pères de l'Oratoire, une chienne de la maison, qui était pleine, entra dans la salle et vint se rouler aux pieds du père. Après avoir inutilement essayé de la chasser, Malebranche donna à la chienne un coup de pied qui lui fit jeter un cri de douleur, et à Fontenelle un cri de compassion : « Eh ! quoi, lui dit froidement le père Malebranche, ne savez-vous pas que *cela ne sent pas?* »

Comment ce philosophe pouvait-il être assuré que *cela* ne sentait point? L'animal n'est-il pas organisé de la même manière que l'homme? N'a-t-il pas les mêmes sens, le même système nerveux? Ne donne-t-il pas les mêmes signes des impressions reçues? Pourquoi le cri de l'animal n'exprimerait-il pas la douleur aussi bien que le cri de l'enfant? Lorsque l'homme n'est pas perverti par l'habitude, par la cruauté ou par l'esprit de système, il ne peut voir les souffrances des bêtes sans souffrir également, preuve manifeste qu'il y a quelque chose de commun entre eux et nous, car la sympathie est en raison de la similitude.

Les animaux souffrent donc, c'est ce qui est incontestable; ils ont comme nous la sensibilité physique, mais ils ont également une certaine sensibilité morale; ils sont capables d'attachement, de reconnaissance, de fidélité, d'amour pour leurs petits, d'affection réciproque.

De cette analogie physique et morale de l'homme et de l'animal résulte manifestement l'obligation de ne leur imposer aucune souffrance inutile.

Mme Necker de Saussure raconte l'histoire d'un enfant qui, se trouvant dans un jardin où une caille apprivoisée courait librement à côté de la cage d'un oiseau de proie, eut je ne sais quelle tentation de saisir la pauvre caille et de la donner à dévorer à l'oiseau. Le héros de cette aventure raconte lui-même la punition qu'on lui infligea : « A dîner, il y avait grand monde ce jour-là, le maître de la maison se mit à raconter la scène froidement et sans réflexion, mais en me nommant. Quand il eut fini, il y eut un moment de silence général, où chacun me regardait avec une espèce d'effroi. J'entendis quelques mots prononcés entre les convives, et, sans que personne m'adressât directement la parole, je pus comprendre que je faisais sur tout le monde l'effet d'un monstre. »

A la cruauté envers les animaux doivent être rattachés certains jeux barbares où l'on fait combattre les bêtes les unes contre les autres pour notre plaisir : tels sont les combats de taureaux en Espagne, les combats de coqs en Angleterre.

On n'ose pas ranger la chasse parmi ces jeux inhumains, car d'une part elle a pour objet de détruire des animaux nuisibles à nos forêts et de nous fournir un aliment utile, de l'autre elle est un exercice favorable à la santé et elle exerce certaines facultés de l'âme; mais au moins faut-il que la chasse ne soit pas un massacre et qu'elle ait pour but l'utilité.

La brutalité envers les bêtes qui nous rendent le plus de services, et auxquelles nous voyons tous les jours infliger des charges au-dessus de leurs forces et des coups pour les contraindre à les subir, est aussi un acte odieux qui a le double tort d'être à la fois contraire à l'humanité et contraire à l'intérêt, puisque ces animaux, accablés de charges et de coups, ne tardent pas à succomber à leurs persécutions.

On ne peut non plus considérer comme absolument indifférent l'acte de tuer ou de vendre (à moins de nécessité extrême) un animal domestique qui nous a longtemps servi et dont on a éprouvé l'attachement. « Parmi les vainqueurs aux jeux olympiques, nous disent les anciens, plusieurs font rejaillir les distinctions qu'ils reçoivent sur les chevaux qui les leur ont procurées; ils leur ménagent une vieillesse heureuse; ils leur accordent une sépulture honorable, et quelquefois même ils élèvent une pyramide sur leur tombeau. »

« Il n'est pas raisonnable, dit Plutarque, d'user des choses qui ont vie et sentiment tout ainsi que nous faisons d'un soulier ou de quelque autre ustensile, en les jetant après qu'elles sont tout usées et rompues à force de nous avoir servi; et quand ce ne serait pour autre cause que de nous induire et exciter toujours à l'humanité, il nous faut accoutumer à être doux et charitables jusqu'aux plus humbles offices de bonté; et quant à moi, je n'aurais jamais le cœur de vendre le bœuf qui aurait longuement labouré ma terre, parce qu'il ne pourrait plus travailler à cause de sa vieillesse. »

Une des principales raisons qui condamnent la cruauté envers les animaux, c'est que par instinct d'imitation et de sympathie les hommes s'habituent à faire aux hommes ce qu'ils ont vu faire aux animaux. On cite un enfant qui fit subir à son frère le sort d'un animal qu'il venait de voir égorger.

Les hommes qui se montrent brutaux envers les bêtes le sont également entre eux et exercent à peu près les mêmes sévices sur leurs femmes et sur leurs enfants.

C'est en raison de ces considérations d'utilité sociale et d'humanité que la loi s'est décidée, en France, à intervenir pour prévenir et punir les mauvais traitements infligés aux animaux (loi Grammont), et les conséquences de cette mesure sont des plus heureuses.

DEVOIRS ENVERS SOI-MÊME

On distingue généralement les devoirs envers soi-même en deux classes : devoirs relatifs au *corps*, devoirs relatifs à *l'âme*.

490. Devoir de conservation. — Le suicide. — Considéré comme animal, l'homme est lié à un corps, et cette union de l'âme et du corps est ce que l'on appelle la vie. De là un premier devoir, que l'on peut considérer comme le devoir fondamental et la base de tous les autres : le *devoir de conservation*. Il est évident, en effet, que l'accomplissement de tous nos autres devoirs suppose préalablement celui-là.

Avant d'être un devoir, la conservation est pour l'homme un instinct, et même un instinct si énergique et si universel, qu'il semble avoir bien peu besoin d'être transformé en devoir, au point même que l'homme doit plutôt combattre en lui la tendance lâche qui lui fait aimer la vie, que celle qui le porterait à la mort. Cependant il arrive encore, malheureusement trop souvent, que les hommes, égarés par le désespoir, arrivent à se croire le droit de s'affranchir de la vie : c'est ce qu'on appelle le *suicide*. Il est donc très important, en morale, de combattre ce funeste préjugé et d'apprendre aux hommes que, lorsque la vie cesse d'être un plaisir, elle reste encore une obligation morale à laquelle ils ne peuvent se soustraire.

Le suicide peut être condamné à trois points de vue différents :

1° Le suicide est une transgression de notre devoir envers les autres hommes (en tant que l'on peut toujours, si misérable qu'on soit, rendre quelque service à autrui).

2° Le suicide est contraire à nos devoirs envers Dieu (en ce sens que l'homme abandonne par là, sans en avoir été relevé, le poste qui lui a été confié dans le monde).

3° Enfin, le suicide est une violation du devoir de l'homme envers soi-même; toute autre considération mise à part, l'homme doit se conserver, par cela seul qu'il est une personne morale et qu'il n'a pas plus de droit sur lui-même que sur autrui.

C'est un sophisme, dit-on, d'appeler le suicide une lâcheté, car il faut beaucoup de courage pour s'ôter la vie. — On ne conteste pas qu'il n'y ait un certain courage physique à s'ôter la vie; mais il y aurait un plus grand courage, un courage moral, à braver la douleur, la pauvreté, l'esclavage : le suicide est donc au moins une lâcheté relative. Peu importe d'ailleurs que le suicide soit un acte courageux ou lâche; ce qui est certain, c'est qu'en se détruisant l'homme détruit par là même toute possibilité d'accomplir quelque devoir que ce soit.

Admettre la légitimité du suicide, c'est admettre que l'homme s'appartient à lui-même comme une chose appartient à son maître. Or, l'homme n'est pas une *chose*, il ne peut jamais être traité comme tel, ni par autrui, ni par lui-même.

Il ne faut pas confondre avec le suicide la mort volontaire, c'est-à-dire la mort bravée et même recherchée pour le bien de l'humanité, de la famille, de la patrie, de la vérité. Par exemple, Eustache de Saint-Pierre et ses compagnons, d'Assas, tant d'autres ont volontairement cherché ou accepté la mort, pouvant l'éviter. Sont-ce là des suicides? Si l'on poussait jusque-là, il faudrait aller jusqu'à supprimer le dévouement, car le comble du dévouement est précisément de braver la mort; et il faudrait condamner celui qui s'expose même à un simple péril, puisqu'il n'a aucune assurance que le péril ne soit pas un acheminement à a mort. Mais il est évident que le suicide condamné est celui qui a pour cause soit l'égoïsme, soit la crainte, soit un faux honneur. Aller plus loin, ce serait sacrifier d'autres devoirs plus importants et couvrir l'égoïsme lui-même de l'apparence et du prestige de la vertu[1].

491. Conséquences du devoir de conservation. — Une des conséquences évidentes du devoir de conservation, c'est qu'il faut éviter les mutilations volontaires. Par exemple, ceux qui se mutilent pour éviter le service militaire manquent d'abord au devoir envers leur pays; mais ils manquent aussi à un devoir envers eux-mêmes. Car, le corps étant l'instrument de l'âme, il est interdit d'en supprimer une partie sans nécessité. C'est là un suicide partiel.

De là encore le devoir de ne pas nuire volontairement et inutilement à sa santé. Seulement, c'est là un devoir qu'il ne faut pas entendre à la rigueur. Autrement il deviendrait une préoccupation étroite et égoïste qui ne serait pas digne de l'homme. On doit choisir et observer régulièrement le régime qui paraît, soit par l'expérience générale, soit par notre expérience personnelle, le plus conforme à la conservation de la santé; mais, ce principe une fois établi, des précautions trop minutieuses et trop circonspectes abaissent l'homme et lui donnent au moins un certain cachet de ridicule qu'il doit éviter. L'on ne prendra donc pas pour modèle l'Italien Cornaro, qui avait des balances à ses repas pour mesurer ses aliments et ses boissons, quoique ce régime, dit-on, l'ait conservé jusqu'à cent ans.

---

[1]. Voy., pour et contre le suicide, les deux lettres de Saint-Preux et de mylord Édouard dans la *Nouvelle Héloïse*.

Mais si une préoccupation trop minutieuse des soins de la santé ne doit pas être recommandée, cependant on ne saurait trop s'imposer l'obligation, dans la mesure du possible, de suivre un régime sage et modéré, aussi favorable à l'esprit qu'au corps. Sous ce rapport, l'hygiène est une partie non méprisable de la morale.

Éviter les longues veilles, les repas trop prolongés ou les boissons excitantes, distribuer régulièrement sa journée, se lever matin, se couvrir modérément, tels sont les conseils que donne la sagesse ; ce qui n'exclut pas cependant la liberté de faire fléchir ces règles devant de plus importantes quand il est nécessaire. Le principe est de ne pas trop accorder au corps : c'est le meilleur moyen de le fortifier.

Parmi les vertus qui se rattachent au devoir de conservation, il en est une qu'un philosophe du xviii° siècle (Volney, *Loi naturelle*, ch. IX) a signalée le premier dans son Catéchisme de morale. Elle est en effet d'une grande importance, et le contraire surtout en est répugnant. Outre la part qu'elle a, comme on sait, à la conservation de la santé, la propreté a encore ce mérite d'être le signe d'autres vertus d'un ordre plus élevé. La propreté suppose l'ordre, une certaine délicatesse, une certaine dignité ; elle est le premier signe de la civilisation ; partout où on la rencontre, elle annonce que des besoins plus élevés que ceux de l'animalité se font ou vont se faire bientôt sentir ; là où elle manque, on peut affirmer que la civilisation n'est qu'apparente ou qu'elle a encore beaucoup à faire et à réparer.

492. Tempérance. — Nous venons de voir que l'homme n'a pas le droit de détruire son corps, ni de le mutiler, ni enfin de le diminuer, de l'affaiblir inutilement. Mais il faut distinguer deux choses dans les fonctions du corps humain : d'une part leur *utilité*, de l'autre le *plaisir* qui les accompagne.

Sans doute un certain plaisir est nécessaire au bon exercice des fonctions, et l'appétit par exemple est un assaisonnement agréable qui excite et facilite la digestion. Néanmoins nous savons tous qu'il n'y a pas une proportion exacte et constante entre le plaisir des sens et l'utilité ; nous savons que la jouissance peut dépasser de beaucoup le besoin, et que souvent même la santé exige une certaine limite dans la jouissance.

Par exemple, les plaisirs du palais peuvent être plus recherchés et prolongés qu'il n'est nécessaire à la satisfaction du besoin. Très peu de chose suffit à nourrir l'homme ; mais il peut, par son industrie, se créer une multitude de plaisirs plus ou moins raffinés, et chatouiller encore son palais longtemps après que le besoin est satisfait. Le besoin de boire, en particulier, a donné naissance à une multitude de raffinements inventés par l'industrie humaine et qui n'ont qu'un rapport très éloigné avec le principe qui leur a donné naissance. Le vin et les alcooliques, qui sont des toniques utiles, employés avec modération, sont pour le goût des excitants qui sollicitent sans cesse le désir ; et plus ils sont recherchés, plus ils provoquent et captivent l'imagination.

De cette disproportion et disconvenance qui existent entre les plaisirs des sens et les besoins du corps naissent les vices, c'est-à-dire certaines habitudes qui sacrifient le besoin au plaisir, et dont la conséquence est précisément l'altération et la ruine des fonctions naturelles. Le plaisir, en effet, est dans une certaine mesure l'auxiliaire et en quelque sorte l'interprète de la nature ; mais au-delà de cette limite le plaisir ne se satisfait qu'aux dépens de la fonction même, et, par solidarité, de toutes les autres ; ainsi le trop manger détruit les fonctions digestives ; les boissons excitantes brûlent l'estomac et portent atteinte de la manière la plus grave au système nerveux.

<small>Qui oserait, dit Bossuet, penser à d'autres excès qui se déclarent d'une manière bien plus dangereuse ? Qui, dis-je, oserait en parler ou oserait y penser, puisqu'on n'en parle point sans pudeur et qu'on n'y pense point sans péril, même pour les blâmer ? O Dieu, encore une fois, qui oserait parler de cette profonde et honteuse plaie de la nature, de cette concupiscence qui lie l'âme au corps par des liens si tendres et si violents, dont on a tant de peine à se défendre, et qui cause aussi dans le genre humain de si effroyables désordres ! (*Traité de la concupiscence.*)</small>

L'abus des plaisirs des sens en général, s'appelle intempérance, et le juste usage de ces plaisirs, *tempérance*. La gourmandise est l'abus des plaisirs du manger ; l'ivresse ou l'ivrognerie, l'abus des plaisirs du boire ; l'impudicité ou luxure, l'abus dans les plaisirs attachés à la reproduction de l'espèce. A ces trois vices s'opposent la *sobriété* (opposée aux deux premiers vices) et la *chasteté*.

Le devoir de la tempérance se prouve par deux considérations : 1° l'intempérance étant, comme le montre l'expérience, la ruine de la santé, elle est par là même contraire au devoir que nous avons de nous conserver ; 2° l'intempérance, portant atteinte aux facultés intellectuelles et nous rendant incapables de toute action énergique et virile, est contraire au devoir qui nous est imposé de respecter nos facultés morales et de maintenir la supériorité de l'âme sur le corps.

Les anciens sages ont admirablement parlé de la tempérance. Socrate, en particulier, a bien montré que la tempérance rend l'homme libre, et que l'intempérance en fait une brute et un esclave.

<small>Dis-moi, Euthydème, penses-tu que la liberté soit un bien précieux et honorable pour un particulier et pour un État ? — C'est le plus précieux des biens. — Celui donc qui se laisse dominer par les plaisirs du corps et qui est mis par là dans l'impuissance de bien faire, le considères-tu comme un homme libre ? — Pas le moins du monde. — Peut-être appelles-tu liberté le pouvoir de bien faire, et servitude la présence d'obstacles qui nous en empêchent ? — Justement. — Les intempérants alors te paraîtront esclaves ? — Oui, par Jupiter, et avec raison. — Que penses-tu de ces maîtres qui empêchent de faire le bien et qui obligent à faire le mal ? — C'est, par Jupiter, la pire espèce possible. — Et quelle est la pire des servitudes ? — Selon moi, celle qui nous soumet aux pires des maîtres ? — Ainsi les intempérants subissent la pire des servitudes ? — C'est mon avis. (Xénophon, *Mémorables* IV, v.)</small>

Une considération secondaire qui doit être ajoutée à celle qui précède, c'est que l'intempérant qui cherche le plaisir ne le trouve pas; et même que ce plaisir, poursuivi d'une manière forcenée, se transforme en douleur : « L'intempérance, dit Montaigne, est peste de la volupté, et la tempérance n'est pas son fléau, c'est son assaisonnement. »

La tempérance ne doit pas se borner à l'intérieur; elle doit se manifester au dehors par les actes, les paroles, même le maintien et les attitudes : c'est ce que l'on appelle la *décence*, dont la principale partie est la *pudeur*. Enfin, comme l'âme est toujours tentée de se mettre au ton du corps, et que le dedans se compose naturellement sur le dehors, on évitera le désordre dans les manières, dans les habits, dans les paroles, qui amènent insensiblement le désordre dans les pensées. La dignité extérieure n'est que le reflet de la dignité de l'âme.

493. Devoirs relatifs aux biens extérieurs. — De l'économie et de l'épargne. — Les biens extérieurs sont aussi nécessaires à l'homme que son corps lui-même, car c'est d'abord une loi fondamentale des êtres organisés de ne subsister que par un échange continuel de parties avec des substances étrangères. La vie est une circulation, un tourbillon : nous perdons et nous acquérons; nous restituons à la nature ce qu'elle nous a donné, et nous lui reprenons de nouveau en échange ce qui est nécessaire pour réparer nos pertes. Il suit de là qu'un certain nombre de choses extérieures, à savoir, les aliments, sont indispensables à notre existence, et qu'il faut absolument que nous en ayons la possession assurée pour être nous-mêmes assurés de la vie.

La nourriture n'est pas le seul besoin de l'homme. Le logement et les vêtements, sans être aussi rigoureusement indispensables (comme on le voit dans les pays chauds), sont cependant d'une grande utilité pour maintenir un certain équilibre entre la température de notre corps et la température extérieure ; car on sait que le dérangement de cet équilibre est une des causes les plus ordinaires de maladie. La nature n'ayant point vêtu l'homme comme les autres animaux, il a de plus qu'eux la nécessité de se procurer les vêtements par son industrie. Quant à l'habitation, plusieurs animaux, ainsi que l'homme, savent s'en construire, par exemple les castors et les lapins ; et malgré la supériorité incontestable de son art, ce n'est encore là pour l'homme, comme on le voit, que le développement d'un instinct qu'il partage avec d'autres êtres.

Ces divers besoins, qui exigent donc pour être satisfaits un certain nombre d'objets matériels, tels qu'aliments, maisons, vêtements, etc., en entraînent d'autres à leur suite, par exemple le besoin de locomotion pour se procurer ce dont on a besoin (de là les voitures, les bateaux, etc.) ; le besoin de se défendre contre ceux qui voudraient nous prendre ce que nous possédons (de là les armes de toute espèce) ; le besoin de repos et d'ordre dans l'intérieur de la maison (de là les meubles de toute nature) ; à un degré plus élevé, le besoin de plaire à l'imagination (de là les œuvres d'art, tableaux, statues) ; le besoin de s'instruire (de là les livres, etc).

Enfin, indépendamment de toutes ces choses si diverses, il y en a encore deux qui méritent d'être remarquées et mises à part, à cause de leur caractère original et distinctif. C'est, d'une part, la terre, qui est la racine commune et inépuisable de toutes les richesses, la seule qui ne périsse pas et qui se retrouve toujours en même quantité, après comme avant la jouissance ; la terre, qui est comme la substance, la matière même de la richesse ; d'un autre côté, la monnaie (or ou argent, avec leur symbole, le papier), qui est de nature à pouvoir s'échanger contre toute espèce de marchandises, même la terre, et qui par conséquent les représente toutes. Ces deux sortes de choses, la terre et l'argent, l'une matière première, l'autre image condensée de toute richesse, sont les deux objets les plus naturels des désirs de l'homme, parce qu'avec l'un ou avec l'autre il pourra se procurer tout le reste.

Les biens extérieurs étant nécessaires à la vie, nous avons à nous demander comment on doit en *user* quand on les possède, comment on doit les *acquérir* quand on ne les possède pas.

Une première considération, c'est que les choses matérielles ou les richesses n'ont point de valeur en elles-mêmes : elles ne valent que par leur application à nos besoins. L'or et l'argent, par exemple, ne valent que parce qu'ils peuvent être échangés contre des choses utiles, et ces choses elles-mêmes ne sont bonnes que parce qu'elles sont utiles. On renverse cet ordre lorsque l'on prend les choses matérielles précisément comme des *buts* et non comme des *moyens*. C'est ce qui arrive, par exemple, lorsqu'on recherche le gain pour le gain et qu'on accumule des richesses pour le seul plaisir de les accumuler, vice qu'on appelle la *cupidité*. C'est encore ce qui arrive lorsqu'on jouit de la richesse pour elle-même, sans vouloir s'en servir, et que l'on se prive de tout pour jouir de la chose même qui n'a de valeur qu'à la condition d'en acheter d'autres, vice qu'on appelle l'*avarice*.

Gagner de l'argent est sans doute une nécessité qu'il faut subir (et dont, d'ailleurs, il ne faut avoir aucune honte, puisque c'est la nature elle-même qui l'exige); mais ce n'est pas, ce ne doit pas être un but pour l'âme. Le but est d'assurer, à nous-même ou à notre famille, les moyens de subsister et de nous procurer le *nécessaire*, ou même un certain degré de *superflu*. Il est donc légitime, selon le mot d'un ancien, de *posséder* les richesses; mais il ne faut pas *en être possédé*.

Tel est l'*esprit* dans lequel l'homme doit rechercher ou posséder les richesses, et c'est pour lui un devoir strict; mais quant au degré et à la limite de la possession, quant au nombre ou à la quantité des richesses, la morale ne nous donne aucune règle, ni aucun principe. Il n'y a pas de limite connue au delà de laquelle on deviendrait immoral en gagnant de l'argent. Il n'est défendu à personne d'être millionnaire, si on le peut. Ce serait une très mauvaise morale que celle qui habituerait à regarder les riches comme des coupables. Le mépris des richesses, tel que le professaient les philosophes anciens, est une très belle chose; mais le bon emploi des richesses en est aussi une très belle. La richesse, qui n'a aucune valeur par elle-même, peut en avoir une très grande par l'usage que l'on en fait. Il n'y a donc pas d'autre règle ici que celle que nous avons déjà donnée, à savoir, qu'il ne faut pas aimer l'argent pour lui-même, mais l'acquérir ou le recevoir comme un moyen d'être utile à soi-même ou aux autres. Ajoutons cependant que, même avec cette direction d'intention, il ne faut point trop désirer le gain, car c'est encore une manière de s'asservir à la fortune que prendre trop plaisir à l'accumuler, même pour bien l'employer.

Le devoir de ne pas être asservi en esprit aux biens matériels entraîne comme corollaire le devoir de supporter la pauvreté, si elle vous est imposée par les circonstances. Le pauvre doit chercher sans doute à améliorer sa position par son travail, et nous sommes loin de lui recommander une insensibilité stupide qui tarirait la source de toute industrie ; mais ce qu'il faut interdire, et surtout s'interdire à soi-même, c'est ce mécontentement inquiet et anxieux qui fait et notre malheur, et celui des autres. Il faut savoir se contenter de son sort, comme dit la vieille sagesse, et s'il est presque nécessaire de s'élever jusqu'à l'héroïsme pour savoir supporter la misère, il suffit de la sagesse pour accepter paisiblement la pauvreté et la médiocrité.

Dire que les richesses n'ont pas de valeur par elles-mêmes, mais seulement comme moyens de satisfaire nos besoins, ce n'est pas dire qu'elles sont faites pour être dépensées sans discernement ; ce n'est pas condamner l'*épargne* et l'*économie*, vertus recommandées non seulement par la morale, mais encore par la science. Pour éviter la cupidité et l'avarice, on ne devra pas tomber dans la dissipation et la prodigalité.

Il est évident qu'il est déraisonnable et absurde de sacrifier nos besoins de demain à nos plaisirs d'aujourd'hui. L'économie et l'épargne sont donc conseillées par le plus simple bon sens. Mais l'économie et l'épargne ne sont pas seulement un devoir de prudence, mais encore un devoir de dignité : car l'expérience nous apprend que la pauvreté et la misère nous mettent dans la dépendance d'autrui et que le besoin conduit à la mendicité. Celui qui sait ménager ses moyens d'existence s'assure donc par là, dans l'avenir, non seulement l'existence, mais l'indépendance ; en se privant de quelques plaisirs passagers et médiocres, on achète ce qui vaut mieux : la dignité. « Soyez économe, dit Franklin, et l'indépendance sera votre cuirasse et votre bouclier, votre casque et votre couronne ; alors vous marcherez tête levée, sans vous courber devant un faquin vêtu de soie parce qu'il aura des richesses, sans accepter une offrande parce que la main qui vous l'offrira étincellera de diamants. »

C'est en se plaçant à ce point de vue que les maximes charmantes et spirituelles, mais quelquefois un peu vulgaires, du bonhomme Richard peuvent être considérées comme des maximes morales et doivent entrer dans les esprits : « N'apprenez pas seulement comme on gagne de l'argent, mais comment on le ménage. — Plus la cuisine est grasse, plus le restaurant est maigre. — Il en coûte plus cher pour entretenir un vice que pour élever deux enfants. — Un pas répété plusieurs fois fait beaucoup. — Les fous donnent les festins et les sages les mangent. — C'est une folie d'employer son argent à acheter un repentir. — Les étoffes de soie éteignent le feu de la cuisine. — Quand le puits est sec, on connaît la valeur de l'eau. — L'orgueil déjeune avec l'abondance, dîne avec la pauvreté et soupe avec la honte. »

Ce que Franklin a peint avec le plus d'énergie et d'éloquence, c'est l'humiliation qui s'attache aux dettes, triste conséquence du défaut d'économie : « Celui qui va faire un emprunt va chercher une mortification. Hélas ! pensez-vous bien à ce que vous faites, lorsque vous vous endettez ? Vous donnez des droits à un autre sur votre liberté. Si vous ne pouvez pas payer au terme fixé, vous serez honteux de voir votre créancier, vous serez dans l'appréhension en lui parlant ; vous vous abaisserez à des excuses pitoyablement motivées ; peu à peu vous perdrez votre franchise, et vous en viendrez à vous déshonorer par les menteries les plus évidentes et les plus méprisables. Car *le mensonge monte en croupe de la dette*. Un homme né libre ne devrait jamais rougir ni appréhender de parler à quelque homme vivant que ce soit, ni de le regarder en face ; mais souvent la pauvreté efface et courage et vertu. — *Il est difficile qu'un sac vide se tienne debout*. »

494. Le travail. — La nécessité de se procurer les choses nécessaires à la vie nous impose une obligation fondamentale, qui dure encore lors même que le besoin est satisfait : c'est l'obligation du *travail*.

Le travail naît du besoin, c'est sa première origine ; mais il survit même au besoin ; et c'est sa beauté et sa dignité que, né d'abord d'une nécessité mercenaire, il devient l'honneur de l'homme et le salut de la société.

Tout travaille dans la nature ; tout est en mouvement ; partout on ne voit qu'effort, énergie, déploiement de forces. Bornons-nous aux animaux : l'oiseau travaille pour faire son nid, l'araignée pour tisser sa toile, l'abeille pour faire son miel, le castor pour bâtir sa maison, le chien pour atteindre le gibier, le chat pour attraper les souris. On trouve parmi les animaux des ouvriers de toutes sortes : des maçons, des architectes, des tailleurs, des chasseurs, des voyageurs. On y trouve aussi des politiques et des artistes, comme s'ils étaient destinés à nous donner des exemples de tous les genres de travail et d'activité.

Les anciens distinguaient deux sortes de travail : le travail noble et libre, à savoir, les arts, les sciences, la guerre et la politique ; et le travail servile ou mercenaire, à savoir, le travail des mains, et en général tout travail lucratif, ils le laissaient aux *esclaves*; celui-ci leur paraissait au-dessous de la dignité de l'homme.

Il n'est pas nécessaire d'arriver jusqu'aux temps modernes pour trouver la réfutation de ces erreurs. Un des plus grands sages, le philosophe Socrate, avait compris la dignité du travail, même du travail productif qui sert à assurer la vie ; il avait vu que le travail en lui-même n'est pas servile, comme le prouve cette charmante histoire racontée par Xénophon :

Voyant un jour Aristarque plongé dans la tristesse : « Tu m'as l'air, lui dit Socrate, d'avoir quelque chose qui te pèse ; il faut partager le fardeau avec tes amis. — Ma foi, Socrate, repartit Aristarque, je suis dans un grand embarras ; depuis que la ville est en sédition, mes sœurs, mes nièces, mes cousines, qui se trouvaient abandonnées, se sont réfugiées chez moi, si bien que nous sommes quatorze personnes de condition libre ; nous ne retirons rien de la terre, car les ennemis en sont maîtres, ni de nos maisons, puisque la ville est presque sans habitants ; personne n'achète de meubles ; on ne trouve nulle part à emprunter de l'argent. Il est bien triste de voir autour de soi des parents dans la détresse et impossible de faire vivre tant de monde dans de pareilles circonstances.

— Comment se fait-il donc, lui répond Socrate, que Nausicydes, en faisant de la farine, trouve à nourrir non seulement lui-même et ses esclaves, mais encore ses troupeaux ? Que Cyrénus, en faisant du pain, nourrisse toute sa maison et vive largement ? Que Déméas, en faisant des *chlamydes*, Ménon, des *chlanides*, la plupart des Mégariens des *exomides*[1], trouvent de quoi se nourrir ?

— Ah ! Socrate, c'est que tous ces gens-là achètent des esclaves barbares qu'ils forcent de travailler à leur guise, tandis que moi j'ai affaire à des personnes libres, à des parentes.

— Quoi donc ? parce *qu'elles sont libres* et tes parentes, *crois-tu qu'elles ne doivent rien faire que manger et dormir?* Crois-tu que la paresse et l'oisiveté aident les hommes à apprendre ce qu'ils doivent savoir, leur conservent ce qui est né-

---

1. Chlamydes, chlanides, exomides, sortes de vêtements.

cessaire à la vie, tandis que le travail et l'exercice ne serviraient de rien? Ont-elles appris ce que tu dis qu'elles savent comme choses inutiles à la vie et dont elles n'auraient que faire, ou au contraire pour s'en occuper et en tirer parti? Quels sont donc les hommes les plus sages, de ceux qui restent dans l'oisiveté ou de ceux qui s'occupent de choses utiles? les plus justes, *de ceux qui travaillent ou de ceux qui, sans rien faire, délibèrent sur les moyens de subsister?*

— Au nom des dieux, Socrate, reprit Aristarque, ton conseil est excellent; je n'osais pas emprunter, sachant bien qu'après avoir dépensé ce que j'aurais reçu je n'aurai pas de quoi rendre; maintenant je crois pouvoir me décider à le faire. »

Aussitôt dit, on se procure des fonds; on achète de la laine. Les femmes dînaient en travaillant, soupaient après le travail, et la gaieté avait succédé à la tristesse; au lieu de se regarder en dessous, on se voyait avec plaisir. Elles aimaient Aristarque comme un protecteur, et Aristarque les chérissait pour leurs services. Enfin celui-ci vint gaiement conter l'aventure à Socrate et lui dit que ses parentes lui reprochaient d'être le seul de la maison qui mangeât sans rien faire. « Eh! bien, dit Socrate, que ne leur contes-tu la fable du chien? Du temps que les bêtes parlaient, la brebis dit à son maître : « Ta conduite est bien étrange ; nous qui te » fournissons de la laine, des agneaux, du fromage, tu ne nous donnes rien que » nous ne soyons obligées d'arracher à la terre; et ton chien, qui ne te rapporte » rien, tu partages avec lui ta propre nourriture. » Le chien, qui l'avait entendu, lui dit : « Il a raison, par Jupiter! car c'est moi qui vous garde et vous empêche » d'être enlevées par les hommes ou ravies par le loup; si je ne veillais sur vous, » vous ne pourriez paître dans la crainte de périr. » Va donc dire à tes parentes que tu veilles sur elles comme le chien de la fable; que, grâce à toi, elles ne sont insultées par personne et peuvent, sans chagrin et sans crainte, continuer leur laborieuse existence. »

S'il est injuste de considérer comme servile le travail manuel et le travail productif, ce serait un préjugé en sens inverse que de ne considérer comme un travail que le travail des mains et le travail mercenaire. Le travail intellectuel, celui des savants, des artistes, des magistrats, des chefs d'État, n'est pas moins utile ; il est donc aussi légitime.

Il n'est pas besoin d'insister beaucoup pour nous rappeler que le travail seul assure la sécurité et le bien-être. Sans doute, il ne les assure même pas toujours; cela est malheureusement vrai. Mais si, en travaillant, on n'est pas bien sûr de nourrir sa femme et ses enfants et de s'assurer pour sa vieillesse un légitime repos; en revanche, ce dont on est sûr, c'est que, sans travailler, on se condamnera soi-même et toute sa famille à une misère certaine. On n'a encore trouvé aucun moyen de faire sortir des richesses de dessous terre sans travail. Ces richesses apparentes qui frappent nos regards éblouis, ces palais, ces calèches, ces toilettes splendides, ces meubles, tout ce luxe, toutes ces richesses et d'autres plus solides, les machines, les usines, les produits de la terre : tout cela, c'est du travail accumulé. Entre l'état des peuplades sauvages qui errent affamées dans les forêts de l'Amérique, et l'état de nos sociétés civilisées, il n'y a d'autre différence que le travail. Supposez que par impossible, dans une société comme la nôtre, tout travail vienne à s'arrêter subitement : la détresse et la faim en seront les conséquences immédiates et inévitables. L'Espagne, quand elle a découvert les mines d'or de l'Amérique, s'est crue enrichie pour l'éternité ; elle a cessé de travailler : elle s'est ruinée, et de maîtresse souveraine qu'elle était en Europe, elle est descendue au rang où nous la voyons aujourd'hui. La paresse amène la misère, la misère amène la mendicité, et la mendicité ne se contente pas toujours de demander, elle prend.

Le travail n'est pas seulement un plaisir ou une nécessité : c'est un devoir. Même pénible et sans joie, le travail est encore une obligation pour l'homme ; c'est encore pour lui une obligation, lorsqu'il n'en aurait pas besoin pour vivre. Le travail n'assure pas seulement la sécurité ; il assure la dignité. L'homme est fait pour exercer les facultés de son corps et de son esprit. Il est fait pour agir comme l'oiseau pour voler.

Il est difficile sans doute de s'habituer au travail ; mais une fois les premières difficultés vaincues, le travail est si peu une fatigue qu'il devient un besoin. On est obligé de faire effort pour se reposer. Oui, après avoir eu de la peine dans l'enfance à s'habituer au travail, ce qui devient à la longue le plus difficile, c'est de ne pas travailler. Il faut presque lutter contre soi-même pour se forcer à la distraction et au repos. Le loisir devient à son tour un devoir auquel on se soumet avec peine et auquel la raison seule dit qu'il faut se soumettre : car il ne faut pas abuser des forces que la Providence nous a confiées.

CHAPITRE II

Devoirs envers soi-même.
(Suite).

495. Devoirs relatifs à l'intelligence. — Le premier devoir relatif à l'intelligence est le devoir de s'*instruire.*

Sans doute personne n'est tenu d'être un savant, d'apprendre le latin ou les sciences; mais on peut dire que c'est un devoir pour chacun de nous : 1° d'apprendre aussi bien qu'il lui est possible les principes de l'art qu'il aura à cultiver ; par exemple : les magistrats, les principes de la jurisprudence; le médecin, les principes de la médecine ; l'artisan et le laboureur, les principes de leur art; 2° c'est un devoir pour tous les hommes, selon les moyens qu'ils ont à leur disposition, de s'instruire sur leurs devoirs ; 3° c'est encore un devoir pour chacun de dépasser, autant qu'il le peut, le strict nécessaire en matière d'instruction, et en raison des moyens qu'il a à sa disposition. C'est donc un devoir de ne négliger aucune occasion de s'instruire.

C'est encore un devoir de faire tous ses efforts pour éviter l'erreur, et de cultiver en soi le bon sens, qui est la faculté de discerner le vrai du faux.

Quelques indications sur les causes de nos erreurs pourront être utilement indiquées à ce sujet. (Voy. plus haut, LOGIQUE, sect. II, ch. VII.)

496. La prudence. — L'instruction et le bon sens conduisent à la vertu que l'on appelle la *prudence*, qui consiste à délibérer pour agir et qui est l'art de bien discerner notre intérêt dans les choses qui nous concernent, et l'intérêt d'autrui dans les choses qui concernent autrui. Il y a donc deux sortes de prudence : la prudence personnelle, qui n'est que l'intérêt bien entendu, et la prudence civile ou désintéressée, qui s'applique aux intérêts d'autrui : ainsi, un général prudent, un notaire prudent, un ministre prudent, ne le sont pas pour eux-mêmes, mais pour les intéressés : à ce point de vue, ce n'est qu'un devoir envers autrui.

Quoique la prudence ne soit que la vertu de l'*utile*, elle est cependant une vertu. Car, lorsque nous sommes sur le point d'être entraînés par la passion, c'est le devoir lui-même qui nous ordonne de préférer l'utile à l'agréable.

Voici quelques-unes des règles relatives à la prudence :

1° Il ne suffit pas de faire attention au bien ou au mal présent, il faut encore examiner quelles en seront les suites naturelles, afin que, comparant le présent avec l'avenir et balançant l'un par l'autre, on puisse reconnaître d'avance quel en doit être le résultat.

2° Il est contre la raison de rechercher un bien qui causera certainement un mal plus considérable.

3° Rien n'est plus raisonnable que de se résoudre à souffrir un mal dont il doit certainement nous revenir un plus grand bien.

4° On doit préférer un grand bien à un moindre, et réciproquement un moindre mal à un plus grand.

5° Il n'est pas nécessaire d'avoir une entière certitude à l'égard des biens et des maux considérables, et la vraisemblance suffit pour engager une personne raisonnable à se priver de quelques petits biens ou à souffrir quelques maux légers, en vue d'acquérir des biens beaucoup plus grands ou d'éviter des maux beaucoup plus fâcheux. (Burlamaqui, *Droit naturel*.)

497. **La véracité**. — Les hommes se servent de la parole pour exprimer la pensée. De là un devoir important et fondamental : celui de n'exprimer par la parole que la vérité, ou ce que l'on croit tel après avoir pris toutes les précautions possibles pour ne pas se tromper. On estime au plus haut degré ceux qui ne se servent de la parole que pour exprimer leur pensée, et on méprise ceux qui s'en servent pour tromper. Cette sorte de vertu s'appelle *véracité*, et le vice qui lui est opposé est le *mensonge*.

On peut distinguer deux espèces de mensonges :

Le mensonge *intérieur* et le mensonge *extérieur* : le premier par lequel on se ment à soi-même, c'est-à-dire on manque de sincérité par rapport à soi-même ; le second par lequel on ment à autrui.

On peut se demander s'il est possible que l'homme se mente véritablement à soi-même. On comprend en effet que l'homme se trompe, mais alors il ne sait pas qu'il se trompe : c'est erreur, ce n'est pas mensonge ; si, au contraire, il sait qu'il se trompe, par cela même il n'est pas trompé. Il semble donc qu'il ne puisse y avoir mensonge à l'égard de soi-même.

Et cependant il est certain que l'homme peut se tromper volontairement lui-même, par conséquent se mentir. Le cas le plus habituel du mensonge intérieur est lorsque l'homme emploie des sophismes pour étouffer le cri de la conscience, ou encore lorsqu'il cherche à se faire croire à lui-même qu'il n'a d'autre motif que le bien moral, tandis qu'il n'obéit en réalité qu'à la crainte du châtiment ou à tel autre motif intéressé.

Le mensonge intérieur est déjà une véritable bassesse, ou du moins une faiblesse ; et l'on doit conclure de là qu'il en est de même du mensonge extérieur, c'est-à-dire du mensonge qui s'exprime par des paroles.

Le mensonge est toujours une chose basse, soit qu'il ait pour cause le désir de nuire ou celui d'échapper à la punition ou le désir du gain, ou tout autre mobile plus ou moins grossier : « Le menteur, a dit un moraliste, est moins un homme véritable que l'apparence trompeuse d'un homme. »

Il est évident que le devoir de ne pas mentir n'entraîne pas comme conséquence le devoir de tout dire. Il ne faut pas confondre le silence avec la dissimulation, et nul n'est tenu de dire tout ce qu'il a dans le cœur ; bien au contraire, nous sommes ici en face d'un autre devoir envers nous-mêmes, qui est en quelque sorte l'opposé du précédent, à savoir : la discrétion. Le bavard et l'étourdi, l'un qui parle quand même, l'autre qui dit ce qu'il devrait taire, ne doivent pas être confondus avec l'homme loyal et sincère qui ne dit que ce qu'il pense, mais qui ne dit pas nécessairement tout ce qu'il pense.

Si le mensonge, en général, est un abaissement de la dignité humaine, cela est encore vrai, à bien plus forte raison, de cette sorte de mensonge que l'on appelle *parjure* et que l'on pourrait définir un double mensonge.

Le parjure est de deux sortes : il est ou une prestation d'un faux serment, ou la violation d'un serment antérieur vrai ou faux, sincère ou mensonger. Pour savoir ce que c'est qu'un parjure, il faut donc savoir ce que c'est qu'un serment.

Le *serment* est une affirmation où l'on prend Dieu à témoin de la vérité de ce qu'on dit. Le serment consiste donc en quelque sorte à invoquer Dieu en notre faveur, à le faire parler en notre nom. On atteste pour ainsi dire que Dieu, qui voit le fond des cœurs, s'il était appelé en témoignage, parlerait comme nous parlons nous-mêmes. Le serment indique que l'on accepte d'avance les châtiments que Dieu ne manque pas d'infliger à ceux qui attestent son nom en vain.

On voit comment le parjure, j'entends par là la prestation d'un faux serment, peut être appelé un double mensonge. Car le parjure ment d'abord en affirmant une chose fausse; et il ment ensuite en affirmant que Dieu lui-même rendrait témoignage, s'il était là. Ajoutons qu'il y a là une sorte de sacrilège, qui consiste à faire en quelque sorte de Dieu le complice de notre mensonge. Il en est de même lorsque le parjure est la violation d'un serment antérieur.

498. Devoirs relatifs à la volonté et au sentiment. — La force d'âme : *a. Courage.* — La volonté est le pouvoir de se résoudre à l'action sans y être contraint par aucune force du dehors ou même par la force des passions. Elle a donc elle-même une force par laquelle elle lutte contre les obstacles externes ou internes qui s'opposent à elle. C'est ce qu'on appelle la *force d'âme*, dont la principale forme est le courage.

Le courage, dans son sens le plus habituel, est cette sorte de vertu qui brave le péril et même la mort, quand il est nécessaire, pour accomplir un devoir.

Le courage qui frappe le plus les hommes, c'est le courage militaire ; cependant ce n'est pas le seul : le médecin dans une épidémie, le simple citoyen dans un fléau public, chacun de nous sur son lit de mort, peuvent montrer autant et souvent plus de courage que le soldat dans la bataille. Le courage *civil* n'est pas moins nécessaire que le courage militaire : celui, par exemple, du magistrat rendant la justice malgré les sollicitations des puissants, celui du citoyen défendant les lois, du juste disant la vérité au péril de sa vie, etc.

Le courage, a-t-on dit, est un milieu entre la témérité et la lâcheté. Cela est vrai en général ; mais il ne faut pas croire qu'il y ait toujours témérité à braver le péril et toujours lâcheté à l'éviter. Le vrai principe, c'est qu'il faut braver les périls nécessaires, quelque grands qu'ils soient, et éviter les périls inutiles, si minimes qu'ils puissent être.

Le courage ne consiste pas seulement à braver le péril et la mort, mais encore à supporter le malheur, la misère, la douleur. On peut être courageux dans la pauvreté, dans l'esclavage, dans la maladie. Le courage ainsi entendu s'appelle *patience*.

C'est cette sorte de courage de tous les instants qui est surtout réclamé dans la vie, et c'est celui qui est le plus rare ; car on trouve encore un assez grand nombre d'hommes capables de braver la mort quand l'occasion s'en présente : mais supporter avec résignation les maux inévitables et sans cesse renouvelés de la vie humaine est une vertu d'autant plus rare, qu'on n'a presque point honte du vice qui lui est contraire. On rougirait de craindre le péril, on ne rougit pas de s'emporter contre la destinée ; on veut bien mourir, s'il le faut, mais non pas être contrarié. Cependant on conviendra que de succomber sous le poids de sa destinée est aussi une sorte de lâcheté. C'est pourquoi on a pu dire avec raison que le suicide lui-même est un acte lâche ; car s'il est vrai qu'il exige un certain courage physique, il est aussi vrai que le courage moral qui saurait supporter de tels maux serait d'un ordre bien supérieur encore.

Mais il ne faut pas confondre la vraie force, le vrai courage, la vraie patience, avec la fausse force et la ridicule obstination.

<small>Un de mes amis, dit Épictète, résolut sans aucun motif de se laisser mourir de faim. Je l'appris quand il y avait déjà trois jours qu'il s'abstenait de manger : j'allai le trouver, et je lui demandai ce qu'il faisait : Je l'ai résolu, me répondit-il. — Mais quel est le motif qui t'a poussé? — Il faut être ferme dans ses décisions. — Que dis-tu là, mon ami? Il faut être ferme dans ses décisions, sans doute, mais dans celles qui sont raisonnables. Quoi! si par un caprice tu avais décidé qu'il ferait nuit, tu persisterais en disant : Il faut être ferme dans ses décisions... Notre homme se laissa décider, mais non sans peine. — On ne persuade pas plus un sot qu'on ne le brise.</small>

A la patience dans l'adversité il faut joindre toujours une autre espèce de courage, non moins rare et non moins difficile, à savoir, la modération dans la prospérité. C'est en quelque sorte une seule et même vertu s'appliquant dans deux circonstances contraires, et c'est ce qu'on appelle l'égalité d'âme. Il n'y a pas moins de faiblesse à manquer de modération quand la fortune nous sourit que lorsqu'elle nous est contraire ; et il n'y a rien de plus beau dans la vie qu'une âme toujours égale, un front toujours le même, un visage toujours serein.

A l'égalité d'humeur ou possession de soi-même se rattache encore une autre obligation : celle d'éviter la colère, passion que l'on a considérée avec raison comme l'origine du courage, mais qui en elle-même est sans règles et plus propre aux bêtes qu'aux hommes. Il y a deux espèces de caractères irascibles : celui qui s'emporte vite et s'apaise vite, et au contraire celui qui conserve longtemps son ressentiment. Le premier est le caractère irascible, le second est le caractère atrabilaire ou vindicatif. Ce second caractère est beaucoup plus odieux que l'autre : la colère est quelquefois excusable, la rancune ne l'est jamais.

Cependant, si la colère est un mal, l'apathie et l'indifférence absolue est loin d'être un bien. S'il y a une colère brutale et animale, il y a aussi une noble colère, une *colère généreuse*, que Platon appelle θύμος, celle qui se met au service des nobles sentiments. La colère généreuse a, comme on le voit, son principe dans le sentiment de la *dignité personnelle*, auquel se rattache le devoir du *respect de soi-même*.

499. **La dignité personnelle.** — L'homme, étant supérieur aux autres êtres de la création par la raison, par la liberté, par la moralité, ne doit pas s'abaisser à leur niveau, et doit respecter en lui-même et faire respecter en lui par les autres hommes la *dignité humaine*.

De là ces maximes : « Ne soyez pas esclaves des hommes ; — Ne souffrez pas que vos droits soient impunément foulés aux pieds ; — Ne contractez pas de dettes pour lesquelles vous n'offririez pas une entière sécurité ; — Ne recevez point de bienfaits dont vous puissiez vous passer ; — Ne soyez ni parasites, ni flatteurs, ni mendiants ; — Les plaintes et les gémissements, même un simple cri arraché par une douleur corporelle, sont choses indignes de vous (à plus forte raison si vous avez mérité la peine). Aussi un coupable ennoblit-il sa mort par la fermeté avec laquelle il meurt. — Celui qui se fait ver peut-il se plaindre d'être écrasé ? » (Kant, *Doctrine de la vertu*, § 12.)

Le juste sentiment de la dignité humaine s'appelle *fierté*. Il ne faut pas confondre la fierté légitime avec une passion qui imite la fierté, mais qui n'en est que le fantôme : je veux dire avec l'*orgueil*. La fierté est le juste sentiment que l'homme a de sa dignité morale, et qui lui défend d'humilier ou de laisser humilier en lui la personne humaine. L'orgueil est le sentiment exagéré que nous avons de nos avantages et de notre supériorité sur les autres hommes. La fierté se rapporte à ce qu'il y a en nous de sacré et de divin ; l'orgueil ne se rapporte qu'à notre individu, et ce sont ses misères mêmes dont il se grandit et se gonfle.

La fierté ne demande qu'à ne pas être opprimée, l'orgueil demande à opprimer les autres. La fierté est noble, l'orgueil est brutal et insolent.

Le diminutif de l'orgueil, c'est la vanité. L'orgueil prend avantage des grandes choses, au moins de ce qui paraît tel parmi les hommes : la vanité s'honore même des plus petites. L'orgueil est insultant, la vanité est blessante. L'un est odieux, l'autre ridicule.

Le plus bas degré de la vanité est la *fatuité*, ou la vanité des avantages extérieurs, figure, toilette, agréments superficiels. Ce diminutif de l'orgueil est une des passions les plus pitoyables, qui doit être combattue par tous les sentiments mâles et virils.

La vertu opposée à l'orgueil, et qui n'est nullement inconciliable avec la fierté, est la modestie, à savoir, le juste sentiment de ce que l'on vaut et de ce que l'on ne vaut pas. Il n'est nullement interdit par la morale de se rendre compte de ses propres mérites; mais c'est à la condition de ne pas s'en exagérer la portée : ce qui est facile, en se comparant soit à ceux qui ont reçu des dons plus excellents, soit à ce que nous devrions et pourrions être avec plus d'efforts, plus de courage, plus de volonté, soit en reconnaissant à côté de ces avantages les limites, les bornes, les lacunes, surtout en ayant sur nos défauts un œil aussi ouvert, plus ouvert encore que sur nos qualités. Prenons garde à la poutre de l'Évangile.

La modestie ne doit pas seulement être extérieure, mais encore intérieure; au dehors, elle est surtout un devoir envers les autres, que nous ne devons pas humilier de nos avantages; au dedans, elle est un devoir envers nous-mêmes, que nous ne devons pas tromper sur notre propre valeur. Quelquefois on est modeste au dehors sans l'être au dedans, et réciproquement. Je puis feindre devant les hommes de n'avoir pas grande opinion de moi-même, tandis qu'intérieurement je m'enivre de mon mérite : c'est pure hypocrisie. Je puis au contraire m'attribuer extérieurement des avantages que ma conscience ne reconnaît nullement dans le for intérieur : c'est fanfaronnade. Il faut être modeste à la fois au dedans et au dehors, en paroles et en actions.

Il faut distinguer de la modestie une autre vertu que l'on appelle l'*humilité*. L'humilité ne doit pas être un abaissement; car ce n'est jamais une vertu pour l'homme de s'abaisser. Mais de même que la dignité et la fierté sont les vertus qui naissent du juste sentiment de la grandeur humaine, de même l'humilité est la vertu qui naît du sentiment de notre faiblesse. Souviens-toi que tu es homme, et ne te laisse pas avilir : voilà le respect de soi-même. Souviens-toi que tu n'es qu'un homme, et ne te laisse pas enorgueillir : voilà l'humilité.

CHAPITRE III

Devoirs de famille. — Devoirs sociaux. — Devoirs religieux.

Les devoirs envers les autres hommes peuvent se ramener à trois classes : devoirs envers la famille, devoirs envers les hommes en général, devoirs envers l'État.

500. Devoirs de famille. — On peut distinguer dans la famille quatre espèces de rapports, d'où naissent quatre classes de devoirs :

1° Rapports du mari et de la femme ;
2° Rapports des parents aux enfants ;
3° Rapports des enfants aux parents ;
4° Rapports des enfants entre eux ;

d'où : le devoir conjugal, le devoir paternel ou maternel, le devoir filial et le devoir fraternel.

A ces quatre éléments de la famille on peut en ajouter un cinquième, la domesticité : d'où le devoir des maîtres à l'égard des domestiques et des domestiques à l'égard des maîtres.

501. Devoirs du mariage. — Le devoir commun du mari et de la femme est la fidélité. Ce devoir est fondé d'abord sur la nature même du mariage, et en second lieu sur une promesse réciproque.

Commençons par cette dernière considération. Le mariage, tel qu'il est institué dans les pays civilisés et chrétiens, est la *monogamie*, ou mariage d'un seul homme avec une seule femme (sauf le cas de décès). Tel est l'état auquel on s'engage en entrant dans la condition du mariage ; on accepte donc, par là même, l'obligation d'une fidélité inviolable. Que si une promesse est sacrée quand il s'agit des biens matériels (par exemple une dette de jeu), combien plus sacrée est la promesse des cœurs, et ce don réciproque de l'âme à l'âme qui fait la dignité du mariage! La fidélité conjugale est donc un devoir d'honneur, une véritable dette.

Mais ce n'est pas seulement le résultat obligatoire d'une promesse, d'une parole donnée : la fidélité résulte de l'idée même du mariage, et le mariage à son tour résulte de la nature des choses.

Le mariage a été institué pour sauver la dignité de la femme. L'expérience, en effet, nous apprend que, partout où existe la polygamie, la femme est l'esclave de l'homme. Celui-ci, partageant ses affections entre plusieurs personnes différentes, ne peut en aimer aucune avec cette délicatesse et cette constance qui rendent la femme égale de l'homme. Comment pourrait-il y avoir cette intimité et ce partage des biens et des maux qui fait la beauté morale du mariage, entre un maître et plusieurs esclaves qui se disputent ses regards et ses caprices? Il est de toute évidence que l'égalité de l'homme et de la femme ne peut subsister là où celle-ci est obligée de disputer à d'autres le bien commun de l'affection conjugale.

De là l'institution du mariage, qui a été inspirée par l'intérêt de la femme et qui est la protection du plus faible. Il s'ensuit évidemment qu'elle est tenue, de son côté, à la même fidélité qu'elle a droit d'exiger. L'infidélité conjugale, de quelque côté qu'elle vienne, est donc une polygamie déguisée, et encore une polygamie irrégulière et capricieuse, très inférieure à la polygamie légale : car celle-ci au moins laisse subsister certaines règles et fixe d'une manière précise la condition des diverses épouses. Mais l'adultère détruit tout rapport régulier et précis entre les deux époux; il introduit dans le mariage l'usurpation ouverte ou clandestine des droits jurés; il tend à rétablir l'état primitif et sauvage, où le hasard et le caprice décident du rapprochement des sexes.

La fidélité est un devoir commun et réciproque aux deux époux. Ils ont en outre chacun les leurs. Nous insisterons surtout sur ceux du mari. Le premier de tous, et qui enveloppe tous les autres, est la protection.

« L'homme, étant le chef de la famille, en est le protecteur naturel. L'autorité lui est dévolue par les lois et par l'usage. Mais cette autorité ne serait qu'un privilège insupportable, si l'homme prétendait l'exercer sans rien faire, et sans rendre à la famille en sécurité ce qu'elle lui paye en respect et en obéissance. Le travail, voilà le premier devoir de l'homme comme chef de famille. Cela est vrai de toutes les classes de la société, tout aussi bien de celles qui vivent de leurs revenus que de celles qui vivent de leur travail. Car les uns ont à se rendre dignes de la fortune qu'ils ont reçue par de nobles occupations, et au moins de la conserver et de la faire fructifier par une habile administration; et les autres ont, sinon une fortune à acquérir, but très rarement atteint, au moins un objet bien plus pressant, celui de faire vivre tous ceux qui reposent sous leur tutelle [1]. »

Un sage de l'antiquité, Socrate, raconte en ces termes la conversation d'Ischomachus et de sa femme, deux jeunes mariés dont le mari instruit sa femme des devoirs domestiques.

« Quand elle se fut familiarisée avec moi, et que l'intimité l'eut enhardie à converser librement, je lui fis à peu près les questions suivantes : « Dis-moi, femme,
» commences-tu à comprendre pourquoi je t'ai choisie et pourquoi tes parents
» t'ont donnée à moi... Si la Divinité nous donne des enfants, nous aviserons en-
» semble à les élever de notre mieux : car c'est un bonheur qui nous sera com-
» mun, de trouver en eux des défenseurs et des appuis pour notre vieillesse. Mais
» dès aujourd'hui, cette maison nous est commune. Moi, tout ce que j'ai, je le mets
» en commun, et toi, tu as déjà mis en commun tout ce que tu as apporté. Il ne
» s'agit plus de compter lequel de nous deux a fourni plus que l'autre; mais il faut
» bien se pénétrer de ceci, que celui de nous deux qui gérera le mieux le bien
» commun fera l'apport le plus précieux. »

« A ces mots, Socrate, ma femme me répondit : « En quoi pourrais-je t'aider?
» De quoi suis-je capable? Tout roule sur toi. Ma mère m'a dit que ma tâche est
» de me bien conduire. — Oui, lui dis-je, et mon père aussi me disait la même
» chose; mais il est du devoir d'un homme et d'une femme qui se conduisent bien
» de faire en sorte que ce qu'ils ont prospère le mieux possible, et qu'il leur ar-
» rive en outre des biens nouveaux par des moyens honnêtes et justes. Le bien de
» la famille et de la maison exige des travaux au dehors et au dedans. Or la Pro-
» vidence a d'avance approprié la nature de la femme pour les soins et les travaux
» de l'intérieur, celle de l'homme pour les soins et les travaux du dehors. Froids,
» chaleurs, voyages, guerres, le corps de l'homme a été mis en état de tout sup
» porter; d'autre part, la Divinité a donné à la femme le penchant et la mission de
» nourrir les nouveau-nés; c'est aussi elle qui est chargée de veiller sur les pro-
» visions, tandis que l'homme est chargé de repousser ceux qui voudraient nuire.
» Comme la nature d'aucun d'eux n'est parfaite en tous points, cela fait qu'ils
» ont besoin l'un de l'autre; et leur union est d'autant plus utile que ce qui manque
» à l'un, l'autre peut le suppléer. Il faut donc, femme, qu'instruits des fonctions
» qui sont assignées à chacun de nous par la Divinité, nous nous efforcions de nous
» acquitter le mieux possible de celles qui incombent à l'un comme à l'autre.
» Il est toutefois, dis-je, une de tes fonctions qui peut-être t'agréera le moins :
» c'est que si quelqu'un de tes esclaves tombe malade, tu dois par des soins, dus
» à tous, veiller à sa guérison. — Par le ciel! dit ma femme, rien ne m'agréera
» davantage, puisque, rétablis par mes soins, ils me sauront gré et me montreront
» plus de dévouement que par le passé. » Cette réponse m'enchanta, reprit Ischo-
» machus, et je lui dis : « Tu auras d'autres soins plus agréables à prendre : quand
» d'une esclave incapable de filer tu auras fait une bonne fileuse; quand d'une

---

1. Extrait de notre livre de *la Famille*.

DEVOIRS DE FAMILLE. — DEVOIRS SOCIAUX. — DEVOIRS RELIGIEUX. 597

» intendante ou d'une femme de charge incapable tu auras fait une servante ca-
» pable, dévouée, intelligente...
 » Mais le charme le plus doux sera lorsque, devenue plus parfaite que moi, tu
» m'auras fait ton serviteur ; quand, loin de craindre que l'âge, en arrivant, ne te
» fasse perdre de ta considération dans ton ménage, tu auras l'assurance qu'en
» vieillissant tu deviens pour moi une compagne meilleure encore, pour tes en-
» fants une meilleure ménagère, pour ta maison une maîtresse plus honorée. Car
» la beauté et la bonté ne dépendent point de la jeunesse : ce sont les vertus qui
» les font croître dans la vie aux yeux des hommes. » (Xénophon, *Économique*, ch. VII.)

502. **Devoirs des parents.** — Après avoir montré les devoirs communs et réciproques des époux, considérons maintenant leurs devoirs à l'égard de leurs enfants.

Chez les parents, le *devoir* est accompagné du *pouvoir*, c'est-à-dire de l'autorité qu'ils exercent légitimement sur ceux qui leur doivent le jour. C'est ce qu'on appelle le pouvoir paternel.

Bien que l'usage ait donné le nom de pouvoir paternel au pouvoir qu'exercent les parents sur les enfants, ce pouvoir comprend aussi bien le droit de la mère que celui du père : 1° à défaut du père, en cas d'absence ou de mort, la mère a sur l'enfant exactement le même pouvoir que le père lui-même ; 2° c'est un devoir absolu des parents de faire en sorte qu'il n'y ait pas, par rapport aux enfants, deux volontés dans le ménage, deux sortes de commandements contradictoires ; aux yeux de l'enfant il ne doit y avoir qu'un seul et même pouvoir manifesté par deux personnes, mais indivisible dans son essence ; en cas de conflit, la volonté du père prévaut, à moins que la loi n'intervienne ; mais le père ne doit qu'à la dernière extrémité user d'un tel privilège, et dans le cas de l'intérêt évident de l'enfant. Même alors il doit faire en sorte que l'obéissance à l'un des parents ne soit pas une désobéissance envers l'autre ; car ce serait ruiner à sa racine le pouvoir même dont il fait usage.

Le pouvoir paternel est donc le pouvoir commun des deux parents sur leurs enfants ; et ce n'est que par exception qu'il est le pouvoir de l'un au détriment de l'autre.

La vraie raison du pouvoir paternel ou maternel est dans la faiblesse de l'enfant, dans son impuissance physique, dans son incapacité intellectuelle et morale.

Le pouvoir paternel, comme on le voit, n'ayant d'autre origine que l'intérêt même de l'enfant, est limité par l'intérêt et les droits de l'enfant lui-même. Au delà de ce qui peut être utile à son existence physique et morale, le père ne peut rien.

Telle est l'étendue et telles sont les limites de son pouvoir.

De ces principes il résulte que :

1° Les parents n'ont pas sur leurs enfants le droit de vie et de mort, comme ils l'ont eu dans certaines législations.

2° Ils n'ont pas davantage le droit de les maltraiter, de les blesser, enfin de les traiter comme des choses et des animaux; et quoique l'usage paraisse considérer comme innocents certains châtiments corporels, ce sera toujours un mauvais exemple et une mauvaise habitude d'employer les coups comme moyens d'éducation.

3° Les parents n'ont pas le droit de trafiquer de la liberté de leurs fils, de les vendre comme esclaves, comme dans l'antiquité, ou de s'en faire des instruments de gain, comme beaucoup de familles. Sans doute, on ne peut interdire d'une manière absolue au père de faire servir le travail de l'enfant à l'entretien de la famille; mais ce ne peut être qu'en tenant compte des forces de l'enfant, et en ne sacrifiant pas son éducation intellectuelle et morale.

4° Les parents n'ont pas le droit de corrompre leurs enfants, d'en faire les complices de leurs propres désordres.

Ainsi les parents ne doivent faire aucun tort à leurs enfants, ni physique, ni moral. Mais ils leur doivent plus encore; ils doivent les aimer et leur faire tout le bien qui est en leur pouvoir; seulement on doit les aimer pour eux-mêmes et non pas pour soi. Ce n'est pas notre bonheur, c'est le leur que nous devons aimer dans nos enfants; et pour cette raison même il arrive souvent qu'il faut commander à sa propre sensibilité, et ne pas chercher à faire plaisir aux enfants au détriment de leur solide intérêt. L'excès de tendresse n'est souvent, comme on l'a dit, qu'un défaut de tendresse : c'est une sorte d'égoïsme délicat, qui craint de souffrir par les apparentes souffrances des enfants et qui, ne sachant leur rien refuser, pour ne pas leur déplaire, leur prépare de cruelles déceptions, lorsqu'ils seront en face des nécessités des choses.

Une conséquence de ce qui précède, c'est que le père de famille doit aimer tous ses enfants également et se défendre de toutes préférences entre eux. Il ne doit pas avoir de favoris, encore moins de victimes. Il ne doit pas, par un sentiment d'orgueil de famille, préférer les garçons aux filles, ni l'aîné aux autres enfants; il ne doit pas même céder à cette prédilection si naturelle qui nous attache de préférence aux plus aimables, aux plus spirituels, à ceux qui ont reçu les dons les plus séduisants. On a souvent remarqué que les parents, et surtout les mères, ont un faible pour les enfants les plus débiles, ou qui ont coûté le plus de soin. Si une préférence pouvait être justifiée, ce serait dans ce cas.

Considérons les devoirs particuliers, qui sont contenus dans les devoirs généraux que nous venons d'indiquer. Ils se rapportent à deux points principaux : la conservation et l'éducation des enfants.

Le fait de donner la vie aux enfants entraîne comme conséquence inévitable le devoir de la leur conserver. L'enfant ne pouvant se donner à lui-même sa nourriture, il faut que les parents la lui fournissent : c'est ce qui résulte de la nature même des choses.

D'où il suit que l'homme doit travailler pour nourrir ses enfants : c'est un devoir si évident et si nécessaire, qu'il est à peine besoin d'y insister.

Mais ce n'est pas seulement le présent que le père de famille doit assurer, c'est l'avenir. Il doit d'un côté prévoir le cas où, par un malheur possible, il viendrait à leur manquer avant l'âge. Il doit en second lieu préparer le moment où ils auront à se suffire à eux-mêmes. Le premier cas nous fait voir comment l'économie et la prévoyance se trouvent un devoir sacré du père de famille. C'est ce qui explique aussi comment ce peut être un devoir, dans la formation du mariage, de ne pas négliger la considération des biens; non pas que cette considération ne puisse céder à d'autres plus importantes; mais, toutes choses égales d'ailleurs, le mariage le meilleur est celui qui prévoit l'intérêt futur des enfants et leur assure des ressources dans le cas où le malheur voudrait qu'ils restassent orphelins dès le bas âge [1].

Les parents ne sont pas tenus seulement d'assurer à leurs enfants la subsistance matérielle; ils leur doivent encore et surtout l'éducation morale.

Tout le monde reconnaît dans l'éducation des enfants deux parties distinctes : l'*instruction* et l'*éducation* proprement dite; la première qui a pour but l'esprit, et la seconde le caractère. Il ne faut pas séparer ces deux choses, car sans instruction toute

---

[1]. C'est aussi dans cette prévoyance qu'ont été instituées les *assurances sur la vie*, qui, moyennant un sacrifice modique, peuvent assurer aux enfants un capital en cas de malheur. C'est un devoir, pour le père de famille qui n'a pas d'autre ressource, de s'assurer celle-là.

éducation est impuissante, et sans éducation morale l'instruction peut être dangereuse.

Les parents doivent donc, et c'est un devoir rigoureux, donner aux enfants l'instruction dans la proportion de leurs ressources et de leur condition ; mais il ne leur est pas permis de les laisser dans l'ignorance s'ils trouvent les moyens de les en faire sortir.

L'instruction a deux effets utiles : d'abord elle augmente les ressources de l'individu, le rend apte à plus de choses diverses; elle est donc, comme le dit l'économiste politique, un capital. Les parents, en faisant donner de l'instruction à leurs enfants, leur communiquent donc par là même un capital plus solide et plus productif que celui qu'ils pourraient leur transmettre par don ou héritage. En second lieu, l'instruction relève l'homme et ennoblit sa nature. Si c'est la raison qui distingue l'homme de la brute, ce sont les lumières qui étendent et rehaussent la raison. Par là, l'instruction se confond avec l'éducation morale et en est une partie essentielle.

Il faut d'ailleurs reconnaître que l'instruction toute seule ne suffit pas à l'éducation : la formation du caractère ne se fait pas seulement par la science; elle se fait encore par la persuasion, par l'autorité, par l'exemple, par l'action morale de tous les instants. L'éducation doit mélanger la crainte et la douceur, la contrainte et la liberté. L'enfant ne doit pas seulement être élevé par la crainte, comme les animaux; mais une faiblesse excessive est aussi dangereuse qu'une despotique autorité.

503. **Devoirs des enfants.** — Le premier devoir des enfants à l'égard des parents, c'est l'*obéissance*. Comme ils sont incapables de se diriger eux-mêmes, il faut qu'ils se confient entièrement à ceux qui ont le droit et le devoir de les diriger.

Les enfants doivent encore à leurs parents *respect* et *reconnaissance*. « Il faut honorer, dit Platon, pendant leur vie et après leur mort, les auteurs de nos jours : c'est la première, la plus indispensable de toutes les dettes : on doit se persuader que tous les biens que l'on possède appartiennent à ceux de qui on a reçu la naissance et l'éducation, et qu'il convient de les consacrer sans réserve à leur service, en commençant par les biens de la fortune, et venant de là à ceux du corps, et enfin à ceux de l'âme; leur rendant ainsi avec usure les soins, les peines et les travaux que notre enfance leur a coûtés autrefois, et redoublant nos attentions pour eux à mesure que les infirmités de l'âge les leur rendent plus nécessaires. Il faut, de plus, que pendant toute sa vie on parle à ses parents avec un respect religieux. Ainsi, il faut céder à leur colère, laisser un libre cours à leur ressentiment, soit qu'ils le témoignent par des paroles ou par des actions, et les excuser dans la pensée qu'un père qui se croit offensé par son fils a un droit légitime de se courroucer contre lui. »

On nous rapporte également une admirable exhortation de Socrate à son fils aîné Lamproclès sur la piété filiale. La femme de Socrate, Xantippe, était célèbre par son caractère acariâtre, qui mettait souvent à l'épreuve la patience de Socrate. Il est probable qu'il en était de même de ses fils, et que ceux-ci, moins patients que leur père, se laissaient quelquefois emporter contre elle. Socrate rappelle Lamproclès à son devoir de fils en lui rappelant tout ce que les mères font pour leurs enfants.

« La mère, dit-il, porte d'abord en son sein ce fardeau qui met ses jours en péril ; elle donne à son enfant une part de sa propre substance ; puis, après une gestation et un enfantement pleins de douleur, elle nourrit et soigne, sans aucun retour, un enfant qui ne sait pas de qui lui viennent ces soins affectueux, qui ne peut pas même faire connaître ce dont il a besoin, tandis que la mère cherche à deviner ce qui lui convient, ce qui peut lui plaire, et le nourrit nuit et jour, au prix de mille fatigues. Mais c'est peu de nourrir les enfants ; dès qu'on les croit en âge d'apprendre quelque chose, les parents leur communiquent toutes les connaissances utiles qu'ils possèdent eux-mêmes, ou bien ils l'envoient près d'un maître, sans épargner ni les dépenses ni les soins. » — A cela le jeune homme répondit : « Oui, sans doute, elle a fait cela, et mille fois plus encore ; mais personne cependant ne pourrait supporter son humeur. — Et toi, dit Socrate, combien, depuis ton enfance, ne lui as-tu pas coûté de désagréments insupportables, en paroles et en actions, et le jour et la nuit !... Crois-tu donc que ta mère soit pour toi une ennemie ? — Non, certes, je ne le crois pas. » — Alors Socrate : « Eh ! bien, cette mère qui t'aime, qui prend de toi tous les soins possibles quand tu es malade afin de te ramener à la santé, qui prie les dieux de te prodiguer leurs bienfaits, tu te plains de son humeur !... Oh ! mon fils, si tu es sage, tu prieras les dieux de te pardonner tes offenses envers ta mère, dans la crainte qu'ils ne te regardent comme un ingrat et ne te refusent leurs bienfaits ; et, pour les hommes, tu prendras garde aussi qu'instruits de ton manque de respect pour tes parents, ils ne te méprisent tous et ne te laissent privés d'amis. Car, s'ils pensaient que tu fusses ingrat envers tes parents, aucun d'eux ne te croirait capable de reconnaître un bienfait. » (Xénophon, *Mémorables*, liv. II, ch. II.)

A l'âge de la majorité, les enfants sont dégagés par la loi du devoir strict de l'obéissance : ils ne le sont pas des devoirs de la reconnaissance et du respect. Ils doivent avoir toujours égard aux conseils de leurs parents, les entourer de leur sollicitude et de leurs soins, et, s'il est nécessaire, leur rendre les secours qu'ils en ont reçus dans leur enfance. C'est à eux à protéger à leur tour ceux dont ils ont été si longtemps protégés.

En outre, il y a deux graves circonstances où ils ont à épuiser toutes les formes du respect et de la soumission avant d'user des droits rigoureux que leur accorde la loi : c'est le mariage, et le choix d'une profession. Dans le premier cas, la loi et la morale exigent le consentement des parents; et ce n'est qu'à la dernière extrémité qu'il est permis de passer outre, après trois sommations respectueuses. Ici, quoi que permette la loi, on peut dire que, sauf les cas extrêmes et exceptionnels, il est toujours mieux de ne pas passer outre, et d'attendre que le changement des circonstances amène le changement de la volonté chez les parents. Le plus souvent, en effet, la résistance des parents en ces circonstances est conforme à l'intérêt des enfants; ils veulent les défendre contre l'entraînement de leurs propres passions. Ils ont d'ailleurs aussi une sorte de droit à interdire l'entrée de leur famille et la participation de leur nom à quelqu'un qui n'en serait pas digne.

Quant au choix de la profession, l'obligation de se conformer aux désirs et à la volonté des parents est moins rigoureuse que pour le mariage, et il est évident ici que le premier devoir, le devoir strict, est de choisir la profession à laquelle on est le plus propre. Mais, comme il y a là aussi souvent, de la part des enfants, beaucoup d'inexpérience, que parmi les professions il en est de très difficiles, de très périlleuses, on comprend qu'il y ait un devoir de la part des enfants, sauf vocation irrésistible, à se laisser guider par une expérience plus éclairée et mieux avertie. En tout cas, ce qui est un devoir strict, c'est de consulter la sagesse paternelle et de retarder autant qu'il sera possible une résolution définitive.

504. **Devoirs des frères.** — Un moraliste moderne, Silvio Pellico, a exprimé d'une manière charmante les devoirs des frères entre eux :

Pour bien pratiquer envers les hommes la science divine de la charité, il faut en faire l'apprentissage en famille.
Quelle douceur ineffable n'y a-t-il pas dans cette pensée : « Nous sommes les enfants d'une même mère!... » Si vous voulez être bon frère, défendez-vous de l'égoïsme. Que chacun de vos frères, que chacune de vos sœurs voie que ses intérêts vous sont aussi chers que les vôtres. Si l'un d'eux commet une faute, soyez indulgent pour le coupable. Réjouissez-vous de leurs vertus; imitez-les.
L'intimité du foyer ne doit jamais vous faire oublier d'être poli avec vos frères.

Trouvez dans vos sœurs le charme suave des vertus de la femme; et, puisque la nature les a faites plus faibles et plus sensibles que vous, soyez plus attentif à les consoler dans leurs afflictions, à ne pas les affliger vous-même.

Ceux qui contractent à l'égard de leurs frères et de leurs sœurs des habitudes de malveillance et de grossièreté restent malveillants et grossiers avec tout le monde. Que le commerce de la famille soit uniquement tendre et saint, et l'homme portera dans ses autres relations sociales le même besoin d'estime et de nobles affections. (*Devoirs des hommes.*)

505. Devoirs des maîtres et des domestiques. — Une des fonctions les plus importantes de l'administration intérieure, c'est le gouvernement des domestiques. Elle se compose de deux choses : le *choix* et la *direction*.

Il ne sert de rien de bien choisir et de bien rencontrer, si l'on ignore l'art de diriger et de gouverner. Le maître de maison doit sans doute avoir toujours l'œil ouvert, mais il doit savoir aussi qu'aucune créature n'apprend à bien faire si on ne la laisse agir avec une certaine liberté. *Surveillance* et *confiance*, tels sont les deux principes d'un sage gouvernement domestique. Sans la première, on est trompé; sans la seconde, on se trompe soi-même en privant le serviteur du ressort le plus énergique de la volonté humaine, la responsabilité et l'honneur.

En outre, le maître doit éviter d'être violent et brutal envers les domestiques. Il doit exiger tout ce qui est juste, sans pousser cependant ces exigences jusqu'à la persécution. Beaucoup de personnes se privent de bons domestiques, parce qu'elles ne savent supporter avec patience des défauts inévitables, inhérents à la nature humaine.

En revanche, le domestique doit au maître : 1° Une honnêteté inviolable. Comme ce sont eux en définitive qui traitent au dehors et font la dépense, le trésor de la famille est entre leurs mains. Plus on est obligé de se confier à eux, plus il est de leur honneur de s'interdire la plus légère infidélité. 2° Ils doivent l'obéissance et l'exactitude dans les choses qui sont de leur service. 3° Autant que possible, ils doivent s'attacher à la maison où ils servent; plus ils y restent, plus ils sont considérés comme faisant partie de la famille, plus ils y obtiennent les égards et l'affection que l'on doit à l'âge et à la fidélité.

506. Devoirs envers les hommes en général. — Les devoirs envers les hommes en général peuvent se ramener à ces deux préceptes : 1° faire du bien aux hommes; 2° ne pas leur faire de mal. C'est à quoi peuvent se ramener toutes les vertus qui relèvent de la morale sociale. Mais avant d'exposer plus en détail ces vertus et ces vices, expliquons ce que l'on doit entendre par ces expressions : *faire du bien* et *faire du mal*.

Dans le sens le plus général et le plus apparent, faire du bien à quelqu'un, c'est lui *faire plaisir*; lui faire du mal, c'est le *faire souffrir*. Cependant, est-ce toujours faire du bien à un homme que de lui procurer des plaisirs? et est-ce toujours lui faire du mal que de lui causer de la douleur? Par exemple, devra-t-on « donner au paresseux de moelleux coussins », à l'ivrogne des vins en abondance, au fourbe des manières et une figure prévenantes pour tromper plus aisément, à l'homme violent de l'audace et un bon poignet? Serait-ce véritablement faire du bien à ces hommes que de leur donner ce qui est l'objet de leurs désirs, ce qui peut satisfaire leurs passions? Réciproquement, le chirurgien qui coupe une jambe gangrenée, le dentiste qui vous arrache une dent, le maître qui vous force à apprendre, le père qui corrige vos fautes ou qui contraint vos passions, vous font-ils véritablement du mal, parce qu'ils vous causent de la douleur? Non, sans doute. Il y a donc des cas où l'on fait du bien à quelqu'un en le faisant souffrir et on lui fait du mal en lui procurant des plaisirs.

On ramène avec raison tous les principes de la morale sociale à ces deux maximes de l'Évangile : « Ne fais pas à autrui ce que tu ne voudrais pas qu'on te fît à toi-même. — Fais à autrui ce que tu voudrais qu'on te fît à toi-même. » Ces deux maximes sont admirables, sans doute; mais il faut les interpréter. Si nous avons mal fait, par exemple, est-ce que nous voulons en général que l'on nous corrige et que l'on nous punisse? Quand nous sommes en proie à une passion, est-ce que nous désirons qu'on la réprime, qu'on la refoule? Au contraire, ne désirons-nous pas que l'on satisfasse nos passions, qu'on se prête à nos vices? N'est-ce pas là en général ce que nous voulons tous quand la loi du devoir ne nous parle pas et ne fait pas taire nos sentiments passionnés? S'il en est ainsi, devons-nous vouloir faire aux autres ce que nous désirons pour nous-mêmes, c'est-à-dire satisfaire toutes leurs passions? devons-nous, au contraire, ne pas leur faire ce que nous n'aimons pas qu'on nous fasse à nous-mêmes, c'est-à-dire les punir et les corriger? Évidemment, ce n'est pas en ce sens qu'il faut entendre les deux maximes évangéliques; car elles ne seraient alors que des maximes de relâchement et de complaisance. Au contraire, elles expriment admirablement la vérité morale : seulement lorsqu'elles nous parlent de ce que nous voudrions, il est question d'une *vraie* et *bonne* volonté, et non de la volonté des passions; de même, lorsque nous recommandons de faire du bien aux hommes, on entend parler des *vrais* biens et non des biens apparents; comme aussi, en nous recommandant de ne pas faire du mal, il est bien entendu qu'il s'agit des *vrais* maux et non pas des maux illusoires des sens, de l'imagination et des passions.

Ainsi, pour bien comprendre les devoirs que nous avons à remplir envers les autres hommes, il faut savoir distinguer les *vrais biens* et les *faux biens*. Les faux biens sont ceux qui consistent exclusivement dans le plaisir, abstraction faite de l'utilité ou de la valeur morale; par exemple, les plaisirs des passions. — Les vrais biens sont ceux qui, indépendamment du plaisir, se recommandent encore soit par l'utilité, soit par la valeur morale; par exemple, la santé ou l'éducation. Les vrais maux sont ceux qui portent atteinte soit à l'intérêt bien entendu, soit à la dignité morale des autres hommes, tels que la misère ou la corruption. Les maux apparents sont ceux dont on souffre un moment, mais qui sont rachetés par des avantages ultérieurs, tels que les remèdes ou les châtiments.

Lorsque nous parlons du bien chez les autres hommes, nous ne devons pas craindre d'entendre par là leur intérêt bien entendu, en même temps que le bien moral; car, si pour nous-mêmes nous ne devons pas avoir pour but de nos actions notre propre intérêt, il n'en est pas de même quand il s'agit des autres hommes. La recherche de notre bonheur n'a aucune valeur morale; mais la recherche du bonheur d'autrui peut en avoir une, pourvu, encore une fois, que nous ne nous trompions pas sur le vrai sens du mot *bonheur* et que nous n'entendions pas par là une trompeuse et passagère volupté.

« Faire aux autres ce que nous *voudrions* qu'on nous fît; — ne pas leur faire ce que nous ne *voudrions* pas qu'on nous fît » doit donc s'entendre dans le sens d'une volonté *éclairée*, qui ne voudrait pour elle-même que ce qui est vraiment conforme soit à l'intérêt bien entendu, soit à la vertu. Ainsi comprises (et c'est leur vrai sens), ces deux maximes résument parfaitement toute la morale sociale.

Le sens de ces deux termes : faire du bien faire du mal, étant défini, examinons maintenant les différents cas qui peuvent se présenter, en nous élevant, en quelque sorte, du plus bas au plus haut degré du devoir.

Supposons d'abord qu'il s'agisse d'un certain bien ou d'un certain mal, qui restera invariable dans tous les cas suivants : voici l'échelle que l'on peut parcourir à partir de la moindre vertu, à laquelle correspond évidemment le plus grand vice (en vertu d'un principe établi plus loin [1]), pour s'élever à la plus haute vertu, à laquelle correspond le moindre vice :

1° *Ne pas rendre le mal pour le bien :* telle est, on peut le dire (toutes choses égales d'ailleurs), la plus faible des vertus, comme *rendre le mal pour le bien* constitue le plus grand des crimes. Soit, par exemple, l'homicide : n'est-il pas évident que l'homicide d'un bienfaiteur est le plus abominable de tous? que le vol d'un bienfaiteur est le plus affreux de tous les vols? que la calomnie envers un bienfaiteur est la plus criminelle des calomnies? — Réciproquement, au contraire, ne pas tuer, ne pas voler, ne pas calomnier, ne pas tromper un bienfaiteur est le minimum de la vertu morale. S'abstenir de faire du mal à celui qui vous a fait du bien est une vertu toute négative, qui est simplement l'absence d'un crime. On n'appellera pas cela de la reconnaissance, car la reconnaissance est une vertu positive et non négative : elle est toute en action, et non en omission; mais avant d'être reconnaissant, la première condition, au moins, c'est de n'être pas ingrat. Nous dirons donc que le plus grand des crimes, c'est l'*ingratitude.* C'est en raison de ce principe que les crimes envers les parents sont les plus odieux de tous; car nous n'avons pas de plus grands bienfaiteurs que nos parents; et sans même parler de crimes, contre lesquels la nature répugne assez, il est évident que toute espèce de mal (blessures, coups, injures, négligence, etc.) sera toujours plus blâmable envers les parents qu'envers tout autre bienfaiteur, et envers les bienfaiteurs en général qu'envers les autres hommes.

2° *Ne pas faire de mal à ceux qui ne nous ont pas fait de mal.* La violation de cette maxime est le second degré du crime et du péché, un peu moindre que le précédent, mais encore assez odieux pour que s'en abstenir soit, dans beaucoup de cas, une assez faible vertu. Ne pas tuer, ne pas voler, ne pas tromper, ne pas s'exposer aux punitions de la loi, sont des actions d'une assez faible valeur morale; tandis que le contraire

---

1. Voir le chapitre sur le *Mérite* et le *Démérite.*

donne lieu aux actions les plus basses et les plus odieuses. Le genre de vice qui consiste à nuire à autrui, sans provocation, est ce qu'on appelle l'*injustice* et, quand il s'y joint le plaisir de faire le mal, la *cruauté*. La cruauté est une injustice qui se réjouit du mal d'autrui; l'injustice se contente d'en profiter. Il y a donc un degré de mal de plus dans la cruauté que dans l'injustice pure et simple.

La vertu opposée à l'injustice est la *justice*, laquelle a deux degrés et deux formes : l'une négative, qui consiste uniquement à s'abstenir de faire du mal, *nemini nocere*, ne nuire à *personne*; la seconde positive, qui consiste à rendre à chacun ce qui lui est dû (*reddere suum cuique*). Cette seconde forme de la justice est plus difficile que la première, car elle est active. Il est plus difficile de restituer ou de payer ses dettes que de ne pas voler; il est plus difficile de dire du bien de ses rivaux que de n'en pas dire du mal; il est plus difficile de céder sa place à quelqu'un qui la mérite que de ne pas lui prendre la sienne; et cependant il est des cas où la justice exige que l'on agisse ainsi, au lieu simplement de s'abstenir.

3° *Ne pas rendre le mal pour le mal.* Ici nous nous élevons, en quelque sorte, d'un degré dans l'échelle morale. Les deux degrés inférieurs, à savoir, l'ingratitude et la cruauté, ont été partout et toujours considérés comme des crimes. Nulle part il n'a été considéré comme permis de faire du mal à ceux qui nous ont fait du bien. Mais, presque dans toutes les sociétés, à un certain degré de civilisation, il a été considéré comme permis et même comme glorieux de rendre le mal pour le mal. « Faire du bien à nos amis et du mal à nos ennemis » est une des maximes le plus souvent reproduites par les poètes et les sages de la Grèce. Chez les Indiens de l'Amérique, la gloire consiste à orner sa demeure du plus grand nombre de chevelures arrachées aux ennemis vaincus. On connaît les *vendette* corses. En un mot, la passion de la *vengeance* (laquelle consiste précisément à rendre le mal pour le mal) est une des plus naturelles et des plus profondes du cœur humain; il faut une éducation morale très avancée pour comprendre que la vengeance est contraire aux lois de la morale. Or, comme la beauté des vertus est en raison de la difficulté des passions qu'il y a à vaincre, il est évident que les vertus contraires à la vengeance, à savoir, la *mansuétude*, la *clémence*, le *pardon des injures*, sont au nombre des plus belles et des plus sublimes. Déjà, chez les anciens, la morale était allée jusqu'à cette maxime : qu'il ne faut pas faire du mal, même à ceux qui nous en ont fait, comme on le voit par le *Criton* de Platon, intitulé « Socrate » : — Il ne faut donc, dit Socrate, commettre d'injustice en aucune manière? — Non, sans doute. — Alors, *il ne faut pas même faire d'injustice à ceux qui nous en font.* »

4° Jusqu'ici, nous n'avons parlé que des vertus qui s'expriment sous forme négative et qui consistent surtout à ne pas faire le mal. Considérons maintenant celles qui s'expriment sous forme affirmative et qui consistent à faire le bien. Le premier degré est *rendre le bien pour le bien :* c'est la *reconnaissance,* dont le contraire, nous l'avons vu, est l'ingratitude; mais il y a deux sortes d'ingratitude comme deux sortes de reconnaissance. Il y a une ingratitude négative et une ingratitude positive. L'ingratitude positive, qui est, nous l'avons vu, le plus odieux de tous les crimes, consiste à rendre le mal pour le bien ; l'ingratitude négative consiste tout simplement à ne pas rendre le bien pour le bien, à oublier le bienfait. Elle n'est pas aussi odieuse que la précédente, mais elle a toujours un certain caractère de bassesse. La reconnaissance a également deux degrés et deux formes : elle est négative, en tant qu'elle se borne à ne pas faire du mal au bienfaiteur[1]; elle est positive, en tant qu'elle rend le bien pour le bien. En un sens, la reconnaissance est une partie de la justice, car elle consiste à rendre au bienfaiteur ce qui lui est dû; mais elle en est une partie notable et qui mérite d'être signalée. Car il semble qu'il n'y ait rien de plus facile que de rendre le bien pour le bien, et l'expérience nous apprend au contraire que rien n'est plus rare.

5° *Faire le bien à ceux qui ne vous ont fait ni bien ni mal.* C'est là ce que l'on appelle la *charité,* ce qui est un degré supérieur au précédent, car dans le cas précédent nous ne faisons guère que restituer ce qui est dû, mais ici nous mettons du nôtre. Pour bien caractériser ce nouveau degré de la vertu, il faut bien expliquer qu'il s'agit du bien *qui n'est pas dû.* Car la justice, nous l'avons vu, fait aussi du bien, et ne se réduit pas toujours à

---

1. Il semble ici que la reconnaissance négative se confonde avec l'ingratitude négative : l'une ne faisant pas le mal, l'autre ne faisant pas le bien, c'est à ce qu'il semble un seul et même état où l'on ne fait ni bien ni mal; mais la distinction subsiste ; car il s'agit d'un côté de ne pas faire du mal quand on serait tenté d'en faire, et de l'autre de ne pas faire du bien lorsqu'il y aurait lieu d'en faire. Par exemple, celui qui dépouille les autres, mais qui s'arrête devant son bienfaiteur, a un certain degré de reconnaissance ; et celui qui fait du bien à ses amis et à ses complaisants, et n'en fait pas à son bienfaiteur, est déjà un ingrat.

s'abstenir du mal. Rendre un dépôt à quelqu'un qui ne s'y attend pas, faire du bien à celui qui le mérite, nommer à une place celui qui en est digne, ou, ce qui est encore plus héroïque, lui céder la place, c'est évidemment faire du bien aux autres et à ceux qui ne nous en avaient pas fait; mais ce sont là des biens *dus*, et qui appartiennent en quelque sorte d'avance à ceux auxquels nous les conférons. Il n'en est pas de même du bien que distribue la charité. Les dons que je fais aux pauvres, les consolations que je répands sur les affligés, les soins que je donne aux malades et que je prends sur mon temps et sur mes intérêts, ma vie que je mets en péril pour sauver celle de mon semblable, sont des biens qui sont à moi, et non à lui; je ne lui rends pas ce qu'il posséderait légitimement, le sachant ou non; je lui livre quelque chose de moi : c'est un pur *don*. Ce don m'est inspiré par l'amour, non par la justice. — Le contraire de la *charité* ou du *dévouement* est l'*égoïsme*.

6° Enfin il est un dernier degré supérieur à tous les degrés précédents : *rendre le bien pour le mal*. Cette sorte de vertu, la plus haute de toutes, n'a pas de nom particulier dans notre langue. La charité, en effet, consiste à faire du bien en général et comprend à la fois ces deux degrés : faire le bien aux malheureux, et rendre le bien pour le mal. La clémence peut consister simplement à pardonner; elle ne va pas nécessairement jusqu'à rendre le bien pour le mal. Corneille aurait pu encore appeler sa pièce de *Cinna* la *Clémence d'Auguste*, quand même Auguste se serait contenté de pardonner à Cinna, et quand il n'eût pas ajouté : « Soyons amis! » Ainsi cette grande et magnifique vertu n'a pas de nom, et comme la science est impuissante à créer des mots destinés à la langue usuelle, elle doit se contenter de périphrases. Quoi qu'il en soit, cette vertu sublime n'a nulle part sa plus belle expression que dans les maximes de l'Évangile : « Vous avez appris qu'il a été dit : Vous aimerez votre prochain, et vous haïrez votre ennemi. Et moi, je vous dis : Aimez vos ennemis; faites du bien à ceux qui vous haïssent, et priez pour ceux qui vous persécutent et vous calomnient. »

507. Différentes espèces de devoirs sociaux. — Après l'échelle précédente, qui repose sur les différents rapports de bien ou de mal qui peuvent exister entre les hommes, il y a une autre classification qui repose sur les différentes espèces de biens ou de maux que nous pouvons faire à nos semblables.

Seulement, nous ne prétendons pas établir une échelle dans l'énumération des devoirs suivants :

1° Devoirs relatifs à la *vie* des autres hommes. Suivant les deux maximes citées plus haut, ces devoirs sont de deux sortes : 1° ne pas attenter à la vie d'autrui. Tout attentat à la vie d'autrui s'appelle *homicide*. S'il est accompagné de perfidie ou de trahison, c'est *assassinat*. Le meurtre des parents par les enfants est appelé *parricide* ; des enfants par les parents (surtout à l'âge le plus tendre), *infanticide;* des frères les uns par les autres, *fratricide*. Tous ces crimes sont les plus odieux et les plus repoussants pour le cœur humain. Le meurtre n'est jamais permis, même pour le plus grand intérêt et pour le plus grand bien. Ainsi, c'était une erreur des anciens de croire que le meurtre du tyran ou *tyrannicide*, était non seulement légitime, mais honorable et beau. Cependant il faut excepter le cas de *légitime défense;* car il ne peut nous être interdit de nous défendre contre celui qui veut nous ôter la vie. Mais on ne considèrera pas le *duel* comme un fait de légitime défense; cela est évident pour l'agresseur; et d'autre part, on ne se défend que parce que l'on a consenti à se mettre en péril : quant à la question de savoir si l'attaque à l'honneur ne peut pas équivaloir à une attaque à la vie, on ne peut pas dire que ce soit faux dans tous les cas; mais ici l'abus est si près du principe qu'il est plus sage de condamner d'une manière absolue une pratique barbare, dont on a fait un si déplorable abus. — Enfin, le meurtre *à la guerre*, pourvu que ce soit dans les conditions autorisées par le droit des gens, est considéré comme un cas de légitime défense.

Si l'homicide est pour notre sensibilité la plus odieuse de toutes les actions, réciproquement l'action qui consiste à *sauver la vie* d'autrui, et surtout à *donner sa vie* pour autrui, est la plus belle de toutes : « Le bon pasteur donne sa vie pour ses brebis. »

A ce devoir fondamental de ne pas attenter à la vie des autres hommes se rattache comme corollaire, le devoir de ne pas porter atteinte à leur corps par des coups ou des blessures, à leur santé par des violences dangereuses, et réciproquement le devoir de les secourir dans leurs maladies.

2° Devoirs relatifs aux *biens*. Nous avons vu plus haut[1] que l'homme ne peut conserver sa vie et la rendre heureuse et com-

---

1. Sect. I, ch. I.

mode, sans un certain nombre d'objets matériels que l'on appelle les *biens extérieurs*. La possession légitime de ces biens est ce qu'on appelle la *propriété*[1]. Le droit de propriété repose d'un côté sur l'utilité sociale et de l'autre sur le travail humain. D'une part, la société ne peut subsister sans un certain ordre qui fixe à chacun le sien; de l'autre, il est légitime que chacun soit propriétaire de ce qu'il a gagné par son travail. Le droit de posséder entraîne après lui le droit d'épargner, et par conséquent le droit de former un *capital*, et en outre le droit d'utiliser ce capital en lui faisant porter *intérêt*. En outre, le droit de conserver implique aussi le droit de *transmettre* : de là la légitimité de l'*héritage*.

La propriété une fois fondée sur le droit, c'est pour nous un devoir de ne pas attenter au droit. L'acte de prendre à autrui ce qui lui appartient est ce qu'on appelle le *vol*. Le vol est absolument interdit par la loi morale, de quelque nom qu'il se couvre et de quelque prestige qu'il s'enveloppe : « Vous ne déroberez point. » Le vol ne consiste pas seulement à mettre la main dans la poche de son voisin; il consiste dans toutes les manières possibles de s'approprier le bien d'autrui. Par exemple, *frauder* sur la qualité de la chose vendue, se livrer à un *agiotage* illégitime, employer pour son usage un *dépôt* confié à ses soins; emprunter sans savoir si l'on peut payer, et, après avoir emprunté, méconnaître sa *dette* ou refuser de s'acquitter : ce sont autant de manières de s'approprier le bien d'autrui, autant de formes diverses du vol.

Relativement au bien d'autrui, le devoir négatif consiste donc à ne pas prendre ce qui appartient à autrui. — Le devoir positif consiste à aider autrui de ses propres biens; à le soulager dans sa misère. C'est ce qu'on appelle la *bienfaisance*, laquelle peut s'exercer de plusieurs manières, soit par le *don*, soit par le *prêt*. Elle peut s'exercer encore soit en *nature*, c'est-à-dire en donnant les objets nécessaires à la subsistance ou à l'entretien; soit en *argent*, c'est-à-dire en donnant les moyens de se les procurer; soit en *travail*, ce qui est le meilleur de tous les dons; car, en soulageant les autres, on leur donne en même temps les moyens de se suffire à eux-mêmes.

Au devoir précédent se rattachent, comme corollaires, les

---

[1]. Les jurisconsultes distinguent entre la *possession* et la *propriété*. La première consiste simplement à détenir l'objet; la seconde à en avoir l'usage exclusif, l'objet ne fût-pas actuellement entre nos mains.

devoirs relatifs à l'observation des *conventions* ou *contrats*, la transmission des biens dans la société ne se faisant pas toujours de la main à la main, mais par voie de promesses et d'écrits; manquer à sa promesse, frauder sur le sens des conventions jurées, c'est d'une part s'approprier le bien d'autrui et de l'autre mentir et tromper : c'est donc manquer à un double devoir.

3° Devoirs relatifs à la *famille d'autrui*. Nous avons vu plus haut quels sont les devoirs de l'homme dans sa famille; il nous reste à dire quelques mots sur les devoirs envers la famille d'autrui. On peut manquer à ces devoirs, soit en portant atteinte au lien conjugal, ce qui est l'*adultère*, soit en enlevant aux autres leurs enfants, ce qui est le *rapt*, soit en les dépravant par de mauvais conseils ou de mauvais exemples, ce qui est la *corruption*.

4° Devoirs relatifs à l'*honneur* d'autrui. On peut manquer à ces devoirs soit en disant en face à un homme (qui ne le mérite pas) des choses blessantes et grossières : ce sont les *injures*, soit en disant du mal des autres; et ici l'on distingue deux degrés : si le mal que l'on dit est vrai, c'est la *médisance ;* si le mal que l'on dit est faux et inventé, c'est la *calomnie*. En général, il ne faut pas préjuger trop facilement le mal chez les autres hommes : ce genre de défaut est ce que l'on appelle les *jugements téméraires*.

Le devoir *positif*, relativement à la réputation d'autrui, est de *rendre justice* à chacun, même à ses ennemis, et à dire du bien, quand ils en méritent, même de ceux qui disent du mal de nous. C'est un devoir d'avoir en général pour les hommes une disposition *bienveillante*, pourvu que cela n'aille pas jusqu'à la complaisance pour le mal. Dans les rapports avec le prochain, l'usage du monde, pour éviter les querelles et les injures, a introduit ce que l'on appelle la *politesse*, qui, pour être une vertu mondaine, n'en est pas moins une vertu nécessaire à l'ordre de la société.

5° Devoirs envers la *liberté* d'autrui. Ces sortes de devoirs sont plutôt les devoirs de l'État que des simples particuliers. Ils consistent à respecter chez autrui la liberté de conscience, la liberté du travail, la liberté individuelle, la responsabilité personnelle, qui sont les *droits naturels* de l'homme. Cependant les particuliers eux-mêmes peuvent aussi manquer à cette sorte de devoirs. La violation de la liberté de conscience s'appelle *into-*

lérance, elle consiste soit à employer la force pour contraindre les consciences, soit à supposer de mauvaises mœurs, de mauvaises passions à tous ceux qui ne pensent pas comme nous. La vertu opposée à l'intolérance est la *tolérance*, disposition d'âme qui consiste, non pas à approuver ce que l'on croit faux, mais à respecter chez autrui ce que l'on tient à voir respecter en soi-même, à savoir, la conscience. On peut encore porter atteinte à la liberté individuelle, à la liberté du travail, en maintenant ses semblables dans l'*esclavage;* mais l'esclavage est plutôt une institution sociale qu'un fait individuel. Cependant il peut arriver que l'on cherche à nuire au travail d'autrui, en contraignant les autres par la menace à ne pas travailler; ce qui a lieu quelquefois, par exemple, dans les coalitions d'ouvriers. Il y a aussi une certaine manière de dominer la liberté d'autrui sans la contraindre matériellement, qui constitue une véritable *tyrannie* : c'est l'empire qu'une volonté forte exerce sur une volonté faible et dont elle est trop souvent tentée d'abuser. Au contraire, c'est un devoir, non seulement de respecter la liberté d'autrui, mais de l'encourager, de la développer, de l'éclairer par l'éducation.

6° Devoirs relatifs à l'*amitié*. Tous les devoirs précédents sont les mêmes envers tous les hommes. Il y en a d'autres qui sont particuliers envers certains hommes, envers ceux, par exemple, auxquels vous attachent, soit la sympathie de caractère, soit l'uniformité des occupations, soit une éducation commune, etc.; c'est ce qu'on appelle les *amis*. Les devoirs relatifs à l'amitié sont : 1° de bien choisir ses amis, de les choisir honnêtes, éclairés, afin de trouver dans leur société des encouragements au bien. Rien de plus dangereux que les amis de plaisir ou les amis intéressés, unis par les vices et les passions au lieu de l'être par la sagesse et la vertu; 2° une fois les amis choisis, le devoir réciproque est la *fidélité*. Ils doivent se traiter avec une parfaite *égalité*, avec *confiance*. Ils se doivent le *secret*, lorsque l'un a confié à l'autre ses intérêts les plus chers; le *dévouement*, si l'un a besoin des secours de l'autre. Enfin, ils se doivent d'une manière plus stricte et plus rigoureuse ce que l'on doit en général aux autres hommes; et les fautes ou crimes envers l'humanité en général prennent un caractère encore plus odieux envers ses amis.

508. **Justice et charité.** — Nous avons dit plus haut que tous les devoirs sociaux pouvaient se ramener à ces deux maximes :

« Ne faites pas à autrui ce que vous ne voudriez pas qu'on vous fît. — Faites à autrui ce que vous voudriez qu'on vous fît. » Ces deux maximes correspondent à ce qu'on appelle : 1° les devoirs de *justice*, 2° les devoirs de *charité*.

La première consiste à ne pas faire le mal, ou du moins à réparer le mal déjà fait. La charité consiste à faire du bien. La distinction de ces deux vertus a été faite avec beaucoup de pénétration et de force par un célèbre écrivain.

Le respect des droits d'autrui s'appelle la justice. Toute violation d'un droit quelconque est une injustice.

La plus grande des injustices, parce qu'elle les comprend toutes, c'est l'esclavage. L'esclavage est l'asservissement de toutes les facultés d'un homme au profit d'un autre.

La personnalité morale est respectable en vous comme en moi, et au même titre. Relativement à moi, elle m'imposait un devoir; en vous, elle devient le fondement d'un droit, et m'impose par là un devoir nouveau relativement à vous.

Je vous dois la vérité, comme je me la dois à moi-même... et ce m'est un devoir étroit de respecter le développement de votre intelligence, de ne point arrêter sa marche vers la vérité.

Je dois aussi respecter votre liberté; peut-être même lui dois-je plus qu'à la mienne; car je n'ai pas toujours le droit de vous empêcher de faire une faute.

Je vous dois respecter dans vos affections, qui font partie de vous-même; et de toutes les affections, il n'y en a pas de plus saintes que celles de la famille... Attenter au droit conjugal et paternel, c'est attenter à la personne dans ce qu'elle a de plus sacré.

Je dois respect à votre corps, en tant que vous appartenant, en tant qu'instrument de votre personne. Je n'ai le droit ni de vous tuer ni de vous blesser, à moins d'être attaqué moi-même.

Je dois respect à vos biens, car ils sont le produit de votre travail; je dois respect à votre travail, qui est votre liberté même en exercice; et s'ils proviennent d'un héritage, je dois respect à la libre volonté qui vous les a transmis.

La justice, c'est-à-dire le respect de la personne dans tout ce qui la constitue, voilà le premier devoir de l'homme envers son semblable. Ce devoir est-il le seul?

Quand nous avons respecté la personne des autres, que nous n'avons ni contraint leur liberté, ni étouffé leur intelligence, ni maltraité leur corps, ni attenté à leur famille ou à leurs biens, pouvons-nous dire que nous ayons accompli toute la morale à leur égard? Un malheureux est là souffrant devant nous. Notre conscience est-elle satisfaite si nous pouvons nous rendre le témoignage de n'avoir pas contribué à ses souffrances? Non; quelque chose nous dit qu'il est bien encore de lui donner du pain, des secours, des consolations... Et cependant cet homme, qui souffre et qui va mourir peut-être, n'a pas le moindre droit sur la moindre partie de votre fortune, fût-elle immense; et s'il usait de violence pour vous arracher une obole, il commettrait une faute. Nous rencontrerons ici un nouvel ordre de *devoirs qui ne correspondent pas à des droits*. L'homme, nous l'avons vu, peut recourir à la force pour faire respecter ses droits, il ne peut pas imposer à un autre un sacrifice, quel qu'il soit. La justice *respecte* ou *restitue*; la charité *donne*.

... On ne peut pas dire qu'il ne soit pas obligatoire d'être charitable; mais il s'en faut que cette obligation soit aussi précise, aussi inflexible que la justice. La charité, c'est le sacrifice. Or, qui trouvera la règle du sacrifice, la formule du renoncement à soi-même? Pour la justice, la formule est claire : respecter les droits d'autrui. Mais la charité ne connaît ni règles ni limites. Elle surpasse toute obligation. Sa beauté est précisément dans sa liberté [1].

Cicéron, dans le *de Officiis*, a très bien signalé le caractère délicat et libre de la charité, qu'il appelle la *bienfaisance* :

> La bienfaisance, dit-il, est une des vertus les plus convenables à la nature humaine ; mais elle demande bien des *précautions*. Il faut prendre bien garde : 1° qu'en voulant faire du bien à quelqu'un nous ne fassions du mal, à lui ou à d'autres ; 2° que notre bienfaisance ne surpasse nos facultés ; 3° que chacun reçoive selon son mérite ; car c'est là le fondement de la justice, à laquelle on doit tout rapporter.
> Ceux, en effet, dont la bienfaisance nuit à celui qui semble en être l'objet doivent être regardés comme des flatteurs pernicieux, et non comme des hommes bienfaisants. Quant à ceux qui nuisent aux uns pour être généreux envers les autres, ils commettent la même injustice que s'ils s'appropriaient le bien d'autrui.
> La seconde précaution est de proportionner notre bienfaisance à nos facultés. Ceux, en effet, qui veulent être plus bienfaisants qu'ils ne le peuvent, sont d'abord injustes envers leurs proches... Une telle libéralité porte quelquefois à s'enrichir aux dépens des autres, pour avoir de quoi fournir à ses largesses...
> La troisième précaution, en dispensant nos largesses, c'est de les proportionner au mérite, d'avoir égard aux mœurs de celui qui en est l'objet, à l'attachement qu'il nous témoigne, aux rapports différents qu'il peut avoir avec nous, enfin aux services qu'il peut nous avoir rendus.

Il suit de ces considérations que la justice est absolue, sans restriction, sans exception. La charité, quoique tout aussi obligatoire que la justice, est plus indépendante dans l'application ; elle choisit son lieu et son temps, ses objets et ses moyens. En un mot, pour rappeler le mot déjà cité de M. Cousin, « sa beauté est dans sa liberté ».

Pour terminer ce que nous avons à dire sur la morale sociale, ne craignons pas d'emprunter à l'apôtre saint Paul son admirable apologie de la charité :

> Quand je parlerais toutes les langues des hommes et des anges, si je n'ai point la charité, je ne suis qu'un airain sonnant, une cymbale retentissante.
> Quand j'aurais le don de prophétie, que je pénétrerais tous les mystères et que je posséderais toutes les sciences ; quand j'aurais même toute la foi possible, jusqu'à transporter des montagnes, si je n'ai point la charité, je ne suis rien.
> Et quand je distribuerais tout mon bien pour nourrir les pauvres, et que je livrerais mon corps pour être brûlé, si je n'ai point la charité, tout cela ne me sert de rien [2].
> La charité est patiente, elle est bienfaisante, elle n'est point jalouse, elle n'est pas téméraire ; elle ne s'enfle point.

---

1. V. Cousin, *le Vrai, le Beau et le Bien*, XX° et XXII° leçons.

2. C'est-à-dire que les actes ne sont rien, si le cœur ne s'y joint pas.

Elle ne fait rien contre la bienséance, elle ne cherche point ses propres intérêts, elle ne s'aigrit point, elle ne pense point le mal.

Elle souffre tout, elle croit tout, elle supporte tout[1].

509. Devoirs envers Dieu. — S'il y a un Dieu, c'est-à-dire un auteur de l'ordre physique et de l'ordre moral, conservant et surveillant le monde dont il est le père, il s'ensuit que l'homme, faisant partie de ce monde et se distinguant des autres créatures en ce qu'il se sait fils de Dieu, est tenu envers ce père suprême à des sentiments de reconnaissance et de respect, envers ce juge suprême à des sentiments de crainte et d'espérance qui donnent lieu à toute une classe de devoirs.

Ici, un doute s'est élevé chez quelques philosophes, et l'on s'est demandé d'abord si l'homme peut être engagé à quelques devoirs envers un être qui lui est entièrement disproportionné. En second lieu, on se dit qu'il n'y a aucun devoir envers un être à qui l'on ne peut faire ni bien ni mal. Or, Dieu étant parfait et souverainement heureux, nous ne pouvons rien ajouter à sa perfection et à son bonheur : nous ne pouvons non plus rien lui enlever de l'un ou de l'autre. Nous ne sommes donc tenus envers lui à aucune obligation.

1° Pour ce qui est de la disproportion absolue que l'on imagine entre Dieu et l'homme, cette disproportion ne va pas jusqu'à empêcher que j'aie l'idée de Dieu : pourquoi m'empêcherait-elle de l'aimer et de me mettre en rapport avec lui ? Fénelon dit très bien :

Rien de si étonnant que l'idée de Dieu que je porte au fond de moi-même : c'est l'infini contenu dans le fini. Ce que j'ai au dedans de moi me surpasse sans mesure. Je ne comprends pas comment je puis l'avoir dans mon esprit ; je l'y ai néanmoins... Cette idée ineffaçable et incompréhensible de l'être divin est ce qui me fait ressembler à lui, malgré mon imperfection et ma faiblesse. Comme il se connaît et s'aime infiniment, je le connais et l'aime selon ma mesure. Je ne puis connaître l'infini que par ma connaissance finie, et je ne puis l'aimer que d'un amour fini comme moi ;... je voudrais ne pouvoir mettre aucune borne à mon amour, pour une perfection qui n'est point bornée. Il est vrai, encore une fois, que cette connaissance et cet amour n'ont point une perfection égale à leur objet ; mais l'homme qui connaît et aime Dieu selon toute sa mesure de connaissance et d'amour est incomparablement plus digne de cet être parfait que l'homme qui serait sans Dieu dans ce monde, ne songeant ni à le connaître, ni à l'aimer[2].

On peut conclure de là que les devoirs de l'homme envers Dieu sont impliqués dans la connaissance qu'il a de lui.

---

1. Saint Paul, I Cor., XIII, 1-7. — 2. *Lettres sur la métaphysique*, lettre II, ch. IX.

2° Quant à la seconde difficulté, qui consiste à dire que, ne pouvant faire à Dieu ni bien ni mal, on ne voit pas quels actes nous pourrions avoir à accomplir à son égard, la question est précisément de savoir si nous n'avons de devoir qu'envers ceux auxquels nous pouvons faire du bien et du mal. Ainsi, par exemple, nous avons des devoirs de justice, d'amour, de respect envers les morts, quoique cependant nous ne puissions leur faire ni bien ni mal, puisqu'ils sont morts ; et quoiqu'on ait lieu de penser qu'ils subsistent encore sous une autre forme, les devoirs que nous avons envers eux sont indépendants de cette considération ; car ils subsisteraient encore, lors même qu'on douterait de la permanence des âmes ou de leurs relations avec les vivants : ces âmes pourraient être tellement heureuses, et dans des conditions si étrangères à notre vie d'ici-bas, qu'elles deviendraient absolument indifférentes au moins pour le mal. Un historien, par exemple, ne serait pas justifié d'avoir calomnié ses héros, sous prétexte que, ne croyant pas à l'immortalité de l'âme, il savait bien qu'il ne pouvait leur faire aucun mal. Même en cette vie l'homme peut s'élever par sa patience et sa mansuétude au-dessus de toutes les injures et y devenir absolument indifférent : ce qui ne rendrait pas innocentes les injures qu'on pourrait lui adresser. Le même homme pourrait être d'une telle modestie qu'il n'éprouverait le besoin d'aucun hommage : ce qui n'empêcherait pas que ce ne fût un devoir de justice de lui rendre tout ce qui lui est dû. Les sentiments tout intérieurs que nous avons pour les autres hommes et qui ne se manifestent par aucun acte ne peuvent en réalité faire aucun bien ni aucun mal à celui qui en est l'objet. Cependant nul ne conteste que ce ne soient des devoirs. On voit donc que le devoir ne se règle pas sur le mal qui peut être fait au dehors, mais sur l'ordre des choses, qui veut que chaque être soit aimé et respecté selon son mérite. Or, à ce point de vue, nul doute que Dieu, qui est la perfection souveraine et le principe de tout ordre et de toute justice, ne soit l'objet légitime du plus haut respect et du plus profond amour.

On dira peut-être que ces sentiments envers le Créateur sont plutôt des devoirs envers nous-mêmes que des devoirs envers Dieu. Car c'est envers nous-mêmes que nous sommes tenus de donner à la sensibilité, à l'amour son plus haut objet. La religion ajoutant à la perfection et à la dignité de l'âme, c'est accomplir un devoir envers l'âme que d'être religieux. Fénelon dit très bien que « l'homme qui connaît et aime Dieu est plus *digne* de lui que celui qui vit sans Dieu ». N'est-ce pas dire que, la religion rendant l'homme plus semblable à Dieu et le rapprochant de lui, l'homme se doit à lui-même de s'élever au-dessus de lui-même par la piété et par l'amour de Dieu ?

Mais il importe assez peu de quelle manière on expliquera la nature des devoirs envers Dieu, pourvu qu'on les reconnaisse. Qu'on les considère comme une classe distincte, que l'on n'y voie au contraire que le plus haut degré des devoirs de l'homme envers lui-même, ce n'est qu'un débat spéculatif sans utilité. On pourrait tout aussi bien d'ailleurs rétorquer l'application précédente, et dire que les devoirs que nous avons envers nous-mêmes ne sont qu'une partie du devoir envers Dieu : car le devoir lui-même, dans la plus haute idée, étant de s'élever à la plus haute perfection possible, on peut dire avec Platon que la vertu est l'imitation de Dieu, que par conséquent l'homme se doit à lui-même de ressembler le plus possible à Dieu ; et réciproquement, il doit à Dieu, comme type souverain de perfection, de se rapprocher indéfiniment de lui par le perfectionnement de son être. Mais comment chercherait-il à se rapprocher de la souveraine perfection de Dieu, s'il n'avait pour elle les sentiments d'amour ou de respect qui composent le sentiment religieux en général ?

Nous avons dit, avec tous les moralistes, que les sentiments que nous devons à Dieu sont de deux sortes : amour et respect. Ces deux sentiments correspondent en effet aux deux aspects par lesquels la nature divine se manifeste à nous : la puissance et la bonté. Un philosophe célèbre a décrit avec une grande éloquence ces deux aspects de la nature divine :

Si l'âme s'épanouit au spectacle de sa bonté, n'a-t-elle pas de quoi s'effrayer à l'idée de sa justice, qui ne lui est pas moins présente ? Dieu est à la fois doux et irritable. En même temps qu'il est la vie, le mouvement, la variété, la grâce ineffable de la nature visible et finie, il est l'éternel, l'invisible, l'infini, l'immense, l'absolue unité et l'être des êtres [1]... Si vous ne considérez que le Dieu tout-puissant, maître du ciel et de la terre, auteur et vengeur de la justice, vous faites une religion de la peur ; vous accablez l'homme sous le poids de la grandeur de Dieu et de sa propre faiblesse ; vous le condamnez à un tremblement continuel ; dans l'incertitude des jugements de Dieu, vous lui faites prendre en haine et ce monde et la vie, et lui-même qui est toujours rempli de misère... D'un autre côté, si vous ne voyez que le Dieu bon et le père indulgent, vous tombez dans une mysticité chimérique. En substituant l'amour à la crainte, on court le risque de perdre le respect. Dieu n'est plus un maître, il n'est même plus un père, car l'idée de père

1. V. Cousin, *le Vrai, le Beau et le Bien*, XIIIe leçon.

entraîne encore jusqu'à un certain point celle d'une crainte respectueuse; il n'est plus qu'un ami [1].

Le sentiment religieux se compose donc de deux choses : le respect et l'amour. Ces deux sentiments confondus en un seul, et s'adressant à l'être fini, sont ce qu'on appelle l'*adoration*. L'adoration est exclusivement consacrée à la Divinité : ce n'est que par métaphore, et quelquefois par une métaphore un peu sacrilège, qu'on l'emploie pour désigner des sentiments profanes. L'ensemble des actes par lesquels se manifeste l'adoration s'appelle *culte*. Si ces actes sont renfermés dans l'âme, c'est le culte *intérieur*; s'ils se manifestent au dehors, c'est le culte *extérieur*.

On demande s'il faut un culte extérieur. Fénelon répond en montrant qu'il est la conséquence nécessaire et naturelle du culte intérieur.

« Ne voit-on pas, dit-il, que le culte extérieur suit nécessairement le culte intérieur de l'amour? Donnez-moi une société d'hommes qui se regardent comme n'étant tous ensemble sur la terre qu'une seule famille, dont le père est au ciel; donnez-moi des hommes qui ne vivent que du seul amour de ce père céleste, qui n'aiment ni le prochain ni eux-mêmes que par amour de lui, et qui ne soient qu'un cœur et une âme : dans cette divine société n'est-il pas vrai que la bouche parlera sans cesse de l'abondance du cœur? Ils admireront le Très-Haut; ils chanteront le Très-Bon; ils chanteront ses louanges; ils le béniront pour tous ses bienfaits. Ils ne se borneront pas à l'aimer; ils l'annonceront à tous les peuples de l'univers; ils voudront redresser leurs frères dès qu'ils les verront tentés, par l'orgueil ou par les passions grossières, d'abandonner le Bien-Aimé. Ils gémiront de voir le moindre refroidissement de l'amour. Ils passeront au delà des mers, jusqu'au bout de la terre, pour faire connaître et aimer le père commun aux peuples égarés qui ont oublié sa grandeur. Qu'appelez-vous un culte extérieur, si celui-là n'en est pas un? Dieu serait alors *tout en tous*; il serait le roi, le père, l'ami universel; il serait la loi vivante des cœurs. Hélas! si un roi mortel ou un père de famille s'attire par sa sagesse l'estime et la confiance de tous ses enfants, on ne voit à toute heure que les honneurs qui lui sont rendus; il ne faut point lui demander où est son culte, ni si on lui en doit un. Tout ce qu'on fait pour l'honorer, pour lui obéir et pour reconnaître ses grâces est un culte continuel qui saute aux yeux. Que serait-ce donc si les hommes étaient possédés de l'amour de Dieu! Leur société serait un culte continuel, comme celui qu'on nous dépeint des bienheureux dans le ciel [2].

Un grand moraliste de l'antiquité, Épictète, a exprimé magnifiquement les mêmes sentiments que Fénelon :

Si nous étions sages, dit-il, que devrions-nous faire autre chose en public et en particulier que de célébrer la bonté divine, et de lui rendre de solennelles ac-

---

1. Id., *ibid.*, XIII° leçon. — 2. Fénelon, *Lettres sur la métaphysique et la religion*, lettre II, ch. I.

tions de grâces? Ne devrions-nous pas en bêchant, en labourant, en mangeant, chanter cet hymne au Seigneur : Dieu est grand!... Mais, puisque vous êtes tous dans l'aveuglement, ne faut-il pas que quelqu'un s'acquitte pour vous de ce devoir sacré, en chantant pour tout le monde un hymne à notre Dieu. Que puis-je faire autre chose, moi, vieillard boiteux et infirme, si ce n'est de chanter Dieu! si j'étais rossignol, je ferais le métier de rossignol; si j'étais cygne, celui d'un cygne. Je suis un être raisonnable; il me faut chanter Dieu. Voilà mon métier et je le fais. C'est un rôle auquel je ne faillirai pas autant qu'il sera en moi; et je vous engage tous à chanter avec moi[1].

1. *Entretiens d'Epictète*, I, ch. XII.

SECTION II

MORALE THÉORIQUE

L'homme étant libre (248), c'est-à-dire ayant le pouvoir de se gouverner lui-même, de devenir maître de lui-même, il lui faut une *règle d'action* qui soit la loi de ce pouvoir et qui lui indique son but.

« Tous les êtres ont leurs lois, dit Montesquieu; la Divinité a ses lois, le monde matériel a ses lois; les intelligences supérieures à l'homme ont leurs lois; les bêtes ont leurs lois, l'homme a ses lois ». (*Esprit des lois*, l. I, c. i.)

L'homme a donc sa loi comme les autres êtres de la création; seulement ces êtres obéissent fatalement et aveuglément à ces lois qu'ils ignorent. L'homme, étant libre, doit au contraire connaître quelle est sa loi pour y obéir et la suivre fidèlement. Chercher quelle est cette loi et en déterminer la nature, tel est l'objet de la *morale théorique*.

CHAPITRE PREMIER

L'utile et l'honnête.

511. Le principe du plaisir. — Il semble à l'homme, au premier abord, que cette loi soit imprimée dans sa nature même, et qu'il n'ait besoin ni de raison pour la connaître, ni de volonté pour la choisir. En effet, la nature le porte invinciblement à rechercher le plaisir et à fuir la douleur. Est-il besoin d'une autre loi que celle-là? Qu'appelons-nous bien? n'est-ce pas ce qui nous procure du plaisir? Qu'appelons-nous mal? n'est-ce pas ce qui nous cause de la douleur? Le bien peut-il être autre chose que le bonheur? Le mal, autre chose que le malheur? La morale peut-elle avoir un autre but que de nous apprendre à être heureux?

On peut affirmer sans aucun doute que la morale nous apprend à être heureux et nous met sur le chemin du vrai bonheur. Mais ce n'est pas, comme on pourrait le croire, en obéissant à cette loi aveugle de la nature qui nous porte au plaisir que l'on sera véritablement heureux. Le chemin qu'indique la morale est moins facile, mais il est plus sûr.

De très simples réflexions suffiront à nous faire voir qu'on ne peut dire d'une manière absolue que le plaisir soit le *bien* et que la douleur soit le *mal*. L'expérience et le raisonnement prouvent aisément la fausseté de cette opinion.

1° Le plaisir n'est pas toujours un bien, et même il peut devenir un véritable mal, selon les circonstances. Réciproquement, toute douleur n'est pas toujours un mal, et peut même devenir un grand bien. Ainsi nous voyons, d'un côté, que les plaisirs de l'intempérance amènent avec eux la maladie, la perte de la santé et de la raison, l'abréviation de la vie. Les plaisirs de la paresse à leur tour, entraînent la pauvreté, l'inutilité, le mépris des hommes. Les plaisirs de la vengeance et du crime sont suivis du châtiment et du remords, etc. Réciproquement, on voit les douleurs et les épreuves les plus pénibles procurer des biens évidents. L'amputation nous sauve la vie, le travail énergique et pénible donne l'aisance, etc. Dans ces différents cas, si l'on considère les résultats, c'est le plaisir qui est un mal, c'est la douleur qui est un bien.

2° Il faut ajouter que, parmi les plaisirs, les uns sont bas, honteux et vulgaires, les autres, nobles et généreux. Le plaisir de l'ivresse est méprisable; le plaisir de faire du bien aux hommes est délicat et élevé. Parmi les plaisirs de l'homme, il en est qui lui sont communs avec les bêtes, d'autres qui sont propres à l'homme. Mettra-t-on sur la même ligne les uns et les autres? N'est-il pas convenable à l'homme de jouir du bonheur humain, et non pas de celui qui suffit à l'animal?

3° Il y a des plaisirs très vifs, mais qui sont passagers et fugitifs, comme les plaisirs des passions. Il y en a d'autres qui sont durables et continus, comme ceux de la santé, de la sécurité, de l'aisance, de la considération. Sacrifiera-t-on ces plaisirs qui durent toute la vie à des plaisirs qui ne durent qu'une heure?

4° D'autres plaisirs sont très vifs, mais également incertains et livrés au hasard, par exemple, les plaisirs de l'ambition ou les plaisirs du jeu; d'autres, au contraire, plus calmes et moins enivrants, mais plus sûrs, par exemple, les plaisirs de la vie domestique, de la médiocrité dorée (*aurea mediocritas*), de l'économie, de la tempérance, etc.

On peut donc considérer aujourd'hui comme suffisamment démontré, par les innombrables analyses qui ont été faites avant nous, que le plaisir réduit à lui seul est incapable de servir de principe à une morale quelconque, et qu'il doit au moins céder la place au principe de l'utilité. En effet, le plaisir sans mesure, sans choix, sans prévoyance, le plaisir pris au hasard et selon l'instinct du moment, le plaisir recherché et goûté sous quelque forme qu'il se présente, le plaisir brutal et sensuel préféré à tout plaisir intellectuel, le plaisir ainsi entendu se détruit lui-même, car l'expérience nous apprend qu'il est suivi de douleur et qu'il se transforme en douleur. Un tel principe est donc contradictoire et succombe devant ses propres conséquences. Déjà chez les anciens, les défenseurs de la morale du plaisir, les épicuriens, avaient distingué deux espèces de plaisirs, qu'ils appelaient le plaisir *stable* et le plaisir *en mouvement*. Ils avaient remarqué que le plaisir des passions, qu'ils appelaient plaisir en mouvement, était un plaisir mélangé qui, en agitant l'âme, lui causait plus de douleur que de joie : le repos, la paix, l'insensibilité leur paraissaient bien supérieurs, et pour eux le souverain bien consistait exclusivement à ne pas souffrir, *indolentia*. Aussi a-t-on remarqué avec raison que cette morale voluptueuse de l'épicurisme, si séduisante en apparence, n'était au fond qu'un triste et assez morne ascétisme. Une branche de cette école plaçait le souverain bien dans le suicide, et l'on dit que Lucrèce a mis en pratique les préceptes de cette secte. Ces conséquences étranges de la morale voluptueuse suffisent à montrer que le principe du plaisir en lui-même est absolument insuffisant, s'il ne s'y joint quelque élément intellectuel pour en régler et en épurer l'usage et la jouissance.

Platon a démontré dans le *Théétète* que le plaisir, sans un certain mélange d'intelligence et de sagesse, est comme s'il n'était pas. Sans intelligence, en effet, point de souvenir, point de prévision ; nous voilà donc privés et des plaisirs passés et des plaisirs futurs : et c'est à peine si l'on peut dire que, sans quelque réflexion, il soit permis de jouir du plaisir présent. Platon démontre en outre qu'il faut distinguer des plaisirs faux et des plaisirs vrais, des plaisirs mélangés et des plaisirs purs, des plaisirs nobles et des plaisirs honteux. Enfin, il est le premier qui ait eu l'idée d'une *arithmétique des plaisirs*[1], idée que Bentham a plus tard réalisée avec une sagacité supérieure.

512. Le principe de l'utilité. — Bentham a montré que les plaisirs peuvent être comparés et classés à différents points de vue dont les principaux sont : la *certitude*, la *pureté*, la *durée*, l'*intensité*, etc. En effet, entre deux plaisirs, l'un *certain*, l'autre *incertain*, la sagesse et l'expérience nous apprennent évidemment que c'est le premier qu'il faut choisir ; de même, entre un plaisir *pur*, c'est-à-dire sans mélange de douleur, et un plaisir *mélangé*, entre un plaisir *durable* et un plaisir *fugitif* et *passager*, entre un plaisir très *vif* et très *intense*, et un plaisir *médiocre* et *sans attrait*, c'est évidemment la pureté, la durée, l'intensité que la raison nous apprend à préférer. Combinez maintenant ces différents rapports, ajoutez-y le *nombre* probable des plaisirs ; vous arrivez ainsi à former des règles dont l'ensemble compose

---

1. Μετρητικὴ τέχνη, *Protagoras*, 357, Ed. H. Estienne.

l'*art* de la vie, et qui ont pour effet de nous assurer ce qu'on appelle vulgairement le *bonheur*, c'est-à-dire *la plus grande somme de plaisirs possible avec le moins de douleurs possible.*

On voit que cet art est un art entièrement empirique, qui ne s'élève pas un seul instant au-dessus d'une morale tout individuelle et toute subjective : car c'est toujours le plaisir, c'est-à-dire un certain état de conscience, qui est le seul objet, le seul but de la vie humaine. Point d'*objet* autre que nos sensations; point de *loi* en dehors d'elles. Les différentes règles que nous offre cette morale ne sont que des *moyens* d'atteindre au but désiré, à savoir, le plaisir. Si la raison, la sagesse, l'intelligence, s'ajoutent à la sensation, comme le demandait Platon, ce n'est pas pour commander au plaisir, mais pour le servir : ce ne sont que des auxiliaires, des instruments du plaisir. Cette doctrine semble s'élever au-dessus de la pure sensation en se donnant le titre de morale de l'*utilité*. Comme la sagesse vulgaire, elle nous apprend à préférer l'utile à l'agréable, la prudence à la passion. Mais au fond l'utile n'est jamais un bien par lui-même : il n'est et ne peut être qu'un moyen de se procurer l'agréable. La prudence, à son tour, n'est autre chose que l'art de satisfaire impunément ses passions.

Les utilitaires se sont quelquefois plaint qu'on ait imputé à leur doctrine deux vices contradictoires. Tantôt, disent-ils, on nous reproche de déchaîner les passions, d'entraîner les hommes au culte impétueux et désordonné de la volupté et des sens; tantôt, au contraire, on nous reproche une morale sèche, froide, calculée, qui éteint tous les sentiments, toutes les émotions, toutes les impulsions de l'âme. N'est-ce pas là, dit-on, une contradiction?

Cette contradiction n'est qu'apparente. Il est également vrai de dire que la morale du plaisir est une morale désordonnée et une morale desséchante; qu'elle est violente, impétueuse, déréglée, et qu'elle est terne, glacée, rétrécie : ces deux accusations sont toutes deux vraies, selon que l'on considère le plaisir sans calcul ou le plaisir calculé. La morale voluptueuse et passionnée, par exemple celle d'Aristippe dans l'antiquité, celle de Calliclès dans le *Gorgias* de Platon, ou encore celle de quelques poètes et romanciers modernes, est en effet une morale qui, déchaînant toutes les passions, déchaîne en même temps tous les appétits. Elle ouvre aux sens une libre carrière, et par là descend quelquefois à des excès honteux; mais par contre-coup, en affranchissant les passions de tout frein, elle a par là même une sorte de grandeur farouche, la grandeur de la nature; elle a même une sorte d'innocence, l'innocence d'un torrent aveugle qui ne sait où il coule; et enfin, par cela seul qu'elle ne fait aucune distinction entre les passions et les plaisirs, elle donne quelquefois carrière aux instincts généreux, et elle a ainsi une noblesse qui manque au froid calcul et à la vertu mercenaire. Au contraire, la morale du plaisir calculé a cela de supérieur à la morale passionnée, qu'elle demande aux passions et aux sens de subir un frein; elle est donc plus *convenable*, et s'accommode mieux aux besoins et à l'ordre de la société. On peut dire même que, pratiquement parlant, et pour ce qui est de l'ordre vulgaire de la vie, la morale intéressée ne diffère pas beaucoup de la morale du devoir, si ce n'est quant aux maximes et aux principes. Mais si, sous ce premier point de vue, on peut trouver la morale utilitaire plus convenable que la morale passionnée, en revanche, précisément parce qu'elle soumet la passion au calcul, elle a moins d'élan, moins de noblesse et de générosité que la morale des passions. Peu à peu elle fait prédominer la crainte de la souffrance sur le désir du plaisir, et pour empêcher l'une elle tarit les sources de l'autre. De là ce caractère de sécheresse et de pauvreté morale qu'on a cent fois reproché aux utilitaires. De là même cette espèce d'austérité triste et vide qui caractérise la vie égoïste et que l'on a remarquée dans l'épicurisme. Ainsi, suivant que la morale du plaisir incline pour la passion libre ou pour le froid calcul, elle oscille entre la vie des brutes ou la vie morte d'une pierre ou d'un cadavre. Il n'y a donc nulle contradiction à reprocher à cette morale tantôt l'une, tantôt l'autre de ces conséquences.

On peut dire que la morale du plaisir réfute la morale de l'utilité, et que la morale de l'utilité réfute la morale du plaisir : en d'autres termes, ces deux formes d'un même principe se réfutent l'une l'autre. D'une part, les partisans de l'utilité reconnaissent qu'on ne peut s'en tenir au plaisir; car pourquoi ne s'y tiennent-ils pas? S'il faut faire un choix entre les plaisirs, c'est que le plaisir n'est pas un principe qui se suffise à lui-même. Mais, d'un autre côté, l'utilité non plus n'est pas un principe. Car, que signifie *utilité?* ce qui sert à quelque chose. L'utile est un moyen; ce n'est pas un but. C'est le but qui est le bien; l'utile n'est que le moyen d'y arriver. Or, ce but, pour les partisans de l'utilité, ne peut être autre que le plaisir, c'est-à-dire ce principe même dont ils ont montré l'inanité. Si le plaisir est le bien, laissez-moi le chercher comme je l'entendrai, et c'est la morale voluptueuse qui a raison contre la morale utilitaire. Si au contraire, comme le veulent les utilitaires et comme l'exige l'idée même d'une morale, il faut faire un choix entre les plaisirs, il me faut pour cela une raison, et cette raison ne doit pas être tirée du plaisir lui-même, puisque c'est lui qui doit être discipliné et gouverné.

513. Objections de Kant contre l'utilitarisme. — Cette doctrine est exposée aux objections suivantes que nous emprunterons à Kant [1].

1° Il est contraire à la conscience morale de tous les hommes de confondre le bien moral avec l'utile, et la vertu avec l'intérêt personnel.

<small>Supposez, dit Kant, qu'un de vos amis croie se justifier auprès de vous d'avoir porté un faux témoignage en alléguant le devoir, sacré à ses yeux, du bonheur personnel, en énumérant tous les avantages qu'il s'est procurés par ce moyen, enfin en vous indiquant les précautions qu'il emploie pour échapper au danger d'être découvert, même par vous, à qui il ne révèle ce secret que parce qu'il pourra le nier en tout temps, et qu'il prétende en même temps s'être acquitté d'un vrai devoir d'humanité : ou vous lui ririez au nez, ou vous vous éloigneriez de lui avec horreur; et cependant, si on ne fonde ses principes que sur l'avantage personnel, il n'y a pas la moindre chose à objecter. La ligne de démarcation entre la moralité et l'amour de soi est si clairement et si distinctement tracée, que l'œil même le plus grossier ne peut confondre en aucun cas l'une de ces choses avec l'autre.</small>

2° « L'intérêt *conseille*, la moralité *ordonne*. » On n'est pas tenu d'être un habile homme, mais on est tenu d'être un honnête homme.

3° L'intérêt personnel ne peut donner matière à aucune loi universelle et générale s'appliquant aux autres comme à nous-mêmes, car le bonheur de chacun dépend de sa manière de voir. Chacun prend son plaisir où il le trouve. Même à ce point de vue, le partisan de la morale utilitaire n'a rien à répondre au partisan du plaisir quand même, à celui qui prendra pour devise de sa vie : « Courte et bonne. » Car s'il lui plaît de se tuer pour jouir plus vite, en vertu de quel principe le lui interdirez-vous ?

4° La conscience déclare immédiatement à chacun ce qui est bien ou mal : mais il faut une expérience très exercée pour cal-

---

<small>1. Kant, *Critique de la raison pratique*, liv. I, ch. I, théor. IV, scolie, ou traduction française de Jules Barni, p. 183.</small>

culer toutes les conséquences possibles de nos actions, et souvent même il nous serait absolument impossible de les prévoir. Mais la moralité n'attend pas que ces conséquences soient claires pour s'imposer à nous d'une manière manifeste et irrésistible.

5° On peut toujours faire le bien ; mais on ne peut pas toujours faire ce qui serait nécessaire pour être heureux. Le prisonnier peut toujours supporter courageusement sa prison ; mais il ne peut pas en sortir [1].

6° Le jugement que l'on porte sur moi-même diffère selon le principe d'action que l'on admet. Celui qui a *perdu* au jeu peut *s'affliger* sur lui-même et sur son imprudence ; mais celui qui a conscience d'avoir *trompé* au jeu (quoiqu'il ait gagné par ce moyen) doit *se mépriser* lui-même lorsqu'il se juge au point de vue de la loi morale. Cette loi doit donc être autre chose que le principe du bonheur personnel. Car, pour pouvoir se dire à soi-même : « Je suis un *misérable*, quoique j'aie rempli ma bourse, » il faut un autre critérium que pour se féliciter soi-même et se dire : « Je suis un homme *prudent*, car j'ai enrichi ma caisse. »

7° L'idée de *punition* ou de châtiment ne s'explique pas dans l'hypothèse de l'intérêt personnel.

Il est évidemment absurde de dire que le crime consiste précisément à attirer sur soi un châtiment en portant atteinte à son bonheur personnel (ce qui, suivant le principe de l'amour de soi, serait le concept propre du crime). Dans ce système, la punition étant la seule raison qui ferait qualifier une action de crime, la justice consisterait bien plutôt à laisser de côté toute punition : car alors il n'y aurait plus rien de mal dans l'action, puisqu'on aurait écarté les maux qui en seraient résultés, et qui seuls rendaient cette action mauvaise.

8° Même observation contre ceux qui font consister la vertu ou le vice à rechercher ou à craindre les plaisirs et les souffrances de la conscience. Pour pouvoir se représenter un criminel tourmenté par la conscience de ses crimes, il faut lui attribuer d'abord un caractère qui, au fond et à quelque degré du moins, ne soit pas privé de toute bonté morale, de même qu'il faut d'abord concevoir comme vertueux celui que réjouit la conscience de ses bonnes actions. Ainsi le concept de la moralité et du devoir doit précéder la considération de ce contentement de soi-même, et il n'en peut être dérivé.

---

1. On objectera peut-être à cet argument de Kant que, pour le prisonnier, se résigner est le seul moyen d'être heureux qui lui reste. Soit, mais on voit par là que son bonheur consiste à *se priver* du bonheur, tandis qu'il n'est jamais forcé de *se priver* de vertu. Ce qui est la pensée de Kant.

514. Système de Stuart Mill. — Cependant un penseur éminent a essayé récemment de donner un tour nouveau à l'utilitarisme [1] ; il a cru pouvoir trouver dans le plaisir lui-même un principe capable de s'élever au-dessus du plaisir, une raison de choix qui nous permette de différencier et de graduer nos plaisirs, au nom du plaisir lui-même. Il reconnaît que la plupart des utilitaires ont eu le tort de mesurer exclusivement les vrais biens par les avantages extérieurs qu'ils nous procurent, et non par leur nature intime. Ainsi, ils recommanderont la pitié pour les hommes par la crainte de tomber dans le malheur, l'amitié par les services qu'on peut attendre des autres, la fidélité aux promesses par l'attente d'une juste réciprocité, etc. C'est trop s'attacher aux conséquences des actes, et non aux actes eux-mêmes. Mais ces philosophes auraient pu, dit Mill, sans contredire aucunement le principe de l'utilité, se placer sur un terrain plus élevé. Ce principe n'interdit pas de reconnaître que certaines classes de plaisirs sont plus précieuses que d'autres. En toutes choses, en effet, les hommes distinguent la *qualité* de la *quantité*. Pourquoi n'en serait-il pas de même dans l'estimation des plaisirs ? Les utilitaires se sont trop souvent bornés à ne faire valoir dans le plaisir que la quantité : durée, certitude, intensité, etc. Sans doute, ils n'ont pas absolument omis l'autre élément ; car l'on voit, par exemple, que les épicuriens mettaient les plaisirs de l'esprit au-dessus des plaisirs des sens ; mais en général, surtout dans Bentham et son école, c'est par la quantité des plaisirs, par leur somme, par leur intensité, beaucoup plus que par leur prix et leur valeur intrinsèque, que le bien est évalué. De là le peu d'estime que cette philosophie a recueilli auprès des âmes délicates et nobles ; et M. Mill reconnaît qu'elle ne peut être entièrement justifiée ; mais c'est, suivant lui, la faute des philosophes, non du principe : car rien ne nous oblige à mesurer la valeur du plaisir d'une manière aussi vulgaire. La réforme qu'il propose est donc d'introduire le principe de la *qualité* dans l'évaluation des plaisirs. Grâce à ce nouveau principe, sa morale s'agrandit et s'élève. Il ne la borne pas au pur épicurisme, mais il croit qu'il y faut introduire « des éléments stoïciens et même des éléments chrétiens [1] ».

515. Critique de l'utilitarisme de Stuart Mill. — On

---

1. Stuart Mill, *the Utilitarianism.*

voit qu'il s'agit ici d'un utilitarisme tout autrement entendu que celui de Bentham. On peut dire que la discussion, réduite à ces termes, n'a plus guère qu'une valeur théorique. Car la principale raison pour laquelle nous combattons la morale utilitaire, c'est qu'elle ne tient compte que de la quantité des plaisirs, et non de la qualité. Remplaçons l'une par l'autre, on peut s'entendre : mais alors n'a-t-on pas changé de principe? Ce que vous appelez la qualité des plaisirs ne serait-il pas précisément ce que les hommes appellent le bien, et ce qui leur paraît une règle supérieure au plaisir?

Si le plaisir est le bien, s'il est le dernier élément auquel on arrive dans l'analyse du bien, deux plaisirs ne devraient pouvoir se distinguer l'un de l'autre, être préférés l'un à l'autre, jugés l'un meilleur, l'autre moindre, que si l'un contient *plus* de bien que l'autre, c'est-à-dire *plus* de plaisir : deux plaisirs ne peuvent donc différer que par la quantité. Si vous dites au contraire que de deux plaisirs l'un est, en soi et par sa nature propre, *meilleur* que l'autre, il faut qu'il y ait quelque chose qui ne soit pas le plaisir même pour donner à l'un cette supériorité sur l'autre. La qualité des plaisirs ne peut pas dériver du plaisir lui-même, mais des différentes causes qui le produisent; car, en tant que plaisirs, tous se valent, si ce n'est par la quantité. S'ils ne se valent pas, s'ils contiennent plus ou moins de noblesse, de pureté, de délicatesse, si c'est ainsi qu'on doit les distinguer et les mesurer, il faudra dire que le bien n'est pas le plaisir en tant que tel, mais le plaisir en tant que noble ou délicat, et par conséquent le bien sera précisément ce noble, ce délicat qui met certains plaisirs privilégiés au-dessus de tous les autres.

Mill le reconnaît lui-même lorsqu'il dit que le bonheur humain n'est pas du même ordre que le bonheur de l'animal, puisqu'il dérive de facultés plus *élevées*[1]. Mais qu'est-ce qu'une faculté plus élevée? N'est-ce pas une faculté qui, en soi et avant même qu'elle nous procure du plaisir, est plus noble, plus excellente, *meilleure* qu'une autre? Il y a donc un principe d'appréciation qui ne sera pas le plaisir; et les choses différeront déjà en degré, en excellence, en valeur intrinsèque, avant de différer par les plaisirs qu'elles nous causent : si elles ne différaient pas déjà par quelque excellence intrinsèque, les plaisirs qui en dériveraient pourraient différer en quantité, non en qualité. Il y a donc

---

[1]. *The Utilitarianism* : « Human beings have faculties more elevated than the animal appetites. » P. 11.

déjà du bien avant qu'il y ait du plaisir, et le plaisir n'est pas le bien, mais il est la conséquence du bien : il n'est pas la mesure du bien, mais c'est le bien, au contraire, qui est la mesure du bien.

M. Mill a très bien compris la difficulté de concilier le principe du plaisir, comme principe fondamental de la morale, avec le correctif qu'il y ajoute, à savoir, le choix de la *qualité* dans le plaisir; il cherche un critérium pour distinguer la qualité des plaisirs sans renoncer au principe fondamental de la doctrine utilitaire, et voici le moyen ingénieux dont il s'est avisé : « Si on me demande ce que j'entends par la différence de qualité dans les plaisirs, il n'y a qu'une réponse possible. Lorsque de deux plaisirs il en est un auquel tous ceux ou presque tous ceux qui ont l'expérience des deux donnent une préférence marquée, sans y être poussés par aucune obligation morale, celui-là est le plaisir le plus désirable. Si des personnes en état de juger avec compétence de ces deux plaisirs placent l'un tellement au-dessus de l'autre, qu'elles le lui préfèrent tout en le sachant accompagné d'une plus grande somme de mécontentement, nous sommes en droit d'attribuer à la jouissance préférée une supériorité de qualité qui l'emporte sur la quantité[1]. »

On voit par là que M. Mill cherche à découvrir un critérium empirique de la qualité du plaisir, critérium qui ne soit pas tiré de la valeur intrinsèque et absolue des choses, mais seulement de l'appréciation générale des hommes; et ce critérium est, suivant lui, dans le jugement des personnes compétentes, c'est-à-dire de celles qui ont fait l'expérience des deux genres de plaisirs. Par exemple, un débauché vulgaire ou un avide spéculateur pourront mépriser les plaisirs de la science, des arts, de la vertu; mais ils sont incompétents, nous dira M. Mill : ils n'ont pas fait l'expérience de ces plaisirs qu'ils méprisent. — Fort bien; mais l'argument ne peut-il pas être rétorqué? Un saint Vincent de Paul ou un Newton sont-ils bien compétents, lorsqu'ils méprisent les plaisirs des sens, les joies des folles passions? les libertins ne pourront-ils pas soutenir que la vie de plaisir a des joies d'une profondeur infinie que les ascètes ou les pédants sont incapables de goûter? Voyez, dans le *Gorgias* de Platon, avec que enthousiasme poétique Calliclès chante la vie de passion et le droit du plus fort, et sous quelle couleur ridicule et basse il dépeint la vie sage et tempérante. De même les poètes modernes

---

1. *Ibid.*, p. 12.

ont trouvé les accents les plus lyriques pour peindre les brigands (Schiller), les corsaires (Byron), etc. ; et les moralistes sont-ils bien compétents pour apprécier les plaisirs que l'on peut trouver dans ces vies sauvages et révoltées? Ainsi les saints et les sages seront rejetés comme incompétents par ceux dont ils condamnent les passions et les vices. De plus, ne voyons-nous pas de très grands hommes (un J. César, un Mirabeau, un Fox) qui ont éprouvé à la fois les deux sortes de plaisirs, les plaisirs de l'esprit et de l'âme, et les plaisirs des passions et des sens, bien loin de sacrifier les uns aux autres, passer alternativement pendant toute leur vie de ceux-ci à ceux-là, pour se délasser. Ils étaient bien compétents ; mais leur compétence ne sert qu'à nous apprendre que ces différentes sortes de plaisirs sont bonnes suivant les temps. D'autres enfin (tels que les Augustin, les Rancé) ont passé de la passion à la vertu, de la vie déréglée à la vie pieuse ; et certainement, dans leur seconde vie, ils auraient eu horreur de la première ; mais leur jugement peut encore être contesté, car ils n'ont pas fait les deux expériences dans les mêmes conditions : c'est pendant la jeunesse qu'ils se sont livrés au plaisir ; c'est dans l'âge mûr et dans la vieillesse, lorsque les passions s'étaient amorties et leur feu éteint, que leur âme ardente et active a cherché d'autres objets. Il ne résulte pas de là que les seconds plaisirs soient plus désirables que les premiers.

Ce n'est donc pas par le goût de celui qui jouit que l'on peut mesurer la qualité du plaisir ; mais c'est la qualité des plaisirs qui fait la valeur de nos goûts, et qui leur assure un rang inégal dans l'estime des hommes. Encore une fois, si les plaisirs diffèrent par la qualité, ce n'est pas parce que les uns plaisent plus que les autres, même aux gens compétents (ce qui, en définitive, ramène la qualité à la quantité), c'est qu'ils dérivent de sources plus pures, et, comme le dit très bien M. Mill, parce qu'ils nous viennent de facultés plus élevées et plus nobles. Il faut qu'il y ait déjà des biens qui par eux-mêmes aient une certaine excellence, pour que les plaisirs qui s'y joignent se manifestent à nous comme plus ou moins excellents.

Mais, dira-t-on encore, ces biens que vous appelez excellents par eux-mêmes, et qui seraient tels par une perfection intrinsèque, se réduiront toujours à être quelque chose de *désirable*, sinon pour vous, au moins pour d'autres ; c'est comme devant procurer du plaisir à tels ou tels de vos semblables, aux hommes les plus éclairés, ou, si vous voulez, à des créatures angéliques, etc., que vous les appelez des biens ; et ainsi ce que vous appelez l'excellence intrinsèque n'est jamais que la capacité de procurer du plaisir.

Je réponds que lors même qu'on définirait le bien « ce qui est désirable », il faut s'entendre sur le sens du mot désirable. Car il ne signifie pas ici ce qui sera désiré en effet, mais ce qui est *digne* d'être désiré, ce qui *doit* l'être. En fait, nous ne voyons pas que les biens les plus désirables soient ceux que les hommes en général recherchent le plus. La plupart aiment mieux la fortune, le bien-être, que les biens les plus élevés, la famille, la patrie, la science, la religion. Néanmoins nous considérons ces biens comme *supérieurs* aux autres, comme plus désirables et plus excellents; lors même que nous ne nous sentons pas capables de les préférer à des biens plus vulgaires, nous ne laissons pas de reconnaître qu'ils valent mieux que ceux que nous leur préférons, et nous regrettons de n'avoir pas la force de sacrifier ce qui nous plaît le plus à ce qui donnerait à notre être une plus grande valeur, si nous étions capables d'en jouir. Il faut donc qu'il y ait dans ces biens quelque chose de plus que dans les autres pour que nous les considérions comme dignes de leur être préférés. Cette aptitude à procurer un plus grand bonheur, et un bonheur d'un plus grand prix, ne peut venir que de leur supériorité manifeste.

Quoique ce soit le désir qui nous avertisse de la présence du bien, cependant ce n'est pas le désir lui-même qui fait qu'une certaine chose est bonne ; il n'est qu'un signe qui atteste la présence du bien ; mais nous pouvons ensuite considérer le bien en lui-même, indépendamment du signe qui nous l'a révélé; nous n'admettons donc pas cette proposition de Spinoza : « Ce n'est pas parce qu'une chose est bonne que nous la désirons, c'est parce que nous la désirons qu'elle est bonne [1]. » Ce qui ne serait ni bon ni mauvais ne serait pas susceptible d'être désiré : ce qui n'aurait aucune qualité déterminée ne pourrait procurer aucun plaisir, et par conséquent provoquer aucun désir. C'est donc la nature même de l'objet qui le rend désirable, et, par conséquent, il est déjà bon par lui-même avant d'être désiré; et cela seul nous permet de mesurer et d'évaluer la noblesse ou l'excellence des plaisirs, car les plaisirs sont plus ou moins excellents selon que leur cause est en elle-

---

1. *Ethica* : *de Affectibus*, P. III prop. IX, scolie.

même plus ou moins excellente : autrement, si c'est le désir qui décide du bien, tout ce qui plaît sera un bien par cela même, et la passion deviendra le seul juge et la seule mesure du bien et du mal.

Spinoza lui-même enseigne que le bien n'est pas ce qui cause du plaisir, mais « ce qui nous fait passer d'une perfection moindre à une perfection plus grande; et le mal est au contraire ce qui diminue notre perfection » (*Ethique*, part. IV, préface); or, quoique cette augmentation ou diminution d'être qui constitue le bien et le mal soit attestée par la joie ou par la tristesse, ces deux passions cependant ne sont que les effets et non les causes du bien : c'est en tant que l'homme développe ses facultés qu'il devient capable de joie, et la plus haute joie pour Spinoza est celle qui résulte de la plus haute et de la plus pure action, à savoir, de la contemplation et de l'amour de Dieu. C'est ainsi que pour Aristote le plus grand bonheur est également la contemplation, soit de Dieu par l'homme, soit de Dieu par lui-même. Mais si la plus haute action résulte de la contemplation de l'être absolu, c'est-à-dire du beau et du vrai, n'est-il pas certain que le beau et le vrai sont des biens en eux-mêmes? C'est donc en tant que tels qu'ils doivent être recherchés et désirés; et ainsi Spinoza a eu tort de dire que c'est le désir qui fait le bien, et non le bien qui cause le désir.

516. **Le plaisir et le bien.** — Quoi qu'on fasse, si on n'introduit pas dans la morale du plaisir un élément étranger et supérieur, on n'aura jamais de règle qui permette d'expliquer pourquoi certains plaisirs doivent être préférés à d'autres : or, s'il n'y a point une telle règle, il n'y a point de morale. L'arithmétique du plaisir, telle que l'a créée Bentham, est certainement une méthode très ingénieuse, et elle fait honneur au penseur qui l'a formulée et réalisée : mais il est douteux qu'elle nous fournisse une échelle d'évaluation pour les différents biens que les hommes ont à poursuivre.

Dans la théorie pure du plaisir, il ne peut y avoir de critérium pour classer les biens; aucun bien n'occupe absolument et de droit telle ou telle place : car le plaisir étant essentiellement relatif à l'individu, et variant avec les diverses organisations et les diverses circonstances de la vie, ce qui est un bien pour l'un ne l'est pas pour l'autre, et ce qui est le plus grand bien pour les uns ne l'est pas pour les autres. Par exemple, la certitude du plaisir est sans doute un élément de calcul, mais non pas pour tout le monde, et tel trouvera plus de plaisir dans la chance d'obtenir un très grand bien que dans la certitude d'un bien médiocre. Il en est de même pour la pureté : beaucoup d'hommes, par exemple, aimeront mieux les plaisirs vifs et excitants de la passion que les plaisirs médiocres de la vie régulière : et si l'on se place, au point de vue du plaisir seul, on ne peut leur démontrer qu'ils n'ont pas raison.

Sans se perdre dans les mille préférences et les infinis dissentiments des passions individuelles, cherchera-t-on quelque fixité dans l'appréciation des biens humains, en demandant à l'expérience quels sont les objets que les hommes aiment généralement le plus, et dans quel ordre ils les aiment? Si l'on a recours à cette épreuve, on sera frappé de ce fait déjà signalé, c'est que les hommes aiment en général les biens de ce monde en raison inverse de leur excellence et de leur beauté. Pour établir ce fait il suffit d'invoquer le témoignage des moralistes, des prédicateurs non seulement religieux, mais moraux et politiques. Partout vous verrez les hommes éclairés et supérieurs reprocher à la foule ses basses affections. S'agit-il de religion, on lui reprochera de préférer les idoles au vrai Dieu ; s'agit-il de politique, de préférer la sécurité à la liberté ; de morale, de préférer l'intérêt matériel à l'honneur. Les poètes, qui ne se piquent guère de morale, ni de religion, ni de politique, gémiront aussi sur les bas instincts des multitudes, qui ignorent les plaisirs divins de l'enthousiasme ou du beau. Ceux-là mêmes enfin qui chantent la passion se plaisent encore à la faire briller à nos yeux comme plus noble et plus excellente que les intérêts grossiers et les froides combinaisons qui président aux relations ordinaires de la vie.

Que conclure de ces faits? C'est que si nous consultons le seul critérium que nous ayons pour mesurer le degré de plaisir que les différents biens procurent aux hommes, nous voyons que d'un commun accord ce sont les plaisirs les plus vulgaires qui sont les préférés, tandis que ceux qui sont d'une nature plus excellente ne sont recherchés que par un petit nombre. Il faut conclure de là, ou bien que ces plaisirs supérieurs sont purement chimériques, et renoncer ainsi à tout idéal ; ou bien qu'il y a un autre principe de classification, et qu'on doit les évaluer non par le plaisir qu'ils nous procurent, mais par celui qu'ils *devraient* nous procurer, si nous étions en état de les comprendre et de les goûter ; en d'autres termes, par leur valeur intrinsèque.

Ainsi toute distinction morale disparaît, tout choix entre le bien et le mal devient arbitraire, si on ne suppose pas quelque fondement réel, essentiel, objectif, qui permette de graduer et d'évaluer les plaisirs dans un ordre opposé à celui de nos instincts. Le bien ne doit pas être cherché dans un mode de notre sensibilité, ni même dans une résultante ou comparaison de nos états de conscience, mais dans quelque chose de plus profond. Le plaisir n'est pas exclu par là du rang des biens; mais il n'en est pas le principe.

517. Doctrine de l'intérêt général. — Les utilitaires ont souvent dissimulé les imperfections et les lacunes de leur système en confondant l'*utilité individuelle*, qui est leur vrai principe, avec un autre principe voisin mais différent, celui de l'*utilité générale*. Par exemple, St. Mill nous dit : « Le critérium utilitaire n'est pas le bonheur propre de l'agent, mais celui de tous les intéressés : l'utilitarisme exige que placé, entre son bien et celui des autres, l'agent se montre aussi strictement impartial que le serait un spectateur bienveillant et désintéressé. » Si on l'entend ainsi, il n'y a plus de débat : car les adversaires de l'utilitarisme ne le combattent précisément que dans l'hypothèse où il serait la doctrine de l'intérêt personnel et non pas de l'intérêt général.

Mais, diront les utilitaires, l'expérience suffit pour attester qu'en sacrifiant l'intérêt des autres à notre propre intérêt nous nous perdons nous-mêmes. L'intérêt des autres est toujours d'accord avec le nôtre propre. Si vous faites du bien à vos amis, vos amis vous en feront. Si vous servez les hommes, ils vous serviront. L'estime, la considération, la paix, sont les récompenses de la vertu. Au contraire, l'avarice, l'égoïsme, la lâcheté, tous les vices sont pour les hommes qui en sont les victimes une occasion de honte et de misère. Indépendamment des châtiments de la loi, il y a les châtiments de l'opinion. Il y a donc un accord constant entre l'intérêt individuel et l'intérêt général.

Nous répondrons : 1° cet accord n'est pas vrai en fait; 2° fût-il vrai, ce n'est pas l'action toute seule qui fait la moralité, c'est le *motif* de l'action.

1° Il n'est pas vrai que l'utilité générale coïncide toujours avec l'utilité particulière, de telle sorte que celui qui fait le bien des autres fasse en même temps le sien propre. Rien n'est plus opposé à l'expérience. Sans doute on démontre en économie politique que ce qui sert à la société sert à l'individu. Mais ce principe n'est vrai que d'une manière très générale; c'est en moyenne pour ainsi dire, et après un certain temps, que le plus grand bien de tous se trouve être en même temps le plus grand bien de chacun; mais il ne s'ensuit nullement que, dans chaque cas particulier, on soit plus heureux en se sacrifiant aux autres qu'en recherchant son propre intérêt. Sans doute une société qui établit des lois justes et générales fait le bien de chacun en même temps que celui de l'État en général. C'est le bien de chacun que la justice soit rendue, que l'ordre règne, que le soldat défende la patrie. Mais cela ne prouve pas que celui qui profite des abus soit plus heureux quand ils sont détruits, que celui qui spolierait les autres sera plus heureux en se privant de ses spoliations, que celui qui mourra pour la patrie sera plus heureux que s'il envoyait les autres mourir à sa place.

A la vérité, on fait observer que celui qui fait le mal est puni, soit par la loi, soit par la défiance des hommes, soit par leur mépris; au contraire, celui qui fait le bien est récompensé soit par l'estime des hommes, soit par la réciprocité des services, soit par les récompenses publiques, soit par la satisfaction de conscience, soit par l'amour de la gloire et les récompenses futures. Mais on peut répondre : 1° la loi ne punit pas tous les coupables, et un grand nombre de crimes sont en dehors de sa compétence : égoïsme, ingratitude, méchanceté, etc.; ceux mêmes qu'elle punit peuvent échapper au châtiment; après tout, la seule conséquence de la morale de l'utilité serait qu'il faut prendre des précautions pour l'impunité; plus on serait adroit, moins on devrait être coupable : ce qui est absolument le contraire de la vérité; 2° la satisfaction morale et le remords n'ont pas de sens dans la doctrine de l'utilité : celui qui a pris toutes ses précautions pour faire le mal avec sécurité ne doit avoir rien à craindre de sa conscience, puisqu'il court très peu de risques; si sa conscience lui fait des reproches, il y a donc un autre principe d'action que l'utilité; enfin, pour la satisfaction morale, elle doit se confondre, dans cette doctrine, avec le plaisir du succès; par conséquent, celui qui fait le mal avec succès doit être heureux, celui qui fait le bien sans succès doit être malheureux : la satisfaction morale et le remords ne peuvent donc entrer, comme éléments, dans le calcul; 3° il en est de même de l'estime et du mépris : ces deux sentiments supposent la distinction du bien et du mal; si le bien n'est que l'utile, les hommes ne doivent estimer que les habiles gens et ne mépriser que les maladroits : il faut donc être habile; c'est la seule conséquence de la doctrine de l'utilité ; 4° les peines et récompenses futures n'ont aucune raison d'être dans la doctrine de l'utilité : si cette doctrine est vraie, il faut écarter l'idée de ces peines et de ces récompenses; et par conséquent cette idée ne devrait pas entrer en ligne de compte dans le calcul des honnêtes gens.

On voit que les utilitaires ne parviennent à faire coïncider le principe de l'intérêt personnel avec celui de l'intérêt général qu'en y introduisant des motifs qui n'auraient aucune raison d'être si la doctrine de l'intérêt personnel était vraie !

2° Ajoutons que si même les deux principes se trouvaient coïncider dans l'application, le principe moral se distinguerait toujours du principe utilitaire. En effet, il est un grand nombre d'actions que l'on peut accomplir à la fois par honnêteté et par intérêt, où par conséquent l'honnête et l'utile se confondent, et que nous distinguons cependant par leurs principes. On est détourné du vol, par exemple, soit par la conscience, soit par la crainte de la loi. Qui n'aurait pas honte, cependant, de déclarer publiquement, et même de s'avouer à lui-même qu'il ne s'abstient du vol que par la crainte de la prison? Qui consentirait à avouer qu'il n'est honnête que dans les limites du Code ; et que par conséquent, en dedans de ces limites, il ne l'est qu'en raison du Code? La vraie moralité implique que l'action est bonne en elle-même, indépendamment de ces conséquences; et ses conséquences fussent-elles agréables ou pénibles, ce n'est pas pour cela que l'action est bonne ou mauvaise.

En un mot, il est bien vrai que, selon les lois de la justice, le bien doit finir par coïncider avec le bonheur, soit ici-bas, soit ailleurs, la récompense étant la conséquence légitime du mérite moral; mais il ne faut pas intervertir ces termes et faire de la récompense elle-même le principe du mérite.

D'autres philosophes, sans confondre l'intérêt particulier et l'intérêt général de l'humanité, et même en les distinguant expressément, ont fait consister l'essence du bien dans ce qui est utile à tous[1].

Quelques observations sont donc ici nécessaires pour discuter ce qu'il y a de vague et de confus dans ce principe.

---

[1]. Cette doctrine a été particulièrement exposée et développée dans un remarquable écrit de M. E. Wiart : *des Principes de la morale considérée comme science*. Paris, 1862.

On peut faire remarquer d'abord que cette doctrine, aussi bien que l'utilitarisme vulgaire, repose sur une expression équivoque, à savoir, l'*utilité*. Rappelons ce que nous avons déjà dit plus haut : dans le sens propre du mot, une chose *utile* est une chose qui *sert* à nous procurer un certain bien. L'utile n'est donc qu'un moyen ; ce n'est pas un but : ce n'est qu'un bien relatif. Le vrai bien, c'est la chose elle-même que l'on poursuit par le moyen de l'utilité. La médecine n'est un bien que parce qu'elle procure la santé ; l'argent n'est un bien que parce qu'il peut servir à la satisfaction de nos besoins : en lui-même, il est indifférent. Bien plus, une chose peut être utile pour le mal ; on ne pourrait pas dire alors qu'elle est un bien. Le poignard est très utile pour se débarrasser d'un ennemi ; une corde est très utile pour se pendre. Il ne suffit pas qu'une chose soit utile pour qu'elle soit bonne ; il faut encore savoir *à quoi* elle est utile. Ce n'est donc pas le moyen qui doit être appelé bien dans le sens rigoureux des termes : ce ne peut être que la *fin* ou le *but*. Reste à savoir si cette fin est le plaisir ou quelque autre chose. Or, cette difficulté pèse sur la doctrine de l'utilité générale aussi bien que sur celle de l'utilité particulière.

Suivant le principe de l'intérêt général, on dira que le bien c'est le bonheur des hommes. Mais en quoi consiste le bonheur? C'est toujours là qu'il faut en revenir. Chacun entend le bonheur à sa manière : l'un place le bonheur dans la puissance, l'autre dans les richesses, le plus grand nombre dans le plaisir des sens, le plus petit nombre dans les jouissances nobles et délicates du cœur et de l'esprit. Si vous laissez les hommes juges de ce qu'ils entendent par le bonheur, vous donnerez à l'ambitieux des places, à l'avare de l'or, au voluptueux des plaisirs sensuels. Les empereurs qui donnaient au peuple *panem et circenses* lui donnaient ce qu'il demandait et ce qui le rendait heureux. Les esclaves souvent ne demandent pas la liberté ; on sera donc généreux à leur égard en les laissant esclaves. Si, au contraire, au lieu de prendre chacun pour juge du vrai bonheur, on se fait un type absolu et général du bonheur humain, tel qu'il dérive de l'essence de la nature humaine, on admet par là même, comme nous l'avons fait, qu'il y a déjà pour chaque homme un bien en soi, un vrai bien, distinct du plaisir, indépendant de l'utilité générale, et qui, logiquement au moins, est antérieur au bien commun, au bien de tous.

Les défenseurs de l'utilité générale admettent implicitement ces principes. Par exemple, dans l'ouvrage cité, M. Émile Wiart se demande si l'esclavage est légitime, s'il est un bien ou un mal, et il raisonne ainsi : « Pour nous, nous constaterons qu'un intérêt impérieux de la nature réclame dans l'homme en faveur de la liberté; que la servitude produit le plus souvent dans l'esclave l'ignorance, l'avilissement; qu'elle lui interdit la jouissance des instincts les plus sacrés; que, chez le maître, elle excite la paresse, l'orgueil, la cruauté; qu'au point de vue social elle empêche la meilleure organisation du travail, et de tous ces maux nous conclurons que l'esclavage est un mal. » Mais qu'est-ce qu'un *instinct sacré?* Pourquoi l'*avilissement* est-il un mal? N'est-ce pas précisément introduire ici un principe différent de celui de l'utilité générale, à savoir, le principe de l'*excellence* de la personne humaine et de la supériorité des facultés qui constituent l'homme sur celles qui lui sont communes avec l'animal?-Au lieu de prendre l'esclave lui-même, avec sa conscience ignorante et pervertie, pour juge de son propre bonheur, on lui oppose ici un type absolu du bonheur humain, d'après lequel il ne faut pas s'avilir, et où il faut sacrifier les bas appétits aux instincts les plus sacrés. N'est-ce pas là précisément distinguer le bien du plaisir ou de l'utilité vulgaire, et reconnaître que dans chaque homme, abstraction faite de la société et de l'intérêt général, il y a quelque bien excellent par soi-même et indépendant du bonheur des sens? Ce n'est pas parce qu'un homme avili est inutile ou dangereux à la société, qu'il ne faut pas s'avilir; mais c'est parce que cela est mauvais en soi, n'y eût-il pas de société. Robinson, dans son île, ne devait pas plus s'enivrer que s'il eût été dans sa patrie; et la beauté morale de cet immortel roman est de nous représenter de la manière la plus saisissante les devoirs de l'homme envers soi-même, même dans la solitude, même dans un abandon absolu.

Le même auteur distingue très bien, et avec raison, les biens *réels* des biens *sensibles*, et il ajoute que « si le moraliste doit tenir compte de la diversité des sensations, ce n'est que d'une manière secondaire. » Il dit encore. « Une vie oisive, mondaine, partagée entre les plaisirs des sens pris avec modération, produit souvent une source de jouissances plus grande, et surtout moins de douleurs qu'une vie active, héroïque, intelligente, où l'*idéal* de la vie humaine est pourtant mieux rempli, où les instincts de notre nature reçoivent en réalité une satisfaction *plus pleine et plus élevée.* » Or, de ces deux vies, si opposées l'une à l'autre, c'est la seconde que l'auteur préfère : ici encore ce n'est pas le critérium de l'utilité générale qui est invoqué ; c'est le principe de l'excellence de nos facultés et de l'idéal humain qui consiste dans le plein développement de nos instincts les plus élevés.

518. La doctrine du sentiment.

— Le sentiment moral est un phénomène si énergique de l'âme humaine, qu'il a souvent caché aux yeux des hommes, et même des philosophes, l'acte essentiellement rationnel qui distingue le bien du mal et qui impose l'obligation à la volonté. De là cette doctrine célèbre que l'on appelle la *morale du sentiment*, qui fait du sentiment moral (sous une forme ou sous une autre) le seul principe, le seul mobile, le seul critérium du bien et du mal.

Cette doctrine est supérieure à la morale de l'utilité en ce qu'elle admet et maintient le principe du désintéressement ; mais en elle-même elle est insuffisante.

M. V. Cousin [1] a parfaitement montré : 1° que la morale du sentiment suppose un principe antérieur à elle ; 2° que cette morale n'explique pas les deux caractères essentiels de la loi morale : l'université et l'obligation.

1° Nous serait-il possible de ressentir quelque satisfaction intérieure ou quelques remords, si nous ne savions d'abord que nous avons bien ou mal agi? Le sentiment moral suppose donc un jugement moral antérieur. Loin de fonder l'idée du bien, il la suppose. Il en est de même de la sympathie, il en est de même de la bienveillance et de toutes les autres affections morales. L'idée du bien est déjà dans tous ces sentiments : tous l'impliquent ou en dérivent : ce ne sont donc pas eux qui peuvent l'expliquer.

2° Le sentiment moral ne peut fonder une loi universelle. Il n'est pas le même chez tous les hommes, tous ne sont pas disposés à goûter avec la même délicatesse les plaisirs intimes du cœur. Il y a des natures grossières et des natures d'élite. L'état de l'atmosphère, la santé, la maladie émoussent ou avivent la sensibilité morale. La solitude laisse au remords toute son énergie ; la présence de la mort la redouble. Le monde, le bruit, l'entraînement, l'habitude, l'étourdissent sans l'étouffer... L'esprit souffle à son heure... On connaît le mot célèbre : Il fut brave un tel jour.

N'est-ce pas une règle de la prudence et de la justice de ne pas trop écouter, sans les dédaigner toutefois, les inspirations capricieuses du cœur? Sans doute, sous le gouvernement de la raison, le sentiment ne s'égare pas, et devient même pour elle un appui admirable. Mais livrez-le à lui-même, et il n'a plus de principe assuré ; il dégénère en passion ; et la passion est fantasque, injuste, excessive... Sans la vue toujours présente du bien et de l'obligation inflexible qui y est attachée, l'âme ne sait où se prendre sur ce terrain mouvant qu'on appelle la sensibilité ; elle flotte du sentiment à la passion, de la générosité à l'égoïsme, montée

---

1. *Le Vrai, le Beau et le Bien*, XIX° leçon.

un jour au ton de l'enthousiasme, et le lendemain descendant à toutes les misères de la personnalité.

519. Doctrine de la sympathie. — Adam Smith. — Une des formes les plus ingénieuses de la morale du sentiment est la doctrine de la *sympathie*, dont l'auteur est le célèbre moraliste et économiste Adam Smith, dans son traité des *Sentiments moraux*[1].

C'est un fait universellement observé que l'homme souffre des souffrances des autres hommes et jouit de leurs plaisirs. Ce fait est la sympathie, qui a sa source dans l'imagination, c'est-à-dire dans la faculté de nous mettre à la place de nos semblables et de nous représenter leurs douleurs ou leurs joies assez vivement pour les partager. Non seulement les grandes douleurs ou les joies très vives, mais en général toute espèce de sentiments réels ou imaginaires, déterminent en nous des sentiments sympathiques : c'est ainsi que nous sympathisons avec les héros de théâtre et de roman ; ou bien encore avec des personnages véritables, mais auxquels notre imagination prête des sentiments qu'ils n'éprouvent pas en réalité, par exemple avec l'homme qui a perdu la raison, quoiqu'il ne sente pas son malheur. Cette correspondance de sentiment, ce retentissement d'une émotion étrangère dans notre cœur est accompagnée de plaisir ; il est doux même de souffrir avec ceux qui souffrent, mais il est doux surtout de sentir les hommes souffrir avec nous et leur cœur battre avec le nôtre. La sympathie rapproche les âmes, elle rend la joie plus vive et la douleur plus légère.

Le fait de la sympathie étant une fois bien établi, voyons comment ce sentiment peut devenir, selon Smith, la source de l'approbation et la mesure certaine de la convenance ou de la disconvenance des actes. Lorsque nous sympathisons entièrement avec les sentiments d'une personne, lorsque, nous mettant à sa place par l'imagination, il nous semble que nous sentirions comme elle, ces sentiments nous paraissent convenables ; au contraire, nous les jugeons non convenables quand nous ne pouvons sympathiser avec eux. Et ils sont plus ou moins convenables selon qu'ils se rapprochent ou s'éloignent du point où nous les partageons sans réserve ; or, déclarer les sentiments des autres hommes convenables ou non convenables, c'est les approuver

---

[1]. Voy. l'exposition et la critique d'Adam Smith dans le *Cours de droit naturel* de Jouffroy, XVIe, XVIIe, XVIIIe leçons.

ou les désapprouver. Approuver ou désapprouver les actions des hommes, c'est donc simplement reconnaître que nous sympathisons ou que nous ne sympathisons pas avec elles. Il peut arriver cependant que nous approuvions certains sentiments avec lesquels nous ne sympathisons pas très vivement dans le moment actuel ; nous ne rions pas toujours d'une plaisanterie que nous approuvons cependant, c'est-à-dire que nous trouvons fine et juste ; dans ce cas, notre approbation a pour principe la sympathie que nous avons eue pour une plaisanterie du même genre, et que nous aurions encore si nous étions disposés à la gaieté. De même nous pouvons être témoins de la douleur d'un homme qui a perdu une personne chérie sans y sympathiser vivement ; et pourtant nous approuvons cette douleur : c'est **que** nous nous rappelons une douleur pareille, nous savons qu'elle mérite la sympathie passée ou conditionnelle, quoique dans le moment présent notre âme ne soit pas en état de la ressentir. En un mot, il n'y a d'autre règle, pour juger les sentiments des autres hommes, que l'analogie des sentiments qui leur correspondent en nous-mêmes.

La sympathie n'est pas seulement juge de la convenance ou de la disconvenance des actions, mais encore du mérite ou du démérite de l'agent. C'est un point très ingénieux de la doctrine de Smith. Il y a dans l'âme une sorte de sympathie double qui s'éveille lorsque nous voyons un homme faire du bien à un autre homme, et celui-ci répondre à cette bienveillance par de vifs sentiments de gratitude et d'amitié. Nous sympathisons alors à la fois avec les sentiments du bienfaiteur et avec ceux de l'obligé : avec le premier nous voulons du bien au second ; avec le second nous voulons rendre au premier le bien qu'il a fait ; nous partageons la bienveillance de l'un, la reconnaissance de l'autre ; nous prononçons, en un mot, que l'obligé a raison de vouloir du bien à son bienfaiteur ; nous prononçons donc avec lui que le bienfaiteur mérite un bien proportionné à celui qu'il a fait. De là l'idée de mérite, à laquelle s'attache celle de récompense. Au contraire, lorsque nous voyons un homme en maltraiter un autre injustement, et que le second se révolte contre cette injustice, qu'il en réclame la réparation et qu'il punit le premier d'une manière proportionnée à l'offense, nous sympathisons avec ce juste ressentiment ; nous l'approuvons ; c'est-à-dire qu'en nous-mêmes nous prononçons que le malfaiteur, le méchant a mérité la peine qu'il subit : de là l'idée de démérite, que suit celle du châtiment.

Mais comme il est évident que l'homme, emporté par son ressentiment ou même sa reconnaissance n'a pas une juste idée du mérite ou du démérite des actions dont il est l'objet, le spectateur peut se tromper aussi s'il est entraîné par les mêmes passions : lui-même pourra trop sympathiser avec le ressentiment de celui-ci, la gratitude de celui-là, et mettre l'offenseur ou le bienfaiteur, l'un trop bas, l'autre trop haut : aussi le juge véritable et infaillible n'est pas la personne intéressée, ni celui qui épouse ses passions; c'est un spectateur tranquille et *impartial*, et, comme le dit Smith, « un homme raisonnable, doué d'humanité ». Ainsi, ce n'est pas tout homme qui est le juge de la convenance ou du mérite des actions : c'est tout homme raisonnable et humain, tout spectateur désintéressé et impartial.

Comment expliquer maintenant par la sympathie les jugements que nous portons sur nous-mêmes, et ce jugement intérieur, reconnu par les moralistes et par tous les hommes, que nous nommons la conscience ? La sympathie suppose toujours deux personnes qui ont des sentiments communs ou différents, qui s'approuvent ou se désapprouvent selon l'analogie ou l'opposition de leurs sentiments : il semble résulter de là que la personne qui agit ou qui approuve certains sentiments ne peut pas elle-même approuver ou désapprouver ses propres actions ou ses propres sentiments : elle manquera donc de lumière pour se conduire. Ce jugement de la conscience n'est point direct et primitif dans la doctrine de la sympathie ; nous n'avons pas plus une notion primitive de la convenance ou de la disconvenance de nos actions que de la beauté ou de la difformité de notre visage : seule, l'âme ne parviendrait jamais à distinguer le bien du mal; elle n'aurait pas de miroir où s'apercevoir elle-même ; ce miroir, c'est pour nous la physionomie et les sentiments des autres hommes, qui peu à peu, en nous montrant ce qui leur plaît ou ce qui leur déplaît en nous, nous apprennent ce qui convient ou ce qui ne convient pas. Ainsi, c'est la sympathie des autres hommes pour nos sentiments qui devient la mesure de nos idées de convenance et de disconvenance. Mais pourquoi cela? et quelle est pour nous l'autorité du jugement d'autrui? C'est que, lorsqu'un spectateur impartial sympathise avec nos sentiments, nous sympathisons à notre tour avec sa sympathie, et ainsi nous sympathisons avec nous-mêmes, par son intermédiaire. Sympathiser avec nous-mêmes, c'est nous approuver : et s'approuver soi-même en général, c'est approuver l'approbation du spectateur impartial :

origine singulièrement détournée et compliquée d'un sentiment qui nous paraît si simple et si immédiat.

Quelque ingénieux que soit le système de la sympathie, il succombe comme tous les systèmes fondés sur le sentiment, devant les deux objections fondamentales déjà exposées : 1° le sentiment de la sympathie ne peut fonder le jugement d'approbation, mais au contraire, il le suppose. Qu'est-ce en effet que ce *spectateur impartial* dont parle Smith, si ce n'est la raison elle-même qui nous apprend avec quelles actions nous devons ou nous ne devons pas sympathiser? 2° La sympathie, comme tous nos autres sentiments, est soumise à toutes les fluctuations et à toutes les contradictions de la sensibilité, ce qui lui ôte le caractère d'une règle immuable et absolu.

520. **L'honnête.** — Nous venons de voir que ni le plaisir, ni l'utilité ne sont l'objet légitime et suprême de la vie humaine. Sans doute il est permis de chercher le plaisir, puisque la nature nous y invite; mais nous ne devons pas y borner notre destinée; sans doute il est aussi permis, et même quelquefois ordonné, de rechercher ce qui nous est utile, puisque la raison veut que nous cherchions à nous conserver. Mais au-dessus du plaisir et de l'utilité, il y a un autre but, un but supérieur, qui est le véritable objet que doit se proposer la vie humaine. Ce but supérieur et dernier est ce que l'on appelle le *bien*, l'*honnête*, le *juste*, selon les circonstances.

Nous avons plus haut distingué dans l'homme une double nature : le corps et l'âme; et dans l'âme elle-même deux parties, l'une supérieure, l'autre inférieure : l'une à laquelle on réserve plus particulièrement le nom d'âme, l'autre plus charnelle, plus matérielle, s'il est permis de dire, et qui se rapproche du corps. En un mot, nous avons distingué les sens et l'intelligence, les appétits et les sentiments, l'instinct et la volonté (32, 33). Or, ce qui distingue l'homme de l'animal, c'est de s'élever au-dessus des sens, des appétits et de l'instinct, et d'être capable de penser, d'aimer et de vouloir.

Préférer à la liberté l'entraînement aveugle de la passion, aux nobles affections du cœur les appétits corporels, et aux lumières de la raison les plaisirs ténébreux des sens, c'est, comme dit Aristote, « à la place de l'homme faire régner le corps et la brute ».

Platon a exprimé la même pensée par sa célèbre comparaison des deux coursiers :

L'âme humaine, dit-il, est semblable à un attelage dont la raison est le cocher, qui est conduit par deux coursiers, l'un de bonne race, l'autre vicieux. Le premier a la contenance superbe, les formes régulières et bien prises, la tête haute, les naseaux un peu recourbés : il est blanc avec des yeux noirs; il aime la gloire avec une sage retenue; il obéit sans qu'on le frappe aux exhortations et à la voix du cocher. Le second a les membres tortus, épais, ramassés, la tête grosse, l'encolure courte, les naseaux aplatis : il est noir, ses yeux sont verts et veinés de sang; il ne respire que fureur et vanité; ses oreilles velues sont sourdes aux cris du cocher, et il n'obéit qu'avec peine au fouet et à l'aiguillon. Ce coursier vicieux est l'image de la partie inférieure de l'âme, principe de la sensation et du désir, de la crainte, de la colère aveugle, de l'amour grossier et populaire, qui ose tout et qui corrompt tout; l'autre est le courage, principe de la colère noble et des affections généreuses, de l'amour pur et de l'enthousiasme. Quant au cocher, c'est la raison elle-même; c'est la faculté qui connaît, qui démêle dans les choses ce qu'elles ont de vrai, de pur et d'éternel, qui s'élève jusqu'à Dieu même, c'est-à-dire jusqu'au principe de toutes choses. (*Phèdre*, trad. Victor Cousin, t. VI, p. 64).

Ainsi le bien moral consiste à préférer en nous ce qu'il y a de meilleur à ce qu'il y a de moindre, les biens de l'âme aux biens du corps, la dignité de la nature humaine à la servitude des passions animales, les nobles affections du cœur aux penchants d'un vil égoïsme.

En un mot, le bien moral consiste pour l'homme à devenir vraiment homme, c'est-à-dire une volonté libre, guidée par le cœur, éclairée par la raison.

Le bien moral prend différents noms, selon les rapports que l'on considère. Par exemple, lorsque l'on a surtout pour objet l'homme individuel, dans son rapport avec lui-même, le bien devient ce qu'on appelle proprement l'*honnête*, et a surtout pour objet la dignité personnelle. Par rapport aux autres hommes, le bien prend le nom de *juste*, et a surtout pour objet le bonheur d'autrui. Il consiste, soit à ne pas faire à autrui ce que nous ne voudrions pas qu'on nous fît à nous-mêmes, soit à faire à autrui ce que nous voudrions qu'on nous fît à nous-mêmes. Enfin, par rapport à Dieu, le bien s'appelle le *pieux* ou le *saint*, et consiste à rendre au père des hommes et de l'univers ce qui lui est dû.

Ainsi l'*honnête*, le *juste* et le *saint* sont les différents noms que prend le bien moral, selon que nous nous considérons nous-mêmes, ou les autres hommes, ou Dieu.

Sous ces formes différentes le bien moral se présente toujours avec les mêmes caractères. Il est :

1° *Désintéressé*, c'est-à-dire qu'il doit être recherché pour lui-même, et non pour ses conséquences;

2° *Obligatoire*, c'est-à-dire qu'aussitôt que nous le concevons, nous nous reconnaissons comme tenus de l'accomplir;

3° *Méritoire*, c'est-à-dire que, aussitôt accompli, si toutefois il l'a été librement et en connaissance de cause, il investit l'agent moral d'une certaine qualité que l'on appelle le mérite et dont la nature sera ultérieurement déterminée.

Le premier de ces caractères a été examiné et démontré dans ce chapitre même, où nous avons distingué l'honnête et l'utile. Les deux autres seront l'objet des chapitres suivants[1].

---

1. Dans notre livre de la *Morale*, nous avons analysé d'une manière plus approfondie le principe du bien : nous l'avons défini *l'identité de la perfection et du bonheur*, et nous avons donné à cette doctrine le nom d'*eudémonisme rationnel* ; mais nous n'avons pas cru devoir introduire ces vues personnelles dans un traité classique élémentaire. (Voir la *Morale*, liv. I, ch. III, t. IV.)

CHAPITRE II

Le principe du devoir.

Le bien moral ou l'honnête étant distinct du plaisir et de l'utilité, la loi de l'activité humaine ne peut être cherchée ni dans la passion, qui a pour objet le plaisir, ni dans l'intérêt bien entendu, qui a pour objet l'utile, ni enfin dans le sentiment ; elle est dans un autre principe d'action que l'on appelle le *devoir*.

521. Nature et définition du devoir. — Le bien moral ou l'honnête ne peut être conçu par nous sans être reconnu immédiatement pour le *vrai bien*, et, comme le disaient les anciens, comme le *souverain bien*. Et, en effet, que peut-il y avoir de meilleur pour l'homme que d'être vraiment homme, c'est-à-dire de jouir des vraies facultés humaines, de celles qui le distinguent de l'animal ? Aucun homme ne consentirait volontairement à être changé en bête, à devenir idiot, fou, à tomber dans le délire, etc. ; et cependant c'est là précisément ce qui arrive lorsqu'on obéit volontairement à toutes ses passions, toute passion étant véritablement un délire. On peut sans doute, par faiblesse, être entraîné au mal : mais il est impossible de ne pas aimer le bien quand on le connaît véritablement.

Le bien moral (c'est-à-dire l'honnête, le juste et le saint indivisiblement unis) étant notre vrai bien, et même tout notre bien, il s'ensuit manifestement qu'il est le dernier but, le vrai but de la vie humaine.

Si l'homme n'était que pure raison et pur amour (comme on dit que sont les saints), il se porterait aussi naturellement vers l'honnête, le saint et le juste qu'il se porte actuellement vers le plaisir ou vers l'utilité. Mais l'homme étant double, comme nous l'avons vu, étant lié au corps et à l'animalité d'un côté, comme il est lié de l'autre à Dieu, à la vérité et à la justice, il s'ensuit qu'il y a en lui une guerre intestine, et que sa raison d'un côté lui montre le bien, tandis que de l'autre sa passion l'entraîne au plaisir.

Cette loi qui nous conduit au bien, et qui ne serait qu'une loi de liberté et d'amour si l'homme était tout esprit, prend la forme, en tant qu'elle s'oppose aux passions, d'une *contrainte*, d'un *ordre*, d'une *nécessité*. Elle prend une forme *impérative* ou *prohibitive* : elle est un *commandement* ou une *défense* : « Fais le bien. — Ne fais pas le mal. » Telle est sa formule. Elle parle ainsi comme un législateur, comme un maître. C'est ce qu'on appelle le *devoir*.

Cependant cette contrainte est une *contrainte morale*; et elle se distingue de la contrainte physique en ce que celle-ci est fatale et irrésistible, tandis que la contrainte que nous impose le devoir est subie par notre raison, sans violenter la liberté. Ce genre de nécessité qui ne s'impose qu'à la raison, sans contraindre la volonté, est l'*obligation* morale.

Dire que le bien est obligatoire, c'est donc dire que nous nous considérons comme *tenus* de l'accomplir, sans y être *forcés*. Au contraire, dès que nous l'accomplirions par force, il cesserait d'être le bien. Il doit donc être librement accompli, et le devoir peut être défini une *nécessité consentie*.

C'est ce qui est exprimé par cette définition de Kant : « Le devoir, dit-il, est la nécessité d'obéir à la loi par respect pour la loi. » (*Fondements de la métaphysique des mœurs*, trad. de Jules Barni, p. 24.)

On peut en effet obéir à une loi de deux façons : 1° soit parce qu'elle est un moyen certain ou probable d'atteindre tel but; 2° soit indépendamment de tout but, pour la loi elle-même, uniquement parce qu'elle commande. C'est ainsi, par exemple, que je puis obéir à une consigne, soit par la crainte du châtiment ou tel autre motif, soit à cause de la consigne elle-même, parce qu'il me paraît de l'essence d'une consigne d'être exécutée. Il en est de même pour l'obéissance aux ordres des magistrats et en général des supérieurs, de quelque nature qu'ils soient. Remplacez ici les supérieurs par la loi elle-même : obéissez-lui parce qu'elle est loi, et non pour aucune autre raison : vous aurez la loi morale, et ce genre de nécessité particulière à laquelle vous obéirez est le *devoir*.

522. Impératif hypothétique et impératif catégorique. — C'est ce caractère du devoir d'être obligatoire par lui-même et non par ses conséquences, que Kant a voulu exprimer par sa distinction de l'*impératif catégorique* et de l'*impératif hypothétique*. Toute règle, tout ce qui commande quelque action, est pour lui un *impératif* : ou bien la règle nous commande sans condition, et c'est ce que Kant appelle l'impératif *catégorique*; ou la règle ne nous commande une action que pour atteindre quelque autre but que l'action elle-même : c'est alors l'impératif *hypothétique* ou *conditionnel*, dans lequel le commandement est subordonné à une condition.

C'est ainsi que les *ordres* du devoir se distinguent des *règles* ou des *conseils* de la prudence intéressée. Dans ce dernier cas, la règle n'est jamais qu'un *moyen* d'atteindre un but différent; dans le premier cas, au contraire, la loi n'a d'autre but qu'elle-même ; elle n'est plus un moyen, elle est un *but;* elle doit être obéie par respect pour la loi, et non pour aucune autre raison.

<small>Les règles de l'intérêt ou maximes de la prudence représentent la nécessité pratique d'une certaine action comme *moyen* pour quelque autre chose qu'on désire. Les règles de la loi morale, au contraire, représentent une action comme étant *par elle-même et indépendamment de tout autre but* absolument nécessaire. Dans le premier cas, l'action n'est que *relativement* bonne, bonne eu égard à l'objet désiré. Dans le second cas, l'action est *absolument* bonne, bonne en soi.

Dans les règles de la première espèce, il n'y a pas à se demander si le but que l'on se propose est bon ou mauvais; il ne s'agit que de ce qu'il faut faire pour l'atteindre. Les préceptes que suit le médecin qui veut guérir radicalement son malade et ceux que suit l'empoisonneur qui veut tuer un homme à coup sûr, ont pour tous deux une égale valeur en ce sens qu'ils leur servent également à atteindre leur but. Dans la jeunesse, comme on ne sait jamais quel but on aura à poursuivre dans le cours de la vie, les parents cherchent à faire apprendre beaucoup de choses à leurs enfants; ils veulent leur donner de l'habileté pour toutes sortes de fins; et ce soin même est si grand chez eux, qu'ils négligent d'ordinaire de former et de rectifier le jugement de leurs enfants sur la valeur même des choses qu'ils pourront avoir à se proposer pour fins. En général, la formule par laquelle on peut représenter ces sortes de préceptes subordonnés ainsi à une certaine condition, c'est-à-dire à l'hypothèse d'un certain objet désiré, c'est ce proverbe populaire : « Qui veut la fin veut les moyens [1]. »</small>

Les préceptes du devoir se distinguent essentiellement des préceptes précédents, en ce qu'ils commandent immédiatement une certaine conduite, sans avoir eux-mêmes une condition relativement à laquelle cette conduite ne serait qu'un *moyen*. Par exemple, si je dis : « Tu ne dois pas faire de promesse trompeuse, » je n'ajoute rien autre chose à ce précepte, et il est par

---

[1] Voy. Kant, *Fondements de la métaphysique des mœurs*, trad. franç., p. 47 et suiv.

lui-même une règle absolue, sans qu'il soit nécessaire d'indiquer une fin pour laquelle il ne serait qu'un moyen. Au contraire, si j'ajoutais telle ou telle condition, comme par exemple : « Ne trompe pas — de peur de nuire à ton crédit, » cet ordre cesserait d'être immédiatement une règle morale : ce ne serait plus qu'une maxime de prudence ; ce ne serait plus un principe de moralité. Le principe moral a donc pour caractère essentiel de commander sans condition, sans égard à une fin ou à un but déterminé, mais par lui-même : ce qu'on exprime en langage populaire par ce proverbe : « Fais ce que dois, advienne que pourra. »

523. Caractères du devoir. — Il résulte de ce qui précède que le premier caractère du devoir est d'être *absolu*, c'est-à-dire de commander sans condition et sans tenir compte des désirs, des passions, des intérêts de celui auquel il commande. Il est indépendant de la constitution individuelle de chacun. Par exemple, de ce qu'un tel trouve du plaisir à mentir, il ne s'ensuit pas que ce soit bien pour lui de mentir. De ce que vous avez telle passion, il ne s'ensuit pas qu'il vous soit permis de la satisfaire. La morale ne dépend pas de nos goûts et de nos fantaisies ; car, s'il en était ainsi, il n'y aurait plus de morale. Qui dit règle dit quelque chose qui a une valeur intrinsèque et absolue, indépendamment des cas particuliers auxquels elle s'applique. Dire que le devoir est absolu, c'est donc dire qu'il repose sur la nature des choses et non sur les appréciations individuelles de chacun.

De ce premier caractère s'en déduit un second. Le devoir, étant absolu, est en même temps *universel*, c'est-à-dire qu'il s'applique à tous les hommes de la même manière, dans les mêmes circonstances ; d'où il suit que chacun doit reconnaître que cette loi s'impose à lui-même aussi bien qu'aux autres hommes.

524. Critérium de Kant. — C'est de ce second caractère du devoir que Kant a déduit la règle par laquelle il propose de reconnaître si une action est ou n'est pas conforme au devoir : *Agis toujours*, dit-il, *d'après une règle telle, que tu puisses vouloir qu'elle soit une loi universelle*[1].

---

1. Kant, *Métaphysique des mœurs*, trad. franç., p. 17.

Expliquons cette règle importante à l'aide de quelques exemples empruntés au philosophe même que nous citons :

1° Un homme réduit au désespoir par une suite de malheurs a pris la vie en dégoût ; mais il est encore assez maître de sa raison pour pouvoir se demander s'il n'est pas contraire au devoir envers soi-même d'attenter à sa vie. Or, il cherche si la maxime de son action peut être une loi universelle de la nature. Voici cette maxime : J'admets en principe, pour l'amour de moi-même, que je puis abréger ma vie, dès qu'en la prolongeant j'ai plus de maux à craindre que de plaisirs à espérer. Qu'on se demande si ce principe peut être une loi universelle de la nature. On verra bientôt qu'une nature qui aurait pour but de détruire la vie par ce même penchant dont le but est de la conserver, serait en contradiction avec elle-même ; d'où il suit qu'une telle maxime est contraire au principe suprême de tout devoir.

2° Un autre est poussé par le besoin à emprunter de l'argent. Il sait bien qu'il ne pourra pas le rendre ; mais il sait bien aussi qu'il ne trouvera pas de prêteur s'il ne s'engage formellement à payer dans un temps déterminé. Il a envie de faire cette promesse, mais il a encore assez de conscience pour se demander s'il n'est pas défendu et contraire au devoir de se tirer d'embarras par un tel moyen. Je suppose néanmoins qu'il se décide à prendre ce parti, la maxime de son action se traduirait ainsi : Quand je crois avoir besoin d'argent, j'en emprunte en promettant de le rembourser, quoique je sache que je ne le rembourserai jamais. Or, cette maxime ne peut revêtir le caractère de loi universelle de la nature sans se contredire et se détruire elle-même. En effet, ce serait rendre par là toute promesse impossible, puisque personne n'ajouterait plus foi aux promesses et qu'on s'en rirait comme de vaines protestations.

3° Un troisième se sent un talent qui, cultivé, pourrait faire de lui un homme utile à divers égards. Mais il se voit dans l'aisance et il aime mieux s'abandonner aux plaisirs que travailler à développer les heureuses dispositions de la nature... Or, il voit bien, à la vérité, qu'une nature dont cette maxime serait une loi universelle pourrait encore subsister (comme chez les insulaires de la mer du Sud) ; mais il lui est impossible de *vouloir* que ce soit là une loi universelle... En effet, en sa qualité d'être raisonnable, il *veut* nécessairement que toutes ses facultés soient développées.

4° Enfin un quatrième qui est heureux, mais qui voit des hommes qu'il pourrait soulager aux prises avec l'adversité, se dit à lui-même : Que m'importe ? que chacun soit aussi heureux qu'il plaît au ciel et qu'il peut l'être par lui-même, je ne l'en empêcherai en rien, je ne lui porterai pas même envie ; seulement je ne suis pas disposé à contribuer à son bien-être et à lui prêter secours dans le besoin. Sans doute cette manière de voir pourrait à la rigueur devenir une loi universelle de la nature sans que l'existence du genre humain fût compromise nécessairement... Mais il est impossible de *vouloir* qu'un tel principe soit partout admis comme une loi de la nature. Une volonté qui le voudrait se contredirait elle-même ; car il peut se rencontrer bien des cas où l'on ait besoin de la sympathie et de l'assistance des autres et où on se serait privé soi-même de tout espoir de secours, en érigeant volontairement cette maxime en une loi de la nature.

La règle de Kant est une règle excellente qu'il est toujours bon d'avoir devant les yeux si l'on veut se perfectionner moralement. Nous savons bien, en effet, sans y penser, que le principe moral est une règle qui commande la même chose à tous les hommes, aussi bien à nous qu'aux autres ; mais nous sommes trop disposés à l'oublier quand nous sommes enchaînés par la passion et l'intérêt.

Or, si l'on prend l'habitude de généraliser les motifs de ses actions, cet oubli, cette omission du principe de la moralité devient de plus en plus difficile, et la complaisance avec laquelle on se pardonne à soi-même ce qu'on condamne dans les autres devient impossible. Kant a très finement expliqué ce point de vue : « Qu'arrive-t-il, dit-il, la plupart du temps, lorsque nous violons la loi morale? Voulons-nous en réalité transformer en règle et en loi générale notre conduite particulière? Loin de là : nous voulons que le contraire de notre action demeure une loi universelle. Seulement nous prenons la liberté d'y faire une exception en notre faveur, ou plutôt en faveur de nos penchants, et pour cette fois seulement... Quoique notre jugement, lorsqu'il est impartial, ne puisse justifier cette espèce de compromis, on y voit néanmoins la preuve que nous reconnaissons réellement la validité du principe du devoir, et que, sans cesser de le respecter, nous nous permettons à regret quelques exceptions qui nous paraissent de peu d'importance. »

On a objecté à la règle de Kant « qu'on est plutôt législateur pour soi-même que pour autrui, et qu'il sera toujours plus facile de savoir ce qu'on doit faire soi-même que de savoir ce que doivent faire tous les hommes sans exception [1] ». C'est ce qui serait vrai s'il n'y avait pas les passions et l'intérêt personnel. Au contraire, nul n'est bon juge pour soi-même : et pour savoir si l'on a raison ou si l'on a tort, il est toujours sage de dépouiller notre conduite de tout ce qu'elle a de personnel et d'individuel pour la considérer abstraitement de l'œil d'un *spectateur impartial*[2]. Tous les jours nous donnons aux autres de très bons conseils que nous ne suivons pas nous-mêmes. Un malhonnête homme peut être un très bon arbitre ; et souvent ceux qui font les meilleures lois ne sont pas ceux qui les appliquent le mieux. Rien n'est donc plus conforme à l'expérience et à la pratique que le conseil donné par Kant d'universaliser les maximes de ses actions pour en reconnaître la moralité.

Ce principe est encore d'un usage fréquent en éducation. Lorsqu'un enfant commet une action injuste (qu'il frappe ou qu'il dérobe), on lui fait sentir l'injustice de son action : 1° en la lui

---

[1]. Objection de Garve, *Considérations sur les différents principes de la morale*, 1798.
[2]. Nous avons vu (517) qu'Adam Smith proposait de se placer en face d'un *spectateur impartial*, lorsque nous sommes sur le point de faire une action.

appliquant à lui-même[1]; par exemple : « Que dirais-tu si on te frappait, si on te dérobait, etc.? 2° en généralisant davantage et en lui disant : « Qu'arriverait-il si tout le monde frappait, dérobait, etc.? » J'ai toujours remarqué que l'enfant était très sensible à cette espèce d'argument; et quand la passion n'est pas trop forte, ce raisonnement suffit pour l'arrêter. Souvent même, quand il va au delà, c'est à l'aide de quelque sophisme, et, comme dit Kant, en stipulant quelque exception en sa faveur[2]; mais jamais en niant directement que ce qui s'applique aux autres s'applique également à lui dans les mêmes circonstances.

525. La loi naturelle et les lois écrites. — La loi morale, en tant qu'opposée aux lois civiles, ou lois *positives*, s'appelle la loi *naturelle*. On l'appelle aussi quelquefois loi *non écrite*, en opposition aux lois civiles, qui sont appelées lois *écrites*.

Les anciens ont parfaitement connu l'opposition entre la loi naturelle et la loi civile, et l'ont exprimée en termes admirables :

Il y a, dit Cicéron, une loi conforme à la nature, commune à tous les hommes, raisonnable et éternelle, qui nous commande la vertu et nous défend l'injustice. Cette loi n'est pas de celles qu'il est permis d'enfreindre ou d'éluder, ou qui peuvent être changées entièrement. Ni le peuple, ni les magistrats, n'ont le pouvoir de délier des obligations qu'elle impose. Elle n'est point autre à Rome, autre à Athènes, ni différente aujourd'hui de ce qu'elle sera demain; universelle, inflexible, toujours la même, elle embrasse toutes les nations et tous les siècles. Par elle Dieu instruit et gouverne souverainement tous les hommes; lui seul en est le père, l'arbitre et le vengeur[3].

Dans une tragédie de Sophocle, Antigone, accusée par le tyran Créon d'avoir, malgré son ordre, donné la sépulture à son frère Polynice, lui répond admirablement en opposant à cette loi arbitraire :

La loi immuable et non écrite portée par la Divinité cette loi, qui n'est d'aujourd'hui ni d'hier, est éternelle : personne ne sait quand elle a pris naissance[4].

L'un des plus grands sages de l'antiquité, Socrate, est un des

---

1. Ce qui est la maxime de l'Évangile : *Ne fais pas à autrui ce que tu ne voudrais pas qu'on te fît.*
2. Comme par exemple : « C'est un tel qui a commencé. »
3. Cic., *de Legibus*, II.
4. Sophocle, *Antigone*, v. 450 et suiv.

premiers qui ait aperçu cette distinction entre une justice primitive, éternelle, naturelle, et la justice légale qui dépend des lois écrites. Xénophon nous a rapporté l'entretien où il essaye de faire comprendre cette distinction au sophiste Hippias :

« Crois-tu, Hippias, lui dit-il, que ce qui est *légal* ou ce qui est *juste* soit une seule et même chose, ou es-tu d'un avis différent? — Ma foi, dit Hippias, je n'ai rien à dire contre ton opinion. — Connais-tu, Hippias, des lois *qui ne sont pas écrites*? — Oui, sans doute, celles qui sont les mêmes dans tous les pays. — Pourrais-tu dire que ce sont les hommes qui les ont établies? — Comment cela se pourrait-il, puisqu'ils n'ont pu se réunir tous et qu'ils ne parlent pas la même langue. — Qui donc, à ton avis, a établi ces lois? — Mais je crois que ce sont les dieux : car, chez tous les hommes, la première loi est de respecter les dieux. — Le respect des parents n'est-il pas aussi une loi universelle? — Sans doute. — Dis-moi : partout la loi ne veut-elle pas qu'on témoigne de la reconnaissance aux bienfaiteurs [1]? »

Voici donc les caractères qui distinguent la loi morale, ou loi naturelle, des lois positives ou lois civiles. Tandis que la loi naturelle est *universelle* et *absolue*, les lois civiles, au contraire, sont *variables* et *relatives*. Elles dépendent : (*a* de la volonté, plus ou moins changeante, faillible, tyrannique de celui qui les porte; (*b* des circonstances où elles sont portées.

(*a* Les lois civiles ne dérivent pas de la nature, et elles n'ont pas immédiatement pour auteur l'auteur même des choses. Elles sont faites par les hommes et pour les hommes : ce sont les actes d'une volonté humaine (quelle que soit d'ailleurs cette volonté, prince, peuple ou aristocratie); et cette volonté, raisonnable ou non, suivant les circonstances, commande à d'autres volontés ; elle détermine les rapports qui uniront ces volontés entre elles ; elle fait pour les hommes ce que la Providence a fait pour la nature; c'est-à-dire qu'elle leur prescrit (au moins pour un grand nombre de leurs actions, sinon pour toutes) la manière dont ils doivent agir.

Il ne faudrait pas croire sans doute que les lois civiles sont entièrement *arbitraires* et ne dépendent que du bon plaisir du législateur : ce serait une erreur; elles poursuivent deux objets principaux, qui sont eux-mêmes des limites et des freins à la volonté toujours plus ou moins capricieuse du législateur : ce sont l'utile et le juste; elles règlent les intérêts et les droits des citoyens, et sont d'autant meilleures qu'elles ménagent mieux les premiers et respectent davantage les autres; si elles étaient

---

1. Xénophon, *Mémoires sur Socrate*, liv. IV, ch. IV.

parfaites, elles exprimeraient la plus grande utilité possible de tous les citoyens sans exception et le plus haut degré de justice possible pour tous les hommes. Mais étant faites par des hommes, elles pèchent toujours par quelque endroit, et il y a toujours, même dans les meilleures, quelque chose d'arbitraire et d'artificiel : elles sont essentiellement des œuvres humaines, et se distinguent par là des lois naturelles.

(*b* Ce n'est pas tout : non seulement les lois civiles sont faites *par* des hommes, mais elles sont faites *pour* des hommes. Or les hommes ne sont pas les mêmes dans tous les temps, ni dans tous les lieux ; ils n'ont ni les mêmes besoins, ni les mêmes passions, ni les mêmes intérêts, ni les mêmes habitudes : le fond est bien toujours le même, mais les accidents changent sans cesse ; et par conséquent les lois doivent varier avec les temps ou avec les lieux. Sans doute la justice est toujours la justice ; mais l'intérêt n'est pas toujours le même, et il varie avec les circonstances ; de là résulte une première raison de la variation des lois. En outre, la justice, sans varier dans son essence, se développe et se modifie parmi les hommes, en ce sens que le changement des circonstances amène des rapports nouveaux, et par conséquent des difficultés nouvelles ; et par là encore de nouvelles lois sont nécessaires. Aussi voit-on, par l'histoire et par l'observation des divers peuples, que les lois sont différentes suivant les temps, suivant les climats, suivant la constitution du sol, suivant le genre de vie des peuples (nomades ou sédentaires, agriculteurs ou marins), en un mot, suivant mille circonstances dont l'illustre Montesquieu a essayé de donner la théorie dans son *Esprit des Lois*.

526. La loi naturelle ne dérive pas des lois positives. — Malgré ces oppositions de la loi naturelle et des lois écrites, quelques philosophes ou jurisconsultes ont pensé que la loi morale n'est que le résultat des lois écrites, et qu'elle a été inventée par les législateurs pour assurer la paix parmi les hommes. Mais bien des raisons inutiles à développer réfutent cette opinion :

1° La loi morale dérive si peu de la loi écrite, que nous jugeons, approuvons et condamnons la loi écrite au nom de la loi morale. Lorsque nous disons que telle ou telle loi est juste ou injuste, bonne ou mauvaise, nous comparons cette loi à une loi non écrite, qui nous sert de critérium et de modèle pour apprécier les lois existantes. De plus, quand il s'agit de faire une loi nouvelle, cette loi qui n'existe pas encore ne peut pas servir à décider ce qui sera juste ou injuste; au contraire, on consulte, pour la faire, cette idée de justice qui est en nous et qui est le principe et non la conséquence de la loi. Dira-t-on qu'il ne s'agit point des lois d'aujourd'hui, mais de certaines lois primitives qui ont créé des habitudes et des opinions dont se compose ce que nous appelons la loi morale, et à l'aide desquelles nous jugeons les lois écrites de notre temps? Mais cette hypothèse est réfutée par ce fait, que les lois nous paraissent de moins en moins justes à mesure que nous reculons vers les temps primitifs et barbares : sacrifices humains, esclavage, polygamie, guerres privées, etc., ce sont là les mœurs et les lois des premiers temps. Comment serait-ce de là que nous eussions pu tirer un type et un idéal de justice qui nous permet de concevoir des lois bien supérieures à celles de ces premiers âges et même du nôtre?

2° Bien loin que la loi morale dérive des lois civiles, les lois civiles, au contraire, n'ont d'autorité que s'il y a une loi morale. En effet, c'est la loi morale qui nous dit qu'il est juste d'obéir aux lois civiles. Supposez, au contraire, qu'il n'y eût aucune obligation de ce genre, la loi civile ne pourrait s'appuyer, pour être obéie, que sur deux moyens : la contrainte et l'intérêt. Mais la contrainte, nous l'avons vu, est extrêmement limitée dans son action; et quant à l'intérêt, il faut remarquer que, quoiqu'il soit toujours de notre intérêt que les autres hommes obéissent aux lois, il n'est pas toujours de notre intérêt d'y obéir nous-mêmes; chacun par conséquent ayant intérêt à échapper à la loi, et cela étant vrai à tous les degrés de l'échelle, pour ceux qui font la loi ou qui la font exécuter comme pour ceux qui la subissent, il est évident qu'il y aura à tous les étages de la société et dans tous les rangs une tendance à violer la loi, c'est-à-dire à la détruire, si l'on n'admet pas et si on ne considère pas comme obligatoire ce principe : il est juste d'obéir aux lois. Aussi tous les publicistes sont-ils d'accord pour reconnaître que les lois sont impuissantes sans les mœurs, et que la morale est indispensable au maintien et au progrès des sociétés.

3° Enfin, les lois écrites sont loin d'embrasser tout le domaine de la loi morale. Combien d'actions condamnables échappent et doivent nécessairement échapper à la contrainte de la loi : toutes celles d'abord qui se passent dans ce qu'on appelle le *for inté-*

rieur, c'est-à-dire dans la conscience même, à savoir, les mauvais désirs, les mauvaises pensées, l'hypocrisie, la dissimulation ; en second lieu, toutes celles qui ne sortent pas de l'intérieur de la vie domestique, où la loi doit pénétrer le moins possible, pour ne pas soumettre les citoyens à une inquisition arbitraire ; en troisième lieu, toutes celles qui ne menacent pas matériellement l'ordre public, quoiqu'elles soient condamnées par la conscience de tous : par exemple, l'ingratitude, l'égoïsme, la gourmandise, la luxure, etc. Même les actions que la loi réprouve ne peuvent jamais être tellement déterminées et définies si précisément, qu'on ne puisse passer à côté de la défense sans s'exposer à la punition. Que d'actes de mauvaise foi, d'improbité, de perfidie ne peuvent être ni prévus, ni qualifiés par la loi ! La loi civile est donc incapable de fonder la morale.

4° Faire dériver les lois morales des lois civiles, c'est donner raison à toutes les tyrannies, comme Cicéron le dit dans son traité des *Lois :* « Que si les volontés des peuples, les décrets des chefs de l'État, les sentences des juges fondaient le droit, le vol serait de droit ; l'adultère, les faux testaments seraient de droit, dès qu'on aurait l'appui des suffrages ou des votes de la multitude. » Il en serait de même du bon plaisir du prince dans une monarchie. Or, ni les peuples, ni les princes ne peuvent faire que ce qui est juste soit injuste, et que ce qui est injuste soit juste. La justice est donc supérieure à la volonté des hommes, et elle n'est pas une conséquence des décrets du législateur.

527. La loi naturelle et la volonté divine. — La loi et la sanction. — Selon quelques philosophes et théologiens, la loi morale est l'œuvre de la volonté arbitraire de Dieu, qui eût pu, s'il l'eût voulu, décider que ce qui est actuellement juste serait injuste, ou réciproquement. C'est détruire les fondements de toute loi morale et même les fondements de la croyance à la Divinité. Car si nous croyons à Dieu, c'est parce que nous éprouvons le besoin de croire à une justice et à une bonté parfaites. Mais dire que Dieu crée le bien et le juste par une volonté absolument libre, c'est dire qu'il n'y a rien de naturellement bon et juste, et que Dieu lui-même n'est autre chose qu'un être souverainement puissant, qui fait tout ce qu'il veut, sans suivre aucune règle de justice et de bonté. Mais en quoi cette toute-puissance se distinguerait-elle de l'aveugle *destin* auquel croyaient les païens? Ainsi, il faut reconnaître sans doute que la loi morale a son fondement en Dieu, mais non pas dans sa volonté seule : elle dérive de sa volonté unie à sa sagesse et à sa justice.

Une autre erreur est celle qui consiste à confondre la *loi* morale avec la *sanction* de la loi.

La sanction d'une loi, comme nous le verrons plus loin, se compose de toutes les récompenses et punitions qui ont pour effet d'assurer l'exécution de cette loi. De là une confusion d'idées assez fréquente parmi les hommes, et à laquelle les philosophes mêmes n'ont pas échappé. C'est la confusion du bien ou du mal avec ce qui n'en est que la conséquence, à savoir, la récompense et la punition. On est disposé à croire qu'une action n'est bonne que parce qu'elle sera récompensée, qu'elle n'est mauvaise que parce qu'elle sera punie. L'éducation même est trop souvent complice de cette erreur, en présentant aux enfants comme but à atteindre la récompense de l'action plutôt que l'action elle-même, et en leur inspirant plutôt de la crainte pour la punition que de l'horreur pour le mal. On comprendra mieux la fausseté de ce préjugé quand nous aurons étudié la nature de la sanction morale et son principe. Contentons-nous de dire ici que la doctrine qui confond la loi morale avec la récompense et la punition n'est qu'une application particulière de la doctrine déjà réfutée de l'intérêt personnel.

528. **L'idée du droit.** — A l'idée du devoir s'associe souvent et s'oppose même quelquefois une autre idée de la plus haute importance en morale, l'idée du droit. Qu'est-ce que le *droit?*

529. **Définition du droit.** — Le droit, dit Leibniz, est un *pouvoir moral*, comme le devoir est une *nécessité morale.*

On appelle en général *pouvoir* ou *force* toute cause capable de produire ou d'arrêter une action. Ainsi, en mécanique, toute cause de mouvement ou de repos est appelée *force*. Or tout ce qui est capable d'arrêter l'action d'une force ou d'un pouvoir peut être appelé également force et pouvoir, de quelque nature d'ailleurs que soit cette force ou ce pouvoir. Si, par exemple, je suppose que j'aie entre les mains un marteau et devant moi un enfant endormi, il n'est pas douteux qu'avec ce marteau je puis, si je veux, briser la tête de cet enfant : cependant je ne le ferai pas; quelque supériorité de force dont je dispose, il y a là devant moi quelque chose qui m'arrête, un obstacle invisible, idéal, plus fort que toute ma force, un pouvoir plus puissant que tout mon pouvoir, qui suffit pour désarmer le mien. Ce pouvoir, dont cet enfant n'a pas même conscience, ce pouvoir est le droit qu'a une créature vivante de mon espèce de conserver la vie, tant qu'elle n'attaque pas celle des autres.

Dira-t-on que ce qui m'arrête ici, c'est ma sensibilité, ma sympathie pour une créature faible et innocente, plutôt qu'un droit auquel je ne pense guère en ce moment? Un autre exemple rendra la même idée également sensible. Je rencontre un trésor dont je connais le maître, mais dont nul que moi ne sait l'existence : il est riche et je suis pauvre. Ainsi tout motif de sympathie pourra être écarté. J'ai le pouvoir physique de m'approprier ce trésor; mais je suis arrêté devant la pensée qu'il n'est pas à moi, mais à autrui. Ce quelque chose qui m'arrête, qui fait équilibre au pouvoir physique que je pourrais si facilement exercer, c'est le droit.

Le droit est donc un pouvoir, une force, puisqu'il arrête la force et le pouvoir d'autrui. Cependant ce n'est pas une force physique de même ordre que celle qui est arrêtée. Il n'y a rien dans l'objet du droit, rien dans la personne qui est le sujet du droit, qui soit de nature à faire obstacle à ma force. La mécanique ne peut ici trouver l'équivalent de la force perdue ou latente qui pourrait s'exercer et ne s'exerce pas. C'est un pouvoir, mais c'est un pouvoir moral.

Peut-être serait-il plus juste d'appeler ce pouvoir *pouvoir idéal*, plutôt que pouvoir moral. Le pouvoir moral est une force qui s'exerce avec réflexion et conscience, une énergie, une activité véritable, telle qu'est la vertu. Mais le droit peut exister sans être exercé; il peut exister dans celui qui l'ignore (comme le propriétaire inconnu d'un héritage sans maître, comme l'enfant endormi) : il y a là un pouvoir qui n'est accompagné ni d'énergie, ni d'effort, ni d'action, et qui cependant m'arrête tout aussi bien que pourrait le faire une force physique égale à la mienne. Ce pouvoir ne consiste qu'en une *idée*, l'idée que tel objet n'est pas à moi, que tel homme est mon semblable : c'est là un pouvoir idéal, et ce pouvoir idéal, je l'appelle le droit.

530. **La force et le droit.** — La force est un pouvoir

physique, et le droit un pouvoir moral : ces deux pouvoirs sont opposés l'un à l'autre.

Il y a trois cas principaux : ou bien j'ai la force sans avoir le droit, ou j'ai le droit sans avoir la force, ou j'ai à la fois la force et le droit. Dans le premier cas ma force déborde mon droit; dans le second elle est en deçà; dans le troisième ils sont égaux. Lorsque ma force dépasse le droit, il y a un pouvoir qui absorbe l'autre; mais celui-ci ne cesse pas d'exister, et, quoique destitué de force, il n'en est pas moins un pouvoir : c'est ce qu'on voit dans le second cas; car, lorsque j'ai le droit sans avoir la force, je contrains celui qui m'opprime à un déploiement de force plus grand qu'il n'eût été nécessaire sans cela : par exemple, un peuple opprimé contraint un oppresseur à plus d'effort et à plus de violence que si le peuple était librement soumis; et par là on voit bien que le droit est un pouvoir qui fait équilibre à la force. Enfin, lorsque la force est égale au droit, on peut dire qu'il y a un double pouvoir, comme dans le cas du pouvoir paternel, qui est à la fois un pouvoir physique et un pouvoir de raison.

Sans doute il y a des cas où le droit semble destitué de tout pouvoir; par exemple, lorsque celui qui en est investi l'ignore et ne fait aucun effort pour le défendre ou le recouvrer, comme dans le cas cité plus haut d'un trésor trouvé, le vrai propriétaire n'en ayant pas même connaissance. Mais il en est ici du droit comme du devoir. Le devoir est une nécessité qui ne nécessite pas, et le droit est un pouvoir qui ne peut rien. C'est pourquoi l'un est une nécessité morale et l'autre un pouvoir moral ou idéal. En d'autres termes, le droit, comme le devoir, n'est qu'une *idée*. Une idée par elle-même n'agit pas. Il faut toujours que l'activité humaine prenne l'initiative. La force physique peut donc toujours passer par-dessus l'idée, et quelquefois même sans avoir besoin pour cela d'aucun effort surérogatoire. Cependant l'idée subsiste et elle exerce son pouvoir soit par la conscience, soit dans le souvenir des hommes; et enfin même, lorsque tous ces moyens d'action lui sont interdits, elle survit encore; et opprimée, dépouillée, vaincue, elle est encore plus noble que ce qui la brave et plus souveraine que ce qui la foule aux pieds.

Le droit ne vient donc pas de la force, quoi qu'en disent certains publicistes, par exemple, Hobbes et Proudhon. Cette théorie n'est autre chose que la suppression même du droit. Si l'on équivoque sur le mot de force ou de puissance, si l'on distingue avec Spinoza deux sortes d'état, l'état de nature et l'état de raison, et si l'on fonde le droit sur la puissance de la raison, on ne fait qu'exprimer sous une autre forme l'idée que nous avons déjà émise, à savoir, que le droit est un pouvoir idéal; mais il reste à expliquer comment ce pouvoir n'est pas toujours le plus fort. L'antinomie de la force et du droit montre bien qu'il y a dans le droit quelque chose d'idéal qui, pour ne pas passer dans les faits, n'en est pas moins sacré. Or, ce qu'il faut expliquer, c'est comment il se peut faire qu'une idée arrête la force, ou, quand elle ne l'arrête pas, qu'elle puisse la proscrire et la juger. S'il n'y a pas quelque chose qu'on appelle devoir, pourquoi la force s'arrêterait-elle devant quoi que ce soit? Supprimez l'idée de devoir : les phénomènes n'ont plus d'autres règles que les lois physiques; tout ce qui est doit être, et, comme le dit Hobbes, tout ce qui est nécessaire est légitime.

531. **Le droit et le besoin.** — La théorie qui fonde le droit sur le besoin, plus généreuse en apparence que la précédente, s'y ramène cependant en dernière analyse. En effet, le besoin est quelque chose d'indéterminé et de vague : on a besoin de tout ce qu'on désire. Fonder le droit sur le besoin, c'est dire avec Hobbes que tout homme a droit à tout ce qu'il désire; mais, comme il peut désirer toutes choses, c'est dire qu'il a droit à tout; et tous les hommes ayant en même temps droit à tout, c'est la guerre de tous contre tous; et, dans une telle guerre, qui fera le partage, si ce n'est la force, ou, si l'on veut éviter la force, une convention qui elle-même ne pourra être garantie que par la force? Si par besoin on ne veut pas entendre toute espèce de désir en général, mais seulement ce qu'on appellera les désirs légitimes et nécessaires, qui fixera la part du légitime et du nécessaire? Bornera-t-on le droit au strict besoin, c'est-à-dire au besoin de vivre? Dès lors, tous les plus nobles et les plus charmants dons de l'imagination seront proscrits comme corrupteurs et illicites. Admettra-t-on au-dessus du nécessaire le superflu? A quel superflu bornera-t-on le droit de chacun? Entendra-t-on enfin par besoin l'exercice naturel et libre de nos facultés? C'est passer sans le savoir à la troisième opinion, celle qui fonde le droit non sur la sensibilité et le besoin, mais sur la liberté.

532. **Le droit et la liberté.** — Cette troisième doctrine

est la plus solide et la plus noble. Elle part de la liberté humaine comme d'un fait. L'homme est libre, et cette liberté fait de lui une personne morale ; or il est de l'essence de la liberté d'être inviolable : car qui dit libre dit une puissance dont l'essence est de choisir entre deux actions, et par conséquent d'être la cause de l'action choisie. Quiconque empêche notre liberté va donc contre la nature des choses ; c'est détruire l'essence même de l'homme, c'est transformer la personne en chose que contraindre ou violenter la liberté. Ainsi la liberté est sacrée : là est le fondement du droit ; le droit n'est autre chose que la liberté de la liberté. La vertu a cela de propre qu'elle doit être atteinte par les efforts de chacun ; c'est l'individu lui-même, qui, sous sa responsabilité propre, se doit à lui-même d'acquérir sans cesse une perfection plus grande. Cette responsabilité de l'individu dans son perfectionnement propre est ce que j'appelle le *droit* : c'est la faculté de concourir soi-même à sa propre destinée.

533. **L'homme fin en soi**. — Kant a posé le principe du droit quand il a dit que l'homme est *une fin en soi*, c'est-à-dire qu'il ne peut pas être traité comme un *moyen* : on ne peut pas s'en servir comme d'une *chose*. Il s'appartient à lui-même, il est maître de soi, *compos suî;* c'est à ce titre qu'il est une personne, et toute personnalité est *inviolable*. C'est le même principe qui interdit à l'homme de se traiter lui-même comme une chose et qui l'interdit également aux autres hommes par rapport à lui. Le droit est *inaliénable*, il ne peut être ni vendu, ni acheté et nul ne peut s'en dépouiller, sans dépouiller sa qualité d'homme. Il est *imprescriptible*, c'est-à-dire que les infractions dont il peut être l'objet n'ont jamais pour effet de le supprimer.

534. **Droit et devoir**. — Est-ce le devoir qui repose sur le droit, ou le droit sur le devoir ? En un sens, on peut accorder que le devoir repose sur le droit ; car c'est bien parce que l'homme est une fin en soi que le devoir défend de porter atteinte à ses facultés. Mais, réciproquement, il sera aussi vrai de dire que le droit repose sur le devoir ; car c'est parce que je suis *tenu* de concourir moi-même à ma propre destinée que je suis une fin en soi. En réalité, aucun d'eux n'est le fondement

de l'autre, mais ils reposent tous deux sur un même fondement : la dignité de l'être humain, principe dont la condition essentielle est que chaque homme soit responsable de sa propre destinée.

CHAPITRE III

La conscience morale et le sentiment moral.

535. La conscience morale. — Lorsque l'on dit que la loi morale est obligatoire, on entend bien parler de la loi morale telle qu'elle est en elle-même, dans sa pureté, dans sa vérité absolue. Cependant cette loi ne peut commander à aucun agent sans lui être connue, sans qu'elle lui soit présente, c'est-à-dire sans qu'il l'accepte comme vraie et en reconnaisse l'application nécessaire dans chaque cas particulier. Cette faculté de reconnaître la loi et de l'appliquer à toutes les circonstances qui se présentent, est ce que l'on appelle la *conscience*.

La conscience est donc l'acte de l'esprit par lequel nous appliquons à un cas particulier, à une action à faire ou à une action faite, les règles générales données par la morale. Elle est encore le *juge intérieur* qui condamne ou qui absout. D'un côté elle *dicte* ce qu'il faut faire ou éviter; de l'autre elle *juge* ce qui a été fait. Elle est par là la condition de l'accomplissement de tous nos devoirs. Car, quoiqu'elle ne constitue pas le devoir, qui lui est supérieur, sans elle cependant aucun devoir ne nous serait connu, et par conséquent toute moralité serait impossible.

Kant dit avec raison à ce sujet :

La conscience n'est pas quelque chose que l'on peut acquérir, et il n'y a pas de devoir qui prescrive de se la procurer ; mais tout homme, comme être moral, la porte originairement en lui. Dire qu'on est obligé d'avoir de la conscience reviendrait à dire qu'on a le devoir de reconnaître des devoirs. La conscience est un fait inévitable et non une obligation, un devoir. Quand on dit qu'un homme *n'a pas* de conscience, on veut dire qu'il ne tient aucun compte de ses arrêts, car s'il n'en avait réellement pas, il ne s'imputerait aucune action conforme au devoir et ne s'en reprocherait aucune comme lui étant contraire. Le *manque* de conscience n'est donc pas l'*absence* de la conscience, mais un penchant à ne tenir aucun compte de son jugement.

La conscience a inspiré à J.-J. Rousseau une magnifique apostrophe souvent citée :

> Conscience! conscience! Instinct divin, immortelle et céleste voix; guide assuré d'un être ignorant et borné, mais intelligent et libre; juge infaillible du bien et du mal, qui rends l'homme semblable à Dieu! c'est toi qui fais l'excellence de sa nature et la moralité de ses actions; sans toi je ne sens rien en moi qui m'élève au-dessus des bêtes, que le triste privilège de m'égarer d'erreurs en erreurs à l'aide d'un entendement sans règle et d'une raison sans principes ! !

La conscience étant le jugement pratique qui, dans chaque cas particulier, décide du bien et du mal, on ne peut demander à chaque homme qu'une chose : c'est d'agir suivant sa conscience. Une fois le moment de l'action venu, il n'y a plus d'autre règle que celle-là. Mais la conscience, quoi qu'en dise Rousseau dans le passage que nous venons de citer, n'est pas toujours un juge infaillible; elle ne parle pas toujours le même langage; elle passe par différents états ou degrés qui ont été distingués avec raison; car ces distinctions ont beaucoup d'importance dans la pratique.

Par exemple, on a distingué la conscience *droite* ou *éclairée*, *ignorante, erronée, douteuse, probable*, etc.

536. **La conscience droite.** — 1° La conscience *droite* ou *éclairée* est la vue claire, immédiate et certaine du bien et du mal dans les actions humaines. Tel est à peu près l'état de la conscience chez tous les hommes pour les actions très simples et en quelque sorte élémentaires. Par exemple, il n'y a guère de conscience humaine qui ne sache qu'il est mal de maltraiter un enfant, de calomnier un ami, d'offenser ses parents. La règle est donc ici qu'il ne faut pas chercher à obscurcir soit en soi-même, soit dans les autres, par des doutes subtils, les décisions nettes et distinctes de la conscience. C'est ce qui est arrivé dans la théorie à certains casuistes combattus par Pascal [2], et dans la pratique à certains esprits qui, pour s'étourdir lorsqu'ils veulent accomplir certaines mauvaises actions, combattent leur propre conscience par des sophismes.

537. **La conscience erronée.** — 2° Sous l'influence de ces sophismes, la conscience devient *erronée;* c'est-à-dire qu'elle

---

1. J.-J. Rousseau, *Émile*, liv. V.
2. Voy. les *Lettres provinciales*. On appelle *casuistes* ceux qui examinent les *cas de conscience*, c'est-à-dire les difficultés qui naissent quelquefois des conflits de nos devoirs.

finit par prendre le bien pour le mal et le mal pour le bien. C'est ce qui arrive, par exemple, aux fanatiques. Au XVI° siècle, Poltrot, Jacques Clément, Ravaillac étaient arrivés par des sophismes, qui sans doute leur étaient suscités en partie par l'éducation, à éteindre en eux-mêmes la voix de la conscience qui défend l'homicide. Quoique une sorte d'indulgence générale semble avoir couvert le crime de Charlotte Corday, surtout à cause de l'horreur inspirée par la victime, il n'en est pas moins vrai que c'est là un acte inspiré par une conscience *erronée*. Dans d'autres cas la conscience erronée, au lieu d'être le résultat du sophisme, vient au contraire du défaut de lumières; telles sont les erreurs de la conscience dans l'enfant, chez les peuples sauvages, ou même chez les peuples civilisés, qui les acceptent comme des traditions inattaquables. La conscience erronée se confond alors avec la conscience ignorante.

538. **La conscience ignorante.** — 3° On appelle conscience *ignorante* celle qui fait le mal, parce qu'elle n'a aucune connaissance du bien. Ainsi l'enfant qui tourmente les animaux ne le fait pas toujours par méchanceté; il ignore ou il ne pense pas qu'il les fait souffrir. Ainsi des sauvages qui, dit-on, tuent leurs vieux pères quand ils ne peuvent plus les nourrir : ils croient et ils veulent leur faire du bien en les empêchant de souffrir de la faim. Au reste, il en est du bien comme du mal : l'enfant est bon ou méchant avant d'avoir le discernement de l'un ou de l'autre. C'est ce que l'on appelle l'état d'innocence, qui est en quelque sorte le sommeil de la conscience. Mais cet état ne peut durer; il faut éclairer la conscience de l'enfant, et en général la conscience des hommes. C'est le progrès de la raison humaine qui nous apprend chaque jour à mieux connaître la différence du bien et du mal.

539. **La conscience douteuse.** — 4° Il arrive quelquefois que l'on est en quelque sorte partagé entre deux consciences; non pas entre le devoir et la passion, mais entre deux ou plusieurs devoirs. C'est ce qu'on appelle la conscience *douteuse* ou *perplexe*. Dans ce cas, la règle la plus simple, quand elle est praticable, est celle qui est exprimée par cette maxime célèbre : *Dans le doute, abstiens-toi.* Par exemple, si vous ne savez pas lequel est le meilleur de conserver une loi ou de la

changer, le mieux est de ne rien faire et de laisser les choses comme elles sont. Si vous avez à recommander deux personnes ayant exactement les mêmes titres, les mêmes mérites, et que le choix vous embarrasse, vous pouvez ou ne recommander ni l'une ni l'autre, ou les recommander toutes les deux. Dans les cas où il est impossible de s'abstenir absolument, et où il faut non seulement agir, mais choisir, la règle sera alors de toujours choisir le parti qui est le moins conforme à notre intérêt, car nous pouvons toujours supposer que ce qui rend notre conscience douteuse c'est un motif intéressé inaperçu. S'il n'y a d'intérêt ni d'un côté ni de l'autre, il ne reste plus alors qu'à se décider selon les circonstances. Mais il est bien rare que la conscience se trouve dans cet état de doute absolu, et presque toujours il y a plus de raison d'un côté que de l'autre, et la conscience penche naturellement du côté qui lui paraît le plus juste. C'est ce qu'on appelle alors la conscience *probable*. Sans nous perdre ici dans les difficultés qui ont été soulevées à ce sujet, nous dirons que la règle la plus simple et la plus générale est de choisir toujours le parti le plus probable [1].

540. **Autorité de la conscience.** — Quoique la loi morale soit obligatoire par elle-même, cependant nous ne pouvons lui obéir qu'à la condition de la connaître, c'est-à-dire à la condition qu'elle passe par notre conscience, qui seule décide dans chaque cas particulier. Dans l'ordre de l'action, l'autorité suprême appartient à la conscience. De là cette règle de Fichte :

« La loi formelle de la morale, dit-il, est celle-ci : Agis toujours conformément à la conviction de ton devoir (en d'autres termes : Agis toujours suivant ta conscience). Cette règle en comprend deux autres : Cherche d'abord à te convaincre de ce qui est ton devoir dans chaque circonstance ; une fois en possession de ce que tu crois ton devoir, fais-le, par cette seule raison que tu es convaincu que c'est ton devoir [2]. »

La seul critérium pratique possible de la moralité est donc la conviction actuelle, ou la conscience actuelle. Si l'on nous oppose que cette conscience doit s'éclairer en consultant la conscience des autres hommes, nous répondrons que c'est ce qui est déjà compris dans la règle, car c'est ma propre conscience qui

---

1. Voy. la dissertation de Nicole *sur la Probabilité* (*les Provinciales* avec les notes de Wendrock).
2. *System der Sittenlehre*, p. 142, 147.

me dit qu'il faut consulter la conscience des autres. Et d'ailleurs, il peut se présenter tel cas où la conscience d'un homme se sentant moralement supérieure à celle de tous les autres (Socrate par exemple), il ne peut pas, il ne doit pas la leur sacrifier.

Le principe de la conviction personnelle comme règle suprême du devoir n'exclut nullement cette pratique si recommandée par la religion, et que les philosophes eux-mêmes n'ont pas ignorée, à savoir, la *direction de conscience*[1]. Cette pratique est parfaitement conforme à l'expérience et au bon sens. Quoi de plus naturel que les plus sages guident et éclairent ceux qui le sont moins? Chacun de nous est naturellement disposé à se faire illusion à lui-même sur l'état de sa conscience; entraîné et plus ou moins aveuglé par ses passions, l'homme a besoin de se mettre en face d'un spectateur impartial et de généraliser les motifs de ses actions pour en apercevoir la valeur morale (523). Mais ce spectateur abstrait et invisible est bien froid; il est difficile à évoquer; il faut déjà être supérieur à ses passions et voir clair en soi-même pour être capable de sortir de soi et de se contempler avec un œil désintéressé. N'est-il pas plus efficace de se choisir un spectateur et un juge vivant et parlant, dont la conscience réveille la nôtre, dont l'autorité nous impose, et devant lequel nous craignons de rougir?

Tout cela est vrai; mais la direction de conscience ne doit être, ni chez celui qui l'entreprend, ni chez celui qui la recherche, un moyen de débarrasser l'individu de sa propre conscience en y substituant la conscience d'autrui. Toute direction doit avoir pour objet de rendre celui qui y consent capable de se diriger lui-même.

D'un autre côté, la règle « Obéis à ta conscience » ne signifie nullement qu'il faille agir à l'aveugle et sans raison; et il est obligatoire pour chacun de faire tous ses efforts pour connaître et choisir son véritable devoir et le distinguer du devoir apparent. Mais si loin et si profondément que soit porté cet examen, il faut qu'il finisse, car la nécessité de l'action est là : or, à ce dernier moment, l'examen étant épuisé, la réflexion ayant tout dit, quelle peut être, je le demande, la règle d'action? « Fais *ce que dois* », dira-t-on. — Soit; mais que dois-je? voilà le problème. Que l'on y réfléchisse; on y verra qu'il n'y a pas d'autre

---

[1] Voy. dans *les Moralistes sous l'empire romain*, de M. C. Martha, l'intéressant chapitre intitulé *Sénèque, directeur de conscience*.

règle que celle-ci : « Fais ce que tu *crois devoir* faire. » Ce qui revient à dire : « Obéis à la voix de la conscience. »

541. Conscience relative et conscience absolue. —

De ce que la conscience individuelle est le dernier juge quand il faut agir, devons-nous croire, avec l'école anglaise contemporaine [1], qu'elle est ce dernier juge d'une manière absolue ?

Selon nous, en accordant à la conscience le dernier mot dans la pratique, on ne contredit nullement par là la doctrine d'une vérité en soi, d'une morale en soi, aperçue plus ou moins bien par toutes ces raisons individuelles, qui se rapprochent les unes des autres à mesure qu'elles s'approchent du but commun.

Chaque homme, pris en particulier, ne peut et ne doit sans doute être jugé que sur sa conscience actuelle, et même il ne doit agir que suivant cette conscience; et, en ce sens, il est permis de dire que la moralité est subjective. Mais cette permission n'est accordée à la conscience actuelle que parce qu'on suppose qu'elle est comme l'anticipation et la représentation approximative et provisoire d'une conscience absolue qui connaîtrait immédiatement la vraie loi, telle qu'elle est en soi. C'est parce que l'agent, tout en suivant la conscience du moment, faute de mieux, a dans le fond l'intention d'agir suivant la conscience absolue (ce qu'il ferait s'il la connaissait), c'est pour cela, dis-je, que cette intention est réputée pour le fait. C'est en ce sens que Fichte a raison de dire que le seul devoir, c'est de vouloir agir conformément à son devoir.

Il est évident que cette assimilation de la conscience relative et individuelle avec la conscience absolue n'est légitime qu'à la condition que l'agent, tout en obéissant à la conscience actuelle, fasse continuellement tous ses efforts pour éclairer cette conscience et la rapprocher de la conscience absolue, sans jamais pouvoir assimiler entièrement l'une avec l'autre. Car si l'on ad-

---

1. M. Al. Bain, dans son livre *the Emotions and the Will* (ch. xv, 6), combat l'opinion du docteur Whewell qui, dans ses *Elements of morality*, avait dit : « Nous ne pouvons nous en rapporter à notre conscience individuelle comme à une dernière et suprême autorité : c'est seulement une autorité subordonnée et intermédiaire interposée entre la suprême loi et nos propres actions... La mesure morale n'est une mesure pour chaque homme que parce qu'elle est supposée représenter la suprême mesure... De même que chaque homme a sa raison par participation à la raison commune de l'humanité, de même chaque homme a sa conscience par participation à la conscience commune de l'humanité. » M. Bain s'inscrit en faux contre ces paroles. « Où est donc cette mesure suprême, demande-t-il? sur quoi est-elle fondée? Qu'on la produise. Est-ce une conscience modèle, semblable à « l'homme vertueux » d'Aristote ? Est-ce la décision d'un corps public chargé de décider pour la communauté? Nous réglons nos montres, dit encore le philosophe anglais, à l'observatoire de Greenwich; où est le type, la mesure, l'étalon d'après lequel chacun pourrait régler sa montre en morale? C'est un abus de langage. »

mettait en principe qu'il n'y a rien autre chose que des consciences individuelles, on ne verrait pas pourquoi l'une serait préférable à l'autre ; et même on ne verrait aucune raison de changer l'état moral des sociétés, puisque, toutes les consciences se valant, autant garder celle qu'on a que de passer à une autre. Tout au plus changerait-on de conscience comme on change de goûts.

Qu'est-ce donc que la conscience idéale, absolue, infaillible, la conscience du genre humain, comme l'appelle M. Whewell? C'est la conscience qui verrait immédiatement, intuitivement, ce que devrait faire l'homme idéal dans toute circonstance donnée, avec la même clarté et la même certitude que nous le voyons dans certaines circonstances particulières. Par exemple, supposons un ami qui va dénoncer par une calomnie son ami intime, et cela sans provocation, pour l'envoyer à la mort et s'enrichir de ses dépouilles comme délateur ; il n'est pas une conscience qui ne voie clairement ce que ferait l'homme idéal dans une telle conjoncture. Supposons maintenant une conscience telle, qu'elle pût saisir avec la même netteté ce que ferait l'homme idéal en toute circonstance : vous aurez la conscience idéale et absolue.

Une telle conscience n'est certainement pas plus réalisable dans la pratique que le type absolu auquel elle répondrait. De même qu'il n'y a pas d'homme parfait, il n'y a pas de conscience parfaite. Mais cette conscience, qui n'existe pas à l'état effectif et actuel, existe à l'état de tendance. C'est l'effort que fait l'humanité pour arriver à cet état de conscience parfaite qui sert à la dégager progressivement des égarements et des illusions de la conscience imparfaite. Si l'on n'admet pas quelque chose de semblable, nulle conscience ne peut être jugée supérieure à une autre conscience ; et, dès lors, point de progrès moral, non seulement pour l'espèce, mais même pour l'individu ; car pourquoi préférerais-je ma conscience d'aujourd'hui à celle d'hier, et pourquoi ferais-je effort pour atteindre un degré de conscience plus élevé? En un mot, pourquoi chercher à me perfectionner? Tout degré de perfectionnement moral est un perfectionnement de conscience : ce n'est pas seulement d'obéir à sa conscience qui est un devoir : c'est encore de rendre sa conscience de plus en plus délicate et exigeante ; c'est ce qui n'aurait pas de sens, si toute conscience avait la même valeur. Or on ne peut établir de degrés entre les consciences que par comparaison à une conscience type, vers laquelle on s'élève sans cesse sans l'atteindre jamais, et qui, toute latente qu'elle est, n'en est pas moins le principe moteur de l'activité morale.

542. Le sentiment moral. — Nous venons de voir que la conscience n'est autre chose que le discernement du bien et du mal dans les actions; c'est éminemment une faculté *pratique*, c'est-à-dire qu'elle se prononce toujours sur des actions réelles et précises, accomplies par nous-mêmes ou par d'autres et considérées comme présentes.

Le caractère de perception immédiate et soudaine que possède la conscience morale, et qui ressemble si bien à l'intuition des choses sensibles, a souvent donné lieu de comparer la conscience à un sens, et on l'a appelée, on l'appelle souvent encore le *sens moral*. On dit d'un homme qui n'a pas de moralité, qui ne manifeste ni scrupule ni remords en faisant le mal, qu'il est destitué du sens moral. Il y a en effet certains hommes qui, sous ce rapport, paraissent comme des aveugles et des sourds, auxquels tout discernement du bien et du mal semble avoir été refusé par la nature. L'analogie est si juste et si frappante, qu'on ne saurait se priver d'une telle expression. Remarquons cependant qu'il y a ici deux choses distinctes, quoique étroitement unies et peut-être inséparables : d'une part, le discernement du bien et du mal, qui est un véritable jugement, c'est-à-dire un acte intellectuel; de l'autre, les plaisirs ou peines, les émotions ou impulsions qui accompagnent ce jugement. Quoique peut-être à leur racine ces deux ordres de faits puissent se réduire à un seul, ils se distinguent néanmoins dans leur développement; car nous voyons souvent des hommes d'une conscience droite et sévère doués de peu de sensibilité; d'autres, au contraire, et surtout les femmes, ont une sensibilité morale très vive et très ardente mais un jugement incertain et sujet à fléchir dans les circonstances particulières. Nous réserverons le terme de *conscience* pour le discernement de l'esprit et nous embrasserons sous le terme de *sentiment moral* tous les phénomènes qui naissent de la sensibilité.

Ce qui caractérise toute espèce de sentiments, ce sont les deux phénomènes corrélatifs et opposés du plaisir et de la douleur; or il n'y a pas de plaisir et de douleur sans certains mouvements qui nous portent vers les objets ou qui nous en éloignent. Les sentiments moraux sont donc les diverses affections de plaisir, de douleur causées dans l'âme par la présence du bien et du mal, et les impulsions qui accompagnent et suivent ou précèdent ces affections.

543. Division des sentiments moraux. — On a distingué les sentiments moraux en deux classes, suivant qu'ils se rapportent *à nos propres actions* ou *aux actions d'autrui*.

Relativement à nos propres actions, les sentiments se modifient suivant que l'action est *à faire* ou qu'elle est *faite*. Dans le premier cas, nous éprouvons d'un côté un certain attrait pour le bien (quand la passion n'est pas assez forte pour l'étouffer), et de l'autre une répugnance ou aversion pour le mal (plus ou moins atténuée selon les circonstances par l'habitude ou par la violence du désir). Ces deux sentiments n'ont pas reçu de l'usage des noms particuliers : c'est le *sentiment du bien* et l'*aversion du mal*.

544. Satisfaction morale, repentir, remords. — Lorsque au contraire l'action est accomplie, le plaisir qui en résulte, si nous avons bien agi, est appelé *satisfaction morale*, et si nous avons mal agi, *remords* ou *repentir*.

Le remords est la douleur cuisante, et, comme l'indique le mot, la *morsure*[1] qui torture le cœur après une action coupable. Cette souffrance peut se rencontrer chez ceux-là mêmes qui n'ont aucun regret d'avoir mal fait et qui recommenceraient encore. Il n'a donc aucun caractère moral, et doit être considéré comme une sorte de châtiment infligé au crime par la nature elle-même.

Montaigne a peint d'une manière admirable les angoisses et les aiguillons du remords :

Il semblait à cet homme, nous dit-il, en parlant d'un coupable qui se croyait découvert, qu'au travers de son masque et des croix de sa casaque, on irait lire jusque dans son cœur ses secrètes intentions, tant est merveilleux l'effort de la conscience. Elle nous fait trahir, accuser et combattre nous-mêmes, et, faute de témoins étrangers, elle nous produit contre nous.

Occultum quatiens animo tortore flagellum[2].

Ce conte est en la bouche des enfants : Bessus, Pæonien, reproché d'avoir de gaieté de cœur abattu un nid de moineaux et les avoir tués, disait avoir eu raison, parce que ces oisillons ne cessaient de l'accuser faussement du meurtre de son père. Ce parricide, jusqu'alors, avait été occulte et inconnu ; mais les furies vengeresses de la conscience le firent mettre hors à celui même qui en devait porter la pénitence.

... Quiconque attend la peine, il la souffre, et quiconque l'a méritée, l'attend.

---

1. Du mot latin *mordeo, remordeo*, mordre à plusieurs reprises.
2. « Elle nous fouette d'un fouet secret, l'âme étant à elle-même son propre bourreau « Junal, sat. xiii, v. 195.

La méchanceté fabrique des tourments contre soi, comme la mouche-guêpe pique et offense aultruy, mais plus soi-même; car elle y perd son aiguillon et sa force pour jamais [1].

Montaigne dit encore avec une admirable énergie :

La malice s'empoisonne de son propre venin. Le vice laisse comme un ulcère en la chair, une repentance en l'âme qui toujours s'égratigne et s'ensanglante elle-même.

Le *repentir* est aussi, comme le remords, une souffrance qui naît de la mauvaise action; mais il s'y joint le *regret* de l'avoir accomplie, et le *désir* (sinon la ferme résolution) de ne plus l'accomplir.

Le repentir est une tristesse de l'âme; le remords est une torture et une angoisse. Le repentir est déjà presque une vertu; le remords est un châtiment; mais l'un conduit à l'autre, et celui qui n'a point de remords ne peut avoir de repentir.

Montaigne n'a pas moins énergiquement peint les joies de la *bonne conscience*.

Il y a, dit-il, je ne sais quelle congratulation de bien faire qui nous réjouit en nous-mêmes, et une fierté généreuse qui accompagne la bonne conscience. Une âme courageusement vicieuse se peut à l'aventure garnir de sincérité; mais, de cette complaisance et satisfaction, elle ne s'en peut fournir. Ce n'est pas un léger plaisir de se sentir préservé de la contagion d'un siècle si gâté et de dire en soi : « Qui me verrait jusque dans l'âme, encore ne me trouverait-il coupable ni de l'affliction et ruine de personne, ni de vengeance ou d'envie, ni d'offense publique des lois, ni de nouveauté et de trouble, ni de faute à ma parole... » Ces témoignages de la conscience plaisent, et nous est grand bénéfice que cette esjouissance naturelle, et le seul payement qui jamais ne nous manque [2].

545. Sentiment de l'honneur, honte. — Parmi les sentiments qui sont provoqués par nos propres actions, il y en a deux qui sont les auxiliaires naturels du sentiment moral, ou qui même en sont des parties essentielles : c'est le sentiment de *l'honneur*, ou le sentiment de la *honte*.

La *honte* est le sentiment opposé à celui de l'honneur : c'est ce que nous éprouvons quand nous avons fait quelque action qui nous abaisse non seulement aux yeux des autres, mais aux nôtres propres. Tout remords est plus ou moins accompagné de honte : cependant la honte est plus grande pour les actions qui semblent le signe d'une certaine bassesse d'âme. Par exemple,

---

1. Montaigne, *Essais*, liv. II, ch. v. — 2. Montaigne, *Essais*, liv. III, ch. II.

on sera plus honteux d'avoir menti que d'avoir frappé, d'avoir trompé au jeu que de s'être battu en duel.

> Qu'est-ce que l'honneur? C'est un principe qui nous détermine à faire les actions qui nous relèvent à nos propres yeux et à éviter celles qui nous abaissent. Le principe du devoir commande purement et simplement sans qu'il soit question de nous-mêmes. Le principe de l'honneur nous détermine d'après l'idée de notre grandeur. La vertu ne s'inquiète pas de la grandeur : elle est grande sans le savoir et sans y penser. Quelquefois la vertu exige le sacrifice de la grandeur, et lorsqu'on a failli elle commande l'humiliation [1] ; l'honneur ne va jamais jusque-là. Souvent même il nous fait sacrifier des devoirs très graves à une idée fausse et exagérée de notre propre grandeur. L'honneur est donc un principe moral très insuffisant et très incomplet.. C'est d'ailleurs un principe supérieur au désir de la réputation et même de l'estime : car l'honneur ne demande pas à être approuvé; il a cela de commun avec la vertu, qu'il se contente en lui-même. Il est encore différent du principe de l'amour-propre. L'amour-propre consiste à s'aimer soi-même, grand ou petit, et à prendre plaisir à tous ses avantages. L'honneur consiste à ne faire état que de ce qui est grand, non pas même des grands talents ou des grands avantages de la nature, mais seulement des grands sentiments et des belles actions [2].

La honte, par cela même, n'est pas toujours une mesure exacte de la valeur morale des actions; car pour peu qu'elles aient quelque éclat, l'homme a bien vite fait d'en dépouiller toute honte; c'est ce qui a lieu, par exemple, pour la prodigalité, pour le désordre, pour l'ambition. On fait le mal, non sans remords, mais avec une ostentation qui étouffe le sentiment de la honte.

Indépendamment des sentiments que nous venons d'énumérer et qui sont soit les mobiles, soit les résultats de nos actions, il y a des sentiments qui naissent du jugement que l'homme porte sur lui-même : par exemple, l'estime ou le mépris de soi-même. Mais, comme ces sentiments sont tout à fait du même genre que ceux que nous éprouvons pour les autres hommes, nous les examinerons surtout à ce second point de vue.

546. Sympathie, bienveillance, estime et mépris. — Les différentes formes du sentiment moral dans son rapport aux actions d'autrui sont des nuances délicates dont la délimitation appartient plus en quelque sorte à la littérature qu'à la science. Ce sont les divers degrés de plaisir ou de peine, d'amour ou de haine, suscités en nous par la vue ou le récit des ac-

---

1. Cette expression est peut-être un peu forte : il n'y a jamais humiliation à réparer le mal qu'on a fait; mais au point de vue du monde, on se croit souvent humilié de reconnaître qu'on a eu tort, de faire des excuses, etc. Et cependant la justice l'exige en certains cas.
2. Ce passage est extrait de notre livre de *la Famille*, VIe leçon.

tions présentes ou passées, et modifiés par les divers jugements que nous portons sur ces mêmes actions. Sympathie, antipathie, bienveillance, estime, mépris, respect, enthousiasme, indignation : telles sont les diverses expressions par lesquelles nous exprimons les divers sentiments de l'âme en présence de la vertu et du vice.

La *sympathie* est la disposition à ressentir les mêmes impressions que les autres hommes : sympathiser avec leur joie, c'est partager cette joie ; sympathiser avec leur douleur, c'est partager cette douleur. Il peut arriver que l'on sympathise avec les défauts des autres hommes, lorsqu'ils sont les mêmes que les nôtres ; mais en général les hommes sympathisent surtout avec les bonnes qualités, et n'éprouvent que de l'antipathie pour les mauvaises. Au théâtre, tous les spectateurs, bons ou mauvais, veulent voir la vertu récompensée et le crime puni. Le contraire de la sympathie est l'*antipathie*. La sympathie est un sentiment si voisin du sentiment moral, qu'un ingénieux philosophe écossais, Adam Smith, a fondé sur ce principe un système moral dont nous avons parlé plus haut (518).

La *bienveillance* est la disposition à vouloir du bien aux autres hommes. L'*estime* est une sorte de bienveillance, mêlée de jugement et de réflexion, que nous éprouvons pour ceux qui ont bien agi, s'il ne s'agit surtout que des vertus moyennes et convenables ; s'il s'agit de vertus plus hautes et plus difficiles, l'estime devient du *respect ;* s'il s'agit d'héroïsme, le respect se complique d'*admiration* et d'*enthousiasme ;* l'admiration est le sentiment d'étonnement que nous fait éprouver tout ce qui est nouveau et grand, et l'enthousiasme est le même sentiment plus passionné, et nous enlevant en quelque sorte à nous-mêmes, comme si un dieu était en nous [1]. Le *mépris* est le sentiment d'aversion que nous éprouvons pour celui qui agit mal ; il implique surtout qu'il s'agit d'actions basses et honteuses. Lorsqu'il s'agit d'actions condamnables, mais non odieuses, le sentiment que nous éprouvons est celui du *blâme*, qui, comme l'estime, est plus près d'être un jugement qu'un sentiment. Quand il s'agit enfin d'actions criminelles et révoltantes, le sentiment qu'elles provoquent est l'*horreur* ou l'*exécration*.

547. Le respect. — Entre ces différents sentiments, il en

---

[1]. Enthousiasme de ἐνθουσιάζω (ἐν θεῷ εἶναι).

est un surtout qui mérite d'être particulièrement étudié et dont le philosophe Kant a donné une très belle analyse : c'est le sentiment du respect. Nous reproduirons ici, en les résumant, les principaux résultats de cette analyse.

Le respect, dit Kant [1], s'adresse toujours aux personnes, jamais aux choses. Les choses peuvent exciter en nous de l'inclination et même de l'amour, quand ce sont des animaux (par exemple, des chevaux, des chiens, etc.), ou de la crainte, comme la mer, un voleur, une bête féroce, mais jamais de *respect*. Ce qui ressemble le plus à ce sentiment, c'est l'admiration, et celle-ci, comme affection, est un étonnement que les choses peuvent aussi produire, par exemple, les montagnes qui s'élèvent jusqu'au ciel, la grandeur, la multitude et l'éloignement des corps célestes, la force et l'agilité de certains animaux, etc. Mais tout cela n'est point du respect. Un homme peut aussi être un objet d'amour, de crainte ou d'admiration, et même d'étonnement, sans être pour cela un objet de respect. Son enjouement, son courage et sa force, la puissance qu'il doit au rang qu'il occupe parmi les autres peuvent m'inspirer ces sentiments, sans que j'éprouve intérieurement du respect pour sa personne. *Je m'incline devant un grand*, disait Fontenelle, *mais mon esprit ne s'incline pas*. Et moi j'ajouterai : Devant l'humble bourgeois, en qui je vois l'honnêteté du caractère portée à un degré que je ne trouve pas en moi-même, *mon esprit s'incline*, que je le veuille ou non, et si haut que je porte la tête pour lui faire remarquer la supériorité de mon rang. Pourquoi cela ? C'est que son exemple me rappelle une loi qui confond ma présomption, quand je la compare à ma conduite, et dont je ne puis regarder la pratique comme impossible, puisque j'en ai sous les yeux un exemple vivant. Que si j'ai conscience d'être honnête au même degré, le respect subsiste encore. En effet, comme tout ce qui est bon dans l'homme est toujours défectueux, la loi, rendue visible par un exemple, confond toujours mon orgueil ; car l'imperfection dont l'homme qui me sert de mesure pourrait bien être entaché ne m'est pas aussi bien connue que la mienne, et il m'apparaît ainsi sous un jour plus favorable. Le respect est un tribut que nous ne pouvons refuser au mérite, que nous le voulions ou non ; nous pouvons bien ne pas le laisser paraître au dehors, mais nous ne saurions nous empêcher de l'éprouver intérieurement.

Le respect est si peu un sentiment de plaisir qu'on ne s'y livre pas volontiers à l'égard d'un homme. On cherche à trouver quelque chose qui puisse en alléger le fardeau, quelque motif de blâme qui dédommage de l'humiliation causée par l'exemple que l'on a sous les yeux. Les morts mêmes, surtout quand l'exemple qu'ils nous donnent paraît inimitable, ne sont pas toujours à l'abri de cette critique. La loi morale elle-même, malgré son imposante majesté, n'échappe pas à ce penchant que nous avons à nous défendre du respect. Si nous aimons à la rabaisser jusqu'au rang d'une inclination familière, et si nous nous efforçons à ce point d'en faire un précepte favori d'intérêt bien entendu, n'est-ce pas pour nous délivrer de ce terrible respect qui nous rappelle si sévèrement notre propre indignité ? Mais, d'un autre côté, le respect est si peu un sentiment de peine, que, quand une fois nous avons mis à nos pieds notre présomption, et que nous avons donné à ce sentiment une influence pratique, nous ne pouvons plus nous lasser d'admirer la majesté de la loi morale, et que notre âme croit s'élever elle-même d'autant plus qu'elle voit cette sainte loi plus élevée au-dessus d'elle et de sa fragile nature. De grands talents, joints à une activité non moins grande, peuvent, il est vrai, produire aussi du respect ou du moins un sentiment analogue ; cela est même tout à fait convenable, et il semble que l'admiration soit identique ici avec ce sentiment. Mais en y regardant de plus près, on remarquera que, comme il est toujours impossible de faire exactement la part des dispositions naturelles, et celle de la cul-

---

[1] Kant, *Critique de la raison pratique*, trad. franç. de J. Barni, p. 252.

ture ou de l'activité personnelle, la raison nous la présente comme le fruit probable de la culture, et par conséquent comme un mérite qui rabaisse singulièrement notre présomption et devient pour nous un reproche vivant ou un exemple à suivre, autant qu'il est en nous. Ce n'est donc pas seulement de l'admiration que le respect que nous montrons à un homme de talent et qui s'adresse véritablement à la loi que son exemple nous rappelle. Et ce qui le prouve encore, c'est qu'aussitôt que le commun des admirateurs se croit renseigné sur la méchanceté du caractère d'un homme de cette sorte, il renonce à tout sentiment de respect pour sa personne, tandis que celui qui est véritablement instruit continue toujours à éprouver ce sentiment, au moins pour le talent de cet homme, parce qu'il est engagé dans une œuvre et suit une vocation qui lui fait en quelque sorte un devoir d'imiter l'exemple qu'il a devant les yeux. »

548. Le rôle du sentiment dans la morale : le stoïcisme de Kant. — Nous avons vu plus haut (517, 518) que le sentiment est un principe insuffisant pour fonder la loi morale. Est-ce à dire qu'il doive être complètement écarté et traité en ennemi? C'est le tort de la morale de Kant de jeter une sorte de défaveur sur les bons sentiments et sur les inclinations naturelles qui nous conduisent au bien spontanément et sans effort. Il ne reconnaît le caractère de la moralité que là où il y a obéissance au devoir, c'est-à-dire effort et lutte, ce qui implique en définitive résistance et rébellion ; car la lutte suppose l'obstacle. Veut-il nous donner la véritable idée du devoir de conservation personnelle : il nous représentera l'homme arrivé par le désespoir jusqu'à prendre sa vie en horreur, mais triomphant de cette misanthropie farouche et ne consentant à vivre que par respect pour la loi. De même aussi veut-il peindre le véritable devoir envers les hommes : il nous représentera une âme naturellement froide et insensible, qui, sans pitié et sans faiblesse, fait le bien des autres, parce que c'est son devoir, et par nul autre motif. Tout autre amour que celui qui se manifeste par des actes extérieurs est comme flétri par lui sous le nom d'amour *pathologique*. Il en vient jusqu'à dépouiller le mot touchant de l'Évangile : « Aimez-vous les uns les autres », de toute flamme de charité intérieure, pour le réduire exclusivement à des obligations externes, oubliant cette admirable parole de saint Paul : « Quand je donnerais tout mon bien pour être distribué aux pauvres, quand je livrerais mon corps pour être brûlé, si je n'ai pas la charité, tout cela ne me sert de rien. »

Une telle morale aurait pour effet de nous inspirer du scrupule et du remords pour nos bons sentiments, et même il semble qu'elle soit impossible, s'il n'y en a pas de mauvais. Le devoir y est partout représenté comme étant exclusivement une contrainte, un ordre, une discipline. Mais cette contrainte suppose évidemment une résistance de la sensibilité. Si nous n'avions pas de passions, qu'aurions-nous à vaincre? Celui qui n'a pas de goût pour les plaisirs de la table s'en prive tout naturellement, sans avoir besoin de la contrainte de la loi; celui qui n'a pas la passion du jeu n'a que faire du précepte qui défend de jouer; celui qui n'a jamais éprouvé le désir de la vengeance ne pense pas à la loi qui défend de se venger.

Il faudrait donc non seulement regretter ses bons sentiments, mais même désirer d'en avoir de mauvais, si l'on veut atteindre à la vraie moralité. Dans cette doctrine il y a aussi des élus et des réprouvés; seulement, les élus sont ceux qui sont nés avec des vices; les réprouvés sont ceux que la Providence a faits bons, pieux, naturellement sincères, naturellement courageux. Les premiers peuvent se donner à eux-mêmes une vraie valeur morale; les seconds jouissent d'une nature heureuse, mais le mérite et la moralité leur sont interdits.

On le voit, il y a dans cette morale une sorte de jansénisme rebutant, qui dépouille la vertu de ses grâces et de sa beauté, n'y voit que contrainte et sèche obéissance, au lieu d'y voir joie, bonheur et attrait. C'est une vertu de moine, pour laquelle la règle est tout. Ce n'est pas là la vertu des Grecs, d'un Socrate, d'un Platon, d'un Fénelon (car celui-là aussi est un Grec), vertu accessible et douce, vertu aimable et noble, vertu mêlée de rythme et de poésie : Ὁ φιλόσοφος μουσικός; le sage est un musicien. Ce n'est pas la vertu chrétienne, vertu de tendresse et de cœur, vertu de dévouement et de fraternité : « Aimez-vous les uns les autres. » Kant a eu raison de ne pas admettre un superflu au-dessus de la vertu[1]; il a eu tort de ne pas admettre ce superflu si nécessaire qui est l'amour même de la vertu.

On pourrait craindre que la revendication des droits du sentiment n'affaiblisse le principe de la moralité, c'est-à-dire l'énergie de l'action individuelle et le libre effort de la volonté. Ce serait une crainte chimérique. La prédominance des bons instincts, dans les meilleurs des hommes, laisse encore une assez grande place aux mauvais pour qu'il reste, et indéfiniment, une marge

---

[1]. Kant n'admet pas qu'au-dessus du devoir proprement dit il y ait un domaine libre (par exemple le dévouement), qui n'est pas strictement obligatoire. Nous sommes de son avis sur ce point. Il n'y a pas de luxe en morale. (Voy. sur cette question, notre livre de la Morale, liv. II, ch. II.)

suffisante aux obligations impérieuses de la loi et aux conquêtes morales du libre arbitre. Mieux vous avez été partagé par la nature, plus vous êtes tenu d'augmenter ce bien naturel par vos efforts pour conquérir ce qui vous manque. Les bons sentiments eux-mêmes sont encore une matière à lutte et à perfectionnement moral, puisque vous pouvez avoir à lutter contre leurs tentations mêmes; car la sensibilité est un piège en même temps qu'elle est un don. S'il est bien d'aimer les hommes, la raison et le devoir sont là pour vous dire qu'il ne faut pas sacrifier la vertu austère de la justice à la vertu aimable de la charité. S'il est bien d'aimer sa famille et ses amis, il n'en est pas moins obligatoire de ne leur sacrifier ni le bien des autres, ni l'intérêt même de votre propre vertu.

Il n'est donc point question de remplacer la morale du devoir par la morale du sentiment; nous ne nous élevons que contre l'exagération de Kant, qui exclut entièrement le sentiment du domaine de la moralité, et semble trop souvent confondre dans la morale le moyen avec le but. Le but, c'est d'arriver à être bons. Que si Dieu a commencé par nous faire tels en nous dispensant d'une partie des efforts à faire pour arriver au but, ce serait une morale très imparfaite que celle qui trouverait moyen de s'en plaindre, qui mettrait sur la même ligne les bons et les mauvais sentiments, et constituerait même un privilège en faveur de ceux-ci.

Le sentiment n'est donc pas, quoi qu'en dise Kant, l'ennemi de la vertu; il en est au contraire l'ornement et la fleur. Aristote a été à la fois plus humain et plus vrai lorsqu'il a dit : « L'homme vertueux est celui qui trouve du plaisir à faire des actes de vertu. » Il ne suffit pas d'être vertueux; il faut encore que le cœur trouve du plaisir à l'être. Que si la nature a déjà bien voulu faire pour nous les premiers frais, ce serait être bien ingrat que de lui en vouloir.

CHAPITRE IV

La vertu.

La règle des actions humaines, avons-nous dit, est le *devoir*. Nous connaissons cette règle par la *conscience;* nous l'accomplissons par la *liberté*. Cet accomplissement de la loi, lorsqu'il est persistant et fidèle, est ce que l'on appelle la *vertu*. La vertu est donc l'objet de la vie humaine, la fin que l'homme doit se proposer ici-bas d'atteindre et de réaliser.

La définition qui précède suffit pour nous donner une idée générale de la vertu; mais pour en mieux comprendre les caractères, examinons les différentes définitions que les philosophes en ont données et qui, pour la plupart insuffisantes, ont cependant le mérite d'exprimer les différents aspects de l'objet dont nous cherchons à nous faire une idée complète.

549. La vertu est une science. — La première définition qui se présente à notre examen est celle que Platon avait empruntée à Socrate, ou du moins dont il lui avait pris l'idée et qu'il a lui-même profondément développée. La vertu, disait-il, est la *science du bien;* le vice en est l'*ignorance*.

Il est incontestable, d'une part, que la science du bien est essentielle à la moralité; car comment ferait-on le bien sans le connaître? Il est certain, en outre, que le vice vient très souvent de l'ignorance; c'est pourquoi il est très important d'éclairer les hommes pour les améliorer. De plus, quoiqu'il soit très certain que lorsque nous jugeons les hommes, nous devons tenir compte de l'état de leur conscience, et que celui qui agit sincèrement suivant sa conscience n'ait aucun reproche à se faire, il n'est pas moins vrai, d'un autre côté, que l'on ne peut appeler *vertu*, dans le propre sens du terme, l'accomplissement du mal, lors même que le mal est pris pour le bien. On pourra peut-être excuser le fanatisme d'un Brutus ou d'un Ravaillac, s'ils ont agi sous l'inspiration de la conscience; mais personne ne considérera leur action comme un acte de vertu. On ne donnera pas ce beau nom à une bonne volonté aveugle, à d'honnêtes intentions funestes. Il faut donc reconnaître que la connaissance du bien est une des conditions essentielles de la vertu.

Telles sont les raisons que l'on peut donner en faveur du principe de Platon; mais elles ne suffisent pas à le justifier complètement, car Platon ne dit pas seulement que la connaissance est indispensable à la vertu, mais qu'elle est la vertu même. Cela est évidemment excessif et contraire à l'expérience. Connaître le bien ne suffit pas, il faut le vouloir. Il ne suffit pas de le vouloir en général, il faut s'efforcer de l'accomplir, et c'est cet effort que l'on peut considérer comme la source de la moralité humaine. *Video meliora proboque, deteriora sequor*[1], dit la *Médée* d'Ovide : « Je ne fais pas le bien que j'aime, et je fais le mal que je hais, » dit Racine traduisant saint Paul. Ces deux paroles célèbres expriment un état psychologique inconciliable avec la théorie de Platon. Celui-ci n'a pas ignoré cet état : il le décrit même dans son dialogue des *Lois*, et cependant il ne renonce pas à sa théorie. « Voici, dit-il, la plus grande ignorance : c'est lorsque, tout en jugeant qu'une chose est belle ou bonne, au lieu de l'aimer on l'a en aversion, et encore lorsque l'on aime et qu'on embrasse ce qu'on reconnaît mauvais et injuste[2]. » Voilà le fait bien reconnu et parfaitement décrit. Mais n'est-ce point le qualifier étrangement que d'appeler cette opposition de la raison et du désir la dernière ignorance? Est-ce ignorance que de connaître qu'une chose est mauvaise et la choisir, qu'une chose est bonne et s'en détourner? Aussi Platon refuse-t-il ordinairement d'admettre que l'homme qui fait le mal ait la vraie connaissance du bien. Il rejette cette expression de toutes les langues : « être vaincu par le plaisir ». Il demande si l'homme peut fuir volontairement ce qu'il sait lui être bon ou avantageux, ou rechercher volontairement ce qu'il sait lui être mauvais ou nuisible, oubliant que le bon ou le mauvais ne sont pas toujours la même chose que l'utile ou le nuisible, et surtout que le plaisir ou la douleur. Aussi ces principes l'entraînent-ils à de fâcheuses conséquences. Il affirme que la méchanceté est involontaire. « Personne, dit-il, n'est méchant parce

---

1. Je vois et j'approuve le mieux, et je fais le pire. — 2. *Lois*, liv. III.

qu'il le veut; on le devient ou par une mauvaise disposition du corps, ou par suite d'une mauvaise éducation, malheur qui peut arriver à tout le monde, malgré qu'on en ait. » Sans doute cela est vrai dans beaucoup de cas, mais non dans tous; et l'on peut dire même d'une manière générale que si, dans tous les hommes, il y a une part de vice qui vient de l'ignorance, il y en a une aussi qui vient de la volonté.

550. **La vertu est une harmonie.** — Si Platon s'est trompé, ou du moins s'il a été au delà du vrai en réduisant la vertu à la science, en revanche il a mis en lumière d'une manière admirable l'un des caractères essentiels de la vertu, un de ses traits les plus aimables : l'*harmonie*, l'*accord*, l'*équilibre* qu'elle établit dans l'âme. La vertu, dit-il, est la santé de l'âme, le vice en est la maladie. La vie de l'homme a besoin de nombre et d'harmonie; le sage est un musicien.

Cette belle idée de l'ordre et de l'accord dans la vie, comme loi suprême de la vertu, est absolument contraire à la doctrine exagérée des mystiques et des stoïciens, pour laquelle la vertu est le renoncement, le détachement, la mort à soi-même [1]. Ce n'est pas assez de se détacher des vices et des excès des passions, il faudrait se séparer encore de la source de tout vice et de toute passion, c'est-à-dire du corps, de la vie extérieure qui sème les tentations sous nos pas. Voilà l'âme réduite à elle seule. Est-elle tranquille, rassurée? Non; car la source des passions et des désirs reste encore dans la sensibilité. Il faudra donc la tarir en écartant autant que possible de son cœur tous les sentiments. Mais l'intelligence elle-même n'est-elle pas à son tour le principe de mille vices : le doute, l'orgueil, la fausse science? Retranchons donc encore cette racine malade. Que reste-t-il? Moi et ma volonté. Vaine illusion? Tant que le moi subsiste, l'amour-propre vit en lui, et il sait prendre les figures les plus changeantes et les moins reconnaissables plutôt que de périr à soi-même.

Rien de si caché que ses desseins, dit la Rochefoucauld, qui le connaissait bien; rien de plus habile que ses conduites; ses souplesses ne se peuvent représenter; ses transformations passent celles des métamorphoses, et ses raffinements ceux de la chimie. Il vit de tout et il vit de rien : il s'accommode des choses et de leur privation; il passe même dans le parti des gens qui lui font la guerre, il entre dans leurs desseins et, ce qui est admirable, il se hait lui-même avec eux; il conspire sa perte, il travaille lui-même à sa ruine; il ne se soucie que d'être, et

[1]. Nous ne critiquons ici que les excès du mysticisme, et non ce qu'il a de légitime.

pourvu qu'il soit, il veut bien être son ennemi. Il ne faut donc pas s'étonner s'il se joint quelquefois à la plus rude austérité, et s'il entre si hardiment en société avec elle pour se détruire, parce que, dans le même temps qu'il se ruine en un endroit, il se rétablit en un autre [1].

Voilà l'ennemi qu'il faut étouffer si l'on veut surprendre à sa source le principe d'où naissent tous les déréglements. Mais, lorsqu'on l'aura détruit, si l'on y réussit (ce qui est impossible), on aura détruit l'homme lui-même et il ne restera plus rien. Ce n'est pas là la vertu : que la raison conseille et avoue c'est un *fantôme à effrayer les gens*, et il est impossible que la perfection d'un être consiste à s'anéantir. Ces différents excès sont ceux où se sont laissé entraîner les alexandrins [2], les quiétistes [3], les faux mystiques [4] de tous les temps, et même, à un point de vue différent, les stoïciens eux-mêmes, lorsque, exagérant le principe du devoir, ils recommandaient le retranchement de toutes les passions.

A parler humainement, il ne nous semble pas que la vertu exige d'autre détachement que celui du mal, et quoiqu'il soit vrai de dire qu'il faut surveiller le mal à sa racine, il ne faut pas oublier que dans l'homme la source du mal est en même temps la source du bien. Je prends à témoin le corps lui-même, ce grand ennemi, selon les mystiques. Sans doute il n'y a guère lieu de le réhabiliter, comme s'il en était besoin et qu'il eût jamais perdu son crédit; mais, sans tomber dans les rêveries de certains matérialistes illuminés, on peut faire observer simplement que le corps est aussi utile à l'homme qu'il peut être dangereux. Il en est de même du sentiment, de la passion, de l'homme tout entier. Ce qui importe, ce n'est pas de supprimer les instruments, les ressorts de notre activité, de détruire l'activité elle-même et de faire de l'homme, avant le temps, un arbre mort ; c'est d'apprendre à l'homme à user convenablement de toutes ces choses, à connaître le prix de chacune d'elles, à les estimer et à les cultiver selon leur excellence. Ainsi la raison déclare que le corps doit être le serviteur de l'âme, et non l'âme la servante du corps : mais un serviteur n'est pas un ennemi. Elle nous dit que tous les

---

1. La Rochefoucauld, *Maximes supprimées*. (Éd. Hachette, t. I, p. 243.)
2. Les alexandrins, philosophes de l'école d'Alexandrie, ont renouvelé le système de Platon en l'interprétant dans le sens du mysticisme oriental.
3. Les quiétistes, secte hérétique du XVIIe siècle, fondée par Molinos, et à laquelle se sont associés madame Guyon et Fénelon. Cette école demandait un amour de Dieu ni pur et si désintéressé qu'il allait jusqu'à devenir indifférent au salut.
4. Sur les faux mystiques, voy. le beau livre de Bossuet : *Instruction sur les états d'oraison*.

sentiments qui nous attachent à la vie, à la famille, à la patrie, au genre humain, doivent être respectés dans les limites fixées par la raison; elle nous dit aussi qu'il est beau de cultiver son intelligence, mais sans préjudice de l'activité et de la vertu. Ainsi une morale saine permet à l'homme de faire usage de tout ce qu'il rencontre en lui-même, sous la surveillance et la censure de la conscience. Ainsi entendue, la vertu n'est plus la guerre violente de l'homme contre lui-même, la séparation de ce qui est uni par la nature, un retranchement impossible de ce qui est indispensable à la vie : c'est une belle lutte contre la tyrannie du corps, contre les excès des passions, contre les présomptions de la science, contre les tentations de nos facultés, qui aspirent toutes à sortir de leur rôle et à déplacer leur rang; c'est un équilibre, une harmonie, une paix, imités de la paix et de l'harmonie de l'univers.

C'est encore en ce sens que l'on peut dire avec Platon que la vertu est l'*imitation de Dieu;* car, Dieu étant le principe de tout ordre et de toute harmonie, mettre en nous l'ordre et l'harmonie, c'est imiter Dieu autant qu'il nous est possible.

551. **La vertu, habitude et juste milieu.** — Après Platon, Aristote a défini la vertu « une habitude ». C'est encore une remarque excellente et vraie. Un acte particulier peut être bon, mais il n'est pas la vertu. La disposition à accomplir de loin en loin quelque acte de vertu n'est pas non plus la vertu; sans quoi tous les hommes seraient vertueux. Il faut une disposition constante, suivie d'effet, à bien faire. Cette vue complète et précise celle de Platon. Qu'est-ce que l'équilibre de toutes les facultés de l'âme? C'est l'habitude de chacune d'elles en particulier de ne point dépasser ses limites légitimes. L'équilibre de l'âme n'est pas l'état d'un moment, c'est un état constant qui naît de l'habitude. Mais il ne faut pas confondre l'habitude avec la routine. Celui-là n'est pas vertueux qui, comme une machine, fait toujours la même chose de la même manière sans se rendre compte du motif de ses actions : c'est là cette « ombre de vertu » dont parle Platon dans le *Phédon* (σκία ἀρετῆς). La vertu véritable a toujours conscience d'elle-même, même lorsqu'elle est le plus facile et le plus naturelle. La vertu, pour devenir une habitude, a dû d'abord ne pas en être une; elle a été un effort, qui, souvent victorieux, est devenu facile. La définition d'Aristote exprime la victoire et non la lutte. Et, en effet, la lutte n'est pas encore la

vertu, mais l'effort de celui qui y aspire. « Les dieux, dit Hésiode, ont mis la peine et la douleur au-devant de la vertu. »

Aristote ajoute à sa définition de la vertu un autre caractère, celui du *juste milieu*. C'est là un principe juste, mais trop vague : car où est le milieu? Voilà la question. Aristote nous dit que, dans la détermination du milieu, il faut prendre garde à toutes les circonstances qui accompagnent l'action. Ce qui est le milieu pour celui-ci ne l'est pas pour celui-là. Cette formule revient à dire qu'il faut chercher en tout le convenable, c'est-à-dire ce qui est bon. Elle ne sert donc pas à fixer d'une manière plus exacte le point juste où doit viser la vertu ; mais elle nous donne cependant un caractère extrinsèque qui n'est pas sans importance.

Signalons encore quelques autres définitions plus modernes de la vertu.

552. Autres définitions. — Malebranche définit la vertu l'*amour de l'ordre*. Cette définition n'est pas fausse, mais il faut l'expliquer. Sans doute il faut aimer l'ordre, mais l'essentiel de la vertu, c'est la volonté énergique de se conformer à l'ordre. Que cette volonté soit aidée et sollicitée par l'amour, soit ; mais elle ne doit pas se confondre avec celui-ci ; sans quoi la vertu ne serait plus qu'une disposition naturelle plus ou moins vive, et non plus une habitude acquise par la volonté. Le principe de cette erreur est dans une confusion déjà signalée plus haut (231) entre le désir et la volonté ; mais si l'on entend ici par *amour de l'ordre* une habitude conquise par l'effort, il sera très vrai de dire que la vertu consiste à aimer l'ordre et à y trouver son plaisir.

Spinosa définit la vertu par la *puissance*, et la puissance est « l'effort que fait l'âme pour persévérer dans son être et pour l'accroître ». Cette définition est vraie en un sens, car il est certain que la vertu est une *force*, et que cette force consiste à conserver et à accroître la perfection humaine ; mais il faut ajouter que cette puissance est libre et qu'elle n'est pas seulement le développement nécessaire de la nature des choses, comme le croit Spinosa.

Une autre définition de la vertu est celle que donne David Hume, qui appelle de ce nom toute qualité agréable ou utile à nous-mêmes ou aux autres. C'est là en effet le sens de *virtus* chez les anciens, quoique ce terme fût plus ordinairement appliqué aux qualités énergiques. Cette définition détruit l'idée de vertu au point que ce philosophe va presque jusqu'à y ramener les avantages du corps et de l'esprit : ainsi la santé, la beauté, la gaieté seront des vertus.

Une idée plus vraie de la vertu est celle de Kant, qui nous la représente comme une obéissance aux commandements de la raison. L'homme est partagé entre la raison et la sensibilité, mais elles n'agissent pas sur lui de la même manière : l'une entraîne, l'autre ordonne; c'est parce que la sensibilité entraîne, que la raison ordonne, prend une forme impérative et se présente comme une discipline; car, si la volonté n'était pas partagée, la raison n'aurait qu'à se montrer pour être suivie; mais aux séductions de la sensibilité elle est obligée d'opposer une sorte de contrainte, non matérielle, mais morale, c'est-à-dire un ordre et une discipline. Le commandement appelle l'obéissance. Cette manière de représenter la vertu ne la rabaisse pas et ne doit pas humilier l'homme : car l'obéissance à la raison n'est pas une servitude, et il n'y a d'humiliant que la servitude. L'obéissance de la volonté est l'acte par lequel elle se met elle-même au rang des personnes morales : elle se relève donc en obéissant; la contrainte qu'elle subit n'est pas une force ou une menace. Tout motif de crainte ou de soumission à la puissance, non à la raison, est servile, et par conséquent immoral; la volonté est souverainement libre en obéissant à un commandement, parce qu'il est raisonnable.

N'exagérons pas cependant l'idée comprise dans le mot d'obéissance à la loi. Kant veut que l'homme ne soit qu'un soldat qui obéit à la discipline et va au combat par ordre, et non par un amour naturel du péril et de la gloire. Je reconnais que cet amour, s'il est indépendant de l'obéissance à la loi, n'a rien de moral; mais l'obéissance toute seule sans amour (546) est-elle la moralité absolue? Il suivrait de ces principes non seulement que l'homme peut être vertueux sans aucune inclination vers le bien, mais encore que c'est là le plus haut degré de la vertu. La perfection morale serait l'*apathie*. Mais le bien n'est pas seulement un principe impératif; c'est encore un principe d'amour et d'enthousiasme. L'obéissance est bien la condition fondamentale de la vertu; mais celle-ci n'est complète que lorsqu'elle est accompagnée d'inclination vive et facile vers le bien. Ce qui est vrai de la vertu en général est vrai de toutes les applications de la vertu. Ainsi il faut faire du bien aux hommes, sinon par amour, mais au moins avec amour. En un mot, selon le mot d'Aristote, l'homme vertueux *est celui qui trouve du plaisir à pratiquer la vertu*. Kant admet aussi, à la vérité, le devoir de l'amour; mais il ne veut que d'un amour *pratique*, c'est-à-dire qu'il réduit l'amour aux actes extérieurs et supprime le sentiment. Il ne veut pas de ce qu'il appelle bizarrement l'amour *pathologique*, et il a raison s'il entend par là une sensibilité maladive et exagérée; mais il y a un amour tout moral, qui a son siège non dans le tempérament, mais dans l'âme elle-même, et qui embellit l'obéissance à la loi. Là est la beauté et la vérité de la morale chrétienne. Kant dit que l'amour ne se commande pas. Cela est vrai. Mais les germes de l'amour sont dans toutes les âmes, et l'on peut tout aussi bien nous obliger à les développer qu'à développer les bonnes habitudes et les bonnes volontés. Ainsi, le commencement de la vertu est bien, à la vérité, l'effort de la volonté; mais le but est la facilité de la volonté et la pratique non pas contrainte, mais agréable du bien. Enfin la morale de Kant, qui est si austère, ne doit pas être accusée sans doute de placer trop bas l'idéal de la moralité; mais on pourrait craindre que cette belle morale ne dégénérât en sécheresse et ne prêtât son principe à un pur formalisme et à une servile légalité.

CHAPITRE V

Le mérite et le démérite.

553. Le mérite et le démérite. — On définit généralement le mérite la qualité en vertu de laquelle un agent moral se rend *digne* d'une récompense ; et le démérite serait, au contraire, en vertu de cette définition, la qualité par laquelle un agent moral se rendrait en quelque sorte *digne* de punition. En d'autres termes, le mérite ou le démérite seraient le rapport que l'agent moral peut avoir soit avec la récompense, soit avec le châtiment.

Je crois que la précision des idées veut qu'on considère l'idée de mérite ou de démérite en elle-même, indépendamment de la récompense ou de la punition.

Pour bien comprendre ces deux idées, il faut savoir que les objets de la nature ont déjà en eux-mêmes, avant toute action morale, une certaine valeur proportionnée à l'excellence de leur nature.

Les choses se distinguent les unes des autres, comme l'a fait remarquer Malebranche, non seulement par la grandeur ou la quantité, mais encore par la perfection ou la qualité. De là une double série de rapports : *rapports de grandeur*, qui sont l'objet des mathématiques ; *rapports de perfection* ou d'excellence, qui sont l'objet de la morale.

<small>Une bête, dit Malebranche, est plus estimable qu'une pierre et moins estimable qu'un homme, parce qu'il y a un plus grand rapport de perfection de la bête à la pierre, que de la pierre à la bête, et qu'il y a un moindre rapport de perfection entre la bête comparée à l'homme, qu'entre l'homme comparé à la bête. Et celui qui voit ces rapports de perfection, voit des vérités qui doivent régler son estime, et par conséquent cette espèce d'amour que l'estime détermine. Mais celui qui estime plus son cheval que son cocher, ou qui croit qu'une pierre en elle-même est plus estimable qu'une mouche... tombe nécessairement dans l'erreur et dans le déréglement. (*Morale*, ch. I, 23.)</small>

Non seulement les choses ou les êtres ont entre eux certains rapports d'excellence ou de perfection, mais dans un même être les diverses qualités qui le composent ont également des rapports du même genre; c'est ainsi que dans l'homme nous trouvons l'âme préférable au corps, le cœur aux sens, la raison à la passion, etc. Il y a donc là aussi une échelle dont les degrés doivent mesurer les degrés de notre estime, et par conséquent régler nos actions conformément à cette estime.

Chaque être ayant reçu de la nature un certain degré d'excellence, ce qui caractérise l'homme entre tous les êtres, c'est qu'il est capable, par sa volonté, de s'élever au-dessus du degré d'excellence qu'il a reçu individuellement et de s'approcher indéfiniment du plus haut état que l'on peut concevoir dans la nature humaine : de même aussi il peut descendre au-dessous. Dans le premier cas il gagne en valeur et en excellence ; dans le second il perd et s'abaisse : il sacrifie quelque chose de son prix.

J'appelle *mérite* l'accroissement volontaire de notre excellence intérieure; j'appelle *démérite* la diminution volontaire de cette excellence. C'est une sorte de *hausse* ou de *baisse* morale, pour emprunter une image à la langue financière. Le prix moral de l'homme, sa valeur morale, est en effet susceptible, comme les valeurs économiques, de monter ou de redescendre, et cela par le seul fait de notre volonté. Celui qui fait le bien gagne en valeur, il a du *mérite* : son action est *méritoire*. Celui qui fait le mal perd son mérite : son action est *déméritante*.

Le *démérite* n'est pas seulement l'absence du mérite, le non-mérite. L'absence de mérite consiste à ne faire ni bien ni mal, ce qui a lieu dans les actions que l'on appelle indifférentes. Le démérite n'est pas une simple négation, un défaut, un manquement : c'est en quelque sorte ce qu'on appelle en mathématique une quantité négative, laquelle n'est pas un pur rien ; car une *dette* n'est pas seulement un *non-avoir ;* une perte n'est pas une *non-acquisition*. Ce sont là des quantités *en moins*. Le démérite est donc un mérite en moins, une perte réelle, une diminution.

Un animal déraisonnable ne pratique aucune vertu, dit Kant; mais cette omission n'est pas un démérite, car il n'a violé aucune loi intérieure : il n'a pas été poussé à une bonne action par un sentiment moral, et le zèle ou l'omission n'est qu'une pure négation. Il n'en est pas de même de l'homme [1].

1. Kant, *des Quantités négatives en philosophie* (Mélanges de Logique, trad. franc. de Tissot, p. 153).

554. Le mérite et l'obligation. — On a posé quelquefois ce principe que le mérite est en raison inverse de l'obligation, de telle sorte que là où l'obligation serait absolument rigoureuse, par exemple de ne pas voler ou ne pas tuer, le mérite serait en quelque sorte égal à zéro ; tandis que si l'action est toute de dévouement, le mérite est extrême, précisément parce que le dévouement n'est pas obligatoire. Ainsi, il y aurait deux sortes de bonnes actions, les unes obligatoires, les autres non. Le bien serait accompagné du devoir jusqu'à une certaine limite : au delà il n'y aurait plus de devoir, mais un champ libre ouvert à la vertu et par conséquent au mérite. Le *méritoire* s'opposerait donc à l'*obligatoire*.

Nous n'admettons pas, quant à nous, cette théorie. Il n'y a pas d'actions obligatoires qui ne soient pas méritoires; il n'y a pas d'actions purement méritoires qui ne soient pas obligatoires. Enfin nous n'admettons pas davantage que le mérite soit en raison inverse de l'obligation[1].

Est-ce à dire qu'il n'y ait pas de degré dans le mérite, et que toutes les actions bonnes soient également méritantes? Non, sans doute ; mais ici nous ne connaissons qu'une règle : *le mérite est en raison composée de la difficulté et de l'importance du devoir.* Pourquoi, par exemple, a-t-on très peu de mérite à ne pas s'approprier le bien d'autrui? Parce que l'éducation sur ce point nous a tellement façonnés, que la plupart des hommes n'éprouvent aucune tentation de ce genre[2], et que, même eût-on une tentation semblable, on aurait honte d'en revendiquer publiquement le mérite. Pourquoi y a-t-il un grand mérite à sacrifier sa vie au bonheur des autres hommes? Parce que nous avons une très vive attache à la vie et un sentiment relativement très faible d'amour pour les hommes en général. Sacrifier ce que nous aimons beaucoup à ce que nous aimons peu, par une vue de devoir, est évidemment très difficile ; c'est pourquoi nous trouvons dans cette action un très grand mérite.

Ce qui prouve que c'est la difficulté, et non pas le plus ou moins d'obligation de l'action, qui fait le mérite des actes, c'est qu'une action rigoureusement obligatoire peut avoir le plus haut

---

1. Voy. dans notre traité *de la Morale* la réfutation de la théorie des *devoirs stricts* et des *devoirs larges*, et de cette autre théorie que le bien est au-dessus du devoir et a une sphère plus étendue (liv. II, ch. II et III).

2. Au moins sous la forme grossière du *vol* ; la *conquête* est encore considérée comme glorieuse :

Ce sont là jeux de prince :
On respecte un moulin, on vole une province.

degré de mérite, si elle est très difficile et si elle coûte beaucoup d'efforts. Par exemple, rien de plus obligatoire que la justice. Rendre à chacun le sien est une des maximes élémentaires de la morale. Cependant, supposez qu'un homme ait joui en toute sûreté de conscience, pendant une longue vie, d'une grande fortune qu'il croit sienne et dont il fait le plus noble usage, et qu'au seuil de la vieillesse il apprenne tout à coup que cette fortune n'est pas à lui. Supposez, pour rendre l'action plus difficile, qu'il le sache seul, et puisse par conséquent, en toute sécurité, la garder, s'il le veut : aggravez la situation en supposant que cette fortune appartient à des héritiers dans la misère, et que ce dépositaire, une fois dépouillé, soit lui-même réduit à la dernière misère. Imaginez enfin toutes les circonstances qui rendent à la fois le devoir et plus strict et plus difficile ; vous aurez alors une action tout aussi méritoire que peut l'être le dévouement le plus libre et le moins strictement exigé.

Il est évident aussi que ce n'est pas seulement la difficulté de l'action qui en fait le mérite : c'est encore l'importance du devoir lui-même. Le mérite de la difficulté vaincue n'a pas plus de valeur en morale qu'en poésie, quand il est tout seul. On peut sans doute s'imposer une sorte de gymnastique morale, et par conséquent des épreuves très difficiles, quoique inutiles en définitive ; mais ce n'est qu'à titre d'épreuves et d'exercices, et non pas comme devoirs ; et encore faudra-t-il que ces épreuves aient quelques rapports à la vie à laquelle on est destiné. Par exemple, qu'un missionnaire ou un voyageur appelé à braver toute sa vie tous les climats, tous les dangers, s'y exerce d'avance par des entreprises hardies et téméraires, de telles entreprises sont raisonnables et méritoires. Mais celui qui par bravade, par ostentation, sans aucun but scientifique, s'imposerait de gravir des montagnes inaccessibles, de traverser un bras de mer à la nage, de lutter ouvertement avec des bêtes féroces, etc., accomplirait des actions qui ne seraient pas sans mérite, puisqu'elles seraient courageuses, mais dont le mérite n'équivaudrait pas à celui que nous attribuerions à d'autres actions moins difficiles, mais plus sages.

Deux éléments doivent donc se rencontrer dans l'action pour en constituer le mérite : la *difficulté*, et la *valeur intrinsèque*.

Quant au démérite, il est en raison de la gravité des devoirs et de la facilité à les accomplir : c'est pourquoi il est en quelque sorte en raison inverse du mérite. Lorsqu'une action est très peu méritoire, l'action contraire est très démérilante, et réciproquement.

D'après ces principes, on peut déterminer de la manière suivante l'évaluation des actions morales.

555. **Qualification des actions morales.** — Les actions humaines se divisent en deux classes : les *bonnes* et les *mauvaises;* c'est une question entre les moralistes de savoir s'il y en a d'*indifférentes*.

Parmi les actions bonnes, les unes sont *belles, héroïques, sublimes,* les autres *convenables, droites et honnêtes;* parmi les mauvaises, les unes sont simplement *condamnables,* les autres *honteuses, hideuses, criminelles;* enfin, parmi les indifférentes, les unes sont *agréables* et *permises,* les autres sont *nécessaires* et *inévitables.*

Donnons quelques exemples pour bien faire comprendre ces différents caractères des actions humaines.

Un juge qui rend la justice sans partialité, un marchand qui ne vend sa marchandise que ce qu'elle vaut, un débiteur qui s'exécute régulièrement avec son créancier, un soldat exact à la manœuvre, obéissant à la discipline et fidèle à son poste en temps de paix, un écolier qui fait régulièrement le devoir qui lui a été commandé, toutes ces personnes accomplissent des actions bonnes et louables, mais non extraordinaires. On les approuve, on ne les admire pas. Diriger économiquement sa fortune, ne pas trop accorder aux plaisirs des sens, ne pas mentir, ne pas blesser ou frapper nos semblables, sont autant d'actions bonnes, droites, convenables, dignes d'estime, non d'admiration.

A mesure que les actions deviennent plus difficiles, elles deviennent plus belles; et si elles sont très difficiles, on les appelle héroïques et sublimes, pourvu d'ailleurs qu'elles soient bonnes; car on emploie quelquefois l'héroïsme à faire le mal. Celui qui, comme de Harlay, dit en face à un usurpateur tout-puissant : « C'est grand'pitié quand le valet chasse le maître; » celui qui, comme le vicomte d'Orthez, répond à Charles IX après la Saint-Barthélemy : « Mes soldats ne sont pas des bourreaux; » celui qui, comme Boissy d'Anglas, maintient d'une manière ferme et inébranlable le droit d'une assemblée en face des violences sanguinaires d'une populace ameutée; celui qui, comme Morus ou Dubourg, aime mieux mourir que de sacrifier sa foi; celui qui, comme Colomb, brave un océan inconnu et la révolte d'une troupe grossière et superstitieuse pour obéir à une conviction généreuse; celui qui, comme Alexandre, croit assez à l'amitié pour recevoir des mains de son médecin une boisson que l'on dit empoisonnée; tout homme qui se dévoue pour ses semblables, qui, dans le feu, dans l'eau, dans les profondeurs de la terre, brave la mort pour sauver la vie; qui, pour répandre la vérité, pour rester fidèle à la foi, pour servir ou la religion, ou la science, ou l'humanité, ne recule pas devant la faim, la soif, la misère, l'esclavage, les tortures ou la mort, est un *héros*.

Épictète, le célèbre stoïcien, était esclave. Son maître, pour une négligence, le fit frapper : « Vous allez me casser la jambe, » dit-il : ce fut ce qui arriva. « Je vous avais bien dit que vous la casseriez, » reprit paisiblement l'esclave. Voilà un héros. Jeanne d'Arc, vaincue, prisonnière, menacée du feu, disait en face à ses bourreaux : « Je sais bien que les Anglais me feront mourir; mais fussent-ils cent mille *goddem*, ils n'auront pas ce royaume. » Voilà une héroïne.

Les actions mauvaises ont également leurs degrés. Mais ici il est assez digne de remarque que les plus détestables sont celles qui s'opposent aux actions simplement bonnes : au contraire, une action qui n'est pas héroïque n'est pas pour cela nécessairement mauvaise; et quand elle est mauvaise, elle n'est pas ce qu'il y a de plus criminel. Quelques exemples sont encore nécessaires pour comprendre ces nuances, dont tout le monde a le sentiment et que l'on reconnaît très bien dans la pratique, mais qui sont assez difficiles à analyser théoriquement.

Être respectueux, par exemple, envers ses parents, c'est une action bonne et honnête, mais non héroïque. Au contraire, les frapper, les insulter, les tuer, sont des actions abominables, du nombre des plus basses et des plus hideuses que l'on puisse commettre. Aimer ses amis, leur rendre les services que l'on peut, est le fait d'une âme droite et bien douée; mais cela n'a rien de sublime. Au contraire, trahir l'amitié, calomnier ceux qui nous aiment, mentir pour s'insinuer auprès d'eux, leur surprendre leurs secrets pour s'en servir contre eux, sont des actions noires, basses et honteuses. On ne se fait guère de mérite de ne pas prendre le bien d'autrui; le vol, au contraire, est ce qu'il y a de plus méprisable. Réciproquement, faiblir devant l'adversité, reculer devant la mort, ne pas affronter les glaces du pôle nord, rester chez soi quand l'incendie ou l'inondation menace nos frères, sont ou peuvent être des actions plates ou vulgaires, mais ce ne sont pas toujours des actions criminelles. Ajoutons cependant qu'il est des cas où le dévouement est obligatoire et où il est presque criminel de ne pas être héroïque. Un capitaine de vaisseau qui a mis son navire en péril et qui ne reste pas à son poste pour le sauver, un général qui ne sait pas mourir, s'il le faut, à la tête de son armée, un chef d'État qui, en temps de révolte ou de patrie menacée, craint la mort, un président d'assemblée qui fuit devant l'émeute, un médecin qui fuit devant l'épidémie, un magistrat qui trahit la justice par peur, commettent des actions vraiment coupables. Chaque état a son héroïsme qui devient obligatoire dans un cas donné. Néanmoins, il sera toujours vrai de dire que plus une action est facile, moins il est excusable, et par conséquent plus il est odieux de s'en affranchir.

Outre les actions bonnes et les actions mauvaises, il en est d'autres qui paraissent n'avoir ni l'un ni l'autre de ces deux caractères, ne sont ni mauvaises ni bonnes, et sont appelées pour cela indifférentes. Par exemple, aller se promener est une action qui, considérée en elle-même, n'est ni bonne ni mauvaise, quoiqu'elle puisse revêtir l'un ou l'autre caractère selon les circonstances. Dormir, veiller, se nourrir, prendre de l'exercice, causer avec ses amis, lire un livre agréable, faire de la musique, sont des actions qui n'ont certainement rien de mauvais et que l'on ne citera pas néanmoins comme exemples de bonnes actions. On ne dira pas, par exemple : un tel est fort honnête homme, car il joue bien du violon ; un tel est un sage, parce qu'il a un bon appétit. A plus forte raison s'il s'agit d'actions qui sont absolument nécessaires, comme l'acte de respirer et de dormir. Les actions qui tiennent aux nécessités mêmes de notre existence échappent par là à tout caractère moral : elles sont chez nous ce qu'elles sont chez les animaux ou chez les plantes, des actions purement naturelles. Il en est d'autres qui ne sont pas nécessaires, mais simplement agréables, et que nous faisons parce qu'elles s'accommodent avec nos désirs et avec nos goûts. Il suffit qu'elles ne soient pas contraires au bien pour qu'on ne puisse pas dire qu'elles sont mauvaises ; mais il ne s'ensuit pas qu'elles soient bonnes : et c'est ce qu'on appelle les actions indifférentes.

Telle est du moins l'apparence des choses : car, à un point de vue plus élevé, les moralistes n'ont pas eu tort de dire qu'il n'y a pas d'action absolument indifférente, et que toutes, à quelque degré, sont bonnes ou mauvaises, suivant la pensée dans laquelle on les accomplit.

556. De l'imputation morale. — L'homme, étant libre, est par là même *responsable* de ses actions : elles sont *imputables*. Ces deux expressions ont à peu près la même signification ; seulement la responsabilité se dit de l'agent, et l'imputabilité s'applique aux actions.

<blockquote>Le terme d'imputer, dit Burlamaqui, est pris de l'arithmétique ; il signifie proprement mettre une somme sur le compte de quelqu'un. Imputer une action à quelqu'un, c'est donc la lui attribuer comme à son véritable auteur, la mettre pour ainsi dire sur son compte et l'en rendre responsable.</blockquote>

Le même Burlamaqui distingue l'*imputabilité* de l'*imputation*. La première est une qualité générale des actions ; la seconde est l'acte par lequel nous jugeons que telle ou telle action doit être actuellement imputée à son auteur, ce qui dépend de beaucoup de circonstances. Nous allons indiquer, d'après le même auteur, les principales circonstances qui, changeant les conditions de responsabilité dans l'agent, modifient le jugement d'imputation[1].

Les deux conditions fondamentales de la responsabilité morale sont, avons-nous dit : 1° la connaissance du bien et du mal ; 2° la liberté d'action. En conséquence, lorsque ces deux conditions varieront, la responsabilité variera, et dans la même proportion. Il suit de là que :

1° L'idiotisme, la folie, le délire en cas de maladie, détruisant presque toujours à la fois les deux conditions de la responsabilité, à savoir le discernement et le libre arbitre, ôtent par là même tout caractère moral aux actions commises dans ces différents états : elles ne sont pas de nature à être imputées à l'agent. Cependant certains fous, n'étant pas tout à fait fous, peuvent conserver dans leurs états lucides quelque part de responsabilité. Seulement il est juste que la loi étende autant que possible l'immunité accordée à la démence ; car on ne peut jamais savoir exactement jusqu'à quel point la partie saine de l'entendement a été affectée par la partie malade. De même, le sommeil et le somnambulisme sont en général des causes d'irresponsabilité. Cependant telle action, qui serait le résultat de mauvaises pensées conçues pendant la veille, n'échapperait pas à toute imputation ; par exemple, celui qui aurait longtemps pensé à la mort de son ennemi, et qui irait le tuer dans un accès de

---

[1]. Burlamaqui, *Principes du droit de la nature*, ch. III et ch. XI.

somnambulisme, ne pourrait pas se considérer comme entièrement innocent de cette action.

2° L'ivresse peut-elle être considérée comme une cause d'irresponsabilité? Non, sans doute; car, d'une part, on est responsable du fait même de l'ivresse; de l'autre, on sait qu'en se mettant dans un pareil état on s'expose à toutes les suites, et par conséquent on les accepte implicitement. Par exemple, celui qui se met en état d'ivresse consent d'avance à toutes les actions basses et grossières qui sont inséparables de cet état. Quant aux actions violentes et dangereuses qui en peuvent résulter accidentellement, comme les coups et les meurtres qui naissent de querelles, on ne peut pas sans doute les imputer à l'homme ivre avec la même sévérité qu'à l'homme sain, car certainement il ne les a pas voulues explicitement en se mettant en état d'ivresse; mais il n'en est pas non plus innocent, car il savait que c'était l'une des conséquences possibles de cet état. Pour celui qui se met volontairement en état d'ivresse dans l'intention expresse de commettre un crime et afin de se donner du courage, il est bien évident que, bien loin de diminuer par là sa part de responsabilité dans l'action, il l'augmente au contraire, puisqu'il fait des efforts pour écarter violemment tous les scrupules ou les hésitations qui auraient pu arrêter le crime.

3° « A l'impossible nul n'est tenu. » D'après ce principe, il est évident que l'on n'est pas responsable d'une action, si l'on a été dans l'impuissance absolue de l'accomplir. Ainsi on ne peut en vouloir à un paralytique, à un enfant, à un malade de ne pas prendre les armes pour défendre la patrie. Cependant il ne faut pas s'être mis volontairement dans l'impossibilité d'agir, comme feraient, par exemple, ce qui arrivait souvent à Rome, ceux qui se couperaient le pouce pour ne pas porter les armes. De même le débiteur qui, par des circonstances indépendantes de sa volonté (incendie, naufrage, épidémie), est mis hors d'état d'acquitter ses obligations, est excusable; mais s'il s'est engagé sachant qu'il serait dans l'impuissance de s'acquitter, il est évident que cette impuissance ne serait pas une excuse.

4° Les qualités naturelles ou les défectuosités de l'esprit et du corps ne peuvent être imputées à personne, ni en bien ni en mal. « Qui ferait des reproches à un homme, dit Aristote, parce qu'il est aveugle de sa naissance ou parce qu'il l'est devenu à la suite d'une maladie ou d'un coup? » Ainsi des défauts de l'esprit : nul n'est responsable de n'avoir pas de mémoire ou d'avoir peu d'esprit. Cependant, comme ces défauts peuvent se corriger par l'exercice, on est plus ou moins responsable de ne pas faire d'efforts pour y remédier. Quant aux défauts ou difformités qui résulteraient de notre faute, par exemple de nos passions, il est évident qu'ils peuvent nous être imputés à juste titre. Les qualités naturelles ne sont pas davantage imputables à la personne. Ainsi on ne doit faire honneur à personne de sa force physique, de sa santé, de sa beauté, ou même de son esprit; et personne ne doit se vanter ou se faire honneur à soi-même de tels avantages. Cependant celui qui, par une vie sage et laborieuse, a réussi à conserver ou à développer sa force physique, ou qui, par ses efforts de volonté, a cultivé et perfectionné son esprit, mérite des éloges; et c'est ainsi qu'indirectement les avantages physiques et moraux peuvent devenir matière légitime à l'imputation morale.

5° « Les effets des causes extérieures et les évènements, quels qu'ils soient, ne sauraient être attribués à quelqu'un, ni en bien ni en mal, qu'autant qu'il pouvait et devait les produire, les empêcher ou les diriger, et qu'il a été soigneux ou négligent à leur égard. » Ainsi on met sur le compte d'un laboureur une bonne ou mauvaise récolte, selon qu'il a bien ou mal cultivé les terres dont il est chargé.

6° Les cas précédents n'offrent aucune difficulté, et les maximes que nous avons données ne sont guère que des maximes de sens commun. La difficulté commence lorsqu'il s'agit d'actions commises par erreur ou par ignorance[1]. L'erreur et l'ignorance sont-elles des causes d'excuse? Oui et non, selon les circonstances. On est généralement d'accord, par exemple, que l'ignorance invincible et involontaire est une excuse valable (37). Ainsi le sauvage qui n'a jamais connu d'autres mœurs et d'autres habitudes que celles de ses ancêtres, et à qui on n'a jamais parlé d'une autre morale, si l'on suppose d'ailleurs que sa conscience ne lui dit rien, ne peut être considéré comme responsable des erreurs qu'il commet par suite d'une telle ignorance. La femme indienne qui se brûle sur le bûcher de son mari fait certainement une action très déraisonnable; mais comme on lui a appris que c'était là pour elle un devoir et qu'elle ne soupçonne pas une autre vérité que celle-là, elle est excusable et même louable d'obéir à une loi cruelle dont rien ne l'avertit de se défier. Il n'en

---

1. Voy. ch. III : *la Conscience*.

est pas de même de l'ignorance volontaire, comme serait celle du juge qui ne se serait pas donné la peine d'étudier les lois qu'il est chargé d'appliquer. Dans l'ordre civil, on admet comme une maxime nécessaire que « nul n'est censé ignorer la loi », quoique en fait les lois ne soient guère connues que de ceux qui en font leur état. Mais pour ce qui est des lois criminelles, la conscience suffit pour apprendre à chaque homme ce qu'il est défendu de faire; il n'est guère nécessaire d'apprendre le Code pour cela. Quant aux lois civiles, chacun, selon qu'il y a intérêt, prend connaissance des lois qui le regardent personnellement. Cette maxime est une convention nécessaire au maintien de l'ordre social; mais dans l'ordre purement moral, personne ne doit être réellement jugé que sur la connaissance actuelle qu'il a de la loi. Cependant, comme il est trop facile d'abuser de ce principe, à savoir que l'ignorance excuse, il ne faut s'en servir qu'avec une certaine circonspection, surtout par rapport à nous-mêmes; et même, quoique la fraternité humaine nous autorise à l'appliquer aux autres le plus souvent qu'il sera possible, il faut encore que cette indulgence ne dégénère pas en molle complaisance pour le mal.

Il en est de même des actes accomplis sans intention.

> Par exemple, dit Aristote [1], on peut, en voulant montrer le mécanisme d'une machine, la faire partir sans intention, comme celui qui laisserait partir le trait d'une catapulte. Dans d'autres cas, on peut, comme Mérope, prendre son propre fils pour un ennemi mortel; croire qu'une lame pointue a le fer émoussé, prendre une pierre de taille pour une pierre ponce, tuer quelqu'un d'un coup en voulant le défendre, ou lui faire quelque grave blessure en voulant lui démontrer quelque tour d'adresse, ainsi que font les lutteurs quand ils préludent à leurs combats.

7° Une autre difficulté souvent débattue par les moralistes et les criminalistes est de savoir si l'on est responsable des actions imposées par la contrainte : en principe, il est de toute évidence que l'on ne peut imputer que les actions libres : les actions forcées ou contraintes ne sont pas imputables. Mais la difficulté n'est que reculée, et il s'agit de savoir dans quel cas il y a contrainte. Si la contrainte est toute physique, au point que la force matérielle seule ait déterminé l'action, il est évident que l'action est absolument irréprochable. « En ce cas, dit Burlamaqui, l'auteur de la violence est la vraie et la seule cause

---

1. *Eth. Nic.*, liv. III, ch. II, § 6.

de l'action, lui seul en est responsable ; et l'agent immédiat étant purement passif, le fait ne peut pas plus lui être imputé qu'à l'épée, au bâton ou à tout autre instrument dont on se servirait pour frapper. » Mais si la contrainte, au lieu d'être matérielle, n'est que morale, si elle est, par exemple, la menace d'un très grand mal, l'action ne peut pas être considérée comme tout à fait involontaire ; car la volonté peut toujours résister à la violence, ou du moins la subir sans y céder. Sans doute, à mesure que le mal dont on est menacé est plus grand, l'action devient plus difficile, et par conséquent plus grande et plus héroïque si on l'accomplit, plus excusable si elle s'égare. Mais il n'y a là qu'un degré d'atténuation, et non une justification. La présence même de la mort ne peut pas justifier l'accomplissement d'une injustice. Ainsi celui qui, dans la Révolution française, votait contre sa conscience pour échapper à l'échafaud, était responsable de ses actes ; et il y a de tels cas où il faut subir la mort plutôt que d'accomplir une lâcheté. Par exemple, un soldat ne serait pas excusable de s'enfuir du champ de bataille sous prétexte qu'il a eu peur de la mort. Et il y a des cas semblables dans la vie civile. Le martyre est un devoir pour ceux qui ont la foi, et l'on pourrait justement reprocher à un croyant de n'avoir pas su mourir plutôt que de laisser humilier en lui la foi et la vérité.

Parmi les actions extorquées par la force, Burlamaqui distingue entre celles qui sont absolument mauvaises et que la force ne peut excuser, et celles qui, étant indifférentes en elles-mêmes, ne peuvent être imputées ; et il cite, par exemple, les promesses et les conventions forcées. Mais on ne peut dire qu'une promesse soit une action absolument indifférente : car en promettant ce que vous comptez ne pas tenir, vous employez la parole pour déguiser votre pensée ; par conséquent il y a là un véritable mensonge, sans parler de l'abaissement qui consiste à céder devant la force. Sans doute on doit reconnaître que de telles promesses ne sont pas obligatoires ; mais il n'est pas vrai qu'elles soient innocentes. Tout ce qu'on peut dire, en thèse générale, c'est qu'à mesure que le devoir est plus difficile à accomplir, l'accomplissement est plus héroïque et plus sublime, et la contravention moins condamnable. En un mot, l'appréciation dépend des circonstances ; mais ce qui est certain, c'est qu'il n'y a que la violence physique qui excuse d'une manière absolue. Le poète latin n'hésite pas à dire qu'il faut préférer la mort à un faux témoignage et ne pas sacrifier l'honneur à la vie :

> Summum crede nefas animam præferre pudori
> Et propter vitam vivendi perdere causas.
> Juvén., *Sat.* VIII, v. 80.

8° Une dernière question est celle de la responsabilité que l'homme peut avoir dans les actions d'autrui. En principe, sans doute, nul homme n'est responsable que de ses propres actions. Mais les actions humaines sont tellement liées les unes aux autres, qu'il est bien rare que nous n'ayons pas quelque part directe ou indirecte dans la conduite des autres hommes. Par exemple : 1° on est responsable dans une certaine mesure de la conduite de ceux qui nous sont soumis : un père de ses enfants, un maître de ses serviteurs, et dans une certaine mesure un patron de ses ouvriers; 2° on est responsable des actions qu'on aurait pu empêcher, lorsque, par négligence ou paresse, on ne l'a pas fait. Par exemple : si vous voyez un homme près de se tuer et que vous ne fassiez aucun effort pour l'en empêcher, vous n'êtes pas innocent de sa mort, à moins, bien entendu, que vous n'ayez pas deviné ce qu'il allait faire; 3° vous êtes responsable de l'action d'autrui lorsque vous y avez coopéré soit par vos instigations, soit même par une simple approbation.

Lorsqu'une même action est accomplie en commun, la responsabilité est appelée *collective* et elle se partage entre les coopérants d'après la mesure de leur coopération. On distingue trois espèces de causes diverses dans une action commune : la *cause principale*, la *cause subalterne* et les *causes collatérales*. La cause principale est la vraie cause efficiente : c'est elle qui commande l'action ou l'exécute elle-même pour la plus grande part. Tel est le chef d'un complot, soit qu'il se soit contenté de le concevoir ou d'en combiner toutes les machines, soit qu'il se mette à la tête de l'exécution. Un prince, qui ne peut pas exécuter par lui-même toutes les actions qu'il ordonne, n'en est pas moins la cause principale. « David fut la cause principale de la mort d'Uri, quoique Joab y eût contribué, connaissant bien l'intention du roi. » Joab était précisément dans cette circonstance la *cause subalterne*, c'est-à-dire l'agent qui exécute d'après un ordre supérieur. De même, dans l'*Andromaque* de Racine, Hermione est la cause principale et Oreste la cause subalterne. La responsabilité de l'agent subalterne est moindre évidemment que celle de l'agent principal; mais elle est réelle, néanmoins, et varie en raison de la part plus ou moins importante de l'agent secondaire à l'action totale. Mais il faut évidemment que pour être responsable, l'agent subalterne ait agi sciemment; autrement il n'est qu'un *instrument*. Enfin la cause collatérale est celle qui concourt à l'action sans l'exécuter immédiatement : par exemple le recéleur d'un vol, celui qui fournit l'argent d'un complot, etc. De ces distinctions fort justes, mais qu'il ne faut pas pousser trop loin pour ne pas tomber dans la subtilité, Burlamaqui déduit la règle suivante : « Toutes choses égales d'ailleurs, dit-il, les causes collatérales doivent être traitées également; mais les causes principales méritent en général plus de louange ou de blâme, et un plus haut degré de récompense ou de peine que les causes subalternes. »

CHAPITRE VI

La sanction morale.

557. Définition de la sanction. — On appelle *sanction* d'une loi l'ensemble des récompenses et des peines attachées à l'exécution ou à la violation de la loi. Les lois civiles, en général, font plutôt usage des châtiments que des récompenses : car les peines peuvent paraître un moyen suffisant de faire exécuter la loi. Dans l'éducation, au contraire, les commandements ou lois posées par le supérieur ont autant besoin des récompenses que des punitions.

558. Récompenses et punitions. — Mais que faut-il entendre par les termes de *récompense* ou de *punition?*

La récompense est le plaisir obtenu à la suite d'une action bonne ou vertueuse, pour cette seule raison qu'elle est bonne ou vertueuse.

En distinguant l'honnête du plaisir et de l'utilité, nous avons vu que l'action, pour être moralement bonne, doit être accomplie par respect pour la loi morale, sans considération d'utilité ou de plaisir. Mais le plaisir, qui a dû être écarté de l'intention vertueuse, n'est pas pour cela un mal, et il revient à titre de récompense. Car c'est le propre de toute récompense de nous causer du plaisir ou de la joie, en d'autres termes, de concourir à notre bonheur.

Pour que le plaisir ait le caractère légitime de la récompense, il faut qu'il soit attribué à une action moralement bonne, et qu'il lui soit attribué précisément pour cette raison qu'elle est bonne. Cette condition étant supprimée, il n'y a pas à proprement parler de récompense.

C'est ainsi qu'il faut distinguer la récompense de deux autres faits qui lui ressemblent et qui en sont profondément différents : la *faveur* et le *salaire*.

La faveur est un plaisir ou avantage que l'on reçoit sans l'avoir ni mérité ni gagné, et par pur don de la bienveillance d'autrui[1]. C'est ainsi qu'un roi accorde des faveurs à ses courtisans, que les puissants distribuent des faveurs. C'est ainsi que l'on parle des faveurs de la fortune, laquelle ne choisit guère ses privilégiés. Quoique, en principe, il n'y ait pas de raison pour entendre le mot *faveur* dans un mauvais sens, il a fini dans l'usage par signifier non seulement un avantage non mérité, mais un avantage immérité, non seulement une préférence légitime qui a sa raison dans la sympathie, mais un choix arbitraire, plus ou moins contraire à la justice. Lors même qu'il ne s'y attache pas cette mauvaise signification, la faveur, à titre de don gratuit, se distinguera toujours de la récompense, qui implique au contraire une *rémunération*, c'est-à-dire un don en retour de quelque autre chose.

Cependant toute rémunération n'est pas nécessairement une récompense; et ici il faut établir une autre distinction entre la récompense et le *salaire*. Le salaire est le prix que nous payons en retour d'un service rendu. Le salaire est fondé sur l'utilité; la récompense, au contraire, sur la justice. Peu importe le motif qui détermine un homme à nous rendre service; c'est ce service lui-même et rien autre chose que nous payons. Bien plus, l'idée de salaire exclut en quelque sorte tout élément moral. Car celui qui nous a rendu service avec son cœur, et par dévouement, refuserait d'en être *payé* par un salaire; et réciproquement, celui qui nous vend son travail n'entend pas que le prix que nous en donnons soit une récompense de ses efforts, mais qu'il en est l'équivalent en argent; la récompense laisse toujours une certaine latitude, comme tout ce qui est moral, tandis que le salaire se règle suivant la loi économique de l'offre et de la demande.

Réciproquement, on appellera châtiment toute peine ou souffrance infligée à une mauvaise action, par cela seul qu'elle est une mauvaise action. La punition s'oppose au *dommage* ou au *tort*, c'est-à-dire au mal immérité. Les *coups* de la fortune ou des hommes ne sont pas des punitions. On peut être *frappé* sans être puni. Quoiqu'on puisse dire d'une manière générale que les maux qui atteignent les hommes sont souvent les châtiments

---

[1]. La *faveur* l'a pu faire autant que le *mérite*. (*Le Cid*.)

de leurs fautes, cependant il ne faudrait pas prendre cela à la rigueur : autrement on transformerait trop facilement les malheureux en coupables.

Quoique les récompenses et les peines puissent être secondairement des *moyens* de conduire au bien ou de détourner du mal, ce ne doit pas être là leur office essentiel, ni leur vraie idée. Sans doute les hommes, dans leur faiblesse, ont besoin d'être aidés dans la recherche du bien, et plus ou moins contraints d'éviter le mal : de là vient la nécessité de les solliciter par l'attrait de quelque bien désiré ou de les réprimer par la menace de quelque mal redouté; mais ce n'est là que le premier degré et le premier effet de la récompense et de la punition. A parler rigoureusement, les récompenses et les punitions ne peuvent être considérées comme des *moyens*, sans porter atteinte à la pureté de la loi morale. Chez les animaux, qui n'ont ni liberté ni raison, les récompenses et les punitions ne peuvent valoir qu'à titre d'*attraits* ou de *menaces;* il en est de même chez les enfants, qui n'ont pas encore la liberté ni la raison; il en est de même chez les hommes, dont beaucoup n'ont guère plus de raison que les enfants. Mais les moyens d'action qui déterminent la volonté par l'espoir ou par la crainte, par le plaisir ou par la douleur, ne peuvent être qu'improprement appelés récompenses et peines.

559. **La loi morale et la sanction.** — C'est détruire l'essence même de la loi morale que de se la représenter comme une loi matérielle qui doit être accompagnée de promesses et de menaces.

Il en est ainsi sans doute pour la loi civile. Une loi qui n'aurait pas de sanction matérielle serait une loi inefficace. Un commandement qui n'est pas accompagné du pouvoir de se faire obéir n'est plus un ordre : ce n'est qu'un conseil. Si la loi civile se trouvait tout à coup destituée de toute sanction, elle perdrait nécessairement le caractère de loi *préceptive* et ne serait plus qu'une loi *indicative*. Le législateur ferait savoir aux citoyens (lesquels n'ont ni le temps ni le moyen de se livrer à cette étude), que telle loi leur paraît le moyen le plus sage et le plus juste de régler tels intérêts. Si les hommes étaient sages, sans doute, une telle indication suffirait. Mais si les hommes étaient sages, ils n'auraient pas besoin de lois; et par eux-mêmes, éclairés par leurs intérêts et par leurs consciences, ils trouveraient dans chaque circonstance la solution la plus efficace. Il n'y a donc des lois générales que parce que les hommes ne sont pas sages : car ceux-là mêmes qui font la loi, et qui sont censés être capables de découvrir le meilleur *in abstracto*, seront, dans la pratique, aussi tentés que d'autres de violer la loi. Il suit de là que, l'homme étant toujours incliné par son intérêt particulier ou actuel à manquer aux lois, il faut qu'il soit contraint par quelque peine, et quelquefois excité par quelque récompense à y obéir[1].

Maintenant, la sanction étant définie comme nous venons de le faire, peut-on appliquer une telle idée à la loi morale? C'est ce qui peut paraître contradictoire, au premier abord, à qui examine la nature propre de cette loi.

La loi morale a ce caractère propre, avons-nous dit (520), de demander à être accomplie par respect pour elle-même, et c'est là ce qu'on appelle le devoir. Toute autre raison d'accomplir la loi, hors celle-là, est une manière de violer la loi. Que la loi soit exécutée *matériellement*, c'est ce qui importe peu, et même ce qui n'importe pas du tout au point de vue moral. Il faut qu'elle soit exécutée dans son *esprit*, c'est-à-dire intrinsèquement, parce qu'elle est la loi. C'est l'*intention* morale qui constitue la moralité. Or aucune sanction ne peut forcer l'agent à l'intention morale, et il semble au contraire qu'elle ne puisse que l'altérer. Car si je n'accomplis la loi que pour les récompenses et les punitions qui la suivent, je ne l'accomplis plus pour elle-même; si, au contraire, je dois l'accomplir pour elle-même, il est inutile et même périlleux d'ajouter un autre motif que celui-là à la prescription de la loi. Une sanction n'est donc utile que lorsqu'il s'agit de faire exécuter matériellement une loi : car ici ce qui importe, ce n'est pas le motif, c'est l'effet. Là, au contraire, où c'est le motif de la loi qui doit agir, en ajouter un autre à celui-là pour le rendre efficace, c'est une contradiction dans les termes.

C'est donc une manière grossière de se représenter la sanction morale que de la concevoir sur le modèle des sanctions légales que nous rencontrons dans notre expérience de la vie civile. Ce point de vue est la conséquence d'un système qui se représente le monde moral, comme le monde politique, soumis à des règles et à des défenses émanées d'une puissance souveraine et absolue. C'est l'idée de la force subtilisée. On dira que sans récompenses et peines la loi sera inefficace. Je réponds :

---

1. A mesure que les hommes s'éclairent, beaucoup de lois passent de l'état de préceptes à l'état de conseils. Les mœurs remplacent les peines.

elle sera ce qu'elle sera ; mais si, pour la rendre efficace, vous en détruisez l'essence, vous la rendez moins efficace encore, car vous la rendez nulle.

Est-ce à dire qu'il faille nier la sanction de la loi morale? Non sans doute, mais il faut se la représenter autrement, et ne pas confondre une sanction légale avec une sanction vraiment morale.

La croyance naturelle des hommes à une sanction morale repose sur la notion de la justice, et en particulier de cette espèce de justice que l'on appelle justice *distributive*. La formule très précise de la justice donnée par les anciens est celle-ci : *reddere suum cuique*, à chacun le sien. Ce n'est pas *pour* que la loi s'accomplisse qu'il doit y avoir en morale des récompenses et des châtiments, c'est *parce* qu'elle a été accomplie ou violée. Sans doute l'homme qui fait le bien ne doit pas penser à son propre bonheur ; mais la justice, et nous entendons par là une providence juste, doit y penser pour lui. Il serait insensé que l'homme fût obligé par la loi morale à la justice et qu'il n'y ait point de justice par rapport à lui. Il devrait à chacun selon son mérite, et il ne lui serait rien dû selon son mérite ! Cela est contradictoire ; ainsi la conscience veut que nous détachions notre pensée de la considération du bonheur, mais la justice veut que le bonheur ne soit pas séparé de la vertu. Tel est le vrai principe de la récompense. Elle vient de la justice, non de l'utilité.

Par la même raison, le châtiment, dans sa vraie idée, ne doit pas être seulement une *menace* qui assure l'exécution de la loi, mais une *réparation* ou une *expiation* qui en corrige la violation. L'ordre troublé par une volonté rebelle est rétabli par la souffrance qui est la conséquence de la faute commise. En un autre sens, on peut dire avec Platon que la punition est le *remède* de la faute. En effet, l'injuste et le vice étant comme les maladies de l'âme, il est certain que la souffrance en est le remède ; mais c'est à la condition que cette souffrance soit acceptée à titre de châtiment. C'est ainsi que la douleur a une vertu purificative, et qu'au lieu d'être considérée comme un mal elle peut être appelée un bien.

Une autre confusion d'idées qu'il faut également éviter et qui est très répandue parmi les hommes, c'est celle qui consiste à prendre pour le bien la récompense elle-même, et pour le mal la punition. Ces deux idées étant en effet toujours jointes ensemble, il est conforme aux lois de l'association des idées, fortifiées d'ailleurs par les impulsions naturelles du cœur humain, d'appeler bien ou mal ce qui n'est que la conséquence du bien et du mal. C'est ainsi que l'enfant croit que le bien c'est d'obtenir des prix et d'éviter les pensums. C'est ainsi que les hommes sont plus fiers des titres et des honneurs que du mérite véritable par lequel ils les ont conquis. C'est ainsi encore qu'ils craignent la prison plus que le délit et la honte plus que le vice. C'est pourquoi il faut le plus grand courage pour supporter fortement la punition imméritée et pour dire, comme le héros de la tragédie :

> Le crime fait la honte et non pas l'échafaud.

Nous venons d'expliquer la nature de la sanction en général, distinguons maintenant les différentes espèces de sanctions.

560. **Diverses espèces de sanctions.** — On distingue habituellement quatre espèces de sanctions :

1° La sanction *naturelle;* 2° la sanction *légale;* 3° la sanction *de l'opinion;* 4° la sanction *intérieure.*

1° La sanction naturelle est celle qui repose sur les conséquences naturelles de nos actions. Il est naturel que la sobriété entretienne et rétablisse la santé, que l'intempérance soit une cause de maladie. Il est naturel que le travail amène l'aisance, que la paresse soit une source de misère et de pauvreté. Il est naturel que la probité assure la sécurité, la confiance et le crédit, que le courage écarte les chances de la mort, que la patience rende la vie plus supportable, que la bienveillance attire la bienveillance, que la méchanceté éloigne les hommes de nous, que le parjure les mette en défiance, etc. Ce sont ces faits, souvent vérifiés par l'observation, qui ont amené les épicuriens à confondre l'honnête avec l'utile.

2° La sanction *légale* est surtout une sanction *pénale.* Elle se compose des châtiments que la loi a établis contre les coupables. Il y a en général peu de récompenses établies par la loi, et elles peuvent rentrer dans ce que l'on appelle l'estime des hommes.

3° Cette nouvelle sanction consiste dans l'opinion que les autres hommes portent sur nos actions et notre caractère. Nous avons vu qu'il est dans la nature des actions bonnes d'inspirer l'estime, et des actions mauvaises le blâme et le mépris. L'honnête homme jouit en général de l'honneur, de la considération publique. Le malhonnête homme, même celui que les lois n'atteignent pas, est frappé de discrédit, d'aversion, de mépris, etc.

4° Enfin, une sanction plus exacte et plus certaine est celle qui résulte de la conscience même et du sentiment moral. Nous ne pouvons que renvoyer ici à ce que nous en avons dit plus haut[1].

561. Insuffisance des sanctions précédentes. — Ces diverses sanctions sont-elles suffisantes pour satisfaire notre instinct de justice ? Il est facile de démontrer qu'elles ne le sont pas.

En principe, le bonheur et le bien devraient être en raison directe l'un de l'autre : mais il n'en est pas ainsi dans la vie humaine. En effet, on peut ramener à deux classes les plaisirs et les peines que l'on considère comme des sanctions de la loi morale : 1° ceux qui n'ont aucun rapport, aucune connexion avec le bien moral, c'est-à-dire ceux qui dépendent de la nature de l'homme en tant qu'être sensible et intelligent, mais non pas en tant qu'être moral, par exemple les plaisirs que vous procurent les richesses, ceux qui sont dus à une grande gloire littéraire ou politique; 2° les plaisirs qui ont un rapport direct avec le bien moral, par exemple les plaisirs de la considération et de l'estime, et ces plaisirs internes et plus secrets que nul ne peut ravir et qui, dans le fond de la conscience, compensent quelquefois les grandes douleurs auxquelles la vertu est condamnée. Les souffrances sont également de deux espèces : 1° celles qui peuvent venir de l'état du corps, ou des situations critiques et fâcheuses où l'homme est souvent engagé ; 2° celles que l'on appelle remords, qui suivent inévitablement la violation de la loi morale. Ces deux sortes de plaisirs ou de peines soigneusement distinguées, il est aisé de démontrer que le bien et le bonheur ne sont pas en harmonie dans la vie actuelle. En effet les plaisirs ou les peines de la première espèce sont distribués en apparence capricieusement, mais en réalité suivant des lois nécessaires qui n'ont aucun rapport avec le mérite moral. Il a été établi, par exemple, qu'un homme dont le corps serait sain jouirait des avantages et des plaisirs de la santé, qu'un homme d'une constitution maladive serait exposé à toutes sortes de maux; qu'un homme habile et prudent ferait ses affaires, gagnerait de la fortune et se procurerait toutes les délices dont les richesses sont l'instrument. Or, comme tous ces plaisirs sont réels, et comme ils sont dispensés suivant des

---

1. Voy. le ch. III : *Conscience et sentiment moral.*

lois qui ne sont pas les lois morales, il en résulte naturellement une inégalité et une disproportion nécessaires entre le mérite moral et le bonheur. C'est un fait connu que la vertu n'est pas une égide suffisante pour vous protéger contre les coups de l'adversité, et que l'immoralité ne vous condamne pas nécessairement à la misère et à la douleur. Il est évident qu'un homme corrompu et méchant peut naître avec tous les avantages du génie, de la fortune, de la santé : un homme honnête peut naître déshérité sur tous ces points. Il n'y a là ni injustice, ni hasard; mais cela prouve que l'harmonie du bien moral et du bonheur n'existe pas dans les conditions de notre existence actuelle. Quant aux plaisirs et aux peines de la conscience, il est évident qu'ils ne sont pas non plus suffisants pour sauver la justice de la providence divine : en effet, une multitude de plaisirs d'une certaine espèce peuvent absorber tellement la capacité de sentir d'un individu, l'étourdir à un tel point, l'occuper si entièrement, qu'il n'ait besoin à la longue que de peu d'efforts pour chasser l'impression fâcheuse du remords ; et il faut le dire aussi, quoique cela soit plus triste encore, il arrive quelquefois que l'impitoyable acharnement du malheur émousse, dans une âme honnête, le plaisir de la vertu; les efforts douloureux qu'elle coûte peuvent finir par effacer, pour un homme fatigué de la vie, les jouissances calmes et douces qu'elle procure. Si telle est la disproportion et le désaccord des plaisirs et des peines internes avec le mérite moral de celui qui les éprouve, que sera-ce de cette sanction tout extérieure qui consiste dans les récompenses et les châtiments que distribue l'inégale justice des hommes ? Je ne parle pas seulement des peines légales; on sait qu'elles tombent quelquefois sur l'innocent, que souvent elles sont épargnées au coupable, que presque toujours elles sont disproportionnées, la loi punissant le crime, sans chercher à déterminer d'une manière absolument exacte la valeur morale de l'action. Mais je parle même des peines et des récompenses de l'opinion, de l'estime et du mépris. Sont-elles toujours en proportion exacte du mérite ? C'est ce que peuvent dire ceux qui ont vécu dans le monde et en ont été jugés. De toutes ces observations, que j'esquisse seulement et qu'il serait possible d'étendre, d'approfondir, de vérifier, il résulte que la loi d'harmonie entre le bien et le bonheur n'est pas de ce monde, qu'il y a toujours désaccord ou tout au moins disproportion entre le mérite moral et les plaisirs de la sensibilité. De là vient la nécessité d'une sanction supérieure.

562. Immortalité de l'âme. — L'immortalité de l'âme est une vérité qui ressort comme un corollaire de ces deux propositions : la première, c'est qu'il y a dans l'homme une âme distincte du corps (275-285) ; la seconde, c'est que toute sanction terrestre de la loi morale est insuffisante. En effet, s'il y a une âme distincte du corps, il n'est pas nécessaire qu'elle périsse avec lui. Si toutes les sanctions terrestres sont insuffisantes, il faut une sanction supérieure et définitive qui rétablisse l'harmonie naturelle de la vertu et du bonheur. Le premier de ces deux arguments est ce qu'on appelle la preuve *physique* ou *métaphysique*, le second, la preuve *morale* de l'immortalité.

1° *Preuve physique.* — Fénelon l'a exposée dans les termes suivants :

La distinction réelle et l'entière dissemblance de ces deux êtres (âme et corps) étant établies, à quel propos conclurait-on que l'un de ces deux êtres serait anéanti dès que leur union viendrait à cesser? Représentons-nous deux corps qui sont absolument de même nature : séparez-les, vous ne détruisez ni l'un ni l'autre. Bien plus, l'existence de l'un ne peut jamais prouver l'existence de l'autre ; et l'anéantissement du second ne peut jamais prouver l'anéantissement du premier. Quoiqu'on les suppose semblables en tout, leur distinction réelle suffit pour prouver leur indépendance. Que si l'on doit ainsi raisonner de deux corps qu'on sépare et qui sont de même nature, à plus forte raison en est-il de même d'un esprit et d'un corps dont les natures sont dissemblables en tout. Un être qui n'est nullement la cause de l'existence de l'autre ne peut pas être la cause de son anéantissement. Il est donc clair comme le jour que la désunion du corps et de l'âme ne peut opérer l'anéantissement ni de l'un ni de l'autre, et que l'anéantissement même du corps n'opérerait rien pour faire cesser l'existence de l'âme [1].

2° *Preuve morale.* — Nous avons emprunté à Fénelon la première de ces deux preuves. Rousseau nous fournira la seconde :

Plus je rentre en moi, plus je me consulte, et plus je lis ces mots écrits dans mon âme : *Sois juste et tu seras heureux.* Il n'en est rien pourtant, à considérer l'état présent des choses : le méchant prospère et le juste reste opprimé [2]. Voyez aussi quelle indignation s'allume en nous quand cette attente est frustrée! La conscience s'élève et murmure contre son auteur ; elle lui crie en gémissant : Tu m'as trompé! — Je t'ai trompé, téméraire! Qui te l'a dit? Ton âme est-elle anéantie? as-tu cessé d'exister? O Brutus! ô mon fils, ne souille pas ta noble vie en la finissant : ne laisse pas ton espoir et ta gloire avec ton corps aux champs de Philippes. Pourquoi dis-tu : La vertu n'est rien, quand tu vas jouir du prix de la tienne? Tu vas mourir, penses-tu : non, tu vas vivre, et c'est alors que je tiendrai

---

1. Fénelon, *Lettres sur la métaphysique et la religion*, lettre II, ch. II.

2. Il ne faut pas prendre tout à fait à la lettre cette pensée de Rousseau. Il n'est pas vrai que le méchant prospère toujours et que le juste soit toujours opprimé. Les choses ne vont pas ainsi. Mais ce qui est vrai, comme nous l'avons dit, c'est qu'il n'y a pas un rapport nécessaire et constant entre l'ordre physique et l'ordre moral. De là une grande inégalité et un grand caprice apparent dans la distribution des biens et des maux : ce qui suffit pour la force de l'argument.

ce que j'ai promis. On dirait, aux murmures des impatients mortels que Dieu leur doit la récompense avant le mérite, et qu'il est obligé de payer leur vertu d'avance. Oh! soyons bons premièrement, et puis nous serons heureux. N'exigeons pas le prix avant la victoire, ni le salaire avant le travail. Ce n'est pas dans la lice, disait Plutarque, que les vainqueurs de nos jeux sacrés sont couronnés, c'est après qu'ils l'ont parcourue.

Ici-bas, mille passions ardentes absorbent le sentiment intime, et donnent le change aux remords; les humiliations, les disgrâces qu'attirent l'exercice des vertus, empêchent d'en sentir tous les charmes. Mais quand, délivrés des illusions que nous font le corps et les sens, nous jouirons de la contemplation de l'Être suprême et des vérités éternelles dont il est la source, quand la beauté de l'ordre frappera toutes les puissances de notre âme, et que nous serons uniquement occupés à comparer ce que nous avons fait avec ce que nous aurons dû faire, c'est alors que la voix de la conscience reprendra sa force et son empire; c'est alors que la volupté pure qui naît du contentement de soi-même, et le regret amer de s'être avili, distingueront par des sentiments inépuisables le sort que chacun se sera préparé. Ne me demandez point, ô mon bon ami! s'il y aura d'autres sources de bonheur et de peines : je l'ignore; et c'est assez de celles que j'imagine pour me consoler de cette vie et m'en faire espérer une autre. Je ne dis point que les bons seront récompensés; car quel autre bien peut attendre un être excellent que d'exister selon sa nature? Mais je dis qu'ils seront heureux, parce que leur auteur, l'auteur de toute justice, les ayant faits sensibles, ne les a pas faits pour souffrir; et que, n'ayant point abusé de leur liberté sur la terre, ils n'ont pas trompé leur destination par leur faute : ils ont souffert pourtant dans cette vie, ils seront donc dédommagés dans une autre. Ce sentiment est moins fondé sur le mérite de l'homme que sur la notion de bonté qui me semble inséparable de l'essence divine. Je ne fais que supposer les lois de l'ordre observées, et Dieu constant à lui-même [1].

1. Rousseau, *Émile*, liv. IV.

CHAPITRE VII

Médecine et gymnastique morales.

Bacon nous dit que la plupart des moralistes ressemblent à des maîtres d'écriture qui présenteraient de beaux modèles à leurs élèves, mais qui ne leur diraient rien de la manière de conduire la plume et de tracer les caractères [1]. Ainsi les philosophes nous donnent des modèles fort beaux et fort magnifiques, des images très fidèles et très nobles du bien et de la vertu; mais ils ne nous apprennent point les moyens d'atteindre à une telle perfection. Ils nous font connaître le *but*, et non le *chemin*.

563. Géorgiques de l'âme. — Puis, traçant lui-même quelque esquisse de cette partie de la morale qui ne donne pas seulement des préceptes, mais des instructions, et qu'il appelle *Géorgiques de l'âme* (science de la culture de l'âme), il nous dit qu'elle doit être comme la médecine, qui étudie d'abord la *constitution* du malade, puis la *maladie*, puis le *traitement*. Il en est de même pour l'âme : il y a des tempéraments moraux comme des tempéraments physiques : ce sont les *caractères;* des maladies morales comme des maladies physiques : ce sont les *passions;* et enfin il y a un *traitement* moral comme un traitement physique, et c'est la morale qui est chargée d'indiquer ce traitement. Or, on ne peut traiter une maladie sans la connaître et sans connaître aussi le tempérament et la constitution du malade. « Un habit ne peut se mouler sur le corps si l'on ne commence par prendre la mesure de celui à qui il est destiné. » Il suit de là que la connaissance des caractères et des passions doit précéder la recherche des remèdes.

564. Des caractères. — L'étude des caractères est difficile-

---

1. *De augmentis scientiarum*, liv. VII, ch. I.

ment susceptible d'une classification méthodique. Les passions, les mœurs, les habitudes se mêlent et se compliquent dans les individus de tant de manières différentes, qu'il ne peut guère y avoir là matière qu'à description ; et ce sujet, très riche cependant, convient mieux à la littérature qu'à la science. Théophraste chez les anciens, la Bruyère chez les modernes, ont excellé dans ce genre ; mais il serait difficile d'analyser leurs ouvrages, qui n'ont rien de didactique : il vaut mieux les lire. Théophraste traite du dissimulé, du flatteur, de l'impertinent, du rustique, du complaisant, du bavard, du superstitieux, de l'avare, de l'orgueilleux, du médisant, etc. Ce sont bien là les types principaux des caractères humains, mais ce n'est pas une réduction rigoureuse à quelques types élémentaires. La Bruyère en est encore bien plus éloigné ; il n'étudie pas seulement les caractères, mais les mœurs ; il décrit les individus plus encore qu'il ne peint les hommes, ou du moins c'est toujours dans l'individu qu'il voit l'homme. De là le charme et le piquant de ses peintures ; mais la science morale ne peut guère lui rien emprunter.

Kant a essayé de donner une théorie des caractères [1], et il est parti de la même idée que Bacon, à savoir, de l'analogie des caractères et des tempéraments ; aussi s'est-il contenté de reprendre la vieille théorie physiologique des tempéraments et de l'appliquer à l'homme moral. Il distingue deux espèces de tempéraments : les tempéraments de *sentiment* et les tempéraments d'*activité*, et dans chacune de ces deux espèces il y a deux degrés ou deux tons différents : l'*exaltation* ou la *rémission*. De là quatre tempéraments différents : le *sanguin* et le *mélancolique* (tempéraments de sentiment), le *colérique* et le *flegmatique* (tempéraments d'activité). Voici la description donnée par Kant de ces quatre tempéraments ou caractères [2] :

On reconnaît le *sanguin* aux caractères suivants : il est sans souci et d'espérance facile ; il donne à chaque chose, au premier moment, une grande importance, et ne peut plus ensuite y penser. Il promet magnifiquement, mais ne tient pas parole, parce qu'il n'a pas assez réfléchi d'abord s'il pourrait tenir sa promesse. Il est assez disposé à secourir, mais c'est un mauvais débiteur qui demande toujours des délais. C'est un bon compagnon, enjoué, de bonne humeur, ne donnant à rien une grande importance, et qui aime tout le monde. Il n'est pas d'ordinaire un méchant homme, mais c'est un pécheur difficile à convertir ; qui se repentira fort, mais ce repentir, qui ne sera jamais du *chagrin*, sera vite oublié. Le travail

1. Kant, *Anthropologie*, trad. fr., p. 271, partie II, A, 2. — 2. *Anthropologie* de Kant, p. 271.

le fatigue, et cependant il est toujours occupé, mais à ce qui n'est qu'un jeu, parce que c'est un changement et que la constance n'est pas son fait.

Le *mélancolique* donne à tout ce qui le touche une grande importance. Il trouve partout des causes de souci et ne voit d'abord que les difficultés, comme le sanguin commence par l'espoir du succès. Celui-là (le mélancolique) pense profondément, celui-ci (le sanguin) superficiellement. Le premier promet avec peine, parce qu'il tient à garder sa parole et qu'il veut savoir s'il le pourra. Il se défie et se tourmente pour des choses qui ne touchent pas le sanguin jovial; il est peu *philanthrope*, par la raison que celui qui se prive lui-même de la joie la souhaitera difficilement aux autres.

Le *colérique* s'allume et se consume rapidement comme un feu de paille; il se laisse vite adoucir par la soumission des autres; il est alors irrité sans haïr, et il aime même d'autant plus celui qui lui a cédé promptement. Son activité est prompte, mais sans durée; il ne reste jamais sans rien faire, mais il n'est pas assidu. Sa passion dominante est celle des honneurs : il aime à s'occuper des affaires publiques et à s'entendre louer; il est pour l'apparat et la pompe des formes. Il se fait volontiers protecteur et paraît généreux; mais ce n'est pas par affection, c'est par orgueil, car il s'aime beaucoup plus lui-même qu'il n'aime les autres. Il est passionné pour le gain, courtisan, mais avec cérémonie, raide et guindé en société, et s'accommode volontiers de quelque flatteur qui lui sert de plastron; en un mot, le tempérament colérique est le moins heureux de tous, parce que c'est celui qui rencontre le plus d'opposition.

Le *flegmatique* : flegme signifie absence d'émotions. L'homme flegmatique auquel la nature a donné une certaine dose de raison ressemble à l'homme qui se conduit par principes, quoiqu'il ne doive ce caractère qu'à l'instinct. Son heureux tempérament lui tient lieu de sagesse, et souvent même dans la vie ordinaire on l'appelle le philosophe. Souvent aussi on le traite de rusé, parce que les projectiles qu'on lui lance rebondissent sur lui comme sur des sacs de laine. Il fait un mari supportable, et sait dominer femme et valets, tout en ayant l'air de faire la volonté de tout le monde, parce qu'il sait, par sa volonté inflexible, mais réfléchie, mettre la leur d'accord avec la sienne. »

Il y aurait donc, suivant Kant, quatre caractères essentiellement distincts : le *sanguin*, enjoué, bienveillant, superficiel; le *mélancolique*, profond, triste, personnel; le *colérique*, ardent, passionné, ambitieux, cupide; le *flegmatique*, froid, modéré, inflexible.

Kant nie que ces quatre espèces de tempéraments puissent se combiner les unes avec les autres; il n'y en a que quatre en tout, dit-il, et chacun d'eux est simple. Il nous semble, au contraire, que l'expérience nous montre qu'aucun de ces caractères n'existe séparément d'une manière absolue; il y a toujours mélange à quelque degré, et on caractérise les différents hommes par leur caractère dominant.

565. **Le caractère.** — Il faut distinguer, du reste, *les caractères* et *le caractère*. Avoir tel ou tel caractère, ce n'est pas toujours avoir *du* caractère. La première de ces deux expressions signifie les diverses aptitudes, inclinations ou habitudes

qui distinguent un homme des autres; la seconde signifie cette force de volonté, cet empire sur soi-même qui font qu'un homme est fidèle à une ligne de conduite choisie, qu'il résiste courageusement aux tentations. Le caractère n'est pas toujours la vertu, car il peut être employé à des principes faux et vicieux, mais il n'y a pas de vertu sans caractère.

La disposition de la volonté d'agir suivant des principes fixes (et non de sauter ici ou là comme les mouches) est quelque chose d'estimable et qui mérite d'autant plus l'admiration que c'est plus rare. Il ne s'agit pas ici de ce que la nature fait de l'homme, mais de ce que l'homme fait de lui-même. Le talent a un *prix vénal* qui permet d'utiliser l'homme qui en est doué; le tempérament a un *prix d'affection* qui en fait un agréable compagnon avec lequel on peut agréablement s'entretenir; mais le caractère a une *valeur* qui le place au-dessus de tout.

566. **Les âges.** — A cette classification des caractères suivant les tempéraments on peut ajouter celle qui est fondée sur les âges. En effet, les divers âges ont, comme on sait, des caractères très différents. C'est Aristote qui, le premier, a décrit les mœurs différentes des hommes suivant les âges, et il a été depuis très souvent imité.

I. *Les jeunes gens.* — Les jeunes gens sont pleins de désirs, et pour les satisfaire il n'est rien qu'ils ne tentent. Portés à l'inconstance, ils se dégoûtent vite de ce qu'ils ont le plus désiré. Leurs désirs sont violents, mais ils n'ont point de profondes racines; ils ressemblent à la faim et à la soif d'un malade. Entraînés par une humeur bouillante, ils se fâchent pour le moindre sujet et sont incapables de mettre un frein à leur colère. Ils aiment l'honneur, et plus encore la victoire. Ils ne sont pas malicieux, mais d'une grande franchise. Ils sont crédules, parce qu'ils n'ont pas encore été victimes de la mauvaise foi. Ils sont pleins d'espérance; leur naturel bouillant les enflamme et produit sur eux l'effet du vin sur un homme ivre. Ils ne vivent que d'espoir, car pour eux l'avenir est tout et le présent n'est qu'un point imperceptible. Les jeunes gens sont portés à rougir; ils ont l'âme élevée, car ils n'ont pas encore été humiliés par la vie. Ils sacrifient l'intérêt à l'honneur... Ils pensent tout savoir, et soutiennent leur opinion avec force. Ils sont enclins à la pitié; enfin ils sont d'une humeur enjouée, et par suite portés à plaisanter.

II. *Les vieillards.* — Les vieillards ont les mœurs opposées à celles des jeunes gens. Dans les longues années qu'ils ont passées sur la terre, souvent en butte à la mauvaise foi et trompés dans leurs espérances, ils ont reconnu quelque vice dans toutes les choses humaines. Ils ne disent rien avec assurance, et leurs actions sont toujours accompagnées d'une trop grande timidité. Toujours irrésolus, ils ajoutent à ce qu'ils disent : *peut-être? que sait-on?* Leur cœur est ouvert aux soupçons, parce qu'ils ne se fient à personne, et la défiance est en eux le fruit de l'expérience. Ils ont l'âme souvent abaissée, parce qu'ils ont été humiliés par la vie. Ils n'aspirent à rien de grand ou de superflu; leurs désirs se renferment dans les limites du nécessaire. Ils sont craintifs et se laissent effrayer de tout. Ils semblent glacés par l'âge, et cependant ils tiennent à la vie, surtout lorsque leur dernier jour approche. Ils se plaignent de tout. Ils vivent de souvenirs plus que d'espérances, car pour eux l'avenir est peu de chose, le passé est tout. Parmi leurs passions, les unes sont évanouies, les autres n'ont plus de force. Ils n'aiment ni à plaisanter ni à rire.

III. *L'âge viril.* — Dans l'âge viril, les hommes s'éloignent à la fois des excès de la jeunesse et de la vieillesse. Ils n'agissent pas avec trop de confiance, mais ils ne sont pas trop arrêtés par la crainte. Leur modération ne manque pas de courage, ni leur courage de modération. Toutes les bonnes inclinations qui se trouvent séparément dans la jeunesse et dans la vieillesse, l'âge viril les possède à la fois.

Il faut reconnaître qu'Aristote, qui a peint si admirablement les jeunes gens et les vieillards, est faible sur l'âge viril. Boileau, traduisant Horace, en a fait un portrait plus net et plus précis :

> L'âge viril, plus mûr, inspire un air plus sage,
> Se pousse auprès des grands, s'intrigue, se ménage,
> Contre les coups du sort songe à se maintenir,
> Et loin dans le présent regarde l'avenir.

567. Des passions. — A parler rigoureusement, les caractères ne sont autre chose que les diverses combinaisons qui se font dans chaque individu des passions, soit naturelles, soit acquises, qui existent dans l'homme ; et il y a en quelque sorte double emploi à traiter de ces deux sujets séparément. Mais, d'une part, les différents mouvements de l'âme ne prennent dans l'usage le nom de passion que lorsqu'ils arrivent à un certain degré d'acuité, et, comme dit Bacon, de *maladie ;* en second lieu, les passions sont les *éléments* qui, combinés à diverses doses et en diverses proportions, composent ce que nous avons appelé les caractères ; à ce double point de vue nous devons en parler séparément.

Nous avons, en psychologie (54-58), traité des inclinations et des passions au point de vue *psychologique*, c'est-à-dire considérées comme affections naturelles du cœur humain. Nous avons à les étudier ici surtout au point de vue *pathologique* (s'il est permis de parler ainsi), c'est-à-dire en tant qu'on les considère comme des maladies du cœur humain.

Les caractères des passions, en tant que maladies, sont les suivants :

1° Elles sont *exclusives*. L'homme en possession d'une passion ne connaît qu'elle, n'écoute qu'elle, et lui sacrifie non seulement sa raison et son devoir, mais ses autres inclinations et même ses autres passions. La passion du jeu ou du vin étouffera tout le reste, soit l'ambition, soit l'amour, soit l'instinct de conservation.

JANET, Philosophie.

2° La passion à l'état de maladie est un état violent, impétueux, désordonné, semblable à la folie : *Ira furor brevis est.*

3° Quoiqu'il puisse y avoir des accès de passion, accès soudains et fugitifs qui s'élèvent et tombent dans un même moment, cependant on ne donne généralement le nom de passions qu'à des mouvements devenus habituels. Les passions sont donc des *habitudes;* appliquées aux choses basses, elles deviennent des *vices.*

4° Il y a un *diagnostic*[1] des passions comme des maladies. Elles se trahissent au dehors par des signes extérieurs qui en sont les *symptômes* (actes, gestes, physionomie), et elles s'annoncent au dedans par des préliminaires qui en sont les *prodromes*, les signes précurseurs (trouble, agitation, etc.).

5° La passion a son histoire comme la maladie : elle a son cours régulier, ses crises, sa terminaison. L'*Imitation de Jésus-Christ* résume admirablement en quelques traits l'histoire d'une passion :

> Au commencement une simple *pensée* se présente à l'esprit; après vient une forte *imagination*, puis la *délectation*, le *mauvais mouvement*, et enfin le *consentement*. Ainsi, peu à peu, le malin esprit entre dans l'âme[2].

6° Il est rare que la passion naisse et se développe sans partage et sans combat. De là cet état que nous avons appelé plus haut *fluctuation* (229) et que l'on a en effet souvent comparé au flux et reflux de la mer.

Ces traits généraux des passions étant indiqués, esquissons en traits rapides le tableau de nos principales passions.

On peut dire que nos passions passent par trois états distincts. Elles sont d'abord des affections naturelles et inévitables de l'âme : ce sont les *inclinations*, les *penchants;* elles deviennent des mouvements violents et désordonnés : ce sont les *passions* proprement dites; elles tournent en habitudes et s'incorporent au caractère : ce sont les *qualités* et les *défauts*, et s'il s'y ajoute la liberté, les *vertus* et les *vices*. Mais il est à remarquer que si l'on peut toujours distinguer théoriquement ces trois états, le langage est la plupart du temps insuffisant pour les exprimer, car les hommes n'ont désigné ces états moraux que selon les nécessités de la pratique et non selon les besoins de la théorie.

---

1. On appelle diagnostic, en médecine, l'art de découvrir la maladie par le moyen de ses symptômes.

2. *Imitation de Jésus-Christ*, liv. I, ch. xii. — Trad. fr. de Michel de Marillac revue par M. de Sacy, p. 89.

Les trois états que nous venons de signaler se distinguent d'une manière très nette dans la première des affections que nous avons énumérées plus haut (57), à savoir l'*instinct de conservation*. Cet instinct est d'abord une affection naturelle, légitime, inévitable du cœur humain; mais, sous l'empire de certaines circonstances, sous l'influence de l'âge, de la maladie, du tempérament, elle s'exagère jusqu'à l'état de passion et devient ce qu'on appelle la *peur;* ou bien elle tourne en habitude et devient un vice sous le nom de *lâcheté*.

La conservation corporelle donne naissance à deux *appétits* que l'on appelle la faim et la soif. Ces deux appétits, sollicités outre mesure, deviennent des passions qui elles-mêmes peuvent devenir des vices. Mais ici le langage ne nous permet pas de traduire ces nuances : il n'y a qu'un seul mot pour exprimer la passion ou le vice dans le boire ou dans le manger, c'est d'une part la *gourmandise*, de l'autre l'*ivrognerie* [1]; l'une et l'autre, et en général l'abandon exagéré aux plaisirs des sens, prennent le nom d'*intempérance*.

Le principe de toutes nos inclinations personnelles est l'amour de nous-même ou *amour de soi*, instinct légitime quand il est modéré; porté à l'excès et devenu exclusif et dominant, il devient un vice que l'on appelle *égoïsme*.

L'*estime de soi*, tournée en passion, devient l'*orgueil* quand il s'agit de grandes choses, *vanité* s'il s'agit de petites.

L'amour de la liberté dégénère en *esprit de révolte*, l'amour légitime du pouvoir en *ambition*. L'*instinct de propriété* devient *avidité*, *cupidité*, *passion du gain*, et donne naissance subsidiairement à la *passion du jeu* ou désir de gagner par le moyen du hasard. Le désir de gagner engendre la *crainte de perdre*, et cette dernière passion, tournée en vice et en manie, devient l'*avarice*.

Les inclinations relatives aux autres hommes se divisent en inclinations *bienveillantes* et en inclinations *malveillantes*. Les premières peuvent aller jusqu'à la passion, mais non jusqu'au vice; les secondes seules deviennent des vices.

Il n'y a pas une seule inclination bienveillante qui, exagérée et exaltée au delà de la raison, ne puisse se changer en une passion plus ou moins blâmable. Mais, d'une part, nous n'avons pas d'expression dans notre langue pour rendre l'exagération dans

---

1. On distingue cependant la passion du vin de l'ivrognerie. On peut avoir cette passion sans y céder. L'ivrognerie est l'habitude de céder à la passion.

ces sortes de passions [1]; d'autre part, fussent-elles exagérées, jamais on ne donnera le nom de vice aux affections tendres du cœur humain, si folles qu'elles soient, pourvu qu'elles soient sincères [2].

Cependant quelques-unes de ces affections peuvent devenir des vices lorsqu'elles se joignent à quelque passion personnelle. Par exemple, le désir de plaire ou bienveillance peut conduire à une lâche *complaisance;* le désir de louer, à la *flatterie*, et le désir de l'estime, à l'*hypocrisie*. Mais ces vices tiennent bien plutôt à l'amour de soi qu'aux inclinations bienveillantes.

Ce sont les inclinations malveillantes qui donnent lieu aux plus terribles passions. Mais y a-t-il d'abord dans l'homme des inclinations naturellement *malveillantes?* Le philosophe Reid le conteste, et il pense, selon nous avec raison, que les passions malveillantes ne sont que les abus de certaines inclinations personnelles destinées à nous servir d'auxiliaires pour le développement de notre activité. Il y en a deux principales, l'*émulation* et la *colère*.

L'émulation n'est qu'un cas particulier du désir du succès et de la supériorité. Ce désir, activé par la pensée que les autres hommes ont atteint tel ou tel degré d'estime ou de pouvoir à côté de nous, n'est pas en lui-même une inclination malveillante. Nous pouvons vouloir égaler et surpasser les autres sans par cela même leur vouloir du mal. Nous pouvons éprouver du plaisir à les vaincre sans précisément nous réjouir de leur défaite; nous pouvons souffrir d'être vaincus par eux sans pour cela leur en vouloir de leurs succès.

L'émulation est donc un sentiment personnel, mais non malveillant; il devient malveillant et vicieux lorsque les dispositions précédentes sont interverties, lorsque, par exemple, nous souffrons, non pas de notre échec, mais de l'avantage de nos rivaux, et que nous ne pouvons supporter l'idée du bien d'autrui; ou encore lorsque, inversement, nous éprouvons plus de plaisir à leur défaite que de joie pour notre victoire. Ce sentiment ainsi perverti devient ce qu'on appelle l'*envie*, et en général l'envie est la peine que nous fait éprouver le bien d'autrui; c'est donc

---

1. *Sensiblerie* signifie fausse sensibilité, et non sensibilité exagérée. *Faiblesse* est une expression vague. Le patriotisme peut bien aller jusqu'au *fanatisme;* mais cela est également vrai pour d'autres sentiments, par exemple le sentiment religieux.

2. *L'amour*, qui peut être une passion coupable, ne devient un vice que lorsqu'il est considéré au point de vue des sens, et alors il rentre dans l'intempérance.

le désir implicite du malheur des autres : c'est un véritable vice, aussi bas qu'odieux.

L'*envie* se distingue de la *jalousie*, avec laquelle elle a des analogies. La jalousie est une sorte d'envie qui porte surtout sur les affections dont elle ne souffre pas le partage, l'envie porte sur les biens matériels ou abstraits (la fortune, les honneurs, la puissance); l'envie s'applique aux biens que l'on n'a pas, la jalousie se refuse à partager ceux que l'on possède, et par là c'est une espèce d'égoïsme, moins bas que l'envie, puisqu'il s'agit de biens d'un ordre plus élevé, et qui même quelquefois n'est pas exempt de noblesse; mais c'est néanmoins une des passions les plus terribles par ses conséquences.

La *colère* est une passion naturelle qui semble avoir été mise dans les êtres animés pour leur donner de la force contre le péril; c'est l'effort de l'âme résistant au mal qui veut l'opprimer. Mais cette inclination est une de celles qui sont le plus promptes à nous faire perdre la possession de nous-même et à nous jeter dans une sorte de folie passagère : *Ira furor brevis*. Cependant, quoiqu'elle soit un emportement dont les conséquences peuvent êtres fatales, elle n'est pas nécessairement accompagnée de la haine (comme on le voit par le soldat qui combattra avec fureur et qui, subitement, après la bataille ou pendant la trêve, offrira la main à son ennemi). La colère est donc un effort de la nature qui se défend; c'est une fièvre, et en cela elle peut être une passion fatale et coupable, mais elle n'est pas un vice.

La colère devient la *haine* lorsque, pensant au mal que nous avons fait ou que nous pouvons faire à notre ennemi, nous nous réjouissons de la pensée de ce mal : elle s'appelle le *ressentiment* ou la *rancune* lorsqu'elle est le souvenir haineux du mal reçu; elle devient enfin la *passion de la vengeance* (la plus criminelle de toutes) lorsqu'elle est le désir et l'espoir de rendre le mal pour le mal. Une sorte de raffinement dans le plaisir du mal d'autrui, même sans haine, est la *cruauté*.

La haine se change en *mépris* lorsqu'il s'y ajoute l'idée de la bassesse et de l'infériorité de l'objet méprisé. Le mépris est un sentiment légitime, comme nous l'avons vu, lorsqu'il a pour objet des actions basses et coupables; il est une passion mauvaise et blâmable lorsqu'il s'adresse à une prétendue infériorité, soit de naissance, soit de fortune, soit de talent : c'est une ramification de l'orgueil. L'orgueil n'est pas toujours accompagné de mépris. On voit des hommes pleins d'une haute satisfaction d'eux-mêmes qui savent cependant traiter avec politesse et courtoisie ceux qu'ils regardent comme très inférieurs à eux; d'autres, au contraire, écrasent leurs inférieurs et les traitent comme des brutes. Chez eux le mépris s'ajoute à l'orgueil. Une forme adoucie du mépris est le *dédain*, sorte de mépris plus délicat et plus dissimulé. Le mépris, lorsqu'il fait ressortir non les vices, mais les travers des hommes, et cherche à les rendre ridicules, devient la *raillerie* ou l'*ironie*.

Telles sont les principales affections de l'âme en tant qu'elles peuvent être considérées comme des maladies, c'est-à-dire en tant qu'elles ont besoin de remèdes.

Passons maintenant au *traitement*, pour continuer la comparaison de Bacon.

568. Culture de l'âme. — Après avoir étudié les caractères et les passions, nous avons à nous demander par quels moyens on arrive à gouverner les passions et à modifier ou corriger les caractères.

569. Gouvernement des passions. — Quant au premier point, c'est-à-dire au gouvernement des passions, Bossuet nous donne dans la *Connaissance de Dieu et de soi-même* (ch. III, 19) des conseils pratiques excellents : on voit qu'il les a tirés de l'étude des consciences.

Il fait remarquer justement que nous ne commandons pas directement à nos passions :

Nous ne pouvons pas, dit-il, élever ou apaiser notre colère comme nous pouvons remuer le bras ou le tenir sans action.

Mais, d'un autre côté, par le pouvoir que nous avons sur nos membres extérieurs, nous en avons aussi un très grand sur les passions. C'est là, il est vrai, un pouvoir indirect, mais qui n'en est pas moins efficace :

Ainsi, je puis m'éloigner d'un objet odieux qui m'irrite, et lorsque ma colère est excitée, je lui puis refuser mon bras, dont elle a besoin pour se satisfaire.

Pour cela il suffit de vouloir; mais rien de plus difficile que de vouloir lorsque l'âme est occupée par la passion. La question est donc de savoir comment on peut échapper à la passion dominante. Pour y réussir il ne faut pas la prendre en face, mais autant que possible détourner son esprit sur d'autres objets : il en est de la passion « comme d'une rivière qu'on peut plus aisément détourner que l'arrêter de droit fil ». Souvent on vient à bout d'une passion par le moyen d'une autre passion, « ainsi que dans un État, dit Bacon, un prince contient une faction par le moyen d'une autre faction ». Bossuet accorde même qu'il peut être utile de se livrer à des passions innocentes pour empêcher des passions criminelles [1]. Il faut aussi prendre garde au choix des personnes que l'on fréquente :

> Car rien n'émeut plus les passions que les discours et les actions des hommes passionnés. Au contraire, une âme tranquille semble nous communiquer le repos, pourvu toutefois que cette tranquillité ne soit pas insensible et fade. Il faut quelque chose de vif qui s'accorde un peu avec notre mouvement.

En un mot, pour conclure avec Bossuet :

> Il faut calmer les esprits par une espèce de diversion et se jeter pour ainsi dire à côté plutôt que de combattre de front; c'est-à-dire qu'il n'est plus temps d'opposer des raisons à une passion déjà émue; car en raisonnant sur la passion, même pour l'attaquer, on en imprime plus fortement les traces. Où les sages réflexions sont de grand effet, c'est à prévenir les passions. Il faut donc nourrir son esprit de considérations sensées, et lui donner de bonne heure des attachements honnêtes, afin que les objets des passions trouvent la place déjà prise.

570. Gouvernement des caractères. — Bossuet vient de nous apprendre comment nous devons nous conduire avec les passions, c'est-à-dire les maladies de l'âme. Cherchons maintenant comment on peut modifier les caractères, c'est-à-dire les tempéraments [2].

Le caractère est un ensemble d'habitudes dont une grande partie sans doute tient aux dispositions naturelles, mais qui se sont cependant formées en grande partie aussi par l'influence de l'éducation, des circonstances, des complaisances que l'on a

---

[1]. Platon, dans le *Phédon* (trad. de Saisset, p. 31), semble condamner cette pratique qui consiste à combattre la passion par la passion. « Ce n'est pas, dit-il, un chemin qui mène à la vertu que de changer des voluptés pour des voluptés, des tristesses pour des tristesses, des craintes pour des craintes, et de faire comme ceux qui changent une pièce en petite monnaie. La sagesse est la seule monnaie de bon aloi pour laquelle il faut changer toutes les autres... Toutes les autres vertus, sans la sagesse, ne sont que des ombres de vertu, vertu esclave du vice qui n'a rien de sain, ni de vrai. La véritable vertu est une purification de toutes sortes de passions. » Rien de plus vrai et de plus noble; mais cette doctrine n'a rien de contraire à celle de Bossuet. Il ne s'agit pas d'échanger une passion contre une autre, car cela n'a aucun caractère moral, mais d'échanger la passion contre la sagesse et contre la vertu. Seulement il s'agit ici du moyen. Or l'expérience confirme parfaitement ce que dit Bossuet, à savoir : qu'on ne peut jamais triompher directement d'une passion, surtout quand elle est à l'état aigu, et qu'on ne peut y réussir qu'en détournant sa pensée sur d'autres objets et en faisant appel à des passions plus innocentes ou à des passions non moins ardentes, mais plus nobles, telles que le patriotisme ou le sentiment religieux.

[2]. Sur la formation et le gouvernement des caractères, voy. le travail de M. Marion : *de la Solidarité morale* (in-8°, 1880), dans la *Bibliothèque de philosophie contemporaine*.

eues pour ses passions, etc. Ainsi se forme le caractère, « cette seconde nature, » comme on l'a si souvent appelé.

Le caractère étant une habitude, et la vertu, d'un autre côté, étant également une habitude, comme on l'a vu plus haut, le problème, pour celui qui veut corriger son caractère et remplacer ses vices par des vertus, est de savoir comment on peut substituer une habitude à une autre, et même une habitude pénible à une habitude agréable, quelquefois à une habitude qui a perdu son charme, mais qui n'a point perdu son empire.

Ce problème est analysé et décrit dans les termes les plus pathétiques dans les *Confessions* de saint Augustin :

> J'étais semblable, nous dit-il, à ceux qui veulent se réveiller, mais qui, vaincus par la force du sommeil, retombent dans l'assoupissement. Il n'est sans doute personne qui voudrait toujours dormir et qui ne préfère, s'il est sain d'esprit, la veille au sommeil; et cependant rien n'est plus difficile que de secouer la langueur qui appesantit nos membres; et souvent, malgré nous, nous sommes captivés par la douceur du sommeil, quoique l'heure du réveil soit arrivée... J'étais retenu par les frivoles plaisirs et les folles vanités de mes anciennes amies, qui secouaient en quelque sorte les vêtements de ma chair et murmuraient : Nous abandonnes-tu?... Si d'un côté j'étais attiré et convaincu, de l'autre j'étais séduit et enchaîné... Je n'avais rien à répondre que ces paroles lentes et languissantes : Tout à l'heure, tout à l'heure, attendez un peu. Mais ces tout à l'heure n'avaient pas de fin, et ce peu se prolongeait indéfiniment. Malheureux! qui me délivrera de ce corps de mort? (*Confessions*, liv. VIII, ch. v.)

Dans ces crises douloureuses la religion chrétienne offre à ses enfants un moyen tout-puissant et efficace : c'est ce qu'elle appelle la *grâce*. Mais ce moyen n'est pas entre les mains de la philosophie morale. Celle-ci ne peut que rechercher dans l'étude de la nature humaine les moyens exclusivement naturels que Dieu a mis en elle pour s'élever à la vertu. Or ces moyens, si limités qu'ils soient, ne doivent pas être considérés comme impuissants, puisqu'ils ont suffi pendant tant de siècles aux plus grands hommes et aux plus grands sages de l'antiquité [1].

571. Règles de Malebranche. — Nous pouvons partir de

---

[1] Les vertus des païens ont été souvent dépréciées, et saint Augustin lui-même, si admirateur de l'antiquité, les a appelées cependant des *vices splendides* (*vitia splendida*). On les considère souvent comme suscitées par l'orgueil et non par l'amour sincère de la vertu. Il faut prendre garde à de pareilles interprétations, car, une fois sur la voie du pessimisme moral, il n'y a aucune raison de s'arrêter. On peut soutenir tout aussi bien qu'il y a mille formes d'orgueil, et que l'amour-propre met quelquefois sa gloire à avoir l'air de se vaincre lui-même. « Il ne faut donc pas s'étonner s'il se joint quelquefois à la plus rude austérité et s'il entre si hardiment en société avec elle pour se détruire, parce que, dans le temps qu'il se ruine en un endroit, il se rétablit en un autre. » On voit par ce passage de la Rochefoucauld qu'il ne sert de rien d'interpréter dans un mauvais sens les vertus païennes, car l'argument peut être rétorqué. Le mieux est de prendre la vertu pour sincère et vraie, de quelque part qu'elle vienne, tant qu'il n'y a pas de preuves du contraire.

cette maxime de Malebranche empruntée à Aristote : *Les actes produisent les habitudes, et les habitudes produisent les actes.* L'habitude naît en effet d'un certain nombre d'actions répétées souvent; et une fois qu'elle est née, elle produit elle-même les actes d'une manière en quelque sorte spontanée, sans que la volonté ait besoin de faire aucun effort. De là naissent les vices et les vertus; et le problème est de savoir comment on peut corriger les premiers et conserver les secondes : car il ne s'agit pas seulement de passer du mal au bien, il faut encore prendre garde de ne point glisser du bien au mal.

Si la première maxime de Malebranche était absolue, il s'ensuivrait que l'âme ne pourrait changer d'habitudes, ni le méchant se corriger, ni le bon se corrompre; que l'espoir serait interdit à l'un, que l'autre n'aurait plus rien à craindre, conséquences entièrement démenties par l'expérience. Certaines sectes fanatiques ont pu croire que la vertu ou la sainteté étaient inamissibles, ce qui servait à couvrir les plus honteux désordres. Les faits nous apprennent, au contraire, qu'aucune vertu n'est infaillible et assurée de ne jamais fléchir; réciproquement, aucun vice n'est jamais si enraciné qu'on ne puisse ou l'atténuer ou le détruire. En effet, et c'est là une seconde maxime de Malebranche : *On peut toujours agir contre l'habitude dominante.* Si l'on peut agir contrairement à une habitude actuelle, ces nouveaux actes, souvent répétés par l'effort de la volonté, produisent, d'après la première maxime, une nouvelle habitude qui remplacera la précédente. C'est ainsi qu'on peut ou se pervertir ou se corriger. Seulement, comme les habitudes vertueuses sont plus pénibles et les habitudes vicieuses plus agréables, l'un sera toujours plus facile que l'autre.

572. **Règles d'Aristote et de Bacon.** — Comment faut-il s'y prendre maintenant pour substituer une bonne habitude à une mauvaise? Aristote conseille, si l'on a un défaut, de se jeter à l'extrémité opposée, afin qu'après s'être éloigné de toutes ses forces de la faute redoutée, on revienne, en quelque sorte par une élasticité naturelle, au milieu indiqué par la raison, comme lorsqu'on cherche à redresser un morceau de bois tortu. Cette maxime peut être bonne dans certains cas, avec certains caractères; mais il faut des précautions. On peut, sous l'influence de l'enthousiasme, se jeter à une extrémité violente et s'y maintenir quelque temps; mais, au moment de la réaction, il est bien

possible qu'au lieu de s'arrêter au milieu, on retombe dans la première.

Bacon, qui trouve insuffisante la maxime d'Aristote, essaye de la compléter par d'autre maximes un peu plus détaillées :

1° Il faut se garder de commencer par des tâches trop difficiles, mais mesurer son entreprise à ses forces, en un mot, *procéder par degrés*. Par exemple : celui qui veut se corriger de sa paresse ne devra pas s'imposer tout à coup un travail exorbitant, mais travailler chaque jour un peu plus, jusqu'à ce qu'il en ait pris l'habitude.

Dans les commencements, pour rendre ces exercices moins pénibles, il est permis d'employer quelques moyens auxiliaires, comme une personne qui apprend à nager emploie des vessies ou des faisceaux de jonc. Mais au bout de quelque temps on augmentera à dessein les difficultés, comme les danseurs qui, pour se rendre plus agiles, s'exercent avec des souliers fort pesants.

Il est à remarquer, ajoute Bacon, qu'il y a certains vices (et l'ivresse est de ce genre) où il est dangereux de ne procéder que par degrés, et où il vaut mieux couper court d'une manière absolue.

2° La seconde maxime est que, lorsqu'il s'agit d'acquérir quelque vertu nouvelle, il faut choisir pour cela deux sortes d'occasions : la première, lorsqu'on est le mieux disposé pour le genre d'actions dont il s'agit; la seconde, au contraire, quand on y est le plus mal disposé possible, afin de profiter de la première occasion pour faire beaucoup de chemin, et de la seconde pour exercer l'énergie de la volonté. Cette seconde règle est excellente et d'une vraie efficacité.

3° Une troisième règle est, lorsque l'on a vaincu ou cru vaincre son naturel, de ne pas trop s'y fier. C'est ici qu'il est bon de citer la vieille maxime : *Naturam expellas furca,* et de se rappeler la chatte d'Esope, qui, métamorphosée en femme, se tint fort décemment à table jusqu'au moment où elle vit courir une souris.

573. **Règles de Leibniz.** — Leibniz nous donne aussi quelques bons conseils, d'une prudence toute pratique, pour nous apprendre à triompher de nous-même, et il expose à sa manière les mêmes idées que Bossuet et Bacon.

« Lorsqu'un homme est dans de bons mouvements, il doit se faire des lois et règlements pour l'avenir et les exécuter avec rigueur, s'arracher aux occasions capables de le corrompre, ou brusquement, ou peu à peu, selon la nature de la chose. Un voyage entrepris tout exprès guérira un amant, une retraite nous tirera des mauvaises compagnies. François Borgia, général des jésuites, qui a été enfin canonisé, étant accoutumé à boire largement lorsqu'il était homme du grand monde, se réduisit peu à peu au petit pied lorsqu'il pensa à la retraite, en faisant tomber chaque jour une goutte de cire dans le bocal qu'il avait coutume de vider. *A des sensibilités dangereuses on opposera quelques autres sensibilités innocentes*, comme l'agriculture, le jardinage; on fuira l'oisiveté, on ramassera des curiosités de la nature et de l'art; on fera des expériences et des recherches; on s'engagera dans quelque occupation indispensable, ou, si l'on n'en a pas, dans quelque conversation ou lecture utile ou agréable. En un mot, il faut profiter des bons mouvements, comme de la voix de Dieu qui nous appelle, pour prendre des résolutions efficaces[1]. »

574. **Méthode de Franklin.** — A ces maximes sur la formation et l'amendement des caractères se rattache naturellement la méthode morale que Benjamin Franklin avait inventée pour se perfectionner dans la vertu. Il avait fait un dénombrement des qualités qu'il voulait acquérir et développer en lui, et les avait ramenées à treize principales. Cette classification, qui n'a aucune valeur scientifique, lui suffisait parfaitement pour le but qu'il voulait atteindre. Voici quelles étaient ces treize vertus : Tempérance, — silence, — ordre, — résolution, — frugalité, — industrie, — sincérité, — justice, — modération, — propreté, — tranquillité, — chasteté, — humilité.

Ce catalogue une fois dressé, Franklin, réfléchissant qu'il lui serait difficile de lutter à la fois contre treize défauts et de surveiller à la fois treize vertus, eut une idée qui rappelle celle d'Horace dans son combat contre les Curiaces : il voulut combattre ses ennemis l'un après l'autre; il appliqua à la morale ce principe si connu des politiques : *Diviser pour régner*.

Je dressai, dit-il, un petit livre de treize pages, portant chacune en tête le nom d'une des vertus. Je réglai chaque page en encre rouge, de manière à y établir sept colonnes, une pour chaque jour de la semaine, mettant au haut de chacune des colonnes la première lettre du nom d'un de ces jours. Je traçai ensuite treize lignes transversales, au commencement desquelles j'écrivis les premières

---

1. *Nouveaux essais sur l'entendement humain*, liv. II, ch. XXI.

lettres du nom d'une des treizes vertus. Sur cette ligne, et à la colonne du jour, je faisais une petite marque d'encre pour noter les fautes que, d'après mon examen, je reconnaissais avoir commises contre telle ou telle vertu.

» Je résolus de donner une semaine d'attention sérieuse à chacune de ces vertus successivement. Ainsi mon grand soin pendant la première semaine fut d'éviter la plus légère faute contre la tempérance, laissant les autres vertus courir leurs chances ordinaires, mais marquant chaque soir les fautes de la journée. Si, dans la première semaine, je me croyais assez fortifié dans la pratique de ma première vertu et assez dégagé de l'influence du défaut opposé, j'essayais d'étendre mon attention sur le second, et, procédant ainsi jusqu'à la dernière, je pouvais faire un cours complet en treize semaines et le recommencer quatre fois par an. De même qu'un homme qui veut nettoyer son jardin ne cherche pas à en arracher toutes les mauvaises herbes en même temps, ce qui excéderait ses moyens et ses forces, mais commence d'abord par une des plates-bandes, pour ne passer à une autre que quand il a fini le travail de la première, ainsi j'espérais goûter le plaisir encourageant de voir dans mes pages les progrès que j'aurais faits dans la vertu, par la diminution successive du nombre de marques, jusqu'à ce qu'enfin, après avoir recommencé plusieurs fois, j'eusse le bonheur de trouver mon livret tout blanc, après un examen particulier, pendant treize semaines.

Le sage Épictète nous conseille la même pratique que Franklin :

Si tu ne veux pas être enclin à la colère, nous dit-il, n'en nourris pas en toi l'habitude. Calme ta première fureur, puis compte les jours où tu ne te seras pas emporté. J'avais l'habitude de m'emporter tous les jours, diras-tu ; maintenant, c'est un jour sur deux ; puis ce sera un sur trois, et après un sur quatre. Si tu passes ainsi trente jours, fais un sacrifice à Dieu [1].

Il disait encore : « Veux-tu t'exercer? Quand il fait chaud et que tu as soif, mets dans ta bouche une gorgée d'eau fraîche, puis rejette-la, et ne le conte à personne. »

575. Règles de Cicéron. — Les philosophes que nous venons de citer nous donnent des règles pour combattre et corriger notre caractère quand il est vicieux. Cicéron nous en donne d'autres, au contraire, pour maintenir notre caractère personnel et pour y rester fidèles ; et ces règles ne sont pas moins utiles que les autres. Il fait remarquer avec raison que chacun a ses propres inclinations qui lui constituent un caractère personnel et original.

Les uns, dit-il, sont plus agiles à la course ; les autres plus forts à la lutte ; ceux-ci sont plus nobles, ceux-là sont plus gracieux ; Scaurus et Drusus étaient singulièrement graves ; Lélius était fort gai ; Socrate était enjoué, et d'une conversation divertissante. Les uns sont simples et ouverts ; les autres, comme Annibal et Fabius, sont rusés [2]. Enfin, il est un nombre infini de mœurs et de caractères différents, sans être pour cela condamnables.

---

1. Épictète, *Entretiens*, II, ch. XVIII, trad. franç. de V. Courdavaux.

2. La ruse, cependant, ne doit pas être comptée parmi les qualités à encourager.

Or, c'est un principe très sensé de Cicéron, que nous ne devons point aller contre les inclinations de notre nature quand elles ne sont pas vicieuses : « Ne forçons point notre talent, dit le fabuliste, nous ne ferions rien avec grâce. »

Que chacun connaisse donc son naturel, et soit à lui-même un juge sévère de ses défauts et de ses qualités. Soyons comme les comédiens, qui ne choisissent pas toujours les plus beaux rôles, mais ceux qui conviennent le mieux à leur talent. Ésopus ne jouait pas souvent Ajax.

Cicéron pousse si loin ce principe, « que chacun doit être fidèle à son caractère, » qu'il justifie le suicide de Caton par cette raison qu'il était conforme à son caractère. D'autres, dit-il, eussent été coupables de se donner la mort, mais Caton devait mourir. C'est pousser sans doute trop loin les droits et les devoirs du caractère individuel; mais il est certain qu'à part les grands devoirs généraux de l'humanité, qui sont les mêmes pour tous les hommes, chacun a son rôle à jouer ici-bas, et ce rôle est déterminé en partie par les dispositions que nous a données la nature, dispositions qui, lorsqu'elles ne sont pas vicieuses, doivent être écoutées et encouragées.

576. **Examen de conscience.** —Enfin ce qui importe surtout, au point de vue de la pratique et de la discipline morale, c'est que chacun se rende un compte exact de son propre caractère, de ses défauts, de ses vices, de ses ridicules, afin de pouvoir les corriger. Tel était le sens tout pratique de cette célèbre maxime inscrite autrefois sur le temple de Delphes : « Connais-toi toi-même. » C'est là l'interprétation que Socrate lui-même en donnait dans ses conversations avec ses disciples :

Dis-moi, Euphydème, as-tu jamais été à Delphes? — Deux fois, par Jupiter. — Tu as donc aperçu l'inscription gravée sur le temple : *Connais-toi toi-même?* — Oui, certes. — Penses-tu que pour se connaître soi-même il suffise de savoir son nom? Ne faut-il pas quelque chose de plus? Et comme les acquéreurs de chevaux ne croient pas connaître la bête qu'ils veulent acheter tant qu'ils n'ont pas examiné si elle est obéissante ou rétive, vigoureuse ou faible, vive ou lente, etc., de même se connaît-on bien soi-même si l'on ne sait pas véritablement ce que l'on vaut? — Non, sans doute. — Il est donc évident que cette connaissance de soi-même est pour l'homme la source de beaucoup de biens, tandis que l'erreur sur son propre compte l'expose à mille maux. Ceux qui se connaissent bien savent ce qui leur est utile, distinguent ce qu'ils peuvent faire de ce qu'ils ne peuvent pas; or, en faisant ce dont ils sont capables, ils se procurent le nécessaire et vivent heureux. Au contraire, ceux qui ne se connaissent pas échouent dans toutes leurs entreprises, et tombent dans le mépris et le ridicule [1].

1. Mém. sur Socrate, liv. IV, ch. IV.

Pour se bien connaître soi-même il est nécessaire de s'examiner. De là une pratique souvent recommandée par les moralistes, et surtout les moralistes chrétiens, mais que les anciens n'avaient pas ignorée : l'*examen de conscience*.

On en trouve une belle peinture dans les écrits de Sénèque :

> Nous devons tous les jours, dit le philosophe, appeler notre âme à rendre ses comptes. Ainsi faisait Sextius ; sa journée terminée, il interrogeait son âme : De quel défaut t'es-tu aujourd'hui guérie ? Quelle passion as-tu combattue ? En quoi es-tu devenue meilleure ? Quoi de plus beau que cette habitude de repasser ainsi toute la journée !... Ainsi fais-je, et remplissant envers moi les fonctions de juge, je me cite à mon tribunal. Quand on a emporté la lumière de ma chambre, je commence une enquête sur toute ma journée, je reviens sur toutes mes actions et mes paroles. Je ne me dissimule rien, je ne me passe rien. Eh ! pourquoi craindrais-je d'envisager une seule de mes fautes, quand je puis me dire : Prends garde de recommencer ; pour aujourd'hui, je te pardonne [1] ?

On ne finirait pas, si l'on voulait indiquer toutes les pratiques que l'expérience de la vie a suggérées aux moralistes pour amener les hommes à s'améliorer, à se corriger, à se perfectionner dans le bien. Sous ce rapport, rien ne vaut la lecture des moralistes chrétiens : Bossuet, Fénelon, Nicole, Bourdaloue. Les conseils que l'on y trouve sur le bon emploi du temps, sur les occasions et les tentations, sur la fausse honte, sur les conversions lâches, sur la persévérance, peuvent s'appliquer à la morale aussi bien qu'à la religion. La lecture, la méditation, les bonnes sociétés, les bons conseils, le choix de quelque grand modèle, etc., tels sont les principaux moyens dont nous devons nous servir pour nous perfectionner dans le bien : « Si seulement nous extirpions et déracinions tous les ans un seul vice, nous deviendrions bientôt des hommes parfaits [2]. »

577. Catéchisme moral. — Comme excellente pratique d'éducation morale, on peut enfin signaler ce que Kant appelle un *Catéchisme moral*, dans lequel le maître résume sous forme de demandes et de réponses les principes de la moralité. L'élève apprend par là à se rendre compte des idées dont il a vaguement conscience, mais qui se confondent souvent pour lui avec des principes d'un autre ordre, avec l'instinct du bonheur et les calculs de l'intérêt.

Voici quelques extraits du catéchisme moral de Kant [3] :

---

[1]. Sénèque, *de la Colère*, liv. III, 38. A dire la vérité, Sénèque se pardonnait peut-être un peu trop aisément (le jour, par exemple, où il a fait l'apologie du meurtre d'Agrippine) ; et souvent on est trop disposé à faire comme lui.

[2]. *Imitation de Jésus-Christ*, liv. I, ch. XI.

[3]. Nous donnons ici ce catéchisme comme exemple de ce qui peut être fait dans un cours de morale. Le maître en modifiera la forme et les développements à volonté.

Le Maître. — Quel est ton plus grand et même ton seul désir dans la vie?
L'Élève garde le silence.
Le Maître. — N'est-ce pas de réussir en tout et toujours, selon tes désirs et ta volonté? — Comment nomme-t-on un pareil état?
L'Élève garde le silence [1].
Le Maître. — On le nomme *bonheur* (c'est-à-dire une prospérité constante, une vie de satisfaction, un parfait contentement de son état). Or, si tu avais entre les mains tout le bonheur (possible dans le monde), le garderais-tu tout entier pour toi, ou en ferais-tu part aussi à tes semblables?
L'Élève. — Je leur en ferais part; je rendrais aussi les autres heureux et contents.
Le Maître. — Cela prouve déjà que tu as un bon *cœur*. Voyons maintenant si tu as aussi un bon *jugement*. — Donnerais-tu au paresseux de moelleux coussins; à l'ivrogne, du vin en abondance et tout ce qui peut occasionner l'ivresse; au fourbe, des manières et une figure prévenantes, pour qu'il trompât plus aisément les autres; à l'homme violent de l'audace et un bon poignet?
L'Élève. — Non, certes.
Le Maître. — Tu vois donc que si tu tenais tout le bonheur entre tes mains, tu ne le livrerais pas sans réflexion à chacun selon ses désirs, mais que tu commencerais par te demander jusqu'à quel point il en est *digne*. Ne te viendrait-il pas aussi à l'idée de te demander si tu es bien toi-même digne du bonheur?
L'Élève. — Sans doute.
Le Maître. — Eh bien! ce qui en toi tend au bonheur, c'est le *penchant*. Ce qui juge que la première condition pour jouir du bonheur est d'en être digne, c'est la *raison*, et la faculté que tu as de vaincre ton penchant par ta raison, c'est la *liberté*. Par exemple, si tu te trouves dans le cas de te procurer ou de procurer à un de tes amis un grand avantage à l'aide d'un adroit mensonge, sans d'ailleurs faire tort à personne, que dit ta raison à ce sujet?
L'Élève. — Que je ne dois pas mentir, quelque grand avantage qui puisse en résulter pour moi ou pour mon ami. Mentir est *avilissant* et rend l'homme *indigne* d'être heureux. Il y a là une nécessité absolue que m'impose un ordre ou une défense de la raison, et devant laquelle tous mes penchants doivent se taire.
Le Maître. — Comment nomme-t-on cette nécessité d'agir conformément à la loi de la raison même?
L'Élève. — On la nomme *devoir*
Le Maître. — Ainsi, l'observation de notre devoir est la condition générale qui seule nous permet d'être dignes du bonheur. — *Être digne du bonheur, et faire son devoir, c'est tout un...*, etc. » (Kant, *Doctrines de la vertu*, partie II, § 51.)

---

[1]. On voit par là l'expérience que Kant avait de la jeunesse. Dans une interrogation socratique de ce genre, l'élève, se défiant de lui-même, commence toujours par se taire. Ce n'est que lorsqu'il aperçoit qu'il savait ce qu'on demande, qu'il se hasarde à répondre et répond bien.

APPENDICE

DE LA MORALE

PROBLÈMES

Nous rassemblerons ici à la fois un certain nombre de problèmes qui peuvent être posés en morale, soit au point de vue pratique, soit au point de vue spéculatif.

578. I. PROBLÈMES PRATIQUES OU CASUISTIQUES. — La partie de la morale qui traite des difficultés de la pratique, ou des *cas de conscience*, s'appelle *casuistique*. Nous emprunterons à Kant un certain nombre de problèmes casuistiques posés par lui dans sa *Doctrine de la vertu* (trad. franç. de Jules Barni, 1855).

1° « Est-ce un suicide que de se dévouer à une mort certaine pour sauver la patrie ? — Est-il permis de prévenir par le suicide une injuste condamnation à mort[1] ? » (P. 78.)

2° « Doit-on, sinon à titre de panégyriste du vin, du moins à titre d'apologiste, en permettre un usage voisin de l'ivresse, sous prétexte qu'il anime la conversation et pousse ainsi les cœurs à s'ouvrir ? — Mais comment fixer une mesure à celui qui est sur le point de tomber dans un état où ses yeux ne seront plus capables de rien mesurer ? » (P. 85.)

3° « Peut-on regarder comme un mensonge la fausseté que l'on commet par pure politesse, par exemple, le *très obéissant serviteur ?* — Que répondre à un auteur qui vous demande ce qu'on pense de ses ouvrages ? » (P. 91.)

4° « Est-il permis de mentir par humanité[2] ? »

5° « Le sentiment de la sublimité de notre destination, c'est-

---

[1]. Une question curieuse posée par Kant est celle-ci : « La vaccination est-elle permise ? » Cette question prouve que la découverte de Jenner était toute récente.

[2]. Ce problème est l'objet d'une dissertation spéciale de Kant dirigée contre Benjamin Constant. (Voy. *Doctrine de la vertu*, trad. fr., p. 247.)

à-dire l'*élévation d'âme,* n'est-elle pas en nous trop voisine de la présomption? Et réciproquement, l'abnégation de soi-même n'est-elle pas contraire au devoir du respect envers soi-même? N'est-il pas indigne d'un homme de s'humilier devant un autre? » (P. 100.)

6° « Jusqu'à quel point faut-il consacrer ses moyens à la bienfaisance? Est-ce jusqu'au point d'avoir soi-même besoin de la bienfaisance d'autrui? » (P. 129.)

7° « Celui qui se sert du pouvoir que lui accorde la loi pour enlever à quelqu'un la liberté d'être heureux à sa manière, peut-il se considérer comme son bienfaiteur? Et celui qui consent librement à se livrer à un maître, en comptant sur sa bienfaisance, n'abdique-t-il pas sa dignité d'homme? » (P. 129.)

8° « Vaudrait-il mieux pour le bien du monde que toute la moralité des hommes fût réduite aux devoirs de droit, à la justice stricte, et que la bienveillance fût reléguée parmi les choses indifférentes? Le monde ne serait-il pas privé d'un grand ornement moral? »

9° « Peut-on entretenir des relations avec des hommes vicieux? » (P. 161.)

579. II. Problèmes théoriques. — 1° Quels sont les rapports du bonheur et de la vertu? Selon Kant, le bonheur est la récompense de la vertu. (*Raison pratique*, liv. II, ch. II). Selon Spinosa (*Éthique*, liv. V, prop. XLII), il est la vertu elle-même. Ces deux opinions sont-elles contradictoires?

2° La vertu peut-elle s'enseigner? (Voy. le *Protagoras* et le *Ménon* de Platon.)

3° La vertu est-elle une ou plusieurs? (Idem.)

4° La sphère du bien est-elle plus étendue que celle du devoir? Y a-t-il des actions bonnes qui ne soient pas obligatoires? (Voy. Franck, *Morale pour tous*, ch. III, p. 23, et notre *Morale*, liv. II, ch. II : le Bien et le Devoir.)

5° Dans quel sens doit-on entendre la distinction des devoirs *stricts* et des devoirs *larges?* (Ibid., ch. III.)

6° Quelle est la part de l'initiative individuelle dans la morale? (Voy. notre *Morale*, liv. II, ch. II, p. 237.) La morale est-elle indépendante de la métaphysique? (Caro, *Problèmes de morale sociale*, ch. I, II et III — C. Coignet, *la Morale indépendante*.)

7° La moralité est-elle susceptible de progrès? (F. Bouillier, *Morale et progrès* — Marion, *de la Solidarité morale*, conclusion — et notre *Morale*, liv. III, ch. IX.)

NOTIONS D'ESTHETIQUE

On appelle *esthétique* la science du beau ; elle se rattache par des liens très étroits à la morale.

L'esthétique se divise en deux problèmes : 1° le problème du *beau* ; 2° le problème de l'*art*. De part et d'autre, c'est toujours le beau qui est l'objet de notre étude ; mais d'une part nous considérons l'idée du beau en général, telle qu'elle est dans l'esprit humain et telle que nous la suggère la nature ; de l'autre nous considérons la reproduction du beau par l'activité humaine, et c'est ce qu'on appelle l'art.

Nous sommes obligé de nous borner, sur ces questions délicates, à des notions très succinctes.

CHAPITRE PREMIER

L'idée du beau et du sublime.

580. **Le beau et le bien.** — La parenté du beau et du bien a frappé tous les philosophes et surtout les philosophes grecs. L'expression de καλός remplace souvent celle d'ἀγαθός, et même elles s'unissent ensemble dans une seule expression qui est éminemment propre à la langue grecque, τὸ καλοκἀγαθόν, le beau et le bien unis par un lien indivisible. Platon, dans le *Gorgias*, cherchant à distinguer le bien du plaisir, dit « qu'il est plus beau,

(κάλλιον) de souffrir une injustice que de la commettre. » Toutes les expressions par lesquelles Platon dépeint une âme bien ordonnée, sont toutes empruntées à l'ordre esthétique; c'est εὐρυθμία, ἁρμονία. Le sage est un musicien (ὁ σοφὸς μουσικός); la vie humaine a besoin de nombre (ἀριθμός). Réciproquement, pour Platon comme pour Socrate, le beau n'est autre chose que le bien, et l'art se confond avec la morale [1]. La même doctrine a été soutenue par la philosophie allemande de notre siècle, et Herbart considérait la morale comme une partie de l'esthétique [2].

Cependant, quelque liaison qui puisse exister entre la notion du bien et celle du beau, ces deux notions ne se laissent pas confondre. La différence essentielle, c'est que le beau ne se présente pas à nous comme *obligatoire* : nous admirons et nous aimons le beau sans être chargés de le réaliser. De plus, le beau est toujours inséparable de la sensibilité : toute chose belle contient toujours un élément qui tombe sous les sens.

On peut dire que le beau est en quelque sorte l'inverse du bien. Le rôle de la morale consiste, en effet, à changer le sensible en intelligible [3]; le rôle de l'esthétique et de l'art consiste à donner à l'intelligible une forme sensible.

Le beau n'est donc pas la même chose que le bien ; mais on peut dire, avec Kant, qu'il en est le *symbole*.

Considérons donc le beau en lui-même en le distinguant du bien.

581. **Lois du beau.** — L'analyse de l'idée du beau a conduit Kant aux quatre lois suivantes, qui en expriment les caractères essentiels :

I. Le beau est essentiellement désintéressé.

Le *goût* est la faculté de juger d'un objet par une satisfaction *dégagée de tout intérêt*. L'objet d'une semblable satisfaction s'appelle *beau*. » (*Critique du jugement*, liv. Ier, § 5.)

D'après cette loi, on établira d'abord ces deux caractères du

---

1. Même assimilation dans l'école stoïcienne. On connaît le sorite célèbre de Chrysippe : « Le bien est désirable : ce qui est désirable est aimable ; ce qui est aimable est digne de louange ; ce qui est digne de louange est beau. »

2. Voy. aussi, sur la parenté de la morale et de l'esthétique, M. Ravaisson (*Rapport sur la philosophie du XIXe siècle*, p. 231-232.)

3. Kant dirait : à transformer *le règne de la nature en règne des fins.*

beau : d'une part, le beau produit en nous un certain *plaisir;* de l'autre, ce plaisir est *désintéressé :* ce plaisir se distingue de l'*agréable* et il se distingue de l'*utile.*

L'agréable est ce qui plaît aux sens : or, tout ce qui plaît aux sens n'est pas beau par cela même.

Personne ne parle de *belles* saveurs, de *belles* odeurs, d'une *belle* chaleur, etc. Il n'y a que les sensations de l'ouïe et de la vue qui puissent nous procurer le sentiment du beau; mais ici encore nous distinguons le beau et l'agréable : car celui qui a les yeux sensibles et qui met des lunettes bleues, trouve une sensation douce et agréable dans cette couleur adoucie; mais il ne trouvera pas belle cette teinte uniforme et terne dont son œil a besoin.

Le beau est donc un plaisir spécial qui n'a rien de commun avec les autres plaisirs des sens.

En outre, le beau se distingue de l'utile : l'utile est l'objet dont l'existence est liée par nous à l'idée de notre conservation ou de notre bien-être. Or, je puis être indifférent, en ce qui me concerne, à l'existence de tel objet, sans pour cela renoncer à le trouver beau.

Quelqu'un me demande-t-il si je trouve beau le palais qui est devant moi, je puis bien dire que je n'aime pas ces choses faites pour étonner les yeux, ou imiter ce sachem iroquois à qui rien dans Paris ne plaisait plus que les boutiques de rôtisseurs, ou gourmander, à la manière de Rousseau, la vanité des grands... Ce n'est pas de tout cela qu'il s'agit. Ce qu'on demande est de savoir si cet objet me cause de la satisfaction, quelque indifférent que je sois à son existence... Chacun doit reconnaître qu'un jugement sur la beauté dans lequel se mêle le plus léger intérêt n'est pas un pur jugement du goût.

En un mot, comme le dit Platon dans le *Grand Hippias,* si le beau est l'agréable, rien de plus beau que l'or, qui est ce qu'il y a de plus brillant pour les yeux; si le beau est l'utile, rien de plus beau qu'une marmite, car il n'y a rien de plus utile.

II. « Le beau est ce qui plaît *universellement* et *sans concept.* » (Ibid., § 9.)

Cette seconde loi contient deux propositions : 1° le beau doit plaire universellement; 2° il n'est pas précédé d'un concept. Expliquons ces deux propositions.

1° La première est très claire. En effet, quoiqu'on dise qu'il ne faut pas disputer des goûts, cette maxime ne peut s'appliquer qu'aux goûts purement personnels et intéressés. Mais pour le beau, quand on en juge (à moins qu'on ne se trompe, comme cela a lieu pour le vrai), personne n'entend dire qu'une chose n'est belle que pour lui ; mais il croit que si elle est belle en effet, elle doit l'être pour tous.

> Je ne juge pas seulement pour moi, mais pour tout le monde... si les autres jugent autrement que moi, je leur refuse le goût..., dire que chacun a son goût particulier revient à dire qu'il n'y a pas de goût.

La Bruyère a dit également et dans le même sens :

> Il y a dans l'art un point de perfection, comme de beauté et de maturité dans la nature : celui qui le sent et qui l'aime a le goût parfait ; celui qui ne le sent pas et qui aime en deçà et au delà a le goût défectueux ; il y a donc un bon et un mauvais goût. (*Des Ouvrages de l'esprit*.)

PROBLÈME : S'il y a un goût absolu, d'où viennent les contradictions des critiques et du public dans les lettres et dans les arts ?

2° Le jugement du beau n'est pas précédé d'un *concept*. En effet, pour dire qu'une fleur est belle, nous n'avons pas besoin de savoir ce que c'est qu'une fleur. La définition d'un objet n'est donc pas nécessaire, et même elle serait nuisible au sentiment esthétique produit par cet objet.

III. « Le beau est *une finalité sans fin*. » (Ibid., § 10.)

Cette formule un peu étrange de Kant a besoin d'être expliquée : elle n'exprime que des idées très simples.

Partout où il y a accord des parties avec l'idée du tout, il y a *finalité*. Par exemple, toutes les parties d'un animal sont d'accord entre elles, de manière à réaliser l'idée de cet animal : c'est ce qu'on appelle finalité. Ce caractère se rencontre dans toutes les œuvres belles de la nature et de l'art.

Or, lorsqu'il existe un système de ce genre, qui a déjà par lui-même une finalité, ce système peut, en outre, être en conformité avec un certain effet ultérieur et par conséquent avoir lui-même un but et une fin.

Par exemple, il peut être conformé de manière à assurer la conservation des autres êtres et avoir, par conséquent, une *fin externe*, ou bien être organisé de manière à garantir sa propre conservation et avoir une *fin interne* : dans le premier cas, c'est l'*utile*; dans le second cas, c'est la *convenance*, la *perfection*. Eh bien, suivant Kant, le beau se distingue non seulement de l'utilité, mais encore de la convenance et de la perfection. Il n'a ni une fin externe ni une fin interne ; en un mot, il n'a aucune fin, aucun but. Le beau ne sert à rien, ni aux autres êtres, ni à l'être même qui en jouit ; ou s'il lui sert, ce n'est pas en cela qu'il est beau.

On a déjà distingué la beauté de l'utilité. Distinguons-la maintenant de la convenance ou de la perfection. Cette notion, en effet, dit Kant, se rapproche de celle de la beauté ; et c'est pourquoi beaucoup de philosophes ont confondu l'une avec l'autre.

Les fleurs sont de libres beautés de la nature ; cependant on ne sait pas aisément, à moins d'être botaniste, ce que c'est qu'une fleur, et le botaniste lui-même qui reconnaît dans la fleur l'organe de la fécondation de la plante, n'a point égard à cette fin de la nature quand il porte sur la plante un jugement de goût ; son jugement n'a donc pour principe aucune espèce de perfection, aucune finalité interne à laquelle se rapporterait l'union de ces éléments divers. Beaucoup d'oiseaux (le perroquet, le colibri, l'oiseau du paradis) sont des beautés en soi qui ne se rapportent en rien au concept de ces objets. De même les dessins à la grecque, les rinceaux, les ornements, ne représentent rien, ou du moins ne représentent aucun concept déterminé. Il en est de même des fantaisies et des variations en musique, et même de toute musique en l'absence de texte.

Sans doute la perfection peut se joindre avec la beauté. La beauté d'un édifice implique bien une sorte de conformité intérieure avec la fin de cet édifice ; par exemple, la beauté d'une église ne peut pas être celle d'un palais ; mais c'est là une condition qui peut bien restreindre la liberté du goût, mais qui ne le constitue pas.

IV. « Le beau n'est pas seulement l'objet d'une satisfaction universelle (II) ; il l'est encore d'une satisfaction *nécessaire*. »

La nécessité est impliquée dans l'universalité. Celui qui déclare une chose belle prétend par là que chacun *doit* donner son assentiment à ce jugement et reconnaître cette chose pour belle. Nous admettons donc implicitement qu'il y a des sentiments qui s'imposent comme obligatoires, à ceux-là du moins qui prétendent juger de ces choses.

582. Définition du beau. — D'après les lois précédentes, on peut, avec Kant, définir le beau *ce qui satisfait le libre jeu de* *l'imagination*, sans être en désaccord avec les lois de *l'entendement*. Cette définition n'est que le commentaire de cette vieille définition : le beau est l'unité dans la variété, *in varietate unitas*. L'imagination, en effet, est la faculté de la variété, et l'entendement est la faculté de l'unité.

583. L'expression. — La théorie de Kant exprime quelques-uns des caractères essentiels du beau : 1° son rapport à la sensibilité ; il est toujours un objet de plaisir ; 2° son caractère essentiellement désintéressé ; 3° la liberté de l'imagination, qui n'est liée ici ni à une utilité externe, ni à un concept logique. Néanmoins cette théorie est incomplète ; si elle était absolument vraie, il faudrait dire que les choses les plus belles seraient celles *qui ne signifient rien*. Les arabesques en peinture, les contes de fées en poésie, les variations en musique : tels sont, en effet, les objets de l'imagination libre. Mais le beau n'est pas si indépendant que cela de la pensée. Les plus beaux objets, au contraire, sont ceux qui *signifient* quelque chose ou qui *expriment* quelque chose. De là un élément nouveau de la beauté : l'*expression*. Ce qu'il y a de plus beau en sculpture, c'est ce qui exprime la majesté divine (Jupiter Olympien), la douleur (Laocoon), la dignité et la grâce (la Vénus de Milo). En poésie, c'est ce qui exprime la douleur et la force d'âme (*Prométhée*), la générosité (*Cinna*), la passion (*Phèdre, Othello*). En musique également, la composition plus grande sera la plus pathétique. On demandera si la même théorie peut s'appliquer à la nature, et ce qu'expriment nos fleurs, nos chênes, nos paysages. Nous pouvons répondre qu'un chêne exprime la force, et la force régulière et majestueuse ; que la fleur exprime la douceur et la grâce ; que les paysages expriment les sentiments que nous y mettons. En résumant ces idées, on dira, avec Jouffroy : le beau est « l'invisible manifesté par le visible[1] », ou avec Hegel : le beau est « la manifestation sensible de l'idée[2] ».

584. Le sublime. — Depuis Burke et Kant : on a distingué dans la philosophie moderne le *beau* et le *sublime* : on était porté à croire que le sublime n'est autre chose que le plus haut degré de la beauté ; mais ces deux philosophes ont montré qu'il était un *autre genre* de beauté. Sans doute on trouve d'abord dans le

---

1. Jouffroy, *Esthétique*, 38° leçon. 2. Hegel, *Esthétique*, ch. I.

sublime les mêmes caractères que dans le beau : il est un plaisir, et un plaisir désintéressé ; il s'impose universellement à notre admiration enfin ; il satisfait à sa manière la liberté de l'imagination ; mais après les analogies, voici les différences :

1° Le beau implique toujours que l'objet a une certaine *forme*, c'est-à-dire une certaine mesure ou proportion ; au contraire, le caractère propre du sublime est l'*illimitation*, l'absence de mesure et de forme. L'Océan est le type de ce que l'on appelle sublime ; un lac de Suisse est le type du beau.

2° Le plaisir du beau est mêlé de charme ; le plaisir du sublime est un plaisir en quelque sorte mêlé de douleur, où l'âme est à la fois « repoussée et attirée », qui n'a rien du plaisir « d'un jeu », mais qui est quelque chose de sérieux et d'accablant. C'est, dit Kant, une sorte « de plaisir négatif ».

3° Le beau implique un certain accord de l'imagination et de l'entendement ; il paraît en proportion avec nos facultés : « le sentiment du sublime, au contraire, semble discordant avec nos facultés de juger et d'imaginer, et même être d'autant plus sublime qu'il semble faire plus de violence à l'imagination ». C'est ainsi que la nature éveille surtout l'idée du sublime par le spectacle du chaos, du désordre, de la dévastation, pourvu qu'elle y montre de la grandeur et de la puissance.

Telles sont les différences du beau et du sublime. Distinguons maintenant deux espèces de sublime : le sublime *de grandeur* et le sublime *de puissance*[1].

585. Sublime de grandeur. — Le sublime de grandeur est ce que Kant appelle sublime *mathématique*. Ce genre de sublime est celui qui consiste dans *l'absolument grand*, c'est-à-dire ce qui dépasse toute mesure des sens : en un mot, c'est l'*infini*. La nature nous présente ce genre de sublime dans ceux de ses phénomènes dont la vue entraîne l'idée de l'infinité : par exemple, le ciel étoilé, la voie lactée, et, comme nous l'avons déjà dit, l'Océan. De là l'*émotion* produite par les objets sublimes : c'est à la fois une douleur pour l'imagination et les sens, qui se sentent dépassés de tous côtés, et un plaisir pour la raison, qui y trouve un symbole de ses idées d'infinité, d'immensité, d'absolu. Cependant, quoique le sublime soit ce qui dépasse toute mesure, il ne faut pas le confondre avec le *monstrueux*, qui détruit par

---

1. Kant, *Critique du Jugement*, trad. franç., t. I, p. 141.

sa grandeur « l'idée même qui constitue son concept », ni même avec le *colossal*, qui est « une sorte de monstrueux relatif » ; car le colossal consiste encore dans une sorte de forme que l'on essaye de donner à l'illimité.

586. Sublime de puissance. — La nature n'est pas seulement grande, elle est puissante. Lorsque nous appliquons le concept d'illimité à la force au lieu de l'appliquer à la grandeur, nous avons le sublime de *puissance*, que Kant appelle sublime *dynamique*. Kant définit la puissance ce qui est capable d'exciter la crainte.

La nature est donc sublime au point de vue de la puissance quand elle est un objet de crainte.

> On peut considérer, dit Kant, un objet comme *redoutable* sans avoir *peur* devant lui. Ainsi l'homme vertueux craint Dieu sans en avoir peur, parce qu'il ne pense pas avoir à craindre un cas où il voudrait résister à Dieu et à ses ordres. Mais, toute crainte personnelle mise à part, il considère Dieu comme redoutable. Pour juger du sublime de la nature, il ne faut pas plus avoir peur d'elle qu'il ne faut avoir de désirs pour jouir du sentiment du beau..; des rochers audacieux suspendus dans l'air et comme menaçants, des nuages orageux se rassemblant au ciel au milieu des éclairs et du tonnerre, des volcans déchaînant toute leur puissance de destruction, l'immense Océan soulevé par la tempête, la cataracte d'un grand fleuve, sont des objets dont l'aspect est d'autant plus attrayant qu'il est plus terrible, *pourvu que nous soyons en sûreté*. (Kant, *Critique du jugement*, t. I, p. 167.)

Lucrèce a dépeint les sentiments exprimés ici par Kant dans ces vers célèbres :

> Suave mari magno, turbantibus æquora ventis,
> E terra alterius magnum spectare laborem.

Mais ce qui constitue, selon Kant, la sublimité de puissance dans la nature, ce n'est pas tant de paraître terrible, que de nous donner, en même temps que la crainte, le sentiment de notre personnalité morale, qui n'a rien à craindre d'elle. Elle devient ainsi pour nous le symbole de cette personnalité même. C'est ainsi encore que le plus sensible à la sublimité de la nature divine ne sera pas celui qui a le plus à craindre par la conscience de ses propres péchés ; c'est, au contraire,

> Quand l'homme a conscience de la droiture de ses sentiments et se voit agréable à Dieu, c'est alors seulement que les effets de la puissance divine réveil-

lent en lui l'idée de la sublimité de cet être; car alors il sent en lui-même une sublimité de calme conforme à sa volonté [1].

Il est donc vrai de dire, avec Kant, que « le sublime ne réside dans aucun des objets de la nature, mais seulement dans notre esprit ».

1. Dans cette analyse de l'idée du sublime, Kant a surtout en vue la théorie de Burke, qui fondait le sentiment du sublime sur la *crainte*. Kant montre, au contraire, que le sublime, quoique redoutable *en soi*, ne doit pas l'être *pour nous*.

CHAPITRE II

De l'art.

On appelle *art*, en général, l'ensemble des règles ou des moyens par lesquels on peut réaliser un certain effet : la serrurerie est un art, parce qu'elle apprend à manier le fer ; la peinture est un art, parce qu'elle apprend à se servir des couleurs.

On distingue deux sortes d'arts : les arts *mécaniques*, qui nous apprennent à nous servir de la matière pour notre utilité, et les arts *libéraux* qui s'adressent surtout à l'intelligence et à l'imagination.

Les arts libéraux et mécaniques, dit Bossuet, sont distingués en ce que les premiers travaillent de l'esprit plutôt que de la main, et les autres travaillent de la main plus que de l'esprit. (*Connaiss. de Dieu*, I, xv.)

Parmi les arts libéraux, plusieurs ont pour objet l'utilité : par exemple, la grammaire ou la rhétorique. D'autres ont pour objet le beau, et c'est ce qu'on appelle particulièrement les *beaux-arts*.

L'art, considéré d'une manière générale et abstraite, est la *faculté de produire le beau* : c'est la puissance par laquelle l'homme crée lui-même, à l'imitation de la nature, et même en essayant de la dépasser, des œuvres belles.

587. **L'imitation**. — L'art a commencé par l'imitation ; les hommes ont d'abord reproduit des figures d'animaux ou même des figures humaines. Ils ont représenté les dieux par le moyen des hommes. Il y a en effet déjà, dans l'imitation seule, un certain plaisir. La fidélité de la copie nous frappe et nous amuse. Un comédien sans talent personnel, mais qui imite à s'y méprendre le ton, les gestes et les traits des acteurs célè-

bres, produit par cela même sur nous une impression vive : au théâtre, la reproduction fidèle d'un accent étranger a toujours beaucoup de succès. On aime à voir sur la scène les actions que l'on est habitué à voir autour de soi. En un mot, l'imitation du *réel* est un des éléments de la satisfaction esthétique : de là une école esthétique, que l'on appelle le *réalisme*, suivant laquelle l'art ne serait autre chose que la peinture de la réalité, la reproduction des choses telles qu'elles sont. Or, comme toute réalité se manifeste à nous sous des formes extérieures et particulières, l'école réaliste peindra surtout l'*extérieur* et le *particulier*. Elle s'attachera à la couleur, à la forme, au costume, aux accidents individuels.

Pour le réaliste, dit Jouffroy, l'amour c'est l'être amoureux, c'est un objet visible que son imagination est obligée de se représenter sous une forme matérielle : il lui apparaîtra avec une robe et un habit ; avec un âge, un rang, une condition. Cette femme sera française ou chinoise ; française du XVIIe siècle ou du XVIIIe ; française de l'Empire ou de la Restauration. Elle sera catholique ou protestante ; elle sera placée dans telle ou telle condition ; elle habitera un certain lieu, dans une certaine saison, etc. C'est ainsi que l'artiste réaliste sera conduit à la reproduction successive de tous les détails de l'apparence extérieure... C'est le progrès de cette école de descendre toujours plus avant dans les détails de la réalité visible. (*Esthétique*, leçon XXXIIe.)

C'est pour cette raison que l'école réaliste peindra surtout les choses contemporaines : car les choses éloignées par le temps et par l'espace prennent par l'éloignement même un caractère d'indécision qui ne permet pas une reproduction matériellement exacte et qui laisse place à un certain idéal. Le passé est poétique, par cela seul qu'il est passé.

588. **Insuffisance du système réaliste**. — Le défaut de l'école réaliste, c'est de sacrifier entièrement le sentiment esthétique au plaisir de l'imitation. Le plaisir de l'imitation est un des éléments de l'art, mais il n'est pas tout ; et il n'est pas même l'élément principal. Le sentiment esthétique a pour objet le beau, et le plaisir de l'imitation est tout à fait indépendant du beau. Peu importe que l'objet soit beau, laid, ou insignifiant : l'imitation est d'autant plus intéressante qu'elle est plus difficile, quelle que soit la nature de l'objet.

A ce compte, le beau idéal de la peinture est un trompe-l'œil, et son chef-d'œuvre, ce sont ces raisins de Zeuxis que les oiseaux venaient becqueter. Le comble de l'art pour une pièce de théâtre serait de vous persuader que vous êtes en présence de la réalité. Dans l'intérêt de l'illusion, on a mis au théâtre un grand soin à la vérité historique du costume. A la bonne heure, mais ce n'est pas ce qui importe. Quand vous auriez retrouvé et prêté à l'acteur qui joue le rôle de Brutus le costume que porta jadis le héros romain, le poignard même dont il frappa César, cela toucherait assez médiocrement les vrais connaisseurs. Il y a plus : lorsque l'illusion va trop loin, le sentiment de l'art disparaît pour faire place à un sentiment purement naturel, mais insupportable. Si je croyais qu'Iphigénie est en effet sur le point d'être immolée par son père à vingt pas de moi, je sortirais de la salle en frémissant d'horreur [1]. » (Cousin, *du Vrai, du Beau et du Bien*, leçon VIIIe.)

Non seulement la réalité nous offre à la fois le laid, le beau et l'indifférent ; mais le beau naturel lui-même est un beau imparfait et incomplet qui provoque l'idée et le désir d'un beau plus parfait et pousse l'artiste à le réaliser.

Bien loin de confondre le beau avec le réel, on peut dire avec Rousseau : « Le beau, c'est ce qui n'est pas. »

Hégel, dans son *Esthétique* [1], a signalé les imperfections du beau naturel.

1° Dans l'animal, par exemple, le principe intérieur et invisible, qui est l'âme du beau, reste caché sous la multiplicité des organes et sous les formes purement matérielles, écailles, plumes, poils, etc. :

Par cela seul que l'intérieur reste intérieur, l'extérieur apparaît comme purement extérieur, et non comme pénétré et vivifié par l'âme dans toutes ses parties.

2° Dans le corps humain l'âme apparaît davantage ; il est doué de formes plus expressives ;

Mais ici encore se présente le même défaut, au moins dans une partie des organes. L'âme avec la vie intérieure n'apparaît pas à travers toute la forme extérieure du corps.

3° Même dans le monde de l'esprit, tout n'a pas une signification intellectuelle. Par exemple :

Le caractère de l'individu ne se présente pas à la fois dans sa totalité : il lui faut une série d'actes successifs et déterminés.

4° Le milieu dans lequel l'être se développe limite de toutes parts sa nature et son activité : l'*esprit* y est assujetti à une foule de circonstances purement matérielles : c'est ce que Hegel appelle « la prose de la vie. »

Toutes ces imperfections se réunissent en un mot : le *fini*. La vie animale et la

---

1. Trad. franç. par Bénard, 2e édit., t. I, p. 52 et suiv.

vie humaine ne peuvent réaliser l'idée sous la forme parfaite, égale à l'idée elle-même. L'esprit ne pouvant trouver dans la sphère de la réalité le spectacle immédiat et la jouissance de la liberté, est forcé de se satisfaire dans une région plus élevée. Cette région est celle de l'*art*, et sa réalité, l'*idéal*.

589. **L'idéal.** — La nécessité du beau idéal se tire donc des imperfections du réel.

La mission de l'art est de représenter le développement libre de la vie et surtout de l'esprit. C'est seulement là que le vrai est dégagé des circonstances accessoires et passagères.

C'est alors qu'il arrive à une manifestation qui ne laisse plus voir les besoins du monde prosaïque de la nature, à une représentation digne de lui, qui nous offre le spectacle d'une force libre, ne relevant que d'elle-même.

Le premier objet de l'art doit donc être de dégager le beau naturel de tous les accidents hétérogènes, insignifiants, prosaïques, qui l'accompagnent dans la nature : c'est d'abord une *purification*.

Puisque l'art doit ramener le réel à l'harmonie de l'objet avec son idée, il doit rejeter tout ce qui n'y répond pas. Il doit, comme on dit, *flatter la nature*. Même le peintre de portraits, qui a le moins affaire à l'idéal, doit flatter en ce sens qu'il laisse de côté les accidents insignifiants et mobiles de la figure pour saisir et représenter les traits essentiels et permanents, qui sont l'expression de l'âme originale du sujet.

Non seulement l'art doit purifier la nature : il doit encore la *transfigurer*, la *glorifier*, c'est-à-dire :

Ramener la réalité extérieure à la spiritualité, de manière à ce que l'apparence ne soit que la manifestation de l'esprit.

Le caractère distinctif des œuvres belles ainsi conçues, c'est la *félicité*, la *sérénité*.

Toute existence idéale dans l'art nous paraît comme une sorte de divinité bienheureuse... Et cela n'a pas seulement lieu dans le bonheur; mais même lorsque les héros tragiques succombent victimes du destin, leur âme se retire en elle-même et retrouve son indépendance en disant : il devait en être ainsi.

L'*idéal* ne doit pas être confondu avec l'*abstrait*. La généralité abstraite est, en effet, le propre de la science et non de l'art. Lorsque par crainte du réel l'artiste va jusqu'au nu, au vide, au décharné, c'est encore un défaut grave. L'idéal est la perfection de chaque chose en son genre : mais l'un des éléments de cette perfection, c'est la *vie*, l'*individualité;* c'est l'harmonie de l'idée avec sa forme, l'union de l'invisible et du visible; car l'invisible ne peut nous apparaître que dans les conditions et sous les formes de la réalité.

L'objet de l'art n'est donc pas le *réel*, mais le *vrai*. Si nous retranchons dans la réalité tout ce qui est insignifiant ou contraire à l'idée, ce qui reste, c'est le vrai : c'est là le fond et l'âme de ce que l'on appelle l'idéal.

L'idéal n'est pas non plus une mosaïque composée de traits épars pris çà et là : car on n'obtiendrait ainsi qu'un tout artificiel et hétérogène ; et l'essence de l'art, comme de la nature, c'est l'*unité*. Toutes les parties doivent être fondues dans une *création* unique, qui sorte, pour ainsi dire tout d'un jet, de l'imagination de l'artiste : c'est à cette condition qu'elle est individuelle et vivante.

Cicéron avait dans l'esprit cette conception de l'idéal, lorsqu'il nous décrit comment Phidias composait :

Neque enim ille artifex, cum faceret Jovis formam et Minervæ, contemplabatur aliquem è quo similitudinem duceret ; sed ipsius in mente insidebat *species pulchritudinis eximia quædam*, quam intuens, in eâque defixus, *ad illius similitudinem* artem et manum dirigebat.

C'est de même qu'il décrit l'orateur parfait :

Talem informabo qualis nemo fuit.

En effet :

Il n'y a pas d'ouvrage, si beau qu'il soit, qu'on ne puisse se figurer encore quelque chose de plus beau. Ce plus beau, c'est *ce type intellectuel de perfection* que nous portons au fond de notre âme et qui est le principe de nos inventions. C'est là le modèle que consultaient les grands hommes dans les ouvrages que nous admirons. (Quatremère de Quincy, *de l'Idéal dans les arts du dessin*, p. 14.)

590. Le réel lui-même a son idéal. — Ce serait une erreur de croire que la théorie de l'idéal a pour effet d'enlever le réel du domaine de l'art. Elle ne l'exclut qu'en tant qu'il est insignifiant et ne sert pas à la peinture de ce qu'on veut représenter ; mais toute réalité qui a un sens est par là même esthétique. Hégel, par exemple, fait très bien comprendre ce qu'il y a d'idéal dans la peinture flamande et hollandaise, consacrée à la peinture des réalités les plus humbles.

Les Hollandais ont tiré le fond de leurs représentations d'eux-mêmes, de leur propre vie et de leur histoire... Cet esprit de bourgeoisie, cette passion pour les entreprises, cet amour du bien-être entretenu par les soins, la pureté et la propreté, la jouissance intime, l'orgueil de ne devoir tout cela qu'à sa propre activité, voilà ce qui fait le fond de ces peintures. Or ce n'est pas là une matière et un sujet vulgaires dont puisse s'offenser la susceptibilité dédaigneuse des beaux esprits de cour. C'est dans ce sens de bonne et forte nationalité que Rembrandt a peint sa fameuse ville d'Amsterdam ; Van Dyck, un grand nombre de ses portraits ; Wouvermans, ses scènes de cabaret... Même dans les scènes de cabaret, un sentiment de liberté et d'abandon pénètre et anime tout. Cette sérénité d'un plaisir mérité, cette vie animée, fraîche, éveillée, voilà ce qui fait le caractère élevé, l'âme de ces sortes de peintures.

591. Le laid dans les arts. — Une des difficultés de la doctrine de l'idéal est d'expliquer comment la laideur peut avoir sa place dans l'art, et même dans l'art le plus classique : « Il n'est pas de serpent, dit Boileau... » La peinture ne se refuse pas à peindre des satyres ; la sculpture nous représente les convulsions atroces de Laocoon ; la poésie décrit les vices ; et c'est le propre même d'un grand art, la comédie, de représenter le ridicule, qui n'est cependant qu'un des aspects du laid. Le supplice des damnés dans l'enfer de Dante, le Satan de Milton, le Néron de Racine, sont encore des exemples du droit que, dans tous les temps et dans toutes les écoles, l'art s'est attribué d'introduire la laideur physique ou morale dans ses peintures.

On peut dire, d'abord, que le laid entre dans la poésie et dans le drame à titre de contraste et de repoussoir : ainsi le Caliban de Shakespeare fait ressortir la grâce et l'innocence de Miranda et l'élégance d'Ariel. Le satyre du Corrège fait ressortir la beauté de la nymphe qu'il convoite. En outre, le laid moral peut encore avoir sa beauté et rappeler par quelque côté la grandeur idéale de l'âme humaine. Le Satan de Milton est un idéal de hauteur et de fierté : le Méphistophélès de Gœthe est plein de distinction ; il a toutes les formes du gentilhomme. Le Néron de Racine a de l'élégance et de la noblesse. Enfin la comédie relève la bassesse de ses figures par le rire, qui nous en dissimule le côté répugnant.

D'ailleurs, comme nous l'avons dit, l'idéal n'est pas l'abstrait : si l'art ne peignait que la vertu et la beauté, il sacrifierait non seulement le réel, mais le vrai. Or les passions sont un élément essentiel de l'esprit. Ce qui est indigne de l'art, ce n'est pas le laid, c'est le vulgaire et l'insignifiant.

592. Art classique et art romantique. — Au reste la question du laid dans l'art se rattache à une autre question, celle de savoir quelles sont les différences des deux grands systèmes d'art et de poésie qu'on a appelés de nos jours le *système classique* et le *système romantique*.

Il n'est pas facile de dire ce que c'est que le système classique et le système romantique : on le comprendra mieux par des exemples. Qu'on se représente d'une part la poésie grecque ou latine et la poésie française du XVIIe siècle, un temple grec, la statuaire grecque, la peinture de Raphaël ou de Lesueur et la musique de Mozart; de l'autre, que l'on ait en idée l'enfer de Dante, les drames de Shakespeare, le Faust de Gœthe, une cathédrale gothique, les symphonies de Beethoven, la peinture de Rubens et de Rembrandt. Il est impossible qu'on ne sente pas qu'il y a une impression esthétique différente de part et d'autre.

On a essayé de rendre compte de cette différence en donnant pour caractère au système classique la recherche de l'idéal, et au système romantique la peinture du réel. L'un des deux systèmes, dit-on, se borne aux traits généraux et universels : le second aime surtout les traits individuels et particuliers. L'un a pour objet l'homme de tous les temps : l'autre un certain homme, avec le costume, les mœurs, les traits caractéristiques de son temps.

Cette opposition nous paraît plus apparente que réelle : c'est prendre l'accident pour l'essence. En quoi, par exemple, Faust est-il plus réel que Britannicus ? Au contraire, Britannicus (sauf la différence de temps et de région sociale) nous introduit dans un monde bien plus semblable au nôtre que le monde de Faust. Qu'y a-t-il de plus idéal, de plus poétique, de moins réel que Hamlet ? Bajazet ressemble bien plus à la réalité. En quoi une cathédrale gothique est-elle plus réelle qu'un temple grec ? En quoi la musique de Beethoven ou de Weber est-elle plus réelle que celle de Mozart et de Haydn, laquelle est bien plus classique ? Il y a sans doute plus de réalité dans quelques tableaux de Rembrandt que dans ceux de Raphaël : mais ces lumières mystérieuses dont il éclaire les intérieurs semblent avoir une source plus idéale que réelle. Enfin, pour prendre des exemples plus près de nous, quoi de moins réel, et en même temps quoi de plus poétique que Ruy-Blas ou Hernani ?

C'est donc une erreur, selon nous, de confondre le romantisme avec le réalisme. Il y a du réalisme dans le romantisme : mais c'est le côté secondaire et contingent. Au fond l'art romantique obéit à l'idéal tout aussi bien que l'art classique : mais c'est à un autre idéal, et à un idéal qui se traduit par des moyens différents.

Les différences de l'école romantique et de l'école classique se ramènent, selon nous, à la différence signalée plus haut (584) entre l'idée du *sublime* et l'idée du *beau*. Tous les caractères du sublime s'appliquent aux chefs-d'œuvre romantiques : tous les caractères du beau s'appliquent aux chefs-d'œuvre classiques.

1° Le beau, avons-nous dit, a toujours une certaine forme, une certaine mesure et proportion : au contraire, le caractère propre du sublime est l'*illimitation*. Ces deux caractères se retrouvent d'une part dans l'art classique, de l'autre dans l'art romantique. Comparez, par exemple, l'*Iliade* et l'*Énéide* à la *Divine Comédie* : d'un côté un plan précis, une action simple et limitée ; d'un autre côté, l'infini, les trois mondes, le paradis, le purgatoire et l'enfer, une suite indéfinie de tableaux, qui peuvent se prolonger tant qu'il plaît à l'artiste ; des pensées mystérieuses, d'une profondeur sans limites. De même, comparez un drame grec ou français, circonscrit dans une action courte et fermée, avec les drames de Shakespeare, qui embrassent toute la vie, qui font apparaître un nombre infini de personnages, qui font parler les foules ; enfin comparez les symphonies de Beethoven avec une sonate de Mozart : d'une part, des profondeurs infinies ; de l'autre, une lumière claire, sobre et pure, comme la peinture de Raphaël et la poésie de Sophocle.

2° Le plaisir du beau, avons-nous dit d'après Kant, est un plaisir pur et sans mélange : son caractère propre, c'est le charme. Le plaisir du sublime, au contraire, est un plaisir mêlé de douleur. Il en est de même du classique et du romantique. C'est à l'art classique que s'applique particulièrement ce caractère de *sérénité*, de *félicité* que Hegel et Schiller signalent comme le trait essentiel du beau. L'art romantique, au contraire, ne jouit pas de cette sérénité, de cette félicité. Il est troublé, il est déchirant : Hamlet, Macbeth, le roi Lear, Faust laissent dans l'âme une impression de tristesse et de douleur que ne produit aucune œuvre classique, pas même l'*Œdipe roi*. Homère et Virgile, Racine et Raphaël, quand ils peignent la douleur, le font avec une telle sobriété, une telle dignité, qu'on est ému sans être déchiré et qu'on pleure sans souffrir : c'est la douleur purifiée, adoucie et voilée. Au contraire, dans l'art romantique, la douleur est peinte en elle-même dans son infinité, dans sa signification divine, dans son mystère sans fond.

3° Le beau est l'accord de l'imagination et de l'entendement, le jeu libre et aisé de toutes nos facultés ; le sublime met en conflit l'une avec l'autre la faculté de juger et celle d'imaginer. De même, dans l'art classique se manifeste une harmonie admirable entre la pensée et la forme, une unité parfaite de l'une et de l'autre : la tragédie grecque, le temple grec, la statuaire grecque, sont des modèles de cette harmonie parfaite de l'invisible et du visible, du divin et de l'humain. Dans l'art romantique, au contraire, l'idée par son infinité ne peut trouver une forme précise : dans la cathédrale gothique, la pensée de l'infini déborde sans que l'imagination puisse y atteindre. Elle élève des voûtes, elle multiplie des colonnes; elle fouille, elle creuse en tout sens, elle sème les ornements avec prodigalité sans pouvoir se proportionner à la pensée qu'elle exprime : tout ce qu'elle peut faire, c'est de provoquer notre imagination elle-même, qui achève le reste. C'est ce qui a lieu surtout dans la musique, l'art romantique par excellence (quoiqu'il puisse y avoir par comparaison une école classique), parce que dans cet art la forme ne peut correspondre à aucune pensée précise, et que la faculté du jugement y est absorbée par la faculté de sentir. C'est un art qui va plus loin et plus profondément qu'aucun autre; mais il est sans clarté : il ébranle, il remue; il n'instruit pas. Enfin, c'est l'accord de l'imagination et de l'entendement qui a donné naissance à la règle des unités dans l'art classique; c'est le besoin d'une expression plus variée, plus riche, plus profonde qui l'a fait supprimer dans l'art romantique, mais qui, par là même, a rompu l'harmonie de l'entendement et de l'imagination.

Hegel a caractérisé l'art romantique en lui donnant pour objet la peinture de l'*esprit* dans sa *liberté absolue*. L'origine du romantisme est dans le christianisme, qui donne à l'âme une valeur infinie et rompt cette union de l'esprit et du corps qui a fait la perfection de l'art antique.

Les objets de la nature perdent leur importance : au moins cessent-ils d'être divinisés... La nature s'efface, elle se retire sur un plan inférieur; l'univers se condense en un seul point, au foyer de l'âme humaine.

Par cela même, le cercle des idées se trouve infiniment agrandi. Cette histoire interne de l'âme se développe sous mille formes. L'histoire du cœur humain devient infiniment plus riche que dans l'art et la poésie antiques. Toutes les phases de la vie, l'humanité tout entière deviennent la matière inépuisable des représentations de l'art.

De là une conséquence importante et une différence caractéristique pour l'art moderne. C'est que dans la représentation des formes sensibles l'art ne craint pas d'admettre le réel avec les imperfections. Le *beau* n'est plus la chose essentielle; le *laid* occupe une place beaucoup plus grande... L'art dramatique accorde à tous les objets d'entrer dans ses peintures, malgré leur caractère accidentel. Néanmoins ces objets n'ont de valeur qu'autant que les sentiments de l'âme se reflètent en eux.

Résumant enfin toutes ces vues, Hegel dit que le trait fondamental de l'art moderne ou romantique, c'est l'élément *musical*, et en poésie l'accent *lyrique*[1].

593. Des facultés esthétiques : le goût et le génie.

On appelle *goût* la faculté de sentir et discerner le beau, et on appelle *génie* la faculté de le produire.

Le goût est le sentiment des beautés et des défauts dans tous les arts : c'est un discernement prompt comme celui de la langue et du palais, et qui prévient, comme lui, la réflexion; il est comme lui sensible et voluptueux à l'égard du bon; il rejette comme lui le mauvais avec soulèvement; il est souvent, comme lui, incertain et égaré, et a besoin comme lui d'habitude pour se former.

Il ne suffit pas pour le goût de voir, de connaître la beauté; il faut la sentir, en être touché. Il ne suffit pas de sentir d'une manière confuse; il faut démêler les différentes masses; rien ne doit échapper à la promptitude du discernement... Le gourmet sent et reconnaît promptement le mélange de deux liqueurs : l'homme de goût verra d'un coup d'œil prompt le mélange de deux styles. (Voltaire, *Dict. philosophique*.)

Si le goût a pour fonction propre de sentir et de juger, le génie a pour caractère propre la faculté de *créer*.

Le génie est avant tout inventeur et créateur. L'homme de génie n'est pas le maître de la force qui est en lui : c'est par le besoin ardent, irrésistible d'exprimer ce qu'il éprouve qu'il est homme de génie. On a dit qu'il n'y a pas d'homme de génie sans quelque grain de folie. Mais cette folie-là, comme celle de la croix, est la partie divine de la raison. Socrate l'appelait son démon, Voltaire l'appelait le diable au corps et l'exigeait même d'une comédienne. (Cousin, *le Vrai, le Beau, le Bien*, VIII⁰ leçon.)

Schelling, dans son *système de l'idéalisme transcendantal* (part. VI, trad. fr., p. 349), a exposé d'une manière quelque peu obscure, mais brillante et profonde, le caractère propre du génie : c'est d'être selon lui l'union de l'*inconscient* et du *conscient*, de la *nature* et de la *liberté*. Quel est en effet le caractère de la nature? C'est l'inconscience. Quel est le caractère de la liberté? C'est la conscience. Or le génie est l'union de la liberté

---

[1]. D'après cette définition de l'art *romantique*, qu'Hegel confond avec l'art *chrétien* ou l'art *moderne*, on pourrait dire que Raphaël et Racine rentrent eux-mêmes dans l'art romantique : car quelques-uns des caractères précédents peuvent leur être appliqués. Mais il reste toujours vrai, que même parmi les modernes, inspirés par ce sentiment de l'infini qu'a introduit le christianisme, il y en a plusieurs qui ont continué de s'inspirer du génie grec et des principes de l'art antique, et d'autres qui ont créé des formes toutes modernes; et c'est particulièrement ceux-ci qui composent le groupe romantique.

et de la nature. C'est l'inverse des produits de la nature. Celle-ci commence par l'inconscience dans la pierre, elle s'élève jusqu'à la conscience dans l'homme. Le génie au contraire commence avec conscience et finit avec inconscience. Il *veut* produire, il veut réaliser telle idée; et c'est là un produit de la conscience; mais les moyens qu'il emploie pour cela lui échappent, il produit sans savoir ce qu'il fait.

L'intelligence étonnée se sent heureuse de sa production et la considère comme une faveur volontaire d'une nature supérieure qui, par elle, a rendu possible l'impossible.

Cet inconnu n'est autre chose que l'absolu, l'infini, apparaissant à l'intelligence comme quelque chose qui la domine. Dans le domaine de l'action, c'est ce qu'on appelle *destin*; dans le domaine de la production, c'est ce qu'on appelle *génie*. L'artiste paraît être sous l'influence d'une force qui le sépare des autres hommes, le pousse malgré lui à produire (*pati Deum*) et qui, après avoir soulevé en lui inexorablement cette lutte intime, le délivre ensuite avec une égale générosité de la souffrance qu'il éprouve.

Cette nécessité irrésistible qui domine le génie et l'emporte comme par une force divine, comme s'il était possédé par un dieu, c'est ce que dans toutes les langues on appelle l'*inspiration*, l'*enthousiasme*, qu'un grand poète a peint en ces termes, qui sont comme la traduction de la pensée de Schelling :

> Ainsi quand tu fonds sur mon âme
> Enthousiasme, aigle vainqueur,
> Au bruit de tes ailes de flamme,
> Je frémis d'une sainte horreur.
> ... Sous le dieu mon âme oppressée
> Bondit, s'élance et bat mon sein.
> La foudre en mes veines circule,
> Étonné du feu qui me brûle
> Je l'irrite en le combattant[1].
> ....

594. Division des arts. — Les arts se divisent d'après les sens auxquels ils se rapportent; or, comme il n'y a que deux sens qui puissent nous procurer le sentiment du beau, la *vue* et l'*ouïe*, il n'y aura que deux espèces d'arts, les arts qui s'adressent à la vue et qui ont pour moyen les *formes*, et les arts qui s'adressent à l'ouïe et qui ont pour moyen les *sons*.

Les premiers sont les *arts du dessin* ou *arts plastiques* : ce sont : l'*architecture*, la *sculpture* et la *peinture*; les seconds

---

1. Lamartine, *Premières méditations* : l'Enthousiasme.

n'ont pas de nom commun et sont au nombre de deux : la *musique* et la *poésie*[1].

Les premiers se développent dans l'*espace*, les seconds dans le *temps*.

Le passage des uns aux autres a lieu par un art intermédiaire, qui se développe à la fois dans l'espace et dans le temps. « La danse, ou le mouvement rythmique qui manifeste l'ordre à la fois dans l'espace et dans le temps, lie la sculpture et la peinture, expression de l'ordre dans l'espace, à la musique et à la poésie, expression de l'ordre dans le temps. » (Lamennais, *Esquisse d'une philosophie*, t. III, liv. VIII, ch. VI.)

Lamennais, dans son *Esquisse d'une philosophie*, a eu l'idée ingénieuse de faire sortir tous les arts de l'architecture, de ce qu'il appelle le *temple*, c'est-à-dire la demeure que l'homme élève aux dieux, et qui est la première de ses créations.

> Comme en effet la création est le temple que Dieu s'est construit, la demeure qu'il s'est faite au sein de l'espace, de même le temple construit des mains de l'homme représente pour lui la création, telle qu'il la connaît et la conçoit.
>
> ... Tous les arts sortiront de cet acte initial par un développement semblable à celui de la création même. (*Ibid.*, ch. II.)

595. Architecture et sculpture. — L'architecture correspond au monde inorganique : aussi ses lois sont-elles des lois mathématiques et physiques; mais de même que le monde inorganique devient le théâtre de la vie et du mouvement, de même l'architecture est la base sur laquelle se développent les arts qui doivent reproduire la vie.

> Le temple a sa végétation. Ses murs se couvrent de plantes variées; elles serpentent en guirlandes le long des corniches et des plinthes... La pierre s'anime; des multitudes d'êtres vivants se produisent au sein de cette magnifique création.
>
> La sculpture n'est donc qu'un développement de l'architecture. Elle n'est d'abord qu'un simple relief qui, croissant peu à peu selon les lois de sa forme, se détache enfin du milieu où il a pris naissance comme l'être vivant se détache des entrailles maternelles. (*Ibid.*)

596. Peinture. — Bientôt une autre vie vient animer la pierre et le temple : c'est la lumière et la couleur; c'est d'abord la lumière qui pénètre à travers les jours de l'édifice et en colore les parois; puis c'est la couleur que l'art y ajoute dans les fresques et les peintures murales. Enfin la peinture, comme la sculpture, se dégage et vit de sa propre vie.

[1]. Voy. Hegel, *Esthétique*; Lamennais, *Esquisse d'une philosophie*, (t. III); Cousin, *le Vrai le Beau et le Bien*, IX⁰ leçon; Lévêque, *Science du beau*, t. II.

Son enfantement s'achève, elle achève la création du temple. En reproduisant la forme extérieure des êtres, elle reproduit ce qu'il y a de plus intime en eux, l'esprit qui les anime... Il n'est rien en effet qu'elle ne représente à la vue... la terre et ses innombrables accidents, le ciel et ses aspects variés, en un mot, la nature entière, la nature morte et animée, passionnée et intelligente. Elle continue en quelque sorte l'œuvre de la sculpture. (*Ibid.*, ch. v.)

597. **Danse.** — Jusqu'ici tout est immobile : la danse, à l'origine toujours mêlée à la religion, vient animer le temple en y mêlant le mouvement; ici encore, l'art reproduit l'œuvre de la création.

Dans l'univers, nul repos; tout y est en mouvement, et ce mouvement, réglé par des lois constantes, manifeste la variété dans l'unité. De même toutes les religions ont eu leurs danses sacrées qui représentaient par des évolutions symboliques les mouvements des corps célestes... Le christianisme a aussi ses chœurs qui expriment le mouvement de la créature vers Dieu. (*Ibid.*, ch. ii.)

La création n'est donc pas immobile, elle n'est pas non plus muette et silencieuse : elle a une voix. Nous passons aux arts qui parlent à l'oreille.

598. **Musique.** — Le premier de ces arts est celui qui se renferme dans le son tout seul, sans aucun rapport précis avec la pensée; c'est la musique :

La musique est une langue sans consonnes... Elle part de la sensation pour s'élever à l'idée, qu'elle ne représente qu'indirectement, qu'elle fait ressentir dans un vague lointain... sa puissance est dans l'essence même du son qui, manifestant ce que les êtres ont de plus intime, agit aussi sur ce qu'il y a en nous de plus intime. (Liv. IX, ch. i.)

La musique est toute-puissante sur la sensibilité, mais elle ne parle pas à l'intelligence.

Plastique de l'ouïe, si on peut le dire, la musique, elle aussi, revêt d'un corps l'idée immatérielle, mais d'un corps aérien, qui échappe à l'œil et que saisit seul le sens le plus délié, le plus délicat. Mais elle émeut plus qu'elle n'éclaire : elle ne produit pas la vision de la réalité spirituelle; elle y prépare. (Liv. VIII, ch. ii.)

599. **Poésie.** — Il faut donc une autre voix pour animer le temple et pour l'enrichir, comme la création elle-même, de la pensée et de l'intelligence. Cette voix est celle de la *poésie*.

La parole est l'instrument de la poésie; la poésie la façonne à son usage et l'idéalise pour lui faire exprimer la beauté idéale. Elle lui donne le charme et la puissance de la mesure ; elle en fait quelque chose d'intermédiaire entre la voix ordinaire et la musique, quelque chose à la fois de matériel et d'immatériel, de fini, de clair, de précis, de vivant et d'animé comme la couleur, de pathétique et d'infini comme le son. Le mot, et surtout le mot choisi et transfiguré par la poésie est le symbole le plus énergique et le plus universel. Armée de ce talisman, la poésie réfléchit toutes les images du monde sensible, comme la sculpture et la peinture, elle réfléchit le sentiment comme la peinture et la musique, avec toutes ses variétés que la musique n'atteint pas, et dans leur succession rapide que ne peut suivre la peinture ; et elle n'exprime pas seulement tout cela, elle exprime ce qui est inaccessible à tout autre art, je veux dire la pensée entièrement séparée des sens et même du sentiment, la pensée qui n'a pas de couleur, la pensée qui ne laisse échapper aucun son, la pensée dans son vol le plus sublime, dans son abstraction la plus raffinée.

La parole humaine, idéalisée par la poésie, a la profondeur et l'éclat de la note musicale ; elle est lumineuse autant que pathétique ; elle parle à l'esprit comme au cœur ; elle est en cela inimitable, unique, qu'elle rassemble en elle tous les extrêmes et tous les contraires dans une harmonie qui redouble leur effet, et où tour à tour paraissent et se développent toutes les images, tous les sentiments, toutes les idées, toutes les facultés humaines, tous les replis de l'âme, toutes les faces des choses, tous les mondes réels et tous les mondes intelligibles [1] !

1. *Le Vrai, le Beau et le Bien,* IX° leçon.

MÉTAPHYSIQUE ET THÉODICÉE

600. Définition et division. — La *métaphysique* est la science des premiers principes et des premières causes. (Aristote, *Métaphys.*, liv. II, ch. II.) Toutes les sciences étudient des principes et des causes, mais des causes *secondes* et des principes *dérivés*. La métaphysique s'élève jusqu'aux principes qui n'ont pas de principe avant eux, et jusqu'à la cause ou aux causes qui n'ont plus de cause (11).

La métaphysique a été divisée en deux parties : 1° la métaphysique *générale* ou *ontologie*, qui traite des principes d'une manière abstraite et générale et qui considère, selon l'expression d'Aristote, l'*être en tant qu'être*, τὸ ὂν ᾗ ὄν; 2° la métaphysique *spéciale*, qui traite *des êtres* et qui se divise en trois parties : *a)* la *psychologie rationnelle* ou science de l'âme; *b)* la *cosmologie rationnelle*, ou philosophie de la nature, théorie du monde en général, de l'essence de la matière, etc.; *c)* la *théologie rationnelle* ou *théodicée*.

De ce vaste ensemble, qui appartient surtout à l'enseignement supérieur, nous nous bornerons à quelques notions d'*ontologie* et de *théodicée*. La psychologie rationnelle a été résumée à la fin de notre première partie. — Quant à la cosmologie rationnelle, elle traite de questions trop complexes[1], trop difficiles, trop impliquées dans les sciences spéciales pour être abordées dans la philosophie élémentaire. Nous la laisserons entièrement de côté, la renvoyant à un autre traité.

601. La métaphysique depuis Kant. — La métaphy-

---

1. Par exemple : question de l'*essence*, de la matière : — *atomes, forces*, divisibilité à l'infini, etc. question des limites du monde dans l'espace ou dans le temps : le monde est-il fini ou infini? a-t-il eu un commencement? — question de la nature, de la *vie* : organisme, vitalisme, animisme, génération spontanées) ; — question de l'origine des espèces, de la continuité dans la nature, de l'unité de type, etc. (Voir sur ces questions notre livre du *Matérialisme contemporain* et notre livre des *Causes finales*.)

sique, depuis Kant, s'est proposé un problème nouveau : celui des rapports du *sujet* et de l'*objet*, de la *pensée* et de l'*être*. Comment passer du sujet à l'objet? Comment la pensée peut-elle s'accorder avec la réalité? Telle est la question fondamentale de la métaphysique dans notre siècle. Nous l'examinerons brièvement, en essayant de faire connaître les diverses solutions qui ont été proposées.

Ce serait d'ailleurs une erreur de croire que, depuis la critique de Kant, ce qu'on appelait dans les écoles *ontologie* a cessé d'avoir son intérêt et son utilité. Kant lui-même lui laissait une place dans le cadre de sa philosophie [1]. Quelque opinion qu'on ait sur l'objectivité des notions, il y a toujours lieu d'énumérer, de définir et de classer les notions fondamentales et les plus générales de l'esprit humain, notions dont l'usage est d'une absolue nécessité dans toute discussion philosophique.

Nous donnerons donc d'abord, en résumé, un très court traité d'ontologie; nous passerons ensuite au problème de l'objectivité de nos connaissances; nous insisterons surtout sur la métaphysique spéciale dans sa partie la plus haute et la plus excellente, la THÉODICÉE.

---

1. Il distinguait la *critique* de la raison pure et le *système* de la raison pure (*Critique de la raison pure*, méthodologie, ch. III). La *critique* n'excluait pas le *système*, c'est-à-dire l'enchaînement théorique des notions premières et de leurs dérivées : or c'est cela qu'on appelle ontologie.

CHAPITRE PREMIER

Notions d'ontologie.

L'ontologie est la science de l'être en tant qu'être, c'est-à-dire de l'être en général, de ses diverses espèces, de ses propriétés et de ses relations.

602. De l'être en général. — Définitions et divisions. — L'idée d'être, étant l'idée la plus générale de l'esprit humain, ne peut pas être définie : on peut néanmoins en indiquer les différents sens. Dans un sens strict (*stricto sensu*), l'*être* s'oppose au *phénomène*, ce qui *est* à ce qui *paraît* : c'est le permanent opposé au transitoire, la substance au mode. Mais dans le sens le plus général (*lato sensu*), l'être s'applique à tout ce qui participe à l'existence, à quelque degré que ce soit; et non seulement à l'existence actuelle, mais à l'existence future, ou possible, ou même purement idéale : car tout cela c'est encore de l'être. Quelques philosophes, voulant exprimer cette absolue généralité, ont dit que la notion la plus générale n'était pas celle de l'*être*, mais celle du *quelque chose*, de l'*aliquid*. Mais le quelque chose est encore une espèce de l'être; et il vaut mieux conserver cette dénomination, qui représentera pour nous l'existence à quelque degré que ce soit, ne fût-ce que dans la pensée.

Cela posé, on distinguera divers modes de l'être : le *possible*, le *réel* et l'*impossible* ; — le *contingent* et le *nécessaire* ; — le *fini* et l'*infini*, le *relatif* et l'*absolu* ; — l'*imparfait* et le *parfait*.

603. Le possible, le réel, l'impossible. — On appelle *possible* tout ce qui n'implique pas contradiction. Par exemple, soit l'infini à parier contre un qu'une chose arrivera : cette chance unique, comparée à l'infini, est presque égale à 0; cependant le succès n'est pas impossible, parce qu'il n'est pas contradictoire. Que la terre soit détruite en ce moment par une catastrophe sidérale, cela est bien peu probable ; cependant cela n'a rien de contradictoire : cela est donc possible. Le possible, dans ce sens, s'oppose à l'*impossible*, qui n'est autre que le *contradictoire*. Le *possible* s'oppose encore au *réel*. Le réel, c'est ce qui est actuellement donné : le possible, c'est ce qui est susceptible d'être donné, mais ne l'est pas nécessairement. De là cet axiome scolastique : *ab actu ad posse valet consequentia*. On peut conclure du réel au possible, mais non réciproquement.

Nous venons de définir le possible *absolu ;* le possible *relatif* est celui qui est d'accord avec les lois de l'expérience et avec les phénomènes antécédents[1]. Telle chose possible absolument ne l'est pas relativement. Il était absolument possible, comme dit Leibniz, que Spinosa ne mourût pas à la Haye en 1677 ; mais étant donnés son tempérament, sa maladie, et toutes les circonstances antécédentes, cela était relativement impossible.

604. Le potentiel et l'actuel. — Aristote a distingué deux modes de l'être : l'être en *puissance* et l'être en *acte*, le *potentiel* ou le *virtuel* et l'*actuel*. Cette distinction est de la plus haute importance, et il n'y a pas de métaphysique possible si on l'ignore. L'être en puissance, c'est l'être qui contient déjà, mais non développé, ce qu'il doit être : c'est l'enfant par rapport à l'homme, le gland par rapport au chêne, etc. Le *potentiel* n'est pas la même chose que le *possible*. Le possible est une notion toute logique, c'est ce qui ne se contredit pas soi-même ou ne contredit pas les données générales de l'expérience. Le *potentiel* ou le *virtuel* c'est ce qui existe déjà, mais d'une manière incomplète, c'est ce qui *tend* à exister, c'est ce qui existera si rien ne l'empêche. Le possible est une notion négative. Le potentiel est une notion positive.

605. Contingent et nécessaire. — Déterminé et indéterminé. — On définit généralement le *contingent* ce qui peut être ou ne pas être. Cependant le contingent n'est pas le possible : car le possible n'est pas encore, tandis que le contingent existe ou existera, mais de telle sorte que l'on peut toujours concevoir sa non-existence. Quand il s'agit de l'avenir, les événements qui doivent arriver, mais sans nécessité, sont ce qu'on appelle les

---

[1] C'est la définition de Kant.

futurs contingents. Le *nécessaire*, c'est ce dont le contraire est impossible. Il y a deux sortes de nécessité : la nécessité *logique*, fondée sur le principe de contradiction, et la nécessité *réelle*, fondée sur le principe de causalité. Le *déterminé*, c'est ce qui est *tel* ou *tel*, qui a telle qualité et non pas telle autre, tel degré et non pas tel autre. L'*indéterminé* est ce qui est susceptible d'être déterminé, mais ne l'est pas encore. Rien n'existe qui ne soit déterminé. Spinosa enseigne que *toute détermination n'est qu'une négation;* mais on peut dire aussi bien et même mieux que c'est une affirmation.

606. Substance et mode. — Essence et accident. — On distingue encore deux formes de l'être : la *substance* et le *mode*, c'est-à-dire l'*être* et le *phénomène*. On appelle *mode* ou phénomène tout ce qui tombe sous l'observation externe et interne. Les modes ont deux caractères principaux : 1° la multiplicité ; 2° la mutabilité. Or l'esprit conçoit la nécessité de quelque chose qui établisse un *lien* entre les phénomènes et qui leur donne l'unité, et en second lieu d'un *support* ou *substratum* qui persiste et demeure *le même* pendant que les phénomènes changent et passent. Enfin, un autre caractère de la substance, signalé par Aristote, c'est que, tout en restant une seule et même chose, elle peut recevoir les contraires.

On a tiré objection de cette expression de *substratum* ou de *support*, comme si la substance était quelque chose de caché ou d'enveloppé sous les phénomènes, comme un homme sous son manteau. Mais c'est combattre une pure métaphore. La notion de substance ne signifie rien autre chose, si ce n'est qu'un être n'est pas épuisé tout entier par ses manifestations *externes*. Il est *en soi;* il a un *dedans;* il *est*, en un mot : or c'est cela qu'on appelle substance; et ceux qui le nient ne s'aperçoivent pas qu'ils font tout simplement du phénomène lui-même quelque chose de substantiel.

De même que l'on oppose la substance au mode, l'on oppose aussi l'*essence* à l'*accident*. L'*essence* comprend les propriétés constantes et permanentes de l'être et principalement celles d'où dérivent toutes les autres (327). L'*accident* est le phénomène qui peut se produire ou ne pas se produire, sans que la nature de l'être en soit affectée.

607. Les causes. — Une notion qui a été toujours unie à la notion de substance est celle de la *cause* :

« La cause, dit Bossuet, est ce qu'on répond, quand on demande pourquoi une chose est. Par exemple, à la question : *pourquoi fait-il chaud? pourquoi fait-il froid en ce lieu?* c'est *parce qu'il y fait grand soleil*, c'est *parce que le vent de bise y donne beaucoup* [1].

Telle est l'idée la plus générale que l'on peut se faire de la cause. Mais c'est là un terme abstrait qui représente bien des choses différentes, car on peut répondre de bien des manières à celui qui vous demande pourquoi une chose est. De là la théorie des *causes* fondée par Aristote (*Métaphysique*, liv. I, ch. III; — *Physique*, liv. II, ch. III), conservée et transmise par la scolastique, et dont Bossuet nous donne le résumé substantiel et précis dans son *Traité des causes*. Nous en reproduirons ici les principaux extraits.

Les questions qu'on peut faire par la particule *pourquoi* se réduisent à quatre principales, qui marquent quatre genres de causes.

On peut demander, premièrement, pourquoi une chose est, avec intention de savoir qu'est-ce proprement qui agit pour faire qu'elle existe. Comme dans les exemples rapportés : Qu'est-ce qui a fait ce grand chaud ou ce grand froid que nous sentons? On répond que c'est le soleil et le vent de bise : c'est ce qui s'appelle *causes efficientes*.

Secondement, on peut demander pourquoi une chose est, avec intention de savoir quel dessein se propose celui qui agit. Par exemple : Pourquoi allez-vous dans ce jardin? On répond : Pour me promener, ou bien : Pour cueillir des fleurs. C'est ce qui s'appelle *fin*, ou *cause finale*.

Il y a deux autres *pourquoi*, auxquels il faut satisfaire par deux autres genres de causes. Par exemple, si on a deux boules, l'une de cire et l'autre de marbre, on demande pourquoi l'une est molle et l'autre dure, la réponse est que l'une est de cire, matière molle et maniable, et l'autre de marbre, matière dure et qui résiste. Si l'on fait une autre question et qu'on vous demande pourquoi ces deux boules roulent si facilement sur un plan : C'est *à cause de leur rondeur*, répondez-vous. Les réponses que vous faites à ces deux questions sont tirées, l'une de la matière et l'autre de la forme de ces boules, et ainsi vous avez trouvé deux autres sortes de causes qu'il faut ajouter aux précédentes, dont l'une s'appelle *matière* ou *cause matérielle*, et l'autre *forme*, ou *cause formelle*.

Voilà donc les quatre genres de causes que nous cherchions.

La première est la cause *efficiente*, qui peut être définie : *ce qui étant posé, il faut que quelque chose s'ensuive.* Par exemple, posé que le feu touche ma main, il s'ensuit de là qu'elle est brûlée.

La deuxième est la cause *finale;* elle montre pour quel dessein est une chose, et peut-être définie : *pourquoi est une chose.*

La troisième est la cause *matérielle;* elle explique de quoi une chose est composée, et peut être définie : *ce dont une chose est faite.* Par exemple : cette statue est faite de bronze ou de marbre.

La quatrième s'appelle la cause *formelle* et dit de quelle manière la chose est, et quelles en sont les propriétés; on peut la définir : *ce qui fait qu'une chose est appelée telle ou telle.* Par exemple, une chose est dite ronde parce qu'elle a de la rondeur.

---

1. Bossuet, *Traité des causes*. Ce traité a été publié pour la première fois par M. Nourrisson, dans sa *Philosophie de Bossuet* (Appendice, p. 265 et suiv.).

A ces quatre genres de causes que nous avons rapportés, quelques-uns en ajoutent un cinquième, qui s'appelle la *cause exemplaire*. *La cause exemplaire est le modèle ou l'original sur lequel une chose est faite*. Par exemple, si on demande pourquoi une telle figure se trouve dans la copie d'un tableau, on répondra que c'est à cause qu'elle se trouve aussi dans l'original.

De ces cinq genres de causes, il y en a deux, *la finale* et *l'exemplaire*, qui sont plutôt *causes morales* que *causes physiques*.

Nous appelons causes *physiques* ou *naturelles* celles *dont s'ensuit immédiatement un certain effet naturel* : par exemple, lorsque du feu s'ensuit la chaleur dans tous les corps environnants. Au contraire, nous appelons *cause morale* celle *qui n'agit pas immédiatement et au dehors, mais qui excite un autre à agir par le moyen de la connaissance*. Telles sont la cause *finale* et la cause *exemplaire*, qui n'agissent qu'étant connues et en nous déterminant à agir d'une certaine manière. Ainsi, l'original d'un tableau n'est pas ce qui fait la copie. La santé recherchée ne m'applique pas les remèdes, mais elle me porte à les appliquer.

Nous remarquerons en passant, au sujet de la *fin*, qu'elle est toujours la première dans l'intention et la dernière dans l'exécution. Par exemple, si l'on veut aller à la chasse, c'est ce qu'on pense le premier et qu'on exécute le dernier, parce qu'il faut auparavant commander les équipages, monter à cheval, aller au lieu destiné, et ainsi du reste.

Il n'y a donc rien de plus véritable que cet axiome qui dit que *la première chose dans l'intention est la dernière dans l'exécution*[1] ; parce que la première chose à quoi l'on pense et la dernière à quoi l'on arrive, c'est la fin.

Outre cette division générale des causes en *efficiente : finale, exemplaire, matérielle* et *formelle*, on peut subdiviser encore la cause *efficiente :* premièrement en cause *prochaine* et cause *éloignée*. Par exemple, la cause *prochaine* de ce que le blé est moulu, c'est la meule qui le broie ; et la cause *éloignée*, c'est le vent ou l'eau qui fait aller le moulin. La cause *prochaine* de la pluie, c'est le vent chaud qui fond la nue ; et la cause *éloignée*, le soleil, qui attire les vapeurs dont elle est formée.

Secondement, on la divise en *cause principale* et *instrumentale*. Par exemple, la cause *principale* qui fait une saignée, c'est le chirurgien, et la cause *instrumentale*, ou l'instrument, c'est la lancette dont il se sert. A proprement parler, il n'y a que les natures intelligentes qui se servent d'instruments, parce que c'est un effet de la raison et de l'art.

Troisièmement (et c'est ici la plus importante de ces divisions), on divise la cause *efficiente* en cause *première* et cause *seconde*. La cause *première*, c'est-à-dire Dieu, est celle qui donne proprement le fond de l'être. La cause *seconde*, au contraire, façonne seulement la chose, et ne fait pas absolument qu'elle soit. Le sculpteur ne fait pas le marbre, ni l'orfèvre l'or ; mais, les trouvant déjà faits, il les façonne. C'est Dieu qui a donné le fond de l'être. Dans les ouvrages de la nature, ce n'est ni le cœur ni le foie qui fait le sang ; il avait déjà le fond de son être dans l'aliment dont il a été formé, et le cœur avec le foie ne font que lui donner une certaine forme. Une tulipe, qui sort d'un oignon, y était déjà renfermée et y avait le fond de son être. Si elle croît, c'est de l'eau dont elle est arrosée, et elle avait tout son être auparavant ; c'est ainsi qu'un fruit sort d'un arbre ; le soleil ne lui donne pas le fond de son être, il attire seulement par sa chaleur les sucs dont il est formé se se nourrit.

Dieu donc qui crée de rien chaque chose, est le seul qui donne l'être proprement et absolument, parce qu'il est l'être même, et par conséquent la seule première cause efficiente de toutes choses.

La même subdivision que nous avons faite des causes *efficientes* se peut faire dans les causes *finales*. Il y en a de *prochaines* et d'*éloignées* ; il y en a de *principales* et de *moins principales*. Il y a la *fin dernière* que l'esprit se propose comme

---

1. *Finis est primum in intentione et ultimum in executione.*

le but de tous ses desseins, et les *fins subordonnées* qui ont rapport à celle-là. Par exemple, la fin générale de la vie humaine, c'est que Dieu soit servi. Toutes les vertus ont leurs fins particulières, qui sont subordonnées à cette fin générale. La tempérance a pour fin de modérer les plaisirs des sens. La force a pour fin de surmonter les douleurs et les périls, quand la raison le demande ; et tout cela doit avoir pour fin de faire la volonté de Dieu, en suivant la droite raison qu'il nous a donnée pour guide et qu'il a encore éclairée par sa sainte loi.

608. La raison suffisante. — Principe de Leibniz. — Leibniz a cru devoir substituer à la notion de *cause* la notion de *raison*, et au lieu de dire : *rien n'arrive sans cause*, il a dit : *rien n'arrive sans raison ;* et il ajoutait : sans une raison *suffisante* ou *déterminante*. Mais le terme de raison ne signifie rien de plus que le terme de cause pris dans sa généralité ; et lorsque l'on donne la raison d'une chose, on verra que cette raison ne peut être autre chose que la cause *efficiente*, ou la cause *finale*, ou la *cause matérielle*, etc. Cependant il peut y avoir avantage à ne pas employer le terme de cause dans tous ces cas différents, et à le réserver pour la cause efficiente proprement dite, c'est-à-dire pour le *pouvoir d'action* [1].

609. Les catégories d'Aristote. — Aristote a réduit à dix les notions fondamentales de l'esprit humain, qui sont :

1° La *substance*, dont nous venons de parler (604).

2° La *quantité*, c'est-à-dire tout ce qui est susceptible de *plus* ou de *moins*, ou, dans un sens plus précis et rigoureusement mathématique, tout ce qui est susceptible de *mesure*. La quantité est de deux espèces : ou *discrète* quand les parties ne sont pas liées (le nombre) ; ou *continue* quand elles sont liées ; et alors elle est ou *successive* (le temps), ou *permanente* (l'espace).

3° La *qualité :* c'est toute disposition ou manière d'être d'une chose, à l'exception de la quantité. Les qualités peuvent être inséparables de l'être, et alors elles en constituent l'*essence ;* ou bien elles peuvent lui appartenir passagèrement, et elles ne sont plus que l'*accident* [2].

4° La *relation*, ou rapport d'une chose à une autre, comme père, fils, maître, valet, etc., ou tout ce qui marque comparai-

---

1. Schopenhauer a considéré également le principe de raison (*der Satz von Grunde*) comme le principe fondamental de l'intelligence humaine ; et il lui attribue quatre formes différentes : 1° le principe du devenir ou du changement, *principium fiendi ;* 2° le principe du connaître, *principium cognoscendi ;* 3° le principe de l'être, *principium essendi ;* 4° le principe de l'agir, *principium agendi*. (*Uber die vierfache Wurzel des Satzes vom zureichenden Grunde*, Leipzig, 1864.)

2. A la différence de la quantité et de la qualité se rattache la différence de l'*extensif* et de l'*intensif*. Le premier représente la grandeur en étendue ou en nombre ; la seconde, la grandeur en force et en puissance.

NOTIONS D'ONTOLOGIE.

son, comme semblable, égal, plus grand, plus petit, etc. (104).

5° et 6° L'*action* et la *passion*. L'action a lieu quand le sujet est cause de ses modes ; la passion, lorsqu'il les reçoit d'ailleurs. — L'action est *immanente*, quand on agit en soi-même (penser), ou *transitive*, lorsqu'elle passe à un autre sujet (battre, éclairer, chauffer).

7° et 8° Le *lieu* et le *temps*, notions indéfinissables, mais qui n'ont pas besoin d'être définies.

9° et 10° La *situation*, ou disposition des corps par rapport à l'espace, et la *possession*, ou l'acte d'avoir quelque chose à soi. Cette dernière catégorie paraît n'avoir été mise là que pour faire nombre : elle n'a d'importance qu'au point de vue de la morale et du droit.

610. Les propriétés de l'être : unité, identité, similitude, etc. — Le contraire du *plusieurs* ou de la *multitude* (τὰ πολλά), c'est l'*unité* (τὸ ἕν). L'unité est ou *mathématique* ou *métaphysique*. L'unité mathématique est une grandeur prise pour terme de comparaison entre plusieurs grandeurs de même espèce. L'unité métaphysique est l'absence de parties et de composition. Le type de l'unité est dans la conscience du *moi*. L'*identité* est la propriété qu'a un être de rester *le même* à plusieurs moments de la durée. La *similitude* est la propriété qu'ont plusieurs êtres d'avoir des caractères communs : la *différence* est ce qui les distingue les uns des autres. On appelle *principe d'individuation* le principe en vertu duquel un individu est distinct d'un autre. Suivant certains philosophes, pour qu'un individu soit distinct il suffit qu'il soit dans un lieu et dans un temps différents : par exemple, un atome absolument semblable à un autre par la grandeur et la figure s'en distinguera par le lieu. Suivant Leibniz, au contraire (*N. Essais*, liv. II, ch. XXVII), il faut un principe *interne* de distinction. En effet l'espace et le temps étant absolument homogènes, aucune partie n'est distincte d'une autre partie. Deux substances qui ne se distinguent que par le temps ou par l'espace ne se distingueraient donc pas du tout. C'est ce que Leibniz appelait le principe *des indiscernables*.

611. Les contraires. — La distinction poussée à l'extrême s'appelle *contrariété*. Ainsi, si on se représente la *lumière* décroissante par des degrés différents jusqu'à ce qu'elle disparaisse entièrement, on arrive à un opposé qui est la *nuit*. De même, dans la couleur, le *blanc* est l'opposé du *noir*. Lorsque l'opposition est telle que l'un des contraires marque la négation expresse de l'autre (le *blanc*, le *non-blanc*), c'est ce que l'on appelle le *contradictoire*. Les anciens ont attaché une grande importance à la théorie des contraires. Les pythagoriciens en avaient dressé une table que nous a conservée Aristote[1]. Dans les temps modernes, le seul philosophe qui ait insisté sur la théorie des contraires est Hegel (317) ; mais en niant le principe de contradiction, il a ouvert la porte au scepticisme. Suivant Hegel, le contradictoire, bien loin d'être le signe de l'erreur, est au contraire la condition nécessaire de la vérité. « Personne sans doute ne s'avisera de soutenir qu'une chose n'est pas blanche pendant qu'elle est blanche. Mais la question est de savoir si la contradiction n'est pas une loi nécessaire des choses... Car peu importe de savoir si l'être vit réellement pendant qu'il est vivant... le point essentiel est de savoir si à côté de la vie il n'y a pas la mort, et si la mort n'est pas, aussi bien que la vie, nécessaire et bienfaisante[2]. » Rien n'est plus vrai ; mais la *coexistence* des contraires n'est pas l'*identité* des contraires, encore moins des contradictoires. Aristote, qui a toujours soutenu contre les sophistes le principe de contradiction, a toujours affirmé en même temps que la *puissance* contient à la fois les deux contraires ; ils peuvent même se réaliser tous les deux, soit successivement, soit à la fois, mais à des points de vue différents. Lorsqu'un grand physiologiste, Cl. Bernard, dit que « la vie, c'est la mort[3], » il veut dire simplement que l'une des opérations essentielles de la vie, c'est de détruire les organes, mais que cette opération n'est pas la seule, et qu'elle est accompagnée de réparation : donc il y a à la fois deux opérations en sens inverse ; mais chacune de ces opérations est ce qu'elle est, et n'est pas son contraire. Le principe de contradiction reste donc absolument intact.

612. Le fini et l'infini. — Lorsque nous portons nos regards

---

1. La voici :

Fini, — infini.
Pair, — impair.
Unité, — pluralité.
Droite, — gauche.
Mâle, — femelle.
Repos, — mouvement.
Droite, — courbe.
Lumière, — ténèbres.
Bon, — mauvais.
Carré, — quadrilatère irrégulier.

2. Vera, *Introduction à la Logique de Hegel* (trad. fr., 1859), p. 43.

3. Cl. Bernard, *la Science expérimentale*, p. 188 et 198.

ou nos mains sur les corps qui nous environnent, nous trouvons un moment où la perception de ces corps vient à cesser et est remplacée par la perception d'un autre corps ou par une absence apparente de perception : par exemple, si je regarde ou si je touche cette table, je reconnais bien vite, ou bien qu'elle est entourée de toutes parts par d'autres corps qui la touchent, ou bien qu'elle est isolée par ce milieu transparent appelé *air* que je ne perçois pas par mes yeux et que je perçois à peine par le toucher. Le lieu où le corps cesse, l'ensemble des points qui terminent sa perception s'appellent *limites* ou *bornes*. De même, si je considère un objet par rapport à la durée, je le perçois très souvent comme ayant commencé ou comme finissant devant moi ; et le commencement et la fin sont ses limites dans le temps, de même que la figure des corps est leur limite dans l'espace. A la vérité, il est beaucoup de corps que je peux parcourir pendant longtemps sans apercevoir leurs limites, comme la terre, ou que je vois durer devant moi sans assister à leur naissance et à leur fin : mais l'expérience ou le témoignage m'a bien vite appris que ces corps ont néanmoins une figure qui les limite dans l'espace et qu'ils ont eu un commencement dans le temps. Ainsi, tous les objets qui tombent sous mon expérience me paraissent *limités* et *finis*.

Cependant, lorsque je veux appliquer la même idée, non plus aux choses qui sont dans l'espace et dans le temps, mais à l'espace et au temps eux-mêmes, mon esprit trouve une résistance invincible. Je peux bien me représenter un corps, si grand qu'il soit, ayant toujours une limite : car au delà de ce corps il peut y en avoir d'autres ; mais je ne puis me représenter l'espace ayant une borne : car au delà qu'y aurait-il ? rien, si ce n'est encore de l'espace. On peut se représenter arrivé aux dernières limites du monde : car au delà du monde il peut y avoir le vide ; mais le vide lui-même n'a pas de limites : car si par hypothèse je me transporte à ces prétendues limites, mon esprit, ou si vous voulez mon imagination, trouvera encore le vide autour de moi. Je puis à la rigueur concevoir la suppression de l'espace, c'est-à-dire le rien absolu ; mais je ne puis supposer l'espace entouré et limité par le rien. Peut-être n'en est-il pas de même du temps : car il est des philosophes (Platon, saint Thomas) qui ont cru que le temps avait commencé : mais, même en faisant cette supposition, ils ne parlaient en réalité que du temps successif, du temps des créatures ; et en imaginant la création du temps, ils concevaient une autre espèce de temps immobile, appelée éternité, antérieure au temps créé et qui était encore du temps. Il semble donc qu'on ne puisse pas plus fixer de limites au temps qu'à l'espace.

En d'autres termes, comme nous l'a dit Kant, l'espace et le temps nous sont *donnés* comme *actuellement infinis*. « Sans doute l'idée de l'infini s'applique à autre chose encore qu'au temps et à l'espace; ... mais on peut détacher l'idée d'infini du temps et de l'espace et la considérer en elle-même. » (Cousin, *Philosophie de Locke*, XVIII° leçon.)

Depuis longtemps on a contesté qu'il y ait réellement dans l'esprit humain une notion d'infini : ce n'est, a-t-on dit, qu'une notion *négative*. Nous n'avons d'idée positive que du fini : l'infini n'est que la négation du fini, de même que le néant n'est que la négation de l'être : nous pouvons supprimer l'être par notre pensée, mais nous ne pensons plus rien quand nous l'avons supprimé : c'est cette non-pensée que nous appelons l'idée du *rien*. De même, penser l'infini, c'est penser le non-fini : c'est ne pas penser.

Mais on a répondu avec raison que :

> L'idée d'infini n'est pas plus négative de celle de fini que l'idée de fini n'est négative de celle d'infini : elles sont négatives au même titre, ou elles sont toutes deux positives : car ce sont deux affirmations simultanées, et toute affirmation donne une idée positive. (Cousin, *Ibid.*)

Une autre réponse faite par Fénelon est que si l'infini est une négation, ce n'est que la négation de la limite : c'est la limite qui est déjà une négation : or la négation d'une négation n'est pas une « négation : c'est une affirmation ». (Fén., *Exist. de Dieu*, II.)

Cette question a été reprise par un philosophe de nos jours de l'école de Kant, par Hamilton. Il soutient, comme Locke, comme Gassendi, que l'idée d'infini est négative et inconcevable.

> Selon nous, dit-il, l'esprit ne peut concevoir et par conséquent connaître que le limité. L'illimité (ou l'infini) ne peut être positivement saisi par l'entendement : il ne peut être conçu que par l'omission ou abstraction des conditions mêmes dans lesquelles le fini se réalise : d'où il suit que cette pensée est purement négative, négative du concevable même. (Hamilton, *Fragments*, trad. fr. de Louis Peisse, p. 18.)

Cette doctrine est combattue par les philosophes les plus récents de l'école anglaise.

> Il n'est pas vrai de dire, selon Herbert Spencer, que de deux termes contradictoires le négatif ne soit autre chose que la suppression de l'autre. Prenons, par exemple, le limité et l'illimité. Notre notion du limité se compose : premièrement d'une conception d'une certaine espèce d'être, et secondement d'une conception des limites sous lesquelles elle est connue. Dans son antithèse, dans la notion de l'illimité, *la conception des limites est abolie, mais non celle d'une certaine espèce d'être.* (*Premiers principes*, trad. fr., p. 95.)

N'est-ce pas dire, avec Fénelon et presque dans les mêmes termes, que l'infini n'est que la négation de la négation?

M. Stuart Mill a également combattu la thèse d'Hamilton :

> L'existence d'un élément négatif dans une conception, dit-il, ne rend pas négative la conception elle-même et n'en fait pas une entité vide. Bien des gens seraient surpris si on leur disait que la vie éternelle est une conception négative, que l'immortalité est inconcevable. Ceux qui ont l'espérance d'en jouir ont une conception très positive de leur espérance. Il est vrai que nous ne pouvons avoir une conception adéquate de la durée et de l'espace infinis ; mais entre une conception non adéquate et l'impossibilité d'une conception, il y a une grande différence. (Mill, *Examen d'Hamilton*, trad. fr., p. 57.)

613. Le relatif et l'absolu. — Il faut distinguer l'infini et l'absolu. Le premier a rapport à la *grandeur* et le second à l'*existence*. L'absolu s'oppose au *relatif*, l'infini au *fini*. — L'absolu est proprement ce que Kant appelle l'*inconditionnel*, ce que Platon appelait τὸ ἀνυπόθετον, c'est-à-dire ce qui n'exige aucune condition, ce qui ne dépend pas d'autre chose. L'être absolu, c'est l'être qui ne dépend d'aucun autre être, qui n'a besoin que de soi pour être, qui est à lui-même sa raison d'être : une science absolue est une science qui ne dépend pas d'une autre science, qui a ses principes en elle-même ; elle se distinguera de la science infinie, qui est la science totale, la science de tout ce qui peut être connu. De même, la puissance absolue c'est la puissance qui n'a besoin de rien pour agir ; la puissance infinie c'est la puissance qui peut tout ce qui est possible. En un mot, l'absolu a rapport à l'indépendance des actes et l'infini à leur étendue.

Hamilton soutient pour la notion d'absolu la même thèse que pour la notion d'infini. Suivant lui, l'*inconditionnel* ou l'absolu ne peut pas être pensé, ou il ne l'est que négativement.

H. Spencer réfute encore ici l'opinion d'Hamilton (*les Premiers principes*, trad. franç., p. 96). Il montre que :

> 1° Notre conception du relatif disparaît dès que notre conception de l'absolu n'est plus qu'une pure négation. Demander à concevoir la relation du *relatif* et

du non-*relatif* sans avoir conscience de chacun d'eux, c'est comme si on nous demandait de comparer ce dont nous avons conscience avec ce dont nous n'avons pas conscience ; la comparaison, étant elle-même un acte de conscience, n'est possible que par la conscience de ses deux objets.

2° Il y a quelque chose qui forme la substance brute de la pensée définie et qui reste après que les qualités définies qu'elle a reçues de la conscience ont été détruites... La suppression des conditions et des limites est, dans l'hypothèse, la suppression de ces conditions et de ces limites seulement. En conséquence, il doit y avoir un résidu, une conception de quelque chose qui remplit leur contour, et c'est ce quelque chose d'indéfini qui constitue notre conception du non-relatif ou de l'absolu.

3° Dire que nous ne pouvons connaître l'absolu, c'est dire implicitement qu'il y a un absolu. Quand nous nions que nous ayons le pouvoir de connaître l'*essence* de l'absolu, nous en admettons tacitement l'*existence*; et ce seul fait prouve que l'absolu a été présent à notre esprit, *non pas en tant que rien, mais en tant que quelque chose.* (*Ibid.*, 93.)

614. L'imparfait et le parfait. — Dans l'école cartésienne *parfait* était synonyme d'*infini* et exprimait aussi la même chose que ce qu'on a appelé depuis *absolu*. Cependant ces trois notions doivent être distinguées : l'infini a rapport à la *grandeur*, l'absolu à l'*existence*, le parfait à la *qualité*. Nous distinguons dans tous les êtres des différences de *qualité* ou de perfection. Tant que ces qualités ont des limites et qu'on en peut supposer de supérieures, c'est ce que nous appelons *imparfait*; quand nous concevons au contraire la qualité ou la valeur de l'être élevée à l'absolu, c'est ce que nous appelons le *parfait*, qui n'est autre chose, à proprement parler que *Dieu* lui-même.

Le parfait n'est donc pas plus que l'infini et l'absolu une notion négative; et c'est l'imparfait qui est une dégradation du parfait, et non le parfait une extension de l'imparfait (189).

CHAPITRE II

Le Scepticisme.

Nous venons de résumer et d'analyser les plus importantes notions métaphysiques et quelques-uns des principes auxquels elles donnent naissance. Mais ces notions font partie de notre entendement : ont-elles une autorité quelconque en dehors de lui? Et cet entendement est-il capable de connaître quoi que ce soit hors de lui-même? Lui-même est-il constitué par des lois? En un mot, y a-t-il une *vérité?* Le *sujet* qui connaît a-t-il un *objet* susceptible d'être connu?

Il y a deux manières de supprimer l'*objet* de la connaissance ; c'est : 1° de récuser l'autorité absolue du sujet pour toute espèce de connaissance, 2° de réduire l'objet au sujet lui-même. Dans le premier cas il n'y a pas de vérité du tout; dans le second cas la vérité existe, mais elle n'existe que relativement au sujet. Le premier de ces systèmes est le *scepticisme*, le second est l'*idéalisme*.

615. Le scepticisme. — La question du scepticisme appartient indifféremment à la logique ou à la métaphysique : elle est sur les confins des deux sciences. Il nous a semblé qu'il y a avantage à dégager la logique de toute question de controverse et à réserver ce problème à la métaphysique [1].

La question est donc de savoir s'il y a de la vérité, ou du moins si la vérité est accessible à notre entendement, si elle ne dépasse pas les forces de la nature humaine. A cette question on a répondu de diverses manières, et les philosophes se sont partagés en trois groupes : les uns affirment qu'il y a de la vérité pour

---

[1]. Nous avons dit plus haut (309) pourquoi nous avons renvoyé à la métaphysique la question du scepticisme. Saisissons cette occasion pour signaler deux ouvrages récents qui portent sur ce sujet : *la Certitude morale*, par M. Ollé-Laprune, et *la Certitude et les formes récentes du scepticisme*, par M. Robert, professeur à la Faculté des lettres de Rennes (1880).

l'homme, et ce sont les *dogmatiques;* les autres, qu'il n'y en a pas et qu'il ne peut pas y en avoir : ce sont les *sceptiques;* d'autres enfin ont essayé de prendre un moyen terme et de faire un compromis entre ces deux opinions extrêmes : ce sont les *probabilistes.*

Le dogmatisme consiste à affirmer non pas que l'homme ne peut pas se tromper, mais qu'il ne se trompe pas toujours; que l'intelligence humaine, quand elle obéit fidèlement à ses lois naturelles, est faite pour la vérité. Le scepticisme refuse à l'intelligence une telle faculté. Enfin le probabilisme soutient que rien n'est absolument vrai, absolument certain, mais qu'il y a des choses plus probables les unes que les autres : c'est la doctrine de Cicéron et de la nouvelle Académie.

616. **Probabilisme.** — Ecartons d'abord cette troisième opinion, qui n'est en réalité qu'un scepticisme inconséquent et contradictoire. En effet, s'il n'y a pas de certitude, il ne peut y avoir de probabilité. Qu'est-ce que la probabilité, sinon l'état de l'esprit qui s'approche plus ou moins de la certitude? La probabilité n'est rien en elle-même : elle n'est pas, comme la certitude (312), ou le doute, ou l'ignorance, un état absolu, définissable par lui-même : elle n'est qu'un rapport, et un rapport avec la certitude. Par elle-même elle est variable, mobile, relative; mais elle suppose un point fixe, une mesure constante, un terme absolu de comparaison. Dire qu'une chose est plus probable qu'une autre, c'est dire qu'elle a plus que celle-là les caractères de la vérité : nous savons donc quels sont ces caractères. Si rien n'est vrai, rien n'est probable. Si nos facultés sont essentiellement trompeuses, nous n'avons pas plus de raisons de les croire dans un cas que dans un autre; et la seule disposition légitime, c'est le doute absolu. Pour mesurer la probabilité il faut des facultés non seulement véridiques, mais même fines et délicates. Dès lors, si vous êtes forcé d'admettre leur témoignage, pourquoi ne pas vous y fier complètement? Pourquoi cette demi-croyance, cette demi-vérité? Sans doute on peut être probabiliste sur telle ou telle question, dans tel ou tel cas; mais on ne peut pas l'être sur le principe même, et ce n'est que du principe de la connaissance qu'il s'agit ici. Le vrai débat est donc entre le dogmatisme et le scepticisme.

Examinons les différents arguments mis en avant par le scepticisme.

617. Objections sceptiques. — On peut ramener à quatre les faits qui peuvent faire mettre en doute la véracité de l'intelligence humaine : 1° l'ignorance; 2° l'erreur; 3° la contradiction; 4° l'impossibilité absolue à l'intelligence humaine de se prouver elle-même sans cercle vicieux : c'est ce que les anciens appelaient le *diallèle*.

618. I. Ignorance humaine. — « Nous ne savons le tout de rien, » a dit Pascal. Il n'est pas en effet difficile de prouver que notre intelligence est resserrée dans d'étroites limites. Malgré les progrès de la science, nous ne connaissons jamais que des parties : le tout nous échappe. Or toutes les vérités s'enchaînent : toutes choses, dit Pascal, sont *causées* et *causantes*. Tout a rapport à tout. Donc, qui ne connaît pas le tout ne connaît rien. La science humaine, par cela seul qu'elle est incomplète, est infidèle. Toute vérité partielle n'est que relative. Il n'y a que la vérité complète qui soit absolue. Or celle-là est au-dessus de toutes les forces humaines.

619. II. L'erreur. — Non seulement la science de l'homme est bornée, mais de plus très souvent elle s'égare; non seulement il ne peut faire un pas sans venir se heurter contre les bornes infranchissables de l'ignorance, mais de plus il tombe dans l'erreur : dans les choses mêmes qu'il peut atteindre et qu'il croit savoir, il prend à chaque instant le faux pour le vrai. Mais puisque, de son aveu même, l'homme se trompe quelquefois, qui nous assure qu'il ne se trompe pas toujours ? Lorsqu'il se trompe, en effet, ne croit-il pas posséder la vérité ? N'est-il pas alors dans la conviction qu'il ne se trompe pas? Car nul ne se trompe volontairement : l'erreur volontaire ne serait pas erreur, mais mensonge. Qui nous assure donc que nous ne nous trompons pas, lors même que nous sommes en possession d'une certitude complète, puisque nous avions la même certitude dans des cas où nous nous sommes depuis assuré que nous étions dans l'erreur?

A cet argument général se rattachent quelques arguments subsidiaires qui n'en sont que des corollaires ou des applications particulières. Ce sont ceux qui se tirent des *erreurs des sens*, de la *veille* et du *sommeil*, de la *raison* et de la *folie*.

a. Erreurs des sens. Nous avons vu plus haut (129) quels sont les faits que l'on désigne sous ce nom. Tout le monde connaît les exemples célèbres invoqués par les sceptiques : la tour carrée qui paraît ronde à distance; la rame brisée dans l'eau; la route qui marche quand nous sommes en voiture et la rive qui s'enfuit quand nous sommes en bateau; la boule qui paraît double quand nous la tenons dans nos doigts croisés, etc. Quelle confiance avoir en des témoins qui se démentent ainsi les uns les autres?

b. Veille et sommeil. Les rêves viennent encore déposer contre nos facultés. Quand nous rêvons, en effet, nous croyons voir en dehors de nous des objets réels, tout comme dans la perception extérieure, et cependant cette réalité apparente est une illusion. Pourquoi ce que nous appelons la veille ne serait-elle pas aussi une sorte de sommeil? Pourquoi les perceptions de nos sens ne seraient-elles pas des rêves?

c. Raison et folie. Enfin ceux que l'on appelle fous ne s'aperçoivent pas qu'ils sont fous : c'est nous qui les appelons ainsi. Qui nous prouve que notre raison n'est pas elle-même une folie? Le fou croit avoir raison, l'homme raisonnable le croit aussi[1].

620. III. **Contradictions de l'esprit humain.** — Nous voici arrivés au plus célèbre argument du scepticisme, à celui sur lequel les sceptiques de tous les temps ont insisté à l'envi, et que Montaigne en particulier a développé avec tant d'esprit dans son fameux chapitre intitulé *Apologie de Raymond de Sebonde* (*Essais*, liv. II, ch. XII) : c'est l'argument qui se tire de la contradiction et de la diversité des opinions humaines. Puisque l'homme, disent les sceptiques, prétend connaître la vérité, comment se fait-il qu'elle ne soit pas la même pour tous, que l'un juge vrai ce que l'autre juge faux? Il ne peut y avoir qu'une seule vérité, et il y a mille opinions sur tous les sujets possibles ou imaginables.

Cet argument se décompose ainsi qu'il suit :

a) Les hommes se contredisent dans le *temps*. Cela est évident : l'homme change de siècle à siècle, l'humanité se transfigure. Les Grecs et les Romains n'avaient pas les mêmes opinions que nous. Ils admiraient le suicide et le tyrannicide, et nous les répudions. Ils ignoraient le duel, que la morale condamne aujourd'hui, mais que l'opinion absout.

b) Les hommes se contredisent dans l'*espace*. « Trois degrés d'élévation du pôle renversant toute la jurisprudence, un méridien décide de la vérité... Plaisante vérité qu'une rivière ou une montagne borne. Vérité en deçà des Pyrénées! erreur au delà! » (Pascal, *Pensées*, art. III, éd. Havet.)

---

1. Pour o développement de ces arguments, voy. la *Première méditation* de Descartes.

c) Les hommes se contredisent quant à la *matière*. Les divisions ont lieu sur tous les sujets : en religion d'abord, puis en morale, en philosophie ; partout discussion, partout désaccord. Dans le même temps et dans le même lieu, il n'y a pas deux hommes pensant de même sur tous les sujets.

d) Contradiction dans l'*individu* lui-même. Chaque homme se contredit sans cesse, soit sous l'influence de l'âge, soit sous l'influence du climat, des saisons, de l'état de santé, etc.

e) Contradiction des *facultés*. Nos facultés se contredisent entre elles : les sens contredisent la raison ; ils se contredisent les uns les autres ; la raison se contredit elle-même : exemple, les les antinomies de Kant[1]. « Qui démêlera cet embrouillement ? » dit Pascal.

621. IV. **Le diallèle.** — Le scepticisme ne s'arrête pas là. Il tient en réserve un dernier et insurmontable argument : c'est l'impossibilité pour la raison de se démontrer et de se défendre elle-même sans faire de cercle vicieux. Car comment se défendrait-elle, si ce n'est par des *raisons?* Ces raisons, elle ne peut que les emprunter à elle-même en les tirant de son propre fonds, enfin en obéissant à ses lois naturelles. Or ce sont ces lois mêmes qui sont en question. La raison est semblable à un témoin dont on mettrait en doute la véracité, et qui pour la prouver n'aurait d'autre autorité que son propre témoignage. Il y a donc là une inévitable pétition de principe. Ce que Montaigne exprime ainsi :

Pour juger des apparences que nous recevons des objets, il faudrait un instrument judicatoire. Pour vérifier cet instrument, il nous faut de nouveau un instrument : *nous voilà au rouet.*

Un autre vice de l'argument, c'est d'aller à l'infini. « Aucune raison ne s'établira sans aucune raison. Nous voilà *à reculons* jusqu'à l'infini. » Il est donc de toute impossibilité à la raison de prouver qu'elle est la raison. Descartes a reproduit cette objection sous la forme célèbre du *dieu trompeur*.

622. **Discussion des arguments des sceptiques.** — Tels sont les arguments des sceptiques. Reprenons-les l'un après l'autre :

---

1. Les antinomies de Kant sont les contradictions de la raison relativement à certains problèmes métaphysiques ; par exemple : le monde a commencé ; le monde n'a pas commencé, etc.

623. I. Réponse à l'objection tirée de l'ignorance. — Parce que l'homme ne sait pas tout, on veut qu'il ne sache rien. Voici la réponse que Descartes fait à cette objection : « Si vous considérez, dit-il, que, n'y ayant qu'une vérité de chaque chose, quiconque la trouve en sait autant qu'on en peut savoir ; un enfant instruit dans les mathématiques, ayant fait une addition suivant les règles, peut assurer avoir trouvé, touchant la somme qu'il examinait, tout ce que l'esprit humain saurait trouver. » En d'autres termes, dans toutes les sciences on va progressivement, pas à pas, d'une vérité à une autre vérité. Or l'ignorance où vous êtes de la seconde ne fait pas que vous ignoriez la première. La seconde théorie ne détruit pas la théorie précédente : elle peut y ajouter de nouvelles lumières, l'illuminer de plus de clartés ; mais en même temps elle la confirme. Il est vrai que l'ignorance peut faciliter et faire légèrement admettre des inductions précipitées ; mais le nombre de ces inductions mal justifiées diminue à mesure que l'expérience des hommes se fortifie, et que l'on pratique mieux les *règles de la méthode*. Nous n'avons donc pas besoin de tout savoir pour être assurés que nous savons exactement et certainement quelque chose. Demander à l'homme de tout embrasser d'un seul coup d'œil et mettre la vérité à ce prix, n'est-ce pas exiger de la faiblesse humaine ce dont la grandeur de Dieu est seule capable ?

624. II. Réponse à l'objection tirée de l'erreur. — La seconde objection se tire de l'erreur. Elle se résume ainsi : puisque l'homme se trompe quelquefois, ne peut-il pas se tromper toujours ? Nous répondrons :

a) L'erreur suppose la vérité. En effet, l'idée de faux est essentiellement relative : elle n'a de sens que s'il y a quelque chose de vrai ; si rien n'est vrai, rien n'est faux ; et par conséquent il n'y a pas d'erreur. Comment les hommes seraient-ils arrivés à savoir qu'ils se trompent en certains cas, s'ils n'avaient reconnu que dans d'autres ils ne se trompent pas ? On parle par exemple des erreurs des sens, des illusions d'optique : comment savons-nous que ce sont des erreurs et des illusions, si ce n'est par comparaison à ce qui n'est ni erreur, ni illusion ? On se trompe en raisonnant : mais cela prouve précisément qu'il y a des conditions dans lesquelles on ne se trompe pas ; ces conditions connues du raisonnement vrai sont ce qui nous autorise à juger que tel raisonnement est faux.

b) L'erreur étant ainsi la preuve même qu'il y a de la vérité, comment se fait-il que l'homme se trompe ? Ce n'est que par le mauvais emploi de ses facultés (461). Remarquons d'abord que les facultés premières, celles qui nous fournissent tous les matériaux de nos connaissances, sont en elles-mêmes infaillibles. L'erreur n'est jamais que dans la conséquence, c'est-à-dire dans l'induction ou la déduction (463) : même ces deux procédés, pris en soi, sont aussi légitimes que les facultés premières ; ce sont des procédés excellents lorsque rien n'altère leur exercice légitime, mais la sensibilité et l'imagination viennent en fausser les résultats. A prendre les choses d'une manière absolue et purement théorique, il serait possible d'éviter toute erreur en se bornant à affirmer soit les premiers principes, soit les données immédiates de l'expérience, et à en tirer les conséquences par l'observation la plus scrupuleuse des règles de l'induction et de la déduction. Mais ce moyen n'est praticable que dans la science : dans le cours ordinaire de la vie on est forcé d'affirmer trop et trop vite, pour être sûr d'appliquer à la rigueur les lois du raisonnement. Cependant, si l'on ne peut atteindre à une infaillibilité complète, on peut du moins en approcher : et ce n'est pas en mettant sur la même ligne l'erreur et la vérité, c'est en remarquant avec soin, au contraire, les signes qui nous apprennent à distinguer l'une de l'autre, en un mot en appliquant aussi rigoureusement que possible la règle de Descartes, « de ne rien admettre pour vrai qui ne nous paraisse *évidemment* être tel ».

c) Nous venons de parler de l'erreur en général : on pourrait appliquer les mêmes considérations aux diverses espèces d'erreurs et en particulier aux erreurs des sens. On a vu déjà (129) que ces erreurs ne sont pas imputables aux sens eux-mêmes, mais à l'interprétation que nous faisons de leurs données. Au lieu de dire avec Descartes : Les sens nous trompent quelquefois, ils peuvent donc nous tromper toujours ; il faut dire : Les sens ne nous trompent jamais, lorsque nous nous confions à leur seul témoignage et que nous n'y ajoutons rien.

d) On objecte encore la difficulté de distinguer la veille du sommeil. On fait observer que pendant le rêve nous croyons à la réalité des objets fictifs avec la même foi et la même certitude que pendant la veille aux objets réels qui nous entourent. Mais d'abord, on ne peut nier qu'il n'y ait une présomption légitime en faveur de l'état de veille. En effet, d'abord la clarté est bien plus grande quand nous sommes éveillés que quand nous rêvons.

Incohérence de perceptions, contradictions flagrantes, vague des conceptions : tels sont les caractères du rêve. Au contraire, concience nette et distincte de tout ce qui se passe en dehors de nous, liaison et cohérence des perceptions, respect du principe de contradiction : tels sont les caractères de la veille. La veille est donc déjà, par là, supérieure au rêve. De plus, comme nous l'avons dit, le rêve n'est qu'une réminiscence, un reflet de l'état de veille ; celle-ci, au contraire, suppose une perception première, immédiate de la réalité : elle ne peut donc pas se confondre avec lui. Si la veille elle-même était un rêve, il faudrait supposer par analogie une veille antérieure dont elle serait le rêve, et une autre encore avant celle-là, jusqu'à ce qu'on arrive enfin à une véritable veille. Pourquoi ne pas admettre que c'est précisément celle où nous sommes ?

e) Mêmes observations pour la distinction de la folie et de la raison. La raison est à la folie ce que la veille est au rêve. D'une part incohérence et désordre, de l'autre suite et liaison de perceptions. Dans les cas même où la folie a une certaine suite, il y a toujours désaccord avec le milieu extérieur. La raison au contraire est essentiellement en accord soit avec elle-même, soit avec le milieu. D'ailleurs, à quoi reconnaissons-nous qu'un homme est fou, si ce n'est en comparant son état à l'état de celui qui ne l'est pas ? La raison est donc une mesure qui sert à déterminer la folie. Si tout le monde est fou, personne ne l'est.

625. Réponse à l'objection tirée des contradictions nécessaires. — Le plus imposant des arguments sceptiques, qui se lie de très près au précédent, mais qui peut s'en distinguer et être considéré en lui-même, est celui qui se tire de l'opposition et de la contradiction des opinions. On peut répondre à cet argument de deux manières : 1° en établissant que cette opposition n'est pas absolue, que les hommes ne sont pas en désaccord sur toutes choses ; 2° en montrant que la diversité des opinions n'est pas toujours une cause ni une preuve d'erreur.

1° Et d'abord, si les hommes n'avaient absolument rien de commun, comment pourraient-ils s'entendre entre eux et former une société ? Sans quelques notions communes, comment comprendre la parole, l'éducation, la discussion même, en un mot toutes les opérations de nos facultés sociales ? Il est nécessaire que les hommes partent de quelques principes communs.

D'ailleurs, puisqu'il y a entre les hommes une conformité incontestable d'organisation physique, il est naturel d'en induire qu'il y a aussi une conformité semblable entre leurs facultés intellectuelles et morales.

C'est là une première présomption que les faits viennent confirmer.

a) Tous les hommes ont les organes des sens, et les mêmes organes. Les exceptions mêmes confirment la règle : car elles prouvent que les perceptions sont dues à l'existence de ces organes. Or tous les hommes croient aux données des sens et sont persuadés de l'existence objective des choses matérielles. Les doutes qui portent sur cette existence sont tout spéculatifs, et les sceptiques sont les premiers à oublier leur système dans la pratique. De plus, toutes les données des sens sont identiques. Est-il un homme qui n'ait pas la notion d'étendue? En est-il un qui n'ait pas la notion de solidité, de résistance, de poids? N'en est-il pas de même de la couleur et du son, pour ceux du moins qui ont des yeux et des oreilles? La sensation de saveur n'est-elle pas aussi essentielle à l'homme que la nutrition elle-même? Les différences peuvent porter sur telle ou telle nuance de sensation, mais non sur la sensation elle-même. Voilà donc déjà un fond solide, commun à tous les hommes.

b) Il en est de même des notions de conscience. Nul homme ne doute de sa propre existence. Tous savent ce que c'est que la douleur. Personne n'ignore la différence de l'espérance et du regret. Tous savent ce que c'est que penser, raisonner, vouloir, non pas avec la précision du psychologue, mais d'une manière suffisante pour appliquer ces expressions avec justesse quand il ne s'agit que de la pratique.

c) Enfin, une troisième catégorie de notions universellement reconnues, ce sont les principes de la raison, non pas sans doute sous leur forme abstraite, comme on les exprime dans l'école, mais d'une manière toute pratique, qui n'est pas moins sûre. Le paysan ne dit pas que *ce qui est est*, mais il sait très bien que sa maison est sa maison et que son champ est son champ. Il ne dit pas : *tout phénomène a une cause*, mais il sait très bien que si sa vache a disparu, c'est que quelqu'un l'a prise. Il y a donc communauté de raison, comme l'a dit Fénelon : « La même raison qui m'apprend que deux et deux font quatre, apprend en ce moment la même chose à la Chine et au Japon. »

d) De même que le fond commun et primitif de toutes nos

pensées est identique chez tous les hommes, de même les procédés qui travaillent sur ces données pour enrichir nos connaissances sont soumis à des lois identiques. L'induction et la déduction ont des lois qui ont été déterminées par la logique; or ces lois sont les mêmes pour tous les esprits. Sans doute, les hommes n'appliquent pas toujours ces lois convenablement; mais ce n'est pas la faute de nos facultés elles-mêmes; et la logique démontre les causes de nos erreurs, en même temps qu'elle explique les lois de la vérité. Ainsi l'entendement est constitué de la même manière chez tous les hommes.

e) Si nous passons des principes ou des facultés aux connaissances et aux doctrines, nous verrons encore qu'il y a infiniment plus d'accord qu'on ne le dit. Cela est évident d'abord dans les sciences. Tous les savants sont d'accord sur la géométrie et sur les mathématiques; tous le sont également sur les lois de la physique et de la chimie. Sans doute, cet accord est moins grand dans les autres sciences, parce qu'elles sont plus récentes et moins avancées; de plus, cet accord n'est pas le même dans toutes les parties de la science, suivant qu'elles sont elles-mêmes plus ou moins bien établies : mais on peut affirmer qu'il y a dans les sciences un nombre considérable de vérités dont on ne doute pas. C'est surtout dans l'ordre moral et philosophique que l'on invoque l'argument de la contradiction humaine. Mais, là même, on peut signaler l'existence d'un grand nombre de vérités universellement admises [1].

2° Mais, en admettant même que l'opposition et la diversité des opinions humaines fût aussi grande qu'on le prétend, nous croyons qu'il n'y a pas encore à tirer de là un argument contre la raison humaine.

a) Signalons d'abord une confusion que l'on fait d'ordinaire entre les mœurs et les opinions. Il ne faut pas confondre la diversité des mœurs et des coutumes avec celle des croyances et des jugements : l'une en effet n'a rapport qu'à la conduite, l'autre à la vérité. On comprend, en effet, que la diversité des climats et des tempéraments amène des habitudes différentes : cela ne prouve rien contre la certitude. Que les Arabes se mettent en blanc, tandis que nous affectionnons le noir, quel rapport cela a-t-il avec la vérité? Des peuples commerçants doivent avoir

---

[1]. Nous avons longuement développé ce principe dans notre *Morale*. (Voy. liv. III, ch. IV: *de l'Universalité des notions morales*.) Nous y renvoyons le lecteur.

d'autres usages que des peuples cultivateurs, les peuples maritimes d'autres coutumes que les peuples continentaux; sans doute, de ces différences de mœurs peuvent résulter des différences d'opinions, mais, en elle-même, la différence de mœurs doit être écartée du débat.

b) La diversité des opinions serait peut-être un argument contre la certitude, si elle n'était que diversité et contradiction; elle est autre chose: elle est développement et progrès. Les idées d'un enfant ne sont pas celles de l'homme; est-ce là une contradiction? Non, sans doute; car l'homme, à mesure qu'il a plus d'expérience, doit savoir plus et mieux que l'enfant. Ce qui est vrai de l'individu est vrai de la race humaine. A chaque époque de l'histoire, vous voyez des opinions disparues et d'autres qui leur succèdent; mais vous constaterez aussi que très souvent cette différence résulte d'un progrès réel qui se continue de génération en génération, malgré quelques alternatives et quelques oscillations. Autrefois on croyait aux sorciers, aujourd'hui on n'y croit plus: est-ce une contradiction? Non, c'est le passage de l'erreur à la vérité. Il en est de même de tous les progrès sociaux : abolition de l'esclavage, abolition de la torture, abolition de sacrifices humains, substitution de la monogamie à la polygamie, etc.

c) En outre, l'erreur elle-même n'est pas toujours absolue; elle peut contenir une part de vérité [1]. D'où il suit que l'opposition des opinions et des systèmes n'est souvent qu'une opposition de points de vue : nul n'a complètement tort; nul n'a complètement raison. Cela est vrai surtout des systèmes philosophiques, dont aucun n'est complètement erroné. De là cette maxime célèbre de Leibniz : « Tous les systèmes sont vrais dans ce qu'ils affirment, et faux dans ce qu'ils nient. »

d) Enfin, l'on peut dire que les hommes diffèrent beaucoup plus par les applications qu'ils tirent des mêmes principes, qu'ils ne diffèrent selon les principes. Ainsi l'on dit que la loi morale diffère prodigieusement de peuple à peuple, mais ce ne sont que les applications qui varient, car dans tous les pays il y a une morale et des devoirs, des gens qu'on loue ou qu'on blâme, des actions que l'on approuve ou que l'on condamne, etc. De même,

---

1. Il peut être exagéré de dire que *toute* erreur contient une part de vérité (Brochard, *de l'Erreur*, p. 130); mais il n'y a rien d'excessif à dire que cela est vrai pour un grand nombre d'erreurs.

les hommes peuvent ne pas s'accorder sur la cause d'un évènement ; mais tous reconnaissent qu'il a une cause.

e) Pour les contradictions qui se manifestent dans un même siècle, de peuple à peuple, elles s'expliquent de la même manière que celles qui ont lieu de siècle à siècle. D'une part, les peuples sont plus ou moins éclairés, et sont les uns par rapport aux autres comme les enfants et les vieillards. Il faut distinguer la diversité des mœurs et celle des opinions. Enfin plus les peuples s'éclairent, plus on voit qu'ils arrivent à un même état d'opinions et de pensées.

f) Quant à la contradiction de chaque individu avec lui-même, elle s'explique soit par le progrès de l'âge, soit par l'intervention de la sensibilité dans l'intelligence. Enfin, si nous considérons l'opposition prétendue de nos facultés entre elles ou avec elles-mêmes, l'analyse nous montrera que cette opposition n'existe pas, qu'elle n'est qu'apparente, qu'elle vient de ce que nous intervertissons l'ordre des facultés et que nous les employons hors de leur compétence. Appliquées dans les limites de leur juridiction légitime, elles ne se contredisent jamais.

626. Réponse à l'argument du diallèle. — Il ne reste plus qu'à discuter le dernier argument des sceptiques, celui qui impute à la raison un cercle vicieux inévitable toutes les fois qu'elle veut se démontrer elle-même.

D'abord cet argument est sujet à rétorsion : car si la raison est suspecte lorsqu'elle se défend elle-même, elle l'est également lorsqu'elle s'attaque : en effet, les sceptiques se servent de la raison pour la combattre, aussi bien que les dogmatiques pour la justifier. Pour être conséquent, le scepticisme devrait douter de son scepticisme, et même douter de son doute, et ainsi à l'infini. Mais laissons ces subtilités aux philosophes de l'antiquité. Allons droit à l'argument. On ne peut, dit-on, justifier la raison, une fois qu'elle a été mise en question. Soit ; mais de quel droit la mettre en question ? Tant qu'on oppose telle objection, tel argument, il y a lieu à discussion, sans doute : mais la raison en elle-même est hors de cause ; elle sert à la défense aussi bien qu'à l'attaque. Il y a un terrain commun de part et d'autre ; on invoque des faits, que l'on interprète à l'aide de méthodes autorisées. Mais, si l'on va plus loin, si l'on s'en prend non pas à tel usage de la raison, mais à la raison en elle-même, sur quoi repose un pareil doute ? A quoi bon discuter une supposition purement gratuite? Je ne parle pas ici des contradictions imputées à la raison, de ses erreurs, de ses ignorances, objets des arguments précédents : je parle de ce doute tout spéculatif qui consiste à se dire à soi-même : qui me prouve que ma raison est légitime et véridique? Qui me prouve que si elle était faite autrement nous ne verrions pas les choses autrement? C'est cette supposition qui est toute gratuite ; c'est une hypothèse chimérique et hyperbolique. Il faut reconnaître avec Jouffroy qu'un tel doute est insoluble ; mais il faut reconnaître aussi qu'il est pratiquement impossible : car nul ne peut penser avec une autre raison que la raison humaine, et lors même que l'homme la traduit devant son tribunal, c'est encore, c'est toujours devant le tribunal de sa raison.

Est-ce à dire que nous ne puissions pas nous élever à l'idée d'une raison supérieure à la nôtre, et qui serait par rapport à nous ce qu'est notre propre raison par rapport à l'intelligence des animaux? Non sans doute, et nous pouvons très bien accorder que l'intelligence humaine verrait les choses tout autrement qu'elle ne les voit, si elle devenait l'intelligence divine. Mais en faisant cette hypothèse, nous sommes bien loin de jeter le doute sur la raison tout entière : car c'est précisément en se consultant elle-même qu'elle voit ses limites, et c'est aussi en prenant conscience d'elle-même dans son fond qu'elle se conçoit sous la forme d'une intelligence absolue et infaillible. En un mot, c'est la partie la plus élevée de notre raison qui met en question son emploi inférieur : c'est donc encore en elle-même qu'elle trouve un point d'appui pour s'élever au-dessus d'elle-même.

627. Criterium de la certitude. — A la discussion du scepticisme se rattache la question du *criterium de certitude*. On entend par *criterium* (de κρίνω, juger) la marque ou le signe par où l'on distingue une chose d'une autre. Le criterium de la certitude ou de la vérité serait donc le signe auquel on reconnaîtrait qu'une chose est vraie, et qu'on a le droit d'en être certain.

Plusieurs espèces de *criteria* ont été proposées. Les principaux sont : 1° Le *consentement universel* ; 2° la *véracité divine* ; 3° l'*accord de la pensée avec elle-même* ; 4° l'*évidence*.

a) Consentement universel. — Ce système a été soutenu par l'abbé de Lamennais dans son *Essai sur l'indifférence en matière de religion*. Il consiste à dire que la raison individuelle de l'homme est essentiellement erronée et impuissante, mais que la vérité résulte de l'accord de tous les hommes dans leurs jugements. L'auteur accorde seulement que, lorsqu'il s'agit de science, on ne requerra que l'accord des hommes compétents. Ce système, depuis longtemps abandonné, donne lieu aux objections suivantes : 1° si chaque homme en particulier est incapable de connaître la vérité, comment tous les hommes réunis pourraient-ils l'atteindre? 2° Par quel moyen s'assurer du consentement universel lui-même (par exemple de l'existence des autres hommes, de leur affirmation, etc.), si ce n'est par le moyen des facultés mêmes qu'on a commencé par mettre en doute?

b) Véracité divine. — Le principe de la véracité divine a été proposé par Descartes concurremment avec le principe de l'évidence. En croyant les fortifier l'un par l'autre, Descartes tournait en réalité dans un cercle vicieux. Dieu, dit-il, ne se trompe pas: il est infaillible; il ne ment pas, puisqu'il est parfait. Il ne peut donc pas nous tromper. Or, comme c'est lui qui nous a donné notre raison, cette raison ne peut nous tromper quand nous en observons les lois. Mais en supposant que cette doctrine pût servir en effet à défendre la raison humaine contre les attaques du scepticisme, elle ne pourrait nous fournir un véritable criterium, puisqu'elle ne nous apprend pas dans chaque cas particulier en quoi consiste l'usage légitime de la raison. Il faudrait toujours y ajouter le criterium de l'évidence. Mais de plus, si nous ne croyons pas d'abord à notre raison, sur quoi nous fondons-nous pour affirmer la véracité de Dieu et même son existence?

Les deux *criteria* précédents sont l'un et l'autre extérieurs à la vérité : or tout criterium de ce genre tombera toujours sous l'objection du cercle vicieux : car, destiné à garantir l'usage de la raison, il aura toujours besoin d'elle pour être lui-même constaté ou prouvé.

3° *Accord de la pensée avec elle-même.* — Ce criterium qui a été quelquefois proposé par Leibniz, a l'avantage sur les précédents d'être un criterium *interne* inhérent à la vérité même. Mais il tombe à son tour sous les objections suivantes : 1° Pour reconnaître que la pensée s'accorde ou ne s'accorde pas avec elle-même, il faut d'abord qu'il y ait en nous une faculté de distinguer le vrai du faux, de remarquer la contradiction et la non-contradiction; car si ma raison était essentiellement erronée, qui me prouve qu'elle ne me ferait pas voir de la contradiction là où il n'y en a pas? 2° La contradiction est sans doute une preuve qu'une pensée est fausse; mais la non-contradiction ne l'est pas qu'une pensée est vraie. Il y a nombre de propositions non-contradictoires qui ne sont pas des vérités. La non-contradiction est le signe du possible, non du réel.

4° *Évidence*. — Le seul criterium possible, c'est l'*évidence*. Mais peut-on appeler l'évidence un *criterium?* Si le criterium est un signe, il faut qu'il y ait différence entre le signe et la chose signifiée. Or l'évidence ne se distingue pas de la vérité : elle est la vérité même, en tant qu'elle se manifeste à l'esprit. On a cependant fait souvent des objections au criterium de l'Évidence. Il n'est pas certain que tout ce qui est clair et distinct soit vrai. Les choses les plus évidentes peuvent être contredites par l'expérience. Cette objection peut tomber contre le criterium de Descartes, tel qu'il a été entendu quelquefois, mais non pas contre le principe de l'évidence, pris en soi. En effet, Descartes se plaçait surtout au point de vue de l'évidence mathématique ou rationnelle; mais ce que nous appelons évidence est tout aussi bien l'évidence de fait que l'évidence de raison, et l'expérience elle-même n'est démonstrative que parce qu'elle rend évidente l'existence d'un fait qui était contesté. Par exemple, l'expérience de Pascal sur le Puy de Dôme a rendu évident le fait de la pesanteur de l'air.

En résumé, la vérité est sa preuve à elle-même : comme l'a dit Spinosa : « Celui qui doute de ses idées claires et distinctes est un malade : il n'y a pas besoin d'un philosophe, mais d'un médecin. »

En conséquence, nous considérons comme hors des atteintes du scepticisme la raison elle-même, dans son fond, dans ses procédés naturels, dans ses lois essentielles. Le tout est de connaître ces lois et de les bien appliquer. C'est ce que nous apprend la Logique.

CHAPITRE III

De l'idéalisme.

Nous avons vu qu'il y a deux manières de supprimer l'objet de la connaissance : l'une en niant absolument toute faculté de connaître de la part du sujet; — l'autre en réduisant l'objet au sujet. Le premier est le *scepticisme;* le second est l'*idéalisme.*

628. Idéalisme en général. — L'idéalisme[1], pris en général, doit être défini : tout système qui réduit l'objet de la connaissance au sujet de la connaissance. Il a été formulé de cette manière : *Esse est percipi;* l'être des choses consiste à être perçu par le sujet pensant. Mais pour bien comprendre cette doctrine, il faut résumer les diverses formes qu'elle a prises dans les temps modernes. L'exposition philosophique se confond ici avec l'exposition historique.

629. Idéalisme de Berkeley. — Le premier philosophe des temps modernes qui ait eu une notion nette de l'idéalisme, c'est Berkeley. Suivant lui, ce que l'on appelle les corps, la matière, le monde extérieur, n'a pas de réalité objective. En effet :

1° Toutes les qualités de la matière que nous appelons *qualités secondes* (saveur, odeur, couleur, son, etc.), ne sont suivant, tous les philosophes depuis Descartes, que les modifications de notre propre esprit.

2° Les qualités dites *premières* sont l'étendue et la solidité. Or l'étendue n'est jamais connue en elle-même, mais toujours

---

1. L'étude et l'examen des théories *idéalistes* nous paraissent relever de la philosophie supérieure plutôt que de la philosophie élémentaire. Cependant, comme ces théories ont pris une certaine faveur en France depuis quelque temps, nous avons cru devoir en donner quelque idée.

par l'intermédiaire des qualités secondes; elle est donc relative comme elles. Quant à la solidité, elle ne nous est connue que par la sensation de résistance, laquelle ne se distingue en rien des autres qualités secondes.

3° La substance ou matière qui est censée exister sous ces qualités premières ou secondes est un être absolument incompréhensible et inconcevable.

Conclusion : il n'y a pas de *corps;* il n'y a que des *esprits*.

Tel est l'idéalisme de Berkeley, que l'on a justement appelé *immatérialisme*.

630. **Réalité du monde extérieur.** — Ce qu'on appelle le monde extérieur se compose de plusieurs espèces d'êtres, à savoir : 1° les autres hommes; 2° les animaux; 3° les végétaux; 4° les minéraux ou corps proprement dits, qui sont les matériaux de tous les autres.

On remarquera d'abord que les arguments de Berkeley ne portent que contre les corps, mais non contre les esprits. Aucune des raisons qu'il fait valoir n'atteint donc l'existence des êtres conscients, par conséquent celle des hommes et des animaux.

Au contraire, il y a des raisons certaines pour admettre l'existence des autres esprits : cette existence repose sur l'induction[1]. En effet, lorsque nous entendons des sons ou voyons des mouvements qui sont pour nous-mêmes l'expression de certaines pensées, nous devons supposer naturellement que ces mêmes phénomènes sont produits par des esprits semblables aux nôtres; la même induction vaut également, quoi qu'en dise Descartes, pour les animaux.

Il y a donc au moins deux sortes d'êtres dans le monde objectif : les hommes et les animaux. Le moi n'est pas seul dans le monde; et, quand même il n'y aurait pas de corps, par cela seul qu'il y a d'autres esprits que le mien, il y a pour nous des objets de connaissance autres que nous-mêmes. Pour ceux-là, il n'est pas vrai de dire : *Esse est percipi*.

Passons aux corps proprement dits. La question est de savoir si la même induction qui nous force de croire aux esprits, ne fonde pas d'une manière aussi certaine l'existence des corps : c'est ce que nous pensons.

---

[1]. St. Mill, qui est tout à fait berkléien, pour l'existence des corps, affirme que l'existence des autres esprits est fondée sur les inductions les plus certaines (Mill, *Examen d'Hamilton*, ch. XII).

Parmi les sensations qui font connaître les corps, il y en a une en particulier que nous appelons la *résistance*. Quand nous essayons de continuer un mouvement commencé par nous librement, et que nous rencontrons un corps, ce mouvement est arrêté par ce corps, qui est ce que nous appelons un *obstacle*.

Maintenant la résistance est une action que nous pouvons produire sur les autres êtres comme ils la produisent sur nous. De même qu'ils nous résistent, de même nous leur résistons; nous leur faisons obstacle comme ils nous font obstacle eux-mêmes. Or, de même que nous ne pouvons pas résister aux autres corps sans produire ce que nous appelons un *effort*, de même nous devons supposer que la résistance que nous éprouvons implique de la part de l'obstacle un certain effort; et si nous appelons en nous *force* la cause de l'effort, nous supposerons de la force dans ce qui agit sur nous, au même titre que nous supposons de l'intelligence là où nous voyons des signes d'intelligence[1]. La réalité objective des corps, en tant qu'elle se ramène à la force, est donc établie par l'induction. Quant à la réalité de l'étendue, elle est plus sujette à contestation; mais ce n'est plus qu'une question secondaire et qui, même résolue négativement, laisserait subsister la réalité du monde matériel externe; et c'est tout ce dont il s'agit.

631. Idéalisme de Hume et de Stuart Mill. — Phénoménisme absolu. — Les arguments que Berkeley avait dirigés contre les corps ont été tournés, par David Hume et son école moderne (Mill, Bain), contre la réalité de l'esprit et contre la réalité des causes et des substances. Rien n'existe que ce dont nous avons conscience. Or nous n'avons conscience que des phénomènes, et encore de nos phénomènes internes, par conséquent de nos sensations. L'idée de substance n'est pas moins en nous que hors de nous. Il en est de même de l'idée de cause obscure active (186, 187). Ces deux notions doivent se ramener :

---

[1]. Pour rendre ce raisonnement plus sensible, nous avons, quelque part, donné cet exemple : « Nous remarquons que la matière est capable de tous les modes d'action que nous attribuons à la force dans les autres hommes, et dont nous trouvons le type en nous-mêmes dans l'effort musculaire : *tension, traction, pression, choc*. Ne devons-nous pas conclure par analogie qu'il y a dans la matière quelque chose de semblable à ce que nous affirmons avec certitude chez nos semblables? Un homme lutte avec nous dans l'obscurité : pendant la lutte, il se dérobe et met à sa place un mannequin contre lequel, sans le savoir, nous continuons à lutter : ce mannequin qui nous offre la même résistance que l'homme lui-même, n'a-t-il pas la même réalité que celui-ci? Les mêmes effets ne prouvent-ils pas une même cause? » (*Revue des deux Mondes*, Mill et Hamilton, 15 oct. 1860.) M. Herb. Spencer présente un argument tout à fait semblable contre l'idéalisme. (*Principes de psychologie*, part. VII, ch. XVII, § 403.)

l'une à la *collection*, l'autre à la *succession* des sensations. Le moi ou l'esprit n'est qu'une résultante, une abstraction, un être de raison.

632. Réalité de l'esprit. — Nous avons déjà discuté la doctrine de Hume. Il est impossible de regarder le moi comme une simple résultante, comme un résumé de phénomènes, « un polypier d'images » (Taine). Ceux mêmes qui devraient soutenir cette doctrine laissent échapper l'aveu qu'elle est incompréhensible et que le *moi* est aussi réel que la sensation elle-même.

« Le fait de reconnaître une sensation, dit St. Mill (*Examen d'Hamilton*, ch. XII, trad. fr., p. 249), de nous la remémorer, est un fait de mémoire le plus simple et le plus élémentaire; c'est le *lien* qui rattache la conscience présente à la conscience passée. *Je crois d'une manière indubitable qu'il y a quelque chose de réel dans ce lien, réel comme les sensations elles-mêmes, et qui n'est pas un pur produit des lois de la pensée.* »

633. Kant. — Idéalisme transcendantal. — Dans David Hume l'idéalisme avait dégénéré en *phénoménisme* et en scepticisme. Non seulement plus de causes ni de substances, mais encore plus de lois, plus rien de nécessaire : tout réduit à de pures liaisons habituelles : par conséquent plus de science.

Kant essaya d'arracher la philosophie à ce scepticisme et de le remplacer par un idéalisme nouveau, qu'il appelle *idéalisme transcendantal* : voici les bases de cet idéalisme, d'où est sortie la philosophie allemande moderne.

Le grand problème, dit Kant, est de savoir comment la pensée s'accorde avec son objet. Il ne s'agit pas seulement des corps ou des esprits, mais de tout objet en général.

Or il n'y a que trois moyens de se représenter le rapport de la pensée et de l'objet :

1° Ou bien la pensée se modèle sur l'objet, elle en reçoit l'empreinte par l'expérience. C'est l'*empirisme*.

2° Ou bien il y a accord entre la pensée et l'objet : les lois de l'une sont en conformité avec les lois de l'autre. C'est ce que Kant appelle l'harmonie préétablie intellectuelle (*harmonia præstabilita intellectualis*).

3° Ou enfin c'est l'objet qui se modèle sur la pensée et qui en prend la forme. C'est l'*idéalisme transcendantal*, c'est le système de Kant.

Il rejette le premier système, qui, en retranchant toute notion *à priori*, détruit par là même, suivant lui, les garanties de la science et en compromet la certitude rigoureuse.

Il rejette le second système parce que, dans l'hypothèse d'un accord préétabli entre l'esprit et l'objet, l'esprit n'aurait, dit-il, nulle garantie de cette conformité et serait borné à une croyance purement subjective.

Reste le troisième système, à savoir, que l'objet se modèle sur la pensée. C'est ce système qu'il s'agit de faire comprendre en termes succincts.

Toute connaissance se compose de deux éléments : la *matière* et la *forme*.

La matière est *donnée* par l'expérience : ce sont les *phénomènes* objets de nos *sensations* (son, contact, résistance, etc.).

La forme est au contraire apportée par l'esprit. L'esprit en effet a ses lois : ce sont ces lois que nous considérons d'ordinaire comme les lois du monde réel, mais qui ne sont en réalité que les lois de notre intelligence : par exemple, *espace*, *temps*, *substance*, *cause*, *absolu*. Chacun de ces concepts préexiste en nous, et, se combinant avec les phénomènes venus du dehors, constituent ce que nous appelons les *objets*.

La réalité objective résulte donc de l'application des lois de la pensée aux phénomènes : les premières sont l'œuvre de la *spontanéité* de l'esprit et constituent ce que nous appelons l'*entendement;* les secondes sont les diverses manières dont nous sommes affectés et relèvent de la *sensibilité*.

Si l'on fait abstraction des lois de l'esprit, les *phénomènes*, qui sont l'objet de la sensation, ne forment qu'une matière confuse et indéterminée, un *chaos*. Ces phénomènes se coordonnent, se groupent et se classent en prenant la forme de notre esprit. D'abord, ils entrent dans la forme de l'espace et du temps, et par là se coordonnent en *séries*. Puis ils entrent dans le moule de l'entendement et s'enchaînent ou se lient sous des *causes* ou des *substances*. Enfin les séries forment des *touts* dont la raison exige l'achèvement, ou plutôt qu'elle achève elle-même par l'idée d'*absolu*.

L'union de ces formes ou de ces idées avec les phénomènes constitue la *vérité*, laquelle est nécessaire et universelle au point de vue de l'esprit humain, mais non au delà. Tout ce qui dépasse les phénomènes et les lois de l'esprit est inaccessible. C'est ce que Kant appelle les *noumènes*, les *choses en soi*. Kant ne conteste pas l'existence de ces noumènes, de ces choses en soi; mais il prétend seulement que nous ne pouvons en rien savoir, que c'est le champ de l'inconnaissable, qu'il nous faut nous limiter au domaine de l'expérience, telle qu'elle est constituée par les lois de l'entendement.

634. **Critique de l'idéalisme de Kant.** — Ce système est sujet à une double difficulté.

1° Kant demande comment l'objet peut s'accorder avec le sujet, et comment il peut y avoir harmonie entre l'un et l'autre. Mais on peut lui demander également comment le phénomène, qui suivant lui est *donné* et qui ne dépend pas de nous, peut s'accorder avec les lois de notre entendement? D'où vient cet accord? On comprend encore que le phénomène prenne la forme de la sensibilité et qu'il soit perçu à travers l'espace et le temps, puisque c'est la seule manière dont nous puissions voir les choses. Mais il n'en est pas de même des lois de l'entendement : pourquoi les phénomènes prennent-ils la peine de paraître ou de disparaître, selon que notre esprit en a besoin pour se satisfaire?

Par exemple, les lois de l'esprit veulent que quand une première bille en frappe une autre, la seconde se mette en mouvement : or ce second mouvement est un phénomène; et tout phénomène est *donné*, c'est-à-dire *subi* par la sensation. Comment ce second phénomène se produit-il toujours, par cette seule raison que notre esprit en a besoin? Kant lui-même a vu la difficulté et ne l'a pas résolue : « Il est clair, dit-il, que les objets de l'intuition sensible doivent être conformes à certaines conditions formelles de la sensibilité ; mais on n'aperçoit pas aussi aisément pourquoi ils doivent en outre être conformes aux conditions dont l'entendement a besoin. Il se pourrait à la rigueur [1] que les phénomènes fussent de telle nature que l'entendement ne les trouvât point du tout conformes aux conditions de son unité et que tout fût dans une telle confusion que, dans la série des phénomènes, il n'y eût rien qui correspondît au concept de la cause et de l'effet, si bien que ce concept serait tout à fait vide, nul et sans signification. » (*Critique de la raison pure*, trad. Barni, t. I, p. 152.)

Nous ne trouvons dans Kant lui-même aucune réponse à la solution de cette question; c'est tout à fait arbitrairement qu'il

---

1. Pourquoi *à la rigueur*? Toutes les vraisemblances au contraire sont pour qu'il en soit ainsi.

suppose que la faculté inférieure prendra la forme de la faculté supérieure. Les phénomènes forment une matière chaotique, ils resteront matière chaotique, quelles que soient les lois de l'entendement. Sans doute, dans ce cas-là, il n'y aurait pas de science. Mais en quoi est-il nécessaire qu'il y ait de la science?

2° Une seconde objection est celle de Jacobi : D'où viennent les phénomènes suivant Kant? Ils viennent des noumènes; ils sont les manifestations des noumènes. En effet Kant dit lui-même : « Comment pourrait-il y avoir apparition (*Erscheinung*), sans que quelque chose apparaisse (*Etwas erscheine*) [1]? »

Mais, dit Jacobi, considérer les phénomènes comme émanant des noumènes, n'est-ce pas précisément appliquer aux choses en soi le concept de causalité? Le monde phénoménal ne provient-il pas de l'objet aussi bien que du sujet? L'idéalisme de Kant n'est donc encore qu'un demi-idéalisme, un dualisme, qui sous le nom de *matière* et de *forme*, de *sensibilité* et d'*entendement*, laisse toujours subsister l'ancienne opposition de l'objet et du sujet.

635. Idéalisme de Fichte, de Schelling et de Hegel. —

C'est ce reste de dualisme et de réalisme conservé dans la philosophie de Kant qui explique les destinées ultérieures de la philosophie allemande. L'étude approfondie de cette philosophie n'appartient pas à un traité élémentaire. Nous devons donc nous borner à faire ressortir le caractère propre de chacun des trois philosophes que nous venons de nommer.

Idéalisme subjectif. Fichte. — Deux critiques, avons-nous dit, peuvent s'élever contre l'idéalisme de Kant : 1° Comment la sensibilité s'accorde-t-elle avec l'entendement? 2° Comment le phénomène peut-il provenir des noumènes sans que la loi de causalité soit par là même objective? Fichte supprime ces deux difficultés en supprimant l'existence des *choses en soi*. Si ces choses nous sont absolument inconnues, dit-il, nous n'en pouvons rien dire, ni qu'elles existent, ni qu'elles n'existent pas. Nous ne pouvons ni les connaître, ni les penser, ni les nommer. En supprimant la chose en soi, nous résolvons par là les deux problèmes posés : nous n'avons plus besoin en effet d'appliquer la loi de causalité en dehors de nous. Les phénomènes dérivent de

---

[1]. *Critique de la Raison pure*, préface de la 2ᵉ édition. Kant dit encore la même chose dans sa réponse à Eberhard.

l'esprit, aussi bien que les concepts. La matière, comme la forme, vient de l'esprit, c'est-à-dire du *moi*. Le moi est tout. Il se pose lui-même, et en se posant il pose le non-moi, lequel n'est autre chose que les différents *arrêts* du moi, les différents *chocs* qu'il subit dans le développement de son essence. Les différents moments du *non-moi*, qui sont les *sensations*, doivent donc s'accorder avec les différents moments du *moi* qui sont ses *actes*. La pensée et l'imagination (ou la sensibilité) ne sont que les deux formes d'une seule et même essence. Le dualisme de Kant a disparu. C'est le *spinosisme retourné*. Le *moi* de Fichte a pris la place de la substance de Spinosa [1].

Critique de l'idéalisme de Fichte. — L'idéalisme subjectif de Fichte, en rétablissant l'unité, offrait un système plus cohérent que le demi-idéalisme de Kant. Mais des difficultés nouvelles sortaient de cette unité même.

1° Le non-moi peut-il être considéré simplement comme la *limite* du moi? Fichte expliquait le non-moi par une sorte de choc (*Anssloss*) qu'éprouvait le moi. Mais comment le moi peut-il se choquer, s'il est tout seul? Tout choc suppose une résistance. Le mouvement dans le vide n'est pas senti. Le moi aurait beau développer son activité à l'infini, rien ne pourrait l'avertir des différents moments ou dégrés traversés par cette activité. Le non-moi doit donc avoir un fondement réel aussi bien que le moi. Il est au même titre que lui; il est une autre face non moins vraie de la réalité. En un mot, la *nature* a un titre à exister, égal à celui de la pensée ou de l'esprit.

2° Le terme de *moi* est équivoque. En principe, il signifie le sujet qui a conscience de lui-même. Qui n'a pas conscience ne peut être dit *moi* que par abus. Or, lorsque Fichte expose l'histoire du moi et en montre les étapes successives, qui sont en quelque sorte les différentes époques de la création du monde, de quel moi veut-il parler? Est-ce du moi individuel, du moi de Pierre ou de Paul? Non, car il l'exclut expressément, sous le nom de moi *fini*. Ce moi fini qui est le moi de chacun de nous n'est qu'une conséquence du non-moi, et n'en est pas le principe. Est-ce du *moi humain* en général? Mais ce n'est là qu'une abstraction. L'espèce humaine elle-même n'est qu'une des productions du moi; c'est un des phénomènes par lesquels il se manifeste : ce n'est pas lui. Reste donc que ce soit le *moi absolu*.

---

1. Suivant Spinosa, il n'y a qu'une seule substance, Dieu, dont les corps et les esprits ne sont que les modifications. (Voy. plus loin, 644.)

Mais alors pourquoi l'appeler *moi*? En quoi est-il moi? Il se distingue évidemment de mon propre moi, car je n'ai aucune conscience d'avoir créé le monde. Mais de plus la conscience elle-même n'est qu'une résultante : elle n'est qu'une conséquence de l'acte par lequel le moi pose le non-moi, c'est-à-dire se limite lui-même et devient moi *fini*. Donc le moi absolu n'a pas conscience de lui-même; c'est un abus de l'appeler moi. Au fond, ce n'est que la substance de Spinosa. Fichte a dit que son système n'est que « le spinosisme retourné ». Il serait plus vrai de dire que c'est le spinosisme lui-même. Il croit avoir supprimé la chose en soi ou la substance : et c'est cette chose en soi qu'il pose sous le nom de moi. Au lieu de dire : le moi absolu, il faut dire purement et simplement l'*absolu*.

Idéalisme objectif. Schelling. — L'idéalisme de Schelling a eu pour objet de résoudre les deux difficultés précédentes, comme l'idéalisme de Fichte avait pour objet de résoudre les difficultés du système de Kant.

1° D'une part, pour Schelling, le non-moi n'existe pas moins que le moi; la nature doit être restituée dans sa réalité, dans sa vie propre. On peut indifféremment partir de la pensée pour arriver à la nature, ou partir de la nature pour arriver à la pensée (Préface de l'*Idéalisme transcendantal*). Fichte, exclusivement moraliste, ne s'était occupé que du moi; Schelling, versé dans toutes les sciences de la nature et dans toutes les merveilleuses découvertes de son temps (électricité, combustion, etc.), restituait à la nature sa vie et son droit.

2° D'autre part, par là même que la nature reprend son rôle et n'est plus que l'une des faces de l'existence, dont l'autre est l'esprit, cette existence suprême manifestée de cette double manière ne doit pas plus être appelée le *moi* qu'elle ne doit être appelée la *nature*. Elle n'est pas plus *sujet* qu'*objet*. Elle est l'*indifférence* entre l'un et l'autre. Elle est purement et simplement l'*absolu*.

Telles sont les deux modifications apportées par Schelling et qui ont fait donner à son système le nom d'idéalisme *objectif*.

Seulement, on peut se demander en quoi un pareil système peut encore être appelé *idéalisme*. Qu'y a-t-il de plus idéaliste dans ce système que dans celui de Spinoza? On dit à la vérité que dans Spinosa la nature est morte, géométrique, immobile; que dans Schelling, au contraire, la nature est vivante, animée, organisée, comme dans Leibniz. Soit; mais c'est là un élément *dynamiste, vitaliste, spiritualiste*, mais non idéaliste. Si le principe suprême est *indifférent*, s'il est un point de coïncidence entre le sujet et l'objet, il n'a plus rien qui puisse le faire désigner et déterminer dans un sens plutôt que dans l'autre. C'est un panthéisme vitaliste, ce n'est pas autre chose [1].

De l'idéalisme absolu. Hegel. — L'expression d'*idéalisme objectif* jure dans les termes mêmes. Qui dit *objectif* entend par là même quelque chose qui s'oppose et qui s'impose au sujet, et par conséquent exclut l'idéalisme, lequel est par définition le système qui réduit l'objet au sujet. D'un autre côté, un idéalisme purement *subjectif*, qui ramène tout à l'esprit humain ou au moi, aboutit au scepticisme. Ne peut-on pas échapper à ce double écueil, en s'élevant à la fois au-dessus de l'idéalisme subjectif et de l'idéalisme objectif? C'est ce qu'a fait Hegel dans son système d'idéalisme absolu.

Dans ce système, la connaissance des choses n'est pas *relative*, comme elle est dans Kant : elle est *absolue*. Les choses ne viennent pas du *moi*, comme dans Fichte; elles viennent de l'absolu, comme dans Schelling. Mais tandis que Schelling ne sait rien dire de son absolu, puisqu'il le réduit à l'indifférence, Hegel, au contraire, le définit et le caractérise. Il l'appelle la *Pensée*, l'*Idée*. Ce qui fait l'essence des choses, c'est la logique. Détruisez dans tout objet l'élément rationnel, rien ne subsiste. C'est donc ce rationnel qui constitue la vraie réalité. Il ne faut pas dire que tout pense; mais il faut dire que tout est pensée. La pensée ne consiste pas dans la conscience : la conscience n'est qu'un accident qui vient s'ajouter à la vérité : c'est cette *vérité* qui est la pensée.

Maintenant, cette vérité à l'état abstrait s'appelle l'*Idée* : c'est le rationnel considéré dans ses conditions les plus universelles. C'est l'objet de la *logique*, qui répond à l'ancienne *ontologie*, et qui en diffère en ce que là où les philosophes plaçaient des êtres et des choses, Hegel ne place que des idées.

L'idée, en devenant extérieure, étrangère à elle-même, devient la *Nature*; puis, revenant sur elle-même et prenant conscience d'elle-même, elle devient *Esprit*. Enfin l'esprit lui-même passe à son tour par trois phases : il est successivement *subjectif, objectif* et *absolu*. L'esprit subjectif, c'est l'esprit humain; l'esprit objectif, ce sont les mœurs, les lois, les cités, les familles; l'es-

---

[1]. Nous ne parlons ici que de la première philosophie de Schelling, et non pas de la dernière qui n'est qu'un retour au mysticisme chrétien.

prit absolu, c'est l'art, la religion, la philosophie; et dans la philosophie elle-même, c'est la philosophie de Hegel qui est l'expression la plus complète de l'esprit absolu. Mais il n'y a plus rien au-dessus.

De même que Hegel avait montré l'insuffisance du système de Schelling, de même Schelling, reprenant sa revanche, a fait voir l'insuffisance du système précédent, qu'il appelle le *panlogisme*.

1° La logique, suivant lui, n'est pas toute la philosophie. Elle n'en exprime qu'une partie, celle qui concerne les rapports des choses; mais le *réel*, le *positif*, l'*existence* lui échappent. Le panlogisme n'est qu'une philosophie *négative*; il faut le compléter par une philosophie *positive* : l'une est la philosophie de l'entendement; l'autre est la philosophie de la volonté. L'une n'a affaire qu'à l'essence logique; l'autre à l'essence réelle; car jamais la logique ne pose l'existence; elle la suppose. L'existence, le réel des choses vient donc d'un principe positif que Schelling appelle la *volonté*.

2° En outre, comment dans cette philosophie explique-t-on la nature? C'est, dit-on, l'idée *extériorisée*, devenue *autre*, étrangère à elle-même. Mais que signifie ce mot d'extériorité? Comment dans un pur idéalisme peut-il y avoir quelque chose d'extérieur? Si l'on ne savait pas que la nature existe, on ne le devinerait pas en partant de l'idée.

En résumé :

1° L'idéalisme phénoménal de Hume ne suffit pas : il faut admettre au moins avec Kant les lois de la pensée.

2° L'idéalisme transcendantal de Kant ne suffit pas : il faut admettre au moins avec Fichte un moi absolu.

3° L'idéalisme subjectif de Fichte ne suffit pas : il faut admettre au moins avec Schelling une nature, et au-dessus de la nature et du moi, un absolu.

4° L'idéalisme objectif de Schelling ne suffit pas : il faut encore admettre avec Hegel que cet absolu est une pensée.

5° L'idéalisme absolu de Hegel ne suffit pas : il faut que cette pensée soit en même temps une volonté.

On voit que l'idéalisme, à mesure qu'il se développe, tend à disparaître et à se confondre avec ce qui n'est pas lui. La réalité externe revient sous le nom de nature. La réalité absolue revient sous le nom de pensée ou de volonté. Le sujet est de toutes parts débordé et dépassé par l'objet. Ce n'est plus qu'une question de mots : au fond, ce n'est plus d'idéalisme qu'il s'agit, c'est de *panthéisme*.

Pour comprendre cette nouvelle phase, il faut passer de la métaphysique abstraite à la métaphysique concrète, et après avoir établi plus haut contre Berkeley (629) la réalité des corps, après avoir établi contre le matérialisme (632) la réalité de l'esprit, nous avons à établir surtout ici la réalité et l'existence de Dieu.

CHAPITRE IV

Dieu.

L'idée la plus haute de l'esprit humain, celle qui résume dans un type concret et vivant tout ce qu'il y a de noble, d'élevé, de saint parmi les hommes, est l'idée de *Dieu*.

Cette idée est-elle une invention des hommes, une fiction de l'imagination, une conception abstraite de la raison? ou bien correspond-elle à un être existant réellement en dehors de la pensée humaine, et possédant en outre et en effet toute la perfection que nous lui supposons? Tel est le problème suprême de la philosophie. Tel est l'objet de ce que l'on appelle la *démonstration de l'existence de Dieu*.

636. Peut-on démontrer l'existence de Dieu? — C'est par cette question que saint Thomas débute dans la *Somme théologique* (part. I, q. II, art. 2), et il dit d'abord qu'il semble qu'on ne puisse pas démontrer l'existence de Dieu. On ne le peut *à priori*, car on ne peut partir de quelque chose qui lui soit antérieur; on ne le peut *à posteriori*, car il n'y a pas de proportion ici entre la cause et ses effets, puisque la cause est infinie et que les effets sont finis : comment donc conclurait-on de ceux-ci à celle-là?

Mais c'est là une question oiseuse. Il suffit de procéder à la démonstration. Si elle est probante, il sera suffisamment prouvé qu'elle est possible; et si elle est mauvaise, il n'aura servi de rien de démontrer qu'elle est possible. Quant à la réfutation du dilemme précédent, elle résultera de la démonstration elle-même.

637. Démonstration de l'existence de Dieu. — Un très grand nombre d'*arguments* ont été proposés pour cette démonstration; et c'est ce qu'on appelle les *preuves de l'existence de Dieu*. Chacune de ces preuves a sa valeur et son importance : cependant on a eu le tort de les représenter comme ayant chacune une valeur absolue et se suffisant à elle-même, tandis qu'elles ne sont que les *parties*, les *moments* d'une même démonstration. On aurait donc évité beaucoup de critiques et d'objections en liant tous ces arguments les uns aux autres dans une synthèse commune, au lieu d'une énumération morcelée. Clarke [1] paraît être le seul philosophe qui ait eu cette idée; mais son exemple n'a pas été suivi.

On remarquera d'abord que l'idée de Dieu n'est pas une théorie spéculative inventée par les philosophes pour rendre compte des phénomènes (comme l'*harmonie préétablie* ou les *tourbillons*); c'est une idée que chacun de nous a reçue de l'éducation et qui s'est transmise d'âge en âge sous des formes diverses dans tous les pays du monde. En un mot, il y a un fait universel et qui paraît jusqu'ici inhérent à la nature humaine : c'est ce qu'on appelle la *religion*.

Ce ne serait pas une objection de dire qu'il y a des hommes auxquels manque le sens religieux, car il y en a aussi auxquels manque le sentiment moral. Est-ce une objection contre la morale?

Ce ne serait pas davantage une objection de découvrir quelque peuplade sauvage sans religion : car de ce qu'un peuple ou un individu ne s'est pas encore élevé jusqu'à une des facultés de l'homme (la faculté esthétique ou scientifique, par exemple), il ne s'ensuit pas qu'elle ne soit pas essentielle à la nature humaine.

Enfin ce ne serait pas encore une objection de dire qu'il n'y a rien de commun entre les religions des peuples sauvages et ce que nous appelons de ce nom : car il y a ceci de commun que, dans toutes les religions, des hommes croient à quelque puissance invisible (une ou plusieurs, finie ou infinie), qui est la cause des phénomènes du monde.

Ainsi la religion est un fait *social universel*, qui doit avoir sa raison et qui a son fondement dans la nature humaine.

Non seulement la religion est un fait social; mais si chacun rentre en soi-même, il trouvera encore que c'est un fait individuel. On en trouve la trace même chez ceux qui paraissent avoir

---

[1]. Clarke, *Traité de l'existence et des attributs de Dieu* (trad. franç., 1727).

dépouillé tout sentiment religieux. On a montré que le poëme de Lucrèce lui-même est rempli de ce sentiment[1]. N'y-a-t-il pas un accent religieux dans cette page d'un philosophe de nos jours, qui passe, à tort du reste, pour être systématiquement hostile à cet ordre de pensées :

« Ce qui est au delà est inaccessible à l'esprit humain, mais *inaccessible ne veut pas dire nul ou non existant*. L'immensité nous apparaît sous son double caractère, la réalité et l'inaccessibilité. C'est un océan qui vient battre notre rive, et pour lequel nous n'avons ni barque, ni voiles, *mais dont la claire vision est aussi salutaire que formidable.* » (Littré.)

Ainsi le fait religieux n'est pas seulement un fait social ; c'est encore un fait individuel que chacun éprouve à quelque degré, soit par le sentiment de l'infini, soit par celui de l'ordre universel, soit enfin par le besoin de la consolation et de l'espérance.

C'est ce fait social et individuel, c'est ce fait du sentiment religieux dont la philosophie cherche le fondement dans ce qu'on appelle la démonstration de l'existence de Dieu.

C'est ici le lieu de revenir sur le dilemme pris plus haut, et d'après lequel on ne pourrait prouver Dieu ni *à priori* ni *à posteriori*.

Sans doute, si nous n'avions aucune donnée qui contînt déjà implicitement la croyance à l'existence de Dieu, il serait impossible de la découvrir, soit par syllogisme, soit par induction. Mais si l'idée de Dieu préexiste en nous sous une forme confuse, on comprend qu'on puisse la rendre visible par l'analyse en même temps qu'on la détermine par l'expérience et l'induction. « Les preuves de l'existence de Dieu, dit Hegel, sont des expositions, des descriptions plus ou moins incomplètes du mouvement par lequel l'esprit s'élève du monde à Dieu. » (*Logique*, Introduction § L, remarque et § LXVIII.)

Dans cette recherche, on suivra la méthode que Hegel indique lui-même comme la méthode dialectique par excellence, et qui consiste à aller de l'abstrait au concret, des déterminations les plus pauvres à celles qui sont plus riches, jusqu'à ce que l'idée de Dieu nous apparaisse dans sa totalité. On le concevra d'abord simplement comme *être nécessaire*, puis comme *cause de l'ordre du monde*, puis comme *cause de l'ordre moral*, et enfin comme *perfection absolue*.

---

[1] Voy. Martha, *le Poème de Lucrèce*.

a) De cela seul que quelque chose existe, il s'ensuit que quelque chose a toujours existé : « Qu'il y ait un seul moment où rien ne soit, éternellement rien ne sera, » dit Bossuet. C'est ce que les anciens exprimaient par cet axiome célèbre : *Ex nihilo nihil*. L'esprit est hors d'état de comprendre que, dans un néant absolu, quelque chose commence absolument à être. Il y a donc quelque être *éternel*.

En second lieu, de ce qu'il y a quelque être éternel, il s'ensuit qu'il y a quelque être *nécessaire*. En effet cet être éternel existe ou *par autrui* ou *par lui-même*. Par autrui, cela est impossible : car il supposerait alors un autre être éternel, sur lequel on ferait la même question. Il faut donc arriver à un être qui ne soit pas par autrui ; or, s'il n'est pas par autrui, c'est qu'il est par lui-même. Il a donc en lui-même la raison de son existence. Il est donc *nécessaire, indépendant, absolu*.

Objection. Pourquoi cet être éternel et nécessaire ne serait-il pas la série des êtres que nous avons devant les yeux et qui se manifestent à l'expérience ?

Réponse. Cette chaîne des êtres, se composant d'êtres *transitoires*, ne peut avoir en elle-même la raison de son *éternité*. Composée d'êtres *contingents*, elle ne peut avoir en elle-même la raison de son *existence*; car si elle peut indifféremment être ou ne pas être (ce qui est la définition du contingent), pourquoi est-elle ? — Il faut donc qu'il y ait quelque principe éternel et nécessaire qui soit la *raison d'existence* des êtres transitoires et contingents.

b) Ce principe n'est pas seulement le fondement de l'*existence* des êtres, il est en même temps le fondement de l'*ordre* et de l'*harmonie* qui règne parmi les êtres.

La nature n'offre pas seulement une succession phénoménale d'existences contingentes : elle nous présente comme un *ordre* et un *plan*. Or ce plan se manifeste à nous de deux manières : 1° comme un *système de lois* ; 2° comme un *système de moyens et de fins*. Au premier point de vue, l'univers se manifeste à nous comme *rationnel* ; au second point de vue, comme *providentiel*. D'une part, l'univers, étant objet de science et intelligible pour la raison, doit être par cela même l'expression d'une *raison* ou d'une *pensée*. D'autre part, l'univers, se manifestant à nous comme œuvre d'art (à la fois *machine* et *poème*) est l'expression d'un *art*, d'un *génie artistique et constructeur*, coordonnant, prédéterminant, prédisposant toutes choses.

Objection. Ce qui se manifeste à nous comme un système de moyens et de fins n'est qu'une résultante des lois de la nature. Ce que nous prenons pour une *intention* n'est qu'une conséquence. Il ne faut pas dire : l'oiseau a des ailes *pour* voler; mais : l'oiseau vole *parce qu'il a* des ailes.

Réponse. L'un ne contredit pas l'autre : car pour qu'un moyen soit propre à réaliser un but, il faut qu'il soit en même temps une cause capable de produire un certain effet : donc de ce qu'une chose est un effet, il ne s'ensuit pas qu'elle ne soit pas un but. Maintenant, si l'on admet que le vol ne soit pas un but, il faut supposer que la matière, obéissant à des lois fatales et indifférentes, se trouve avoir rencontré *par hasard* la combinaison la plus propre à l'accomplissement de l'effet. Or dire qu'une chose arrive par hasard, c'est dire qu'elle arrive sans cause. Dire qu'une œuvre *intellectuelle* s'est produite sans *intelligence*, c'est faire violence au principe de causalité [1].

c) Le monde nous présente un ordre; mais il y a dans la nature deux sortes d'ordre : l'ordre *physique* et l'ordre *moral*. L'ordre physique est un système de *forces;* l'ordre moral, un système de *volontés*. De même que les forces, les volontés ont leurs *lois*. Il y a une *loi morale*, le devoir, comme il y a des *lois physiques*. Celles-ci s'accomplissent fatalement; celle-là s'accomplit librement. La loi morale ou le devoir s'oppose au plaisir et à l'intérêt. Elle commande à la volonté le sacrifice et le désintéressement. Or l'existence d'une loi morale, du devoir, de la vertu, est incompréhensible dans l'hypothèse où l'univers se réduirait à la matière et à ses propriétés primordiales.

En effet, soit un ordre de choses tout physique, c'est-à-dire où tous les phénomènes seraient réductibles aux lois physiques et mécaniques, où vie, pensée, volonté, liberté, amour, ne seraient que des combinaisons chimiques, ou même des combinaisons de mouvements, je cherche en vertu de quel principe on pourrait affirmer que telles choses *valent* mieux que telles autres, que tel acte est *plus excellent* et *meilleur* que tel autre, que l'amour vaut mieux que l'égoïsme, la science que la gloutonnerie, le beau que le voluptueux, la grandeur d'âme que la basse adulation, en un mot que les biens de l'âme sont supérieurs aux biens du corps, et que le bonheur d'un homme est supérieur au bonheur de l'animal.

---

[1]. Pour le développement de cette doctrine, voy. notre livre des *Causes finales*, notamment p. 42-62.

Au point de vue des lois physiques, tout phénomène en vaut un autre : car tout phénomène est rigoureusement conforme aux lois de la nature. Rien n'arrive qui ne soit conforme à ces lois ; par conséquent, rien qui ne soit nécessaire, rien qui ne soit légitime ; et tous les phénomènes ayant la même propriété d'être le résultat des lois nécessaires, tous ont exactement le même titre et la même valeur. La grêle qui détruit les moissons tombe en vertu des mêmes lois que la pluie qui féconde la terre. La diversité des effets ne change rien à l'essence des phénomènes.

Lorsque vous déclarez telles actions *meilleures* que telles autres, ce ne peut être qu'en attribuant à l'une quelque chose de plus qu'à l'autre, en découvrant à celle-là quelque caractère qui manque à celle-ci ; mais si tout se réduit à des combinaisons physiques ou chimiques, en quoi consiste le caractère privilégié de certaines actions, qui nous les fait déclarer d'un ordre supérieur ? On pourra bien trouver que telle action est utile, telle autre nuisible ; mais, en soi, vertu et vice ne se distingueront par aucun caractère intrinsèque, et même, le cas échéant, le vice paraîtra plus utile et, par conséquent, meilleur que la vertu.

Il résulte de ces considérations que la distinction du bien et du mal doit avoir son fondement dans la nature des choses, et que l'ordre moral a sa raison et son *type suprême*, aussi bien que l'ordre physique. En un mot la loi morale suppose un principe suprême qui est Dieu.

Objection. La loi morale a-t-elle besoin, comme les lois positives et civiles, d'un *législateur?* N'est-elle pas évidente par elle-même ? Ne commande-t-elle pas à la conscience par sa propre clarté ? De plus, la loi n'est-elle pas indépendante de la *sanction?* Faire le bien ou fuir le mal en vertu des peines et des récompenses qui y sont attachées, n'est-ce pas obéir à un motif intéressé qui détruit la valeur morale de l'action ? Ainsi, de même qu'il est inutile de supposer un législateur, il l'est aussi de supposer ce qu'on appelle un Dieu *rémunérateur et vengeur*. Telle est l'objection de l'école qui soutient ce que l'on appelle la *morale indépendante*.

Réponse. Sans doute la loi morale commande par elle-même, et non par l'autorité d'une volonté supérieure : nous l'avons montré plus haut (527) ; sans doute la loi commande par son essence propre et non par les conséquences heureuses ou malheureuses qu'elle peut produire : nous l'avons montré également (559). Mais conclure de là à la morale dite indépendante, c'est ne pas comprendre le problème. Car s'il est vrai que l'ordre moral n'a pas besoin d'une cause, il n'en est pas moins vrai qu'il doit avoir une *raison*. La loi morale n'a pas été *établie* par une volonté : car alors elle pourrait être renversée par cette même volonté ; mais comment la loi morale pourrait-elle commander à la volonté humaine, si elle n'était qu'une conception de l'esprit humain? Le caractère *absolu* de la loi du devoir prouve bien qu'elle a une autre source, et un autre fondement que la constitution particulière d'un être contingent. Elle doit se rattacher à la nature des choses aussi bien que les lois physiques. De même que l'Univers physique suppose une *Raison* et une *Pensée*, de même l'Univers moral suppose une *Justice* et une *Sainteté* d'où découle notre propre justice, notre propre sainteté. Car autrement il faudrait supposer, ou bien que la loi morale a sa raison dans les lois physiques, ce qui la détruirait implicitement, ou bien qu'elle est née par hasard et sans aucune liaison avec le principe des choses, ce qui est absurde.

d) Après avoir conçu Dieu d'abord comme cause nécessaire, puis comme raison de l'ordre physique, c'est-à-dire comme intelligence, puis comme raison première et dernière de l'ordre moral, c'est-à-dire comme sainteté et justice, il reste à réunir toutes ces qualités, en y ajoutant toutes celles qu'on peut concevoir, pour en former la notion de l'*Être infiniment parfait*, comme l'appelaient les cartésiens. Si l'existence contingente suppose l'existence nécessaire et absolue, de même toute qualité de l'être contingent, toute détermination de l'être fini doit supposer également une détermination correspondante dans l'existence absolue et infinie, ou du moins y doit avoir sa raison. Cette raison suprême et finale de tous les degrés de réalité qui sont dans le monde s'appelle la perfection : l'être qui possède cette perfection est donc l'être le plus réel de tous, *Ens realissimum*. Cet être que nous concevons ainsi doit exister dans la réalité, car : 1° d'où nous viendrait l'idée de cette perfection absolue, si cette idée n'avait pas sa cause dans une perfection effective? (Descartes) ; 2° si un être a la puissance d'exister par lui-même, il a *à fortiori* la puissance de produire toutes les déterminations de l'existence. Le fait d'exister par soi-même implique donc par là même, comme l'a pensé Descartes, toutes les perfections. (*Discours de la méthode*, part. IV.)

Objection. La conception de l'être parfait n'est qu'un *idéal*, un *archétype* conçu par l'esprit à l'occasion des êtres réels, tout semblable à ce qu'on appelle les *idées* de Platon. De même que nous concevons des *figures idéales* en géométrie sans qu'il y ait nulle part des cercles parfaits, des triangles parfaits, de même nous concevons par abstraction un être dégagé des conditions imparfaites qui accompagnent partout l'existence.

Réponse. Bien loin de croire que l'être exclut la perfection, il faut dire, au contraire, avec Bossuet, « que la perfection est la raison d'être ». Car d'où viendrait dans l'imparfait la faculté de se perfectionner? Si je suppose, en effet, un être qui n'ait aucune espèce de perfection, c'est-à-dire aucune qualité précise et déterminée, qui ne soit ni ceci, ni cela, qui n'ait enfin aucun attribut, je ne puis lui supposer aucune raison d'existence, et, étant un néant d'essence, il serait en même temps un néant d'être. L'être premier ne peut donc pas être un absolu indéterminé : il lui faut quelque degré de détermination. Mais pourquoi tel degré plutôt que tel autre? si vous lui supposez quelque puissance, pourquoi pas la toute-puissance? quelque raison, pourquoi pas la toute-raison? il ne peut être qu'un zéro ou un tout de perfection. Or, dans le premier cas il ne serait rien, il ne serait pas : il faut donc qu'il possède l'être dans sa plénitude absolue.

638. **Preuves de l'existence de Dieu**. — Après avoir exposé dans son ensemble la démonstration de l'existence de Dieu, il nous reste à énumérer et à classer les preuves les plus importantes de cette vérité, en les rapportant aux philosophes qui les ont trouvées ou le plus fortement exprimées. On les range ordinairement en trois classes : preuves *physiques*, preuves *métaphysiques*, preuves *morales*. On y ajoute quelquefois une quatrième classe : les preuves *esthétiques;* mais elles peuvent rentrer dans les preuves morales.

639. I. **Preuves physiques**. — Les plus importantes sont :
a) Preuve de Clarke, *à contingentia mundi*.

Il est absolument nécessaire que quelque chose ait existé de toute éternité. En effet, puisque quelque chose existe, il est clair que quelque chose a toujours existé. Autrement il faudrait dire que les choses qui sont maintenant sont sorties du néant, et n'ont absolument point de cause de leur existence, ce qui est une contradiction dans les termes... Maintenant, si quelque chose a existé de toute éternité, il faut ou que cet être qui a toujours existé soit un être immuable et indépendant, ou qu'il y ait une succession infinie d'êtres dépendants ou sujets au changement. Mais cette dernière supposition est impossible : car cette chaîne infinie d'êtres dépendants ne saurait avoir aucune cause externe de son existence, puisqu'on suppose que tous les êtres qui sont dans l'univers, y entrent. D'un autre côté, elle ne peut avoir aucune cause interne, parce que dans cette chaîne d'êtres il n'y en a aucun qui ne dépende de celui qui précède et qu'aucun n'est supposé exister par lui-même. Ce serait donc un assemblage d'êtres qui n'ont ni cause intérieure, ni cause extérieure de leur existence, c'est-à-dire d'êtres qui, considérés séparément, auraient été produits par une cause, et qui conjointement n'auraient été produits par rien. Il s'ensuit qu'il faut qu'un être immuable et indépendant ait existé de toute éternité. (Clarke, *Traité de l'existence de Dieu*, ch. II et III.)

b) Preuve de Leibniz tirée de la *raison suffisante*.

Dieu est la première raison des choses : car celles qui sont bornées, comme tout ce que nous voyons et expérimentons, sont contingentes, et n'ont rien en elles qui rende leur existence nécessaire : étant manifeste que le temps, l'espace et la matière, unis et uniformes en eux-mêmes, et indifférents à tout, pouvaient recevoir de tout autres mouvements et figures, et dans un tout autre ordre. Il faut donc chercher la raison du monde, qui est l'assemblage entier des choses contingentes; et il faut la chercher dans la substance qui porte la raison de son existence avec elle, et laquelle par conséquent est nécessaire et éternelle. Il faut aussi que cette cause soit intelligente; car ce monde qui existe étant contingent, et une infinité d'autres mondes étant également possibles et également prétendants à l'existence, il faut que la cause du monde ait eu égard ou relation à tous ces mondes possibles avant d'en déterminer un. (*Théodicée*, part. I, § 7.)

c) Preuve d'Aristote tirée de la nécessité du *premier moteur*.

Tout ce qui est en mouvement est mû par quelque chose. Or ce qui meut imprime le mouvement ou par quelque chose d'autre que soi-même, ou par soi-même. Supposons d'abord le premier de ces deux cas : le mobile, le moteur et l'intermédiaire. L'intermédiaire est un moteur, puisqu'il met le mobile en mouvement; mais c'est aussi un mobile, puisqu'il ne fait que transmettre le mouvement imprimé par le moteur. Ce n'est donc qu'un moyen terme entre le dernier mobile et le premier moteur : mais la série des moyens ne saurait être infinie. Il faut donc arriver à un premier terme qui ne soit mû par aucun autre. (Ravaisson, *Essai sur la Métaphysique d'Aristote*, t. I, p. 539 [1].)

d) Preuve *physico-théologique* ou preuve des *causes finales*.

Nous avons déjà exposé plus haut (637 *b*) la preuve des causes finales : la voici résumée avec beaucoup de précision par Bossuet.

Tout ce qui montre de l'ordre, des proportions bien prises et des *moyens* propres à faire de certains effets, montre aussi une fin expresse : par conséquent, un *dessein* formé, une intelligence réglée et un *art* parfait (*majeure*).

C'est ce qui se remarque dans toute la nature (*mineure*). Nous voyons tant de justesse dans son mouvement et tant de convenance entre ses parties, que nous ne pouvons nier qu'il n'y ait de l'art. Car s'il en faut pour remarquer ce concert, à plus forte raison pour l'établir... Il y a tant d'art dans la nature, que l'art même ne consiste qu'à l'imiter.

Mais de tous les ouvrages de la nature, celui où le dessein est le plus suivi, c'est sans doute l'homme. Tout est ménagé dans le corps humain avec un art merveilleux [2].

Il paraît donc (*conclusion*) que ce corps est un instrument fabriqué par une puis-

---

[1]. La démonstration d'Aristote étant beaucoup trop compliquée, nous en donnons le résumé d'après Ravaisson.
[2]. Bossuet ne parle que du corps humain. Voy. dans Fénelon la preuve tout entière.

sance qui est hors de nous ; et toutes les fois que nous nous en servons, nous devrions toujours sentir Dieu présent [1]. (*Connaissance de Dieu*, ch. IV.)

Kant a toujours professé pour la preuve des causes finales le plus grand respect et la plus grande admiration.

Ce serait, dit-il, vouloir non seulement nous retirer une consolation, mais même tenter l'impossible, que de prétendre enlever quelque chose à l'autorité de cette preuve. La raison, soutenue par des arguments si puissants et qui s'accroissent sans cesse, ne peut être tellement rabaissée par les incertitudes d'une spéculation subtile et abstraite, qu'elle ne doive être arrachée à toute irrésolution sophistique comme à un songe, à la vue des merveilles de la nature et de la structure majestueuse du monde pour parvenir de grandeur en grandeur jusqu'à la grandeur la plus haute et de condition en condition jusqu'à l'auteur suprême et absolu des choses. (Kant, *Critique de la Raison pure*, Dialectique, ch. III, sect. VI.)

e) Preuve tirée de l'*intelligence humaine*.

A la preuve des causes finales se rattache, comme un cas particulier de cette preuve, l'argument qui conclut immédiatement, en vertu du principe de causalité, de l'intelligence finie à l'intelligence infinie.

Tout ce que l'effet renferme de perfection doit se trouver dans la cause qui l'a produit, soit avec la même nature, soit *éminemment*. (Saint Thomas, *Somme théologique*, part. I, q. IV, art. II.)

Si une sagesse imparfaite, telle que la nôtre, ne laisse pas d'être, à plus forte raison devons-nous croire que la sagesse parfaite est et subsiste et que la nôtre n'en est qu'une étincelle. Car si nous étions tout seuls intelligents dans le monde, nous vaudrions mieux avec notre intelligence imparfaite que tout le reste qui serait tout à fait brut et stupide ; et on ne pourrait comprendre d'où viendrait, dans ce tout qui n'entend pas, cette partie qui entend, l'intelligence ne pouvant pas naître d'une chose brute et insensée. (Bossuet, *Connaissance de Dieu*, ch. IV, § 4.)

Quelle plus grande absurdité qu'une fatalité aveugle qui aurait produit des êtres intelligents ! (Montesquieu, *Esprit des lois*, liv. I, ch. I.)

640. II. Preuves métaphysiques.

a) Preuve tirée des *degrés d'excellence*. C'est ce qu'on appelle *via eminentiæ*.

Cette preuve est tirée des divers degrés qu'on remarque dans les êtres. En effet, on remarque dans la nature quelque chose de plus ou moins bon, de plus ou moins noble, de plus ou moins vrai, etc. Or le plus ou le moins se disent des objets suivant qu'ils approchent à des degrés divers de ce qu'il y a de plus élevé. Il y a donc quelque chose qui est le bon, le noble, le vrai : car ce qu'il y a de plus élevé dans un genre est cause de tout ce que ce genre renferme. (Saint Thomas, *Som. théol.*, part. I, q. II, art. III. — Voy. aussi saint Anselme, *Monologisme*, ch. I.)

---

[1]. Pour le développement de la preuve des causes finales, voy. : dans l'antiquité, Xénophon, *Mémorables*, I, IV ; Cicéron, *de Natura Deorum*, I, II ; et chez les modernes, Fénelon, *Traité de l'existence de Dieu* ; Paley, *Théologie naturelle* ; Ch. Bonnet, *Contemplation de la nature* ; enfin, notre livre des *Causes finales* (Paris, 1870).

b) Preuve dite *ontologique* ou *à priori*, ou de l'essence impliquant l'existence : c'est ce qu'on appelle *viâ ascitatis*.

Dieu est par essence l'être tel que l'on ne peut en concevoir un plus grand (*quo majus cogitari nequit*). Or cet être ne peut pas exister seulement dans l'entendement, car s'il existait seulement dans l'entendement, on pourrait en concevoir un plus grand, à savoir celui qui existerait non seulement dans l'entendement, mais encore dans la réalité, et ce serait celui-là qui serait le plus grand. Donc celui qui est par définition le plus grand que l'on puisse concevoir, est donc conçu comme existant par cela même qu'il est pensé. (Saint Anselme, *Prologisme*, ch. II, trad. de Bouchitté, Paris 1842.)

Descartes a reproduit le même argument sous une forme différente :

Toutes les fois qu'il m'arrive de penser à un être premier et souverain, il est nécessaire que je lui attribue toutes sortes de perfections ; et sitôt que je viens à reconnaître que l'existence est une perfection, je conclus fort bien que cet être premier et souverain existe... et je trouve manifestement que l'existence ne peut non plus être séparée de l'essence de Dieu que de l'essence d'un triangle rectiligne la grandeur de ses trois angles égaux à deux droits. (*Méditations*, v¹.)

c) Preuve de Bossuet tirée de l'existence des *vérités éternelles*.

L'entendement a pour objet des vérités éternelles. Les règles des proportions par lesquelles nous mesurons toutes choses sont éternelles et invariables. De même, le devoir essentiel de l'homme est de vivre selon la raison.
Toutes ces vérités subsistent indépendamment de tous les temps... et devant même qu'il y ait eu un entendement humain ;... et quand tout ce qui se voit dans la nature serait détruit, excepté moi, ces règles se conserveraient dans ma pensée ; et je verrais clairement qu'elles seraient toujours bonnes et toujours véritables, quand moi-même je serais détruit, et quand il n'y aurait personne qui fût capable de les comprendre.
Si je cherche maintenant où et en quel sujet elles subsistent éternelles et immuables comme elles sont, je suis obligé d'avouer un être où la vérité est éternellement subsistante et où elle est toujours entendue ; et cet être doit être la vérité même et doit être toute vérité ; et c'est de lui que la vérité dérive dans tout ce qui est et ce qui s'entend hors de lui. (*Connaiss. de Dieu*, ch. IV, § 5.)

d) Preuve de Kant, tirée de l'idée de *possibilité*.

Si l'on fait disparaître Dieu par la pensée, ce n'est pas seulement l'*existence* des choses qui succombe avec lui ; c'est encore leur *possibilité* intrinsèque... Car qu'il y ait en général quelque chose de susceptible d'être conçu, cela ne se peut

---

1. Leibniz a cru cet argument probant, mais incomplet. Il le complète de la manière suivante : « Je ne méprise pas l'argument inventé par Anselme : mais je trouve qu'il manque quelque chose à cet argument, à savoir que l'être parfait est *possible* (non contradictoire) car, ce point démontré, la démonstration est achevée. » (Œuvres, éd. Dutens, t. II, p. 224.) Quant à la possibilité de l'être parfait, il la démontre en disant que Dieu étant la réunion de toutes les réalités ou perfections, et ces réalités étant toutes des termes positifs et affirmatifs, ne peuvent se contredire les unes les autres. Kant a critiqué l'argument ontologique (*Critique de la Raison pure*, t. II, ch. III, section IV). Hegel l'a défendu contre Kant (*Logique*, Introduction, § 51, trad. franç., t. , p. 304).

qu'à la condition que tout ce qu'il y a de réel dans cette notion existe dans un être qui est la source de toute réalité. (*Mélanges de logique*, tr. franç. de Tissot, p. 55.)

641. III. Preuves morales et esthétiques. — On appelle ainsi les preuves qui reposent soit sur des faits moraux, soit sur des sentiments.

a) Consentement universel.

De quo omnium natura consentit, id verum esse necesse est. (Cicéron, *de Natura Deorum*, liv. I, 17). Inter omnes omnium gentium ea sententia constat. Omnibus enim innatum est et in animo quasi insculptum, esse deos. (*Ibid.* II, 5.)

Vous pourrez trouver des cités privées de murailles, de maisons, de gymnases, de lois, de monnaie, de culture des lettres; mais un peuple sans dieux, sans prières, sans serments, sans rites religieux, sans sacrifices, nul n'en vit jamais. (Plutarque, *contra Colotes*).

Nulla gens est neque tam immansueta, neque tam fera quæ non, etiamsi ignoret qualem habere Deum deceat, tamen habendum sciat. (Cicéron, *de Legibus*, liv. I.)

b) Preuve de Kant tirée de *la loi morale*.

La loi morale nous oblige par elle-même sans dépendre de quelque but, comme condition matérielle; mais en même temps elle détermine *à priori* un but final auquel elle nous oblige de tendre; et ce but final est le souverain bien possible dans le monde par la liberté.

La condition subjective qui, dans la loi morale, constitue pour l'homme le but final de son existence, c'est le bonheur, mais sous cette condition objective que l'homme s'accorde avec la loi de la moralité, c'est-à-dire qu'il soit digne d'être heureux.

Mais ces deux conditions (la moralité et le bonheur), nous ne pouvons nous les représenter réunies par des causes purement naturelles. Cette nécessité pratique (l'alliance de la vertu et du bonheur) ne s'accorde pas avec le concept théorique de la possibilité physique.

Il faut donc que nous admettions une cause morale du monde (un auteur du monde) pour pouvoir nous proposer un but final conformément à la loi morale et autant ce but est nécessaire, autant il est nécessaire d'admettre qu'il y a un Dieu. (Kant, *Critique du jugement*, § 86.)

c) Raisons de sentiment.

Un seul soupir de l'âme vers le meilleur, le futur et le parfait est une démonstration plus que géométrique de la divinité. (Hemsterhuys, *Aristée*, Œuvres 1797, p. 87.)

Autant je suis certain qu'avec une raison humaine je ne possède pas la perfection de ma vie ni la plénitude du bien et du vrai, autant je suis certain qu'il y a un être plus élevé d'où je tire mon origine. Je ne suis pas, *je ne veux pas être*, si Dieu n'est pas. Moi-même je serais, et mon essence la plus haute ne serait pas! Non, ma raison me crie instinctivement : Dieu! (Jacobi, *Lettre à Fichte*.)

L'homme, apercevant la beauté sur la terre, se ressouvient de la beauté véritable, prend des ailes et brûle de s'envoler vers elle; mais dans son impuissance il lève comme l'oiseau ses yeux vers le ciel. (Platon, *Phèdre*, trad. Cousin, p. 56.)

O mon cher Socrate, ce qui peut donner du prix à cette vie, c'est le spectacle de la beauté éternelle... Je le demande, quelle ne serait pas la destinée d'un mortel à qui il serait donné de contempler le beau sans mélange, dans sa pureté et simplicité, non plus revêtu de chair et de couleur humaine et de tous ces vains agréments destinés à périr, à qui il serait donné de voir face à face, sous la forme unique, la beauté divine! (Platon, *Banquet*, trad. Cousin, p. 317.)

642. Attributs de Dieu. — On appelle *attributs* dans un être les manières d'être essentielles et permanentes par lesquelles il est constitué tel qu'il est. On distingue en Dieu deux sortes d'attributs : les attributs *métaphysiques*, par lesquels on exclut de Dieu toutes les conditions de l'existence finie, et les attributs *moraux*, par lesquels on affirme en Dieu toutes les perfections qui peuvent se rencontrer dans le fini, mais qui ne sont pas incompatibles avec la nature de l'infini.

Il y a donc deux méthodes pour déterminer les attributs de Dieu : 1° la méthode *négative*, qui consiste à supprimer les limites des créatures ; 2° la méthode *analogique*, qui transfère en Dieu, sous une forme *éminente*, les attributs des créatures.

Attributs métaphysiques. — Les principaux de ces attributs sont : l'unité, la simplicité, l'immutabilité, l'éternité et l'immensité.

1° *Unité.* Il n'y a qu'un Dieu, et il ne peut y en avoir plusieurs :

Je ne puis avoir aucune idée, dit Fénelon, de deux êtres infiniment parfaits ; car l'un, partageant la même puissance infinie avec l'autre, partagerait aussi l'infinie perfection ; et par conséquent chacun d'eux serait moins puissant et moins parfait que s'il était tout seul. (*Existence de Dieu*, part. II, ch. v, art. 1.)

2° *Simplicité.* Dieu n'est pas composé de parties :

S'il était composé, il ne serait plus souverainement parfait ; car je conçois qu'à choses égales d'ailleurs, ce qui est simple, indivisible, véritablement un, est plus parfait que ce qui est divisible et composé de parties. (*Ibid.*)

3° *Immutabilité.* Dieu ne peut changer. Si Dieu changeait, il passerait du moins parfait au plus parfait, mais il ne serait pas alors l'absolue perfection ; ou il passerait du plus parfait au moins parfait, mais alors il se dégraderait et ne serait plus l'infinie perfection.

4° *Éternité.* Par cela seul que Dieu est immuable, il s'ensuit qu'il est éternel, c'est-à-dire qu'il n'est point soumis à la succession et au temps.

En lui rien ne dure, parce que rien ne passe ; tout est fixe, tout est à la fois ; tout est immobile. En Dieu, rien n'a été, rien ne sera ; mais tout est. (*Ibid.*, art. III.)

5° L'*immensité*. Dieu n'est pas plus dans l'espace qu'il n'est dans le temps.

> I'n'est en aucun lieu, non plus qu'il n'est en aucun temps; car il n'a aucun rapport aux lieux et aux temps qui ne sont que des bornes… Comme il ne peut y avoir en lui ni passé, ni futur, il ne peut y avoir au delà ni au deçà. Comme la permanence absolue exclut toute mesure de succession, l'immensité n'exclut pas moins toute mesure d'étendue. (*Ibid.*, art. IV.)

En résumé, la perfection divine exclut: 1° la composition (*simplicité*); 2° la pluralité (*unité*); 3° le changement (*immutabilité*); 4° la succession (*éternité*); 5° le lieu (*immensité*).

On peut encore considérer comme attributs métaphysiques l'*infinité*, la *nécessité*, la *perfection*; mais ce ne sont là que les différents noms donnés à ce qui constitue l'essence même de Dieu, à savoir, l'ABSOLU.

Attributs moraux. On peut dire que les attributs métaphysiques ont rapport à Dieu considéré surtout comme *substance*, comme *être*. Les attributs moraux ont rapport à Dieu considéré comme *personne*. Ils se confondent donc avec ce qu'on a appelé la *personnalité divine*, qui sera l'objet des paragraphes suivants.

643. Panthéisme et personnalité divine. — On appelle *panthéisme* la doctrine suivant laquelle Dieu serait une *substance* unique, dont les corps et les esprits ne sont que les *modifications*. Le corps et les esprits seraient à Dieu ce que la rondeur est à la bille ou le plaisir est à l'esprit.

644. Examen du panthéisme. — **I. L'univers des corps.** — Suivant Spinosa, qui est le principal représentant du panthéisme dans les temps modernes, Dieu, ou la substance universelle et unique, aurait deux attributs essentiels: la pensée et l'étendue [1]. Ce que nous appelons les *esprits* sont les *modes de la pensée divine;* ce que nous appelons les *corps* sont les *modes de l'étendue divine*. Réservons, quant à présent, l'univers des esprits, et considérons l'univers des corps.

Le corps, dit Spinosa, est un mode de l'étendue. Mais quelle espèce de modalité peut-on concevoir dans une étendue infinie,

---

1. Spinosa admet qu'il y a d'autres attributs en Dieu, et même qu'il y en a une infinité; mais nous n'en connaissons que deux, parce que notre être n'a rapport qu'à ces deux-là (âme et corps).

homogène, immobile et indivisible? Or ce sont là les caractères de l'étendue divine, selon Spinosa. Cette étendue n'est autre chose que l'espace, et même l'espace géométrique. Que le géomètre puisse, à la vérité, concevoir dans cet espace certaines portions particulières appelées figures, déterminées par des contours appelées lignes, ce sont là des créations de notre imagination : c'est nous qui construisons des triangles, des cercles. L'espace contient toutes ces figures en puissance et à la fois, mais il n'en contient aucune réellement. Ce qui le prouve, c'est que là même où nous venons de construire un triangle, nous pouvons le remplacer immédiatement par un cercle, par un polygone ; toutes les figures peuvent se remplacer les unes les autres sans changer de place. Ainsi les figures de la géométrie ne sont que les constructions de notre esprit et ne peuvent pas servir à expliquer la réalité des corps. Dira-t-on que ce que nous appelons les corps ne seraient autre chose que certaines sensations qui seraient liées à certaines déterminations de l'espace? Par exemple, la couleur, en diversifiant les aspects de cette vaste contenance infinie, fournirait ainsi un moyen de déterminer dans l'espace certaines modalités. A un moindre degré, et d'une manière moins nette, on comprendrait que d'autres sensations, par exemple la chaleur et le son, pussent être aussi des moyens de trancher des portions d'espace et d'en faire ainsi certaines modalités que nous appellerions des corps. Mais cette explication serait inadmissible dans la doctrine de Spinosa, qui est la même sur ce point que celle de Descartes. Suivant Descartes, en effet, toutes les qualités *secondes* des corps (chaleur, lumière, son) (voy. plus haut, § 126) ne sont que des sensations toutes subjectives qui doivent se réduire aux qualités *premières*, figure et mouvement, comme à leurs causes : et cette doctrine est justifiée par la science moderne, qui considère la chaleur, le son et la lumière comme des mouvements. Ces sensations ne peuvent donc pas servir à déterminer certaines modalités dans l'étendue, puisqu'elles supposent elles-mêmes déjà certaines modalités de l'étendue. Pour qu'il y ait lumière et chaleur, il faut d'abord qu'il y ait figure et mouvement, c'est-à-dire certaines déterminations d'étendue. Or qu'est-ce que la figure dans un espace infini, continu, homogène, indivisible? Qu'est-ce que le mouvement dans un espace immobile? Dans un tel espace, il ne peut y avoir qu'une distinction purement idéale, faite par un esprit qui le contemple. Mais dans cette uniformité vide et infinie, quelle raison aurait l'esprit de se fixer sur un point plutôt que sur un autre et de passer d'un point à un autre, puisque tout est semblable? Soutiendra-t-on qu'au moins le mouvement peut se concevoir, et avec le mouvement la diversité des corps? Mais le mouvement suppose quelque chose qui se meut : tout mouvement suppose un mobile. Quel peut-être le mobile dans l'univers de Spinosa? Sont-ce les portions de l'espace? mais comment une portion de l'espace pourrait-elle se déplacer? Le mouvement a lieu *dans* l'espace ; mais les portions de l'espace sont elles-mêmes immobiles : c'est le corps qui change de lieu ; mais le lieu lui-même ne change pas de place. Dira-t-on enfin que les corps ne sont que des rêves, des fictions de notre imagination? C'est encore ce qui est impossible dans le système de Spinosa. En effet, 1° d'après Spinosa, l'âme ne s'explique que par le corps : elle est l'ensemble des idées qui sont liées à l'ensemble des mouvements que nous appelons corps : l'individualité spirituelle ne s'explique que par l'individualité corporelle. On ne peut donc ramener le corps à l'esprit, comme dans le système idéaliste ; 2° d'après Spinosa, chaque modalité doit s'expliquer par l'attribut auquel elle se rattache : les modalités de la pensée par la pensée, et les modalités de l'étendue par l'étendue ; on ne peut donc pas expliquer les corps par les propriétés de la pensée. Il résulte de ces considérations que, dans le système de l'unité de substance, ce que nous appelons les *corps* échappe à toute explication. Le panthéisme mécaniste et géométrique de Spinosa est donc inadmissible, et il faut tout au moins se réfugier dans le panthéisme idéaliste de Schelling et de Hegel. Mais ici nous rencontrons d'autres et de nouvelles difficultés.

645. **Examen du panthéisme. — II. L'univers des esprits.** — Cette doctrine, en supposant qu'elle pût expliquer l'univers des corps, n'expliquerait pas l'univers des esprits, et elle vient échouer devant le fait de la conscience individuelle.

On pourrait prétendre, dit Leibniz, que Dieu ne serait que l'âme du monde (suivant les averroïstes et en quelque façon selon Spinosa), de laquelle les âmes particulières ne seraient que les modifications, comme les matières secondes ne sont que des modifications de la matière première. Cette doctrine n'est pas soutenable, chacun étant son *moi* ou son *individu*. (*Lettres sur la philosophie chinoise*, Dutens, t. IV, p. 181.)

Le panthéisme, en effet, détruit toute individualité, toute personnalité. On peut à la vérité soutenir que l'individualité, quand il s'agit du corps, n'est qu'une apparence; mais cela est insoutenable quand il s'agit des esprits. Car ici l'individualité est attestée comme un fait réel par la conscience du *moi*. Cette considération générale peut se diviser ainsi qu'il suit :

1° Si le moi n'était qu'une modification de l'absolu, ou de Dieu, chacun de nous, quand il prend conscience de lui-même, se sentirait absolu et Dieu. Or je n'ai nulle conscience d'être Dieu. Je me sens, à la vérité, dépendant de quelque être autre que moi, qui s'appelle Dieu (111); mais le sentiment même de cette dépendance me prouve que je ne me confonds pas avec lui.

2° Un second fait inexplicable dans le panthéisme, c'est la pluralité des consciences, la pluralité des moi. Admettons que l'absolu prenne conscience de lui-même à un certain moment, comment pourrait-il avoir plusieurs consciences à la fois? Un seul sujet, une seule conscience : plusieurs consciences, plusieurs sujets. Dans la conscience du moi il y a plusieurs phénomènes; mais ces phénomènes ne constituent pas des consciences distinctes et séparées. Il y a le phénomène A, le phénomène B, le phénomène C; mais ils sont tous réunis par une seule conscience. Dira-t-on que toutes les consciences individuelles, tous les *moi* vont se confondre dans une conscience commune à une profondeur que nous n'atteignons pas? Mais, dans ce cas-là, il y aurait précisément ce que nous soutenons, à savoir, une conscience absolue et des consciences relatives, et par cela seul on distinguerait l'être absolu des êtres relatifs, et Dieu, du monde.

3° On peut soutenir que la conscience n'est qu'une résultante qui dépend de l'organisation; mais alors le panthéisme se confond avec le matérialisme, et nous n'avons que faire de la notion de Dieu [1].

646. Personnalité divine. — Admettons que Dieu soit distinct du monde : est-il nécessaire pour cela de lui attribuer la personnalité? Faire de Dieu une personne, n'est-ce pas en faire un individu, un être particulier et par là même fini? N'est-ce pas là un Dieu à l'image de l'homme? C'est un homme parfait, si l'on veut; mais c'est encore un homme. Il aime, il pense et il

---

[1]. Nous bornons à ces quelques points la discussion du panthéisme, qui nous paraît appartenir plutôt à l'enseignement supérieur qu'à l'enseignement secondaire. Voy. sur ce sujet : Jules Simon, *de la Religion naturelle*, partie I, ch. III; Em. Saisset, *Essai de philosophie religieuse*, partie I, médit. 3 et 5; Caro, *l'Idée de Dieu*, ch. II et V; et, enfin, nos *Études sur la dialectique dans Platon et dans Hegel*, p. 341 et suiv.

veut : que lui manque-t-il? des sens, et le voilà tout semblable à nous. Un infini personnel, n'est-ce pas une contradiction ?

Il est très vrai que le mot de personnalité n'est pas une expression heureuse, appliquée à Dieu, au moins dans le sens profane, car en théologie ce mot a un tout autre sens. Au xviie siècle ce terme n'était pas connu dans la langue philosophique; dans l'école de Descartes, les philosophes les plus pieux, Malebranche, Fénelon et Bossuet, n'ont jamais parlé de personnalité divine. Ils appellent Dieu l'Être *infini*, l'Être *parfait*, et même l'Être *sans restriction*, l'Être *sans rien ajouter*. C'est seulement par opposition à la doctrine d'un Dieu *impersonnel* que l'on a été amené à attribuer à Dieu la personnalité. La question est de savoir si Dieu ne possède que des attributs abstraits et vides, par lesquels il ne se distingue en rien de la matière, ou s'il possède, sous la forme de l'absolu, les attributs essentiels et concrets de l'esprit, s'il n'est pas l'esprit lui-même caractérisé par la conscience et la liberté. C'est la définition même de Hegel : « Dieu, dit-il, n'est pas seulement un être vivant; mais il est l'*Esprit.* »

Supposons, en effet, qu'il n'y ait dans le monde rien autre que la nature, à savoir, les corps et la matière, sans esprits, sans intelligences, sans êtres pensants, en un mot que l'univers entier soit ce qu'était la terre avant l'apparition de l'homme ou de l'animal. Or dans ce monde purement matériel il faudrait, tout aussi bien que dans le monde actuel, un être premier qu'on appellera la substance, l'être par soi, l'infini, l'inconditionnel, l'absolu; un être, en un mot, qui serait déjà tout semblable au Dieu impersonnel des panthéistes. Ce Dieu est donc exactement le même que serait le Dieu-nature, s'il n'y avait ni pensée, ni esprit dans le monde. Or il y a dans le monde cette chose incomparable : l'esprit, l'intelligence; et le principe suprême n'aurait en soi rien, absolument rien qui le distinguât du principe qu'il faudrait supposer à la nature si elle était seule!

Je le répète, s'il n'y avait qu'un univers *physique*, un univers *des corps*, les attributs métaphysiques seraient encore nécessaires et ils seraient suffisants ; mais il y a un univers *des esprits*, un univers *moral* : cet univers doit avoir sa raison d'être dans le principe suprême. Dieu est cause des esprits aussi bien que des corps; il doit donc contenir éminemment tout ce qui est dans les esprits aussi bien que ce qui est dans les corps.

On répondra que Dieu, par cela seul qu'il est infini, contient en soi tous les possibles et qu'il est en *puissance* tout ce qui peut être. Mais Aristote a depuis longtemps réfuté cette doctrine, en établissant que l'*acte* est supérieur à la *puissance*. Le moins parfait vient du plus parfait. Donc, si Dieu est esprit, il doit l'être en acte, et non en puissance.

Fénelon a dit à la vérité que Dieu n'est pas plus esprit que corps : cela est vrai; mais il ajoute qu'il est « tout ce qu'il y a de réel dans les corps et dans les esprits ». Or ce qu'il y a de réel dans les corps, c'est la force; car on peut douter de la réalité de l'étendue[1] : Dieu est donc une activité infinie. Ce qu'il y a de réel dans les esprits, c'est la conscience et la liberté : donc Dieu est une liberté et une conscience infinies. Or, c'est cela même qu'on appelle personnalité.

La *conscience*. — Mais en attribuant à Dieu la personnalité on ne doit pas lui attribuer les formes et les limites que la personnalité a dans l'esprit humain. Il en possède ce qu'elle a d'essentiel et d'exquis, mais toujours *éminemment*, c'est-à-dire sous la forme de l'absolu et de l'infini.

Le premier être, dit Fénelon, est souverainement un et simple; toutes ses perfections n'en font qu'une; et si je les multiplie, c'est par la faiblesse de mon esprit qui, ne pouvant d'une seule vue embrasser le tout, le multiplie pour se soulager et le divise en autant de parties qu'il a de rapports à diverses choses hors de lui : c'est ce qu'on nomme perfections ou attributs.

Dieu est infiniment intelligent, infiniment puissant, infiniment bon : son intelligence, sa volonté, sa bonté, sa puissance ne sont qu'une même chose. Ce qui pense en lui est la même chose qui veut; ce qui agit, ce qui peut et ce qui fait tout est précisément la même chose qui pense et qui veut; ce qui prépare, ce qui arrange et qui conserve tout est la même chose qui détruit; ce qui punit est la même chose qui pardonne et qui redresse; en un mot, en lui tout est un d'une suprême unité.

647. **Providence.** — L'intelligence et la liberté accompagnées de conscience constituent la personnalité divine et sont les attributs essentiels de l'esprit considéré en lui-même. Considérés par rapport aux créatures, ces attributs prennent le nom de *sagesse*, *justice* et *bonté*, et c'est ce qu'on appelle Providence. La Providence est le gouvernement de Dieu dans le monde; c'est l'acte par lequel Dieu *crée*, *conserve* et *gouverne* l'univers.

648. **Création.** — La création est l'acte incompréhensible par

---

[1]. Si l'on admet la réalité positive de l'étendue, il faut ou admettre, avec Malebranche, une étendue intelligible en Dieu, ou faire de l'espace, comme Newton, un attribut de Dieu, le *sensorium divin*.

equel l'infini produit le fini et lui donne, sans se diminuer lui-même, une existence séparée.

On dit généralement que Dieu a créé le monde *de rien*, et c'est ce qu'on appelle *ex nihilo*. Cette expression ne peut nous donner aucune idée positive d'un acte qui surpasse l'entendement. Elle exclut seulement deux hypothèses possibles : 1° le *dualisme*, d'après lequel Dieu aurait fait le monde d'une *matière préexistante;* 2° le *panthéisme*, d'après lequel Dieu aurait fait le monde de sa propre substance, étant lui-même la matière des choses.

649. **Conservation**. — La même force qui a produit le monde doit aussi le conserver. On enseignait dans les écoles, et tous les cartésiens ont admis, que la *conservation du monde n'est que la création continuée.* Cette doctrine est évidente; car il n'y a pas deux actes en Dieu: l'un par lequel il crée, l'autre par lequel il conserve, puisqu'il n'y a pas en lui de changement; mais il ne faudrait pas entendre cette doctrine en ce sens que la créature n'aurait par elle-même aucune force et aucun pouvoir, car ce serait la confondre par là même avec la substance divine. Il y a donc de la force dans les créatures; c'est cette idée que Leibniz a introduite et qui constitue l'originalité de sa philosophie.

Assurément, dit ce philosophe, il est contraire à la nature de la puissance et de la volonté divine, qui est pure et absolue, que Dieu veuille, et qu'en voulant il ne produise et ne change rien... Si, au contraire, la loi décrétée par Dieu a laissé dans les choses quelque empreinte d'elle-même, si l'ordre a formé les choses de manière à les rendre propres à accomplir la volonté du législateur, alors il faut admettre que les choses ont été douées primitivement d'une certaine *efficacité*, comme la forme ou la *force* que nous avons coutume d'appeler naturelle, d'où procède la série des phénomènes selon la prescription de l'ordre primitif [1].

650. **Gouvernement**. — L'acte par lequel Dieu crée et par lequel il conserve est en même temps celui par lequel il gouverne l'univers. Dieu étant essentiellement conscience et liberté, cet acte est essentiellement intelligent et libre. En tant que Dieu a préordonné et prédéterminé toutes choses, il s'appelle *Sagesse;* en tant qu'il a produit toutes sortes d'êtres, avec les infinies et prodigieuses manifestations de la vie, de l'activité, de la sensibilité et de la pensée, il s'appelle *Bonté;* en tant qu'il attache aux actions morales la conséquence qu'elles doivent avoir soit dans la vie actuelle, soit dans une autre, il s'appelle *Justice*.

1. *De la nature en elle-même.* (Voy. notre édition des *Œuvres de Leibniz*, t. II, p. 553.)

651. Le mal. — Mais une grave difficulté s'élève contre la Providence : c'est l'existence du mal.

> Un profond désordre existe au fond de la nature humaine. L'homme n'est pas ce qu'il devrait être. Triste assemblage de tous les contrastes, il offre sans doute d'imposantes traces de grandeur, mais d'une grandeur obscurcie, caduque, inachevée... Son amour aspire à un bien immense que partout il cherche et qu'il ne trouve nulle part... Il souffre, il gémit, il craint : l'ennui, le dégoût, l'angoisse, sont devenus le fond de sa vie, et la plainte sa voix naturelle. Effrayant mystère, et qui l'expliquera ? Le mal est dans le monde [1].

Le mal s'élève contre la *puissance* ou contre la *bonté* de Dieu : contre sa puissance s'il n'a pas *pu* l'empêcher, contre sa bonté s'il ne l'a pas *voulu*.

Mais cette objection tombe si l'on peut prouver que le mal n'est que la conséquence de la limitation des créatures. Car alors, pour qu'il n'y eût point de mal, il faudrait qu'il n'y eût pas création. La bonté de Dieu eût alors consisté à ne rien produire et sa puissance à ne rien faire : mais c'est une contradiction.

> La bonté serait en Dieu un mot dépourvu de sens, si Dieu n'avait pas créé. L'athéisme argumente de la bonté contre la bonté même. (Lamennais, *Ibid*, ch. IV.)

Mais est-il vrai que le mal ne soit autre chose qu'une limitation et une négation ?

> Ce que nous nommons catastrophes physiques, qu'est-ce, sinon le puissant, merveilleux et magnifique travail de la nature... Vous croyez voir la ruine d'un monde : vous assistez à sa formation. Le désordre apparent n'est que l'ordre même établi, maintenu par les lois éternelles. (*Ibid.*, ch. IV.)

Le problème ne commence véritablement qu'avec la sensibilité, c'est-à-dire avec la *douleur* ; mais la douleur, d'une part, tient à une supériorité de nature, et de l'autre elle tient à la limitation de l'être. En effet,

> Qu'est-ce que la douleur ? La conscience d'un trouble, d'un désordre, c'est-à-dire d'un moindre être, une nécessité inhérente à l'être fini. (*Ibid.*)

La douleur en outre est utile à la conservation de l'être.

> Si l'être n'est pas un mal, et si la douleur est nécessaire à la conservation de l'être, la douleur elle-même n'est pas un mal. Le sentiment de tout besoin vif est au moins un commencement de douleur. Appellera-t-on mal ce sentiment conservateur de la vie ?... Pour que la douleur n'existât pas, il faudrait que l'organisme

---

[1]. Lamennais, *Esquisse d'une philosophie*, t. II, liv. I, ch. II.

eût en soi un principe infini de durée, qu'il fût soustrait à l'influence des lois générales. (*Ibid.*)

Cependant, la vie n'est pas seulement condamnée à la douleur; elle l'est encore à la *mort*.

N'est-ce pas là un mal, un lamentable mal?... Mais l'incessante dissolution des composés n'est que la condition indispensable de leur production. Sous ce point de vue, nulle différence entre les deux mondes organique et inorganique... Si l'existence est un bien, la mort n'est que la limitation de ce bien; et, de plus, privé d'intelligence, l'être purement organique, pendant qu'il possède cette portion de bien, ignore qu'il doit la perdre, et ignore encore qu'il la perd à l'instant même où il cesse d'en jouir.

Ainsi rien de réel dans le mal du monde physique. En est-il de même dans le *monde moral?* Là encore le mal est purement négatif.

Il n'est qu'un moindre être, ou la privation d'un développement; cette privation d'un plus grand développement, d'une perfection plus grande, est volontaire en celui qui l'éprouve. Cédant à un attrait inférieur, il veut être ce qu'il est... Qu'est-ce donc que le mal en lui? Le refus d'occuper la place que l'auteur des choses lui avait destinée dans son œuvre, le rejet insensé d'une partie de ses dons. (*Ibid.*, ch. v.)

A proprement parler, le mal n'existe pas; il n'existe que des êtres mauvais, dégradés déchus ou volontairement fixés dans un état de moindre être (ch. v). D'ailleurs, nul n'est mauvais absolument, et dans le plus pervers il existe une impérissable racine de bien qui, au sein de la mort apparente, élabore en secret la sève destinée à ranimer un jour, sous le rayon de l'astre éternel, la pauvre plante à demi desséchée. (*Ibid.*, ch. vi.)

En conséquence :

Le mal n'est pas : il n'est que la négation de l'infini dans la créature, ou la condition même de son existence. Or qui oserait dire que l'existence de la création est un mal? Que tout ce qui n'est pas Dieu est un mal?

652. Pessimisme et optimisme. — D'après ces principes, on voit quel parti nous avons à prendre entre le *pessimisme*, qui déclare que « tout est mal », l'*optimisme*, qui déclare que « tout est bien », et l'*indifférentisme*, qui soutient que tout est mélangé de mal et de bien, et que l'Être suprême est indifférent entre l'un et l'autre. Ces trois doctrines sont excessives et ont besoin d'être corrigées :

1° Il n'est pas vrai que tout soit mal. Car, le mal étant par essence un principe de destruction et de désordre, s'il était seul dans le monde, rien ne serait; et s'il était prédominant, tout décroîtrait: les espèces vivantes ne dureraient pas; l'humanité serait depuis longtemps détruite. Mais, non seulement le monde a duré jusqu'ici; mais il s'est développé, s'est perfectioné, en s'élevant depuis le règne minéral jusqu'au règne humain.

2° Il n'est pas vrai de dire que tout est bien : car il serait cruel de voir avec indifférence la masse accablante des maux qui pèsent sur les hommes : donc le mal s'unit au bien.

3° Mais il n'est pas non plus vrai de dire que le bien et le mal s'égalisent et se compensent dans le monde. Car, s'il en était ainsi, le monde fût resté immobile et sans aucun progrès, puisqu'à chaque production qu'eût faite le principe du bien eût correspondu une destruction causée par le principe du mal. Le développement de l'univers prouve donc que le bien l'emporte sur le mal. Il prouve en même temps que le principe des choses n'est pas indifférent; car s'il l'était, s'il avait produit par hasard et sans conscience, il n'y aurait aucune raison pour que le bien l'eût emporté sur le mal.

Reste donc que le principe suprême soit bon : mais il pourrait être d'une bonté imparfaite, puisqu'en fait il y a du mal. Ce doute ne peut être réfuté par l'expérience, mais il peut l'être *à priori :* car, Dieu étant par définition l'être absolu, rien d'imparfait et d'incomplet ne peut se trouver en lui. Si donc nous sommes amenés à lui attribuer la bonté, cette bonté ne peut être que souveraine, et elle n'a d'autres limites que celles qui résultent de la nature même des choses, à savoir, des imperfections nécessaires des choses créées.

CONCLUSION

Nous avons réservé pour la fin de ce traité quelques questions que l'on traite d'ordinaire au début de la science, mais qui sont plus à leur place dans la conclusion, car on est alors en mesure d'en parler avec connaissance de cause. Ce sont, par exemple, la question de *l'utilité et de l'importance de la philosophie* et celle de ses *rapports avec les autres sciences*.

653. **Importance de la philosophie.** — Pour constater l'importance de la philosophie, il suffit de rappeler les grandes questions dont elle s'occupe : la nature de l'homme et de ses facultés; — les lois de l'intelligence dans la recherche du vrai; — les lois de la volonté dans la recherche du bien; — les lois de l'imagination dans la recherche du beau; — et enfin, au-dessus de tout cela, les premiers principes et les premières causes, et enfin la cause suprême, l'Être absolu, Dieu. On peut contester la possibilité de résoudre de pareils problèmes, mais on ne peut en contester l'importance. La philosophie, au point de vue de l'*exactitude*, peut le céder à beaucoup de sciences; mais au point de vue de la *valeur* elle ne le cède à aucune : « Il n'y a point de science qu'on doive estimer plus qu'une telle science. Car la plus divine est celle qu'on doit estimer le plus. La science qui traite des choses divines est divine entre toutes les sciences. Or la philosophie seule porte ce caractère... Toutes les autres sciences sont, il est vrai, plus *nécessaires* que la philosophie; mais aucune n'est plus *excellente* qu'elle[1]. »

---

1. *Métaph.*, I, 2 : Ἀναγκαιότεραι πᾶσαι,... ἀμείνων δ'οὐδεμία.

654. Utilité de la philosophie. — Nous venons de voir quelle est la *valeur* intrinsèque de la philosophie. Considérons-en maintenant l'*utilité*. Cette utilité peut être considérée à deux points de vue: *a*) au point de vue de l'*intelligence* ; *b*) au point de vue de la *volonté*.

a) La philosophie exerce l'esprit à l'examen et à la discussion des questions *abstraites*. On peut dire sans doute qu'il en est de même de toutes les sciences : mais les autres sciences ont pour objet soit des faits matériels qui tombent sous les sens, soit des quantités rigoureuses qui sont assujetties à des mesures exactes : mais, la plupart du temps, dans la vie, les questions portent sur des faits qui ne sont pas matériels et qui ne sont pas non plus des quantités précises : par exemple, la justice d'une cause, la convenance d'une résolution, le choix d'une opinion, l'appréciation des hommes, etc. Or, dans ces différentes questions, il y a toujours un certain nombre d'idées abstraites qu'il faut avoir appris à manier, à démêler et à comparer.

b) La philosophie est utile à la direction de la volonté : car elle apprend à l'homme à se connaître lui-même, suivant l'antique axiome : Γνῶθι σεαυτόν. Elle lui apprend l'excellence de ses facultés, la *dignité* de sa nature, et lui apprend à ne traiter ni lui-même, ni les autres hommes comme des choses, comme des instruments, mais à respecter en eux et en soi la personnalité humaine, la liberté. Mais ce grand enseignement n'a pas de sens pour celui qui n'a pas étudié avec quelque détail la psychologie et la morale.

655. Objections contre la philosophie. — Positivisme — Criticisme. — École historique. — Beaucoup d'objections ont été élevées de nos jours contre la philosophie, les uns partant du point de vue des sciences *positives*, les autres de l'esprit *critique*, les autres enfin de l'esprit *historique*. Quelle que soit la différence de ces points de vue, les difficultés proposées sont toujours à peu près les mêmes.

Suivant le *positivisme* il y a trois degrés, trois étapes dans la science humaine : ce sont l'état *théologique*, l'état *métaphysique* et l'état *positif*. Au premier degré, les hommes réalisent les causes des phénomènes dans des agents surnaturels; au second degré, ils ramènent ces agents surnaturels à des entités métaphysiques et abstraites (substances, forces, facultés, etc.); au troisième degré enfin, la science se concentre sur les *faits* et sur leurs rapports, c'est-à-dire leurs *lois*. Ainsi la science n'a pas d'autre objet que les faits, et l'on a bien soin d'entendre par là les faits sensibles et matériels. Quant à la philosophie, elle a pour objet les considérations générales de chaque science, c'est-à-dire les conceptions les plus abstraites auxquelles on est arrivé dans chaque ordre de sciences en partant des faits sensibles. Mais il n'y a pas de philosophie proprement dite, ayant un objet particulier et spécifique.

Pour l'esprit critique il n'y a pas davantage de philosophie spéciale. « Saisir la physionomie des choses, voilà toute la philosophie. » (Renan). « La philosophie est moins une science qu'un côté de toutes les sciences. Elle est l'assaisonnement sans lequel tous les mets sont insipides, mais qui à lui seul ne constitue pas un aliment... On sera mieux dans le vrai en rangeant le mot de philosophie dans la même catégorie que les mots d'*art* et de *poésie*. La plus humble, comme la plus sublime intelligence, a eu sa façon de concevoir ce monde ; chaque tête de pensant a été à sa guise le miroir de l'univers. » (*Dialogues et Fragments*, p. 287.) Dans cette pensée, la philosophie ne serait plus seulement, comme dans le positivisme, un extrait ou une résultante de toutes les sciences : elle serait la pensée, la poésie, la fantaisie animant et vivifiant toutes les sciences ; mais elle n'aurait pas davantage d'objet propre et particulier. Suivant d'autres interprètes de l'esprit critique (Grote par exemple, dans son livre sur Platon), la philosophie n'est autre chose que l'art de discuter, l'examen contradictoire des opinions, ce que les Anglais appellent *cross-examination*[1].

L'école *historique* se lie aux deux écoles précédentes et s'entend avec elles pour contester à la philosophie son droit de science spéciale et originale. Il n'y a pas d'*homme en général* qui puisse être l'objet d'une psychologie abstraite. Il y a *des hommes* qui sont différents suivant les lieux et suivant le temps : « J'ai vu dans ma vie, disait Jos. de Maistre, des Français, des Italiens, des Russes ; mais, quant à *l'homme*, je déclare ne l'avoir rencontré de ma vie[2]. » D'après les mêmes principes, il n'y aurait pas de morale abstraite et générale : la morale se compose des *mœurs* des nations, qui se forment par le temps et qui changent avec le temps. Quant à la métaphysique, l'école historique ne l'admet

---

1. Voy. Grote, *Plato and others companions of Socrate* (3 vol. in-8°, London, 1865).

2. *Considérations sur la France*, ch. v.

pas plus que l'école positive; car elle ne se tire pas plus de l'histoire qu'elle ne se tire de l'étude des faits positifs. Elle n'est donc, pour cette école comme pour l'école positive, qu'un tissu d'hypothèses chimériques et contradictoires.

On voit que les trois écoles précédentes ont une tendance commune à supprimer la philosophie comme science séparée, et à n'y voir autre chose que l'*esprit* des autres sciences, la *résultante* des sciences.

On peut ramener à deux principales les objections élevées à ce point de vue contre la philosophie :

1° Elle étudie un homme abstrait, idéal, qui n'existe nulle part et qui n'est pas l'homme concret et vivant.

2° Elle étudie les causes premières, qui sont en dehors de toute expérience et sur lesquelles rien ne peut être dit de certain.

656. Réponse aux objections précédentes. — Nous répondrons à ces objections :

1° Sans doute il y a une philosophie mêlée à toutes les sciences, et qui en est l'âme, la pensée, et si l'on veut la résultante. Mais cette sorte de philosophie dégénérerait bientôt en vagues banalités ou irait se perdre dans les questions particulières de chaque science, si elle n'était pas constamment alimentée par la philosophie proprement dite, ayant son domaine propre et son objet essentiel. C'est ce que nous verrons plus loin en examinant le rapport de la philosophie avec les sciences.

2° Sans doute il n'y a pas d'homme abstrait, d'homme en général; et la psychologie, comme toute science abstraite, doit se compléter et se contrôler par les autres sciences qui s'occupent de l'homme, notamment la physiologie et l'histoire. Mais la psychologie, nous l'avons vu (10), repose sur ce fait initial et original, à savoir, que l'homme se connaît lui-même par la conscience et qu'il se nomme lui-même : *Je* ou *moi*. La connaissance de soi-même ou le sens interne est un fait sans analogie avec aucun de ceux que les autres sciences étudient : il donne entrée dans un autre monde que le monde extérieur, dans le monde de l'esprit. Si on niait un tel fait, il faudrait dire que les autres sciences sont faites par un esprit qui ne se connaît pas, c'est-à-dire par un automate; si au contraire, comme il faut l'admettre, celui qui les fait sait qu'il les fait, celui-là existe donc pour lui-même à titre de sujet pensant. Or, là est le fondement inébranlable de la philosophie. En supprimant ce fait et en absorbant la connaissance de l'esprit dans les études qui portent sur la nature ou sur l'homme extérieur, on supprime complètement tout un ordre de réalités, et la plus profonde, la plus certaine de toutes.

3° On conteste aussi la possibilité de la métaphysique, c'est-à-dire de la connaissance des causes premières et de ce que nous appelons l'absolu, l'Être suprême, Dieu. Mais on ne peut contester la légitimité de ces notions supérieures sans les analyser en elles-mêmes, sans en déterminer la nature, la limite, la signification. Il y aura donc toujours au moins une métaphysique, celle qui porte sur l'analyse et la critique des idées premières : ce sera, si l'on veut, l'*idéologie* de Locke ou la *critique* de Kant. On peut contester *telle* métaphysique, mais on ne supprimera jamais *la* métaphysique. Quant à savoir si ces notions atteignent ou n'atteignent pas un objet en dehors de nous, c'est à la science elle-même de le décider : mais pour cela il faut qu'elle existe.

657. Du progrès en philosophie. — La principale objection qui s'est élevée de nos jours contre la philosophie, c'est que c'est une science immobile qui se meut toujours dans le même cercle, qui n'a fait aucun progrès depuis l'antiquité. Pour répondre à cette objection il faudrait toute une histoire de la philosophie; contentons-nous d'indiquer quelques traits fondamentaux.

En *psychologie*, il est vrai que les grandes lignes de la nature humaine ont été indiquées et reconnues par les anciens. On peut cependant signaler comme progrès importants dans les temps modernes : 1° la *psychologie expérimentale*, établie comme science distincte par Locke, Condillac, l'école écossaise, Jouffroy, etc., et séparée de la physiologie et de la littérature[1]; 2° l'analyse et la théorie des sentiments et des inclinations (Malebranche, A. Smith, etc.); 3° la théorie des signes dans leurs rapports avec la pensée (Locke, Condillac, de Gérando); 4° la théorie de la volonté libre (Maine de Biran, Kant); 5° l'analyse et la critique des idées fondamentales (Locke, Leibniz, Kant); 6° la théorie des lois de l'association des idées (Berkeley, Dugald-Stewart, Lain); 7° la théorie de la perception extérieure (Berkeley, Reid, Hamilton).

En *logique*, il faut reconnaître que la logique *déductive* a été

---

[1] Le livre de Malebranche sur *la Recherche de la vérité* contient beaucoup de psychologie, mais toujours mêlée à la physiologie, à la métaphysique et à la littérature.

fondée d'une manière définitive par Aristote. Mais on ne p.. nier que 1° la logique *inductive* ne date de Bacon, et n'ait été d.. veloppée par St. Mill (*Système de logique inductive*) ; 2° la théorie *des erreurs*, ébauchée par Bacon, est évidemment l'œuvre de Malebranche; 3° la théorie du *témoignage* et de la méthode historique est encore l'œuvre des temps modernes et appartient en quelque sorte à tout le monde.

En *morale*, on peut également citer comme conquêtes de la philosophie : 1° la théorie des *sentiments moraux*, œuvre admirable d'Hutcheson, d'Ad. Smith, de Ferguson, de Jacobi, en un mot du xviii° siècle; 2° la théorie de *l'obligation morale*, dégagée par Kant avec une netteté et une hauteur incomparables; 3° enfin la théorie des *droits*, telle qu'elle est sortie des admirables travaux de Grotius, de Montesquieu, de Rousseau et de Kant, et qui est le principe de la politique moderne.

Quant à l'*esthétique*, on peut dire que c'est une science toute moderne et presque contemporaine. Sans doute, dans l'antiquité, Platon, Aristote et Plotin ont eu d'admirables intuitions. Mais c'est le xviii° siècle (Diderot, Hemsterhuys, Baumgarten) et le xix° (Kant et Hegel, Cousin et Jouffroy), qui sont les vrais fondateurs de l'esthétique scientifique.

Dans le domaine de la métaphysique, il serait impossible de démontrer le progrès philosophique sans entrer dans l'histoire de la philosophie plus profondément que nous ne pouvons le faire ici : signalons seulement les points principaux. Platon fonde la théorie des *Idées* : c'est-à-dire que les choses sensibles n'ont de valeur que par leur participation avec leurs modèles intelligibles. Aristote transforme cette doctrine et y substitue celle de l'*acte* et de la *puissance*, de la *forme* et de la *matière*. Il montre la nature montant de forme en forme, par un progrès continu, jusqu'à la forme absolue qui ne contient plus aucune matière, jusqu'à l'*acte pur* qui ne contient plus aucune puissance. Descartes, amoureux de la clarté géométrique, substitue à l'opposition de la matière et de la forme une autre opposition, un autre dualisme : celui de la *pensée* et de l'*étendue*. Il n'y a que deux sortes d'êtres dans le monde : les corps et les esprits ; le corps, c'est la chose étendue (*res extensa*); l'esprit, c'est la chose pensante (*res cogitans*). Mais la différence fondamentale entre ces deux notions, c'est que je puis supprimer, si je veux, dans ma pensée, la chose étendue, tandis que je ne puis supprimer la chose pensante, l'esprit, le moi: *Cogito, ergo sum*. L'esprit est donc le seul principe indubitable;

tout revient à l'esprit. Leibniz admet la même vérité, mais il n'admet pas de choses étendues, purement inertes. Le fond de toutes choses, c'est la *force;* rien n'est absolument immobile dans la nature : tout vit, tout s'anime, tout se meut. Les corps eux-mêmes se ramènent à des substances actives analogues à nos âmes; ce que nous appelons matière n'est qu'un phénomène. Tandis que Leibniz insiste surtout sur l'individualité des êtres et ramène les *composés* à des simples qu'il appelle *monades*, Malebranche et Spinosa sont frappés surtout de l'*unité* des choses; l'un (Malebranche) affaiblit tellement l'activité des créatures, que Dieu restait seul comme cause unique et universelle; l'autre supprime non seulement dans les êtres finis toute causalité, mais même toute substantialité, et les réduit à n'être que les *modes* de la *substance* infinie. Mais cette double exagération n'en avait pas moins l'avantage de faire ressortir le principe de l'*unité universelle*.

Enfin la philosophie allemande de notre siècle (Kant et Hegel), reprenant le principe de Descartes, à savoir le *cogito*, montre dans la *pensée* le principe dernier et absolu de toutes choses, et ne voit dans la nature elle-même qu'un degré inférieur de la pensée et de l'esprit (635) : c'est l'idéalisme de Platon repris et approfondi, auquel il ne manque pour être vrai que le sentiment de la *personnalité*, soit en l'homme, soit en Dieu (Maine de Biran, et Schelling dans sa dernière philosophie). Telles sont les phases principales parcourues par la métaphysique, et cette simple esquisse suffira à montrer que cette science n'est pas aussi immobile et aussi stérile que le prétendent ses adversaires.

658. II. **Rapports de la philosophie avec les autres sciences.** — La philosophie n'est pas seulement une science; elle est aussi, et en même temps, la *science des sciences*. En effet, toutes les sciences humaines sans exception, sont le produit de la pensée : or la philosophie est la science de la pensée dans ses lois fondamentales. Non seulement la science, mais encore l'art et l'action pratique, en un mot tout ce qui est le produit de l'activité humaine trouve dans la philosophie son origine et sa raison. La philosophie a donc des rapports nécessaires avec toutes les sciences, et ces rapports sont de deux sortes : rapports *généraux* et rapports *spéciaux* : en d'autres termes, la philosophie a des rapports communs avec toutes les sciences en général,

et de plus chaque partie de la philosophie a des rapports avec telle ou telle science en particulier.

659. Rapports généraux. — La philosophie entretient avec les sciences deux sortes de rapports généraux : 1° elle étudie en elles-mêmes les idées fondamentales et premières qui sont à la base de chaque science et que chacune d'elles accepte sans les discuter et les critiquer ; 2° elle étudie les méthodes par lesquelles ces idées sont développées dans chaque science particulière. En un mot, elle a pour objet les *principes* et les *méthodes*.

a.) Des principes. — Chaque catégorie de sciences se ramène à une ou plusieurs idées premières qui sont l'objet propre de la science : l'arithmétique au *nombre*, la géométrie à l'*étendue*, la mécanique au *mouvement*, au *temps*, à la *force*, la physique et la chimie à la *matière* et aux *corps*, la zoologie et la botanique à la *vie*, la politique à la *société*, l'économie politique à la *valeur*, à la *richesse*, à la *propriété*, etc. Chacune de ces sciences prend ces principes pour accordés : elle les accepte, elle n'en recherche ni l'origine, ni la valeur, ou quand elle les discute, elle fait alors office de philosophie.

Or il n'y a pas une seule de ces idées que la philosophie n'étudie et dont elle ne recherche la signification, soit en métaphysique, soit en psychologie, soit en morale. La psychologie étudie ces idées dans leur origine et leur nature ; la métaphysique dans leur objet. La morale remplit le même office pour toutes les idées qui sont de son domaine.

De là autant de philosophies distinctes qu'il y a de sciences. La *philosophie de la géométrie* étudiera la valeur des axiomes et des postulats, la nature de l'espace, l'origine des notions géométriques, etc. ; la *philosophie de la mécanique* étudiera la nature de l'idée de force, son origine en nous-mêmes, la notion de mouvement, de masse, de durée, de vitesse, etc. La *philosophie chimique* recherchera les éléments premiers qui composent la matière, la question des atomes, la question de l'unité de matière, etc. La *philosophie biologique* étudiera la notion de la vie, si c'est une résultante de la manière inorganique, si elle est un principe spécial et nouveau, si elle est une *force*, une *idée*, un *mécanisme*, etc. Il en sera de même de la *philosophie de l'histoire*, de la *philosophie du droit*, de la *philosophie de l'économie politique;* en un mot, il n'est pas une seule science qui n'ait sa philosophie : et cette philosophie elle-même trouvera ses principes soit dans la psychologie, soit dans la métaphysique, soit dans la morale.

b.) Les sciences n'ont pas seulement des principes, mais encore des *méthodes*. C'est trop que de dire, comme on le fait quelquefois, que la philosophie donne aux sciences leurs méthodes; car les savants ont en général trouvé d'eux-mêmes ces méthodes sans avoir besoin pour cela de la philosophie. Il est vrai que plusieurs des inventeurs de méthodes dans les sciences (Platon, Descartes, Leibniz [1]), étaient en même temps de grands philosophes; mais on ne peut dire si c'est la philosophie qui leur a suggéré leurs méthodes ou si c'est leur génie scientifique qui a inspiré leur philosophie. Mais ce qui est certain, c'est que si les hommes trouvent spontanément les méthodes, c'est la philosophie qui vient ensuite en donner la théorie. Tous les hommes avaient fait des syllogismes avant qu'Aristote eût donné la théorie du syllogisme. Galilée faisait ses merveilleuses expériences sur la chute des corps au moment même où Bacon croyait inventer la théorie de l'expérience. La logique n'invente donc pas les méthodes, pas plus que la poétique n'invente l'art du poète; mais elle analyse les méthodes, comme la poésie analyse l'art des grands poètes; et en analysant les lois de l'invention dans la science et dans les arts, elle en tire des règles à l'usage de ceux qui ne sont pas des inventeurs, mais qui travaillent sous la direction des maîtres.

660. **Rapports spéciaux**. — Si nous considérons maintenant les différentes parties de la philosophie, nous trouverons qu'elles ont chacune certains rapports plus intimes avec d'autres sciences.

a) *Psychologie* et *physiologie*. La psychologie a surtout des rapports avec la physiologie (14) particulièrement dans la théorie des sens, dans la théorie des instincts, enfin dans la théorie des rapports du physique et du moral.

b) *Logique* et *mathématiques*. La logique a des rapports généraux avec toutes les sciences : mais elle a surtout des affinités avec les mathématiques, au moins dans sa partie *déductive*. Les mathématiques sont elles-mêmes une espèce de logique; et Leibniz a pu dire que la géométrie était une extension de la « logique naturelle ».

c) *Morale* et *jurisprudence. Politique, économie politique.* La

---

1. Platon passe pour avoir inventé l'*analyse* en géométrie; Descartes a inventé la *géométrie analytique*; Leibniz, le *calcul de l'infini*.

morale se rattache aux sciences sociales, comme la psychologie se rattache aux sciences physiologiques et naturelles. La jurisprudence repose sur l'idée du *droit;* la politique, sur l'idée de la société ou de l'*État*; l'économie politique, sur l'idée de *travail* et de *propriété*. Il n'y a pas une de ces idées qui n'ait son fondement dans la morale. La morale enfin a encore des affinités importantes avec l'*histoire*, soit que l'histoire lui fournisse des faits et des expériences qui lui servent pour établir ses doctrines, soit que la morale fournisse à l'histoire des principes pour juger les hommes et les événements.

d) L'*Esthétique* a peu de rapport avec les sciences, si ce n'est dans ses applications particulières, par exemple la peinture et la sculpture avec l'anatomie, l'architecture avec la géométrie, et la musique avec la physique. Mais l'esthétique en général a plutôt rapport aux arts qu'aux sciences; et il est inutile de dire qu'il n'y a pas d'esthétique sans connaissances spéciales sur les différents arts, et réciproquement que la théorie des arts suppose les vues générales que l'esthétique puise dans la psychologie, c'est-à-dire dans l'analyse de l'âme.

e) Métaphysique. Quant à la métaphysique, qui est essentiellement la philosophie première, c'est-à-dire qui est au sommet de toutes les sciences, c'est d'elle surtout que l'on peut dire qu'elle est la science des sciences. Nous n'avons rien de plus à dire ici que ce que nous avons dit plus haut (659) sur les rapports généraux de la philosophie avec toutes les autres sciences.

659. La philosophie, la poésie et la religion. — La philosophie n'a pas seulement des rapports avec les sciences : elle en a encore avec deux des plus grandes fonctions de l'âme humaine, la poésie et la religion. Toutes trois ont pour objet final l'idéal et le divin : mais l'une, la philosophie, poursuit ce but par l'*examen* et la *libre réflexion;* la religion, par la *foi;* la poésie par l'*imagination* et la *fiction*.

Le philosophe *pense;* l'homme pieux *croit* et *adore;* le poète *chante* et *rêve* : mais c'est un même souffle, un même Dieu qui les anime tous les trois.

FIN

www.ingramcontent.com/pod-product-compliance
Lightning Source LLC
Chambersburg PA
CBHW071418300426
44114CB00013B/1302